MW01133120

THE
ASTRONOMICAL
ALMANAC

FOR THE YEAR

2022

and its companion

The Astronomical Almanac Online

Data for Astronomy, Space Sciences, Geodesy,
Surveying, Navigation and other applications

WASHINGTON

Issued by the
Nautical Almanac Office
United States
Naval Observatory
by direction of the
Secretary of the Navy
and under the
authority of Congress

TAUNTON

Issued
by
Her Majesty's
Nautical Almanac Office
on behalf
of
The United Kingdom
Hydrographic Office

WASHINGTON: U.S. GOVERNMENT PUBLISHING OFFICE
TAUNTON: THE U.K. HYDROGRAPHIC OFFICE

ISBN 978–0–7077–46203

ISSN 0737-6421

UNITED STATES

For sale by the Superintendent of Documents, U.S. Government Publishing Office
Internet: bookstore.gpo.gov Phone: toll free (866) 512-1800; DC area (202) 512-1800
Fax: (202) 512-2104 Mail: Stop IDCC, Washington, DC 20402-0001

UNITED KINGDOM

Published by the United Kingdom Hydrographic Office

http://www.gov.uk/UKHO

Telephone:+44 (0)1823 484 444

E-mail: customerservices@ukho.gov.uk

NOTE
Every care is taken to prevent errors in the production of
this publication. As a final precaution it is recommended
that the sequence of pages in this copy be examined on
receipt. If faulty it should be returned for replacement.

Printed in the United States of America
by the U.S. Government Publishing Office

Beginning with the edition for 1981, the title *The Astronomical Almanac* replaced both the title *The American Ephemeris and Nautical Almanac* and the title *The Astronomical Ephemeris*. The changes in title symbolise the unification of the two series, which until 1980 were published separately in the United States of America since 1855 and in the United Kingdom since 1767. *The Astronomical Almanac* is prepared jointly by the Nautical Almanac Office, United States Naval Observatory, and H.M. Nautical Almanac Office, United Kingdom Hydrographic Office, and is published jointly by the United States Government Publishing Office and the United Kingdom Hydrographic Office; it is printed only in the United States of America using reproducible material from both offices.

By international agreement the tasks of computation and publication of astronomical ephemerides are shared among the ephemeris offices of several countries. The contributors of the basic data for this Almanac are listed on page vii. This volume was designed in consultation with other astronomers of many countries, and is intended to provide current, accurate astronomical data for use in the making and reduction of observations and for general purposes. (The other publications listed on pages viii-ix give astronomical data for particular applications, such as navigation and surveying.)

Beginning with the 1984 edition, most of the data tabulated in *The Astronomical Almanac* have been based on the fundamental ephemerides of the planets and the Moon prepared at the Jet Propulsion Laboratory (JPL). In particular, the 2003 through 2014 editions utilized the JPL Planetary and Lunar Ephemerides DE405/LE405. Beginning with the 2015 edition, JPL's DE430/LE430 are the basis of the tabulations.

The 2009 edition implemented the relevant International Astronomical Union (IAU) resolutions passed at the 2003 and 2006 IAU General Assemblies. This includes the adoption of the report by the IAU Working Group on Precession and the Ecliptic which affects a significant fraction of the tabulated data (see Section L for more details). *U.S. Naval Observatory Circular No. 179* (see page ix) gives a detailed explanation of the relevant IAU resolutions. Beginning with the 2014 edition, all sections reflect the IAU 2006 resolution that formally defined planets, dwarf planets, and small solar system bodies. Beginning with the 2015 edition, the 2012 IAU resolution re-defining the astronomical unit has been implemented.

The Astronomical Almanac Online is a companion to this volume. It is designed to broaden the scope of this publication. In addition to ancillary information, the data provided will appeal to specialist groups as well as those needing more precise information. Much of the material may also be downloaded.

Suggestions for further improvement of this Almanac would be welcomed; they should be sent to the Chief, Nautical Almanac Office, United States Naval Observatory or to the Head, H.M. Nautical Almanac Office, United Kingdom Hydrographic Office.

DAVID R. KUEHN   RADM PETER SPARKES
Captain, U.S. Navy,   *Acting Chief Executive & National Hydrographer*
Superintendent, U.S. Naval Observatory   *UK Hydrographic Office*
3450 Massachusetts Avenue, NW   *Admiralty Way, Taunton*
Washington, D.C. 20392–5420   *Somerset, TA1 2DN*
U.S.A.   *United Kingdom*

September 2020

Corrections to The Astronomical Almanac, 2021

Page C5, equation for n, replace, 7303.5 with 7669.5.

Page K7, footnote 4: replace, 'and is the value used throughout this almanac.' with '. However, computation of the phenomena in this almanac uses a value of 696,000 km.'

Page L10: replace, 2009 (Archinal et al. 2018), with, 2009 (Archinal et al. 2011).

Page M4, replace, definecenter of figure, with, center of figure.

Corrections to The Astronomical Almanac, 2020

Page K7, footnote 5: replace, 'and is the value used throughout this almanac.' with, '. However, computation of the phenomena in this almanac uses a value of 696,000 km.'

Changes introduced for 2022

Section E: Page E6, planetary radaii updated to reflect referenced precision.

Section F: Mutual events of the Galilean Satellites have been removed.

Section G: Updates have been made to the physical properties of dwarf planets.

Section G: H, G and visual magnitudes of minor planets are now collated from the relevant literature.

Section G: The diameters of minor planets have been updated.

Section H: Update to table of double stars. ICRF3 Radio Sources replaces ICRF2 list.

Section J: Statement added indicating section is under review.

Section M: Various entries have been updated and added.

 Up-to-date listings of all errata may also be found on *The Astronomical Almanac Online* at **https://aa.usno.navy.mil/publications/asa.html** and **https://asa.hmnao.com**

Section A   PHENOMENA

Seasons; Moon's phases; principal occultations; planetary phenomena; elongations and magnitudes of planets; visibility of planets; diary of phenomena; times of sunrise, sunset, twilight, moonrise and moonset; eclipses, transits, use of Besselian elements.

Section B   TIME-SCALES AND COORDINATE SYSTEMS

Calendar; chronological cycles and eras; religious calendars; relationships between time scales; universal and sidereal times, Earth rotation angle; reduction of celestial coordinates; proper motion, annual parallax, aberration, light-deflection, precession and nutation; coordinates of the CIP & CIO, matrix elements for both frame bias, precession-nutation, and GCRS to the Celestial Intermediate Reference System, formulae for apparent and intermediate place reduction; position and velocity of the Earth; polar motion; diurnal parallax and aberration; altitude, azimuth; refraction; pole star formulae and table.

Section C   SUN

Mean orbital elements, elements of rotation; low-precision formulae for coordinates of the Sun and the equation of time; ecliptic and equatorial coordinates; heliographic coordinates, horizontal parallax, semi-diameter and time of transit; geocentric rectangular coordinates.

Section D   MOON

Phases; perigee and apogee; mean elements of orbit and rotation; lengths of mean months; geocentric, topocentric and selenographic coordinates; formulae for libration; ecliptic and equatorial coordinates, distance, horizontal parallax and time of transit; physical ephemeris, semi-diameter and fraction illuminated; low-precision formulae for geocentric and topocentric coordinates.

Section E   PLANETS

Rotation elements for Mercury, Venus, Mars, Jupiter, Saturn, Uranus, and Neptune; physical ephemerides; osculating orbital elements (including the Earth-Moon barycentre); heliocentric ecliptic coordinates; geocentric equatorial coordinates; times of transit.

Section F   NATURAL SATELLITES

Ephemerides and phenomena of the satellites of Mars, Jupiter, Saturn (including the rings), Uranus, Neptune and Pluto.

Section G   DWARF PLANETS AND SMALL SOLAR SYSTEM BODIES

Osculating elements; opposition dates and finding charts; physical ephemerides; geocentric equatorial coordinates, visual magnitudes, and time of transit for those bodies at opposition. Osculating elements for periodic comets.

Section H   STARS AND STELLAR SYSTEMS

Lists of bright stars, double stars, *UBVRI* standards, spectrophotometric standards, radial velocity standards, variable stars, bright galaxies, open clusters, globular clusters, ICRF radio source positions, radio telescope flux & polarization calibrators, X-ray sources, quasars, pulsars, and gamma ray sources.

Section J   OBSERVATORIES

Index of observatory name and place; lists of optical and radio observatories.

Section K   TABLES AND DATA

Julian dates of Gregorian calendar dates; selected astronomical constants; reduction of time scales; reduction of terrestrial coordinates; interpolation methods; vectors and matrices.

Section L   NOTES AND REFERENCES   Section M GLOSSARY   Section N INDEX

THE ASTRONOMICAL ALMANAC ONLINE

WWW — **https://aa.usno.navy.mil/publications/asa.html** & **https://asa.hmnao.com**

Eclipse Portal; occultation maps; lunar polynomial coefficients; planetary heliocentric osculating elements; satellite offsets, apparent distances, position angles, orbital, physical, and photometric data; minor planet diameters; various star data sets; observatory search; astronomical constants; glossary, errata.

The pagination within each section is given in full on the first page of each section.

U.S. NAVAL OBSERVATORY

CAPT David R. Kuehn, *U.S.N., Superintendent*
CDR, Kelly E. Taylor *U.S.N., Deputy Superintendent*
Brian Luzum, *Scientific Director*

ASTRONOMICAL APPLICATIONS DEPARTMENT

Nancy A. Oliversen, *Head*
Susan G. Stewart, *Acting Chief, Nautical Almanac Office*
Jennifer L. Bartlett, *Chief, Software Products Division*
Nancy A. Oliversen, *Acting Chief, Science Support Division*

George H. Kaplan
Wendy K. Puatua
Mark T. Stollberg
Malynda R. Chizek Frouard
Yvette Washington

James L. Hilton
Andrew J. Kopf
Michael Efroimsky
John A. Bangert

THE UNITED KINGDOM HYDROGRAPHIC OFFICE

RAdm Peter Sparkes, *Acting Chief Executive & National Hydrographer*
Thomas Warren-Locke, *Head of the Scientific Analysis Group*

HER MAJESTY'S NAUTICAL ALMANAC OFFICE

Steven A. Bell, *Head*

Donald B. Taylor
James A. Whittaker

Susan G. Nelmes
Antonia J. Wilmot

The data in this volume have been prepared as follows:

By H.M. Nautical Almanac Office, United Kingdom Hydrographic Office:

Section A—phenomena, rising, setting of Sun and Moon, lunar eclipses; B—ephemerides and tables relating to time-scales and coordinate reference frames; D—physical ephemerides and geocentric coordinates of the Moon; F—ephemerides for sixteen of the major planetary satellites; G—opposition dates, finding charts, geocentric coordinates, transit times, and osculating orbital elements, of selected dwarf planets and small solar system bodies; K—tables and data.

By the Nautical Almanac Office, United States Naval Observatory:

Section A—eclipses of the Sun; C—physical ephemerides, geocentric and rectangular coordinates of the Sun; E—physical ephemerides, orbital elements, heliocentric and geocentric coordinates, and transit times of the planets; F—phenomena and ephemerides of satellites, except Jupiter I–IV; H—data for lists of bright stars, photometric standard stars, radial velocity standard stars, bright galaxies, open clusters, globular clusters, radio source positions, radio flux calibrators, X-ray sources, quasars, pulsars, variable stars, double stars and gamma ray sources; J—information on observatories; L—notes and references; M—glossary; N—index.

By the Jet Propulsion Laboratory, California Institute of Technology:

The planetary and lunar ephemerides DE430/LE430. The ephemerides of the dwarf planets and the largest and/or brightest 92 minor planets.

By the IAU Standards Of Fundamental Astronomy (SOFA) initiative:

Software implementation of fundamental quantities used in sections A, B, D and G.

By the Institut de Mécanique Céleste et de Calcul des Éphémérides, Paris Observatory:

Section F—ephemerides and phenomena of satellites I–IV of Jupiter.

By the Minor Planet Center, Cambridge, Massachusetts:

Section G—orbital elements of periodic comets.

Section H—Stars and stellar systems: many individuals have provided expertise in compiling the tables; they are listed in Section L and on *The Astronomical Almanac Online*.

In general the Office responsible for the preparation of the data has drafted the related explanatory notes and auxiliary material, but both have contributed to the final form of the material. The preliminaries, Section A, except the solar eclipses, and Sections B, D, G and K have been composed in the United Kingdom, while the rest of the material has been composed in the United States. The work of proofreading has been shared, but no attempt has been made to eliminate the differences in spelling and style between the contributions of the two Offices.

Joint publications of HM Nautical Almanac Office (UKHO) and the United States Naval Observatory

These publications are available from UKHO distributors and the Superintendent of Documents, U.S. Government Publishing Office (USGPO) except where noted.

Astronomical Phenomena contains extracts from *The Astronomical Almanac* and is published annually in advance of the main volume. Included are dates and times of planetary and lunar phenomena and other astronomical data of general interest. (UKHO GP200)

The Nautical Almanac contains ephemerides at an interval of one hour and auxiliary astronomical data for marine navigation. (UKHO NP314)

The Air Almanac contains ephemerides at an interval of ten minutes and auxiliary astronomical data for air navigation. This publication is now distributed solely on CD-ROM and is only available from USGPO.

Rapid Sight Reduction Tables for Navigation (AP 3270 / NP 303), 3 volumes, formerly entitled *Sight Reduction Tables for Air Navigation*. Volume 1, selected stars for epoch 2020·0, containing the altitude to $1'$ and true azimuth to $1°$ for the seven stars most suitable for navigation, for all latitudes and hour angles of Aries.

Other publications of HM Nautical Almanac Office (UKHO)

The Star Almanac for Land Surveyors (NP 321) contains the Greenwich hour angle of Aries and the position of the Sun, tabulated for every six hours, and represented by monthly polynomial coefficients. Positions of all stars brighter than magnitude 4·0 are tabulated monthly to a precision of $0\overset{s}{\cdot}1$ in right ascension and $1''$ in declination. A CD-ROM is included which contains the electronic edition plus coefficients, in ASCII format, representing the data.

NavPac and Compact Data for 2021–2025 (DP 330) is an e-book and software, containing algorithms and data, which are mainly in the form of polynomial coefficients, for calculating the positions of the Sun, Moon, navigational planets and bright stars. It enables navigators to compute their position at sea from sextant observations using Windows OS 8 and 10 for the period 1986–2025. The tabular data are also supplied as ASCII files on the CD-ROM. Upgrades and updates are available from https://astro.ukho.gov.uk/nao/navpacfour/.

Rapid Sight Reduction Tables for Navigation (AP 3270 / NP 303), 3 volumes, formerly entitled *Sight Reduction Tables for Air Navigation*. Volumes 2 and 3 contain altitudes to $1'$ and azimuths to $1°$ for integral degrees of declination from N 29° to S 29°, for relevant latitudes and all hour angles at which the zenith distance is less than 95° providing for sights of the Sun, Moon and planets.

The UK Air Almanac (AP 1602) contains data useful in the planning of activities where the level of illumination is important, particularly aircraft movements, and is produced to the general requirements of the Royal Air Force. It may be downloaded from the website https://astro.ukho.gov.uk/nao/publicat/ukaa.html.

NAO Technical Notes are issued irregularly to disseminate astronomical data concerning ephemerides or astronomical phenomena.

Other publications of the United States Naval Observatory

Astronomical Papers of the American Ephemeris[†] are issued irregularly and contain reports of research in celestial mechanics with particular relevance to ephemerides.

U.S. Naval Observatory Circulars[†] are issued irregularly to disseminate astronomical data concerning ephemerides or astronomical phenomena.

U.S. Naval Observatory Circular No. 179, The IAU Resolutions on Astronomical Reference Systems, Time Scales, and Earth Rotation Models explains resolutions and their effects on the data (see Web Links).

Explanatory Supplement to The Astronomical Almanac edited by Sean E. Urban, U.S. Naval Observatory and P. Kenneth Seidelmann, University of Virginia. This third edition is completely updated and offers an authoritative source on the basis and derivation of information contained in *The Astronomical Almanac*, and contains material that is relevant to positional and dynamical astronomy and to chronology. The publication is a collaborative work with authors from the U.S. Naval Observatory, H.M. Nautical Almanac Office, the Jet Propulsion Laboratory and others. It is published by, and available from University Science Books, Mill Valley, California, whose UK distributor is Macmillan Distribution.

MICA is an interactive astronomical almanac for professional applications. Software for both PC systems with Intel processors and Apple Macintosh computers is provided on a single CD-ROM. *MICA* allows a user to compute, to full precision, much of the tabular data contained in *The Astronomical Almanac*, as well as data for specific times and locations. All calculations are made in real time and data are not interpolated from tables. MICA is a product of the U.S. Naval Observatory. The latest version covers the interval 1800-2050.

† Many of these publications are available from the Nautical Almanac Office, U.S. Naval Observatory, Washington, DC 20392-5420, see Web Links on the next page for availability.

Publications of other countries

Apparent Places of Fundamental Stars is prepared by the Astronomisches Rechen-Institut, Zentrum für Astronomie der Universität Heidelberg (https://zah.uni-heidelberg.de/institutes/ari). The printed version of APFS gives the data for a few fundamental stars only, together with the explanation and examples. The apparent places of stars using the FK6 or Hipparcos catalogues are provided by the on-line database ARIAPFS (https://wwwadd.zah.uni-heidelberg.de/datenbanken/ariapfs/index.php.en). The printed booklet also contains the so-called '10-Day-Stars' and the 'Circumpolar Stars' and is available from dpunkt.verlag GmbH, Wieblinger Weg 17, 69123 Heidelberg, Germany.

Ephemerides of Minor Planets is prepared annually by the Institute of Applied Astronomy (http://iaaras.ru/en/). Included in this volume are elements, opposition dates and opposition ephemerides of all numbered minor planets. This volume is available from the Institute of Applied Astronomy, Naberezhnaya Kutuzova 10, St. Petersburg, 191187 Russia and can be downloaded from http://iaaras.ru/html/emp2020/emp2020.html.

Electronic publications

The Astronomical Almanac Online: The companion publication of *The Astronomical Almanac*, providing data best presented in machine-readable form. It typically does not duplicate data from the book. It does, in some cases, provide additional information or greater precision than the printed data. Examples of data found on *The Astronomical Almanac Online* are searchable databases, eclipse and occultation maps, errata found in the printed publication, and a searchable glossary. See next page for web links to *The Astronomical Almanac Online*.

Please refer to the relevant World Wide Web address for further details about the publications and services provided by the following organisations.

H.M. Nautical Almanac Office and U.S. Naval Observatory

- *The Astronomical Almanac Online* at

https://aa.usno.navy.mil/publications/asa.html — WWW — **https://asa.hmnao.com**

U.S. Naval Observatory

- U.S. Naval Observatory at https://www.usno.navy.mil/USNO
- USNO Astronomical Applications Department at https://aa.usno.navy.mil/index
- USNO Data Services at https://aa.usno.navy.mil/data
- NOVAS astrometry software at https://aa.usno.navy.mil/software/novas_info.html
- *USNO Circular 179* at https://aa.usno.navy.mil/publications/Circular_179.html

H.M. Nautical Almanac Office

- General information at https://astro.ukho.gov.uk or http://www.gov.uk/HMNAO
- Eclipses Online at https://astro.ukho.gov.uk/eclipse/
- Online data services at https://astro.ukho.gov.uk/websurf2/
- Crescent MoonWatch at https://astro.ukho.gov.uk/moonwatch/

International Astronomical Organizations

- IAU: International Astronomical Union at https://www.iau.org
- IERS: International Earth Rotation and Reference Systems Service at https://www.iers.org
- SOFA: IAU Standards of Fundamental Astronomy at https://www.iausofa.org
- NSFA: Numerical Standards for Fundamental Astronomy at https://iau-a3.gitlab.io/NSFA
- MPC: Minor Planet Centre at https://minorplanetcenter.net/
- CDS: Centre de Données astronomiques de Strasbourg at https://cdsweb.u-strasbg.fr

Products provided by International Astronomical Organizations

- IERS Products https://www.iers.org/ : then

   Orientation data, time, follow, Data / Products → Earth Orientation Data

   Bulletins A, B, C, D and descriptions follow, Publications → IERS Bulletins

   Technical Notes' follow, Publications → IERS Technical Notes

- IERS Conventions Centre, updates at http://iers-conventions.obspm.fr

Publishers and Suppliers

- The UK Hydrographic Office (UKHO) at https://www.gov.uk/UKHO
- U.S. Government Publishing Office (USGPO) at https://bookstore.gpo.gov
- University Science Books at https://www.uscibooks.com
- Macmillan Distribution at https://www.palgrave.com

CONTENTS OF SECTION A

> **WᴡW** These data or auxiliary material may also be found on *The Astronomical Almanac Online* at **https://asa.hmnao.com** and **https://aa.usno.navy.mil/publications/asa.html**

NOTE: All the times in this section are expressed in Universal Time (UT).

THE SUN

		d h			d h m			d h m
Perigee	... Jan.	4 07	Equinoxes	... Mar.	20 15 33 ...	... Sept.	23 01 04
Apogee	... July	4 07	Solstices	... June	21 09 14 ...	... Dec.	21 21 48

PHASES OF THE MOON

Lunation	New Moon			First Quarter			Full Moon			Last Quarter		
		d	h m		d	h m		d	h m		d	h m
1225	Jan.	2	18 33	Jan.	9	18 11	Jan.	17	23 48	Jan.	25	13 41
1226	Feb.	1	05 46	Feb.	8	13 50	Feb.	16	16 56	Feb.	23	22 32
1227	Mar.	2	17 35	Mar.	10	10 45	Mar.	18	07 18	Mar.	25	05 37
1228	Apr.	1	06 24	Apr.	9	06 48	Apr.	16	18 55	Apr.	23	11 56
1229	Apr.	30	20 28	May	9	00 21	May	16	04 14	May	22	18 43
1230	May	30	11 30	June	7	14 48	June	14	11 52	June	21	03 11
1231	June	29	02 52	July	7	02 14	July	13	18 38	July	20	14 19
1232	July	28	17 55	Aug.	5	11 07	Aug.	12	01 36	Aug.	19	04 36
1233	Aug.	27	08 17	Sept.	3	18 08	Sept.	10	09 59	Sept.	17	21 52
1234	Sept.	25	21 55	Oct.	3	00 14	Oct.	9	20 55	Oct.	17	17 15
1235	Oct.	25	10 49	Nov.	1	06 37	Nov.	8	11 02	Nov.	16	13 27
1236	Nov.	23	22 57	Nov.	30	14 37	Dec.	8	04 08	Dec.	16	08 56
1237	Dec.	23	10 17	Dec.	30	01 21						

ECLIPSES

A partial eclipse of the Sun	Apr. 30	S.E. Pacific Ocean, Antarctic Peninsula and Ellsworth Land, S. South America
A total eclipse of the Moon	May 16	Africa except N.E., W. Europe, Iceland, Americas except N.W., Polynesia except W.
A partial eclipse of the Sun	Oct. 25	Iceland, Europe, N.E. Africa, Middle East, W. Asia, India, W. China
A total eclipse of the Moon	Nov. 8	N.W. South America, North America, Pacific Ocean, Australasia, S.E. Asia, Japan, China, E. Russia

MOON AT PERIGEE

	d	h		d	h		d	h
Jan.	1	23	May	17	15	Oct.	4	17
Jan.	30	07	June	14	23	Oct.	29	15
Feb.	26	22	July	13	09	Nov.	26	02
Mar.	24	00	Aug.	10	17	Dec.	24	08
Apr.	19	15	Sept.	7	18			

MOON AT APOGEE

	d	h		d	h		d	h
Jan.	14	09	June	2	01	Oct.	17	10
Feb.	11	03	June	29	06	Nov.	14	07
Mar.	10	23	July	26	10	Dec.	12	00
Apr.	7	19	Aug.	22	22			
May	5	13	Sept.	19	15			

OCCULTATIONS OF PLANETS AND BRIGHT STARS BY THE MOON

Date			Body	Areas of Visibility
	d	h		
Jan.	13	00	Ceres	Westernmost Canada, Alaska, N.E. edge of Russia
Feb.	07	20	Uranus	Edge of Queen Maud Land, South Sandwich Islands
Feb.	09	11	Ceres	Seychelles, Maldives, S. tip of India, Sri Lanka, most of S.E. Asia, S.E. China, Korean Peninsula, Japan, N. Micronesia
Mar.	07	06	Uranus	Parts of E. Antarctica, E. Australia, S.E. Melanesia, S.W. Polynesia
Mar.	09	07	Ceres	W. and N. Australia, E. Indonesia, Papua New Guinea, N. Melanesia, Micronesia, N. Polynesia (except Hawaii)
Apr.	03	17	Uranus	S. and E. South America, Ascension Island, St Helena Island, edge of W. Africa
Apr.	06	09	Ceres	Madagascar, parts of E. Africa, S. and E. India, most of S.E. Asia, S.E. China, Papua New Guinea, most of Micronesia
May	04	14	Ceres	N.E. South America, Cape Verde Islands, Madeira, N. Africa, southernmost Europe, Middle East, W. and S. India
May	27	03	Venus	S. Madagascar, most of S.E. Asia, S.E. China, most of Micronesia
May	28	14	Uranus	Easter Island, most of S. America, Cape Verde Islands, W. Africa
Jun.	01	21	Ceres	Hawaii, USA, N. Mexico, Caribbean, N. South America
Jun.	19	08	Vesta	Most of Antarctica, tip of S. America, Falkland Islands, S.W. Africa
Jun.	22	18	Mars	George V Land, Oates Land, Marie Byrd Land, S.E. Polynesia
Jun.	24	22	Uranus	W. Australia, E. Indonesia, N.W. Melanesia, Micronesia, Hawaii
Jul.	21	17	Mars	Japan, N.E. Russia, N.W. Alaska, Svalbard, N. Greenland
Jul.	22	06	Uranus	E. South America, Cape Verde Islands, N.W. Africa, Europe (except N.), S.W. Russia, N. Middle East, W. China, N. India
Aug.	18	15	Uranus	Micronesia, N. Hawaii, N. North America, Greenland, Iceland
Aug.	25	19	Ceres	Most of S. and E. Polynesia, S. tip of South America
Sept.	14	23	Uranus	Most of North Africa, Europe, parts of Middle East, most of Russia, Greenland, northernmost Canada, northwestern Alaska
Oct.	12	07	Uranus	N.W. Mexico, W. USA (including Alaska), most of Canada, N. edge of Russia, Greenland, Iceland, Scandinavia
Nov.	03	08	Juno	Most of Antarctica, southeasternmost Polynesia
Nov.	08	13	Uranus	Asia (except W. India), Alaska, Svalbard, N. Greenland, N. and W. Canada
Dec.	01	00	Juno	W. USA (including E. Alaska), most of Canada
Dec.	05	18	Uranus	N. Africa, Azures, Europe, N. Middle East, Russia, N. Japan
Dec.	08	04	Mars	N.W. Mexico, most of USA (except Alaska), Canada, Greenland, Svalbard, Europe, W. Russia, parts of N. Africa

Maps showing the areas of visibility may be found on AsA-Online.

AVAILABILITY OF PREDICTIONS OF LUNAR OCCULTATIONS

IOTA, the International Occultation Timing Association, is responsible for the predictions and reductions of timings of occultations of stars by the Moon. Their web address is http://lunar-occultations.com/iota.

GEOCENTRIC PHENOMENA

MERCURY

	d h	d h	d h	d h
Greatest elongation East	Jan. 7 11 (19°)	Apr. 29 08 (21°)	Aug. 27 16 (27°)	Dec. 21 15 (20°)
Stationary	Jan. 14 01	May 10 23	Sept. 9 20	Dec. 29 03
Inferior conjunction ...	Jan. 23 10	May 21 19	Sept. 23 07	—
Stationary	Feb. 3 22	June 3 00	Oct. 1 15	—
Greatest elongation West	Feb. 16 21 (26°)	June 16 15 (23°)	Oct. 8 21 (18°)	—
Superior conjunction ...	Apr. 2 23	July 16 20	Nov. 8 17	—

VENUS

	d h		d h
Inferior conjunction ...	Jan. 9 01	Greatest elongation West	Mar. 20 09 (47°)
Stationary	Jan. 29 08	Superior conjunction ...	Oct. 22 21
Greatest illuminated extent	Feb. 12 22		

SUPERIOR PLANETS

	Conjunction	Stationary	Opposition	Stationary
	d h	d h	d h	d h
Mars	—	Oct. 30 11	Dec. 8 06	—
Jupiter	Mar. 5 14	July 29 12	Sept. 26 20	Nov. 24 13
Saturn	Feb. 4 19	June 5 14	Aug. 14 17	Oct. 23 09
Uranus	May 5 07	Aug. 24 15	Nov. 9 08 |	Jan. 18 20
Neptune	Mar. 13 12	June 28 23	Sept. 16 22	Dec. 4 10

The vertical bars indicate where the dates for the planet are not in chronological order.

OCCULTATIONS BY PLANETS AND SATELLITES

Details of predictions of occultations of stars by planets, minor planets and satellites are given in *The Handbook of the British Astronomical Association.*

HELIOCENTRIC PHENOMENA

	Perihelion	Aphelion	Ascending Node	Greatest Lat. North	Descending Node	Greatest Lat. South
Mercury	Jan. 15	Feb. 28	Jan. 11	Jan. 26	Feb. 18	Mar. 21
	Apr. 13	May 27	Apr. 9	Apr. 24	May 17	June 17
	July 10	Aug. 23	July 6	July 21	Aug. 13	Sept. 13
	Oct. 6	Nov. 19	Oct. 2	Oct. 17	Nov. 9	Dec. 10
	—	—	Dec. 29	—	—	—
Venus	Jan. 23	May 15	—	Feb. 13	Apr. 10	June 6
	Sept. 4	Dec. 26	Aug. 2	Sept. 26	Nov. 21	—
Mars	June 21	—	Oct. 20	—	—	May 26

Jupiter: Greatest Lat. South, Dec. 12
Saturn, Uranus, Neptune: None in 2022

PHENOMENA, 2022

ELONGATIONS AND MAGNITUDES OF PLANETS AT 0ʰ UT

Date	Mercury Elong.	Mag.	Venus Elong.	Mag.	Date	Mercury Elong.	Mag.	Venus Elong.	Mag.
Jan. −4	E. 15	−0·8	E. 20	−4·5	**June** 30	W. 18	−0·6	W. 30	−3·9
1	E. 18	−0·7	E. 13	−4·2	**July** 5	W. 14	−1·1	W. 29	−3·9
6	E. 19	−0·6	E. 6	−4·3	10	W. 8	−1·6	W. 27	−3·9
11	E. 19	−0·2	W. 6	−4·2	15	W. 3	−2·1	W. 26	−3·9
16	E. 14	+0·8	W. 13	−4·2	20	E. 4	−1·8	W. 25	−3·9
21	E. 6	+3·9	W. 19	−4·5	25	E. 9	−1·2	W. 24	−3·9
26	W. 7	+3·9	W. 26	−4·7	30	E. 14	−0·8	W. 22	−3·9
31	W. 16	+1·3	W. 31	−4·8	**Aug.** 4	E. 18	−0·5	W. 21	−3·9
Feb. 5	W. 22	+0·5	W. 35	−4·9	9	E. 21	−0·2	W. 20	−3·9
10	W. 25	+0·2	W. 38	−4·9	14	E. 24	0·0	W. 18	−3·9
15	W. 26	+0·1	W. 41	−4·9	19	E. 26	+0·1	W. 17	−3·9
20	W. 26	0·0	W. 43	−4·8	24	E. 27	+0·2	W. 16	−3·9
25	W. 25	0·0	W. 44	−4·8	29	E. 27	+0·3	W. 15	−3·9
Mar. 2	W. 23	−0·1	W. 45	−4·7	**Sept.** 3	E. 26	+0·5	W. 13	−3·9
7	W. 21	−0·2	W. 46	−4·7	8	E. 24	+0·7	W. 12	−3·9
12	W. 18	−0·4	W. 46	−4·6	13	E. 19	+1·3	W. 11	−3·9
17	W. 15	−0·6	W. 47	−4·5	18	E. 11	+2·9	W. 9	−3·9
22	W. 11	−0·9	W. 47	−4·5	23	E. 3	·	W. 8	−3·9
27	W. 7	−1·3	W. 46	−4·4	28	W. 9	+2·9	W. 7	−3·9
Apr. 1	W. 2	−1·9	W. 46	−4·4	**Oct.** 3	W. 16	+0·6	W. 5	−3·9
6	E. 3	−1·9	W. 46	−4·3	8	W. 18	−0·4	W. 4	−3·9
11	E. 9	−1·6	W. 45	−4·3	13	W. 17	−0·8	W. 3	−3·9
16	E. 14	−1·2	W. 45	−4·2	18	W. 15	−1·0	W. 2	−3·9
21	E. 18	−0·7	W. 44	−4·2	23	W. 11	−1·1	E. 1	·
26	E. 20	−0·1	W. 43	−4·1	28	W. 8	−1·1	E. 2	·
May 1	E. 20	+0·5	W. 43	−4·1	**Nov.** 2	W. 4	−1·2	E. 3	−3·9
6	E. 19	+1·2	W. 42	−4·1	7	W. 1	−1·4	E. 4	−3·9
11	E. 15	+2·4	W. 41	−4·0	12	E. 2	−1·3	E. 5	−3·9
16	E. 9	+4·3	W. 40	−4·0	17	E. 5	−1·0	E. 6	−3·9
21	E. 2	·	W. 39	−4·0	22	E. 8	−0·8	E. 8	−3·9
26	W. 7	+5·0	W. 38	−4·0	27	E. 10	−0·7	E. 9	−3·9
31	W. 13	+3·0	W. 37	−4·0	**Dec.** 2	E. 13	−0·6	E. 10	−3·9
June 5	W. 19	+1·8	W. 36	−3·9	7	E. 15	−0·6	E. 11	−3·9
10	W. 22	+1·1	W. 35	−3·9	12	E. 18	−0·6	E. 12	−3·9
15	W. 23	+0·6	W. 33	−3·9	17	E. 19	−0·6	E. 14	−3·9
20	W. 23	+0·2	W. 32	−3·9	22	E. 20	−0·4	E. 15	−3·9
25	W. 21	−0·2	W. 31	−3·9	27	E. 19	−0·1	E. 16	−3·9
30	W. 18	−0·6	W. 30	−3·9	32	E. 13	+1·1	E. 17	−3·9

SELECTED DWARF AND MINOR PLANETS

		Conjunction	Stationary	Opposition	Stationary
Ceres	... ...	July 22	—	—	Jan. 16
Pallas	... ...	Apr. 12	Nov. 24	—	—
Juno	... ...	Jan. 11	July 28	Sept. 7	Oct. 19
Vesta	... ...	—	July 12	Aug. 22	Oct. 7
Pluto	... ...	Jan. 16	Apr. 30	July 20	Oct. 8

ELONGATIONS AND MAGNITUDES OF PLANETS AT 0^h UT

Date		Mars Elong.	Mag.	Jupiter Elong.	Mag.	Saturn Elong.	Mag.	Uranus Elong.	Mag.	Neptune Elong.	Mag.
Jan.	−9	W. 24	+1·6	E. 58	−2·2	E. 41	+0·7	E. 131	+5·7	E. 80	+7·8
	1	W. 27	+1·5	E. 50	−2·1	E. 31	+0·7	E. 120	+5·7	E. 70	+7·8
	11	W. 30	+1·5	E. 42	−2·1	E. 22	+0·7	E. 110	+5·8	E. 60	+7·8
	21	W. 33	+1·5	E. 34	−2·1	E. 13	+0·7	E. 100	+5·8	E. 50	+7·8
	31	W. 36	+1·4	E. 26	−2·1	E. 4	+0·6	E. 90	+5·8	E. 40	+7·8
Feb.	10	W. 39	+1·4	E. 18	−2·0	W. 5	+0·6	E. 80	+5·8	E. 31	+7·8
	20	W. 42	+1·3	E. 10	−2·0	W. 14	+0·7	E. 70	+5·8	E. 21	+7·8
Mar.	2	W. 45	+1·3	E. 3	−2·0	W. 22	+0·7	E. 60	+5·8	E. 11	+7·8
	12	W. 47	+1·2	W. 5	−2·0	W. 31	+0·7	E. 51	+5·9	E. 2	+7·8
	22	W. 50	+1·1	W. 12	−2·0	W. 40	+0·7	E. 41	+5·9	W. 8	+7·8
Apr.	1	W. 52	+1·1	W. 20	−2·0	W. 49	+0·7	E. 32	+5·9	W. 18	+7·8
	11	W. 54	+1·0	W. 27	−2·1	W. 58	+0·7	E. 22	+5·9	W. 27	+7·8
	21	W. 56	+0·9	W. 35	−2·1	W. 67	+0·7	E. 13	+5·9	W. 37	+7·8
May	1	W. 59	+0·9	W. 43	−2·1	W. 76	+0·7	E. 4	+5·9	W. 46	+7·8
	11	W. 61	+0·8	W. 50	−2·1	W. 86	+0·7	W. 5	+5·9	W. 55	+7·8
	21	W. 63	+0·7	W. 58	−2·2	W. 95	+0·6	W. 14	+5·9	W. 65	+7·8
	31	W. 65	+0·6	W. 66	−2·2	W. 104	+0·6	W. 23	+5·9	W. 74	+7·8
June	10	W. 67	+0·6	W. 74	−2·3	W. 114	+0·6	W. 32	+5·9	W. 84	+7·8
	20	W. 70	+0·5	W. 82	−2·3	W. 124	+0·5	W. 41	+5·9	W. 93	+7·8
	30	W. 72	+0·4	W. 91	−2·4	W. 133	+0·5	W. 51	+5·9	W. 103	+7·7
July	10	W. 74	+0·3	W. 100	−2·5	W. 143	+0·4	W. 60	+5·8	W. 112	+7·7
	20	W. 77	+0·3	W. 109	−2·6	W. 154	+0·4	W. 69	+5·8	W. 122	+7·7
	30	W. 80	+0·2	W. 118	−2·6	W. 164	+0·3	W. 78	+5·8	W. 132	+7·7
Aug.	9	W. 83	+0·1	W. 128	−2·7	W. 174	+0·3	W. 88	+5·8	W. 141	+7·7
	19	W. 87	0·0	W. 138	−2·8	E. 175	+0·2	W. 97	+5·8	W. 151	+7·7
	29	W. 91	−0·1	W. 148	−2·9	E. 165	+0·3	W. 107	+5·7	W. 161	+7·7
Sept.	8	W. 95	−0·3	W. 159	−2·9	E. 155	+0·3	W. 117	+5·7	W. 171	+7·7
	18	W. 100	−0·4	W. 170	−2·9	E. 144	+0·4	W. 126	+5·7	E. 178	+7·7
	28	W. 106	−0·6	E. 178	−2·9	E. 134	+0·4	W. 136	+5·7	E. 169	+7·7
Oct.	8	W. 112	−0·7	E. 167	−2·9	E. 124	+0·5	W. 147	+5·7	E. 159	+7·7
	18	W. 120	−0·9	E. 156	−2·9	E. 114	+0·5	W. 157	+5·7	E. 149	+7·7
	28	W. 129	−1·1	E. 145	−2·8	E. 104	+0·6	W. 167	+5·7	E. 138	+7·7
Nov.	7	W. 139	−1·4	E. 135	−2·8	E. 94	+0·6	W. 178	+5·7	E. 128	+7·7
	17	W. 151	−1·6	E. 124	−2·7	E. 85	+0·7	E. 172	+5·7	E. 118	+7·7
	27	W. 164	−1·8	E. 114	−2·6	E. 75	+0·7	E. 161	+5·7	E. 108	+7·7
Dec.	7	W. 177	−1·9	E. 104	−2·5	E. 65	+0·7	E. 151	+5·7	E. 98	+7·7
	17	E. 168	−1·7	E. 95	−2·5	E. 56	+0·7	E. 141	+5·7	E. 88	+7·8
	27	E. 155	−1·4	E. 85	−2·4	E. 47	+0·8	E. 130	+5·7	E. 78	+7·8
	37	E. 143	−1·1	E. 76	−2·3	E. 38	+0·8	E. 120	+5·7	E. 68	+7·8

VISUAL MAGNITUDES OF SELECTED DWARF & MINOR PLANETS

	Jan. 1	Feb. 10	Mar. 22	May 1	June 10	July 20	Aug. 29	Oct. 8	Nov. 17	Dec. 27
Ceres	7·8	8·4	8·8	8·9	8·8	8·5	8·7	8·8	8·7	8·3
Pallas	9·9	9·9	9·6	9·5	9·5	9·4	9·1	8·7	8·1	7·7
Juno	10·9	10·9	10·9	10·6	10·1	9·3	8·2	8·4	9·1	9·5
Vesta	7·7	7·8	7·8	7·6	7·1	6·4	5·9	6·8	7·6	8·1
Pluto	15·1	15·1	15·2	15·2	15·1	14·9	15·1	15·2	15·2	15·2

VISIBILITY OF PLANETS

The planet diagram on page A7 shows, in graphical form for any date during the year, the local mean times of meridian passage of the Sun, of the five planets, Mercury, Venus, Mars, Jupiter and Saturn, and of every 2^h of right ascension. Intermediate lines, corresponding to particular stars, may be drawn in by the user if desired. The diagram is intended to provide a general picture of the availability of planets and stars for observation during the year.

On each side of the line marking the time of meridian passage of the Sun, a band 45^m wide is shaded to indicate that planets and most stars crossing the meridian within 45^m of the Sun are generally too close to the Sun for observation.

For any date the diagram provides immediately the local mean time of meridian passage of the Sun, planets and stars, and thus the following information:
  a) whether a planet or star is too close to the Sun for observation;
  b) visibility of a planet or star in the morning or evening;
  c) location of a planet or star during twilight;
  d) proximity of planets to stars or other planets.

When the meridian passage of a body occurs at midnight, it is close to opposition to the Sun and is visible all night, and may be observed in both morning and evening twilights. As the time of meridian passage decreases, the body ceases to be observable in the morning, but its altitude above the eastern horizon during evening twilight gradually increases until it is on the meridian at evening twilight. From then onwards the body is observable above the western horizon, its altitude at evening twilight gradually decreasing, until it becomes too close to the Sun for observation. When it again becomes visible, it is seen in the morning twilight, low in the east. Its altitude at morning twilight gradually increases until meridian passage occurs at the time of morning twilight, then as the time of meridian passage decreases to 0^h, the body is observable in the west in the morning twilight with a gradually decreasing altitude, until it once again reaches opposition.

Notes on the visibility of the planets are given on page A8. Further information on the visibility of planets may be obtained from the diagram below which shows, in graphical form for any date during the year, the declinations of the bodies plotted on the planet diagram on page A7.

DECLINATION OF SUN AND PLANETS, 2022

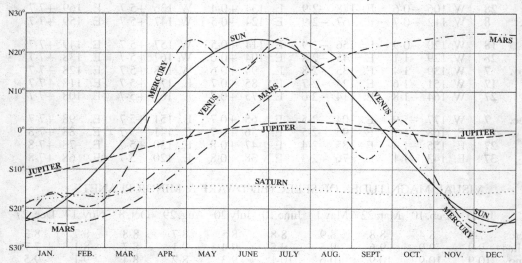

LOCAL MEAN TIME OF MERIDIAN PASSAGE

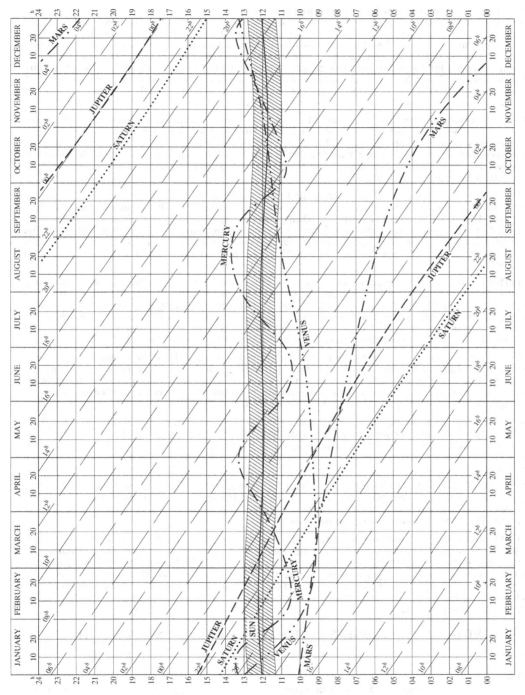

LOCAL MEAN TIME OF MERIDIAN PASSAGE

VISIBILITY OF PLANETS

MERCURY can only be seen low in the east before sunrise, or low in the west after sunset (about the time of beginning or end of civil twilight). It is visible in the mornings between the following approximate dates: January 29 to March 24, May 31 to July 9 and September 30 to October 26. The planet is brighter at the end of each period, (the best conditions in northern latitudes occur in the second week of October and in southern latitudes from mid-February to early March). It is visible in the evenings between the following approximate dates: January 1 to January 17, April 11 to May 12, July 25 to September 17 and November 25 to December 31. The planet is brighter at the beginning of each period, (the best conditions in northern latitudes occur from mid-April to early May and in southern latitudes from mid-August to early September).

VENUS is a brilliant object in the evening sky at the beginning of January, and then after a few days becomes too close to the Sun for observation until mid-January, when it reappears as a morning star. It can then be seen in the morning sky until mid-September when it again becomes too close to the Sun for observation; from early December until the end of the year it is visible in the evening sky. Venus is in conjunction with Mars on February 13 and March 12, with Saturn on March 29 and Jupiter on April 30 and with Mercury on December 29.

MARS can be seen in the morning sky from the beginning of the year as it passes through Ophiuchus, Sagittarius, Capricornus, Aquarius, Pisces, briefly into Cetus, returning to Pisces in mid-June then into Aries and Taurus. Its westward elongation gradually increases (passing 4° N of *Aldebaran* on September 9) until it is at opposition on December 8 when it is visible throughout the night. Its eastward elongation gradually decreases during the remainder of the year (passing 8° N of *Aldebaran* on December 22). Mars is in conjuction with Venus on February 13 and March 12, with Saturn on April 4 and with Jupiter on May 29.

JUPITER can be seen in the evening sky in Aquarius at the start of the year. It becomes too close to the Sun for observation after mid-February and reappears in the morning sky during mid-March. It moves into Pisces in mid-April and into Cetus in late June. Its westward elongation gradually increases and in early September moves into Pisces once more. Jupiter is at opposition on September 26 when it is visible throughout the night, and from late December it can be seen in the evening sky. Jupiter is in conjunction with Mercury on March 20, with Venus on April 30 and with Mars on May 29.

SATURN can be seen in the evening sky in Capricornus and reamins in this constellation throughout the year. In mid-January it becomes too close to the Sun for observation and reappears in the morning sky in late February. It is at opposition on August 14 when it is visible throughout the night. Its eastward elongation then gradually decreases and mid-November it can only be seen in the evening sky. Saturn is in conjunction with Mercury on March 2, with Venus on March 29 ands with Mars on April 4.

URANUS is visible at the beginning of the year in Aries, in which constellation it remains throughout the year. From late January until mid-April it can only be seen in the evening sky. It then becomes too close to the Sun for observation reappearing in late May in the morning sky. It is at oppostion on November 9 when it is visible throughout the night, after which its eastward elongation gradually decreases.

NEPTUNE is visible at the beginning of the year in the evening sky in Aquarius. In late February it becomes too close to the Sun for observation and reappears in early April in the morning sky. It moves into Pisces in early May and Aquarius from mid-August. Neptune is at opposition on September 16 and from mid-December can only be seen in the evening sky.

DO NOT CONFUSE (1) Mercury with Saturn in mid-January and again from late February to early March; on both occasions Mercury is the brighter object. (2) Venus with Mars from early March to late in the same month, with Saturn from late March to early April, with Jupiter from late April to early May and with Mercury in early December and again in late December; on all occasions Venus is the brighter object. (3) Jupiter with Mercury in mid-March and with Mars from late May to early June; on both occasions Jupiter is the brighter onject. (4) Mars with Saturn from late March until mid-April when Saturn is the brighter object.

VISIBILITY OF PLANETS IN MORNING AND EVENING TWILIGHT

	Morning		Evening	
Venus			January 1	– January 3
	January 15	– September 15	December 3	– December 31
Mars	January 1	– December 8	December 8	– December 31
Jupiter			January 1	– February 20
	March 19	– September 26	September 26	– December 31
Saturn			January 1	– January 19
	February 22	– August 14	August 14	– December 31

CONFIGURATIONS OF SUN, MOON AND PLANETS

	d h		
Jan.	1 23	Moon at perigee	
	2 19	NEW MOON	
	4 01	Mercury 3° N. of Moon	
	4 07	Earth at perihelion	
	4 17	Saturn 4° N. of Moon	
	6 00	Jupiter 4° N. of Moon	
	7 10	Neptune 4° N. of Moon	
	7 11	Mercury greatest elong. E. (19°)	
	9 01	Venus in inferior conjunction	
	9 18	FIRST QUARTER	
	11 11	Uranus 1°.5 N. of Moon	
	11 22	Juno in conjunction with Sun	
	13 00	Ceres 1°.2 S. of Moon	Occn.
	14 01	Mercury stationary	
	14 09	Moon at apogee	
	16 15	Pluto in conjunction with Sun	
	16 22	Ceres stationary	
	18 00	FULL MOON	
	18 20	Uranus stationary	
	23 10	Mercury in inferior conjunction	
	25 14	LAST QUARTER	
	29 08	Venus stationary	
	29 15	Mars 2° N. of Moon	
	30 02	Venus 10° N. of Moon	
	30 07	Moon at perigee	
	31 00	Mercury 8° N. of Moon	
Feb.	1 06	NEW MOON	
	2 21	Jupiter 4° N. of Moon	
	3 21	Neptune 4° N. of Moon	
	3 22	Mercury stationary	
	4 19	Saturn in conjunction with Sun	
	7 20	Uranus 1°.2 N. of Moon	Occn.
	8 14	FIRST QUARTER	
	9 11	Ceres 0°.03 S. of Moon	Occn.
	11 03	Moon at apogee	
	12 22	Venus greatest illuminated extent	
	13 01	Venus 7° N. of Mars	
	16 17	FULL MOON	
	16 21	Mercury greatest elong. W. (26°)	
	23 23	LAST QUARTER	
	26 22	Moon at perigee	
	27 06	Venus 9° N. of Moon	
	27 09	Mars 4° N. of Moon	
	28 20	Mercury 4° N. of Moon	
Mar.	1 00	Saturn 4° N. of Moon	
	2 13	Mercury 0°.7 S. of Saturn	
	2 18	NEW MOON	
	5 14	Jupiter in conjunction with Sun	
	7 06	Uranus 0°.8 N. of Moon	Occn.
	9 07	Ceres 0°.3 N. of Moon	Occn.

	d h		
Mar.	10 11	FIRST QUARTER	
	10 23	Moon at apogee	
	12 14	Venus 4° N. of Mars	
	13 12	Neptune in conjunction with Sun	
	18 07	FULL MOON	
	20 09	Venus greatest elong. W. (47°)	
	20 16	Equinox	
	20 22	Mercury 1°.3 S. of Jupiter	
	24 00	Moon at perigee	
	25 06	LAST QUARTER	
	28 03	Mars 4° N. of Moon	
	28 10	Venus 7° N. of Moon	
	28 12	Saturn 4° N. of Moon	
	29 13	Venus 2° N. of Saturn	
	30 15	Jupiter 4° N. of Moon	
	30 19	Neptune 4° N. of Moon	
Apr.	1 06	NEW MOON	
	2 23	Mercury in superior conjunction	
	3 17	Uranus 0°.6 N. of Moon	Occn.
	4 22	Mars 0°.3 S. of Saturn	
	6 09	Ceres 0°.2 N. of Moon	Occn.
	7 19	Moon at apogee	
	9 07	FIRST QUARTER	
	12 03	Pallas in conjunction with Sun	
	12 20	Jupiter 0°.1 N. of Neptune	
	16 19	FULL MOON	
	19 15	Moon at perigee	
	23 12	LAST QUARTER	
	24 21	Saturn 5° N. of Moon	
	25 22	Mars 4° N. of Moon	
	27 02	Venus 4° N. of Moon	
	27 03	Neptune 4° N. of Moon	
	27 08	Jupiter 4° N. of Moon	
	27 19	Venus 0°.007 S. of Neptune	
	29 08	Mercury greatest elong. E. (21°)	
	30 19	Venus 0°.2 S. of Jupiter	
	30 20	NEW MOON	Eclipse
	30 21	Pluto stationary	
May	2 14	Mercury 1°.8 N. of Moon	
	4 14	Ceres 0°.008 N. of Moon	Occn.
	5 07	Uranus in conjunction with Sun	
	5 13	Moon at apogee	
	9 00	FIRST QUARTER	
	10 23	Mercury stationary	
	16 04	FULL MOON	Eclipse
	17 15	Moon at perigee	
	17 23	Mars 0°.6 S. of Neptune	
	21 19	Mercury in inferior conjunction	

CONFIGURATIONS OF SUN, MOON AND PLANETS

d h			d h		
May 22 05	Saturn 4° N. of Moon		July 28 18	NEW MOON	
22 19	LAST QUARTER		29 12	Jupiter stationary	
24 10	Neptune 4° N. of Moon		Aug. 1 09	Mars 1°4 S. of Uranus	
24 19	Mars 3° N. of Moon		4 05	Mercury 0°7 N. of *Regulus*	
25 00	Jupiter 3° N. of Moon		5 11	FIRST QUARTER	
27 03	Venus 0°2 N. of Moon	Occn.	7 10	Venus 7° S. of *Pollux*	
28 14	Uranus 0°3 N. of Moon	Occn.	10 17	Moon at perigee	
29 00	Mars 0°6 S. of Jupiter		12 02	FULL MOON	
30 12	NEW MOON		12 04	Saturn 4° N. of Moon	
June 1 21	Ceres 0°1 S. of Moon	Occn.	14 10	Neptune 3° N. of Moon	
2 01	Moon at apogee		14 17	Saturn at opposition	
3 00	Mercury stationary		15 10	Jupiter 1°9 N. of Moon	
5 14	Saturn stationary		18 15	Uranus 0°6 S. of Moon	Occn.
7 15	FIRST QUARTER		19 05	LAST QUARTER	
11 13	Venus 1°6 S. of Uranus		19 12	Mars 3° S. of Moon	
14 12	FULL MOON		22 19	Vesta at opposition	
14 23	Moon at perigee		22 22	Moon at apogee	
16 15	Mercury greatest elong. W. (23°)		24 15	Uranus stationary	
18 12	Saturn 4° N. of Moon		25 19	Ceres 0°7 N. of Moon	Occn.
19 08	Vesta 0°7 N. of Moon	Occn.	25 21	Venus 4° S. of Moon	
20 17	Neptune 4° N. of Moon		27 08	NEW MOON	
21 03	LAST QUARTER		27 16	Mercury greatest elong. E. (27°)	
21 09	Solstice		29 11	Mercury 7° S. of Moon	
21 14	Jupiter 3° N. of Moon		Sept. 3 18	FIRST QUARTER	
22 18	Mars 0°9 N. of Moon	Occn.	5 01	Venus 0°8 N. of *Regulus*	
23 14	Mercury 3° N. of *Aldebaran*		7 17	Juno at opposition	
24 22	Uranus 0°05 N. of Moon	Occn.	7 18	Moon at perigee	
26 08	Venus 3° S. of Moon		8 11	Saturn 4° N. of Moon	
27 08	Mercury 4° S. of Moon		9 01	Mars 4° N. of *Aldebaran*	
28 23	Neptune stationary		9 20	Mercury stationary	
29 03	NEW MOON		10 10	FULL MOON	
29 06	Moon at apogee		10 19	Neptune 3° N. of Moon	
July 2 00	Venus 4° N. of *Aldebaran*		11 15	Jupiter 1°8 N. of Moon	
4 07	Earth at aphelion		14 23	Uranus 0°8 S. of Moon	Occn.
7 02	FIRST QUARTER		16 22	Neptune at opposition	
12 06	Vesta stationary		17 02	Mars 4° S. of Moon	
13 09	Moon at perigee		17 22	LAST QUARTER	
13 19	FULL MOON		19 15	Moon at apogee	
15 20	Saturn 4° N. of Moon		23 01	Equinox	
16 20	Mercury in superior conjunction		23 07	Mercury in inferior conjunction	
18 01	Neptune 3° N. of Moon		25 22	NEW MOON	
19 01	Jupiter 2° N. of Moon		26 20	Jupiter at opposition	
20 02	Pluto at opposition		Oct. 1 15	Mercury stationary	
20 14	LAST QUARTER		3 00	FIRST QUARTER	
21 17	Mars 1°1 S. of Moon	Occn.	4 17	Moon at perigee	
22 01	Ceres in conjunction with Sun		5 16	Saturn 4° N. of Moon	
22 06	Uranus 0°2 S. of Moon	Occn.	7 06	Vesta stationary	
26 10	Moon at apogee		8 03	Neptune 3° N. of Moon	
26 14	Venus 4° S. of Moon				
28 10	Juno stationary				

CONFIGURATIONS OF SUN, MOON AND PLANETS

	d h	
Oct.	8 18	Jupiter 2° N. of Moon
	8 18	Pluto stationary
	8 21	Mercury greatest elong. W. (18°)
	9 21	FULL MOON
	12 07	Uranus 0°8 S. of Moon Occn.
	15 05	Mars 4° S. of Moon
	17 10	Moon at apogee
	17 17	LAST QUARTER
	19 00	Juno stationary
	22 21	Venus in superior conjunction
	23 09	Saturn stationary
	25 11	NEW MOON Eclipse
	29 15	Moon at perigee
	30 11	Mars stationary
Nov.	1 07	FIRST QUARTER
	1 21	Saturn 4° N. of Moon
	3 08	Juno 1°0 N. of Moon Occn.
	4 08	Neptune 3° N. of Moon
	4 20	Jupiter 2° N. of Moon
	8 11	FULL MOON Eclipse
	8 13	Uranus 0°7 S. of Moon Occn.
	8 17	Mercury in superior conjunction
	9 08	Uranus at opposition
	11 14	Mars 2° S. of Moon
	14 07	Moon at apogee
	16 13	LAST QUARTER
	23 23	NEW MOON

	d h	
Nov.	24 13	Jupiter stationary
	24 13	Pallas stationary
	26 02	Moon at perigee
	29 05	Saturn 4° N. of Moon
	30 15	FIRST QUARTER
Dec.	1 00	Juno 1°2 S. of Moon Occn.
	1 02	Mars closest approach
	1 13	Neptune 3° N. of Moon
	2 01	Jupiter 3° N. of Moon
	4 10	Neptune stationary
	5 18	Uranus 0°7 S. of Moon Occn.
	8 04	FULL MOON
	8 04	Mars 0°5 S. of Moon Occn.
	8 06	Mars at opposition
	12 00	Moon at apogee
	16 09	LAST QUARTER
	21 15	Mercury greatest elong. E. (20°)
	21 22	Solstice
	22 04	Mars 8° N. of *Aldebaran*
	23 10	NEW MOON
	24 08	Moon at perigee
	24 11	Venus 3° N. of Moon
	24 19	Mercury 4° N. of Moon
	26 16	Saturn 4° N. of Moon
	28 20	Neptune 3° N. of Moon
	29 03	Mercury stationary
	29 09	Mercury 1°4 N. of Venus
	29 11	Jupiter 2° N. of Moon
	30 01	FIRST QUARTER

Arrangement and basis of the tabulations

The tabulations of risings, settings and twilights on pages A14–A77 refer to the instants when the true geocentric zenith distance of the central point of the disk of the Sun or Moon takes the value indicated in the following table. The tabular times are in universal time (UT) for selected latitudes on the meridian of Greenwich; the times for other latitudes and longitudes may be obtained by interpolation as described below and as exemplified on page A13.

	Phenomena	*Zenith distance*	*Pages*
SUN (interval 4 days):	sunrise and sunset	90° 50′	A14–A21
	civil twilight	96°	A22–A29
	nautical twilight	102°	A30–A37
	astronomical twilight	108°	A38–A45
MOON (interval 1 day):	moonrise and moonset	90° 34′ + s − π	A46–A77

(s = semidiameter, π = horizontal parallax)

The zenith distance at the times for rising and setting is such that under normal conditions the upper limb of the Sun and Moon appears to be on the horizon of an observer at sea-level. The parallax of the Sun is ignored. The observed time may differ from the tabular time because of a variation of the atmospheric refraction from the adopted value (34′) and because of a difference in height of the observer and the actual horizon.

Use of tabulations

The following procedure may be used to obtain times of the phenomena for a non-tabular place and date.

Step 1:   Interpolate linearly for latitude. The differences between adjacent values are usually small and so the required interpolates can often be obtained by inspection.

Step 2:   Interpolate linearly for date and longitude in order to obtain the local mean times of the phenomena at the longitude concerned. For the Sun the variations with longitude of the local mean times of the phenomena are small, but to obtain better precision the interpolation factor for date should be increased by

$$\text{west longitude in degrees }/1440$$

since the interval of tabulation is 4 days. For the Moon, the interpolating factor to be used is simply

$$\text{west longitude in degrees }/360$$

since the interval of tabulation is 1 day; backward interpolation should be carried out for east longitudes.

Step 3:   Convert the times so obtained (which are on the scale of local mean time for the local meridian) to universal time (UT) or to the appropriate clock time, which may differ from the time of the nearest standard meridian according to the customs of the country concerned. The UT of the phenomenon is obtained from the local mean time by applying the longitude expressed in time measure (1 hour for each 15° of longitude), adding for west longitudes and subtracting for east longitudes. The times so obtained may require adjustment by 24$^\text{h}$; if so, the corresponding date must be changed accordingly.

Approximate formulae for direct calculation

The approximate UT of rising or setting of a body with right ascension α and declination δ at latitude ϕ and *east* longitude λ may be calculated from

$$\text{UT} = 0.997\ 27\ \{\alpha - \lambda \pm \cos^{-1}(-\tan\phi\tan\delta) - (\text{GMST at } 0^\text{h}\ \text{UT})\}$$

where each term is expressed in time measure and the GMST at 0$^\text{h}$ UT is given in the tabulations on pages B13–B20. The negative sign corresponds to rising and the positive sign to setting. The formula ignores refraction, semi-diameter and any changes in α and δ during the day. If $\tan\phi\tan\delta$ is numerically greater than 1, there is no phenomenon.

Examples

The following examples of the calculations of the times of rising and setting phenomena use the procedure described on page A12.

1. Find the times of sunrise and sunset for Paris on 2022 July 18. Paris is at latitude N 48° 52′ (= +48°.87), longitude E 2° 20′ (= E 2°.33 = E 0^h 09^m), and in the summer the clocks are kept two hours in advance of UT. The relevant portions of the tabulation on page A19 and the results of the interpolation for latitude are as follows, where the interpolation factor is $(48.87 - 48)/2 = 0.43$:

	Sunrise			Sunset		
	+48°	+50°	+48°.87	+48°	+50°	+48°.87
	h m	h m	h m	h m	h m	h m
July 17	04 18	04 10	04 15	19 54	20 02	19 57
July 21	04 23	04 15	04 20	19 50	19 58	19 53

The interpolation factor for date and longitude is $(18 - 17)/4 - 2.33/1440 = 0.25$

	Sunrise	Sunset
	d h m	d h m
Interpolate to obtain local mean time:	18 04 16	18 19 56
Subtract 0^h 09^m to obtain universal time:	18 04 07	18 19 47
Add 2^h to obtain clock time:	18 06 07	18 21 47

2. Find the times of beginning and end of astronomical twilight for Canberra, Australia on 2022 November 4. Canberra is at latitude S 35° 18′ (= −35°.30), longitude E 149° 08′ (= E 149°.13 = E 9^h 57^m), and in the summer the clocks are kept eleven hours in advance of UT. The relevant portions of the tabulation on page A44 and the results of the interpolation for latitude are as follows, where the interpolation factor is $(-35.30 - (-40))/5 = 0.94$:

Astronomical Twilight

	beginning			end		
	−40°	−35°	−35°.30	−40°	−35°	−35°.30
	h m	h m	h m	h m	h m	h m
Nov. 2	03 05	03 23	03 22	20 23	20 05	20 06
Nov. 6	02 59	03 18	03 17	20 30	20 10	20 11

The interpolation factor for date and longitude is $(4 - 2)/4 - 149.13/1440 = 0.40$

	Astronomical Twilight	
	beginning	end
	d h m	d h m
Interpolation to obtain local mean time:	4 03 20	4 20 08
Subtract 9^h 57^m to obtain universal time:	3 17 23	4 10 11
Add 11^h to obtain clock time:	4 04 23	4 21 11

3. Find the times of moonrise and moonset for Washington, D.C. on 2022 January 22. Washington is at latitude N 38° 55′ (= +38°.92), longitude W 77° 00′ (= W 77°.00 = W 5^h 08^m), and in the winter the clocks are kept five hours behind UT. The relevant portions of the tabulation on page A46 and the results of the interpolation for latitude are as follows, where the interpolation factor is $(38.92 - 35)/5 = 0.78$:

	Moonrise			Moonset		
	+35°	+40°	+38°.92	+35°	+40°	+38°.92
	h m	h m	h m	h m	h m	h m
Jan. 22	21 47	21 44	21 45	09 55	09 59	09 58
Jan. 23	22 49	22 50	22 50	10 22	10 23	10 23

The interpolation factor for longitude is $77.0/360 = 0.21$

	Moonrise	Moonset
	d h m	d h m
Interpolate to obtain local mean time:	22 21 59	22 10 03
Add 5^h 08^m to obtain universal time:	23 03 07	22 15 11
Subtract 5^h to obtain clock time:	22 22 07	22 10 11

SUNRISE AND SUNSET, 2022

UNIVERSAL TIME FOR MERIDIAN OF GREENWICH

SUNRISE

Lat.	−55°	−50°	−45°	−40°	−35°	−30°	−20°	−10°	0°	+10°	+20°	+30°	+35°	+40°
	h m	h m	h m	h m	h m	h m	h m	h m	h m	h m	h m	h m	h m	h m
Jan. −2	3 23	3 52	4 15	4 32	4 47	5 00	5 22	5 41	5 58	6 16	6 34	6 55	7 07	7 21
2	3 27	3 56	4 18	4 36	4 50	5 03	5 25	5 43	6 00	6 17	6 35	6 56	7 08	7 22
6	3 33	4 01	4 22	4 39	4 54	5 06	5 27	5 45	6 02	6 19	6 37	6 57	7 09	7 22
10	3 39	4 06	4 27	4 43	4 57	5 09	5 30	5 47	6 04	6 20	6 37	6 57	7 08	7 22
14	3 46	4 12	4 32	4 48	5 01	5 13	5 32	5 50	6 05	6 21	6 38	6 57	7 08	7 20
18	3 53	4 18	4 37	4 52	5 05	5 16	5 35	5 52	6 07	6 22	6 38	6 56	7 07	7 19
22	4 01	4 24	4 42	4 57	5 09	5 20	5 38	5 53	6 08	6 22	6 38	6 55	7 05	7 16
26	4 10	4 31	4 48	5 02	5 13	5 23	5 40	5 55	6 09	6 23	6 37	6 53	7 03	7 14
30	4 18	4 38	4 54	5 06	5 17	5 27	5 43	5 57	6 10	6 23	6 36	6 51	7 00	7 10
Feb. 3	4 27	4 45	5 00	5 11	5 21	5 30	5 45	5 58	6 10	6 22	6 35	6 49	6 57	7 07
7	4 35	4 52	5 05	5 16	5 26	5 34	5 48	6 00	6 11	6 22	6 33	6 46	6 54	7 03
11	4 44	4 59	5 11	5 21	5 30	5 37	5 50	6 01	6 11	6 21	6 31	6 43	6 50	6 58
15	4 53	5 06	5 17	5 26	5 34	5 40	5 52	6 02	6 11	6 20	6 29	6 40	6 46	6 53
19	5 01	5 13	5 23	5 31	5 38	5 43	5 54	6 02	6 10	6 18	6 27	6 36	6 42	6 48
23	5 10	5 20	5 29	5 35	5 41	5 46	5 55	6 03	6 10	6 17	6 24	6 32	6 37	6 42
27	5 18	5 27	5 34	5 40	5 45	5 49	5 57	6 03	6 09	6 15	6 21	6 28	6 32	6 37
Mar. 3	5 27	5 34	5 40	5 44	5 49	5 52	5 58	6 04	6 09	6 13	6 18	6 24	6 27	6 31
7	5 35	5 41	5 45	5 49	5 52	5 55	6 00	6 04	6 08	6 11	6 15	6 19	6 22	6 24
11	5 43	5 47	5 50	5 53	5 56	5 58	6 01	6 04	6 07	6 09	6 12	6 15	6 16	6 18
15	5 51	5 54	5 56	5 57	5 59	6 00	6 02	6 04	6 06	6 07	6 09	6 10	6 11	6 12
19	5 59	6 00	6 01	6 02	6 02	6 03	6 03	6 04	6 04	6 05	6 05	6 05	6 05	6 05
23	6 07	6 06	6 06	6 06	6 05	6 05	6 05	6 04	6 03	6 03	6 02	6 00	6 00	5 59
27	6 14	6 13	6 11	6 10	6 09	6 08	6 06	6 04	6 02	6 00	5 58	5 56	5 54	5 52
31	6 22	6 19	6 16	6 14	6 12	6 10	6 07	6 04	6 01	5 58	5 55	5 51	5 48	5 46
Apr. 4	6 30	6 25	6 21	6 18	6 15	6 12	6 08	6 04	6 00	5 56	5 51	5 46	5 43	5 39

SUNSET

Lat.	−55°	−50°	−45°	−40°	−35°	−30°	−20°	−10°	0°	+10°	+20°	+30°	+35°	+40°
	h m	h m	h m	h m	h m	h m	h m	h m	h m	h m	h m	h m	h m	h m
Jan. −2	20 41	20 12	19 49	19 32	19 17	19 04	18 42	18 23	18 06	17 49	17 30	17 09	16 57	16 43
2	20 40	20 11	19 50	19 32	19 17	19 05	18 43	18 25	18 08	17 51	17 33	17 12	17 00	16 46
6	20 38	20 10	19 49	19 32	19 18	19 05	18 44	18 26	18 10	17 53	17 35	17 15	17 03	16 50
10	20 35	20 08	19 48	19 31	19 18	19 05	18 45	18 28	18 11	17 55	17 38	17 18	17 07	16 54
14	20 31	20 06	19 46	19 30	19 17	19 05	18 45	18 28	18 13	17 57	17 40	17 22	17 11	16 58
18	20 26	20 02	19 43	19 28	19 15	19 04	18 45	18 29	18 14	17 59	17 43	17 25	17 14	17 02
22	20 21	19 58	19 40	19 26	19 14	19 03	18 45	18 30	18 15	18 01	17 46	17 28	17 18	17 07
26	20 14	19 53	19 36	19 23	19 11	19 01	18 44	18 30	18 16	18 03	17 48	17 32	17 22	17 12
30	20 07	19 47	19 32	19 19	19 09	18 59	18 43	18 30	18 17	18 04	17 51	17 35	17 27	17 17
Feb. 3	20 00	19 41	19 27	19 16	19 06	18 57	18 42	18 29	18 17	18 05	17 53	17 39	17 31	17 21
7	19 51	19 35	19 22	19 11	19 02	18 54	18 40	18 29	18 17	18 07	17 55	17 42	17 35	17 26
11	19 43	19 28	19 16	19 07	18 58	18 51	18 38	18 28	18 18	18 08	17 57	17 45	17 39	17 31
15	19 34	19 21	19 10	19 01	18 54	18 47	18 36	18 26	18 17	18 09	17 59	17 49	17 43	17 36
19	19 25	19 13	19 04	18 56	18 49	18 44	18 34	18 25	18 17	18 09	18 01	17 52	17 46	17 40
23	19 15	19 05	18 57	18 50	18 45	18 40	18 31	18 24	18 17	18 10	18 03	17 55	17 50	17 45
27	19 06	18 57	18 50	18 45	18 40	18 35	18 28	18 22	18 16	18 10	18 04	17 58	17 54	17 49
Mar. 3	18 56	18 49	18 43	18 39	18 35	18 31	18 25	18 20	18 15	18 11	18 06	18 00	17 57	17 54
7	18 46	18 40	18 36	18 32	18 29	18 27	18 22	18 18	18 14	18 11	18 07	18 03	18 01	17 58
11	18 36	18 32	18 29	18 26	18 24	18 22	18 19	18 16	18 13	18 11	18 08	18 06	18 04	18 02
15	18 26	18 23	18 21	18 20	18 18	18 17	18 15	18 14	18 12	18 11	18 10	18 08	18 07	18 07
19	18 15	18 15	18 14	18 13	18 13	18 12	18 12	18 11	18 11	18 11	18 11	18 11	18 11	18 11
23	18 05	18 06	18 06	18 07	18 07	18 08	18 08	18 09	18 10	18 11	18 12	18 13	18 14	18 15
27	17 55	17 57	17 59	18 00	18 02	18 03	18 05	18 07	18 09	18 11	18 13	18 16	18 17	18 19
31	17 45	17 49	17 51	17 54	17 56	17 58	18 01	18 04	18 07	18 11	18 14	18 18	18 20	18 23
Apr. 4	17 35	17 40	17 44	17 47	17 50	17 53	17 58	18 02	18 06	18 10	18 15	18 20	18 24	18 27

UNIVERSAL TIME FOR MERIDIAN OF GREENWICH

SUNRISE

Lat.	+40°	+42°	+44°	+46°	+48°	+50°	+52°	+54°	+56°	+58°	+60°	+62°	+64°	+66°
	h m	h m	h m	h m	h m	h m	h m	h m	h m	h m	h m	h m	h m	h m
Jan. −2	7 21	7 28	7 34	7 42	7 50	7 58	8 08	8 19	8 32	8 46	9 03	9 24	9 52	10 32
2	7 22	7 28	7 35	7 42	7 50	7 58	8 08	8 19	8 31	8 45	9 02	9 22	9 48	10 26
6	7 22	7 28	7 35	7 42	7 49	7 58	8 07	8 17	8 29	8 43	8 59	9 18	9 43	10 17
10	7 22	7 27	7 34	7 40	7 48	7 56	8 05	8 15	8 26	8 39	8 55	9 13	9 36	10 07
14	7 20	7 26	7 32	7 39	7 46	7 53	8 02	8 12	8 22	8 35	8 49	9 06	9 28	9 56
18	7 19	7 24	7 30	7 36	7 43	7 50	7 58	8 07	8 18	8 29	8 43	8 59	9 18	9 44
22	7 16	7 22	7 27	7 33	7 39	7 46	7 54	8 02	8 12	8 23	8 35	8 50	9 08	9 31
26	7 14	7 18	7 24	7 29	7 35	7 42	7 49	7 57	8 06	8 16	8 27	8 41	8 57	9 17
30	7 10	7 15	7 20	7 25	7 30	7 36	7 43	7 50	7 59	8 08	8 19	8 31	8 45	9 03
Feb. 3	7 07	7 11	7 15	7 20	7 25	7 31	7 37	7 44	7 51	8 00	8 09	8 20	8 33	8 49
7	7 03	7 06	7 10	7 15	7 19	7 24	7 30	7 36	7 43	7 51	7 59	8 09	8 21	8 35
11	6 58	7 01	7 05	7 09	7 13	7 18	7 23	7 28	7 34	7 41	7 49	7 58	8 08	8 20
15	6 53	6 56	6 59	7 03	7 07	7 11	7 15	7 20	7 25	7 31	7 38	7 46	7 55	8 06
19	6 48	6 50	6 53	6 56	7 00	7 03	7 07	7 11	7 16	7 21	7 27	7 34	7 42	7 51
23	6 42	6 45	6 47	6 50	6 53	6 56	6 59	7 03	7 07	7 11	7 16	7 22	7 28	7 36
27	6 37	6 38	6 41	6 43	6 45	6 48	6 50	6 53	6 57	7 00	7 04	7 09	7 14	7 21
Mar. 3	6 31	6 32	6 34	6 36	6 37	6 39	6 42	6 44	6 47	6 50	6 53	6 57	7 01	7 06
7	6 24	6 26	6 27	6 28	6 30	6 31	6 33	6 34	6 36	6 39	6 41	6 44	6 47	6 50
11	6 18	6 19	6 20	6 21	6 22	6 23	6 24	6 25	6 26	6 28	6 29	6 31	6 33	6 35
15	6 12	6 12	6 13	6 13	6 13	6 14	6 14	6 14	6 15	6 16	6 16	6 17	6 18	6 20
19	6 05	6 05	6 05	6 05	6 05	6 05	6 05	6 05	6 05	6 05	6 05	6 05	6 05	6 05
23	5 59	5 58	5 58	5 58	5 57	5 57	5 56	5 55	5 55	5 54	5 53	5 52	5 51	5 49
27	5 52	5 52	5 51	5 50	5 49	5 48	5 47	5 45	5 44	5 42	5 41	5 39	5 36	5 34
31	5 46	5 45	5 43	5 42	5 41	5 39	5 37	5 36	5 34	5 31	5 29	5 26	5 22	5 18
Apr. 4	5 39	5 38	5 36	5 35	5 33	5 31	5 28	5 26	5 23	5 20	5 17	5 13	5 08	5 03

SUNSET

Lat.	+40°	+42°	+44°	+46°	+48°	+50°	+52°	+54°	+56°	+58°	+60°	+62°	+64°	+66°
	h m	h m	h m	h m	h m	h m	h m	h m	h m	h m	h m	h m	h m	h m
Jan. −2	16 43	16 37	16 30	16 23	16 15	16 06	15 56	15 45	15 33	15 18	15 01	14 40	14 13	13 32
2	16 46	16 40	16 33	16 26	16 18	16 10	16 00	15 50	15 37	15 23	15 07	14 46	14 20	13 42
6	16 50	16 44	16 37	16 30	16 23	16 14	16 05	15 55	15 43	15 29	15 13	14 54	14 29	13 55
10	16 54	16 48	16 42	16 35	16 28	16 19	16 11	16 01	15 49	15 36	15 21	15 02	14 39	14 08
14	16 58	16 52	16 46	16 40	16 33	16 25	16 17	16 07	15 56	15 44	15 29	15 12	14 51	14 23
18	17 02	16 57	16 51	16 45	16 38	16 31	16 23	16 14	16 04	15 52	15 39	15 23	15 03	14 38
22	17 07	17 02	16 57	16 51	16 44	16 37	16 30	16 21	16 12	16 01	15 48	15 34	15 16	14 53
26	17 12	17 07	17 02	16 56	16 50	16 44	16 37	16 29	16 20	16 10	15 58	15 45	15 29	15 09
30	17 17	17 12	17 07	17 02	16 57	16 51	16 44	16 37	16 29	16 19	16 09	15 56	15 42	15 24
Feb. 3	17 21	17 17	17 13	17 08	17 03	16 58	16 51	16 45	16 37	16 29	16 19	16 08	15 55	15 39
7	17 26	17 22	17 18	17 14	17 09	17 04	16 59	16 53	16 46	16 38	16 30	16 20	16 08	15 55
11	17 31	17 28	17 24	17 20	17 16	17 11	17 06	17 01	16 55	16 48	16 40	16 32	16 21	16 09
15	17 36	17 33	17 29	17 26	17 22	17 18	17 14	17 09	17 04	16 58	16 51	16 43	16 34	16 24
19	17 40	17 38	17 35	17 32	17 29	17 25	17 21	17 17	17 12	17 07	17 01	16 55	16 47	16 38
23	17 45	17 43	17 40	17 38	17 35	17 32	17 29	17 25	17 21	17 17	17 12	17 06	17 00	16 52
27	17 49	17 48	17 46	17 43	17 41	17 39	17 36	17 33	17 30	17 26	17 22	17 17	17 12	17 06
Mar. 3	17 54	17 52	17 51	17 49	17 47	17 45	17 43	17 41	17 38	17 35	17 32	17 29	17 24	17 20
7	17 58	17 57	17 56	17 55	17 53	17 52	17 50	17 49	17 47	17 45	17 42	17 40	17 37	17 33
11	18 02	18 02	18 01	18 00	17 59	17 58	17 57	17 56	17 55	17 54	17 52	17 51	17 49	17 46
15	18 07	18 06	18 06	18 06	18 05	18 05	18 04	18 04	18 03	18 03	18 02	18 01	18 01	18 00
19	18 11	18 11	18 11	18 11	18 11	18 11	18 11	18 11	18 12	18 12	18 12	18 12	18 12	18 13
23	18 15	18 15	18 16	18 16	18 17	18 18	18 18	18 19	18 20	18 21	18 22	18 23	18 24	18 26
27	18 19	18 20	18 21	18 22	18 23	18 24	18 25	18 26	18 28	18 30	18 31	18 34	18 36	18 39
31	18 23	18 24	18 26	18 27	18 29	18 30	18 32	18 34	18 36	18 38	18 41	18 44	18 48	18 52
Apr. 4	18 27	18 29	18 30	18 32	18 34	18 36	18 39	18 41	18 44	18 47	18 51	18 55	19 00	19 05

SUNRISE AND SUNSET, 2022

UNIVERSAL TIME FOR MERIDIAN OF GREENWICH

SUNRISE

Lat.	−55°	−50°	−45°	−40°	−35°	−30°	−20°	−10°	0°	+10°	+20°	+30°	+35°	+40°
	h m	h m	h m	h m	h m	h m	h m	h m	h m	h m	h m	h m	h m	h m
Mar. 31	6 22	6 19	6 16	6 14	6 12	6 10	6 07	6 04	6 01	5 58	5 55	5 51	5 48	5 46
Apr. 4	6 30	6 25	6 21	6 18	6 15	6 12	6 08	6 04	6 00	5 56	5 51	5 46	5 43	5 39
8	6 38	6 31	6 26	6 22	6 18	6 15	6 09	6 04	5 59	5 53	5 48	5 41	5 38	5 33
12	6 45	6 38	6 31	6 26	6 21	6 17	6 10	6 04	5 57	5 51	5 45	5 37	5 32	5 27
16	6 53	6 44	6 36	6 30	6 24	6 20	6 11	6 04	5 56	5 49	5 41	5 32	5 27	5 21
20	7 01	6 50	6 41	6 34	6 28	6 22	6 12	6 04	5 56	5 47	5 38	5 28	5 22	5 15
24	7 08	6 56	6 46	6 38	6 31	6 25	6 14	6 04	5 55	5 45	5 35	5 24	5 17	5 09
28	7 16	7 02	6 51	6 42	6 34	6 27	6 15	6 04	5 54	5 44	5 33	5 20	5 13	5 04
May 2	7 23	7 08	6 56	6 46	6 37	6 30	6 16	6 05	5 54	5 42	5 30	5 16	5 08	4 59
6	7 31	7 14	7 01	6 50	6 40	6 32	6 18	6 05	5 53	5 41	5 28	5 13	5 04	4 54
10	7 38	7 20	7 05	6 54	6 44	6 35	6 19	6 06	5 53	5 40	5 26	5 10	5 01	4 50
14	7 45	7 25	7 10	6 57	6 47	6 37	6 21	6 06	5 53	5 39	5 24	5 07	4 57	4 46
18	7 51	7 31	7 14	7 01	6 50	6 40	6 22	6 07	5 53	5 38	5 23	5 05	4 54	4 42
22	7 58	7 36	7 19	7 05	6 53	6 42	6 24	6 08	5 53	5 38	5 22	5 03	4 52	4 39
26	8 04	7 41	7 23	7 08	6 55	6 44	6 26	6 09	5 53	5 38	5 21	5 01	4 50	4 36
30	8 09	7 45	7 26	7 11	6 58	6 47	6 27	6 10	5 54	5 38	5 20	5 00	4 48	4 34
June 3	8 14	7 49	7 30	7 14	7 00	6 49	6 29	6 11	5 55	5 38	5 20	4 59	4 47	4 33
7	8 18	7 52	7 32	7 16	7 03	6 51	6 30	6 12	5 55	5 38	5 20	4 58	4 46	4 31
11	8 22	7 55	7 35	7 18	7 04	6 52	6 31	6 13	5 56	5 39	5 20	4 58	4 46	4 31
15	8 24	7 58	7 37	7 20	7 06	6 54	6 33	6 14	5 57	5 39	5 20	4 59	4 46	4 31
19	8 26	7 59	7 38	7 22	7 07	6 55	6 34	6 15	5 58	5 40	5 21	4 59	4 46	4 31
23	8 27	8 00	7 39	7 22	7 08	6 56	6 35	6 16	5 59	5 41	5 22	5 00	4 47	4 32
27	8 27	8 00	7 40	7 23	7 09	6 56	6 35	6 17	5 59	5 42	5 23	5 01	4 48	4 33
July 1	8 26	8 00	7 39	7 23	7 09	6 57	6 36	6 17	6 00	5 43	5 24	5 02	4 50	4 35
5	8 24	7 58	7 38	7 22	7 08	6 56	6 36	6 18	6 01	5 44	5 26	5 04	4 52	4 37

SUNSET

Lat.	−55°	−50°	−45°	−40°	−35°	−30°	−20°	−10°	0°	+10°	+20°	+30°	+35°	+40°
	h m	h m	h m	h m	h m	h m	h m	h m	h m	h m	h m	h m	h m	h m
Mar. 31	17 45	17 49	17 51	17 54	17 56	17 58	18 01	18 04	18 07	18 11	18 14	18 18	18 20	18 23
Apr. 4	17 35	17 40	17 44	17 47	17 50	17 53	17 58	18 02	18 06	18 10	18 15	18 20	18 24	18 27
8	17 25	17 32	17 37	17 41	17 45	17 49	17 55	18 00	18 05	18 10	18 16	18 23	18 27	18 31
12	17 15	17 23	17 30	17 35	17 40	17 44	17 51	17 58	18 04	18 10	18 17	18 25	18 30	18 35
16	17 06	17 15	17 23	17 29	17 35	17 40	17 48	17 56	18 03	18 11	18 19	18 28	18 33	18 39
20	16 56	17 07	17 16	17 23	17 30	17 35	17 45	17 54	18 02	18 11	18 20	18 30	18 36	18 43
24	16 47	17 00	17 10	17 18	17 25	17 31	17 42	17 52	18 02	18 11	18 21	18 33	18 40	18 47
28	16 39	16 52	17 03	17 13	17 21	17 28	17 40	17 51	18 01	18 11	18 22	18 35	18 43	18 52
May 2	16 30	16 45	16 58	17 08	17 16	17 24	17 37	17 49	18 00	18 12	18 24	18 38	18 46	18 56
6	16 22	16 39	16 52	17 03	17 13	17 21	17 35	17 48	18 00	18 12	18 25	18 41	18 49	19 00
10	16 15	16 33	16 47	16 59	17 09	17 18	17 33	17 47	18 00	18 13	18 27	18 43	18 53	19 04
14	16 07	16 27	16 42	16 55	17 06	17 15	17 32	17 46	18 00	18 14	18 29	18 46	18 56	19 07
18	16 01	16 22	16 38	16 52	17 03	17 13	17 30	17 46	18 00	18 15	18 30	18 48	18 59	19 11
22	15 55	16 17	16 34	16 49	17 01	17 11	17 29	17 45	18 00	18 15	18 32	18 51	19 02	19 15
26	15 50	16 13	16 31	16 46	16 59	17 10	17 28	17 45	18 01	18 16	18 33	18 53	19 05	19 18
30	15 46	16 10	16 29	16 44	16 57	17 08	17 28	17 45	18 01	18 17	18 35	18 55	19 07	19 21
June 3	15 42	16 07	16 27	16 42	16 56	17 08	17 28	17 45	18 02	18 19	18 37	18 58	19 10	19 24
7	15 39	16 05	16 25	16 41	16 55	17 07	17 28	17 46	18 03	18 20	18 38	18 59	19 12	19 27
11	15 37	16 04	16 24	16 41	16 55	17 07	17 28	17 46	18 03	18 21	18 39	19 01	19 14	19 29
15	15 36	16 03	16 24	16 41	16 55	17 07	17 28	17 47	18 04	18 22	18 41	19 03	19 16	19 31
19	15 36	16 04	16 24	16 41	16 55	17 08	17 29	17 48	18 05	18 23	18 42	19 04	19 17	19 32
23	15 37	16 05	16 25	16 42	16 56	17 09	17 30	17 48	18 06	18 24	18 43	19 05	19 18	19 33
27	15 39	16 06	16 27	16 43	16 58	17 10	17 31	17 49	18 07	18 24	18 43	19 05	19 18	19 33
July 1	15 42	16 08	16 29	16 45	16 59	17 11	17 32	17 50	18 08	18 25	18 44	19 05	19 18	19 33
5	15 45	16 11	16 31	16 47	17 01	17 13	17 33	17 51	18 08	18 25	18 44	19 05	19 18	19 32

UNIVERSAL TIME FOR MERIDIAN OF GREENWICH

SUNRISE

Lat.	+40°	+42°	+44°	+46°	+48°	+50°	+52°	+54°	+56°	+58°	+60°	+62°	+64°	+66°
	h m	h m	h m	h m	h m	h m	h m	h m	h m	h m	h m	h m	h m	h m
Mar. 31	5 46	5 45	5 43	5 42	5 41	5 39	5 37	5 36	5 34	5 31	5 29	5 26	5 22	5 18
Apr. 4	5 39	5 38	5 36	5 35	5 33	5 31	5 28	5 26	5 23	5 20	5 17	5 13	5 08	5 03
8	5 33	5 31	5 29	5 27	5 25	5 22	5 19	5 16	5 13	5 09	5 05	5 00	4 54	4 47
12	5 27	5 25	5 22	5 20	5 17	5 14	5 10	5 07	5 02	4 58	4 53	4 47	4 40	4 32
16	5 21	5 18	5 15	5 12	5 09	5 05	5 01	4 57	4 52	4 47	4 41	4 34	4 26	4 16
20	5 15	5 12	5 09	5 05	5 01	4 57	4 53	4 48	4 42	4 36	4 29	4 21	4 12	4 01
24	5 09	5 06	5 02	4 58	4 54	4 50	4 44	4 39	4 33	4 26	4 18	4 09	3 58	3 45
28	5 04	5 00	4 56	4 52	4 47	4 42	4 36	4 30	4 23	4 15	4 06	3 56	3 44	3 29
May 2	4 59	4 55	4 50	4 46	4 41	4 35	4 29	4 22	4 14	4 05	3 55	3 44	3 30	3 14
6	4 54	4 50	4 45	4 40	4 34	4 28	4 21	4 14	4 05	3 56	3 45	3 32	3 17	2 58
10	4 50	4 45	4 40	4 34	4 28	4 22	4 14	4 06	3 57	3 47	3 35	3 21	3 04	2 42
14	4 46	4 41	4 35	4 29	4 23	4 16	4 08	3 59	3 49	3 38	3 25	3 09	2 50	2 26
18	4 42	4 37	4 31	4 25	4 18	4 10	4 02	3 53	3 42	3 30	3 16	2 59	2 38	2 10
22	4 39	4 33	4 27	4 21	4 13	4 05	3 57	3 47	3 35	3 22	3 07	2 49	2 26	1 54
26	4 36	4 30	4 24	4 17	4 09	4 01	3 52	3 41	3 29	3 16	2 59	2 39	2 14	1 38
30	4 34	4 28	4 21	4 14	4 06	3 58	3 48	3 37	3 24	3 10	2 52	2 31	2 03	1 21
June 3	4 33	4 26	4 19	4 12	4 04	3 55	3 45	3 33	3 20	3 05	2 47	2 24	1 53	1 04
7	4 31	4 25	4 18	4 10	4 02	3 52	3 42	3 30	3 17	3 01	2 42	2 18	1 45	0 45
11	4 31	4 24	4 17	4 09	4 00	3 51	3 40	3 28	3 14	2 58	2 38	2 13	1 38	0 22
15	4 31	4 24	4 17	4 09	4 00	3 50	3 39	3 27	3 13	2 56	2 36	2 10	1 33	☐
19	4 31	4 24	4 17	4 09	4 00	3 50	3 39	3 27	3 13	2 56	2 36	2 09	1 31	☐
23	4 32	4 25	4 18	4 10	4 01	3 51	3 40	3 28	3 14	2 57	2 36	2 10	1 32	☐
27	4 33	4 26	4 19	4 11	4 02	3 53	3 42	3 30	3 16	2 59	2 39	2 12	1 35	☐
July 1	4 35	4 28	4 21	4 13	4 04	3 55	3 44	3 32	3 18	3 02	2 42	2 17	1 41	0 19
5	4 37	4 30	4 23	4 16	4 07	3 58	3 47	3 36	3 22	3 06	2 47	2 23	1 49	0 47

SUNSET

Lat.	+40°	+42°	+44°	+46°	+48°	+50°	+52°	+54°	+56°	+58°	+60°	+62°	+64°	+66°
	h m	h m	h m	h m	h m	h m	h m	h m	h m	h m	h m	h m	h m	h m
Mar. 31	18 23	18 24	18 26	18 27	18 29	18 30	18 32	18 34	18 36	18 38	18 41	18 44	18 48	18 52
Apr. 4	18 27	18 29	18 30	18 32	18 34	18 36	18 39	18 41	18 44	18 47	18 51	18 55	19 00	19 05
8	18 31	18 33	18 35	18 38	18 40	18 43	18 46	18 49	18 52	18 56	19 01	19 06	19 12	19 18
12	18 35	18 38	18 40	18 43	18 46	18 49	18 52	18 56	19 01	19 05	19 11	19 17	19 24	19 32
16	18 39	18 42	18 45	18 48	18 52	18 55	18 59	19 04	19 09	19 14	19 20	19 28	19 36	19 46
20	18 43	18 47	18 50	18 53	18 57	19 02	19 06	19 11	19 17	19 23	19 30	19 39	19 48	20 00
24	18 47	18 51	18 55	18 59	19 03	19 08	19 13	19 19	19 25	19 32	19 40	19 50	20 01	20 14
28	18 52	18 55	19 00	19 04	19 09	19 14	19 20	19 26	19 33	19 41	19 50	20 01	20 13	20 28
May 2	18 56	19 00	19 04	19 09	19 14	19 20	19 26	19 33	19 41	19 50	20 00	20 12	20 26	20 43
6	19 00	19 04	19 09	19 14	19 20	19 26	19 33	19 41	19 49	19 59	20 10	20 23	20 39	20 58
10	19 04	19 08	19 14	19 19	19 25	19 32	19 40	19 48	19 57	20 08	20 20	20 34	20 52	21 14
14	19 07	19 13	19 18	19 24	19 31	19 38	19 46	19 55	20 05	20 16	20 30	20 45	21 05	21 30
18	19 11	19 17	19 23	19 29	19 36	19 44	19 52	20 01	20 12	20 24	20 39	20 56	21 18	21 46
22	19 15	19 20	19 27	19 33	19 41	19 49	19 58	20 08	20 19	20 32	20 48	21 07	21 30	22 03
26	19 18	19 24	19 31	19 38	19 45	19 54	20 03	20 14	20 26	20 40	20 56	21 16	21 43	22 20
30	19 21	19 27	19 34	19 42	19 49	19 58	20 08	20 19	20 32	20 46	21 04	21 26	21 54	22 38
June 3	19 24	19 31	19 37	19 45	19 53	20 02	20 12	20 24	20 37	20 52	21 11	21 34	22 05	22 57
7	19 27	19 33	19 40	19 48	19 56	20 06	20 16	20 28	20 42	20 58	21 17	21 41	22 15	23 18
11	19 29	19 36	19 43	19 51	19 59	20 09	20 19	20 31	20 45	21 02	21 22	21 47	22 23	23 47
15	19 31	19 37	19 45	19 53	20 01	20 11	20 22	20 34	20 48	21 05	21 25	21 51	22 29	☐
19	19 32	19 39	19 46	19 54	20 03	20 12	20 23	20 36	20 50	21 07	21 27	21 54	22 32	☐
23	19 33	19 39	19 47	19 55	20 04	20 13	20 24	20 36	20 51	21 08	21 28	21 54	22 32	☐
27	19 33	19 40	19 47	19 55	20 04	20 13	20 24	20 36	20 50	21 07	21 27	21 53	22 30	☐
July 1	19 33	19 39	19 47	19 54	20 03	20 13	20 23	20 35	20 49	21 05	21 25	21 50	22 25	23 40
5	19 32	19 39	19 46	19 53	20 02	20 11	20 21	20 33	20 47	21 02	21 21	21 45	22 18	23 17

☐ indicates Sun continuously above horizon.

SUNRISE AND SUNSET, 2022

UNIVERSAL TIME FOR MERIDIAN OF GREENWICH

SUNRISE

Lat.	−55°	−50°	−45°	−40°	−35°	−30°	−20°	−10°	0°	+10°	+20°	+30°	+35°	+40°
	h m	h m	h m	h m	h m	h m	h m	h m	h m	h m	h m	h m	h m	h m
July 1	8 26	8 00	7 39	7 23	7 09	6 57	6 36	6 17	6 00	5 43	5 24	5 02	4 50	4 35
5	8 24	7 58	7 38	7 22	7 08	6 56	6 36	6 18	6 01	5 44	5 26	5 04	4 52	4 37
9	8 21	7 56	7 37	7 21	7 08	6 56	6 36	6 18	6 02	5 45	5 27	5 06	4 54	4 39
13	8 18	7 53	7 35	7 19	7 06	6 55	6 35	6 18	6 02	5 46	5 28	5 08	4 56	4 42
17	8 13	7 50	7 32	7 17	7 05	6 54	6 35	6 18	6 03	5 47	5 30	5 10	4 59	4 45
21	8 08	7 46	7 29	7 15	7 03	6 52	6 34	6 18	6 03	5 48	5 31	5 12	5 01	4 49
25	8 02	7 41	7 25	7 11	7 00	6 50	6 33	6 17	6 03	5 49	5 33	5 15	5 04	4 52
29	7 55	7 36	7 21	7 08	6 57	6 48	6 31	6 17	6 03	5 49	5 34	5 17	5 07	4 56
Aug. 2	7 48	7 30	7 16	7 04	6 54	6 45	6 29	6 16	6 03	5 50	5 36	5 20	5 10	4 59
6	7 41	7 24	7 11	7 00	6 50	6 42	6 27	6 15	6 02	5 50	5 37	5 22	5 13	5 03
10	7 32	7 17	7 05	6 55	6 46	6 38	6 25	6 13	6 02	5 51	5 38	5 24	5 16	5 07
14	7 24	7 10	6 59	6 50	6 42	6 35	6 22	6 12	6 01	5 51	5 40	5 27	5 19	5 11
18	7 15	7 03	6 53	6 44	6 37	6 31	6 20	6 10	6 01	5 51	5 41	5 29	5 22	5 14
22	7 06	6 55	6 46	6 39	6 32	6 27	6 17	6 08	6 00	5 51	5 42	5 31	5 25	5 18
26	6 57	6 47	6 39	6 33	6 27	6 22	6 14	6 06	5 59	5 51	5 43	5 34	5 28	5 22
30	6 47	6 39	6 32	6 27	6 22	6 18	6 10	6 04	5 57	5 51	5 44	5 36	5 31	5 26
Sept. 3	6 37	6 30	6 25	6 21	6 17	6 13	6 07	6 01	5 56	5 51	5 45	5 38	5 34	5 30
7	6 27	6 22	6 18	6 14	6 11	6 08	6 03	5 59	5 55	5 50	5 46	5 40	5 37	5 33
11	6 17	6 13	6 10	6 08	6 05	6 03	6 00	5 57	5 53	5 50	5 47	5 42	5 40	5 37
15	6 07	6 05	6 03	6 01	6 00	5 58	5 56	5 54	5 52	5 50	5 47	5 44	5 43	5 41
19	5 56	5 56	5 55	5 54	5 54	5 53	5 52	5 52	5 51	5 49	5 48	5 47	5 46	5 45
23	5 46	5 47	5 47	5 48	5 48	5 48	5 49	5 49	5 49	5 49	5 49	5 49	5 49	5 48
27	5 36	5 38	5 40	5 41	5 42	5 43	5 45	5 47	5 48	5 49	5 50	5 51	5 52	5 52
Oct. 1	5 26	5 29	5 32	5 35	5 37	5 39	5 42	5 44	5 46	5 49	5 51	5 53	5 55	5 56
5	5 16	5 21	5 25	5 28	5 31	5 34	5 38	5 42	5 45	5 48	5 52	5 56	5 58	6 00

SUNSET

	−55°	−50°	−45°	−40°	−35°	−30°	−20°	−10°	0°	+10°	+20°	+30°	+35°	+40°
	h m	h m	h m	h m	h m	h m	h m	h m	h m	h m	h m	h m	h m	h m
July 1	15 42	16 08	16 29	16 45	16 59	17 11	17 32	17 50	18 08	18 25	18 44	19 05	19 18	19 33
5	15 45	16 11	16 31	16 47	17 01	17 13	17 33	17 51	18 08	18 25	18 44	19 05	19 18	19 32
9	15 50	16 15	16 34	16 50	17 03	17 15	17 35	17 52	18 09	18 26	18 44	19 04	19 17	19 31
13	15 54	16 19	16 37	16 53	17 05	17 17	17 36	17 53	18 09	18 26	18 43	19 03	19 15	19 29
17	16 00	16 23	16 41	16 56	17 08	17 19	17 38	17 54	18 10	18 25	18 42	19 02	19 13	19 27
21	16 06	16 27	16 45	16 59	17 11	17 21	17 39	17 55	18 10	18 25	18 41	19 00	19 11	19 24
25	16 12	16 32	16 49	17 02	17 13	17 23	17 41	17 56	18 10	18 25	18 40	18 58	19 09	19 21
29	16 18	16 38	16 53	17 06	17 16	17 26	17 42	17 56	18 10	18 24	18 38	18 56	19 05	19 17
Aug. 2	16 25	16 43	16 57	17 09	17 19	17 28	17 43	17 57	18 10	18 23	18 37	18 53	19 02	19 13
6	16 32	16 49	17 02	17 13	17 22	17 30	17 45	17 57	18 09	18 21	18 34	18 49	18 58	19 08
10	16 39	16 54	17 06	17 16	17 25	17 33	17 46	17 58	18 09	18 20	18 32	18 46	18 54	19 03
14	16 46	17 00	17 11	17 20	17 28	17 35	17 47	17 58	18 08	18 18	18 29	18 42	18 50	18 58
18	16 53	17 06	17 16	17 24	17 31	17 37	17 48	17 58	18 07	18 17	18 27	18 38	18 45	18 53
22	17 01	17 12	17 20	17 28	17 34	17 40	17 49	17 58	18 06	18 15	18 24	18 34	18 40	18 47
26	17 08	17 17	17 25	17 31	17 37	17 42	17 50	17 58	18 05	18 12	18 20	18 30	18 35	18 41
30	17 15	17 23	17 30	17 35	17 40	17 44	17 51	17 58	18 04	18 10	18 17	18 25	18 30	18 35
Sept. 3	17 23	17 29	17 34	17 39	17 43	17 46	17 52	17 57	18 03	18 08	18 14	18 20	18 24	18 29
7	17 30	17 35	17 39	17 43	17 46	17 48	17 53	17 57	18 01	18 06	18 10	18 15	18 19	18 22
11	17 37	17 41	17 44	17 46	17 48	17 50	17 54	17 57	18 00	18 03	18 06	18 10	18 13	18 16
15	17 45	17 47	17 49	17 50	17 51	17 52	17 55	17 57	17 58	18 01	18 03	18 06	18 07	18 09
19	17 52	17 53	17 53	17 54	17 54	17 55	17 55	17 56	17 57	17 58	17 59	18 01	18 01	18 02
23	18 00	17 59	17 58	17 58	17 57	17 57	17 56	17 56	17 56	17 55	17 55	17 56	17 56	17 56
27	18 07	18 05	18 03	18 01	18 00	17 59	17 57	17 56	17 54	17 53	17 52	17 51	17 50	17 49
Oct. 1	18 15	18 11	18 08	18 05	18 03	18 01	17 58	17 55	17 53	17 51	17 48	17 46	17 44	17 43
5	18 23	18 17	18 13	18 09	18 06	18 04	17 59	17 55	17 52	17 48	17 45	17 41	17 39	17 36

SUNRISE AND SUNSET, 2022

UNIVERSAL TIME FOR MERIDIAN OF GREENWICH

SUNRISE

Lat.	+40°	+42°	+44°	+46°	+48°	+50°	+52°	+54°	+56°	+58°	+60°	+62°	+64°	+66°
	h m	h m	h m	h m	h m	h m	h m	h m	h m	h m	h m	h m	h m	h m
July 1	4 35	4 28	4 21	4 13	4 04	3 55	3 44	3 32	3 18	3 02	2 42	2 17	1 41	0 19
5	4 37	4 30	4 23	4 16	4 07	3 58	3 47	3 36	3 22	3 06	2 47	2 23	1 49	0 47
9	4 39	4 33	4 26	4 19	4 10	4 01	3 51	3 40	3 27	3 11	2 53	2 30	1 59	1 07
13	4 42	4 36	4 29	4 22	4 14	4 05	3 56	3 44	3 32	3 17	3 00	2 38	2 10	1 26
17	4 45	4 39	4 33	4 26	4 18	4 10	4 00	3 50	3 38	3 24	3 07	2 47	2 21	1 44
21	4 49	4 43	4 37	4 30	4 23	4 15	4 06	3 56	3 44	3 31	3 16	2 57	2 33	2 01
25	4 52	4 46	4 41	4 34	4 27	4 20	4 11	4 02	3 51	3 39	3 24	3 07	2 46	2 17
29	4 56	4 50	4 45	4 39	4 32	4 25	4 17	4 08	3 58	3 47	3 34	3 18	2 58	2 34
Aug. 2	4 59	4 54	4 49	4 43	4 37	4 31	4 23	4 15	4 06	3 55	3 43	3 28	3 11	2 49
6	5 03	4 58	4 54	4 48	4 43	4 36	4 29	4 22	4 13	4 04	3 52	3 39	3 24	3 04
10	5 07	5 03	4 58	4 53	4 48	4 42	4 36	4 29	4 21	4 12	4 02	3 50	3 36	3 19
14	5 11	5 07	5 03	4 58	4 53	4 48	4 42	4 36	4 29	4 21	4 12	4 01	3 49	3 34
18	5 14	5 11	5 07	5 03	4 59	4 54	4 49	4 43	4 37	4 29	4 21	4 12	4 01	3 48
22	5 18	5 15	5 12	5 08	5 04	5 00	4 55	4 50	4 44	4 38	4 31	4 23	4 13	4 01
26	5 22	5 19	5 16	5 13	5 10	5 06	5 02	4 57	4 52	4 47	4 40	4 33	4 25	4 15
30	5 26	5 23	5 21	5 18	5 15	5 12	5 08	5 04	5 00	4 55	4 50	4 44	4 37	4 28
Sept. 3	5 30	5 27	5 25	5 23	5 21	5 18	5 15	5 12	5 08	5 04	4 59	4 54	4 48	4 41
7	5 33	5 32	5 30	5 28	5 26	5 24	5 21	5 19	5 16	5 13	5 09	5 05	5 00	4 54
11	5 37	5 36	5 34	5 33	5 31	5 30	5 28	5 26	5 24	5 21	5 18	5 15	5 11	5 07
15	5 41	5 40	5 39	5 38	5 37	5 36	5 34	5 33	5 31	5 30	5 28	5 25	5 23	5 20
19	5 45	5 44	5 44	5 43	5 42	5 42	5 41	5 40	5 39	5 38	5 37	5 36	5 34	5 32
23	5 48	5 48	5 48	5 48	5 48	5 48	5 47	5 47	5 47	5 47	5 46	5 46	5 45	5 45
27	5 52	5 52	5 52	5 53	5 53	5 54	5 54	5 54	5 55	5 55	5 56	5 56	5 57	5 58
Oct. 1	5 56	5 57	5 57	5 58	5 59	6 00	6 01	6 02	6 03	6 04	6 05	6 07	6 08	6 10
5	6 00	6 01	6 02	6 03	6 05	6 06	6 07	6 09	6 11	6 13	6 15	6 17	6 20	6 23

SUNSET

Lat.	+40°	+42°	+44°	+46°	+48°	+50°	+52°	+54°	+56°	+58°	+60°	+62°	+64°	+66°
	h m	h m	h m	h m	h m	h m	h m	h m	h m	h m	h m	h m	h m	h m
July 1	19 33	19 39	19 47	19 54	20 03	20 13	20 23	20 35	20 49	21 05	21 25	21 50	22 25	23 40
5	19 32	19 39	19 46	19 53	20 02	20 11	20 21	20 33	20 47	21 02	21 21	21 45	22 18	23 17
9	19 31	19 37	19 44	19 52	20 00	20 09	20 19	20 30	20 43	20 58	21 17	21 39	22 10	22 59
13	19 29	19 35	19 42	19 49	19 57	20 06	20 15	20 26	20 39	20 53	21 11	21 32	22 00	22 42
17	19 27	19 33	19 39	19 46	19 54	20 02	20 11	20 22	20 34	20 47	21 04	21 23	21 49	22 25
21	19 24	19 30	19 36	19 42	19 50	19 58	20 06	20 16	20 28	20 41	20 56	21 14	21 37	22 08
25	19 21	19 26	19 32	19 38	19 45	19 53	20 01	20 10	20 21	20 33	20 47	21 04	21 25	21 52
29	19 17	19 22	19 28	19 34	19 40	19 47	19 55	20 04	20 14	20 25	20 38	20 53	21 12	21 36
Aug. 2	19 13	19 18	19 23	19 28	19 34	19 41	19 48	19 57	20 06	20 16	20 28	20 42	20 59	21 20
6	19 08	19 13	19 18	19 23	19 28	19 35	19 41	19 49	19 57	20 07	20 18	20 31	20 46	21 05
10	19 03	19 08	19 12	19 17	19 22	19 28	19 34	19 41	19 48	19 57	20 07	20 19	20 32	20 49
14	18 58	19 02	19 06	19 10	19 15	19 20	19 26	19 32	19 39	19 47	19 56	20 06	20 19	20 33
18	18 53	18 56	19 00	19 04	19 08	19 13	19 18	19 24	19 30	19 37	19 45	19 54	20 05	20 18
22	18 47	18 50	18 53	18 57	19 01	19 05	19 09	19 14	19 20	19 26	19 33	19 41	19 51	20 02
26	18 41	18 44	18 47	18 50	18 53	18 57	19 01	19 05	19 10	19 15	19 22	19 29	19 37	19 46
30	18 35	18 37	18 40	18 42	18 45	18 48	18 52	18 56	19 00	19 04	19 10	19 16	19 23	19 31
Sept. 3	18 29	18 31	18 33	18 35	18 37	18 40	18 43	18 46	18 49	18 53	18 58	19 03	19 09	19 15
7	18 22	18 24	18 25	18 27	18 29	18 31	18 34	18 36	18 39	18 42	18 46	18 50	18 54	19 00
11	18 16	18 17	18 18	18 19	18 21	18 23	18 24	18 26	18 28	18 31	18 34	18 37	18 40	18 44
15	18 09	18 10	18 11	18 12	18 13	18 14	18 15	18 16	18 18	18 20	18 21	18 24	18 26	18 29
19	18 02	18 03	18 03	18 04	18 04	18 05	18 06	18 06	18 07	18 08	18 09	18 10	18 12	18 13
23	17 56	17 56	17 56	17 56	17 56	17 56	17 56	17 56	17 57	17 57	17 57	17 57	17 58	17 58
27	17 49	17 49	17 48	17 48	17 48	17 47	17 47	17 47	17 46	17 45	17 45	17 44	17 44	17 43
Oct. 1	17 43	17 42	17 41	17 40	17 40	17 39	17 38	17 37	17 35	17 34	17 33	17 31	17 29	17 27
5	17 36	17 35	17 34	17 33	17 31	17 30	17 29	17 27	17 25	17 23	17 21	17 18	17 15	17 12

SUNRISE AND SUNSET, 2022

UNIVERSAL TIME FOR MERIDIAN OF GREENWICH

SUNRISE

Lat.	−55°	−50°	−45°	−40°	−35°	−30°	−20°	−10°	0°	+10°	+20°	+30°	+35°	+40°
	h m	h m	h m	h m	h m	h m	h m	h m	h m	h m	h m	h m	h m	h m
Oct. 1	5 26	5 29	5 32	5 35	5 37	5 39	5 42	5 44	5 46	5 49	5 51	5 53	5 55	5 56
5	5 16	5 21	5 25	5 28	5 31	5 34	5 38	5 42	5 45	5 48	5 52	5 56	5 58	6 00
9	5 05	5 12	5 17	5 22	5 26	5 29	5 35	5 40	5 44	5 48	5 53	5 58	6 01	6 04
13	4 55	5 04	5 10	5 16	5 20	5 24	5 31	5 37	5 43	5 48	5 54	6 00	6 04	6 08
17	4 46	4 55	5 03	5 10	5 15	5 20	5 28	5 35	5 42	5 49	5 55	6 03	6 07	6 12
21	4 36	4 47	4 56	5 04	5 10	5 16	5 25	5 34	5 41	5 49	5 57	6 06	6 11	6 17
25	4 27	4 39	4 50	4 58	5 05	5 12	5 23	5 32	5 41	5 49	5 58	6 09	6 14	6 21
29	4 18	4 32	4 43	4 53	5 01	5 08	5 20	5 31	5 40	5 50	6 00	6 12	6 18	6 26
Nov. 2	4 09	4 25	4 38	4 48	4 57	5 05	5 18	5 29	5 40	5 51	6 02	6 15	6 22	6 30
6	4 01	4 18	4 32	4 43	4 53	5 02	5 16	5 29	5 40	5 52	6 04	6 18	6 26	6 35
10	3 53	4 12	4 27	4 39	4 50	4 59	5 14	5 28	5 40	5 53	6 06	6 21	6 29	6 39
14	3 45	4 06	4 22	4 35	4 47	4 56	5 13	5 27	5 41	5 54	6 08	6 24	6 33	6 44
18	3 39	4 01	4 18	4 32	4 44	4 54	5 12	5 27	5 42	5 56	6 10	6 27	6 37	6 48
22	3 33	3 56	4 15	4 30	4 42	4 53	5 12	5 28	5 42	5 57	6 13	6 31	6 41	6 53
26	3 27	3 52	4 12	4 27	4 41	4 52	5 11	5 28	5 44	5 59	6 15	6 34	6 45	6 57
30	3 23	3 49	4 10	4 26	4 39	4 51	5 11	5 29	5 45	6 01	6 18	6 37	6 49	7 01
Dec. 4	3 19	3 47	4 08	4 25	4 39	4 51	5 12	5 30	5 46	6 03	6 20	6 40	6 52	7 05
8	3 17	3 46	4 07	4 24	4 39	4 51	5 13	5 31	5 48	6 05	6 23	6 43	6 55	7 09
12	3 16	3 45	4 07	4 25	4 39	4 52	5 14	5 33	5 50	6 07	6 25	6 46	6 58	7 12
16	3 15	3 45	4 08	4 26	4 41	4 53	5 15	5 34	5 52	6 09	6 28	6 49	7 01	7 15
20	3 16	3 46	4 09	4 27	4 42	4 55	5 17	5 36	5 54	6 11	6 30	6 51	7 03	7 18
24	3 18	3 48	4 11	4 29	4 44	4 57	5 19	5 38	5 56	6 13	6 32	6 53	7 05	7 20
28	3 21	3 51	4 14	4 32	4 47	4 59	5 21	5 40	5 58	6 15	6 34	6 55	7 07	7 21
32	3 26	3 55	4 17	4 35	4 49	5 02	5 24	5 42	6 00	6 17	6 35	6 56	7 08	7 22
36	3 31	3 59	4 21	4 38	4 53	5 05	5 26	5 45	6 02	6 18	6 36	6 57	7 08	7 22

SUNSET

Lat.	−55°	−50°	−45°	−40°	−35°	−30°	−20°	−10°	0°	+10°	+20°	+30°	+35°	+40°
	h m	h m	h m	h m	h m	h m	h m	h m	h m	h m	h m	h m	h m	h m
Oct. 1	18 15	18 11	18 08	18 05	18 03	18 01	17 58	17 55	17 53	17 51	17 48	17 46	17 44	17 43
5	18 23	18 17	18 13	18 09	18 06	18 04	17 59	17 55	17 52	17 48	17 45	17 41	17 39	17 36
9	18 30	18 24	18 18	18 13	18 10	18 06	18 00	17 55	17 51	17 46	17 41	17 36	17 33	17 30
13	18 38	18 30	18 23	18 18	18 13	18 09	18 01	17 55	17 50	17 44	17 38	17 32	17 28	17 24
17	18 46	18 36	18 28	18 22	18 16	18 11	18 03	17 55	17 49	17 42	17 35	17 27	17 23	17 18
21	18 55	18 43	18 34	18 26	18 20	18 14	18 04	17 56	17 48	17 40	17 32	17 23	17 18	17 12
25	19 03	18 50	18 39	18 31	18 23	18 17	18 06	17 56	17 47	17 39	17 30	17 19	17 13	17 07
29	19 11	18 56	18 45	18 35	18 27	18 20	18 08	17 57	17 47	17 37	17 27	17 16	17 09	17 01
Nov. 2	19 20	19 03	18 50	18 40	18 31	18 23	18 09	17 58	17 47	17 36	17 25	17 12	17 05	16 57
6	19 28	19 10	18 56	18 45	18 35	18 26	18 12	17 59	17 47	17 35	17 23	17 09	17 01	16 52
10	19 36	19 17	19 02	18 49	18 39	18 29	18 14	18 00	17 47	17 22	17 07	16 58	16 48	
14	19 45	19 24	19 07	18 54	18 43	18 33	18 16	18 01	17 48	17 35	17 20	17 04	16 55	16 45
18	19 53	19 30	19 13	18 59	18 47	18 36	18 18	18 03	17 49	17 35	17 20	17 03	16 53	16 42
22	20 01	19 37	19 18	19 03	18 51	18 40	18 21	18 05	17 50	17 35	17 19	17 01	16 51	16 39
26	20 08	19 43	19 23	19 08	18 54	18 43	18 23	18 07	17 51	17 35	17 19	17 00	16 49	16 37
30	20 15	19 49	19 28	19 12	18 58	18 46	18 26	18 08	17 52	17 36	17 19	17 00	16 48	16 36
Dec. 4	20 22	19 54	19 33	19 16	19 02	18 49	18 29	18 11	17 54	17 37	17 20	17 00	16 48	16 35
8	20 27	19 59	19 37	19 20	19 05	18 52	18 31	18 13	17 56	17 39	17 21	17 00	16 48	16 35
12	20 32	20 03	19 41	19 23	19 08	18 55	18 33	18 15	17 57	17 40	17 22	17 01	16 49	16 35
16	20 36	20 06	19 44	19 26	19 11	18 58	18 36	18 17	17 59	17 42	17 23	17 02	16 50	16 36
20	20 39	20 09	19 46	19 28	19 13	19 00	18 38	18 19	18 01	17 44	17 25	17 04	16 52	16 37
24	20 41	20 11	19 48	19 30	19 15	19 02	18 40	18 21	18 03	17 46	17 27	17 06	16 54	16 39
28	20 41	20 11	19 49	19 31	19 16	19 03	18 42	18 23	18 05	17 48	17 30	17 08	16 56	16 42
32	20 41	20 12	19 50	19 32	19 17	19 05	18 43	18 24	18 07	17 50	17 32	17 11	16 59	16 45
36	20 39	20 11	19 49	19 32	19 18	19 05	18 44	18 26	18 09	17 52	17 34	17 14	17 02	16 49

UNIVERSAL TIME FOR MERIDIAN OF GREENWICH

SUNRISE

Lat.	+40°	+42°	+44°	+46°	+48°	+50°	+52°	+54°	+56°	+58°	+60°	+62°	+64°	+66°
	h m	h m	h m	h m	h m	h m	h m	h m	h m	h m	h m	h m	h m	h m
Oct. 1	5 56	5 57	5 57	5 58	5 59	6 00	6 01	6 02	6 03	6 04	6 05	6 07	6 08	6 10
5	6 00	6 01	6 02	6 03	6 05	6 06	6 07	6 09	6 11	6 13	6 15	6 17	6 20	6 23
9	6 04	6 06	6 07	6 09	6 10	6 12	6 14	6 16	6 19	6 21	6 24	6 28	6 32	6 36
13	6 08	6 10	6 12	6 14	6 16	6 18	6 21	6 24	6 27	6 30	6 34	6 39	6 43	6 49
17	6 12	6 15	6 17	6 19	6 22	6 25	6 28	6 31	6 35	6 39	6 44	6 49	6 55	7 03
21	6 17	6 19	6 22	6 25	6 28	6 31	6 35	6 39	6 43	6 48	6 54	7 00	7 08	7 16
25	6 21	6 24	6 27	6 30	6 34	6 38	6 42	6 47	6 52	6 58	7 04	7 11	7 20	7 30
29	6 26	6 29	6 32	6 36	6 40	6 44	6 49	6 55	7 00	7 07	7 14	7 23	7 33	7 44
Nov. 2	6 30	6 34	6 38	6 42	6 46	6 51	6 56	7 02	7 09	7 16	7 25	7 34	7 45	7 59
6	6 35	6 39	6 43	6 47	6 52	6 58	7 04	7 10	7 17	7 26	7 35	7 46	7 58	8 13
10	6 39	6 44	6 48	6 53	6 59	7 04	7 11	7 18	7 26	7 35	7 45	7 57	8 11	8 28
14	6 44	6 48	6 53	6 59	7 05	7 11	7 18	7 26	7 34	7 44	7 55	8 08	8 24	8 43
18	6 48	6 53	6 59	7 04	7 11	7 17	7 25	7 33	7 42	7 53	8 05	8 19	8 37	8 58
22	6 53	6 58	7 04	7 10	7 16	7 24	7 32	7 40	7 50	8 02	8 15	8 30	8 49	9 13
26	6 57	7 03	7 09	7 15	7 22	7 30	7 38	7 47	7 58	8 10	8 24	8 41	9 02	9 28
30	7 01	7 07	7 13	7 20	7 27	7 35	7 44	7 54	8 05	8 18	8 33	8 51	9 13	9 43
Dec. 4	7 05	7 11	7 18	7 25	7 32	7 40	7 50	8 00	8 11	8 25	8 41	9 00	9 24	9 57
8	7 09	7 15	7 22	7 29	7 37	7 45	7 55	8 05	8 17	8 31	8 48	9 08	9 33	10 10
12	7 12	7 19	7 25	7 33	7 40	7 49	7 59	8 10	8 22	8 36	8 53	9 14	9 41	10 20
16	7 15	7 22	7 28	7 36	7 44	7 53	8 02	8 13	8 26	8 41	8 58	9 19	9 47	10 29
20	7 18	7 24	7 31	7 38	7 46	7 55	8 05	8 16	8 29	8 44	9 01	9 23	9 51	10 34
24	7 20	7 26	7 33	7 40	7 48	7 57	8 07	8 18	8 31	8 46	9 03	9 25	9 53	10 36
28	7 21	7 27	7 34	7 41	7 49	7 58	8 08	8 19	8 32	8 46	9 03	9 25	9 52	10 33
32	7 22	7 28	7 35	7 42	7 50	7 59	8 08	8 19	8 31	8 45	9 02	9 23	9 50	10 28
36	7 22	7 28	7 35	7 42	7 49	7 58	8 07	8 18	8 30	8 44	9 00	9 20	9 45	10 20

SUNSET

Lat.	+40°	+42°	+44°	+46°	+48°	+50°	+52°	+54°	+56°	+58°	+60°	+62°	+64°	+66°
	h m	h m	h m	h m	h m	h m	h m	h m	h m	h m	h m	h m	h m	h m
Oct. 1	17 43	17 42	17 41	17 40	17 40	17 39	17 38	17 37	17 35	17 34	17 33	17 31	17 29	17 27
5	17 36	17 35	17 34	17 33	17 31	17 30	17 29	17 27	17 25	17 23	17 21	17 18	17 15	17 12
9	17 30	17 28	17 27	17 25	17 23	17 22	17 19	17 17	17 15	17 12	17 09	17 05	17 02	16 57
13	17 24	17 22	17 20	17 18	17 16	17 13	17 11	17 08	17 05	17 01	16 57	16 53	16 48	16 42
17	17 18	17 16	17 13	17 11	17 08	17 05	17 02	16 58	16 55	16 50	16 46	16 40	16 34	16 27
21	17 12	17 09	17 07	17 04	17 01	16 57	16 53	16 49	16 45	16 40	16 34	16 28	16 20	16 12
25	17 07	17 04	17 00	16 57	16 53	16 50	16 45	16 41	16 35	16 30	16 23	16 16	16 07	15 57
29	17 01	16 58	16 55	16 51	16 47	16 42	16 37	16 32	16 26	16 20	16 12	16 04	15 54	15 42
Nov. 2	16 57	16 53	16 49	16 45	16 40	16 35	16 30	16 24	16 17	16 10	16 02	15 52	15 41	15 27
6	16 52	16 48	16 44	16 39	16 34	16 29	16 23	16 16	16 09	16 01	15 52	15 41	15 28	15 13
10	16 48	16 44	16 39	16 34	16 29	16 23	16 16	16 09	16 01	15 52	15 42	15 30	15 16	14 59
14	16 45	16 40	16 35	16 30	16 24	16 17	16 10	16 03	15 54	15 44	15 33	15 20	15 04	14 45
18	16 42	16 37	16 31	16 25	16 19	16 12	16 05	15 57	15 47	15 37	15 24	15 10	14 53	14 31
22	16 39	16 34	16 28	16 22	16 15	16 08	16 00	15 51	15 41	15 30	15 17	15 01	14 42	14 18
26	16 37	16 31	16 26	16 19	16 12	16 05	15 56	15 47	15 36	15 24	15 10	14 53	14 32	14 05
30	16 36	16 30	16 24	16 17	16 10	16 02	15 53	15 43	15 32	15 19	15 04	14 46	14 24	13 54
Dec. 4	16 35	16 29	16 22	16 15	16 08	16 00	15 50	15 40	15 29	15 15	14 59	14 40	14 16	13 43
8	16 35	16 28	16 22	16 15	16 07	15 58	15 49	15 38	15 26	15 12	14 56	14 36	14 10	13 34
12	16 35	16 29	16 22	16 15	16 07	15 58	15 48	15 37	15 25	15 11	14 54	14 33	14 06	13 27
16	16 36	16 30	16 23	16 15	16 07	15 58	15 49	15 38	15 25	15 10	14 53	14 32	14 04	13 22
20	16 37	16 31	16 24	16 17	16 09	16 00	15 50	15 39	15 26	15 11	14 54	14 32	14 04	13 21
24	16 39	16 33	16 26	16 19	16 11	16 02	15 52	15 41	15 28	15 14	14 56	14 34	14 06	13 24
28	16 42	16 36	16 29	16 22	16 14	16 05	15 55	15 44	15 32	15 17	15 00	14 38	14 11	13 30
32	16 45	16 39	16 32	16 25	16 17	16 09	15 59	15 48	15 36	15 22	15 05	14 44	14 17	13 39
36	16 49	16 43	16 36	16 29	16 21	16 13	16 03	15 53	15 41	15 27	15 11	14 51	14 26	13 51

CIVIL TWILIGHT, 2022

UNIVERSAL TIME FOR MERIDIAN OF GREENWICH
BEGINNING OF MORNING CIVIL TWILIGHT

Lat.	−55°	−50°	−45°	−40°	−35°	−30°	−20°	−10°	0°	+10°	+20°	+30°	+35°	+40°
	h m	h m	h m	h m	h m	h m	h m	h m	h m	h m	h m	h m	h m	h m
Jan. −2	2 25	3 08	3 37	4 00	4 18	4 33	4 58	5 18	5 36	5 53	6 10	6 29	6 39	6 51
2	2 31	3 12	3 41	4 03	4 21	4 36	5 00	5 20	5 38	5 55	6 11	6 30	6 40	6 52
6	2 37	3 17	3 45	4 07	4 24	4 39	5 03	5 22	5 40	5 56	6 13	6 31	6 41	6 52
10	2 45	3 23	3 50	4 11	4 28	4 42	5 06	5 25	5 42	5 57	6 14	6 31	6 41	6 51
14	2 53	3 30	3 56	4 16	4 32	4 46	5 08	5 27	5 43	5 59	6 14	6 31	6 40	6 51
18	3 03	3 37	4 01	4 21	4 36	4 49	5 11	5 29	5 45	5 59	6 14	6 30	6 39	6 49
22	3 12	3 44	4 07	4 26	4 41	4 53	5 14	5 31	5 46	6 00	6 14	6 29	6 38	6 47
26	3 22	3 52	4 14	4 31	4 45	4 57	5 17	5 33	5 47	6 00	6 14	6 28	6 36	6 45
30	3 32	4 00	4 20	4 36	4 50	5 01	5 19	5 35	5 48	6 01	6 13	6 26	6 34	6 42
Feb. 3	3 42	4 07	4 26	4 42	4 54	5 05	5 22	5 36	5 49	6 00	6 12	6 24	6 31	6 38
7	3 52	4 15	4 33	4 47	4 58	5 08	5 24	5 38	5 49	6 00	6 10	6 22	6 28	6 34
11	4 02	4 23	4 39	4 52	5 03	5 12	5 27	5 39	5 49	5 59	6 09	6 19	6 24	6 30
15	4 12	4 31	4 46	4 57	5 07	5 15	5 29	5 40	5 49	5 58	6 07	6 15	6 20	6 25
19	4 21	4 39	4 52	5 02	5 11	5 19	5 31	5 41	5 49	5 57	6 04	6 12	6 16	6 20
23	4 31	4 46	4 58	5 07	5 15	5 22	5 33	5 42	5 49	5 56	6 02	6 08	6 11	6 15
27	4 40	4 53	5 04	5 12	5 19	5 25	5 35	5 42	5 48	5 54	5 59	6 04	6 07	6 09
Mar. 3	4 49	5 01	5 10	5 17	5 23	5 28	5 36	5 43	5 48	5 52	5 56	6 00	6 02	6 03
7	4 58	5 08	5 15	5 21	5 27	5 31	5 38	5 43	5 47	5 50	5 53	5 55	5 57	5 57
11	5 06	5 14	5 21	5 26	5 30	5 34	5 39	5 43	5 46	5 48	5 50	5 51	5 51	5 51
15	5 14	5 21	5 26	5 30	5 34	5 36	5 40	5 43	5 45	5 46	5 47	5 46	5 46	5 45
19	5 23	5 28	5 32	5 35	5 37	5 39	5 41	5 43	5 44	5 44	5 43	5 41	5 40	5 38
23	5 31	5 34	5 37	5 39	5 40	5 41	5 43	5 43	5 43	5 42	5 40	5 37	5 34	5 32
27	5 38	5 40	5 42	5 43	5 43	5 44	5 44	5 43	5 41	5 39	5 36	5 32	5 29	5 25
31	5 46	5 47	5 47	5 47	5 47	5 46	5 45	5 43	5 40	5 37	5 33	5 27	5 23	5 19
Apr. 4	5 54	5 53	5 52	5 51	5 50	5 48	5 46	5 43	5 39	5 35	5 29	5 22	5 17	5 12

END OF EVENING CIVIL TWILIGHT

Lat.	−55°	−50°	−45°	−40°	−35°	−30°	−20°	−10°	0°	+10°	+20°	+30°	+35°	+40°
	h m	h m	h m	h m	h m	h m	h m	h m	h m	h m	h m	h m	h m	h m
Jan. −2	21 38	20 56	20 27	20 04	19 46	19 31	19 07	18 46	18 28	18 11	17 54	17 36	17 25	17 14
2	21 37	20 55	20 27	20 05	19 47	19 32	19 08	18 48	18 30	18 13	17 57	17 38	17 28	17 17
6	21 33	20 53	20 26	20 04	19 47	19 33	19 09	18 49	18 32	18 16	17 59	17 41	17 31	17 20
10	21 29	20 51	20 24	20 03	19 47	19 32	19 09	18 50	18 33	18 18	18 02	17 44	17 35	17 24
14	21 23	20 47	20 22	20 02	19 46	19 32	19 10	18 51	18 35	18 20	18 04	17 47	17 38	17 28
18	21 17	20 43	20 19	20 00	19 44	19 31	19 09	18 52	18 36	18 21	18 07	17 51	17 42	17 32
22	21 09	20 38	20 15	19 57	19 42	19 29	19 09	18 52	18 37	18 23	18 09	17 54	17 46	17 36
26	21 01	20 32	20 10	19 53	19 39	19 28	19 08	18 52	18 38	18 25	18 11	17 57	17 49	17 41
30	20 53	20 26	20 05	19 50	19 36	19 25	19 07	18 52	18 38	18 26	18 14	18 01	17 53	17 45
Feb. 3	20 44	20 19	20 00	19 45	19 33	19 22	19 05	18 51	18 39	18 27	18 16	18 04	17 57	17 50
7	20 34	20 12	19 54	19 41	19 29	19 19	19 03	18 50	18 39	18 28	18 18	18 07	18 01	17 54
11	20 25	20 04	19 48	19 35	19 25	19 16	19 01	18 49	18 39	18 29	18 20	18 10	18 05	17 59
15	20 15	19 56	19 42	19 30	19 20	19 12	18 59	18 48	18 39	18 30	18 22	18 13	18 08	18 03
19	20 05	19 48	19 35	19 24	19 16	19 08	18 56	18 47	18 38	18 31	18 23	18 16	18 12	18 08
23	19 54	19 39	19 28	19 18	19 11	19 04	18 53	18 45	18 38	18 31	18 25	18 19	18 16	18 12
27	19 44	19 31	19 21	19 12	19 06	19 00	18 50	18 43	18 37	18 31	18 26	18 22	18 19	18 17
Mar. 3	19 33	19 22	19 13	19 06	19 00	18 55	18 47	18 41	18 36	18 32	18 28	18 24	18 23	18 21
7	19 23	19 13	19 06	19 00	18 55	18 51	18 44	18 39	18 35	18 32	18 29	18 27	18 26	18 25
11	19 13	19 04	18 58	18 53	18 49	18 46	18 41	18 37	18 34	18 32	18 30	18 30	18 29	18 30
15	19 02	18 56	18 51	18 47	18 44	18 41	18 37	18 35	18 33	18 32	18 32	18 32	18 33	18 34
19	18 52	18 47	18 43	18 40	18 38	18 36	18 34	18 32	18 32	18 32	18 33	18 35	18 36	18 38
23	18 41	18 38	18 36	18 34	18 32	18 31	18 30	18 30	18 30	18 32	18 34	18 37	18 39	18 42
27	18 31	18 29	18 28	18 27	18 27	18 27	18 27	18 28	18 29	18 32	18 35	18 40	18 43	18 46
31	18 21	18 21	18 21	18 21	18 21	18 22	18 23	18 25	18 28	18 32	18 36	18 42	18 46	18 50
Apr. 4	18 11	18 12	18 13	18 15	18 16	18 17	18 20	18 23	18 27	18 32	18 37	18 45	18 49	18 55

UNIVERSAL TIME FOR MERIDIAN OF GREENWICH
BEGINNING OF MORNING CIVIL TWILIGHT

Lat.	+40°	+42°	+44°	+46°	+48°	+50°	+52°	+54°	+56°	+58°	+60°	+62°	+64°	+66°
	h m	h m	h m	h m	h m	h m	h m	h m	h m	h m	h m	h m	h m	h m
Jan. −2	6 51	6 56	7 01	7 07	7 13	7 20	7 27	7 35	7 44	7 55	8 06	8 19	8 35	8 54
2	6 52	6 57	7 02	7 08	7 14	7 20	7 27	7 35	7 44	7 54	8 05	8 18	8 34	8 52
6	6 52	6 57	7 02	7 07	7 13	7 20	7 27	7 34	7 43	7 52	8 03	8 16	8 30	8 48
10	6 51	6 56	7 01	7 07	7 12	7 18	7 25	7 33	7 41	7 50	8 00	8 12	8 26	8 43
14	6 51	6 55	7 00	7 05	7 10	7 16	7 23	7 30	7 38	7 46	7 56	8 07	8 20	8 36
18	6 49	6 53	6 58	7 03	7 08	7 14	7 20	7 26	7 34	7 42	7 51	8 01	8 14	8 28
22	6 47	6 51	6 55	7 00	7 05	7 10	7 16	7 22	7 29	7 36	7 45	7 55	8 06	8 19
26	6 45	6 48	6 52	6 57	7 01	7 06	7 11	7 17	7 23	7 30	7 38	7 47	7 57	8 09
30	6 42	6 45	6 49	6 53	6 57	7 01	7 06	7 11	7 17	7 24	7 31	7 39	7 48	7 59
Feb. 3	6 38	6 41	6 45	6 48	6 52	6 56	7 00	7 05	7 10	7 16	7 22	7 30	7 38	7 47
7	6 34	6 37	6 40	6 43	6 47	6 50	6 54	6 58	7 03	7 08	7 14	7 20	7 27	7 35
11	6 30	6 32	6 35	6 38	6 41	6 44	6 47	6 51	6 55	6 59	7 04	7 10	7 16	7 23
15	6 25	6 27	6 30	6 32	6 35	6 37	6 40	6 43	6 47	6 50	6 54	6 59	7 04	7 10
19	6 20	6 22	6 24	6 26	6 28	6 30	6 33	6 35	6 38	6 41	6 44	6 48	6 52	6 56
23	6 15	6 16	6 18	6 19	6 21	6 23	6 25	6 27	6 29	6 31	6 33	6 36	6 39	6 43
27	6 09	6 10	6 11	6 13	6 14	6 15	6 16	6 18	6 19	6 21	6 22	6 24	6 26	6 29
Mar. 3	6 03	6 04	6 05	6 06	6 06	6 07	6 08	6 09	6 09	6 10	6 11	6 12	6 13	6 14
7	5 57	5 58	5 58	5 58	5 59	5 59	5 59	5 59	5 59	6 00	6 00	6 00	6 00	5 59
11	5 51	5 51	5 51	5 51	5 51	5 50	5 50	5 50	5 49	5 49	5 48	5 47	5 46	5 44
15	5 45	5 44	5 44	5 43	5 43	5 42	5 41	5 40	5 39	5 37	5 36	5 34	5 32	5 29
19	5 38	5 38	5 37	5 36	5 34	5 33	5 32	5 30	5 28	5 26	5 24	5 21	5 17	5 14
23	5 32	5 31	5 29	5 28	5 26	5 24	5 22	5 20	5 17	5 14	5 11	5 07	5 03	4 58
27	5 25	5 24	5 22	5 20	5 18	5 15	5 13	5 10	5 07	5 03	4 59	4 54	4 48	4 41
31	5 19	5 17	5 14	5 12	5 09	5 06	5 03	5 00	4 56	4 51	4 46	4 40	4 33	4 25
Apr. 4	5 12	5 10	5 07	5 04	5 01	4 58	4 54	4 49	4 45	4 39	4 33	4 26	4 18	4 08

END OF EVENING CIVIL TWILIGHT

Lat.	+40°	+42°	+44°	+46°	+48°	+50°	+52°	+54°	+56°	+58°	+60°	+62°	+64°	+66°
	h m	h m	h m	h m	h m	h m	h m	h m	h m	h m	h m	h m	h m	h m
Jan. −2	17 14	17 08	17 03	16 57	16 51	16 44	16 37	16 29	16 20	16 10	15 58	15 45	15 29	15 10
2	17 17	17 12	17 06	17 01	16 55	16 48	16 41	16 33	16 24	16 14	16 03	15 50	15 35	15 16
6	17 20	17 15	17 10	17 04	16 59	16 52	16 45	16 38	16 29	16 20	16 09	15 56	15 42	15 24
10	17 24	17 19	17 14	17 09	17 03	16 57	16 50	16 43	16 35	16 26	16 15	16 03	15 49	15 33
14	17 28	17 23	17 19	17 13	17 08	17 02	16 56	16 49	16 41	16 32	16 23	16 11	15 58	15 43
18	17 32	17 28	17 23	17 18	17 13	17 08	17 02	16 55	16 48	16 40	16 30	16 20	16 08	15 53
22	17 36	17 32	17 28	17 24	17 19	17 13	17 08	17 02	16 55	16 47	16 39	16 29	16 18	16 05
26	17 41	17 37	17 33	17 29	17 24	17 20	17 14	17 09	17 02	16 55	16 48	16 39	16 29	16 17
30	17 45	17 42	17 38	17 34	17 30	17 26	17 21	17 16	17 10	17 04	16 57	16 49	16 40	16 29
Feb. 3	17 50	17 47	17 43	17 40	17 36	17 32	17 28	17 23	17 18	17 12	17 06	16 59	16 51	16 41
7	17 54	17 52	17 49	17 46	17 42	17 39	17 35	17 31	17 26	17 21	17 16	17 09	17 02	16 54
11	17 59	17 56	17 54	17 51	17 48	17 45	17 42	17 38	17 34	17 30	17 25	17 20	17 14	17 07
15	18 03	18 01	17 59	17 57	17 54	17 52	17 49	17 46	17 42	17 39	17 35	17 30	17 25	17 20
19	18 08	18 06	18 04	18 02	18 00	17 58	17 56	17 53	17 51	17 48	17 45	17 41	17 37	17 33
23	18 12	18 11	18 09	18 08	18 06	18 05	18 03	18 01	17 59	17 57	17 54	17 52	17 49	17 45
27	18 17	18 16	18 15	18 13	18 12	18 11	18 10	18 09	18 07	18 06	18 04	18 02	18 01	17 58
Mar. 3	18 21	18 20	18 20	18 19	18 18	18 18	18 17	18 16	18 16	18 15	18 14	18 13	18 12	18 11
7	18 25	18 25	18 25	18 25	18 24	18 24	18 24	18 24	18 24	18 24	18 24	18 24	18 24	18 24
11	18 30	18 30	18 30	18 30	18 30	18 31	18 31	18 31	18 32	18 33	18 34	18 35	18 36	18 37
15	18 34	18 34	18 35	18 35	18 36	18 37	18 38	18 39	18 40	18 42	18 44	18 46	18 48	18 51
19	18 38	18 39	18 40	18 41	18 42	18 43	18 45	18 47	18 49	18 51	18 54	18 57	19 00	19 04
23	18 42	18 43	18 45	18 46	18 48	18 50	18 52	18 54	18 57	19 00	19 04	19 08	19 12	19 18
27	18 46	18 48	18 50	18 52	18 54	18 56	18 59	19 02	19 06	19 09	19 14	19 19	19 25	19 32
31	18 50	18 53	18 55	18 57	19 00	19 03	19 06	19 10	19 14	19 19	19 24	19 30	19 37	19 46
Apr. 4	18 55	18 57	19 00	19 03	19 06	19 10	19 13	19 18	19 23	19 28	19 35	19 42	19 50	20 01

CIVIL TWILIGHT, 2022

UNIVERSAL TIME FOR MERIDIAN OF GREENWICH
BEGINNING OF MORNING CIVIL TWILIGHT

Lat.	−55°	−50°	−45°	−40°	−35°	−30°	−20°	−10°	0°	+10°	+20°	+30°	+35°	+40°
	h m	h m	h m	h m	h m	h m	h m	h m	h m	h m	h m	h m	h m	h m
Mar. 31	5 46	5 47	5 47	5 47	5 47	5 46	5 45	5 43	5 40	5 37	5 33	5 27	5 23	5 19
Apr. 4	5 54	5 53	5 52	5 51	5 50	5 48	5 46	5 43	5 39	5 35	5 29	5 22	5 17	5 12
8	6 01	5 59	5 57	5 55	5 53	5 51	5 47	5 43	5 38	5 32	5 26	5 17	5 12	5 06
12	6 09	6 05	6 02	5 59	5 56	5 53	5 48	5 42	5 37	5 30	5 22	5 12	5 06	4 59
16	6 16	6 11	6 06	6 02	5 59	5 55	5 49	5 42	5 35	5 28	5 19	5 08	5 01	4 53
20	6 23	6 17	6 11	6 06	6 02	5 58	5 50	5 42	5 34	5 26	5 16	5 03	4 56	4 47
24	6 30	6 22	6 16	6 10	6 05	6 00	5 51	5 42	5 34	5 24	5 13	4 59	4 51	4 41
28	6 37	6 28	6 20	6 14	6 08	6 02	5 52	5 43	5 33	5 22	5 10	4 55	4 46	4 35
May 2	6 44	6 34	6 25	6 18	6 11	6 05	5 54	5 43	5 32	5 21	5 07	4 51	4 41	4 30
6	6 51	6 39	6 30	6 21	6 14	6 07	5 55	5 43	5 32	5 19	5 05	4 47	4 37	4 25
10	6 57	6 45	6 34	6 25	6 17	6 09	5 56	5 44	5 31	5 18	5 03	4 44	4 33	4 20
14	7 04	6 50	6 38	6 28	6 20	6 12	5 58	5 44	5 31	5 17	5 01	4 41	4 29	4 15
18	7 10	6 55	6 42	6 32	6 22	6 14	5 59	5 45	5 31	5 16	4 59	4 39	4 26	4 11
22	7 15	6 59	6 46	6 35	6 25	6 16	6 00	5 46	5 31	5 15	4 58	4 36	4 23	4 08
26	7 21	7 04	6 50	6 38	6 28	6 19	6 02	5 47	5 31	5 15	4 57	4 34	4 21	4 05
30	7 25	7 08	6 53	6 41	6 30	6 21	6 03	5 47	5 32	5 15	4 56	4 33	4 19	4 02
June 3	7 30	7 11	6 56	6 44	6 33	6 23	6 05	5 48	5 32	5 15	4 56	4 32	4 17	4 00
7	7 34	7 14	6 59	6 46	6 35	6 24	6 06	5 49	5 33	5 15	4 55	4 31	4 16	3 59
11	7 37	7 17	7 01	6 48	6 36	6 26	6 07	5 50	5 34	5 16	4 56	4 31	4 16	3 58
15	7 39	7 19	7 03	6 50	6 38	6 27	6 09	5 51	5 34	5 16	4 56	4 31	4 16	3 58
19	7 41	7 21	7 04	6 51	6 39	6 29	6 10	5 52	5 35	5 17	4 57	4 32	4 16	3 58
23	7 42	7 22	7 05	6 52	6 40	6 29	6 11	5 53	5 36	5 18	4 57	4 32	4 17	3 59
27	7 42	7 22	7 06	6 52	6 41	6 30	6 11	5 54	5 37	5 19	4 58	4 34	4 18	4 00
July 1	7 41	7 21	7 06	6 52	6 41	6 30	6 12	5 55	5 38	5 20	5 00	4 35	4 20	4 02
5	7 39	7 20	7 05	6 52	6 40	6 30	6 12	5 55	5 39	5 21	5 01	4 37	4 22	4 04

END OF EVENING CIVIL TWILIGHT

Lat.	−55°	−50°	−45°	−40°	−35°	−30°	−20°	−10°	0°	+10°	+20°	+30°	+35°	+40°
	h m	h m	h m	h m	h m	h m	h m	h m	h m	h m	h m	h m	h m	h m
Mar. 31	18 21	18 21	18 21	18 21	18 21	18 22	18 23	18 25	18 28	18 32	18 36	18 42	18 46	18 50
Apr. 4	18 11	18 12	18 13	18 15	18 16	18 17	18 20	18 23	18 27	18 32	18 37	18 45	18 49	18 55
8	18 01	18 04	18 06	18 08	18 10	18 13	18 17	18 21	18 26	18 32	18 38	18 47	18 53	18 59
12	17 52	17 56	17 59	18 02	18 05	18 08	18 14	18 19	18 25	18 32	18 40	18 50	18 56	19 03
16	17 43	17 48	17 53	17 57	18 00	18 04	18 10	18 17	18 24	18 32	18 41	18 52	18 59	19 08
20	17 34	17 40	17 46	17 51	17 56	18 00	18 08	18 15	18 23	18 32	18 42	18 55	19 03	19 12
24	17 25	17 33	17 40	17 46	17 51	17 56	18 05	18 14	18 23	18 33	18 44	18 58	19 06	19 16
28	17 17	17 26	17 34	17 41	17 47	17 52	18 02	18 12	18 22	18 33	18 45	19 01	19 10	19 21
May 2	17 09	17 20	17 28	17 36	17 43	17 49	18 00	18 11	18 22	18 34	18 47	19 03	19 13	19 25
6	17 02	17 13	17 23	17 32	17 39	17 46	17 58	18 10	18 22	18 34	18 49	19 06	19 17	19 29
10	16 55	17 08	17 18	17 28	17 36	17 43	17 56	18 09	18 22	18 35	18 50	19 09	19 20	19 34
14	16 48	17 03	17 14	17 24	17 33	17 41	17 55	18 08	18 22	18 36	18 52	19 12	19 24	19 38
18	16 43	16 58	17 10	17 21	17 30	17 39	17 54	18 08	18 22	18 37	18 54	19 15	19 27	19 42
22	16 38	16 54	17 07	17 18	17 28	17 37	17 53	18 08	18 22	18 38	18 56	19 17	19 31	19 46
26	16 33	16 50	17 04	17 16	17 26	17 35	17 52	18 08	18 23	18 39	18 58	19 20	19 34	19 50
30	16 29	16 47	17 02	17 14	17 25	17 34	17 52	18 08	18 23	18 40	18 59	19 22	19 37	19 53
June 3	16 26	16 45	17 00	17 13	17 24	17 34	17 51	18 08	18 24	18 41	19 01	19 25	19 39	19 56
7	16 24	16 43	16 59	17 12	17 23	17 33	17 52	18 08	18 25	18 43	19 03	19 27	19 42	19 59
11	16 23	16 42	16 58	17 11	17 23	17 33	17 52	18 09	18 26	18 44	19 04	19 29	19 44	20 02
15	16 22	16 42	16 58	17 11	17 23	17 34	17 52	18 10	18 27	18 45	19 05	19 30	19 45	20 03
19	16 22	16 42	16 58	17 12	17 24	17 34	17 53	18 10	18 28	18 46	19 06	19 31	19 47	20 05
23	16 23	16 43	16 59	17 13	17 24	17 35	17 54	18 11	18 28	18 47	19 07	19 32	19 47	20 06
27	16 25	16 45	17 01	17 14	17 26	17 36	17 55	18 12	18 29	18 47	19 08	19 33	19 48	20 06
July 1	16 27	16 47	17 02	17 16	17 27	17 38	17 56	18 13	18 30	18 48	19 08	19 33	19 48	20 05
5	16 30	16 49	17 05	17 18	17 29	17 39	17 57	18 14	18 31	18 48	19 08	19 32	19 47	20 05

CIVIL TWILIGHT, 2022

UNIVERSAL TIME FOR MERIDIAN OF GREENWICH
BEGINNING OF MORNING CIVIL TWILIGHT

Lat.	+40°	+42°	+44°	+46°	+48°	+50°	+52°	+54°	+56°	+58°	+60°	+62°	+64°	+66°
	h m	h m	h m	h m	h m	h m	h m	h m	h m	h m	h m	h m	h m	h m
Mar. 31	5 19	5 17	5 14	5 12	5 09	5 06	5 03	5 00	4 56	4 51	4 46	4 40	4 33	4 25
Apr. 4	5 12	5 10	5 07	5 04	5 01	4 58	4 54	4 49	4 45	4 39	4 33	4 26	4 18	4 08
8	5 06	5 03	5 00	4 56	4 53	4 49	4 44	4 39	4 34	4 27	4 20	4 12	4 02	3 51
12	4 59	4 56	4 52	4 49	4 44	4 40	4 35	4 29	4 23	4 16	4 07	3 58	3 47	3 33
16	4 53	4 49	4 45	4 41	4 36	4 31	4 25	4 19	4 12	4 04	3 54	3 43	3 30	3 15
20	4 47	4 43	4 38	4 34	4 28	4 23	4 16	4 09	4 01	3 52	3 41	3 29	3 14	2 55
24	4 41	4 36	4 32	4 26	4 21	4 14	4 07	3 59	3 50	3 40	3 28	3 14	2 57	2 35
28	4 35	4 30	4 25	4 19	4 13	4 06	3 58	3 50	3 40	3 28	3 15	2 59	2 39	2 13
May 2	4 30	4 24	4 19	4 12	4 06	3 58	3 50	3 40	3 29	3 17	3 02	2 44	2 21	1 49
6	4 25	4 19	4 13	4 06	3 59	3 51	3 41	3 31	3 19	3 05	2 49	2 28	2 01	1 21
10	4 20	4 14	4 07	4 00	3 52	3 43	3 33	3 22	3 09	2 54	2 36	2 12	1 40	0 42
14	4 15	4 09	4 02	3 54	3 46	3 37	3 26	3 14	3 00	2 43	2 23	1 56	1 16	// //
18	4 11	4 05	3 57	3 49	3 40	3 30	3 19	3 06	2 51	2 33	2 10	1 38	0 43	// //
22	4 08	4 01	3 53	3 45	3 35	3 25	3 13	2 59	2 42	2 23	1 57	1 20	// //	// //
26	4 05	3 57	3 49	3 40	3 31	3 20	3 07	2 52	2 35	2 13	1 44	0 59	// //	// //
30	4 02	3 55	3 46	3 37	3 27	3 15	3 02	2 46	2 28	2 04	1 32	0 31	// //	// //
June 3	4 00	3 52	3 44	3 34	3 24	3 12	2 58	2 41	2 22	1 57	1 21	// //	// //	// //
7	3 59	3 51	3 42	3 32	3 21	3 09	2 54	2 38	2 17	1 50	1 10	// //	// //	// //
11	3 58	3 50	3 41	3 31	3 20	3 07	2 52	2 35	2 13	1 45	1 00	// //	// //	// //
15	3 58	3 49	3 40	3 30	3 19	3 06	2 51	2 33	2 11	1 42	0 53	// //	// //	▭
19	3 58	3 50	3 40	3 30	3 19	3 06	2 51	2 33	2 10	1 40	0 49	// //	// //	▭
23	3 59	3 51	3 41	3 31	3 20	3 07	2 51	2 33	2 11	1 41	0 50	// //	// //	▭
27	4 00	3 52	3 43	3 33	3 21	3 08	2 53	2 35	2 13	1 44	0 55	// //	// //	▭
July 1	4 02	3 54	3 45	3 35	3 24	3 11	2 56	2 38	2 17	1 48	1 03	// //	// //	// //
5	4 04	3 56	3 47	3 38	3 27	3 14	3 00	2 43	2 22	1 55	1 14	// //	// //	// //

END OF EVENING CIVIL TWILIGHT

Lat.	+40°	+42°	+44°	+46°	+48°	+50°	+52°	+54°	+56°	+58°	+60°	+62°	+64°	+66°
	h m	h m	h m	h m	h m	h m	h m	h m	h m	h m	h m	h m	h m	h m
Mar. 31	18 50	18 53	18 55	18 57	19 00	19 03	19 06	19 10	19 14	19 19	19 24	19 30	19 37	19 46
Apr. 4	18 55	18 57	19 00	19 03	19 06	19 10	19 13	19 18	19 23	19 28	19 35	19 42	19 50	20 01
8	18 59	19 02	19 05	19 08	19 12	19 16	19 21	19 26	19 32	19 38	19 45	19 54	20 04	20 16
12	19 03	19 07	19 10	19 14	19 18	19 23	19 28	19 34	19 40	19 48	19 56	20 06	20 18	20 32
16	19 08	19 11	19 15	19 20	19 24	19 30	19 36	19 42	19 49	19 58	20 07	20 19	20 32	20 48
20	19 12	19 16	19 20	19 25	19 31	19 36	19 43	19 50	19 58	20 08	20 19	20 31	20 47	21 06
24	19 16	19 21	19 26	19 31	19 37	19 43	19 51	19 59	20 08	20 18	20 30	20 45	21 03	21 25
28	19 21	19 26	19 31	19 37	19 43	19 50	19 58	20 07	20 17	20 29	20 42	20 59	21 19	21 46
May 2	19 25	19 30	19 36	19 43	19 49	19 57	20 06	20 15	20 26	20 39	20 55	21 13	21 37	22 10
6	19 29	19 35	19 41	19 48	19 56	20 04	20 13	20 24	20 36	20 50	21 07	21 28	21 56	22 39
10	19 34	19 40	19 47	19 54	20 02	20 11	20 21	20 32	20 45	21 01	21 20	21 44	22 18	23 27
14	19 38	19 45	19 52	19 59	20 08	20 17	20 28	20 40	20 55	21 12	21 33	22 01	22 43	// //
18	19 42	19 49	19 56	20 05	20 14	20 24	20 35	20 48	21 04	21 22	21 46	22 18	23 21	// //
22	19 46	19 53	20 01	20 10	20 19	20 30	20 42	20 56	21 13	21 33	21 59	22 38	// //	// //
26	19 50	19 57	20 05	20 14	20 24	20 36	20 48	21 03	21 21	21 43	22 13	23 01	// //	// //
30	19 53	20 01	20 09	20 19	20 29	20 41	20 54	21 10	21 29	21 53	22 26	23 35	// //	// //
June 3	19 56	20 04	20 13	20 23	20 33	20 46	20 59	21 16	21 36	22 01	22 38	// //	// //	// //
7	19 59	20 07	20 16	20 26	20 37	20 50	21 04	21 21	21 42	22 09	22 50	// //	// //	// //
11	20 02	20 10	20 19	20 29	20 40	20 53	21 08	21 25	21 47	22 15	23 01	// //	// //	// //
15	20 03	20 12	20 21	20 31	20 43	20 55	21 11	21 28	21 50	22 20	23 09	// //	// //	▭
19	20 05	20 13	20 22	20 33	20 44	20 57	21 12	21 30	21 53	22 23	23 14	// //	// //	▭
23	20 06	20 14	20 23	20 33	20 45	20 58	21 13	21 31	21 53	22 23	23 14	// //	// //	▭
27	20 06	20 14	20 23	20 33	20 45	20 58	21 13	21 30	21 52	22 22	23 10	// //	// //	▭
July 1	20 05	20 14	20 23	20 33	20 44	20 57	21 11	21 29	21 50	22 18	23 03	// //	// //	// //
5	20 05	20 13	20 21	20 31	20 42	20 55	21 09	21 26	21 46	22 13	22 53	// //	// //	// //

▭ indicates Sun continuously above horizon.
// // indicates continuous twilight.

CIVIL TWILIGHT, 2022

UNIVERSAL TIME FOR MERIDIAN OF GREENWICH
BEGINNING OF MORNING CIVIL TWILIGHT

Lat.	−55°	−50°	−45°	−40°	−35°	−30°	−20°	−10°	0°	+10°	+20°	+30°	+35°	+40°
	h m	h m	h m	h m	h m	h m	h m	h m	h m	h m	h m	h m	h m	h m
July 1	7 41	7 21	7 06	6 52	6 41	6 30	6 12	5 55	5 38	5 20	5 00	4 35	4 20	4 02
5	7 39	7 20	7 05	6 52	6 40	6 30	6 12	5 55	5 39	5 21	5 01	4 37	4 22	4 04
9	7 37	7 18	7 03	6 51	6 40	6 30	6 12	5 56	5 39	5 22	5 03	4 39	4 24	4 07
13	7 34	7 16	7 02	6 49	6 39	6 29	6 12	5 56	5 40	5 23	5 04	4 41	4 27	4 10
17	7 30	7 13	6 59	6 47	6 37	6 28	6 11	5 56	5 40	5 24	5 06	4 43	4 30	4 14
21	7 25	7 09	6 56	6 45	6 35	6 26	6 10	5 56	5 41	5 25	5 07	4 46	4 33	4 17
25	7 20	7 05	6 53	6 42	6 33	6 24	6 09	5 55	5 41	5 26	5 09	4 48	4 36	4 21
29	7 14	7 00	6 49	6 39	6 30	6 22	6 08	5 55	5 41	5 27	5 11	4 51	4 39	4 25
Aug. 2	7 08	6 55	6 44	6 35	6 27	6 20	6 06	5 54	5 41	5 28	5 12	4 54	4 42	4 29
6	7 01	6 49	6 39	6 31	6 24	6 17	6 04	5 53	5 41	5 28	5 14	4 56	4 46	4 33
10	6 53	6 43	6 34	6 27	6 20	6 14	6 02	5 51	5 41	5 29	5 15	4 59	4 49	4 37
14	6 46	6 36	6 28	6 22	6 16	6 10	6 00	5 50	5 40	5 29	5 17	5 02	4 52	4 41
18	6 37	6 29	6 22	6 17	6 11	6 06	5 57	5 48	5 39	5 29	5 18	5 04	4 56	4 46
22	6 29	6 22	6 16	6 11	6 07	6 02	5 54	5 47	5 38	5 30	5 19	5 07	4 59	4 50
26	6 20	6 14	6 10	6 05	6 02	5 58	5 51	5 45	5 38	5 30	5 20	5 09	5 02	4 54
30	6 10	6 06	6 03	5 59	5 57	5 54	5 48	5 42	5 36	5 30	5 22	5 11	5 05	4 58
Sept. 3	6 01	5 58	5 56	5 53	5 51	5 49	5 45	5 40	5 35	5 29	5 23	5 14	5 08	5 02
7	5 51	5 50	5 48	5 47	5 46	5 44	5 41	5 38	5 34	5 29	5 23	5 16	5 11	5 06
11	5 41	5 41	5 41	5 41	5 40	5 40	5 38	5 36	5 33	5 29	5 24	5 18	5 14	5 10
15	5 31	5 32	5 33	5 34	5 34	5 35	5 35	5 34	5 33	5 31	5 29	5 25	5 20	5 17
19	5 20	5 24	5 26	5 28	5 29	5 30	5 30	5 31	5 30	5 28	5 26	5 23	5 20	5 17
23	5 10	5 15	5 18	5 21	5 23	5 25	5 27	5 28	5 28	5 28	5 27	5 25	5 23	5 21
27	5 00	5 06	5 10	5 14	5 17	5 20	5 23	5 26	5 27	5 28	5 28	5 27	5 26	5 25
Oct. 1	4 49	4 57	5 03	5 08	5 11	5 15	5 20	5 23	5 26	5 28	5 29	5 29	5 29	5 29
5	4 39	4 48	4 55	5 01	5 06	5 10	5 16	5 21	5 24	5 27	5 30	5 32	5 32	5 33

END OF EVENING CIVIL TWILIGHT

Lat.	−55°	−50°	−45°	−40°	−35°	−30°	−20°	−10°	0°	+10°	+20°	+30°	+35°	+40°
	h m	h m	h m	h m	h m	h m	h m	h m	h m	h m	h m	h m	h m	h m
July 1	16 27	16 47	17 02	17 16	17 27	17 38	17 56	18 13	18 30	18 48	19 08	19 33	19 48	20 05
5	16 30	16 49	17 05	17 18	17 29	17 39	17 57	18 14	18 31	18 48	19 08	19 32	19 47	20 05
9	16 34	16 52	17 07	17 20	17 31	17 41	17 59	18 15	18 31	18 48	19 08	19 31	19 46	20 03
13	16 38	16 56	17 10	17 23	17 33	17 43	18 00	18 16	18 32	18 48	19 07	19 30	19 44	20 01
17	16 43	17 00	17 14	17 25	17 36	17 45	18 01	18 17	18 32	18 48	19 06	19 29	19 42	19 58
21	16 48	17 04	17 17	17 28	17 38	17 47	18 03	18 17	18 32	18 48	19 05	19 27	19 40	19 55
25	16 53	17 09	17 21	17 31	17 41	17 49	18 04	18 18	18 32	18 47	19 04	19 24	19 37	19 52
29	16 59	17 13	17 25	17 35	17 43	17 51	18 05	18 19	18 32	18 46	19 02	19 22	19 33	19 47
Aug. 2	17 05	17 18	17 29	17 38	17 46	17 53	18 07	18 19	18 31	18 45	19 00	19 18	19 30	19 43
6	17 12	17 23	17 33	17 41	17 49	17 55	18 08	18 19	18 31	18 43	18 58	19 15	19 26	19 38
10	17 18	17 29	17 37	17 45	17 51	17 58	18 09	18 19	18 30	18 42	18 55	19 11	19 21	19 33
14	17 25	17 34	17 42	17 48	17 54	18 00	18 10	18 20	18 29	18 40	18 52	19 07	19 17	19 27
18	17 31	17 39	17 46	17 52	17 57	18 02	18 11	18 20	18 28	18 38	18 49	19 03	19 12	19 21
22	17 38	17 45	17 50	17 55	18 00	18 04	18 12	18 19	18 27	18 36	18 46	18 59	19 06	19 15
26	17 45	17 50	17 55	17 59	18 03	18 06	18 13	18 19	18 26	18 34	18 43	18 54	19 01	19 09
30	17 52	17 56	17 59	18 02	18 05	18 08	18 13	18 19	18 25	18 32	18 39	18 49	18 56	19 03
Sept. 3	17 59	18 02	18 04	18 06	18 08	18 10	18 14	18 19	18 23	18 29	18 36	18 45	18 50	18 56
7	18 06	18 07	18 08	18 10	18 11	18 12	18 15	18 18	18 22	18 27	18 32	18 40	18 44	18 50
11	18 14	18 13	18 13	18 13	18 14	18 14	18 16	18 18	18 21	18 24	18 29	18 35	18 38	18 43
15	18 21	18 19	18 18	18 17	18 17	18 16	18 17	18 18	18 19	18 22	18 25	18 29	18 32	18 36
19	18 28	18 25	18 23	18 21	18 19	18 18	18 17	18 17	18 18	18 19	18 21	18 24	18 27	18 29
23	18 36	18 31	18 27	18 25	18 22	18 21	18 18	18 18	18 17	18 16	18 17	18 19	18 21	18 23
27	18 44	18 37	18 32	18 29	18 25	18 23	18 19	18 17	18 15	18 14	18 14	18 14	18 15	18 16
Oct. 1	18 52	18 44	18 37	18 33	18 29	18 25	18 20	18 16	18 14	18 12	18 10	18 09	18 09	18 10
5	19 00	18 50	18 43	18 37	18 32	18 28	18 21	18 16	18 12	18 09	18 07	18 05	18 04	18 03

UNIVERSAL TIME FOR MERIDIAN OF GREENWICH
BEGINNING OF MORNING CIVIL TWILIGHT

Lat.	+40°	+42°	+44°	+46°	+48°	+50°	+52°	+54°	+56°	+58°	+60°	+62°	+64°	+66°
	h m	h m	h m	h m	h m	h m	h m	h m	h m	h m	h m	h m	h m	h m
July 1	4 02	3 54	3 45	3 35	3 24	3 11	2 56	2 38	2 17	1 48	1 03	// //	// //	// //
5	4 04	3 56	3 47	3 38	3 27	3 14	3 00	2 43	2 22	1 55	1 14	// //	// //	// //
9	4 07	3 59	3 51	3 41	3 30	3 18	3 04	2 48	2 28	2 02	1 26	// //	// //	// //
13	4 10	4 03	3 54	3 45	3 34	3 23	3 09	2 54	2 35	2 11	1 38	0 31	// //	// //
17	4 14	4 06	3 58	3 49	3 39	3 28	3 15	3 00	2 43	2 21	1 51	1 03	// //	// //
21	4 17	4 10	4 02	3 54	3 44	3 34	3 21	3 07	2 51	2 31	2 04	1 26	// //	// //
25	4 21	4 14	4 07	3 59	3 50	3 39	3 28	3 15	3 00	2 41	2 17	1 45	0 43	// //
29	4 25	4 18	4 11	4 04	3 55	3 46	3 35	3 23	3 08	2 51	2 30	2 03	1 20	// //
Aug. 2	4 29	4 23	4 16	4 09	4 01	3 52	3 42	3 31	3 18	3 02	2 43	2 19	1 45	0 36
6	4 33	4 27	4 21	4 14	4 07	3 59	3 49	3 39	3 27	3 12	2 55	2 34	2 06	1 23
10	4 37	4 32	4 26	4 20	4 13	4 05	3 57	3 47	3 36	3 23	3 08	2 49	2 25	1 52
14	4 41	4 36	4 31	4 25	4 19	4 12	4 04	3 55	3 45	3 33	3 20	3 03	2 43	2 15
18	4 46	4 41	4 36	4 31	4 25	4 18	4 11	4 03	3 54	3 43	3 31	3 17	2 59	2 36
22	4 50	4 46	4 41	4 36	4 31	4 25	4 18	4 11	4 03	3 53	3 42	3 30	3 14	2 55
26	4 54	4 50	4 46	4 42	4 37	4 31	4 26	4 19	4 12	4 03	3 54	3 42	3 29	3 12
30	4 58	4 54	4 51	4 47	4 43	4 38	4 33	4 27	4 20	4 13	4 04	3 54	3 43	3 28
Sept. 3	5 02	4 59	4 56	4 52	4 48	4 44	4 40	4 35	4 29	4 22	4 15	4 06	3 56	3 44
7	5 06	5 03	5 00	4 57	4 54	4 51	4 47	4 42	4 37	4 32	4 25	4 18	4 09	3 59
11	5 10	5 08	5 05	5 03	5 00	4 57	4 53	4 50	4 45	4 41	4 35	4 29	4 22	4 13
15	5 14	5 12	5 10	5 08	5 06	5 03	5 00	4 57	4 54	4 50	4 45	4 40	4 34	4 27
19	5 17	5 16	5 15	5 13	5 11	5 09	5 07	5 05	5 02	4 59	4 55	4 51	4 46	4 40
23	5 21	5 20	5 19	5 18	5 17	5 15	5 14	5 12	5 10	5 07	5 05	5 02	4 58	4 53
27	5 25	5 25	5 24	5 23	5 22	5 21	5 20	5 19	5 18	5 16	5 14	5 12	5 10	5 06
Oct. 1	5 29	5 29	5 29	5 28	5 28	5 28	5 27	5 26	5 26	5 25	5 24	5 23	5 21	5 19
5	5 33	5 33	5 33	5 34	5 34	5 34	5 34	5 34	5 34	5 33	5 33	5 33	5 33	5 32

END OF EVENING CIVIL TWILIGHT

Lat.	+40°	+42°	+44°	+46°	+48°	+50°	+52°	+54°	+56°	+58°	+60°	+62°	+64°	+66°
	h m	h m	h m	h m	h m	h m	h m	h m	h m	h m	h m	h m	h m	h m
July 1	20 05	20 14	20 23	20 33	20 44	20 57	21 11	21 29	21 50	22 18	23 03	// //	// //	// //
5	20 05	20 13	20 21	20 31	20 42	20 55	21 09	21 26	21 46	22 13	22 53	// //	// //	// //
9	20 03	20 11	20 20	20 29	20 40	20 52	21 06	21 22	21 41	22 06	22 42	// //	// //	// //
13	20 01	20 09	20 17	20 26	20 36	20 48	21 01	21 17	21 35	21 59	22 31	23 31	// //	// //
17	19 58	20 06	20 14	20 23	20 32	20 44	20 56	21 11	21 28	21 50	22 18	23 04	// //	// //
21	19 55	20 02	20 10	20 18	20 28	20 38	20 50	21 04	21 20	21 40	22 06	22 43	// //	// //
25	19 52	19 58	20 06	20 14	20 23	20 33	20 44	20 57	21 12	21 30	21 53	22 24	23 19	// //
29	19 47	19 54	20 01	20 08	20 17	20 26	20 37	20 49	21 03	21 20	21 40	22 07	22 47	// //
Aug. 2	19 43	19 49	19 56	20 03	20 11	20 19	20 29	20 40	20 53	21 09	21 27	21 50	22 23	23 21
6	19 38	19 44	19 50	19 57	20 04	20 12	20 21	20 32	20 43	20 57	21 14	21 34	22 01	22 42
10	19 33	19 38	19 44	19 50	19 57	20 04	20 13	20 22	20 33	20 46	21 01	21 19	21 42	22 13
14	19 27	19 32	19 37	19 43	19 49	19 56	20 04	20 13	20 23	20 34	20 48	21 04	21 24	21 49
18	19 21	19 26	19 31	19 36	19 42	19 48	19 55	20 03	20 12	20 22	20 34	20 49	21 06	21 28
22	19 15	19 19	19 24	19 29	19 34	19 40	19 46	19 53	20 01	20 11	20 21	20 34	20 49	21 08
26	19 09	19 13	19 17	19 21	19 26	19 31	19 37	19 43	19 50	19 59	20 08	20 19	20 32	20 48
30	19 03	19 06	19 10	19 13	19 18	19 22	19 27	19 33	19 39	19 47	19 55	20 05	20 16	20 30
Sept. 3	18 56	18 59	19 02	19 06	19 09	19 13	19 18	19 23	19 28	19 35	19 42	19 50	20 00	20 12
7	18 50	18 52	18 55	18 58	19 01	19 04	19 08	19 13	19 17	19 23	19 29	19 36	19 45	19 55
11	18 43	18 45	18 47	18 50	18 52	18 55	18 59	19 02	19 06	19 11	19 16	19 22	19 29	19 38
15	18 36	18 38	18 40	18 42	18 44	18 46	18 49	18 52	18 55	18 59	19 04	19 09	19 14	19 21
19	18 29	18 31	18 32	18 34	18 35	18 37	18 39	18 42	18 44	18 48	18 51	18 55	19 00	19 05
23	18 23	18 24	18 25	18 26	18 27	18 28	18 30	18 32	18 34	18 36	18 39	18 42	18 45	18 49
27	18 16	18 17	18 17	18 18	18 19	18 20	18 21	18 22	18 23	18 24	18 26	18 28	18 31	18 34
Oct. 1	18 10	18 10	18 10	18 10	18 10	18 11	18 11	18 12	18 12	18 13	18 14	18 15	18 17	18 18
5	18 03	18 03	18 03	18 02	18 02	18 02	18 02	18 02	18 02	18 02	18 02	18 02	18 03	18 03

// // indicates continuous twilight.

CIVIL TWILIGHT, 2022

UNIVERSAL TIME FOR MERIDIAN OF GREENWICH
BEGINNING OF MORNING CIVIL TWILIGHT

Lat.	−55°	−50°	−45°	−40°	−35°	−30°	−20°	−10°	0°	+10°	+20°	+30°	+35°	+40°
	h m	h m	h m	h m	h m	h m	h m	h m	h m	h m	h m	h m	h m	h m
Oct. 1	4 49	4 57	5 03	5 08	5 11	5 15	5 20	5 23	5 26	5 28	5 29	5 29	5 29	5 29
5	4 39	4 48	4 55	5 01	5 06	5 10	5 16	5 21	5 24	5 27	5 30	5 32	5 32	5 33
9	4 28	4 39	4 48	4 54	5 00	5 05	5 12	5 18	5 23	5 27	5 31	5 34	5 36	5 37
13	4 17	4 30	4 40	4 48	4 54	5 00	5 09	5 16	5 22	5 27	5 32	5 36	5 39	5 41
17	4 07	4 21	4 33	4 42	4 49	4 55	5 06	5 14	5 21	5 27	5 33	5 39	5 42	5 45
21	3 57	4 13	4 25	4 36	4 44	4 51	5 03	5 12	5 20	5 28	5 34	5 41	5 45	5 49
25	3 46	4 04	4 18	4 30	4 39	4 47	5 00	5 10	5 20	5 28	5 36	5 44	5 49	5 53
29	3 36	3 56	4 12	4 24	4 34	4 43	4 57	5 09	5 19	5 28	5 37	5 47	5 52	5 58
Nov. 2	3 26	3 49	4 05	4 19	4 30	4 39	4 55	5 08	5 19	5 29	5 39	5 50	5 56	6 02
6	3 17	3 41	3 59	4 14	4 26	4 36	4 53	5 07	5 19	5 30	5 41	5 53	5 59	6 06
10	3 08	3 34	3 54	4 09	4 22	4 33	4 51	5 06	5 19	5 31	5 43	5 56	6 03	6 11
14	2 59	3 27	3 48	4 05	4 19	4 30	4 50	5 05	5 19	5 32	5 45	5 59	6 06	6 15
18	2 51	3 21	3 44	4 01	4 16	4 28	4 48	5 05	5 20	5 33	5 47	6 02	6 10	6 19
22	2 43	3 16	3 40	3 58	4 14	4 27	4 48	5 05	5 20	5 35	5 49	6 05	6 14	6 23
26	2 36	3 11	3 36	3 56	4 12	4 25	4 47	5 05	5 21	5 37	5 52	6 08	6 17	6 28
30	2 30	3 07	3 34	3 54	4 10	4 24	4 47	5 06	5 23	5 38	5 54	6 11	6 21	6 31
Dec. 4	2 25	3 04	3 32	3 53	4 10	4 24	4 48	5 07	5 24	5 40	5 57	6 14	6 24	6 35
8	2 21	3 02	3 30	3 52	4 10	4 24	4 48	5 08	5 26	5 42	5 59	6 17	6 27	6 39
12	2 19	3 01	3 30	3 52	4 10	4 25	4 49	5 10	5 27	5 44	6 01	6 20	6 30	6 42
16	2 18	3 01	3 30	3 53	4 11	4 26	4 51	5 11	5 29	5 46	6 04	6 22	6 33	6 45
20	2 18	3 02	3 31	3 54	4 12	4 28	4 53	5 13	5 31	5 48	6 06	6 25	6 35	6 47
24	2 20	3 04	3 34	3 56	4 14	4 30	4 55	5 15	5 33	5 50	6 08	6 27	6 37	6 49
28	2 24	3 07	3 36	3 59	4 17	4 32	4 57	5 17	5 35	5 52	6 10	6 28	6 39	6 50
32	2 29	3 11	3 40	4 02	4 20	4 35	4 59	5 19	5 37	5 54	6 11	6 30	6 40	6 51
36	2 35	3 16	3 44	4 06	4 23	4 38	5 02	5 22	5 39	5 56	6 12	6 30	6 41	6 52

END OF EVENING CIVIL TWILIGHT

Lat.	−55°	−50°	−45°	−40°	−35°	−30°	−20°	−10°	0°	+10°	+20°	+30°	+35°	+40°
	h m	h m	h m	h m	h m	h m	h m	h m	h m	h m	h m	h m	h m	h m
Oct. 1	18 52	18 44	18 37	18 33	18 29	18 25	18 20	18 16	18 14	18 12	18 10	18 09	18 09	18 10
5	19 00	18 50	18 43	18 37	18 32	18 28	18 21	18 16	18 12	18 09	18 07	18 05	18 04	18 03
9	19 08	18 57	18 48	18 41	18 35	18 30	18 22	18 16	18 11	18 07	18 03	18 00	17 58	17 57
13	19 17	19 04	18 53	18 45	18 39	18 33	18 24	18 16	18 10	18 05	18 00	17 56	17 53	17 51
17	19 25	19 11	18 59	18 50	18 42	18 36	18 25	18 17	18 10	18 03	17 57	17 51	17 48	17 45
21	19 34	19 18	19 05	18 54	18 46	18 39	18 27	18 17	18 09	18 02	17 55	17 47	17 44	17 39
25	19 43	19 25	19 11	18 59	18 50	18 42	18 29	18 18	18 09	18 00	17 52	17 44	17 39	17 34
29	19 53	19 32	19 17	19 04	18 54	18 45	18 30	18 19	18 08	17 59	17 50	17 40	17 35	17 29
Nov. 2	20 02	19 40	19 23	19 09	18 58	18 48	18 33	18 20	18 08	17 58	17 48	17 37	17 31	17 25
6	20 12	19 47	19 29	19 14	19 02	18 52	18 35	18 21	18 09	17 57	17 46	17 34	17 28	17 21
10	20 22	19 55	19 35	19 19	19 06	18 55	18 37	18 22	18 09	17 57	17 45	17 32	17 25	17 17
14	20 32	20 03	19 41	19 24	19 11	18 59	18 40	18 24	18 10	17 57	17 44	17 30	17 22	17 14
18	20 41	20 10	19 47	19 29	19 15	19 02	18 42	18 25	18 11	17 57	17 43	17 28	17 20	17 11
22	20 51	20 17	19 53	19 34	19 19	19 06	18 45	18 27	18 12	17 57	17 43	17 27	17 18	17 08
26	21 00	20 24	19 59	19 39	19 23	19 10	18 47	18 29	18 13	17 58	17 43	17 26	17 17	17 07
30	21 09	20 31	20 04	19 44	19 27	19 13	18 50	18 31	18 15	17 59	17 43	17 26	17 16	17 06
Dec. 4	21 17	20 37	20 09	19 48	19 31	19 16	18 53	18 33	18 16	18 00	17 44	17 26	17 16	17 05
8	21 24	20 42	20 14	19 52	19 34	19 20	18 55	18 36	18 18	18 01	17 45	17 26	17 16	17 05
12	21 29	20 47	20 18	19 56	19 38	19 23	18 58	18 38	18 20	18 03	17 46	17 27	17 17	17 05
16	21 34	20 51	20 21	19 59	19 40	19 25	19 00	18 40	18 22	18 05	17 47	17 29	17 18	17 06
20	21 37	20 53	20 24	20 01	19 43	19 27	19 02	18 42	18 24	18 07	17 49	17 30	17 20	17 08
24	21 39	20 55	20 25	20 03	19 45	19 29	19 04	18 44	18 26	18 09	17 51	17 32	17 22	17 10
28	21 39	20 56	20 26	20 04	19 46	19 31	19 06	18 46	18 28	18 11	17 54	17 35	17 24	17 13
32	21 37	20 56	20 27	20 05	19 47	19 32	19 07	18 47	18 30	18 13	17 56	17 37	17 27	17 16
36	21 34	20 54	20 26	20 04	19 47	19 32	19 08	18 49	18 31	18 15	17 58	17 40	17 30	17 19

UNIVERSAL TIME FOR MERIDIAN OF GREENWICH
BEGINNING OF MORNING CIVIL TWILIGHT

Lat.	+40°	+42°	+44°	+46°	+48°	+50°	+52°	+54°	+56°	+58°	+60°	+62°	+64°	+66°
	h m	h m	h m	h m	h m	h m	h m	h m	h m	h m	h m	h m	h m	h m
Oct. 1	5 29	5 29	5 29	5 28	5 28	5 28	5 27	5 26	5 26	5 25	5 24	5 23	5 21	5 19
5	5 33	5 33	5 33	5 34	5 34	5 34	5 34	5 34	5 34	5 33	5 33	5 33	5 33	5 32
9	5 37	5 38	5 38	5 39	5 39	5 40	5 40	5 41	5 42	5 42	5 43	5 43	5 44	5 45
13	5 41	5 42	5 43	5 44	5 45	5 46	5 47	5 48	5 49	5 51	5 52	5 54	5 55	5 57
17	5 45	5 46	5 48	5 49	5 51	5 52	5 54	5 55	5 57	5 59	6 02	6 04	6 07	6 10
21	5 49	5 51	5 53	5 54	5 56	5 58	6 00	6 03	6 05	6 08	6 11	6 14	6 18	6 22
25	5 53	5 55	5 57	6 00	6 02	6 05	6 07	6 10	6 13	6 17	6 20	6 25	6 29	6 35
29	5 58	6 00	6 02	6 05	6 08	6 11	6 14	6 17	6 21	6 25	6 30	6 35	6 41	6 47
Nov. 2	6 02	6 05	6 07	6 10	6 14	6 17	6 21	6 25	6 29	6 34	6 39	6 45	6 52	7 00
6	6 06	6 09	6 12	6 16	6 19	6 23	6 27	6 32	6 37	6 42	6 48	6 55	7 03	7 12
10	6 11	6 14	6 17	6 21	6 25	6 29	6 34	6 39	6 45	6 51	6 58	7 05	7 14	7 24
14	6 15	6 19	6 22	6 26	6 31	6 36	6 41	6 46	6 52	6 59	7 06	7 15	7 25	7 36
18	6 19	6 23	6 27	6 32	6 36	6 41	6 47	6 53	7 00	7 07	7 15	7 25	7 35	7 48
22	6 23	6 28	6 32	6 37	6 42	6 47	6 53	7 00	7 07	7 15	7 24	7 34	7 46	8 00
26	6 28	6 32	6 37	6 42	6 47	6 53	6 59	7 06	7 13	7 22	7 31	7 42	7 55	8 10
30	6 31	6 36	6 41	6 46	6 52	6 58	7 05	7 12	7 20	7 29	7 39	7 50	8 04	8 20
Dec. 4	6 35	6 40	6 45	6 51	6 56	7 03	7 10	7 17	7 25	7 35	7 46	7 58	8 12	8 30
8	6 39	6 44	6 49	6 55	7 01	7 07	7 14	7 22	7 31	7 40	7 51	8 04	8 19	8 38
12	6 42	6 47	6 52	6 58	7 04	7 11	7 18	7 26	7 35	7 45	7 56	8 10	8 25	8 44
16	6 45	6 50	6 55	7 01	7 07	7 14	7 22	7 30	7 39	7 49	8 01	8 14	8 30	8 49
20	6 47	6 52	6 58	7 04	7 10	7 17	7 24	7 32	7 42	7 52	8 04	8 17	8 33	8 53
24	6 49	6 54	7 00	7 06	7 12	7 19	7 26	7 34	7 43	7 54	8 05	8 19	8 35	8 55
28	6 50	6 56	7 01	7 07	7 13	7 20	7 27	7 35	7 44	7 55	8 06	8 19	8 35	8 55
32	6 51	6 56	7 02	7 08	7 14	7 20	7 28	7 36	7 44	7 54	8 06	8 19	8 34	8 53
36	6 52	6 57	7 02	7 08	7 14	7 20	7 27	7 35	7 43	7 53	8 04	8 17	8 32	8 50

END OF EVENING CIVIL TWILIGHT

Lat.	+40°	+42°	+44°	+46°	+48°	+50°	+52°	+54°	+56°	+58°	+60°	+62°	+64°	+66°
	h m	h m	h m	h m	h m	h m	h m	h m	h m	h m	h m	h m	h m	h m
Oct. 1	18 10	18 10	18 10	18 10	18 10	18 11	18 11	18 12	18 12	18 13	18 14	18 15	18 17	18 18
5	18 03	18 03	18 03	18 02	18 02	18 02	18 02	18 02	18 02	18 02	18 02	18 02	18 03	18 03
9	17 57	17 56	17 56	17 56	17 55	17 54	17 53	17 53	17 52	17 51	17 51	17 50	17 49	17 48
13	17 51	17 50	17 49	17 48	17 47	17 46	17 44	17 43	17 42	17 41	17 39	17 37	17 36	17 34
17	17 45	17 44	17 42	17 41	17 39	17 38	17 36	17 34	17 32	17 30	17 28	17 25	17 23	17 19
21	17 39	17 38	17 36	17 34	17 32	17 30	17 28	17 26	17 23	17 20	17 17	17 14	17 10	17 06
25	17 34	17 32	17 30	17 28	17 25	17 23	17 20	17 17	17 14	17 10	17 07	17 02	16 58	16 52
29	17 29	17 27	17 24	17 22	17 19	17 16	17 13	17 09	17 05	17 01	16 57	16 51	16 46	16 39
Nov. 2	17 25	17 22	17 19	17 16	17 13	17 09	17 06	17 02	16 57	16 52	16 47	16 41	16 34	16 26
6	17 21	17 17	17 14	17 11	17 07	17 03	16 59	16 55	16 50	16 44	16 38	16 31	16 23	16 14
10	17 17	17 13	17 10	17 06	17 02	16 58	16 53	16 48	16 42	16 36	16 29	16 22	16 13	16 02
14	17 14	17 10	17 06	17 02	16 57	16 53	16 48	16 42	16 36	16 29	16 22	16 13	16 03	15 51
18	17 11	17 07	17 03	16 58	16 53	16 48	16 43	16 37	16 30	16 23	16 14	16 05	15 54	15 41
22	17 08	17 04	17 00	16 55	16 50	16 45	16 39	16 32	16 25	16 17	16 08	15 58	15 46	15 32
26	17 07	17 02	16 58	16 53	16 47	16 41	16 35	16 28	16 21	16 12	16 03	15 52	15 39	15 23
30	17 06	17 01	16 56	16 51	16 45	16 39	16 32	16 25	16 17	16 08	15 58	15 46	15 33	15 16
Dec. 4	17 05	17 00	16 55	16 50	16 44	16 37	16 30	16 23	16 14	16 05	15 54	15 42	15 28	15 10
8	17 05	17 00	16 55	16 49	16 43	16 36	16 29	16 21	16 13	16 03	15 52	15 39	15 24	15 06
12	17 05	17 00	16 55	16 49	16 43	16 36	16 29	16 21	16 12	16 02	15 51	15 37	15 22	15 03
16	17 06	17 01	16 56	16 50	16 44	16 37	16 29	16 21	16 12	16 02	15 50	15 37	15 21	15 01
20	17 08	17 03	16 57	16 51	16 45	16 38	16 31	16 23	16 14	16 03	15 52	15 38	15 22	15 02
24	17 10	17 05	16 59	16 54	16 47	16 40	16 33	16 25	16 16	16 05	15 54	15 40	15 24	15 04
28	17 13	17 08	17 02	16 56	16 50	16 43	16 36	16 28	16 19	16 09	15 57	15 44	15 28	15 08
32	17 16	17 11	17 05	17 00	16 53	16 47	16 40	16 32	16 23	16 13	16 01	15 48	15 33	15 14
36	17 19	17 14	17 09	17 03	16 57	16 51	16 44	16 36	16 27	16 18	16 07	15 54	15 39	15 21

NAUTICAL TWILIGHT, 2022

UNIVERSAL TIME FOR MERIDIAN OF GREENWICH
BEGINNING OF MORNING NAUTICAL TWILIGHT

Lat.	−55°	−50°	−45°	−40°	−35°	−30°	−20°	−10°	0°	+10°	+20°	+30°	+35°	+40°
	h m	h m	h m	h m	h m	h m	h m	h m	h m	h m	h m	h m	h m	h m
Jan. −2	// //	2 03	2 48	3 18	3 41	4 00	4 28	4 51	5 10	5 27	5 43	5 59	6 08	6 17
2	0 19	2 09	2 52	3 22	3 44	4 03	4 31	4 53	5 12	5 28	5 44	6 00	6 09	6 18
6	0 46	2 15	2 57	3 26	3 48	4 06	4 34	4 55	5 14	5 30	5 45	6 01	6 09	6 18
10	1 06	2 23	3 03	3 31	3 52	4 10	4 37	4 58	5 16	5 31	5 46	6 01	6 09	6 18
14	1 24	2 32	3 09	3 36	3 57	4 13	4 40	5 00	5 17	5 33	5 47	6 01	6 09	6 17
18	1 41	2 41	3 16	3 41	4 01	4 17	4 43	5 02	5 19	5 34	5 47	6 01	6 08	6 16
22	1 56	2 50	3 23	3 47	4 06	4 21	4 46	5 05	5 20	5 34	5 47	6 00	6 07	6 14
26	2 12	2 59	3 30	3 53	4 11	4 26	4 49	5 07	5 22	5 35	5 47	5 59	6 05	6 12
30	2 26	3 09	3 38	3 59	4 16	4 30	4 52	5 09	5 23	5 35	5 46	5 58	6 03	6 09
Feb. 3	2 40	3 19	3 45	4 05	4 21	4 34	4 55	5 10	5 24	5 35	5 46	5 56	6 01	6 06
7	2 53	3 28	3 53	4 11	4 26	4 38	4 57	5 12	5 24	5 35	5 44	5 53	5 58	6 02
11	3 06	3 37	4 00	4 17	4 31	4 42	5 00	5 14	5 25	5 34	5 43	5 50	5 54	5 58
15	3 18	3 47	4 07	4 23	4 35	4 46	5 02	5 15	5 25	5 33	5 41	5 47	5 51	5 54
19	3 30	3 55	4 14	4 28	4 40	4 49	5 04	5 16	5 25	5 32	5 39	5 44	5 46	5 49
23	3 41	4 04	4 21	4 34	4 44	4 53	5 06	5 17	5 25	5 31	5 36	5 40	5 42	5 43
27	3 52	4 12	4 27	4 39	4 48	4 56	5 08	5 17	5 24	5 29	5 34	5 36	5 37	5 38
Mar. 3	4 02	4 20	4 34	4 44	4 53	4 59	5 10	5 18	5 24	5 28	5 31	5 32	5 32	5 32
7	4 12	4 28	4 40	4 49	4 56	5 03	5 12	5 18	5 23	5 26	5 28	5 28	5 27	5 26
11	4 21	4 35	4 46	4 54	5 00	5 05	5 13	5 19	5 22	5 24	5 24	5 23	5 22	5 20
15	4 31	4 42	4 51	4 58	5 04	5 08	5 15	5 19	5 21	5 22	5 21	5 18	5 16	5 13
19	4 39	4 49	4 57	5 03	5 07	5 11	5 16	5 19	5 20	5 19	5 18	5 14	5 11	5 07
23	4 48	4 56	5 02	5 07	5 11	5 13	5 17	5 19	5 19	5 17	5 14	5 09	5 05	5 00
27	4 56	5 03	5 08	5 11	5 14	5 16	5 18	5 19	5 17	5 15	5 10	5 04	4 59	4 53
31	5 04	5 09	5 13	5 15	5 17	5 18	5 19	5 18	5 16	5 12	5 07	4 59	4 53	4 46
Apr. 4	5 12	5 15	5 18	5 19	5 20	5 21	5 20	5 18	5 15	5 10	5 03	4 54	4 47	4 40

END OF EVENING NAUTICAL TWILIGHT

Lat.	−55°	−50°	−45°	−40°	−35°	−30°	−20°	−10°	0°	+10°	+20°	+30°	+35°	+40°
	h m	h m	h m	h m	h m	h m	h m	h m	h m	h m	h m	h m	h m	h m
Jan. −2	// //	22 00	21 16	20 46	20 23	20 04	19 36	19 13	18 55	18 38	18 22	18 05	17 57	17 48
2	23 41	21 58	21 15	20 46	20 23	20 05	19 37	19 15	18 56	18 40	18 24	18 08	18 00	17 51
6	23 21	21 55	21 14	20 45	20 23	20 05	19 38	19 16	18 58	18 42	18 26	18 11	18 03	17 54
10	23 05	21 51	21 11	20 44	20 22	20 05	19 38	19 17	18 59	18 44	18 29	18 14	18 06	17 57
14	22 51	21 45	21 08	20 41	20 21	20 04	19 38	19 18	19 01	18 46	18 31	18 17	18 09	18 01
18	22 37	21 39	21 04	20 39	20 19	20 03	19 38	19 18	19 02	18 47	18 34	18 20	18 13	18 05
22	22 24	21 32	20 59	20 35	20 16	20 01	19 37	19 18	19 03	18 49	18 36	18 23	18 16	18 09
26	22 10	21 24	20 53	20 31	20 13	19 59	19 36	19 18	19 03	18 50	18 38	18 26	18 20	18 14
30	21 58	21 16	20 48	20 26	20 10	19 56	19 34	19 18	19 04	18 51	18 40	18 29	18 24	18 18
Feb. 3	21 45	21 07	20 41	20 22	20 06	19 53	19 33	19 17	19 04	18 53	18 42	18 32	18 27	18 22
7	21 32	20 58	20 34	20 16	20 02	19 50	19 31	19 16	19 04	18 53	18 44	18 35	18 31	18 27
11	21 20	20 49	20 27	20 11	19 57	19 46	19 28	19 15	19 04	18 54	18 46	18 38	18 35	18 31
15	21 08	20 40	20 20	20 05	19 52	19 42	19 26	19 13	19 03	18 55	18 48	18 41	18 38	18 35
19	20 55	20 31	20 12	19 58	19 47	19 38	19 23	19 12	19 03	18 55	18 49	18 44	18 42	18 40
23	20 43	20 21	20 05	19 52	19 42	19 33	19 20	19 10	19 02	18 56	18 51	18 47	18 45	18 44
27	20 32	20 12	19 57	19 45	19 36	19 28	19 17	19 08	19 01	18 56	18 52	18 49	18 49	18 48
Mar. 3	20 20	20 02	19 49	19 39	19 31	19 24	19 13	19 06	19 00	18 56	18 53	18 52	18 52	18 52
7	20 08	19 53	19 41	19 32	19 25	19 19	19 10	19 04	18 59	18 56	18 55	18 55	18 55	18 57
11	19 57	19 43	19 33	19 25	19 19	19 14	19 06	19 01	18 58	18 56	18 56	18 57	18 59	19 01
15	19 46	19 34	19 25	19 19	19 13	19 09	19 03	18 59	18 57	18 56	18 57	19 00	19 02	19 05
19	19 35	19 25	19 17	19 12	19 07	19 04	18 59	18 57	18 56	18 56	18 58	19 02	19 06	19 09
23	19 24	19 16	19 10	19 05	19 02	18 59	18 56	18 54	18 54	18 56	18 59	19 05	19 09	19 14
27	19 13	19 07	19 02	18 59	18 56	18 54	18 52	18 52	18 53	18 56	19 01	19 08	19 12	19 18
31	19 03	18 58	18 55	18 52	18 50	18 49	18 49	18 50	18 52	18 56	19 02	19 10	19 16	19 23
Apr. 4	18 53	18 50	18 47	18 46	18 45	18 45	18 46	18 48	18 51	18 56	19 03	19 13	19 19	19 27

// // indicates continuous twilight.

UNIVERSAL TIME FOR MERIDIAN OF GREENWICH
BEGINNING OF MORNING NAUTICAL TWILIGHT

Lat.	+40°	+42°	+44°	+46°	+48°	+50°	+52°	+54°	+56°	+58°	+60°	+62°	+64°	+66°
	h m	h m	h m	h m	h m	h m	h m	h m	h m	h m	h m	h m	h m	h m
Jan. −2	6 17	6 21	6 25	6 29	6 34	6 39	6 44	6 49	6 55	7 02	7 09	7 18	7 27	7 38
2	6 18	6 22	6 26	6 30	6 34	6 39	6 44	6 50	6 55	7 02	7 09	7 17	7 26	7 37
6	6 18	6 22	6 26	6 30	6 34	6 39	6 44	6 49	6 55	7 01	7 08	7 15	7 24	7 34
10	6 18	6 21	6 25	6 29	6 33	6 38	6 42	6 47	6 53	6 59	7 05	7 13	7 21	7 30
14	6 17	6 21	6 24	6 28	6 32	6 36	6 40	6 45	6 50	6 56	7 02	7 09	7 16	7 25
18	6 16	6 19	6 22	6 26	6 30	6 33	6 38	6 42	6 47	6 52	6 58	7 04	7 11	7 19
22	6 14	6 17	6 20	6 23	6 27	6 30	6 34	6 38	6 43	6 47	6 52	6 58	7 04	7 12
26	6 12	6 15	6 17	6 20	6 23	6 27	6 30	6 34	6 38	6 42	6 46	6 51	6 57	7 03
30	6 09	6 12	6 14	6 17	6 19	6 22	6 25	6 29	6 32	6 36	6 40	6 44	6 49	6 54
Feb. 3	6 06	6 08	6 10	6 13	6 15	6 17	6 20	6 23	6 26	6 29	6 32	6 36	6 40	6 44
7	6 02	6 04	6 06	6 08	6 10	6 12	6 14	6 16	6 19	6 21	6 24	6 27	6 30	6 33
11	5 58	6 00	6 01	6 03	6 04	6 06	6 08	6 09	6 11	6 13	6 15	6 17	6 19	6 22
15	5 54	5 55	5 56	5 57	5 58	6 00	6 01	6 02	6 03	6 04	6 06	6 07	6 08	6 10
19	5 49	5 50	5 50	5 51	5 52	5 53	5 53	5 54	5 55	5 55	5 56	5 56	5 57	5 57
23	5 43	5 44	5 44	5 45	5 45	5 45	5 46	5 46	5 46	5 46	5 45	5 45	5 44	5 44
27	5 38	5 38	5 38	5 38	5 38	5 38	5 37	5 37	5 36	5 35	5 34	5 33	5 32	5 30
Mar. 3	5 32	5 32	5 32	5 31	5 30	5 30	5 29	5 28	5 27	5 25	5 23	5 21	5 18	5 15
7	5 26	5 25	5 25	5 24	5 23	5 22	5 20	5 18	5 16	5 14	5 11	5 08	5 04	5 00
11	5 20	5 19	5 18	5 16	5 15	5 13	5 11	5 09	5 06	5 03	4 59	4 55	4 50	4 44
15	5 13	5 12	5 10	5 09	5 07	5 04	5 02	4 59	4 55	4 51	4 47	4 42	4 35	4 28
19	5 07	5 05	5 03	5 01	4 58	4 55	4 52	4 48	4 44	4 39	4 34	4 28	4 20	4 11
23	5 00	4 58	4 55	4 53	4 50	4 46	4 42	4 38	4 33	4 27	4 21	4 13	4 04	3 53
27	4 53	4 51	4 48	4 44	4 41	4 37	4 32	4 27	4 21	4 15	4 07	3 58	3 47	3 35
31	4 46	4 43	4 40	4 36	4 32	4 27	4 22	4 16	4 10	4 02	3 53	3 43	3 30	3 15
Apr. 4	4 40	4 36	4 32	4 28	4 23	4 18	4 12	4 05	3 58	3 49	3 39	3 27	3 12	2 54

END OF EVENING NAUTICAL TWILIGHT

Lat.	+40°	+42°	+44°	+46°	+48°	+50°	+52°	+54°	+56°	+58°	+60°	+62°	+64°	+66°
	h m	h m	h m	h m	h m	h m	h m	h m	h m	h m	h m	h m	h m	h m
Jan. −2	17 48	17 44	17 39	17 35	17 31	17 26	17 21	17 15	17 09	17 02	16 55	16 47	16 37	16 26
2	17 51	17 47	17 43	17 38	17 34	17 29	17 24	17 19	17 13	17 06	16 59	16 51	16 42	16 32
6	17 54	17 50	17 46	17 42	17 38	17 33	17 28	17 23	17 17	17 11	17 04	16 57	16 48	16 38
10	17 57	17 54	17 50	17 46	17 42	17 38	17 33	17 28	17 23	17 17	17 10	17 03	16 55	16 45
14	18 01	17 58	17 54	17 51	17 47	17 43	17 38	17 33	17 28	17 23	17 17	17 10	17 02	16 54
18	18 05	18 02	17 59	17 55	17 52	17 48	17 44	17 39	17 35	17 30	17 24	17 18	17 11	17 03
22	18 09	18 06	18 03	18 00	17 57	17 53	17 49	17 45	17 41	17 37	17 31	17 26	17 20	17 12
26	18 14	18 11	18 08	18 05	18 02	17 59	17 56	17 52	17 48	17 44	17 39	17 34	17 29	17 23
30	18 18	18 15	18 13	18 10	18 08	18 05	18 02	17 59	17 55	17 52	17 48	17 44	17 39	17 33
Feb. 3	18 22	18 20	18 18	18 16	18 13	18 11	18 08	18 06	18 03	18 00	17 57	17 53	17 49	17 45
7	18 27	18 25	18 23	18 21	18 19	18 17	18 15	18 13	18 10	18 08	18 05	18 03	18 00	17 56
11	18 31	18 29	18 28	18 26	18 25	18 23	18 22	18 20	18 18	18 16	18 14	18 12	18 10	18 08
15	18 35	18 34	18 33	18 32	18 31	18 29	18 28	18 27	18 26	18 25	18 24	18 23	18 21	18 20
19	18 40	18 39	18 38	18 37	18 36	18 36	18 35	18 35	18 34	18 34	18 33	18 33	18 32	18 32
23	18 44	18 43	18 43	18 43	18 42	18 42	18 42	18 42	18 42	18 42	18 43	18 43	18 44	18 45
27	18 48	18 48	18 48	18 48	18 48	18 49	18 49	18 50	18 50	18 51	18 52	18 54	18 55	18 58
Mar. 3	18 52	18 53	18 53	18 54	18 54	18 55	18 56	18 57	18 59	19 00	19 02	19 05	19 07	19 11
7	18 57	18 57	18 58	18 59	19 00	19 02	19 03	19 05	19 07	19 09	19 12	19 16	19 19	19 24
11	19 01	19 02	19 03	19 05	19 06	19 08	19 10	19 13	19 15	19 19	19 22	19 27	19 32	19 38
15	19 05	19 07	19 08	19 10	19 12	19 15	19 17	19 21	19 24	19 28	19 33	19 38	19 45	19 52
19	19 09	19 11	19 14	19 16	19 19	19 21	19 25	19 29	19 33	19 38	19 43	19 50	19 58	20 07
23	19 14	19 16	19 19	19 22	19 25	19 28	19 32	19 37	19 42	19 48	19 54	20 02	20 12	20 23
27	19 18	19 21	19 24	19 27	19 31	19 35	19 40	19 45	19 51	19 58	20 06	20 15	20 26	20 39
31	19 23	19 26	19 29	19 33	19 38	19 42	19 48	19 54	20 01	20 08	20 18	20 28	20 41	20 57
Apr. 4	19 27	19 31	19 35	19 39	19 44	19 50	19 56	20 02	20 10	20 19	20 30	20 42	20 57	21 16

NAUTICAL TWILIGHT, 2022

UNIVERSAL TIME FOR MERIDIAN OF GREENWICH
BEGINNING OF MORNING NAUTICAL TWILIGHT

Lat.	−55°	−50°	−45°	−40°	−35°	−30°	−20°	−10°	0°	+10°	+20°	+30°	+35°	+40°
	h m	h m	h m	h m	h m	h m	h m	h m	h m	h m	h m	h m	h m	h m
Mar. 31	5 04	5 09	5 13	5 15	5 17	5 18	5 19	5 18	5 16	5 12	5 07	4 59	4 53	4 46
Apr. 4	5 12	5 15	5 18	5 19	5 20	5 21	5 20	5 18	5 15	5 10	5 03	4 54	4 47	4 40
8	5 19	5 22	5 23	5 23	5 23	5 23	5 21	5 18	5 14	5 08	5 00	4 49	4 41	4 33
12	5 27	5 27	5 28	5 27	5 26	5 25	5 22	5 18	5 12	5 05	4 56	4 44	4 36	4 26
16	5 34	5 33	5 32	5 31	5 29	5 27	5 23	5 18	5 11	5 03	4 53	4 39	4 30	4 19
20	5 41	5 39	5 37	5 35	5 32	5 30	5 24	5 18	5 10	5 01	4 49	4 34	4 24	4 13
24	5 48	5 45	5 41	5 38	5 35	5 32	5 25	5 18	5 09	4 59	4 46	4 29	4 19	4 06
28	5 54	5 50	5 46	5 42	5 38	5 34	5 26	5 18	5 08	4 57	4 43	4 25	4 14	4 00
May 2	6 01	5 55	5 50	5 45	5 41	5 36	5 27	5 18	5 07	4 55	4 40	4 21	4 09	3 54
6	6 07	6 00	5 54	5 49	5 44	5 39	5 28	5 18	5 07	4 53	4 37	4 17	4 04	3 48
10	6 13	6 05	5 59	5 52	5 46	5 41	5 30	5 18	5 06	4 52	4 35	4 13	3 59	3 43
14	6 19	6 10	6 03	5 56	5 49	5 43	5 31	5 19	5 06	4 51	4 33	4 10	3 55	3 38
18	6 25	6 15	6 06	5 59	5 52	5 45	5 32	5 19	5 05	4 50	4 31	4 07	3 52	3 33
22	6 30	6 19	6 10	6 02	5 54	5 47	5 34	5 20	5 05	4 49	4 30	4 04	3 48	3 29
26	6 35	6 23	6 13	6 05	5 57	5 49	5 35	5 21	5 06	4 49	4 28	4 02	3 46	3 25
30	6 39	6 27	6 17	6 07	5 59	5 51	5 36	5 21	5 06	4 48	4 27	4 00	3 43	3 22
June 3	6 43	6 30	6 19	6 10	6 01	5 53	5 38	5 22	5 06	4 48	4 27	3 59	3 41	3 20
7	6 46	6 33	6 22	6 12	6 03	5 55	5 39	5 23	5 07	4 48	4 26	3 58	3 40	3 18
11	6 49	6 36	6 24	6 14	6 05	5 56	5 40	5 24	5 07	4 49	4 26	3 58	3 39	3 17
15	6 51	6 38	6 26	6 16	6 06	5 58	5 41	5 25	5 08	4 49	4 27	3 58	3 39	3 16
19	6 53	6 39	6 27	6 17	6 07	5 59	5 42	5 26	5 09	4 50	4 27	3 58	3 40	3 16
23	6 54	6 40	6 28	6 18	6 08	6 00	5 43	5 27	5 10	4 51	4 28	3 59	3 40	3 17
27	6 54	6 40	6 29	6 18	6 09	6 00	5 44	5 28	5 11	4 52	4 29	4 00	3 42	3 19
July 1	6 54	6 40	6 28	6 18	6 09	6 00	5 44	5 28	5 12	4 53	4 31	4 02	3 44	3 21
5	6 52	6 39	6 28	6 18	6 09	6 00	5 45	5 29	5 12	4 54	4 32	4 04	3 46	3 23

END OF EVENING NAUTICAL TWILIGHT

Lat.	−55°	−50°	−45°	−40°	−35°	−30°	−20°	−10°	0°	+10°	+20°	+30°	+35°	+40°
	h m	h m	h m	h m	h m	h m	h m	h m	h m	h m	h m	h m	h m	h m
Mar. 31	19 03	18 58	18 55	18 52	18 50	18 49	18 49	18 50	18 52	18 56	19 02	19 10	19 16	19 23
Apr. 4	18 53	18 50	18 47	18 46	18 45	18 45	18 46	18 48	18 51	18 56	19 03	19 13	19 19	19 27
8	18 43	18 41	18 40	18 40	18 40	18 40	18 42	18 46	18 50	18 56	19 05	19 16	19 23	19 32
12	18 34	18 33	18 33	18 34	18 35	18 36	18 39	18 44	18 49	18 57	19 06	19 19	19 27	19 37
16	18 25	18 25	18 27	18 28	18 30	18 32	18 36	18 42	18 49	18 57	19 07	19 21	19 30	19 41
20	18 16	18 18	18 20	18 23	18 25	18 28	18 33	18 40	18 48	18 57	19 09	19 24	19 34	19 46
24	18 08	18 11	18 14	18 17	18 21	18 24	18 31	18 39	18 47	18 58	19 11	19 27	19 38	19 51
28	18 00	18 04	18 09	18 13	18 17	18 21	18 29	18 37	18 47	18 58	19 12	19 31	19 42	19 56
May 2	17 52	17 58	18 03	18 08	18 13	18 17	18 26	18 36	18 47	18 59	19 14	19 34	19 46	20 01
6	17 45	17 52	17 58	18 04	18 09	18 14	18 25	18 35	18 47	19 00	19 16	19 37	19 50	20 06
10	17 39	17 47	17 54	18 00	18 06	18 12	18 23	18 34	18 47	19 01	19 18	19 40	19 54	20 11
14	17 33	17 42	17 50	17 57	18 03	18 10	18 22	18 34	18 47	19 02	19 20	19 43	19 58	20 16
18	17 28	17 38	17 46	17 54	18 01	18 08	18 21	18 34	18 47	19 03	19 22	19 46	20 02	20 21
22	17 23	17 34	17 43	17 51	17 59	18 06	18 20	18 33	18 48	19 04	19 24	19 49	20 05	20 25
26	17 19	17 31	17 40	17 49	17 57	18 05	18 19	18 33	18 49	19 06	19 26	19 52	20 09	20 30
30	17 16	17 28	17 38	17 48	17 56	18 04	18 19	18 34	18 49	19 07	19 28	19 55	20 12	20 34
June 3	17 13	17 26	17 37	17 46	17 55	18 03	18 19	18 34	18 50	19 08	19 30	19 58	20 15	20 37
7	17 11	17 24	17 36	17 46	17 55	18 03	18 19	18 35	18 51	19 10	19 32	20 00	20 18	20 40
11	17 10	17 24	17 35	17 45	17 54	18 03	18 19	18 35	18 52	19 11	19 33	20 02	20 20	20 43
15	17 09	17 23	17 35	17 45	17 55	18 03	18 20	18 36	18 53	19 12	19 34	20 03	20 22	20 45
19	17 10	17 24	17 36	17 46	17 55	18 04	18 21	18 37	18 54	19 13	19 35	20 05	20 23	20 46
23	17 11	17 25	17 36	17 47	17 56	18 05	18 21	18 38	18 55	19 14	19 36	20 05	20 24	20 47
27	17 12	17 26	17 38	17 48	17 57	18 06	18 22	18 39	18 55	19 14	19 37	20 06	20 24	20 47
July 1	17 14	17 28	17 40	17 50	17 59	18 07	18 24	18 39	18 56	19 15	19 37	20 06	20 24	20 47
5	17 17	17 30	17 42	17 52	18 01	18 09	18 25	18 40	18 57	19 15	19 37	20 05	20 23	20 46

UNIVERSAL TIME FOR MERIDIAN OF GREENWICH
BEGINNING OF MORNING NAUTICAL TWILIGHT

Lat.	+40°	+42°	+44°	+46°	+48°	+50°	+52°	+54°	+56°	+58°	+60°	+62°	+64°	+66°
	h m	h m	h m	h m	h m	h m	h m	h m	h m	h m	h m	h m	h m	h m
Mar. 31	4 46	4 43	4 40	4 36	4 32	4 27	4 22	4 16	4 10	4 02	3 53	3 43	3 30	3 15
Apr. 4	4 40	4 36	4 32	4 28	4 23	4 18	4 12	4 05	3 58	3 49	3 39	3 27	3 12	2 54
8	4 33	4 29	4 24	4 20	4 14	4 08	4 02	3 54	3 45	3 35	3 24	3 10	2 53	2 31
12	4 26	4 21	4 17	4 11	4 05	3 59	3 51	3 43	3 33	3 22	3 08	2 52	2 32	2 05
16	4 19	4 14	4 09	4 03	3 56	3 49	3 41	3 31	3 20	3 08	2 52	2 33	2 09	1 34
20	4 13	4 07	4 01	3 55	3 47	3 39	3 30	3 20	3 07	2 53	2 35	2 13	1 43	0 49
24	4 06	4 00	3 54	3 47	3 39	3 30	3 20	3 08	2 54	2 38	2 18	1 51	1 09	// //
28	4 00	3 54	3 47	3 39	3 30	3 20	3 09	2 56	2 41	2 22	1 59	1 25	// //	// //
May 2	3 54	3 47	3 39	3 31	3 22	3 11	2 59	2 45	2 27	2 06	1 37	0 49	// //	// //
6	3 48	3 41	3 33	3 24	3 14	3 02	2 49	2 33	2 14	1 49	1 12	// //	// //	// //
10	3 43	3 35	3 26	3 17	3 06	2 53	2 39	2 21	1 59	1 30	0 37	// //	// //	// //
14	3 38	3 29	3 20	3 10	2 58	2 45	2 29	2 09	1 44	1 08	// //	// //	// //	// //
18	3 33	3 24	3 15	3 04	2 51	2 37	2 19	1 58	1 29	0 39	// //	// //	// //	// //
22	3 29	3 20	3 09	2 58	2 44	2 29	2 10	1 46	1 12	// //	// //	// //	// //	// //
26	3 25	3 16	3 05	2 53	2 39	2 22	2 02	1 35	0 53	// //	// //	// //	// //	// //
30	3 22	3 12	3 01	2 48	2 33	2 16	1 54	1 24	0 28	// //	// //	// //	// //	// //
June 3	3 20	3 09	2 58	2 44	2 29	2 10	1 47	1 13	// //	// //	// //	// //	// //	// //
7	3 18	3 07	2 55	2 41	2 25	2 06	1 41	1 04	// //	// //	// //	// //	// //	// //
11	3 17	3 06	2 54	2 39	2 23	2 03	1 36	0 55	// //	// //	// //	// //	// //	// //
15	3 16	3 05	2 53	2 38	2 21	2 01	1 33	0 49	// //	// //	// //	// //	// //	□
19	3 16	3 05	2 53	2 38	2 21	2 00	1 32	0 45	// //	// //	// //	// //	// //	□
23	3 17	3 06	2 53	2 39	2 22	2 01	1 33	0 46	// //	// //	// //	// //	// //	□
27	3 19	3 08	2 55	2 41	2 24	2 03	1 35	0 50	// //	// //	// //	// //	// //	□
July 1	3 21	3 10	2 57	2 43	2 27	2 06	1 40	0 58	// //	// //	// //	// //	// //	// //
5	3 23	3 13	3 01	2 47	2 31	2 11	1 46	1 08	// //	// //	// //	// //	// //	// //

END OF EVENING NAUTICAL TWILIGHT

Lat.	+40°	+42°	+44°	+46°	+48°	+50°	+52°	+54°	+56°	+58°	+60°	+62°	+64°	+66°
	h m	h m	h m	h m	h m	h m	h m	h m	h m	h m	h m	h m	h m	h m
Mar. 31	19 23	19 26	19 29	19 33	19 38	19 42	19 48	19 54	20 01	20 08	20 18	20 28	20 41	20 57
Apr. 4	19 27	19 31	19 35	19 39	19 44	19 50	19 56	20 02	20 10	20 19	20 30	20 42	20 57	21 16
8	19 32	19 36	19 40	19 45	19 51	19 57	20 04	20 11	20 20	20 31	20 43	20 57	21 15	21 38
12	19 37	19 41	19 46	19 52	19 58	20 04	20 12	20 21	20 31	20 42	20 56	21 13	21 34	22 03
16	19 41	19 46	19 52	19 58	20 05	20 12	20 21	20 30	20 41	20 55	21 10	21 30	21 56	22 34
20	19 46	19 52	19 58	20 04	20 12	20 20	20 29	20 40	20 53	21 07	21 26	21 49	22 21	23 27
24	19 51	19 57	20 04	20 11	20 19	20 28	20 38	20 50	21 04	21 21	21 42	22 11	22 56	// //
28	19 56	20 03	20 10	20 17	20 26	20 36	20 48	21 01	21 16	21 36	22 01	22 37	// //	// //
May 2	20 01	20 08	20 16	20 24	20 34	20 45	20 57	21 12	21 29	21 51	22 22	23 17	// //	// //
6	20 06	20 13	20 22	20 31	20 41	20 53	21 07	21 23	21 43	22 08	22 48	// //	// //	// //
10	20 11	20 19	20 28	20 38	20 49	21 01	21 16	21 34	21 57	22 28	23 30	// //	// //	// //
14	20 16	20 24	20 34	20 44	20 56	21 10	21 26	21 46	22 12	22 51	// //	// //	// //	// //
18	20 21	20 30	20 39	20 50	21 03	21 18	21 36	21 58	22 28	23 24	// //	// //	// //	// //
22	20 25	20 35	20 45	20 57	21 10	21 26	21 45	22 10	22 45	// //	// //	// //	// //	// //
26	20 30	20 39	20 50	21 02	21 17	21 34	21 54	22 22	23 06	// //	// //	// //	// //	// //
30	20 34	20 44	20 55	21 08	21 23	21 41	22 03	22 34	23 37	// //	// //	// //	// //	// //
June 3	20 37	20 48	20 59	21 13	21 28	21 47	22 11	22 45	// //	// //	// //	// //	// //	// //
7	20 40	20 51	21 03	21 17	21 33	21 53	22 18	22 56	// //	// //	// //	// //	// //	// //
11	20 43	20 54	21 06	21 20	21 37	21 57	22 24	23 06	// //	// //	// //	// //	// //	// //
15	20 45	20 56	21 09	21 23	21 40	22 01	22 28	23 14	// //	// //	// //	// //	// //	□
19	20 46	20 58	21 10	21 25	21 42	22 03	22 31	23 18	// //	// //	// //	// //	// //	□
23	20 47	20 58	21 11	21 25	21 43	22 04	22 31	23 18	// //	// //	// //	// //	// //	□
27	20 47	20 58	21 11	21 25	21 42	22 03	22 30	23 15	// //	// //	// //	// //	// //	□
July 1	20 47	20 58	21 10	21 24	21 41	22 01	22 27	23 08	// //	// //	// //	// //	// //	// //
5	20 46	20 56	21 08	21 22	21 38	21 57	22 22	22 59	// //	// //	// //	// //	// //	// //

□ indicates Sun continuously above horizon.
// // indicates continuous twilight.

NAUTICAL TWILIGHT, 2022

UNIVERSAL TIME FOR MERIDIAN OF GREENWICH
BEGINNING OF MORNING NAUTICAL TWILIGHT

Lat.	−55°	−50°	−45°	−40°	−35°	−30°	−20°	−10°	0°	+10°	+20°	+30°	+35°	+40°
	h m	h m	h m	h m	h m	h m	h m	h m	h m	h m	h m	h m	h m	h m
July 1	6 54	6 40	6 28	6 18	6 09	6 00	5 44	5 28	5 12	4 53	4 31	4 02	3 44	3 21
5	6 52	6 39	6 28	6 18	6 09	6 00	5 45	5 29	5 12	4 54	4 32	4 04	3 46	3 23
9	6 50	6 37	6 27	6 17	6 08	6 00	5 45	5 29	5 13	4 55	4 34	4 06	3 48	3 26
13	6 48	6 35	6 25	6 16	6 07	5 59	5 45	5 30	5 14	4 56	4 35	4 08	3 51	3 30
17	6 44	6 33	6 23	6 14	6 06	5 58	5 44	5 30	5 15	4 58	4 37	4 11	3 54	3 34
21	6 40	6 29	6 20	6 12	6 04	5 57	5 43	5 30	5 15	4 59	4 39	4 14	3 58	3 38
25	6 35	6 25	6 17	6 09	6 02	5 55	5 42	5 29	5 16	5 00	4 41	4 17	4 01	3 42
29	6 30	6 21	6 13	6 06	6 00	5 53	5 41	5 29	5 16	5 01	4 43	4 20	4 05	3 47
Aug. 2	6 24	6 16	6 09	6 03	5 57	5 51	5 40	5 28	5 16	5 02	4 45	4 23	4 09	3 52
6	6 17	6 10	6 04	5 59	5 53	5 48	5 38	5 27	5 16	5 03	4 46	4 26	4 12	3 57
10	6 10	6 04	5 59	5 54	5 50	5 45	5 36	5 26	5 16	5 03	4 48	4 29	4 16	4 01
14	6 03	5 58	5 54	5 50	5 46	5 42	5 34	5 25	5 15	5 04	4 50	4 32	4 20	4 06
18	5 55	5 51	5 48	5 45	5 41	5 38	5 31	5 23	5 15	5 04	4 51	4 34	4 24	4 11
22	5 46	5 44	5 42	5 39	5 37	5 34	5 28	5 22	5 14	5 04	4 53	4 37	4 27	4 15
26	5 38	5 37	5 35	5 34	5 32	5 30	5 26	5 20	5 13	5 05	4 54	4 40	4 31	4 20
30	5 28	5 29	5 29	5 28	5 27	5 26	5 22	5 18	5 12	5 05	4 55	4 43	4 34	4 24
Sept. 3	5 19	5 21	5 22	5 22	5 22	5 21	5 19	5 16	5 11	5 05	4 56	4 45	4 38	4 29
7	5 09	5 12	5 14	5 16	5 16	5 17	5 16	5 13	5 10	5 05	4 58	4 48	4 41	4 33
11	4 59	5 04	5 07	5 09	5 11	5 12	5 12	5 11	5 09	5 05	4 59	4 50	4 44	4 37
15	4 49	4 55	4 59	5 03	5 05	5 07	5 09	5 09	5 07	5 04	5 00	4 52	4 48	4 42
19	4 38	4 46	4 52	4 56	4 59	5 02	5 05	5 06	5 06	5 04	5 01	4 55	4 51	4 46
23	4 27	4 37	4 44	4 49	4 53	4 57	5 01	5 04	5 04	5 04	5 01	4 57	4 54	4 50
27	4 16	4 27	4 36	4 42	4 48	4 52	4 58	5 01	5 03	5 03	5 02	4 59	4 57	4 54
Oct. 1	4 05	4 18	4 28	4 36	4 42	4 47	4 54	4 59	5 02	5 03	5 03	5 02	5 00	4 58
5	3 53	4 09	4 20	4 29	4 36	4 41	4 50	4 56	5 00	5 03	5 04	5 04	5 03	5 02

END OF EVENING NAUTICAL TWILIGHT

Lat.	−55°	−50°	−45°	−40°	−35°	−30°	−20°	−10°	0°	+10°	+20°	+30°	+35°	+40°
	h m	h m	h m	h m	h m	h m	h m	h m	h m	h m	h m	h m	h m	h m
July 1	17 14	17 28	17 40	17 50	17 59	18 07	18 24	18 39	18 56	19 15	19 37	20 06	20 24	20 47
5	17 17	17 30	17 42	17 52	18 01	18 09	18 25	18 40	18 57	19 15	19 37	20 05	20 23	20 46
9	17 21	17 33	17 44	17 54	18 02	18 11	18 26	18 41	18 57	19 15	19 37	20 04	20 22	20 44
13	17 24	17 37	17 47	17 56	18 04	18 12	18 27	18 42	18 58	19 15	19 36	20 03	20 20	20 41
17	17 29	17 40	17 50	17 59	18 07	18 14	18 28	18 43	18 58	19 15	19 35	20 01	20 18	20 38
21	17 33	17 44	17 53	18 01	18 09	18 16	18 30	18 43	18 58	19 14	19 34	19 59	20 15	20 34
25	17 38	17 48	17 57	18 04	18 11	18 18	18 31	18 44	18 58	19 13	19 32	19 56	20 11	20 30
29	17 44	17 53	18 00	18 07	18 14	18 20	18 32	18 44	18 57	19 12	19 30	19 53	20 07	20 25
Aug. 2	17 49	17 57	18 04	18 10	18 16	18 22	18 33	18 44	18 57	19 11	19 28	19 49	20 03	20 20
6	17 55	18 02	18 08	18 14	18 19	18 24	18 34	18 45	18 56	19 09	19 25	19 46	19 59	20 14
10	18 01	18 07	18 12	18 17	18 21	18 26	18 35	18 45	18 55	19 07	19 22	19 42	19 54	20 09
14	18 08	18 12	18 16	18 20	18 24	18 28	18 36	18 45	18 54	19 05	19 19	19 37	19 49	20 02
18	18 14	18 17	18 20	18 24	18 27	18 30	18 37	18 44	18 53	19 03	19 16	19 33	19 43	19 56
22	18 20	18 22	18 25	18 27	18 29	18 32	18 38	18 44	18 52	19 01	19 13	19 28	19 38	19 50
26	18 27	18 28	18 29	18 30	18 32	18 34	18 38	18 44	18 51	18 59	19 09	19 23	19 32	19 43
30	18 34	18 33	18 33	18 34	18 35	18 36	18 39	18 44	18 49	18 56	19 06	19 18	19 26	19 36
Sept. 3	18 41	18 39	18 38	18 37	18 37	18 38	18 40	18 43	18 48	18 54	19 02	19 13	19 20	19 29
7	18 48	18 45	18 42	18 41	18 40	18 40	18 41	18 43	18 46	18 51	18 58	19 08	19 14	19 22
11	18 56	18 51	18 47	18 45	18 43	18 42	18 41	18 42	18 45	18 49	18 54	19 03	19 08	19 15
15	19 03	18 57	18 52	18 48	18 46	18 44	18 42	18 42	18 43	18 46	18 51	18 57	19 02	19 08
19	19 11	19 03	18 57	18 52	18 49	18 46	18 43	18 42	18 42	18 43	18 47	18 52	18 56	19 01
23	19 19	19 09	19 02	18 56	18 52	18 49	18 44	18 41	18 40	18 41	18 43	18 47	18 50	18 54
27	19 27	19 16	19 07	19 00	18 55	18 51	18 45	18 41	18 39	18 38	18 39	18 42	18 44	18 48
Oct. 1	19 36	19 23	19 13	19 05	18 58	18 53	18 46	18 41	18 38	18 36	18 36	18 37	18 39	18 41
5	19 45	19 30	19 18	19 09	19 02	18 56	18 47	18 41	18 37	18 34	18 32	18 32	18 33	18 34

UNIVERSAL TIME FOR MERIDIAN OF GREENWICH
BEGINNING OF MORNING NAUTICAL TWILIGHT

Lat.	+40°	+42°	+44°	+46°	+48°	+50°	+52°	+54°	+56°	+58°	+60°	+62°	+64°	+66°
	h m	h m	h m	h m	h m	h m	h m	h m	h m	h m	h m	h m	h m	h m
July 1	3 21	3 10	2 57	2 43	2 27	2 06	1 40	0 58	// //	// //	// //	// //	// //	// //
5	3 23	3 13	3 01	2 47	2 31	2 11	1 46	1 08	// //	// //	// //	// //	// //	// //
9	3 26	3 16	3 04	2 51	2 35	2 17	1 53	1 19	// //	// //	// //	// //	// //	// //
13	3 30	3 20	3 09	2 56	2 41	2 23	2 01	1 30	0 28	// //	// //	// //	// //	// //
17	3 34	3 24	3 13	3 01	2 47	2 30	2 09	1 42	0 58	// //	// //	// //	// //	// //
21	3 38	3 29	3 18	3 07	2 53	2 37	2 18	1 54	1 18	// //	// //	// //	// //	// //
25	3 42	3 34	3 24	3 13	3 00	2 45	2 28	2 06	1 36	0 40	// //	// //	// //	// //
29	3 47	3 39	3 29	3 19	3 07	2 53	2 37	2 17	1 52	1 13	// //	// //	// //	// //
Aug. 2	3 52	3 44	3 35	3 25	3 14	3 01	2 47	2 29	2 06	1 35	0 33	// //	// //	// //
6	3 57	3 49	3 41	3 32	3 21	3 10	2 56	2 40	2 20	1 54	1 15	// //	// //	// //
10	4 01	3 54	3 47	3 38	3 29	3 18	3 05	2 51	2 33	2 11	1 40	0 44	// //	// //
14	4 06	4 00	3 52	3 45	3 36	3 26	3 14	3 01	2 45	2 26	2 01	1 24	// //	// //
18	4 11	4 05	3 58	3 51	3 43	3 34	3 23	3 11	2 57	2 40	2 19	1 50	1 04	// //
22	4 15	4 10	4 04	3 57	3 50	3 41	3 32	3 21	3 09	2 54	2 35	2 12	1 39	0 29
26	4 20	4 15	4 09	4 03	3 56	3 49	3 40	3 31	3 19	3 06	2 50	2 30	2 04	1 25
30	4 24	4 20	4 15	4 09	4 03	3 56	3 49	3 40	3 30	3 18	3 04	2 47	2 26	1 56
Sept. 3	4 29	4 25	4 20	4 15	4 10	4 04	3 57	3 49	3 40	3 30	3 17	3 03	2 45	2 21
7	4 33	4 29	4 25	4 21	4 16	4 11	4 04	3 57	3 50	3 40	3 30	3 17	3 02	2 42
11	4 37	4 34	4 31	4 27	4 22	4 17	4 12	4 06	3 59	3 51	3 42	3 31	3 17	3 01
15	4 42	4 39	4 36	4 32	4 28	4 24	4 19	4 14	4 08	4 01	3 53	3 44	3 32	3 19
19	4 46	4 43	4 41	4 38	4 34	4 31	4 27	4 22	4 17	4 11	4 04	3 56	3 46	3 35
23	4 50	4 48	4 46	4 43	4 40	4 37	4 34	4 30	4 26	4 20	4 15	4 08	4 00	3 50
27	4 54	4 52	4 50	4 48	4 46	4 44	4 41	4 38	4 34	4 30	4 25	4 19	4 13	4 05
Oct. 1	4 58	4 57	4 55	4 54	4 52	4 50	4 48	4 45	4 42	4 39	4 35	4 30	4 25	4 19
5	5 02	5 01	5 00	4 59	4 58	4 56	4 55	4 53	4 50	4 48	4 45	4 41	4 37	4 32

END OF EVENING NAUTICAL TWILIGHT

Lat.	+40°	+42°	+44°	+46°	+48°	+50°	+52°	+54°	+56°	+58°	+60°	+62°	+64°	+66°
	h m	h m	h m	h m	h m	h m	h m	h m	h m	h m	h m	h m	h m	h m
July 1	20 47	20 58	21 10	21 24	21 41	22 01	22 27	23 08	// //	// //	// //	// //	// //	// //
5	20 46	20 56	21 08	21 22	21 38	21 57	22 22	22 59	// //	// //	// //	// //	// //	// //
9	20 44	20 54	21 06	21 19	21 34	21 53	22 16	22 50	// //	// //	// //	// //	// //	// //
13	20 41	20 51	21 02	21 15	21 30	21 47	22 09	22 39	23 34	// //	// //	// //	// //	// //
17	20 38	20 47	20 58	21 10	21 24	21 41	22 01	22 28	23 10	// //	// //	// //	// //	// //
21	20 34	20 43	20 54	21 05	21 18	21 34	21 53	22 17	22 51	// //	// //	// //	// //	// //
25	20 30	20 39	20 48	20 59	21 12	21 26	21 44	22 05	22 34	23 24	// //	// //	// //	// //
29	20 25	20 33	20 43	20 53	21 05	21 18	21 34	21 53	22 18	22 55	// //	// //	// //	// //
Aug. 2	20 20	20 28	20 36	20 46	20 57	21 10	21 24	21 42	22 03	22 33	23 26	// //	// //	// //
6	20 14	20 22	20 30	20 39	20 49	21 01	21 14	21 30	21 49	22 14	22 51	// //	// //	// //
10	20 09	20 15	20 23	20 31	20 41	20 51	21 04	21 18	21 35	21 57	22 26	23 14	// //	// //
14	20 02	20 09	20 16	20 24	20 32	20 42	20 53	21 06	21 22	21 40	22 04	22 39	// //	// //
18	19 56	20 02	20 08	20 16	20 24	20 33	20 43	20 54	21 08	21 25	21 45	22 12	22 54	// //
22	19 50	19 55	20 01	20 07	20 15	20 23	20 32	20 43	20 55	21 10	21 27	21 50	22 21	23 17
26	19 43	19 48	19 53	19 59	20 06	20 13	20 22	20 31	20 42	20 55	21 10	21 30	21 54	22 31
30	19 36	19 40	19 45	19 51	19 57	20 04	20 11	20 20	20 29	20 41	20 54	21 11	21 31	21 59
Sept. 3	19 29	19 33	19 38	19 42	19 48	19 54	20 01	20 08	20 17	20 27	20 39	20 53	21 11	21 33
7	19 22	19 26	19 30	19 34	19 39	19 44	19 50	19 57	20 05	20 14	20 24	20 36	20 51	21 10
11	19 15	19 18	19 22	19 26	19 30	19 35	19 40	19 46	19 53	20 00	20 09	20 20	20 33	20 49
15	19 08	19 11	19 14	19 17	19 21	19 25	19 30	19 35	19 41	19 48	19 55	20 05	20 15	20 29
19	19 01	19 03	19 06	19 09	19 12	19 16	19 20	19 24	19 29	19 35	19 42	19 49	19 59	20 10
23	18 54	18 56	18 58	19 01	19 03	19 06	19 10	19 13	19 18	19 23	19 28	19 35	19 43	19 52
27	18 48	18 49	18 51	18 53	18 55	18 57	19 00	19 03	19 07	19 11	19 15	19 21	19 27	19 35
Oct. 1	18 41	18 42	18 43	18 45	18 46	18 48	18 50	18 53	18 56	18 59	19 03	19 07	19 12	19 18
5	18 34	18 35	18 36	18 37	18 38	18 40	18 41	18 43	18 45	18 48	18 50	18 54	18 58	19 03

// // indicates continuous twilight.

NAUTICAL TWILIGHT, 2022

UNIVERSAL TIME FOR MERIDIAN OF GREENWICH
BEGINNING OF MORNING NAUTICAL TWILIGHT

Lat.	−55°	−50°	−45°	−40°	−35°	−30°	−20°	−10°	0°	+10°	+20°	+30°	+35°	+40°
	h m	h m	h m	h m	h m	h m	h m	h m	h m	h m	h m	h m	h m	h m
Oct. 1	4 05	4 18	4 28	4 36	4 42	4 47	4 54	4 59	5 02	5 03	5 03	5 02	5 00	4 58
5	3 53	4 09	4 20	4 29	4 36	4 41	4 50	4 56	5 00	5 03	5 04	5 04	5 03	5 02
9	3 42	3 59	4 12	4 22	4 30	4 36	4 46	4 54	4 59	5 03	5 05	5 06	5 06	5 06
13	3 30	3 49	4 04	4 15	4 24	4 31	4 43	4 51	4 58	5 03	5 06	5 09	5 09	5 10
17	3 18	3 40	3 56	4 08	4 18	4 27	4 40	4 49	4 57	5 03	5 07	5 11	5 12	5 14
21	3 06	3 30	3 48	4 02	4 13	4 22	4 36	4 47	4 56	5 03	5 09	5 14	5 16	5 18
25	2 54	3 21	3 40	3 55	4 07	4 17	4 33	4 45	4 55	5 03	5 10	5 16	5 19	5 22
29	2 42	3 11	3 33	3 49	4 02	4 13	4 30	4 44	4 54	5 03	5 11	5 19	5 22	5 26
Nov. 2	2 29	3 02	3 26	3 43	3 58	4 09	4 28	4 42	4 54	5 04	5 13	5 21	5 26	5 30
6	2 17	2 53	3 19	3 38	3 53	4 06	4 26	4 41	4 54	5 05	5 15	5 24	5 29	5 34
10	2 04	2 45	3 12	3 33	3 49	4 02	4 23	4 40	4 54	5 06	5 16	5 27	5 32	5 38
14	1 51	2 36	3 06	3 28	3 45	3 59	4 22	4 39	4 54	5 07	5 18	5 30	5 36	5 42
18	1 38	2 28	3 00	3 23	3 42	3 57	4 20	4 39	4 54	5 08	5 20	5 33	5 39	5 46
22	1 25	2 21	2 55	3 20	3 39	3 55	4 19	4 39	4 55	5 09	5 23	5 36	5 43	5 50
26	1 11	2 14	2 50	3 16	3 37	3 53	4 19	4 39	4 56	5 11	5 25	5 39	5 46	5 54
30	0 57	2 08	2 47	3 14	3 35	3 52	4 19	4 39	4 57	5 12	5 27	5 42	5 50	5 58
Dec. 4	0 42	2 03	2 44	3 12	3 34	3 51	4 19	4 40	4 58	5 14	5 29	5 45	5 53	6 01
8	0 24	1 59	2 42	3 11	3 33	3 51	4 19	4 41	5 00	5 16	5 32	5 47	5 56	6 05
12	// //	1 57	2 41	3 11	3 33	3 52	4 20	4 43	5 01	5 18	5 34	5 50	5 59	6 08
16	// //	1 56	2 41	3 11	3 34	3 53	4 22	4 44	5 03	5 20	5 36	5 53	6 01	6 11
20	// //	1 56	2 42	3 12	3 36	3 54	4 23	4 46	5 05	5 22	5 38	5 55	6 04	6 13
24	// //	1 58	2 44	3 14	3 38	3 56	4 25	4 48	5 07	5 24	5 40	5 57	6 06	6 15
28	// //	2 02	2 47	3 17	3 40	3 59	4 28	4 50	5 09	5 26	5 42	5 58	6 07	6 16
32	// //	2 07	2 51	3 21	3 43	4 02	4 30	4 52	5 11	5 28	5 44	6 00	6 08	6 17
36	0 39	2 13	2 56	3 25	3 47	4 05	4 33	4 55	5 13	5 29	5 45	6 01	6 09	6 18

END OF EVENING NAUTICAL TWILIGHT

Lat.	−55°	−50°	−45°	−40°	−35°	−30°	−20°	−10°	0°	+10°	+20°	+30°	+35°	+40°
	h m	h m	h m	h m	h m	h m	h m	h m	h m	h m	h m	h m	h m	h m
Oct. 1	19 36	19 23	19 13	19 05	18 58	18 53	18 46	18 41	18 38	18 36	18 36	18 37	18 39	18 41
5	19 45	19 30	19 18	19 09	19 02	18 56	18 47	18 41	18 37	18 34	18 32	18 32	18 33	18 34
9	19 54	19 37	19 24	19 14	19 05	18 59	18 48	18 41	18 36	18 32	18 29	18 28	18 28	18 28
13	20 04	19 45	19 30	19 18	19 09	19 02	18 50	18 41	18 35	18 30	18 26	18 23	18 23	18 22
17	20 14	19 52	19 36	19 23	19 13	19 05	18 51	18 42	18 34	18 28	18 23	18 19	18 18	18 16
21	20 25	20 01	19 42	19 28	19 17	19 08	18 53	18 42	18 33	18 26	18 20	18 15	18 13	18 11
25	20 36	20 09	19 49	19 34	19 21	19 11	18 55	18 43	18 33	18 25	18 18	18 12	18 09	18 06
29	20 48	20 18	19 56	19 39	19 26	19 15	18 57	18 44	18 33	18 24	18 16	18 08	18 05	18 01
Nov. 2	21 00	20 27	20 03	19 45	19 30	19 18	19 00	18 45	18 33	18 23	18 14	18 05	18 01	17 57
6	21 13	20 36	20 10	19 50	19 35	19 22	19 02	18 46	18 34	18 22	18 12	18 03	17 58	17 53
10	21 26	20 45	20 17	19 56	19 40	19 26	19 05	18 48	18 34	18 22	18 11	18 00	17 55	17 49
14	21 40	20 54	20 24	20 02	19 44	19 30	19 07	18 50	18 35	18 22	18 10	17 59	17 52	17 46
18	21 55	21 04	20 31	20 08	19 49	19 34	19 10	18 52	18 36	18 22	18 10	17 57	17 51	17 44
22	22 10	21 13	20 38	20 13	19 54	19 38	19 13	18 54	18 37	18 23	18 09	17 56	17 49	17 42
26	22 27	21 22	20 45	20 19	19 58	19 42	19 16	18 56	18 39	18 24	18 10	17 55	17 48	17 40
30	22 44	21 31	20 51	20 24	20 03	19 46	19 19	18 58	18 40	18 25	18 10	17 55	17 47	17 39
Dec. 4	23 03	21 38	20 57	20 29	20 07	19 49	19 22	19 00	18 42	18 26	18 11	17 55	17 47	17 39
8	23 25	21 45	21 03	20 33	20 11	19 53	19 24	19 03	18 44	18 28	18 12	17 56	17 48	17 39
12	// //	21 51	21 07	20 37	20 14	19 56	19 27	19 05	18 46	18 29	18 13	17 57	17 49	17 39
16	// //	21 56	21 11	20 40	20 17	19 59	19 30	19 07	18 48	18 31	18 15	17 59	17 50	17 40
20	// //	21 59	21 13	20 43	20 20	20 01	19 32	19 09	18 50	18 33	18 17	18 00	17 51	17 42
24	// //	22 01	21 15	20 45	20 21	20 03	19 34	19 11	18 52	18 35	18 19	18 02	17 54	17 44
28	// //	22 01	21 16	20 46	20 23	20 04	19 35	19 13	18 54	18 37	18 21	18 05	17 56	17 47
32	23 52	21 59	21 16	20 46	20 23	20 05	19 37	19 14	18 56	18 39	18 23	18 07	17 59	17 50
36	23 27	21 56	21 14	20 45	20 23	20 05	19 37	19 16	18 57	18 41	18 26	18 10	18 02	17 53

// // indicates continuous twilight.

UNIVERSAL TIME FOR MERIDIAN OF GREENWICH
BEGINNING OF MORNING NAUTICAL TWILIGHT

Lat.	+40°	+42°	+44°	+46°	+48°	+50°	+52°	+54°	+56°	+58°	+60°	+62°	+64°	+66°
	h m	h m	h m	h m	h m	h m	h m	h m	h m	h m	h m	h m	h m	h m
Oct. 1	4 58	4 57	4 55	4 54	4 52	4 50	4 48	4 45	4 42	4 39	4 35	4 30	4 25	4 19
5	5 02	5 01	5 00	4 59	4 58	4 56	4 55	4 53	4 50	4 48	4 45	4 41	4 37	4 32
9	5 06	5 05	5 05	5 04	5 03	5 02	5 01	5 00	4 58	4 57	4 54	4 52	4 49	4 45
13	5 10	5 10	5 09	5 09	5 09	5 09	5 08	5 07	5 06	5 05	5 04	5 02	5 00	4 58
17	5 14	5 14	5 14	5 14	5 15	5 15	5 15	5 15	5 14	5 14	5 13	5 13	5 12	5 10
21	5 18	5 18	5 19	5 20	5 20	5 21	5 21	5 22	5 22	5 22	5 23	5 23	5 23	5 23
25	5 22	5 23	5 24	5 25	5 26	5 27	5 28	5 29	5 30	5 31	5 32	5 33	5 34	5 35
29	5 26	5 27	5 29	5 30	5 31	5 33	5 34	5 36	5 37	5 39	5 41	5 42	5 44	5 46
Nov. 2	5 30	5 32	5 33	5 35	5 37	5 39	5 41	5 43	5 45	5 47	5 50	5 52	5 55	5 58
6	5 34	5 36	5 38	5 40	5 42	5 45	5 47	5 50	5 52	5 55	5 58	6 01	6 05	6 09
10	5 38	5 40	5 43	5 45	5 48	5 51	5 53	5 56	6 00	6 03	6 07	6 11	6 15	6 20
14	5 42	5 45	5 47	5 50	5 53	5 56	5 59	6 03	6 07	6 11	6 15	6 20	6 25	6 31
18	5 46	5 49	5 52	5 55	5 58	6 02	6 05	6 09	6 13	6 18	6 23	6 28	6 34	6 41
22	5 50	5 53	5 57	6 00	6 03	6 07	6 11	6 15	6 20	6 25	6 30	6 36	6 43	6 51
26	5 54	5 57	6 01	6 05	6 08	6 12	6 17	6 21	6 26	6 32	6 37	6 44	6 52	7 00
30	5 58	6 01	6 05	6 09	6 13	6 17	6 22	6 27	6 32	6 38	6 44	6 51	6 59	7 08
Dec. 4	6 01	6 05	6 09	6 13	6 17	6 22	6 27	6 32	6 37	6 43	6 50	6 58	7 06	7 16
8	6 05	6 09	6 13	6 17	6 21	6 26	6 31	6 36	6 42	6 48	6 55	7 03	7 12	7 23
12	6 08	6 12	6 16	6 20	6 25	6 29	6 35	6 40	6 46	6 53	7 00	7 08	7 17	7 28
16	6 11	6 15	6 19	6 23	6 28	6 33	6 38	6 43	6 50	6 56	7 04	7 12	7 22	7 33
20	6 13	6 17	6 21	6 26	6 30	6 35	6 40	6 46	6 52	6 59	7 07	7 15	7 25	7 36
24	6 15	6 19	6 23	6 28	6 32	6 37	6 42	6 48	6 54	7 01	7 09	7 17	7 27	7 38
28	6 16	6 20	6 25	6 29	6 33	6 38	6 44	6 49	6 55	7 02	7 09	7 18	7 27	7 38
32	6 17	6 21	6 25	6 30	6 34	6 39	6 44	6 50	6 56	7 02	7 09	7 17	7 27	7 37
36	6 18	6 22	6 26	6 30	6 34	6 39	6 44	6 49	6 55	7 01	7 08	7 16	7 25	7 35

END OF EVENING NAUTICAL TWILIGHT

Lat.	+40°	+42°	+44°	+46°	+48°	+50°	+52°	+54°	+56°	+58°	+60°	+62°	+64°	+66°
	h m	h m	h m	h m	h m	h m	h m	h m	h m	h m	h m	h m	h m	h m
Oct. 1	18 41	18 42	18 43	18 45	18 46	18 48	18 50	18 53	18 56	18 59	19 03	19 07	19 12	19 18
5	18 34	18 35	18 36	18 37	18 38	18 40	18 41	18 43	18 45	18 48	18 50	18 54	18 58	19 03
9	18 28	18 29	18 29	18 30	18 30	18 31	18 32	18 33	18 35	18 36	18 39	18 41	18 44	18 47
13	18 22	18 22	18 22	18 22	18 23	18 23	18 23	18 24	18 25	18 26	18 27	18 29	18 30	18 33
17	18 16	18 16	18 16	18 15	18 15	18 15	18 15	18 15	18 15	18 16	18 16	18 17	18 17	18 19
21	18 11	18 10	18 10	18 09	18 08	18 08	18 07	18 07	18 06	18 06	18 05	18 05	18 05	18 05
25	18 06	18 05	18 04	18 03	18 02	18 01	17 59	17 58	17 57	17 56	17 55	17 54	17 53	17 52
29	18 01	18 00	17 58	17 57	17 55	17 54	17 52	17 51	17 49	17 47	17 46	17 44	17 42	17 40
Nov. 2	17 57	17 55	17 53	17 51	17 50	17 48	17 46	17 44	17 41	17 39	17 37	17 34	17 31	17 28
6	17 53	17 51	17 49	17 46	17 44	17 42	17 39	17 37	17 34	17 31	17 28	17 25	17 21	17 17
10	17 49	17 47	17 44	17 42	17 39	17 37	17 34	17 31	17 27	17 24	17 20	17 16	17 12	17 06
14	17 46	17 44	17 41	17 38	17 35	17 32	17 29	17 25	17 22	17 17	17 13	17 08	17 03	16 57
18	17 44	17 41	17 38	17 35	17 31	17 28	17 24	17 20	17 16	17 12	17 07	17 01	16 55	16 48
22	17 42	17 38	17 35	17 32	17 28	17 24	17 20	17 16	17 12	17 07	17 01	16 55	16 48	16 40
26	17 40	17 37	17 33	17 30	17 26	17 22	17 17	17 13	17 08	17 02	16 56	16 50	16 42	16 34
30	17 39	17 36	17 32	17 28	17 24	17 20	17 15	17 10	17 05	16 59	16 53	16 46	16 37	16 28
Dec. 4	17 39	17 35	17 31	17 27	17 23	17 18	17 13	17 08	17 03	16 57	16 50	16 42	16 34	16 24
8	17 39	17 35	17 31	17 27	17 22	17 18	17 13	17 07	17 01	16 55	16 48	16 40	16 31	16 21
12	17 39	17 35	17 31	17 27	17 22	17 18	17 13	17 07	17 01	16 54	16 47	16 39	16 30	16 19
16	17 40	17 36	17 32	17 28	17 23	17 18	17 13	17 08	17 01	16 55	16 47	16 39	16 29	16 18
20	17 42	17 38	17 34	17 29	17 25	17 20	17 15	17 09	17 03	16 56	16 48	16 40	16 30	16 19
24	17 44	17 40	17 36	17 32	17 27	17 22	17 17	17 11	17 05	16 58	16 51	16 42	16 33	16 21
28	17 47	17 43	17 39	17 34	17 30	17 25	17 20	17 14	17 08	17 01	16 54	16 45	16 36	16 25
32	17 50	17 46	17 42	17 37	17 33	17 28	17 23	17 18	17 12	17 05	16 58	16 50	16 40	16 30
36	17 53	17 49	17 45	17 41	17 37	17 32	17 27	17 22	17 16	17 10	17 03	16 55	16 46	16 36

ASTRONOMICAL TWILIGHT, 2022

UNIVERSAL TIME FOR MERIDIAN OF GREENWICH
BEGINNING OF MORNING ASTRONOMICAL TWILIGHT

Lat.	−55°	−50°	−45°	−40°	−35°	−30°	−20°	−10°	0°	+10°	+20°	+30°	+35°	+40°
	h m	h m	h m	h m	h m	h m	h m	h m	h m	h m	h m	h m	h m	h m
Jan. −2	// //	// //	1 43	2 30	3 01	3 24	3 58	4 23	4 43	5 00	5 15	5 30	5 37	5 44
2	// //	// //	1 48	2 34	3 04	3 27	4 01	4 26	4 45	5 02	5 17	5 31	5 38	5 45
6	// //	// //	1 55	2 39	3 08	3 31	4 04	4 28	4 48	5 04	5 18	5 32	5 39	5 45
10	// //	0 13	2 03	2 45	3 13	3 35	4 07	4 31	4 50	5 05	5 19	5 32	5·39	5 45
14	// //	0 53	2 12	2 51	3 18	3 39	4 10	4 33	4 51	5 07	5 20	5 33	5 39	5 45
18	// //	1 14	2 21	2 57	3 23	3 43	4 14	4 36	4 53	5 08	5 21	5 32	5 38	5 44
22	// //	1 33	2 30	3 04	3 29	3 48	4 17	4 38	4 55	5 09	5 21	5 32	5 37	5 42
26	// //	1 49	2 40	3 11	3 34	3 53	4 20	4 40	4 56	5 09	5 21	5 31	5 35	5 40
30	// //	2 04	2 49	3 18	3 40	3 57	4 23	4 42	4 58	5 10	5 20	5 29	5 33	5 37
Feb. 3	0 50	2 18	2 58	3 25	3 46	4 02	4 26	4 44	4 59	5 10	5 19	5 27	5 31	5 34
7	1 26	2 31	3 07	3 32	3 51	4 07	4 29	4 46	4 59	5 10	5 18	5 25	5 28	5 31
11	1 50	2 44	3 16	3 39	3 57	4 11	4 32	4 48	5 00	5 09	5 17	5 23	5 25	5 27
15	2 10	2 56	3 25	3 46	4 02	4 15	4 35	4 49	5 00	5 09	5 15	5 20	5 21	5 22
19	2 27	3 07	3 33	3 52	4 07	4 19	4 37	4 51	5 00	5 08	5 13	5 16	5 17	5 17
23	2 43	3 17	3 41	3 58	4 12	4 23	4 40	4 52	5 00	5 06	5 11	5 13	5 13	5 12
27	2 57	3 27	3 48	4 04	4 17	4 27	4 42	4 52	5 00	5 05	5 08	5 09	5 08	5 07
Mar. 3	3 10	3 36	3 56	4 10	4 21	4 30	4 44	4 53	4 59	5 03	5 05	5 04	5 03	5 01
7	3 22	3 45	4 03	4 16	4 26	4 34	4 46	4 54	4 59	5 02	5 02	5 00	4 58	4 55
11	3 33	3 54	4 09	4 21	4 30	4 37	4 47	4 54	4 58	5 00	4 59	4 55	4 52	4 48
15	3 43	4 02	4 16	4 26	4 34	4 40	4 49	4 54	4 57	4 57	4 55	4 51	4 47	4 42
19	3 53	4 10	4 22	4 31	4 37	4 43	4 50	4 54	4 56	4 55	4 52	4 46	4 41	4 35
23	4 03	4 17	4 27	4 35	4 41	4 46	4 51	4 54	4 55	4 53	4 48	4 41	4 35	4 28
27	4 12	4 24	4 33	4 40	4 44	4 48	4 53	4 54	4 53	4 50	4 45	4 35	4 29	4 21
31	4 21	4 31	4 38	4 44	4 48	4 51	4 54	4 54	4 52	4 48	4 41	4 30	4 23	4 13
Apr. 4	4 29	4 38	4 44	4 48	4 51	4 53	4 55	4 54	4 51	4 45	4 37	4 25	4 16	4 06

END OF EVENING ASTRONOMICAL TWILIGHT

Lat.	−55°	−50°	−45°	−40°	−35°	−30°	−20°	−10°	0°	+10°	+20°	+30°	+35°	+40°
	h m	h m	h m	h m	h m	h m	h m	h m	h m	h m	h m	h m	h m	h m
Jan. −2	// //	// //	22 21	21 34	21 03	20 40	20 06	19 41	19 21	19 04	18 49	18 35	18 28	18 20
2	// //	// //	22 19	21 33	21 03	20 41	20 07	19 42	19 23	19 06	18 51	18 37	18 30	18 23
6	// //	// //	22 15	21 32	21 03	20 40	20 08	19 43	19 24	19 08	18 53	18 40	18 33	18 27
10	// //	{00 02 / 23 46}	22 10	21 30	21 01	20 40	20 08	19 44	19 25	19 10	18 56	18 43	18 36	18 30
14	// //	23 20	22 05	21 26	20 59	20 39	20 08	19 45	19 27	19 11	18 58	18 46	18 40	18 34
18	// //	23 02	21 58	21 22	20 57	20 37	20 07	19 45	19 27	19 13	19 00	18 49	18 43	18 38
22	// //	22 47	21 51	21 18	20 53	20 34	20 06	19 45	19 28	19 14	19 02	18 52	18 47	18 42
26	// //	22 33	21 44	21 13	20 50	20 32	20 04	19 44	19 29	19 16	19 04	18 55	18 50	18 46
30	// //	22 19	21 36	21 07	20 45	20 28	20 03	19 44	19 29	19 17	19 06	18 58	18 54	18 50
Feb. 3	23 27	22 07	21 28	21 01	20 41	20 25	20 01	19 43	19 29	19 18	19 08	19 01	18 57	18 54
7	22 56	21 54	21 19	20 55	20 36	20 21	19 58	19 42	19 29	19 19	19 10	19 03	19 01	18 58
11	22 34	21 42	21 11	20 48	20 31	20 17	19 56	19 40	19 28	19 19	19 12	19 06	19 04	19 02
15	22 14	21 30	21 02	20 41	20 25	20 12	19 53	19 39	19 28	19 20	19 13	19 09	19 08	19 07
19	21 57	21 19	20 53	20 34	20 19	20 08	19 50	19 37	19 27	19 20	19 15	19 12	19 11	19 11
23	21 41	21 07	20 44	20 27	20 14	20 03	19 46	19 35	19 26	19 20	19 16	19 14	19 14	19 15
27	21 26	20 56	20 36	20 20	20 08	19 58	19 43	19 33	19 25	19 20	19 18	19 17	19 18	19 19
Mar. 3	21 12	20 46	20 27	20 13	20 02	19 53	19 39	19 30	19 24	19 21	19 19	19 20	19 21	19 24
7	20 58	20 35	20 18	20 05	19 55	19 48	19 36	19 28	19 23	19 21	19 20	19 22	19 25	19 28
11	20 45	20 24	20 10	19 58	19 49	19 42	19 32	19 26	19 22	19 21	19 21	19 25	19 28	19 33
15	20 32	20 14	20 01	19 51	19 43	19 37	19 29	19 23	19 21	19 21	19 23	19 28	19 32	19 37
19	20 20	20 04	19 53	19 44	19 37	19 32	19 25	19 21	19 20	19 21	19 24	19 30	19 35	19 42
23	20 08	19 55	19 45	19 37	19 31	19 27	19 21	19 19	19 18	19 21	19 25	19 33	19 39	19 46
27	19 57	19 45	19 37	19 30	19 26	19 22	19 18	19 16	19 17	19 21	19 27	19 36	19 43	19 51
31	19 46	19 36	19 29	19 24	19 20	19 17	19 14	19 14	19 16	19 21	19 28	19 39	19 46	19 56
Apr. 4	19 36	19 27	19 21	19 17	19 14	19 12	19 11	19 12	19 15	19 21	19 29	19 42	19 50	20 01

// // indicates continuous twilight.

UNIVERSAL TIME FOR MERIDIAN OF GREENWICH
BEGINNING OF MORNING ASTRONOMICAL TWILIGHT

Lat.	+40°	+42°	+44°	+46°	+48°	+50°	+52°	+54°	+56°	+58°	+60°	+62°	+64°	+66°
	h m	h m	h m	h m	h m	h m	h m	h m	h m	h m	h m	h m	h m	h m
Jan. −2	5 44	5 47	5 50	5 53	5 56	5 59	6 03	6 06	6 10	6 14	6 18	6 23	6 28	6 33
2	5 45	5 48	5 51	5 54	5 57	6 00	6 03	6 06	6 10	6 14	6 18	6 22	6 27	6 33
6	5 45	5 48	5 51	5 54	5 57	6 00	6 03	6 06	6 09	6 13	6 17	6 21	6 25	6 30
10	5 45	5 48	5 50	5 53	5 56	5 59	6 02	6 05	6 08	6 11	6 15	6 18	6 23	6 27
14	5 45	5 47	5 50	5 52	5 55	5 57	6 00	6 03	6 05	6 08	6 12	6 15	6 19	6 23
18	5 44	5 46	5 48	5 50	5 53	5 55	5 57	6 00	6 02	6 05	6 08	6 11	6 14	6 17
22	5 42	5 44	5 46	5 48	5 50	5 52	5 54	5 56	5 58	6 01	6 03	6 05	6 08	6 11
26	5 40	5 42	5 43	5 45	5 47	5 49	5 50	5 52	5 54	5 56	5 57	5 59	6 01	6 03
30	5 37	5 39	5 40	5 42	5 43	5 44	5 46	5 47	5 48	5 50	5 51	5 52	5 53	5 54
Feb. 3	5 34	5 35	5 37	5 38	5 39	5 40	5 41	5 42	5 42	5 43	5 44	5 44	5 45	5 45
7	5 31	5 32	5 32	5 33	5 34	5 34	5 35	5 35	5 36	5 36	5 36	5 35	5 35	5 34
11	5 27	5 27	5 28	5 28	5 28	5 29	5 29	5 29	5 28	5 28	5 27	5 26	5 25	5 23
15	5 22	5 22	5 23	5 23	5 22	5 22	5 22	5 21	5 20	5 19	5 18	5 16	5 14	5 11
19	5 17	5 17	5 17	5 17	5 16	5 15	5 14	5 13	5 12	5 10	5 08	5 05	5 02	4 58
23	5 12	5 12	5 11	5 10	5 09	5 08	5 07	5 05	5 03	5 00	4 57	4 53	4 49	4 44
27	5 07	5 06	5 05	5 03	5 02	5 00	4 58	4 56	4 53	4 50	4 46	4 41	4 36	4 29
Mar. 3	5 01	5 00	4 58	4 56	4 54	4 52	4 50	4 46	4 43	4 39	4 34	4 28	4 21	4 13
7	4 55	4 53	4 51	4 49	4 46	4 44	4 40	4 37	4 32	4 27	4 22	4 15	4 06	3 56
11	4 48	4 46	4 44	4 41	4 38	4 35	4 31	4 26	4 21	4 15	4 08	4 00	3 50	3 39
15	4 42	4 39	4 36	4 33	4 30	4 26	4 21	4 16	4 10	4 03	3 55	3 45	3 34	3 19
19	4 35	4 32	4 29	4 25	4 21	4 16	4 11	4 05	3 58	3 50	3 40	3 29	3 15	2 58
23	4 28	4 24	4 21	4 16	4 12	4 06	4 00	3 53	3 45	3 36	3 25	3 12	2 56	2 35
27	4 21	4 17	4 12	4 08	4 02	3 56	3 49	3 41	3 32	3 22	3 09	2 54	2 34	2 08
31	4 13	4 09	4 04	3 59	3 53	3 46	3 38	3 29	3 19	3 07	2 52	2 34	2 10	1 35
Apr. 4	4 06	4 01	3 56	3 50	3 43	3 35	3 27	3 17	3 05	2 51	2 34	2 12	1 41	0 44

END OF EVENING ASTRONOMICAL TWILIGHT

Lat.	+40°	+42°	+44°	+46°	+48°	+50°	+52°	+54°	+56°	+58°	+60°	+62°	+64°	+66°
	h m	h m	h m	h m	h m	h m	h m	h m	h m	h m	h m	h m	h m	h m
Jan. −2	18 20	18 18	18 15	18 12	18 08	18 05	18 02	17 58	17 54	17 51	17 46	17 42	17 37	17 31
2	18 23	18 21	18 18	18 15	18 12	18 09	18 05	18 02	17 58	17 54	17 50	17 46	17 41	17 36
6	18 27	18 24	18 21	18 18	18 15	18 12	18 09	18 06	18 03	17 59	17 55	17 51	17 47	17 42
10	18 30	18 27	18 25	18 22	18 19	18 17	18 14	18 11	18 08	18 04	18 01	17 57	17 53	17 48
14	18 34	18 31	18 29	18 26	18 24	18 21	18 19	18 16	18 13	18 10	18 07	18 04	18 00	17 56
18	18 38	18 35	18 33	18 31	18 29	18 26	18 24	18 22	18 19	18 16	18 14	18 11	18 08	18 04
22	18 42	18 40	18 38	18 36	18 34	18 32	18 30	18 27	18 25	18 23	18 21	18 19	18 16	18 14
26	18 46	18 44	18 42	18 40	18 39	18 37	18 35	18 34	18 32	18 30	18 29	18 27	18 25	18 23
30	18 50	18 48	18 47	18 45	18 44	18 43	18 41	18 40	18 39	18 38	18 37	18 36	18 34	18 33
Feb. 3	18 54	18 53	18 52	18 51	18 50	18 49	18 48	18 47	18 46	18 46	18 45	18 45	18 44	18 44
7	18 58	18 57	18 56	18 56	18 55	18 55	18 54	18 54	18 54	18 54	18 54	18 54	18 55	18 55
11	19 02	19 02	19 01	19 01	19 01	19 01	19 01	19 01	19 01	19 01	19 02	19 03	19 04	19 05
15	19 07	19 06	19 06	19 06	19 06	19 07	19 07	19 08	19 09	19 10	19 12	19 14	19 16	19 19
19	19 11	19 11	19 11	19 12	19 12	19 13	19 14	19 16	19 17	19 19	19 21	19 24	19 28	19 32
23	19 15	19 16	19 16	19 17	19 18	19 20	19 21	19 23	19 25	19 28	19 31	19 35	19 40	19 45
27	19 19	19 20	19 21	19 23	19 24	19 26	19 28	19 31	19 34	19 37	19 41	19 46	19 52	19 59
Mar. 3	19 24	19 25	19 27	19 28	19 30	19 33	19 36	19 39	19 42	19 47	19 52	19 58	20 05	20 13
7	19 28	19 30	19 32	19 34	19 37	19 40	19 43	19 47	19 51	19 56	20 02	20 10	20 18	20 28
11	19 33	19 35	19 37	19 40	19 43	19 47	19 51	19 55	20 00	20 06	20 14	20 22	20 32	20 45
15	19 37	19 40	19 43	19 46	19 49	19 54	19 58	20 04	20 10	20 17	20 25	20 35	20 47	21 02
19	19 42	19 45	19 48	19 52	19 56	20 01	20 06	20 12	20 20	20 28	20 38	20 49	21 03	21 21
23	19 46	19 50	19 54	19 58	20 03	20 08	20 15	20 22	20 30	20 39	20 51	21 04	21 21	21 43
27	19 51	19 55	19 59	20 04	20 10	20 16	20 23	20 31	20 41	20 51	21 05	21 21	21 41	22 08
31	19 56	20 00	20 05	20 11	20 17	20 24	20 32	20 41	20 52	21 04	21 20	21 39	22 04	22 42
Apr. 4	20 01	20 06	20 11	20 18	20 25	20 32	20 41	20 52	21 04	21 18	21 36	21 59	22 32	23 54

ASTRONOMICAL TWILIGHT, 2022

UNIVERSAL TIME FOR MERIDIAN OF GREENWICH
BEGINNING OF MORNING ASTRONOMICAL TWILIGHT

Lat.	−55°	−50°	−45°	−40°	−35°	−30°	−20°	−10°	0°	+10°	+20°	+30°	+35°	+40°
	h m	h m	h m	h m	h m	h m	h m	h m	h m	h m	h m	h m	h m	h m
Mar. 31	4 21	4 31	4 38	4 44	4 48	4 51	4 54	4 54	4 52	4 48	4 41	4 30	4 23	4 13
Apr. 4	4 29	4 38	4 44	4 48	4 51	4 53	4 55	4 54	4 51	4 45	4 37	4 25	4 16	4 06
8	4 37	4 44	4 49	4 52	4 54	4 55	4 56	4 54	4 49	4 43	4 33	4 19	4 10	3 59
12	4 44	4 50	4 54	4 56	4 57	4 58	4 57	4 53	4 48	4 40	4 30	4 14	4 04	3 51
16	4 52	4 56	4 58	5 00	5 00	5 00	4 57	4 53	4 47	4 38	4 26	4 09	3 58	3 44
20	4 59	5 02	5 03	5 03	5 03	5 02	4 58	4 53	4 45	4 36	4 22	4 04	3 52	3 37
24	5 06	5 07	5 07	5 07	5 06	5 04	4 59	4 53	4 44	4 33	4 19	3 59	3 46	3 29
28	5 12	5 12	5 12	5 10	5 08	5 06	5 00	4 53	4 43	4 31	4 15	3 54	3 40	3 22
May 2	5 19	5 18	5 16	5 14	5 11	5 08	5 01	4 53	4 42	4 29	4 12	3 49	3 34	3 15
6	5 25	5 23	5 20	5 17	5 14	5 10	5 02	4 53	4 41	4 27	4 09	3 45	3 29	3 09
10	5 31	5 28	5 24	5 20	5 16	5 12	5 03	4 53	4 41	4 26	4 07	3 41	3 24	3 02
14	5 36	5 32	5 28	5 24	5 19	5 14	5 05	4 53	4 40	4 24	4 04	3 37	3 19	2 56
18	5 42	5 36	5 31	5 27	5 22	5 16	5 06	4 54	4 40	4 23	4 02	3 34	3 15	2 50
22	5 47	5 41	5 35	5 29	5 24	5 18	5 07	4 54	4 40	4 22	4 00	3 31	3 11	2 45
26	5 51	5 44	5 38	5 32	5 26	5 20	5 08	4 55	4 40	4 22	3 59	3 28	3 07	2 40
30	5 55	5 48	5 41	5 35	5 28	5 22	5 09	4 55	4 40	4 21	3 58	3 26	3 04	2 36
June 3	5 59	5 51	5 44	5 37	5 30	5 24	5 11	4 56	4 40	4 21	3 57	3 24	3 02	2 33
7	6 02	5 54	5 46	5 39	5 32	5 26	5 12	4 57	4 41	4 21	3 56	3 23	3 00	2 30
11	6 05	5 56	5 48	5 41	5 34	5 27	5 13	4 58	4 41	4 21	3 56	3 22	2 59	2 29
15	6 07	5 58	5 50	5 43	5 35	5 28	5 14	4 59	4 42	4 22	3 57	3 22	2 59	2 28
19	6 09	6 00	5 51	5 44	5 37	5 29	5 15	5 00	4 43	4 22	3 57	3 22	2 59	2 28
23	6 09	6 00	5 52	5 45	5 37	5 30	5 16	5 01	4 43	4 23	3 58	3 23	3 00	2 28
27	6 10	6 01	5 53	5 45	5 38	5 31	5 17	5 01	4 44	4 24	3 59	3 25	3 01	2 30
July 1	6 09	6 01	5 53	5 45	5 38	5 31	5 17	5 02	4 45	4 25	4 00	3 26	3 03	2 33
5	6 08	6 00	5 52	5 45	5 38	5 31	5 18	5 03	4 46	4 27	4 02	3 28	3 06	2 36

END OF EVENING ASTRONOMICAL TWILIGHT

Lat.	−55°	−50°	−45°	−40°	−35°	−30°	−20°	−10°	0°	+10°	+20°	+30°	+35°	+40°
	h m	h m	h m	h m	h m	h m	h m	h m	h m	h m	h m	h m	h m	h m
Mar. 31	19 46	19 36	19 29	19 24	19 20	19 17	19 14	19 14	19 16	19 21	19 28	19 39	19 46	19 56
Apr. 4	19 36	19 27	19 21	19 17	19 14	19 12	19 11	19 12	19 15	19 21	19 29	19 42	19 50	20 01
8	19 26	19 19	19 14	19 11	19 10	19 09	19 08	19 08	19 14	19 21	19 31	19 45	19 54	20 06
12	19 16	19 11	19 07	19 05	19 04	19 04	19 04	19 05	19 14	19 21	19 32	19 48	19 58	20 11
16	19 07	19 03	19 01	18 59	18 59	18 59	19 02	19 06	19 13	19 22	19 34	19 51	20 03	20 17
20	18 58	18 55	18 54	18 54	18 54	18 56	18 59	19 05	19 12	19 23	19 36	19 55	20 07	20 22
24	18 49	18 48	18 48	18 49	18 50	18 52	18 57	19 03	19 12	19 23	19 38	19 58	20 11	20 28
28	18 42	18 42	18 43	18 44	18 46	18 48	18 55	19 02	19 12	19 24	19 40	20 02	20 16	20 34
May 2	18 34	18 36	18 37	18 40	18 42	18 45	18 53	19 01	19 12	19 25	19 42	20 05	20 21	20 40
6	18 28	18 30	18 33	18 36	18 39	18 43	18 51	19 00	19 12	19 26	19 44	20 09	20 25	20 46
10	18 21	18 25	18 28	18 32	18 36	18 40	18 49	19 00	19 12	19 27	19 46	20 13	20 30	20 52
14	18 16	18 20	18 24	18 29	18 33	18 38	18 48	18 59	19 13	19 29	19 49	20 16	20 34	20 58
18	18 11	18 16	18 21	18 26	18 31	18 36	18 47	18 59	19 13	19 30	19 51	20 20	20 39	21 04
22	18 06	18 12	18 18	18 24	18 29	18 35	18 46	18 59	19 14	19 31	19 53	20 23	20 43	21 09
26	18 02	18 09	18 16	18 22	18 28	18 34	18 46	18 59	19 15	19 33	19 56	20 27	20 47	21 15
30	17 59	18 07	18 14	18 20	18 26	18 33	18 46	19 00	19 15	19 34	19 58	20 30	20 51	21 20
June 3	17 57	18 05	18 12	18 19	18 26	18 32	18 46	19 00	19 16	19 36	20 00	20 33	20 55	21 24
7	17 55	18 04	18 11	18 18	18 25	18 32	18 46	19 01	19 17	19 37	20 02	20 35	20 58	21 28
11	17 54	18 03	18 11	18 18	18 25	18 32	18 46	19 01	19 18	19 38	20 03	20 37	21 00	21 31
15	17 54	18 03	18 11	18 18	18 26	18 33	18 47	19 02	19 19	19 39	20 05	20 39	21 02	21 34
19	17 54	18 03	18 11	18 19	18 26	18 33	18 48	19 03	19 20	19 40	20 06	20 40	21 04	21 35
23	17 55	18 04	18 12	18 20	18 27	18 34	18 49	19 04	19 21	19 41	20 07	20 41	21 05	21 36
27	17 57	18 06	18 14	18 21	18 28	18 35	18 50	19 05	19 22	19 42	20 07	20 41	21 05	21 36
July 1	17 59	18 07	18 15	18 23	18 30	18 37	18 51	19 06	19 22	19 42	20 07	20 41	21 04	21 35
5	18 01	18 10	18 17	18 24	18 31	18 38	18 52	19 06	19 23	19 43	20 07	20 41	21 03	21 33

UNIVERSAL TIME FOR MERIDIAN OF GREENWICH
BEGINNING OF MORNING ASTRONOMICAL TWILIGHT

Lat.	+40°	+42°	+44°	+46°	+48°	+50°	+52°	+54°	+56°	+58°	+60°	+62°	+64°	+66°
	h m	h m	h m	h m	h m	h m	h m	h m	h m	h m	h m	h m	h m	h m
Mar. 31	4 13	4 09	4 04	3 59	3 53	3 46	3 38	3 29	3 19	3 07	2 52	2 34	2 10	1 35
Apr. 4	4 06	4 01	3 56	3 50	3 43	3 35	3 27	3 17	3 05	2 51	2 34	2 12	1 41	0 44
8	3 59	3 53	3 47	3 41	3 33	3 24	3 15	3 03	2 50	2 34	2 13	1 46	1 01	// //
12	3 51	3 45	3 39	3 31	3 23	3 13	3 02	2 50	2 34	2 15	1 51	1 13	// //	// //
16	3 44	3 37	3 30	3 22	3 13	3 02	2 50	2 35	2 18	1 55	1 23	// //	// //	// //
20	3 37	3 29	3 21	3 12	3 02	2 51	2 37	2 20	2 00	1 32	0 43	// //	// //	// //
24	3 29	3 22	3 13	3 03	2 52	2 39	2 23	2 04	1 40	1 02	// //	// //	// //	// //
28	3 22	3 14	3 04	2 54	2 41	2 27	2 09	1 47	1 16	// //	// //	// //	// //	// //
May 2	3 15	3 06	2 56	2 44	2 31	2 15	1 55	1 28	0 44	// //	// //	// //	// //	// //
6	3 09	2 59	2 48	2 35	2 20	2 02	1 39	1 05	// //	// //	// //	// //	// //	// //
10	3 02	2 52	2 40	2 26	2 09	1 49	1 21	0 33	// //	// //	// //	// //	// //	// //
14	2 56	2 45	2 32	2 17	1 59	1 35	1 02	// //	// //	// //	// //	// //	// //	// //
18	2 50	2 38	2 25	2 08	1 48	1 21	0 35	// //	// //	// //	// //	// //	// //	// //
22	2 45	2 32	2 18	2 00	1 38	1 06	// //	// //	// //	// //	// //	// //	// //	// //
26	2 40	2 27	2 11	1 52	1 27	0 48	// //	// //	// //	// //	// //	// //	// //	// //
30	2 36	2 22	2 06	1 45	1 17	0 25	// //	// //	// //	// //	// //	// //	// //	// //
June 3	2 33	2 18	2 01	1 39	1 08	// //	// //	// //	// //	// //	// //	// //	// //	// //
7	2 30	2 15	1 57	1 33	0 59	// //	// //	// //	// //	// //	// //	// //	// //	// //
11	2 29	2 13	1 54	1 29	0 51	// //	// //	// //	// //	// //	// //	// //	// //	// //
15	2 28	2 12	1 52	1 26	0 45	// //	// //	// //	// //	// //	// //	// //	// //	▢
19	2 28	2 11	1 52	1 25	0 42	// //	// //	// //	// //	// //	// //	// //	// //	▢
23	2 28	2 12	1 52	1 26	0 42	// //	// //	// //	// //	// //	// //	// //	// //	▢
27	2 30	2 14	1 54	1 29	0 47	// //	// //	// //	// //	// //	// //	// //	// //	▢
July 1	2 33	2 17	1 58	1 33	0 54	// //	// //	// //	// //	// //	// //	// //	// //	// //
5	2 36	2 20	2 02	1 38	1 03	// //	// //	// //	// //	// //	// //	// //	// //	// //

END OF EVENING ASTRONOMICAL TWILIGHT

Lat.	+40°	+42°	+44°	+46°	+48°	+50°	+52°	+54°	+56°	+58°	+60°	+62°	+64°	+66°
	h m	h m	h m	h m	h m	h m	h m	h m	h m	h m	h m	h m	h m	h m
Mar. 31	19 56	20 00	20 05	20 11	20 17	20 24	20 32	20 41	20 52	21 04	21 20	21 39	22 04	22 42
Apr. 4	20 01	20 06	20 11	20 18	20 25	20 32	20 41	20 52	21 04	21 18	21 36	21 59	22 32	23 54
8	20 06	20 12	20 18	20 25	20 32	20 41	20 51	21 03	21 16	21 33	21 55	22 24	23 16	// //
12	20 11	20 17	20 24	20 32	20 40	20 50	21 01	21 14	21 30	21 50	22 16	22 58	// //	// //
16	20 17	20 23	20 31	20 39	20 49	20 59	21 12	21 27	21 45	22 09	22 44	// //	// //	// //
20	20 22	20 30	20 38	20 47	20 57	21 09	21 23	21 40	22 02	22 32	23 30	// //	// //	// //
24	20 28	20 36	20 45	20 55	21 06	21 20	21 36	21 55	22 21	23 03	// //	// //	// //	// //
28	20 34	20 43	20 52	21 03	21 16	21 30	21 49	22 12	22 45	// //	// //	// //	// //	// //
May 2	20 40	20 49	21 00	21 11	21 25	21 42	22 03	22 31	23 21	// //	// //	// //	// //	// //
6	20 46	20 56	21 07	21 20	21 35	21 54	22 18	22 54	// //	// //	// //	// //	// //	// //
10	20 52	21 02	21 15	21 29	21 46	22 07	22 35	23 33	// //	// //	// //	// //	// //	// //
14	20 58	21 09	21 22	21 38	21 56	22 20	22 56	// //	// //	// //	// //	// //	// //	// //
18	21 04	21 16	21 30	21 46	22 07	22 35	23 27	// //	// //	// //	// //	// //	// //	// //
22	21 09	21 22	21 37	21 55	22 18	22 51	// //	// //	// //	// //	// //	// //	// //	// //
26	21 15	21 28	21 44	22 04	22 29	23 10	// //	// //	// //	// //	// //	// //	// //	// //
30	21 20	21 34	21 51	22 12	22 40	23 39	// //	// //	// //	// //	// //	// //	// //	// //
June 3	21 24	21 39	21 57	22 19	22 51	// //	// //	// //	// //	// //	// //	// //	// //	// //
7	21 28	21 43	22 02	22 26	23 01	// //	// //	// //	// //	// //	// //	// //	// //	// //
11	21 31	21 47	22 06	22 31	23 10	// //	// //	// //	// //	// //	// //	// //	// //	// //
15	21 34	21 50	22 09	22 35	23 17	// //	// //	// //	// //	// //	// //	// //	// //	▢
19	21 35	21 51	22 11	22 37	23 21	// //	// //	// //	// //	// //	// //	// //	// //	▢
23	21 36	21 52	22 12	22 38	23 22	// //	// //	// //	// //	// //	// //	// //	// //	▢
27	21 36	21 52	22 11	22 37	23 18	// //	// //	// //	// //	// //	// //	// //	// //	▢
July 1	21 35	21 51	22 10	22 34	23 12	// //	// //	// //	// //	// //	// //	// //	// //	// //
5	21 33	21 48	22 07	22 30	23 04	// //	// //	// //	// //	// //	// //	// //	// //	// //

▢ indicates Sun continuously above horizon.
// // indicates continuous twilight.

ASTRONOMICAL TWILIGHT, 2022

UNIVERSAL TIME FOR MERIDIAN OF GREENWICH
BEGINNING OF MORNING ASTRONOMICAL TWILIGHT

Lat.	−55°	−50°	−45°	−40°	−35°	−30°	−20°	−10°	0°	+10°	+20°	+30°	+35°	+40°
	h m	h. m	h m	h m	h m	h m	h m	h m	h m	h m	h m	h m	h m	h m
July 1	6 09	6 01	5 53	5 45	5 38	5 31	5 17	5 02	4 45	4 25	4 00	3 26	3 03	2 33
5	6 08	6 00	5 52	5 45	5 38	5 31	5 18	5 03	4 46	4 27	4 02	3 28	3 06	2 36
9	6 06	5 58	5 51	5 44	5 38	5 31	5 18	5 03	4 47	4 28	4 04	3 31	3 09	2 40
13	6 04	5 56	5 50	5 43	5 37	5 31	5 18	5 04	4 48	4 29	4 06	3 34	3 12	2 44
17	6 01	5 54	5 48	5 42	5 36	5 30	5 17	5 04	4 49	4 31	4 08	3 37	3 16	2 49
21	5 57	5 51	5 45	5 39	5 34	5 28	5 17	5 04	4 49	4 32	4 10	3 40	3 20	2 54
25	5 52	5 47	5 42	5 37	5 32	5 27	5 16	5 04	4 50	4 33	4 12	3 43	3 24	3 00
29	5 47	5 43	5 38	5 34	5 30	5 25	5 15	5 04	4 50	4 34	4 14	3 47	3 28	3 05
Aug. 2	5 41	5 38	5 34	5 31	5 27	5 23	5 13	5 03	4 51	4 36	4 16	3 50	3 33	3 11
6	5 35	5 33	5 30	5 27	5 24	5 20	5 12	5 02	4 51	4 37	4 18	3 54	3 37	3 17
10	5 28	5 27	5 25	5 23	5 20	5 17	5 10	5 01	4 51	4 37	4 20	3 57	3 42	3 22
14	5 21	5 21	5 20	5 18	5 16	5 14	5 08	5 00	4 50	4 38	4 22	4 00	3 46	3 28
18	5 13	5 14	5 14	5 13	5 12	5 10	5 05	4 59	4 50	4 39	4 24	4 04	3 50	3 34
22	5 04	5 07	5 08	5 08	5 08	5 06	5 03	4 57	4 49	4 39	4 26	4 07	3 55	3 39
26	4 56	4 59	5 02	5 03	5 03	5 02	5 00	4 55	4 49	4 40	4 27	4 10	3 59	3 44
30	4 46	4 51	4 55	4 57	4 58	4 58	4 57	4 53	4 48	4 40	4 29	4 13	4 03	3 50
Sept. 3	4 37	4 43	4 48	4 51	4 53	4 54	4 54	4 51	4 47	4 40	4 30	4 16	4 06	3 55
7	4 26	4 35	4 40	4 44	4 47	4 49	4 50	4 49	4 46	4 40	4 31	4 19	4 10	3 59
11	4 16	4 26	4 33	4 38	4 41	4 44	4 47	4 47	4 45	4 40	4 33	4 21	4 14	4 04
15	4 05	4 17	4 25	4 31	4 36	4 39	4 43	4 44	4 43	4 40	4 34	4 24	4 17	4 09
19	3 54	4 07	4 17	4 24	4 30	4 34	4 39	4 42	4 42	4 40	4 35	4 27	4 21	4 13
23	3 42	3 57	4 09	4 17	4 24	4 29	4 36	4 39	4 40	4 39	4 36	4 29	4 24	4 18
27	3 30	3 47	4 00	4 10	4 18	4 23	4 32	4 37	4 39	4 39	4 37	4 31	4 27	4 22
Oct. 1	3 17	3 37	3 52	4 03	4 11	4 18	4 28	4 34	4 38	4 39	4 38	4 34	4 30	4 26
5	3 04	3 27	3 43	3 55	4 05	4 13	4 24	4 32	4 36	4 39	4 39	4 36	4 34	4 30

END OF EVENING ASTRONOMICAL TWILIGHT

Lat.	−55°	−50°	−45°	−40°	−35°	−30°	−20°	−10°	0°	+10°	+20°	+30°	+35°	+40°
	h m	h m	h m	h m	h m	h m	h m	h m	h m	h m	h m	h m	h m	h m
July 1	17 59	18 07	18 15	18 23	18 30	18 37	18 51	19 06	19 22	19 42	20 07	20 41	21 04	21 35
5	18 01	18 10	18 17	18 24	18 31	18 38	18 52	19 06	19 23	19 43	20 07	20 41	21 03	21 33
9	18 05	18 12	18 20	18 26	18 33	18 40	18 53	19 07	19 23	19 42	20 07	20 39	21 01	21 30
13	18 08	18 16	18 22	18 29	18 35	18 41	18 54	19 08	19 24	19 42	20 06	20 37	20 59	21 27
17	18 12	18 19	18 25	18 31	18 37	18 43	18 55	19 08	19 24	19 42	20 04	20 35	20 56	21 23
21	18 17	18 23	18 28	18 34	18 39	18 45	18 56	19 09	19 23	19 41	20 03	20 32	20 52	21 18
25	18 21	18 27	18 32	18 37	18 42	18 47	18 57	19 09	19 23	19 40	20 01	20 29	20 48	21 13
29	18 27	18 31	18 35	18 39	18 44	18 48	18 58	19 10	19 23	19 38	19 59	20 26	20 44	21 07
Aug. 2	18 32	18 35	18 39	18 42	18 46	18 50	18 59	19 10	19 22	19 37	19 56	20 22	20 39	21 01
6	18 38	18 40	18 42	18 45	18 49	18 52	19 00	19 10	19 21	19 35	19 53	20 18	20 34	20 54
10	18 43	18 45	18 46	18 49	18 51	18 54	19 01	19 10	19 20	19 33	19 50	20 13	20 28	20 47
14	18 50	18 50	18 50	18 52	18 54	18 56	19 02	19 09	19 19	19 31	19 47	20 08	20 22	20 40
18	18 56	18 55	18 54	18 55	18 56	18 58	19 03	19 09	19 18	19 29	19 43	20 03	20 17	20 33
22	19 02	19 00	18 59	18 58	18 59	19 00	19 03	19 09	19 16	19 26	19 40	19 58	20 10	20 26
26	19 09	19 05	19 03	19 02	19 01	19 02	19 04	19 08	19 15	19 24	19 36	19 53	20 04	20 18
30	19 16	19 11	19 07	19 05	19 04	19 04	19 05	19 08	19 13	19 21	19 32	19 48	19 58	20 11
Sept. 3	19 24	19 17	19 12	19 09	19 07	19 06	19 05	19 08	19 12	19 19	19 28	19 42	19 52	20 03
7	19 31	19 23	19 17	19 12	19 10	19 08	19 06	19 07	19 10	19 16	19 24	19 37	19 45	19 56
11	19 39	19 29	19 22	19 16	19 12	19 10	19 07	19 07	19 09	19 13	19 20	19 31	19 39	19 48
15	19 47	19 35	19 27	19 20	19 15	19 12	19 08	19 06	19 07	19 10	19 16	19 26	19 32	19 41
19	19 56	19 42	19 32	19 24	19 19	19 14	19 09	19 06	19 06	19 08	19 12	19 20	19 26	19 33
23	20 05	19 49	19 37	19 29	19 22	19 17	19 10	19 06	19 04	19 05	19 09	19 15	19 20	19 26
27	20 14	19 56	19 43	19 33	19 25	19 19	19 11	19 05	19 03	19 03	19 05	19 10	19 14	19 19
Oct. 1	20 24	20 04	19 49	19 38	19 29	19 22	19 12	19 05	19 02	19 00	19 01	19 05	19 08	19 13
5	20 35	20 12	19 55	19 42	19 33	19 25	19 13	19 05	19 01	18 58	18 58	19 00	19 03	19 06

UNIVERSAL TIME FOR MERIDIAN OF GREENWICH
BEGINNING OF MORNING ASTRONOMICAL TWILIGHT

Lat.	+40°	+42°	+44°	+46°	+48°	+50°	+52°	+54°	+56°	+58°	+60°	+62°	+64°	+66°
	h m	h m	h m	h m	h m	h m	h m	h m	h m	h m	h m	h m	h m	h m
July 1	2 33	2 17	1 58	1 33	0 54	// //	// //	// //	// //	// //	// //	// //	// //	// //
5	2 36	2 20	2 02	1 38	1 03	// //	// //	// //	// //	// //	// //	// //	// //	// //
9	2 40	2 25	2 07	1 45	1 13	// //	// //	// //	// //	// //	// //	// //	// //	// //
13	2 44	2 30	2 13	1 52	1 24	0 26	// //	// //	// //	// //	// //	// //	// //	// //
17	2 49	2 35	2 19	2 00	1 34	0 54	// //	// //	// //	// //	// //	// //	// //	// //
21	2 54	2 41	2 26	2 08	1 45	1 12	// //	// //	// //	// //	// //	// //	// //	// //
25	3 00	2 47	2 33	2 17	1 56	1 28	0 37	// //	// //	// //	// //	// //	// //	// //
29	3 05	2 54	2 41	2 25	2 07	1 43	1 07	// //	// //	// //	// //	// //	// //	// //
Aug. 2	3 11	3 00	2 48	2 34	2 17	1 56	1 27	0 31	// //	// //	// //	// //	// //	// //
6	3 17	3 07	2 55	2 43	2 27	2 09	1 44	1 08	// //	// //	// //	// //	// //	// //
10	3 22	3 13	3 03	2 51	2 37	2 20	2 00	1 32	0 41	// //	// //	// //	// //	// //
14	3 28	3 20	3 10	2 59	2 46	2 31	2 13	1 50	1 16	// //	// //	// //	// //	// //
18	3 34	3 26	3 17	3 07	2 55	2 42	2 26	2 06	1 40	0 57	// //	// //	// //	// //
22	3 39	3 32	3 24	3 14	3 04	2 52	2 38	2 21	1 59	1 29	0 26	// //	// //	// //
26	3 44	3 38	3 30	3 22	3 12	3 01	2 49	2 34	2 15	1 51	1 16	// //	// //	// //
30	3 50	3 43	3 37	3 29	3 20	3 11	2 59	2 46	2 30	2 10	1 43	1 00	// //	// //
Sept. 3	3 55	3 49	3 43	3 36	3 28	3 19	3 09	2 57	2 43	2 26	2 05	1 35	0 39	// //
7	3 59	3 54	3 49	3 43	3 35	3 28	3 19	3 08	2 56	2 41	2 23	1 59	1 25	// //
11	4 04	4 00	3 55	3 49	3 43	3 36	3 27	3 18	3 07	2 55	2 39	2 20	1 54	1 14
15	4 09	4 05	4 00	3 55	3 50	3 43	3 36	3 28	3 18	3 07	2 54	2 37	2 17	1 48
19	4 13	4 10	4 06	4 01	3 56	3 51	3 44	3 37	3 29	3 19	3 07	2 53	2 36	2 13
23	4 18	4 14	4 11	4 07	4 03	3 58	3 52	3 46	3 39	3 30	3 20	3 08	2 54	2 35
27	4 22	4 19	4 16	4 13	4 09	4 05	4 00	3 54	3 48	3 41	3 32	3 22	3 09	2 54
Oct. 1	4 26	4 24	4 21	4 18	4 15	4 12	4 07	4 03	3 57	3 51	3 44	3 35	3 24	3 11
5	4 30	4 28	4 26	4 24	4 21	4 18	4 15	4 11	4 06	4 01	3 54	3 47	3 38	3 27

END OF EVENING ASTRONOMICAL TWILIGHT

Lat.	+40°	+42°	+44°	+46°	+48°	+50°	+52°	+54°	+56°	+58°	+60°	+62°	+64°	+66°
	h m	h m	h m	h m	h m	h m	h m	h m	h m	h m	h m	h m	h m	h m
July 1	21 35	21 51	22 10	22 34	23 12	// //	// //	// //	// //	// //	// //	// //	// //	// //
5	21 33	21 48	22 07	22 30	23 04	// //	// //	// //	// //	// //	// //	// //	// //	// //
9	21 30	21 45	22 02	22 24	22 55	// //	// //	// //	// //	// //	// //	// //	// //	// //
13	21 27	21 41	21 57	22 18	22 46	23 37	// //	// //	// //	// //	// //	// //	// //	// //
17	21 23	21 36	21 52	22 11	22 36	23 14	// //	// //	// //	// //	// //	// //	// //	// //
21	21 18	21 30	21 45	22 03	22 25	22 57	// //	// //	// //	// //	// //	// //	// //	// //
25	21 13	21 24	21 38	21 55	22 15	22 41	23 27	// //	// //	// //	// //	// //	// //	// //
29	21 07	21 18	21 31	21 46	22 04	22 27	23 01	// //	// //	// //	// //	// //	// //	// //
Aug. 2	21 01	21 11	21 23	21 37	21 53	22 14	22 41	23 29	// //	// //	// //	// //	// //	// //
6	20 54	21 04	21 15	21 28	21 43	22 01	22 24	22 57	// //	// //	// //	// //	// //	// //
10	20 47	20 56	21 07	21 18	21 32	21 48	22 08	22 35	23 19	// //	// //	// //	// //	// //
14	20 40	20 49	20 58	21 09	21 21	21 36	21 53	22 16	22 47	// //	// //	// //	// //	// //
18	20 33	20 41	20 49	20 59	21 11	21 24	21 39	21 58	22 23	23 02	// //	// //	// //	// //
22	20 26	20 33	20 41	20 50	21 00	21 12	21 26	21 42	22 03	22 32	23 22	// //	// //	// //
26	20 18	20 25	20 32	20 40	20 50	21 00	21 13	21 27	21 45	22 08	22 41	// //	// //	// //
30	20 11	20 17	20 23	20 31	20 39	20 49	21 00	21 13	21 28	21 48	22 13	22 52	// //	// //
Sept. 3	20 03	20 09	20 15	20 22	20 29	20 38	20 48	20 59	21 13	21 29	21 50	22 18	23 05	// //
7	19 56	20 01	20 06	20 12	20 19	20 27	20 36	20 46	20 58	21 12	21 30	21 52	22 24	23 27
11	19 48	19 53	19 58	20 03	20 09	20 16	20 24	20 33	20 44	20 56	21 11	21 30	21 54	22 30
15	19 41	19 45	19 49	19 54	20 00	20 06	20 13	20 21	20 30	20 41	20 54	21 10	21 30	21 56
19	19 33	19 37	19 41	19 45	19 50	19 55	20 02	20 09	20 17	20 26	20 38	20 51	21 08	21 29
23	19 26	19 29	19 33	19 37	19 41	19 46	19 51	19 57	20 04	20 13	20 22	20 34	20 48	21 06
27	19 19	19 22	19 25	19 28	19 32	19 36	19 41	19 46	19 52	19 59	20 08	20 18	20 30	20 44
Oct. 1	19 13	19 15	19 17	19 20	19 23	19 27	19 31	19 35	19 40	19 47	19 54	20 02	20 12	20 25
5	19 06	19 08	19 10	19 12	19 15	19 17	19 21	19 25	19 29	19 34	19 40	19 48	19 56	20 07

// // indicates continuous twilight.

ASTRONOMICAL TWILIGHT, 2022

UNIVERSAL TIME FOR MERIDIAN OF GREENWICH
BEGINNING OF MORNING ASTRONOMICAL TWILIGHT

Lat.	−55°	−50°	−45°	−40°	−35°	−30°	−20°	−10°	0°	+10°	+20°	+30°	+35°	+40°
	h m	h m	h m	h m	h m	h m	h m	h m	h m	h m	h m	h m	h m	h m
Oct. 1	3 17	3 37	3 52	4 03	4 11	4 18	4 28	4 34	4 38	4 39	4 38	4 34	4 30	4 26
5	3 04	3 27	3 43	3 55	4 05	4 13	4 24	4 32	4 36	4 39	4 39	4 36	4 34	4 30
9	2 50	3 16	3 34	3 48	3 59	4 08	4 20	4 29	4 35	4 38	4 40	4 39	4 37	4 34
13	2 36	3 05	3 25	3 41	3 53	4 02	4 17	4 27	4 34	4 38	4 41	4 41	4 40	4 38
17	2 21	2 54	3 17	3 33	3 47	3 57	4 13	4 24	4 32	4 38	4 42	4 43	4 43	4 42
21	2 06	2 43	3 08	3 26	3 40	3 52	4 10	4 22	4 31	4 38	4 43	4 46	4 46	4 46
25	1 49	2 31	2 59	3 19	3 35	3 47	4 06	4 20	4 30	4 38	4 44	4 48	4 50	4 50
29	1 30	2 19	2 50	3 12	3 29	3 43	4 03	4 18	4 30	4 39	4 46	4 51	4 53	4 54
Nov. 2	1 09	2 07	2 41	3 05	3 23	3 38	4 00	4 17	4 29	4 39	4 47	4 53	4 56	4 58
6	0 42	1 55	2 33	2 59	3 18	3 34	3 58	4 15	4 29	4 40	4 49	4 56	4 59	5 02
10	// //	1 42	2 24	2 52	3 13	3 30	3 55	4 14	4 28	4 40	4 50	4 59	5 03	5 06
14	// //	1 29	2 16	2 47	3 09	3 27	3 53	4 13	4 28	4 41	4 52	5 02	5 06	5 10
18	// //	1 15	2 08	2 41	3 05	3 24	3 52	4 12	4 29	4 42	4 54	5 04	5 09	5 14
22	// //	1 00	2 01	2 36	3 01	3 21	3 50	4 12	4 29	4 43	4 56	5 07	5 13	5 18
26	// //	0 44	1 54	2 32	2 58	3 19	3 49	4 12	4 30	4 45	4 58	5 10	5 16	5 22
30	// //	0 23	1 48	2 28	2 56	3 17	3 49	4 12	4 31	4 46	5 00	5 13	5 19	5 25
Dec. 4	// //	// //	1 43	2 26	2 54	3 16	3 49	4 13	4 32	4 48	5 02	5 16	5 22	5 29
8	// //	// //	1 39	2 24	2 53	3 16	3 49	4 14	4 33	4 50	5 05	5 18	5 25	5 32
12	// //	// //	1 36	2 23	2 53	3 16	3 50	4 15	4 35	4 52	5 07	5 21	5 28	5 35
16	// //	// //	1 35	2 23	2 54	3 17	3 51	4 17	4 37	4 54	5 09	5 23	5 30	5 38
20	// //	// //	1 36	2 24	2 55	3 18	3 53	4 18	4 39	4 56	5 11	5 26	5 33	5 40
24	// //	// //	1 38	2 26	2 57	3 21	3 55	4 20	4 41	4 58	5 13	5 27	5 35	5 42
28	// //	// //	1 41	2 29	3 00	3 23	3 57	4 23	4 43	5 00	5 15	5 29	5 36	5 43
32	// //	// //	1 47	2 33	3 03	3 26	4 00	4 25	4 45	5 02	5 17	5 31	5 37	5 45
36	// //	// //	1 53	2 37	3 07	3 30	4 03	4 27	4 47	5 03	5 18	5 32	5 38	5 45

END OF EVENING ASTRONOMICAL TWILIGHT

Lat.	−55°	−50°	−45°	−40°	−35°	−30°	−20°	−10°	0°	+10°	+20°	+30°	+35°	+40°
	h m	h m	h m	h m	h m	h m	h m	h m	h m	h m	h m	h m	h m	h m
Oct. 1	20 24	20 04	19 49	19 38	19 29	19 22	19 12	19 05	19 02	19 00	19 01	19 05	19 08	19 13
5	20 35	20 12	19 55	19 42	19 33	19 25	19 13	19 05	19 01	18 58	18 58	19 00	19 03	19 06
9	20 46	20 20	20 02	19 48	19 37	19 28	19 15	19 06	19 00	18 56	18 55	18 55	18 57	19 00
13	20 59	20 29	20 08	19 53	19 41	19 31	19 16	19 06	18 59	18 54	18 51	18 51	18 52	18 54
17	21 12	20 39	20 16	19 58	19 45	19 34	19 18	19 07	18 58	18 52	18 49	18 47	18 47	18 48
21	21 27	20 49	20 23	20 04	19 50	19 38	19 20	19 07	18 58	18 51	18 46	18 43	18 42	18 42
25	21 43	20 59	20 31	20 10	19 54	19 42	19 22	19 08	18 58	18 50	18 44	18 39	18 38	18 37
29	22 01	21 10	20 39	20 17	19 59	19 46	19 25	19 09	18 58	18 49	18 42	18 36	18 34	18 33
Nov. 2	22 23	21 22	20 48	20 23	20 05	19 50	19 27	19 11	18 58	18 48	18 40	18 33	18 31	18 28
6	22 53	21 35	20 56	20 30	20 10	19 54	19 30	19 12	18 59	18 48	18 38	18 31	18 27	18 24
10	// //	21 48	21 05	20 37	20 15	19 58	19 33	19 14	18 59	18 47	18 37	18 29	18 25	18 21
14	// //	22 03	21 14	20 43	20 21	20 03	19 36	19 16	19 00	18 48	18 37	18 27	18 22	18 18
18	// //	22 18	21 24	20 50	20 26	20 07	19 39	19 18	19 02	18 48	18 36	18 26	18 21	18 16
22	// //	22 35	21 33	20 57	20 32	20 12	19 42	19 20	19 03	18 49	18 36	18 25	18 19	18 14
26	// //	22 55	21 42	21 04	20 37	20 16	19 45	19 23	19 05	18 50	18 36	18 24	18 18	18 13
30	// //	23 22	21 50	21 10	20 42	20 20	19 49	19 25	19 06	18 51	18 37	18 24	18 18	18 12
Dec. 4	// //	// //	21 58	21 16	20 46	20 24	19 52	19 27	19 08	18 52	18 38	18 25	18 18	18 11
8	// //	// //	22 06	21 21	20 51	20 28	19 55	19 30	19 10	18 54	18 39	18 25	18 18	18 12
12	// //	// //	22 12	21 25	20 54	20 31	19 57	19 32	19 12	18 55	18 40	18 26	18 19	18 12
16	// //	// //	22 16	21 29	20 58	20 34	20 00	19 35	19 14	18 57	18 42	18 28	18 21	18 13
20	// //	// //	22 20	21 32	21 00	20 37	20 02	19 37	19 16	18 59	18 44	18 30	18 22	18 15
24	// //	// //	22 21	21 33	21 02	20 38	20 04	19 39	19 18	19 01	18 46	18 32	18 24	18 17
28	// //	// //	22 21	21 34	21 03	20 40	20 05	19 40	19 20	19 03	18 48	18 34	18 27	18 20
32	// //	// //	22 19	21 34	21 03	20 40	20 07	19 42	19 22	19 05	18 50	18 36	18 29	18 22
36	// //	// //	22 16	21 32	21 03	20 41	20 07	19 43	19 24	19 07	18 53	18 39	18 32	18 26

// // indicates continuous twilight.

UNIVERSAL TIME FOR MERIDIAN OF GREENWICH
BEGINNING OF MORNING ASTRONOMICAL TWILIGHT

Lat.	+40°	+42°	+44°	+46°	+48°	+50°	+52°	+54°	+56°	+58°	+60°	+62°	+64°	+66°
	h m	h m	h m	h m	h m	h m	h m	h m	h m	h m	h m	h m	h m	h m
Oct. 1	4 26	4 24	4 21	4 18	4 15	4 12	4 07	4 03	3 57	3 51	3 44	3 35	3 24	3 11
5	4 30	4 28	4 26	4 24	4 21	4 18	4 15	4 11	4 06	4 01	3 54	3 47	3 38	3 27
9	4 34	4 33	4 31	4 29	4 27	4 25	4 22	4 18	4 15	4 10	4 05	3 59	3 51	3 42
13	4 38	4 37	4 36	4 35	4 33	4 31	4 29	4 26	4 23	4 19	4 15	4 10	4 04	3 56
17	4 42	4 42	4 41	4 40	4 39	4 37	4 35	4 33	4 31	4 28	4 25	4 21	4 16	4 10
21	4 46	4 46	4 46	4 45	4 44	4 43	4 42	4 41	4 39	4 37	4 34	4 31	4 27	4 23
25	4 50	4 50	4 50	4 50	4 50	4 49	4 49	4 48	4 47	4 45	4 44	4 41	4 39	4 35
29	4 54	4 55	4 55	4 55	4 55	4 55	4 55	4 55	4 54	4 54	4 53	4 51	4 49	4 47
Nov. 2	4 58	4 59	5 00	5 00	5 01	5 01	5 02	5 02	5 02	5 02	5 01	5 01	5 00	4 59
6	5 02	5 03	5 04	5 05	5 06	5 07	5 08	5 08	5 09	5 09	5 10	5 10	5 10	5 10
10	5 06	5 08	5 09	5 10	5 11	5 13	5 14	5 15	5 16	5 17	5 18	5 19	5 20	5 20
14	5 10	5 12	5 13	5 15	5 17	5 18	5 20	5 21	5 23	5 24	5 26	5 27	5 29	5 30
18	5 14	5 16	5 18	5 20	5 22	5 24	5 25	5 27	5 29	5 31	5 33	5 36	5 38	5 40
22	5 18	5 20	5 22	5 24	5 27	5 29	5 31	5 33	5 36	5 38	5 41	5 43	5 46	5 49
26	5 22	5 24	5 26	5 29	5 31	5 34	5 36	5 39	5 42	5 44	5 47	5 51	5 54	5 58
30	5 25	5 28	5 30	5 33	5 36	5 38	5 41	5 44	5 47	5 50	5 54	5 57	6 01	6 05
Dec. 4	5 29	5 31	5 34	5 37	5 40	5 43	5 46	5 49	5 52	5 56	5 59	6 03	6 08	6 12
8	5 32	5 35	5 38	5 41	5 44	5 47	5 50	5 53	5 57	6 00	6 04	6 09	6 13	6 19
12	5 35	5 38	5 41	5 44	5 47	5 50	5 53	5 57	6 01	6 05	6 09	6 13	6 18	6 24
16	5 38	5 41	5 44	5 47	5 50	5 53	5 57	6 00	6 04	6 08	6 12	6 17	6 22	6 28
20	5 40	5 43	5 46	5 49	5 52	5 56	5 59	6 03	6 07	6 11	6 15	6 20	6 25	6 31
24	5 42	5 45	5 48	5 51	5 54	5 58	6 01	6 05	6 09	6 13	6 17	6 22	6 27	6 33
28	5 43	5 46	5 49	5 53	5 56	5 59	6 02	6 06	6 10	6 14	6 18	6 23	6 28	6 33
32	5 45	5 47	5 50	5 53	5 56	6 00	6 03	6 06	6 10	6 14	6 18	6 23	6 27	6 33
36	5 45	5 48	5 51	5 54	5 57	6 00	6 03	6 06	6 10	6 13	6 17	6 21	6 26	6 31

END OF EVENING ASTRONOMICAL TWILIGHT

Lat.	+40°	+42°	+44°	+46°	+48°	+50°	+52°	+54°	+56°	+58°	+60°	+62°	+64°	+66°
	h m	h m	h m	h m	h m	h m	h m	h m	h m	h m	h m	h m	h m	h m
Oct. 1	19 13	19 15	19 17	19 20	19 23	19 27	19 31	19 35	19 40	19 47	19 54	20 02	20 12	20 25
5	19 06	19 08	19 10	19 12	19 15	19 17	19 21	19 25	19 29	19 34	19 40	19 48	19 56	20 07
9	19 00	19 01	19 03	19 04	19 06	19 09	19 12	19 15	19 18	19 23	19 28	19 34	19 41	19 50
13	18 54	18 54	18 56	18 57	18 59	19 00	19 03	19 05	19 08	19 12	19 16	19 21	19 27	19 34
17	18 48	18 48	18 49	18 50	18 51	18 52	18 54	18 56	18 58	19 01	19 04	19 08	19 13	19 19
21	18 42	18 43	18 43	18 43	18 44	18 45	18 46	18 47	18 49	18 51	18 53	18 56	19 00	19 04
25	18 37	18 37	18 37	18 37	18 37	18 38	18 38	18 39	18 40	18 42	18 43	18 45	18 48	18 51
29	18 33	18 32	18 32	18 32	18 31	18 31	18 31	18 31	18 32	18 32	18 33	18 34	18 35	18 36	18 39
Nov. 2	18 28	18 27	18 27	18 26	18 26	18 25	18 25	18 24	18 24	18 24	18 24	18 25	18 25	18 26	18 27
6	18 24	18 23	18 22	18 21	18 20	18 19	18 19	18 18	18 17	18 17	18 16	18 16	18 16	18 16
10	18 21	18 20	18 18	18 17	18 16	18 14	18 13	18 12	18 11	18 10	18 09	18 08	18 07	18 06
14	18 18	18 16	18 15	18 13	18 12	18 10	18 08	18 07	18 05	18 04	18 02	18 00	17 59	17 57
18	18 16	18 14	18 12	18 10	18 08	18 06	18 04	18 02	18 00	17 58	17 56	17 54	17 51	17 49
22	18 14	18 12	18 10	18 07	18 05	18 03	18 01	17 58	17 56	17 53	17 51	17 48	17 45	17 42
26	18 13	18 10	18 08	18 05	18 03	18 00	17 58	17 55	17 52	17 50	17 46	17 43	17 40	17 36
30	18 12	18 09	18 07	18 04	18 01	17 59	17 56	17 53	17 50	17 46	17 43	17 39	17 35	17 31
Dec. 4	18 11	18 09	18 06	18 03	18 00	17 57	17 54	17 51	17 48	17 44	17 41	17 37	17 32	17 27
8	18 12	18 09	18 06	18 03	18 00	17 57	17 54	17 50	17 47	17 43	17 39	17 35	17 30	17 25
12	18 12	18 09	18 06	18 03	18 00	17 57	17 54	17 50	17 46	17 43	17 38	17 34	17 29	17 23
16	18 13	18 10	18 07	18 04	18 01	17 58	17 54	17 51	17 47	17 43	17 39	17 34	17 29	17 23
20	18 15	18 12	18 09	18 06	18 03	17 59	17 56	17 52	17 48	17 44	17 40	17 35	17 30	17 24
24	18 17	18 14	18 11	18 08	18 05	18 01	17 58	17 54	17 51	17 47	17 42	17 37	17 32	17 26
28	18 20	18 17	18 14	18 11	18 07	18 04	18 01	17 57	17 53	17 49	17 45	17 41	17 35	17 30
32	18 22	18 20	18 17	18 14	18 11	18 07	18 04	18 01	17 57	17 53	17 49	17 45	17 40	17 34
36	18 26	18 23	18 20	18 17	18 14	18 11	18 08	18 05	18 01	17 58	17 54	17 49	17 45	17 40

MOONRISE AND MOONSET, 2022

UNIVERSAL TIME FOR MERIDIAN OF GREENWICH

MOONRISE

Lat.	−55°	−50°	−45°	−40°	−35°	−30°	−20°	−10°	0°	+10°	+20°	+30°	+35°	+40°
	h m	h m	h m	h m	h m	h m	h m	h m	h m	h m	h m	h m	h m	h m
Jan. 0	1 11	1 34	1 53	2 08	2 20	2 32	2 51	3 08	3 24	3 40	3 57	4 17	4 29	4 43
1	1 41	2 11	2 35	2 53	3 09	3 23	3 46	4 07	4 26	4 45	5 06	5 30	5 44	6 01
2	2 27	3 03	3 29	3 50	4 08	4 23	4 49	5 11	5 32	5 53	6 15	6 41	6 56	7 14
3	3 35	4 11	4 37	4 58	5 15	5 30	5 56	6 18	6 38	6 59	7 21	7 46	8 01	8 18
4	5 00	5 31	5 54	6 12	6 28	6 41	7 04	7 23	7 42	8 00	8 19	8 42	8 55	9 10
5	6 33	6 56	7 14	7 28	7 41	7 51	8 10	8 26	8 40	8 55	9 11	9 29	9 39	9 51
6	8 03	8 19	8 32	8 42	8 51	8 58	9 11	9 23	9 33	9 44	9 55	10 08	10 16	10 24
7	9 29	9 38	9 45	9 51	9 56	10 01	10 09	10 15	10 22	10 28	10 35	10 42	10 47	10 52
8	10 50	10 53	10 55	10 57	10 59	11 00	11 03	11 05	11 07	11 09	11 11	11 13	11 15	11 16
9	12 08	12 05	12 02	12 00	11 58	11 57	11 54	11 52	11 50	11 47	11 45	11 42	11 41	11 39
10	13 24	13 15	13 08	13 02	12 57	12 52	12 45	12 38	12 32	12 25	12 19	12 11	12 07	12 02
11	14 39	14 24	14 13	14 03	13 54	13 47	13 35	13 24	13 14	13 04	12 53	12 41	12 34	12 26
12	15 54	15 33	15 17	15 04	14 52	14 43	14 26	14 11	13 57	13 44	13 30	13 13	13 04	12 53
13	17 09	16 42	16 21	16 04	15 50	15 38	15 17	15 00	14 43	14 26	14 09	13 48	13 37	13 23
14	18 20	17 48	17 23	17 04	16 48	16 34	16 10	15 50	15 31	15 12	14 51	14 28	14 15	13 59
15	19 24	18 48	18 22	18 01	17 43	17 28	17 03	16 41	16 20	16 00	15 38	15 13	14 58	14 41
16	20 17	19 41	19 14	18 53	18 35	18 20	17 54	17 32	17 11	16 51	16 29	16 03	15 48	15 30
17	20 56	20 23	19 58	19 39	19 22	19 08	18 43	18 22	18 03	17 43	17 22	16 57	16 43	16 26
18	21 24	20 57	20 35	20 18	20 04	19 51	19 29	19 11	18 53	18 35	18 16	17 54	17 41	17 26
19	21 44	21 23	21 06	20 52	20 40	20 30	20 12	19 56	19 42	19 27	19 11	18 53	18 42	18 30
20	22 00	21 44	21 32	21 22	21 13	21 05	20 51	20 40	20 29	20 17	20 05	19 52	19 44	19 34
21	22 12	22 02	21 54	21 48	21 42	21 37	21 29	21 21	21 14	21 07	20 59	20 50	20 45	20 39
22	22 22	22 18	22 15	22 12	22 10	22 08	22 04	22 01	21 58	21 55	21 52	21 49	21 47	21 44
23	22 32	22 34	22 35	22 36	22 38	22 39	22 40	22 42	22 43	22 45	22 46	22 48	22 49	22 50
24	22 43	22 50	22 57	23 02	23 06	23 10	23 17	23 24	23 29	23 35	23 42	23 49	23 53	23 58

MOONSET

Lat.	−55°	−50°	−45°	−40°	−35°	−30°	−20°	−10°	0°	+10°	+20°	+30°	+35°	+40°
	h m	h m	h m	h m	h m	h m	h m	h m	h m	h m	h m	h m	h m	h m
Jan. 0	18 29	18 00	17 37	17 20	17 05	16 52	16 30	16 10	15 53	15 35	15 16	14 54	14 42	14 27
1	19 58	19 23	18 57	18 36	18 19	18 04	17 39	17 17	16 57	16 37	16 15	15 50	15 35	15 18
2	21 09	20 33	20 06	19 45	19 28	19 12	18 47	18 24	18 03	17 42	17 20	16 54	16 38	16 21
3	21 58	21 26	21 03	20 43	20 27	20 13	19 49	19 28	19 09	18 49	18 28	18 04	17 49	17 32
4	22 29	22 05	21 45	21 30	21 16	21 05	20 45	20 27	20 10	19 54	19 36	19 15	19 03	18 48
5	22 50	22 32	22 18	22 07	21 57	21 48	21 32	21 19	21 06	20 53	20 40	20 24	20 14	20 04
6	23 05	22 54	22 45	22 37	22 30	22 25	22 14	22 05	21 57	21 48	21 39	21 29	21 23	21 16
7	23 16	23 11	23 07	23 03	23 00	22 57	22 52	22 48	22 44	22 39	22 35	22 30	22 27	22 23
8	23 26	23 26	23 27	23 27	23 27	23 27	23 27	23 27	23 27	23 27	23 28	23 28	23 28	23 28
9	23 36	23 41	23 46	23 50	23 53	23 56	.. ..	.. ..	.. ..	.. ..	.. ..	.. ..	.. ..	.. ..
10	23 46	23 57	.. ..	.. ..	.. ..	.. ..	0 01	0 05	0 10	0 14	0 18	0 24	0 27	0 30
11	23 57	.. ..	0 06	0 13	0 19	0 25	0 35	0 44	0 52	1 00	1 09	1 19	1 25	1 31
12	.. ..	0 14	0 27	0 38	0 48	0 56	1 10	1 23	1 35	1 47	1 59	2 14	2 22	2 32
13	0 12	0 34	0 52	1 06	1 19	1 29	1 48	2 04	2 19	2 34	2 51	3 09	3 20	3 33
14	0 32	1 00	1 22	1 39	1 54	2 07	2 29	2 48	3 06	3 24	3 43	4 05	4 18	4 33
15	1 00	1 33	1 58	2 18	2 35	2 49	3 13	3 35	3 54	4 14	4 36	5 00	5 15	5 32
16	1 39	2 16	2 42	3 04	3 21	3 36	4 02	4 24	4 45	5 06	5 28	5 53	6 09	6 26
17	2 32	3 09	3 35	3 56	4 13	4 29	4 54	5 16	5 36	5 57	6 18	6 43	6 58	7 15
18	3 39	4 11	4 35	4 54	5 11	5 24	5 48	6 08	6 27	6 46	7 06	7 29	7 42	7 58
19	4 54	5 20	5 40	5 57	6 10	6 22	6 43	7 00	7 17	7 33	7 50	8 10	8 21	8 35
20	6 12	6 32	6 48	7 01	7 12	7 21	7 37	7 51	8 04	8 17	8 31	8 47	8 56	9 06
21	7 32	7 46	7 57	8 06	8 13	8 20	8 31	8 41	8 50	9 00	9 09	9 20	9 27	9 34
22	8 52	9 00	9 06	9 10	9 15	9 18	9 25	9 30	9 35	9 40	9 46	9 52	9 55	9 59
23	10 13	10 14	10 15	10 16	10 17	10 17	10 18	10 19	10 20	10 20	10 21	10 22	10 22	10 23
24	11 35	11 30	11 26	11 23	11 20	11 17	11 13	11 09	11 05	11 01	10 57	10 53	10 50	10 47

.. .. indicates phenomenon will occur the next day.

MOONRISE AND MOONSET, 2022

UNIVERSAL TIME FOR MERIDIAN OF GREENWICH

MOONRISE

Lat.	+40°	+42°	+44°	+46°	+48°	+50°	+52°	+54°	+56°	+58°	+60°	+62°	+64°	+66°
	h m	h m	h m	h m	h m	h m	h m	h m	h m	h m	h m	h m	h m	h m
Jan. 0	4 43	4 49	4 55	5 02	5 10	5 19	5 28	5 39	5 51	6 06	6 22	6 43	7 10	7 48
1	6 01	6 08	6 16	6 25	6 35	6 45	6 58	7 11	7 27	7 47	8 10	8 42	9 35	■
2	7 14	7 22	7 31	7 41	7 51	8 03	8 16	8 32	8 50	9 12	9 40	10 21	■	■
3	8 18	8 26	8 34	8 44	8 54	9 05	9 17	9 32	9 49	10 09	10 34	11 08	12 09	■
4	9 10	9 17	9 24	9 32	9 40	9 50	10 00	10 12	10 26	10 41	11 00	11 23	11 53	12 39
5	9 51	9 56	10 02	10 08	10 15	10 22	10 30	10 39	10 48	11 00	11 12	11 28	11 46	12 08
6	10 24	10 28	10 32	10 36	10 41	10 46	10 51	10 57	11 04	11 11	11 19	11 29	11 40	11 53
7	10 52	10 54	10 56	10 59	11 01	11 04	11 07	11 11	11 15	11 19	11 24	11 29	11 35	11 42
8	11 16	11 17	11 18	11 19	11 19	11 20	11 21	11 22	11 24	11 25	11 26	11 28	11 30	11 32
9	11 39	11 39	11 38	11 37	11 36	11 35	11 34	11 33	11 32	11 30	11 29	11 27	11 25	11 23
10	12 02	12 00	11 58	11 56	11 53	11 50	11 47	11 44	11 40	11 36	11 32	11 27	11 21	11 14
11	12 26	12 23	12 19	12 15	12 11	12 06	12 01	11 56	11 50	11 43	11 35	11 26	11 16	11 04
12	12 53	12 48	12 43	12 37	12 32	12 25	12 18	12 10	12 01	11 51	11 40	11 27	11 11	10 52
13	13 23	13 17	13 11	13 04	12 56	12 48	12 39	12 28	12 17	12 04	11 48	11 29	11 06	10 35
14	13 59	13 52	13 44	13 36	13 27	13 17	13 06	12 53	12 39	12 22	12 02	11 36	11 00	9 51
15	14 41	14 33	14 25	14 16	14 06	13 55	13 42	13 28	13 11	12 51	12 26	11 52	10 50	□
16	15 30	15 22	15 14	15 04	14 54	14 42	14 29	14 14	13 57	13 36	13 09	12 30	□	□
17	16 26	16 18	16 10	16 01	15 51	15 40	15 28	15 14	14 58	14 38	14 14	13 40	12 41	□
18	17 26	17 20	17 13	17 05	16 56	16 47	16 36	16 24	16 10	15 54	15 34	15 10	14 36	13 36
19	18 30	18 24	18 19	18 12	18 05	17 58	17 49	17 40	17 29	17 17	17 02	16 45	16 24	15 56
20	19 34	19 30	19 26	19 21	19 16	19 11	19 05	18 58	18 50	18 42	18 32	18 21	18 07	17 51
21	20 39	20 37	20 34	20 31	20 28	20 24	20 21	20 16	20 12	20 07	20 01	19 54	19 46	19 37
22	21 44	21 43	21 42	21 41	21 40	21 38	21 37	21 35	21 34	21 32	21 29	21 27	21 24	21 20
23	22 50	22 51	22 52	22 52	22 53	22 54	22 54	22 55	22 56	22 57	22 59	23 00	23 02	23 03
24	23 58	.. ..	.. ..	.. ..	.. ..	.. ..	.. ..	.. ..	.. ..	.. ..	.. ..	.. ..	.. ..	.. ..

MOONSET

Lat.	+40°	+42°	+44°	+46°	+48°	+50°	+52°	+54°	+56°	+58°	+60°	+62°	+64°	+66°
	h m	h m	h m	h m	h m	h m	h m	h m	h m	h m	h m	h m	h m	h m
Jan. 0	14 27	14 21	14 14	14 06	13 58	13 49	13 38	13 27	13 14	12 59	12 42	12 20	11 53	11 14
1	15 18	15 10	15 02	14 53	14 43	14 32	14 20	14 06	13 49	13 30	13 05	12 33	11 40	■
2	16 21	16 12	16 04	15 54	15 43	15 32	15 18	15 03	14 45	14 23	13 55	13 13	■	■
3	17 32	17 25	17 17	17 08	16 58	16 47	16 34	16 20	16 04	15 44	15 19	14 45	13 45	■
4	18 48	18 42	18 35	18 28	18 20	18 11	18 01	17 49	17 36	17 21	17 03	16 41	16 12	15 27
5	20 04	19 59	19 54	19 48	19 42	19 36	19 28	19 20	19 11	19 01	18 49	18 35	18 18	17 56
6	21 16	21 12	21 09	21 05	21 02	20 57	20 53	20 48	20 42	20 35	20 28	20 20	20 10	19 58
7	22 23	22 22	22 20	22 18	22 17	22 14	22 12	22 10	22 07	22 04	22 01	21 57	21 52	21 47
8	23 28	23 28	23 28	23 28	23 28	23 28	23 28	23 28	23 28	23 28	23 28	23 28	23 28	23 28
9	.. ..	.. ..	.. ..	.. ..	.. ..	.. ..	.. ..	.. ..	.. ..	.. ..	.. ..	.. ..	.. ..	.. ..
10	0 30	0 32	0 33	0 35	0 37	0 39	0 41	0 43	0 46	0 49	0 52	0 56	1 00	1 05
11	1 31	1 34	1 37	1 41	1 44	1 48	1 53	1 57	2 03	2 09	2 16	2 23	2 32	2 43
12	2 32	2 36	2 41	2 46	2 52	2 58	3 04	3 11	3 19	3 29	3 39	3 52	4 06	4 24
13	3 33	3 39	3 45	3 51	3 59	4 06	4 15	4 25	4 36	4 49	5 04	5 22	5 44	6 14
14	4 33	4 40	4 47	4 55	5 04	5 14	5 25	5 37	5 51	6 07	6 27	6 53	7 28	8 36
15	5 32	5 39	5 47	5 56	6 06	6 17	6 30	6 44	7 00	7 20	7 45	8 19	9 20	□
16	6 26	6 34	6 43	6 52	7 02	7 14	7 27	7 42	7 59	8 21	8 48	9 26	□	□
17	7 15	7 23	7 31	7 40	7 50	8 02	8 14	8 28	8 45	9 05	9 29	10 03	11 02	□
18	7 58	8 05	8 12	8 21	8 30	8 39	8 50	9 03	9 17	9 33	9 53	10 18	10 53	11 53
19	8 35	8 40	8 47	8 54	9 01	9 09	9 18	9 28	9 39	9 52	10 07	10 25	10 47	11 15
20	9 06	9 11	9 15	9 21	9 26	9 32	9 39	9 47	9 55	10 04	10 15	10 27	10 42	10 59
21	9 34	9 37	9 40	9 44	9 48	9 52	9 56	10 01	10 07	10 13	10 20	10 28	10 37	10 47
22	9 59	10 01	10 02	10 04	10 06	10 09	10 11	10 14	10 17	10 20	10 23	10 28	10 32	10 37
23	10 23	10 23	10 23	10 24	10 24	10 24	10 25	10 25	10 25	10 26	10 26	10 27	10 27	10 28
24	10 47	10 46	10 45	10 43	10 42	10 40	10 38	10 36	10 34	10 32	10 29	10 26	10 23	10 19

□ indicates Moon continuously above horizon.
■ indicates Moon continuously below horizon.
.. .. indicates phenomenon will occur the next day.

MOONRISE AND MOONSET, 2022

UNIVERSAL TIME FOR MERIDIAN OF GREENWICH

MOONRISE

Lat.	−55°	−50°	−45°	−40°	−35°	−30°	−20°	−10°	0°	+10°	+20°	+30°	+35°	+40°
	h m	h m	h m	h m	h m	h m	h m	h m	h m	h m	h m	h m	h m	h m
Jan. 23	22 32	22 34	22 35	22 36	22 38	22 39	22 40	22 42	22 43	22 45	22 46	22 48	22 49	22 50
24	22 43	22 50	22 57	23 02	23 06	23 10	23 17	23 24	23 29	23 35	23 42	23 49	23 53	23 58
25	22 55	23 09	23 20	23 30	23 38	23 45	23 57	.. ..	.. ..	.. ..	.. ..	.. ..	.. ..	.. ..
26	23 12	23 33	23 49	.. ..	.. ..	.. ..	.. ..	0 08	0 18	0 29	0 40	0 53	1 00	1 09
27	23 36	.. ..	.. ..	0 03	0 14	0 24	0 42	0 57	1 11	1 26	1 42	2 00	2 10	2 22
28	.. ..	0 04	0 25	0 43	0 57	1 10	1 32	1 51	2 09	2 27	2 47	3 09	3 22	3 38
29	0 13	0 47	1 12	1 32	1 49	2 04	2 29	2 51	3 11	3 31	3 53	4 19	4 34	4 51
30	1 09	1 45	2 12	2 33	2 51	3 07	3 32	3 55	4 16	4 37	4 59	5 25	5 41	5 59
31	2 25	2 59	3 24	3 44	4 01	4 15	4 40	5 01	5 20	5 40	6 01	6 25	6 39	6 56
Feb. 1	3 55	4 22	4 43	5 00	5 14	5 26	5 47	6 05	6 21	6 38	6 56	7 16	7 28	7 42
2	5 29	5 48	6 03	6 16	6 26	6 36	6 51	7 05	7 18	7 31	7 44	8 00	8 09	8 19
3	6 59	7 11	7 21	7 29	7 36	7 42	7 52	8 01	8 10	8 18	8 27	8 37	8 43	8 49
4	8 25	8 30	8 35	8 38	8 42	8 44	8 49	8 53	8 57	9 01	9 05	9 10	9 13	9 16
5	9 47	9 46	9 45	9 45	9 44	9 44	9 43	9 43	9 42	9 42	9 41	9 41	9 40	9 40
6	11 05	10 59	10 53	10 49	10 45	10 41	10 35	10 30	10 26	10 21	10 16	10 10	10 07	10 04
7	12 23	12 10	12 00	11 51	11 44	11 38	11 27	11 17	11 09	11 00	10 51	10 40	10 34	10 28
8	13 39	13 20	13 05	12 53	12 43	12 34	12 18	12 05	11 52	11 40	11 27	11 12	11 03	10 53
9	14 55	14 30	14 10	13 55	13 41	13 30	13 10	12 53	12 38	12 22	12 05	11 46	11 35	11 22
10	16 08	15 37	15 14	14 55	14 39	14 26	14 03	13 43	13 25	13 06	12 47	12 24	12 11	11 56
11	17 16	16 40	16 14	15 53	15 36	15 21	14 56	14 34	14 14	13 54	13 32	13 07	12 53	12 36
12	18 12	17 35	17 08	16 47	16 29	16 14	15 48	15 25	15 04	14 44	14 21	13 55	13 40	13 22
13	18 56	18 21	17 55	17 35	17 18	17 03	16 38	16 16	15 56	15 35	15 14	14 48	14 33	14 16
14	19 28	18 58	18 35	18 17	18 01	17 48	17 25	17 05	16 47	16 28	16 08	15 45	15 31	15 16
15	19 50	19 26	19 08	18 53	18 40	18 29	18 09	17 52	17 36	17 20	17 03	16 44	16 32	16 19
16	20 07	19 49	19 35	19 24	19 14	19 05	18 50	18 37	18 24	18 12	17 59	17 43	17 34	17 24

MOONSET

Lat.	−55°	−50°	−45°	−40°	−35°	−30°	−20°	−10°	0°	+10°	+20°	+30°	+35°	+40°
	h m	h m	h m	h m	h m	h m	h m	h m	h m	h m	h m	h m	h m	h m
Jan. 23	10 13	10 14	10 15	10 16	10 17	10 17	10 18	10 19	10 20	10 20	10 21	10 22	10 22	10 23
24	11 35	11 30	11 26	11 23	11 20	11 17	11 13	11 09	11 05	11 01	10 57	10 53	10 50	10 47
25	13 00	12 49	12 39	12 32	12 25	12 19	12 09	12 00	11 52	11 44	11 36	11 26	11 20	11 14
26	14 29	14 10	13 56	13 43	13 33	13 24	13 09	12 55	12 43	12 31	12 17	12 02	11 54	11 44
27	16 01	15 35	15 14	14 58	14 44	14 32	14 12	13 55	13 38	13 22	13 04	12 44	12 33	12 20
28	17 31	16 57	16 33	16 13	15 56	15 42	15 18	14 57	14 38	14 19	13 58	13 34	13 20	13 04
29	18 49	18 12	17 45	17 24	17 06	16 51	16 25	16 03	15 42	15 21	14 58	14 32	14 17	13 59
30	19 47	19 12	18 47	18 26	18 09	17 54	17 29	17 07	16 47	16 26	16 04	15 38	15 23	15 06
31	20 26	19 57	19 35	19 18	19 03	18 50	18 28	18 08	17 50	17 31	17 12	16 49	16 35	16 20
Feb. 1	20 51	20 30	20 13	19 59	19 48	19 37	19 19	19 04	18 49	18 34	18 18	17 59	17 49	17 36
2	21 08	20 54	20 43	20 33	20 25	20 18	20 05	19 54	19 43	19 32	19 21	19 08	19 00	18 51
3	21 21	21 14	21 07	21 02	20 57	20 53	20 45	20 39	20 33	20 26	20 20	20 12	20 08	20 03
4	21 32	21 30	21 28	21 27	21 26	21 24	21 22	21 21	21 19	21 17	21 15	21 13	21 12	21 10
5	21 42	21 45	21 48	21 51	21 53	21 54	21 58	22 00	22 03	22 06	22 08	22 12	22 13	22 16
6	21 52	22 01	22 08	22 14	22 19	22 24	22 32	22 39	22 46	22 53	23 00	23 09	23 13	23 19
7	22 03	22 17	22 29	22 39	22 47	22 55	23 08	23 19	23 30	23 40	23 52	.. ..	.. ..	.. ..
8	22 16	22 37	22 53	23 06	23 18	23 28	23 45	.. ..	.. ..	.. ..	.. ..	0 05	0 12	0 21
9	22 34	23 00	23 21	23 37	23 51	.. ..	.. ..	0 00	0 14	0 28	0 43	1 01	1 11	1 23
10	22 59	23 31	23 55	.. ..	.. ..	0 04	0 25	0 43	1 00	1 17	1 36	1 57	2 09	2 24
11	23 33	.. ..	.. ..	0 14	0 30	0 44	1 08	1 29	1 48	2 08	2 28	2 53	3 07	3 23
12	.. ..	0 09	0 36	0 57	1 15	1 30	1 55	2 17	2 38	2 59	3 21	3 47	4 02	4 19
13	0 22	0 59	1 26	1 47	2 05	2 20	2 46	3 08	3 29	3 50	4 12	4 38	4 53	5 10
14	1 24	1 58	2 24	2 44	3 01	3 15	3 40	4 01	4 20	4 40	5 01	5 25	5 39	5 55
15	2 37	3 06	3 28	3 46	4 00	4 13	4 35	4 53	5 11	5 28	5 47	6 08	6 20	6 34
16	3 56	4 19	4 36	4 50	5 02	5 12	5 30	5 45	6 00	6 14	6 29	6 46	6 56	7 07

.. .. indicates phenomenon will occur the next day.

UNIVERSAL TIME FOR MERIDIAN OF GREENWICH

MOONRISE

Lat.	+40°	+42°	+44°	+46°	+48°	+50°	+52°	+54°	+56°	+58°	+60°	+62°	+64°	+66°
	h m	h m	h m	h m	h m	h m	h m	h m	h m	h m	h m	h m	h m	h m
Jan. 23	22 50	22 51	22 52	22 52	22 53	22 54	22 54	22 55	22 56	22 57	22 59	23 00	23 02	23 03
24	23 58	.. ..	.. ..	.. ..	.. ..	.. ..	.. ..	.. ..	.. ..	.. ..	.. ..	.. ..	.. ..	.. ..
25	.. ..	0 00	0 03	0 05	0 08	0 11	0 14	0 17	0 21	0 26	0 31	0 36	0 43	0 50
26	1 09	1 13	1 17	1 21	1 26	1 31	1 37	1 43	1 50	1 58	2 07	2 18	2 31	2 46
27	2 22	2 28	2 34	2 40	2 47	2 55	3 03	3 13	3 23	3 36	3 50	4 07	4 29	4 57
28	3 38	3 45	3 52	4 00	4 09	4 19	4 30	4 43	4 57	5 15	5 35	6 02	6 41	■
29	4 51	4 59	5 08	5 17	5 28	5 39	5 52	6 07	6 25	6 46	7 13	7 52	■	■
30	5 59	6 07	6 15	6 25	6 35	6 47	7 00	7 16	7 34	7 55	8 23	9 03	■	■
31	6 56	7 03	7 11	7 19	7 29	7 39	7 51	8 04	8 20	8 38	9 00	9 28	10 10	■
Feb. 1	7 42	7 48	7 54	8 01	8 09	8 17	8 27	8 37	8 49	9 02	9 18	9 36	10 00	10 31
2	8 19	8 23	8 28	8 33	8 39	8 45	8 52	8 59	9 07	9 16	9 27	9 39	9 53	10 10
3	8 49	8 52	8 55	8 59	9 02	9 06	9 10	9 15	9 20	9 26	9 32	9 39	9 48	9 57
4	9 16	9 17	9 19	9 20	9 22	9 24	9 26	9 28	9 30	9 33	9 36	9 39	9 42	9 47
5	9 40	9 40	9 40	9 40	9 39	9 39	9 39	9 39	9 39	9 38	9 38	9 38	9 37	9 37
6	10 04	10 02	10 00	9 58	9 57	9 54	9 52	9 50	9 47	9 44	9 41	9 37	9 33	9 28
7	10 28	10 25	10 21	10 18	10 14	10 10	10 06	10 01	9 56	9 50	9 44	9 36	9 28	9 18
8	10 53	10 49	10 44	10 39	10 34	10 28	10 22	10 15	10 07	9 58	9 48	9 36	9 23	9 06
9	11 22	11 17	11 11	11 04	10 57	10 49	10 41	10 31	10 21	10 08	9 54	9 38	9 17	8 51
10	11 56	11 49	11 42	11 34	11 26	11 16	11 05	10 54	10 40	10 24	10 05	9 42	9 11	8 22
11	12 36	12 28	12 20	12 11	12 01	11 50	11 38	11 24	11 08	10 49	10 25	9 53	9 00	☐
12	13 22	13 14	13 06	12 56	12 46	12 34	12 21	12 06	11 49	11 27	11 00	10 21	☐	☐
13	14 16	14 08	14 00	13 51	13 40	13 29	13 16	13 02	12 44	12 24	11 57	11 20	☐	☐
14	15 16	15 08	15 01	14 52	14 43	14 33	14 22	14 09	13 54	13 36	13 15	12 46	12 05	☐
15	16 19	16 13	16 06	16 00	15 52	15 44	15 34	15 24	15 12	14 58	14 42	14 23	13 57	13 23
16	17 24	17 20	17 15	17 09	17 04	16 57	16 50	16 43	16 34	16 24	16 13	16 00	15 44	15 25

MOONSET

Lat.	+40°	+42°	+44°	+46°	+48°	+50°	+52°	+54°	+56°	+58°	+60°	+62°	+64°	+66°
	h m	h m	h m	h m	h m	h m	h m	h m	h m	h m	h m	h m	h m	h m
Jan. 23	10 23	10 23	10 23	10 24	10 24	10 24	10 25	10 25	10 25	10 26	10 26	10 27	10 27	10 28
24	10 47	10 46	10 45	10 43	10 42	10 40	10 38	10 36	10 34	10 32	10 29	10 26	10 23	10 19
25	11 14	11 11	11 08	11 05	11 01	10 58	10 53	10 49	10 44	10 39	10 32	10 26	10 18	10 08
26	11 44	11 39	11 35	11 30	11 24	11 18	11 12	11 05	10 57	10 48	10 38	10 26	10 12	9 56
27	12 20	12 14	12 07	12 00	11 53	11 45	11 36	11 26	11 14	11 01	10 46	10 28	10 06	9 37
28	13 04	12 57	12 49	12 40	12 31	12 21	12 09	11 56	11 41	11 24	11 02	10 35	9 56	■
29	13 59	13 51	13 43	13 33	13 23	13 11	12 58	12 43	12 25	12 04	11 36	10 57	■	■
30	15 06	14 58	14 49	14 39	14 29	14 17	14 04	13 49	13 31	13 10	12 42	12 02	■	■
31	16 20	16 12	16 05	15 56	15 47	15 37	15 26	15 13	14 58	14 40	14 19	13 51	13 10	■
Feb. 1	17 36	17 30	17 24	17 18	17 11	17 03	16 54	16 45	16 33	16 21	16 06	15 48	15 26	14 56
2	18 51	18 47	18 43	18 38	18 33	18 28	18 22	18 16	18 08	18 00	17 50	17 39	17 26	17 11
3	20 03	20 00	19 58	19 55	19 53	19 49	19 46	19 42	19 38	19 34	19 29	19 23	19 16	19 08
4	21 10	21 10	21 09	21 08	21 08	21 07	21 06	21 05	21 04	21 02	21 01	20 59	20 58	20 55
5	22 16	22 16	22 17	22 18	22 20	22 21	22 22	22 24	22 25	22 27	22 29	22 31	22 34	22 37
6	23 19	23 21	23 24	23 27	23 30	23 33	23 36	23 40	23 45	23 49	23 55	.. ..	.. ..	.. ..
7	.. ..	.. ..	.. ..	.. ..	.. ..	.. ..	.. ..	.. ..	.. ..	.. ..	.. ..	0 01	0 08	0 17
8	0 21	0 25	0 29	0 34	0 38	0 44	0 49	0 56	1 03	1 11	1 20	1 31	1 44	1 59
9	1 23	1 28	1 34	1 40	1 46	1 54	2 02	2 11	2 21	2 32	2 46	3 02	3 22	3 47
10	2 24	2 30	2 37	2 45	2 53	3 02	3 13	3 24	3 37	3 53	4 11	4 34	5 05	5 53
11	3 23	3 31	3 39	3 47	3 57	4 08	4 20	4 33	4 49	5 08	5 32	6 04	6 56	☐
12	4 19	4 27	4 36	4 45	4 56	5 07	5 20	5 35	5 53	6 14	6 41	7 20	☐	☐
13	5 10	5 18	5 27	5 36	5 46	5 58	6 11	6 26	6 43	7 04	7 30	8 07	☐	☐
14	5 55	6 03	6 11	6 19	6 29	6 39	6 51	7 04	7 19	7 37	7 59	8 28	9 09	☐
15	6 34	6 40	6 47	6 55	7 03	7 11	7 21	7 32	7 44	7 58	8 15	8 36	9 01	9 37
16	7 07	7 12	7 18	7 24	7 30	7 37	7 44	7 53	8 02	8 12	8 24	8 38	8 55	9 16

☐ indicates Moon continuously above horizon.
■ indicates Moon continuously below horizon.
.. .. indicates phenomenon will occur the next day.

MOONRISE AND MOONSET, 2022

UNIVERSAL TIME FOR MERIDIAN OF GREENWICH

MOONRISE

Lat.	−55°	−50°	−45°	−40°	−35°	−30°	−20°	−10°	0°	+10°	+20°	+30°	+35°	+40°
	h m	h m	h m	h m	h m	h m	h m	h m	h m	h m	h m	h m	h m	h m
Feb. 15	19 50	19 26	19 08	18 53	18 40	18 29	18 09	17 52	17 36	17 20	17 03	16 44	16 32	16 19
16	20 07	19 49	19 35	19 24	19 14	19 05	18 50	18 37	18 24	18 12	17 59	17 43	17 34	17 24
17	20 19	20 08	19 59	19 51	19 44	19 39	19 28	19 19	19 11	19 03	18 53	18 43	18 37	18 30
18	20 30	20 25	20 20	20 16	20 13	20 10	20 05	20 01	19 56	19 52	19 48	19 43	19 40	19 36
19	20 40	20 40	20 40	20 41	20 41	20 41	20 41	20 41	20 42	20 42	20 42	20 43	20 43	20 43
20	20 50	20 56	21 01	21 05	21 09	21 12	21 18	21 23	21 28	21 32	21 38	21 43	21 47	21 51
21	21 02	21 14	21 24	21 32	21 39	21 46	21 57	22 06	22 16	22 25	22 35	22 46	22 53	23 01
22	21 17	21 36	21 51	22 03	22 14	22 23	22 39	22 53	23 07	23 20	23 35	23 51	.. ..	.. ..
23	21 37	22 03	22 23	22 40	22 53	23 06	23 26	23 45	.. ..	.. ..	.. ..	.. ..	0 01	0 13
24	22 08	22 40	23 05	23 25	23 41	23 55	.. ..	.. ..	0 02	0 19	0 37	0 59	1 12	1 26
25	22 54	23 31	23 58	.. ..	.. ..	.. ..	0 20	0 41	1 01	1 21	1 42	2 07	2 22	2 39
26	.. ..	.. ..	.. ..	0 20	0 37	0 53	1 19	1 42	2 03	2 24	2 46	3 13	3 28	3 46
27	0 01	0 37	1 04	1 25	1 42	1 57	2 23	2 45	3 05	3 26	3 48	4 13	4 28	4 45
28	1 25	1 55	2 18	2 37	2 52	3 06	3 28	3 48	4 06	4 24	4 44	5 06	5 19	5 34
Mar. 1	2 56	3 19	3 37	3 52	4 04	4 15	4 33	4 49	5 03	5 18	5 34	5 52	6 02	6 14
2	4 27	4 43	4 55	5 05	5 14	5 22	5 35	5 46	5 57	6 07	6 18	6 31	6 38	6 47
3	5 56	6 04	6 11	6 17	6 22	6 26	6 33	6 40	6 46	6 52	6 58	7 06	7 10	7 15
4	7 20	7 22	7 24	7 25	7 26	7 27	7 29	7 31	7 32	7 34	7 35	7 37	7 38	7 40
5	8 41	8 37	8 34	8 31	8 29	8 26	8 23	8 20	8 17	8 14	8 11	8 08	8 06	8 04
6	10 01	9 50	9 42	9 35	9 30	9 24	9 16	9 08	9 01	8 54	8 46	8 38	8 33	8 27
7	11 20	11 03	10 50	10 39	10 30	10 22	10 08	9 56	9 45	9 34	9 22	9 09	9 01	8 53
8	12 37	12 14	11 56	11 42	11 30	11 19	11 01	10 45	10 30	10 16	10 00	9 42	9 32	9 21
9	13 53	13 24	13 01	12 44	12 29	12 16	11 54	11 35	11 17	11 00	10 41	10 19	10 07	9 52
10	15 04	14 29	14 04	13 43	13 26	13 12	12 47	12 26	12 06	11 46	11 25	11 01	10 46	10 30
11	16 06	15 28	15 01	14 39	14 21	14 05	13 39	13 17	12 56	12 35	12 13	11 47	11 31	11 14

MOONSET

Lat.	−55°	−50°	−45°	−40°	−35°	−30°	−20°	−10°	0°	+10°	+20°	+30°	+35°	+40°
	h m	h m	h m	h m	h m	h m	h m	h m	h m	h m	h m	h m	h m	h m
Feb. 15	2 37	3 06	3 28	3 46	4 00	4 13	4 35	4 53	5 11	5 28	5 47	6 08	6 20	6 34
16	3 56	4 19	4 36	4 50	5 02	5 12	5 30	5 45	6 00	6 14	6 29	6 46	6 56	7 07
17	5 17	5 33	5 46	5 56	6 04	6 12	6 25	6 36	6 47	6 57	7 08	7 21	7 28	7 36
18	6 39	6 48	6 56	7 02	7 07	7 12	7 20	7 26	7 33	7 39	7 46	7 53	7 58	8 03
19	8 01	8 04	8 06	8 08	8 10	8 11	8 14	8 16	8 18	8 20	8 22	8 24	8 26	8 27
20	9 24	9 20	9 18	9 15	9 13	9 12	9 08	9 06	9 03	9 01	8 58	8 55	8 53	8 51
21	10 48	10 38	10 30	10 24	10 18	10 13	10 05	9 57	9 50	9 43	9 36	9 27	9 22	9 17
22	12 16	11 59	11 46	11 35	11 25	11 17	11 03	10 51	10 39	10 28	10 16	10 02	9 54	9 45
23	13 46	13 21	13 03	12 47	12 35	12 23	12 04	11 48	11 32	11 17	11 01	10 42	10 31	10 19
24	15 15	14 43	14 20	14 01	13 45	13 31	13 08	12 48	12 29	12 11	11 51	11 28	11 14	10 59
25	16 36	15 59	15 32	15 11	14 54	14 39	14 13	13 51	13 30	13 09	12 47	12 21	12 06	11 49
26	17 40	17 03	16 36	16 15	15 57	15 42	15 16	14 53	14 33	14 11	13 49	13 23	13 07	12 49
27	18 24	17 52	17 28	17 09	16 53	16 39	16 15	15 54	15 35	15 15	14 54	14 29	14 15	13 58
28	18 53	18 28	18 09	17 53	17 40	17 28	17 08	16 51	16 34	16 17	15 59	15 39	15 26	15 12
Mar. 1	19 13	18 55	18 41	18 29	18 19	18 11	17 55	17 42	17 29	17 17	17 03	16 47	16 38	16 27
2	19 27	19 16	19 07	19 00	18 53	18 47	18 38	18 29	18 20	18 12	18 03	17 53	17 47	17 40
3	19 38	19 33	19 29	19 26	19 23	19 21	19 16	19 12	19 08	19 04	19 00	18 56	18 53	18 50
4	19 48	19 49	19 50	19 50	19 51	19 51	19 52	19 53	19 54	19 54	19 55	19 56	19 56	19 57
5	19 58	20 04	20 10	20 14	20 18	20 22	20 28	20 33	20 38	20 43	20 48	20 54	20 58	21 02
6	20 08	20 20	20 30	20 39	20 46	20 52	21 03	21 13	21 22	21 31	21 41	21 52	21 59	22 06
7	20 20	20 38	20 53	21 05	21 15	21 24	21 40	21 54	22 07	22 20	22 33	22 49	22 59	23 09
8	20 36	21 00	21 19	21 35	21 48	21 59	22 19	22 36	22 53	23 09	23 26	23 46	23 58	.. ..
9	20 57	21 28	21 51	22 09	22 25	22 38	23 02	23 22	23 40	23 59	.. ..	.. ..	.. ..	0 12
10	21 27	22 03	22 29	22 50	23 07	23 22	23 47	.. ..	.. ..	.. ..	0 19	0 43	0 57	1 13
11	22 10	22 48	23 15	23 37	23 55	.. ..	.. ..	0 09	0 30	0 50	1 12	1 38	1 53	2 10

.. .. indicates phenomenon will occur the next day.

UNIVERSAL TIME FOR MERIDIAN OF GREENWICH
MOONRISE

Lat.	+40°	+42°	+44°	+46°	+48°	+50°	+52°	+54°	+56°	+58°	+60°	+62°	+64°	+66°
	h m	h m	h m	h m	h m	h m	h m	h m	h m	h m	h m	h m	h m	h m
Feb. 15	16 19	16 13	16 06	16 00	15 52	15 44	15 34	15 24	15 12	14 58	14 42	14 23	13 57	13 23
16	17 24	17 20	17 15	17 09	17 04	16 57	16 50	16 43	16 34	16 24	16 13	16 00	15 44	15 25
17	18 30	18 27	18 24	18 20	18 16	18 12	18 08	18 03	17 57	17 51	17 44	17 36	17 26	17 15
18	19 36	19 35	19 33	19 32	19 30	19 28	19 26	19 23	19 21	19 18	19 14	19 11	19 06	19 01
19	20 43	20 43	20 43	20 43	20 43	20 44	20 44	20 44	20 44	20 44	20 45	20 45	20 45	20 46
20	21 51	21 53	21 54	21 56	21 59	22 01	22 03	22 06	22 09	22 13	22 17	22 21	22 26	22 32
21	23 01	23 04	23 08	23 11	23 16	23 20	23 25	23 31	23 37	23 44	23 52	.. ..	.. ..	.. ..
22	.. ..	.. ..	.. ..	.. ..	.. ..	.. ..	.. ..	.. ..	.. ..	.. ..	.. ..	0 01	0 12	0 25
23	0 13	0 18	0 23	0 29	0 35	0 42	0 50	0 59	1 08	1 19	1 32	1 48	2 06	2 30
24	1 26	1 33	1 40	1 48	1 56	2 05	2 16	2 27	2 41	2 57	3 16	3 40	4 12	5 06
25	2 39	2 46	2 55	3 04	3 14	3 25	3 38	3 52	4 09	4 30	4 56	5 32	6 47	■
26	3 46	3 55	4 03	4 13	4 24	4 36	4 49	5 05	5 23	5 46	6 15	6 59	■	■
27	4 45	4 53	5 02	5 11	5 21	5 32	5 45	5 59	6 16	6 36	7 02	7 36	8 38	■
28	5 34	5 41	5 48	5 56	6 05	6 14	6 25	6 36	6 50	7 05	7 24	7 47	8 17	9 03
Mar. 1	6 14	6 19	6 25	6 31	6 38	6 45	6 53	7 01	7 11	7 22	7 35	7 50	8 08	8 31
2	6 47	6 50	6 54	6 58	7 03	7 08	7 13	7 19	7 26	7 33	7 41	7 51	8 02	8 14
3	7 15	7 17	7 19	7 21	7 24	7 27	7 30	7 33	7 37	7 41	7 45	7 50	7 56	8 02
4	7 40	7 40	7 41	7 41	7 42	7 43	7 44	7 44	7 45	7 46	7 48	7 49	7 50	7 52
5	8 04	8 03	8 02	8 00	7 59	7 58	7 57	7 55	7 54	7 52	7 50	7 48	7 45	7 42
6	8 27	8 25	8 22	8 20	8 17	8 14	8 10	8 06	8 02	7 57	7 52	7 46	7 40	7 32
7	8 53	8 49	8 45	8 40	8 36	8 30	8 25	8 19	8 12	8 04	7 56	7 46	7 34	7 20
8	9 21	9 15	9 10	9 04	8 57	8 50	8 42	8 34	8 24	8 13	8 01	7 46	7 28	7 06
9	9 52	9 46	9 39	9 32	9 24	9 15	9 05	8 53	8 41	8 26	8 09	7 48	7 21	6 43
10	10 30	10 22	10 14	10 06	9 56	9 46	9 34	9 20	9 05	8 46	8 24	7 54	7 10	▱
11	11 14	11 06	10 57	10 48	10 37	10 26	10 12	9 57	9 40	9 18	8 51	8 12	▱	▱

MOONSET

Lat.	+40°	+42°	+44°	+46°	+48°	+50°	+52°	+54°	+56°	+58°	+60°	+62°	+64°	+66°
	h m	h m	h m	h m	h m	h m	h m	h m	h m	h m	h m	h m	h m	h m
Feb. 15	6 34	6 40	6 47	6 55	7 03	7 11	7 21	7 32	7 44	7 58	8 15	8 36	9 01	9 37
16	7 07	7 12	7 18	7 24	7 30	7 37	7 44	7 53	8 02	8 12	8 24	8 38	8 55	9 16
17	7 36	7 40	7 44	7 48	7 52	7 57	8 03	8 08	8 15	8 22	8 30	8 39	8 50	9 02
18	8 03	8 05	8 07	8 09	8 12	8 15	8 18	8 21	8 25	8 29	8 34	8 39	8 45	8 52
19	8 27	8 28	8 28	8 29	8 30	8 31	8 32	8 33	8 34	8 35	8 36	8 38	8 40	8 42
20	8 51	8 51	8 50	8 49	8 48	8 47	8 45	8 44	8 42	8 41	8 39	8 37	8 35	8 32
21	9 17	9 15	9 12	9 09	9 06	9 03	9 00	8 56	8 52	8 47	8 42	8 36	8 29	8 21
22	9 45	9 41	9 37	9 33	9 28	9 22	9 17	9 10	9 03	8 55	8 46	8 36	8 24	8 09
23	10 19	10 13	10 07	10 01	9 54	9 46	9 38	9 29	9 18	9 06	8 53	8 36	8 17	7 52
24	10 59	10 52	10 45	10 37	10 28	10 18	10 07	9 55	9 41	9 24	9 05	8 40	8 07	7 13
25	11 49	11 41	11 32	11 23	11 13	11 01	10 48	10 34	10 16	9 56	9 30	8 53	7 37	■
26	12 49	12 41	12 32	12 22	12 12	12 00	11 46	11 30	11 12	10 50	10 20	9 37	■	■
27	13 58	13 51	13 42	13 33	13 23	13 12	13 00	12 46	12 29	12 10	11 45	11 10	10 09	■
28	15 12	15 06	14 59	14 52	14 43	14 34	14 24	14 13	14 00	13 45	13 27	13 05	12 36	11 51
Mar. 1	16 27	16 22	16 17	16 12	16 06	15 59	15 52	15 44	15 35	15 24	15 13	14 58	14 41	14 20
2	17 40	17 37	17 33	17 30	17 26	17 22	17 17	17 12	17 07	17 01	16 53	16 45	16 36	16 24
3	18 50	18 48	18 47	18 45	18 43	18 42	18 40	18 37	18 35	18 32	18 29	18 25	18 21	18 16
4	19 57	19 57	19 57	19 58	19 58	19 58	19 58	19 59	19 59	20 00	20 00	20 01	20 01	20 02
5	21 02	21 04	21 06	21 08	21 10	21 12	21 15	21 18	21 21	21 25	21 29	21 33	21 38	21 44
6	22 06	22 09	22 13	22 17	22 21	22 25	22 30	22 36	22 42	22 48	22 56	23 05	23 15	23 28
7	23 09	23 14	23 19	23 25	23 31	23 37	23 44	23 52	.. ..	.. ..	.. ..	.. ..	.. ..	.. ..
8	.. ..	.. ..	.. ..	.. ..	.. ..	.. ..	.. ..	.. ..	0 02	0 12	0 24	0 38	0 54	1 15
9	0 12	0 18	0 24	0 32	0 39	0 48	0 57	1 08	1 20	1 34	1 51	2 12	2 38	3 15
10	1 13	1 20	1 28	1 36	1 45	1 56	2 07	2 20	2 36	2 54	3 16	3 45	4 29	▱
11	2 10	2 18	2 27	2 36	2 47	2 58	3 11	3 26	3 43	4 05	4 32	5 11	▱	▱

▱ indicates Moon continuously above horizon.
■ indicates Moon continuously below horizon.
.. .. indicates phenomenon will occur the next day.

MOONRISE AND MOONSET, 2022
UNIVERSAL TIME FOR MERIDIAN OF GREENWICH
MOONRISE

Lat.	−55°	−50°	−45°	−40°	−35°	−30°	−20°	−10°	0°	+10°	+20°	+30°	+35°	+40°
	h m	h m	h m	h m	h m	h m	h m	h m	h m	h m	h m	h m	h m	h m
Mar. 9	13 53	13 24	13 01	12 44	12 29	12 16	11 54	11 35	11 17	11 00	10 41	10 19	10 07	9 52
10	15 04	14 29	14 04	13 43	13 26	13 12	12 47	12 26	12 06	11 46	11 25	11 01	10 46	10 30
11	16 06	15 28	15 01	14 39	14 21	14 05	13 39	13 17	12 56	12 35	12 13	11 47	11 31	11 14
12	16 54	16 18	15 51	15 29	15 11	14 56	14 30	14 08	13 47	13 26	13 04	12 38	12 22	12 05
13	17 30	16 57	16 33	16 13	15 57	15 43	15 18	14 57	14 38	14 18	13 57	13 33	13 18	13 02
14	17 55	17 28	17 08	16 51	16 37	16 25	16 04	15 45	15 28	15 11	14 52	14 31	14 18	14 04
15	18 13	17 53	17 37	17 24	17 13	17 03	16 46	16 31	16 17	16 03	15 48	15 30	15 20	15 08
16	18 27	18 13	18 02	17 52	17 44	17 37	17 25	17 14	17 04	16 54	16 43	16 30	16 23	16 15
17	18 38	18 30	18 24	18 18	18 14	18 10	18 03	17 56	17 50	17 44	17 38	17 31	17 27	17 22
18	18 48	18 46	18 45	18 43	18 42	18 41	18 39	18 38	18 36	18 35	18 33	18 32	18 31	18 30
19	18 58	19 02	19 05	19 08	19 11	19 13	19 17	19 20	19 23	19 26	19 30	19 34	19 36	19 39
20	19 09	19 19	19 28	19 35	19 41	19 46	19 55	20 04	20 11	20 19	20 28	20 38	20 43	20 50
21	19 23	19 40	19 53	20 04	20 14	20 22	20 37	20 50	21 02	21 15	21 28	21 43	21 52	22 03
22	19 41	20 05	20 24	20 39	20 52	21 04	21 24	21 41	21 57	22 13	22 31	22 51	23 03	23 17
23	20 08	20 39	21 03	21 22	21 38	21 52	22 15	22 36	22 55	23 15	23 36	.. ..	.. ..	.. ..
24	20 49	21 25	21 52	22 13	22 31	22 47	23 13	23 35	23 56	.. ..	.. ..	0 00	0 14	0 31
25	21 48	22 26	22 53	23 15	23 33	23 48	.. ..	.. ..	.. ..	0 17	0 40	1 07	1 22	1 40
26	23 06	23 39	.. ..	.. ..	.. ..	.. ..	0 14	0 37	0 58	1 19	1 42	2 08	2 23	2 41
27	.. ..	.. ..	0 04	0 24	0 40	0 54	1 18	1 39	1 58	2 18	2 38	3 02	3 16	3 32
28	0 34	1 00	1 20	1 36	1 50	2 02	2 22	2 39	2 56	3 12	3 29	3 49	4 00	4 13
29	2 04	2 22	2 37	2 49	2 59	3 08	3 23	3 36	3 49	4 01	4 14	4 29	4 37	4 47
30	3 31	3 43	3 52	4 00	4 06	4 12	4 22	4 30	4 38	4 46	4 55	5 04	5 10	5 16
31	4 56	5 01	5 05	5 08	5 11	5 13	5 17	5 21	5 25	5 28	5 32	5 36	5 38	5 41
Apr. 1	6 18	6 16	6 15	6 14	6 13	6 13	6 11	6 10	6 09	6 08	6 07	6 06	6 06	6 05
2	7 38	7 30	7 24	7 19	7 15	7 11	7 04	6 59	6 53	6 48	6 42	6 36	6 32	6 28

MOONSET

	h m	h m	h m	h m	h m	h m	h m	h m	h m	h m	h m	h m	h m	h m
Mar. 9	20 57	21 28	21 51	22 09	22 25	22 38	23 02	23 22	23 40	23 59	.. ..	.. ..	.. ..	0 12
10	21 27	22 03	22 29	22 50	23 07	23 22	23 47	.. ..	.. ..	.. ..	0 19	0 43	0 57	1 13
11	22 10	22 48	23 15	23 37	23 55	.. ..	.. ..	0 09	0 30	0 50	1 12	1 38	1 53	2 10
12	23 07	23 43	.. ..	.. ..	.. ..	0 11	0 37	0 59	1 20	1 42	2 04	2 30	2 46	3 04
13	.. ..	.. ..	0 10	0 31	0 49	1 04	1 29	1 51	2 12	2 32	2 54	3 19	3 34	3 51
14	0 16	0 48	1 12	1 31	1 47	2 00	2 24	2 44	3 02	3 21	3 40	4 03	4 16	4 32
15	1 34	1 59	2 19	2 34	2 48	2 59	3 19	3 36	3 52	4 07	4 24	4 43	4 54	5 07
16	2 55	3 14	3 28	3 40	3 50	3 59	4 14	4 27	4 40	4 52	5 05	5 19	5 28	5 37
17	4 18	4 30	4 39	4 47	4 54	4 59	5 09	5 18	5 26	5 34	5 43	5 53	5 58	6 04
18	5 41	5 46	5 51	5 54	5 57	6 00	6 05	6 09	6 12	6 16	6 20	6 24	6 27	6 30
19	7 05	7 04	7 03	7 03	7 02	7 01	7 00	6 59	6 58	6 58	6 57	6 55	6 55	6 54
20	8 32	8 24	8 18	8 12	8 08	8 04	7 57	7 51	7 46	7 40	7 34	7 28	7 24	7 20
21	10 01	9 46	9 34	9 24	9 16	9 09	8 56	8 45	8 35	8 25	8 14	8 02	7 55	7 47
22	11 32	11 10	10 52	10 38	10 26	10 16	9 58	9 42	9 28	9 14	8 58	8 41	8 31	8 19
23	13 04	12 33	12 11	11 53	11 37	11 24	11 02	10 42	10 24	10 06	9 47	9 25	9 12	8 57
24	14 28	13 52	13 26	13 05	12 47	12 32	12 07	11 45	11 24	11 04	10 42	10 16	10 02	9 44
25	15 37	14 59	14 32	14 10	13 52	13 36	13 10	12 47	12 26	12 05	11 42	11 15	10 59	10 41
26	16 26	15 52	15 26	15 06	14 49	14 34	14 09	13 48	13 27	13 07	12 45	12 19	12 04	11 47
27	16 58	16 30	16 09	15 52	15 38	15 25	15 03	14 44	14 26	14 08	13 49	13 26	13 13	12 58
28	17 19	16 59	16 43	16 29	16 18	16 08	15 51	15 36	15 21	15 07	14 51	14 34	14 23	14 11
29	17 34	17 21	17 10	17 01	16 53	16 46	16 34	16 23	16 13	16 02	15 51	15 39	15 31	15 23
30	17 46	17 39	17 33	17 27	17 23	17 19	17 12	17 06	17 01	16 55	16 49	16 41	16 37	16 33
31	17 56	17 54	17 53	17 52	17 51	17 50	17 49	17 47	17 46	17 45	17 43	17 42	17 41	17 40
Apr. 1	18 05	18 09	18 12	18 15	18 18	18 20	18 24	18 27	18 30	18 34	18 37	18 41	18 43	18 45
2	18 14	18 24	18 32	18 39	18 45	18 50	18 59	19 07	19 14	19 22	19 30	19 39	19 44	19 50

.. .. indicates phenomenon will occur the next day.

UNIVERSAL TIME FOR MERIDIAN OF GREENWICH

MOONRISE

Lat.	+40°	+42°	+44°	+46°	+48°	+50°	+52°	+54°	+56°	+58°	+60°	+62°	+64°	+66°
	h m	h m	h m	h m	h m	h m	h m	h m	h m	h m	h m	h m	h m	h m
Mar. 9	9 52	9 46	9 39	9 32	9 24	9 15	9 05	8 53	8 41	8 26	8 09	7 48	7 21	6 43
10	10 30	10 22	10 14	10 06	9 56	9 46	9 34	9 20	9 05	8 46	8 24	7 54	7 10	□
11	11 14	11 06	10 57	10 48	10 37	10 26	10 12	9 57	9 40	9 18	8 51	8 12	□	□
12	12 05	11 56	11 48	11 38	11 28	11 16	11 03	10 47	10 30	10 08	9 39	8 58	□	□
13	13 02	12 54	12 46	12 37	12 27	12 16	12 04	11 50	11 34	11 15	10 50	10 17	9 20	□
14	14 04	13 57	13 50	13 42	13 34	13 25	13 14	13 03	12 50	12 34	12 15	11 52	11 21	10 30
15	15 08	15 03	14 58	14 52	14 45	14 38	14 30	14 21	14 11	13 59	13 46	13 30	13 11	12 46
16	16 15	16 11	16 07	16 03	15 58	15 53	15 48	15 42	15 35	15 27	15 18	15 08	14 56	14 42
17	17 22	17 20	17 17	17 15	17 12	17 10	17 06	17 03	16 59	16 55	16 50	16 45	16 39	16 31
18	18 30	18 29	18 29	18 28	18 28	18 27	18 26	18 25	18 25	18 24	18 23	18 21	18 20	18 18
19	19 39	19 40	19 41	19 43	19 44	19 46	19 47	19 49	19 51	19 54	19 56	19 59	20 03	20 07
20	20 50	20 53	20 56	20 59	21 03	21 06	21 11	21 15	21 21	21 27	21 33	21 41	21 50	22 00
21	22 03	22 07	22 12	22 18	22 23	22 30	22 37	22 44	22 53	23 03	23 15	23 28	23 44	.. ..
22	23 17	23 24	23 30	23 38	23 46	23 54	.. ..	.. ..	.. ..	.. ..	.. ..	.. ..	.. ..	0 04
23	.. ..	.. ..	.. ..	.. ..	.. ..	.. ..	0 04	0 15	0 28	0 42	1 00	1 21	1 49	2 31
24	0 31	0 39	0 47	0 56	1 06	1 16	1 29	1 43	1 59	2 19	2 43	3 17	4 16	■
25	1 40	1 49	1 58	2 07	2 18	2 30	2 44	3 00	3 18	3 41	4 11	4 57	■	■
26	2 41	2 49	2 58	3 08	3 18	3 30	3 43	3 59	4 17	4 38	5 06	5 47	■	■
27	3 32	3 39	3 47	3 56	4 05	4 15	4 27	4 39	4 54	5 12	5 33	6 00	6 38	■
28	4 13	4 19	4 26	4 32	4 40	4 48	4 57	5 07	5 18	5 31	5 46	6 04	6 25	6 54
29	4 47	4 52	4 56	5 01	5 07	5 12	5 19	5 26	5 34	5 42	5 52	6 04	6 17	6 34
30	5 16	5 19	5 22	5 25	5 28	5 32	5 36	5 40	5 45	5 50	5 56	6 03	6 11	6 20
31	5 41	5 42	5 44	5 45	5 47	5 48	5 50	5 52	5 54	5 56	5 59	6 01	6 05	6 09
Apr. 1	6 05	6 05	6 04	6 04	6 04	6 03	6 03	6 02	6 02	6 01	6 01	6 00	5 59	5 58
2	6 28	6 27	6 25	6 23	6 20	6 18	6 15	6 13	6 10	6 06	6 02	5 58	5 53	5 48

MOONSET

Lat.	+40°	+42°	+44°	+46°	+48°	+50°	+52°	+54°	+56°	+58°	+60°	+62°	+64°	+66°
	h m	h m	h m	h m	h m	h m	h m	h m	h m	h m	h m	h m	h m	h m
Mar. 9	0 12	0 18	0 24	0 32	0 39	0 48	0 57	1 08	1 20	1 34	1 51	2 12	2 38	3 15
10	1 13	1 20	1 28	1 36	1 45	1 56	2 07	2 20	2 36	2 54	3 16	3 45	4 29	□
11	2 10	2 18	2 27	2 36	2 47	2 58	3 11	3 26	3 43	4 05	4 32	5 11	□	□
12	3 04	3 12	3 20	3 30	3 41	3 52	4 06	4 21	4 39	5 01	5 29	6 11	□	□
13	3 51	3 58	4 07	4 16	4 26	4 37	4 49	5 04	5 20	5 40	6 04	6 38	7 36	□
14	4 32	4 38	4 46	4 54	5 02	5 12	5 23	5 35	5 49	6 05	6 24	6 48	7 20	8 11
15	5 07	5 12	5 18	5 25	5 32	5 40	5 48	5 58	6 08	6 20	6 34	6 51	7 11	7 37
16	5 37	5 41	5 46	5 51	5 56	6 02	6 08	6 15	6 22	6 31	6 41	6 52	7 05	7 20
17	6 04	6 07	6 10	6 13	6 17	6 20	6 24	6 28	6 33	6 39	6 45	6 51	6 59	7 08
18	6 30	6 31	6 32	6 33	6 35	6 37	6 38	6 40	6 42	6 45	6 47	6 50	6 53	6 57
19	6 54	6 54	6 53	6 53	6 53	6 52	6 52	6 51	6 51	6 50	6 49	6 49	6 48	6 47
20	7 20	7 18	7 16	7 13	7 11	7 09	7 06	7 03	7 00	6 56	6 52	6 47	6 42	6 36
21	7 47	7 44	7 40	7 36	7 32	7 27	7 22	7 16	7 10	7 03	6 55	6 46	6 36	6 24
22	8 19	8 14	8 09	8 03	7 56	7 49	7 42	7 33	7 24	7 13	7 00	6 46	6 29	6 07
23	8 57	8 51	8 44	8 36	8 28	8 18	8 08	7 56	7 43	7 28	7 10	6 48	6 19	5 37
24	9 44	9 37	9 28	9 19	9 09	8 58	8 45	8 31	8 14	7 54	7 29	6 55	5 56	■
25	10 41	10 33	10 24	10 14	10 03	9 51	9 37	9 21	9 03	8 40	8 10	7 24	■	■
26	11 47	11 39	11 30	11 21	11 10	10 59	10 46	10 30	10 13	9 51	9 24	8 44	■	■
27	12 58	12 51	12 44	12 35	12 27	12 17	12 06	11 53	11 39	11 22	11 01	10 35	9 57	■
28	14 11	14 06	14 00	13 53	13 47	13 39	13 31	13 21	13 11	12 59	12 45	12 28	12 07	11 39
29	15 23	15 19	15 15	15 11	15 06	15 01	14 55	14 49	14 42	14 34	14 25	14 15	14 03	13 48
30	16 33	16 30	16 28	16 26	16 23	16 20	16 17	16 14	16 10	16 06	16 01	15 56	15 49	15 42
31	17 40	17 39	17 39	17 38	17 38	17 37	17 36	17 36	17 35	17 34	17 33	17 32	17 30	17 29
Apr. 1	18 45	18 47	18 48	18 49	18 50	18 52	18 54	18 55	18 57	19 00	19 02	19 05	19 08	19 12
2	19 50	19 53	19 56	19 59	20 02	20 06	20 10	20 14	20 19	20 24	20 30	20 37	20 45	20 55

□ indicates Moon continuously above horizon.
■ indicates Moon continuously below horizon.
.. .. indicates phenomenon will occur the next day.

MOONRISE AND MOONSET, 2022

UNIVERSAL TIME FOR MERIDIAN OF GREENWICH

MOONRISE

Lat.	−55°	−50°	−45°	−40°	−35°	−30°	−20°	−10°	0°	+10°	+20°	+30°	+35°	+40°
	h m	h m	h m	h m	h m	h m	h m	h m	h m	h m	h m	h m	h m	h m
Apr. 1	6 18	6 16	6 15	6 14	6 13	6 13	6 11	6 10	6 09	6 08	6 07	6 06	6 06	6 05
2	7 38	7 30	7 24	7 19	7 15	7 11	7 04	6 59	6 53	6 48	6 42	6 36	6 32	6 28
3	8 58	8 44	8 33	8 23	8 16	8 09	7 57	7 47	7 37	7 28	7 18	7 07	7 00	6 53
4	10 17	9 57	9 40	9 27	9 16	9 07	8 50	8 36	8 22	8 09	7 55	7 39	7 30	7 19
5	11 35	11 08	10 47	10 31	10 17	10 04	9 44	9 26	9 09	8 53	8 35	8 15	8 03	7 50
6	12 50	12 16	11 52	11 32	11 15	11 01	10 37	10 17	9 57	9 38	9 18	8 54	8 41	8 25
7	13 56	13 19	12 51	12 30	12 12	11 56	11 30	11 08	10 47	10 27	10 04	9 39	9 24	9 06
8	14 50	14 12	13 44	13 22	13 04	12 49	12 22	11 59	11 38	11 17	10 54	10 28	10 12	9 54
9	15 30	14 55	14 29	14 09	13 51	13 36	13 11	12 49	12 29	12 08	11 46	11 21	11 06	10 48
10	15 59	15 29	15 07	14 48	14 33	14 20	13 57	13 37	13 19	13 00	12 40	12 17	12 04	11 48
11	16 19	15 56	15 38	15 23	15 10	14 59	14 40	14 23	14 08	13 52	13 35	13 16	13 04	12 51
12	16 34	16 17	16 04	15 52	15 43	15 34	15 20	15 07	14 55	14 43	14 30	14 15	14 06	13 56
13	16 46	16 35	16 26	16 19	16 13	16 07	15 58	15 49	15 41	15 33	15 25	15 15	15 09	15 03
14	16 56	16 51	16 47	16 44	16 41	16 39	16 35	16 31	16 27	16 24	16 20	16 15	16 13	16 10
15	17 06	17 07	17 08	17 09	17 10	17 10	17 12	17 13	17 14	17 15	17 16	17 17	17 18	17 19
16	17 16	17 23	17 30	17 35	17 39	17 43	17 50	17 56	18 02	18 08	18 14	18 21	18 26	18 30
17	17 28	17 42	17 54	18 03	18 12	18 19	18 31	18 42	18 53	19 04	19 15	19 28	19 36	19 45
18	17 45	18 06	18 23	18 37	18 49	18 59	19 17	19 33	19 48	20 03	20 19	20 38	20 49	21 01
19	18 08	18 37	18 59	19 17	19 33	19 46	20 08	20 28	20 47	21 05	21 25	21 49	22 02	22 18
20	18 44	19 20	19 46	20 07	20 25	20 40	21 05	21 28	21 49	22 10	22 32	22 58	23 14	23 32
21	19 39	20 17	20 45	21 07	21 25	21 41	22 07	22 30	22 52	23 13	23 36	.. ..	.. ..	.. ..
22	20 53	21 28	21 54	22 15	22 32	22 47	23 12	23 33	23 54	.. ..	.. ..	0 03	0 19	0 37
23	22 19	22 48	23 09	23 27	23 41	23 54	.. ..	.. ..	.. ..	0 14	0 35	1 00	1 15	1 32
24	23 48	.. ..	.. ..	.. ..	.. ..	.. ..	0 16	0 34	0 52	1 09	1 28	1 49	2 01	2 15
25	.. ..	0 09	0 26	0 39	0 50	1 00	1 17	1 32	1 46	1 59	2 14	2 30	2 40	2 51

MOONSET

Lat.	−55°	−50°	−45°	−40°	−35°	−30°	−20°	−10°	0°	+10°	+20°	+30°	+35°	+40°
	h m	h m	h m	h m	h m	h m	h m	h m	h m	h m	h m	h m	h m	h m
Apr. 1	18 05	18 09	18 12	18 15	18 18	18 20	18 24	18 27	18 30	18 34	18 37	18 41	18 43	18 45
2	18 14	18 24	18 32	18 39	18 45	18 50	18 59	19 07	19 14	19 22	19 30	19 39	19 44	19 50
3	18 25	18 41	18 54	19 05	19 14	19 22	19 35	19 47	19 59	20 10	20 23	20 37	20 45	20 54
4	18 39	19 01	19 19	19 33	19 45	19 55	20 14	20 30	20 45	21 00	21 16	21 35	21 45	21 58
5	18 58	19 26	19 48	20 05	20 20	20 33	20 55	21 14	21 32	21 50	22 10	22 32	22 45	23 00
6	19 24	19 58	20 23	20 43	21 00	21 15	21 40	22 01	22 21	22 41	23 03	23 28	23 43	.. ..
7	20 01	20 39	21 06	21 28	21 46	22 02	22 28	22 51	23 12	23 33	23 56	.. ..	.. ..	0 00
8	20 52	21 30	21 57	22 19	22 37	22 53	23 19	23 42	.. ..	.. ..	.. ..	0 22	0 37	0 56
9	21 56	22 31	22 56	23 16	23 33	23 48	.. ..	.. ..	0 03	0 24	0 46	1 12	1 27	1 45
10	23 10	23 39	.. ..	.. ..	.. ..	.. ..	0 12	0 33	0 53	1 13	1 34	1 58	2 12	2 28
11	.. ..	.. ..	0 00	0 18	0 32	0 45	1 07	1 25	1 42	2 00	2 18	2 39	2 51	3 05
12	0 29	0 51	1 08	1 22	1 34	1 44	2 01	2 16	2 30	2 44	2 59	3 16	3 26	3 37
13	1 51	2 06	2 18	2 28	2 36	2 44	2 56	3 07	3 17	3 27	3 38	3 50	3 57	4 05
14	3 14	3 22	3 29	3 35	3 39	3 44	3 51	3 57	4 03	4 09	4 15	4 22	4 26	4 30
15	4 38	4 40	4 42	4 43	4 44	4 45	4 46	4 48	4 49	4 50	4 52	4 53	4 54	4 55
16	6 05	6 00	5 56	5 53	5 50	5 48	5 43	5 40	5 36	5 33	5 29	5 25	5 23	5 20
17	7 34	7 23	7 13	7 05	6 59	6 53	6 43	6 34	6 26	6 18	6 09	5 59	5 53	5 47
18	9 08	8 49	8 33	8 21	8 10	8 01	7 45	7 31	7 18	7 06	6 52	6 37	6 28	6 17
19	10 44	10 16	9 55	9 38	9 24	9 11	8 50	8 32	8 15	7 58	7 40	7 20	7 08	6 54
20	12 15	11 40	11 14	10 54	10 37	10 22	9 57	9 36	9 16	8 56	8 35	8 10	7 56	7 39
21	13 32	12 53	12 26	12 04	11 45	11 30	11 03	10 40	10 19	9 57	9 34	9 08	8 52	8 34
22	14 27	13 51	13 25	13 04	12 46	12 31	12 05	11 43	11 22	11 01	10 38	10 12	9 56	9 38
23	15 04	14 34	14 11	13 53	13 37	13 24	13 01	12 41	12 22	12 03	11 42	11 19	11 05	10 49
24	15 27	15 05	14 47	14 32	14 20	14 09	13 50	13 33	13 18	13 02	12 45	12 26	12 14	12 01
25	15 44	15 28	15 15	15 04	14 55	14 47	14 33	14 21	14 10	13 58	13 45	13 31	13 23	13 13

.. .. indicates phenomenon will occur the next day.

UNIVERSAL TIME FOR MERIDIAN OF GREENWICH

MOONRISE

Lat.	+40°	+42°	+44°	+46°	+48°	+50°	+52°	+54°	+56°	+58°	+60°	+62°	+64°	+66°
	h m	h m	h m	h m	h m	h m	h m	h m	h m	h m	h m	h m	h m	h m
Apr. 1	6 05	6 05	6 04	6 04	6 04	6 03	6 03	6 02	6 02	6 01	6 01	6 00	5 59	5 58
2	6 28	6 27	6 25	6 23	6 20	6 18	6 15	6 13	6 10	6 06	6 02	5 58	5 53	5 48
3	6 53	6 49	6 46	6 42	6 38	6 34	6 29	6 24	6 18	6 12	6 05	5 57	5 47	5 36
4	7 19	7 15	7 10	7 04	6 59	6 52	6 45	6 38	6 29	6 20	6 09	5 56	5 41	5 23
5	7 50	7 44	7 37	7 30	7 23	7 14	7 05	6 55	6 44	6 30	6 15	5 56	5 33	5 03
6	8 25	8 18	8 10	8 02	7 53	7 42	7 31	7 18	7 04	6 47	6 26	6 00	5 23	4 04
7	9 06	8 58	8 50	8 40	8 30	8 19	8 06	7 51	7 34	7 13	6 47	6 10	4 44	□
8	9 54	9 46	9 37	9 27	9 16	9 05	8 51	8 35	8 17	7 54	7 25	6 41	□	□
9	10 48	10 40	10 32	10 23	10 12	10 01	9 48	9 33	9 15	8 54	8 27	7 48	□	□
10	11 48	11 41	11 33	11 25	11 16	11 06	10 54	10 41	10 27	10 09	9 47	9 19	8 38	□
11	12 51	12 45	12 39	12 32	12 25	12 16	12 07	11 57	11 45	11 32	11 16	10 57	10 33	9 59
12	13 56	13 52	13 47	13 42	13 36	13 30	13 24	13 16	13 08	12 58	12 47	12 35	12 20	12 01
13	15 03	15 00	14 57	14 53	14 50	14 46	14 42	14 37	14 32	14 26	14 19	14 12	14 03	13 52
14	16 10	16 09	16 07	16 06	16 04	16 03	16 01	15 59	15 57	15 54	15 51	15 48	15 45	15 40
15	17 19	17 19	17 20	17 20	17 21	17 21	17 22	17 23	17 23	17 24	17 25	17 26	17 27	17 29
16	18 30	18 33	18 35	18 37	18 40	18 43	18 46	18 49	18 53	18 58	19 03	19 08	19 15	19 22
17	19 45	19 49	19 53	19 57	20 02	20 08	20 13	20 20	20 27	20 35	20 45	20 56	21 09	21 25
18	21 01	21 07	21 13	21 20	21 27	21 35	21 44	21 53	22 05	22 17	22 33	22 51	23 14	23 45
19	22 18	22 25	22 33	22 42	22 51	23 01	23 13	23 26	23 42	.. ..	.. ..	.. ..	.. ..	■
20	23 32	23 40	23 49	23 59	.. ..	.. ..	.. ..	.. ..	.. ..	0 00	0 22	0 52	1 36	■
21	.. ..	.. ..	.. ..	.. ..	0 09	0 21	0 35	0 50	1 09	1 32	2 01	2 46	■	■
22	0 37	0 45	0 54	1 04	1 15	1 27	1 41	1 57	2 16	2 39	3 09	3 55	■	■
23	1 32	1 39	1 47	1 56	2 06	2 17	2 29	2 43	2 59	3 18	3 42	4 13	5 03	■
24	2 15	2 22	2 29	2 36	2 44	2 53	3 03	3 14	3 26	3 40	3 57	4 18	4 43	5 19
25	2 51	2 56	3 01	3 06	3 12	3 19	3 26	3 34	3 43	3 53	4 05	4 18	4 34	4 53

MOONSET

Lat.	+40°	+42°	+44°	+46°	+48°	+50°	+52°	+54°	+56°	+58°	+60°	+62°	+64°	+66°
	h m	h m	h m	h m	h m	h m	h m	h m	h m	h m	h m	h m	h m	h m
Apr. 1	18 45	18 47	18 48	18 49	18 50	18 52	18 54	18 55	18 57	19 00	19 02	19 05	19 08	19 12
2	19 50	19 53	19 56	19 59	20 02	20 06	20 10	20 14	20 19	20 24	20 30	20 37	20 45	20 55
3	20 54	20 58	21 03	21 08	21 13	21 19	21 25	21 32	21 40	21 49	21 59	22 10	22 24	22 41
4	21 58	22 04	22 10	22 16	22 23	22 31	22 40	22 49	23 00	23 13	23 28	23 46	.. ..	.. ..
5	23 00	23 07	23 15	23 23	23 31	23 41	23 52	.. ..	.. ..	.. ..	.. ..	.. ..	0 08	0 37
6	.. ..	.. ..	.. ..	.. ..	.. ..	.. ..	.. ..	0 04	0 19	0 35	0 56	1 22	1 58	3 16
7	0 00	0 08	0 16	0 25	0 36	0 47	0 59	1 14	1 31	1 52	2 18	2 54	4 20	□
8	0 56	1 04	1 13	1 22	1 33	1 45	1 58	2 14	2 32	2 55	3 24	4 09	□	□
9	1 45	1 53	2 02	2 11	2 22	2 33	2 46	3 01	3 19	3 41	4 08	4 47	□	□
10	2 28	2 35	2 43	2 52	3 01	3 12	3 23	3 37	3 52	4 10	4 32	5 00	5 42	□
11	3 05	3 11	3 18	3 25	3 33	3 42	3 51	4 02	4 14	4 28	4 45	5 04	5 30	6 04
12	3 37	3 42	3 47	3 53	3 59	4 05	4 13	4 21	4 30	4 40	4 52	5 05	5 22	5 41
13	4 05	4 08	4 12	4 16	4 20	4 25	4 30	4 35	4 41	4 48	4 56	5 05	5 15	5 27
14	4 30	4 32	4 34	4 37	4 39	4 42	4 44	4 47	4 51	4 54	4 59	5 03	5 09	5 15
15	4 55	4 55	4 56	4 56	4 57	4 57	4 58	4 58	4 59	5 00	5 01	5 02	5 03	5 04
16	5 20	5 19	5 17	5 16	5 15	5 13	5 11	5 10	5 07	5 05	5 03	5 00	4 57	4 53
17	5 47	5 44	5 41	5 38	5 34	5 30	5 26	5 22	5 17	5 11	5 05	4 58	4 50	4 41
18	6 17	6 13	6 08	6 03	5 57	5 51	5 45	5 37	5 29	5 20	5 09	4 57	4 43	4 26
19	6 54	6 48	6 41	6 34	6 26	6 18	6 09	5 58	5 46	5 33	5 17	4 57	4 34	4 02
20	7 39	7 31	7 23	7 14	7 05	6 54	6 42	6 28	6 13	5 54	5 31	5 01	4 16	■
21	8 34	8 25	8 16	8 07	7 56	7 44	7 30	7 14	6 56	6 33	6 03	5 18	■	■
22	9 38	9 30	9 21	9 11	9 00	8 48	8 35	8 19	8 00	7 37	7 07	6 22	■	■
23	10 49	10 41	10 33	10 25	10 15	10 05	9 53	9 39	9 23	9 05	8 42	8 11	7 22	■
24	12 01	11 55	11 49	11 42	11 34	11 26	11 17	11 07	10 55	10 41	10 25	10 05	9 40	9 05
25	13 13	13 09	13 04	12 59	12 54	12 48	12 41	12 34	12 26	12 17	12 06	11 54	11 39	11 21

□ indicates Moon continuously above horizon.
■ indicates Moon continuously below horizon.
.. .. indicates phenomenon will occur the next day.

MOONRISE AND MOONSET, 2022

UNIVERSAL TIME FOR MERIDIAN OF GREENWICH

MOONRISE

Lat.	−55°	−50°	−45°	−40°	−35°	−30°	−20°	−10°	0°	+10°	+20°	+30°	+35°	+40°
	h m	h m	h m	h m	h m	h m	h m	h m	h m	h m	h m	h m	h m	h m
Apr. 24	23 48	.. ..	.. ..	.. ..	.. ..	.. ..	0 16	0 34	0 52	1 09	1 28	1 49	2 01	2 15
25	.. ..	0 09	0 26	0 39	0 50	1 00	1 17	1 32	1 46	1 59	2 14	2 30	2 40	2 51
26	1 16	1 29	1 40	1 49	1 57	2 04	2 16	2 26	2 35	2 45	2 55	3 06	3 13	3 20
27	2 40	2 47	2 52	2 57	3 01	3 05	3 11	3 16	3 22	3 27	3 32	3 38	3 42	3 46
28	4 01	4 02	4 02	4 03	4 03	4 04	4 04	4 05	4 06	4 06	4 07	4 08	4 09	4 09
29	5 20	5 15	5 11	5 07	5 04	5 01	4 57	4 53	4 49	4 45	4 42	4 37	4 35	4 32
30	6 39	6 28	6 18	6 11	6 04	5 59	5 49	5 40	5 32	5 25	5 16	5 07	5 01	4 55
May 1	7 58	7 40	7 26	7 15	7 05	6 56	6 41	6 29	6 17	6 05	5 52	5 38	5 30	5 21
2	9 17	8 52	8 34	8 18	8 05	7 54	7 35	7 18	7 03	6 47	6 31	6 12	6 02	5 49
3	10 34	10 03	9 39	9 21	9 05	8 51	8 29	8 09	7 50	7 32	7 13	6 50	6 37	6 22
4	11 44	11 08	10 41	10 20	10 03	9 48	9 22	9 00	8 40	8 20	7 58	7 33	7 18	7 01
5	12 44	12 05	11 37	11 15	10 57	10 41	10 15	9 52	9 30	9 09	8 46	8 20	8 04	7 46
6	13 29	12 52	12 25	12 04	11 46	11 31	11 05	10 42	10 21	10 00	9 38	9 12	8 56	8 38
7	14 02	13 30	13 05	12 46	12 30	12 16	11 52	11 31	11 11	10 52	10 31	10 06	9 52	9 36
8	14 24	13 58	13 38	13 22	13 08	12 56	12 35	12 17	12 00	11 43	11 24	11 03	10 51	10 37
9	14 41	14 21	14 05	13 52	13 41	13 32	13 15	13 01	12 47	12 33	12 18	12 01	11 51	11 40
10	14 53	14 40	14 29	14 20	14 12	14 05	13 53	13 42	13 32	13 23	13 12	13 00	12 52	12 44
11	15 04	14 56	14 50	14 45	14 40	14 36	14 29	14 23	14 17	14 12	14 06	13 59	13 55	13 50
12	15 13	15 11	15 10	15 09	15 08	15 07	15 05	15 04	15 03	15 02	15 00	14 59	14 58	14 57
13	15 23	15 27	15 31	15 34	15 36	15 38	15 42	15 46	15 50	15 53	15 57	16 01	16 04	16 06
14	15 34	15 45	15 53	16 01	16 07	16 12	16 22	16 31	16 39	16 47	16 56	17 06	17 12	17 19
15	15 48	16 06	16 20	16 32	16 42	16 51	17 06	17 20	17 32	17 45	17 59	18 15	18 25	18 36
16	16 08	16 33	16 53	17 09	17 23	17 35	17 56	18 14	18 31	18 48	19 06	19 28	19 40	19 55
17	16 38	17 11	17 36	17 56	18 13	18 27	18 52	19 13	19 33	19 54	20 15	20 41	20 55	21 13
18	17 26	18 04	18 32	18 54	19 12	19 28	19 54	20 17	20 39	21 00	21 23	21 50	22 06	22 25

MOONSET

Lat.	−55°	−50°	−45°	−40°	−35°	−30°	−20°	−10°	0°	+10°	+20°	+30°	+35°	+40°
	h m	h m	h m	h m	h m	h m	h m	h m	h m	h m	h m	h m	h m	h m
Apr. 24	15 27	15 05	14 47	14 32	14 20	14 09	13 50	13 33	13 18	13 02	12 45	12 26	12 14	12 01
25	15 44	15 28	15 15	15 04	14 55	14 47	14 33	14 21	14 10	13 58	13 45	13 31	13 23	13 13
26	15 55	15 46	15 38	15 32	15 26	15 21	15 13	15 05	14 58	14 50	14 42	14 33	14 28	14 22
27	16 05	16 02	15 59	15 56	15 54	15 52	15 49	15 46	15 43	15 40	15 37	15 33	15 31	15 29
28	16 14	16 16	16 18	16 19	16 20	16 22	16 23	16 25	16 27	16 28	16 30	16 32	16 33	16 34
29	16 23	16 31	16 37	16 42	16 47	16 51	16 58	17 04	17 10	17 16	17 22	17 29	17 33	17 38
30	16 33	16 47	16 57	17 07	17 14	17 21	17 33	17 44	17 54	18 03	18 14	18 26	18 33	18 42
May 1	16 45	17 05	17 20	17 33	17 44	17 54	18 10	18 25	18 39	18 52	19 07	19 24	19 34	19 45
2	17 01	17 27	17 48	18 04	18 18	18 30	18 50	19 09	19 25	19 42	20 01	20 22	20 34	20 48
3	17 24	17 56	18 20	18 40	18 56	19 10	19 34	19 55	20 14	20 34	20 55	21 19	21 33	21 50
4	17 56	18 33	19 00	19 22	19 39	19 55	20 21	20 43	21 04	21 25	21 48	22 14	22 29	22 47
5	18 41	19 20	19 48	20 10	20 29	20 44	21 11	21 34	21 55	22 16	22 39	23 06	23 21	23 39
6	19 41	20 17	20 44	21 05	21 23	21 38	22 03	22 25	22 46	23 06	23 28	23 53	.. ..	.. ..
7	20 51	21 22	21 46	22 04	22 20	22 34	22 57	23 16	23 35	23 53	.. ..	.. ..	0 07	0 25
8	22 07	22 32	22 51	23 07	23 20	23 31	23 50	.. ..	.. ..	.. ..	0 13	0 35	0 48	1 03
9	23 27	23 45	23 59	.. ..	.. ..	.. ..	.. ..	0 07	0 23	0 38	0 54	1 13	1 24	1 36
10	.. ..	.. ..	.. ..	0 11	0 21	0 29	0 44	0 57	1 09	1 21	1 33	1 48	1 56	2 05
11	0 47	0 59	1 08	1 16	1 22	1 28	1 38	1 46	1 54	2 02	2 10	2 20	2 25	2 31
12	2 09	2 14	2 18	2 22	2 25	2 27	2 32	2 35	2 39	2 42	2 46	2 50	2 53	2 55
13	3 33	3 32	3 31	3 30	3 29	3 28	3 27	3 26	3 25	3 24	3 22	3 21	3 20	3 19
14	5 01	4 53	4 46	4 41	4 36	4 32	4 25	4 18	4 13	4 07	4 01	3 54	3 50	3 45
15	6 33	6 18	6 05	5 55	5 46	5 39	5 26	5 14	5 04	4 53	4 42	4 29	4 22	4 14
16	8 10	7 46	7 28	7 13	7 00	6 49	6 31	6 15	5 59	5 44	5 28	5 10	5 00	4 47
17	9 47	9 15	8 51	8 32	8 16	8 02	7 39	7 19	7 00	6 41	6 21	5 58	5 45	5 29
18	11 14	10 37	10 09	9 48	9 30	9 14	8 48	8 25	8 04	7 43	7 21	6 55	6 39	6 21

.. .. indicates phenomenon will occur the next day.

UNIVERSAL TIME FOR MERIDIAN OF GREENWICH

MOONRISE

Lat.	+40°	+42°	+44°	+46°	+48°	+50°	+52°	+54°	+56°	+58°	+60°	+62°	+64°	+66°
	h m	h m	h m	h m	h m	h m	h m	h m	h m	h m	h m	h m	h m	h m
Apr. 24	2 15	2 22	2 29	2 36	2 44	2 53	3 03	3 14	3 26	3 40	3 57	4 18	4 43	5 19
25	2 51	2 56	3 01	3 06	3 12	3 19	3 26	3 34	3 43	3 53	4 05	4 18	4 34	4 53
26	3 20	3 23	3 27	3 31	3 35	3 39	3 44	3 49	3 55	4 01	4 09	4 17	4 26	4 38
27	3 46	3 47	3 49	3 51	3 53	3 56	3 58	4 01	4 04	4 07	4 11	4 15	4 20	4 25
28	4 09	4 09	4 10	4 10	4 10	4 10	4 11	4 11	4 12	4 12	4 13	4 13	4 14	4 15
29	4 32	4 31	4 29	4 28	4 26	4 25	4 23	4 21	4 19	4 17	4 14	4 11	4 08	4 04
30	4 55	4 53	4 50	4 47	4 43	4 40	4 36	4 32	4 27	4 22	4 16	4 09	4 02	3 53
May 1	5 21	5 17	5 12	5 07	5 02	4 57	4 51	4 44	4 37	4 28	4 19	4 08	3 56	3 40
2	5 49	5 44	5 38	5 31	5 25	5 17	5 09	5 00	4 49	4 37	4 24	4 08	3 48	3 24
3	6 22	6 15	6 08	6 00	5 52	5 42	5 32	5 20	5 07	4 51	4 32	4 09	3 39	2 52
4	7 01	6 53	6 45	6 36	6 26	6 15	6 03	5 48	5 32	5 12	4 48	4 15	3 19	□
5	7 46	7 38	7 29	7 20	7 09	6 57	6 43	6 28	6 10	5 47	5 18	4 35	□	□
6	8 38	8 30	8 21	8 12	8 01	7 49	7 36	7 20	7 02	6 40	6 11	5 27	□	□
7	9 36	9 28	9 20	9 11	9 01	8 51	8 38	8 25	8 08	7 49	7 25	6 52	5 56	□
8	10 37	10 30	10 23	10 16	10 07	9 58	9 48	9 37	9 24	9 09	8 50	8 28	7 57	7 10
9	11 40	11 35	11 29	11 23	11 17	11 10	11 02	10 53	10 44	10 33	10 20	10 04	9 45	9 22
10	12 44	12 41	12 37	12 33	12 28	12 23	12 18	12 12	12 05	11 58	11 49	11 40	11 28	11 14
11	13 50	13 48	13 46	13 43	13 41	13 38	13 35	13 32	13 28	13 24	13 19	13 14	13 08	13 01
12	14 57	14 56	14 56	14 56	14 55	14 54	14 54	14 53	14 52	14 52	14 51	14 50	14 48	14 47
13	16 06	16 08	16 09	16 10	16 12	16 14	16 16	16 18	16 20	16 22	16 25	16 28	16 32	16 36
14	17 19	17 22	17 25	17 29	17 33	17 37	17 41	17 46	17 52	17 58	18 05	18 13	18 23	18 34
15	18 36	18 40	18 46	18 51	18 57	19 04	19 11	19 20	19 29	19 39	19 52	20 06	20 24	20 46
16	19 55	20 01	20 08	20 16	20 24	20 34	20 44	20 56	21 09	21 25	21 44	22 08	22 40	23 33
17	21 13	21 21	21 29	21 39	21 49	22 00	22 13	22 28	22 46	23 07	23 34	.. ..	■	■
18	22 25	22 33	22 42	22 52	23 03	23 15	23 29	23 46	.. ..	.. ..	.. ..	0 12	■	■

MOONSET

Lat.	+40°	+42°	+44°	+46°	+48°	+50°	+52°	+54°	+56°	+58°	+60°	+62°	+64°	+66°
	h m	h m	h m	h m	h m	h m	h m	h m	h m	h m	h m	h m	h m	h m
Apr. 24	12 01	11 55	11 49	11 42	11 34	11 26	11 17	11 07	10 55	10 41	10 25	10 05	9 40	9 05
25	13 13	13 09	13 04	12 59	12 54	12 48	12 41	12 34	12 26	12 17	12 06	11 54	11 39	11 21
26	14 22	14 19	14 17	14 14	14 10	14 07	14 03	13 58	13 53	13 48	13 42	13 35	13 27	13 17
27	15 29	15 28	15 27	15 25	15 24	15 23	15 21	15 19	15 18	15 16	15 13	15 11	15 07	15 04
28	16 34	16 34	16 35	16 35	16 36	16 37	16 38	16 38	16 39	16 40	16 41	16 43	16 44	16 46
29	17 38	17 40	17 42	17 44	17 47	17 50	17 53	17 56	18 00	18 04	18 09	18 14	18 20	18 27
30	18 42	18 45	18 49	18 53	18 58	19 03	19 08	19 14	19 20	19 28	19 36	19 46	19 58	20 11
May 1	19 45	19 50	19 56	20 02	20 08	20 15	20 23	20 31	20 41	20 52	21 05	21 20	21 39	22 03
2	20 48	20 55	21 02	21 09	21 17	21 26	21 37	21 48	22 01	22 16	22 34	22 57	23 27	.. ..
3	21 50	21 57	22 05	22 14	22 24	22 35	22 47	23 01	23 17	23 36	.. ..	.. ..	.. ..	0 13
4	22 47	22 55	23 04	23 14	23 24	23 36	23 50	.. ..	.. ..	.. ..	0 00	0 33	1 28	□
5	23 39	23 47	23 56	.. ..	.. ..	.. ..	0 05	0 23	0 46	1 15	1 58	□	□	□
6	.. ..	.. ..	.. ..	0 06	0 17	0 29	0 42	0 58	1 16	1 38	2 07	2 51	□	□
7	0 25	0 32	0 41	0 50	1 00	1 11	1 23	1 37	1 54	2 13	2 38	3 11	4 07	□
8	1 03	1 10	1 17	1 25	1 34	1 43	1 54	2 06	2 19	2 35	2 54	3 17	3 48	4 35
9	1 36	1 42	1 48	1 54	2 01	2 09	2 17	2 26	2 37	2 49	3 02	3 18	3 38	4 03
10	2 05	2 09	2 14	2 18	2 24	2 29	2 35	2 42	2 49	2 58	3 07	3 18	3 31	3 46
11	2 31	2 34	2 37	2 40	2 43	2 46	2 50	2 54	2 59	3 04	3 10	3 17	3 24	3 33
12	2 55	2 56	2 58	2 59	3 00	3 02	3 04	3 05	3 07	3 10	3 12	3 15	3 18	3 22
13	3 19	3 19	3 19	3 18	3 18	3 17	3 17	3 16	3 15	3 15	3 14	3 13	3 12	3 11
14	3 45	3 43	3 41	3 39	3 36	3 33	3 31	3 27	3 24	3 20	3 16	3 11	3 06	2 59
15	4 14	4 10	4 06	4 02	3 57	3 52	3 47	3 41	3 35	3 27	3 19	3 10	2 59	2 46
16	4 47	4 42	4 36	4 30	4 23	4 16	4 08	3 59	3 49	3 37	3 24	3 09	2 50	2 27
17	5 29	5 22	5 15	5 07	4 58	4 48	4 37	4 25	4 11	3 54	3 35	3 10	2 37	1 44
18	6 21	6 13	6 04	5 55	5 44	5 33	5 20	5 04	4 47	4 25	3 58	3 19	■	■

□ indicates Moon continuously above horizon.
■ indicates Moon continuously below horizon.
.. .. indicates phenomenon will occur the next day.

MOONRISE AND MOONSET, 2022

UNIVERSAL TIME FOR MERIDIAN OF GREENWICH

MOONRISE

Lat.	−55°	−50°	−45°	−40°	−35°	−30°	−20°	−10°	0°	+10°	+20°	+30°	+35°	+40°
	h m	h m	h m	h m	h m	h m	h m	h m	h m	h m	h m	h m	h m	h m
May 17	16 38	17 11	17 36	17 56	18 13	18 27	18 52	19 13	19 33	19 54	20 15	20 41	20 55	21 13
18	17 26	18 04	18 32	18 54	19 12	19 28	19 54	20 17	20 39	21 00	21 23	21 50	22 06	22 25
19	18 35	19 12	19 40	20 01	20 19	20 34	21 00	21 23	21 44	22 04	22 27	22 53	23 08	23 26
20	20 01	20 32	20 56	21 14	21 30	21 44	22 07	22 27	22 45	23 04	23 23	23 46	23 59	.. ..
21	21 32	21 56	22 14	22 29	22 41	22 52	23 11	23 27	23 42	23 57	.. ..	.. ..	.. ..	0 14
22	23 02	23 18	23 30	23 41	23 50	23 57	.. ..	.. ..	.. ..	.. ..	0 12	0 31	0 41	0 53
23	.. ..	.. ..	.. ..	.. ..	.. ..	.. ..	0 11	0 22	0 33	0 44	0 55	1 08	1 16	1 24
24	0 27	0 36	0 44	0 50	0 55	0 59	1 07	1 14	1 21	1 27	1 34	1 42	1 46	1 51
25	1 49	1 52	1 54	1 56	1 57	1 59	2 01	2 03	2 05	2 07	2 09	2 12	2 13	2 15
26	3 08	3 04	3 02	3 00	2 58	2 56	2 53	2 50	2 48	2 46	2 43	2 41	2 39	2 37
27	4 26	4 16	4 09	4 03	3 57	3 53	3 44	3 37	3 31	3 24	3 17	3 10	3 05	3 00
28	5 44	5 28	5 16	5 06	4 57	4 49	4 36	4 25	4 14	4 04	3 53	3 40	3 33	3 24
29	7 02	6 40	6 23	6 09	5 57	5 46	5 29	5 13	4 59	4 45	4 30	4 13	4 03	3 51
30	8 20	7 51	7 29	7 11	6 56	6 44	6 22	6 03	5 46	5 29	5 10	4 49	4 37	4 22
31	9 33	8 58	8 32	8 12	7 55	7 40	7 16	6 54	6 35	6 15	5 54	5 30	5 15	4 59
June 1	10 37	9 58	9 31	9 09	8 51	8 35	8 09	7 46	7 25	7 04	6 41	6 15	6 00	5 42
2	11 27	10 49	10 21	10 00	9 42	9 26	9 00	8 37	8 16	7 54	7 32	7 05	6 50	6 32
3	12 04	11 30	11 04	10 44	10 27	10 12	9 48	9 26	9 06	8 46	8 24	7 59	7 44	7 27
4	12 29	12 01	11 39	11 22	11 07	10 54	10 32	10 13	9 55	9 37	9 17	8 55	8 42	8 27
5	12 47	12 25	12 08	11 54	11 41	11 31	11 13	10 57	10 42	10 27	10 11	9 52	9 41	9 29
6	13 00	12 45	12 32	12 21	12 12	12 04	11 51	11 38	11 27	11 16	11 03	10 49	10 41	10 32
7	13 11	13 01	12 53	12 46	12 41	12 35	12 26	12 18	12 11	12 04	11 56	11 46	11 41	11 35
8	13 21	13 16	13 13	13 10	13 07	13 05	13 01	12 58	12 55	12 52	12 48	12 44	12 42	12 39
9	13 30	13 31	13 32	13 34	13 34	13 35	13 37	13 38	13 39	13 41	13 42	13 44	13 45	13 46
10	13 40	13 47	13 53	13 59	14 03	14 07	14 14	14 20	14 26	14 32	14 38	14 46	14 50	14 55

MOONSET

Lat.	−55°	−50°	−45°	−40°	−35°	−30°	−20°	−10°	0°	+10°	+20°	+30°	+35°	+40°
	h m	h m	h m	h m	h m	h m	h m	h m	h m	h m	h m	h m	h m	h m
May 17	9 47	9 15	8 51	8 32	8 16	8 02	7 39	7 19	7 00	6 41	6 21	5 58	5 45	5 29
18	11 14	10 37	10 09	9 48	9 30	9 14	8 48	8 25	8 04	7 43	7 21	6 55	6 39	6 21
19	12 21	11 44	11 16	10 54	10 36	10 21	9 54	9 31	9 10	8 48	8 25	7 59	7 43	7 24
20	13 06	12 33	12 09	11 49	11 33	11 19	10 54	10 33	10 13	9 54	9 32	9 07	8 52	8 35
21	13 34	13 08	12 49	12 33	12 19	12 08	11 47	11 29	11 13	10 56	10 38	10 17	10 04	9 50
22	13 52	13 34	13 20	13 08	12 58	12 49	12 33	12 20	12 07	11 54	11 40	11 24	11 14	11 04
23	14 05	13 54	13 44	13 37	13 30	13 24	13 14	13 05	12 56	12 48	12 38	12 28	12 21	12 14
24	14 15	14 10	14 05	14 02	13 59	13 56	13 51	13 46	13 42	13 38	13 33	13 28	13 25	13 22
25	14 24	14 24	14 25	14 25	14 25	14 25	14 25	14 26	14 26	14 26	14 26	14 26	14 26	14 26
26	14 33	14 39	14 43	14 47	14 51	14 54	14 59	15 04	15 09	15 13	15 18	15 23	15 26	15 30
27	14 42	14 54	15 03	15 11	15 18	15 24	15 34	15 43	15 51	16 00	16 09	16 20	16 26	16 33
28	14 53	15 11	15 25	15 36	15 46	15 55	16 10	16 23	16 36	16 48	17 01	17 17	17 26	17 36
29	15 08	15 32	15 50	16 05	16 18	16 29	16 49	17 06	17 21	17 37	17 54	18 14	18 26	18 39
30	15 28	15 58	16 20	16 39	16 54	17 08	17 31	17 51	18 09	18 28	18 48	19 11	19 25	19 41
31	15 56	16 31	16 58	17 18	17 36	17 51	18 16	18 38	18 59	19 19	19 41	20 07	20 22	20 40
June 1	16 36	17 15	17 43	18 05	18 23	18 39	19 05	19 28	19 49	20 11	20 34	21 00	21 16	21 34
2	17 31	18 09	18 36	18 58	19 15	19 31	19 57	20 19	20 40	21 01	21 23	21 49	22 04	22 21
3	18 38	19 11	19 36	19 55	20 12	20 26	20 50	21 11	21 30	21 49	22 09	22 33	22 47	23 02
4	19 52	20 19	20 40	20 56	21 10	21 22	21 43	22 01	22 18	22 34	22 52	23 12	23 24	23 37
5	21 09	21 30	21 46	21 59	22 10	22 20	22 36	22 50	23 04	23 17	23 31	23 47	23 56	.. ..
6	22 28	22 42	22 53	23 02	23 10	23 17	23 28	23 39	23 48	23 58	.. ..	.. ..	.. ..	0 07
7	23 47	23 54	.. ..	.. ..	.. ..	.. ..	.. ..	.. ..	.. ..	.. ..	0 08	0 19	0 26	0 33
8	.. ..	.. ..	0 01	0 06	0 10	0 14	0 21	0 26	0 32	0 37	0 43	0 49	0 53	0 57
9	1 07	1 09	1 10	1 11	1 12	1 12	1 14	1 15	1 16	1 17	1 18	1 19	1 20	1 20
10	2 30	2 26	2 22	2 18	2 15	2 13	2 09	2 05	2 01	1 58	1 54	1 50	1 47	1 44

.. .. indicates phenomenon will occur the next day.

MOONRISE AND MOONSET, 2022

UNIVERSAL TIME FOR MERIDIAN OF GREENWICH

MOONRISE

Lat.	+40°	+42°	+44°	+46°	+48°	+50°	+52°	+54°	+56°	+58°	+60°	+62°	+64°	+66°
	h m	h m	h m	h m	h m	h m	h m	h m	h m	h m	h m	h m	h m	h m
May 17	21 13	21 21	21 29	21 39	21 49	22 00	22 13	22 28	22 46	23 07	23 34	.. ..	▪	▪
18	22 25	22 33	22 42	22 52	23 03	23 15	23 29	23 46	.. ..	.. ..	.. ..	0 12	▪	▪
19	23 26	23 34	23 42	23 52	.. ..	.. ..	.. ..	.. ..	0 05	0 28	1 00	1 50	▪	▪
20	.. ..	.. ..	.. ..	.. ..	0 02	0 13	0 26	0 41	0 59	1 20	1 46	2 23	3 47	▪
21	0 14	0 21	0 29	0 37	0 45	0 55	1 06	1 18	1 31	1 47	2 06	2 30	3 01	3 50
22	0 53	0 58	1 04	1 10	1 17	1 24	1 32	1 41	1 51	2 03	2 16	2 31	2 49	3 12
23	1 24	1 28	1 32	1 37	1 41	1 46	1 52	1 58	2 04	2 12	2 20	2 30	2 41	2 55
24	1 51	1 53	1 56	1 58	2 01	2 04	2 07	2 10	2 14	2 18	2 23	2 28	2 35	2 42
25	2 15	2 15	2 16	2 17	2 18	2 19	2 20	2 21	2 22	2 23	2 25	2 27	2 28	2 31
26	2 37	2 37	2 36	2 35	2 34	2 33	2 32	2 31	2 29	2 28	2 26	2 25	2 22	2 20
27	3 00	2 58	2 56	2 53	2 50	2 47	2 44	2 41	2 37	2 33	2 28	2 23	2 17	2 09
28	3 24	3 21	3 17	3 13	3 08	3 03	2 58	2 52	2 46	2 39	2 30	2 21	2 10	1 58
29	3 51	3 46	3 41	3 35	3 29	3 22	3 15	3 06	2 57	2 46	2 34	2 20	2 03	1 43
30	4 22	4 16	4 09	4 02	3 54	3 45	3 36	3 25	3 12	2 58	2 41	2 21	1 55	1 19
31	4 59	4 52	4 44	4 35	4 25	4 15	4 03	3 50	3 34	3 16	2 54	2 25	1 42	▢
June 1	5 42	5 34	5 25	5 16	5 05	4 53	4 40	4 25	4 07	3 46	3 18	2 38	▢	▢
2	6 32	6 23	6 15	6 05	5 54	5 42	5 29	5 13	4 54	4 32	4 02	3 17	▢	▢
3	7 27	7 19	7 11	7 02	6 52	6 40	6 28	6 13	5 56	5 36	5 09	4 33	3 02	▢
4	8 27	8 20	8 13	8 04	7 56	7 46	7 35	7 23	7 09	6 52	6 32	6 06	5 29	4 12
5	9 29	9 23	9 17	9 10	9 03	8 56	8 47	8 37	8 26	8 14	7 59	7 41	7 19	6 50
6	10 32	10 27	10 23	10 18	10 13	10 07	10 01	9 54	9 46	9 37	9 27	9 15	9 01	8 44
7	11 35	11 32	11 29	11 26	11 23	11 19	11 15	11 11	11 06	11 01	10 55	10 48	10 40	10 30
8	12 39	12 38	12 37	12 36	12 34	12 33	12 31	12 29	12 27	12 25	12 23	12 20	12 17	12 13
9	13 46	13 46	13 47	13 47	13 48	13 48	13 49	13 50	13 51	13 52	13 53	13 54	13 55	13 57
10	14 55	14 57	14 59	15 02	15 04	15 07	15 11	15 14	15 18	15 22	15 27	15 33	15 39	15 47

MOONSET

Lat.	+40°	+42°	+44°	+46°	+48°	+50°	+52°	+54°	+56°	+58°	+60°	+62°	+64°	+66°
	h m	h m	h m	h m	h m	h m	h m	h m	h m	h m	h m	h m	h m	h m
May 17	5 29	5 22	5 15	5 07	4 58	4 48	4 37	4 25	4 11	3 54	3 35	3 10	2 37	1 44
18	6 21	6 13	6 04	5 55	5 44	5 33	5 20	5 04	4 47	4 25	3 58	3 19	▪	▪
19	7 24	7 16	7 07	6 57	6 46	6 33	6 19	6 03	5 44	5 21	4 49	3 59	▪	▪
20	8 35	8 28	8 19	8 10	8 00	7 49	7 36	7 21	7 04	6 44	6 18	5 41	4 18	▪
21	9 50	9 43	9 36	9 29	9 21	9 12	9 01	8 50	8 37	8 21	8 03	7 40	7 09	6 21
22	11 04	10 59	10 54	10 48	10 42	10 35	10 28	10 20	10 10	10 00	9 48	9 33	9 16	8 54
23	12 14	12 11	12 08	12 04	12 00	11 56	11 51	11 46	11 40	11 34	11 26	11 18	11 08	10 56
24	13 22	13 20	13 18	13 17	13 15	13 13	13 10	13 08	13 05	13 02	12 59	12 55	12 50	12 45
25	14 26	14 27	14 27	14 27	14 27	14 27	14 27	14 27	14 27	14 27	14 27	14 27	14 27	14 27
26	15 30	15 32	15 33	15 35	15 37	15 39	15 41	15 44	15 47	15 50	15 53	15 57	16 02	16 07
27	16 33	16 36	16 39	16 43	16 47	16 51	16 55	17 01	17 06	17 12	17 20	17 28	17 37	17 49
28	17 36	17 40	17 45	17 51	17 56	18 03	18 10	18 17	18 26	18 36	18 47	19 00	19 16	19 36
29	18 39	18 45	18 51	18 58	19 06	19 14	19 23	19 34	19 46	19 59	20 15	20 35	21 00	21 35
30	19 41	19 48	19 56	20 04	20 13	20 23	20 35	20 48	21 03	21 21	21 43	22 11	22 54	▢
31	20 40	20 48	20 56	21 06	21 16	21 28	21 41	21 56	22 13	22 35	23 02	23 42	▢	▢
June 1	21 34	21 42	21 51	22 01	22 11	22 23	22 37	22 53	23 11	23 34	.. ..	.. ..	▢	▢
2	22 21	22 29	22 38	22 47	22 58	23 09	23 22	23 37	23 54	.. ..	0 04	0 49	▢	▢
3	23 02	23 09	23 17	23 25	23 35	23 45	23 56	.. ..	.. ..	0 15	0 41	1 18	2 49	▢
4	23 37	23 43	23 49	23 56	.. ..	.. ..	.. ..	0 09	0 23	0 40	1 01	1 27	2 04	3 22
5	.. ..	.. ..	.. ..	.. ..	0 04	0 12	0 21	0 31	0 43	0 56	1 12	1 30	1 53	2 23
6	0 07	0 11	0 16	0 22	0 28	0 34	0 41	0 48	0 57	1 06	1 17	1 30	1 45	2 03
7	0 33	0 36	0 40	0 43	0 47	0 52	0 56	1 02	1 07	1 14	1 21	1 29	1 38	1 50
8	0 57	0 59	1 01	1 03	1 05	1 07	1 10	1 13	1 16	1 19	1 23	1 27	1 32	1 38
9	1 20	1 21	1 21	1 21	1 22	1 22	1 23	1 23	1 24	1 24	1 25	1 26	1 26	1 27
10	1 44	1 43	1 42	1 40	1 39	1 37	1 35	1 34	1 31	1 29	1 26	1 24	1 20	1 16

▢ indicates Moon continuously above horizon.
▪ indicates Moon continuously below horizon.
.. .. indicates phenomenon will occur the next day.

MOONRISE AND MOONSET, 2022

UNIVERSAL TIME FOR MERIDIAN OF GREENWICH

MOONRISE

Lat.	−55°	−50°	−45°	−40°	−35°	−30°	−20°	−10°	0°	+10°	+20°	+30°	+35°	+40°
	h m	h m	h m	h m	h m	h m	h m	h m	h m	h m	h m	h m	h m	h m
June 8	13 21	13 16	13 13	13 10	13 07	13 05	13 01	12 58	12 55	12 52	12 48	12 44	12 42	12 39
9	13 30	13 31	13 32	13 34	13 34	13 35	13 37	13 38	13 39	13 41	13 42	13 44	13 45	13 46
10	13 40	13 47	13 53	13 59	14 03	14 07	14 14	14 20	14 26	14 32	14 38	14 46	14 50	14 55
11	13 52	14 06	14 17	14 27	14 35	14 42	14 55	15 06	15 16	15 27	15 38	15 52	15 59	16 08
12	14 08	14 30	14 47	15 00	15 12	15 23	15 41	15 57	16 12	16 27	16 43	17 02	17 13	17 25
13	14 33	15 02	15 24	15 42	15 58	16 11	16 34	16 54	17 12	17 31	17 51	18 15	18 29	18 45
14	15 12	15 48	16 14	16 35	16 53	17 08	17 34	17 57	18 18	18 39	19 01	19 28	19 43	20 01
15	16 12	16 50	17 18	17 40	17 58	18 14	18 40	19 03	19 25	19 46	20 09	20 36	20 52	21 10
16	17 34	18 08	18 33	18 54	19 10	19 25	19 49	20 11	20 30	20 50	21 11	21 35	21 50	22 06
17	19 07	19 34	19 54	20 11	20 25	20 37	20 57	21 15	21 31	21 48	22 05	22 25	22 37	22 50
18	20 41	21 00	21 15	21 27	21 37	21 46	22 01	22 14	22 27	22 39	22 52	23 07	23 16	23 25
19	22 11	22 22	22 31	22 39	22 45	22 51	23 01	23 09	23 17	23 25	23 33	23 43	23 48	23 54
20	23 36	23 40	23 44	23 47	23 50	23 52	23 56	.. ..	.. ..	.. ..	.. ..	.. ..	.. ..	.. ..
21	.. ..	.. ..	.. ..	.. ..	.. ..	.. ..	.. ..	0 00	0 03	0 07	0 10	0 14	0 17	0 19
22	0 56	0 55	0 54	0 52	0 52	0 51	0 49	0 48	0 47	0 46	0 45	0 44	0 43	0 43
23	2 15	2 07	2 01	1 56	1 52	1 48	1 41	1 36	1 30	1 25	1 19	1 13	1 09	1 05
24	3 33	3 19	3 08	2 59	2 51	2 44	2 33	2 23	2 13	2 04	1 54	1 43	1 36	1 29
25	4 51	4 30	4 15	4 02	3 51	3 41	3 25	3 11	2 57	2 44	2 30	2 14	2 05	1 55
26	6 08	5 41	5 21	5 04	4 50	4 38	4 17	4 00	3 43	3 27	3 09	2 49	2 38	2 24
27	7 22	6 49	6 25	6 05	5 49	5 35	5 11	4 50	4 31	4 12	3 52	3 28	3 15	2 59
28	8 29	7 52	7 25	7 03	6 45	6 30	6 04	5 42	5 21	5 00	4 38	4 12	3 57	3 40
29	9 24	8 46	8 18	7 56	7 38	7 22	6 56	6 33	6 12	5 50	5 28	5 01	4 46	4 27
30	10 05	9 29	9 03	8 42	8 25	8 10	7 45	7 23	7 02	6 42	6 20	5 54	5 39	5 21
July 1	10 33	10 03	9 40	9 22	9 07	8 53	8 30	8 10	7 51	7 33	7 13	6 49	6 36	6 20
2	10 53	10 29	10 11	9 56	9 43	9 31	9 12	8 55	8 39	8 23	8 06	7 46	7 35	7 21

MOONSET

Lat.	−55°	−50°	−45°	−40°	−35°	−30°	−20°	−10°	0°	+10°	+20°	+30°	+35°	+40°
	h m	h m	h m	h m	h m	h m	h m	h m	h m	h m	h m	h m	h m	h m
June 8	.. ..	.. ..	0 01	0 06	0 10	0 14	0 21	0 26	0 32	0 37	0 43	0 49	0 53	0 57
9	1 07	1 09	1 10	1 11	1 12	1 12	1 14	1 15	1 16	1 17	1 18	1 19	1 20	1 20
10	2 30	2 26	2 22	2 18	2 15	2 13	2 09	2 05	2 01	1 58	1 54	1 50	1 47	1 44
11	3 58	3 46	3 37	3 29	3 22	3 17	3 06	2 58	2 49	2 41	2 32	2 23	2 17	2 10
12	5 32	5 12	4 57	4 44	4 34	4 24	4 09	3 55	3 42	3 29	3 16	3 00	2 51	2 41
13	7 09	6 41	6 20	6 03	5 49	5 36	5 15	4 57	4 40	4 23	4 05	3 44	3 32	3 18
14	8 43	8 08	7 42	7 21	7 04	6 50	6 25	6 03	5 43	5 23	5 01	4 36	4 22	4 05
15	10 03	9 25	8 57	8 35	8 16	8 01	7 34	7 11	6 50	6 28	6 05	5 38	5 22	5 04
16	10 59	10 24	9 58	9 37	9 20	9 05	8 39	8 17	7 56	7 36	7 13	6 47	6 32	6 14
17	11 35	11 06	10 45	10 27	10 13	10 00	9 37	9 18	9 00	8 42	8 22	7 59	7 46	7 30
18	11 57	11 37	11 20	11 07	10 55	10 45	10 28	10 13	9 58	9 44	9 28	9 10	8 59	8 47
19	12 12	11 59	11 48	11 39	11 31	11 24	11 12	11 01	10 51	10 41	10 30	10 17	10 10	10 02
20	12 24	12 17	12 11	12 06	12 01	11 58	11 51	11 45	11 39	11 34	11 28	11 21	11 17	11 12
21	12 33	12 32	12 31	12 30	12 29	12 28	12 27	12 26	12 24	12 23	12 22	12 21	12 20	12 19
22	12 42	12 46	12 50	12 53	12 55	12 57	13 01	13 05	13 08	13 11	13 14	13 18	13 21	13 23
23	12 51	13 01	13 09	13 16	13 22	13 27	13 36	13 43	13 51	13 58	14 06	14 15	14 20	14 26
24	13 02	13 17	13 30	13 40	13 49	13 57	14 11	14 23	14 34	14 46	14 58	15 12	15 20	15 29
25	13 15	13 37	13 54	14 08	14 20	14 30	14 49	15 04	15 19	15 34	15 50	16 09	16 19	16 32
26	13 33	14 01	14 22	14 40	14 55	15 07	15 29	15 48	16 06	16 24	16 43	17 05	17 19	17 34
27	13 58	14 32	14 57	15 17	15 34	15 49	16 14	16 35	16 55	17 15	17 37	18 02	18 16	18 33
28	14 35	15 12	15 40	16 02	16 20	16 35	17 01	17 24	17 45	18 06	18 29	18 55	19 11	19 29
29	15 25	16 03	16 31	16 52	17 11	17 26	17 52	18 15	18 36	18 57	19 20	19 46	20 01	20 19
30	16 28	17 03	17 29	17 49	18 06	18 20	18 45	19 06	19 26	19 46	20 07	20 31	20 45	21 02
July 1	17 40	18 09	18 31	18 49	19 04	19 17	19 38	19 57	20 15	20 32	20 51	21 12	21 24	21 38
2	18 57	19 19	19 37	19 51	20 03	20 14	20 31	20 47	21 01	21 15	21 31	21 48	21 58	22 09

.. .. indicates phenomenon will occur the next day.

UNIVERSAL TIME FOR MERIDIAN OF GREENWICH

MOONRISE

Lat.	+40°	+42°	+44°	+46°	+48°	+50°	+52°	+54°	+56°	+58°	+60°	+62°	+64°	+66°
	h m	h m	h m	h m	h m	h m	h m	h m	h m	h m	h m	h m	h m	h m
June 8	12 39	12 38	12 37	12 36	12 34	12 33	12 31	12 29	12 27	12 25	12 23	12 20	12 17	12 13
9	13 46	13 46	13 47	13 47	13 48	13 48	13 49	13 50	13 51	13 52	13 53	13 54	13 55	13 57
10	14 55	14 57	14 59	15 02	15 04	15 07	15 11	15 14	15 18	15 22	15 27	15 33	15 39	15 47
11	16 08	16 12	16 16	16 21	16 26	16 31	16 37	16 43	16 51	16 59	17 08	17 19	17 32	17 48
12	17 25	17 31	17 37	17 44	17 51	17 59	18 08	18 18	18 29	18 42	18 57	19 15	19 39	20 10
13	18 45	18 52	19 00	19 08	19 18	19 28	19 40	19 53	20 09	20 27	20 50	21 20	22 07	■
14	20 01	20 10	20 19	20 28	20 39	20 51	21 05	21 21	21 40	22 03	22 33	23 19	■	■
15	21 10	21 18	21 27	21 37	21 48	22 00	22 13	22 29	22 48	23 10	23 40	.. ..	■	■
16	22 06	22 13	22 21	22 30	22 39	22 50	23 02	23 15	23 30	23 49	.. ..	0 24	■	■
17	22 50	22 56	23 03	23 09	23 17	23 25	23 34	23 44	23 56	.. ..	0 11	0 39	1 21	■
18	23 25	23 30	23 34	23 39	23 45	23 50	23 57	.. ..	.. ..	0 09	0 24	0 42	1 05	1 34
19	23 54	23 57	.. ..	.. ..	.. ..	.. ..	.. ..	0 04	0 12	0 21	0 31	0 42	0 56	1 12
20	.. ..	.. ..	0 00	0 03	0 06	0 10	0 14	0 18	0 23	0 28	0 34	0 41	0 48	0 57
21	0 19	0 20	0 22	0 23	0 24	0 26	0 28	0 29	0 31	0 34	0 36	0 39	0 42	0 46
22	0 43	0 42	0 42	0 41	0 41	0 41	0 40	0 40	0 39	0 38	0 38	0 37	0 36	0 35
23	1 05	1 03	1 02	1 00	0 57	0 55	0 52	0 50	0 47	0 43	0 39	0 35	0 30	0 25
24	1 29	1 26	1 22	1 19	1 15	1 10	1 06	1 01	0 55	0 49	0 42	0 33	0 24	0 13
25	1 55	1 50	1 45	1 40	1 34	1 28	1 21	1 14	1 05	0 56	0 45	0 32	0 18	{00 00 / 23 40}
26	2 24	2 18	2 12	2 05	1 58	1 50	1 41	1 30	1 19	1 06	0 51	0 33	{00 10 / 23 59}	22 49
27	2 59	2 52	2 44	2 36	2 27	2 17	2 06	1 53	1 39	1 22	1 01	0 35	23 26	▭
28	3 40	3 32	3 23	3 14	3 04	2 52	2 40	2 25	2 08	1 47	1 21	0 45	▭	▭
29	4 27	4 19	4 10	4 01	3 50	3 38	3 24	3 09	2 50	2 28	1 58	1 14	▭	▭
30	5 21	5 13	5 05	4 55	4 45	4 33	4 20	4 05	3 48	3 26	2 59	2 19	▭	▭
July 1	6 20	6 13	6 05	5 57	5 47	5 37	5 26	5 13	4 57	4 40	4 18	3 49	3 06	▭
2	7 21	7 15	7 09	7 02	6 54	6 46	6 36	6 26	6 14	6 00	5 44	5 24	4 59	4 23

MOONSET

Lat.	+40°	+42°	+44°	+46°	+48°	+50°	+52°	+54°	+56°	+58°	+60°	+62°	+64°	+66°
	h m	h m	h m	h m	h m	h m	h m	h m	h m	h m	h m	h m	h m	h m
June 8	0 57	0 59	1 01	1 03	1 05	1 07	1 10	1 13	1 16	1 19	1 23	1 27	1 32	1 38
9	1 20	1 21	1 21	1 21	1 22	1 22	1 23	1 23	1 24	1 24	1 25	1 26	1 26	1 27
10	1 44	1 43	1 42	1 40	1 39	1 37	1 35	1 34	1 31	1 29	1 26	1 24	1 20	1 16
11	2 10	2 08	2 05	2 01	1 58	1 54	1 50	1 46	1 41	1 35	1 29	1 22	1 14	1 04
12	2 41	2 36	2 32	2 26	2 21	2 15	2 08	2 01	1 52	1 43	1 33	1 21	1 06	0 49
13	3 18	3 12	3 05	2 58	2 50	2 42	2 32	2 22	2 10	1 56	1 40	1 21	0 57	0 25
14	4 05	3 57	3 49	3 40	3 31	3 20	3 08	2 54	2 38	2 19	1 56	1 25	0 38	■
15	5 04	4 56	4 46	4 37	4 26	4 13	4 00	3 44	3 25	3 02	2 31	1 45	■	■
16	6 14	6 06	5 57	5 47	5 36	5 24	5 11	4 55	4 37	4 15	3 45	3 02	■	■
17	7 30	7 23	7 15	7 07	6 58	6 48	6 37	6 24	6 09	5 51	5 30	5 02	4 21	■
18	8 47	8 42	8 36	8 30	8 23	8 15	8 07	7 57	7 46	7 34	7 20	7 02	6 41	6 13
19	10 02	9 58	9 54	9 50	9 45	9 40	9 34	9 28	9 21	9 13	9 04	8 54	8 42	8 27
20	11 12	11 10	11 08	11 05	11 03	11 00	10 57	10 54	10 50	10 46	10 41	10 36	10 30	10 22
21	12 19	12 18	12 18	12 17	12 17	12 16	12 16	12 15	12 14	12 13	12 12	12 11	12 10	12 08
22	13 23	13 24	13 25	13 27	13 28	13 30	13 31	13 33	13 35	13 37	13 40	13 43	13 46	13 50
23	14 26	14 29	14 32	14 35	14 38	14 42	14 46	14 50	14 55	15 00	15 06	15 13	15 21	15 31
24	15 29	15 33	15 38	15 42	15 48	15 53	15 59	16 06	16 14	16 23	16 33	16 44	16 58	17 15
25	16 32	16 37	16 43	16 50	16 57	17 04	17 13	17 23	17 33	17 46	18 00	18 18	18 40	19 08
26	17 34	17 40	17 48	17 56	18 04	18 14	18 25	18 37	18 51	19 08	19 28	19 53	20 29	21 39
27	18 33	18 41	18 49	18 59	19 09	19 20	19 33	19 47	20 04	20 24	20 50	21 26	22 45	▭
28	19 29	19 37	19 46	19 56	20 07	20 18	20 32	20 48	21 06	21 29	21 58	22 42	▭	▭
29	20 19	20 27	20 36	20 45	20 56	21 07	21 21	21 36	21 53	22 15	22 43	23 23	▭	▭
30	21 02	21 09	21 17	21 26	21 35	21 46	21 58	22 11	22 27	22 45	23 07	23 36	▭	▭
July 1	21 38	21 45	21 51	21 59	22 07	22 16	22 25	22 36	22 49	23 03	23 20	23 41	0 20	▭
2	22 09	22 14	22 20	22 26	22 32	22 39	22 46	22 55	23 04	23 15	23 27	23 41	{00 07 / 23 58}	0 43

▭ indicates Moon continuously above horizon.
■ indicates Moon continuously below horizon.
.. .. indicates phenomenon will occur the next day.

MOONRISE AND MOONSET, 2022

UNIVERSAL TIME FOR MERIDIAN OF GREENWICH

MOONRISE

Lat.	−55°	−50°	−45°	−40°	−35°	−30°	−20°	−10°	0°	+10°	+20°	+30°	+35°	+40°
	h m	h m	h m	h m	h m	h m	h m	h m	h m	h m	h m	h m	h m	h m
July 1	10 33	10 03	9 40	9 22	9 07	8 53	8 30	8 10	7 51	7 33	7 13	6 49	6 36	6 20
2	10 53	10 29	10 11	9 56	9 43	9 31	9 12	8 55	8 39	8 23	8 06	7 46	7 35	7 21
3	11 08	10 50	10 36	10 24	10 14	10 06	9 50	9 37	9 24	9 12	8 58	8 43	8 34	8 24
4	11 19	11 07	10 58	10 50	10 43	10 37	10 26	10 17	10 08	10 00	9 50	9 39	9 33	9 26
5	11 28	11 22	11 17	11 13	11 10	11 06	11 01	10 56	10 51	10 47	10 42	10 36	10 33	10 29
6	11 37	11 37	11 36	11 36	11 36	11 35	11 35	11 35	11 34	11 34	11 34	11 33	11 33	11 33
7	11 46	11 52	11 56	11 59	12 03	12 05	12 10	12 14	12 18	12 23	12 27	12 32	12 35	12 38
8	11 57	12 08	12 17	12 25	12 32	12 38	12 48	12 57	13 05	13 14	13 23	13 34	13 40	13 47
9	12 11	12 29	12 43	12 55	13 05	13 14	13 30	13 44	13 57	14 10	14 24	14 40	14 50	15 00
10	12 30	12 56	13 15	13 32	13 45	13 57	14 18	14 36	14 53	15 10	15 29	15 50	16 02	16 17
11	13 00	13 33	13 58	14 18	14 35	14 49	15 14	15 35	15 55	16 15	16 37	17 02	17 17	17 34
12	13 49	14 27	14 54	15 16	15 34	15 50	16 17	16 40	17 01	17 23	17 46	18 13	18 29	18 47
13	15 01	15 38	16 05	16 26	16 44	16 59	17 25	17 48	18 08	18 29	18 51	19 17	19 32	19 50
14	16 32	17 03	17 26	17 44	17 59	18 13	18 35	18 55	19 13	19 31	19 51	20 13	20 26	20 41
15	18 10	18 32	18 49	19 03	19 15	19 25	19 43	19 58	20 13	20 27	20 42	20 59	21 10	21 21
16	19 45	19 59	20 10	20 20	20 28	20 35	20 47	20 57	21 07	21 17	21 27	21 39	21 46	21 53
17	21 14	21 22	21 27	21 32	21 36	21 40	21 46	21 51	21 57	22 02	22 07	22 13	22 17	22 21
18	22 39	22 40	22 40	22 41	22 41	22 41	22 42	22 42	22 43	22 43	22 44	22 44	22 45	22 45
19	.. ..	23 55	23 50	23 46	23 43	23 40	23 35	23 31	23 27	23 23	23 19	23 14	23 12	23 09
20	0 00	.. ..	.. ..	.. ..	.. ..	.. ..	.. ..	.. ..	.. ..	.. ..	23 54	23 44	23 39	23 32
21	1 20	1 08	0 59	0 51	0 44	0 38	0 28	0 19	0 11	0 03	.. ..	.. ..	.. ..	23 58
22	2 39	2 20	2 06	1 54	1 44	1 35	1 20	1 07	0 55	0 43	0 30	0 16	0 07	.. ..
23	3 57	3 32	3 13	2 57	2 44	2 32	2 13	1 56	1 41	1 25	1 09	0 50	0 39	0 26
24	5 13	4 41	4 17	3 59	3 43	3 29	3 06	2 46	2 28	2 10	1 50	1 27	1 14	0 59
25	6 22	5 46	5 19	4 58	4 40	4 25	4 00	3 38	3 17	2 57	2 35	2 10	1 55	1 38

MOONSET

Lat.	−55°	−50°	−45°	−40°	−35°	−30°	−20°	−10°	0°	+10°	+20°	+30°	+35°	+40°
	h m	h m	h m	h m	h m	h m	h m	h m	h m	h m	h m	h m	h m	h m
July 1	17 40	18 09	18 31	18 49	19 04	19 17	19 38	19 57	20 15	20 32	20 51	21 12	21 24	21 38
2	18 57	19 19	19 37	19 51	20 03	20 14	20 31	20 47	21 01	21 15	21 31	21 48	21 58	22 09
3	20 15	20 31	20 43	20 54	21 02	21 10	21 23	21 35	21 46	21 56	22 08	22 21	22 28	22 36
4	21 32	21 42	21 50	21 56	22 02	22 07	22 15	22 22	22 29	22 36	22 43	22 51	22 55	23 00
5	22 50	22 54	22 57	22 59	23 01	23 03	23 06	23 09	23 12	23 14	23 17	23 20	23 21	23 23
6	.. ..	.. ..	.. ..	.. ..	.. ..	.. ..	23 59	23 57	23 55	23 53	23 51	23 49	23 48	23 46
7	0 10	0 08	0 06	0 04	0 02	0 01	.. ..	.. ..	.. ..	.. ..	.. ..	.. ..	.. ..	.. ..
8	1 33	1 24	1 17	1 11	1 06	1 01	0 54	0 47	0 40	0 34	0 27	0 20	0 15	0 10
9	3 01	2 45	2 32	2 22	2 13	2 05	1 52	1 40	1 29	1 18	1 07	0 54	0 46	0 38
10	4 34	4 10	3 51	3 36	3 24	3 13	2 54	2 38	2 23	2 08	1 52	1 33	1 23	1 10
11	6 08	5 37	5 13	4 54	4 38	4 24	4 01	3 41	3 22	3 03	2 43	2 20	2 07	1 51
12	7 36	6 58	6 31	6 09	5 51	5 36	5 10	4 47	4 26	4 05	3 43	3 16	3 01	2 43
13	8 44	8 07	7 39	7 18	7 00	6 44	6 18	5 55	5 33	5 12	4 49	4 22	4 06	3 48
14	9 29	8 58	8 34	8 15	7 58	7 44	7 20	6 59	6 40	6 20	5 59	5 34	5 19	5 02
15	9 58	9 34	9 15	9 00	8 47	8 35	8 16	7 58	7 42	7 26	7 08	6 48	6 36	6 22
16	10 17	10 00	9 47	9 36	9 27	9 18	9 04	8 51	8 39	8 27	8 14	7 59	7 50	7 40
17	10 30	10 20	10 12	10 06	10 00	9 55	9 46	9 38	9 31	9 24	9 15	9 06	9 01	8 55
18	10 40	10 37	10 34	10 32	10 30	10 28	10 25	10 22	10 19	10 16	10 13	10 10	10 08	10 05
19	10 50	10 52	10 54	10 56	10 57	10 58	11 00	11 02	11 04	11 06	11 08	11 10	11 11	11 12
20	10 59	11 07	11 14	11 19	11 24	11 28	11 35	11 42	11 48	11 54	12 01	12 08	12 12	12 17
21	11 09	11 23	11 34	11 44	11 52	11 59	12 11	12 22	12 32	12 42	12 53	13 06	13 13	13 21
22	11 21	11 41	11 57	12 10	12 21	12 31	12 48	13 03	13 17	13 31	13 46	14 03	14 13	14 24
23	11 38	12 04	12 24	12 41	12 55	13 07	13 28	13 46	14 03	14 20	14 39	15 00	15 12	15 27
24	12 00	12 33	12 57	13 17	13 33	13 47	14 11	14 32	14 52	15 11	15 32	15 56	16 11	16 27
25	12 33	13 10	13 37	13 59	14 17	14 32	14 58	15 20	15 41	16 02	16 25	16 51	17 07	17 24

.. .. indicates phenomenon will occur the next day.

UNIVERSAL TIME FOR MERIDIAN OF GREENWICH
MOONRISE

Lat.	+40°	+42°	+44°	+46°	+48°	+50°	+52°	+54°	+56°	+58°	+60°	+62°	+64°	+66°
	h m	h m	h m	h m	h m	h m	h m	h m	h m	h m	h m	h m	h m	h m
July 1	6 20	6 13	6 05	5 57	5 47	5 37	5 26	5 13	4 57	4 40	4 18	3 49	3 06	□
2	7 21	7 15	7 09	7 02	6 54	6 46	6 36	6 26	6 14	6 00	5 44	5 24	4 59	4 23
3	8 24	8 19	8 14	8 09	8 03	7 56	7 49	7 42	7 33	7 23	7 12	6 58	6 42	6 22
4	9 26	9 23	9 20	9 16	9 12	9 08	9 03	8 58	8 52	8 46	8 38	8 30	8 20	8 08
5	10 29	10 27	10 26	10 24	10 22	10 19	10 17	10 14	10 11	10 08	10 04	10 00	9 55	9 50
6	11 33	11 33	11 32	11 32	11 32	11 32	11 32	11 32	11 32	11 31	11 31	11 31	11 31	11 30
7	12 38	12 40	12 42	12 43	12 45	12 47	12 49	12 52	12 54	12 57	13 01	13 05	13 09	13 14
8	13 47	13 51	13 54	13 58	14 02	14 06	14 11	14 16	14 22	14 28	14 35	14 44	14 54	15 06
9	15 00	15 05	15 11	15 16	15 22	15 29	15 37	15 45	15 54	16 05	16 17	16 32	16 50	17 12
10	16 17	16 24	16 31	16 38	16 47	16 56	17 06	17 18	17 31	17 47	18 06	18 30	19 02	19 54
11	17 34	17 42	17 51	18 00	18 10	18 22	18 35	18 49	19 07	19 28	19 55	20 33	■	■
12	18 47	18 55	19 05	19 15	19 26	19 38	19 52	20 08	20 27	20 51	21 22	22 11	■	■
13	19 50	19 58	20 06	20 16	20 26	20 37	20 50	21 05	21 22	21 43	22 09	22 45	23 56	■
14	20 41	20 47	20 55	21 02	21 11	21 20	21 31	21 42	21 56	22 11	22 29	22 52	23 21	■
15	21 21	21 26	21 31	21 37	21 44	21 51	21 58	22 06	22 16	22 26	22 39	22 53	23 10	{00 04 / 23 31}
16	21 53	21 57	22 00	22 04	22 08	22 13	22 18	22 23	22 29	22 36	22 43	22 52	23 02	23 13
17	22 21	22 22	22 24	22 26	22 28	22 31	22 33	22 36	22 39	22 42	22 46	22 50	22 55	23 01
18	22 45	22 45	22 46	22 46	22 46	22 46	22 47	22 47	22 47	22 48	22 48	22 48	22 49	22 50
19	23 09	23 07	23 06	23 04	23 03	23 01	22 59	22 57	22 55	22 52	22 50	22 46	22 43	22 39
20	23 32	23 30	23 27	23 23	23 20	23 16	23 12	23 08	23 03	22 58	22 52	22 45	22 37	22 28
21	23 58	23 53	23 49	23 44	23 39	23 33	23 27	23 20	23 13	23 04	22 54	22 43	22 30	22 15
22	.. ..	.. ..	.. ..	.. ..	.. ..	23 54	23 45	23 36	23 25	23 13	22 59	22 43	22 23	21 58
23	0 26	0 21	0 15	0 08	0 01	.. ..	.. ..	23 56	23 43	23 27	23 08	22 44	22 13	21 24
24	0 59	0 52	0 45	0 37	0 28	0 19	0 08	.. ..	.. ..	23 49	23 24	22 51	21 53	□
25	1 38	1 30	1 22	1 13	1 03	0 52	0 39	0 25	0 09	.. ..	23 55	23 12	□	□

MOONSET

Lat.	+40°	+42°	+44°	+46°	+48°	+50°	+52°	+54°	+56°	+58°	+60°	+62°	+64°	+66°
	h m	h m	h m	h m	h m	h m	h m	h m	h m	h m	h m	h m	h m	h m
July 1	21 38	21 45	21 51	21 59	22 07	22 16	22 25	22 36	22 49	23 03	23 20	23 41	0 20	□
2	22 09	22 14	22 20	22 26	22 32	22 39	22 46	22 55	23 04	23 15	23 27	23 41	{00 07 / 23 58}	0 43
3	22 36	22 40	22 44	22 48	22 53	22 58	23 03	23 09	23 15	23 23	23 31	23 41	23 52	0 19
4	23 00	23 03	23 05	23 08	23 11	23 14	23 17	23 20	23 24	23 29	23 34	23 39	23 45	{00 05 / 23 53}
5	23 23	23 24	23 25	23 26	23 27	23 28	23 29	23 31	23 32	23 34	23 35	23 37	23 39	23 42
6	23 46	23 46	23 45	23 44	23 43	23 42	23 42	23 41	23 39	23 38	23 37	23 35	23 34	23 32
7	.. ..	.. ..	.. ..	.. ..	.. ..	23 58	23 55	23 51	23 48	23 43	23 39	23 33	23 27	23 20
8	0 10	0 08	0 06	0 03	0 01	.. ..	.. ..	.. ..	23 58	23 50	23 42	23 32	23 21	23 07
9	0 38	0 34	0 30	0 26	0 21	0 16	0 10	0 04	.. ..	.. ..	23 47	23 31	23 12	22 49
10	1 10	1 05	0 59	0 53	0 46	0 39	0 31	0 22	0 12	0 00	23 57	23 33	23 00	22 07
11	1 51	1 44	1 37	1 29	1 20	1 10	0 59	0 47	0 33	0 17	.. ..	23 42	■	■
12	2 43	2 35	2 26	2 17	2 06	1 55	1 42	1 26	1 09	0 47	0 20	.. ..	■	■
13	3 48	3 39	3 30	3 20	3 09	2 57	2 43	2 27	2 08	1 44	1 13	0 24	■	■
14	5 02	4 55	4 46	4 37	4 27	4 16	4 04	3 49	3 32	3 12	2 47	2 11	1 01	■
15	6 22	6 15	6 09	6 01	5 53	5 44	5 35	5 24	5 11	4 56	4 39	4 17	3 49	3 06
16	7 40	7 36	7 31	7 25	7 20	7 14	7 07	6 59	6 51	6 41	6 30	6 17	6 01	5 41
17	8 55	8 52	8 49	8 46	8 42	8 39	8 35	8 30	8 25	8 20	8 13	8 06	7 58	7 48
18	10 05	10 04	10 03	10 02	10 01	9 59	9 58	9 56	9 54	9 52	9 50	9 47	9 44	9 41
19	11 12	11 13	11 14	11 14	11 15	11 16	11 17	11 18	11 19	11 20	11 21	11 23	11 25	11 27
20	12 17	12 20	12 22	12 24	12 27	12 30	12 33	12 37	12 41	12 45	12 50	12 56	13 02	13 10
21	13 21	13 25	13 29	13 33	13 38	13 43	13 48	13 54	14 01	14 09	14 18	14 28	14 40	14 54
22	14 24	14 30	14 35	14 41	14 48	14 55	15 03	15 11	15 21	15 33	15 46	16 02	16 21	16 45
23	15 27	15 33	15 40	15 48	15 56	16 05	16 16	16 27	16 40	16 56	17 14	17 37	18 08	18 56
24	16 27	16 35	16 43	16 52	17 02	17 13	17 25	17 39	17 55	18 14	18 39	19 12	20 09	□
25	17 24	17 33	17 41	17 51	18 02	18 14	18 27	18 42	19 01	19 23	19 52	20 36	□	□

□ indicates Moon continuously above horizon.
■ indicates Moon continuously below horizon.
.. .. indicates phenomenon will occur the next day.

MOONRISE AND MOONSET, 2022

UNIVERSAL TIME FOR MERIDIAN OF GREENWICH

MOONRISE

Lat.	−55°	−50°	−45°	−40°	−35°	−30°	−20°	−10°	0°	+10°	+20°	+30°	+35°	+40°
	h m	h m	h m	h m	h m	h m	h m	h m	h m	h m	h m	h m	h m	h m
July 24	5 13	4 41	4 17	3 59	3 43	3 29	3 06	2 46	2 28	2 10	1 50	1 27	1 14	0 59
25	6 22	5 46	5 19	4 58	4 40	4 25	4 00	3 38	3 17	2 57	2 35	2 10	1 55	1 38
26	7 21	6 42	6 14	5 52	5 34	5 18	4 52	4 29	4 08	3 46	3 24	2 57	2 42	2 23
27	8 06	7 29	7 02	6 41	6 23	6 08	5 42	5 19	4 58	4 37	4 15	3 49	3 34	3 16
28	8 37	8 06	7 42	7 22	7 06	6 52	6 28	6 08	5 48	5 29	5 08	4 44	4 30	4 13
29	9 00	8 34	8 14	7 58	7 44	7 32	7 11	6 53	6 37	6 20	6 02	5 41	5 28	5 14
30	9 15	8 56	8 40	8 28	8 17	8 07	7 51	7 36	7 23	7 09	6 55	6 38	6 28	6 17
31	9 27	9 14	9 03	8 54	8 46	8 39	8 28	8 17	8 07	7 57	7 47	7 35	7 28	7 20
Aug. 1	9 37	9 29	9 23	9 18	9 13	9 09	9 02	8 56	8 50	8 45	8 38	8 31	8 27	8 22
2	9 46	9 44	9 42	9 40	9 39	9 38	9 36	9 34	9 33	9 31	9 30	9 28	9 27	9 25
3	9 54	9 58	10 01	10 03	10 05	10 07	10 10	10 13	10 16	10 19	10 22	10 25	10 27	10 30
4	10 04	10 13	10 21	10 27	10 33	10 38	10 46	10 54	11 01	11 08	11 16	11 25	11 30	11 36
5	10 16	10 31	10 44	10 54	11 03	11 11	11 25	11 37	11 49	12 01	12 13	12 27	12 36	12 45
6	10 32	10 54	11 12	11 27	11 39	11 50	12 09	12 26	12 41	12 57	13 14	13 34	13 45	13 58
7	10 56	11 26	11 49	12 07	12 23	12 37	13 00	13 20	13 39	13 58	14 19	14 43	14 57	15 13
8	11 34	12 10	12 37	12 59	13 16	13 32	13 58	14 20	14 42	15 03	15 26	15 52	16 08	16 26
9	12 33	13 12	13 40	14 02	14 20	14 36	15 03	15 26	15 47	16 08	16 31	16 58	17 14	17 32
10	13 55	14 30	14 55	15 15	15 32	15 47	16 11	16 32	16 52	17 12	17 33	17 57	18 12	18 28
11	15 31	15 58	16 18	16 34	16 48	17 00	17 20	17 38	17 54	18 11	18 28	18 48	19 00	19 13
12	17 09	17 27	17 41	17 53	18 03	18 12	18 27	18 40	18 52	19 04	19 16	19 31	19 39	19 49
13	18 43	18 54	19 02	19 09	19 15	19 20	19 29	19 37	19 44	19 52	19 59	20 08	20 13	20 19
14	20 13	20 16	20 19	20 21	20 23	20 25	20 28	20 31	20 33	20 36	20 38	20 41	20 43	20 45
15	21 38	21 35	21 32	21 30	21 28	21 27	21 24	21 22	21 20	21 17	21 15	21 13	21 11	21 09
16	23 01	22 51	22 43	22 37	22 32	22 27	22 19	22 11	22 05	21 58	21 51	21 43	21 39	21 34
17	.. ..	.. ..	23 53	23 43	23 34	23 26	23 12	23 01	22 50	22 39	22 28	22 15	22 07	21 59

MOONSET

Lat.	−55°	−50°	−45°	−40°	−35°	−30°	−20°	−10°	0°	+10°	+20°	+30°	+35°	+40°
	h m	h m	h m	h m	h m	h m	h m	h m	h m	h m	h m	h m	h m	h m
July 24	12 00	12 33	12 57	13 17	13 33	13 47	14 11	14 32	14 52	15 11	15 32	15 56	16 11	16 27
25	12 33	13 10	13 37	13 59	14 17	14 32	14 58	15 20	15 41	16 02	16 25	16 51	17 07	17 24
26	13 19	13 58	14 26	14 48	15 06	15 22	15 48	16 11	16 32	16 53	17 16	17 43	17 58	18 16
27	14 19	14 55	15 22	15 43	16 00	16 15	16 41	17 02	17 23	17 43	18 05	18 30	18 44	19 01
28	15 30	16 01	16 24	16 42	16 58	17 11	17 34	17 54	18 12	18 30	18 49	19 12	19 25	19 40
29	16 46	17 10	17 29	17 44	17 57	18 08	18 27	18 44	18 59	19 14	19 31	19 49	20 00	20 12
30	18 04	18 22	18 36	18 47	18 57	19 05	19 20	19 33	19 45	19 56	20 09	20 23	20 31	20 40
31	19 22	19 33	19 42	19 50	19 56	20 02	20 12	20 20	20 28	20 36	20 44	20 54	20 59	21 05
Aug. 1	20 40	20 45	20 49	20 53	20 56	20 58	21 03	21 07	21 11	21 14	21 18	21 23	21 25	21 28
2	21 58	21 57	21 57	21 56	21 56	21 55	21 55	21 54	21 53	21 53	21 52	21 51	21 51	21 50
3	23 18	23 11	23 06	23 01	22 57	22 54	22 47	22 42	22 37	22 32	22 27	22 21	22 17	22 13
4	.. ..	.. ..	.. ..	.. ..	.. ..	23 54	23 43	23 33	23 23	23 14	23 04	22 53	22 46	22 39
5	0 42	0 29	0 18	0 09	0 01	.. ..	.. ..	.. ..	.. ..	.. ..	23 45	23 29	23 19	23 08
6	2 11	1 50	1 33	1 20	1 08	0 59	0 42	0 27	0 13	0 00	.. ..	.. ..	23 58	23 44
7	3 42	3 13	2 51	2 34	2 19	2 06	1 44	1 26	1 08	0 51	0 32	0 11	.. ..	.. ..
8	5 11	4 35	4 09	3 48	3 31	3 16	2 50	2 29	2 08	1 48	1 26	1 01	0 46	0 29
9	6 27	5 48	5 20	4 58	4 40	4 24	3 57	3 34	3 13	2 51	2 28	2 01	1 45	1 26
10	7 21	6 46	6 20	5 59	5 42	5 27	5 01	4 39	4 18	3 57	3 35	3 09	2 53	2 35
11	7 57	7 29	7 07	6 50	6 35	6 22	6 00	5 40	5 22	5 04	4 44	4 21	4 08	3 52
12	8 19	7 59	7 43	7 30	7 19	7 09	6 51	6 36	6 22	6 08	5 52	5 34	5 24	5 12
13	8 35	8 22	8 11	8 03	7 55	7 49	7 37	7 27	7 17	7 07	6 57	6 45	6 38	6 30
14	8 46	8 40	8 35	8 31	8 27	8 24	8 18	8 13	8 08	8 03	7 58	7 52	7 48	7 44
15	8 56	8 56	8 56	8 56	8 56	8 56	8 56	8 56	8 55	8 55	8 55	8 55	8 55	8 55
16	9 05	9 11	9 16	9 20	9 23	9 27	9 32	9 37	9 41	9 46	9 50	9 56	9 59	10 02
17	9 15	9 27	9 37	9 45	9 51	9 58	10 08	10 17	10 26	10 35	10 44	10 55	11 01	11 09

.. .. indicates phenomenon will occur the next day.

UNIVERSAL TIME FOR MERIDIAN OF GREENWICH

MOONRISE

Lat.	+40°	+42°	+44°	+46°	+48°	+50°	+52°	+54°	+56°	+58°	+60°	+62°	+64°	+66°
	h m	h m	h m	h m	h m	h m	h m	h m	h m	h m	h m	h m	h m	h m
July 24	0 59	0 52	0 45	0 37	0 28	0 19	0 08	.. ..	.. ..	23 49	23 24	22 51	21 53	□
25	1 38	1 30	1 22	1 13	1 03	0 52	0 39	0 25	0 09	.. ..	23 55	23 12	□	□
26	2 23	2 15	2 06	1 57	1 46	1 34	1 21	1 05	0 47	0 24	.. ..	.. ..	□	□
27	3 16	3 08	2 59	2 49	2 39	2 27	2 13	1 58	1 40	1 18	0 49	0 06	□	□
28	4 13	4 06	3 58	3 49	3 39	3 29	3 17	3 03	2 47	2 28	2 04	1 32	0 39	□
29	5 14	5 08	5 01	4 54	4 46	4 37	4 27	4 15	4 02	3 47	3 29	3 07	2 38	1 53
30	6 17	6 12	6 06	6 01	5 54	5 47	5 40	5 31	5 21	5 10	4 58	4 43	4 24	4 01
31	7 20	7 16	7 12	7 08	7 04	6 59	6 54	6 48	6 41	6 34	6 25	6 16	6 04	5 51
Aug. 1	8 22	8 20	8 18	8 16	8 13	8 10	8 07	8 04	8 00	7 56	7 52	7 46	7 40	7 33
2	9 25	9 25	9 24	9 24	9 23	9 22	9 22	9 21	9 20	9 19	9 18	9 16	9 15	9 13
3	10 30	10 31	10 32	10 33	10 34	10 36	10 37	10 39	10 41	10 43	10 45	10 47	10 50	10 54
4	11 36	11 39	11 41	11 44	11 48	11 51	11 55	11 59	12 04	12 10	12 16	12 23	12 31	12 40
5	12 45	12 50	12 54	12 59	13 05	13 11	13 17	13 24	13 32	13 42	13 52	14 04	14 19	14 37
6	13 58	14 04	14 11	14 18	14 25	14 34	14 43	14 53	15 05	15 19	15 35	15 55	16 20	16 56
7	15 13	15 21	15 29	15 37	15 47	15 58	16 10	16 23	16 39	16 58	17 22	17 54	18 46	■
8	16 26	16 34	16 43	16 53	17 04	17 16	17 30	17 46	18 05	18 28	18 59	19 47	■	■
9	17 32	17 41	17 50	17 59	18 10	18 22	18 36	18 52	19 11	19 33	20 03	20 48	■	■
10	18 28	18 35	18 43	18 52	19 02	19 12	19 24	19 37	19 53	20 11	20 33	21 02	21 43	■
11	19 13	19 19	19 25	19 32	19 39	19 48	19 57	20 07	20 18	20 31	20 46	21 04	21 26	21 55
12	19 49	19 53	19 58	20 03	20 08	20 13	20 20	20 26	20 34	20 43	20 52	21 03	21 16	21 32
13	20 19	20 21	20 24	20 27	20 30	20 33	20 37	20 41	20 45	20 50	20 56	21 02	21 09	21 17
14	20 45	20 46	20 47	20 48	20 49	20 50	20 51	20 53	20 54	20 56	20 58	21 00	21 02	21 05
15	21 09	21 09	21 08	21 07	21 06	21 05	21 04	21 03	21 02	21 01	21 00	20 59	20 58	20 54
16	21 34	21 31	21 29	21 26	21 24	21 21	21 17	21 14	21 10	21 06	21 01	20 55	20 49	20 42
17	21 59	21 55	21 51	21 47	21 42	21 37	21 32	21 26	21 19	21 12	21 03	20 54	20 43	20 29

MOONSET

Lat.	+40°	+42°	+44°	+46°	+48°	+50°	+52°	+54°	+56°	+58°	+60°	+62°	+64°	+66°
	h m	h m	h m	h m	h m	h m	h m	h m	h m	h m	h m	h m	h m	h m
July 24	16 27	16 35	16 43	16 52	17 02	17 13	17 25	17 39	17 55	18 14	18 39	19 12	20 09	□
25	17 24	17 33	17 41	17 51	18 02	18 14	18 27	18 42	19 01	19 23	19 52	20 36	□	□
26	18 16	18 24	18 33	18 43	18 53	19 05	19 19	19 34	19 53	20 15	20 44	21 27	□	□
27	19 01	19 09	19 17	19 26	19 36	19 47	19 59	20 13	20 30	20 49	21 13	21 46	22 39	□
28	19 40	19 46	19 53	20 01	20 10	20 19	20 30	20 41	20 55	21 10	21 29	21 51	22 21	23 07
29	20 12	20 18	20 23	20 30	20 37	20 44	20 52	21 01	21 12	21 23	21 37	21 53	22 12	22 36
30	20 40	20 44	20 49	20 53	20 58	21 04	21 10	21 16	21 24	21 32	21 41	21 52	22 05	22 19
31	21 05	21 08	21 11	21 14	21 17	21 20	21 24	21 28	21 33	21 38	21 44	21 51	21 58	22 07
Aug. 1	21 28	21 29	21 31	21 32	21 33	21 35	21 37	21 39	21 41	21 43	21 46	21 49	21 52	21 56
2	21 50	21 50	21 50	21 50	21 49	21 49	21 49	21 48	21 48	21 48	21 47	21 47	21 46	21 45
3	22 13	22 12	22 10	22 08	22 06	22 04	22 01	21 58	21 56	21 52	21 49	21 44	21 40	21 34
4	22 39	22 36	22 32	22 28	22 24	22 20	22 15	22 10	22 04	21 58	21 51	21 43	21 33	21 22
5	23 08	23 03	22 58	22 53	22 47	22 40	22 33	22 25	22 16	22 06	21 55	21 41	21 25	21 06
6	23 44	23 38	23 31	23 23	23 15	23 06	22 57	22 46	22 33	22 19	22 02	21 41	21 15	20 39
7	.. ..	.. ..	.. ..	.. ..	23 54	23 43	23 31	23 17	23 01	22 41	22 17	21 45	20 52	■
8	0 29	0 22	0 13	0 04	.. ..	.. ..	.. ..	.. ..	23 47	23 23	22 52	22 04	■	■
9	1 26	1 18	1 09	0 59	0 48	0 36	0 22	0 06	.. ..	.. ..	23 21	■	■	■
10	2 35	2 27	2 18	2 09	1 58	1 46	1 32	1 17	0 58	0 36	0 06	.. ..	■	■
11	3 52	3 45	3 38	3 29	3 20	3 10	2 59	2 46	2 31	2 13	1 52	1 24	0 43	■
12	5 12	5 07	5 01	4 54	4 48	4 40	4 32	4 22	4 12	4 00	3 45	3 28	3 07	2 40
13	6 30	6 26	6 22	6 18	6 14	6 09	6 03	5 57	5 51	5 43	5 35	5 25	5 13	4 59
14	7 44	7 42	7 40	7 38	7 36	7 34	7 31	7 28	7 25	7 21	7 17	7 12	7 07	7 01
15	8 55	8 54	8 54	8 54	8 54	8 54	8 54	8 54	8 54	8 54	8 53	8 53	8 53	8 53
16	10 02	10 04	10 06	10 08	10 09	10 12	10 14	10 16	10 19	10 22	10 26	10 30	10 34	10 40
17	11 09	11 12	11 15	11 19	11 23	11 27	11 32	11 37	11 43	11 49	11 57	12 05	12 15	12 27

□ indicates Moon continuously above horizon.
■ indicates Moon continuously below horizon.
.. .. indicates phenomenon will occur the next day.

MOONRISE AND MOONSET, 2022

UNIVERSAL TIME FOR MERIDIAN OF GREENWICH

MOONRISE

Lat.	−55°	−50°	−45°	−40°	−35°	−30°	−20°	−10°	0°	+10°	+20°	+30°	+35°	+40°
	h m	h m	h m	h m	h m	h m	h m	h m	h m	h m	h m	h m	h m	h m
Aug. 16	23 01	22 51	22 43	22 37	22 32	22 27	22 19	22 11	22 05	21 58	21 51	21 43	21 39	21 34
17	.. ..	.. ..	23 53	23 43	23 34	23 26	23 12	23 01	22 50	22 39	22 28	22 15	22 07	21 59
18	0 22	0 06	.. ..	.. ..	.. ..	.. ..	.. ..	23 50	23 36	23 21	23 06	22 48	22 38	22 26
19	1 42	1 19	1 01	0 47	0 35	0 24	0 06	.. ..	.. ..	.. ..	23 47	23 25	23 12	22 58
20	3 00	2 31	2 08	1 50	1 35	1 22	1 00	0 41	0 23	0 05	.. ..	.. ..	23 52	23 35
21	4 13	3 38	3 11	2 51	2 34	2 19	1 54	1 32	1 12	0 52	0 31	0 06	.. ..	.. ..
22	5 16	4 37	4 09	3 47	3 29	3 13	2 47	2 24	2 02	1 41	1 18	0 52	0 36	0 18
23	6 06	5 28	5 00	4 38	4 20	4 04	3 37	3 15	2 53	2 32	2 09	1 43	1 27	1 09
24	6 41	6 07	5 42	5 22	5 05	4 50	4 25	4 04	3 44	3 23	3 02	2 37	2 22	2 05
25	7 06	6 38	6 16	5 59	5 44	5 31	5 10	4 51	4 33	4 15	3 56	3 33	3 20	3 05
26	7 23	7 01	6 44	6 31	6 19	6 08	5 50	5 35	5 20	5 05	4 49	4 31	4 20	4 08
27	7 36	7 20	7 08	6 58	6 49	6 41	6 28	6 16	6 05	5 54	5 42	5 29	5 21	5 11
28	7 46	7 36	7 29	7 22	7 17	7 12	7 04	6 56	6 49	6 42	6 34	6 26	6 21	6 15
29	7 55	7 51	7 48	7 45	7 43	7 41	7 38	7 35	7 32	7 29	7 26	7 23	7 21	7 19
30	8 03	8 05	8 06	8 08	8 09	8 10	8 12	8 14	8 15	8 17	8 19	8 21	8 22	8 23
31	8 12	8 20	8 26	8 31	8 36	8 40	8 47	8 54	9 00	9 06	9 12	9 20	9 24	9 29
Sept. 1	8 22	8 36	8 48	8 57	9 05	9 12	9 25	9 36	9 46	9 57	10 08	10 21	10 29	10 37
2	8 36	8 57	9 14	9 27	9 39	9 49	10 07	10 22	10 37	10 51	11 07	11 25	11 36	11 48
3	8 57	9 25	9 46	10 04	10 19	10 32	10 54	11 13	11 31	11 50	12 09	12 32	12 46	13 01
4	9 28	10 03	10 29	10 50	11 07	11 22	11 48	12 10	12 31	12 51	13 14	13 40	13 55	14 13
5	10 17	10 56	11 24	11 47	12 05	12 21	12 48	13 11	13 33	13 55	14 18	14 45	15 01	15 20
6	11 28	12 06	12 33	12 54	13 12	13 27	13 53	14 16	14 37	14 57	15 20	15 45	16 01	16 18
7	12 58	13 28	13 51	14 09	14 25	14 38	15 01	15 20	15 38	15 56	16 16	16 38	16 51	17 06
8	14 34	14 56	15 13	15 27	15 39	15 49	16 07	16 22	16 37	16 51	17 06	17 23	17 33	17 45
9	16 09	16 23	16 35	16 44	16 52	16 59	17 11	17 21	17 31	17 40	17 51	18 02	18 09	18 16

MOONSET

Lat.	−55°	−50°	−45°	−40°	−35°	−30°	−20°	−10°	0°	+10°	+20°	+30°	+35°	+40°
	h m	h m	h m	h m	h m	h m	h m	h m	h m	h m	h m	h m	h m	h m
Aug. 16	9 05	9 11	9 16	9 20	9 23	9 27	9 32	9 37	9 41	9 46	9 50	9 56	9 59	10 02
17	9 15	9 27	9 37	9 45	9 51	9 58	10 08	10 17	10 26	10 35	10 44	10 55	11 01	11 09
18	9 27	9 45	9 59	10 11	10 21	10 30	10 45	10 59	11 12	11 24	11 38	11 54	12 03	12 14
19	9 41	10 06	10 25	10 40	10 54	11 05	11 25	11 42	11 58	12 15	12 32	12 52	13 04	13 18
20	10 02	10 32	10 56	11 15	11 30	11 44	12 07	12 28	12 47	13 06	13 26	13 50	14 04	14 20
21	10 31	11 07	11 33	11 55	12 12	12 27	12 53	13 15	13 36	13 57	14 19	14 45	15 01	15 18
22	11 12	11 51	12 19	12 41	13 00	13 16	13 42	14 05	14 27	14 48	15 11	15 38	15 54	16 12
23	12 08	12 46	13 13	13 35	13 53	14 08	14 34	14 57	15 18	15 39	16 01	16 27	16 42	16 59
24	13 16	13 49	14 14	14 33	14 50	15 04	15 28	15 48	16 08	16 27	16 47	17 10	17 24	17 40
25	14 31	14 58	15 19	15 35	15 49	16 01	16 22	16 39	16 56	17 12	17 29	17 49	18 01	18 14
26	15 50	16 10	16 26	16 39	16 49	16 59	17 15	17 29	17 42	17 55	18 09	18 24	18 33	18 44
27	17 09	17 23	17 33	17 42	17 50	17 56	18 07	18 17	18 26	18 35	18 45	18 56	19 02	19 09
28	18 28	18 35	18 41	18 46	18 50	18 53	18 59	19 05	19 10	19 15	19 20	19 26	19 29	19 33
29	19 47	19 48	19 49	19 49	19 50	19 50	19 51	19 52	19 53	19 53	19 54	19 55	19 55	19 55
30	21 07	21 02	20 58	20 54	20 51	20 49	20 44	20 40	20 36	20 32	20 28	20 24	20 21	20 18
31	22 30	22 19	22 09	22 01	21 55	21 49	21 39	21 30	21 21	21 13	21 04	20 55	20 49	20 42
Sept. 1	23 57	23 38	23 23	23 11	23 00	22 51	22 36	22 22	22 10	21 57	21 44	21 29	21 20	21 10
2	.. ..	.. ..	.. ..	.. ..	.. ..	23 57	23 36	23 19	23 02	22 46	22 28	22 08	21 56	21 43
3	1 27	1 00	0 39	0 23	0 09	.. ..	.. ..	.. ..	23 59	23 39	23 18	22 54	22 40	22 24
4	2 55	2 21	1 56	1 36	1 19	1 04	0 40	0 19	.. ..	.. ..	.. ..	23 49	23 33	23 15
5	4 15	3 36	3 08	2 46	2 27	2 11	1 45	1 22	1 00	0 39	0 16	.. ..	.. ..	.. ..
6	5 15	4 38	4 10	3 48	3 30	3 14	2 48	2 25	2 03	1 42	1 19	0 52	0 36	0 17
7	5 56	5 24	5 00	4 41	4 25	4 11	3 47	3 26	3 06	2 47	2 25	2 01	1 46	1 29
8	6 22	5 58	5 40	5 24	5 11	5 00	4 40	4 23	4 07	3 50	3 33	3 12	3 00	2 46
9	6 40	6 23	6 10	5 59	5 50	5 42	5 27	5 15	5 03	4 51	4 38	4 23	4 14	4 04

.. .. indicates phenomenon will occur the next day.

UNIVERSAL TIME FOR MERIDIAN OF GREENWICH

MOONRISE

Lat.	+40°	+42°	+44°	+46°	+48°	+50°	+52°	+54°	+56°	+58°	+60°	+62°	+64°	+66°
	h m	h m	h m	h m	h m	h m	h m	h m	h m	h m	h m	h m	h m	h m
Aug. 16	21 34	21 31	21 29	21 26	21 24	21 21	21 17	21 14	21 10	21 06	21 01	20 55	20 49	20 42
17	21 59	21 55	21 51	21 47	21 42	21 37	21 32	21 26	21 19	21 12	21 03	20 54	20 43	20 29
18	22 26	22 21	22 16	22 10	22 03	21 56	21 49	21 40	21 30	21 20	21 07	20 52	20 35	20 13
19	22 58	22 52	22 45	22 37	22 29	22 20	22 10	21 59	21 46	21 31	21 14	20 53	20 25	19 47
20	23 35	23 27	23 19	23 11	23 01	22 50	22 38	22 24	22 09	21 50	21 27	20 56	20 09	□
21	.. ..	.. ..	.. ..	23 52	23 41	23 29	23 16	23 00	22 42	22 20	21 51	21 09	□	□
22	0 18	0 10	0 01	.. ..	.. ..	.. ..	.. ..	23 49	23 30	23 07	22 37	21 50	□	□
23	1 09	1 00	0 51	0 42	0 31	0 19	0 05	.. ..	.. ..	.. ..	23 47	23 10	□	□
24	2 05	1 57	1 49	1 39	1 29	1 18	1 05	0 51	0 34	0 13	.. ..	.. ..	□	23 00
25	3 05	2 58	2 51	2 43	2 34	2 25	2 14	2 02	1 48	1 31	1 11	0 46	0 10	.. ..
26	4 08	4 02	3 57	3 50	3 43	3 36	3 27	3 18	3 07	2 54	2 40	2 23	2 01	1 33
27	5 11	5 07	5 03	4 58	4 53	4 48	4 42	4 35	4 27	4 19	4 09	3 58	3 44	3 28
28	6 15	6 12	6 10	6 07	6 04	6 00	5 57	5 52	5 48	5 43	5 37	5 31	5 23	5 14
29	7 19	7 18	7 17	7 16	7 14	7 13	7 12	7 10	7 08	7 06	7 04	7 02	6 59	6 56
30	8 23	8 24	8 24	8 25	8 26	8 26	8 27	8 28	8 29	8 30	8 32	8 33	8 35	8 37
31	9 29	9 31	9 33	9 36	9 39	9 42	9 45	9 48	9 52	9 57	10 02	10 08	10 14	10 22
Sept. 1	10 37	10 41	10 45	10 50	10 54	11 00	11 06	11 12	11 19	11 27	11 36	11 47	12 00	12 15
2	11 48	11 54	12 00	12 06	12 13	12 21	12 29	12 39	12 50	13 02	13 17	13 34	13 56	14 25
3	13 01	13 08	13 16	13 24	13 33	13 43	13 54	14 07	14 22	14 40	15 01	15 29	16 10	■
4	14 13	14 21	14 30	14 40	14 50	15 02	15 16	15 32	15 50	16 12	16 42	17 27	■	■
5	15 20	15 29	15 38	15 48	15 59	16 12	16 26	16 42	17 02	17 26	17 58	18 52	■	■
6	16 18	16 26	16 35	16 44	16 54	17 06	17 19	17 33	17 51	18 11	18 37	19 13	20 26	■
7	17 06	17 13	17 20	17 28	17 36	17 45	17 56	18 07	18 21	18 36	18 54	19 17	19 46	20 29
8	17 45	17 50	17 55	18 01	18 07	18 14	18 22	18 30	18 39	18 50	19 02	19 16	19 33	19 54
9	18 16	18 20	18 23	18 27	18 31	18 36	18 41	18 46	18 52	18 58	19 06	19 14	19 24	19 35

MOONSET

Lat.	+40°	+42°	+44°	+46°	+48°	+50°	+52°	+54°	+56°	+58°	+60°	+62°	+64°	+66°
	h m	h m	h m	h m	h m	h m	h m	h m	h m	h m	h m	h m	h m	h m
Aug. 16	10 02	10 04	10 06	10 08	10 09	10 12	10 14	10 16	10 19	10 22	10 26	10 30	10 34	10 40
17	11 09	11 12	11 15	11 19	11 23	11 27	11 32	11 37	11 43	11 49	11 57	12 05	12 15	12 27
18	12 14	12 18	12 23	12 29	12 35	12 41	12 48	12 56	13 05	13 15	13 27	13 41	13 57	14 18
19	13 18	13 24	13 30	13 37	13 45	13 54	14 03	14 14	14 26	14 40	14 57	15 18	15 44	16 22
20	14 20	14 27	14 35	14 43	14 53	15 03	15 15	15 28	15 44	16 02	16 25	16 55	17 42	□
21	15 18	15 26	15 35	15 45	15 55	16 07	16 20	16 36	16 54	17 16	17 44	18 26	□	□
22	16 12	16 20	16 29	16 39	16 50	17 02	17 16	17 32	17 51	18 14	18 44	19 31	□	□
23	16 59	17 07	17 16	17 25	17 36	17 47	18 00	18 15	18 32	18 53	19 19	19 56	□	□
24	17 40	17 47	17 55	18 03	18 12	18 22	18 33	18 46	19 00	19 17	19 38	20 04	20 40	21 51
25	18 14	18 20	18 26	18 33	18 41	18 49	18 58	19 08	19 19	19 32	19 47	20 05	20 27	20 57
26	18 44	18 48	18 53	18 58	19 04	19 10	19 17	19 24	19 32	19 42	19 52	20 05	20 19	20 36
27	19 09	19 12	19 16	19 19	19 23	19 27	19 32	19 37	19 42	19 48	19 55	20 03	20 12	20 22
28	19 33	19 34	19 36	19 38	19 40	19 42	19 45	19 47	19 50	19 53	19 57	20 01	20 05	20 11
29	19 55	19 56	19 56	19 56	19 56	19 56	19 57	19 57	19 57	19 57	19 58	19 58	19 59	20 00
30	20 18	20 17	20 15	20 14	20 12	20 11	20 09	20 07	20 04	20 02	19 59	19 56	19 52	19 48
31	20 42	20 40	20 37	20 33	20 30	20 26	20 22	20 17	20 12	20 07	20 01	19 54	19 46	19 36
Sept. 1	21 10	21 06	21 01	20 56	20 50	20 44	20 38	20 31	20 23	20 14	20 03	19 52	19 38	19 21
2	21 43	21 37	21 31	21 24	21 16	21 08	20 59	20 49	20 37	20 24	20 09	19 50	19 28	18 58
3	22 24	22 16	22 08	22 00	21 50	21 40	21 28	21 15	20 59	20 41	20 19	19 51	19 10	■
4	23 15	23 06	22 57	22 48	22 37	22 25	22 11	21 55	21 36	21 14	20 44	19 59	■	■
5	.. ..	.. ..	23 59	23 49	23 38	23 26	23 12	22 55	22 36	22 12	21 40	20 46	■	■
6	0 17	0 09	.. ..	.. ..	.. ..	.. ..	.. ..	.. ..	23 59	23 39	23 13	22 37	21 25	■
7	1 29	1 21	1 13	1 04	0 54	0 43	0 30	0 16	.. ..	.. ..	.. ..	.. ..	.. ..	23 31
8	2 46	2 40	2 33	2 26	2 18	2 09	1 59	1 48	1 36	1 21	1 03	0 42	0 14	.. ..
9	4 04	3 59	3 55	3 49	3 44	3 38	3 31	3 23	3 15	3 05	2 54	2 41	2 25	2 06

□ indicates Moon continuously above horizon.
■ indicates Moon continuously below horizon.
.. .. indicates phenomenon will occur the next day.

MOONRISE AND MOONSET, 2022

UNIVERSAL TIME FOR MERIDIAN OF GREENWICH

MOONRISE

Lat.	−55°	−50°	−45°	−40°	−35°	−30°	−20°	−10°	0°	+10°	+20°	+30°	+35°	+40°
	h m	h m	h m	h m	h m	h m	h m	h m	h m	h m	h m	h m	h m	h m
Sept. 8	14 34	14 56	15 13	15 27	15 39	15 49	16 07	16 22	16 37	16 51	17 06	17 23	17 33	17 45
9	16 09	16 23	16 35	16 44	16 52	16 59	17 11	17 21	17 31	17 40	17 51	18 02	18 09	18 16
10	17 41	17 48	17 53	17 58	18 02	18 05	18 11	18 16	18 21	18 26	18 31	18 37	18 40	18 44
11	19 09	19 09	19 09	19 09	19 09	19 09	19 09	19 09	19 09	19 09	19 09	19 09	19 09	19 09
12	20 35	20 28	20 22	20 18	20 14	20 11	20 05	20 00	19 55	19 50	19 45	19 40	19 37	19 33
13	21 59	21 45	21 34	21 25	21 18	21 11	21 00	20 50	20 41	20 32	20 22	20 11	20 05	19 58
14	23 21	23 01	22 45	22 32	22 21	22 11	21 55	21 41	21 28	21 14	21 00	20 45	20 35	20 25
15	.. ..	.. ..	23 54	23 37	23 23	23 11	22 50	22 32	22 15	21 59	21 41	21 21	21 09	20 55
16	0 43	0 15	.. ..	.. ..	.. ..	.. ..	23 45	23 24	23 04	22 45	22 24	22 01	21 47	21 31
17	2 00	1 26	1 00	0 40	0 24	0 09	.. ..	.. ..	23 55	23 34	23 11	22 45	22 30	22 12
18	3 08	2 29	2 01	1 39	1 21	1 05	0 39	0 16	.. ..	.. ..	.. ..	23 34	23 18	23 00
19	4 03	3 24	2 55	2 33	2 14	1 58	1 31	1 08	0 46	0 24	0 01	.. ..	.. ..	23 54
20	4 43	4 07	3 40	3 19	3 01	2 46	2 20	1 58	1 37	1 16	0 53	0 27	0 12	.. ..
21	5 11	4 40	4 17	3 58	3 43	3 29	3 06	2 45	2 26	2 07	1 47	1 23	1 09	0 53
22	5 30	5 06	4 47	4 32	4 19	4 07	3 48	3 30	3 14	2 58	2 41	2 21	2 09	1 55
23	5 44	5 26	5 12	5 00	4 50	4 42	4 26	4 13	4 00	3 48	3 34	3 19	3 09	2 59
24	5 55	5 43	5 34	5 26	5 19	5 13	5 03	4 54	4 45	4 36	4 27	4 16	4 10	4 03
25	6 04	5 58	5 53	5 49	5 46	5 43	5 38	5 33	5 28	5 24	5 19	5 14	5 11	5 07
26	6 12	6 12	6 12	6 12	6 12	6 12	6 12	6 12	6 12	6 12	6 12	6 12	6 12	6 12
27	6 21	6 26	6 31	6 35	6 39	6 42	6 47	6 52	6 57	7 01	7 06	7 12	7 15	7 19
28	6 30	6 42	6 52	7 00	7 07	7 14	7 25	7 34	7 43	7 53	8 02	8 14	8 20	8 28
29	6 43	7 02	7 17	7 29	7 40	7 49	8 05	8 20	8 33	8 47	9 01	9 18	9 28	9 39
30	7 01	7 27	7 47	8 04	8 18	8 30	8 51	9 10	9 27	9 44	10 03	10 25	10 38	10 53
Oct. 1	7 28	8 01	8 26	8 47	9 03	9 18	9 43	10 05	10 25	10 45	11 07	11 33	11 48	12 05
2	8 10	8 49	9 17	9 40	9 58	10 14	10 41	11 04	11 26	11 48	12 11	12 39	12 55	13 14

MOONSET

Lat.	−55°	−50°	−45°	−40°	−35°	−30°	−20°	−10°	0°	+10°	+20°	+30°	+35°	+40°
	h m	h m	h m	h m	h m	h m	h m	h m	h m	h m	h m	h m	h m	h m
Sept. 8	6 22	5 58	5 40	5 24	5 11	5 00	4 40	4 23	4 07	3 50	3 33	3 12	3 00	2 46
9	6 40	6 23	6 10	5 59	5 50	5 42	5 27	5 15	5 03	4 51	4 38	4 23	4 14	4 04
10	6 52	6 43	6 35	6 29	6 23	6 18	6 10	6 02	5 55	5 48	5 40	5 31	5 25	5 19
11	7 03	7 00	6 57	6 55	6 53	6 52	6 49	6 46	6 44	6 41	6 39	6 36	6 34	6 32
12	7 12	7 15	7 17	7 20	7 21	7 23	7 26	7 29	7 31	7 33	7 36	7 39	7 40	7 42
13	7 21	7 30	7 38	7 44	7 49	7 54	8 03	8 10	8 17	8 24	8 31	8 40	8 45	8 50
14	7 32	7 47	8 00	8 10	8 19	8 27	8 40	8 52	9 03	9 14	9 26	9 40	9 48	9 58
15	7 45	8 07	8 24	8 38	8 50	9 01	9 19	9 35	9 50	10 05	10 21	10 40	10 51	11 04
16	8 03	8 31	8 53	9 11	9 26	9 39	10 01	10 21	10 39	10 57	11 17	11 39	11 53	12 08
17	8 28	9 03	9 28	9 49	10 06	10 21	10 46	11 08	11 29	11 49	12 11	12 37	12 52	13 09
18	9 04	9 43	10 11	10 34	10 52	11 08	11 35	11 58	12 20	12 41	13 04	13 31	13 47	14 05
19	9 55	10 34	11 03	11 25	11 44	11 59	12 26	12 49	13 11	13 32	13 55	14 22	14 37	14 55
20	10 59	11 35	12 01	12 22	12 39	12 54	13 19	13 41	14 01	14 21	14 42	15 07	15 22	15 38
21	12 13	12 43	13 05	13 23	13 38	13 51	14 13	14 32	14 50	15 07	15 26	15 48	16 00	16 15
22	13 31	13 54	14 12	14 26	14 38	14 49	15 07	15 22	15 37	15 51	16 06	16 24	16 34	16 45
23	14 51	15 07	15 19	15 30	15 39	15 46	16 00	16 11	16 22	16 33	16 44	16 57	17 04	17 12
24	16 11	16 20	16 28	16 34	16 39	16 44	16 52	16 59	17 06	17 12	17 19	17 27	17 32	17 37
25	17 31	17 34	17 36	17 39	17 40	17 42	17 45	17 47	17 49	17 51	17 54	17 56	17 58	17 59
26	18 52	18 49	18 46	18 44	18 42	18 41	18 38	18 35	18 33	18 31	18 28	18 26	18 24	18 22
27	20 16	20 06	19 58	19 52	19 46	19 41	19 33	19 25	19 19	19 12	19 04	18 56	18 51	18 46
28	21 43	21 26	21 13	21 02	20 52	20 44	20 30	20 18	20 07	19 55	19 43	19 30	19 22	19 13
29	23 13	22 49	22 29	22 14	22 01	21 50	21 31	21 14	20 58	20 43	20 26	20 07	19 57	19 44
30	.. ..	.. ..	23 47	23 27	23 11	22 57	22 34	22 13	21 54	21 35	21 15	20 52	20 38	20 22
Oct. 1	0 44	0 11	.. ..	.. ..	.. ..	.. ..	23 38	23 15	22 54	22 33	22 10	21 43	21 28	21 10
2	2 07	1 28	1 00	0 38	0 20	0 04	.. ..	.. ..	23 56	23 34	23 10	22 43	22 27	22 08

.. .. indicates phenomenon will occur the next day.

UNIVERSAL TIME FOR MERIDIAN OF GREENWICH

MOONRISE

Lat.	+40°	+42°	+44°	+46°	+48°	+50°	+52°	+54°	+56°	+58°	+60°	+62°	+64°	+66°
	h m	h m	h m	h m	h m	h m	h m	h m	h m	h m	h m	h m	h m	h m
Sept. 8	17 45	17 50	17 55	18 01	18 07	18 14	18 22	18 30	18 39	18 50	19 02	19 16	19 33	19 54
9	18 16	18 20	18 23	18 27	18 31	18 36	18 41	18 46	18 52	18 58	19 06	19 14	19 24	19 35
10	18 44	18 46	18 47	18 49	18 51	18 53	18 56	18 58	19 01	19 04	19 08	19 12	19 16	19 22
11	19 09	19 09	19 09	19 09	19 09	19 09	19 09	19 09	19 09	19 09	19 09	19 09	19 10	19 10
12	19 33	19 32	19 30	19 28	19 26	19 24	19 22	19 20	19 17	19 14	19 11	19 07	19 03	18 58
13	19 58	19 55	19 52	19 48	19 44	19 40	19 36	19 31	19 25	19 19	19 12	19 05	18 56	18 45
14	20 25	20 20	20 15	20 10	20 04	19 58	19 51	19 44	19 35	19 26	19 15	19 03	18 48	18 30
15	20 55	20 49	20 43	20 36	20 28	20 20	20 11	20 00	19 49	19 36	19 20	19 01	18 38	18 08
16	21 31	21 23	21 16	21 07	20 58	20 48	20 36	20 23	20 08	19 51	19 29	19 02	18 23	□
17	22 12	22 04	21 55	21 46	21 35	21 23	21 10	20 55	20 37	20 16	19 48	19 08	□	□
18	23 00	22 51	22 42	22 32	22 21	22 09	21 55	21 39	21 20	20 56	20 25	19 34	□	□
19	23 54	23 46	23 37	23 28	23 17	23 05	22 52	22 36	22 18	21 56	21 27	20 43	□	□
20	.. ..	.. ..	.. ..	.. ..	.. ..	.. ..	23 58	23 45	23 29	23 11	22 48	22 17	21 30	□
21	0 53	0 46	0 38	0 30	0 20	0 10	.. ..	.. ..	.. ..	.. ..	.. ..	23 56	23 30	22 53
22	1 55	1 49	1 43	1 36	1 28	1 19	1 10	0 59	0 47	0 33	0 16	.. ..	.. ..	.. ..
23	2 59	2 54	2 49	2 44	2 38	2 32	2 25	2 17	2 08	1 58	1 47	1 33	1 17	0 57
24	4 03	4 00	3 57	3 53	3 49	3 45	3 40	3 35	3 29	3 23	3 16	3 08	2 58	2 46
25	5 07	5 06	5 04	5 02	5 00	4 58	4 56	4 54	4 51	4 48	4 44	4 40	4 36	4 31
26	6 12	6 13	6 13	6 13	6 13	6 13	6 13	6 13	6 13	6 13	6 13	6 13	6 13	6 14
27	7 19	7 21	7 23	7 24	7 27	7 29	7 31	7 34	7 37	7 40	7 44	7 48	7 53	7 59
28	8 28	8 31	8 35	8 39	8 43	8 48	8 53	8 58	9 04	9 11	9 19	9 28	9 39	9 52
29	9 39	9 44	9 50	9 56	10 02	10 09	10 17	10 26	10 35	10 47	10 59	11 15	11 34	11 58
30	10 53	10 59	11 07	11 14	11 23	11 32	11 43	11 55	12 09	12 25	12 45	13 10	13 44	14 45
Oct. 1	12 05	12 13	12 22	12 31	12 42	12 53	13 07	13 22	13 40	14 01	14 29	15 10	■	■
2	13 14	13 22	13 32	13 42	13 53	14 06	14 20	14 37	14 57	15 21	15 55	16 55	■	■

MOONSET

Lat.	+40°	+42°	+44°	+46°	+48°	+50°	+52°	+54°	+56°	+58°	+60°	+62°	+64°	+66°
	h m	h m	h m	h m	h m	h m	h m	h m	h m	h m	h m	h m	h m	h m
Sept. 8	2 46	2 40	2 33	2 26	2 18	2 09	1 59	1 48	1 36	1 21	1 03	0 42	0 14	.. ..
9	4 04	3 59	3 55	3 49	3 44	3 38	3 31	3 23	3 15	3 05	2 54	2 41	2 25	2 06
10	5 19	5 17	5 14	5 11	5 08	5 04	5 00	4 56	4 51	4 45	4 39	4 32	4 24	4 14
11	6 32	6 31	6 30	6 29	6 28	6 27	6 26	6 24	6 23	6 21	6 19	6 17	6 14	6 11
12	7 42	7 43	7 44	7 45	7 46	7 47	7 48	7 49	7 51	7 52	7 54	7 56	7 59	8 01
13	8 50	8 53	8 56	8 58	9 02	9 05	9 09	9 13	9 17	9 22	9 28	9 34	9 42	9 51
14	9 58	10 02	10 06	10 11	10 16	10 21	10 28	10 34	10 42	10 51	11 01	11 12	11 26	11 42
15	11 04	11 09	11 15	11 22	11 29	11 37	11 45	11 55	12 06	12 19	12 34	12 52	13 14	13 44
16	12 08	12 15	12 22	12 30	12 39	12 49	13 00	13 13	13 27	13 45	14 05	14 32	15 10	□
17	13 09	13 17	13 26	13 35	13 45	13 57	14 10	14 25	14 42	15 04	15 31	16 11	□	□
18	14 05	14 14	14 23	14 33	14 44	14 56	15 10	15 26	15 45	16 09	16 40	17 31	□	□
19	14 55	15 04	15 12	15 22	15 33	15 45	15 58	16 14	16 33	16 55	17 24	18 08	□	□
20	15 38	15 46	15 54	16 03	16 12	16 23	16 35	16 49	17 05	17 24	17 47	18 18	19 05	□
21	16 15	16 21	16 28	16 35	16 44	16 52	17 02	17 14	17 26	17 41	17 58	18 19	18 46	19 24
22	16 45	16 51	16 56	17 02	17 08	17 15	17 23	17 31	17 41	17 52	18 04	18 18	18 36	18 57
23	17 12	17 16	17 20	17 24	17 29	17 34	17 39	17 45	17 51	17 59	18 07	18 16	18 27	18 40
24	17 37	17 39	17 41	17 44	17 46	17 49	17 52	17 56	18 00	18 04	18 09	18 14	18 20	18 27
25	17 59	18 00	18 01	18 02	18 03	18 04	18 05	18 06	18 07	18 08	18 10	18 11	18 13	18 16
26	18 22	18 21	18 20	18 20	18 19	18 18	18 16	18 15	18 14	18 12	18 11	18 09	18 06	18 04
27	18 46	18 44	18 41	18 39	18 36	18 32	18 29	18 25	18 21	18 17	18 12	18 06	17 59	17 52
28	19 13	19 09	19 05	19 00	18 55	18 50	18 44	18 38	18 31	18 23	18 14	18 03	17 51	17 37
29	19 44	19 38	19 33	19 26	19 19	19 11	19 03	18 54	18 43	18 31	18 17	18 01	17 41	17 16
30	20 22	20 15	20 08	19 59	19 50	19 40	19 29	19 17	19 02	18 46	18 25	18 00	17 25	16 22
Oct. 1	21 10	21 02	20 53	20 43	20 32	20 21	20 07	19 52	19 34	19 12	18 43	18 02	■	■
2	22 08	21 59	21 50	21 40	21 28	21 16	21 01	20 45	20 25	20 00	19 26	18 27	■	■

□ indicates Moon continuously above horizon.
■ indicates Moon continuously below horizon.
.. .. indicates phenomenon will occur the next day.

MOONRISE AND MOONSET, 2022

UNIVERSAL TIME FOR MERIDIAN OF GREENWICH

MOONRISE

Lat.	−55°	−50°	−45°	−40°	−35°	−30°	−20°	−10°	0°	+10°	+20°	+30°	+35°	+40°
	h m	h m	h m	h m	h m	h m	h m	h m	h m	h m	h m	h m	h m	h m
Oct. 1	7 28	8 01	8 26	8 47	9 03	9 18	9 43	10 05	10 25	10 45	11 07	11 33	11 48	12 05
2	8 10	8 49	9 17	9 40	9 58	10 14	10 41	11 04	11 26	11 48	12 11	12 39	12 55	13 14
3	9 13	9 52	10 21	10 43	11 01	11 17	11 44	12 07	12 28	12 50	13 13	13 40	13 55	14 14
4	10 36	11 09	11 34	11 54	12 11	12 25	12 49	13 10	13 29	13 49	14 09	14 33	14 47	15 03
5	12 08	12 34	12 53	13 09	13 23	13 34	13 54	14 11	14 27	14 43	15 00	15 19	15 31	15 43
6	13 42	13 59	14 13	14 24	14 34	14 42	14 57	15 09	15 21	15 33	15 45	15 59	16 07	16 16
7	15 13	15 23	15 31	15 38	15 43	15 48	15 57	16 04	16 11	16 18	16 26	16 34	16 39	16 45
8	16 41	16 44	16 47	16 49	16 50	16 52	16 55	16 57	16 59	17 01	17 04	17 06	17 08	17 10
9	18 07	18 03	18 00	17 58	17 56	17 54	17 51	17 48	17 46	17 43	17 40	17 37	17 36	17 34
10	19 32	19 21	19 13	19 06	19 00	18 55	18 46	18 39	18 31	18 24	18 17	18 08	18 03	17 58
11	20 56	20 39	20 25	20 14	20 04	19 56	19 42	19 29	19 18	19 06	18 54	18 41	18 33	18 24
12	22 20	21 55	21 36	21 21	21 08	20 57	20 38	20 21	20 06	19 50	19 34	19 16	19 05	18 53
13	23 41	23 09	22 45	22 26	22 10	21 57	21 33	21 13	20 55	20 36	20 17	19 54	19 41	19 26
14	.. ..	.. ..	23 49	23 28	23 10	22 55	22 29	22 06	21 46	21 25	21 03	20 37	20 22	20 05
15	0 55	0 17	.. ..	.. ..	.. ..	23 49	23 22	22 59	22 37	22 15	21 52	21 25	21 09	20 51
16	1 56	1 16	0 47	0 24	0 06	.. ..	.. ..	23 50	23 28	23 07	22 44	22 17	22 01	21 43
17	2 42	2 04	1 36	1 14	0 55	0 40	0 13	.. ..	.. ..	23 58	23 37	23 12	22 57	22 40
18	3 15	2 41	2 16	1 56	1 39	1 25	1 00	0 38	0 18	.. ..	.. ..	.. ..	23 56	23 41
19	3 36	3 09	2 48	2 31	2 17	2 04	1 43	1 24	1 07	0 49	0 30	0 09	.. ..	.. ..
20	3 52	3 31	3 15	3 01	2 50	2 40	2 23	2 08	1 53	1 39	1 24	1 06	0 56	0 44
21	4 03	3 49	3 37	3 28	3 19	3 12	3 00	2 48	2 38	2 28	2 16	2 03	1 56	1 47
22	4 13	4 04	3 57	3 52	3 47	3 42	3 35	3 28	3 22	3 15	3 09	3 01	2 56	2 51
23	4 21	4 18	4 16	4 14	4 13	4 12	4 09	4 07	4 05	4 03	4 01	3 59	3 58	3 56
24	4 29	4 32	4 35	4 37	4 39	4 41	4 44	4 47	4 50	4 52	4 55	4 58	5 00	5 03
25	4 38	4 48	4 55	5 02	5 07	5 12	5 21	5 29	5 36	5 43	5 51	6 00	6 06	6 12

MOONSET

Lat.	−55°	−50°	−45°	−40°	−35°	−30°	−20°	−10°	0°	+10°	+20°	+30°	+35°	+40°
	h m	h m	h m	h m	h m	h m	h m	h m	h m	h m	h m	h m	h m	h m
Oct. 1	0 44	0 11	.. ..	.. ..	.. ..	0 04	23 38	23 15	22 54	22 33	22 10	21 43	21 28	21 10
2	2 07	1 28	1 00	0 38	0 20	0 04	.. ..	.. ..	23 56	23 34	23 10	22 43	22 27	22 08
3	3 13	2 34	2 05	1 43	1 24	1 08	0 41	0 18	.. ..	.. ..	.. ..	23 49	23 34	23 16
4	3 58	3 24	2 58	2 38	2 20	2 06	1 40	1 18	0 58	0 37	0 15	.. ..	.. ..	.. ..
5	4 28	4 00	3 39	3 22	3 08	2 55	2 34	2 15	1 57	1 39	1 20	0 58	0 45	0 30
6	4 47	4 27	4 12	3 59	3 48	3 38	3 22	3 07	2 53	2 39	2 24	2 07	1 57	1 45
7	5 00	4 48	4 38	4 29	4 22	4 16	4 05	3 55	3 45	3 36	3 26	3 14	3 07	3 00
8	5 10	5 05	5 00	4 56	4 52	4 49	4 44	4 39	4 34	4 30	4 25	4 19	4 16	4 12
9	5 19	5 20	5 20	5 20	5 20	5 21	5 21	5 21	5 21	5 22	5 22	5 22	5 22	5 22
10	5 28	5 35	5 40	5 44	5 48	5 51	5 57	6 02	6 07	6 12	6 17	6 23	6 27	6 31
11	5 38	5 51	6 01	6 09	6 17	6 23	6 34	6 44	6 53	7 03	7 13	7 24	7 31	7 39
12	5 49	6 09	6 24	6 36	6 47	6 57	7 13	7 27	7 41	7 54	8 09	8 25	8 35	8 46
13	6 05	6 31	6 51	7 07	7 21	7 33	7 54	8 12	8 29	8 46	9 04	9 26	9 38	9 52
14	6 26	6 59	7 24	7 43	8 00	8 14	8 38	9 00	9 19	9 39	10 00	10 25	10 39	10 56
15	6 58	7 36	8 04	8 26	8 44	9 00	9 26	9 49	10 10	10 32	10 55	11 21	11 37	11 56
16	7 43	8 23	8 52	9 15	9 33	9 50	10 17	10 40	11 02	11 24	11 47	12 14	12 30	12 49
17	8 42	9 20	9 48	10 10	10 28	10 43	11 09	11 32	11 53	12 14	12 36	13 02	13 17	13 34
18	9 53	10 25	10 50	11 09	11 25	11 39	12 03	12 23	12 42	13 01	13 21	13 44	13 58	14 13
19	11 09	11 35	11 55	12 11	12 25	12 36	12 56	13 13	13 29	13 45	14 02	14 22	14 33	14 46
20	12 28	12 47	13 02	13 14	13 25	13 34	13 49	14 02	14 15	14 27	14 40	14 55	15 04	15 14
21	13 48	14 00	14 10	14 18	14 25	14 31	14 41	14 51	14 59	15 07	15 16	15 26	15 32	15 39
22	15 07	15 13	15 18	15 22	15 26	15 29	15 34	15 38	15 42	15 47	15 51	15 56	15 59	16 02
23	16 29	16 28	16 28	16 28	16 27	16 27	16 27	16 27	16 26	16 26	16 25	16 25	16 25	16 24
24	17 52	17 45	17 40	17 35	17 31	17 28	17 22	17 16	17 11	17 06	17 01	16 55	16 52	16 48
25	19 20	19 06	18 55	18 46	18 38	18 31	18 19	18 09	17 59	17 50	17 39	17 28	17 21	17 14

.. .. indicates phenomenon will occur the next day.

UNIVERSAL TIME FOR MERIDIAN OF GREENWICH
MOONRISE

Lat.	+40°	+42°	+44°	+46°	+48°	+50°	+52°	+54°	+56°	+58°	+60°	+62°	+64°	+66°
	h m	h m	h m	h m	h m	h m	h m	h m	h m	h m	h m	h m	h m	h m
Oct. 1	12 05	12 13	12 22	12 31	12 42	12 53	13 07	13 22	13 40	14 01	14 29	15 10	▬	▬
2	13 14	13 22	13 32	13 42	13 53	14 06	14 20	14 37	14 57	15 21	15 55	16 55	▬	▬
3	14 14	14 22	14 31	14 41	14 51	15 04	15 17	15 33	15 51	16 14	16 43	17 28	▬	▬
4	15 03	15 10	15 18	15 27	15 36	15 46	15 58	16 11	16 25	16 43	17 04	17 31	18 09	▬
5	15 43	15 49	15 55	16 02	16 09	16 17	16 26	16 35	16 46	16 59	17 13	17 30	17 51	18 18
6	16 16	16 21	16 25	16 30	16 35	16 40	16 46	16 53	17 00	17 08	17 17	17 28	17 41	17 55
7	16 45	16 47	16 50	16 52	16 55	16 58	17 02	17 06	17 10	17 14	17 20	17 25	17 32	17 40
8	17 10	17 11	17 11	17 12	17 13	17 14	17 15	17 16	17 18	17 19	17 21	17 23	17 25	17 27
9	17 34	17 33	17 32	17 31	17 30	17 29	17 28	17 26	17 25	17 23	17 22	17 20	17 18	17 15
10	17 58	17 56	17 53	17 50	17 47	17 44	17 41	17 37	17 33	17 28	17 23	17 17	17 10	17 03
11	18 24	18 20	18 16	18 11	18 06	18 01	17 55	17 49	17 42	17 34	17 25	17 14	17 03	16 48
12	18 53	18 47	18 41	18 35	18 28	18 21	18 13	18 03	17 53	17 42	17 28	17 12	16 53	16 29
13	19 26	19 19	19 12	19 04	18 55	18 46	18 35	18 23	18 10	17 54	17 35	17 11	16 40	15 52
14	20 05	19 57	19 49	19 39	19 29	19 18	19 05	18 51	18 34	18 14	17 48	17 13	16 07	▢
15	20 51	20 42	20 33	20 23	20 12	20 00	19 46	19 30	19 11	18 47	18 16	17 25	▢	▢
16	21 43	21 34	21 25	21 15	21 04	20 52	20 38	20 22	20 03	19 39	19 08	18 16	▢	▢
17	22 40	22 32	22 24	22 15	22 05	21 54	21 41	21 26	21 09	20 49	20 23	19 46	18 19	▢
18	23 41	23 34	23 27	23 19	23 11	23 01	22 51	22 39	22 25	22 09	21 50	21 25	20 52	19 53
19	.. ..	.. ..	.. ..	.. ..	.. ..	.. ..	.. ..	23 55	23 45	23 33	23 20	23 03	22 43	22 17
20	0 44	0 38	0 33	0 27	0 20	0 13	0 04	.. ..	.. ..	.. ..	.. ..	.. ..	.. ..	.. ..
21	1 47	1 43	1 39	1 35	1 30	1 25	1 19	1 13	1 06	0 58	0 49	0 38	0 26	0 11
22	2 51	2 49	2 47	2 44	2 41	2 38	2 35	2 31	2 27	2 23	2 17	2 12	2 05	1 57
23	3 56	3 55	3 55	3 54	3 53	3 52	3 51	3 50	3 49	3 48	3 46	3 44	3 43	3 40
24	5 03	5 03	5 05	5 06	5 07	5 08	5 10	5 11	5 13	5 15	5 17	5 19	5 22	5 26
25	6 12	6 14	6 17	6 20	6 23	6 27	6 31	6 35	6 40	6 46	6 52	6 59	7 07	7 17

MOONSET

Lat.	+40°	+42°	+44°	+46°	+48°	+50°	+52°	+54°	+56°	+58°	+60°	+62°	+64°	+66°
	h m	h m	h m	h m	h m	h m	h m	h m	h m	h m	h m	h m	h m	h m
Oct. 1	21 10	21 02	20 53	20 43	20 32	20 21	20 07	19 52	19 34	19 12	18 43	18 02	▬	▬
2	22 08	21 59	21 50	21 40	21 28	21 16	21 01	20 45	20 25	20 00	19 26	18 27	▬	▬
3	23 16	23 08	22 59	22 49	22 39	22 27	22 13	21 58	21 40	21 17	20 48	20 04	▬	▬
4	.. ..	.. ..	.. ..	.. ..	23 58	23 49	23 38	23 25	23 11	22 54	22 33	22 07	21 30	▬
5	0 30	0 23	0 15	0 07	.. ..	.. ..	.. ..	.. ..	.. ..	.. ..	.. ..	.. ..	23 46	23 20
6	1 45	1 40	1 34	1 28	1 22	1 14	1 06	0 57	0 47	0 36	0 22	0 06	.. ..	.. ..
7	3 00	2 56	2 53	2 49	2 44	2 40	2 34	2 29	2 22	2 15	2 07	1 58	1 46	1 33
8	4 12	4 10	4 08	4 06	4 04	4 02	4 00	3 57	3 54	3 51	3 47	3 42	3 37	3 32
9	5 22	5 22	5 22	5 22	5 22	5 22	5 22	5 22	5 22	5 23	5 23	5 23	5 23	5 23
10	6 31	6 32	6 34	6 36	6 38	6 41	6 43	6 46	6 49	6 53	6 56	7 01	7 06	7 12
11	7 39	7 42	7 46	7 50	7 54	7 58	8 03	8 09	8 15	8 22	8 30	8 39	8 50	9 03
12	8 46	8 51	8 56	9 02	9 08	9 15	9 23	9 31	9 41	9 52	10 04	10 19	10 37	11 00
13	9 52	9 59	10 06	10 13	10 22	10 31	10 41	10 52	11 05	11 21	11 39	12 02	12 32	13 20
14	10 56	11 04	11 12	11 21	11 31	11 42	11 54	12 09	12 25	12 45	13 10	13 45	14 50	▢
15	11 56	12 04	12 13	12 23	12 34	12 46	13 00	13 16	13 35	13 58	14 29	15 20	▢	▢
16	12 49	12 57	13 06	13 16	13 27	13 40	13 54	14 10	14 29	14 53	15 25	16 16	▢	▢
17	13 34	13 42	13 51	14 00	14 11	14 22	14 35	14 50	15 07	15 28	15 54	16 31	17 59	▢
18	14 13	14 20	14 28	14 36	14 45	14 55	15 05	15 18	15 32	15 49	16 08	16 33	17 07	18 07
19	14 46	14 52	14 58	15 04	15 11	15 19	15 28	15 38	15 49	16 01	16 15	16 33	16 54	17 21
20	15 14	15 18	15 23	15 28	15 33	15 39	15 45	15 52	16 00	16 09	16 19	16 31	16 44	17 00
21	15 39	15 42	15 45	15 48	15 51	15 55	15 59	16 04	16 09	16 15	16 21	16 28	16 36	16 46
22	16 02	16 03	16 05	16 06	16 08	16 10	16 12	16 14	16 16	16 19	16 22	16 25	16 29	16 33
23	16 24	16 24	16 24	16 24	16 24	16 24	16 23	16 23	16 23	16 23	16 23	16 22	16 22	16 21
24	16 48	16 46	16 44	16 42	16 40	16 38	16 36	16 33	16 30	16 27	16 23	16 19	16 15	16 09
25	17 14	17 10	17 07	17 03	16 59	16 54	16 50	16 44	16 38	16 32	16 25	16 16	16 07	15 55

▢ indicates Moon continuously above horizon.
▬ indicates Moon continuously below horizon.
.. .. indicates phenomenon will occur the next day.

MOONRISE AND MOONSET, 2022

UNIVERSAL TIME FOR MERIDIAN OF GREENWICH

MOONRISE

Lat.	−55°	−50°	−45°	−40°	−35°	−30°	−20°	−10°	0°	+10°	+20°	+30°	+35°	+40°
	h m	h m	h m	h m	h m	h m	h m	h m	h m	h m	h m	h m	h m	h m
Oct. 24	4 29	4 32	4 35	4 37	4 39	4 41	4 44	4 47	4 50	4 52	4 55	4 58	5 00	5 03
25	4 38	4 48	4 55	5 02	5 07	5 12	5 21	5 29	5 36	5 43	5 51	6 00	6 06	6 12
26	4 50	5 06	5 19	5 30	5 39	5 47	6 01	6 14	6 26	6 38	6 50	7 05	7 14	7 24
27	5 05	5 29	5 47	6 03	6 15	6 27	6 46	7 03	7 19	7 35	7 53	8 13	8 25	8 39
28	5 29	6 00	6 24	6 43	6 59	7 13	7 37	7 58	8 17	8 37	8 58	9 23	9 37	9 54
29	6 06	6 44	7 12	7 34	7 52	8 08	8 34	8 58	9 19	9 41	10 04	10 31	10 47	11 06
30	7 04	7 43	8 12	8 35	8 54	9 10	9 37	10 00	10 22	10 44	11 08	11 35	11 51	12 10
31	8 22	8 57	9 24	9 45	10 02	10 17	10 42	11 04	11 24	11 44	12 06	12 31	12 46	13 03
Nov. 1	9 52	10 20	10 41	10 59	11 13	11 26	11 47	12 05	12 23	12 40	12 58	13 19	13 31	13 45
2	11 24	11 44	12 00	12 13	12 24	12 33	12 50	13 04	13 17	13 30	13 44	14 00	14 09	14 19
3	12 55	13 07	13 17	13 25	13 32	13 39	13 49	13 58	14 07	14 16	14 25	14 35	14 41	14 48
4	14 22	14 27	14 32	14 35	14 39	14 41	14 46	14 50	14 54	14 58	15 03	15 07	15 10	15 13
5	15 46	15 45	15 44	15 43	15 43	15 42	15 41	15 41	15 40	15 39	15 39	15 38	15 37	15 37
6	17 09	17 02	16 56	16 51	16 46	16 42	16 36	16 30	16 25	16 20	16 14	16 08	16 04	16 00
7	18 33	18 18	18 07	17 58	17 50	17 43	17 31	17 20	17 10	17 01	16 50	16 39	16 32	16 25
8	19 56	19 35	19 18	19 04	18 53	18 43	18 26	18 11	17 57	17 43	17 29	17 12	17 03	16 52
9	21 19	20 50	20 28	20 11	19 56	19 43	19 22	19 03	18 46	18 29	18 10	17 49	17 37	17 23
10	22 37	22 01	21 35	21 15	20 57	20 43	20 18	19 56	19 36	19 16	18 55	18 31	18 16	18 00
11	23 45	23 05	22 36	22 14	21 55	21 39	21 12	20 49	20 28	20 06	19 43	19 17	19 01	18 43
12	.. ..	23 58	23 29	23 07	22 48	22 32	22 05	21 41	21 20	20 58	20 34	20 07	19 51	19 33
13	0 38	.. ..	.. ..	23 52	23 34	23 19	22 53	22 31	22 10	21 50	21 27	21 01	20 46	20 28
14	1 15	0 39	0 13	.. ..	.. ..	.. ..	23 38	23 18	22 59	22 41	22 21	21 57	21 44	21 28
15	1 41	1 11	0 48	0 30	0 14	0 01	.. ..	.. ..	23 46	23 30	23 14	22 54	22 43	22 29
16	1 58	1 35	1 17	1 02	0 49	0 38	0 19	0 02	.. ..	.. ..	.. ..	23 51	23 42	23 32
17	2 11	1 54	1 40	1 29	1 19	1 11	0 56	0 43	0 31	0 19	0 06	.. ..	.. ..	.. ..

MOONSET

Lat.	−55°	−50°	−45°	−40°	−35°	−30°	−20°	−10°	0°	+10°	+20°	+30°	+35°	+40°
	h m	h m	h m	h m	h m	h m	h m	h m	h m	h m	h m	h m	h m	h m
Oct. 24	17 52	17 45	17 40	17 35	17 31	17 28	17 22	17 16	17 11	17 06	17 01	16 55	16 52	16 48
25	19 20	19 06	18 55	18 46	18 38	18 31	18 19	18 09	17 59	17 50	17 39	17 28	17 21	17 14
26	20 52	20 30	20 13	19 59	19 47	19 37	19 20	19 05	18 51	18 37	18 22	18 05	17 55	17 44
27	22 26	21 55	21 33	21 15	21 00	20 46	20 24	20 04	19 46	19 29	19 09	18 47	18 35	18 20
28	23 55	23 17	22 50	22 29	22 11	21 56	21 30	21 07	20 46	20 26	20 03	19 38	19 23	19 05
29	.. ..	.. ..	.. ..	23 37	23 18	23 02	22 35	22 11	21 49	21 27	21 04	20 36	20 20	20 01
30	1 09	0 29	0 00	.. ..	.. ..	.. ..	23 36	23 13	22 52	22 31	22 08	21 41	21 25	21 07
31	2 01	1 24	0 57	0 36	0 18	0 02	.. ..	.. ..	23 53	23 34	23 13	22 50	22 36	22 19
Nov. 1	2 34	2 04	1 41	1 23	1 08	0 54	0 31	0 11	.. ..	.. ..	.. ..	23 58	23 47	23 34
2	2 55	2 33	2 16	2 01	1 49	1 39	1 20	1 04	0 49	0 34	0 17	.. ..	.. ..	.. ..
3	3 09	2 54	2 43	2 33	2 24	2 17	2 04	1 52	1 41	1 30	1 18	1 05	0 57	0 48
4	3 20	3 12	3 05	2 59	2 55	2 50	2 43	2 36	2 30	2 24	2 17	2 09	2 04	1 59
5	3 29	3 27	3 25	3 24	3 23	3 21	3 20	3 18	3 16	3 15	3 13	3 11	3 09	3 08
6	3 37	3 41	3 44	3 47	3 49	3 52	3 55	3 58	4 01	4 04	4 08	4 11	4 13	4 16
7	3 46	3 56	4 04	4 11	4 17	4 22	4 31	4 39	4 46	4 54	5 02	5 11	5 17	5 23
8	3 56	4 13	4 26	4 37	4 46	4 54	5 08	5 21	5 33	5 44	5 57	6 11	6 20	6 30
9	4 10	4 33	4 51	5 06	5 18	5 29	5 48	6 05	6 20	6 36	6 53	7 12	7 23	7 36
10	4 28	4 58	5 21	5 39	5 55	6 08	6 31	6 51	7 10	7 29	7 49	8 12	8 26	8 42
11	4 55	5 31	5 58	6 19	6 37	6 52	7 18	7 40	8 01	8 22	8 44	9 10	9 26	9 44
12	5 34	6 14	6 43	7 06	7 24	7 40	8 08	8 31	8 53	9 15	9 38	10 05	10 21	10 40
13	6 28	7 08	7 36	7 59	8 17	8 33	9 00	9 23	9 44	10 06	10 29	10 55	11 11	11 29
14	7 35	8 10	8 36	8 56	9 14	9 28	9 53	10 14	10 34	10 54	11 15	11 40	11 54	12 10
15	8 49	9 18	9 40	9 57	10 12	10 25	10 46	11 05	11 22	11 39	11 58	12 19	12 31	12 45
16	10 07	10 28	10 46	10 59	11 11	11 21	11 39	11 54	12 08	12 22	12 37	12 54	13 03	13 15
17	11 25	11 40	11 52	12 02	12 10	12 18	12 30	12 41	12 52	13 02	13 13	13 25	13 32	13 40

.. .. indicates phenomenon will occur the next day.

UNIVERSAL TIME FOR MERIDIAN OF GREENWICH
MOONRISE

Lat.	+40°	+42°	+44°	+46°	+48°	+50°	+52°	+54°	+56°	+58°	+60°	+62°	+64°	+66°
	h m	h m	h m	h m	h m	h m	h m	h m	h m	h m	h m	h m	h m	h m
Oct. 24	5 03	5 03	5 05	5 06	5 07	5 08	5 10	5 11	5 13	5 15	5 17	5 19	5 22	5 26
25	6 12	6 14	6 17	6 20	6 23	6 27	6 31	6 35	6 40	6 46	6 52	6 59	7 07	7 17
26	7 24	7 28	7 33	7 38	7 44	7 50	7 56	8 04	8 12	8 22	8 33	8 45	9 01	9 20
27	8 39	8 45	8 51	8 59	9 06	9 15	9 25	9 36	9 48	10 02	10 20	10 41	11 08	11 48
28	9 54	10 02	10 10	10 19	10 29	10 40	10 53	11 07	11 23	11 44	12 09	12 44	13 52	▬
29	11 06	11 15	11 24	11 34	11 45	11 58	12 12	12 29	12 48	13 13	13 46	14 44	▬	▬
30	12 10	12 18	12 27	12 38	12 49	13 01	13 15	13 32	13 51	14 15	14 47	15 40	▬	▬
31	13 03	13 10	13 19	13 28	13 37	13 48	14 01	14 15	14 31	14 50	15 14	15 45	16 36	▬
Nov. 1	13 45	13 51	13 58	14 05	14 13	14 22	14 31	14 42	14 54	15 08	15 25	15 44	16 09	16 43
2	14 19	14 24	14 29	14 34	14 40	14 46	14 53	15 01	15 09	15 19	15 30	15 42	15 57	16 15
3	14 48	14 51	14 54	14 58	15 01	15 05	15 10	15 14	15 20	15 25	15 32	15 39	15 48	15 58
4	15 13	15 15	15 16	15 18	15 19	15 21	15 23	15 25	15 28	15 30	15 33	15 36	15 40	15 44
5	15 37	15 37	15 36	15 36	15 36	15 36	15 35	15 35	15 35	15 34	15 34	15 33	15 33	15 32
6	16 00	15 58	15 57	15 55	15 52	15 50	15 48	15 45	15 42	15 38	15 35	15 30	15 26	15 20
7	16 25	16 21	16 18	16 14	16 10	16 06	16 01	15 56	15 50	15 43	15 36	15 28	15 18	15 07
8	16 52	16 47	16 42	16 36	16 30	16 24	16 17	16 09	16 00	15 50	15 39	15 25	15 10	14 50
9	17 23	17 17	17 10	17 03	16 55	16 46	16 37	16 26	16 14	16 00	15 43	15 24	14 59	14 25
10	18 00	17 52	17 44	17 35	17 26	17 15	17 03	16 50	16 34	16 16	15 53	15 24	14 39	▭
11	18 43	18 35	18 26	18 16	18 05	17 53	17 39	17 24	17 05	16 43	16 14	15 29	▭	▭
12	19 33	19 24	19 15	19 05	18 54	18 41	18 27	18 11	17 51	17 27	16 55	15 59	▭	▭
13	20 28	20 20	20 11	20 02	19 51	19 39	19 26	19 11	18 53	18 30	18 02	17 19	▭	▭
14	21 28	21 21	21 13	21 04	20 55	20 45	20 34	20 20	20 05	19 47	19 25	18 56	18 13	▭
15	22 29	22 24	22 17	22 10	22 03	21 54	21 45	21 35	21 23	21 10	20 54	20 34	20 10	19 36
16	23 32	23 27	23 22	23 17	23 12	23 06	22 59	22 51	22 43	22 33	22 22	22 09	21 54	21 35
17	.. ..	.. ..	.. ..	.. ..	.. ..	.. ..	.. ..	.. ..	.. ..	23 56	23 50	23 42	23 33	23 22

MOONSET

Lat.	+40°	+42°	+44°	+46°	+48°	+50°	+52°	+54°	+56°	+58°	+60°	+62°	+64°	+66°
	h m	h m	h m	h m	h m	h m	h m	h m	h m	h m	h m	h m	h m	h m
Oct. 24	16 48	16 46	16 44	16 42	16 40	16 38	16 36	16 33	16 30	16 27	16 23	16 19	16 15	16 09
25	17 14	17 10	17 07	17 03	16 59	16 54	16 50	16 44	16 38	16 32	16 25	16 16	16 07	15 55
26	17 44	17 39	17 33	17 28	17 21	17 15	17 07	16 59	16 50	16 39	16 27	16 14	15 57	15 37
27	18 20	18 13	18 06	17 59	17 50	17 41	17 31	17 19	17 06	16 51	16 33	16 11	15 43	15 02
28	19 05	18 57	18 49	18 39	18 29	18 18	18 05	17 50	17 33	17 13	16 47	16 11	15 02	▬
29	20 01	19 52	19 43	19 33	19 21	19 09	18 54	18 38	18 18	17 53	17 20	16 21	▬	▬
30	21 07	20 58	20 49	20 39	20 28	20 16	20 02	19 46	19 27	19 03	18 31	17 38	▬	▬
31	22 19	22 12	22 04	21 56	21 46	21 35	21 24	21 10	20 54	20 36	20 12	19 41	18 52	▬
Nov. 1	23 34	23 28	23 22	23 15	23 08	23 00	22 51	22 41	22 29	22 16	22 01	21 42	21 18	20 45
2	.. ..	.. ..	.. ..	.. ..	.. ..	.. ..	.. ..	.. ..	.. ..	23 55	23 45	23 34	23 20	23 04
3	0 48	0 44	0 39	0 35	0 30	0 24	0 18	0 11	0 04	.. ..	.. ..	.. ..	.. ..	.. ..
4	1 59	1 57	1 54	1 52	1 49	1 46	1 42	1 38	1 34	1 30	1 24	1 18	1 11	1 03
5	3 08	3 07	3 07	3 06	3 05	3 05	3 04	3 03	3 02	3 00	2 59	2 57	2 56	2 54
6	4 16	4 17	4 18	4 19	4 20	4 22	4 23	4 25	4 27	4 29	4 31	4 34	4 37	4 41
7	5 23	5 25	5 28	5 31	5 35	5 38	5 42	5 47	5 52	5 57	6 03	6 10	6 19	6 28
8	6 30	6 34	6 39	6 44	6 49	6 55	7 01	7 09	7 17	7 26	7 36	7 49	8 03	8 21
9	7 36	7 42	7 48	7 55	8 03	8 11	8 20	8 30	8 42	8 55	9 11	9 30	9 54	10 27
10	8 42	8 49	8 57	9 05	9 14	9 25	9 36	9 49	10 04	10 22	10 45	11 14	11 58	▭
11	9 44	9 52	10 01	10 10	10 21	10 33	10 46	11 01	11 20	11 42	12 11	12 55	▭	▭
12	10 40	10 48	10 58	11 08	11 19	11 31	11 45	12 02	12 21	12 46	13 18	14 13	▭	▭
13	11 29	11 37	11 46	11 56	12 07	12 18	12 32	12 48	13 06	13 28	13 57	14 41	▭	▭
14	12 10	12 18	12 26	12 35	12 44	12 55	13 07	13 20	13 35	13 54	14 16	14 46	15 30	▭
15	12 45	12 51	12 58	13 05	13 13	13 22	13 32	13 43	13 55	14 09	14 26	14 46	15 11	15 46
16	13 15	13 20	13 25	13 30	13 37	13 43	13 51	13 59	14 08	14 18	14 30	14 44	15 00	15 20
17	13 40	13 44	13 47	13 51	13 56	14 01	14 06	14 11	14 18	14 25	14 32	14 41	14 52	15 04

▭ indicates Moon continuously above horizon.
▬ indicates Moon continuously below horizon.
.. .. indicates phenomenon will occur the next day.

MOONRISE AND MOONSET, 2022

UNIVERSAL TIME FOR MERIDIAN OF GREENWICH

MOONRISE

Lat.	−55°	−50°	−45°	−40°	−35°	−30°	−20°	−10°	0°	+10°	+20°	+30°	+35°	+40°
	h m	h m	h m	h m	h m	h m	h m	h m	h m	h m	h m	h m	h m	h m
Nov. 16	1 58	1 35	1 17	1 02	0 49	0 38	0 19	0 02	.. ..	.. ..	.. ..	23 51	23 42	23 32
17	2 11	1 54	1 40	1 29	1 19	1 11	0 56	0 43	0 31	0 19	0 06	.. ..	.. ..	.. ..
18	2 21	2 10	2 01	1 53	1 47	1 41	1 31	1 22	1 14	1 06	0 57	0 47	0 41	0 34
19	2 29	2 24	2 19	2 16	2 13	2 10	2 05	2 01	1 57	1 53	1 48	1 44	1 41	1 38
20	2 37	2 37	2 38	2 38	2 38	2 39	2 39	2 40	2 40	2 40	2 41	2 41	2 42	2 42
21	2 46	2 52	2 57	3 01	3 05	3 09	3 15	3 20	3 25	3 30	3 35	3 42	3 45	3 49
22	2 56	3 08	3 19	3 27	3 35	3 42	3 53	4 03	4 13	4 23	4 33	4 45	4 52	5 00
23	3 09	3 29	3 45	3 58	4 09	4 19	4 36	4 51	5 05	5 19	5 35	5 52	6 03	6 15
24	3 29	3 57	4 18	4 36	4 50	5 03	5 25	5 45	6 03	6 21	6 40	7 03	7 17	7 32
25	4 01	4 36	5 02	5 23	5 41	5 56	6 22	6 44	7 05	7 26	7 48	8 15	8 30	8 49
26	4 51	5 31	6 00	6 22	6 41	6 57	7 24	7 48	8 10	8 32	8 56	9 23	9 39	9 58
27	6 04	6 42	7 10	7 31	7 49	8 05	8 31	8 54	9 15	9 36	9 58	10 24	10 40	10 57
28	7 34	8 05	8 28	8 47	9 02	9 16	9 38	9 58	10 16	10 35	10 54	11 17	11 30	11 45
29	9 09	9 31	9 49	10 03	10 15	10 25	10 43	10 59	11 13	11 28	11 43	12 00	12 10	12 22
30	10 41	10 56	11 07	11 17	11 25	11 32	11 44	11 55	12 05	12 15	12 26	12 38	12 45	12 52
Dec. 1	12 09	12 16	12 22	12 27	12 32	12 35	12 42	12 48	12 53	12 58	13 04	13 10	13 14	13 18
2	13 33	13 34	13 34	13 35	13 36	13 36	13 37	13 38	13 38	13 39	13 40	13 41	13 41	13 42
3	14 55	14 49	14 45	14 41	14 38	14 35	14 31	14 27	14 23	14 19	14 15	14 10	14 08	14 05
4	16 17	16 05	15 55	15 47	15 40	15 34	15 24	15 15	15 07	14 59	14 50	14 40	14 35	14 28
5	17 39	17 20	17 05	16 53	16 42	16 34	16 18	16 05	15 53	15 40	15 27	15 12	15 04	14 54
6	19 00	18 34	18 14	17 58	17 45	17 33	17 13	16 56	16 40	16 24	16 07	15 47	15 36	15 23
7	20 20	19 47	19 22	19 03	18 46	18 32	18 09	17 48	17 29	17 10	16 50	16 27	16 13	15 57
8	21 32	20 54	20 26	20 04	19 46	19 30	19 04	18 41	18 20	17 59	17 37	17 11	16 56	16 38
9	22 31	21 51	21 22	20 59	20 40	20 24	19 57	19 34	19 12	18 50	18 27	18 00	17 44	17 25
10	23 14	22 37	22 09	21 47	21 29	21 14	20 47	20 25	20 03	19 42	19 19	18 53	18 37	18 19

MOONSET

Lat.	−55°	−50°	−45°	−40°	−35°	−30°	−20°	−10°	0°	+10°	+20°	+30°	+35°	+40°
	h m	h m	h m	h m	h m	h m	h m	h m	h m	h m	h m	h m	h m	h m
Nov. 16	10 07	10 28	10 46	10 59	11 11	11 21	11 39	11 54	12 08	12 22	12 37	12 54	13 03	13 15
17	11 25	11 40	11 52	12 02	12 10	12 18	12 30	12 41	12 52	13 02	13 13	13 25	13 32	13 40
18	12 43	12 52	12 59	13 05	13 10	13 14	13 22	13 28	13 35	13 41	13 47	13 55	13 59	14 03
19	14 02	14 04	14 07	14 08	14 10	14 11	14 13	14 15	14 17	14 19	14 21	14 23	14 24	14 26
20	15 23	15 19	15 16	15 14	15 12	15 10	15 07	15 04	15 01	14 58	14 55	14 52	14 50	14 48
21	16 48	16 38	16 30	16 23	16 17	16 11	16 02	15 55	15 47	15 40	15 32	15 23	15 18	15 13
22	18 19	18 01	17 47	17 35	17 25	17 17	17 02	16 49	16 37	16 25	16 13	15 58	15 50	15 40
23	19 54	19 28	19 07	18 51	18 38	18 26	18 06	17 48	17 32	17 16	16 58	16 39	16 27	16 14
24	21 29	20 54	20 29	20 09	19 52	19 37	19 13	18 51	18 32	18 12	17 51	17 27	17 12	16 56
25	22 53	22 14	21 45	21 22	21 04	20 48	20 21	19 57	19 36	19 14	18 51	18 24	18 08	17 49
26	23 56	23 17	22 49	22 27	22 09	21 53	21 26	21 03	20 41	20 19	19 56	19 28	19 12	18 53
27	.. ..	.. ..	23 40	23 20	23 04	22 50	22 26	22 04	21 45	21 25	21 03	20 38	20 24	20 07
28	0 36	0 04	.. ..	.. ..	23 49	23 38	23 18	23 00	22 44	22 28	22 10	21 49	21 37	21 23
29	1 01	0 37	0 18	0 02	.. ..	.. ..	.. ..	23 51	23 38	23 26	23 13	22 58	22 49	22 38
30	1 17	1 01	0 47	0 36	0 27	0 18	0 03	.. ..	.. ..	.. ..	.. ..	.. ..	23 57	23 51
Dec. 1	1 29	1 19	1 11	1 04	0 58	0 53	0 44	0 36	0 28	0 21	0 12	0 03	.. ..	.. ..
2	1 38	1 35	1 32	1 29	1 27	1 25	1 21	1 18	1 15	1 12	1 08	1 05	1 02	1 00
3	1 47	1 49	1 51	1 52	1 53	1 54	1 56	1 58	2 00	2 01	2 03	2 05	2 06	2 07
4	1 55	2 03	2 10	2 15	2 20	2 24	2 31	2 38	2 44	2 50	2 56	3 04	3 08	3 13
5	2 05	2 19	2 30	2 40	2 48	2 55	3 07	3 18	3 29	3 39	3 50	4 03	4 10	4 19
6	2 17	2 37	2 54	3 07	3 18	3 28	3 46	4 01	4 15	4 29	4 45	5 02	5 12	5 24
7	2 33	3 00	3 21	3 38	3 53	4 05	4 27	4 46	5 03	5 21	5 40	6 02	6 15	6 30
8	2 56	3 30	3 55	4 16	4 32	4 47	5 12	5 33	5 54	6 14	6 35	7 01	7 15	7 33
9	3 30	4 09	4 37	4 59	5 18	5 34	6 01	6 24	6 45	7 07	7 30	7 57	8 13	8 31
10	4 19	4 59	5 28	5 50	6 09	6 25	6 52	7 15	7 37	7 59	8 22	8 49	9 05	9 23

.. .. indicates phenomenon will occur the next day.

UNIVERSAL TIME FOR MERIDIAN OF GREENWICH

MOONRISE

Lat.	+40°	+42°	+44°	+46°	+48°	+50°	+52°	+54°	+56°	+58°	+60°	+62°	+64°	+66°
	h m	h m	h m	h m	h m	h m	h m	h m	h m	h m	h m	h m	h m	h m
Nov. 16	23 32	23 27	23 22	23 17	23 12	23 06	22 59	22 51	22 43	22 33	22 22	22 09	21 54	21 35
17	.. ..	.. ..	.. ..	.. ..	.. ..	.. ..	.. ..	.. ..	.. ..	23 56	23 50	23 42	23 33	23 22
18	0 34	0 31	0 28	0 25	0 21	0 17	0 13	0 08	0 02	.. ..	.. ..	.. ..	.. ..	.. ..
19	1 38	1 36	1 35	1 33	1 31	1 29	1 27	1 25	1 22	1 20	1 16	1 13	1 09	1 04
20	2 42	2 42	2 43	2 43	2 43	2 43	2 43	2 44	2 44	2 44	2 45	2 45	2 46	2 46
21	3 49	3 51	3 53	3 55	3 57	4 00	4 03	4 06	4 09	4 13	4 17	4 21	4 27	4 33
22	5 00	5 04	5 07	5 12	5 16	5 21	5 26	5 32	5 39	5 46	5 55	6 04	6 16	6 30
23	6 15	6 20	6 26	6 32	6 39	6 46	6 54	7 04	7 14	7 26	7 40	7 57	8 17	8 44
24	7 32	7 39	7 47	7 55	8 04	8 14	8 25	8 38	8 53	9 11	9 32	10 00	10 40	■
25	8 49	8 57	9 06	9 16	9 26	9 38	9 52	10 08	10 27	10 50	11 21	12 08	■	■
26	9 58	10 07	10 16	10 27	10 38	10 51	11 05	11 22	11 42	12 07	12 41	13 41	■	■
27	10 57	11 05	11 14	11 24	11 34	11 46	11 59	12 14	12 31	12 52	13 19	13 57	■	■
28	11 45	11 51	11 59	12 06	12 15	12 24	12 35	12 47	13 00	13 16	13 34	13 57	14 27	15 12
29	12 22	12 27	12 33	12 38	12 45	12 52	13 00	13 08	13 18	13 28	13 41	13 55	14 12	14 33
30	12 52	12 56	13 00	13 03	13 08	13 12	13 17	13 23	13 29	13 36	13 44	13 52	14 03	14 14
Dec. 1	13 18	13 20	13 22	13 24	13 27	13 29	13 32	13 34	13 38	13 41	13 45	13 50	13 55	14 00
2	13 42	13 42	13 43	13 43	13 43	13 44	13 44	13 44	13 45	13 45	13 46	13 47	13 47	13 48
3	14 05	14 04	14 02	14 01	13 59	13 58	13 56	13 54	13 52	13 49	13 47	13 44	13 40	13 36
4	14 28	14 26	14 23	14 20	14 16	14 12	14 08	14 04	13 59	13 54	13 48	13 41	13 33	13 24
5	14 54	14 50	14 45	14 40	14 35	14 29	14 23	14 16	14 08	14 00	13 50	13 38	13 25	13 09
6	15 23	15 18	15 11	15 05	14 58	14 50	14 41	14 31	14 20	14 08	13 54	13 36	13 15	12 49
7	15 57	15 50	15 43	15 35	15 26	15 16	15 05	14 52	14 38	14 21	14 01	13 36	13 01	11 59
8	16 38	16 30	16 21	16 12	16 02	15 50	15 37	15 22	15 05	14 44	14 17	13 39	☐	☐
9	17 25	17 17	17 08	16 58	16 47	16 34	16 20	16 04	15 45	15 21	14 49	13 57	☐	☐
10	18 19	18 11	18 02	17 52	17 41	17 29	17 15	16 59	16 41	16 18	15 47	14 59	☐	☐

MOONSET

Lat.	+40°	+42°	+44°	+46°	+48°	+50°	+52°	+54°	+56°	+58°	+60°	+62°	+64°	+66°
	h m	h m	h m	h m	h m	h m	h m	h m	h m	h m	h m	h m	h m	h m
Nov. 16	13 15	13 20	13 25	13 30	13 37	13 43	13 51	13 59	14 08	14 18	14 30	14 44	15 00	15 20
17	13 40	13 44	13 47	13 51	13 56	14 01	14 06	14 11	14 18	14 25	14 32	14 41	14 52	15 04
18	14 03	14 06	14 08	14 10	14 13	14 15	14 18	14 22	14 25	14 29	14 34	14 39	14 44	14 51
19	14 26	14 26	14 27	14 28	14 28	14 29	14 30	14 31	14 32	14 33	14 34	14 36	14 37	14 39
20	14 48	14 47	14 46	14 45	14 44	14 43	14 42	14 40	14 39	14 37	14 35	14 33	14 30	14 27
21	15 13	15 10	15 07	15 04	15 01	14 58	14 54	14 50	14 46	14 41	14 36	14 30	14 22	14 14
22	15 40	15 36	15 32	15 27	15 22	15 16	15 10	15 03	14 56	14 47	14 38	14 27	14 14	13 59
23	16 14	16 08	16 02	15 55	15 48	15 40	15 31	15 21	15 10	14 57	14 42	14 24	14 03	13 35
24	16 56	16 49	16 41	16 32	16 22	16 12	16 00	15 47	15 32	15 14	14 51	14 23	13 42	■
25	17 49	17 41	17 31	17 21	17 10	16 58	16 44	16 28	16 09	15 46	15 15	14 27	■	■
26	18 53	18 45	18 36	18 25	18 14	18 01	17 47	17 30	17 10	16 45	16 12	15 11	■	■
27	20 07	19 59	19 50	19 41	19 31	19 20	19 07	18 52	18 35	18 15	17 48	17 11	■	■
28	21 23	21 17	21 10	21 03	20 54	20 46	20 36	20 24	20 12	19 57	19 39	19 17	18 48	18 04
29	22 38	22 34	22 29	22 24	22 18	22 12	22 05	21 57	21 48	21 38	21 27	21 14	20 57	20 38
30	23 51	23 48	23 45	23 42	23 38	23 34	23 30	23 26	23 20	23 15	23 08	23 01	22 52	22 42
Dec. 1	.. ..	.. ..	.. ..	.. ..	.. ..	.. ..	.. ..	.. ..	.. ..	.. ..	.. ..	.. ..	.. ..	.. ..
2	1 00	0 59	0 58	0 56	0 55	0 54	0 52	0 50	0 48	0 46	0 43	0 41	0 37	0 33
3	2 07	2 08	2 08	2 09	2 09	2 10	2 11	2 12	2 13	2 14	2 15	2 16	2 18	2 20
4	3 13	3 15	3 17	3 20	3 23	3 25	3 29	3 32	3 36	3 40	3 45	3 51	3 57	4 05
5	4 19	4 22	4 26	4 31	4 35	4 40	4 46	4 52	4 59	5 07	5 16	5 26	5 38	5 53
6	5 24	5 30	5 35	5 41	5 48	5 56	6 04	6 13	6 23	6 35	6 48	7 05	7 25	7 51
7	6 30	6 36	6 43	6 51	7 00	7 09	7 20	7 32	7 46	8 02	8 22	8 46	9 20	10 22
8	7 33	7 40	7 49	7 58	8 08	8 20	8 32	8 47	9 04	9 25	9 51	10 29	☐	☐
9	8 31	8 40	8 49	8 59	9 10	9 22	9 36	9 52	10 11	10 35	11 07	11 59	☐	☐
10	9 23	9 31	9 40	9 50	10 01	10 14	10 27	10 43	11 02	11 26	11 56	12 44	☐	☐

☐ indicates Moon continuously above horizon.
■ indicates Moon continuously below horizon.
.. .. indicates phenomenon will occur the next day.

MOONRISE AND MOONSET, 2022

UNIVERSAL TIME FOR MERIDIAN OF GREENWICH

MOONRISE

Lat.	−55°	−50°	−45°	−40°	−35°	−30°	−20°	−10°	0°	+10°	+20°	+30°	+35°	+40°
	h m	h m	h m	h m	h m	h m	h m	h m	h m	h m	h m	h m	h m	h m
Dec. 9	22 31	21 51	21 22	20 59	20 40	20 24	19 57	19 34	19 12	18 50	18 27	18 00	17 44	17 25
10	23 14	22 37	22 09	21 47	21 29	21 14	20 47	20 25	20 03	19 42	19 19	18 53	18 37	18 19
11	23 44	23 11	22 47	22 28	22 12	21 58	21 34	21 13	20 53	20 34	20 13	19 48	19 34	19 17
12	.. ..	23 38	23 18	23 02	22 48	22 36	22 15	21 57	21 41	21 24	21 06	20 45	20 32	20 18
13	0 03	23 58	23 43	23 30	23 19	23 10	22 54	22 39	22 26	22 12	21 58	21 41	21 31	21 20
14	0 18	.. ..	.. ..	23 55	23 47	23 41	23 29	23 19	23 09	22 59	22 49	22 36	22 29	22 22
15	0 28	0 15	0 04	.. ..	.. ..	.. ..	.. ..	23 56	23 51	23 45	23 39	23 32	23 28	23 23
16	0 37	0 29	0 23	0 18	0 13	0 09	0 02	.. ..	.. ..	.. ..	.. ..	.. ..	.. ..	.. ..
17	0 45	0 43	0 41	0 39	0 38	0 37	0 35	0 34	0 32	0 31	0 29	0 27	0 26	0 25
18	0 52	0 56	0 59	1 02	1 04	1 06	1 09	1 12	1 15	1 18	1 21	1 25	1 27	1 29
19	1 01	1 11	1 19	1 25	1 31	1 36	1 45	1 53	2 00	2 07	2 15	2 25	2 30	2 36
20	1 13	1 29	1 42	1 53	2 02	2 10	2 25	2 37	2 49	3 01	3 14	3 29	3 37	3 47
21	1 29	1 53	2 11	2 26	2 39	2 50	3 10	3 27	3 43	3 59	4 17	4 37	4 49	5 03
22	1 54	2 25	2 49	3 08	3 25	3 39	4 03	4 24	4 43	5 03	5 24	5 49	6 03	6 20
23	2 34	3 12	3 40	4 02	4 21	4 36	5 03	5 26	5 48	6 10	6 33	7 00	7 17	7 35
24	3 38	4 18	4 46	5 09	5 27	5 43	6 10	6 34	6 55	7 17	7 40	8 07	8 23	8 42
25	5 05	5 39	6 04	6 25	6 41	6 56	7 20	7 41	8 01	8 21	8 42	9 06	9 20	9 36
26	6 42	7 08	7 28	7 44	7 57	8 09	8 29	8 46	9 02	9 18	9 35	9 55	10 06	10 19
27	8 20	8 37	8 51	9 02	9 12	9 20	9 34	9 47	9 58	10 10	10 22	10 36	10 44	10 53
28	9 52	10 02	10 10	10 16	10 22	10 27	10 35	10 42	10 49	10 56	11 03	11 11	11 16	11 21
29	11 19	11 22	11 25	11 26	11 28	11 30	11 32	11 34	11 36	11 38	11 41	11 43	11 45	11 46
30	12 43	12 39	12 37	12 34	12 32	12 30	12 27	12 24	12 22	12 19	12 16	12 13	12 12	12 10
31	14 05	13 55	13 47	13 40	13 34	13 29	13 21	13 13	13 06	12 59	12 52	12 43	12 38	12 33
32	15 27	15 10	14 56	14 45	14 36	14 28	14 14	14 02	13 51	13 40	13 28	13 14	13 07	12 58
33	16 48	16 24	16 05	15 51	15 38	15 27	15 08	14 52	14 37	14 22	14 06	13 48	13 38	13 26

MOONSET

Lat.	−55°	−50°	−45°	−40°	−35°	−30°	−20°	−10°	0°	+10°	+20°	+30°	+35°	+40°
	h m	h m	h m	h m	h m	h m	h m	h m	h m	h m	h m	h m	h m	h m
Dec. 9	3 30	4 09	4 37	4 59	5 18	5 34	6 01	6 24	6 45	7 07	7 30	7 57	8 13	8 31
10	4 19	4 59	5 28	5 50	6 09	6 25	6 52	7 15	7 37	7 59	8 22	8 49	9 05	9 23
11	5 21	5 58	6 25	6 47	7 04	7 19	7 45	8 07	8 28	8 48	9 10	9 35	9 50	10 07
12	6 33	7 05	7 28	7 47	8 02	8 16	8 38	8 58	9 16	9 35	9 54	10 16	10 29	10 44
13	7 50	8 14	8 33	8 48	9 01	9 12	9 31	9 47	10 03	10 18	10 34	10 53	11 03	11 15
14	9 07	9 24	9 38	9 50	9 59	10 08	10 22	10 35	10 47	10 58	11 11	11 25	11 33	11 42
15	10 23	10 35	10 44	10 51	10 58	11 03	11 13	11 21	11 29	11 37	11 45	11 54	12 00	12 06
16	11 40	11 45	11 49	11 53	11 56	11 58	12 03	12 07	12 11	12 14	12 18	12 22	12 25	12 28
17	12 58	12 57	12 56	12 56	12 55	12 55	12 54	12 53	12 52	12 52	12 51	12 50	12 50	12 49
18	14 18	14 11	14 06	14 01	13 57	13 53	13 47	13 41	13 36	13 31	13 25	13 19	13 16	13 12
19	15 44	15 30	15 19	15 10	15 02	14 55	14 43	14 32	14 23	14 13	14 03	13 51	13 45	13 37
20	17 15	16 54	16 37	16 23	16 11	16 01	15 43	15 28	15 14	15 00	14 45	14 28	14 18	14 07
21	18 51	18 20	17 58	17 39	17 24	17 11	16 48	16 29	16 11	15 53	15 34	15 12	14 59	14 44
22	20 23	19 45	19 18	18 56	18 38	18 23	17 57	17 34	17 13	16 53	16 30	16 04	15 49	15 31
23	21 39	20 59	20 30	20 08	19 49	19 33	19 05	18 42	18 20	17 58	17 34	17 07	16 51	16 32
24	22 30	21 55	21 29	21 08	20 51	20 36	20 10	19 48	19 27	19 06	18 43	18 17	18 01	17 43
25	23 03	22 35	22 14	21 57	21 42	21 30	21 08	20 49	20 31	20 13	19 53	19 31	19 17	19 02
26	23 23	23 03	22 48	22 35	22 24	22 15	21 58	21 43	21 30	21 16	21 01	20 43	20 33	20 21
27	23 36	23 24	23 14	23 06	22 59	22 53	22 42	22 32	22 23	22 14	22 04	21 52	21 45	21 38
28	23 47	23 41	23 37	23 33	23 29	23 26	23 21	23 16	23 12	23 07	23 03	22 57	22 54	22 50
29	23 56	23 56	23 56	23 57	23 57	23 57	23 57	23 58	23 58	23 58	23 59	23 59	23 59	23 59
30	.. ..	.. ..	.. ..	.. ..	.. ..	.. ..	.. ..	.. ..	.. ..	.. ..	.. ..	.. ..	.. ..	.. ..
31	0 04	0 10	0 16	0 20	0 24	0 27	0 33	0 38	0 43	0 48	0 53	0 59	1 02	1 06
32	0 13	0 26	0 36	0 44	0 51	0 57	1 08	1 18	1 27	1 36	1 46	1 57	2 04	2 11
33	0 24	0 43	0 58	1 10	1 21	1 30	1 46	2 00	2 13	2 26	2 40	2 56	3 06	3 17

.. .. indicates phenomenon will occur the next day.

MOONRISE AND MOONSET, 2022

UNIVERSAL TIME FOR MERIDIAN OF GREENWICH

MOONRISE

Lat.	+40°	+42°	+44°	+46°	+48°	+50°	+52°	+54°	+56°	+58°	+60°	+62°	+64°	+66°
	h m	h m	h m	h m	h m	h m	h m	h m	h m	h m	h m	h m	h m	h m
Dec. 9	17 25	17 17	17 08	16 58	16 47	16 34	16 20	16 04	15 45	15 21	14 49	13 57	□	□
10	18 19	18 11	18 02	17 52	17 41	17 29	17 15	16 59	16 41	16 18	15 47	14 59	□	□
11	19 17	19 10	19 02	18 53	18 43	18 32	18 20	18 06	17 50	17 30	17 06	16 33	15 35	□
12	20 18	20 12	20 05	19 58	19 49	19 40	19 30	19 19	19 06	18 51	18 33	18 11	17 41	16 56
13	21 20	21 15	21 10	21 04	20 57	20 51	20 43	20 34	20 25	20 14	20 01	19 46	19 28	19 05
14	22 22	22 18	22 14	22 10	22 06	22 01	21 56	21 50	21 43	21 36	21 28	21 18	21 07	20 53
15	23 23	23 21	23 19	23 16	23 14	23 11	23 08	23 05	23 01	22 57	22 52	22 47	22 41	22 34
16	.. ..	.. ..	.. ..	.. ..	.. ..	.. ..	.. ..	.. ..	.. ..	.. ..	.. ..	.. ..	.. ..	.. ..
17	0 25	0 25	0 24	0 23	0 23	0 22	0 21	0 21	0 20	0 19	0 18	0 16	0 15	0 13
18	1 29	1 30	1 31	1 32	1 34	1 35	1 37	1 38	1 40	1 42	1 45	1 48	1 51	1 54
19	2 36	2 39	2 42	2 45	2 48	2 52	2 56	3 00	3 05	3 11	3 17	3 24	3 32	3 42
20	3 47	3 52	3 56	4 02	4 07	4 13	4 20	4 28	4 36	4 45	4 56	5 09	5 25	5 44
21	5 03	5 09	5 16	5 23	5 31	5 39	5 49	6 00	6 12	6 27	6 44	7 05	7 33	8 14
22	6 20	6 28	6 36	6 45	6 55	7 07	7 19	7 34	7 51	8 11	8 37	9 12	10 27	■
23	7 35	7 44	7 53	8 03	8 15	8 27	8 42	8 58	9 18	9 43	10 16	11 15	■	■
24	8 42	8 50	8 59	9 09	9 20	9 33	9 47	10 03	10 22	10 45	11 15	12 03	■	■
25	9 36	9 44	9 51	10 00	10 10	10 20	10 32	10 45	11 00	11 18	11 40	12 07	12 47	■
26	10 19	10 25	10 31	10 38	10 45	10 53	11 02	11 11	11 22	11 35	11 49	12 06	12 27	12 54
27	10 53	10 57	11 02	11 06	11 11	11 17	11 23	11 29	11 36	11 44	11 54	12 04	12 16	12 31
28	11 21	11 24	11 26	11 29	11 32	11 35	11 38	11 42	11 46	11 51	11 56	12 01	12 08	12 16
29	11 46	11 47	11 48	11 49	11 50	11 50	11 52	11 53	11 54	11 55	11 57	11 59	12 01	12 03
30	12 10	12 09	12 08	12 07	12 06	12 05	12 04	12 02	12 01	11 59	11 58	11 56	11 53	11 51
31	12 33	12 31	12 28	12 25	12 22	12 19	12 16	12 12	12 08	12 04	11 59	11 53	11 46	11 39
32	12 58	12 54	12 50	12 45	12 41	12 35	12 30	12 24	12 17	12 09	12 00	11 50	11 39	11 25
33	13 26	13 20	13 15	13 08	13 02	12 55	12 47	12 38	12 28	12 16	12 03	11 48	11 30	11 07

MOONSET

	+40°	+42°	+44°	+46°	+48°	+50°	+52°	+54°	+56°	+58°	+60°	+62°	+64°	+66°
	h m	h m	h m	h m	h m	h m	h m	h m	h m	h m	h m	h m	h m	h m
Dec. 9	8 31	8 40	8 49	8 59	9 10	9 22	9 36	9 52	10 11	10 35	11 07	11 59	□	□
10	9 23	9 31	9 40	9 50	10 01	10 14	10 27	10 43	11 02	11 26	11 56	12 44	□	□
11	10 07	10 15	10 23	10 33	10 43	10 54	11 06	11 20	11 37	11 57	12 22	12 55	13 54	□
12	10 44	10 51	10 58	11 06	11 15	11 24	11 35	11 46	12 00	12 15	12 34	12 57	13 27	14 13
13	11 15	11 21	11 27	11 33	11 40	11 47	11 55	12 05	12 15	12 26	12 40	12 56	13 15	13 39
14	11 42	11 46	11 50	11 55	12 00	12 06	12 12	12 18	12 25	12 34	12 43	12 53	13 06	13 21
15	12 06	12 08	12 11	12 14	12 17	12 21	12 25	12 29	12 33	12 39	12 44	12 51	12 58	13 07
16	12 28	12 29	12 30	12 31	12 33	12 35	12 36	12 38	12 40	12 43	12 45	12 48	12 51	12 55
17	12 49	12 49	12 49	12 48	12 48	12 48	12 47	12 47	12 47	12 46	12 46	12 45	12 44	12 44
18	13 12	13 10	13 08	13 06	13 04	13 02	12 59	12 56	12 53	12 50	12 46	12 42	12 37	12 32
19	13 37	13 34	13 30	13 26	13 22	13 18	13 13	13 07	13 02	12 55	12 48	12 39	12 29	12 18
20	14 07	14 02	13 57	13 51	13 45	13 38	13 30	13 22	13 13	13 02	12 50	12 37	12 20	12 00
21	14 44	14 37	14 30	14 23	14 14	14 05	13 55	13 43	13 30	13 15	12 57	12 35	12 06	11 25
22	15 31	15 23	15 15	15 05	14 55	14 44	14 31	14 16	13 59	13 38	13 12	12 35	11 20	■
23	16 32	16 23	16 14	16 03	15 52	15 39	15 25	15 08	14 48	14 23	13 50	12 51	■	■
24	17 43	17 35	17 26	17 16	17 06	16 54	16 40	16 24	16 05	15 42	15 12	14 25	■	■
25	19 02	18 55	18 48	18 39	18 30	18 20	18 09	17 57	17 42	17 25	17 04	16 36	15 57	■
26	20 21	20 16	20 11	20 04	19 58	19 51	19 42	19 33	19 23	19 12	18 58	18 42	18 22	17 56
27	21 38	21 34	21 31	21 27	21 23	21 18	21 13	21 07	21 01	20 54	20 46	20 36	20 26	20 13
28	22 50	22 49	22 47	22 45	22 43	22 41	22 38	22 36	22 33	22 29	22 26	22 22	22 17	22 11
29	23 59	23 59	23 59	23 59	23 59	23 59	.. ..	.. ..	.. ..	.. ..	.. ..	.. ..	.. ..	.. ..
30	.. ..	.. ..	.. ..	.. ..	.. ..	.. ..	0 00	0 00	0 00	0 00	0 00	0 00	0 00	0 01
31	1 06	1 08	1 09	1 11	1 13	1 16	1 18	1 21	1 24	1 27	1 31	1 36	1 41	1 46
32	2 11	2 15	2 18	2 22	2 26	2 31	2 36	2 41	2 47	2 54	3 02	3 11	3 21	3 33
33	3 17	3 22	3 27	3 32	3 39	3 45	3 53	4 01	4 10	4 21	4 33	4 47	5 05	5 27

□ indicates Moon continuously above horizon.
■ indicates Moon continuously below horizon.
.. .. indicates phenomenon will occur the next day.

ECLIPSES, 2022

CONTENTS OF THE ECLIPSE SECTION

SUMMARY OF ECLIPSES AND TRANSITS FOR 2022

There are four eclipses, two of the Sun and two of the Moon. All times are expressed in Universal Time using $\Delta T = +71^{s}.0$. There are no transits of Mercury or Venus across the Sun.

I. *A partial eclipse of the Sun*, April 30. See map on page A85. The eclipse begins at $18^{h}\ 45^{m}$ and ends at $22^{h}\ 39^{m}$. It is visible from extreme northern Antarctica, southern South America, the south Pacific Ocean and the south Atlantic Ocean.

II. *A total eclipse of the Moon*, May 16. See map on page A86. The eclipse begins at $01^{h}\ 30^{m}$ and ends at $06^{h}\ 53^{m}$; the total phase begins at $03^{h}\ 29^{m}$ and ends at $04^{h}\ 55^{m}$. It is visible from western Europe, the Middle East, Africa, North America, South America, Antarctica, the Atlantic Ocean, and the Pacific Ocean.

III. *A partial eclipse of the Sun*, October 25. See map on page A88. The eclipse begins at $08^{h}\ 58^{m}$ and ends at $13^{h}\ 03^{m}$. It is visible from Europe, the Middle East, northern Africa, western Asia, the north Atlantic Ocean, and the north Indian Ocean.

IV. *A total eclipse of the Moon*, November 8. See map on page A89. The eclipse begins at $08^{h}\ 00^{m}$ and ends at $13^{h}\ 58^{m}$; the total phase begins at $10^{h}\ 16^{m}$ and ends at $11^{h}\ 43^{m}$. It is visible from South America, North America, Australia, Asia, the north Atlantic Ocean, and the Pacific Ocean.

Local circumstances and animations for upcoming eclipses can be found on *The Astronomical Almanac Online* at https://asa.hmnao.com or https://asa.usno.navy.mil/publications/asa.html.

Local circumstances and animations for upcoming eclipses can be found on *The Astronomical Almanac Online* at http://asa.hmnao.com or https://aa.usno.navy.mil/publications/asa.html.

General Information

The elements and circumstances are computed according to Bessel's method from apparent right ascensions and declinations of the Sun and Moon. Semidiameters of the Sun and Moon used in the calculation of eclipses do not include irradiation. The adopted semidiameter of the Sun at unit distance is $15' 59''.64$ from the IAU (1976) Astronomical Constants. The apparent semidiameter of the Moon is equal to arcsin ($k \sin \pi$), where π is the Moon's horizontal parallax and k is an adopted constant. In 1982, the IAU adopted $k = 0.272\,5076$, corresponding to the mean radius of Watts' datum as determined by observations of occultations and to the adopted radius of the Earth.

Standard corrections of $+0''.5$ and $-0''.25$ have been applied to the longitude and latitude of the Moon, respectively, to help correct for the difference between the center of figure and the center of mass.

Refraction is neglected in calculating solar and lunar eclipses. Because the circumstances of eclipses are calculated for the surface of the ellipsoid, refraction is not included in Besselian element polynomials. For local predictions, corrections for refraction are unnecessary; they are required only in precise comparisons of theory with observation in which many other refinements are also necessary.

All time arguments are given provisionally in Universal Time, using $\Delta T(A) = +71^s.0$. Once an updated value of ΔT is known, the data on these pages may be expressed in Universal Time as follows:

Define $\delta T = \Delta T - \Delta T(A)$, in units of seconds of time.

Change the times of circumstances given in preliminary Universal Time by subtracting δT.

Correct the tabulated longitudes, $\lambda(A)$, using $\lambda = \lambda(A) + 0.00417807 \times \delta T$ (longitudes are in degrees).

Leave all other quantities unchanged.

The correction of δT is included in the Besselian elements.

Longitude is positive to the east, and negative to the west.

Explanation of Solar Eclipse Diagram

The solar eclipse diagrams in *The Astronomical Almanac* show the region over which different phases of each eclipse may be seen and the times at which these phases occur. Each diagram has a series of dashed curves that show the outline of the Moon's penumbra on the Earth's surface at one-hour intervals. Short dashes show the leading edge, and long dashes show the trailing edge. Except for certain extreme cases, the shadow outline moves generally from west to east. The Moon's shadow cone first contacts the Earth's surface where "First Contact" is indicated on the diagram. "Last Contact" is where the Moon's shadow cone last contacts the Earth's surface. The path of the central eclipse, whether for a total, annular, or annular-total eclipse, is marked by two closely spaced curves that cut across all of the dashed curves. These two curves mark the extent of the Moon's umbral shadow on the Earth's surface. Viewers within these boundaries will observe a total, annular, or annular-total eclipse, and viewers outside these boundaries will see a partial eclipse.

Solid curves labeled "Northern" and "Southern Limit of Eclipse" represent the furthest extent north or south of the Moon's penumbra on the Earth's surface. Viewers outside of these boundaries will not experience any eclipse. When only one of these two curves appears, only part of the Moon's penumbra touches the Earth; the other part is projected into space north or south of the Earth. The solid curves labeled "Eclipse begins at Sunset" and "Eclipse ends at Sunrise" define the other limits.

Another set of solid curves appears on some diagrams as two teardrop shapes (or lobes) on either end of the eclipse path, and on other diagrams as a distorted figure eight. These lobes represent in time the intersection of the Moon's penumbra with the Earth's terminator as the eclipse progresses. As time elapses, the Earth's terminator moves east-to-west while the Moon's penumbra moves west-to-east. These lobes connect to form an elongated figure eight on a diagram when part of the Moon's penumbra stays in contact with the Earth's terminator throughout the eclipse. The lobes become two separate teardrop shapes when the Moon's penumbra breaks contact with the Earth's terminator during the beginning of the eclipse and reconnects with it near the end. In the east, the outer portion of the lobe is labeled "Eclipse begins at Sunset" and marks the first contact between the Moon's penumbra and Earth's terminator in the east. Observers on this curve just fail to see the eclipse. The inner part of the lobe is labeled "Eclipse ends at Sunset" and marks the last contact between the Moon's penumbra and the Earth's terminator in the east. Observers on this curve just see the whole eclipse. The curve bisecting this lobe is labeled "Maximum Eclipse at Sunset" and is part of the sunset terminator at maximum eclipse. Viewers in the eastern half of the lobe will see the Sun set before maximum eclipse; *i.e.* see less than half of the eclipse. Viewers in the western half of the lobe will see the Sun set after maximum eclipse; *i.e.* see more than half of the eclipse. A similar description holds for the western lobe except everything occurs at sunrise instead of sunset.

Computing Local Circumstances for Solar Eclipses

The solar eclipse maps show the path of the eclipse, beginning and ending times of the eclipse, and the region of visibility, including restrictions due to rising and setting of the Sun. The short-dash and long-dash lines show, respectively, the progress of the leading and trailing edge of the penumbra; thus, at a given location, the times of the first and last contact may be interpolated. If further precision is desired, Besselian elements can be utilized.

Besselian elements characterize the geometric position of the shadow of the Moon relative to the Earth. The exterior tangents to the surfaces of the Sun and Moon form the umbral cone; the interior tangents form the penumbral cone. The common axis of these two cones is the axis of the shadow. To form a system of geocentric rectangular coordinates, the geocentric plane perpendicular to the axis of the shadow is taken as the xy-plane. This is called the fundamental plane. The x-axis is the intersection of the fundamental plane with the plane of the equator; it is positive toward the east. The y-axis is positive toward the north. The z-axis is parallel to the axis of the shadow and is positive toward the Moon. The tabular values of x and y are the coordinates, in units of the Earth's equatorial radius, of the intersection of the axis of the shadow with the fundamental plane. The direction of the axis of the shadow is specified by the declination d and hour angle μ of the point on the celestial sphere toward which the axis is directed.

The radius of the umbral cone is regarded as positive for an annular eclipse and negative for a total eclipse. The angles f_1 and f_2 are the angles at which the tangents that form the penumbral and umbral cones, respectively, intersect the axis of the shadow.

To predict accurate local circumstances, calculate the geocentric coordinates $\rho \sin \phi'$ and $\rho \cos \phi'$ from the geodetic latitude ϕ and longitude λ, using the relationships given on pages K11–K12 of *The Astronomical Almanac*. Inclusion of the height h in this calculation is all that is necessary to obtain the local circumstances at high altitudes.

Obtain approximate times for the beginning, middle and end of the eclipse from the eclipse map. For each of these three times, compute — from the Besselian element polynomials — the values of x, y, $\sin d$, $\cos d$, μ and l_1 (the radius of the penumbra on the fundamental plane). If the eclipse is central (i.e., total, annular or annular-total), then, at the approximate time of the middle of the eclipse, l_2 (the radius of the umbra on the fundamental plane) is required instead of l_1. The hourly variations x', y' of x and y are needed, and may be obtained by evaluating the derivative of the polynomial expressions for x and y. Values of μ', d', $\tan f_1$ and $\tan f_2$ are nearly constant throughout the eclipse and are given immediately following the Besselian polynomials.

For each of the three approximate times, calculate the coordinates ξ, η, ζ for the observer and the hourly variations ξ' and η' from

$$
\begin{aligned}
\xi &= \rho \cos \phi' \sin \theta, \\
\eta &= \rho \sin \phi' \cos d - \rho \cos \phi' \sin d \cos \theta, \\
\zeta &= \rho \sin \phi' \sin d + \rho \cos \phi' \cos d \cos \theta, \\
\xi' &= \mu' \rho \cos \phi' \cos \theta, \\
\eta' &= \mu' \xi \sin d - \zeta d',
\end{aligned}
$$

where

$$
\theta = \mu + \lambda
$$

for longitudes measured positive towards the east.

Next, calculate

$$
\begin{array}{ll}
u = x - \xi & u' = x' - \xi' \\
v = y - \eta & v' = y' - \eta' \\
m^2 = u^2 + v^2 & n^2 = u'^2 + v'^2
\end{array} \qquad (m, n > 0)
$$

$$
\begin{aligned}
L_i &= l_i - \zeta \tan f_i \\
D &= u u' + v v' \\
\Delta &= \tfrac{1}{n}(u v' - u' v) \\
\sin \psi &= \tfrac{\Delta}{L_i},
\end{aligned}
$$

where $i = 1, 2$.

At the approximate times of the beginning and end of the eclipse, L_1 is required. At the approximate time of the middle of the eclipse, L_2 is required if the eclipse is central; L_1 is required if the eclipse is partial.

Neglecting the variation of L, the correction τ to be applied to the approximate time of the middle of the eclipse to obtain the *Universal Time of greatest phase* (in hours) is

$$
\tau = -\frac{D}{n^2},
$$

which may be expressed in minutes by multiplying by 60. The correction τ to be applied to the approximate times of the beginning and end of the eclipse to obtain the *Universal Times of the penumbral contacts* (in hours) is

$$
\tau = \frac{L_1}{n} \cos \psi - \frac{D}{n^2},
$$

which may be expressed in minutes by multiplying by 60.

If the eclipse is central, use the approximate time for the middle of the eclipse as a first approximation to the times of umbral contact. The correction τ to be applied to obtain the *Universal Times of the umbral contacts* is

$$\tau = \frac{L_2}{n} \cos \psi - \frac{D}{n^2},$$

which may be expressed in minutes by multiplying by 60.

In the last two equations, the ambiguity in the quadrant of ψ is removed by noting that $\cos \psi$ must be *negative* for the beginning of the eclipse, for the beginning of the annular phase, or for the end of the total phase; $\cos \psi$ must be *positive* for the end of the eclipse, the end of the annular phase, or the beginning of the total phase.

For greater accuracy, the times resulting from the calculation outlined above should be used in place of the original approximate times, and the entire procedure repeated at least once. The calculations for each of the contact times and the time of greatest phase should be performed separately.

The *magnitude of greatest partial eclipse*, in units of the solar diameter, is

$$M_1 = \frac{L_1 - m}{(2L_1 - 0.5459)},$$

where the value of m at the time of greatest phase is used. If the magnitude is negative at the time of greatest phase, no eclipse is visible from the location.

The *magnitude of the central phase*, in the same units, is

$$M_2 = \frac{L_1 - L_2}{(L_1 + L_2)}.$$

The *position angle of a point of contact*, measured eastward (counterclockwise) from the north point of the solar limb, is given by

$$\tan P = \frac{u}{v},$$

where u and v are evaluated at the times of contacts computed in the final approximation. The quadrant of P is determined by noting that $\sin P$ has the algebraic sign of u, except for the contacts of the total phase, for which $\sin P$ has the opposite sign to u.

The position angle of the point of contact measured eastward from the vertex of the solar limb is given by

$$V = P - C,$$

where C, the parallactic angle, is obtained with sufficient accuracy from

$$\tan C = \frac{\xi}{\eta},$$

with $\sin C$ having the same algebraic sign as ξ, and the results of the final approximation again being used. The vertex point of the solar limb lies on a great circle arc drawn from the zenith to the center of the solar disk.

Lunar Eclipses

A calculator to produce local circumstances of recent and upcoming lunar eclipses is provided at https://aa.usno.navy.mil/data/docs/LunarEclipse.php

In calculating lunar eclipses, the radius of the geocentric shadow of the Earth is increased by one-fiftieth part to allow for the effect of the atmosphere. Refraction is neglected in calculating solar and lunar eclipses. Standard corrections of $+0''.5$ and $-0''.25$ have been applied to the longitude and latitude of the Moon, respectively, to help correct for the difference between the center of figure and the center of mass.

Explanation of Lunar Eclipse Diagram

Information on lunar eclipses is presented in the form of a diagram consisting of two parts. The upper panel shows the path of the Moon relative to the penumbral and umbral shadows of the Earth. The lower panel shows the visibility of the eclipse from the surface of the Earth. The title of the upper panel includes the type of eclipse, its place in the sequence of eclipses for the year and the Greenwich calendar date of the eclipse. The inner darker circle is the umbral shadow of the Earth and the outer lighter circle is that of the penumbra. The axis of the shadow of the Earth is denoted by $(+)$ with the ecliptic shown for reference purposes. A 30-arcminute scale bar is provided on the right hand side of the diagram and the orientation is given by the cardinal points displayed on the small graphic on the left hand side of the diagram. The position angle (PA) is measured from North point of the lunar disk along the limb of the Moon to the point of contact. It is shown on the graphic by the use of an arc extending anti-clockwise (eastwards) from North terminated with an arrow head.

Moon symbols are plotted at the principal phases of the eclipse to show its position relative to the umbral and penumbral shadows. The UT times of the different phases of the eclipse to the nearest tenth of a minute are printed above or below the Moon symbols as appropriate. P1 and P4 are the first and last external contacts of the penumbra respectively and denote the beginning and end of the penumbral eclipse respectively. U1 and U4 are the first and last external contacts of the umbra denoting the beginning and end of the partial phase of the eclipse respectively. U2 and U3 are the first and last internal contacts of the umbra and denote the beginning and end of the total phase respectively. MID is the middle of the eclipse. The position angle is given for P1 and P4 for penumbral eclipses and U1 and U4 for partial and total eclipses. The UT time of the geocentric opposition in right ascension of the Sun and Moon and the magnitude of the eclipse are given above or below the Moon symbols as appropriate.

The lower panel is a cylindrical equidistant map projection showing the Earth centered on the longitude at which the Moon is in the zenith at the middle of the eclipse. The visibility of the eclipse is displayed by plotting the Moon rise/set terminator for the principal phases of the eclipse for which timing information is provided in the upper panel. The terminator for the middle of the eclipse is not plotted for the sake of clarity.

The unshaded area indicates the region of the Earth from which all the eclipse is visible, whereas the darkest shading indicates the area from which the eclipse is invisible. The different shades of gray indicate regions where the Moon is either rising or setting during the principal phases of the eclipse. The Moon is rising on the left hand side of the diagram after the eclipse has started and is setting on the right hand side of the diagram before the eclipse ends. Labels are provided to this effect.

Symbols are plotted showing the locations for which the Moon is in the zenith at the principal phases of the eclipse. The points at which the Moon is in the zenith at P1 and P4 are denoted by $(+)$, at U1 and U4 by $(\odot)$ and at U2 and U3 by $(\oplus)$. These symbols are also plotted on the upper panel where appropriate. The value of ΔT used for the calculation of the eclipse circumstances is given below the diagram. Country boundaries are also provided to assist the user in determining the visibility of the eclipse at a particular location.

I. – Partial Eclipse of the Sun, 2022 April 30

CIRCUMSTANCES OF THE ECLIPSE

Universal Time of geocentric conjunction in right ascension, April 30^d 19^h 40^m $47^s.636$

Julian Date = 2459700.3199957917

	UT			Longitude		Latitude	
	d	h	m	°	′	°	′
Eclipse begins	April 30	18	45.3	−150	35.7	−68	02.1
Greatest eclipse		30 20	41.4	− 71	34.0	−62	13.6
Eclipse ends		30 22	38.0	− 77	24.9	−25	05.4

Magnitude of greatest eclipse: 0.6399

BESSELIAN ELEMENTS

Let $t = (UT-18^h) + \delta T/3600$ in units of hours.

These equations are valid over the range $0^h.708 \le t \le 4^h.808$. Do not use t outside the given range, and do not omit any terms in the series.

Intersection of the axis of shadow with the fundamental plane:

$$x = -0.79835417 + 0.47517268\ t + 0.00004924\ t^2 - 0.00000568\ t^3$$
$$y = -1.65319166 + 0.20982699\ t - 0.00001936\ t^2 - 0.00000266\ t^3$$

Direction of the axis of shadow:

$$\sin\ d = +0.25771863 + 0.00020558\ t - 0.00000008\ t^2$$
$$\cos\ d = +0.96621999 - 0.00005482\ t$$
$$\mu = 90°.69741811 + 15.00247822\ t - 0.00000172\ t^2 - 0.00000002\ t^3 - 0.00417807\ \delta T$$

Radius of the shadow on the fundamental plane:

penumbra $(l_1) = +0.56075181 + 0.00014593\ t - 0.00001025\ t^2$

Other important quantities:

$$\tan f_1 = +0.004642$$
$$\mu' = +0.261842 \text{ radians per hour}$$
$$d' = +0.000212 \text{ radians per hour}$$

All time arguments are given provisionally in Universal Time, using $\Delta T(A) = 71^s.0$.

PARTIAL SOLAR ECLIPSE OF 2022 APRIL 30

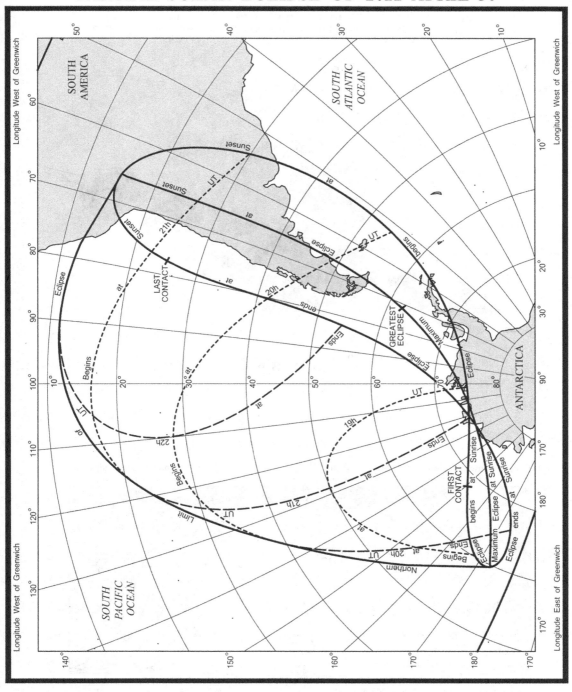

II. - Total Eclipse of the Moon　　　　　　　　2022 May 16

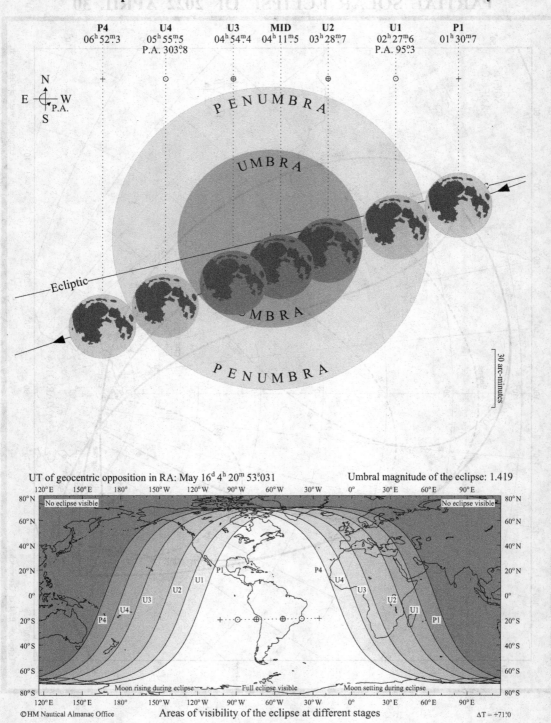

P4	U4	U3	MID	U2	U1	P1
06^{h}52^{m}3	05^{h}55^{m}5	04^{h}54^{m}4	04^{h}11^{m}5	03^{h}28^{m}7	02^{h}27^{m}6	01^{h}30^{m}7
	P.A. 303°8				P.A. 95°3	

N
E　W
P.A.
S

PENUMBRA

UMBRA

Ecliptic

UMBRA

PENUMBRA

30 arc-minutes

UT of geocentric opposition in RA: May 16^d 4^h 20^m 53^{s}031　　　　Umbral magnitude of the eclipse: 1.419

No eclipse visible　　　　　　　　　No eclipse visible

P4　U4　U3　U2　U1　P1　P4　U4　U3　U2　U1　P1

Moon rising during eclipse　　Full eclipse visible　　Moon setting during eclipse

Areas of visibility of the eclipse at different stages

©HM Nautical Almanac Office　　　　　　　　　　　　　　ΔT = +71°0

III. – Partial Eclipse of the Sun, 2022 October 25

CIRCUMSTANCES OF THE ECLIPSE

Universal Time of geocentric conjunction in right ascension, October 25^d 10^h 03^m $44^s.842$
Julian Date = 2459877.9192690025

		UT	Longitude	Latitude
		d h m	° ′	° ′
Eclipse begins	October	25 08 58.3	− 18 56.7	+ 66 28.0
Greatest eclipse		25 11 00.1	+ 77 16.8	+ 61 46.7
Eclipse ends		25 13 02.3	+ 66 31.2	+ 17 34.7

Magnitude of greatest eclipse: 0.8622

BESSELIAN ELEMENTS

Let $t = (UT - 9^h) + \delta T / 3600$ in units of hours.

These equations are valid over the range $-0^h.125 \le t \le 4^h.208$. Do not use t outside the given range, and do not omit any terms in the series. If μ is greater than 360°, then subtract 360° from its computed value.

Intersection of the axis of shadow with the fundamental plane:

$$x = -0.52636534 + 0.49535724\, t + 0.00006950\, t^2 - 0.00000704\, t^3$$
$$y = +1.44326316 - 0.23961210\, t - 0.00000441\, t^2 + 0.00000356\, t^3$$

Direction of the axis of shadow:

$$\sin d = -0.21040746 - 0.00023468\, t + 0.00000003\, t^2$$
$$\cos d = +0.97761379 - 0.00005051\, t - 0.00000003\, t^2$$
$$\mu = 318°.97664385 + 15.00243852\, t - 0.00000206\, t^2 - 0.00000009\, t^3 - 0.00417807\, \delta T$$

Radius of the shadow on the fundamental plane:

penumbra (l_1) = $+0.55008478 - 0.00006923\, t - 0.00001161\, t^2$

Other important quantities:

$$\tan f_1 = +0.004702$$
$$\mu' = +0.261842 \text{ radians per hour}$$
$$d' = -0.000240 \text{ radians per hour}$$

All time arguments are given provisionally in Universal Time, using $\Delta T(A) = 71^s.0$.

PARTIAL SOLAR ECLIPSE OF 2022 OCTOBER 25

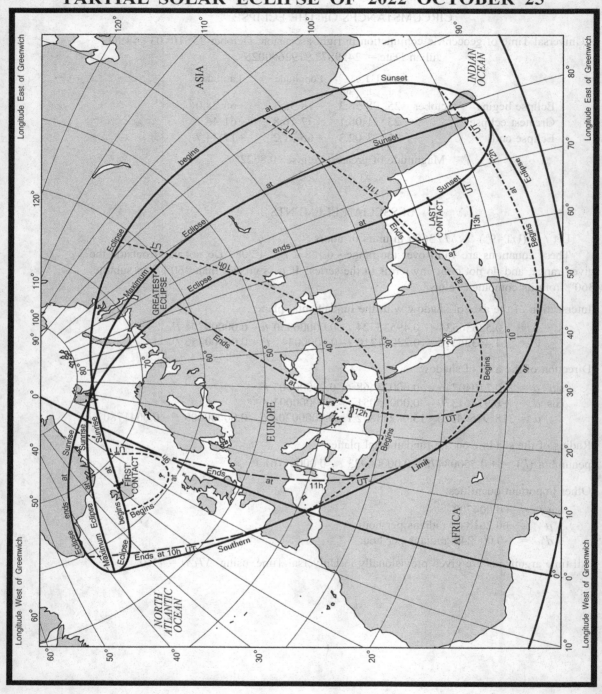

IV. - Total Eclipse of the Moon

UT of geocentric opposition in RA: November $8^d 11^h 11^m 18^s.694$

2022 November 08

Umbral magnitude of the eclipse: 1.364

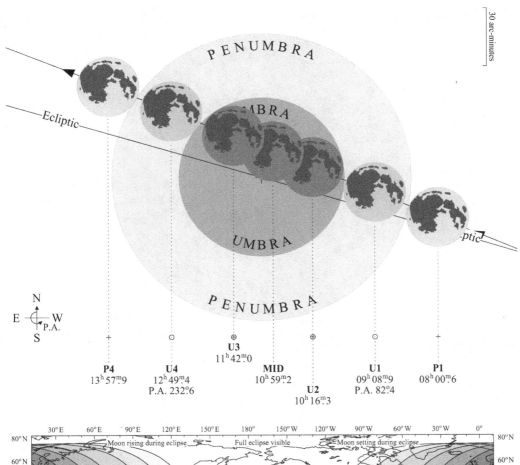

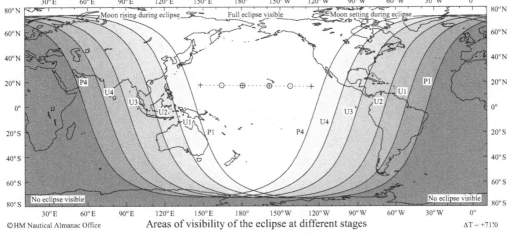

Areas of visibility of the eclipse at different stages

     $\Delta T = +71^s.0$

CONTENTS OF SECTION B

These data or auxiliary material may also be found on *The Astronomical Almanac Online* at **https://asa.hmnao.com** and **https://aa.usno.navy.mil/publications/asa.html**

Introduction

The tables and formulae in this section are produced in accordance with the recommendations of the International Astronomical Union at its General Assemblies up to and including 2012 and reviewed before the current edition was prepared. They are intended for use with relativistic coordinate time-scales, the International Celestial Reference System (ICRS), the Geocentric Celestial Reference System (GCRS) and the standard epoch of J2000·0 TT.

Because of its consistency with previous reference systems, implementation of the ICRS will be transparent to any applications with accuracy requirements of no better than 0″.1 near epoch J2000·0. At this level of accuracy the distinctions between the International Celestial Reference Frame, FK5, and dynamical equator and equinox of J2000·0 are not significant.

Procedures are given to calculate both intermediate and apparent right ascension, declination and hour angle of planetary and stellar objects which are referred to the ICRS, e.g. the JPL DE430/LE430 Planetary and Lunar Ephemerides or the Hipparcos star catalogue. These procedures include the effects of the differences between time-scales, light-time and the relativistic effects of light-deflection, parallax and aberration, and the rotations, i.e. frame bias, precession and nutation, to give the "of date" system.

The rotations from the GCRS to the Terrestrial Intermediate Reference System are illustrated using both equinox-based and CIO-based techniques. Both of these techniques require the position of the Celestial Intermediate Pole and involve the angles for frame bias, precession and nutation, whether applied individually or amalgamated, directly or indirectly. Within this section the CIO-based techniques are indicated by shading of the text.

The equinox-based and CIO-based techniques only differ in the location of the origin for right ascension, and thus whether Greenwich apparent sidereal time or Earth rotation angle, respectively, is used to calculate hour angle. Equinox-based techniques use the equinox as the origin for right ascension and the system is usually labelled the true equator and equinox of date. CIO-based techniques use the celestial intermediate origin (CIO), and the system is labelled the Celestial Intermediate Reference System. It must be emphasized that the equator of date is the celestial intermediate equator and hour angle is independent of the origin of right ascension. However, the hour angle must be calculated consistently within the system used.

Introduction (continued)

This section includes the long-standing daily tabulations of the nutation angles, $\Delta\psi$ and $\Delta\epsilon$, the true obliquity of the ecliptic, Greenwich mean and apparent sidereal time and the equation of the equinoxes, as well as the parameters that define the Celestial Intermediate Reference System, $\mathcal{X}$, $\mathcal{Y}$, s, the Earth rotation angle and equation of the origins. Also tabulated daily are the matrices, both equinox and CIO based, for reduction from the GCRS.

It should be noted that the IAU 2006 precession parameters are to be used with the IAU 2000A nutation series. However, for the highest precision, adjustments are required to the nutation in longitude and obliquity (see page B55). These adjustments are included in the IAU SOFA code which is used throughout this section.

Background information about time-scales and coordinate reference systems recommended by the IAU and adopted in this almanac are given in Section L, *Notes and References* and in Section M, *Glossary*.

Definitions involving the relationship between universal and sidereal time require knowledge of ΔT. However, accurate values of ΔT (see pages K8–K9) are only available in retrospect via analysis of observations from the IERS (see page x). Therefore the tables adopt the most likely value at the time of production. The value used and the errors are stated in the text.

CALENDAR

Julian date

A Julian date (JD) may be associated with any time scale (see page B6). A tabulation of Julian date (JD) at 0^h UT1 against calendar date is given with the ephemeris of universal and sidereal times on pages B13–B20. Similarly, pages B21–B24 tabulate the UT1 Julian date together with the Earth rotation angle. The following relationship holds during 2022:

UT1 Julian date = JD_{UT1} = 245 9579·5 + day of year + fraction of day from 0^h UT1

TT Julian date = JD_{TT} = 245 9579·5 + d + fraction of day from 0^h TT

where the day of the year (d) for the current year of the Gregorian calendar is given on pages B4–B5. The following table gives the Julian dates at day 0 of each month of 2022:

0^h	Julian Date	0^h	Julian Date	0^h	Julian Date	0^h	Julian Date
Jan. 0	245 9579·5	Apr. 0	245 9669·5	July 0	245 9760·5	Oct. 0	245 9852·5
Feb. 0	245 9610·5	May 0	245 9699·5	Aug. 0	245 9791·5	Nov. 0	245 9883·5
Mar. 0	245 9638·5	June 0	245 9730·5	Sept. 0	245 9822·5	Dec. 0	245 9913·5

Tabulations of Julian date against calendar date for other years are given on pages K2–K4.

A date may also be expressed in years as a Julian epoch, or for some purposes as a Besselian epoch, using:

$$\text{Julian epoch} = J[2000\cdot0 + (JD_{TT} - 245\ 1545\cdot0)/365\cdot25]$$

$$\text{Besselian epoch} = B[1900\cdot0 + (JD_{TT} - 241\ 5020\cdot313\ 52)/365\cdot242\ 198\ 781]$$

the prefixes J and B may be omitted only where the context, or precision, make them superfluous.

400-day date, JD 245 9600·5 = 2022 January 21·0

Standard epoch B1900·0 = 1900 Jan. 0·813 52 = JD 241 5020·313 52 TT
B1950·0 = 1950 Jan. 0·923   = JD 243 3282·423 TT
B2022·0 = 2022 Jan. 0·362 TT = JD 245 9579·862 TT

Standard epoch J2000·0 = 2000 Jan. 1·5 TT   = JD 245 1545·0 TT
J2022·5 = 2022 July 2·625 TT = JD 245 9763·125 TT

For epochs B1900·0 and B1950·0 the TT time scale is used proleptically.

The *modified Julian date* (MJD) is the Julian date minus 240 0000·5 and in 2022 is given by: MJD = 59579·0 + day of year + fraction of day from 0^h in the time scale being used.

Day of Month	JANUARY Day of Week	Day of Year	FEBRUARY Day of Week	Day of Year	MARCH Day of Week	Day of Year	APRIL Day of Week	Day of Year	MAY Day of Week	Day of Year	JUNE Day of Week	Day of Year
1	Sat.	1	Tue.	32	Tue.	60	Fri.	91	Sun.	121	Wed.	152
2	Sun.	2	Wed.	33	Wed.	61	Sat.	92	Mon.	122	Thu.	153
3	Mon.	3	Thu.	34	Thu.	62	Sun.	93	Tue.	123	Fri.	154
4	Tue.	4	Fri.	35	Fri.	63	Mon.	94	Wed.	124	Sat.	155
5	Wed.	5	Sat.	36	Sat.	64	Tue.	95	Thu.	125	Sun.	156
6	Thu.	6	Sun.	37	Sun.	65	Wed.	96	Fri.	126	Mon.	157
7	Fri.	7	Mon.	38	Mon.	66	Thu.	97	Sat.	127	Tue.	158
8	Sat.	8	Tue.	39	Tue.	67	Fri.	98	Sun.	128	Wed.	159
9	Sun.	9	Wed.	40	Wed.	68	Sat.	99	Mon.	129	Thu.	160
10	Mon.	10	Thu.	41	Thu.	69	Sun.	100	Tue.	130	Fri.	161
11	Tue.	11	Fri.	42	Fri.	70	Mon.	101	Wed.	131	Sat.	162
12	Wed.	12	Sat.	43	Sat.	71	Tue.	102	Thu.	132	Sun.	163
13	Thu.	13	Sun.	44	Sun.	72	Wed.	103	Fri.	133	Mon.	164
14	Fri.	14	Mon.	45	Mon.	73	Thu.	104	Sat.	134	Tue.	165
15	Sat.	15	Tue.	46	Tue.	74	Fri.	105	Sun.	135	Wed.	166
16	Sun.	16	Wed.	47	Wed.	75	Sat.	106	Mon.	136	Thu.	167
17	Mon.	17	Thu.	48	Thu.	76	Sun.	107	Tue.	137	Fri.	168
18	Tue.	18	Fri.	49	Fri.	77	Mon.	108	Wed.	138	Sat.	169
19	Wed.	19	Sat.	50	Sat.	78	Tue.	109	Thu.	139	Sun.	170
20	Thu.	20	Sun.	51	Sun.	79	Wed.	110	Fri.	140	Mon.	171
21	Fri.	21	Mon.	52	Mon.	80	Thu.	111	Sat.	141	Tue.	172
22	Sat.	22	Tue.	53	Tue.	81	Fri.	112	Sun.	142	Wed.	173
23	Sun.	23	Wed.	54	Wed.	82	Sat.	113	Mon.	143	Thu.	174
24	Mon.	24	Thu.	55	Thu.	83	Sun.	114	Tue.	144	Fri.	175
25	Tue.	25	Fri.	56	Fri.	84	Mon.	115	Wed.	145	Sat.	176
26	Wed.	26	Sat.	57	Sat.	85	Tue.	116	Thu.	146	Sun.	177
27	Thu.	27	Sun.	58	Sun.	86	Wed.	117	Fri.	147	Mon.	178
28	Fri.	28	Mon.	59	Mon.	87	Thu.	118	Sat.	148	Tue.	179
29	Sat.	29			Tue.	88	Fri.	119	Sun.	149	Wed.	180
30	Sun.	30			Wed.	89	Sat.	120	Mon.	150	Thu.	181
31	Mon.	31			Thu.	90			Tue.	151		

CHRONOLOGICAL CYCLES AND ERAS

Dominical Letter	B	Julian Period (year of)	6735
Epact	27	Roman Indiction	15
Golden Number (Lunar Cycle) ...	IX	Solar Cycle	15

All dates are given in terms of the Gregorian calendar in which
2022 January 14 corresponds to 2022 January 1 of the Julian calendar.

ERA	YEAR	BEGINS	ERA	YEAR	BEGINS
Byzantine	7531	Sept. 14	Japanese	2682	Jan. 1
Jewish (A.M.)*	5783	Sept. 25	Seleucidæ (Grecian) ...	2334	Sept. 14
Chinese (rén yín) ...		Feb. 1			(or Oct. 14)
Roman (A.U.C.)	2775	Jan. 14	Saka (Indian)	1944	Mar. 22
Nabonassar	2771	Apr. 18	Diocletian (Coptic) ...	1739	Sept. 11
			Islamic (Hegira)* ...	1444	July 29

* Year begins at sunset

Day of Month	JULY		AUGUST		SEPTEMBER		OCTOBER		NOVEMBER		DECEMBER	
	Day of Week	Day of Year	Day of Week	Day of Year	Day of Week	Day of Year	Day of Week	Day of Year	Day of Week	Day of Year	Day of Week	Day of Year
1	Fri.	182	Mon.	213	Thu.	244	Sat.	274	Tue.	305	Thu.	335
2	Sat.	183	Tue.	214	Fri.	245	Sun.	275	Wed.	306	Fri.	336
3	Sun.	184	Wed.	215	Sat.	246	Mon.	276	Thu.	307	Sat.	337
4	Mon.	185	Thu.	216	Sun.	247	Tue.	277	Fri.	308	Sun.	338
5	Tue.	186	Fri.	217	Mon.	248	Wed.	278	Sat.	309	Mon.	339
6	Wed.	187	Sat.	218	Tue.	249	Thu.	279	Sun.	310	Tue.	340
7	Thu.	188	Sun.	219	Wed.	250	Fri.	280	Mon.	311	Wed.	341
8	Fri.	189	Mon.	220	Thu.	251	Sat.	281	Tue.	312	Thu.	342
9	Sat.	190	Tue.	221	Fri.	252	Sun.	282	Wed.	313	Fri.	343
10	Sun.	191	Wed.	222	Sat.	253	Mon.	283	Thu.	314	Sat.	344
11	Mon.	192	Thu.	223	Sun.	254	Tue.	284	Fri.	315	Sun.	345
12	Tue.	193	Fri.	224	Mon.	255	Wed.	285	Sat.	316	Mon.	346
13	Wed.	194	Sat.	225	Tue.	256	Thu.	286	Sun.	317	Tue.	347
14	Thu.	195	Sun.	226	Wed.	257	Fri.	287	Mon.	318	Wed.	348
15	Fri.	196	Mon.	227	Thu.	258	Sat.	288	Tue.	319	Thu.	349
16	Sat.	197	Tue.	228	Fri.	259	Sun.	289	Wed.	320	Fri.	350
17	Sun.	198	Wed.	229	Sat.	260	Mon.	290	Thu.	321	Sat.	351
18	Mon.	199	Thu.	230	Sun.	261	Tue.	291	Fri.	322	Sun.	352
19	Tue.	200	Fri.	231	Mon.	262	Wed.	292	Sat.	323	Mon.	353
20	Wed.	201	Sat.	232	Tue.	263	Thu.	293	Sun.	324	Tue.	354
21	Thu.	202	Sun.	233	Wed.	264	Fri.	294	Mon.	325	Wed.	355
22	Fri.	203	Mon.	234	Thu.	265	Sat.	295	Tue.	326	Thu.	356
23	Sat.	204	Tue.	235	Fri.	266	Sun.	296	Wed.	327	Fri.	357
24	Sun.	205	Wed.	236	Sat.	267	Mon.	297	Thu.	328	Sat.	358
25	Mon.	206	Thu.	237	Sun.	268	Tue.	298	Fri.	329	Sun.	359
26	Tue.	207	Fri.	238	Mon.	269	Wed.	299	Sat.	330	Mon.	360
27	Wed.	208	Sat.	239	Tue.	270	Thu.	300	Sun.	331	Tue.	361
28	Thu.	209	Sun.	240	Wed.	271	Fri.	301	Mon.	332	Wed.	362
29	Fri.	210	Mon.	241	Thu.	272	Sat.	302	Tue.	333	Thu.	363
30	Sat.	211	Tue.	242	Fri.	273	Sun.	303	Wed.	334	Fri.	364
31	Sun.	212	Wed.	243			Mon.	304			Sat.	365

RELIGIOUS CALENDARS

Epiphany	Jan.	6	Ascension Day	May 26
Ash Wednesday	Mar.	2	Whit Sunday—Pentecost	June 5
Palm Sunday	Apr.	10	Trinity Sunday	June 12
Good Friday	Apr.	15	First Sunday in Advent	Nov. 27
Easter Day	Apr.	17	Christmas Day (Sunday)	Dec. 25
First day of Passover (Pesach)	Apr.	16	Day of Atonement (Yom Kippur)	Oct. 5
Feast of Weeks (Shavuot)	June	5	First day of Tabernacles (Succoth)	Oct. 10
Jewish New Year (Rosh Hashanah)	Sept.	26	Festival of Lights (Hanukkah)	Dec. 19
First day of Ramadân	Apr.	3	Islamic New Year	July 30
First day of Shawwal (Eid ul-Fitr)	May	3		

The Jewish and Islamic dates above are tabular dates, which begin at sunset on the previous evening and end at sunset on the date tabulated. In practice, the dates of Islamic fasts and festivals are determined by an actual sighting of the appropriate new moon.

Notation for time-scales and related quantities

A summary of the notation for time-scales and related quantities used in this Almanac is given below. Additional information is given in the *Glossary* (Section M and *The Astronomical Almanac Online*) and in the *Notes and References* (Section L).

UT1   universal time (also UT); counted from 0^h (midnight); unit is second of mean solar time, affected by irregularities in the Earth's rate of rotation.

GMST   Greenwich mean sidereal time; GHA of mean equinox of date.

GAST   Greenwich apparent sidereal time; GHA of true equinox of date.

E_e Equation of the equinoxes: GAST − GMST.

E_o Equation of the origins: ERA − GAST = θ − GAST.

ERA   Earth rotation angle (θ); the angle between the celestial and terrestrial intermediate origins; it is proportional to UT1.

TAI   International Atomic Time; unit is the SI second on the geoid.

UTC   coordinated universal time; differs from TAI by an integral number of seconds, and is the basis of most radio time signals and national and/or legal time systems.

ΔUT   = UT1−UTC; increment to be applied to UTC to give UT1.

DUT1   predicted value of ΔUT, rounded to $0^s\!.1$, given in some radio time signals.

TDB   barycentric dynamical time; used as time-scale of ephemerides, referred to the barycentre of the solar system.

TT   terrestrial time; used as time-scale of ephemerides for observations from the Earth's surface (geoid). TT = TAI + $32^s\!.184$.

ΔT = TT − UT1; increment to be applied to UT1 to give TT.
         = TAI + $32^s\!.184$ − UT1.

ΔAT   = TAI − UTC; increment to be applied to UTC to give TAI; an integral number of seconds.

ΔTT   = TT − UTC = ΔAT+$32^s\!.184$; increment to be applied to UTC to give TT.

JD_{TT} = Julian date and fraction, where the time fraction is expressed in the terrestrial time scale, e.g. 2000 January 1, 12^h TT is JD 245 1545·0 TT.

JD_{UT1} = Julian date and fraction, where the time fraction is expressed in the universal time scale, e.g. 2000 January 1, 12^h UT1 is JD 245 1545·0 UT1.

The following intervals are used in this section.

$$T = (JD_{TT} - 245\,1545 \cdot 0)/36\,525 = \text{Julian centuries of } 365\,25 \text{ days from J2000} \cdot 0$$

$$D = JD - 245\,1545 \cdot 0 = \text{days and fraction from J2000} \cdot 0$$

$$D_U = JD_{UT1} - 245\,1545 \cdot 0 = \text{days and UT1 fraction from J2000} \cdot 0$$

$$d = \text{Day of the year, January } 1 = 1, \text{ etc., see B4–B5}$$

Note that the intervals above are based on different time scales. T implies the TT time scale while D_U implies the UT1 time scale. This is an important distinction when calculating Greenwich mean sidereal time. T is the number of Julian centuries from J2000·0 to the required epoch (TT), while D, D_U and d are all in days.

The name Greenwich mean time (GMT) is not used in this Almanac since it is ambiguous. It is now used, although not in astronomy, in the sense of UTC, in addition to the earlier sense of UT; prior to 1925 it was reckoned for astronomical purposes from Greenwich mean noon (12^h UT).

Relationships between time-scales

The unit of UTC is the SI second on the geoid, but step adjustments of 1 second (leap seconds) are occasionally introduced into UTC so that universal time (UT1) may be obtained directly from it with an accuracy of 1 second or better and so that International Atomic Time (TAI) may be obtained by the addition of an integral number of seconds. The step adjustments, when required, are usually inserted after the 60th second of the last minute of December 31 or June 30. Values of the differences ΔAT for 1972 onwards are given on page K9. Accurate values of the increment ΔUT to be applied to UTC to give UT1 are derived from observations, but predicted values are transmitted in code in some time signals. Wherever UT is used in this volume it always means UT1.

The difference between the terrestrial time scale (TT) and the barycentric dynamical time scale (TDB) is often ignored, since the two time scales differ by no more than 2 milliseconds.

An approximate expression for the relationship between the barycentric and terrestrial time-scales (due to the variations in gravitational potential around the Earth's orbit) is:

$$\text{TDB} = \text{TT} + 0\overset{s}{.}001\,656\,67 \sin g + 0\overset{s}{.}000\,022\,42 \sin(L - L_J)$$
and
$$g = 357\overset{\circ}{.}53 + 0.985\,600\,28(\text{JD} - 245\,1545\cdot0)$$
$$L - L_J = 246\overset{\circ}{.}11 + 0.902\,517\,92(\text{JD} - 245\,1545\cdot0)$$

where g is the mean anomaly of the Earth in its orbit around the Sun, and $L - L_J$ is the difference in the mean ecliptic longitudes of the Sun and Jupiter. The above formula for TDB $-$ TT is accurate to about $\pm30\mu$s over the period 1980 to 2050.

For 2022
$$g = 356\overset{\circ}{.}33 + 0\overset{\circ}{.}985\,60\,d \qquad \text{and} \qquad L - L_J = -62\overset{\circ}{.}60 + 0\overset{\circ}{.}902\,52\,d$$

where d is the day of the year and fraction of the day.

The TDB time scale should be used for quantities such as precession angles and the fundamental arguments. However, for these quantities, the difference between TDB and TT is negligible at the microarcsecond (μas) level.

Relationships between universal time, ERA, GMST and GAST

The following equations show the relationships between the Earth rotation angle (ERA=θ), Greenwich mean (GMST) and apparent (GAST) sidereal time, in terms of the equation of the origins (E_o) and the equation of the equinoxes (E_e):

$$\text{GMST}(D_U, T) = \theta(D_U) + \text{polynomial part}(T)$$
$$\text{GAST}(D_U, T) = \theta(D_U) - \text{equation of the origins}(T)$$
$$= \text{GMST}(D_U, T) + \text{equation of the equinoxes}(T)$$

The definition of these quantities follow. Note that ERA is a function of UT1, while GMST and GAST are functions of both UT1 and TT. A diagram showing the relationships between these concepts is given on page B9.

ERA is for use with intermediate right ascensions while GAST must be used with apparent (equinox based) right ascensions.

Relationship between universal time and Earth rotation angle

The Earth rotation angle (θ) is measured in the Celestial Intermediate Reference System along its equator (the true equator of date) between the terrestrial and the celestial intermediate origins. It is proportional to UT1, and its time derivative is the Earth's adopted mean angular velocity; it is defined by the following relationship

$$\theta(D_U) = 2\pi(0.7790\ 5727\ 32640 + 1.0027\ 3781\ 1911\ 35448\ D_U) \text{ radians}$$
$$= 360°(0.7790\ 5727\ 32640 + 0.0027\ 3781\ 1911\ 35448\ D_U + D_U \bmod 1)$$

where D_U is the interval, in days, elapsed since the epoch 2000 January $1^d\ 12^h$ UT1 (JD 245 1545·0 UT1), and $D_U \bmod 1$ is the fraction of the UT1 day remaining after removing all the whole days. The Earth rotation angle (ERA) is tabulated daily at 0^h UT1 on pages B21–B24.

During 2022, on day d, at t^h UT1, the Earth rotation angle, expressed in arc and time, respectively, is given by:

$$\theta = 99°362\ 547 + 0°985\ 612\ 288\ d + 15°041\ 0672\ t$$
$$= 6^h624\ 1698 + 0^h065\ 707\ 4859\ d + 1^h002\ 737\ 81\ t$$

Relationship between universal and sidereal time

Greenwich Mean Sidereal Time

Universal time is defined in terms of Greenwich mean sidereal time (i.e. the hour angle of the mean equinox of date) by:

$$\text{GMST}(D_U, T) = \theta(D_U) + \text{GMST}_P(T)$$
$$\text{GMST}_P(T) = 0''014\ 506 + 4612''156\ 534\ T + 1''391\ 5817\ T^2$$
$$- 0''000\ 000\ 44\ T^3 - 0''000\ 029\ 956\ T^4 - 3''68 \times 10^{-8}\ T^5$$

where θ is the Earth rotation angle. The polynomial part, $\text{GMST}_P(T)$ is due almost entirely to the effect of precession and is given separately as it also forms part of the equation of the origins (see page B10). The time interval D_U is measured in days elapsed since the epoch 2000 January $1^d\ 12^h$ UT1 (JD 245 1545·0 UT1), whereas T is measured in the TT scale, in Julian centuries of 36 525 days, from JD 245 1545·0 TT.

The Earth rotation angle is expressed in degrees while the terms of the polynomial part (GMST_P) are in arcseconds. GMST is tabulated on pages B13–B20 and the equivalent expression in time units is

$$\text{GMST}(D_U, T) = 86400^s(0.7790\ 5727\ 32640 + 0.0027\ 3781\ 1911\ 35448 D_U + D_U \bmod 1)$$
$$+ 0^s000\ 967\ 07 + 307^s477\ 102\ 27\ T + 0^s092\ 772\ 113\ T^2$$
$$- 0^s000\ 000\ 0293\ T^3 - 0^s000\ 001\ 997\ 07\ T^4 - 2^s453 \times 10^{-9}\ T^5$$

It is necessary, in this formula, to distinguish TT from UT1 only for the most precise work. The table on pages B13–B20 is calculated assuming $\Delta T = 71^s$. During 2022, an error of $\pm1^s$ in ΔT at 0^h UT1 introduces differences of $\mp1''5 \times 10^{-6}$ or equivalently $\mp0^s10 \times 10^{-6}$, in the calculation of GMST.

The following relationship holds during 2022:

on day of year d at t^h UT1, GMST $= 6^h642\ 9592 + 0^h065\ 709\ 8246\ d + 1^h002\ 737\ 91\ t$,

where the day of year d is tabulated on pages B4–B5. Add or subtract multiples of 24^h as necessary.

Relationship between universal and sidereal time (continued)

In 2022:
$$
\begin{aligned}
1 \text{ mean solar day} &= 1{\cdot}002\,737\,909\,36 \quad\quad \text{mean sidereal days}\\
&= 24^{\text{h}}\,03^{\text{m}}\,56{\overset{\text{s}}{\cdot}}555\,37 \text{ of mean sidereal time}\\
1 \text{ mean sidereal day} &= 0{\cdot}997\,269\,566\,32 \quad\quad \text{mean solar days}\\
&= 23^{\text{h}}\,56^{\text{m}}\,04{\overset{\text{s}}{\cdot}}090\,53 \text{ of mean solar time}
\end{aligned}
$$

Greenwich Apparent Sidereal Time

The hour angle of the true equinox of date (GAST) is given by:

$$
\begin{aligned}
\text{GAST}(D_\text{U}, T) &= \theta(D_\text{U}) - \text{equation of the origins} = \theta(D_\text{U}) - E_o(T)\\
&= \text{GMST}(D_\text{U}, T) + \text{equation of the equinoxes} = \text{GMST}(D_\text{U}, T) + E_e(T)
\end{aligned}
$$

where θ is the Earth rotation angle (ERA) and GMST, the Greenwich mean sidereal time are given above, while the equation of the origins (E_o) and the equation of the equinoxes (E_e) are given on page B10.

Pages B13–B20 tabulate GAST and the equation of the equinoxes daily at 0^{h} UT1. These quantities have been calculated using the IAU 2000A nutation model together with the tiny (μas level) amendments (see B55); they are expressed in time units and are based on a predicted $\Delta T = 71^{\text{s}}$. During 2022, an error of $\pm 1^{\text{s}}$ in ΔT at 0^{h} UT1 introduces a maximum error of $\pm 3{\overset{\prime\prime}{\cdot}}9 \times 10^{-6}$ or equivalently $\pm 0{\overset{\text{s}}{\cdot}}26 \times 10^{-6}$, in the calculation of GAST.

Interpolation may be used to obtain the equation of the equinoxes for another instant, or if full precision is required.

Relationships between origins

The difference between the CIO and true equinox of date is called the equation of the origins

$$
E_o(T) = \theta - \text{GAST}
$$

while the difference between the true and mean equinox is called the equation of the equinoxes and is given by

$$
E_e(T) = \text{GAST} - \text{GMST}
$$

The following schematic diagram shows the relationship between the "zero longitude" defined by the terrestrial intermediate origin, the true equinox and the celestial intermediate origin.

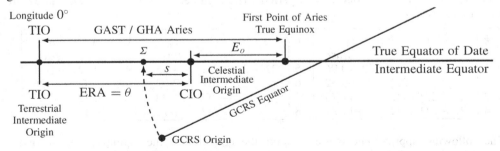

The diagram illustrates that the origin of Greenwich hour angle, the terrestrial intermediate origin (TIO), may be obtained from either Greenwich apparent sidereal time (GAST) or Earth rotation angle (ERA). The quantity s, the CIO locator, positions the GCRS origin (Σ) on the equator (see page B47). Note that the planes of intermediate equator and the true equator of date (the pole of which is the celestial intermediate pole) are identical.

Relationships between origins (continued)

Equation of the origins

The equation of the origins (E_o), the angular difference between the origin of intermediate right ascension (the CIO) and the origin of equinox right ascension (the true equinox) is defined to be

$$E_o(T) = \theta - \text{GAST} = s - \tan^{-1} \frac{\mathbf{M}_j \cdot \mathcal{R}_{\Sigma_i}}{\mathbf{M}_i \cdot \mathcal{R}_{\Sigma_i}}$$

where s is the CIO locator (see page B47). $\mathbf{M}_i$, and $\mathbf{M}_j$ are vectors formed from the top and middle rows of $\mathbf{M}$ (see page B50) which transforms positions from the GCRS to the equator and equinox of date, while the vector $\mathcal{R}_{\Sigma_i}$ which is formed from the top row of $\mathcal{R}_\Sigma$ is given on page B49. The symbol $\cdot$ denotes the scalar or dot product of the two vectors.

Alternatively,

$$E_o(T) = -(\text{GMST}_P(T) + E_e(T))$$

where GMST_P is the polynomial part of the Greenwich mean sidereal time formulae (see page B8), and E_e is the equation of the equinoxes given below. E_o is tabulated with the Earth rotation angle (θ) on pages B21–B24, and is calculated in the sense

$$E_o = \theta - \text{GAST} = \alpha_i - \alpha_e$$

and therefore

$$\alpha_i = E_o + \alpha_e$$

Thus, given an apparent right ascension (α_e) and the equation of the origins, the intermediate right ascension (α_i) may be calculated so that it can be used with the Earth rotation angle (θ) to form an hour angle.

Equation of the equinoxes

The equation of the equinoxes (E_e) is the difference between Greenwich apparent (GAST) and mean (GMST) sidereal time.

$$E_e(T) = \text{GAST} - \text{GMST}$$

which can be expressed, less precisely, in series form as

$$= \Delta\psi \cos\epsilon_A + \sum_k S_k \sin A_k - 0\rlap{.}''87 \times 10^{-6}\, T \,\sin\Omega$$

GAST and GMST are given on pages B9 and B8, respectively. $\Delta\psi$ is the total nutation in longitude (in seconds of arc) and ϵ_A is the mean obliquity of the ecliptic (see pages B55 and B52, respectively). The coefficients (S_k) are in seconds of arc in the above equation; they are given below (in μas) for all terms exceeding $0.5\,\mu$as during 1975-2025. This series expression is accurate to $\pm 0\rlap{.}''3 \times 10^{-5}$ during this period. The arguments (A_k) l, l', F, D, and Ω are given on page B47.

k	A_k	S_k μas	k	A_k	S_k μas	k	A_k	S_k μas
1	Ω	+2640·96	5	$2F-2D+2\Omega$	−4·55	9	$l'+\Omega$	−1·41
2	2Ω	+63·52	6	$2F+3\Omega$	+2·02	10	$l'-\Omega$	−1·26
3	$2F-2D+3\Omega$	+11·75	7	$2F+\Omega$	+1·98	11	$l+\Omega$	−0·63
4	$2F-2D+\Omega$	+11·21	8	3Ω	−1·72	12	$l-\Omega$	−0·63

The following approximate expression for the equation of the equinoxes (in seconds), incorporates the two largest terms, and is accurate to better than $2^s \times 10^{-6}$ assuming $\Delta\psi$ and ϵ_A are supplied with sufficient accuracy.

$$E_e{}^s = \tfrac{1}{15}\left(\Delta\psi\,\cos\epsilon_A + 0\rlap{.}''002\,64 \sin\Omega + 0\rlap{.}''000\,06 \sin 2\Omega\right)$$

During 2022, $\Omega = 59\rlap{.}°59 - 0\rlap{.}°052\,953\,74\,d$, and d is the day of the year and fraction of day (see page D2).

Relationships between local time and hour angle

The local hour angle of an object is the angle between two planes: the plane containing the geocentre, the CIP, and the observer; and the plane containing the geocentre, the CIP, and the object. Hour angle increases with time and is positive when the object is west of the observer as viewed from the geocentre. The plane defining the astronomical zero ("Greenwich") meridian (from which Greenwich hour angles are measured) contains the geocentre, the CIP, and the TIO; there, the observer's longitude λ (not λ_{ITRS}) = 0. This plane is called the TIO meridian and it is a fundamental plane of the Terrestrial Intermediate Reference System.

The following general relationships are used to relate the right ascensions of celestial objects to locations on the Earth and universal time (UT1):

local mean solar time = universal time + east longitude

local hour angle (h) = Greenwich hour angle (H) + east longitude (λ)

Equinox-based

local mean sidereal time = Greenwich mean sidereal time + east longitude

local apparent sidereal time = local mean sidereal time + equation of equinoxes

= Greenwich apparent sidereal time + east longitude

Greenwich hour angle = Greenwich apparent sidereal time − apparent right ascension

local hour angle = local apparent sidereal time − apparent right ascension

CIO-based

Greenwich hour angle = Earth rotation angle − intermediate right ascension

local hour angle = Earth rotation angle − intermediate right ascension

+ east longitude

= Earth rotation angle − equation of origins

− apparent right ascension + east longitude

Note: ensure that the units of all quantities used are compatible.

Alternatively, use the rotation matrix $\mathbf{R}_3$ (see page K19) to rotate the equator and equinox of date system or the Celestial Intermediate Reference System about the z-axis (CIP) to the terrestrial system, resulting in either the TIO meridian and hour angle, or the local meridian and local hour angle.

Equinox-based	*CIO-based*
$\mathbf{r}_e$ = position with respect to the equator and equinox (mean or true) of date	$\mathbf{r}_i$ = position with respect to the Celestial Intermediate Reference System
$\mathbf{r} = \mathbf{R}_3(\text{GST})\,\mathbf{r}_e$ or $\mathbf{R}_3(\text{GST} + \lambda)\,\mathbf{r}_e$	$\mathbf{r} = \mathbf{R}_3(\theta)\,\mathbf{r}_i$ or $\mathbf{R}_3(\theta + \lambda)\,\mathbf{r}_i$

depending on whether the Greenwich (H) or local (h) hour angle is required, and then

$$H \text{ or } h = \tan^{-1}(-\mathbf{r}_y/\mathbf{r}_x) \qquad \text{positive to the west,}$$

and $\mathbf{r}_x$, $\mathbf{r}_y$ are components of $\mathbf{r}$ (see page K18). GST is the Greenwich mean (GMST) or apparent (GAST) sidereal time, as appropriate, and θ is the Earth rotation angle. Greenwich apparent and mean sidereal times, and the equation of the equinoxes are tabulated on pages B13–B20, while Earth rotation angle and equation of the origins are tabulated on pages B21–B24. Both tables are tabulated daily at 0^h UT1.

The relationships above, which result in a position with respect to the Terrestrial Intermediate Reference System (see page B26 note 7), require corrections for polar motion (see page B84) when the reduction of very precise observations are made with respect to a standard geodetic system such as the International Terrestrial Reference System (ITRS). These small corrections are (i) the alignment of the terrestrial intermediate origin (TIO) onto the longitude origin (λ_{ITRS} = 0) of the ITRS, and (ii) for positioning the pole (CIP) within the ITRS.

Examples of the use of the ephemeris of universal and sidereal times

1. *Conversion of universal time to local sidereal time*

To find the local apparent sidereal time at $09^h 44^m 30^s$ UT on 2022 July 8 in longitude $80° 22' 55''.79$ west.

	h	m	s
Greenwich mean sidereal time on July 8 at 0^h UT (page B17)	19	03	43·6179
Add the equivalent mean sidereal time interval from 0^h to $09^h 44^m 30^s$ UT (multiply UT interval by 1·002 737 9094)	9	46	06·0185
Greenwich mean sidereal time at required UT:	4	49	49·6364
Add equation of equinoxes, interpolated using second-order differences to approximate UT $= 0^d.41$			−0·7659
Greenwich apparent sidereal time:	4	49	48·8705
Subtract west longitude (add east longitude)	5	21	31·7193
Local apparent sidereal time:	23	28	17·1512

The calculation for local mean sidereal time is similar, but omit the step which allows for the equation of the equinoxes.

2. *Conversion of local sidereal time to universal time*

To find the universal time at $23^h 28^m 17^s.1512$ local apparent sidereal time on 2022 July 8 in longitude $80° 22' 55''.79$ west.

	h	m	s
Local apparent sidereal time:	23	28	17·1512
Add west longitude (subtract east longitude)	5	21	31·7193
Greenwich apparent sidereal time:	4	49	48·8705
Subtract equation of equinoxes, interpolated using second-order differences to approximate UT $= 0^d.41$			−0·7659
Greenwich mean sidereal time:	4	49	49·6364
Subtract Greenwich mean sidereal time at 0^h UT	19	03	43·6179
Mean sidereal time interval from 0^h UT:	9	46	06·0185
Equivalent UT interval (multiply mean sidereal time interval by 0·997 269 5663)	9	44	30·0000

The conversion of mean sidereal time to universal time is carried out by a similar procedure; omit the step which allows for the equation of the equinoxes.

Date 0^h UT1		Julian Date	G. SIDEREAL TIME (GHA of the Equinox)		Equation of Equinoxes at 0^h UT1	GSD at 0^h GMST	UT1 at 0^h GMST (Greenwich Transit of the Mean Equinox)			
			Apparent	Mean						
		245	h m s	s	s	**246**			h m s	
Jan.	0	**9579·5**	6 38 33·7660	34·6533	− 0·8873	**6315·0**	Jan.	0	17 18 34·7346	
	1	**9580·5**	6 42 30·3315	31·2087	− 0·8772	**6316·0**		1	17 14 38·8251	
	2	**9581·5**	6 46 26·8998	27·7640	− 0·8642	**6317·0**		2	17 10 42·9157	
	3	**9582·5**	6 50 23·4686	24·3194	− 0·8508	**6318·0**		3	17 06 47·0062	
	4	**9583·5**	6 54 20·0352	20·8748	− 0·8395	**6319·0**		4	17 02 51·0967	
	5	**9584·5**	6 58 16·5979	17·4301	− 0·8323	**6320·0**		5	16 58 55·1873	
	6	**9585·5**	7 02 13·1561	13·9855	− 0·8295	**6321·0**		6	16 54 59·2778	
	7	**9586·5**	7 06 09·7105	10·5409	− 0·8304	**6322·0**		7	16 51 03·3683	
	8	**9587·5**	7 10 06·2626	07·0962	− 0·8337	**6323·0**		8	16 47 07·4589	
	9	**9588·5**	7 14 02·8139	03·6516	− 0·8377	**6324·0**		9	16 43 11·5494	
	10	**9589·5**	7 17 59·3658	60·2070	− 0·8412	**6325·0**		10	16 39 15·6399	
	11	**9590·5**	7 21 55·9193	56·7623	− 0·8431	**6326·0**		11	16 35 19·7304	
	12	**9591·5**	7 25 52·4749	53·3177	− 0·8428	**6327·0**		12	16 31 23·8210	
	13	**9592·5**	7 29 49·0329	49·8731	− 0·8402	**6328·0**		13	16 27 27·9115	
	14	**9593·5**	7 33 45·5930	46·4285	− 0·8354	**6329·0**		14	16 23 32·0020	
	15	**9594·5**	7 37 42·1548	42·9838	− 0·8290	**6330·0**		15	16 19 36·0926	
	16	**9595·5**	7 41 38·7175	39·5392	− 0·8216	**6331·0**		16	16 15 40·1831	
	17	**9596·5**	7 45 35·2803	36·0946	− 0·8143	**6332·0**		17	16 11 44·2736	
	18	**9597·5**	7 49 31·8420	32·6499	− 0·8079	**6333·0**		18	16 07 48·3642	
	19	**9598·5**	7 53 28·4019	29·2053	− 0·8034	**6334·0**		19	16 03 52·4547	
	20	**9599·5**	7 57 24·9592	25·7607	− 0·8014	**6335·0**		20	15 59 56·5452	
	21	**9600·5**	8 01 21·5139	22·3160	− 0·8021	**6336·0**		21	15 56 00·6357	
	22	**9601·5**	8 05 18·0661	18·8714	− 0·8053	**6337·0**		22	15 52 04·7263	
	23	**9602·5**	8 09 14·6166	15·4268	− 0·8101	**6338·0**		23	15 48 08·8168	
	24	**9603·5**	8 13 11·1668	11·9821	− 0·8153	**6339·0**		24	15 44 12·9073	
	25	**9604·5**	8 17 07·7181	08·5375	− 0·8194	**6340·0**		25	15 40 16·9979	
	26	**9605·5**	8 21 04·2719	05·0929	− 0·8210	**6341·0**		26	15 36 21·0884	
	27	**9606·5**	8 25 00·8294	01·6482	− 0·8188	**6342·0**		27	15 32 25·1789	
	28	**9607·5**	8 28 57·3909	58·2036	− 0·8127	**6343·0**		28	15 28 29·2695	
	29	**9608·5**	8 32 53·9556	54·7590	− 0·8034	**6344·0**		29	15 24 33·3600	
	30	**9609·5**	8 36 50·5218	51·3143	− 0·7925	**6345·0**		30	15 20 37·4505	
	31	**9610·5**	8 40 47·0871	47·8697	− 0·7826	**6346·0**		31	15 16 41·5411	
Feb.	1	**9611·5**	8 44 43·6493	44·4251	− 0·7758	**6347·0**	Feb.	1	15 12 45·6316	
	2	**9612·5**	8 48 40·2072	40·9805	− 0·7732	**6348·0**		2	15 08 49·7221	
	3	**9613·5**	8 52 36·7608	37·5358	− 0·7750	**6349·0**		3	15 04 53·8126	
	4	**9614·5**	8 56 33·3113	34·0912	− 0·7799	**6350·0**		4	15 00 57·9032	
	5	**9615·5**	9 00 29·8603	30·6466	− 0·7863	**6351·0**		5	14 57 01·9937	
	6	**9616·5**	9 04 26·4093	27·2019	− 0·7926	**6352·0**		6	14 53 06·0842	
	7	**9617·5**	9 08 22·9597	23·7573	− 0·7976	**6353·0**		7	14 49 10·1748	
	8	**9618·5**	9 12 19·5122	20·3127	− 0·8005	**6354·0**		8	14 45 14·2653	
	9	**9619·5**	9 16 16·0670	16·8680	− 0·8010	**6355·0**		9	14 41 18·3558	
	10	**9620·5**	9 20 12·6241	13·4234	− 0·7993	**6356·0**		10	14 37 22·4464	
	11	**9621·5**	9 24 09·1830	09·9788	− 0·7958	**6357·0**		11	14 33 26·5369	
	12	**9622·5**	9 28 05·7430	06·5341	− 0·7912	**6358·0**		12	14 29 30·6274	
	13	**9623·5**	9 32 02·3032	03·0895	− 0·7863	**6359·0**		13	14 25 34·7179	
	14	**9624·5**	9 35 58·8627	59·6449	− 0·7822	**6360·0**		14	14 21 38·8085	
	15	**9625·5**	9 39 55·4206	56·2002	− 0·7796	**6361·0**		15	14 17 42·8990	

Date 0ʰ UT1		Julian Date	G. SIDEREAL TIME (GHA of the Equinox)		Equation of Equinoxes at 0ʰ UT1	GSD at 0ʰ GMST	UT1 at 0ʰ GMST (Greenwich Transit of the Mean Equinox)		
			Apparent	Mean					
		245	h m s	s	s	**246**		h m s	
Feb.	15	9625.5	9 39 55.4206	56.2002	−0.7796	6361.0	Feb. 15	14 17 42.8990	
	16	9626.5	9 43 51.9762	52.7556	−0.7795	6362.0	16	14 13 46.9895	
	17	9627.5	9 47 48.5289	49.3110	−0.7821	6363.0	17	14 09 51.0801	
	18	9628.5	9 51 45.0790	45.8663	−0.7873	6364.0	18	14 05 55.1706	
	19	9629.5	9 55 41.6272	42.4217	−0.7946	6365.0	19	14 01 59.2611	
	20	9630.5	9 59 38.1746	38.9771	−0.8025	6366.0	20	13 58 03.3517	
	21	9631.5	10 03 34.7228	35.5325	−0.8097	6367.0	21	13 54 07.4422	
	22	9632.5	10 07 31.2733	32.0878	−0.8145	6368.0	22	13 50 11.5327	
	23	9633.5	10 11 27.8272	28.6432	−0.8160	6369.0	23	13 46 15.6232	
	24	9634.5	10 15 24.3849	25.1986	−0.8136	6370.0	24	13 42 19.7138	
	25	9635.5	10 19 20.9458	21.7539	−0.8081	6371.0	25	13 38 23.8043	
	26	9636.5	10 23 17.5086	18.3093	−0.8007	6372.0	26	13 34 27.8948	
	27	9637.5	10 27 14.0712	14.8647	−0.7934	6373.0	27	13 30 31.9854	
	28	9638.5	10 31 10.6317	11.4200	−0.7884	6374.0	28	13 26 36.0759	
Mar.	1	9639.5	10 35 07.1885	07.9754	−0.7869	6375.0	Mar. 1	13 22 40.1664	
	2	9640.5	10 39 03.7412	04.5308	−0.7896	6376.0	2	13 18 44.2570	
	3	9641.5	10 43 00.2904	01.0861	−0.7958	6377.0	3	13 14 48.3475	
	4	9642.5	10 46 56.8374	57.6415	−0.8041	6378.0	4	13 10 52.4380	
	5	9643.5	10 50 53.3839	54.1969	−0.8130	6379.0	5	13 06 56.5285	
	6	9644.5	10 54 49.9314	50.7522	−0.8209	6380.0	6	13 03 00.6191	
	7	9645.5	10 58 46.4809	47.3076	−0.8267	6381.0	7	12 59 04.7096	
	8	9646.5	11 02 43.0329	43.8630	−0.8301	6382.0	8	12 55 08.8001	
	9	9647.5	11 06 39.5873	40.4184	−0.8311	6383.0	9	12 51 12.8907	
	10	9648.5	11 10 36.1438	36.9737	−0.8299	6384.0	10	12 47 16.9812	
	11	9649.5	11 14 32.7017	33.5291	−0.8274	6385.0	11	12 43 21.0717	
	12	9650.5	11 18 29.2601	30.0845	−0.8244	6386.0	12	12 39 25.1623	
	13	9651.5	11 22 25.8182	26.6398	−0.8217	6387.0	13	12 35 29.2528	
	14	9652.5	11 26 22.3750	23.1952	−0.8202	6388.0	14	12 31 33.3433	
	15	9653.5	11 30 18.9298	19.7506	−0.8208	6389.0	15	12 27 37.4339	
	16	9654.5	11 34 15.4819	16.3059	−0.8240	6390.0	16	12 23 41.5244	
	17	9655.5	11 38 12.0314	12.8613	−0.8299	6391.0	17	12 19 45.6149	
	18	9656.5	11 42 08.5786	09.4167	−0.8381	6392.0	18	12 15 49.7054	
	19	9657.5	11 46 05.1247	05.9720	−0.8473	6393.0	19	12 11 53.7960	
	20	9658.5	11 50 01.6712	02.5274	−0.8562	6394.0	20	12 07 57.8865	
	21	9659.5	11 53 58.2198	59.0828	−0.8630	6395.0	21	12 04 01.9770	
	22	9660.5	11 57 54.7719	55.6381	−0.8663	6396.0	22	12 00 06.0676	
	23	9661.5	12 01 51.3279	52.1935	−0.8656	6397.0	23	11 56 10.1581	
	24	9662.5	12 05 47.8874	48.7489	−0.8615	6398.0	24	11 52 14.2486	
	25	9663.5	12 09 44.4490	45.3042	−0.8552	6399.0	25	11 48 18.3392	
	26	9664.5	12 13 41.0109	41.8596	−0.8488	6400.0	26	11 44 22.4297	
	27	9665.5	12 17 37.5710	38.4150	−0.8440	6401.0	27	11 40 26.5202	
	28	9666.5	12 21 34.1280	34.9704	−0.8424	6402.0	28	11 36 30.6107	
	29	9667.5	12 25 30.6812	31.5257	−0.8446	6403.0	29	11 32 34.7013	
	30	9668.5	12 29 27.2308	28.0811	−0.8503	6404.0	30	11 28 38.7918	
	31	9669.5	12 33 23.7780	24.6365	−0.8584	6405.0	31	11 24 42.8823	
Apr.	1	9670.5	12 37 20.3243	21.1918	−0.8676	6406.0	Apr. 1	11 20 46.9729	
	2	9671.5	12 41 16.8711	17.7472	−0.8761	6407.0	2	11 16 51.0634	

Date 0ʰ UT1	Julian Date	G. SIDEREAL TIME (GHA of the Equinox)		Equation of Equinoxes at 0ʰ UT1	GSD at 0ʰ GMST	UT1 at 0ʰ GMST (Greenwich Transit of the Mean Equinox)		
		Apparent	Mean					
	245	h m s	s	s	**246**		h m s	
Apr. 1	**9670·5**	12 37 20·3243	21·1918	− 0·8676	**6406·0**	Apr. 1	11 20 46·9729	
2	**9671·5**	12 41 16·8711	17·7472	− 0·8761	**6407·0**	2	11 16 51·0634	
3	**9672·5**	12 45 13·4197	14·3026	− 0·8829	**6408·0**	3	11 12 55·1539	
4	**9673·5**	12 49 09·9708	10·8579	− 0·8871	**6409·0**	4	11 08 59·2445	
5	**9674·5**	12 53 06·5246	07·4133	− 0·8887	**6410·0**	5	11 05 03·3350	
6	**9675·5**	12 57 03·0807	03·9687	− 0·8880	**6411·0**	6	11 01 07·4255	
7	**9676·5**	13 00 59·6385	60·5240	− 0·8855	**6412·0**	7	10 57 11·5160	
8	**9677·5**	13 04 56·1973	57·0794	− 0·8821	**6413·0**	8	10 53 15·6066	
9	**9678·5**	13 08 52·7560	53·6348	− 0·8788	**6414·0**	9	10 49 19·6971	
10	**9679·5**	13 12 49·3138	50·1901	− 0·8763	**6415·0**	10	10 45 23·7876	
11	**9680·5**	13 16 45·8700	46·7455	− 0·8756	**6416·0**	11	10 41 27·8782	
12	**9681·5**	13 20 42·4238	43·3009	− 0·8771	**6417·0**	12	10 37 31·9687	
13	**9682·5**	13 24 38·9750	39·8562	− 0·8812	**6418·0**	13	10 33 36·0592	
14	**9683·5**	13 28 35·5239	36·4116	− 0·8878	**6419·0**	14	10 29 40·1498	
15	**9684·5**	13 32 32·0711	32·9670	− 0·8959	**6420·0**	15	10 25 44·2403	
16	**9685·5**	13 36 28·6183	29·5224	− 0·9041	**6421·0**	16	10 21 48·3308	
17	**9686·5**	13 40 25·1670	26·0777	− 0·9107	**6422·0**	17	10 17 52·4213	
18	**9687·5**	13 44 21·7191	22·6331	− 0·9140	**6423·0**	18	10 13 56·5119	
19	**9688·5**	13 48 18·2754	19·1885	− 0·9130	**6424·0**	19	10 10 00·6024	
20	**9689·5**	13 52 14·8359	15·7438	− 0·9079	**6425·0**	20	10 06 04·6929	
21	**9690·5**	13 56 11·3991	12·2992	− 0·9001	**6426·0**	21	10 02 08·7835	
22	**9691·5**	14 00 07·9629	08·8546	− 0·8916	**6427·0**	22	9 58 12·8740	
23	**9692·5**	14 04 04·5254	05·4099	− 0·8846	**6428·0**	23	9 54 16·9645	
24	**9693·5**	14 08 01·0848	01·9653	− 0·8805	**6429·0**	24	9 50 21·0551	
25	**9694·5**	14 11 57·6404	58·5207	− 0·8803	**6430·0**	25	9 46 25·1456	
26	**9695·5**	14 15 54·1925	55·0760	− 0·8836	**6431·0**	26	9 42 29·2361	
27	**9696·5**	14 19 50·7419	51·6314	− 0·8895	**6432·0**	27	9 38 33·3266	
28	**9697·5**	14 23 47·2901	48·1868	− 0·8967	**6433·0**	28	9 34 37·4172	
29	**9698·5**	14 27 43·8384	44·7421	− 0·9037	**6434·0**	29	9 30 41·5077	
30	**9699·5**	14 31 40·3882	41·2975	− 0·9093	**6435·0**	30	9 26 45·5982	
May 1	**9700·5**	14 35 36·9404	37·8529	− 0·9125	**6436·0**	May 1	9 22 49·6888	
2	**9701·5**	14 39 33·4953	34·4083	− 0·9130	**6437·0**	2	9 18 53·7793	
3	**9702·5**	14 43 30·0527	30·9636	− 0·9109	**6438·0**	3	9 14 57·8698	
4	**9703·5**	14 47 26·6122	27·5190	− 0·9068	**6439·0**	4	9 11 01·9604	
5	**9704·5**	14 51 23·1728	24·0744	− 0·9015	**6440·0**	5	9 07 06·0509	
6	**9705·5**	14 55 19·7337	20·6297	− 0·8960	**6441·0**	6	9 03 10·1414	
7	**9706·5**	14 59 16·2940	17·1851	− 0·8911	**6442·0**	7	8 59 14·2320	
8	**9707·5**	15 03 12·8528	13·7405	− 0·8876	**6443·0**	8	8 55 18·3225	
9	**9708·5**	15 07 09·4096	10·2958	− 0·8863	**6444·0**	9	8 51 22·4130	
10	**9709·5**	15 11 05·9639	06·8512	− 0·8873	**6445·0**	10	8 47 26·5035	
11	**9710·5**	15 15 02·5158	03·4066	− 0·8908	**6446·0**	11	8 43 30·5941	
12	**9711·5**	15 18 59·0659	59·9619	− 0·8961	**6447·0**	12	8 39 34·6846	
13	**9712·5**	15 22 55·6152	56·5173	− 0·9021	**6448·0**	13	8 35 38·7751	
14	**9713·5**	15 26 52·1654	53·0727	− 0·9073	**6449·0**	14	8 31 42·8657	
15	**9714·5**	15 30 48·7182	49·6280	− 0·9098	**6450·0**	15	8 27 46·9562	
16	**9715·5**	15 34 45·2752	46·1834	− 0·9082	**6451·0**	16	8 23 51·0467	
17	**9716·5**	15 38 41·8368	42·7388	− 0·9019	**6452·0**	17	8 19 55·1373	

Date 0ʰ UT1	Julian Date	G. SIDEREAL TIME (GHA of the Equinox) Apparent	Mean	Equation of Equinoxes at 0ʰ UT1	GSD at 0ʰ GMST	UT1 at 0ʰ GMST (Greenwich Transit of the Mean Equinox)
	245	h m s	s	s	**246**	h m s
May 17	**9716·5**	15 38 41·8368	42·7388	− 0·9019	**6452·0**	May 17 8 19 55·1373
18	**9717·5**	15 42 38·4022	39·2941	− 0·8920	**6453·0**	18 8 15 59·2278
19	**9718·5**	15 46 34·9692	35·8495	− 0·8803	**6454·0**	19 8 12 03·3183
20	**9719·5**	15 50 31·5353	32·4049	− 0·8696	**6455·0**	20 8 08 07·4088
21	**9720·5**	15 54 28·0985	28·9603	− 0·8617	**6456·0**	21 8 04 11·4994
22	**9721·5**	15 58 24·6577	25·5156	− 0·8579	**6457·0**	22 8 00 15·5899
23	**9722·5**	16 02 21·2130	22·0710	− 0·8580	**6458·0**	23 7 56 19·6804
24	**9723·5**	16 06 17·7652	18·6264	− 0·8612	**6459·0**	24 7 52 23·7710
25	**9724·5**	16 10 14·3158	15·1817	− 0·8659	**6460·0**	25 7 48 27·8615
26	**9725·5**	16 14 10·8662	11·7371	− 0·8709	**6461·0**	26 7 44 31·9520
27	**9726·5**	16 18 07·4178	08·2925	− 0·8746	**6462·0**	27 7 40 36·0426
28	**9727·5**	16 22 03·9716	04·8478	− 0·8763	**6463·0**	28 7 36 40·1331
29	**9728·5**	16 26 00·5278	01·4032	− 0·8754	**6464·0**	29 7 32 44·2236
30	**9729·5**	16 29 57·0867	57·9586	− 0·8719	**6465·0**	30 7 28 48·3141
31	**9730·5**	16 33 53·6477	54·5139	− 0·8662	**6466·0**	31 7 24 52·4047
June 1	**9731·5**	16 37 50·2101	51·0693	− 0·8592	**6467·0**	June 1 7 20 56·4952
2	**9732·5**	16 41 46·7731	47·6247	− 0·8516	**6468·0**	2 7 17 00·5857
3	**9733·5**	16 45 43·3355	44·1800	− 0·8445	**6469·0**	3 7 13 04·6763
4	**9734·5**	16 49 39·8967	40·7354	− 0·8387	**6470·0**	4 7 09 08·7668
5	**9735·5**	16 53 36·4559	37·2908	− 0·8349	**6471·0**	5 7 05 12·8573
6	**9736·5**	16 57 33·0127	33·8462	− 0·8335	**6472·0**	6 7 01 16·9479
7	**9737·5**	17 01 29·5671	30·4015	− 0·8344	**6473·0**	7 6 57 21·0384
8	**9738·5**	17 05 26·1195	26·9569	− 0·8374	**6474·0**	8 6 53 25·1289
9	**9739·5**	17 09 22·6707	23·5123	− 0·8416	**6475·0**	9 6 49 29·2194
10	**9740·5**	17 13 19·2220	20·0676	− 0·8456	**6476·0**	10 6 45 33·3100
11	**9741·5**	17 17 15·7752	16·6230	− 0·8478	**6477·0**	11 6 41 37·4005
12	**9742·5**	17 21 12·3318	13·1784	− 0·8466	**6478·0**	12 6 37 41·4910
13	**9743·5**	17 25 08·8929	09·7337	− 0·8408	**6479·0**	13 6 33 45·5816
14	**9744·5**	17 29 05·4584	06·2891	− 0·8307	**6480·0**	14 6 29 49·6721
15	**9745·5**	17 33 02·0268	02·8445	− 0·8177	**6481·0**	15 6 25 53·7626
16	**9746·5**	17 36 58·5956	59·3998	− 0·8043	**6482·0**	16 6 21 57·8532
17	**9747·5**	17 40 55·1620	55·9552	− 0·7932	**6483·0**	17 6 18 01·9437
18	**9748·5**	17 44 51·7244	52·5106	− 0·7862	**6484·0**	18 6 14 06·0342
19	**9749·5**	17 48 48·2822	49·0659	− 0·7837	**6485·0**	19 6 10 10·1248
20	**9750·5**	17 52 44·8363	45·6213	− 0·7850	**6486·0**	20 6 06 14·2153
21	**9751·5**	17 56 41·3882	42·1767	− 0·7885	**6487·0**	21 6 02 18·3058
22	**9752·5**	18 00 37·9395	38·7320	− 0·7925	**6488·0**	22 5 58 22·3963
23	**9753·5**	18 04 34·4917	35·2874	− 0·7958	**6489·0**	23 5 54 26·4869
24	**9754·5**	18 08 31·0457	31·8428	− 0·7971	**6490·0**	24 5 50 30·5774
25	**9755·5**	18 12 27·6021	28·3982	− 0·7960	**6491·0**	25 5 46 34·6679
26	**9756·5**	18 16 24·1610	24·9535	− 0·7925	**6492·0**	26 5 42 38·7585
27	**9757·5**	18 20 20·7221	21·5089	− 0·7867	**6493·0**	27 5 38 42·8490
28	**9758·5**	18 24 17·2848	18·0643	− 0·7795	**6494·0**	28 5 34 46·9395
29	**9759·5**	18 28 13·8481	14·6196	− 0·7715	**6495·0**	29 5 30 51·0301
30	**9760·5**	18 32 10·4111	11·1750	− 0·7639	**6496·0**	30 5 26 55·1206
July 1	**9761·5**	18 36 06·9729	07·7304	− 0·7575	**6497·0**	July 1 5 22 59·2111
2	**9762·5**	18 40 03·5328	04·2857	− 0·7529	**6498·0**	2 5 19 03·3016

Date 0ʰ UT1		Julian Date	G. SIDEREAL TIME (GHA of the Equinox) Apparent	Mean	Equation of Equinoxes at 0ʰ UT1	GSD at 0ʰ GMST	UT1 at 0ʰ GMST (Greenwich Transit of the Mean Equinox)			
		245	h m s	s	s	**246**		h m s		
July	2	**9762·5**	18 40 03·5328	04·2857	− 0·7529	**6498·0**	July	2	5 19 03·3016	
	3	**9763·5**	18 44 00·0903	00·8411	− 0·7508	**6499·0**		3	5 15 07·3922	
	4	**9764·5**	18 47 56·6453	57·3965	− 0·7512	**6500·0**		4	5 11 11·4827	
	5	**9765·5**	18 51 53·1981	53·9518	− 0·7537	**6501·0**		5	5 07 15·5732	
	6	**9766·5**	18 55 49·7495	50·5072	− 0·7577	**6502·0**		6	5 03 19·6638	
	7	**9767·5**	18 59 46·3005	47·0626	− 0·7621	**6503·0**		7	4 59 23·7543	
	8	**9768·5**	19 03 42·8527	43·6179	− 0·7653	**6504·0**		8	4 55 27·8448	
	9	**9769·5**	19 07 39·4075	40·1733	− 0·7659	**6505·0**		9	4 51 31·9354	
	10	**9770·5**	19 11 35·9661	36·7287	− 0·7626	**6506·0**		10	4 47 36·0259	
	11	**9771·5**	19 15 32·5291	33·2840	− 0·7550	**6507·0**		11	4 43 40·1164	
	12	**9772·5**	19 19 29·0957	29·8394	− 0·7437	**6508·0**		12	4 39 44·2069	
	13	**9773·5**	19 23 25·6640	26·3948	− 0·7308	**6509·0**		13	4 35 48·2975	
	14	**9774·5**	19 27 22·2312	22·9502	− 0·7189	**6510·0**		14	4 31 52·3880	
	15	**9775·5**	19 31 18·7951	19·5055	− 0·7105	**6511·0**		15	4 27 56·4785	
	16	**9776·5**	19 35 15·3542	16·0609	− 0·7067	**6512·0**		16	4 24 00·5691	
	17	**9777·5**	19 39 11·9088	12·6163	− 0·7074	**6513·0**		17	4 20 04·6596	
	18	**9778·5**	19 43 08·4604	09·1716	− 0·7112	**6514·0**		18	4 16 08·7501	
	19	**9779·5**	19 47 05·0107	05·7270	− 0·7163	**6515·0**		19	4 12 12·8407	
	20	**9780·5**	19 51 01·5614	02·2824	− 0·7210	**6516·0**		20	4 08 16·9312	
	21	**9781·5**	19 54 58·1138	58·8377	− 0·7240	**6517·0**		21	4 04 21·0217	
	22	**9782·5**	19 58 54·6685	55·3931	− 0·7246	**6518·0**		22	4 00 25·1122	
	23	**9783·5**	20 02 51·2257	51·9485	− 0·7228	**6519·0**		23	3 56 29·2028	
	24	**9784·5**	20 06 47·7851	48·5038	− 0·7187	**6520·0**		24	3 52 33·2933	
	25	**9785·5**	20 10 44·3461	45·0592	− 0·7131	**6521·0**		25	3 48 37·3838	
	26	**9786·5**	20 14 40·9079	41·6146	− 0·7066	**6522·0**		26	3 44 41·4744	
	27	**9787·5**	20 18 37·4696	38·1699	− 0·7003	**6523·0**		27	3 40 45·5649	
	28	**9788·5**	20 22 34·0303	34·7253	− 0·6950	**6524·0**		28	3 36 49·6554	
	29	**9789·5**	20 26 30·5891	31·2807	− 0·6915	**6525·0**		29	3 32 53·7460	
	30	**9790·5**	20 30 27·1456	27·8361	− 0·6905	**6526·0**		30	3 28 57·8365	
	31	**9791·5**	20 34 23·6994	24·3914	− 0·6920	**6527·0**		31	3 25 01·9270	
Aug.	1	**9792·5**	20 38 20·2509	20·9468	− 0·6959	**6528·0**	Aug.	1	3 21 06·0175	
	2	**9793·5**	20 42 16·8007	17·5022	− 0·7015	**6529·0**		2	3 17 10·1081	
	3	**9794·5**	20 46 13·3498	14·0575	− 0·7077	**6530·0**		3	3 13 14·1986	
	4	**9795·5**	20 50 09·8997	10·6129	− 0·7132	**6531·0**		4	3 09 18·2891	
	5	**9796·5**	20 54 06·4517	07·1683	− 0·7166	**6532·0**		5	3 05 22·3797	
	6	**9797·5**	20 58 03·0069	03·7236	− 0·7168	**6533·0**		6	3 01 26·4702	
	7	**9798·5**	21 01 59·5660	60·2790	− 0·7130	**6534·0**		7	2 57 30·5607	
	8	**9799·5**	21 05 56·1288	56·8344	− 0·7055	**6535·0**		8	2 53 34·6513	
	9	**9800·5**	21 09 52·6940	53·3897	− 0·6957	**6536·0**		9	2 49 38·7418	
	10	**9801·5**	21 13 49·2595	49·9451	− 0·6856	**6537·0**		10	2 45 42·8323	
	11	**9802·5**	21 17 45·8226	46·5005	− 0·6778	**6538·0**		11	2 41 46·9229	
	12	**9803·5**	21 21 42·3817	43·0558	− 0·6742	**6539·0**		12	2 37 51·0134	
	13	**9804·5**	21 25 38·9360	39·6112	− 0·6752	**6540·0**		13	2 33 55·1039	
	14	**9805·5**	21 29 35·4865	36·1666	− 0·6801	**6541·0**		14	2 29 59·1944	
	15	**9806·5**	21 33 32·0348	32·7219	− 0·6872	**6542·0**		15	2 26 03·2850	
	16	**9807·5**	21 37 28·5829	29·2773	− 0·6944	**6543·0**		16	2 22 07·3755	
	17	**9808·5**	21 41 25·1324	25·8327	− 0·7003	**6544·0**		17	2 18 11·4660	

Date 0ʰ UT1	Julian Date	G. SIDEREAL TIME (GHA of the Equinox) Apparent	Mean	Equation of Equinoxes at 0ʰ UT1	GSD at 0ʰ GMST	UT1 at 0ʰ GMST (Greenwich Transit of the Mean Equinox)
	245	h m s	s	s	246	h m s
Aug. 17	9808·5	21 41 25·1324	25·8327	− 0·7003	6544·0	Aug. 17	2 18 11·4660
18	9809·5	21 45 21·6842	22·3881	− 0·7039	6545·0	18	2 14 15·5566
19	9810·5	21 49 18·2386	18·9434	− 0·7048	6546·0	19	2 10 19·6471
20	9811·5	21 53 14·7954	15·4988	− 0·7034	6547·0	20	2 06 23·7376
21	9812·5	21 57 11·3539	12·0542	− 0·7002	6548·0	21	2 02 27·8282
22	9813·5	22 01 07·9135	08·6095	− 0·6960	6549·0	22	1 58 31·9187
23	9814·5	22 05 04·4732	05·1649	− 0·6917	6550·0	23	1 54 36·0092
24	9815·5	22 09 01·0320	01·7203	− 0·6883	6551·0	24	1 50 40·0997
25	9816·5	22 12 57·5892	58·2756	− 0·6865	6552·0	25	1 46 44·1903
26	9817·5	22 16 54·1441	54·8310	− 0·6869	6553·0	26	1 42 48·2808
27	9818·5	22 20 50·6964	51·3864	− 0·6900	6554·0	27	1 38 52·3713
28	9819·5	22 24 47·2461	47·9417	− 0·6956	6555·0	28	1 34 56·4619
29	9820·5	22 28 43·7940	44·4971	− 0·7031	6556·0	29	1 31 00·5524
30	9821·5	22 32 40·3410	41·0525	− 0·7115	6557·0	30	1 27 04·6429
31	9822·5	22 36 36·8884	37·6078	− 0·7195	6558·0	31	1 23 08·7335
Sept. 1	9823·5	22 40 33·4376	34·1632	− 0·7256	6559·0	Sept. 1	1 19 12·8240
2	9824·5	22 44 29·9898	30·7186	− 0·7288	6560·0	2	1 15 16·9145
3	9825·5	22 48 26·5457	27·2740	− 0·7282	6561·0	3	1 11 21·0050
4	9826·5	22 52 23·1052	23·8293	− 0·7241	6562·0	4	1 07 25·0956
5	9827·5	22 56 19·6673	20·3847	− 0·7174	6563·0	5	1 03 29·1861
6	9828·5	23 00 16·2302	16·9401	− 0·7099	6564·0	6	0 59 33·2766
7	9829·5	23 04 12·7918	13·4954	− 0·7036	6565·0	7	0 55 37·3672
8	9830·5	23 08 09·3502	10·0508	− 0·7006	6566·0	8	0 51 41·4577
9	9831·5	23 12 05·9043	06·6062	− 0·7019	6567·0	9	0 47 45·5482
10	9832·5	23 16 02·4543	03·1615	− 0·7073	6568·0	10	0 43 49·6388
11	9833·5	23 19 59·0014	59·7169	− 0·7155	6569·0	11	0 39 53·7293
12	9834·5	23 23 55·5476	56·2723	− 0·7247	6570·0	12	0 35 57·8198
13	9835·5	23 27 52·0947	52·8276	− 0·7330	6571·0	13	0 32 01·9103
14	9836·5	23 31 48·6439	49·3830	− 0·7391	6572·0	14	0 28 06·0009
15	9837·5	23 35 45·1960	45·9384	− 0·7424	6573·0	15	0 24 10·0914
16	9838·5	23 39 41·7507	42·4937	− 0·7431	6574·0	16	0 20 14·1819
17	9839·5	23 43 38·3075	39·0491	− 0·7416	6575·0	17	0 16 18·2725
18	9840·5	23 47 34·8657	35·6045	− 0·7388	6576·0	18	0 12 22·3630
19	9841·5	23 51 31·4242	32·1598	− 0·7356	6577·0	19	0 08 26·4535
20	9842·5	23 55 27·9822	28·7152	− 0·7330	6578·0	20	0 04 30·5441
21	9843·5	23 59 24·5389	25·2706	− 0·7317	6579·0	21	0 00 34·6346
					6580·0	21	23 56 38·7251
22	9844·5	0 03 21·0934	21·8260	− 0·7325	6581·0	22	23 52 42·8156
23	9845·5	0 07 17·6455	18·3813	− 0·7358	6582·0	23	23 48 46·9062
24	9846·5	0 11 14·1950	14·9367	− 0·7417	6583·0	24	23 44 50·9967
25	9847·5	0 15 10·7424	11·4921	− 0·7496	6584·0	25	23 40 55·0872
26	9848·5	0 19 07·2886	08·0474	− 0·7588	6585·0	26	23 36 59·1778
27	9849·5	0 23 03·8350	04·6028	− 0·7678	6586·0	27	23 33 03·2683
28	9850·5	0 27 00·3829	01·1582	− 0·7753	6587·0	28	23 29 07·3588
29	9851·5	0 30 56·9338	57·7135	− 0·7798	6588·0	29	23 25 11·4494
30	9852·5	0 34 53·4884	54·2689	− 0·7805	6589·0	30	23 21 15·5399
Oct. 1	9853·5	0 38 50·0467	50·8243	− 0·7776	6590·0	Oct. 1	23 17 19·6304

Date 0ʰ UT1		Julian Date	G. SIDEREAL TIME (GHA of the Equinox) Apparent	Mean	Equation of Equinoxes at 0ʰ UT1	GSD at 0ʰ GMST	UT1 at 0ʰ GMST (Greenwich Transit of the Mean Equinox)			
		245	h m s	s	s	**246**		h m s		
Oct.	1	**9853·5**	0 38 50·0467	50·8243	− 0·7776	**6590·0**	Oct.	1	23 17	19·6304
	2	**9854·5**	0 42 46·6078	47·3796	− 0·7718	**6591·0**		2	23 13	23·7210
	3	**9855·5**	0 46 43·1701	43·9350	− 0·7649	**6592·0**		3	23 09	27·8115
	4	**9856·5**	0 50 39·7316	40·4904	− 0·7588	**6593·0**		4	23 05	31·9020
	5	**9857·5**	0 54 36·2905	37·0457	− 0·7553	**6594·0**		5	23 01	35·9925
	6	**9858·5**	0 58 32·8455	33·6011	− 0·7556	**6595·0**		6	22 57	40·0831
	7	**9859·5**	1 02 29·3967	30·1565	− 0·7598	**6596·0**		7	22 53	44·1736
	8	**9860·5**	1 06 25·9447	26·7119	− 0·7672	**6597·0**		8	22 49	48·2641
	9	**9861·5**	1 10 22·4912	23·2672	− 0·7760	**6598·0**		9	22 45	52·3547
	10	**9862·5**	1 14 19·0380	19·8226	− 0·7846	**6599·0**		10	22 41	56·4452
	11	**9863·5**	1 18 15·5866	16·3780	− 0·7913	**6600·0**		11	22 38	00·5357
	12	**9864·5**	1 22 12·1380	12·9333	− 0·7953	**6601·0**		12	22 34	04·6263
	13	**9865·5**	1 26 08·6924	09·4887	− 0·7963	**6602·0**		13	22 30	08·7168
	14	**9866·5**	1 30 05·2493	06·0441	− 0·7948	**6603·0**		14	22 26	12·8073
	15	**9867·5**	1 34 01·8080	02·5994	− 0·7915	**6604·0**		15	22 22	16·8978
	16	**9868·5**	1 37 58·3674	59·1548	− 0·7874	**6605·0**		16	22 18	20·9884
	17	**9869·5**	1 41 54·9267	55·7102	− 0·7835	**6606·0**		17	22 14	25·0789
	18	**9870·5**	1 45 51·4848	52·2655	− 0·7807	**6607·0**		18	22 10	29·1694
	19	**9871·5**	1 49 48·0411	48·8209	− 0·7798	**6608·0**		19	22 06	33·2600
	20	**9872·5**	1 53 44·5952	45·3763	− 0·7811	**6609·0**		20	22 02	37·3505
	21	**9873·5**	1 57 41·1467	41·9316	− 0·7849	**6610·0**		21	21 58	41·4410
	22	**9874·5**	2 01 37·6961	38·4870	− 0·7909	**6611·0**		22	21 54	45·5316
	23	**9875·5**	2 05 34·2440	35·0424	− 0·7984	**6612·0**		23	21 50	49·6221
	24	**9876·5**	2 09 30·7915	31·5977	− 0·8063	**6613·0**		24	21 46	53·7126
	25	**9877·5**	2 13 27·3402	28·1531	− 0·8130	**6614·0**		25	21 42	57·8031
	26	**9878·5**	2 17 23·8916	24·7085	− 0·8169	**6615·0**		26	21 39	01·8937
	27	**9879·5**	2 21 20·4468	21·2639	− 0·8170	**6616·0**		27	21 35	05·9842
	28	**9880·5**	2 25 17·0062	17·8192	− 0·8130	**6617·0**		28	21 31	10·0747
	29	**9881·5**	2 29 13·5690	14·3746	− 0·8056	**6618·0**		29	21 27	14·1653
	30	**9882·5**	2 33 10·1334	10·9300	− 0·7966	**6619·0**		30	21 23	18·2558
	31	**9883·5**	2 37 06·6973	07·4853	− 0·7880	**6620·0**		31	21 19	22·3463
Nov.	1	**9884·5**	2 41 03·2588	04·0407	− 0·7819	**6621·0**	Nov.	1	21 15	26·4369
	2	**9885·5**	2 44 59·8168	60·5961	− 0·7793	**6622·0**		2	21 11	30·5274
	3	**9886·5**	2 48 56·3708	57·1514	− 0·7807	**6623·0**		3	21 07	34·6179
	4	**9887·5**	2 52 52·9216	53·7068	− 0·7852	**6624·0**		4	21 03	38·7084
	5	**9888·5**	2 56 49·4705	50·2622	− 0·7916	**6625·0**		5	20 59	42·7990
	6	**9889·5**	3 00 46·0193	46·8175	− 0·7982	**6626·0**		6	20 55	46·8895
	7	**9890·5**	3 04 42·5695	43·3729	− 0·8035	**6627·0**		7	20 51	50·9800
	8	**9891·5**	3 08 39·1221	39·9283	− 0·8062	**6628·0**		8	20 47	55·0706
	9	**9892·5**	3 12 35·6778	36·4836	− 0·8059	**6629·0**		9	20 43	59·1611
	10	**9893·5**	3 16 32·2362	33·0390	− 0·8028	**6630·0**		10	20 40	03·2516
	11	**9894·5**	3 20 28·7969	29·5944	− 0·7975	**6631·0**		11	20 36	07·3422
	12	**9895·5**	3 24 25·3587	26·1498	− 0·7911	**6632·0**		12	20 32	11·4327
	13	**9896·5**	3 28 21·9207	22·7051	− 0·7845	**6633·0**		13	20 28	15·5232
	14	**9897·5**	3 32 18·4818	19·2605	− 0·7787	**6634·0**		14	20 24	19·6137
	15	**9898·5**	3 36 15·0413	15·8159	− 0·7745	**6635·0**		15	20 20	23·7043
	16	**9899·5**	3 40 11·5987	12·3712	− 0·7725	**6636·0**		16	20 16	27·7948

Date 0ʰ UT1	Julian Date	G. SIDEREAL TIME (GHA of the Equinox) Apparent	Mean	Equation of Equinoxes at 0ʰ UT1	GSD at 0ʰ GMST	UT1 at 0ʰ GMST (Greenwich Transit of the Mean Equinox)
	245	h m s	s	s	**246**	h m s
Nov. 16	9899·5	3 40 11·5987	12·3712	−0·7725	6636·0	Nov. 16 20 16 27·7948
17	9900·5	3 44 08·1537	08·9266	−0·7729	6637·0	17 20 12 31·8853
18	9901·5	3 48 04·7064	05·4820	−0·7755	6638·0	18 20 08 35·9759
19	9902·5	3 52 01·2574	02·0373	−0·7799	6639·0	19 20 04 40·0664
20	9903·5	3 55 57·8076	58·5927	−0·7851	6640·0	20 20 00 44·1569
21	9904·5	3 59 54·3583	55·1481	−0·7898	6641·0	21 19 56 48·2475
22	9905·5	4 03 50·9111	51·7034	−0·7924	6642·0	22 19 52 52·3380
23	9906·5	4 07 47·4674	48·2588	−0·7914	6643·0	23 19 48 56·4285
24	9907·5	4 11 44·0282	44·8142	−0·7860	6644·0	24 19 45 00·5191
25	9908·5	4 15 40·5930	41·3695	−0·7765	6645·0	25 19 41 04·6096
26	9909·5	4 19 37·1605	37·9249	−0·7645	6646·0	26 19 37 08·7001
27	9910·5	4 23 33·7281	34·4803	−0·7522	6647·0	27 19 33 12·7906
28	9911·5	4 27 30·2937	31·0356	−0·7420	6648·0	28 19 29 16·8812
29	9912·5	4 31 26·8555	27·5910	−0·7355	6649·0	29 19 25 20·9717
30	9913·5	4 35 23·4131	24·1464	−0·7333	6650·0	30 19 21 25·0622
Dec. 1	9914·5	4 39 19·9671	20·7018	−0·7346	6651·0	Dec. 1 19 17 29·1528
2	9915·5	4 43 16·5189	17·2571	−0·7383	6652·0	2 19 13 33·2433
3	9916·5	4 47 13·0700	13·8125	−0·7425	6653·0	3 19 09 37·3338
4	9917·5	4 51 09·6222	10·3679	−0·7457	6654·0	4 19 05 41·4244
5	9918·5	4 55 06·1765	06·9232	−0·7467	6655·0	5 19 01 45·5149
6	9919·5	4 59 02·7336	03·4786	−0·7450	6656·0	6 18 57 49·6054
7	9920·5	5 02 59·2935	60·0340	−0·7405	6657·0	7 18 53 53·6959
8	9921·5	5 06 55·8557	56·5893	−0·7336	6658·0	8 18 49 57·7865
9	9922·5	5 10 52·4194	53·1447	−0·7253	6659·0	9 18 46 01·8770
10	9923·5	5 14 48·9836	49·7001	−0·7165	6660·0	10 18 42 05·9675
11	9924·5	5 18 45·5471	46·2554	−0·7083	6661·0	11 18 38 10·0581
12	9925·5	5 22 42·1092	42·8108	−0·7016	6662·0	12 18 34 14·1486
13	9926·5	5 26 38·6692	39·3662	−0·6970	6663·0	13 18 30 18·2391
14	9927·5	5 30 35·2268	35·9215	−0·6948	6664·0	14 18 26 22·3297
15	9928·5	5 34 31·7820	32·4769	−0·6949	6665·0	15 18 22 26·4202
16	9929·5	5 38 28·3353	29·0323	−0·6970	6666·0	16 18 18 30·5107
17	9930·5	5 42 24·8874	25·5877	−0·7003	6667·0	17 18 14 34·6012
18	9931·5	5 46 21·4394	22·1430	−0·7036	6668·0	18 18 10 38·6918
19	9932·5	5 50 17·9927	18·6984	−0·7057	6669·0	19 18 06 42·7823
20	9933·5	5 54 14·5488	15·2538	−0·7049	6670·0	20 18 02 46·8728
21	9934·5	5 58 11·1089	11·8091	−0·7002	6671·0	21 17 58 50·9634
22	9935·5	6 02 07·6734	08·3645	−0·6911	6672·0	22 17 54 55·0539
23	9936·5	6 06 04·2415	04·9199	−0·6784	6673·0	23 17 50 59·1444
24	9937·5	6 10 00·8111	01·4752	−0·6642	6674·0	24 17 47 03·2350
25	9938·5	6 13 57·3795	58·0306	−0·6511	6675·0	25 17 43 07·3255
26	9939·5	6 17 53·9444	54·5860	−0·6415	6676·0	26 17 39 11·4160
27	9940·5	6 21 50·5047	51·1413	−0·6366	6677·0	27 17 35 15·5065
28	9941·5	6 25 47·0606	47·6967	−0·6361	6678·0	28 17 31 19·5971
29	9942·5	6 29 43·6135	44·2521	−0·6386	6679·0	29 17 27 23·6876
30	9943·5	6 33 40·1653	40·8074	−0·6422	6680·0	30 17 23 27·7781
31	9944·5	6 37 36·7176	37·3628	−0·6452	6681·0	31 17 19 31·8687
32	9945·5	6 41 33·2718	33·9182	−0·6464	6682·0	32 17 15 35·9592

Date 0ʰ UT1		Julian Date	Earth Rotation Angle θ	Equation of Origins E_o	Date 0ʰ UT1		Julian Date	Earth Rotation Angle θ	Equation of Origins E_o
		245	° ′ ″	′ ″			245	° ′ ″	° ′ ″
Jan.	0	9579·5	99 21 45·1693	− 16 41·3202	Feb.	15	9625·5	144 42 02·5642	− 16 48·7452
	1	9580·5	100 20 53·3735	− 16 41·5983		16	9626·5	145 41 10·7684	− 16 48·8739
	2	9581·5	101 20 01·5777	− 16 41·9196		17	9627·5	146 40 18·9726	− 16 48·9611
	3	9582·5	102 19 09·7820	− 16 42·2473		18	9628·5	147 39 27·1769	− 16 49·0083
	4	9583·5	103 18 17·9862	− 16 42·5423		19	9629·5	148 38 35·3811	− 16 49·0262
	5	9584·5	104 17 26·1904	− 16 42·7777		20	9630·5	149 37 43·5853	− 16 49·0330
	6	9585·5	105 16 34·3947	− 16 42·9461		21	9631·5	150 36 51·7896	− 16 49·0519
	7	9586·5	106 15 42·5989	− 16 43·0582		22	9632·5	151 35 59·9938	− 16 49·1054
	8	9587·5	107 14 50·8032	− 16 43·1353		23	9633·5	152 35 08·1981	− 16 49·2101
	9	9588·5	108 13 59·0074	− 16 43·2007		24	9634·5	153 34 16·4023	− 16 49·3714
	10	9589·5	109 13 07·2116	− 16 43·2750		25	9635·5	154 33 24·6065	− 16 49·5811
	11	9590·5	110 12 15·4159	− 16 43·3730		26	9636·5	155 32 32·8108	− 16 49·8183
	12	9591·5	111 11 23·6201	− 16 43·5034		27	9637·5	156 31 41·0150	− 16 50·0533
	13	9592·5	112 10 31·8243	− 16 43·6688		28	9638·5	157 30 49·2192	− 16 50·2559
	14	9593·5	113 09 40·0286	− 16 43·8666	Mar.	1	9639·5	158 29 57·4235	− 16 50·4040
	15	9594·5	114 08 48·2328	− 16 44·0895		2	9640·5	159 29 05·6277	− 16 50·4903
	16	9595·5	115 07 56·4370	− 16 44·3261		3	9641·5	160 28 13·8320	− 16 50·5235
	17	9596·5	116 07 04·6413	− 16 44·5626		4	9642·5	161 27 22·0362	− 16 50·5242
	18	9597·5	117 06 12·8455	− 16 44·7845		5	9643·5	162 26 30·2404	− 16 50·5175
	19	9598·5	118 05 21·0498	− 16 44·9783		6	9644·5	163 25 38·4447	− 16 50·5258
	20	9599·5	119 04 29·2540	− 16 45·1346		7	9645·5	164 24 46·6489	− 16 50·5642
	21	9600·5	120 03 37·4582	− 16 45·2501		8	9646·5	165 23 54·8531	− 16 50·6397
	22	9601·5	121 02 45·6625	− 16 45·3289		9	9647·5	166 23 03·0574	− 16 50·7521
	23	9602·5	122 01 53·8667	− 16 45·3830		10	9648·5	167 22 11·2616	− 16 50·8951
	24	9603·5	123 01 02·0709	− 16 45·4311		11	9649·5	168 21 19·4659	− 16 51·0589
	25	9604·5	124 00 10·2752	− 16 45·4957		12	9650·5	169 20 27·6701	− 16 51·2311
	26	9605·5	124 59 18·4794	− 16 45·5991		13	9651·5	170 19 35·8743	− 16 51·3982
	27	9606·5	125 58 26·6837	− 16 45·7575		14	9652·5	171 18 44·0786	− 16 51·5464
	28	9607·5	126 57 34·8879	− 16 45·9756		15	9653·5	172 17 52·2828	− 16 51·6637
	29	9608·5	127 56 43·0921	− 16 46·2423		16	9654·5	173 17 00·4870	− 16 51·7420
	30	9609·5	128 55 51·2964	− 16 46·5308		17	9655·5	174 16 08·6913	− 16 51·7797
	31	9610·5	129 54 59·5006	− 16 46·8058		18	9656·5	175 15 16·8955	− 16 51·7837
Feb.	1	9611·5	130 54 07·7048	− 16 47·0347		19	9657·5	176 14 25·0997	− 16 51·7706
	2	9612·5	131 53 15·9091	− 16 47·1990		20	9658·5	177 13 33·3040	− 16 51·7639
	3	9613·5	132 52 24·1133	− 16 47·2993		21	9659·5	178 12 41·5082	− 16 51·7890
	4	9614·5	133 51 32·3176	− 16 47·3523		22	9660·5	179 11 49·7125	− 16 51·8657
	5	9615·5	134 50 40·5218	− 16 47·3824		23	9661·5	180 10 57·9167	− 16 52·0019
	6	9616·5	135 49 48·7260	− 16 47·4139		24	9662·5	181 10 06·1209	− 16 52·1903
	7	9617·5	136 48 56·9303	− 16 47·4655		25	9663·5	182 09 14·3252	− 16 52·4103
	8	9618·5	137 48 05·1345	− 16 47·5484		26	9664·5	183 08 22·5294	− 16 52·6335
	9	9619·5	138 47 13·3387	− 16 47·6667		27	9665·5	184 07 30·7336	− 16 52·8313
	10	9620·5	139 46 21·5430	− 16 47·8186		28	9666·5	185 06 38·9379	− 16 52·9818
	11	9621·5	140 45 29·7472	− 16 47·9974		29	9667·5	186 05 47·1421	− 16 53·0754
	12	9622·5	141 44 37·9514	− 16 48·1928		30	9668·5	187 04 55·3464	− 16 53·1161
	13	9623·5	142 43 46·1557	− 16 48·3921		31	9669·5	188 04 03·5506	− 16 53·1199
	14	9624·5	143 42 54·3599	− 16 48·5808	Apr.	1	9670·5	189 03 11·7548	− 16 53·1092
	15	9625·5	144 42 02·5642	− 16 48·7452		2	9671·5	190 02 19·9591	− 16 53·1071

$$GHA = \theta - \alpha_i, \qquad \alpha_i = \alpha_e + E_o$$

α_i, α_e are the right ascensions with respect to the CIO and the true equinox of date, respectively.

Date 0^h UT1	Julian Date	Earth Rotation Angle θ	Equation of Origins E_o	Date 0^h UT1	Julian Date	Earth Rotation Angle θ	Equation of Origins E_o
		° ′ ″	′ ″			° ′ ″	′ ″
	245				**245**		
Apr. 1	**9670·5**	189 03 11·7548	− 16 53·1092	May 17	**9716·5**	234 23 29·1497	− 16 58·4028
2	**9671·5**	190 02 19·9591	− 16 53·1071	18	**9717·5**	235 22 37·3540	− 16 58·6788
3	**9672·5**	191 01 28·1633	− 16 53·1319	19	**9718·5**	236 21 45·5582	− 16 58·9797
4	**9673·5**	192 00 36·3675	− 16 53·1943	20	**9719·5**	237 20 53·7625	− 16 59·2675
5	**9674·5**	192 59 44·5718	− 16 53·2966	21	**9720·5**	238 20 01·9667	− 16 59·5113
6	**9675·5**	193 58 52·7760	− 16 53·4343	22	**9721·5**	239 19 10·1709	− 16 59·6951
7	**9676·5**	194 58 00·9803	− 16 53·5978	23	**9722·5**	240 18 18·3752	− 16 59·8196
8	**9677·5**	195 57 09·1845	− 16 53·7747	24	**9723·5**	241 17 26·5794	− 16 59·8987
9	**9678·5**	196 56 17·3887	− 16 53·9515	25	**9724·5**	242 16 34·7836	− 16 59·9533
10	**9679·5**	197 55 25·5930	− 16 54·1146	26	**9725·5**	243 15 42·9879	− 17 00·0057
11	**9680·5**	198 54 33·7972	− 16 54·2522	27	**9726·5**	244 14 51·1921	− 17 00·0756
12	**9681·5**	199 53 42·0014	− 16 54·3552	28	**9727·5**	245 13 59·3963	− 17 00·1770
13	**9682·5**	200 52 50·2057	− 16 54·4194	29	**9728·5**	246 13 07·6006	− 17 00·3170
14	**9683·5**	201 51 58·4099	− 16 54·4479	30	**9729·5**	247 12 15·8048	− 17 00·4956
15	**9684·5**	202 51 06·6142	− 16 54·4529	31	**9730·5**	248 11 24·0091	− 17 00·7065
16	**9685·5**	203 50 14·8184	− 16 54·4555	June 1	**9731·5**	249 10 32·2133	− 17 00·9386
17	**9686·5**	204 49 23·0226	− 16 54·4827	2	**9732·5**	250 09 40·4175	− 17 01·1782
18	**9687·5**	205 48 31·2269	− 16 54·5596	3	**9733·5**	251 08 48·6218	− 17 01·4112
19	**9688·5**	206 47 39·4311	− 16 54·7005	4	**9734·5**	252 07 56·8260	− 17 01·6244
20	**9689·5**	207 46 47·6353	− 16 54·9029	5	**9735·5**	253 07 05·0302	− 17 01·8079
21	**9690·5**	208 45 55·8396	− 16 55·1464	6	**9736·5**	254 06 13·2345	− 17 01·9559
22	**9691·5**	209 45 04·0438	− 16 55·4002	7	**9737·5**	255 05 21·4387	− 17 02·0677
23	**9692·5**	210 44 12·2480	− 16 55·6325	8	**9738·5**	256 04 29·6430	− 17 02·1492
24	**9693·5**	211 43 20·4523	− 16 55·8193	9	**9739·5**	257 03 37·8472	− 17 02·2131
25	**9694·5**	212 42 28·6565	− 16 55·9497	10	**9740·5**	258 02 46·0514	− 17 02·2793
26	**9695·5**	213 41 36·8608	− 16 56·0265	11	**9741·5**	259 01 54·2557	− 17 02·3725
27	**9696·5**	214 40 45·0650	− 16 56·0637	12	**9742·5**	260 01 02·4599	− 17 02·5171
28	**9697·5**	215 39 53·2692	− 16 56·0817	13	**9743·5**	261 00 10·6641	− 17 02·7294
29	**9698·5**	216 39 01·4735	− 16 56·1027	14	**9744·5**	261 59 18·8684	− 17 03·0077
30	**9699·5**	217 38 09·6777	− 16 56·1459	15	**9745·5**	262 58 27·0726	− 17 03·3296
May 1	**9700·5**	218 37 17·8819	− 16 56·2243	16	**9746·5**	263 57 35·2769	− 17 03·6566
2	**9701·5**	219 36 26·0862	− 16 56·3433	17	**9747·5**	264 56 43·4811	− 17 03·9490
3	**9702·5**	220 35 34·2904	− 16 56·5005	18	**9748·5**	265 55 51·6853	− 17 04·1801
4	**9703·5**	221 34 42·4947	− 16 56·6879	19	**9749·5**	266 54 59·8896	− 17 04·3435
5	**9704·5**	222 33 50·6989	− 16 56·8934	20	**9750·5**	267 54 08·0938	− 17 04·4512
6	**9705·5**	223 32 58·9031	− 16 57·1030	21	**9751·5**	268 53 16·2980	− 17 04·5253
7	**9706·5**	224 32 07·1074	− 16 57·3029	22	**9752·5**	269 52 24·5023	− 17 04·5905
8	**9707·5**	225 31 15·3116	− 16 57·4810	23	**9753·5**	270 51 32·7065	− 17 04·6684
9	**9708·5**	226 30 23·5158	− 16 57·6278	24	**9754·5**	271 50 40·9107	− 17 04·7744
10	**9709·5**	227 29 31·7201	− 16 57·7382	25	**9755·5**	272 49 49·1150	− 17 04·9166
11	**9710·5**	228 28 39·9243	− 16 57·8128	26	**9756·5**	273 48 57·3192	− 17 05·0963
12	**9711·5**	229 27 48·1286	− 16 57·8595	27	**9757·5**	274 48 05·5235	− 17 05·3087
13	**9712·5**	230 26 56·3328	− 16 57·8950	28	**9758·5**	275 47 13·7277	− 17 05·5440
14	**9713·5**	231 26 04·5370	− 16 57·9434	29	**9759·5**	276 46 21·9319	− 17 05·7892
15	**9714·5**	232 25 12·7413	− 16 58·0319	30	**9760·5**	277 45 30·1362	− 17 06·0302
16	**9715·5**	233 24 20·9455	− 16 58·1826	July 1	**9761·5**	278 44 38·3404	− 17 06·2533
17	**9716·5**	234 23 29·1497	− 16 58·4028	2	**9762·5**	279 43 46·5446	− 17 06·4473

$$\text{GHA} = \theta - \alpha_i, \qquad \alpha_i = \alpha_e + E_o$$

α_i, α_e are the right ascensions with respect to the CIO and the true equinox of date, respectively.

Date 0ʰ UT1		Julian Date	Earth Rotation Angle θ	Equation of Origins E_o	Date 0ʰ UT1		Julian Date	Earth Rotation Angle θ	Equation of Origins E_o
		245	° ′ ″	′ ″			245	° ′ ″	′ ″
July	1	9761·5	278 44 38·3404	− 17 06·2533	Aug.	16	9807·5	324 04 55·7353	− 17 13·0080
	2	9762·5	279 43 46·5446	− 17 06·4473		17	9808·5	325 04 03·9396	− 17 13·0461
	3	9763·5	280 42 54·7489	− 17 06·6055		18	9809·5	326 03 12·1438	− 17 13·1190
	4	9764·5	281 42 02·9531	− 17 06·7262		19	9810·5	327 02 20·3480	− 17 13·2308
	5	9765·5	282 41 11·1574	− 17 06·8143		20	9811·5	328 01 28·5523	− 17 13·3781
	6	9766·5	283 40 19·3616	− 17 06·8805		21	9812·5	329 00 36·7565	− 17 13·5525
	7	9767·5	284 39 27·5658	− 17 06·9420		22	9813·5	329 59 44·9607	− 17 13·7418
	8	9768·5	285 38 35·7701	− 17 07·0201		23	9814·5	330 58 53·1650	− 17 13·9324
	9	9769·5	286 37 43·9743	− 17 07·1376		24	9815·5	331 58 01·3692	− 17 14·1107
	10	9770·5	287 36 52·1785	− 17 07·3129		25	9816·5	332 57 09·5735	− 17 14·2642
	11	9771·5	288 36 00·3828	− 17 07·5533		26	9817·5	333 56 17·7777	− 17 14·3833
	12	9772·5	289 35 08·5870	− 17 07·8481		27	9818·5	334 55 25·9819	− 17 14·4634
	13	9773·5	290 34 16·7913	− 17 08·1681		28	9819·5	335 54 34·1862	− 17 14·5060
	14	9774·5	291 33 24·9955	− 17 08·4730		29	9820·5	336 53 42·3904	− 17 14·5198
	15	9775·5	292 32 33·1997	− 17 08·7262		30	9821·5	337 52 50·5946	− 17 14·5201
	16	9776·5	293 31 41·4040	− 17 08·9089		31	9822·5	338 51 58·7989	− 17 14·5268
	17	9777·5	294 30 49·6082	− 17 09·0245	Sept.	1	9823·5	339 51 07·0031	− 17 14·5608
	18	9778·5	295 29 57·8124	− 17 09·0936		2	9824·5	340 50 15·2073	− 17 14·6400
	19	9779·5	296 29 06·0167	− 17 09·1436		3	9825·5	341 49 23·4116	− 17 14·7743
	20	9780·5	297 28 14·2209	− 17 09·2001		4	9826·5	342 48 31·6158	− 17 14·9622
	21	9781·5	298 27 22·4252	− 17 09·2815		5	9827·5	343 47 39·8201	− 17 15·1889
	22	9782·5	299 26 30·6294	− 17 09·3980		6	9828·5	344 46 48·0243	− 17 15·4282
	23	9783·5	300 25 38·8336	− 17 09·5517		7	9829·5	345 45 56·2285	− 17 15·6481
	24	9784·5	301 24 47·0379	− 17 09·7385		8	9830·5	346 45 04·4328	− 17 15·8199
	25	9785·5	302 23 55·2421	− 17 09·9496		9	9831·5	347 44 12·6370	− 17 15·9274
	26	9786·5	303 23 03·4463	− 17 10·1728		10	9832·5	348 43 20·8412	− 17 15·9729
	27	9787·5	304 22 11·6506	− 17 10·3942		11	9833·5	349 42 29·0455	− 17 15·9757
	28	9788·5	305 21 19·8548	− 17 10·5999		12	9834·5	350 41 37·2497	− 17 15·9642
	29	9789·5	306 20 28·0590	− 17 10·7780		13	9835·5	351 40 45·4540	− 17 15·9660
	30	9790·5	307 19 36·2633	− 17 10·9202		14	9836·5	352 39 53·6582	− 17 16·0007
	31	9791·5	308 18 44·4675	− 17 11·0235		15	9837·5	353 39 01·8624	− 17 16·0769
Aug.	1	9792·5	309 17 52·6718	− 17 11·0915		16	9838·5	354 38 10·0667	− 17 16·1934
	2	9793·5	310 17 00·8760	− 17 11·1342		17	9839·5	355 37 18·2709	− 17 16·3419
	3	9794·5	311 16 09·0802	− 17 11·1674		18	9840·5	356 36 26·4751	− 17 16·5101
	4	9795·5	312 15 17·2845	− 17 11·2110		19	9841·5	357 35 34·6794	− 17 16·6841
	5	9796·5	313 14 25·4887	− 17 11·2860		20	9842·5	358 34 42·8836	− 17 16·8500
	6	9797·5	314 13 33·6929	− 17 11·4102		21	9843·5	359 33 51·0879	− 17 16·9950
	7	9798·5	315 12 41·8972	− 17 11·5931		22	9844·5	0 32 59·2921	− 17 17·1091
	8	9799·5	316 11 50·1014	− 17 11·8312		23	9845·5	1 32 07·4963	− 17 17·1858
	9	9800·5	317 10 58·3057	− 17 12·1050		24	9846·5	2 31 15·7006	− 17 17·2247
	10	9801·5	318 10 06·5099	− 17 12·3821		25	9847·5	3 30 23·9048	− 17 17·2317
	11	9802·5	319 09 14·7141	− 17 12·6254		26	9848·5	4 29 32·1090	− 17 17·2207
	12	9803·5	320 08 22·9184	− 17 12·8069		27	9849·5	5 28 40·3133	− 17 17·2113
	13	9804·5	321 07 31·1226	− 17 12·9177		28	9850·5	6 27 48·5175	− 17 17·2260
	14	9805·5	322 06 39·3268	− 17 12·9702		29	9851·5	7 26 56·7217	− 17 17·2849
	15	9806·5	323 05 47·5311	− 17 12·9906		30	9852·5	8 26 04·9260	− 17 17·3998
	16	9807·5	324 04 55·7353	− 17 13·0080	Oct.	1	9853·5	9 25 13·1302	− 17 17·5705

$$\text{GHA} = \theta - \alpha_i, \qquad \alpha_i = \alpha_e + E_o$$

α_i, α_e are the right ascensions with respect to the CIO and the true equinox of date, respectively.

Date 0h UT1	Julian Date	Earth Rotation Angle θ (° ′ ″)	Equation of Origins E_o (′ ″)	Date 0h UT1	Julian Date	Earth Rotation Angle θ (° ′ ″)	Equation of Origins E_o (′ ″)
	245				**245**		
Oct. 1	**9853·5**	9 25 13·1302	− 17 17·5705	Nov. 16	**9899·5**	54 45 30·5251	− 17 23·4554
2	**9854·5**	10 24 21·3345	− 17 17·7831	17	**9900·5**	55 44 38·7294	− 17 23·5761
3	**9855·5**	11 23 29·5387	− 17 18·0132	18	**9901·5**	56 43 46·9336	− 17 23·6629
4	**9856·5**	12 22 37·7429	− 17 18·2311	19	**9902·5**	57 42 55·1378	− 17 23·7233
5	**9857·5**	13 21 45·9472	− 17 18·4097	20	**9903·5**	58 42 03·3421	− 17 23·7715
6	**9858·5**	14 20 54·1514	− 17 18·5318	21	**9904·5**	59 41 11·5463	− 17 23·8277
7	**9859·5**	15 20 02·3556	− 17 18·5945	22	**9905·5**	60 40 19·7506	− 17 23·9155
8	**9860·5**	16 19 10·5599	− 17 18·6106	23	**9906·5**	61 39 27·9548	− 17 24·0569
9	**9861·5**	17 18 18·7641	− 17 18·6038	24	**9907·5**	62 38 36·1590	− 17 24·2639
10	**9862·5**	18 17 26·9684	− 17 18·6015	25	**9908·5**	63 37 44·3633	− 17 24·5323
11	**9863·5**	19 16 35·1726	− 17 18·6267	26	**9909·5**	64 36 52·5675	− 17 24·8393
12	**9864·5**	20 15 43·3768	− 17 18·6935	27	**9910·5**	65 36 00·7717	− 17 25·1502
13	**9865·5**	21 14 51·5811	− 17 18·8046	28	**9911·5**	66 35 08·9760	− 17 25·4293
14	**9866·5**	22 13 59·7853	− 17 18·9541	29	**9912·5**	67 34 17·1802	− 17 25·6524
15	**9867·5**	23 13 07·9895	− 17 19·1300	30	**9913·5**	68 33 25·3845	− 17 25·8122
16	**9868·5**	24 12 16·1938	− 17 19·3175	Dec. 1	**9914·5**	69 32 33·5887	− 17 25·9180
17	**9869·5**	25 11 24·3980	− 17 19·5018	2	**9915·5**	70 31 41·7929	− 17 25·9900
18	**9870·5**	26 10 32·6023	− 17 19·6697	3	**9916·5**	71 30 49·9972	− 17 26·0534
19	**9871·5**	27 09 40·8065	− 17 19·8104	4	**9917·5**	72 29 58·2014	− 17 26·1315
20	**9872·5**	28 08 49·0107	− 17 19·9167	5	**9918·5**	73 29 06·4056	− 17 26·2420
21	**9873·5**	29 07 57·2150	− 17 19·9862	6	**9919·5**	74 28 14·6099	− 17 26·3941
22	**9874·5**	30 07 05·4192	− 17 20·0224	7	**9920·5**	75 27 22·8141	− 17 26·5883
23	**9875·5**	31 06 13·6234	− 17 20·0359	8	**9921·5**	76 26 31·0183	− 17 26·8176
24	**9876·5**	32 05 21·8277	− 17 20·0443	9	**9922·5**	77 25 39·2226	− 17 27·0689
25	**9877·5**	33 04 30·0319	− 17 20·0704	10	**9923·5**	78 24 47·4268	− 17 27·3269
26	**9878·5**	34 03 38·2362	− 17 20·1374	11	**9924·5**	79 23 55·6311	− 17 27·5760
27	**9879·5**	35 02 46·4404	− 17 20·2622	12	**9925·5**	80 23 03·8353	− 17 27·8030
28	**9880·5**	36 01 54·6446	− 17 20·4491	13	**9926·5**	81 22 12·0395	− 17 27·9986
29	**9881·5**	37 01 02·8489	− 17 20·6860	14	**9927·5**	82 21 20·2438	− 17 28·1581
30	**9882·5**	38 00 11·0531	− 17 20·9477	15	**9928·5**	83 20 28·4480	− 17 28·2823
31	**9883·5**	38 59 19·2573	− 17 21·2023	16	**9929·5**	84 19 36·6522	− 17 28·3771
Nov. 1	**9884·5**	39 58 27·4616	− 17 21·4210	17	**9930·5**	85 18 44·8565	− 17 28·4541
2	**9885·5**	40 57 35·6658	− 17 21·5854	18	**9931·5**	86 17 53·0607	− 17 28·5300
3	**9886·5**	41 56 43·8700	− 17 21·6915	19	**9932·5**	87 17 01·2650	− 17 28·6258
4	**9887·5**	42 55 52·0743	− 17 21·7493	20	**9933·5**	88 16 09·4692	− 17 28·7635
5	**9888·5**	43 55 00·2785	− 17 21·7793	21	**9934·5**	89 15 17·6734	− 17 28·9608
6	**9889·5**	44 54 08·4828	− 17 21·8066	22	**9935·5**	90 14 25·8777	− 17 29·2237
7	**9890·5**	45 53 16·6870	− 17 21·8548	23	**9936·5**	91 13 34·0819	− 17 29·5402
8	**9891·5**	46 52 24·8912	− 17 21·9405	24	**9937·5**	92 12 42·2861	− 17 29·8798
9	**9892·5**	47 51 33·0955	− 17 22·0710	25	**9938·5**	93 11 50·4904	− 17 30·2021
10	**9893·5**	48 50 41·2997	− 17 22·2438	26	**9939·5**	94 10 58·6946	− 17 30·4719
11	**9894·5**	49 49 49·5039	− 17 22·4491	27	**9940·5**	95 10 06·8989	− 17 30·6716
12	**9895·5**	50 48 57·7082	− 17 22·6722	28	**9941·5**	96 09 15·1031	− 17 30·8058
13	**9896·5**	51 48 05·9124	− 17 22·8975	29	**9942·5**	97 08 23·3073	− 17 30·8951
14	**9897·5**	52 47 14·1167	− 17 23·1104	30	**9943·5**	98 07 31·5116	− 17 30·9673
15	**9898·5**	53 46 22·3209	− 17 23·2990	31	**9944·5**	99 06 39·7158	− 17 31·0482
16	**9899·5**	54 45 30·5251	− 17 23·4554	32	**9945·5**	100 05 47·9200	− 17 31·1571

$$\text{GHA} = \theta - \alpha_i, \qquad \alpha_i = \alpha_e + E_o$$

α_i, α_e are the right ascensions with respect to the CIO and the true equinox of date, respectively.

Purpose, explanation and arrangement

The formulae, tables and ephemerides in the remainder of this section are mainly intended to provide for the reduction of celestial coordinates (especially of right ascension, declination and hour angle) from one reference system to another; in particular from a position in the International Celestial Reference System (ICRS) to a geocentric apparent or intermediate position, but some of the data may be used for other purposes.

Formulae and numerical values are given for the separate steps in such reductions, i.e. for proper motion, parallax, light-deflection, aberration on pages B27–B29, and for frame bias, precession and nutation on pages B50–B56. Formulae are given for full-precision reductions using vectors and rotation matrices on pages B48–B50. The examples given use **both** the long-standing equator and equinox of date system, as well as the Celestial Intermediate Reference System (equator and CIO of date) (see pages B66–B75). Finally, formulae and numerical values are given for the reduction from geocentric to topocentric place on pages B84–B86. Background information is given in Section L, *Notes and References* and in Section M, the *Glossary* while vector and matrix algebra, including the rotation matrices, is given on pages K18–K19.

Notation and units

The following is a list of some frequently used coordinate systems and their designations and include the practical consequences of adoption of the ICRS, IAU 2000 resolutions B1.6, B1.7 and B1.8, and IAU 2006 resolutions 1 and 2.

1. Barycentric Celestial Reference System (BCRS): a system of barycentric space-time coordinates for the solar system within the framework of General Relativity. For all practical applications, the BCRS is assumed to be oriented according to the ICRS axes, the directions of which are realized by the International Celestial Reference Frame. The ICRS is not identical to the system defined by the dynamical mean equator and equinox of J2000·0, although the difference in orientation is only about $0''\!\!.02$.

2. The Geocentric Celestial Reference System (GCRS): is a system of geocentric space-time coordinates within the framework of General Relativity. The directions of the GCRS axes are obtained from those of the BCRS (ICRS) by a relativistic transformation. Positions of stars obtained from ICRS reference data, corrected for proper motion, parallax, light-bending, and aberration (for a geocentric observer) are with respect to the GCRS. The same is true for planetary positions, although the corrections are somewhat different.

3. The J2000·0 dynamical reference system; mean equator and equinox of J2000·0; a geocentric system where the origin of right ascension is the intersection of the mean ecliptic and equator of J2000·0; the system in which the IAU 2000 precession-nutation is defined. For precise applications, a small rotation (frame bias, see page B50) should be made to GCRS positions before precession and nutation are applied. The J2000·0 system may also be barycentric, for example as the reference system for catalogues.

4. The mean system of date (m); mean equator and equinox of date.

5. The true system of date (t); true equator and equinox of date: a geocentric system of date, the pole of which is the celestial intermediate pole (CIP), with the origin of right ascension at the equinox on the true equator of date (intermediate equator). It is a system "between" the GCRS and the Terrestrial Intermediate Reference System that separates the components labelled precession-nutation and polar motion.

6. The Celestial Intermediate Reference System (i): the IAU recommended geocentric system of date, the pole of which is the celestial intermediate pole (CIP), with the origin of right ascension at the celestial intermediate origin (CIO) which is located on the intermediate equator (true equator of date). It is a system "between" (*intermediate*) the GCRS and the Terrestrial Intermediate Reference System that separates the components labelled precession-nutation and polar motion.

Notation and units (continued)

7. The Terrestrial Intermediate Reference System: a rotating geocentric system of date, the pole of which is the celestial intermediate pole (CIP), with the origin of longitude at the terrestrial intermediate origin (TIO), which is located on the intermediate equator (true equator of date). The plane containing the geocentre, the CIP, and TIO is the fundamental plane of this system and is called the TIO meridian and corresponds to the astronomical zero meridian.

8. The International Terrestrial Reference System (ITRS): a geodetic system realized by the International Terrestrial Reference Frame (ITRF2014), see page K11. The CIP and TIO of the Terrestrial Intermediate Reference System differ from the geodetic pole and zero-longitude point on the geodetic equator by the effects of polar motion (page B84).

Summary

No.	System	Equator/Pole	Origin on the Equator	Epoch
1	BCRS (ICRS)	ICRS equator and pole	ICRS (RA)	—
2	GCRS	ICRS (see 2 above)	ICRS (RA)	—
3	J2000·0	mean equator	mean equinox (RA)	J2000·0
4	Mean (m)	mean equator	mean equinox (RA)	date
5	True (t)	equator/CIP	true equinox (RA)	date
6	Intermediate (i)	equator/CIP	CIO (RA)	date
7	Terrestrial	equator/CIP	TIO (GHA)	date
8	ITRS	geodetic equator/pole	longitude (λ_{ITRS})	date

- The true equator of date, the intermediate equator, the instantaneous equator are all terms for the plane orthogonal to the direction of the CIP, which in this volume will be referred to as the "equator of date". Declinations, apparent or intermediate, derived using either equinox-based or CIO-based methods, respectively, are identical.

- The origin of the right ascension system may be one of five different locations (ICRS origin, J2000·0, mean equinox, true equinox, or the CIO). The notation will make it clear which is being referred to when necessary.

- The celestial intermediate origin (CIO) is the chosen origin of the Celestial Intermediate Reference System. It has no instantaneous motion along the equator as the equator's orientation in space changes, and is therefore referred to as a "non-rotating" origin. The CIO makes the relationship between UT1 and Earth rotation a simple linear function (see page B8). Right ascensions measured from this origin are called intermediate right ascensions or CIO right ascensions.

- The only difference between apparent and intermediate right ascensions is the position of the origin on the equator. When using the equator and equinox of date system, right ascension is measured from the equinox and is called apparent right ascension. When using the Celestial Intermediate Reference System, right ascension is measured from the CIO, and is called intermediate right ascension.

- Apparent right ascension is subtracted from Greenwich apparent sidereal time to give hour angle (GHA).

- Intermediate right ascension is subtracted from Earth rotation angle to give hour angle (GHA).

Matrices

$\mathbf{R}_1, \mathbf{R}_2, \mathbf{R}_3$ rotation matrices $\mathbf{R}_n(\phi)$, $n = 1, 2, 3$, where the original system is rotated about its x, y, or z-axis by the angle ϕ, counterclockwise as viewed from the $+x$, $+y$ or $+z$ direction, respectively (see page K19 for information on matrices).

$\mathscr{R}_\Sigma$ Matrix transformation of the GCRS to the equator and GCRS origin of date. An intermediary matrix which locates and relates origins, see pages B9 and B49.

Notation and units (continued)

Matrices for Equinox-Based Techniques

B   Bias matrix: transformation of the GCRS to J2000·0 system, mean equator and equinox of J2000·0, see page B50.

P   Precession matrix: transformation of the J2000·0 system to the mean equator and equinox of date, see page B51.

N   Nutation matrix: transformation of the mean equator and equinox of date to equator and equinox of date, see page B55.

M = NPB   Celestial to equator and equinox of date matrix: transformation of the GCRS to the true equator and equinox of date, see page B56.

$\mathbf{R}_3(\text{GAST})$ Earth rotation matrix: transformation of the true equator and equinox of date to the Terrestrial Intermediate Reference System (origin is the TIO).

Matrices for CIO-Based Techniques

C   Celestial to Intermediate matrix: transformation of the GCRS to the Celestial Intermediate Reference System (equator and CIO of date). **C** includes frame bias and precession-nutation, see page B49.

$\mathbf{R}_3(\theta)$ Earth rotation matrix: transformation of the Celestial Intermediate Reference System to the Terrestrial Intermediate Reference System (origin is the TIO).

Other terms

t an epoch expressed in terms of the Julian year; (see page B3); the difference between two epochs represents a time-interval expressed in Julian years; subscripts zero and one are used to indicate the epoch of a catalogue place, usually the standard epoch of J2000·0, and the epoch of the middle of a Julian year (here shortened to "epoch of year"), respectively.

T an interval of time expressed in Julian centuries of 36 525 days; usually measured from J2000·0, i.e. from JD 245 1545·0 TT.

$\mathbf{r}_m, \mathbf{r}_t, \mathbf{r}_i$ column position vectors (see page K18), with respect to mean equinox, true equinox, and celestial intermediate system, respectively.

α, δ, π right ascension, declination and annual parallax; in the formulae for computation, right ascension and related quantities are expressed in time-measure ($1^h = 15°$, etc.), while declination and related quantities, including annual parallax, are expressed in angular measure, unless the contrary is indicated.

α_e, α_i equinox and intermediate right ascensions, respectively; α_e is measured from the equinox, while α_i is measured from the CIO.

μ_α, μ_δ components of proper motion in right ascension and declination. **Check the units.** Modern catalogues usually include the $\cos\delta$ factor in μ_α, translating the rate of change of right ascension to great circle units comparable to those of μ_δ.

λ, β ecliptic longitude and latitude.

Ω, i, ω orbital elements referred to the ecliptic; longitude of ascending node, inclination, argument of perihelion.

X, Y, Z rectangular coordinates of the Earth with respect to the barycentre of the solar system, referred to the ICRS and expressed in astronomical units (au).

$\dot{X}, \dot{Y}, \dot{Z}$ first derivatives of X, Y, Z with respect to time expressed in TDB days.

Approximate reduction for proper motion

In its simplest form the reduction for the proper motion is given by:

$$\alpha = \alpha_0 + (t - t_0)\mu_\alpha \qquad \text{or} \qquad \alpha = \alpha_0 + (t - t_0)\mu_\alpha / \cos\delta$$

$$\delta = \delta_0 + (t - t_0)\mu_\delta$$

where the rate of the proper motions are per year. In some cases it is necessary to allow also for second-order terms, radial velocity and orbital motion, but appropriate formulae are usually given in the catalogue (see page B72).

Approximate reduction for annual parallax

The reduction for annual parallax from the catalogue place (α_0, δ_0) to the geocentric place (α, δ) is given by:

$$\alpha = \alpha_0 + (\pi/15 \cos \delta_0)(X \sin \alpha_0 - Y \cos \alpha_0)$$
$$\delta = \delta_0 + \pi(X \cos \alpha_0 \sin \delta_0 + Y \sin \alpha_0 \sin \delta_0 - Z \cos \delta_0)$$

where X, Y, Z are the coordinates of the Earth tabulated on pages B76–B83. Expressions for X, Y, Z may be obtained from page C5, since $X = -x$, $Y = -y$, $Z = -z$.

The times of reception of periodic phenomena, such as pulsar signals, may be reduced to a common origin at the barycentre by adding the light-time corresponding to the component of the Earth's position vector along the direction to the object; that is by adding to the observed times $(X \cos \alpha \cos \delta + Y \sin \alpha \cos \delta + Z \sin \delta)/c$, where the velocity of light, $c = 173 \cdot 14$ au/d, and the light time for 1 au, $1/c = 0^{\mathrm{d}} 005\ 7755$.

Approximate reduction for light-deflection

The apparent direction of a star or a body in the solar system may be significantly affected by the deflection of light in the gravitational field of the Sun. The elongation (E) from the centre of the Sun is increased by an amount (ΔE) that, for a star, depends on the elongation in the following manner:

$$\Delta E = 0''004\ 07 / \tan(E/2)$$

E	$0°25$	$0°5$	$1°$	$2°$	$5°$	$10°$	$20°$	$50°$	$90°$
ΔE	$1''866$	$0''933$	$0''466$	$0''233$	$0''093$	$0''047$	$0''023$	$0''009$	$0''004$

The body disappears behind the Sun when E is less than the limiting grazing value of about $0°25$. The effects in right ascension and declination may be calculated approximately from:

$$\cos E = \sin \delta \sin \delta_0 + \cos \delta \cos \delta_0 \cos (\alpha - \alpha_0)$$
$$\Delta\alpha = 0^{\mathrm{s}}000\ 271 \cos \delta_0 \sin (\alpha - \alpha_0)/(1 - \cos E) \cos \delta$$
$$\Delta\delta = 0''004\ 07[\sin \delta \cos \delta_0 \cos (\alpha - \alpha_0) - \cos \delta \sin \delta_0]/(1 - \cos E)$$

where α, δ refer to the star, and α_0, δ_0 to the Sun. See also page B67 *Step 3*.

Approximate reduction for annual aberration

The reduction for annual aberration from a geometric geocentric place (α_0, δ_0) to an apparent geocentric place (α, δ) is given by:

$$\alpha = \alpha_0 + (-\dot{X} \sin \alpha_0 + \dot{Y} \cos \alpha_0)/(c \cos \delta_0)$$
$$\delta = \delta_0 + (-\dot{X} \cos \alpha_0 \sin \delta_0 - \dot{Y} \sin \alpha_0 \sin \delta_0 + \dot{Z} \cos \delta_0)/c$$

where $c = 173 \cdot 14$ au/d, and $\dot{X}$, $\dot{Y}$, $\dot{Z}$ are the velocity components of the Earth given on pages B76–B83. Alternatively, but to lower precision, it is possible to use the expressions

$$\dot{X} = +0 \cdot 0172 \sin \lambda \qquad \dot{Y} = -0 \cdot 0158 \cos \lambda \qquad \dot{Z} = -0 \cdot 0068 \cos \lambda$$

where the apparent longitude of the Sun, λ, is given by the expression on page C5. The reduction may also be carried out by using the vector-matrix technique (see page B67 *Step 4*) when full precision is required.

Measurements of radial velocity may be reduced to a common origin at the barycentre by adding the component of the Earth's velocity in the direction of the object; that is by adding

$$\dot{X} \cos \alpha_0 \cos \delta_0 + \dot{Y} \sin \alpha_0 \cos \delta_0 + \dot{Z} \sin \delta_0$$

Traditional reduction for planetary aberration

In the case of a body in the solar system, the apparent direction at the instant of observation (t) differs from the geometric direction at that instant because of (a) the motion of the body during the light-time and (b) the motion of the Earth relative to the reference system in which light propagation is computed. The reduction may be carried out in two stages: (i) by combining the barycentric position of the body at time $t - \Delta t$, where Δt is the light-time, with the barycentric position of the Earth at time t, and then (ii) by applying the correction for annual aberration as described above. Alternatively, it is possible to interpolate the geometric (geocentric) ephemeris of the body to the time $t - \Delta t$; it is usually sufficient to subtract the product of the light-time and the first derivative of the coordinate. The light-time Δt in days is given by the distance in au between the body and the Earth, multiplied by 0·005 7755; strictly, the light-time corresponds to the distance from the position of the Earth at time t to the position of the body at time $t - \Delta t$ (i.e. some iteration is required), but it is usually sufficient to use the geocentric distance at time t.

Differential aberration

The corrections for differential annual aberration to be added to the observed differences (in the sense moving object minus star) of right ascension and declination to give the true differences are:

in right ascension $\quad a\,\Delta\alpha + b\,\Delta\delta \quad$ in units of $0\overset{s}{\cdot}001$

in declination $\quad c\,\Delta\alpha + d\,\Delta\delta \quad$ in units of $0\overset{''}{\cdot}01$

where $\Delta\alpha$, $\Delta\delta$ are the observed differences in units of 1^{m} and $1'$ respectively, and where a, b, c, d are coefficients defined by:

$$a = -5\cdot701 \cos{(H + \alpha)}\sec\delta \qquad b = -0\cdot380 \sin{(H + \alpha)}\sec\delta \tan\delta$$
$$c = +8\cdot552 \sin{(H + \alpha)}\sin\delta \qquad d = -0\cdot570 \cos{(H + \alpha)}\cos\delta$$
$$H^{h} = 23\cdot4 - (\text{day of year}/15\cdot2)$$

The day of year is tabulated on pages B4–B5.

GCRS positions

For objects with reference data (catalogue coordinates or ephemerides) expressed in the ICRS, the application of corrections for proper motion and parallax (for stars), light-time (for solar system objects), light-deflection, and annual aberration results in a position referred to the GCRS, which is sometimes called the *proper place*.

Astrometric positions

An astrometric place is the direction of a solar system body formed by applying the correction for the barycentric motion of this body during the light time to the geometric geocentric position referred to the ICRS. Such a position is then directly comparable with the astrometric position of a star formed by applying the corrections for proper motion and annual parallax to the ICRS (or J2000) catalog direction. The gravitational deflection of light is ignored since it will generally be similar (although not identical) for the solar system body and background stars. For high-accuracy applications, gravitational light-deflection effects need to be considered, and the adopted policy declared.

MATRIX ELEMENTS FOR CONVERSION FROM
GCRS TO EQUATOR AND EQUINOX OF DATE
FOR 0^h TERRESTRIAL TIME

Date 0^h TT	$M_{1,1}-1$	$M_{1,2}$	$M_{1,3}$	$M_{2,1}$	$M_{2,2}-1$	$M_{2,3}$	$M_{3,1}$	$M_{3,2}$	$M_{3,3}-1$
Jan. 0	−140076	−4854 5069	−2109 2166	+4854 4650	−117833	−25 0106	+2109 3132	+14 7711	−22247
1	−140154	−4855 8550	−2109 8016	+4855 8133	−117898	−24 8519	+2109 8974	+14 6068	−22259
2	−140244	−4857 4123	−2110 4773	+4857 3708	−117974	−24 8181	+2110 5729	+14 5663	−22274
3	−140336	−4859 0012	−2111 1666	+4858 9593	−118051	−24 9449	+2111 2629	+14 6865	−22288
4	−140418	−4860 4318	−2111 7873	+4860 3894	−118121	−25 2169	+2111 8850	+14 9525	−22301
5	−140484	−4861 5731	−2112 2827	+4861 5299	−118176	−25 5749	+2112 3820	+15 3056	−22312
6	−140531	−4862 3898	−2112 6373	+4862 3458	−118216	−25 9422	+2112 7384	+15 6694	−22320
7	−140563	−4862 9337	−2112 8737	+4862 8891	−118243	−26 2524	+2112 9763	+15 9773	−22325
8	−140584	−4863 3073	−2113 0362	+4863 2622	−118261	−26 4655	+2113 1399	+16 1889	−22328
9	−140603	−4863 6245	−2113 1743	+4863 5792	−118276	−26 5702	+2113 2785	+16 2923	−22331
10	−140624	−4863 9846	−2113 3310	+4863 9393	−118294	−26 5777	+2113 4352	+16 2982	−22334
11	−140651	−4864 4597	−2113 5375	+4864 4145	−118317	−26 5138	+2113 6415	+16 2323	−22339
12	−140688	−4865 0916	−2113 8120	+4865 0467	−118348	−26 4116	+2113 9155	+16 1274	−22345
13	−140734	−4865 8935	−2114 1602	+4865 8488	−118387	−26 3062	+2114 2632	+16 0187	−22352
14	−140789	−4866 8524	−2114 5765	+4866 8078	−118433	−26 2311	+2114 6791	+15 9395	−22361
15	−140852	−4867 9326	−2115 0453	+4867 8880	−118486	−26 2144	+2115 1479	+15 9182	−22371
16	−140918	−4869 0797	−2115 5431	+4869 0350	−118542	−26 2764	+2115 6460	+15 9754	−22381
17	−140985	−4870 2266	−2116 0409	+4870 1816	−118598	−26 4264	+2116 1445	+16 1205	−22392
18	−141047	−4871 3022	−2116 5078	+4871 2567	−118650	−26 6605	+2116 6125	+16 3501	−22402
19	−141101	−4872 2420	−2116 9158	+4872 1959	−118696	−26 9610	+2117 0220	+16 6466	−22410
20	−141145	−4873 0001	−2117 2450	+4872 9532	−118733	−27 2974	+2117 3528	+16 9798	−22417
21	−141178	−4873 5601	−2117 4883	+4873 5125	−118760	−27 6307	+2117 5978	+17 3107	−22423
22	−141200	−4873 9422	−2117 6545	+4873 8940	−118779	−27 9189	+2117 7654	+17 5973	−22426
23	−141215	−4874 2046	−2117 7688	+4874 1559	−118792	−28 1253	+2117 8808	+17 8026	−22429
24	−141229	−4874 4376	−2117 8705	+4874 3888	−118803	−28 2263	+2117 9829	+17 9026	−22431
25	−141247	−4874 7508	−2118 0068	+4874 7020	−118818	−28 2183	+2118 1192	+17 8933	−22434
26	−141276	−4875 2518	−2118 2246	+4875 2032	−118843	−28 1228	+2118 3365	+17 7956	−22438
27	−141320	−4876 0197	−2118 5580	+4875 9713	−118880	−27 9858	+2118 6693	+17 6554	−22445
28	−141382	−4877 0769	−2119 0169	+4877 0288	−118932	−27 8718	+2119 1276	+17 5369	−22455
29	−141456	−4878 3694	−2119 5778	+4878 3214	−118995	−27 8476	+2119 6884	+17 5072	−22467
30	−141538	−4879 7682	−2120 1847	+4879 7199	−119063	−27 9617	+2120 2959	+17 6154	−22480
31	−141615	−4881 1016	−2120 7633	+4881 0527	−119128	−28 2244	+2120 8758	+17 8725	−22492
Feb. 1	−141679	−4882 2115	−2121 2451	+4882 1618	−119182	−28 6009	+2121 3594	+18 2443	−22503
2	−141726	−4883 0083	−2121 5910	+4882 9577	−119221	−29 0233	+2121 7075	+18 6632	−22510
3	−141754	−4883 4949	−2121 8026	+4883 4435	−119245	−29 4157	+2121 9209	+19 0536	−22515
4	−141769	−4883 7518	−2121 9145	+4883 6997	−119258	−29 7198	+2122 0343	+19 3565	−22517
5	−141777	−4883 8979	−2121 9784	+4883 8454	−119265	−29 9076	+2122 0992	+19 5438	−22518
6	−141786	−4884 0506	−2122 0452	+4883 9980	−119272	−29 9817	+2122 1663	+19 6172	−22520
7	−141801	−4884 3006	−2122 1542	+4884 2480	−119285	−29 9661	+2122 2752	+19 6005	−22522
8	−141824	−4884 7025	−2122 3289	+4884 6500	−119304	−29 8960	+2122 4497	+19 5288	−22526
9	−141857	−4885 2760	−2122 5782	+4885 2237	−119332	−29 8098	+2122 6985	+19 4401	−22531
10	−141900	−4886 0122	−2122 8979	+4885 9600	−119368	−29 7431	+2123 0178	+19 3703	−22538
11	−141950	−4886 8789	−2123 2742	+4886 8268	−119411	−29 7260	+2123 3941	+19 3495	−22546
12	−142005	−4887 8264	−2123 6855	+4887 7742	−119457	−29 7805	+2123 8057	+19 4000	−22555
13	−142062	−4888 7923	−2124 1048	+4888 7398	−119504	−29 9188	+2124 2257	+19 5342	−22564
14	−142115	−4889 7076	−2124 5021	+4889 6546	−119549	−30 1414	+2124 6241	+19 7529	−22572
15	−142161	−4890 5046	−2124 8482	+4890 4510	−119588	−30 4351	+2124 9717	+20 0432	−22580

$\mathbf{M} = \mathbf{NPB}$. Values are in units of 10^{-10}. Matrix used with GAST (B13–B20). CIP is $\mathcal{X} = M_{3,1}$, $\mathcal{Y} = M_{3,2}$.

MATRIX ELEMENTS FOR CONVERSION FROM
GCRS TO EQUATOR & CELESTIAL INTERMEDIATE ORIGIN OF DATE
FOR 0^h TERRESTRIAL TIME

Julian Date	$C_{1,1}-1$	$C_{1,2}$	$C_{1,3}$	$C_{2,1}$	$C_{2,2}-1$	$C_{2,3}$	$C_{3,1}$	$C_{3,2}$	$C_{3,3}-1$
245									
9579·5	−22246	+104	−2109 3132	−416	− 1	−14 7710	+2109 3132	+14 7711	−22247
9580·5	−22258	+104	−2109 8974	−412	− 1	−14 6067	+2109 8974	+14 6068	−22259
9581·5	−22273	+104	−2110 5729	−411	− 1	−14 5663	+2110 5729	+14 5663	−22274
9582·5	−22287	+104	−2111 2629	−414	− 1	−14 6864	+2111 2629	+14 6865	−22288
9583·5	−22300	+104	−2111 8850	−420	− 1	−14 9524	+2111 8850	+14 9525	−22301
9584·5	−22311	+104	−2112 3820	−427	− 1	−15 3056	+2112 3820	+15 3056	−22312
9585·5	−22318	+104	−2112 7384	−435	− 1	−15 6694	+2112 7384	+15 6694	−22320
9586·5	−22323	+104	−2112 9763	−441	− 1	−15 9773	+2112 9763	+15 9773	−22325
9587·5	−22327	+104	−2113 1399	−446	− 1	−16 1889	+2113 1399	+16 1889	−22328
9588·5	−22330	+104	−2113 2785	−448	− 1	−16 2922	+2113 2785	+16 2923	−22331
9589·5	−22333	+104	−2113 4352	−448	− 1	−16 2982	+2113 4352	+16 2982	−22334
9590·5	−22337	+104	−2113 6415	−447	− 1	−16 2323	+2113 6415	+16 2323	−22339
9591·5	−22343	+103	−2113 9155	−444	− 1	−16 1274	+2113 9155	+16 1274	−22345
9592·5	−22351	+103	−2114 2632	−442	− 1	−16 0186	+2114 2632	+16 0187	−22352
9593·5	−22359	+103	−2114 6791	−440	− 1	−15 9394	+2114 6791	+15 9395	−22361
9594·5	−22369	+103	−2115 1479	−440	− 1	−15 9181	+2115 1479	+15 9182	−22371
9595·5	−22380	+103	−2115 6460	−441	− 1	−15 9753	+2115 6460	+15 9754	−22381
9596·5	−22390	+103	−2116 1445	−444	− 1	−16 1204	+2116 1445	+16 1205	−22392
9597·5	−22400	+103	−2116 6125	−449	− 1	−16 3500	+2116 6125	+16 3501	−22402
9598·5	−22409	+103	−2117 0220	−455	− 1	−16 6465	+2117 0220	+16 6466	−22410
9599·5	−22416	+103	−2117 3528	−462	− 1	−16 9797	+2117 3528	+16 9798	−22417
9600·5	−22421	+103	−2117 5978	−469	− 1	−17 3106	+2117 5978	+17 3107	−22423
9601·5	−22425	+103	−2117 7654	−476	− 2	−17 5972	+2117 7654	+17 5973	−22426
9602·5	−22427	+103	−2117 8808	−480	− 2	−17 8025	+2117 8808	+17 8026	−22429
9603·5	−22429	+103	−2117 9829	−482	− 2	−17 9025	+2117 9829	+17 9026	−22431
9604·5	−22432	+103	−2118 1192	−482	− 2	−17 8932	+2118 1192	+17 8933	−22434
9605·5	−22437	+103	−2118 3365	−480	− 2	−17 7955	+2118 3365	+17 7956	−22438
9606·5	−22444	+103	−2118 6693	−477	− 2	−17 6553	+2118 6693	+17 6554	−22445
9607·5	−22454	+103	−2119 1276	−474	− 2	−17 5368	+2119 1276	+17 5369	−22455
9608·5	−22465	+102	−2119 6884	−474	− 2	−17 5071	+2119 6884	+17 5072	−22467
9609·5	−22478	+102	−2120 2959	−476	− 2	−17 6154	+2120 2959	+17 6154	−22480
9610·5	−22491	+102	−2120 8758	−481	− 2	−17 8724	+2120 8758	+17 8725	−22492
9611·5	−22501	+102	−2121 3594	−489	− 2	−18 2442	+2121 3594	+18 2443	−22503
9612·5	−22508	+102	−2121 7075	−498	− 2	−18 6631	+2121 7075	+18 6632	−22510
9613·5	−22513	+102	−2121 9209	−506	− 2	−19 0535	+2121 9209	+19 0536	−22515
9614·5	−22515	+102	−2122 0343	−513	− 2	−19 3565	+2122 0343	+19 3565	−22517
9615·5	−22517	+102	−2122 0992	−517	− 2	−19 5437	+2122 0992	+19 5438	−22518
9616·5	−22518	+102	−2122 1663	−518	− 2	−19 6172	+2122 1663	+19 6172	−22520
9617·5	−22520	+102	−2122 2752	−518	− 2	−19 6005	+2122 2752	+19 6005	−22522
9618·5	−22524	+102	−2122 4497	−516	− 2	−19 5287	+2122 4497	+19 5288	−22526
9619·5	−22529	+102	−2122 6985	−515	− 2	−19 4401	+2122 6985	+19 4401	−22531
9620·5	−22536	+102	−2123 0178	−513	− 2	−19 3702	+2123 0178	+19 3703	−22538
9621·5	−22544	+102	−2123 3941	−513	− 2	−19 3494	+2123 3941	+19 3495	−22546
9622·5	−22553	+102	−2123 8057	−514	− 2	−19 3999	+2123 8057	+19 4000	−22555
9623·5	−22562	+102	−2124 2257	−517	− 2	−19 5341	+2124 2257	+19 5342	−22564
9624·5	−22570	+102	−2124 6241	−521	− 2	−19 7528	+2124 6241	+19 7529	−22572
9625·5	−22578	+102	−2124 9717	−527	− 2	−20 0432	+2124 9717	+20 0432	−22580

Values are in units of 10^{-10}. Matrix used with ERA (B21–B24). CIP is $\mathcal{X} = C_{3,1}$, $\mathcal{Y} = C_{3,2}$

MATRIX ELEMENTS FOR CONVERSION FROM
GCRS TO EQUATOR AND EQUINOX OF DATE
FOR 0^h TERRESTRIAL TIME

Date 0^h TT	$M_{1,1}-1$	$M_{1,2}$	$M_{1,3}$	$M_{2,1}$	$M_{2,2}-1$	$M_{2,3}$	$M_{3,1}$	$M_{3,2}$	$M_{3,3}-1$
Feb. 15	−142161	−4890 5046	−2124 8482	+4890 4510	−119588	−30 4351	+2124 9717	+20 0432	−22580
16	−142197	−4891 1288	−2125 1194	+4891 0745	−119618	−30 7732	+2125 2445	+20 3786	−22585
17	−142222	−4891 5514	−2125 3032	+4891 4963	−119639	−31 1170	+2125 4299	+20 7207	−22589
18	−142235	−4891 7806	−2125 4031	+4891 7248	−119651	−31 4223	+2125 5314	+21 0250	−22592
19	−142240	−4891 8672	−2125 4413	+4891 8110	−119655	−31 6473	+2125 5706	+21 2496	−22593
20	−142242	−4891 9006	−2125 4563	+4891 8441	−119656	−31 7632	+2125 5862	+21 3653	−22593
21	−142248	−4891 9920	−2125 4965	+4891 9356	−119661	−31 7630	+2125 6265	+21 3648	−22594
22	−142263	−4892 2513	−2125 6095	+4892 1950	−119674	−31 6661	+2125 7390	+21 2668	−22596
23	−142292	−4892 7584	−2125 8299	+4892 7024	−119698	−31 5163	+2125 9586	+21 1148	−22601
24	−142338	−4893 5400	−2126 1693	+4893 4844	−119737	−31 3734	+2126 2974	+20 9686	−22608
25	−142397	−4894 5569	−2126 6107	+4894 5014	−119786	−31 2998	+2126 7384	+20 8907	−22617
26	−142464	−4895 7067	−2127 1097	+4895 6511	−119843	−31 3435	+2127 2377	+20 9294	−22628
27	−142530	−4896 8460	−2127 6042	+4896 7900	−119898	−31 5235	+2127 7330	+21 1046	−22638
28	−142587	−4897 8283	−2128 0306	+4897 7717	−119947	−31 8223	+2128 1609	+21 3992	−22648
Mar. 1	−142629	−4898 5466	−2128 3425	+4898 4891	−119982	−32 1891	+2128 4747	+21 7630	−22654
2	−142653	−4898 9651	−2128 5246	+4898 9069	−120002	−32 5553	+2128 6585	+22 1274	−22658
3	−142663	−4899 1263	−2128 5950	+4899 0675	−120010	−32 8554	+2128 7304	+22 4268	−22660
4	−142663	−4899 1300	−2128 5972	+4899 0708	−120011	−33 0461	+2128 7336	+22 6174	−22660
5	−142661	−4899 0976	−2128 5837	+4899 0382	−120009	−33 1142	+2128 7204	+22 6857	−22660
6	−142663	−4899 1373	−2128 6015	+4899 0780	−120011	−33 0747	+2128 7380	+22 6460	−22660
7	−142674	−4899 3234	−2128 6828	+4899 2643	−120020	−32 9610	+2128 8187	+22 5315	−22662
8	−142696	−4899 6896	−2128 8421	+4899 6309	−120038	−32 8139	+2128 9773	+22 3829	−22665
9	−142727	−4900 2341	−2129 0787	+4900 1756	−120065	−32 6735	+2129 2133	+22 2402	−22670
10	−142768	−4900 9274	−2129 3799	+4900 8692	−120099	−32 5735	+2129 5139	+22 1372	−22677
11	−142814	−4901 7216	−2129 7247	+4901 6634	−120138	−32 5387	+2129 8586	+22 0990	−22684
12	−142863	−4902 5566	−2130 0873	+4902 4983	−120178	−32 5838	+2130 2214	+22 1405	−22692
13	−142910	−4903 3664	−2130 4389	+4903 3079	−120218	−32 7123	+2130 5737	+22 2656	−22699
14	−142952	−4904 0850	−2130 7510	+4904 0260	−120253	−32 9157	+2130 8868	+22 4660	−22706
15	−142985	−4904 6540	−2130 9982	+4904 5944	−120281	−33 1728	+2131 1353	+22 7206	−22711
16	−143007	−4905 0339	−2131 1635	+4904 9737	−120300	−33 4493	+2131 3019	+22 9956	−22715
17	−143018	−4905 2165	−2131 2433	+4905 1558	−120309	−33 7020	+2131 3829	+23 2475	−22717
18	−143019	−4905 2361	−2131 2523	+4905 1751	−120310	−33 8847	+2131 3929	+23 4301	−22717
19	−143015	−4905 1725	−2131 2253	+4905 1112	−120307	−33 9598	+2131 3663	+23 5054	−22716
20	−143013	−4905 1400	−2131 2118	+4905 0789	−120305	−33 9100	+2131 3525	+23 4558	−22716
21	−143020	−4905 2617	−2131 2652	+4905 2009	−120311	−33 7479	+2131 4051	+23 2932	−22717
22	−143042	−4905 6335	−2131 4269	+4905 5732	−120330	−33 5159	+2131 5657	+23 0596	−22721
23	−143081	−4906 2933	−2131 7135	+4906 2335	−120362	−33 2770	+2131 8511	+22 8178	−22727
24	−143134	−4907 2064	−2132 1099	+4907 1470	−120407	−33 0972	+2132 2467	+22 6341	−22735
25	−143196	−4908 2730	−2132 5729	+4908 2137	−120459	−33 0275	+2132 7093	+22 5599	−22745
26	−143259	−4909 3554	−2133 0427	+4909 2960	−120512	−33 0898	+2133 1794	+22 6176	−22755
27	−143315	−4910 3143	−2133 4590	+4910 2545	−120559	−33 2719	+2133 5966	+22 7956	−22764
28	−143358	−4911 0442	−2133 7759	+4910 9838	−120595	−33 5315	+2133 9149	+23 0521	−22771
29	−143384	−4911 4980	−2133 9732	+4911 4370	−120618	−33 8084	+2134 1135	+23 3270	−22775
30	−143396	−4911 6957	−2134 0595	+4911 6342	−120627	−34 0405	+2134 2010	+23 5583	−22777
31	−143397	−4911 7141	−2134 0681	+4911 6523	−120628	−34 1796	+2134 2102	+23 6973	−22777
Apr. 1	−143394	−4911 6622	−2134 0462	+4911 6004	−120626	−34 2015	+2134 1884	+23 7195	−22777
2	−143393	−4911 6519	−2134 0423	+4911 5903	−120625	−34 1094	+2134 1841	+23 6273	−22777

$\mathbf{M} = \mathbf{NPB}$. Values are in units of 10^{-10}. Matrix used with GAST (B13–B20). CIP is $\mathcal{X} = M_{3,1}$, $\mathcal{Y} = M_{3,2}$.

MATRIX ELEMENTS FOR CONVERSION FROM
GCRS TO EQUATOR & CELESTIAL INTERMEDIATE ORIGIN OF DATE
FOR 0^h TERRESTRIAL TIME

Julian Date	$C_{1,1}-1$	$C_{1,2}$	$C_{1,3}$	$C_{2,1}$	$C_{2,2}-1$	$C_{2,3}$	$C_{3,1}$	$C_{3,2}$	$C_{3,3}-1$
245									
9625·5	−22578	+102	−2124 9717	−527	−2	−20 0432	+2124 9717	+20 0432	−22580
9626·5	−22583	+101	−2125 2445	−535	−2	−20 3785	+2125 2445	+20 3786	−22585
9627·5	−22587	+101	−2125 4300	−542	−2	−20 7206	+2125 4299	+20 7207	−22589
9628·5	−22589	+101	−2125 5314	−548	−2	−21 0249	+2125 5314	+21 0250	−22592
9629·5	−22590	+101	−2125 5706	−553	−2	−21 2495	+2125 5706	+21 2496	−22593
9630·5	−22591	+101	−2125 5862	−556	−2	−21 3652	+2125 5862	+21 3653	−22593
9631·5	−22591	+101	−2125 6265	−556	−2	−21 3647	+2125 6265	+21 3648	−22594
9632·5	−22594	+101	−2125 7390	−553	−2	−21 2667	+2125 7390	+21 2668	−22596
9633·5	−22599	+101	−2125 9586	−550	−2	−21 1147	+2125 9586	+21 1148	−22601
9634·5	−22606	+101	−2126 2974	−547	−2	−20 9685	+2126 2974	+20 9686	−22608
9635·5	−22615	+101	−2126 7384	−545	−2	−20 8906	+2126 7384	+20 8907	−22617
9636·5	−22626	+101	−2127 2377	−546	−2	−20 9294	+2127 2377	+20 9294	−22628
9637·5	−22636	+101	−2127 7330	−550	−2	−21 1045	+2127 7330	+21 1046	−22638
9638·5	−22645	+101	−2128 1609	−556	−2	−21 3992	+2128 1609	+21 3992	−22648
9639·5	−22652	+101	−2128 4747	−564	−2	−21 7630	+2128 4747	+21 7630	−22654
9640·5	−22656	+101	−2128 6585	−572	−2	−22 1273	+2128 6585	+22 1274	−22658
9641·5	−22657	+101	−2128 7304	−578	−3	−22 4268	+2128 7304	+22 4268	−22660
9642·5	−22658	+101	−2128 7336	−582	−3	−22 6174	+2128 7336	+22 6174	−22660
9643·5	−22657	+101	−2128 7204	−584	−3	−22 6856	+2128 7204	+22 6857	−22660
9644·5	−22658	+101	−2128 7380	−583	−3	−22 6459	+2128 7380	+22 6460	−22660
9645·5	−22659	+101	−2128 8187	−580	−3	−22 5314	+2128 8187	+22 5315	−22662
9646·5	−22663	+101	−2128 9773	−577	−3	−22 3828	+2128 9773	+22 3829	−22665
9647·5	−22668	+101	−2129 2133	−574	−3	−22 2401	+2129 2133	+22 2402	−22670
9648·5	−22674	+101	−2129 5139	−572	−2	−22 1372	+2129 5139	+22 1372	−22677
9649·5	−22682	+100	−2129 8586	−571	−2	−22 0990	+2129 8586	+22 0990	−22684
9650·5	−22689	+100	−2130 2214	−572	−2	−22 1405	+2130 2214	+22 1405	−22692
9651·5	−22697	+100	−2130 5737	−575	−2	−22 2655	+2130 5737	+22 2656	−22699
9652·5	−22703	+100	−2130 8868	−579	−3	−22 4659	+2130 8868	+22 4660	−22706
9653·5	−22709	+100	−2131 1353	−584	−3	−22 7205	+2131 1353	+22 7206	−22711
9654·5	−22712	+100	−2131 3019	−590	−3	−22 9955	+2131 3019	+22 9956	−22715
9655·5	−22714	+100	−2131 3829	−596	−3	−23 2474	+2131 3829	+23 2475	−22717
9656·5	−22714	+100	−2131 3929	−600	−3	−23 4300	+2131 3929	+23 4301	−22717
9657·5	−22714	+100	−2131 3663	−601	−3	−23 5053	+2131 3663	+23 5054	−22716
9658·5	−22713	+100	−2131 3525	−600	−3	−23 4557	+2131 3525	+23 4558	−22716
9659·5	−22714	+100	−2131 4051	−597	−3	−23 2931	+2131 4051	+23 2932	−22717
9660·5	−22718	+100	−2131 5657	−592	−3	−23 0595	+2131 5657	+23 0596	−22721
9661·5	−22724	+100	−2131 8511	−586	−3	−22 8177	+2131 8511	+22 8178	−22727
9662·5	−22732	+100	−2132 2467	−583	−3	−22 6341	+2132 2467	+22 6341	−22735
9663·5	−22742	+100	−2132 7093	−581	−3	−22 5598	+2132 7093	+22 5599	−22745
9664·5	−22752	+100	−2133 1794	−582	−3	−22 6176	+2133 1794	+22 6176	−22755
9665·5	−22761	+100	−2133 5966	−586	−3	−22 7955	+2133 5966	+22 7956	−22764
9666·5	−22768	+100	−2133 9149	−591	−3	−23 0520	+2133 9149	+23 0521	−22771
9667·5	−22772	+100	−2134 1135	−597	−3	−23 3270	+2134 1135	+23 3270	−22775
9668·5	−22774	+99	−2134 2010	−602	−3	−23 5583	+2134 2010	+23 5583	−22777
9669·5	−22774	+99	−2134 2102	−605	−3	−23 6972	+2134 2102	+23 6973	−22777
9670·5	−22774	+99	−2134 1884	−606	−3	−23 7194	+2134 1884	+23 7195	−22777
9671·5	−22774	+99	−2134 1841	−604	−3	−23 6273	+2134 1841	+23 6273	−22777

Values are in units of 10^{-10}. Matrix used with ERA (B21–B24). CIP is $\mathcal{X} = C_{3,1}$, $\mathcal{Y} = C_{3,2}$

MATRIX ELEMENTS FOR CONVERSION FROM
GCRS TO EQUATOR AND EQUINOX OF DATE
FOR 0^h TERRESTRIAL TIME

Date 0^h TT	$M_{1,1}-1$	$M_{1,2}$	$M_{1,3}$	$M_{2,1}$	$M_{2,2}-1$	$M_{2,3}$	$M_{3,1}$	$M_{3,2}$	$M_{3,3}-1$
Apr. 1	−143394	−4911 6622	−2134 0462	+4911 6004	−120626	−34 2015	+2134 1884	+23 7195	−22777
2	−143393	−4911 6519	−2134 0423	+4911 5903	−120625	−34 1094	+2134 1841	+23 6273	−22777
3	−143400	−4911 7722	−2134 0950	+4911 7109	−120631	−33 9286	+2134 2359	+23 4461	−22778
4	−143418	−4912 0744	−2134 2266	+4912 0137	−120646	−33 6981	+2134 3664	+23 2143	−22780
5	−143447	−4912 5704	−2134 4422	+4912 5101	−120670	−33 4603	+2134 5808	+22 9744	−22785
6	−143486	−4913 2377	−2134 7320	+4913 1779	−120703	−33 2532	+2134 8697	+22 7645	−22791
7	−143532	−4914 0303	−2135 0762	+4913 9708	−120742	−33 1061	+2135 2131	+22 6139	−22798
8	−143582	−4914 8880	−2135 4486	+4914 8286	−120784	−33 0368	+2135 5852	+22 5410	−22806
9	−143632	−4915 7450	−2135 8207	+4915 6856	−120826	−33 0517	+2135 9574	+22 5522	−22814
10	−143679	−4916 5361	−2136 1642	+4916 4766	−120865	−33 1455	+2136 3014	+22 6427	−22822
11	−143718	−4917 2033	−2136 4540	+4917 1434	−120898	−33 3013	+2136 5920	+22 7955	−22828
12	−143747	−4917 7027	−2136 6711	+4917 6423	−120922	−33 4906	+2136 8099	+22 9827	−22832
13	−143765	−4918 0140	−2136 8066	+4917 9533	−120938	−33 6752	+2136 9464	+23 1660	−22835
14	−143773	−4918 1523	−2136 8672	+4918 0913	−120945	−33 8102	+2137 0076	+23 3004	−22837
15	−143775	−4918 1765	−2136 8782	+4918 1154	−120946	−33 8527	+2137 0189	+23 3428	−22837
16	−143775	−4918 1894	−2136 8844	+4918 1284	−120946	−33 7729	+2137 0247	+23 2629	−22837
17	−143783	−4918 3211	−2136 9421	+4918 2606	−120953	−33 5680	+2137 0813	+23 0575	−22838
18	−143805	−4918 6935	−2137 1041	+4918 6336	−120971	−33 2699	+2137 2419	+22 7578	−22842
19	−143845	−4919 3767	−2137 4008	+4919 3175	−121005	−32 9411	+2137 5370	+22 4261	−22848
20	−143902	−4920 3573	−2137 8265	+4920 2987	−121053	−32 6572	+2137 9613	+22 1380	−22857
21	−143971	−4921 5378	−2138 3389	+4921 4796	−121111	−32 4817	+2138 4728	+21 9575	−22868
22	−144043	−4922 7684	−2138 8729	+4922 7102	−121171	−32 4460	+2139 0067	+21 9164	−22879
23	−144109	−4923 8945	−2139 3616	+4923 8362	−121227	−32 5416	+2139 4959	+22 0073	−22890
24	−144162	−4924 8004	−2139 7549	+4924 7416	−121271	−32 7274	+2139 8901	+22 1891	−22898
25	−144199	−4925 4330	−2140 0297	+4925 3738	−121303	−32 9434	+2140 1660	+22 4025	−22904
26	−144221	−4925 8057	−2140 1919	+4925 7461	−121321	−33 1287	+2140 3291	+22 5862	−22908
27	−144232	−4925 9859	−2140 2706	+4925 9260	−121330	−33 2344	+2140 4083	+22 6911	−22909
28	−144237	−4926 0732	−2140 3090	+4926 0134	−121334	−33 2326	+2140 4467	+22 6890	−22910
29	−144243	−4926 1750	−2140 3537	+4926 1154	−121339	−33 1198	+2140 4909	+22 5757	−22911
30	−144255	−4926 3844	−2140 4451	+4926 3253	−121350	−32 9138	+2140 5812	+22 3688	−22913
May 1	−144277	−4926 7645	−2140 6104	+4926 7059	−121368	−32 6479	+2140 7453	+22 1013	−22916
2	−144311	−4927 3409	−2140 8609	+4927 2829	−121397	−32 3631	+2140 9943	+21 8140	−22922
3	−144356	−4928 1032	−2141 1919	+4928 0457	−121434	−32 0993	+2141 3241	+21 5470	−22929
4	−144409	−4929 0116	−2141 5863	+4928 9546	−121479	−31 8897	+2141 7174	+21 3334	−22937
5	−144467	−4930 0076	−2142 0186	+4929 9509	−121528	−31 7563	+2142 1491	+21 1958	−22946
6	−144527	−4931 0238	−2142 4597	+4930 9672	−121578	−31 7089	+2142 5900	+21 1440	−22956
7	−144584	−4931 9933	−2142 8806	+4931 9366	−121626	−31 7448	+2143 0111	+21 1758	−22965
8	−144634	−4932 8568	−2143 2555	+4932 7998	−121668	−31 8499	+2143 3865	+21 2772	−22973
9	−144676	−4933 5687	−2143 5647	+4933 5115	−121704	−31 9995	+2143 6964	+21 4238	−22979
10	−144707	−4934 1040	−2143 7973	+4934 0464	−121730	−32 1603	+2143 9299	+21 5823	−22985
11	−144729	−4934 4656	−2143 9546	+4934 4077	−121748	−32 2924	+2144 0879	+21 7128	−22988
12	−144742	−4934 6924	−2144 0535	+4934 6343	−121759	−32 3540	+2144 1871	+21 7734	−22990
13	−144752	−4934 8644	−2144 1287	+4934 8065	−121768	−32 3100	+2144 2620	+21 7287	−22992
14	−144766	−4935 0987	−2144 2308	+4935 0411	−121779	−32 1430	+2144 3633	+21 5607	−22994
15	−144791	−4935 5275	−2144 4173	+4935 4705	−121800	−31 8658	+2144 5484	+21 2816	−22998
16	−144834	−4936 2581	−2144 7346	+4936 2018	−121836	−31 5270	+2144 8640	+20 9397	−23004
17	−144896	−4937 3251	−2145 1977	+4937 2695	−121889	−31 2026	+2145 3256	+20 6108	−23014

$M = NPB$. Values are in units of 10^{-10}. Matrix used with GAST (B13–B20). CIP is $\mathcal{X} = M_{3,1}$, $\mathcal{Y} = M_{3,2}$.

MATRIX ELEMENTS FOR CONVERSION FROM
GCRS TO EQUATOR & CELESTIAL INTERMEDIATE ORIGIN OF DATE
FOR 0^h TERRESTRIAL TIME

Julian Date	$C_{1,1}-1$	$C_{1,2}$	$C_{1,3}$	$C_{2,1}$	$C_{2,2}-1$	$C_{2,3}$	$C_{3,1}$	$C_{3,2}$	$C_{3,3}-1$
245									
9670·5	− 22774	+ 99	− 2134 1884	− 606	− 3	− 23 7194	+ 2134 1884	+ 23 7195	− 22777
9671·5	− 22774	+ 99	− 2134 1841	− 604	− 3	− 23 6273	+ 2134 1841	+ 23 6273	− 22777
9672·5	− 22775	+ 99	− 2134 2359	− 600	− 3	− 23 4460	+ 2134 2359	+ 23 4461	− 22778
9673·5	− 22778	+ 99	− 2134 3664	− 595	− 3	− 23 2142	+ 2134 3664	+ 23 2143	− 22780
9674·5	− 22782	+ 99	− 2134 5808	− 590	− 3	− 22 9743	+ 2134 5808	+ 22 9744	− 22785
9675·5	− 22788	+ 99	− 2134 8697	− 585	− 3	− 22 7644	+ 2134 8697	+ 22 7645	− 22791
9676·5	− 22796	+ 99	− 2135 2131	− 582	− 3	− 22 6138	+ 2135 2131	+ 22 6139	− 22798
9677·5	− 22804	+ 99	− 2135 5852	− 581	− 3	− 22 5409	+ 2135 5852	+ 22 5410	− 22806
9678·5	− 22812	+ 99	− 2135 9574	− 581	− 3	− 22 5522	+ 2135 9574	+ 22 5522	− 22814
9679·5	− 22819	+ 99	− 2136 3014	− 583	− 3	− 22 6426	+ 2136 3014	+ 22 6427	− 22822
9680·5	− 22825	+ 99	− 2136 5920	− 586	− 3	− 22 7955	+ 2136 5920	+ 22 7955	− 22828
9681·5	− 22830	+ 99	− 2136 8099	− 590	− 3	− 22 9827	+ 2136 8099	+ 22 9827	− 22832
9682·5	− 22833	+ 99	− 2136 9464	− 594	− 3	− 23 1659	+ 2136 9464	+ 23 1660	− 22835
9683·5	− 22834	+ 99	− 2137 0076	− 597	− 3	− 23 3004	+ 2137 0076	+ 23 3004	− 22837
9684·5	− 22834	+ 99	− 2137 0189	− 598	− 3	− 23 3427	+ 2137 0189	+ 23 3428	− 22837
9685·5	− 22834	+ 99	− 2137 0247	− 596	− 3	− 23 2628	+ 2137 0247	+ 23 2629	− 22837
9686·5	− 22836	+ 99	− 2137 0813	− 592	− 3	− 23 0574	+ 2137 0813	+ 23 0575	− 22838
9687·5	− 22839	+ 99	− 2137 2419	− 585	− 3	− 22 7577	+ 2137 2419	+ 22 7578	− 22842
9688·5	− 22845	+ 99	− 2137 5370	− 578	− 3	− 22 4260	+ 2137 5370	+ 22 4261	− 22848
9689·5	− 22854	+ 99	− 2137 9613	.− 572	− 2	− 22 1379	+ 2137 9613	+ 22 1380	− 22857
9690·5	− 22865	+ 99	− 2138 4728	− 568	− 2	− 21 9574	+ 2138 4728	+ 21 9575	− 22868
9691·5	− 22877	+ 98	− 2139 0067	− 567	− 2	− 21 9164	+ 2139 0067	+ 21 9164	− 22879
9692·5	− 22887	+ 98	− 2139 4959	− 569	− 2	− 22 0072	+ 2139 4959	+ 22 0073	− 22890
9693·5	− 22896	+ 98	− 2139 8901	− 573	− 2	− 22 1891	+ 2139 8901	+ 22 1891	− 22898
9694·5	− 22902	+ 98	− 2140 1660	− 578	− 3	− 22 4024	+ 2140 1660	+ 22 4025	− 22904
9695·5	− 22905	+ 98	− 2140 3291	− 582	− 3	− 22 5861	+ 2140 3291	+ 22 5862	− 22908
9696·5	− 22907	+ 98	− 2140 4083	− 584	− 3	− 22 6910	+ 2140 4083	+ 22 6911	− 22909
9697·5	− 22908	+ 98	− 2140 4467	− 584	− 3	− 22 6889	+ 2140 4467	+ 22 6890	− 22910
9698·5	− 22909	+ 98	− 2140 4909	− 581	− 3	− 22 5756	+ 2140 4909	+ 22 5757	− 22911
9699·5	− 22910	+ 98	− 2140 5812	− 577	− 3	− 22 3687	+ 2140 5812	+ 22 3688	− 22913
9700·5	− 22914	+ 98	− 2140 7453	− 571	− 2	− 22 1012	+ 2140 7453	+ 22 1013	− 22916
9701·5	− 22919	+ 98	− 2140 9943	− 565	− 2	− 21 8140	+ 2140 9943	+ 21 8140	− 22922
9702·5	− 22926	+ 98	− 2141 3241	− 559	− 2	− 21 5469	+ 2141 3241	+ 21 5470	− 22929
9703·5	− 22935	+ 98	− 2141 7174	− 555	− 2	− 21 3334	+ 2141 7174	+ 21 3334	− 22937
9704·5	− 22944	+ 98	− 2142 1491	− 552	− 2	− 21 1957	+ 2142 1491	+ 21 1958	− 22946
9705·5	− 22953	+ 98	− 2142 5900	− 551	− 2	− 21 1439	+ 2142 5900	+ 21 1440	− 22956
9706·5	− 22963	+ 98	− 2143 0111	− 551	− 2	− 21 1757	+ 2143 0111	+ 21 1758	− 22965
9707·5	− 22971	+ 97	− 2143 3865	− 553	− 2	− 21 2771	+ 2143 3865	+ 21 2772	− 22973
9708·5	− 22977	+ 97	− 2143 6964	− 557	− 2	− 21 4237	+ 2143 6964	+ 21 4238	− 22979
9709·5	− 22982	+ 97	− 2143 9299	− 560	− 2	− 21 5822	+ 2143 9299	+ 21 5823	− 22985
9710·5	− 22986	+ 97	− 2144 0879	− 563	− 2	− 21 7127	+ 2144 0879	+ 21 7128	− 22988
9711·5	− 22988	+ 97	− 2144 1871	− 564	− 2	− 21 7734	+ 2144 1871	+ 21 7734	− 22990
9712·5	− 22989	+ 97	− 2144 2620	− 563	− 2	− 21 7286	+ 2144 2620	+ 21 7287	− 22992
9713·5	− 22991	+ 97	− 2144 3633	− 560	− 2	− 21 5606	+ 2144 3633	+ 21 5607	− 22994
9714·5	− 22995	+ 97	− 2144 5484	− 554	− 2	− 21 2815	+ 2144 5484	+ 21 2816	− 22998
9715·5	− 23002	+ 97	− 2144 8641	− 546	− 2	− 20 9396	+ 2144 8640	+ 20 9397	− 23004
9716·5	− 23012	+ 97	− 2145 3256	− 539	− 2	− 20 6107	+ 2145 3256	+ 20 6108	− 23014

Values are in units of 10^{-10}. Matrix used with ERA (B21–B24). CIP is $\mathcal{X} = C_{3,1}$, $\mathcal{Y} = C_{3,2}$

FRAME BIAS, PRECESSION AND NUTATION, 2022

MATRIX ELEMENTS FOR CONVERSION FROM
GCRS TO EQUATOR AND EQUINOX OF DATE
FOR 0^h TERRESTRIAL TIME

Date 0^h TT	$M_{1,1}-1$	$M_{1,2}$	$M_{1,3}$	$M_{2,1}$	$M_{2,2}-1$	$M_{2,3}$	$M_{3,1}$	$M_{3,2}$	$M_{3,3}-1$
May 17	−144896	−4937 3251	−2145 1977	+4937 2695	−121889	−31 2026	+2145 3256	+20 6108	−23014
18	−144975	−4938 6634	−2145 7784	+4938 6083	−121955	−30 9721	+2145 9052	+20 3745	−23027
19	−145060	−4940 1218	−2146 4112	+4940 0669	−122027	−30 8879	+2146 5376	+20 2840	−23040
20	−145142	−4941 5176	−2147 0169	+4941 4625	−122096	−30 9566	+2147 1436	+20 3468	−23053
21	−145212	−4942 6997	−2147 5299	+4942 6442	−122154	−31 1402	+2147 6575	+20 5253	−23064
22	−145264	−4943 5908	−2147 9167	+4943 5348	−122198	−31 3740	+2148 0456	+20 7552	−23073
23	−145300	−4944 1948	−2148 1791	+4944 1383	−122228	−31 5897	+2148 3091	+20 9684	−23078
24	−145322	−4944 5784	−2148 3460	+4944 5217	−122247	−31 7336	+2148 4767	+21 1106	−23082
25	−145338	−4944 8430	−2148 4613	+4944 7862	−122260	−31 7747	+2148 5922	+21 1505	−23085
26	−145353	−4945 0972	−2148 5721	+4945 0405	−122273	−31 7066	+2148 7026	+21 0814	−23087
27	−145373	−4945 4359	−2148 7195	+4945 3795	−122290	−31 5441	+2148 8492	+20 9174	−23090
28	−145402	−4945 9273	−2148 9331	+4945 8714	−122314	−31 3167	+2149 0617	+20 6879	−23094
29	−145442	−4946 6059	−2149 2279	+4946 5506	−122347	−31 0627	+2149 3552	+20 4309	−23101
30	−145492	−4947 4717	−2149 6037	+4947 4168	−122390	−30 8212	+2149 7299	+20 1858	−23109
31	−145553	−4948 4939	−2150 0474	+4948 4395	−122441	−30 6272	+2150 1727	+19 9874	−23118
June 1	−145619	−4949 6191	−2150 5358	+4949 5650	−122496	−30 5062	+2150 6605	+19 8615	−23129
2	−145687	−4950 7811	−2151 0401	+4950 7270	−122554	−30 4716	+2151 1646	+19 8220	−23140
3	−145754	−4951 9104	−2151 5302	+4951 8562	−122610	−30 5240	+2151 6550	+19 8695	−23150
4	−145814	−4952 9443	−2151 9790	+4952 8898	−122661	−30 6514	+2152 1044	+19 9924	−23160
5	−145867	−4953 8342	−2152 3653	+4953 7793	−122705	−30 8314	+2152 4917	+20 1686	−23168
6	−145909	−4954 5516	−2152 6769	+4954 4962	−122741	−31 0329	+2152 8042	+20 3670	−23175
7	−145941	−4955 0938	−2152 9125	+4955 0381	−122768	−31 2196	+2153 0408	+20 5514	−23180
8	−145964	−4955 4888	−2153 0844	+4955 4328	−122787	−31 3533	+2153 2133	+20 6834	−23184
9	−145983	−4955 7988	−2153 2193	+4955 7427	−122803	−31 3997	+2153 3485	+20 7285	−23187
10	−146001	−4956 1197	−2153 3590	+4956 0637	−122819	−31 3360	+2153 4879	+20 6634	−23190
11	−146028	−4956 5712	−2153 5553	+4956 5156	−122841	−31 1608	+2153 6833	+20 4863	−23194
12	−146069	−4957 2724	−2153 8599	+4957 2174	−122876	−30 9030	+2153 9866	+20 2254	−23200
13	−146130	−4958 3010	−2154 3064	+4958 2466	−122926	−30 6234	+2154 4317	+19 9414	−23210
14	−146210	−4959 6505	−2154 8919	+4959 5965	−122993	−30 4025	+2155 0162	+19 7146	−23222
15	−146302	−4961 2107	−2155 5689	+4961 1569	−123071	−30 3130	+2155 6927	+19 6184	−23237
16	−146395	−4962 7962	−2156 2567	+4962 7422	−123149	−30 3894	+2156 3810	+19 6880	−23252
17	−146479	−4964 2138	−2156 8718	+4964 1593	−123220	−30 6126	+2156 9972	+19 9051	−23265
18	−146545	−4965 3344	−2157 3582	+4965 2793	−123276	−30 9196	+2157 4851	+20 2073	−23276
19	−146592	−4966 1273	−2157 7025	+4966 0714	−123315	−31 2313	+2157 8310	+20 5155	−23283
20	−146622	−4966 6494	−2157 9294	+4966 5930	−123341	−31 4797	+2158 0591	+20 7617	−23288
21	−146644	−4967 0086	−2158 0857	+4966 9519	−123359	−31 6243	+2158 2161	+20 9047	−23292
22	−146662	−4967 3249	−2158 2234	+4967 2681	−123375	−31 6544	+2158 3540	+20 9335	−23295
23	−146685	−4967 7025	−2158 3877	+4967 6459	−123393	−31 5836	+2158 5179	+20 8610	−23298
24	−146715	−4968 2161	−2158 6109	+4968 1598	−123419	−31 4413	+2158 7404	+20 7165	−23303
25	−146756	−4968 9053	−2158 9102	+4968 8494	−123453	−31 2652	+2159 0389	+20 5374	−23309
26	−146807	−4969 7765	−2159 2885	+4969 7209	−123496	−31 0943	+2159 4163	+20 3628	−23317
27	−146868	−4970 8059	−2159 7353	+4970 7506	−123547	−30 9639	+2159 8625	+20 2279	−23327
28	−146935	−4971 9466	−2160 2303	+4971 8914	−123604	−30 9012	+2160 3573	+20 1603	−23338
29	−147006	−4973 1357	−2160 7464	+4973 0805	−123663	−30 9229	+2160 8735	+20 1769	−23349
30	−147075	−4974 3041	−2161 2535	+4974 2486	−123721	−31 0327	+2161 3811	+20 2816	−23360
July 1	−147139	−4975 3855	−2161 7228	+4975 3296	−123775	−31 2216	+2161 8514	+20 4659	−23370
2	−147194	−4976 3264	−2162 1313	+4976 2700	−123822	−31 4688	+2162 2611	+20 7090	−23379

$M = NPB$. Values are in units of 10^{-10}. Matrix used with GAST (B13–B20). CIP is $\mathcal{X} = M_{3,1}$, $\mathcal{Y} = M_{3,2}$.

MATRIX ELEMENTS FOR CONVERSION FROM
GCRS TO EQUATOR & CELESTIAL INTERMEDIATE ORIGIN OF DATE
FOR 0^h TERRESTRIAL TIME

Julian Date	$C_{1,1}-1$	$C_{1,2}$	$C_{1,3}$	$C_{2,1}$	$C_{2,2}-1$	$C_{2,3}$	$C_{3,1}$	$C_{3,2}$	$C_{3,3}-1$
245									
9716·5	− 23012	+ 97	− 2145 3256	− 539	− 2	− 20 6107	+ 2145 3256	+ 20 6108	− 23014
9717·5	− 23025	+ 97	− 2145 9052	− 534	− 2	− 20 3744	+ 2145 9052	+ 20 3745	− 23027
9718·5	− 23038	+ 97	− 2146 5376	− 532	− 2	− 20 2840	+ 2146 5376	+ 20 2840	− 23040
9719·5	− 23051	+ 97	− 2147 1436	− 534	− 2	− 20 3467	+ 2147 1436	+ 20 3468	− 23053
9720·5	− 23062	+ 97	− 2147 6575	− 537	− 2	− 20 5252	+ 2147 6575	+ 20 5253	− 23064
9721·5	− 23071	+ 96	− 2148 0456	− 542	− 2	− 20 7551	+ 2148 0456	+ 20 7552	− 23073
9722·5	− 23076	+ 96	− 2148 3091	− 547	− 2	− 20 9683	+ 2148 3091	+ 20 9684	− 23078
9723·5	− 23080	+ 96	− 2148 4767	− 550	− 2	− 21 1105	+ 2148 4767	+ 21 1106	− 23082
9724·5	− 23082	+ 96	− 2148 5922	− 551	− 2	− 21 1505	+ 2148 5922	+ 21 1505	− 23085
9725·5	− 23085	+ 96	− 2148 7026	− 549	− 2	− 21 0813	+ 2148 7026	+ 21 0814	− 23087
9726·5	− 23088	+ 96	− 2148 8492	− 546	− 2	− 20 9173	+ 2148 8492	+ 20 9174	− 23090
9727·5	− 23092	+ 96	− 2149 0617	− 541	− 2	− 20 6879	+ 2149 0617	+ 20 6879	− 23094
9728·5	− 23099	+ 96	− 2149 3552	− 535	− 2	− 20 4309	+ 2149 3552	+ 20 4309	− 23101
9729·5	− 23107	+ 96	− 2149 7299	− 530	− 2	− 20 1857	+ 2149 7299	+ 20 1858	− 23109
9730·5	− 23116	+ 96	− 2150 1727	− 526	− 2	− 19 9873	+ 2150 1727	+ 19 9874	− 23118
9731·5	− 23127	+ 96	− 2150 6605	− 523	− 2	− 19 8615	+ 2150 6605	+ 19 8615	− 23129
9732·5	− 23138	+ 96	− 2151 1646	− 522	− 2	− 19 8219	+ 2151 1646	+ 19 8220	− 23140
9733·5	− 23148	+ 96	− 2151 6550	− 523	− 2	− 19 8694	+ 2151 6550	+ 19 8695	− 23150
9734·5	− 23158	+ 96	− 2152 1044	− 526	− 2	− 19 9924	+ 2152 1044	+ 19 9924	− 23160
9735·5	− 23166	+ 96	− 2152 4917	− 530	− 2	− 20 1685	+ 2152 4917	+ 20 1686	− 23168
9736·5	− 23173	+ 96	− 2152 8042	− 534	− 2	− 20 3670	+ 2152 8042	+ 20 3670	− 23175
9737·5	− 23178	+ 95	− 2153 0408	− 538	− 2	− 20 5513	+ 2153 0408	+ 20 5514	− 23180
9738·5	− 23182	+ 95	− 2153 2133	− 541	− 2	− 20 6833	+ 2153 2133	+ 20 6834	− 23184
9739·5	− 23185	+ 95	− 2153 3485	− 542	− 2	− 20 7284	+ 2153 3485	+ 20 7285	− 23187
9740·5	− 23188	+ 95	− 2153 4879	− 540	− 2	− 20 6633	+ 2153 4879	+ 20 6634	− 23190
9741·5	− 23192	+ 95	− 2153 6833	− 537	− 2	− 20 4862	+ 2153 6833	+ 20 4863	− 23194
9742·5	− 23198	+ 95	− 2153 9866	− 531	− 2	− 20 2254	+ 2153 9866	+ 20 2254	− 23200
9743·5	− 23208	+ 95	− 2154 4317	− 525	− 2	− 19 9413	+ 2154 4317	+ 19 9414	− 23210
9744·5	− 23221	+ 95	− 2155 0162	− 520	− 2	− 19 7146	+ 2155 0162	+ 19 7146	− 23222
9745·5	− 23235	+ 95	− 2155 6927	− 518	− 2	− 19 6183	+ 2155 6927	+ 19 6184	− 23237
9746·5	− 23250	+ 95	− 2156 3810	− 519	− 2	− 19 6879	+ 2156 3810	+ 19 6880	− 23252
9747·5	− 23263	+ 95	− 2156 9972	− 524	− 2	− 19 9050	+ 2156 9972	+ 19 9051	− 23265
9748·5	− 23274	+ 95	− 2157 4851	− 531	− 2	− 20 2072	+ 2157 4851	+ 20 2073	− 23276
9749·5	− 23281	+ 95	− 2157 8310	− 537	− 2	− 20 5154	+ 2157 8310	+ 20 5155	− 23283
9750·5	− 23286	+ 94	− 2158 0591	− 543	− 2	− 20 7616	+ 2158 0591	+ 20 7617	− 23288
9751·5	− 23290	+ 94	− 2158 2161	− 546	− 2	− 20 9047	+ 2158 2161	+ 20 9047	− 23292
9752·5	− 23292	+ 94	− 2158 3540	− 546	− 2	− 20 9334	+ 2158 3540	+ 20 9335	− 23295
9753·5	− 23296	+ 94	− 2158 5179	− 545	− 2	− 20 8610	+ 2158 5179	+ 20 8610	− 23298
9754·5	− 23301	+ 94	− 2158 7404	− 542	− 2	− 20 7165	+ 2158 7404	+ 20 7165	− 23303
9755·5	− 23307	+ 94	− 2159 0389	− 538	− 2	− 20 5374	+ 2159 0389	+ 20 5374	− 23309
9756·5	− 23315	+ 94	− 2159 4163	− 534	− 2	− 20 3627	+ 2159 4163	+ 20 3628	− 23317
9757·5	− 23325	+ 94	− 2159 8625	− 531	− 2	− 20 2278	+ 2159 8625	+ 20 2279	− 23327
9758·5	− 23336	+ 94	− 2160 3573	− 530	− 2	− 20 1603	+ 2160 3573	+ 20 1603	− 23338
9759·5	− 23347	+ 94	− 2160 8735	− 530	− 2	− 20 1768	+ 2160 8735	+ 20 1769	− 23349
9760·5	− 23358	+ 94	− 2161 3811	− 532	− 2	− 20 2816	+ 2161 3811	+ 20 2816	− 23360
9761·5	− 23368	+ 94	− 2161 8514	− 536	− 2	− 20 4658	+ 2161 8514	+ 20 4659	− 23370
9762·5	− 23377	+ 94	− 2162 2611	− 541	− 2	− 20 7089	+ 2162 2611	+ 20 7090	− 23379

Values are in units of 10^{-10}. Matrix used with ERA (B21–B24). CIP is $\mathcal{X} = C_{3,1}$, $\mathcal{Y} = C_{3,2}$

MATRIX ELEMENTS FOR CONVERSION FROM
GCRS TO EQUATOR AND EQUINOX OF DATE
FOR 0^h TERRESTRIAL TIME

Date 0^h TT	$M_{1,1}-1$	$M_{1,2}$	$M_{1,3}$	$M_{2,1}$	$M_{2,2}-1$	$M_{2,3}$	$M_{3,1}$	$M_{3,2}$	$M_{3,3}-1$
July 1	−147139	−4975 3855	−2161 7228	+4975 3296	−123775	−31 2216	+2161 8514	+20 4659	−23370
2	−147194	−4976 3264	−2162 1313	+4976 2700	−123822	−31 4688	+2162 2611	+20 7090	−23379
3	−147240	−4977 0934	−2162 4644	+4977 0364	−123860	−31 7445	+2162 5956	+20 9814	−23386
4	−147274	−4977 6790	−2162 7188	+4977 6214	−123889	−32 0131	+2162 8514	+21 2474	−23392
5	−147300	−4978 1058	−2162 9044	+4978 0477	−123911	−32 2379	+2163 0381	+21 4703	−23396
6	−147319	−4978 4271	−2163 0442	+4978 3686	−123927	−32 3860	+2163 1787	+21 6171	−23399
7	−147336	−4978 7251	−2163 1740	+4978 6665	−123942	−32 4345	+2163 3087	+21 6643	−23402
8	−147359	−4979 1037	−2163 3387	+4979 0453	−123960	−32 3769	+2163 4731	+21 6051	−23405
9	−147392	−4979 6730	−2163 5861	+4979 6149	−123989	−32 2301	+2163 7198	+21 4558	−23411
10	−147443	−4980 5228	−2163 9551	+4980 4651	−124031	−32 0379	+2164 0878	+21 2599	−23419
11	−147512	−4981 6879	−2164 4607	+4981 6306	−124089	−31 8674	+2164 5926	+21 0844	−23430
12	−147596	−4983 1172	−2165 0809	+4983 0600	−124160	−31 7932	+2165 2124	+21 0040	−23443
13	−147688	−4984 6685	−2165 7540	+4984 6112	−124238	−31 8714	+2165 8859	+21 0755	−23458
14	−147776	−4986 1467	−2166 3953	+4986 0888	−124311	−32 1130	+2166 5285	+21 3106	−23472
15	−147849	−4987 3747	−2166 9282	+4987 3160	−124373	−32 4758	+2167 0633	+21 6681	−23483
16	−147901	−4988 2607	−2167 3129	+4988 2012	−124417	−32 8808	+2167 4500	+22 0693	−23492
17	−147934	−4988 8214	−2167 5565	+4988 7610	−124445	−33 2443	+2167 6954	+22 4304	−23497
18	−147954	−4989 1563	−2167 7023	+4989 0953	−124462	−33 5068	+2167 8425	+22 6915	−23500
19	−147969	−4989 3987	−2167 8080	+4989 3375	−124474	−33 6446	+2167 9489	+22 8282	−23503
20	−147985	−4989 6725	−2167 9272	+4989 6113	−124488	−33 6665	+2168 0682	+22 8489	−23505
21	−148008	−4990 0673	−2168 0989	+4990 0061	−124507	−33 6028	+2168 2396	+22 7835	−23509
22	−148042	−4990 6317	−2168 3442	+4990 5708	−124535	−33 4937	+2168 4843	+22 6720	−23514
23	−148086	−4991 3767	−2168 6677	+4991 3160	−124573	−33 3807	+2168 8073	+22 5557	−23521
24	−148140	−4992 2824	−2169 0609	+4992 2219	−124618	−33 3005	+2169 2001	+22 4715	−23530
25	−148200	−4993 3057	−2169 5051	+4993 2453	−124669	−33 2820	+2169 6443	+22 4486	−23539
26	−148265	−4994 3877	−2169 9747	+4994 3271	−124723	−33 3437	+2170 1142	+22 5057	−23550
27	−148328	−4995 4610	−2170 4406	+4995 4001	−124776	−33 4924	+2170 5808	+22 6497	−23560
28	−148388	−4996 4586	−2170 8736	+4996 3971	−124826	−33 7221	+2171 0150	+22 8750	−23569
29	−148439	−4997 3221	−2171 2485	+4997 2601	−124870	−34 0146	+2171 3914	+23 1638	−23577
30	−148480	−4998 0116	−2171 5480	+4997 9488	−124904	−34 3414	+2171 6925	+23 4876	−23584
31	−148510	−4998 5129	−2171 7659	+4998 4494	−124929	−34 6667	+2171 9120	+23 8107	−23589
Aug. 1	−148529	−4998 8426	−2171 9094	+4998 7784	−124946	−34 9529	+2172 0570	+24 0955	−23592
2	−148541	−4999 0494	−2171 9996	+4998 9848	−124956	−35 1660	+2172 1483	+24 3077	−23594
3	−148551	−4999 2104	−2172 0700	+4999 1455	−124964	−35 2824	+2172 2192	+24 4234	−23596
4	−148564	−4999 4219	−2172 1623	+4999 3571	−124975	−35 2941	+2172 3116	+24 4341	−23598
5	−148585	−4999 7855	−2172 3205	+4999 7208	−124993	−35 2137	+2172 4694	+24 3522	−23601
6	−148621	−5000 3873	−2172 5819	+5000 3229	−125023	−35 0766	+2172 7301	+24 2125	−23607
7	−148674	−5001 2737	−2172 9668	+5001 2096	−125067	−34 9379	+2173 1143	+24 0699	−23615
8	−148742	−5002 4276	−2173 4675	+5002 3637	−125125	−34 8635	+2173 6148	+23 9905	−23626
9	−148821	−5003 7553	−2174 0437	+5003 6912	−125192	−34 9124	+2174 1911	+24 0336	−23638
10	−148901	−5005 0984	−2174 6265	+5005 0339	−125259	−35 1152	+2174 7750	+24 2306	−23651
11	−148971	−5006 2782	−2175 1385	+5006 2130	−125318	−35 4573	+2175 2888	+24 5675	−23662
12	−149024	−5007 1585	−2175 5207	+5007 0923	−125362	−35 8788	+2175 6731	+24 9852	−23671
13	−149056	−5007 6963	−2175 7544	+5007 6291	−125389	−36 2956	+2175 9089	+25 3997	−23676
14	−149071	−5007 9509	−2175 8654	+5007 8831	−125402	−36 6303	+2176 0215	+25 7333	−23679
15	−149077	−5008 0496	−2175 9087	+5007 9813	−125407	−36 8378	+2176 0659	+25 9403	−23680
16	−149082	−5008 1340	−2175 9459	+5008 0656	−125411	−36 9122	+2176 1035	+26 0144	−23681

$\mathbf{M} = \mathbf{NPB}$. Values are in units of 10^{-10}. Matrix used with GAST (B13–B20). CIP is $\mathcal{X} = \mathbf{M}_{3,1}$, $\mathcal{Y} = \mathbf{M}_{3,2}$.

MATRIX ELEMENTS FOR CONVERSION FROM
GCRS TO EQUATOR & CELESTIAL INTERMEDIATE ORIGIN OF DATE
FOR 0^h TERRESTRIAL TIME

Julian Date	$C_{1,1}-1$	$C_{1,2}$	$C_{1,3}$	$C_{2,1}$	$C_{2,2}-1$	$C_{2,3}$	$C_{3,1}$	$C_{3,2}$	$C_{3,3}-1$
245									
9761·5	−23368	+ 94	−2161 8514	−536	− 2	−20 4658	+2161 8514	+20 4659	−23370
9762·5	−23377	+ 94	−2162 2611	−541	− 2	−20 7089	+2162 2611	+20 7090	−23379
9763·5	−23384	+ 94	−2162 5956	−547	− 2	−20 9813	+2162 5956	+20 9814	−23386
9764·5	−23390	+ 93	−2162 8514	−553	− 2	−21 2473	+2162 8514	+21 2474	−23392
9765·5	−23394	+ 93	−2163 0381	−558	− 2	−21 4703	+2163 0381	+21 4703	−23396
9766·5	−23397	+ 93	−2163 1787	−561	− 2	−21 6170	+2163 1787	+21 6171	−23399
9767·5	−23400	+ 93	−2163 3087	−562	− 2	−21 6642	+2163 3087	+21 6643	−23402
9768·5	−23403	+ 93	−2163 4731	−561	− 2	−21 6050	+2163 4731	+21 6051	−23405
9769·5	−23408	+ 93	−2163 7198	−558	− 2	−21 4557	+2163 7198	+21 4558	−23411
9770·5	−23416	+ 93	−2164 0878	−553	− 2	−21 2599	+2164 0878	+21 2599	−23419
9771·5	−23427	+ 93	−2164 5926	−549	− 2	−21 0843	+2164 5926	+21 0844	−23430
9772·5	−23441	+ 93	−2165 2124	−548	− 2	−21 0040	+2165 2124	+21 0040	−23443
9773·5	−23455	+ 93	−2165 8859	−549	− 2	−21 0754	+2165 8859	+21 0755	−23458
9774·5	−23469	+ 93	−2166 5285	−554	− 2	−21 3106	+2166 5285	+21 3106	−23472
9775·5	−23481	+ 93	−2167 0633	−562	− 2	−21 6681	+2167 0633	+21 6681	−23483
9776·5	−23489	+ 93	−2167 4500	−571	− 2	−22 0692	+2167 4500	+22 0693	−23492
9777·5	−23495	+ 92	−2167 6954	−579	− 3	−22 4303	+2167 6954	+22 4304	−23497
9778·5	−23498	+ 92	−2167 8425	−584	− 3	−22 6914	+2167 8425	+22 6915	−23500
9779·5	−23500	+ 92	−2167 9489	−587	− 3	−22 8281	+2167 9489	+22 8282	−23503
9780·5	−23503	+ 92	−2168 0682	−588	− 3	−22 8488	+2168 0682	+22 8489	−23505
9781·5	−23506	+ 92	−2168 2396	−586	− 3	−22 7834	+2168 2396	+22 7835	−23509
9782·5	−23512	+ 92	−2168 4843	−584	− 3	−22 6719	+2168 4843	+22 6720	−23514
9783·5	−23519	+ 92	−2168 8073	−581	− 3	−22 5556	+2168 8073	+22 5557	−23521
9784·5	−23527	+ 92	−2169 2001	−580	− 3	−22 4715	+2169 2001	+22 4715	−23530
9785·5	−23537	+ 92	−2169 6443	−579	− 3	−22 4485	+2169 6443	+22 4486	−23539
9786·5	−23547	+ 92	−2170 1142	−580	− 3	−22 5056	+2170 1142	+22 5057	−23550
9787·5	−23557	+ 92	−2170 5808	−583	− 3	−22 6496	+2170 5808	+22 6497	−23560
9788·5	−23567	+ 92	−2171 0150	−588	− 3	−22 8750	+2171 0150	+22 8750	−23569
9789·5	−23575	+ 92	−2171 3914	−595	− 3	−23 1637	+2171 3914	+23 1638	−23577
9790·5	−23581	+ 92	−2171 6925	−602	− 3	−23 4875	+2171 6925	+23 4876	−23584
9791·5	−23586	+ 91	−2171 9120	−609	− 3	−23 8107	+2171 9120	+23 8107	−23589
9792·5	−23589	+ 91	−2172 0570	−615	− 3	−24 0954	+2172 0570	+24 0955	−23592
9793·5	−23591	+ 91	−2172 1483	−619	− 3	−24 3077	+2172 1483	+24 3077	−23594
9794·5	−23593	+ 91	−2172 2192	−622	− 3	−24 4233	+2172 2192	+24 4234	−23596
9795·5	−23595	+ 91	−2172 3116	−622	− 3	−24 4340	+2172 3116	+24 4341	−23598
9796·5	−23598	+ 91	−2172 4694	−620	− 3	−24 3521	+2172 4694	+24 3522	−23601
9797·5	−23604	+ 91	−2172 7301	−617	− 3	−24 2124	+2172 7301	+24 2125	−23607
9798·5	−23612	+ 91	−2173 1143	−614	− 3	−24 0699	+2173 1143	+24 0699	−23615
9799·5	−23623	+ 91	−2173 6148	−613	− 3	−23 9904	+2173 6148	+23 9905	−23626
9800·5	−23636	+ 91	−2174 1911	−613	− 3	−24 0335	+2174 1911	+24 0336	−23638
9801·5	−23648	+ 91	−2174 7750	−618	− 3	−24 2305	+2174 7750	+24 2306	−23651
9802·5	−23659	+ 91	−2175 2888	−625	− 3	−24 5675	+2175 2888	+24 5675	−23662
9803·5	−23668	+ 91	−2175 6731	−634	− 3	−24 9852	+2175 6731	+24 9852	−23671
9804·5	−23673	+ 91	−2175 9089	−643	− 3	−25 3996	+2175 9089	+25 3997	−23676
9805·5	−23675	+ 90	−2176 0215	−650	− 3	−25 7332	+2176 0215	+25 7333	−23679
9806·5	−23676	+ 90	−2176 0659	−655	− 3	−25 9403	+2176 0659	+25 9403	−23680
9807·5	−23677	+ 90	−2176 1035	−657	− 3	−26 0143	+2176 1035	+26 0144	−23681

Values are in units of 10^{-10}. Matrix used with ERA (B21–B24). CIP is $\mathcal{X} = \mathbf{C}_{3,1}$, $\mathcal{Y} = \mathbf{C}_{3,2}$

MATRIX ELEMENTS FOR CONVERSION FROM GCRS TO EQUATOR AND EQUINOX OF DATE FOR 0ʰ TERRESTRIAL TIME

Date 0^h TT	$M_{1,1}-1$	$M_{1,2}$	$M_{1,3}$	$M_{2,1}$	$M_{2,2}-1$	$M_{2,3}$	$M_{3,1}$	$M_{3,2}$	$M_{3,3}-1$
Aug. 16	−149082	−5008 1340	−2175 9459	+5008 0656	−125411	−36 9122	+2176 1035	+26 0144	−23681
17	−149093	−5008 3188	−2176 0266	+5008 2504	−125420	−36 8792	+2176 1840	+25 9806	−23682
18	−149114	−5008 6717	−2176 1801	+5008 6035	−125438	−36 7814	+2176 3371	+25 8813	−23686
19	−149146	−5009 2135	−2176 4156	+5009 1456	−125465	−36 6653	+2176 5720	+25 7627	−23691
20	−149189	−5009 9280	−2176 7259	+5009 8603	−125501	−36 5721	+2176 8818	+25 6664	−23697
21	−149239	−5010 7730	−2177 0928	+5010 7054	−125543	−36 5339	+2177 2485	+25 6246	−23705
22	−149294	−5011 6907	−2177 4912	+5011 6229	−125589	−36 5717	+2177 6471	+25 6584	−23714
23	−149349	−5012 6152	−2177 8925	+5012 5471	−125636	−36 6944	+2178 0491	+25 7771	−23723
24	−149400	−5013 4797	−2178 2679	+5013 4112	−125679	−36 8990	+2178 4255	+25 9779	−23731
25	−149445	−5014 2238	−2178 5910	+5014 1547	−125716	−37 1705	+2178 7500	+26 2461	−23738
26	−149479	−5014 8015	−2178 8420	+5014 7317	−125745	−37 4827	+2179 0026	+26 5558	−23744
27	−149502	−5015 1899	−2179 0110	+5015 1194	−125765	−37 8009	+2179 1731	+26 8724	−23748
28	−149515	−5015 3966	−2179 1012	+5015 3255	−125775	−38 0860	+2179 2648	+27 1565	−23750
29	−149519	−5015 4637	−2179 1308	+5015 3921	−125779	−38 3008	+2179 2955	+27 3710	−23750
30	−149519	−5015 4651	−2179 1320	+5015 3933	−125779	−38 4176	+2179 2973	+27 4878	−23750
31	−149521	−5015 4973	−2179 1466	+5015 4255	−125781	−38 4253	+2179 3119	+27 4954	−23751
Sept. 1	−149530	−5015 6623	−2179 2187	+5015 5907	−125789	−38 3343	+2179 3835	+27 4037	−23752
2	−149553	−5016 0461	−2179 3856	+5015 9748	−125808	−38 1773	+2179 5497	+27 2450	−23756
3	−149592	−5016 6970	−2179 6684	+5016 6260	−125841	−38 0054	+2179 8316	+27 0703	−23762
4	−149646	−5017 6074	−2180 0636	+5017 5368	−125886	−37 8790	+2180 2262	+26 9399	−23771
5	−149712	−5018 7063	−2180 5405	+5018 6356	−125941	−37 8538	+2180 7031	+26 9099	−23781
6	−149781	−5019 8666	−2181 0441	+5019 7957	−126000	−37 9647	+2181 2072	+27 0158	−23792
7	−149845	−5020 9331	−2181 5070	+5020 8617	−126053	−38 2124	+2181 6714	+27 2588	−23802
8	−149895	−5021 7660	−2181 8687	+5021 6939	−126095	−38 5579	+2182 0348	+27 6006	−23810
9	−149926	−5022 2873	−2182 0952	+5022 2143	−126122	−38 9315	+2182 2632	+27 9719	−23815
10	−149939	−5022 5081	−2182 1915	+5022 4344	−126133	−39 2547	+2182 3612	+28 2942	−23818
11	−149940	−5022 5218	−2182 1980	+5022 4476	−126133	−39 4662	+2182 3687	+28 5056	−23818
12	−149936	−5022 4660	−2182 1744	+5022 3917	−126131	−39 5395	+2182 3455	+28 5792	−23817
13	−149937	−5022 4749	−2182 1789	+5022 4007	−126131	−39 4857	+2182 3497	+28 5254	−23817
14	−149947	−5022 6431	−2182 2524	+5022 5692	−126140	−39 3430	+2182 4225	+28 3819	−23819
15	−149969	−5023 0124	−2182 4130	+5022 9389	−126158	−39 1609	+2182 5822	+28 1982	−23822
16	−150003	−5023 5768	−2182 6583	+5023 5037	−126186	−38 9875	+2182 8266	+28 0223	−23828
17	−150046	−5024 2965	−2182 9708	+5024 2236	−126222	−38 8609	+2183 1385	+27 8926	−23834
18	−150094	−5025 1119	−2183 3249	+5025 0392	−126263	−38 8064	+2183 4924	+27 8346	−23842
19	−150145	−5025 9556	−2183 6912	+5025 8828	−126306	−38 8361	+2183 8588	+27 8605	−23850
20	−150193	−5026 7599	−2184 0405	+5026 6868	−126346	−38 9492	+2184 2087	+27 9702	−23858
21	−150235	−5027 4632	−2184 3459	+5027 3897	−126382	−39 1339	+2184 5151	+28 1517	−23865
22	−150268	−5028 0162	−2184 5862	+5027 9422	−126410	−39 3672	+2184 7566	+28 3826	−23870
23	−150290	−5028 3886	−2184 7483	+5028 3141	−126428	−39 6171	+2184 9198	+28 6309	−23874
24	−150301	−5028 5769	−2184 8305	+5028 5019	−126438	−39 8452	+2185 0032	+28 8582	−23875
25	−150304	−5028 6114	−2184 8460	+5028 5360	−126440	−40 0118	+2185 0196	+29 0246	−23876
26	−150300	−5028 5579	−2184 8234	+5028 4823	−126437	−40 0833	+2184 9973	+29 0963	−23875
27	−150298	−5028 5123	−2184 8042	+5028 4369	−126435	−40 0412	+2184 9779	+29 0545	−23875
28	−150302	−5028 5837	−2184 8357	+5028 5085	−126438	−39 8897	+2185 0087	+28 9027	−23876
29	−150319	−5028 8689	−2184 9599	+5028 7942	−126453	−39 6587	+2185 1318	+28 6704	−23878
30	−150352	−5029 4258	−2185 2020	+5029 3517	−126480	−39 3997	+2185 3725	+28 4090	−23883
Oct. 1	−150402	−5030 2528	−2185 5610	+5030 1792	−126522	−39 1749	+2185 7305	+28 1805	−23891

$M = NPB$. Values are in units of 10^{-10}. Matrix used with GAST (B13–B20). CIP is $\mathcal{X} = M_{3,1}$, $\mathcal{Y} = M_{3,2}$.

MATRIX ELEMENTS FOR CONVERSION FROM
GCRS TO EQUATOR & CELESTIAL INTERMEDIATE ORIGIN OF DATE
FOR 0^h TERRESTRIAL TIME

Julian Date	$C_{1,1}-1$	$C_{1,2}$	$C_{1,3}$	$C_{2,1}$	$C_{2,2}-1$	$C_{2,3}$	$C_{3,1}$	$C_{3,2}$	$C_{3,3}-1$
245									
9807·5	− 23677	+ 90	− 2176 1035	− 657	− 3	− 26 0143	+ 2176 1035	+ 26 0144	− 23681
9808·5	− 23679	+ 90	− 2176 1840	− 656	− 3	− 25 9805	+ 2176 1840	+ 25 9806	− 23682
9809·5	− 23682	+ 90	− 2176 3371	− 654	− 3	− 25 8812	+ 2176 3371	+ 25 8813	− 23686
9810·5	− 23687	+ 90	− 2176 5720	− 651	− 3	− 25 7627	+ 2176 5720	+ 25 7627	− 23691
9811·5	− 23694	+ 90	− 2176 8818	− 649	− 3	− 25 6664	+ 2176 8818	+ 25 6664	− 23697
9812·5	− 23702	+ 90	− 2177 2485	− 648	− 3	− 25 6245	+ 2177 2485	+ 25 6246	− 23705
9813·5	− 23711	+ 90	− 2177 6471	− 649	− 3	− 25 6583	+ 2177 6471	+ 25 6584	− 23714
9814·5	− 23720	+ 90	− 2178 0491	− 651	− 3	− 25 7770	+ 2178 0491	+ 25 7771	− 23723
9815·5	− 23728	+ 90	− 2178 4255	− 656	− 3	− 25 9778	+ 2178 4255	+ 25 9779	− 23731
9816·5	− 23735	+ 90	− 2178 7500	− 662	− 3	− 26 2460	+ 2178 7500	+ 26 2461	− 23738
9817·5	− 23740	+ 90	− 2179 0026	− 668	− 4	− 26 5558	+ 2179 0026	+ 26 5558	− 23744
9818·5	− 23744	+ 90	− 2179 1731	− 675	− 4	− 26 8723	+ 2179 1731	+ 26 8724	− 23748
9819·5	− 23746	+ 90	− 2179 2648	− 681	− 4	− 27 1564	+ 2179 2648	+ 27 1565	− 23750
9820·5	− 23747	+ 90	− 2179 2955	− 686	− 4	− 27 3709	+ 2179 2955	+ 27 3710	− 23750
9821·5	− 23747	+ 90	− 2179 2973	− 689	− 4	− 27 4877	+ 2179 2973	+ 27 4878	− 23750
9822·5	− 23747	+ 90	− 2179 3119	− 689	− 4	− 27 4953	+ 2179 3119	+ 27 4954	− 23751
9823·5	− 23749	+ 90	− 2179 3835	− 687	− 4	− 27 4036	+ 2179 3835	+ 27 4037	− 23752
9824·5	− 23752	+ 90	− 2179 5497	− 683	− 4	− 27 2449	+ 2179 5497	+ 27 2450	− 23756
9825·5	− 23758	+ 89	− 2179 8316	− 680	− 4	− 27 0702	+ 2179 8316	+ 27 0703	− 23762
9826·5	− 23767	+ 89	− 2180 2262	− 677	− 4	− 26 9398	+ 2180 2262	+ 26 9399	− 23771
9827·5	− 23777	+ 89	− 2180 7031	− 676	− 4	− 26 9098	+ 2180 7031	+ 26 9099	− 23781
9828·5	− 23788	+ 89	− 2181 2072	− 678	− 4	− 27 0157	+ 2181 2072	+ 27 0158	− 23792
9829·5	− 23798	+ 89	− 2181 6714	− 684	− 4	− 27 2587	+ 2181 6714	+ 27 2588	− 23802
9830·5	− 23806	+ 89	− 2182 0348	− 691	− 4	− 27 6005	+ 2182 0348	+ 27 6006	− 23810
9831·5	− 23811	+ 89	− 2182 2632	− 699	− 4	− 27 9718	+ 2182 2632	+ 27 9719	− 23815
9832·5	− 23814	+ 89	− 2182 3612	− 706	− 4	− 28 2941	+ 2182 3612	+ 28 2942	− 23818
9833·5	− 23814	+ 89	− 2182 3687	− 711	− 4	− 28 5055	+ 2182 3687	+ 28 5056	− 23818
9834·5	− 23813	+ 89	− 2182 3455	− 713	− 4	− 28 5791	+ 2182 3455	+ 28 5792	− 23817
9835·5	− 23813	+ 89	− 2182 3497	− 711	− 4	− 28 5253	+ 2182 3497	+ 28 5254	− 23817
9836·5	− 23815	+ 89	− 2182 4225	− 708	− 4	− 28 3818	+ 2182 4225	+ 28 3819	− 23819
9837·5	− 23818	+ 89	− 2182 5822	− 704	− 4	− 28 1981	+ 2182 5822	+ 28 1982	− 23822
9838·5	− 23824	+ 89	− 2182 8266	− 700	− 4	− 28 0222	+ 2182 8266	+ 28 0223	− 23828
9839·5	− 23830	+ 89	− 2183 1385	− 698	− 4	− 27 8925	+ 2183 1385	+ 27 8926	− 23834
9840·5	− 23838	+ 88	− 2183 4924	− 696	− 4	− 27 8345	+ 2183 4924	+ 27 8346	− 23842
9841·5	− 23846	+ 88	− 2183 8588	− 697	− 4	− 27 8604	+ 2183 8588	+ 27 8605	− 23850
9842·5	− 23854	+ 88	− 2184 2087	− 699	− 4	− 27 9701	+ 2184 2087	+ 27 9702	− 23858
9843·5	− 23861	+ 88	− 2184 5151	− 703	− 4	− 28 1516	+ 2184 5151	+ 28 1517	− 23865
9844·5	− 23866	+ 88	− 2184 7566	− 708	− 4	− 28 3825	+ 2184 7566	+ 28 3826	− 23870
9845·5	− 23869	+ 88	− 2184 9198	− 714	− 4	− 28 6308	+ 2184 9198	+ 28 6309	− 23874
9846·5	− 23871	+ 88	− 2185 0032	− 719	− 4	− 28 8581	+ 2185 0032	+ 28 8582	− 23875
9847·5	− 23872	+ 88	− 2185 0196	− 722	− 4	− 29 0245	+ 2185 0196	+ 29 0246	− 23876
9848·5	− 23871	+ 88	− 2184 9973	− 724	− 4	− 29 0963	+ 2184 9973	+ 29 0963	− 23875
9849·5	− 23871	+ 88	− 2184 9779	− 723	− 4	− 29 0544	+ 2184 9779	+ 29 0545	− 23875
9850·5	− 23871	+ 88	− 2185 0087	− 720	− 4	− 28 9026	+ 2185 0087	+ 28 9027	− 23876
9851·5	− 23874	+ 88	− 2185 1318	− 714	− 4	− 28 6703	+ 2185 1318	+ 28 6704	− 23878
9852·5	− 23879	+ 88	− 2185 3725	− 709	− 4	− 28 4089	+ 2185 3725	+ 28 4090	− 23883
9853·5	− 23887	+ 88	− 2185 7305	− 704	− 4	− 28 1804	+ 2185 7305	+ 28 1805	− 23891

Values are in units of 10^{-10}. Matrix used with ERA (B21–B24). CIP is $\mathcal{X} = C_{3,1}$, $\mathcal{Y} = C_{3,2}$

MATRIX ELEMENTS FOR CONVERSION FROM
GCRS TO EQUATOR AND EQUINOX OF DATE
FOR 0^h TERRESTRIAL TIME

Date 0^h TT	$M_{1,1}-1$	$M_{1,2}$	$M_{1,3}$	$M_{2,1}$	$M_{2,2}-1$	$M_{2,3}$	$M_{3,1}$	$M_{3,2}$	$M_{3,3}-1$
Oct. 1	−150402	−5030 2528	−2185 5610	+5030 1792	−126522	−39 1749	+2185 7305	+28 1805	−23891
2	−150463	−5031 2835	−2186 0084	+5031 2102	−126574	−39 0414	+2186 1772	+28 0425	−23901
3	−150530	−5032 3989	−2186 4925	+5032 3256	−126630	−39 0358	+2186 6613	+28 0321	−23911
4	−150593	−5033 4556	−2186 9511	+5033 3819	−126683	−39 1633	+2187 1206	+28 1549	−23921
5	−150645	−5034 3219	−2187 3273	+5034 2477	−126727	−39 3943	+2187 4979	+28 3821	−23930
6	−150681	−5034 9137	−2187 5844	+5034 8390	−126757	−39 6714	+2187 7564	+28 6567	−23936
7	−150699	−5035 2181	−2187 7170	+5035 1428	−126772	−39 9245	+2187 8903	+28 9084	−23939
8	−150703	−5035 2964	−2187 7515	+5035 2207	−126776	−40 0901	+2187 9256	+29 0737	−23939
9	−150702	−5035 2634	−2187 7378	+5035 1877	−126774	−40 1293	+2187 9121	+29 1130	−23939
10	−150701	−5035 2519	−2187 7334	+5035 1764	−126774	−40 0365	+2187 9072	+29 0203	−23939
11	−150708	−5035 3743	−2187 7870	+5035 2992	−126780	−39 8374	+2187 9599	+28 8206	−23940
12	−150728	−5035 6976	−2187 9277	+5035 6231	−126796	−39 5774	+2188 0993	+28 5592	−23943
13	−150760	−5036 2364	−2188 1618	+5036 1624	−126823	−39 3076	+2188 3321	+28 2870	−23948
14	−150803	−5036 9610	−2188 4766	+5036 8876	−126860	−39 0731	+2188 6456	+28 0494	−23955
15	−150854	−5037 8134	−2188 8467	+5037 7403	−126903	−38 9061	+2189 0149	+27 8787	−23963
16	−150909	−5038 7225	−2189 2413	+5038 6496	−126948	−38 8238	+2189 4092	+27 7924	−23971
17	−150962	−5039 6164	−2189 6294	+5039 5434	−126993	−38 8288	+2189 7973	+27 7935	−23980
18	−151011	−5040 4304	−2189 9828	+5040 3572	−127034	−38 9115	+2190 1511	+27 8726	−23988
19	−151052	−5041 1125	−2190 2791	+5041 0390	−127069	−39 0519	+2190 4481	+28 0100	−23994
20	−151083	−5041 6280	−2190 5032	+5041 5542	−127095	−39 2212	+2190 6731	+28 1771	−23999
21	−151103	−5041 9652	−2190 6499	+5041 8910	−127112	−39 3841	+2190 8207	+28 3385	−24003
22	−151113	−5042 1410	−2190 7267	+5042 0666	−127121	−39 5017	+2190 8980	+28 4553	−24004
23	−151117	−5042 2064	−2190 7557	+5042 1319	−127124	−39 5372	+2190 9272	+28 4905	−24005
24	−151120	−5042 2470	−2190 7738	+5042 1726	−127126	−39 4636	+2190 9450	+28 4168	−24005
25	−151127	−5042 3732	−2190 8291	+5042 2993	−127132	−39 2738	+2190 9993	+28 2264	−24006
26	−151147	−5042 6978	−2190 9704	+5042 6245	−127149	−38 9878	+2191 1392	+27 9389	−24009
27	−151183	−5043 3030	−2191 2334	+5043 2304	−127179	−38 6536	+2191 4004	+27 6021	−24015
28	−151237	−5044 2087	−2191 6265	+5044 1368	−127225	−38 3377	+2191 7920	+27 2823	−24024
29	−151306	−5045 3572	−2192 1250	+5045 2858	−127283	−38 1067	+2192 2894	+27 0463	−24034
30	−151382	−5046 6256	−2192 6754	+5046 5544	−127347	−38 0061	+2192 8393	+26 9401	−24046
31	−151456	−5047 8600	−2193 2111	+5047 7887	−127409	−38 0464	+2193 3752	+26 9750	−24058
Nov. 1	−151520	−5048 9207	−2193 6715	+5048 8490	−127462	−38 2008	+2193 8364	+27 1247	−24068
2	−151568	−5049 7182	−2194 0178	+5049 6460	−127503	−38 4142	+2194 1838	+27 3346	−24076
3	−151599	−5050 2328	−2194 2414	+5050 1602	−127529	−38 6196	+2194 4085	+27 5378	−24081
4	−151616	−5050 5131	−2194 3635	+5050 4403	−127543	−38 7557	+2194 5313	+27 6726	−24084
5	−151624	−5050 6586	−2194 4272	+5050 5857	−127550	−38 7808	+2194 5951	+27 6970	−24085
6	−151632	−5050 7909	−2194 4851	+5050 7182	−127557	−38 6812	+2194 6525	+27 5969	−24086
7	−151646	−5051 0241	−2194 5868	+5050 9519	−127569	−38 4714	+2194 7531	+27 3861	−24088
8	−151671	−5051 4395	−2194 7674	+5051 3678	−127590	−38 1881	+2194 9323	+27 1009	−24092
9	−151709	−5052 0720	−2195 0422	+5052 0010	−127622	−37 8790	+2195 2055	+26 7890	−24098
10	−151760	−5052 9099	−2195 4060	+5052 8395	−127664	−37 5917	+2195 5679	+26 4981	−24106
11	−151819	−5053 9048	−2195 8379	+5053 8349	−127714	−37 3646	+2195 9987	+26 2666	−24116
12	−151884	−5054 9866	−2196 3074	+5054 9170	−127769	−37 2212	+2196 4675	+26 1185	−24126
13	−151950	−5056 0788	−2196 7815	+5056 0094	−127824	−37 1695	+2196 9413	+26 0620	−24136
14	−152012	−5057 1109	−2197 2294	+5057 0413	−127876	−37 2032	+2197 3895	+26 0911	−24146
15	−152067	−5058 0255	−2197 6265	+5057 9557	−127922	−37 3042	+2197 7871	+26 1881	−24155
16	−152113	−5058 7839	−2197 9559	+5058 7139	−127961	−37 4459	+2198 1172	+26 3265	−24162

$\mathbf{M} = \mathbf{NPB}$. Values are in units of 10^{-10}. Matrix used with GAST (B13–B20). CIP is $\mathcal{X} = M_{3,1}$, $\mathcal{Y} = M_{3,2}$.

MATRIX ELEMENTS FOR CONVERSION FROM
GCRS TO EQUATOR & CELESTIAL INTERMEDIATE ORIGIN OF DATE
FOR 0^h TERRESTRIAL TIME

Julian Date	$C_{1,1}-1$	$C_{1,2}$	$C_{1,3}$	$C_{2,1}$	$C_{2,2}-1$	$C_{2,3}$	$C_{3,1}$	$C_{3,2}$	$C_{3,3}-1$
245									
9853·5	−23887	+ 88	−2185 7305	−704	− 4	−28 1804	+2185 7305	+28 1805	−23891
9854·5	−23897	+ 88	−2186 1772	−701	− 4	−28 0424	+2186 1772	+28 0425	−23901
9855·5	−23907	+ 88	−2186 6613	−701	− 4	−28 0320	+2186 6613	+28 0321	−23911
9856·5	−23918	+ 87	−2187 1206	−703	− 4	−28 1548	+2187 1206	+28 1549	−23921
9857·5	−23926	+ 87	−2187 4979	−708	− 4	−28 3821	+2187 4979	+28 3821	−23930
9858·5	−23931	+ 87	−2187 7564	−714	− 4	−28 6566	+2187 7564	+28 6567	−23936
9859·5	−23934	+ 87	−2187 8903	−720	− 4	−28 9083	+2187 8903	+28 9084	−23939
9860·5	−23935	+ 87	−2187 9256	−723	− 4	−29 0736	+2187 9256	+29 0737	−23939
9861·5	−23935	+ 87	−2187 9121	−724	− 4	−29 1129	+2187 9121	+29 1130	−23939
9862·5	−23935	+ 87	−2187 9072	−722	− 4	−29 0202	+2187 9072	+29 0203	−23939
9863·5	−23936	+ 87	−2187 9599	−718	− 4	−28 8205	+2187 9599	+28 8206	−23940
9864·5	−23939	+ 87	−2188 0993	−712	− 4	−28 5591	+2188 0993	+28 5592	−23943
9865·5	−23944	+ 87	−2188 3321	−706	− 4	−28 2869	+2188 3321	+28 2870	−23948
9866·5	−23951	+ 87	−2188 6456	−701	− 4	−28 0493	+2188 6456	+28 0494	−23955
9867·5	−23959	+ 87	−2189 0149	−697	− 4	−27 8786	+2189 0149	+27 8787	−23963
9868·5	−23968	+ 87	−2189 4092	−695	− 4	−27 7923	+2189 4092	+27 7924	−23971
9869·5	−23976	+ 87	−2189 7973	−695	− 4	−27 7934	+2189 7973	+27 7935	−23980
9870·5	−23984	+ 87	−2190 1511	−697	− 4	−27 8725	+2190 1511	+27 8726	−23988
9871·5	−23990	+ 87	−2190 4481	−700	− 4	−28 0099	+2190 4481	+28 0100	−23994
9872·5	−23995	+ 86	−2190 6731	−704	− 4	−28 1770	+2190 6731	+28 1771	−23999
9873·5	−23999	+ 86	−2190 8207	−707	− 4	−28 3384	+2190 8207	+28 3385	−24003
9874·5	−24000	+ 86	−2190 8980	−710	− 4	−28 4552	+2190 8980	+28 4553	−24004
9875·5	−24001	+ 86	−2190 9272	−711	− 4	−28 4904	+2190 9272	+28 4905	−24005
9876·5	−24001	+ 86	−2190 9450	−709	− 4	−28 4167	+2190 9450	+28 4168	−24005
9877·5	−24002	+ 86	−2190 9993	−705	− 4	−28 2263	+2190 9993	+28 2264	−24006
9878·5	−24005	+ 86	−2191 1392	−698	− 4	−27 9388	+2191 1392	+27 9389	−24009
9879·5	−24011	+ 86	−2191 4004	−691	− 4	−27 6020	+2191 4004	+27 6021	−24015
9880·5	−24020	+ 86	−2191 7920	−684	− 4	−27 2822	+2191 7920	+27 2823	−24024
9881·5	−24031	+ 86	−2192 2894	−679	− 4	−27 0462	+2192 2894	+27 0463	−24034
9882·5	−24043	+ 86	−2192 8393	−677	− 4	−26 9400	+2192 8393	+26 9401	−24046
9883·5	−24055	+ 86	−2193 3752	−677	− 4	−26 9749	+2193 3752	+26 9750	−24058
9884·5	−24065	+ 86	−2193 8364	−681	− 4	−27 1246	+2193 8364	+27 1247	−24068
9885·5	−24072	+ 85	−2194 1838	−685	− 4	−27 3345	+2194 1838	+27 3346	−24076
9886·5	−24077	+ 85	−2194 4085	−690	− 4	−27 5377	+2194 4085	+27 5378	−24081
9887·5	−24080	+ 85	−2194 5313	−693	− 4	−27 6725	+2194 5313	+27 6726	−24084
9888·5	−24081	+ 85	−2194 5951	−693	− 4	−27 6970	+2194 5951	+27 6970	−24085
9889·5	−24083	+ 85	−2194 6525	−691	− 4	−27 5968	+2194 6525	+27 5969	−24086
9890·5	−24085	+ 85	−2194 7531	−686	− 4	−27 3860	+2194 7531	+27 3861	−24088
9891·5	−24089	+ 85	−2194 9323	−680	− 4	−27 1008	+2194 9323	+27 1009	−24092
9892·5	−24095	+ 85	−2195 2055	−673	− 4	−26 7889	+2195 2055	+26 7890	−24098
9893·5	−24103	+ 85	−2195 5679	−667	− 4	−26 4980	+2195 5679	+26 4981	−24106
9894·5	−24112	+ 85	−2195 9987	−662	− 3	−26 2665	+2195 9987	+26 2666	−24116
9895·5	−24122	+ 85	−2196 4675	−659	− 3	−26 1184	+2196 4675	+26 1185	−24126
9896·5	−24133	+ 85	−2196 9413	−657	− 3	−26 0620	+2196 9413	+26 0620	−24136
9897·5	−24143	+ 85	−2197 3895	−658	− 3	−26 0911	+2197 3895	+26 0911	−24146
9898·5	−24151	+ 85	−2197 7871	−660	− 3	−26 1880	+2197 7871	+26 1881	−24155
9899·5	−24159	+ 84	−2198 1172	−663	− 3	−26 3265	+2198 1172	+26 3265	−24162

Values are in units of 10^{-10}. Matrix used with ERA (B21–B24). CIP is $\mathcal{X} = C_{3,1}$, $\mathcal{Y} = C_{3,2}$

FRAME BIAS, PRECESSION AND NUTATION, 2022

MATRIX ELEMENTS FOR CONVERSION FROM
GCRS TO EQUATOR AND EQUINOX OF DATE
FOR 0ʰ TERRESTRIAL TIME

Date 0ʰ TT	$M_{1,1}-1$	$M_{1,2}$	$M_{1,3}$	$M_{2,1}$	$M_{2,2}-1$	$M_{2,3}$	$M_{3,1}$	$M_{3,2}$	$M_{3,3}-1$
Nov. 16	−152113	−5058 7839	−2197 9559	+5058 7139	−127961	−37 4459	+2198 1172	+26 3265	−24162
17	−152148	−5059 3694	−2198 2102	+5059 2989	−127990	−37 5959	+2198 3723	+26 4739	−24168
18	−152173	−5059 7900	−2198 3931	+5059 7193	−128012	−37 7180	+2198 5558	+26 5942	−24172
19	−152191	−5060 0830	−2198 5207	+5060 0122	−128027	−37 7767	+2198 6837	+26 6515	−24175
20	−152205	−5060 3168	−2198 6227	+5060 2461	−128038	−37 7416	+2198 7855	+26 6154	−24177
21	−152221	−5060 5892	−2198 7413	+5060 5188	−128052	−37 5957	+2198 9034	+26 4684	−24179
22	−152247	−5061 0149	−2198 9265	+5060 9450	−128074	−37 3444	+2199 0873	+26 2152	−24183
23	−152288	−5061 6998	−2199 2239	+5061 6306	−128108	−37 0216	+2199 3831	+25 8894	−24190
24	−152348	−5062 7031	−2199 6594	+5062 6346	−128159	−36 6890	+2199 8170	+25 5524	−24199
25	−152427	−5064 0041	−2200 2240	+5063 9362	−128225	−36 4217	+2200 3802	+25 2794	−24212
26	−152516	−5065 4928	−2200 8699	+5065 4252	−128300	−36 2831	+2201 0255	+25 1342	−24226
27	−152607	−5066 9999	−2201 5238	+5066 9322	−128376	−36 3011	+2201 6795	+25 1455	−24240
28	−152689	−5068 3534	−2202 1111	+5068 2854	−128445	−36 4569	+2202 2676	+25 2954	−24253
29	−152754	−5069 4353	−2202 5807	+5069 3668	−128500	−36 6940	+2202 7384	+25 5277	−24264
30	−152801	−5070 2103	−2202 9172	+5070 1412	−128539	−36 9392	+2203 0762	+25 7695	−24271
Dec. 1	−152831	−5070 7230	−2203 1401	+5070 6535	−128565	−37 1256	+2203 3000	+25 9537	−24276
2	−152853	−5071 0725	−2203 2921	+5071 0028	−128583	−37 2086	+2203 4525	+26 0351	−24279
3	−152871	−5071 3797	−2203 4259	+5071 3101	−128599	−37 1716	+2203 5861	+25 9967	−24282
4	−152894	−5071 7583	−2203 5906	+5071 6891	−128618	−37 0252	+2203 7501	+25 8487	−24286
5	−152926	−5072 2936	−2203 8232	+5072 2248	−128645	−36 8007	+2203 9816	+25 6218	−24291
6	−152971	−5073 0308	−2204 1434	+5072 9626	−128682	−36 5413	+2204 3004	+25 3592	−24298
7	−153027	−5073 9725	−2204 5522	+5073 9049	−128730	−36 2927	+2204 7080	+25 1064	−24307
8	−153094	−5075 0837	−2205 0345	+5075 0165	−128786	−36 0951	+2205 1893	+24 9039	−24317
9	−153168	−5076 3024	−2205 5633	+5076 2354	−128848	−35 9768	+2205 7175	+24 7803	−24329
10	−153243	−5077 5531	−2206 1061	+5077 4862	−128912	−35 9513	+2206 2602	+24 7493	−24341
11	−153316	−5078 7609	−2206 6302	+5078 6937	−128973	−36 0167	+2206 7847	+24 8094	−24353
12	−153383	−5079 8615	−2207 1079	+5079 7941	−129029	−36 1579	+2207 2631	+24 9457	−24363
13	−153440	−5080 8097	−2207 5196	+5080 7419	−129077	−36 3498	+2207 6758	+25 1334	−24372
14	−153487	−5081 5834	−2207 8555	+5081 5150	−129116	−36 5608	+2208 0128	+25 3409	−24380
15	−153523	−5082 1854	−2208 1171	+5082 1166	−129147	−36 7565	+2208 2754	+25 5340	−24386
16	−153551	−5082 6451	−2208 3169	+5082 5760	−129171	−36 9031	+2208 4760	+25 6786	−24390
17	−153573	−5083 0183	−2208 4793	+5082 9491	−129190	−36 9714	+2208 6387	+25 7452	−24394
18	−153596	−5083 3866	−2208 6395	+5083 3174	−129208	−36 9413	+2208 7988	+25 7136	−24397
19	−153624	−5083 8509	−2208 8414	+5083 7820	−129232	−36 8088	+2209 0000	+25 5790	−24402
20	−153664	−5084 5182	−2209 1312	+5084 4498	−129266	−36 5923	+2209 2887	+25 3595	−24408
21	−153722	−5085 4743	−2209 5463	+5085 4065	−129314	−36 3368	+2209 7025	+25 0998	−24417
22	−153799	−5086 7487	−2210 0993	+5086 6813	−129379	−36 1106	+2210 2544	+24 8679	−24429
23	−153892	−5088 2831	−2210 7650	+5088 2159	−129457	−35 9879	+2210 9195	+24 7385	−24444
24	−153991	−5089 9296	−2211 4793	+5089 8623	−129541	−36 0220	+2211 6341	+24 7653	−24460
25	−154086	−5091 4924	−2212 1574	+5091 4247	−129620	−36 2200	+2212 3132	+24 9564	−24475
26	−154165	−5092 8003	−2212 7250	+5092 7320	−129687	−36 5361	+2212 8823	+25 2667	−24487
27	−154224	−5093 7690	−2213 1454	+5093 6998	−129737	−36 8906	+2213 3046	+25 6170	−24497
28	−154263	−5094 4196	−2213 4281	+5094 3497	−129770	−37 2011	+2213 5889	+25 9246	−24503
29	−154289	−5094 8528	−2213 6165	+5094 7825	−129792	−37 4089	+2213 7783	+26 1304	−24508
30	−154310	−5095 2026	−2213 7687	+5095 1321	−129810	−37 4905	+2213 9310	+26 2104	−24511
31	−154334	−5095 5950	−2213 9393	+5095 5246	−129830	−37 4547	+2214 1014	+26 1729	−24515
32	−154366	−5096 1231	−2214 1688	+5096 0529	−129857	−37 3331	+2214 3303	+26 0490	−24520

$\mathbf{M} = \mathbf{NPB}$. Values are in units of 10^{-10}. Matrix used with GAST (B13–B20). CIP is $\mathcal{X} = M_{3,1}$, $\mathcal{Y} = M_{3,2}$.

MATRIX ELEMENTS FOR CONVERSION FROM
GCRS TO EQUATOR & CELESTIAL INTERMEDIATE ORIGIN OF DATE
FOR 0^h TERRESTRIAL TIME

Julian Date	$C_{1,1}-1$	$C_{1,2}$	$C_{1,3}$	$C_{2,1}$	$C_{2,2}-1$	$C_{2,3}$	$C_{3,1}$	$C_{3,2}$	$C_{3,3}-1$
245									
9899·5	− 24159	+ 84	− 2198 1172	− 663	− 3	− 26 3265	+ 2198 1172	+ 26 3265	− 24162
9900·5	− 24164	+ 84	− 2198 3723	− 666	− 4	− 26 4738	+ 2198 3723	+ 26 4739	− 24168
9901·5	− 24168	+ 84	− 2198 5559	− 669	− 4	− 26 5941	+ 2198 5558	+ 26 5942	− 24172
9902·5	− 24171	+ 84	− 2198 6837	− 670	− 4	− 26 6515	+ 2198 6837	+ 26 6515	− 24175
9903·5	− 24173	+ 84	− 2198 7855	− 669	− 4	− 26 6153	+ 2198 7855	+ 26 6154	− 24177
9904·5	− 24176	+ 84	− 2198 9034	− 666	− 4	− 26 4683	+ 2198 9034	+ 26 4684	− 24179
9905·5	− 24180	+ 84	− 2199 0873	− 661	− 3	− 26 2151	+ 2199 0873	+ 26 2152	− 24183
9906·5	− 24186	+ 84	− 2199 3831	− 654	− 3	− 25 8893	+ 2199 3831	+ 25 8894	− 24190
9907·5	− 24196	+ 84	− 2199 8170	− 646	− 3	− 25 5523	+ 2199 8170	+ 25 5524	− 24199
9908·5	− 24208	+ 84	− 2200 3802	− 640	− 3	− 25 2793	+ 2200 3802	+ 25 2794	− 24212
9909·5	− 24223	+ 84	− 2201 0255	− 637	− 3	− 25 1341	+ 2201 0255	+ 25 1342	− 24226
9910·5	− 24237	+ 84	− 2201 6795	− 637	− 3	− 25 1455	+ 2201 6795	+ 25 1455	− 24240
9911·5	− 24250	+ 83	− 2202 2676	− 640	− 3	− 25 2953	+ 2202 2676	+ 25 2954	− 24253
9912·5	− 24260	+ 83	− 2202 7384	− 646	− 3	− 25 5276	+ 2202 7384	+ 25 5277	− 24264
9913·5	− 24268	+ 83	− 2203 0762	− 651	− 3	− 25 7694	+ 2203 0762	+ 25 7695	− 24271
9914·5	− 24273	+ 83	− 2203 3000	− 655	− 3	− 25 9536	+ 2203 3000	+ 25 9537	− 24276
9915·5	− 24276	+ 83	− 2203 4525	− 657	− 3	− 26 0350	+ 2203 4525	+ 26 0351	− 24279
9916·5	− 24279	+ 83	− 2203 5861	− 656	− 3	− 25 9966	+ 2203 5861	+ 25 9967	− 24282
9917·5	− 24283	+ 83	− 2203 7501	− 653	− 3	− 25 8486	+ 2203 7501	+ 25 8487	− 24286
9918·5	− 24288	+ 83	− 2203 9816	− 648	− 3	− 25 6218	+ 2203 9816	+ 25 6218	− 24291
9919·5	− 24295	+ 83	− 2204 3004	− 642	− 3	− 25 3591	+ 2204 3004	+ 25 3592	− 24298
9920·5	− 24304	+ 83	− 2204 7080	− 636	− 3	− 25 1063	+ 2204 7080	+ 25 1064	− 24307
9921·5	− 24314	+ 83	− 2205 1893	− 632	− 3	− 24 9038	+ 2205 1893	+ 24 9039	− 24317
9922·5	− 24326	+ 83	− 2205 7175	− 629	− 3	− 24 7802	+ 2205 7175	+ 24 7803	− 24329
9923·5	− 24338	+ 82	− 2206 2602	− 628	− 3	− 24 7492	+ 2206 2602	+ 24 7493	− 24341
9924·5	− 24350	+ 82	− 2206 7847	− 630	− 3	− 24 8093	+ 2206 7847	+ 24 8094	− 24353
9925·5	− 24360	+ 82	− 2207 2631	− 633	− 3	− 24 9456	+ 2207 2631	+ 24 9457	− 24363
9926·5	− 24369	+ 82	− 2207 6758	− 637	− 3	− 25 1333	+ 2207 6758	+ 25 1334	− 24372
9927·5	− 24377	+ 82	− 2208 0128	− 641	− 3	− 25 3409	+ 2208 0128	+ 25 3409	− 24380
9928·5	− 24382	+ 82	− 2208 2754	− 646	− 3	− 25 5339	+ 2208 2754	+ 25 5340	− 24386
9929·5	− 24387	+ 82	− 2208 4760	− 649	− 3	− 25 6785	+ 2208 4760	+ 25 6786	− 24390
9930·5	− 24390	+ 82	− 2208 6387	− 650	− 3	− 25 7451	+ 2208 6387	+ 25 7452	− 24394
9931·5	− 24394	+ 82	− 2208 7988	− 650	− 3	− 25 7135	+ 2208 7988	+ 25 7136	− 24397
9932·5	− 24398	+ 82	− 2209 0000	− 647	− 3	− 25 5789	+ 2209 0000	+ 25 5790	− 24402
9933·5	− 24405	+ 82	− 2209 2887	− 642	− 3	− 25 3594	+ 2209 2887	+ 25 3595	− 24408
9934·5	− 24414	+ 82	− 2209 7025	− 636	− 3	− 25 0997	+ 2209 7025	+ 25 0998	− 24417
9935·5	− 24426	+ 81	− 2210 2544	− 631	− 3	− 24 8679	+ 2210 2544	+ 24 8679	− 24429
9936·5	− 24441	+ 81	− 2210 9195	− 628	− 3	− 24 7384	+ 2210 9195	+ 24 7385	− 24444
9937·5	− 24457	+ 81	− 2211 6341	− 629	− 3	− 24 7653	+ 2211 6341	+ 24 7653	− 24460
9938·5	− 24472	+ 81	− 2212 3132	− 633	− 3	− 24 9563	+ 2212 3132	+ 24 9564	− 24475
9939·5	− 24484	+ 81	− 2212 8823	− 640	− 3	− 25 2666	+ 2212 8823	+ 25 2667	− 24487
9940·5	− 24494	+ 81	− 2213 3046	− 648	− 3	− 25 6169	+ 2213 3046	+ 25 6170	− 24497
9941·5	− 24500	+ 81	− 2213 5889	− 654	− 3	− 25 9245	+ 2213 5889	+ 25 9246	− 24503
9942·5	− 24504	+ 80	− 2213 7783	− 659	− 3	− 26 1304	+ 2213 7783	+ 26 1304	− 24508
9943·5	− 24507	+ 80	− 2213 9310	− 661	− 3	− 26 2104	+ 2213 9310	+ 26 2104	− 24511
9944·5	− 24511	+ 80	− 2214 1014	− 660	− 3	− 26 1728	+ 2214 1014	+ 26 1729	− 24515
9945·5	− 24516	+ 80	− 2214 3303	− 657	− 3	− 26 0489	+ 2214 3303	+ 26 0490	− 24520

Values are in units of 10^{-10}. Matrix used with ERA (B21–B24). CIP is $\mathcal{X} = C_{3,1}$, $\mathcal{Y} = C_{3,2}$

The Celestial Intermediate Reference System

The IAU 2000 and 2006 resolutions very precisely define the Celestial Intermediate Reference System by the direction of its pole (CIP) and the location of its origin of right ascension (CIO) at any date in the Geocentric Celestial Reference System (GCRS). This system is often denoted as the "equator and CIO of date" which has the same pole and equator as the equator and equinox of date, however, they have different origins for right ascension. This section includes the transformations using both origins and the relationships between them.

Pole of the Celestial Intermediate Reference System

The direction of the celestial intermediate pole (CIP), which is the pole of the Celestial Intermediate Reference System (the true celestial pole of date), at any instant is defined by the transformation from the GCRS that involves the rotations implementing frame bias and precession-nutation.

The unit vector components of the CIP (in radians) are given by elements one and two from the third row of the following rotation matrices, namely

$$\mathcal{X} = \mathbf{C}_{3,1} = \mathbf{M}_{3,1} \quad\text{and}\quad \mathcal{Y} = \mathbf{C}_{3,2} = \mathbf{M}_{3,2}$$

and the equations for calculating $\mathbf{C}$ are given on page B49, while those for $\mathbf{M}$ are given on page B50. Alternatively, $\mathcal{X}$ and $\mathcal{Y}$ may be calculated directly using

$$\mathcal{X} = \sin\epsilon \sin\psi \cos\bar{\gamma} - (\sin\epsilon \cos\psi \cos\bar{\phi} - \cos\epsilon \sin\bar{\phi})\sin\bar{\gamma}$$
$$\mathcal{Y} = \sin\epsilon \sin\psi \sin\bar{\gamma} + (\sin\epsilon \cos\psi \cos\bar{\phi} - \cos\epsilon \sin\bar{\phi})\cos\bar{\gamma}$$

where $\bar{\gamma}$, $\bar{\phi}$, ψ and ϵ include the effects of frame bias, precession and nutation (see page B56). $\mathcal{X}$ and $\mathcal{Y}$ are tabulated, in radians, at 0^{h} TT on even pages B30–B44, on odd pages B31–B45, and in arcseconds on pages B58–B65. The equations above may also be used to calculate the coordinates of the mean pole by ignoring nutation, that is by replacing ψ by $\bar{\psi}$ and ϵ by ϵ_{A}.

The position $(\mathcal{X}, \mathcal{Y})$ of the CIP, expressed in arcseconds, accurate to $0\!''\!0001$, may also be calculated from the following series expansions,

$$\mathcal{X} = -0\!''\!016\,617 + 2004\!''\!191\,898\,T - 0\!''\!429\,7829\,T^2$$
$$- 0\!''\!198\,618\,34\,T^3 + 7\!''\!578 \times 10^{-6}\,T^4 + 5\!''\!9285 \times 10^{-6}\,T^5$$
$$+ \sum_{j,i}[(a_{\mathrm{s},j})_i\,T^j\,\sin(\text{ARGUMENT}) + (a_{\mathrm{c},j})_i\,T^j\,\cos(\text{ARGUMENT})] + \cdots$$

$$\mathcal{Y} = -0\!''\!006\,951 - 0\!''\!025\,896\,T - 22\!''\!407\,2747\,T^2$$
$$+ 0\!''\!001\,900\,59\,T^3 + 0\!''\!001\,112\,526\,T^4 + 0\!''\!1358 \times 10^{-6}\,T^5$$
$$+ \sum_{j,i}[(b_{\mathrm{c},j})_i\,T^j\,\cos(\text{ARGUMENT}) + (b_{\mathrm{s},j})_i\,T^j\,\sin(\text{ARGUMENT})] + \cdots$$

where T is measured in TT Julian centuries from J2000·0 and the coefficients and arguments may be downloaded from the CDS (see *The Astronomical Almanac Online* for the web link).

Approximate formulae for the Celestial Intermediate Pole

The following formulae may be used to compute $\mathcal{X}$ and $\mathcal{Y}$ to a precision of $0\!''\!3$ during 2022:

$$\mathcal{X} = 440\!''\!82 + 0\!''\!0549\,d \qquad\qquad \mathcal{Y} = -1\!''\!10$$
$$- 6\!''\!8\sin\Omega - 0\!''\!5\sin 2L \qquad\qquad + 9\!''\!2\cos\Omega + 0\!''\!6\cos 2L$$

where $\Omega = 59°6 - 0·053\,d$, $L = 279°7 + 0·986\,d$ and d is the day of the year and fraction of the day in the TT time scale.

Origin of the Celestial Intermediate Reference System

The CIO locator s, positions the celestial intermediate origin (CIO) on the equator of the Celestial Intermediate Reference System. It is the difference in the right ascension of the node of the equators in the GCRS and the Celestial Intermediate Reference System (see page B9). The CIO locator s is tabulated daily at 0^h TT, in arcseconds, on pages B58–B65.

The location of the CIO may be represented by $s + \mathcal{X}\mathcal{Y}/2$, the series of which is downloadable from the CDS (see *The Astronomical Almanac Online* for the web link). However, the definition below includes all terms exceeding $0 \cdot 5 \mu$as during the interval 1975–2025.

$$s = -\mathcal{X}\mathcal{Y}/2 + 94'' \times 10^{-6} + \sum_k C_k \sin A_k$$
$$+ (+0\rlap{.}{''}003\,808\,65 + 1\rlap{.}{''}73 \times 10^{-6} \sin \Omega + 3\rlap{.}{''}57 \times 10^{-6} \cos 2\Omega)\, T$$
$$+ (-0\rlap{.}{''}000\,122\,68 + 743\rlap{.}{''}52 \times 10^{-6} \sin \Omega - 8\rlap{.}{''}85 \times 10^{-6} \sin 2\Omega$$
$$+ 56\rlap{.}{''}91 \times 10^{-6} \sin 2(F - D + \Omega) + 9\rlap{.}{''}84 \times 10^{-6} \sin 2(F + \Omega))\, T^2$$
$$- 0\rlap{.}{''}072\,574\,11\, T^3 + 27\rlap{.}{''}98 \times 10^{-6}\, T^4 + 15\rlap{.}{''}62 \times 10^{-6}\, T^5$$

	Terms for $C_k \sin A_k$				
	Argument	Coefficient		Argument	Coefficient
k	A_k	C_k	k	A_k	C_k
		$''$			$''$
1	Ω	$-0 \cdot 002\,640\,73$	7	$2F + \Omega$	$-0 \cdot 000\,001\,98$
2	2Ω	$-0 \cdot 000\,063\,53$	8	3Ω	$+0 \cdot 000\,001\,72$
3	$2F - 2D + 3\Omega$	$-0 \cdot 000\,011\,75$	9	$l' + \Omega$	$+0 \cdot 000\,001\,41$
4	$2F - 2D + \Omega$	$-0 \cdot 000\,011\,21$	10	$l' - \Omega$	$+0 \cdot 000\,001\,26$
5	$2F - 2D + 2\Omega$	$+0 \cdot 000\,004\,57$	11	$l + \Omega$	$+0 \cdot 000\,000\,63$
6	$2F + 3\Omega$	$-0 \cdot 000\,002\,02$	12	$l - \Omega$	$+0 \cdot 000\,000\,63$

$\mathcal{X}$, $\mathcal{Y}$ (expressed in radians) is the position of the CIP at the required TT instant. The coefficients and arguments (C_k, A_k) are tabulated above and the expressions for the fundamental arguments are

$$l = 134\rlap{.}°963\,402\,51 + 1\,717\,915\,923\rlap{.}{''}2178\,T + 31\rlap{.}{''}8792\,T^2 + 0\rlap{.}{''}051\,635\,T^3 - 0\rlap{.}{''}000\,244\,70\,T^4$$
$$l' = 357\rlap{.}°529\,109\,18 + 129\,596\,581\rlap{.}{''}0481\,T - 0\rlap{.}{''}5532\,T^2 + 0\rlap{.}{''}000\,136\,T^3 - 0\rlap{.}{''}000\,011\,49\,T^4$$
$$F = 93\rlap{.}°272\,090\,62 + 1\,739\,527\,262\rlap{.}{''}8478\,T - 12\rlap{.}{''}7512\,T^2 - 0\rlap{.}{''}001\,037\,T^3 + 0\rlap{.}{''}000\,004\,17\,T^4$$
$$D = 297\rlap{.}°850\,195\,47 + 1\,602\,961\,601\rlap{.}{''}2090\,T - 6\rlap{.}{''}3706\,T^2 + 0\rlap{.}{''}006\,593\,T^3 - 0\rlap{.}{''}000\,031\,69\,T^4$$
$$\Omega = 125\rlap{.}°044\,555\,01 - 6\,962\,890\rlap{.}{''}5431\,T + 7\rlap{.}{''}4722\,T^2 + 0\rlap{.}{''}007\,702\,T^3 - 0\rlap{.}{''}000\,059\,39\,T^4$$

where T is the interval in TT Julian centuries from J2000·0 and is used in both the fundamental arguments and the expression for s itself.

These fundamental arguments are also used with the series expression for the complementary terms of the equation of the equinoxes (see page B10).

Approximate position of the Celestial Intermediate Origin

The CIO locator s may be ignored (i.e. set $s = 0$) in the interval 1963 to 2031 if accuracies no better than $0\rlap{.}{''}01$ are acceptable.

During 2022, $s + \mathcal{X}\mathcal{Y}/2$ may be computed to a precision of 4×10^{-5} arcseconds from

$$s + \mathcal{X}\mathcal{Y}/2 = 0\rlap{.}{''}000\,15 - 0\rlap{.}{''}0026 \sin(59\rlap{.}°6 - 0 \cdot 053\,d) - 0\rlap{.}{''}0001 \sin(119\rlap{.}°2 - 0 \cdot 106\,d)$$

where $\mathcal{X}$ and $\mathcal{Y}$ are expressed in radians (page B46 gives an approximation) and d is the day of the year and fraction of the day in the TT time scale.

Reduction from the GCRS

The transformation from the GCRS to the terrestrial reference system applies rotations implementing frame bias, the effects of precession and nutation, and Earth rotation. It is only the origin of right ascension and whether ERA or GAST is used to obtain a position with respect to the terrestrial system, that differ.

The following shows the matrix transformations to both the Celestial Intermediate Reference System (based on the CIP and CIO) and the traditional equator and equinox of date system (based on the CIP and equinox). This is followed by considering frame bias, precession, nutation, and the angles and rotations that represent these effects.

Summary of the CIP and the relationships between various origins

The CIP is the pole of both the Celestial Intermediate Reference System and the system of the the the equator and equinox of date. The transformation from the GCRS to either of these systems and to the Terrestrial Intermediate Reference System may be represented by

$$\mathcal{R}_\beta = \mathbf{R}_3(-\beta)\,\mathcal{R}_\Sigma$$

where the matrix $\mathcal{R}_\Sigma$ transforms position vectors from the GCRS equator and origin (see diagram on page B9) to the "of date" system defined by the CIP and β determines the origin to be used and thus the method (see Capitaine, N., and Wallace, P.T., *Astron. Astrophys.*, **450**, 855-872, 2006). Thus listing the matrix relationships by method (i.e. value of β) gives:

CIO Method	Equinox Method
$\beta = s$	$\beta = s - E_o$
$\mathcal{R}_\beta = \mathbf{R}_3(-s)\,\mathcal{R}_\Sigma$	$\mathcal{R}_\beta = \mathbf{R}_3(-s + E_o)\,\mathcal{R}_\Sigma$
$= \mathbf{C}$	$= \mathbf{M} \equiv \mathbf{NPB}$

where s is the CIO locator (see page B47), E_o is the equation of the origins (see page B10), and the matrices $\mathbf{C}$, $\mathcal{R}_\Sigma$ and $\mathbf{M}$ are defined on pages B49 and B50, respectively.

When β includes the Earth rotation angle, or Greenwich apparent sidereal time, then coordinates with respect to the terrestrial intermediate origin are the result. Finally, longitude may be included, then the coordinates will be relative to the observers prime meridian.

CIO Method	Equinox Method
$\beta = s - \theta - \lambda$	$\beta = s - E_o - \text{GAST} - \lambda$
$\mathcal{R}_\beta = \mathbf{R}_3(\lambda + \theta - s)\,\mathcal{R}_\Sigma$	$\mathcal{R}_\beta = \mathbf{R}_3(\lambda + \text{GAST} - s + E_o)\,\mathcal{R}_\Sigma$
$= \mathbf{R}_3(\lambda + \theta)\,\mathbf{C}$	$= \mathbf{R}_3(\lambda + \text{GAST})\,\mathbf{M}$
$= \mathbf{Q}$	$= \mathbf{Q}$

where east longitudes are positive. The above ignores the small corrections for polar motion that are required in the reduction of very precise observations; they are (i) alignment of the terrestrial intermediate origin onto the longitude origin ($\lambda_{\text{ITRS}} = 0$) of the International Terrestrial Reference System, and (ii) for the positioning of the CIP within ITRS, (see page B84).

The equation of the origins, the relationship between the two systems may be calculated using

$$\mathbf{M} = \mathbf{R}_3(-s + E_o)\,\mathcal{R}_\Sigma \qquad \text{and thus} \qquad E_o = s - \tan^{-1}\frac{\mathbf{M}_j \cdot \mathcal{R}_{\Sigma_i}}{\mathbf{M}_i \cdot \mathcal{R}_{\Sigma_i}}$$

where $\mathbf{M}_i$ and $\mathbf{M}_j$ are the first two rows of $\mathbf{M}$, $\mathcal{R}_{\Sigma_i}$ is the first row of $\mathcal{R}_\Sigma$ and $\cdot$ denotes the dot or scalar product. See also page B10 for an alternative method.

CIO method of reduction from the GCRS—rigorous formulae

Given an equatorial geocentric position vector **r** of an object with respect to the GCRS, then **r**$_i$, its position with respect to the Celestial Intermediate Reference System, is given by

$$\mathbf{r}_i = \mathbf{C}\,\mathbf{r} \qquad \text{and} \qquad \mathbf{r} = \mathbf{C}^{-1}\,\mathbf{r}_i = \mathbf{C}'\,\mathbf{r}_i$$

The matrix **C** is tabulated daily at 0^h TT on odd numbered pages B31–B45, and is calculated thus

$$\mathbf{C}(\mathcal{X}, \mathcal{Y}, s) = \mathbf{R}_3(-[E + s])\,\mathbf{R}_2(d)\,\mathbf{R}_3(E) = \mathbf{R}_3(-s)\,\mathscr{R}_\Sigma$$

where the quantities $\mathcal{X}$, $\mathcal{Y}$, are the coordinates of the CIP, (expressed in radians), and the relationships between $\mathcal{X}$, $\mathcal{Y}$, $\mathcal{Z}$, E and d are:

$$\mathcal{X} = \sin d \cos E = \mathbf{M}_{3,1} = \mathbf{C}_{3,1}$$
$$\mathcal{Y} = \sin d \sin E = \mathbf{M}_{3,2} = \mathbf{C}_{3,2}$$
$$\mathcal{Z} = \cos d = \sqrt{(1 - \mathcal{X}^2 - \mathcal{Y}^2)}$$

$$E = \tan^{-1}(\mathcal{Y}/\mathcal{X})$$
$$d = \tan^{-1}\left(\frac{\mathcal{X}^2 + \mathcal{Y}^2}{1 - \mathcal{X}^2 - \mathcal{Y}^2}\right)^{\frac{1}{2}}$$

$\mathcal{X}$, $\mathcal{Y}$ and s are given on pages B46-B47 and tabulated, in arcseconds, daily at 0^h TT on pages B58–B65.

The matrix **C** transforms positions to the Celestial Intermediate Reference System, with the CIO being located by the rotation $\mathbf{R}_3(-s)$, and $\mathscr{R}_\Sigma$, the transformation from the GCRS equator to the equator of date being given by

$$\mathscr{R}_\Sigma = \begin{pmatrix} 1 - a\mathcal{X}^2 & -a\mathcal{X}\mathcal{Y} & -\mathcal{X} \\ -a\mathcal{X}\mathcal{Y} & 1 - a\mathcal{Y}^2 & -\mathcal{Y} \\ \mathcal{X} & \mathcal{Y} & 1 - a(\mathcal{X}^2 + \mathcal{Y}^2) \end{pmatrix} = \begin{pmatrix} \mathscr{R}_{\Sigma_\mathrm{i}} \\ \mathscr{R}_{\Sigma_\mathrm{k}} \times \mathscr{R}_{\Sigma_\mathrm{i}} \\ \mathscr{R}_{\Sigma_\mathrm{k}} \end{pmatrix}$$

where $a = 1/(1 + \mathcal{Z})$. $\mathscr{R}_{\Sigma_\mathrm{i}}$ is the unit vector pointing towards Σ (see diagram on page B9) that is obtained from the elements of the first row of $\mathscr{R}_\Sigma$ and similarly $\mathscr{R}_{\Sigma_\mathrm{k}}$ is the unit vector pointing towards the CIP. Note that $\mathscr{R}_{\Sigma_\mathrm{k}} = \mathbf{M}_\mathrm{k}$ (see page B50).

Approximate reduction from GCRS to the Celestial Intermediate Reference System

The matrix **C** given below together with the approximate formulae for $\mathcal{X}$ and $\mathcal{Y}$ on page B46 (expressed in radians) may be used when the resulting position is required to no better than $0''\!.3$ during 2022:

$$\mathbf{C} = \begin{pmatrix} 1 - \mathcal{X}^2/2 & 0 & -\mathcal{X} \\ 0 & 1 & -\mathcal{Y} \\ \mathcal{X} & \mathcal{Y} & 1 - \mathcal{X}^2/2 \end{pmatrix}$$

Thus the position vector $\mathbf{r}_i = (x_i, y_i, z_i)$ with respect to the Celestial Intermediate Reference System (equator and CIO of date) may be calculated from the geocentric position vector $\mathbf{r} = (r_x, r_y, r_z)$ with respect to the GCRS using

$$\mathbf{r}_i = \mathbf{C}\,\mathbf{r}$$

therefore using the approximate matrix

$$x_i = (1 - \mathcal{X}^2/2)\,r_x \qquad\qquad\qquad - \mathcal{X}\,r_z$$
$$y_i = \qquad\qquad\qquad r_y \qquad\quad - \mathcal{Y}\,r_z$$
$$z_i = \qquad \mathcal{X}\,r_x + \mathcal{Y}\,r_y + (1 - \mathcal{X}^2/2)\,r_z$$

and thus

$$\alpha_i = \tan^{-1}(y_i/x_i) \qquad \delta = \tan^{-1}\left(z_i/\sqrt{(x_i^2 + y_i^2)}\right)$$

where α_i, δ, are the intermediate right ascension and declination, and the quadrant of α_i is determined by the signs of x_i and y_i.

Equinox method of reduction from the GCRS—rigorous formulae

The reduction from a geocentric position $\mathbf{r}$ with respect to the Geocentric Celestial Reference System (GCRS) to a position $\mathbf{r}_t$ with respect to the equator and equinox of date, and vice versa, is given by:

$$\mathbf{r}_t = \mathbf{M}\,\mathbf{r} \quad \text{and} \quad \mathbf{r} = \mathbf{M}^{-1}\,\mathbf{r}_t = \mathbf{M}'\,\mathbf{r}_t$$

Using the 4-rotation Fukushima-Willams (F-W) method, the rotation matrix $\mathbf{M}$ may be written as

$$\mathbf{M} = \mathbf{R}_1(-[\epsilon_A + \Delta\epsilon])\,\mathbf{R}_3(-[\bar{\psi} + \Delta\psi])\,\mathbf{R}_1(\bar{\phi})\,\mathbf{R}_3(\bar{\gamma}) = \begin{pmatrix} \mathbf{M}_i \\ \mathbf{M}_j \\ \mathbf{M}_k \end{pmatrix} = \mathbf{N}\,\mathbf{P}\,\mathbf{B}$$

where the angles $\bar{\gamma}$, $\bar{\phi}$, $\bar{\psi}$ combine the frame bias with the effects of precession (see page B56). Nutation is applied by adding the nutations in longitude ($\Delta\psi$) and obliquity ($\Delta\epsilon$) (see page B55) to $\bar{\psi}$ and ϵ_A, respectively. Pages B50–B56 give the formulae for calculating the matrices $\mathbf{B}$, $\mathbf{P}$ and $\mathbf{N}$ individually using the traditional angles and rotations.

The elements of the rows of $\mathbf{M}$ represent unit vectors pointing in the directions of the x, y and z axes of the equator and equinox of date system. Thus the elements of the first row are the components of the unit vector in the direction of the true equinox,

$$\mathbf{M}_i = \begin{pmatrix} \mathbf{M}_{1,1} \\ \mathbf{M}_{1,2} \\ \mathbf{M}_{1,3} \end{pmatrix} = \begin{pmatrix} \cos\psi\cos\bar{\gamma} + \sin\psi\cos\bar{\phi}\sin\bar{\gamma} \\ \cos\psi\sin\bar{\gamma} - \sin\psi\cos\bar{\phi}\cos\bar{\gamma} \\ -\sin\psi\sin\bar{\phi} \end{pmatrix}$$

The second row of elements defines the unit vector in the direction of the y-axis, in the plane $90°$ from the x-z plane, i.e. the plane of the equator of date, and is given by

$$\mathbf{M}_j = \mathbf{M}_k \times \mathbf{M}_i$$
$$= \begin{pmatrix} \mathbf{M}_{2,1} \\ \mathbf{M}_{2,2} \\ \mathbf{M}_{2,3} \end{pmatrix} = \begin{pmatrix} \cos\epsilon\sin\psi\cos\bar{\gamma} - (\cos\epsilon\cos\psi\cos\bar{\phi} + \sin\epsilon\sin\bar{\phi})\sin\bar{\gamma} \\ \cos\epsilon\sin\psi\sin\bar{\gamma} + (\cos\epsilon\cos\psi\cos\bar{\phi} + \sin\epsilon\sin\bar{\phi})\cos\bar{\gamma} \\ \cos\epsilon\cos\psi\sin\bar{\phi} - \sin\epsilon\cos\bar{\phi} \end{pmatrix}$$

Lastly, the elements of the third row are the components of the unit vector pointing in the direction of the celestial intermediate pole (CIP), thus

$$\mathbf{M}_k = \begin{pmatrix} \mathbf{M}_{3,1} \\ \mathbf{M}_{3,2} \\ \mathbf{M}_{3,3} \end{pmatrix} = \begin{pmatrix} \mathcal{X} \\ \mathcal{Y} \\ \mathcal{Z} \end{pmatrix} = \begin{pmatrix} \sin\epsilon\sin\psi\cos\bar{\gamma} - (\sin\epsilon\cos\psi\cos\bar{\phi} - \cos\epsilon\sin\bar{\phi})\sin\bar{\gamma} \\ \sin\epsilon\sin\psi\sin\bar{\gamma} + (\sin\epsilon\cos\psi\cos\bar{\phi} - \cos\epsilon\sin\bar{\phi})\cos\bar{\gamma} \\ \sin\epsilon\cos\psi\sin\bar{\phi} + \cos\epsilon\cos\bar{\phi} \end{pmatrix}$$

Reduction from GCRS to J2000—frame bias—rigorous formulae

Positions of objects with respect to the GCRS must be rotated to the J2000·0 dynamical system before precession and nutation are applied. Objects whose positions are given with respect to another system, e.g. FK5, may first be transformed to the GCRS before using the methods given here. An GCRS position $\mathbf{r}$ may be transformed to a J2000·0 or FK5 position $\mathbf{r}_0$ and vice versa, as follows,

$$\mathbf{r}_0 = \mathbf{B}\,\mathbf{r} \quad \text{and} \quad \mathbf{r} = \mathbf{B}^{-1}\mathbf{r}_0 = \mathbf{B}'\mathbf{r}_0$$

where $\mathbf{B}$ is the frame bias matrix.

Reduction from GCRS to J2000—frame bias—rigorous formulae (continued)

There are two sets of parameters that may be used to generate **B**. There are η_0, ξ_0 and $d\alpha_0$ which appeared in the literature first, or those consistent with the Fukushima-Williams precession parameterization, γ_B, ϕ_B and ψ_B.

Offsets of the Pole and Origin at J2000·0

Rotation From	η_0 mas	ξ_0 mas	$d\alpha_0$ mas	F-W IAU 2006		
				γ_B mas	ϕ_B mas	ψ_B mas
GCRS to J2000·0	$-$ 6·8192	$-16\cdot617$	$-14\cdot6$	52·928	6·819	41·775
GCRS to FK5	$-19\cdot9$	$+$ 9·1	$-22\cdot9$			

where η_0, ξ_0 are the offsets from the pole together with $d\alpha_0$, the shift in right ascension origin. The IAU 2006 offsets, γ_B, ϕ_B and ψ_B are extracted from the IAU WGPE report and are consistent with F-W method of rotations:

$$\mathbf{B} = \mathbf{R}_3(-\psi_B)\,\mathbf{R}_1(\phi_B)\,\mathbf{R}_3(\gamma_B)$$

Alternatively

$$\mathbf{B} = \mathbf{R}_1(-\eta_0)\,\mathbf{R}_2(\xi_0)\,\mathbf{R}_3(d\alpha_0) \quad \mathbf{B}^{-1} = \mathbf{R}_3(-d\alpha_0)\,\mathbf{R}_2(-\xi_0)\,\mathbf{R}_1(+\eta_0)$$

where in terms of corrections provided by the IAU 2000 precession-nutation theory, $\delta\epsilon_0 = \eta_0$ and $\xi_0 = -41\cdot775\sin(23° 26' 21''448) = -16\cdot617$ mas.

Evaluating the matrix for GCRS to J2000·0 gives

$$\mathbf{B} = \begin{pmatrix} +0\cdot9999\ 9999\ 9999\ 9942 & -0\cdot0000\ 0007\ 1 & +0\cdot0000\ 0008\ 056 \\ +0\cdot0000\ 0007\ 1 & +0\cdot9999\ 9999\ 9999\ 9969 & +0\cdot0000\ 0003\ 306 \\ -0\cdot0000\ 0008\ 056 & -0\cdot0000\ 0003\ 306 & +0\cdot9999\ 9999\ 9999\ 9962 \end{pmatrix}$$

where the number of digits is determined by the accuracy of the offsets.

Approximate reduction from GCRS to J2000

Since the rotations to orient the GCRS to J2000·0 system are small the following approximate matrix, accurate to $2'' \times 10^{-9}$ (1×10^{-14} radians), may be used:

$$\mathbf{B} = \begin{pmatrix} 1 & d\alpha_0 & -\xi_0 \\ -d\alpha_0 & 1 & -\eta_0 \\ \xi_0 & \eta_0 & 1 \end{pmatrix}$$

where η_0, ξ_0 and $d\alpha_0$ are the offsets of the pole and the origin (expressed in radians) from J2000·0 given in the table above.

Reduction for precession—rigorous formulae

Rigorous formulae for the reduction of mean equatorial positions from J2000·0 (t_0) to epoch of date t, and vice versa, are as follows:

For equatorial rectangular coordinates (x_0, y_0, z_0), or direction cosines ($\mathbf{r}_0$),

$$\mathbf{r}_m = \mathbf{P}\,\mathbf{r}_0 \qquad\qquad \mathbf{r}_0 = \mathbf{P}^{-1}\,\mathbf{r}_m = \mathbf{P}'\mathbf{r}_m$$

where

$$\mathbf{P} = \mathbf{R}_1(-\epsilon_A)\,\mathbf{R}_3(-\psi_J)\,\mathbf{R}_1(\phi_J)\,\mathbf{R}_3(\gamma_J)$$
$$= \mathbf{R}_3(\chi_A)\,\mathbf{R}_1(-\omega_A)\,\mathbf{R}_3(-\psi_A)\,\mathbf{R}_1(\epsilon_0)$$
$$= \mathbf{R}_3(-z_A)\,\mathbf{R}_2(\theta_A)\,\mathbf{R}_3(-\zeta_A)$$

and $\mathbf{r}_m$ is the position vector precessed from t_0 to the mean equinox at t.

The angles given in this section precess positions from J2000·0 to date and therefore do not include the frame bias, which is only needed when positions are with respect to the GCRS.

Reduction for precession—rigorous formulae (continued)

For all the precession angles given in this section, the time argument T is given by

$$T = (t - 2000 \cdot 0)/100 = (\mathrm{JD}_{\mathrm{TT}} - 245\ 1545 \cdot 0)/36\ 525$$

which is a function of TT. Strictly speaking precession angles should be a function of TDB, but this makes no significant difference.

The 4-rotation Fukushima-Williams (F-W) method using angles γ_J, ϕ_J, ψ_J, and ϵ_A, are

$$\gamma_J = 10\rlap{.}''556\ 403\ T + 0\rlap{.}''493\ 2044\ T^2 - 0\rlap{.}''000\ 312\ 38\ T^3$$
$$- 2\rlap{.}''788 \times 10^{-6}\ T^4 + 2\rlap{.}''60 \times 10^{-8}\ T^5$$

$$\phi_J = \epsilon_0 - 46\rlap{.}''811\ 015\ T + 0\rlap{.}''051\ 1269\ T^2 + 0\rlap{.}''000\ 532\ 89\ T^3$$
$$- 0\rlap{.}''440 \times 10^{-6}\ T^4 - 1\rlap{.}''76 \times 10^{-8}\ T^5$$

$$\psi_J = 5038\rlap{.}''481\ 507\ T + 1\rlap{.}''558\ 4176\ T^2 - 0\rlap{.}''000\ 185\ 22\ T^3$$
$$- 26\rlap{.}''452 \times 10^{-6}\ T^4 - 1\rlap{.}''48 \times 10^{-8}\ T^5$$

$$\epsilon_A = \epsilon_0 - 46\rlap{.}''836\ 769\ T - 0\rlap{.}''000\ 1831\ T^2 + 0\rlap{.}''002\ 003\ 40\ T^3$$
$$- 0\rlap{.}''576 \times 10^{-6}\ T^4 - 4\rlap{.}''34 \times 10^{-8}\ T^5$$

where $\epsilon_0 = 84\ 381\rlap{.}''406 = 23° 26' 21\rlap{.}''406$ is the obliquity of the ecliptic with respect to the dynamical equinox at J2000 and ϵ_A is the obliquity of the ecliptic with respect to the mean equator of date; equivalently

$$\epsilon_A = 23°439\ 279\ 4444 - 0°013\ 010\ 213\ 61\ T - 5°0861 \times 10^{-8}\ T^2$$
$$+ 5°565 \times 10^{-7}\ T^3 - 1°6 \times 10^{-10}\ T^4 - 1°2056 \times 10^{-11}\ T^5$$

The precession matrix for the F-W precession angles, which includes how to incorporate the frame bias and nutation, is described on page B56.

The Capitaine *et al.* method, the formulation of which cleanly separates precession of the equator from precession of the ecliptic, is via the precession angles χ_A, ω_A, ψ_A, which are

$$\psi_A = 5038\rlap{.}''481\ 507\ T - 1\rlap{.}''079\ 0069\ T^2 - 0\rlap{.}''001\ 140\ 45\ T^3$$
$$+ 0\rlap{.}''000\ 132\ 851\ T^4 - 9\rlap{.}''51 \times 10^{-8}\ T^5$$

$$\omega_A = \epsilon_0 - 0\rlap{.}''025\ 754\ T + 0\rlap{.}''051\ 2623\ T^2 - 0\rlap{.}''007\ 725\ 03\ T^3$$
$$- 0\rlap{.}''000\ 000\ 467\ T^4 + 33\rlap{.}''37 \times 10^{-8}\ T^5$$

$$\chi_A = 10\rlap{.}''556\ 403\ T - 2\rlap{.}''381\ 4292\ T^2 - 0\rlap{.}''001\ 211\ 97\ T^3$$
$$+ 0\rlap{.}''000\ 170\ 663\ T^4 - 5\rlap{.}''60 \times 10^{-8}\ T^5$$

where the precession matrix using χ_A, ω_A, ψ_A and ϵ_0 is

$$\mathbf{P} = \begin{pmatrix} C_4C_2 - S_2S_4C_3 & C_4S_2C_1 + S_4C_3C_2C_1 - S_1S_4S_3 & C_4S_2S_1 + S_4C_3C_2S_1 + C_1S_4S_3 \\ -S_4C_2 - S_2C_4C_3 & -S_4S_2C_1 + C_4C_3C_2C_1 - S_1C_4S_3 & -S_4S_2S_1 + C_4C_3C_2S_1 + C_1C_4S_3 \\ S_2S_3 & -S_3C_2C_1 - S_1C_3 & -S_3C_2S_1 + C_3C_1 \end{pmatrix}$$

and
$$S_1 = \sin\epsilon_0 \quad S_2 = \sin(-\psi_A) \quad S_3 = \sin(-\omega_A) \quad S_4 = \sin\chi_A$$
$$C_1 = \cos\epsilon_0 \quad C_2 = \cos(-\psi_A) \quad C_3 = \cos(-\omega_A) \quad C_4 = \cos\chi_A$$

The traditional equatorial precession angles ζ_A, z_A, θ_A are

$$\zeta_A = +2\rlap{.}''650\ 545 + 2306\rlap{.}''083\ 227\ T + 0\rlap{.}''298\ 8499\ T^2 + 0\rlap{.}''018\ 018\ 28\ T^3$$
$$- 5\rlap{.}''971 \times 10^{-6}\ T^4 - 3\rlap{.}''173 \times 10^{-7}\ T^5$$

$$z_A = -2\rlap{.}''650\ 545 + 2306\rlap{.}''077\ 181\ T + 1\rlap{.}''092\ 7348\ T^2 + 0\rlap{.}''018\ 268\ 37\ T^3$$
$$- 28\rlap{.}''596 \times 10^{-6}\ T^4 - 2\rlap{.}''904 \times 10^{-7}\ T^5$$

$$\theta_A = 2004\rlap{.}''191\ 903\ T - 0\rlap{.}''429\ 4934\ T^2 - 0\rlap{.}''041\ 822\ 64\ T^3$$
$$- 7\rlap{.}''089 \times 10^{-6}\ T^4 - 1\rlap{.}''274 \times 10^{-7}\ T^5$$

Reduction for precession—rigorous formulae (continued)

The precession matrix using ζ_A, z_A, θ_A is

$$\mathbf{P} = \begin{pmatrix} \cos\zeta_A\cos\theta_A\cos z_A - \sin\zeta_A\sin z_A & -\sin\zeta_A\cos\theta_A\cos z_A - \cos\zeta_A\sin z_A & -\sin\theta_A\cos z_A \\ \cos\zeta_A\cos\theta_A\sin z_A + \sin\zeta_A\cos z_A & -\sin\zeta_A\cos\theta_A\sin z_A + \cos\zeta_A\cos z_A & -\sin\theta_A\sin z_A \\ \cos\zeta_A\sin\theta_A & -\sin\zeta_A\sin\theta_A & \cos\theta_A \end{pmatrix}$$

For right ascension and declination in terms of ζ_A, z_A, θ_A:

$$\sin(\alpha - z_A)\cos\delta = \sin(\alpha_0 + \zeta_A)\cos\delta_0$$
$$\cos(\alpha - z_A)\cos\delta = \cos(\alpha_0 + \zeta_A)\cos\theta_A\cos\delta_0 - \sin\theta_A\sin\delta_0$$
$$\sin\delta = \cos(\alpha_0 + \zeta_A)\sin\theta_A\cos\delta_0 + \cos\theta_A\sin\delta_0$$
$$\sin(\alpha_0 + \zeta_A)\cos\delta_0 = \sin(\alpha - z_A)\cos\delta$$
$$\cos(\alpha_0 + \zeta_A)\cos\delta_0 = \cos(\alpha - z_A)\cos\theta_A\cos\delta + \sin\theta_A\sin\delta$$
$$\sin\delta_0 = -\cos(\alpha - z_A)\sin\theta_A\cos\delta + \cos\theta_A\sin\delta$$

where ζ_A, z_A, θ_A, given above, are angles that serve to specify the position of the mean equator and equinox of date with respect to the mean equator and equinox of J2000·0.

Values of all the angles and the elements of $\mathbf{P}$ for reduction from J2000·0 to epoch and mean equinox of the middle of the year (J2022·5) are as follows:

F-W Precession Angles γ_J, ϕ_J, ψ_J, and ϵ_A

γ_J	$= +2''40$	$= +0°000\ 667$	$\phi_J = +843\ 70''88$	$= +23°436\ 354$
$_J$	$= +113\ 3''74$	$= +0°314\ 927$	$\epsilon_A = 23°\ 26'\ 10''87$	$= 23°436\ 352$

Precession Angles ζ_A, z_A, θ_A			Precession Angles ψ_A, ω_A, χ_A		
ζ_A	$= +521''53$	$= +0°144\ 871$	$\psi_A = +113\ 3''60$	$= +0°314\ 890$
z_A	$= +516''27$	$= +0°143\ 409$	$\omega_A = +843\ 81''40$	$= +23°439\ 279$
θ_A	$= +450''92$	$= +0°125\ 256$	$\chi_A = +2''25$	$= +0°000\ 626$

The rotation matrix for precession from J2000·0 to J2022·5 is

$$\mathbf{P} = \begin{pmatrix} +0\cdot999\ 984\ 953 & -0\cdot005\ 031\ 403 & -0\cdot002\ 186\ 118 \\ +0\cdot005\ 031\ 403 & +0\cdot999\ 987\ 342 & -0\cdot000\ 005\ 472 \\ +0\cdot002\ 186\ 118 & -0\cdot000\ 005\ 528 & +0\cdot999\ 997\ 610 \end{pmatrix}$$

The precessional motion of the ecliptic is specified by the inclination (π_A) and longitude of the node (Π_A) of the ecliptic of date with respect to the ecliptic and equinox of J2000·0; they are given by:

$$\sin\pi_A\sin\Pi_A = +\ 4''199\ 094\ T + 0''193\ 9873\ T^2 - 0''000\ 224\ 66\ T^3$$
$$- 9''12\times10^{-7}\ T^4 + 1''20\times10^{-8}\ T^5$$

$$\sin\pi_A\cos\Pi_A = -46''811\ 015\ T + 0''051\ 0283\ T^2 + 0''000\ 524\ 13\ T^3$$
$$- 6''46\times10^{-7}\ T^4 - 1''72\times10^{-8}\ T^5$$

π_A is a small angle, and often π_A replaces $\sin\pi_A$.

For epoch J2022·5
$$\pi_A = +10''573 = \quad 0°002\ 9370$$
$$\Pi_A = 174°\ 49'2 = 174°820$$

Reduction for precession—approximate formulae

Approximate formulae for the reduction of coordinates and orbital elements referred to the mean equinox and equator or ecliptic of date (t) are as follows:

For reduction to J2000·0	For reduction from J2000·0
$\alpha_0 = \alpha - M - N \sin \alpha_m \tan \delta_m$	$\alpha = \alpha_0 + M + N \sin \alpha_m \tan \delta_m$
$\delta_0 = \delta - N \cos \alpha_m$	$\delta = \delta_0 + N \cos \alpha_m$
$\lambda_0 = \lambda - a + b \cos (\lambda + c') \tan \beta_0$	$\lambda = \lambda_0 + a - b \cos (\lambda_0 + c) \tan \beta$
$\beta_0 = \beta - b \sin (\lambda + c')$	$\beta = \beta_0 + b \sin (\lambda_0 + c)$
$\Omega_0 = \Omega - a + b \sin (\Omega + c') \cot i_0$	$\Omega = \Omega_0 + a - b \sin (\Omega_0 + c) \cot i$
$i_0 = i - b \cos (\Omega + c')$	$i = i_0 + b \cos (\Omega_0 + c)$
$\omega_0 = \omega - b \sin (\Omega + c') \operatorname{cosec} i_0$	$\omega = \omega_0 + b \sin (\Omega_0 + c) \operatorname{cosec} i$

where the subscript zero refers to epoch J2000·0 and α_m, δ_m refer to the mean epoch; with sufficient accuracy:

$$\alpha_m = \alpha - \tfrac{1}{2}(M + N \sin \alpha \tan \delta)$$
$$\delta_m = \delta - \tfrac{1}{2}N \cos \alpha_m$$

or

$$\alpha_m = \alpha_0 + \tfrac{1}{2}(M + N \sin \alpha_0 \tan \delta_0)$$
$$\delta_m = \delta_0 + \tfrac{1}{2}N \cos \alpha_m$$

The precessional constants M, N, etc., are given by:

$$M = 1°2811\ 5566\ 89\ T + 0°0003\ 8655\ 131\ T^2 + 0°0000\ 1007\ 9625\ T^3$$
$$- 9°60194 \times 10^{-9}\ T^4 - 1°68806 \times 10^{-10}\ T^5$$

$$N = 0°5567\ 1997\ 31\ T - 0°0001\ 1930\ 372\ T^2 - 0°0000\ 1161\ 7400\ T^3$$
$$- 1°96917 \times 10^{-9}\ T^4 - 3°5389 \times 10^{-11}\ T^5$$

$$a = 1°3968\ 8783\ 19\ T + 0°0003\ 0706\ 522\ T^2 + 2°2122 \times 10^{-8}\ T^3$$
$$- 6°62694 \times 10^{-9}\ T^4 + 1°0639 \times 10^{-11}\ T^5$$

$$b = 0°0130\ 5527\ 03\ T - 0°0000\ 0930\ 350\ T^2 + 3°4886 \times 10^{-8}\ T^3$$
$$+ 3°13889 \times 10^{-11}\ T^4 - 6°11 \times 10^{-13}\ T^5$$

$$c = 5°1258\ 9067 + 0°8189\ 93580\ T + 0°0001\ 4256\ 094\ T^2 + 2°971\ 04 \times 10^{-8}\ T^3$$
$$- 2°480\ 66 \times 10^{-9}\ T^4 + 4°694 \times 10^{-12}\ T^5$$

$$c' = 5°1258\ 9067 - 0°5778\ 94252\ T - 0°0001\ 6450\ 428\ T^2 + 7°588\ 19 \times 10^{-9}\ T^3$$
$$+ 4°146\ 28 \times 10^{-9}\ T^4 - 5°944 \times 10^{-12}\ T^5$$

Formulae for the reduction from the mean equinox and equator or ecliptic of the middle of year (t_1) to date (t) are as follows:

$\alpha = \alpha_1 + \tau(m + n \sin \alpha_1 \tan \delta_1)$	$\delta = \delta_1 + \tau n \cos \alpha_1$
$\lambda = \lambda_1 + \tau(p - \pi \cos (\lambda_1 + 6°) \tan \beta)$	$\beta = \beta_1 + \tau \pi \sin (\lambda_1 + 6°)$
$\Omega = \Omega_1 + \tau(p - \pi \sin (\Omega_1 + 6°) \cot i)$	$i = i_1 + \tau \pi \cos (\Omega_1 + 6°)$
$\omega = \omega_1 + \tau \pi \sin (\Omega_1 + 6°) \operatorname{cosec} i$	

where $\tau = t - t_1$ and π is the annual rate of rotation of the ecliptic.

Reduction for precession—approximate formulae (continued)

The precessional constants p, m, etc., are as follows:

Annual	Epoch J2022·5		Epoch J2022·5
general precession $p = +0°013\ 9703$		Annual rate of rotation	$\pi = +0°000\ 1305$
precession in R.A. $m = +0°012\ 8133$		Longitude of axis	$\Pi = +174°8199$
precession in Dec. $n = +0°005\ 5666$		$\gamma = 180° - \Pi = +5°1801$

where Π is the longitude of the instantaneous rotation axis of the ecliptic, measured from the mean equinox of date.

Reduction for nutation—rigorous formulae

Nutations in longitude ($\Delta\psi$) and obliquity ($\Delta\epsilon$) have been calculated using the IAU 2000A series definitions (order of 1μas) with the following adjustments which are required for use at the highest precision with the IAU 2006 precession, viz:

$$\Delta\psi = \Delta\psi_{2000A} + (0·4697 \times 10^{-6} - 2·7774 \times 10^{-6}\ T)\ \Delta\psi_{2000A}$$

$$\Delta\epsilon = \Delta\epsilon_{2000A} - 2·7774 \times 10^{-6}\ T\ \Delta\epsilon_{2000A}$$

where T is measured in Julian centuries from 245 1545·0 TT. $\Delta\psi$ and $\Delta\epsilon$ together with the true obliquity of the ecliptic (ϵ) are tabulated, daily at 0^h TT, on pages B58–B65. Web links are given on page x or on *The Astronomical Almanac Online* for series for evaluating $\Delta\psi_{2000A}$, $\Delta\epsilon_{2000A}$, and $\Delta\psi$, $\Delta\epsilon$.

A mean place ($\mathbf{r}_m$) may be transformed to a true place ($\mathbf{r}_t$), and vice versa, as follows:

$$\mathbf{r}_t = \mathbf{N}\,\mathbf{r}_m \qquad \mathbf{r}_m = \mathbf{N}^{-1}\,\mathbf{r}_t = \mathbf{N}'\,\mathbf{r}_t$$

where $\quad \mathbf{N} = \mathbf{R}_1(-\epsilon)\,\mathbf{R}_3(-\Delta\psi)\,\mathbf{R}_1(+\epsilon_A)$

$$\epsilon = \epsilon_A + \Delta\epsilon$$

and ϵ_A is given on page B52. The matrix for nutation is given by

$$\mathbf{N} = \begin{pmatrix} \cos\Delta\psi & -\sin\Delta\psi\cos\epsilon_A & -\sin\Delta\psi\sin\epsilon_A \\ \sin\Delta\psi\cos\epsilon & \cos\Delta\psi\cos\epsilon_A\cos\epsilon + \sin\epsilon_A\sin\epsilon & \cos\Delta\psi\sin\epsilon_A\cos\epsilon - \cos\epsilon_A\sin\epsilon \\ \sin\Delta\psi\sin\epsilon & \cos\Delta\psi\cos\epsilon_A\sin\epsilon - \sin\epsilon_A\cos\epsilon & \cos\Delta\psi\sin\epsilon_A\sin\epsilon + \cos\epsilon_A\cos\epsilon \end{pmatrix}$$

Approximate reduction for nutation

To first order, the contributions of the nutations in longitude ($\Delta\psi$) and in obliquity ($\Delta\epsilon$) to the reduction from mean place to true place are given by:

$$\Delta\alpha = (\cos\epsilon + \sin\epsilon\,\sin\alpha\,\tan\delta)\,\Delta\psi - \cos\alpha\,\tan\delta\,\Delta\epsilon \qquad \Delta\lambda = \Delta\psi$$

$$\Delta\delta = \sin\epsilon\,\cos\alpha\,\Delta\psi + \sin\alpha\,\Delta\epsilon \qquad\qquad\qquad \Delta\beta = 0$$

The following formulae may be used to compute $\Delta\psi$ and $\Delta\epsilon$ to a precision of about $0°0002$ ($1''$) during 2022.

$$\Delta\psi = -0°0048\sin(59°6 - 0·053\,d) \qquad \Delta\epsilon = +0°0026\cos(59°6 - 0·053\,d)$$

$$-0°0004\sin(199°3 + 1·971\,d) \qquad\qquad +0°0002\cos(199°3 + 1·971\,d)$$

where $d = \text{JD}_{TT} - 245\ 9579·5$ is the day of the year and fraction; for this precision

$$\epsilon = 23°44 \qquad \cos\epsilon = 0·918 \qquad \sin\epsilon = 0·398$$

Approximate reduction for nutation (continued)

The corrections to be added to the mean rectangular coordinates (x, y, z) to produce the true rectangular coordinates are given by:

$$\Delta x = -(y \cos \epsilon + z \sin \epsilon)\, \Delta \psi \quad \Delta y = +x\, \Delta \psi \cos \epsilon - z\, \Delta \epsilon \quad \Delta z = +x\, \Delta \psi \sin \epsilon + y\, \Delta \epsilon$$

where $\Delta \psi$ and $\Delta \epsilon$ are expressed in radians. The corresponding rotation matrix is

$$\mathbf{N} = \begin{pmatrix} 1 & -\Delta \psi \cos \epsilon & -\Delta \psi \sin \epsilon \\ +\Delta \psi \cos \epsilon & 1 & -\Delta \epsilon \\ +\Delta \psi \sin \epsilon & +\Delta \epsilon & 1 \end{pmatrix}$$

Combined reduction for frame bias, precession and nutation—rigorous formulae

The angles $\bar{\gamma}$, $\bar{\phi}$, $\bar{\psi}$ which combine frame bias with the effects of precession are given by

$$\bar{\gamma} = -0\rlap{.}''052\ 928 + 10\rlap{.}''556\ 378\ T + 0\rlap{.}''493\ 2044\ T^2 - 0\rlap{.}''000\ 312\ 38\ T^3$$
$$- 2\rlap{.}''788 \times 10^{-6}\ T^4 + 2\rlap{.}''60 \times 10^{-8}\ T^5$$
$$\bar{\phi} = 84381\rlap{.}''412\ 819 - 46\rlap{.}''811\ 016\ T + 0\rlap{.}''051\ 1268\ T^2 + 0\rlap{.}''000\ 532\ 89\ T^3$$
$$- 0\rlap{.}''440 \times 10^{-6}\ T^4 - 1\rlap{.}''76 \times 10^{-8}\ T^5$$
$$\bar{\psi} = -0\rlap{.}''041\ 775 + 5038\rlap{.}''481\ 484\ T + 1\rlap{.}''558\ 4175\ T^2 - 0\rlap{.}''000\ 185\ 22\ T^3$$
$$- 26\rlap{.}''452 \times 10^{-6}\ T^4 - 1\rlap{.}''48 \times 10^{-8}\ T^5$$

Nutation (see page B55) is applied by adding the nutations in longitude $(\Delta \psi)$ and obliquity $(\Delta \epsilon)$ thus

$$= \bar{\psi} + \Delta \psi \quad \text{and} \quad \epsilon = \epsilon_A + \Delta \epsilon$$

Values for $\Delta \psi$ and $\Delta \epsilon$ are tabulated daily on pages B58–B65 with ϵ, the true obliquity of the ecliptic, while ϵ_A is given on page B52.

Thus the reduction from a geocentric position $\mathbf{r}$ with respect to the GCRS to a position $\mathbf{r}_t$ with respect to the (true) equator and equinox of date, and vice versa, is given by:

$$\mathbf{r}_t = \mathbf{M}\,\mathbf{r} = \mathbf{N}\mathbf{P}\mathbf{B}\,\mathbf{r} \qquad \mathbf{r} = \mathbf{B}^{-1}\,\mathbf{P}^{-1}\,\mathbf{N}^{-1}\,\mathbf{r}_t = \mathbf{B}'\,\mathbf{P}'\,\mathbf{N}'\,\mathbf{r}_t$$

or where
$$\mathbf{M} = \mathbf{R}_1(-\epsilon)\,\mathbf{R}_3(-\psi)\,\mathbf{R}_1(\bar{\phi})\,\mathbf{R}_3(\bar{\gamma})$$

and the matrices $\mathbf{B}$, $\mathbf{P}$ and $\mathbf{N}$ are defined in the preceding sections. The combined matrix $\mathbf{M}$ (see page B50) is tabulated daily at 0^h TT on even numbered pages B30–B44. There should be no significant difference between the various methods of calculating $\mathbf{M}$.

Values for the middle of the year, epoch J2022·5 for $\bar{\gamma}$, $\bar{\phi}$, $\bar{\psi}$, ϵ_A, and the combined bias and precession matrices are

F-W Bias and Precession Angles $\bar{\gamma}$, $\bar{\phi}$, $\bar{\psi}$, and ϵ_A

$$\bar{\gamma} = \quad +2\rlap{.}''35 = +0\overset{\circ}{.}000\ 652 \qquad \bar{\phi} = \quad +843\ 70\rlap{.}''88 = +23\overset{\circ}{.}436\ 356$$
$$\bar{\psi} = +113\ 3\rlap{.}''70 = +0\overset{\circ}{.}314\ 915 \qquad \epsilon_A = 23°\ 26'\ 10\rlap{.}''87 = \quad 23\overset{\circ}{.}436\ 352$$

$$\mathbf{PB} = \begin{pmatrix} +0·999\ 984\ 953 & -0·005\ 031\ 474 & -0·002\ 186\ 038 \\ +0·005\ 031\ 474 & +0·999\ 987\ 342 & -0·000\ 005\ 438 \\ +0·002\ 186\ 037 & -0·000\ 005\ 561 & +0·999\ 997\ 611 \end{pmatrix}$$

where the combined frame bias and precession matrix has been calculated by ignoring the nutation terms $\Delta \psi$ and $\Delta \epsilon$.

Approximate reduction for precession and nutation

The following formulae and table may be used for the approximate reduction from the equator and equinox of J2000·0 (or from the GCRS if the small frame bias correction is ignored) to the true equator and equinox of date during 2022:

$$\alpha = \alpha_0 + f + g \sin(G + \alpha_0) \tan \delta_0$$
$$\delta = \delta_0 + g \cos(G + \alpha_0)$$

where the units of the correction to α_0 and δ_0 are seconds and arcminutes, respectively.

Date	f	g	g	G	Date	f	g	g	G
	s	s	′	h m		s	s	′	h m
Jan. −9	+66·7	29·0	7·24	23 58	30*	+68·4	29·7	7·43	23 58
1	+66·8	29·0	7·25	23 58	July 10	+68·5	29·8	7·44	23 58
11	+66·9	29·1	7·27	23 58	20	+68·6	29·8	7·45	23 58
21*†	+67·0	29·1	7·28	23 58	30	+68·7	29·9	7·47	23 58
31	+67·1	29·2	7·29	23 58	Aug. 9*	+68·8	29·9	7·47	23 57
Feb. 10	+67·2	29·2	7·30	23 58	19	+68·9	29·9	7·48	23 57
20	+67·3	29·2	7·31	23 58	29	+69·0	30·0	7·49	23 57
Mar. 2*	+67·4	29·3	7·32	23 58	Sept. 8	+69·1	30·0	7·50	23 57
12	+67·4	29·3	7·32	23 58	18*	+69·1	30·0	7·51	23 57
22	+67·5	29·3	7·33	23 58	28	+69·1	30·0	7·51	23 57
Apr. 1	+67·5	29·3	7·34	23 57	Oct. 8	+69·2	30·1	7·52	23 57
11*	+67·6	29·4	7·35	23 58	18	+69·3	30·1	7·53	23 57
21	+67·7	29·4	7·35	23 58	28*	+69·4	30·1	7·54	23 57
May 1	+67·7	29·4	7·36	23 58	Nov. 7	+69·5	30·2	7·55	23 57
11	+67·9	29·5	7·37	23 58	17	+69·6	30·2	7·56	23 57
21*	+68·0	29·5	7·38	23 58	27	+69·7	30·3	7·57	23 57
31	+68·0	29·6	7·39	23 58	Dec. 7*	+69·8	30·3	7·58	23 57
June 10	+68·1	29·6	7·40	23 58	17	+69·9	30·4	7·59	23 57
20	+68·3	29·7	7·42	23 58	27	+70·0	30·4	7·61	23 57
30*	+68·4	29·7	7·43	23 58	37	+70·1	30·5	7·62	23 57

* 40-day date   † 400-day date for osculation epoch

Differential precession and nutation

The corrections for differential precession and nutation are given below. These are to be added to the observed differences of the right ascension and declination, $\Delta\alpha$ and $\Delta\delta$, of an object relative to a comparison star to obtain the differences in the mean place for a standard epoch (e.g. J2000·0 or the beginning of the year). The differences $\Delta\alpha$ and $\Delta\delta$ are measured in the sense "object − comparison star", and the corrections are in the same units as $\Delta\alpha$ and $\Delta\delta$.

In the correction to right ascension the same units must be used for $\Delta\alpha$ and $\Delta\delta$.

correction to right ascension $e \tan \delta \, \Delta\alpha - f \sec^2 \delta \, \Delta\delta$

correction to declination $f \, \Delta\alpha$

where
$$e = -\cos\alpha \,(nt + \sin\epsilon \, \Delta\psi) - \sin\alpha \, \Delta\epsilon$$
$$f = +\sin\alpha \,(nt + \sin\epsilon \, \Delta\psi) - \cos\alpha \, \Delta\epsilon$$
$$\epsilon = 23°·44, \ \sin\epsilon = 0·3977, \ n = 0·000\,0972 \ \text{radians for epoch J2022·5,}$$

and t is the time in years *from* the standard epoch *to* the time of observation. $\Delta\psi$, $\Delta\epsilon$ are nutations in longitude and obliquity at the time of observation, *expressed in radians*. $(1'' = 0·000\,004\,8481 \text{ rad})$.

The errors in arc units caused by using these formulae are of order $10^{-8} t^2 \sec^2 \delta$ multiplied by the displacement in arc from the comparison star.

FOR 0ʰ TERRESTRIAL TIME

Date 0ʰ TT	NUTATION in Long. $\Delta\psi$	NUTATION in Obl. $\Delta\epsilon$	True Obl. of Ecliptic ϵ 23° 26′	Julian Date 0ʰ TT 245	CELESTIAL INTERMEDIATE Pole x	y	Origin s
Jan. 0	− 14·509 31	+ 4·115 34	15·218 55	9579·5	+ 435·077 07	+ 3·046 76	− 0·005 36
1	− 14·343 90	+ 4·082 04	15·183 96	9580·5	+ 435·197 57	+ 3·012 87	− 0·005 33
2	− 14·131 43	+ 4·074 37	15·175 01	9581·5	+ 435·336 91	+ 3·004 52	− 0·005 32
3	− 13·911 88	+ 4·099 84	15·199 20	9582·5	+ 435·479 23	+ 3·029 30	− 0·005 34
4	− 13·727 90	+ 4·155 33	15·253 41	9583·5	+ 435·607 54	+ 3·084 17	− 0·005 40
5	− 13·608 97	+ 4·228 67	15·325 47	9584·5	+ 435·710 07	+ 3·157 01	− 0·005 47
6	− 13·563 02	+ 4·304 07	15·399 58	9585·5	+ 435·783 59	+ 3·232 05	− 0·005 55
7	− 13·578 38	+ 4·367 82	15·462 05	9586·5	+ 435·832 65	+ 3·295 56	− 0·005 62
8	− 13·632 04	+ 4·411 62	15·504 57	9587·5	+ 435·866 39	+ 3·339 20	− 0·005 66
9	− 13·698 37	+ 4·433 08	15·524 74	9588·5	+ 435·894 98	+ 3·360 52	− 0·005 69
10	− 13·755 06	+ 4·434 47	15·524 85	9589·5	+ 435·927 31	+ 3·361 75	− 0·005 69
11	− 13·785 90	+ 4·421 08	15·510 18	9590·5	+ 435·969 85	+ 3·348 15	− 0·005 67
12	− 13·781 47	+ 4·399 72	15·487 54	9591·5	+ 436·026 37	+ 3·326 52	− 0·005 65
13	− 13·738 84	+ 4·377 64	15·464 18	9592·5	+ 436·098 09	+ 3·304 09	− 0·005 63
14	− 13·660 92	+ 4·361 72	15·446 97	9593·5	+ 436·183 87	+ 3·287 75	− 0·005 61
15	− 13·555 73	+ 4·357 81	15·441 78	9594·5	+ 436·280 56	+ 3·283 37	− 0·005 60
16	− 13·435 49	+ 4·370 09	15·452 78	9595·5	+ 436·383 31	+ 3·295 15	− 0·005 61
17	− 13·315 29	+ 4·400 53	15·481 94	9596·5	+ 436·486 14	+ 3·325 09	− 0·005 65
18	− 13·211 12	+ 4·448 36	15·528 48	9597·5	+ 436·582 68	+ 3·372 44	− 0·005 69
19	− 13·137 49	+ 4·509 93	15·588 77	9598·5	+ 436·667 13	+ 3·433 60	− 0·005 76
20	− 13·104 71	+ 4·578 99	15·656 55	9599·5	+ 436·735 37	+ 3·502 33	− 0·005 83
21	− 13·116 47	+ 4·647 48	15·723 76	9600·5	+ 436·785 90	+ 3·570 58	− 0·005 90
22	− 13·168 21	+ 4·706 77	15·781 76	9601·5	+ 436·820 48	+ 3·629 69	− 0·005 96
23	− 13·246 87	+ 4·749 23	15·822 95	9602·5	+ 436·844 27	+ 3·672 05	− 0·006 01
24	− 13·332 12	+ 4·769 96	15·842 39	9603·5	+ 436·865 33	+ 3·692 67	− 0·006 03
25	− 13·399 35	+ 4·768 18	15·839 33	9604·5	+ 436·893 45	+ 3·690 76	− 0·006 03
26	− 13·424 38	+ 4·748 25	15·818 12	9605·5	+ 436·938 27	+ 3·670 60	− 0·006 01
27	− 13·389 39	+ 4·719 67	15·788 25	9606·5	+ 437·006 91	+ 3·641 69	− 0·005 98
28	− 13·289 35	+ 4·695 68	15·762 98	9607·5	+ 437·101 45	+ 3·617 24	− 0·005 95
29	− 13·136 42	+ 4·690 13	15·756 15	9608·5	+ 437·217 12	+ 3·611 12	− 0·005 94
30	− 12·959 61	+ 4·713 06	15·777 80	9609·5	+ 437·342 43	+ 3·633 44	− 0·005 96
31	− 12·797 50	+ 4·766 67	15·830 12	9610·5	+ 437·462 04	+ 3·686 46	− 0·006 02
Feb. 1	− 12·685 61	+ 4·843 84	15·906 02	9611·5	+ 437·561 79	+ 3·763 15	− 0·006 10
2	− 12·644 12	+ 4·930 61	15·991 50	9612·5	+ 437·633 58	+ 3·849 56	− 0·006 19
3	− 12·672 38	+ 5·011 34	16·070 95	9613·5	+ 437·677 60	+ 3·930 08	− 0·006 28
4	− 12·752 28	+ 5·073 94	16·132 27	9614·5	+ 437·701 00	+ 3·992 57	− 0·006 34
5	− 12·857 08	+ 5·112 63	16·169 67	9615·5	+ 437·714 37	+ 4·031 19	− 0·006 38
6	− 12·960 38	+ 5·127 85	16·183 61	9616·5	+ 437·728 23	+ 4·046 34	− 0·006 40
7	− 13·041 82	+ 5·124 52	16·178 99	9617·5	+ 437·750 69	+ 4·042 90	− 0·006 39
8	− 13·089 13	+ 5·109 90	16·163 09	9618·5	+ 437·786 67	+ 4·028 10	− 0·006 38
9	− 13·097 84	+ 5·091 86	16·143 77	9619·5	+ 437·837 99	+ 4·009 81	− 0·006 36
10	− 13·069 98	+ 5·077 78	16·128 41	9620·5	+ 437·903 86	+ 3·995 41	− 0·006 34
11	− 13·012 78	+ 5·073 87	16·123 21	9621·5	+ 437·981 47	+ 3·991 12	− 0·006 34
12	− 12·937 41	+ 5·084 69	16·132 76	9622·5	+ 438·066 37	+ 4·001 53	− 0·006 35
13	− 12·857 90	+ 5·112 80	16·159 59	9623·5	+ 438·153 00	+ 4·029 22	− 0·006 38
14	− 12·789 79	+ 5·158 31	16·203 82	9624·5	+ 438·235 18	+ 4·074 33	− 0·006 42
15	− 12·748 25	+ 5·218 55	16·262 77	9625·5	+ 438·306 87	+ 4·134 21	− 0·006 49

FOR 0^h TERRESTRIAL TIME

Date 0^h TT		NUTATION		True Obl. of Ecliptic ϵ 23° 26′	Julian Date 0^h TT 245	CELESTIAL INTERMEDIATE		
		in Long. $\Delta\psi$	in Obl. $\Delta\epsilon$			Pole		Origin
						x	y	s
		″	″	″		″	″	″
Feb.	15	− 12·748 25	+ 5·218 55	16·262 77	9625·5	+ 438·306 87	+ 4·134 21	− 0·006 49
	16	− 12·745 56	+ 5·288 00	16·330 94	9626·5	+ 438·363 15	+ 4·203 39	− 0·006 56
	17	− 12·788 21	+ 5·358 74	16·400 40	9627·5	+ 438·401 40	+ 4·273 94	− 0·006 63
	18	− 12·874 34	+ 5·421 61	16·461 98	9628·5	+ 438·422 32	+ 4·336 71	− 0·006 70
	19	− 12·992 49	+ 5·467 98	16·507 07	9629·5	+ 438·430 42	+ 4·383 04	− 0·006 75
	20	− 13·122 65	+ 5·491 87	16·529 68	9630·5	+ 438·433 63	+ 4·406 91	− 0·006 77
	21	− 13·239 73	+ 5·491 80	16·528 33	9631·5	+ 438·441 93	+ 4·406 80	− 0·006 77
	22	− 13·319 09	+ 5·471 70	16·506 94	9632·5	+ 438·465 14	+ 4·386 59	− 0·006 75
	23	− 13·342 74	+ 5·440 57	16·474 53	9633·5	+ 438·510 45	+ 4·355 23	− 0·006 72
	24	− 13·304 66	+ 5·410 77	16·443 44	9634·5	+ 438·580 32	+ 4·325 09	− 0·006 69
	25	− 13·213 69	+ 5·395 14	16·426 53	9635·5	+ 438·671 29	+ 4·309 01	− 0·006 67
	26	− 13·092 86	+ 5·403 64	16·433 75	9636·5	+ 438·774 27	+ 4·317 00	− 0·006 68
	27	− 12·974 37	+ 5·440 27	16·469 10	9637·5	+ 438·876 44	+ 4·353 14	− 0·006 71
	28	− 12·891 18	+ 5·501 47	16·529 02	9638·5	+ 438·964 70	+ 4·413 91	− 0·006 78
Mar.	1	− 12·867 35	+ 5·576 83	16·603 10	9639·5	+ 439·029 42	+ 4·488 95	− 0·006 86
	2	− 12·910 90	+ 5·652 17	16·677 16	9640·5	+ 439·067 33	+ 4·564 10	− 0·006 94
	3	− 13·012 31	+ 5·714 01	16·737 71	9641·5	+ 439·082 17	+ 4·625 87	− 0·007 00
	4	− 13·149 12	+ 5·753 32	16·775 74	9642·5	+ 439·082 82	+ 4·665 18	− 0·007 04
	5	− 13·294 06	+ 5·767 39	16·788 53	9643·5	+ 439·080 11	+ 4·679 26	− 0·007 06
	6	− 13·422 77	+ 5·759 23	16·779 08	9644·5	+ 439·083 74	+ 4·671 08	− 0·007 05
	7	− 13·518 59	+ 5·735 69	16·754 26	9645·5	+ 439·100 38	+ 4·647 46	− 0·007 02
	8	− 13·573 90	+ 5·705 20	16·722 49	9646·5	+ 439·133 10	+ 4·616 81	− 0·006 99
	9	− 13·589 15	+ 5·676 01	16·692 01	9647·5	+ 439·181 76	+ 4·587 37	− 0·006 96
	10	− 13·570 92	+ 5·655 07	16·669 80	9648·5	+ 439·243 78	+ 4·566 13	− 0·006 94
	11	− 13·530 03	+ 5·647 54	16·660 99	9649·5	+ 439·314 88	+ 4·558 26	− 0·006 93
	12	− 13·479 95	+ 5·656 47	16·668 63	9650·5	+ 439·389 71	+ 4·566 82	− 0·006 93
	13	− 13·435 54	+ 5·682 62	16·693 50	9651·5	+ 439·462 37	+ 4·592 61	− 0·006 96
	14	− 13·411 64	+ 5·724 28	16·733 87	9652·5	+ 439·526 95	+ 4·633 95	− 0·007 00
	15	− 13·421 37	+ 5·777 04	16·785 35	9653·5	+ 439·578 21	+ 4·686 46	− 0·007 06
	16	− 13·473 60	+ 5·833 92	16·840 96	9654·5	+ 439·612 58	+ 4·743 18	− 0·007 12
	17	− 13·570 19	+ 5·885 96	16·891 71	9655·5	+ 439·629 29	+ 4·795 13	− 0·007 18
	18	− 13·703 43	+ 5·923 64	16·928 11	9656·5	+ 439·631 35	+ 4·832 80	− 0·007 22
	19	− 13·855 39	+ 5·939 15	16·942 33	9657·5	+ 439·625 85	+ 4·848 33	− 0·007 23
	20	− 14·000 33	+ 5·928 90	16·930 80	9658·5	+ 439·623 02	+ 4·838 10	− 0·007 22
	21	− 14·110 63	+ 5·895 41	16·896 03	9659·5	+ 439·633 85	+ 4·804 56	− 0·007 19
	22	− 14·164 69	+ 5·847 40	16·846 74	9660·5	+ 439·666 98	+ 4·756 38	− 0·007 13
	23	− 14·153 99	+ 5·797 82	16·795 88	9661·5	+ 439·725 86	+ 4·706 51	− 0·007 08
	24	− 14·086 37	+ 5·760 34	16·757 11	9662·5	+ 439·807 45	+ 4·668 63	− 0·007 04
	25	− 13·984 22	+ 5·745 50	16·740 99	9663·5	+ 439·902 87	+ 4·653 32	− 0·007 02
	26	− 13·878 52	+ 5·757 88	16·752 09	9664·5	+ 439·999 84	+ 4·665 22	− 0·007 03
	27	− 13·800 59	+ 5·795 01	16·787 94	9665·5	+ 440·085 89	+ 4·701 93	− 0·007 07
	28	− 13·774 17	+ 5·848 23	16·839 88	9666·5	+ 440·151 53	+ 4·754 83	− 0·007 13
	29	− 13·809 79	+ 5·905 15	16·895 51	9667·5	+ 440·192 51	+ 4·811 55	− 0·007 19
	30	− 13·902 98	+ 5·952 95	16·942 02	9668·5	+ 440·210 55	+ 4·859 25	− 0·007 24
	31	− 14·036 50	+ 5·981 62	16·969 42	9669·5	+ 440·212 45	+ 4·887 92	− 0·007 27
Apr.	1	− 14·185 81	+ 5·986 17	16·972 68	9670·5	+ 440·207 96	+ 4·892 49	− 0·007 27
	2	− 14·325 77	+ 5·967 16	16·952 40	9671·5	+ 440·207 07	+ 4·873 49	− 0·007 25

FOR 0^h TERRESTRIAL TIME

Date 0^h TT		NUTATION in Long. $\Delta\psi$	NUTATION in Obl. $\Delta\epsilon$	True Obl. of Ecliptic ϵ 23° 26′	Julian Date 0^h TT 245	CELESTIAL INTERMEDIATE Pole $\mathcal{X}$	CELESTIAL INTERMEDIATE Pole $\mathcal{Y}$	Origin s
		″	″	″		″	″	″
Apr.	1	− 14·185 81	+ 5·986 17	16·972 68	9670·5	+ 440·207 96	+ 4·892 49	− 0·007 27
	2	− 14·325 77	+ 5·967 16	16·952 40	9671·5	+ 440·207 07	+ 4·873 49	− 0·007 25
	3	− 14·436 38	+ 5·929 83	16·913 78	9672·5	+ 440·217 75	+ 4·836 10	− 0·007 21
	4	− 14·506 07	+ 5·882 16	16·864 82	9673·5	+ 440·244 67	+ 4·788 29	− 0·007 16
	5	− 14·532 23	+ 5·832 88	16·814 27	9674·5	+ 440·288 89	+ 4·738 80	− 0·007 11
	6	− 14·519 85	+ 5·789 88	16·769 98	9675·5	+ 440·348 48	+ 4·695 51	− 0·007 06
	7	− 14·479 32	+ 5·759 18	16·738 00	9676·5	+ 440·419 32	+ 4·664 45	− 0·007 03
	8	− 14·424 13	+ 5·744 51	16·722 05	9677·5	+ 440·496 06	+ 4·649 41	− 0·007 01
	9	− 14·369 11	+ 5·747 21	16·723 47	9678·5	+ 440·572 83	+ 4·651 73	− 0·007 01
	10	− 14·328 89	+ 5·766 21	16·741 19	9679·5	+ 440·643 79	+ 4·670 38	− 0·007 03
	11	− 14·316 54	+ 5·798 04	16·771 73	9680·5	+ 440·703 73	+ 4·701 92	− 0·007 06
	12	− 14·341 94	+ 5·836 88	16·809 29	9681·5	+ 440·748 69	+ 4·740 53	− 0·007 10
	13	− 14·409 58	+ 5·874 81	16·845 94	9682·5	+ 440·776 84	+ 4·778 32	− 0·007 14
	14	− 14·516 13	+ 5·902 61	16·872 45	9683·5	+ 440·789 46	+ 4·806 06	− 0·007 17
	15	− 14·648 35	+ 5·911 35	16·879 91	9684·5	+ 440·791 79	+ 4·814 79	− 0·007 18
	16	− 14·783 10	+ 5·894 89	16·862 17	9685·5	+ 440·792 98	+ 4·798 32	− 0·007 17
	17	− 14·891 15	+ 5·852 58	16·818 57	9686·5	+ 440·804 66	+ 4·755 95	− 0·007 12
	18	− 14·945 07	+ 5·790 92	16·755 64	9687·5	+ 440·837 78	+ 4·694 13	− 0·007 05
	19	− 14·929 12	+ 5·722 81	16·686 24	9688·5	+ 440·898 66	+ 4·625 72	− 0·006 98
	20	− 14·846 31	+ 5·663 81	16·625 96	9689·5	+ 440·986 18	+ 4·566 29	− 0·006 92
	21	− 14·718 56	+ 5·627 09	16·587 96	9690·5	+ 441·091 68	+ 4·529 05	− 0·006 87
	22	− 14·579 56	+ 5·619 18	16·578 76	9691·5	+ 441·201 80	+ 4·520 59	− 0·006 86
	23	− 14·464 03	+ 5·638 42	16·596 72	9692·5	+ 441·302 71	+ 4·539 33	− 0·006 88
	24	− 14·398 02	+ 5·676 32	16·633 35	9693·5	+ 441·384 02	+ 4·576 84	− 0·006 92
	25	− 14·393 46	+ 5·720 62	16·676 35	9694·5	+ 441·440 93	+ 4·620 85	− 0·006 97
	26	− 14·447 31	+ 5·758 67	16·713 12	9695·5	+ 441·474 56	+ 4·658 73	− 0·007 01
	27	− 14·544 44	+ 5·780 38	16·733 55	9696·5	+ 441·490 90	+ 4·680 37	− 0·007 03
	28	− 14·662 46	+ 5·779 99	16·731 88	9697·5	+ 441·498 83	+ 4·679 94	− 0·007 03
	29	− 14·777 22	+ 5·756 67	16·707 28	9698·5	+ 441·507 94	+ 4·656 57	− 0·007 01
	30	− 14·867 79	+ 5·714 08	16·663 41	9699·5	+ 441·526 57	+ 4·613 89	− 0·006 96
May	1	− 14·920 00	+ 5·659 08	16·607 13	9700·5	+ 441·560 41	+ 4·558 72	− 0·006 90
	2	− 14·928 05	+ 5·600 08	16·546 84	9701·5	+ 441·611 78	+ 4·499 47	− 0·006 84
	3	− 14·894 33	+ 5·545 33	16·490 82	9702·5	+ 441·679 80	+ 4·444 38	− 0·006 78
	4	− 14·827 74	+ 5·501 69	16·445 88	9703·5	+ 441·760 93	+ 4·400 33	− 0·006 73
	5	− 14·741 48	+ 5·473 73	16·416 65	9704·5	+ 441·849 97	+ 4·371 94	− 0·006 70
	6	− 14·650 67	+ 5·463 50	16·405 14	9705·5	+ 441·940 91	+ 4·361 26	− 0·006 69
	7	− 14·570 36	+ 5·470 49	16·410 84	9706·5	+ 442·027 76	+ 4·367 82	− 0·006 69
	8	− 14·513 88	+ 5·491 78	16·430 85	9707·5	+ 442·105 20	+ 4·388 73	− 0·006 71
	9	− 14·491 48	+ 5·522 34	16·460 13	9708·5	+ 442·169 13	+ 4·418 97	− 0·006 74
	10	− 14·508 77	+ 5·555 27	16·491 77	9709·5	+ 442·217 28	+ 4·451 66	− 0·006 78
	11	− 14·565 13	+ 5·582 34	16·517 57	9710·5	+ 442·249 87	+ 4·478 58	− 0·006 81
	12	− 14·651 80	+ 5·594 96	16·528 90	9711·5	+ 442·270 33	+ 4·491 09	− 0·006 82
	13	− 14·750 77	+ 5·585 81	16·518 46	9712·5	+ 442·285 79	+ 4·481 86	− 0·006 81
	14	− 14·835 74	+ 5·551 26	16·482 63	9713·5	+ 442·306 69	+ 4·447 21	− 0·006 77
	15	− 14·876 98	+ 5·493 89	16·423 98	9714·5	+ 442·344 87	+ 4·389 65	− 0·006 71
	16	− 14·850 40	+ 5·423 68	16·352 49	9715·5	+ 442·409 97	+ 4·319 12	− 0·006 64
	17	− 14·748 16	+ 5·356 31	16·283 84	9716·5	+ 442·505 17	+ 4·251 28	− 0·006 56

FOR 0ʰ TERRESTRIAL TIME

Date 0ʰ TT		NUTATION in Long. $\Delta\psi$	NUTATION in Obl. $\Delta\epsilon$	True Obl. of Ecliptic ϵ 23° 26′	Julian Date 0ʰ TT 245	CELESTIAL INTERMEDIATE Pole x	CELESTIAL INTERMEDIATE Pole y	Origin s
		″	″			″	″	″
May	17	− 14·748 16	+ 5·356 31	16·283 84	9716·5	+ 442·505 17	+ 4·251 28	− 0·006 56
	18	− 14·584 94	+ 5·308 17	16·234 41	9717·5	+ 442·624 72	+ 4·202 54	− 0·006 51
	19	− 14·394 71	+ 5·290 15	16·215 12	9718·5	+ 442·755 17	+ 4·183 88	− 0·006 49
	20	− 14·218 57	+ 5·303 71	16·227 40	9719·5	+ 442·880 16	+ 4·196 83	− 0·006 50
	21	− 14·090 47	+ 5·341 05	16·263 45	9720·5	+ 442·986 17	+ 4·233 64	− 0·006 54
	22	− 14·027 78	+ 5·388 88	16·309 99	9721·5	+ 443·066 21	+ 4·281 07	− 0·006 59
	23	− 14·029 64	+ 5·433 12	16·352 95	9722·5	+ 443·120 55	+ 4·325 04	− 0·006 63
	24	− 14·081 03	+ 5·462 62	16·381 17	9723·5	+ 443·155 13	+ 4·354 37	− 0·006 67
	25	− 14·159 19	+ 5·470 98	16·388 25	9724·5	+ 443·178 95	+ 4·362 61	− 0·006 67
	26	− 14·239 70	+ 5·456 83	16·372 82	9725·5	+ 443·201 73	+ 4·348 35	− 0·006 66
	27	− 14·301 20	+ 5·423 15	16·337 86	9726·5	+ 443·231 97	+ 4·314 52	− 0·006 62
	28	− 14·328 37	+ 5·376 04	16·289 47	9727·5	+ 443·275 80	+ 4·267 19	− 0·006 57
	29	− 14·313 45	+ 5·323 33	16·235 47	9728·5	+ 443·336 34	+ 4·214 18	− 0·006 51
	30	− 14·256 47	+ 5·273 15	16·184 01	9729·5	+ 443·413 62	+ 4·163 62	− 0·006 46
	31	− 14·164 31	+ 5·232 68	16·142 26	9730·5	+ 443·504 95	+ 4·122 70	− 0·006 41
June	1	− 14·048 98	+ 5·207 22	16·115 51	9731·5	+ 443·605 57	+ 4·096 73	− 0·006 38
	2	− 13·925 41	+ 5·199 57	16·106 58	9732·5	+ 443·709 54	+ 4·088 57	− 0·006 37
	3	− 13·809 17	+ 5·209 87	16·115 60	9733·5	+ 443·810 70	+ 4·098 37	− 0·006 38
	4	− 13·714 37	+ 5·235 70	16·140 15	9734·5	+ 443·903 40	+ 4·123 74	− 0·006 41
	5	− 13·651 96	+ 5·272 42	16·175 59	9735·5	+ 443·983 28	+ 4·160 07	− 0·006 45
	6	− 13·628 34	+ 5·313 68	16·215 56	9736·5	+ 444·047 75	+ 4·201 00	− 0·006 49
	7	− 13·644 08	+ 5·351 95	16·252 55	9737·5	+ 444·096 54	+ 4·239 03	− 0·006 53
	8	− 13·692 91	+ 5·379 35	16·278 67	9738·5	+ 444·132 13	+ 4·266 26	− 0·006 56
	9	− 13·760 87	+ 5·388 79	16·286 82	9739·5	+ 444·160 01	+ 4·275 55	− 0·006 57
	10	− 13·826 38	+ 5·375 51	16·272 26	9740·5	+ 444·188 76	+ 4·262 13	− 0·006 56
	11	− 13·862 51	+ 5·339 17	16·234 64	9741·5	+ 444·229 08	+ 4·225 59	− 0·006 52
	12	− 13·842 52	+ 5·285 69	16·179 87	9742·5	+ 444·291 63	+ 4·171 80	− 0·006 46
	13	− 13·748 92	+ 5·227 56	16·120 46	9743·5	+ 444·383 44	+ 4·113 21	− 0·006 39
	14	− 13·583 20	+ 5·181 38	16·073 01	9744·5	+ 444·504 00	+ 4·066 43	− 0·006 34
	15	− 13·370 07	+ 5·162 23	16·052 57	9745·5	+ 444·643 54	+ 4·046 59	− 0·006 32
	16	− 13·151 29	+ 5·177 29	16·066 35	9746·5	+ 444·785 50	+ 4·060 94	− 0·006 33
	17	− 12·970 23	+ 5·222 70	16·110 48	9747·5	+ 444·912 61	+ 4·105 72	− 0·006 38
	18	− 12·855 95	+ 5·285 53	16·172 03	9748·5	+ 445·013 25	+ 4·168 06	− 0·006 45
	19	− 12·815 36	+ 5·349 46	16·234 67	9749·5	+ 445·084 58	+ 4·231 63	− 0·006 51
	20	− 12·835 63	+ 5·400 46	16·284 39	9750·5	+ 445·131 64	+ 4·282 40	− 0·006 57
	21	− 12·892 51	+ 5·430 14	16·312 79	9751·5	+ 445·164 03	+ 4·311 91	− 0·006 60
	22	− 12·959 05	+ 5·436 21	16·317 58	9752·5	+ 445·192 47	+ 4·317 84	− 0·006 61
	23	− 13·011 80	+ 5·421 43	16·301 51	9753·5	+ 445·226 28	+ 4·302 89	− 0·006 59
	24	− 13·033 99	+ 5·391 86	16·270 66	9754·5	+ 445·272 18	+ 4·273 09	− 0·006 56
	25	− 13·016 68	+ 5·355 22	16·232 74	9755·5	+ 445·333 75	+ 4·236 15	− 0·006 52
	26	− 12·958 48	+ 5·319 58	16·195 82	9756·5	+ 445·411 59	+ 4·200 12	− 0·006 48
	27	− 12·864 70	+ 5·292 22	16·167 17	9757·5	+ 445·503 63	+ 4·172 30	− 0·006 45
	28	− 12·745 91	+ 5·278 80	16·152 47	9758·5	+ 445·605 68	+ 4·158 37	− 0·006 43
	29	− 12·616 22	+ 5·282 74	16·155 12	9759·5	+ 445·712 15	+ 4·161 78	− 0·006 43
	30	− 12·491 21	+ 5·304 87	16·175 97	9760·5	+ 445·816 85	+ 4·183 39	− 0·006 46
July	1	− 12·385 73	+ 5·343 35	16·213 17	9761·5	+ 445·913 87	+ 4·221 39	− 0·006 50
	2	− 12·311 84	+ 5·393 92	16·262 46	9762·5	+ 445·998 37	+ 4·271 54	− 0·006 55

FOR 0ʰ TERRESTRIAL TIME

Date 0ʰ TT	NUTATION in Long. $\Delta\psi$	in Obl. $\Delta\epsilon$	True Obl. of Ecliptic ϵ 23° 26′	Julian Date 0ʰ TT 245	CELESTIAL INTERMEDIATE Pole x	y	Origin s
	″	″	″		″	″	″
July 1	− 12·385 73	+ 5·343 35	16·213 17	**9761·5**	+ 445·913 87	+ 4·221 39	− 0·006 50
2	− 12·311 84	+ 5·393 92	16·262 46	**9762·5**	+ 445·998 37	+ 4·271 54	− 0·006 55
3	− 12·277 07	+ 5·450 44	16·317 70	**9763·5**	+ 446·067 36	+ 4·327 71	− 0·006 61
4	− 12·283 06	+ 5·505 58	16·371 56	**9764·5**	+ 446·120 12	+ 4·382 59	− 0·006 67
5	− 12·324 76	+ 5·551 75	16·416 45	**9765·5**	+ 446·158 63	+ 4·428 58	− 0·006 72
6	− 12·390 18	+ 5·582 17	16·445 58	**9766·5**	+ 446·187 63	+ 4·458 84	− 0·006 75
7	− 12·460 83	+ 5·592 04	16·454 17	**9767·5**	+ 446·214 45	+ 4·468 58	− 0·006 76
8	− 12·513 35	+ 5·579 99	16·440 84	**9768·5**	+ 446·248 37	+ 4·456 36	− 0·006 75
9	− 12·523 01	+ 5·549 46	16·409 03	**9769·5**	+ 446·299 24	+ 4·425 58	− 0·006 71
10	− 12·469 61	+ 5·509 44	16·367 72	**9770·5**	+ 446·375 15	+ 4·385 18	− 0·006 67
11	− 12·345 33	+ 5·473 75	16·330 75	**9771·5**	+ 446·479 27	+ 4·348 97	− 0·006 63
12	− 12·161 65	+ 5·457 81	16·313 53	**9772·5**	+ 446·607 12	+ 4·332 40	− 0·006 61
13	− 11·950 53	+ 5·473 24	16·327 67	**9773·5**	+ 446·746 04	+ 4·347 12	− 0·006 62
14	− 11·755 87	+ 5·522 41	16·375 56	**9774·5**	+ 446·878 58	+ 4·395 64	− 0·006 67
15	− 11·617 43	+ 5·596 70	16·448 57	**9775·5**	+ 446·988 88	+ 4·469 37	− 0·006 75
16	− 11·555 89	+ 5·679 83	16·530 42	**9776·5**	+ 447·068 65	+ 4·552 11	− 0·006 84
17	− 11·567 50	+ 5·754 58	16·603 88	**9777·5**	+ 447·119 27	+ 4·626 61	− 0·006 92
18	− 11·629 86	+ 5·808 57	16·656 60	**9778·5**	+ 447·149 61	+ 4·680 45	− 0·006 98
19	− 11·712 99	+ 5·836 88	16·683 62	**9779·5**	+ 447·171 55	+ 4·708 65	− 0·007 01
20	− 11·789 09	+ 5·841 28	16·686 74	**9780·5**	+ 447·196 17	+ 4·712 92	− 0·007 01
21	− 11·837 99	+ 5·827 96	16·672 14	**9781·5**	+ 447·231 53	+ 4·699 43	− 0·007 00
22	− 11·848 75	+ 5·805 22	16·648 11	**9782·5**	+ 447·282 00	+ 4·676 43	− 0·006 97
23	− 11·818 91	+ 5·781 56	16·623 18	**9783·5**	+ 447·348 62	+ 4·652 44	− 0·006 95
24	− 11·752 94	+ 5·764 62	16·604 95	**9784·5**	+ 447·429 65	+ 4·635 09	− 0·006 93
25	− 11·660 52	+ 5·760 34	16·599 39	**9785·5**	+ 447·521 25	+ 4·630 36	− 0·006 92
26	− 11·554 93	+ 5·772 59	16·610 36	**9786·5**	+ 447·618 18	+ 4·642 12	− 0·006 93
27	− 11·451 27	+ 5·802 78	16·639 26	**9787·5**	+ 447·714 43	+ 4·671 83	− 0·006 96
28	− 11·364 66	+ 5·849 71	16·684 91	**9788·5**	+ 447·803 99	+ 4·718 31	− 0·007 01
29	− 11·308 16	+ 5·909 67	16·743 59	**9789·5**	+ 447·881 63	+ 4·777 88	− 0·007 08
30	− 11·290 80	+ 5·976 76	16·809 39	**9790·5**	+ 447·943 74	+ 4·844 66	− 0·007 15
31	− 11·315 76	+ 6·043 64	16·874 99	**9791·5**	+ 447·989 01	+ 4·911 32	− 0·007 22
Aug. 1	− 11·379 29	+ 6·102 52	16·932 59	**9792·5**	+ 448·018 91	+ 4·970 05	− 0·007 28
2	− 11·470 44	+ 6·146 40	16·975 19	**9793·5**	+ 448·037 74	+ 5·013 83	− 0·007 33
3	− 11·571 90	+ 6·170 32	16·997 83	**9794·5**	+ 448·052 38	+ 5·037 68	− 0·007 36
4	− 11·661 98	+ 6·172 64	16·998 86	**9795·5**	+ 448·071 43	+ 5·039 90	− 0·007 36
5	− 11·717 89	+ 6·155 91	16·980 85	**9796·5**	+ 448·103 97	+ 5·023 01	− 0·007 34
6	− 11·720 25	+ 6·127 35	16·951 01	**9797·5**	+ 448·157 76	+ 4·994 18	− 0·007 31
7	− 11·658 61	+ 6·098 35	16·920 73	**9798·5**	+ 448·237 00	+ 4·964 78	− 0·007 28
8	− 11·536 85	+ 6·082 48	16·903 57	**9799·5**	+ 448·340 23	+ 4·948 39	− 0·007 26
9	− 11·376 02	+ 6·091 97	16·911 78	**9800·5**	+ 448·459 11	+ 4·957 29	− 0·007 26
10	− 11·211 70	+ 6·133 20	16·951 73	**9801·5**	+ 448·579 55	+ 4·997 92	− 0·007 31
11	− 11·084 11	+ 6·203 23	17·020 48	**9802·5**	+ 448·685 52	+ 5·067 42	− 0·007 38
12	− 11·023 87	+ 6·289 78	17·105 75	**9803·5**	+ 448·764 78	+ 5·153 58	− 0·007 47
13	− 11·040 61	+ 6·375 51	17·190 19	**9804·5**	+ 448·813 42	+ 5·239 06	− 0·007 57
14	− 11·121 00	+ 6·444 44	17·257 85	**9805·5**	+ 448·836 66	+ 5·307 88	− 0·007 64
15	− 11·236 48	+ 6·487 19	17·299 31	**9806·5**	+ 448·845 81	+ 5·350 58	− 0·007 69
16	− 11·355 13	+ 6·502 50	17·313 34	**9807·5**	+ 448·853 56	+ 5·365 85	− 0·007 70

FOR 0ʰ TERRESTRIAL TIME

Date 0ʰ TT		NUTATION in Long. $\Delta\psi$	in Obl. $\Delta\epsilon$	True Obl. of Ecliptic ϵ 23° 26′	Julian Date 0ʰ TT 245	CELESTIAL INTERMEDIATE Pole x	y	Origin s
		″	″	″		″	″	″
Aug.	16	− 11·355 13	+ 6·502 50	17·313 34	9807·5	+ 448·853 56	+ 5·365 85	− 0·007 70
	17	− 11·451 23	+ 6·495 61	17·305 17	9808·5	+ 448·870 17	+ 5·358 88	− 0·007 70
	18	− 11·509 55	+ 6·475 29	17·283 57	9809·5	+ 448·901 74	+ 5·338 40	− 0·007 67
	19	− 11·525 39	+ 6·451 09	17·258 08	9810·5	+ 448·950 19	+ 5·313 95	− 0·007 65
	20	− 11·502 41	+ 6·431 55	17·237 25	9811·5	+ 449·014 11	+ 5·294 08	− 0·007 62
	21	− 11·450 08	+ 6·423 30	17·227 73	9812·5	+ 449·089 75	+ 5·285 46	− 0·007 61
	22	− 11·381 43	+ 6·430 68	17·233 82	9813·5	+ 449·171 96	+ 5·292 42	− 0·007 62
	23	− 11·311 24	+ 6·455 57	17·257 44	9814·5	+ 449·254 87	+ 5·316 90	− 0·007 65
	24	− 11·254 53	+ 6·497 39	17·297 97	9815·5	+ 449·332 51	+ 5·358 33	− 0·007 69
	25	− 11·224 89	+ 6·553 05	17·352 34	9816·5	+ 449·399 45	+ 5·413 65	− 0·007 75
	26	− 11·232 66	+ 6·617 19	17·415 20	9817·5	+ 449·451 55	+ 5·477 53	− 0·007 82
	27	− 11·282 99	+ 6·682 65	17·479 39	9818·5	+ 449·486 73	+ 5·542 82	− 0·007 89
	28	− 11·374 16	+ 6·741 36	17·536 81	9819·5	+ 449·505 63	+ 5·601 43	− 0·007 95
	29	− 11·496 74	+ 6·785 63	17·579 80	9820·5	+ 449·511 96	+ 5·645 67	− 0·008 00
	30	− 11·634 06	+ 6·809 73	17·602 61	9821·5	+ 449·512 33	+ 5·669 77	− 0·008 03
	31	− 11·764 46	+ 6·811 31	17·602 91	9822·5	+ 449·515 34	+ 5·671 33	− 0·008 03
Sept.	1	− 11·865 02	+ 6·792 46	17·582 78	9823·5	+ 449·530 12	+ 5·652 41	− 0·008 01
	2	− 11·916 39	+ 6·759 90	17·548 94	9824·5	+ 449·564 40	+ 5·619 68	− 0·007 97
	3	− 11·907 71	+ 6·724 16	17·511 91	9825·5	+ 449·622 54	+ 5·583 64	− 0·007 93
	4	− 11·840 67	+ 6·697 68	17·484 15	9826·5	+ 449·703 94	+ 5·556 75	− 0·007 90
	5	− 11·731 28	+ 6·691 98	17·477 17	9827·5	+ 449·802 29	+ 5·550 56	− 0·007 89
	6	− 11·608 07	+ 6·714 35	17·498 26	9828·5	+ 449·906 94	+ 5·572 40	− 0·007 92
	7	− 11·505 95	+ 6·764 96	17·547 58	9829·5	+ 450·002 03	+ 5·622 53	− 0·007 97
	8	− 11·456 34	+ 6·835 84	17·617 18	9830·5	+ 450·076 98	+ 5·693 04	− 0·008 04
	9	− 11·476 79	+ 6·912 66	17·692 72	9831·5	+ 450·124 10	+ 5·769 62	− 0·008 13
	10	− 11·564 80	+ 6·979 23	17·758 01	9832·5	+ 450·144 30	+ 5·836 09	− 0·008 20
	11	− 11·699 38	+ 7·022 85	17·800 35	9833·5	+ 450·145 86	+ 5·879 70	− 0·008 25
	12	− 11·849 56	+ 7·038 00	17·814 21	9834·5	+ 450·141 07	+ 5·894 88	− 0·008 26
	13	− 11·985 20	+ 7·026 91	17·801 84	9835·5	+ 450·141 93	+ 5·883 78	− 0·008 25
	14	− 12·085 04	+ 6·997 39	17·771 04	9836·5	+ 450·156 94	+ 5·854 18	− 0·008 22
	15	− 12·139 67	+ 6·959 67	17·732 04	9837·5	+ 450·189 90	+ 5·816 30	− 0·008 18
	16	− 12·150 43	+ 6·923 64	17·694 73	9838·5	+ 450·240 31	+ 5·780 02	− 0·008 14
	17	− 12·126 28	+ 6·897 21	17·667 01	9839·5	+ 450·304 65	+ 5·753 26	− 0·008 11
	18	− 12·080 60	+ 6·885 61	17·654 13	9840·5	+ 450·377 63	+ 5·741 29	− 0·008 09
	19	− 12·028 58	+ 6·891 34	17·658 58	9841·5	+ 450·453 22	+ 5·746 64	− 0·008 10
	20	− 11·985 41	+ 6·914 32	17·680 28	9842·5	+ 450·525 38	+ 5·769 26	− 0·008 12
	21	− 11·964 94	+ 6·952 09	17·716 76	9843·5	+ 450·588 58	+ 5·806 71	− 0·008 16
	22	− 11·978 26	+ 6·999 96	17·763 35	9844·5	+ 450·638 39	+ 5·854 33	− 0·008 21
	23	− 12·032 19	+ 7·051 35	17·813 46	9845·5	+ 450·672 07	+ 5·905 55	− 0·008 27
	24	− 12·127 50	+ 7·098 32	17·859 14	9846·5	+ 450·689 26	+ 5·952 43	− 0·008 32
	25	− 12·257 40	+ 7·132 66	17·892 21	9847·5	+ 450·692 64	+ 5·986 76	− 0·008 36
	26	− 12·407 07	+ 7·147 43	17·905 70	9848·5	+ 450·688 05	+ 6·001 55	− 0·008 37
	27	− 12·554 96	+ 7·138 77	17·895 75	9849·5	+ 450·684 05	+ 5·992 91	− 0·008 36
	28	− 12·676 58	+ 7·107 50	17·863 19	9850·5	+ 450·690 39	+ 5·961 60	− 0·008 33
	29	− 12·750 10	+ 7·059 72	17·814 13	9851·5	+ 450·715 78	+ 5·913 69	− 0·008 28
	30	− 12·762 54	+ 7·006 05	17·759 18	9852·5	+ 450·765 43	+ 5·859 77	− 0·008 22
Oct.	1	− 12·714 26	+ 6·959 30	17·711 15	9853·5	+ 450·839 27	+ 5·812 65	− 0·008 16

FOR 0ʰ TERRESTRIAL TIME

Date 0ʰ TT	NUTATION in Long. $\Delta\psi$	NUTATION in Obl. $\Delta\epsilon$	True Obl. of Ecliptic ϵ 23° 26′	Julian Date 0ʰ TT 245	CELESTIAL INTERMEDIATE Pole x	y	Origin s
	"	"	"		"	"	"
Oct. 1	− 12·714 26	+ 6·959 30	17·711 15	**9853·5**	+ 450·839 27	+ 5·812 65	− 0·008 16
2	− 12·620 20	+ 6·931 29	17·681 86	**9854·5**	+ 450·931 41	+ 5·784 18	− 0·008 13
3	− 12·507 09	+ 6·929 64	17·678 93	**9855·5**	+ 451·031 26	+ 5·782 03	− 0·008 13
4	− 12·407 18	+ 6·955 46	17·703 46	**9856·5**	+ 451·126 00	+ 5·807 37	− 0·008 15
5	− 12·350 07	+ 7·002 72	17·749 44	**9857·5**	+ 451·203 82	+ 5·854 24	− 0·008 20
6	− 12·354 66	+ 7·059 62	17·805 06	**9858·5**	+ 451·257 15	+ 5·910 87	− 0·008 27
7	− 12·423 87	+ 7·111 68	17·855 84	**9859·5**	+ 451·284 76	+ 5·962 79	− 0·008 32
8	− 12·543 93	+ 7·145 80	17·888 68	**9860·5**	+ 451·292 05	+ 5·996 87	− 0·008 36
9	− 12·688 98	+ 7·153 90	17·895 49	**9861·5**	+ 451·289 26	+ 6·004 98	− 0·008 37
10	− 12·829 21	+ 7·134 78	17·875 09	**9862·5**	+ 451·288 26	+ 5·985 87	− 0·008 35
11	− 12·939 34	+ 7·093 65	17·832 68	**9863·5**	+ 451·299 12	+ 5·944 68	− 0·008 30
12	− 13·004 31	+ 7·039 87	17·777 61	**9864·5**	+ 451·327 87	+ 5·890 75	− 0·008 24
13	− 13·020 84	+ 6·983 97	17·720 44	**9865·5**	+ 451·375 89	+ 5·834 62	− 0·008 18
14	− 12·995 58	+ 6·935 29	17·670 47	**9866·5**	+ 451·440 56	+ 5·785 60	− 0·008 13
15	− 12·941 59	+ 6·900 47	17·634 36	**9867·5**	+ 451·516 73	+ 5·750 40	− 0·008 09
16	− 12·874 86	+ 6·883 07	17·615 68	**9868·5**	+ 451·598 06	+ 5·732 59	− 0·008 07
17	− 12·811 55	+ 6·883 69	17·615 03	**9869·5**	+ 451·678 11	+ 5·732 81	− 0·008 07
18	− 12·766 20	+ 6·900 39	17·630 44	**9870·5**	+ 451·751 10	+ 5·749 14	− 0·008 08
19	− 12·750 50	+ 6·929 04	17·657 81	**9871·5**	+ 451·812 36	+ 5·777 48	− 0·008 11
20	− 12·772 24	+ 6·963 73	17·691 22	**9872·5**	+ 451·858 76	+ 5·811 94	− 0·008 15
21	− 12·834 08	+ 6·997 18	17·723 39	**9873·5**	+ 451·889 20	+ 5·845 23	− 0·008 19
22	− 12·932 21	+ 7·021 36	17·746 29	**9874·5**	+ 451·905 16	+ 5·869 33	− 0·008 21
23	− 13·055 15	+ 7·028 65	17·752 29	**9875·5**	+ 451·911 17	+ 5·876 59	− 0·008 22
24	− 13·183 68	+ 7·013 46	17·735 82	**9876·5**	+ 451·914 84	+ 5·861 38	− 0·008 20
25	− 13·292 95	+ 6·974 25	17·695 33	**9877·5**	+ 451·926 04	+ 5·822 11	− 0·008 16
26	− 13·357 62	+ 6·915 10	17·634 90	**9878·5**	+ 451·954 89	+ 5·762 82	− 0·008 09
27	− 13·359 21	+ 6·845 89	17·564 41	**9879·5**	+ 452·008 78	+ 5·693 34	− 0·008 02
28	− 13·293 25	+ 6·780 34	17·497 57	**9880·5**	+ 452·089 56	+ 5·627 38	− 0·007 94
29	− 13·172 69	+ 6·732 18	17·448 12	**9881·5**	+ 452·192 14	+ 5·578 69	− 0·007 89
30	− 13·025 19	+ 6·710 85	17·425 52	**9882·5**	+ 452·305 57	+ 5·556 80	− 0·007 86
31	− 12·885 32	+ 6·718 61	17·431 99	**9883·5**	+ 452·416 11	+ 5·563 99	− 0·007 87
Nov. 1	− 12·784 52	+ 6·749 97	17·462 07	**9884·5**	+ 452·511 23	+ 5·594 87	− 0·007 90
2	− 12·742 87	+ 6·793 62	17·504 44	**9885·5**	+ 452·582 89	+ 5·638 16	− 0·007 95
3	− 12·764 83	+ 6·835 77	17·545 30	**9886·5**	+ 452·629 24	+ 5·680 07	− 0·007 99
4	− 12·839 44	+ 6·863 70	17·571 96	**9887·5**	+ 452·654 57	+ 5·707 88	− 0·008 02
5	− 12·944 39	+ 6·868 82	17·575 79	**9888·5**	+ 452·667 72	+ 5·712 93	− 0·008 03
6	− 13·052 29	+ 6·848 21	17·553 90	**9889·5**	+ 452·679 57	+ 5·692 26	− 0·008 01
7	− 13·137 51	+ 6·804 84	17·509 25	**9890·5**	+ 452·700 33	+ 5·648 79	− 0·007 96
8	− 13·181 78	+ 6·746 21	17·449 33	**9891·5**	+ 452·737 29	+ 5·589 96	− 0·007 89
9	− 13·177 23	+ 6·682 16	17·384 01	**9892·5**	+ 452·793 65	+ 5·525 63	− 0·007 82
10	− 13·126 50	+ 6·622 54	17·323 10	**9893·5**	+ 452·868 39	+ 5·465 63	− 0·007 76
11	− 13·040 48	+ 6·575 24	17·274 51	**9894·5**	+ 452·957 24	+ 5·417 88	− 0·007 70
12	− 12·934 93	+ 6·545 18	17·243 17	**9895·5**	+ 453·053 94	+ 5·387 33	− 0·007 67
13	− 12·827 02	+ 6·534 03	17·230 74	**9896·5**	+ 453·151 67	+ 5·375 68	− 0·007 65
14	− 12·732 65	+ 6·540 50	17·235 93	**9897·5**	+ 453·244 11	+ 5·381 68	− 0·007 66
15	− 12·664 68	+ 6·560 91	17·255 06	**9898·5**	+ 453·326 12	+ 5·401 69	− 0·007 68
16	− 12·631 81	+ 6·589 81	17·282 68	**9899·5**	+ 453·394 21	+ 5·430 24	− 0·007 71

FOR 0ʰ TERRESTRIAL TIME

Date 0ʰ TT		NUTATION in Long. $\Delta\psi$	in Obl. $\Delta\epsilon$	True Obl. of Ecliptic ϵ 23° 26′	Julian Date 0ʰ TT 245	CELESTIAL INTERMEDIATE Pole x	y	Origin s
		"	"	"		"	"	"
Nov.	16	− 12·631 81	+ 6·589 81	17·282 68	9899·5	+ 453·394 21	+ 5·430 24	− 0·007 71
	17	− 12·637 85	+ 6·620 47	17·312 05	9900·5	+ 453·446 83	+ 5·460 63	− 0·007 74
	18	− 12·680 92	+ 6·645 48	17·335 78	9901·5	+ 453·484 70	+ 5·485 45	− 0·007 77
	19	− 12·752 70	+ 6·657 44	17·346 46	9902·5	+ 453·511 08	+ 5·497 27	− 0·007 78
	20	− 12·837 78	+ 6·650 10	17·337 83	9903·5	+ 453·532 07	+ 5·489 82	− 0·007 77
	21	− 12·914 20	+ 6·619 90	17·306 35	9904·5	+ 453·556 39	+ 5·459 50	− 0·007 74
	22	− 12·956 14	+ 6·567 86	17·253 03	9905·5	+ 453·594 31	+ 5·407 27	− 0·007 68
	23	− 12·939 82	+ 6·500 97	17·184 86	9906·5	+ 453·655 34	+ 5·340 07	− 0·007 61
	24	− 12·851 90	+ 6·431 92	17·114 53	9907·5	+ 453·744 83	+ 5·270 56	− 0·007 53
	25	− 12·697 08	+ 6·376 19	17·057 51	9908·5	+ 453·861 00	+ 5·214 24	− 0·007 47
	26	− 12·500 04	+ 6·346 93	17·026 97	9909·5	+ 453·994 09	+ 5·184 31	− 0·007 43
	27	− 12·298 87	+ 6·349 95	17·028 71	9910·5	+ 454·128 99	+ 5·186 64	− 0·007 43
	28	− 12·132 22	+ 6·381 47	17·058 95	9911·5	+ 454·250 31	+ 5·217 55	− 0·007 47
	29	− 12·026 64	+ 6·429 88	17·106 07	9912·5	+ 454·347 41	+ 5·265 47	− 0·007 52
	30	− 11·990 07	+ 6·480 10	17·155 02	9913·5	+ 454·417 08	+ 5·315 34	− 0·007 57
Dec.	1	− 12·012 45	+ 6·518 34	17·191 97	9914·5	+ 454·463 24	+ 5·353 34	− 0·007 61
	2	− 12·071 53	+ 6·535 28	17·207 63	9915·5	+ 454·494 70	+ 5·370 13	− 0·007 63
	3	− 12·140 10	+ 6·527 51	17·198 58	9916·5	+ 454·522 26	+ 5·362 21	− 0·007 62
	4	− 12·192 63	+ 6·497 15	17·166 93	9917·5	+ 454·556 08	+ 5·331 67	− 0·007 59
	5	− 12·209 93	+ 6·450 60	17·119 10	9918·5	+ 454·603 83	+ 5·284 88	− 0·007 53
	6	− 12·181 85	+ 6·396 75	17·063 97	9919·5	+ 454·669 60	+ 5·230 70	− 0·007 47
	7	− 12·107 78	+ 6·345 05	17·010 99	9920·5	+ 454·753 67	+ 5·178 57	− 0·007 42
	8	− 11·995 62	+ 6·303 79	16·968 44	9921·5	+ 454·852 94	+ 5·136 80	− 0·007 37
	9	− 11·859 30	+ 6·278 84	16·942 21	9922·5	+ 454·961 90	+ 5·111 30	− 0·007 34
	10	− 11·715 75	+ 6·273 01	16·935 10	9923·5	+ 455·073 84	+ 5·104 90	− 0·007 33
	11	− 11·581 88	+ 6·285 96	16·946 76	9924·5	+ 455·182 02	+ 5·117 30	− 0·007 34
	12	− 11·472 10	+ 6·314 58	16·974 11	9925·5	+ 455·280 70	+ 5·145 42	− 0·007 37
	13	− 11·396 56	+ 6·353 73	17·011 97	9926·5	+ 455·365 81	+ 5·184 13	− 0·007 41
	14	− 11·360 29	+ 6·396 89	17·053 85	9927·5	+ 455·435 33	+ 5·226 95	− 0·007 46
	15	− 11·362 59	+ 6·436 98	17·092 66	9928·5	+ 455·489 49	+ 5·266 76	− 0·007 50
	16	− 11·396 90	+ 6·467 02	17·121 41	9929·5	+ 455·530 87	+ 5·296 59	− 0·007 54
	17	− 11·450 62	+ 6·480 93	17·134 04	9930·5	+ 455·564 44	+ 5·310 33	− 0·007 55
	18	− 11·505 49	+ 6·474 57	17·126 40	9931·5	+ 455·597 45	+ 5·303 80	− 0·007 54
	19	− 11·538 74	+ 6·447 03	17·097 58	9932·5	+ 455·638 96	+ 5·276 05	− 0·007 51
	20	− 11·526 37	+ 6·402 06	17·051 32	9933·5	+ 455·698 52	+ 5·230 77	− 0·007 46
	21	− 11·449 07	+ 6·348 93	16·996 91	9934·5	+ 455·783 86	+ 5·177 21	− 0·007 40
	22	− 11·300 23	+ 6·301 68	16·948 38	9935·5	+ 455·897 69	+ 5·129 38	− 0·007 35
	23	− 11·092 92	+ 6·275 68	16·921 10	9936·5	+ 456·034 89	+ 5·102 68	− 0·007 32
	24	− 10·860 41	+ 6·281 97	16·926 11	9937·5	+ 456·182 27	+ 5·108 22	− 0·007 32
	25	− 10·646 71	+ 6·322 08	16·964 94	9938·5	+ 456·322 34	+ 5·147 62	− 0·007 36
	26	− 10·490 31	+ 6·386 70	17·028 27	9939·5	+ 456·439 75	+ 5·211 63	− 0·007 43
	27	− 10·410 19	+ 6·459 39	17·099 68	9940·5	+ 456·526 85	+ 5·283 88	− 0·007 51
	28	− 10·401 58	+ 6·523 13	17·162 14	9941·5	+ 456·585 48	+ 5·347 33	− 0·007 58
	29	− 10·441 82	+ 6·565 79	17·203 52	9942·5	+ 456·624 56	+ 5·389 79	− 0·007 63
	30	− 10·500 83	+ 6·582 46	17·218 90	9943·5	+ 456·656 04	+ 5·406 29	− 0·007 64
	31	− 10·550 27	+ 6·574 89	17·210 05	9944·5	+ 456·691 21	+ 5·398 55	− 0·007 63
	32	− 10·569 20	+ 6·549 57	17·183 45	9945·5	+ 456·738 42	+ 5·372 98	− 0·007 61

Planetary reduction overview

Data and formulae are provided for the precise computation of the geocentric apparent right ascension, intermediate right ascension, declination, and hour angle, at an instant of time, for an object within the solar system, ignoring polar motion (see page B84), from a barycentric ephemeris in rectangular coordinates and relativistic coordinate time referred to the International Celestial Reference System (ICRS).

1. Given an instant for which the position of the planet is required, obtain the dynamical time (TDB) to use with the ephemeris. If the position is required at a given Universal Time (UT1), or the hour angle is required, then obtain a value for ΔT, which may have to be predicted.

2. Calculate the geocentric rectangular coordinates of the planet from barycentric ephemerides of the planet and the Earth at coordinate time argument TDB, allowing for light time calculated from heliocentric coordinates.

3. Calculate the geocentric direction of the planet by allowing for light-deflection due to solar gravitation.

4. Calculate the proper direction of the planet by applying the correction for the Earth's orbital velocity about the barycentre (i.e. annual aberration). The resulting vector (from steps 2-4) is in the Geocentric Celestial Reference System (GCRS), and is sometimes called the proper or virtual place.

Equinox Method	*CIO Method*
5. Apply frame bias, precession and nutation to convert from the GCRS to the system defined by the true equator and equinox of date.	5. Rotate from the GCRS to the intermediate system using $\mathcal{X}, \mathcal{Y}$ and s to apply frame bias and precession-nutation.
6. Convert to spherical coordinates, giving the geocentric apparent right ascension and declination with respect to the true equator and equinox of date.	6. Convert to spherical coordinates, giving the geocentric intermediate right ascension and declination with respect to the CIO and equator of date.
7. Calculate Greenwich apparent sidereal time and form the Greenwich hour angle for the given UT1.	7. Calculate the Earth rotation angle and form the Greenwich hour angle for the given UT1.

Alternatively, if right ascension is not required, combine Steps 5 and 7

*5. Apply frame bias, precession, nutation, and Greenwich apparent sidereal time to convert from the GCRS to the Terrestrial Intermediate Reference System; with origin of longitude at the TIO, and the equator of date.	*5. Rotate, using $\mathcal{X}$, $\mathcal{Y}$, s and θ to apply frame bias, precession-nutation and Earth rotation, from the GCRS to the Terrestrial Intermediate Reference System; with origin of longitude at the TIO, and equator of date.

*6. Convert to spherical coordinates, giving the Greenwich hour angle (H) and declination (δ) with respect Terrestrial Intermediate Reference System (TIO and equator of date).

Note: In *Steps 7* and *Steps *5* the effects of polar motion (see page B84) have been ignored; they are the very small difference between the International Terrestrial Reference Frame (ITRF) zero meridian and the TIO, and the position of the CIP within the ITRS.

Formulae and method for planetary reduction

Step 1.   Depending on the instant at which the planetary position is required, obtain the terrestrial or proper time (TT) and the barycentric dynamical time (TDB). Terrestrial time is related to UT1, whereas TDB is used as the time argument for the barycentric ephemeris. For calculating an apparent place the following approximate formulae are sufficient for converting from UT1 to TT and TDB:

$$TT = UT1 + \varDelta T, \qquad TDB = TT + 0\overset{s}{\cdot}001\ 656\ 67 \sin g + 0 \cdot 000\ 022\ 42 \sin(L - L_J)$$

$$g = 357\overset{\circ}{\cdot}53 + 0 \cdot 985\ 600\ 28\ D \quad \text{and} \quad L - L_J = 246\overset{\circ}{\cdot}11 + 0 \cdot 902\ 517\ 92\ D$$

where $D = JD - 245\ 1545 \cdot 0$ and $\varDelta T$ may be obtained from page K9 and JD is the Julian date to two decimals of a day. The difference between TT and TDB may be ignored.

Step 2.   Obtain the Earth's barycentric position $\mathbf{E}_B(t)$ in au and velocity $\dot{\mathbf{E}}_B(t)$ in au/d, at coordinate time $t = TDB$, referred to the ICRS.

Using an ephemeris, obtain the barycentric ICRS position of the planet $\mathbf{Q}_B$ in au at time $(t - \tau)$ where τ is the light time, so that light emitted by the planet at the event $\mathbf{Q}_B(t - \tau)$ arrives at the Earth at the event $\mathbf{E}_B(t)$.

The light time equation is solved iteratively using the heliocentric position of the Earth (**E**) and the planet (**Q**), starting with the approximation $\tau = 0$, as follows:

Form **P**, the vector from the Earth to the planet from the equation:

$$\mathbf{P} = \mathbf{Q}_B(t - \tau) - \mathbf{E}_B(t)$$

Form **E** and **Q** from the equations: $\qquad \mathbf{E} = \mathbf{E}_B(t) - \mathbf{S}_B(t)$

$$\mathbf{Q} = \mathbf{Q}_B(t - \tau) - \mathbf{S}_B(t - \tau)$$

where $\mathbf{S}_B$ is the barycentric position of the Sun.

Calculate τ from: $\quad c\tau = P + (2\mu/c^2) \ln[(E + P + Q)/(E - P + Q)]$

where the light time (τ) includes the effect of gravitational retardation due to the Sun, and

$$\mu = \text{solar mass parameter} = GM_S \qquad c = \text{velocity of light} = 173 \cdot 1446\ \text{au/d}$$
$$\mu/c^2 = 9 \cdot 87 \times 10^{-9}\ \text{au} \qquad\qquad P = |\mathbf{P}|,\ Q = |\mathbf{Q}|,\ E = |\mathbf{E}|$$

where | | means calculate the square root of the sum of the squares of the components.

After convergence, form unit vectors **p**, **q**, **e** by dividing **P**, **Q**, **E** by P, Q, E respectively.

Step 3.   Calculate the geocentric direction ($\mathbf{p}_1$) of the planet, corrected for light-deflection due to solar gravitation, from:

$$\mathbf{p}_1 = \mathbf{p} + (2\mu/c^2 E)((\mathbf{p} \cdot \mathbf{q})\,\mathbf{e} - (\mathbf{e} \cdot \mathbf{p})\,\mathbf{q})/(1 + \mathbf{q} \cdot \mathbf{e})$$

where the dot indicates a scalar product.

The vector $\mathbf{p}_1$ is a unit vector to order μ/c^2.

Step 4.   Calculate the proper direction of the planet ($\mathbf{p}_2$) in the GCRS that is moving with the instantaneous velocity (**V**) of the Earth, from:

$$\mathbf{p}_2 = (\beta^{-1}\mathbf{p}_1 + (1 + (\mathbf{p}_1 \cdot \mathbf{V})/(1 + \beta^{-1}))\,\mathbf{V})/(1 + \mathbf{p}_1 \cdot \mathbf{V})$$

where $\mathbf{V} = \dot{\mathbf{E}}_B/c = 0 \cdot 005\ 7755\ \dot{\mathbf{E}}_B$ and $\beta = (1 - V^2)^{-1/2}$; the velocity (**V**) is expressed in units of the velocity of light.

Formulae and method for planetary reduction (continued)

Equinox method	CIO method
Step 5. Apply frame bias, precession and nutation to the proper direction ($\mathbf{p}_2$) by multiplying by the rotation matrix $\mathbf{M} = \mathbf{NPB}$ given on the even pages B30–B44 to obtain the apparent direction $\mathbf{p}_3$ from:	*Step* 5. Apply the rotation from the GCRS to the Celestial Intermediate System by multiplying the proper direction ($\mathbf{p}_2$) by the matrix $\mathbf{C}(\mathcal{X}, \mathcal{Y}, s)$ given on the odd pages B31–B45 to obtain the intermediate direction $\mathbf{p}_3$ from:

$$\mathbf{p}_3 = \mathbf{M}\,\mathbf{p}_2 \qquad\qquad \mathbf{p}_3 = \mathbf{C}\,\mathbf{p}_2$$

Step 6. Convert to spherical coordinates α_e, δ using:	*Step* 6. Convert to spherical coordinates α_i, δ using:

$$\alpha_e = \tan^{-1}(\eta/\xi) \quad \delta = \tan^{-1}(\zeta/\beta) \qquad \alpha_i = \tan^{-1}(\eta/\xi) \quad \delta = \tan^{-1}(\zeta/\beta)$$

where $\mathbf{p}_3 = (\xi, \eta, \zeta)$, $\beta = \sqrt{(\xi^2 + \eta^2)}$ and the quadrant of α_e or α_i is determined by the signs of ξ and η.

Step 7. Calculate Greenwich apparent sidereal time (GAST) for the required UT1 (B13–B20), and then form	*Step* 7. Calculate the Earth rotation angle (θ) for the required UT1 (B21–B24), and then form

$$H = \text{GAST} - \alpha_e \qquad\qquad H = \theta - \alpha_i$$

Note: H is usually given in arc measure, while GAST and right ascension are given in units of time.	Note: H and θ are usually given in arc measure, while right ascension is given in units of time.

Alternatively combining steps 5 and 7 before forming spherical coordinates

Step *5. Apply frame bias, precession, nutation, and sidereal time, to the proper direction ($\mathbf{p}_2$) by multiplying by the rotation matrix $\mathbf{R}_3(\text{GAST})\mathbf{M}$ to obtain the position ($\mathbf{p}_4$) measured relative to the Terrestrial Intermediate Reference System:	*Step* *5. Apply the rotation from the GCRS to the terrestrial system by multiplying the proper direction ($\mathbf{p}_2$) by the matrix $\mathbf{R}_3(\theta)\mathbf{C}(\mathcal{X}, \mathcal{Y}, s)$ to obtain the position ($\mathbf{p}_4$) measured with respect to the Terrestrial Intermediate Reference System:

$$\mathbf{p}_4 = \mathbf{R}_3(\text{GAST})\mathbf{M}\,\mathbf{p}_2 \qquad\qquad \mathbf{p}_4 = \mathbf{R}_3(\theta)\,\mathbf{C}\,\mathbf{p}_2$$

Step *6. Convert to spherical coordinates Greenwich hour angle (H) and declination δ using:

$$H = \tan^{-1}(-\eta/\xi), \quad \delta = \tan^{-1}(\zeta/\beta)$$

where $\mathbf{p}_4 = (\xi, \eta, \zeta)$, $\beta = \sqrt{(\xi^2 + \eta^2)}$, and H is measured from the TIO meridian positive to the west, and the quadrant is determined by the signs of ξ and $-\eta$.

Example of planetary reduction: Equinox method

Calculate the apparent place, the apparent right ascension (right ascension with respect to the equinox) and declination and the Greenwich hour angle, of Venus on 2022 August 20 at $12^{\text{h}}\,00^{\text{m}}\,00^{\text{s}}$ UT1. Assume that $\varDelta T = 71\overset{\text{s}}{.}0$.

Example of planetary reduction: Equinox method (continued)

Step 1.   From page B18, on 2022 August 20 the tabular JD = 245 9811·5 UT1.

$$\Delta T = \text{TT} - \text{UT1} = 71\overset{s}{\cdot}0 = 8\cdot217\ 593 \times 10^{-4} \text{ days.}$$

At $12^h\ 00^m\ 00^s$ UT1 the required TT instant is therefore

$$\text{TT} = 245\ 9812\cdot000\ 822 = 245\ 9811\cdot5 + 0\cdot500\ 00 + 8\cdot217\ 593 \times 10^{-4}$$

and the equivalent TDB instant is

$$\text{TDB} = 245\ 9812\cdot000\ 821\ 746 = -13\cdot53 \times 10^{-9} + \text{TT}$$

where $g = 225\overset{\circ}{\cdot}49$, and $L - L_J = 147\overset{\circ}{\cdot}23$. Thus the difference between TDB and TT is small and may be neglected.

Step 2.   Tabular values, taken from the JPL DE430/LE430 barycentric ephemeris, referred to the ICRS at J2000·0, which are required for the calculation, are as follows:

Vector	Julian date	Rectangular components		
	$(0^h$ TDB)	x	y	z
$\mathbf{Q}_B$	245 9809·5	−0·163 117 872	+0·637 940 052	+0·296 993 315
	245 9810·5	−0·182 879 586	+0·633 168 844	+0·296 096 950
	245 9811·5	−0·202 502 914	+0·627 894 458	+0·294 965 420
	245 9812·5	−0·221 972 195	+0·622 120 960	+0·293 599 563
	245 9813·5	−0·241 271 886	+0·615 852 821	+0·292 000 410
	245 9814·5	−0·260 386 574	+0·609 094 917	+0·290 169 177
$\mathbf{S}_B$	245 9810·5	−0·009 068 892	+0·001 130 107	+0·000 708 463
	245 9811·5	−0·009 069 597	+0·001 121 725	+0·000 704 924
	245 9812·5	−0·009 070 289	+0·001 113 343	+0·000 701 384
	245 9813·5	−0·009 070 969	+0·001 104 962	+0·000 697 844

Interpolating to the instant JD 245 9812·000 821 746 TDB gives:

$$\mathbf{S}_B = (-0\cdot009\ 069\ 945, \quad +0\cdot001\ 117\ 527, \quad +0\cdot000\ 703\ 151)$$
$$\mathbf{E}_B = (+0\cdot841\ 030\ 787, \quad -0\cdot502\ 435\ 001, \quad -0\cdot217\ 589\ 679)$$
$$\dot{\mathbf{E}}_B = (+0\cdot009\ 056\ 974, \quad +0\cdot013\ 191\ 788, \quad +0\cdot005\ 717\ 989)$$

where Bessel's interpolation formula (see page K14) has been used up to δ^2 for $\mathbf{S}_B$ and δ^4 for $\mathbf{E}_B$ and $\dot{\mathbf{E}}_B$, the tabular values of which may be found on page B81.

$$\mathbf{E} = (+0\cdot850\ 100\ 732, \quad -0\cdot503\ 552\ 529, \quad -0\cdot218\ 292\ 830) \qquad E = 1\cdot011\ 873\ 591$$

The first iteration, with $\tau = 0$, gives:

$$\mathbf{P} = (-1\cdot053\ 304\ 571, \quad +1\cdot127\ 500\ 085, \quad +0\cdot511\ 900\ 279) \qquad P = 1\cdot625\ 653\ 363$$
$$\mathbf{Q} = (-0\cdot203\ 203\ 839, \quad +0\cdot623\ 947\ 556, \quad +0\cdot293\ 607\ 449) \qquad Q = 0\cdot718\ 893\ 377$$
$$\tau = 0\overset{d}{\cdot}009\ 388\ 9912$$

The second iteration, with $\tau = 0\overset{d}{\cdot}009\ 388\ 9912$ using Bessel's interpolation formula up to δ^4 to interpolate $\mathbf{Q}_B$, and up to δ^2 to interpolate $\mathbf{S}_B$, gives:

$$\mathbf{P} = (-1\cdot053\ 121\ 762, \quad +1\cdot127\ 554\ 276, \quad +0\cdot511\ 913\ 094) \qquad P = 1\cdot625\ 576\ 546$$
$$\mathbf{Q} = (-0\cdot203\ 021\ 036, \quad +0\cdot624\ 001\ 669, \quad +0\cdot293\ 620\ 232) \qquad Q = 0\cdot718\ 893\ 917$$
$$\tau = 0\overset{d}{\cdot}009\ 388\ 5475$$

Iterate until P changes by less than 10^{-9}. Hence the unit vectors are:

$$\mathbf{p} = (-0\cdot647\ 845\ 081, \quad +0\cdot693\ 633\ 452, \quad +0\cdot314\ 911\ 712)$$
$$\mathbf{q} = (-0\cdot282\ 407\ 515, \quad +0\cdot868\ 002\ 429, \quad +0\cdot408\ 433\ 322)$$
$$\mathbf{e} = (+0\cdot840\ 125\ 427, \quad -0\cdot497\ 643\ 711, \quad -0\cdot215\ 731\ 324)$$

Example of planetary reduction: Equinox method (continued)

Step 3.   Calculate the scalar products:

$$\mathbf{p} \cdot \mathbf{q} = +0{\cdot}913\,652\,277 \quad \mathbf{e} \cdot \mathbf{p} = -0{\cdot}957\,389\,770 \quad \mathbf{q} \cdot \mathbf{e} = -0{\cdot}757\,325\,546 \qquad \text{then}$$

$$\frac{(2\mu/c^2 E)}{1 + \mathbf{q} \cdot \mathbf{e}}\big((\mathbf{p} \cdot \mathbf{q})\mathbf{e} - (\mathbf{e} \cdot \mathbf{p})\mathbf{q}\big) = (+0{\cdot}000\,000\,040,\ +0{\cdot}000\,000\,030,\ +0{\cdot}000\,000\,016)$$

$$\text{and} \quad \mathbf{p}_1 = (-0{\cdot}647\,845\,041,\ +0{\cdot}693\,633\,482,\ +0{\cdot}314\,911\,727)$$

Step 4.   Take $\dot{\mathbf{E}}_B$, interpolated to JD 245 9812·000 822 TT from *Step* 2 and calculate:

$$\mathbf{V} = 0{\cdot}005\,775\,518\,\dot{\mathbf{E}}_B = (+0{\cdot}000\,052\,309,\quad +0{\cdot}000\,076\,189,\quad +0{\cdot}000\,033\,024)$$

Then $V = 0{\cdot}000\,098\,141$, $\beta = 1{\cdot}000\,000\,005$ and $\beta^{-1} = 0{\cdot}999\,999\,995$

Calculate the scalar product $\mathbf{p}_1 \cdot \mathbf{V} = +0{\cdot}000\,029\,359$

Then $1 + (\mathbf{p}_1 \cdot \mathbf{V})/(1 + \beta^{-1}) = 1{\cdot}000\,014\,680$

Hence $\mathbf{p}_2 = (-0{\cdot}647\,773\,710,\quad +0{\cdot}693\,689\,303,\quad +0{\cdot}314\,935\,504)$

Step 5.   From page B40, the bias, precession and nutation matrix $\mathbf{M}$, interpolated to the required instant JD 245 9812·000 822 TT, is given by:

$$\mathbf{M} = \mathbf{NPB} = \begin{bmatrix} +0{\cdot}999\,985\,079 & -0{\cdot}005\,010\,338 & -0{\cdot}002\,176\,904 \\ +0{\cdot}005\,010\,271 & +0{\cdot}999\,987\,448 & -0{\cdot}000\,036\,545 \\ +0{\cdot}002\,177\,060 & +0{\cdot}000\,025\,637 & +0{\cdot}999\,997\,630 \end{bmatrix}$$

Hence $\mathbf{p}_3 = \mathbf{M}\,\mathbf{p}_2 = (-0{\cdot}651\,925\,247,\ +0{\cdot}690\,423\,565,\ +0{\cdot}313\,542\,300)$

Step 6.   Converting to spherical coordinates $\alpha_e = 8^{\text{h}}\,53^{\text{m}}\,25^{\text{s}}{\cdot}7323$, $\delta = +18°\ 16'\ 22''{\cdot}210$.

Step 7.   From page B18, interpolating in the daily values to the required UT1 instant gives

$$\text{GAST} - \text{UT1} = 21^{\text{h}}\,55^{\text{m}}\,13^{\text{s}}{\cdot}0745, \qquad \text{and thus}$$

$$H = (\text{GAST} - \text{UT1}) - \alpha_e + \text{UT1}$$

$$= 21^{\text{h}}\,55^{\text{m}}\,13^{\text{s}}{\cdot}0745 - 8^{\text{h}}\,53^{\text{m}}\,25^{\text{s}}{\cdot}7323 + 12^{\text{h}}\,00^{\text{m}}\,00^{\text{s}}$$

$$= 15°\ 26'\ 50''{\cdot}133$$

where H, the Greenwich hour angle of Venus, is expressed in angular measure.

Example of planetary reduction: CIO method

Step 1-4.   Repeat Steps 1-4 of the planetary reduction given on page B66, calculating the proper direction of the planet ($\mathbf{p}_2$) in the GCRS, hence

$$\mathbf{p}_2 = (-0{\cdot}647\,773\,710,\quad +0{\cdot}693\,689\,303,\quad +0{\cdot}314\,935\,504)$$

Step 5. From pages B41 extract $\mathbf{C}$, interpolated to the required TT time, that rotates the GCRS to the Celestial Intermediate Reference System, viz:

$$\mathbf{C} = \begin{bmatrix} +0{\cdot}999\,997\,630 & +0{\cdot}000\,000\,009 & -0{\cdot}002\,177\,060 \\ -0{\cdot}000\,000\,065 & +1{\cdot}000\,000\,000 & -0{\cdot}000\,025\,637 \\ +0{\cdot}002\,177\,060 & +0{\cdot}000\,025\,637 & +0{\cdot}999\,997\,630 \end{bmatrix}$$

Hence $\mathbf{p}_3 = \mathbf{C}\,\mathbf{p}_2 = (-0{\cdot}648\,457\,802,\ +0{\cdot}693\,681\,271,\ +0{\cdot}313\,542\,300)$

Example of planetary reduction: CIO method   (continued)

Step 6. Converting to spherical coordinates $\alpha_i = 8^h\ 52^m\ 16\overset{s}{.}8348,\quad \delta = +18°\ 16'\ 22\overset{''}{.}210$.

Step 7. From page B23, interpolating to the required UT1, gives

$$\theta - UT1 = 328°\ 31'\ 02\overset{''}{.}654$$

and thus the Greenwich hour angle (H) of Venus is

$$H = (\theta - UT1) - \alpha_i + UT1$$
$$= 328°\ 31'\ 02\overset{''}{.}654 - 8^h\ 52^m\ 16\overset{s}{.}8348 \times 15 + 12^h\ 00^m\ 00^s \times 15$$
$$= 15°\ 26'\ 50\overset{''}{.}133$$

Summary of planetary reduction examples

Thus on 2022 August 20 at $12^h\ 00^m\ 00^s$ UT1, the position of Venus is

$H = 15°\ 26'\ 50\overset{''}{.}133$ is the Greenwich hour angle ignoring polar motion,

$\delta = +18°\ 16'\ 22\overset{''}{.}210$ is the apparent and intermediate declination,

$\alpha_e = 8^h\ 53^m\ 25\overset{s}{.}7323$ is the apparent (equinox) right ascension, and

$\alpha_i = 8^h\ 52^m\ 16\overset{s}{.}8348$ is the intermediate right ascension

The geometric distance between the Earth and Venus at time $t = JD\ 245\ 9812 \cdot 000\ 822$ TT is the value of $P = 1 \cdot 625\ 653\ 363$ au in the first iteration in *Step 2*, where $\tau = 0$. The distance between the Earth at time t and Venus at time $(t - \tau)$ is the value of $P = 1 \cdot 625\ 576\ 550$ au in the final iteration in *Step 2*, where $\tau = 0\overset{d}{.}009\ 388\ 5476$.

Solar reduction

The method for solar reduction is identical to the method for planetary reduction, except for the following differences:

In *Step 2* set $\mathbf{Q_B} = \mathbf{S_B}$ and hence $\mathbf{P} = \mathbf{S_B}(t - \tau) - \mathbf{E_B}(t)$. Calculate the light time (τ) by iteration from $\tau = P/c$ and form the unit vector $\mathbf{p}$ only.

In *Step 3* set $\mathbf{p}_1 = \mathbf{p}$ since there is no light-deflection from the centre of the Sun's disk.

Stellar reduction overview

The method for planetary reduction may be applied with some modification to the calculation of the apparent places of stars.

The barycentric direction of a star at a particular epoch is calculated from its right ascension, declination and space motion at the catalogue epoch with respect to the ICRS. If the position of the star is not on the ICRS, and the accuracy of the data warrants it, convert it to the ICRS. See page B50 for FK5 to ICRS conversion.

The main modifications to the planetary reduction in the stellar case are: in *Step 1*, the distinction between TDB and TT is not significant; in *Step 2*, the space motion of the star is included but light time is ignored; in *Step 3*, the relativity term for light-deflection is modified to the asymptotic case where the star is assumed to be at infinity.

Formulae and method for stellar reduction

The steps in the stellar reduction are as follows:

Step 1.   Set TDB = TT.

Step 2.   Obtain the Earth's barycentric position $\mathbf{E}_B$ in au and velocity $\dot{\mathbf{E}}_B$ in au/d, at coordinate time $t = $ TDB, referred to the ICRS.

The barycentric direction ($\mathbf{q}$) of a star at epoch J2000·0, referred to the ICRS, is given by:

$$\mathbf{q} = (\cos\alpha_0 \cos\delta_0, \ \sin\alpha_0 \cos\delta_0, \ \sin\delta_0)$$

where α_0 and δ_0 are the ICRS right ascension and declination at epoch J2000·0.

The space motion vector $\mathbf{m} = (m_x, m_y, m_z)$ of the star, expressed in radians per century, is given by:

$$
\begin{aligned}
m_x &= -\mu_\alpha \sin\alpha_0 - \mu_\delta \sin\delta_0 \cos\alpha_0 + v\pi \cos\delta_0 \cos\alpha_0 \\
m_y &= \mu_\alpha \cos\alpha_0 - \mu_\delta \sin\delta_0 \sin\alpha_0 + v\pi \cos\delta_0 \sin\alpha_0 \\
m_z &= \mu_\delta \cos\delta_0 + v\pi \sin\delta_0
\end{aligned}
$$

where (μ_α, μ_δ), the proper motion in right ascension and declination, are in radians/century; μ_α is the measurement in units of a great circle, and so **includes** the $\cos\delta_0$ factor. Note: catalogues give proper motions in various units, e.g., arcseconds per century ("/cy), milliarcseconds per year (mas/yr). Use the factor 1/10 to convert from mas/yr to "/cy. The radial velocity (v) is in au/century (1 km/s = 21·095 au/century), measured positively away from the Earth.

Calculate $\mathbf{P}$, the geocentric vector of the star at the required epoch, as:

$$\mathbf{P} = \mathbf{q} + T\,\mathbf{m} - \pi\,\mathbf{E}_B$$

where $T = (\text{JD}_{TT} - 245\,1545\cdot0)/36\,525$, which is the interval in Julian centuries from J2000·0, and JD_{TT} is the Julian date to one decimal of a day.

Form the heliocentric position of the Earth ($\mathbf{E}$) from:

$$\mathbf{E} = \mathbf{E}_B - \mathbf{S}_B$$

where $\mathbf{S}_B$ is the barycentric position of the Sun at time t.

Form the geocentric direction ($\mathbf{p}$) of the star and the unit vector ($\mathbf{e}$) from $\mathbf{p} = \mathbf{P}/|\mathbf{P}|$ and $\mathbf{e} = \mathbf{E}/|\mathbf{E}|$.

Step 3.   Calculate the geocentric direction ($\mathbf{p}_1$) of the star, corrected for light-deflection, as:

$$\mathbf{p}_1 = \mathbf{p} + (2\mu/c^2 E)(\mathbf{e} - (\mathbf{p}\cdot\mathbf{e})\mathbf{p})/(1 + \mathbf{p}\cdot\mathbf{e})$$

where the dot indicates a scalar product, $\mu/c^2 = 9\cdot87 \times 10^{-9}$ au and $E = |\mathbf{E}|$. Note that the expression is derived from the planetary case by substituting $\mathbf{q} = \mathbf{p}$ in the equation for light-deflection (*Step* 3) given on page B67.

The vector $\mathbf{p}_1$ is a unit vector to order μ/c^2.

Step 4.   Calculate the proper direction ($\mathbf{p}_2$) in the GCRS that is moving with the instantaneous velocity ($\mathbf{V}$) of the Earth, from:

$$\mathbf{p}_2 = (\beta^{-1}\mathbf{p}_1 + (1 + (\mathbf{p}_1\cdot\mathbf{V})/(1 + \beta^{-1}))\mathbf{V})/(1 + \mathbf{p}_1\cdot\mathbf{V})$$

where $\mathbf{V} = \dot{\mathbf{E}}_B/c = 0\cdot005\,7755\,\dot{\mathbf{E}}_B$ and $\beta = (1 - V^2)^{-1/2}$; the velocity ($\mathbf{V}$) is expressed in units of velocity of light.

Equinox method	*CIO method*
Step 5. Follow the left-hand *Steps* 5–7 or *Steps* *5–*6 on page B68.	*Step* 5. Follow the right-hand *Steps* 5–7 or *Steps* *5–*6 on page B68.

Example of stellar reduction: Equinox method

Calculate the apparent position of a fictitious star on 2022 January 1 at $0^h\ 00^m\ 00^s$ TT. The ICRS right ascension (α_0), declination (δ_0), proper motions (μ_α, μ_δ), parallax (π) and radial velocity (v) of the star at J2000·0 are given by:

$\alpha_0 = 14^h\ 39^m\ 36\!\cdot\!^s\!4958$ $\delta_0 = -60°\ 50'\ 02\!\cdot\!''309$ $\pi = 0\!\cdot\!''742 = 3\cdot5973 \times 10^{-6}$ rad

$\mu_\alpha = -367\ 8\cdot06$ mas/yr $\mu_\delta = +482\cdot87$ mas/yr $v = -21\cdot6$ km/s

$\quad = -0\cdot001\ 783\ 174$ rad/cy, $= +0\cdot000\ 234\ 102$ rad/cy, $v\pi = -0\cdot001\ 639\ 121$ rad/cy

Note: $\mu_\alpha = -367\ 8\cdot06$ mas/yr is the arc proper motion in right ascension on a great circle in milliarcseconds per year; it includes the $\cos\delta_0$ factor.

Step 1.   TDB $=$ TT $=$ JD 245 9580·5 TT.

Step 2.   Tabular values of $\mathbf{E_B}$, $\dot{\mathbf{E}}_B$ and $\mathbf{S_B}$, taken from the JPL DE430/LE430 barycentric ephemeris, referred to the ICRS, which are required for the calculation, are as follows:

Vector	Julian date (0^h TDB)	Rectangular components		
		x	y	z
$\mathbf{E_B}$	245 9580·5	$-0\cdot183\ 233\ 688$	$+0\cdot890\ 887\ 338$	$+0\cdot386\ 385\ 814$
$\dot{\mathbf{E}}_B$	245 9580·5	$-0\cdot017\ 221\ 345$	$-0\cdot002\ 870\ 040$	$-0\cdot001\ 243\ 194$
$\mathbf{S_B}$	245 9580·5	$-0\cdot008\ 580\ 125$	$+0\cdot003\ 002\ 312$	$+0\cdot001\ 490\ 226$

From the positional data, calculate:

$$\mathbf{q} = (-0\cdot373\ 860\ 494,\ -0\cdot312\ 618\ 798,\ -0\cdot873\ 211\ 210)$$
$$\mathbf{m} = (-0\cdot000\ 687\ 882,\ +0\cdot001\ 749\ 237,\ +0\cdot001\ 545\ 387)$$

Form $\mathbf{P} = \mathbf{q} + T\,\mathbf{m} - \pi\,\mathbf{E_B} = (-0\cdot374\ 011\ 169,\ -0\cdot312\ 237\ 171,\ -0\cdot872\ 872\ 615)$

where $T = (245\ 9580\cdot5 - 245\ 1545\cdot0)/36\ 525 = +0\cdot220\ 000\ 000,$

and form $\mathbf{E} = \mathbf{E_B} - \mathbf{S_B} = (-0\cdot174\ 653\ 563,\ +0\cdot887\ 885\ 026,\ +0\cdot384\ 895\ 588),$
$\qquad\qquad E = 0\cdot983\ 355\ 632$

Hence the unit vectors are:

$$\mathbf{p} = (-0\cdot374\ 145\ 323,\ -0\cdot312\ 349\ 167,\ -0\cdot873\ 185\ 705)$$
$$\mathbf{e} = (-0\cdot177\ 609\ 765,\ +0\cdot902\ 913\ 449,\ +0\cdot391\ 410\ 366)$$

Step 3.   Calculate the scalar product $\mathbf{p}\cdot\mathbf{e} = -0\cdot557\ 346\ 337$, then

$$\frac{(2\mu/c^2 E)}{(1+\mathbf{p}\cdot\mathbf{e})}(\mathbf{e} - (\mathbf{p}\cdot\mathbf{e})\mathbf{p}) = (-0\cdot000\ 000\ 018,\ +0\cdot000\ 000\ 033,\ -0\cdot000\ 000\ 004)$$

and $\mathbf{p_1} = (-0\cdot374\ 145\ 340,\ -0\cdot312\ 349\ 134,\ -0\cdot873\ 185\ 709)$

Step 4.   Using $\dot{\mathbf{E}}_B$ given in the table in *Step* 2, calculate

$\mathbf{V} = 0\cdot005\ 775\ 518\,\dot{\mathbf{E}}_B = (-0\cdot000\ 099\ 462,\ -0\cdot000\ 016\ 576,\ -0\cdot000\ 007\ 180)$

Then $V = 0\cdot000\ 101\ 089$, $\beta = 1\cdot000\ 000\ 005$ and $\beta^{-1} = 0\cdot999\ 999\ 995$

Calculate the scalar product $\mathbf{p_1}\cdot\mathbf{V} = +0\cdot000\ 048\ 660$

Then $1 + (\mathbf{p_1}\cdot\mathbf{V})/(1+\beta^{-1}) = 1\cdot000\ 024\ 330$

Hence $\mathbf{p_2} = (-0\cdot374\ 226\ 593,\ -0\cdot312\ 350\ 510,\ -0\cdot873\ 150\ 397)$

Example of stellar reduction: Equinox method (continued)

Step 5. From page B30, the bias, precession and nutation matrix **M** is given by:

$$\mathbf{M} = \mathbf{NPB} = \begin{bmatrix} +0.999\ 985\ 985 & -0.004\ 855\ 855 & -0.002\ 109\ 802 \\ +0.004\ 855\ 813 & +0.999\ 988\ 210 & -0.000\ 024\ 852 \\ +0.002\ 109\ 897 & +0.000\ 014\ 607 & +0.999\ 997\ 774 \end{bmatrix}$$

hence $\mathbf{p}_3 = \mathbf{M}\,\mathbf{p}_2 = (-0.370\ 862\ 445,\ -0.314\ 142\ 302,\ -0.873\ 942\ 596)$

Step 6. Converting to spherical coordinates: $\alpha_e = 14^{\rm h}\ 41^{\rm m}\ 03\overset{s}{.}9747, \delta = -60°\ 55'\ 12''\!.281$

Example of stellar reduction: CIO method

Steps 1-4. Repeat Steps 1-4 above, calculating the proper direction of the star ($\mathbf{p}_2$) in the GCRS. Hence

$$\mathbf{p}_2 = (-0.374\ 226\ 593,\quad -0.312\ 350\ 510,\quad -0.873\ 150\ 397)$$

Step 5. From page B31 extract **C** that rotates the GCRS to the CIO and equator of date,

$$\mathbf{C} = \begin{bmatrix} +0.999\ 997\ 774 & +0.000\ 000\ 010 & -0.002\ 109\ 897 \\ -0.000\ 000\ 041 & +1.000\ 000\ 000 & -0.000\ 014\ 607 \\ +0.002\ 109\ 897 & +0.000\ 014\ 607 & +0.999\ 997\ 774 \end{bmatrix}$$

hence $\mathbf{p}_3 = \mathbf{C}\,\mathbf{p}_2 = (-0.372\ 383\ 506,\ -0.312\ 337\ 740,\ -0.873\ 942\ 596)$

Step 6. Converting to spherical coordinates $\alpha_i = 14^{\rm h}\ 39^{\rm m}\ 57\overset{s}{.}2015, \delta = -60°\ 55'\ 12''\!.281$.

Note: the intermediate right ascension (α_i) may also be calculated thus

$$\alpha_i = \alpha_e + E_o = 14^{\rm h}\ 41^{\rm m}\ 03\overset{s}{.}9747 - 66\overset{s}{.}7732$$

where α_e is the apparent (equinox) right ascension and E_o is the equation of the origins, which is tabulated daily at $0^{\rm h}$ UT1 on pages B21–B24.

Approximate reduction to apparent geocentric altitude and azimuth

The following example illustrates an approximate procedure based on the CIO method for calculating the altitude and azimuth of a star for a specified UT1 instant. The procedure given is accurate to about $\pm 1''$. It is valid for 2022 as it uses the relevant annual equations given earlier in this section. Strictly, all the parameters, except the Earth rotation angle (θ), should be evaluated for the equivalent TT (UT1+ΔT) instant.

Example On 2022 January 1 at $0^{\rm h}\ 00^{\rm m}\ 00^{\rm s}$ UT1 calculate the local hour angle (h), declination (δ), and altitude and azimuth of the fictitious star given in the example on page B73, for an observer at W 60°.0, S 30°.0.

Step A The day of the year is 1; the time is $0^{\rm h}\!.000\ 00$ UT1; the ICRS barycentric direction (**q**) and space motion (**m**) of the star at epoch J2000·0 (see page B73) are

$$\mathbf{q} = (-0.373\ 860\ 494,\ -0.312\ 618\ 798,\ -0.873\ 211\ 210)$$
$$\mathbf{m} = (-0.000\ 687\ 882,\ +0.001\ 749\ 237,\ +0.001\ 545\ 387)$$

Apply space motion and ignore parallax to give the approximate geocentric position of the star at the epoch of date with respect to the GCRS

$$\mathbf{p} = \mathbf{q} + T\mathbf{m} = (-0.374\ 011\ 828,\ -0.312\ 233\ 966,\ -0.872\ 871\ 225)$$

where $T = +0.220\ 000\ 000$ centuries from 245 1545·0 TT and $\mathbf{p} = (p_x, p_y, p_z)$ is a column vector.

Approximate reduction to apparent geocentric altitude and azimuth (continued)

Step B Apply aberration and precession-nutation to form

$$x_i = v_x + (1 - \mathcal{X}^2/2)\, p_x \qquad - \qquad\qquad \mathcal{X}\, p_z = -0\cdot372\ 267$$
$$y_i = v_y + \qquad\qquad\qquad p_y - \qquad \mathcal{Y}\, p_z = -0\cdot312\ 238$$
$$z_i = v_z + \qquad \mathcal{X}\, p_x + \mathcal{Y}\, p_y + (1 - \mathcal{X}^2/2)\, p_z = -0\cdot873\ 670$$

where

$$\mathbf{v} = \frac{1}{c}(0\cdot0172 \sin L,\ -0\cdot0158 \cos L,\ -0\cdot0068 \cos L)$$

$$= \frac{1}{173\cdot14}(-0\cdot016\ 90,\ -0\cdot002\ 93,\ -0\cdot001\ 26)$$

where $\mathbf{v}$ in au/day is the approximate barycentric velocity of the Earth, $L = 280^\circ\!\!.7$ is the ecliptic longitude of the Sun, and the speed of light is given by $c = 173\cdot14$ au/d.

$\mathcal{X}, \mathcal{Y}$ are the approximate coordinates of the CIP, given in radians, and are evaluated using the approximate formulae on page B46, with arguments $\Omega = 59^\circ\!\!.5$ and $2L = 201^\circ\!\!.4$, giving

$$\mathcal{X} = +0\cdot002\ 110 \qquad \text{and} \qquad \mathcal{Y} = +0\cdot000\ 015$$

Therefore (x_i, y_i, z_i) is the position vector of the star with respect to the equator and CIO of date, i.e., the position of the star in the Celestial Intermediate Reference System.

Converting to spherical coordinates gives $\alpha_i = 14^h\ 39^m\ 57^s\!\!.2$ and $\delta = -60^\circ\ 55'\ 13''$ (see page B68 *Step 6*).

Step C Transform from the celestial intermediate origin and equator of date to the observer's meridian at longitude $\lambda = -60^\circ\!\!.0$ (west longitudes are negative)

$$x_g = +x_i \cos(\theta + \lambda) + y_i \sin(\theta + \lambda) = -0\cdot485\ 866$$
$$y_g = -x_i \sin(\theta + \lambda) + y_i \cos(\theta + \lambda) = +0\cdot003\ 053$$
$$z_g = +z_i \qquad\qquad\qquad\qquad\qquad\quad = -0\cdot873\ 670$$

where the Earth rotation angle (see page B8) is

$$\theta = 99^\circ\!\!.362\ 547 + 0^\circ\!\!.985\ 6123 \times \text{day of year} + 15^\circ\!\!.041\ 067 \times \text{UT1}$$

$$= 100^\circ\!\!.348\ 159$$

Thus the local hour angle (h) and declination (δ) are calculated using

$$h = \tan^{-1}(-y_g/x_g)$$
$$= 180^\circ\ 21'\ 36''$$
$$\delta = -60^\circ\ 55'\ 13''$$

h is measured positive to the west of the local meridian and the declination is unchanged (from Step B) by the rotation.

Step D Transform to altitude and azimuth (also see page B86), for the observer at latitude $\phi = -30^\circ\!\!.0$:

$$x_t \qquad = -x_g \sin\phi + z_g \cos\phi = -0\cdot999\ 554$$
$$y_t \qquad = +y_g \qquad\qquad\qquad = +0\cdot003\ 053$$
$$z_t \qquad = +x_g \cos\phi + z_g \sin\phi = +0\cdot016\ 063$$

Thus

$$\text{Altitude} = \tan^{-1}\left(\frac{z_t}{\sqrt{x_t^2 + y_t^2}}\right) = +0^\circ\ 55'\ 14''$$

$$\text{Azimuth} = \tan^{-1}\left(\frac{y_t}{x_t}\right) = 179^\circ\ 49'\ 30''$$

where azimuth is measured from north through east in the plane of the horizon.

ICRS, ORIGIN AT SOLAR SYSTEM BARYCENTRE
FOR 0ʰ BARYCENTRIC DYNAMICAL TIME

Date 0ʰ TDB		X	Y	Z	$\dot{X}$	$\dot{Y}$	$\dot{Z}$
Jan.	0	−0·165 986 376	+0·893 618 267	+0·387 568 689	−1727 2311	− 259 1708	− 112 2516
	1	−0·183 233 688	+0·890 887 338	+0·386 385 814	−1722 1345	− 287 0040	− 124 3194
	2	−0·200 427 120	+0·887 878 442	+0·385 082 396	−1716 4545	− 314 7605	− 136 3587
	3	−0·217 560 830	+0·884 592 458	+0·383 658 769	−1710 1903	− 342 4179	− 148 3593
	4	−0·234 628 994	+0·881 030 488	+0·382 115 374	−1703 3468	− 369 9542	− 160 3108
	5	−0·251 625 867	+0·877 193 845	+0·380 452 751	−1695 9338	− 397 3495	− 172 2032
	6	−0·268 545 816	+0·873 084 022	+0·378 671 534	−1687 9646	− 424 5879	− 184 0284
	7	−0·285 383 351	+0·868 702 650	+0·376 772 429	−1679 4531	− 451 6575	− 195 7799
	8	−0·302 133 117	+0·864 051 463	+0·374 756 198	−1670 4131	− 478 5496	− 207 4530
	9	−0·318 789 891	+0·859 132 271	+0·372 623 642	−1660 8567	− 505 2578	− 219 0443
	10	−0·335 348 564	+0·853 946 937	+0·370 375 594	−1650 7944	− 531 7769	− 230 5511
	11	−0·351 804 123	+0·848 497 377	+0·368 012 909	−1640 2352	− 558 1026	− 241 9712
	12	−0·368 151 639	+0·842 785 545	+0·365 536 466	−1629 1871	− 584 2305	− 253 3026
	13	−0·384 386 260	+0·836 813 440	+0·362 947 160	−1617 6574	− 610 1565	− 264 5434
	14	−0·400 503 204	+0·830 583 101	+0·360 245 905	−1605 6528	− 635 8768	− 275 6920
	15	−0·416 497 753	+0·824 096 603	+0·357 433 631	−1593 1793	− 661 3876	− 286 7469
	16	−0·432 365 247	+0·817 356 059	+0·354 511 284	−1580 2428	− 686 6855	− 297 7067
	17	−0·448 101 082	+0·810 363 613	+0·351 479 818	−1566 8484	− 711 7675	− 308 5703
	18	−0·463 700 703	+0·803 121 438	+0·348 340 201	−1553 0004	− 736 6310	− 319 3369
	19	−0·479 159 590	+0·795 631 731	+0·345 093 405	−1538 7022	− 761 2733	− 330 0059
	20	−0·494 473 254	+0·787 896 717	+0·341 740 410	−1523 9561	− 785 6920	− 340 5767
	21	−0·509 637 223	+0·779 918 646	+0·338 282 200	−1508 7632	− 809 8842	− 351 0487
	22	−0·524 647 028	+0·771 699 800	+0·334 719 768	−1493 1233	− 833 8465	− 361 4211
	23	−0·539 498 195	+0·763 242 497	+0·331 054 115	−1477 0352	− 857 5747	− 371 6928
	24	−0·554 186 231	+0·754 549 104	+0·327 286 252	−1460 4968	− 881 0635	− 381 8625
	25	−0·568 706 619	+0·745 622 047	+0·323 417 213	−1443 5049	− 904 3062	− 391 9278
	26	−0·583 054 806	+0·736 463 829	+0·319 448 053	−1426 0560	− 927 2943	− 401 8861
	27	−0·597 226 203	+0·727 077 045	+0·315 379 862	−1408 1463	− 950 0171	− 411 7331
	28	−0·611 216 186	+0·717 464 413	+0·311 213 778	−1389 7727	− 972 4616	− 421 4637
	29	−0·625 020 106	+0·707 628 793	+0·306 950 998	−1370 9338	− 994 6120	− 431 0713
	30	−0·638 633 316	+0·697 573 214	+0·302 592 789	−1351 6312	−1016 4504	− 440 5478
	31	−0·652 051 205	+0·687 300 889	+0·298 140 508	−1331 8709	−1037 9578	− 449 8844
Feb.	1	−0·665 269 244	+0·676 815 221	+0·293 595 597	−1311 6636	−1059 1161	− 459 0722
	2	−0·678 283 037	+0·666 119 785	+0·288 959 587	−1291 0242	−1079 9090	− 468 1030
	3	−0·691 088 348	+0·655 218 300	+0·284 234 083	−1269 9706	−1100 3243	− 476 9700
	4	−0·703 681 130	+0·644 114 588	+0·279 420 749	−1248 5214	−1120 3532	− 485 6685
	5	−0·716 057 518	+0·632 812 540	+0·274 521 286	−1226 6949	−1139 9907	− 494 1953
	6	−0·728 213 824	+0·621 316 088	+0·269 537 421	−1204 5075	−1159 2340	− 502 5486
	7	−0·740 146 513	+0·609 629 180	+0·264 470 895	−1181 9737	−1178 0817	− 510 7276
	8	−0·751 852 187	+0·597 755 776	+0·259 323 452	−1159 1065	−1196 5331	− 518 7317
	9	−0·763 327 570	+0·585 699 841	+0·254 096 844	−1135 9172	−1214 5877	− 526 5607
	10	−0·774 569 493	+0·573 465 346	+0·248 792 822	−1112 4163	−1232 2450	− 534 2144
	11	−0·785 574 889	+0·561 056 267	+0·243 413 140	−1088 6136	−1249 5045	− 541 6927
	12	−0·796 340 789	+0·548 476 584	+0·237 959 552	−1064 5185	−1266 3657	− 548 9957
	13	−0·806 864 314	+0·535 730 280	+0·232 433 810	−1040 1399	−1282 8288	− 556 1235
	14	−0·817 142 670	+0·522 821 335	+0·226 837 665	−1015 4862	−1298 8940	− 563 0765
	15	−0·827 173 145	+0·509 753 724	+0·221 172 859	− 990 5648	−1314 5621	− 569 8556

$\dot{X}, \dot{Y}, \dot{Z}$ are in units of 10^{-9} au / d.

ICRS, ORIGIN AT SOLAR SYSTEM BARYCENTRE
FOR 0ʰ BARYCENTRIC DYNAMICAL TIME

Date 0^h TDB	X	Y	Z	$\dot{X}$	$\dot{Y}$	$\dot{Z}$
Feb. 15	−0·827 173 145	+0·509 753 724	+0·221 172 859	− 990 5648	−1314 5621	− 569 8556
16	−0·836 953 096	+0·496 531 412	+0·215 441 128	− 965 3822	−1329 8343	− 576 4618
17	−0·846 479 934	+0·483 158 353	+0·209 644 197	− 939 9432	−1344 7117	− 582 8960
18	−0·855 751 116	+0·469 638 491	+0·203 783 777	− 914 2512	−1359 1951	− 589 1595
19	−0·864 764 121	+0·455 975 765	+0·197 861 573	− 888 3080	−1373 2845	− 595 2531
20	−0·873 516 441	+0·442 174 119	+0·191 879 281	− 862 1142	−1386 9785	− 601 1769
21	−0·882 005 567	+0·428 237 522	+0·185 838 602	− 835 6691	−1400 2741	− 606 9305
22	−0·890 228 983	+0·414 169 982	+0·179 741 244	− 808 9720	−1413 1661	− 612 5123
23	−0·898 184 166	+0·399 975 568	+0·173 588 936	− 782 0225	−1425 6474	− 617 9199
24	−0·905 868 591	+0·385 658 433	+0·167 383 440	− 754 8208	−1437 7089	− 623 1495
25	−0·913 279 749	+0·371 222 827	+0·161 126 556	− 727 3692	−1449 3394	− 628 1964
26	−0·920 415 158	+0·356 673 123	+0·154 820 139	− 699 6723	−1460 5265	− 633 0551
27	−0·927 272 400	+0·342 013 819	+0·148 466 103	− 671 7374	−1471 2569	− 637 7192
28	−0·933 849 149	+0·327 249 551	+0·142 066 426	− 643 5757	−1481 5174	− 642 1822
Mar. 1	−0·940 143 206	+0·312 385 079	+0·135 623 150	− 615 2017	−1491 2959	− 646 4379
2	−0·946 152 533	+0·297 425 273	+0·129 138 378	− 586 6329	−1500 5827	− 650 4808
3	−0·951 875 280	+0·282 375 086	+0·122 614 257	− 557 8889	−1509 3712	− 654 3069
4	−0·957 309 795	+0·267 239 522	+0·116 052 970	− 528 9898	−1517 6580	− 657 9139
5	−0·962 454 624	+0·252 023 601	+0·109 456 712	− 499 9549	−1525 4427	− 661 3009
6	−0·967 308 500	+0·236 732 334	+0·102 827 685	− 470 8021	−1532 7274	− 664 4681
7	−0·971 870 326	+0·221 370 708	+0·096 168 079	− 441 5473	−1539 5154	− 667 4168
8	−0·976 139 152	+0·205 943 668	+0·089 480 072	− 412 2044	−1545 8108	− 670 1487
9	−0·980 114 161	+0·190 456 120	+0·082 765 822	− 382 7859	−1551 6177	− 672 6657
10	−0·983 794 655	+0·174 912 928	+0·076 027 469	− 353 3030	−1556 9404	− 674 9697
11	−0·987 180 043	+0·159 318 913	+0·069 267 132	− 323 7664	−1561 7828	− 677 0627
12	−0·990 269 836	+0·143 678 859	+0·062 486 911	− 294 1857	−1566 1491	− 678 9468
13	−0·993 063 642	+0·127 997 503	+0·055 688 885	− 264 5705	−1570 0437	− 680 6241
14	−0·995 561 160	+0·112 279 541	+0·048 875 109	− 234 9295	−1573 4712	− 682 0971
15	−0·997 762 173	+0·096 529 619	+0·042 047 615	− 205 2707	−1576 4367	− 683 3684
16	−0·999 666 537	+0·080 752 329	+0·035 208 404	− 175 6006	−1578 9457	− 684 4409
17	−1·001 274 166	+0·064 952 208	+0·028 359 449	− 145 9245	−1581 0038	− 685 3178
18	−1·002 585 016	+0·049 133 739	+0·021 502 691	− 116 2453	−1582 6161	− 686 0021
19	−1·003 599 065	+0·033 301 358	+0·014 640 041	− 86 5642	−1583 7867	− 686 4965
20	−1·004 316 292	+0·017 459 470	+0·007 773 388	− 56 8807	−1584 5178	− 686 8029
21	−1·004 736 665	+0·001 612 468	+0·000 904 607	− 27 1933	−1584 8093	− 686 9219
22	−1·004 860 140	−0·014 235 240	−0·005 964 425	+ 2 4992	−1584 6581	− 686 8531
23	−1·004 686 664	−0·030 079 202	−0·012 831 821	+ 32 1969	−1584 0591	− 686 5943
24	−1·004 216 192	−0·045 914 905	−0·019 695 667	+ 61 8977	−1583 0048	− 686 1423
25	−1·003 448 714	−0·061 737 752	−0·026 554 011	+ 91 5969	−1581 4866	− 685 4933
26	−1·002 384 286	−0·077 543 061	−0·033 404 862	+ 121 2864	−1579 4958	− 684 6428
27	−1·001 023 055	−0·093 326 064	−0·040 246 181	+ 150 9554	−1577 0239	− 683 5863
28	−0·999 365 292	−0·109 081 913	−0·047 075 888	+ 180 5903	−1574 0639	− 682 3198
29	−0·997 411 416	−0·124 805 697	−0·053 891 865	+ 210 1752	−1570 6104	− 680 8399
30	−0·995 162 013	−0·140 492 465	−0·060 691 967	+ 239 6925	−1566 6604	− 679 1444
31	−0·992 617 851	−0·156 137 249	−0·067 474 029	+ 269 1239	−1562 2135	− 677 2319
Apr. 1	−0·989 779 882	−0·171 735 087	−0·074 235 883	+ 298 4511	−1557 2720	− 675 1028
2	−0·986 649 235	−0·187 281 054	−0·080 975 368	+ 327 6566	−1551 8402	− 672 7584

$\dot{X}$, $\dot{Y}$, $\dot{Z}$ are in units of 10^{-9} au / d.

ICRS, ORIGIN AT SOLAR SYSTEM BARYCENTRE
FOR 0^h BARYCENTRIC DYNAMICAL TIME

Date 0^h TDB	X	Y	Z	$\dot{X}$	$\dot{Y}$	$\dot{Z}$
Apr. 1	−0·989 779 882	−0·171 735 087	−0·074 235 883	+ 298 4511	−1557 2720	− 675 1028
2	−0·986 649 235	−0·187 281 054	−0·080 975 368	+ 327 6566	−1551 8402	− 672 7584
3	−0·983 227 210	−0·202 770 278	−0·087 690 342	+ 356 7242	−1545 9246	− 670 2011
4	−0·979 515 257	−0·218 197 958	−0·094 378 690	+ 385 6399	−1539 5327	− 667 4339
5	−0·975 514 961	−0·233 559 370	−0·101 038 332	+ 414 3911	−1532 6726	− 664 4604
6	−0·971 228 021	−0·248 849 877	−0·107 667 223	+ 442 9668	−1525 3527	− 661 2845
7	−0·966 656 242	−0·264 064 920	−0·114 263 359	+ 471 3575	−1517 5814	− 657 9099
8	−0·961 801 517	−0·279 200 027	−0·120 824 771	+ 499 5544	−1509 3667	− 654 3404
9	−0·956 665 825	−0·294 250 804	−0·127 349 531	+ 527 5497	−1500 7168	− 650 5800
10	−0·951 251 221	−0·309 212 939	−0·133 835 747	+ 555 3358	−1491 6397	− 646 6324
11	−0·945 559 829	−0·324 082 203	−0·140 281 568	+ 582 9061	−1482 1438	− 642 5018
12	−0·939 593 838	−0·338 854 449	−0·146 685 186	+ 610 2547	−1472 2378	− 638 1924
13	−0·933 355 488	−0·353 525 622	−0·153 044 835	+ 637 3772	−1461 9307	− 633 7087
14	−0·926 847 058	−0·368 091 756	−0·159 358 794	+ 664 2705	−1451 2314	− 629 0553
15	−0·920 070 845	−0·382 548 973	−0·165 625 391	+ 690 9338	−1440 1487	− 624 2370
16	−0·913 029 143	−0·396 893 475	−0·171 842 998	+ 717 3688	−1428 6897	− 619 2578
17	−0·905 724 220	−0·411 121 529	−0·178 010 022	+ 743 5786	−1416 8596	− 614 1209
18	−0·898 158 307	−0·425 229 437	−0·184 124 895	+ 769 5677	−1404 6604	− 608 8279
19	−0·890 333 590	−0·439 213 504	−0·190 186 060	+ 795 3398	−1392 0909	− 603 3789
20	−0·882 252 228	−0·453 070 007	−0·196 191 947	+ 820 8967	−1379 1467	− 597 7721
21	−0·873 916 378	−0·466 795 169	−0·202 140 966	+ 846 2368	−1365 8217	− 592 0045
22	−0·865 328 233	−0·480 385 149	−0·208 031 489	+ 871 3544	−1352 1090	− 586 0725
23	−0·856 490 060	−0·493 836 038	−0·213 861 857	+ 896 2406	−1338 0027	− 579 9727
24	−0·847 404 233	−0·507 143 877	−0·219 630 374	+ 920 8832	−1323 4986	− 573 7021
25	−0·838 073 256	−0·520 304 676	−0·225 335 323	+ 945 2680	−1308 5945	− 567 2588
26	−0·828 499 782	−0·533 314 434	−0·230 974 971	+ 969 3800	−1293 2908	− 560 6418
27	−0·818 686 619	−0·546 169 169	−0·236 547 582	+ 993 2034	−1277 5902	− 553 8515
28	−0·808 636 727	−0·558 864 932	−0·242 051 428	+1016 7230	−1261 4976	− 546 8891
29	−0·798 353 221	−0·571 397 835	−0·247 484 799	+1039 9240	−1245 0195	− 539 7570
30	−0·787 839 355	−0·583 764 065	−0·252 846 012	+1062 7928	−1228 1643	− 532 4583
May 1	−0·777 098 513	−0·595 959 896	−0·258 133 423	+1085 3173	−1210 9416	− 524 9970
2	−0·766 134 193	−0·607 981 706	−0·263 345 425	+1107 4867	−1193 3617	− 517 3775
3	−0·754 949 994	−0·619 825 975	−0·268 480 461	+1129 2918	−1175 4354	− 509 6045
4	−0·743 549 598	−0·631 489 297	−0·273 537 021	+1150 7250	−1157 1739	− 501 6832
5	−0·731 936 757	−0·642 968 373	−0·278 513 647	+1171 7797	−1138 5881	− 493 6185
6	−0·720 115 283	−0·654 260 014	−0·283 408 929	+1192 4506	−1119 6888	− 485 4155
7	−0·708 089 039	−0·665 361 139	−0·288 221 511	+1212 7331	−1100 4866	− 477 0791
8	−0·695 861 929	−0·676 268 772	−0·292 950 084	+1232 6232	−1080 9921	− 468 6145
9	−0·683 437 893	−0·686 980 043	−0·297 593 390	+1252 1178	−1061 2159	− 460 0266
10	−0·670 820 899	−0·697 492 188	−0·302 150 223	+1271 2147	−1041 1688	− 451 3207
11	−0·658 014 930	−0·707 802 551	−0·306 619 428	+1289 9127	−1020 8615	− 442 5021
12	−0·645 023 973	−0·717 908 587	−0·310 999 908	+1308 2125	−1000 3049	− 433 5763
13	−0·631 851 999	−0·727 807 852	−0·315 290 616	+1326 1166	− 979 5092	− 424 5486
14	−0·618 502 944	−0·737 498 003	−0·319 490 557	+1343 6299	− 958 4831	− 415 4238
15	−0·604 980 681	−0·746 976 770	−0·323 598 780	+1360 7593	− 937 2334	− 406 2055
16	−0·591 289 012	−0·756 241 935	−0·327 614 364	+1377 5123	− 915 7629	− 396 8960
17	−0·577 431 665	−0·765 291 291	−0·331 536 398	+1393 8962	− 894 0711	− 387 4954

$\dot{X}$, $\dot{Y}$, $\dot{Z}$ are in units of 10^{-9} au / d.

ICRS, ORIGIN AT SOLAR SYSTEM BARYCENTRE
FOR 0ʰ BARYCENTRIC DYNAMICAL TIME

Date 0ʰ TDB	X	Y	Z	$\dot{X}$	$\dot{Y}$	$\dot{Z}$
May 17	−0·577 431 665	−0·765 291 291	−0·331 536 398	+1393 8962	− 894 0711	− 387 4954
18	−0·563 412 305	−0·774 122 606	−0·335 363 962	+1409 9151	− 872 1539	− 378 0018
19	−0·549 234 579	−0·782 733 597	−0·339 096 113	+1425 5691	− 850 0051	− 368 4121
20	−0·534 902 156	−0·791 121 917	−0·342 731 872	+1440 8532	− 827 6188	− 358 7227
21	−0·520 418 778	−0·799 285 166	−0·346 270 224	+1455 7583	− 804 9906	− 348 9305
22	−0·505 788 292	−0·807 220 917	−0·349 710 133	+1470 2726	− 782 1191	− 339 0337
23	−0·491 014 674	−0·814 926 742	−0·353 050 547	+1484 3825	− 759 0058	− 329 0317
24	−0·476 102 033	−0·822 400 242	−0·356 290 420	+1498 0750	− 735 6552	− 318 9257
25	−0·461 054 609	−0·829 639 077	−0·359 428 720	+1511 3371	− 712 0741	− 308 7176
26	−0·445 876 764	−0·836 640 983	−0·362 464 443	+1524 1574	− 688 2708	− 298 4107
27	−0·430 572 968	−0·843 403 785	−0·365 396 617	+1536 5256	− 664 2551	− 288 0087
28	−0·415 147 789	−0·849 925 413	−0·368 224 313	+1548 4327	− 640 0378	− 277 5160
29	−0·399 605 877	−0·856 203 906	−0·370 946 650	+1559 8709	− 615 6300	− 266 9374
30	−0·383 951 954	−0·862 237 418	−0·373 562 793	+1570 8340	− 591 0437	− 256 2783
31	−0·368 190 799	−0·868 024 225	−0·376 071 964	+1581 3167	− 566 2909	− 245 5438
June 1	−0·352 327 234	−0·873 562 722	−0·378 473 438	+1591 3154	− 541 3839	− 234 7397
2	−0·336 366 114	−0·878 851 430	−0·380 766 545	+1600 8273	− 516 3348	− 223 8715
3	−0·320 312 316	−0·883 888 985	−0·382 950 673	+1609 8507	− 491 1556	− 212 9448
4	−0·304 170 729	−0·888 674 147	−0·385 025 264	+1618 3851	− 465 8580	− 201 9650
5	−0·287 946 245	−0·893 205 790	−0·386 989 816	+1626 4303	− 440 4537	− 190 9379
6	−0·271 643 750	−0·897 482 902	−0·388 843 882	+1633 9875	− 414 9539	− 179 8687
7	−0·255 268 115	−0·901 504 587	−0·390 587 069	+1641 0585	− 389 3700	− 168 7631
8	−0·238 824 190	−0·905 270 060	−0·392 219 040	+1647 6463	− 363 7132	− 157 6265
9	−0·222 316 785	−0·908 778 644	−0·393 739 513	+1653 7555	− 337 9942	− 146 4642
10	−0·205 750 656	−0·912 029 771	−0·395 148 257	+1659 3921	− 312 2232	− 135 2816
11	−0·189 130 489	−0·915 022 963	−0·396 445 093	+1664 5646	− 286 4086	− 124 0832
12	−0·172 460 878	−0·917 757 820	−0·397 629 881	+1669 2828	− 260 5569	− 112 8726
13	−0·155 746 312	−0·920 233 986	−0·398 702 510	+1673 5573	− 234 6707	− 101 6516
14	−0·138 991 177	−0·922 451 117	−0·399 662 878	+1677 3980	− 208 7492	− 90 4200
15	−0·122 199 776	−0·924 408 838	−0·400 510 869	+1680 8114	− 182 7879	− 79 1759
16	−0·105 376 366	−0·926 106 721	−0·401 246 342	+1683 7996	− 156 7804	− 67 9156
17	−0·088 525 213	−0·927 544 272	−0·401 869 115	+1686 3589	− 130 7207	− 56 6354
18	−0·071 650 643	−0·928 720 948	−0·402 378 973	+1688 4812	− 104 6051	− 45 3324
19	−0·054 757 083	−0·929 636 188	−0·402 775 681	+1690 1553	− 78 4336	− 34 0051
20	−0·037 849 071	−0·930 289 447	−0·403 058 996	+1691 3695	− 52 2101	− 22 6541
21	−0·020 931 262	−0·930 680 239	−0·403 228 692	+1692 1128	− 25 9416	− 11 2816
22	−0·004 008 415	−0·930 808 158	−0·403 284 568	+1692 3758	+ 3628	+ 1091
23	+0·012 914 627	−0·930 672 898	−0·403 226 464	+1692 1508	+ 26 6925	+ 11 5137
24	+0·029 832 954	−0·930 274 262	−0·403 054 263	+1691 4319	+ 53 0360	+ 22 9276
25	+0·046 741 604	−0·929 612 170	−0·402 767 897	+1690 2147	+ 79 3817	+ 34 3457
26	+0·063 635 576	−0·928 686 660	−0·402 367 352	+1688 4960	+ 105 7176	+ 45 7627
27	+0·080 509 845	−0·927 497 891	−0·401 852 664	+1686 2738	+ 132 0316	+ 57 1733
28	+0·097 359 371	−0·926 046 142	−0·401 223 925	+1683 5473	+ 158 3115	+ 68 5720
29	+0·114 179 110	−0·924 331 815	−0·400 481 283	+1680 3165	+ 184 5452	+ 79 9531
30	+0·130 964 023	−0·922 355 433	−0·399 624 940	+1676 5825	+ 210 7205	+ 91 3111
July 1	+0·147 709 088	−0·920 117 638	−0·398 655 157	+1672 3475	+ 236 8256	+ 102 6403
2	+0·164 409 312	−0·917 619 194	−0·397 572 249	+1667 6146	+ 262 8487	+ 113 9351

$\dot{X}$, $\dot{Y}$, $\dot{Z}$ are in units of 10^{-9} au / d.

POSITION AND VELOCITY OF THE EARTH, 2022

ICRS, ORIGIN AT SOLAR SYSTEM BARYCENTRE
FOR 0^h BARYCENTRIC DYNAMICAL TIME

Date 0^h TDB	X	Y	Z	$\dot{X}$	$\dot{Y}$	$\dot{Z}$
July 1	+0·147 709 088	−0·920 117 638	−0·398 655 157	+1672 3475	+ 236 8256	+ 102 6403
2	+0·164 409 312	−0·917 619 194	−0·397 572 249	+1667 6146	+ 262 8487	+ 113 9351
3	+0·181 059 735	−0·914 860 976	−0·396 376 588	+1662 3880	+ 288 7784	+ 125 1901
4	+0·197 655 444	−0·911 843 975	−0·395 068 597	+1656 6728	+ 314 6036	+ 136 3999
5	+0·214 191 583	−0·908 569 288	−0·393 648 757	+1650 4751	+ 340 3137	+ 147 5593
6	+0·230 663 360	−0·905 038 118	−0·392 117 597	+1643 8019	+ 365 8987	+ 158 6631
7	+0·247 066 064	−0·901 251 764	−0·390 475 696	+1636 6618	+ 391 3489	+ 169 7067
8	+0·263 395 072	−0·897 211 617	−0·388 723 679	+1629 0646	+ 416 6561	+ 180 6855
9	+0·279 645 869	−0·892 919 142	−0·386 862 213	+1621 0215	+ 441 8133	+ 191 5960
10	+0·295 814 057	−0·888 375 865	−0·384 891 995	+1612 5449	+ 466 8163	+ 202 4356
11	+0·311 895 364	−0·883 583 337	−0·382 813 741	+1603 6474	+ 491 6634	+ 213 2032
12	+0·327 885 640	−0·878 543 109	−0·380 628 167	+1594 3404	+ 516 3569	+ 223 8997
13	+0·343 780 835	−0·873 256 695	−0·378 335 975	+1584 6323	+ 540 9017	+ 234 5276
14	+0·359 576 961	−0·867 725 548	−0·375 937 831	+1574 5265	+ 565 3047	+ 245 0907
15	+0·375 270 034	−0·861 951 053	−0·373 434 363	+1564 0211	+ 589 5721	+ 255 5931
16	+0·390 856 029	−0·855 934 546	−0·370 826 162	+1553 1095	+ 613 7075	+ 266 0377
17	+0·406 330 838	−0·849 677 345	−0·368 113 798	+1541 7823	+ 637 7104	+ 276 4255
18	+0·421 690 258	−0·843 180 796	−0·365 297 842	+1530 0300	+ 661 5760	+ 286 7559
19	+0·436 929 992	−0·836 446 308	−0·362 378 882	+1517 8440	+ 685 2964	+ 297 0259
20	+0·452 045 670	−0·829 475 386	−0·359 357 539	+1505 2181	+ 708 8613	+ 307 2316
21	+0·467 032 874	−0·822 269 638	−0·356 234 481	+1492 1484	+ 732 2594	+ 317 3683
22	+0·481 887 154	−0·814 830 794	−0·353 010 421	+1478 6333	+ 755 4788	+ 327 4309
23	+0·496 604 053	−0·807 160 696	−0·349 686 127	+1464 6724	+ 778 5080	+ 337 4143
24	+0·511 179 119	−0·799 261 307	−0·346 262 417	+1450 2669	+ 801 3353	+ 347 3132
25	+0·525 607 916	−0·791 134 700	−0·342 740 162	+1435 4189	+ 823 9495	+ 357 1225
26	+0·539 886 033	−0·782 783 064	−0·339 120 283	+1420 1314	+ 846 3393	+ 366 8370
27	+0·554 009 092	−0·774 208 699	−0·335 403 754	+1404 4082	+ 868 4936	+ 376 4516
28	+0·567 972 760	−0·765 414 015	−0·331 591 602	+1388 2541	+ 890 4012	+ 385 9609
29	+0·581 772 756	−0·756 401 533	−0·327 684 904	+1371 6747	+ 912 0513	+ 395 3598
30	+0·595 404 859	−0·747 173 882	−0·323 684 791	+1354 6769	+ 933 4333	+ 404 6432
31	+0·608 864 926	−0·737 733 796	−0·319 592 443	+1337 2687	+ 954 5367	+ 413 8058
Aug. 1	+0·622 148 895	−0·728 084 108	−0·315 409 092	+1319 4590	+ 975 3520	+ 422 8430
2	+0·635 252 802	−0·718 227 746	−0·311 136 016	+1301 2581	+ 995 8702	+ 431 7502
3	+0·648 172 789	−0·708 167 723	−0·306 774 536	+1282 6770	+1016 0831	+ 440 5232
4	+0·660 905 116	−0·697 907 124	−0·302 326 012	+1263 7280	+1035 9840	+ 449 1583
5	+0·673 446 167	−0·687 449 101	−0·297 791 839	+1244 4243	+1055 5674	+ 457 6527
6	+0·685 792 464	−0·676 796 848	−0·293 173 434	+1224 7795	+1074 8296	+ 466 0042
7	+0·697 940 668	−0·665 953 585	−0·288 472 234	+1204 8079	+1093 7692	+ 474 2118
8	+0·709 887 578	−0·654 922 535	−0·283 689 676	+1184 5230	+1112 3875	+ 482 2760
9	+0·721 630 123	−0·643 706 893	−0·278 827 187	+1163 9368	+1130 6884	+ 490 1985
10	+0·733 165 338	−0·632 309 804	−0·273 886 167	+1143 0580	+1148 6780	+ 497 9828
11	+0·744 490 323	−0·620 734 345	−0·268 867 979	+1121 8911	+1166 3637	+ 505 6328
12	+0·755 602 198	−0·608 983 522	−0·263 773 944	+1100 4357	+1183 7518	+ 513 1527
13	+0·766 498 060	−0·597 060 289	−0·258 605 348	+1078 6873	+1200 8460	+ 520 5455
14	+0·777 174 945	−0·584 967 582	−0·253 363 454	+1056 6391	+1217 6463	+ 527 8123
15	+0·787 629 819	−0·572 708 358	−0·248 049 524	+1034 2839	+1234 1483	+ 534 9525
16	+0·797 859 581	−0·560 285 636	−0·242 664 836	+1011 6162	+1250 3444	+ 541 9632

$\dot{X}, \dot{Y}, \dot{Z}$ are in units of 10^{-9} au / d.

ICRS, ORIGIN AT SOLAR SYSTEM BARYCENTRE
FOR 0ʰ BARYCENTRIC DYNAMICAL TIME

Date 0ʰ TDB	X	Y	Z	$\dot{X}$	$\dot{Y}$	$\dot{Z}$
Aug. 16	+0·797 859 581	−0·560 285 636	−0·242 664 836	+1011 6162	+1250 3444	+ 541 9632
17	+0·807 861 089	−0·547 702 522	−0·237 210 705	+ 988 6328	+1266 2249	+ 548 8405
18	+0·817 631 182	−0·534 962 226	−0·231 688 485	+ 965 3332	+1281 7791	+ 555 5800
19	+0·827 166 705	−0·522 068 064	−0·226 099 580	+ 941 7193	+1296 9962	+ 562 1767
20	+0·836 464 533	−0·509 023 461	−0·220 445 442	+ 917 7947	+1311 8657	+ 568 6259
21	+0·845 521 580	−0·495 831 943	−0·214 727 569	+ 893 5642	+1326 3775	+ 574 9229
22	+0·854 334 815	−0·482 497 135	−0·208 947 507	+ 869 0334	+1340 5221	+ 581 0632
23	+0·862 901 269	−0·469 022 757	−0·203 106 843	+ 844 2090	+1354 2901	+ 587 0424
24	+0·871 218 039	−0·455 412 618	−0·197 207 210	+ 819 0979	+1367 6725	+ 592 8561
25	+0·879 282 298	−0·441 670 622	−0·191 250 286	+ 793 7083	+1380 6603	+ 598 5000
26	+0·887 091 305	−0·427 800 758	−0·185 237 791	+ 768 0489	+1393 2445	+ 603 9697
27	+0·894 642 410	−0·413 807 106	−0·179 171 488	+ 742 1298	+1405 4166	+ 609 2608
28	+0·901 933 072	−0·399 693 827	−0·173 053 183	+ 715 9622	+1417 1685	+ 614 3692
29	+0·908 960 869	−0·385 465 162	−0·166 884 725	+ 689 5588	+1428 4927	+ 619 2910
30	+0·915 723 508	−0·371 125 420	−0·160 667 996	+ 662 9333	+1439 3830	+ 624 0228
31	+0·922 218 843	−0·356 678 965	−0·154 404 911	+ 636 1005	+1449 8346	+ 628 5619
Sept. 1	+0·928 444 879	−0·342 130 202	−0·148 097 407	+ 609 0760	+1459 8443	+ 632 9062
2	+0·934 399 777	−0·327 483 557	−0·141 747 439	+ 581 8756	+1469 4109	+ 637 0549
3	+0·940 081 858	−0·312 743 458	−0·135 356 962	+ 554 5150	+1478 5352	+ 641 0079
4	+0·945 489 594	−0·297 914 317	−0·128 927 930	+ 527 0092	+1487 2202	+ 644 7664
5	+0·950 621 602	−0·283 000 503	−0·122 462 275	+ 499 3715	+1495 4707	+ 648 3328
6	+0·955 476 622	−0·268 006 329	−0·115 961 902	+ 471 6133	+1503 2935	+ 651 7106
7	+0·960 053 493	−0·252 936 032	−0·109 428 678	+ 443 7427	+1510 6966	+ 654 9038
8	+0·964 351 116	−0·237 793 770	−0·102 864 425	+ 415 7640	+1517 6879	+ 657 9171
9	+0·968 368 416	−0·222 583 623	−0·096 270 921	+ 387 6780	+1524 2743	+ 660 7548
10	+0·972 104 310	−0·207 309 618	−0·089 649 905	+ 359 4821	+1530 4602	+ 663 4198
11	+0·975 557 677	−0·191 975 752	−0·083 003 095	+ 331 1720	+1536 2463	+ 665 9137
12	+0·978 727 355	−0·176 586 033	−0·076 332 202	+ 302 7436	+1541 6300	+ 668 2363
13	+0·981 612 144	−0·161 144 512	−0·069 638 947	+ 274 1940	+1546 6056	+ 670 3855
14	+0·984 210 829	−0·145 655 307	−0·062 925 080	+ 245 5228	+1551 1655	+ 672 3582
15	+0·986 522 203	−0·130 122 615	−0·056 192 383	+ 216 7324	+1555 3013	+ 674 1508
16	+0·988 545 094	−0·114 550 722	−0·049 442 678	+ 187 8272	+1559 0045	+ 675 7592
17	+0·990 278 385	−0·098 943 994	−0·042 677 826	+ 158 8137	+1562 2671	+ 677 1796
18	+0·991 721 031	−0·083 306 874	−0·035 899 725	+ 129 6994	+1565 0817	+ 678 4084
19	+0·992 872 066	−0·067 643 876	−0·029 110 308	+ 100 4928	+1567 4416	+ 679 4424
20	+0·993 730 611	−0·051 959 578	−0·022 311 538	+ 71 2031	+1569 3406	+ 680 2783
21	+0·994 295 883	−0·036 258 620	−0·015 505 412	+ 41 8399	+1570 7727	+ 680 9131
22	+0·994 567 197	−0·020 545 700	−0·008 693 956	+ 12 4133	+1571 7321	+ 681 3438
23	+0·994 543 976	−0·004 825 573	−0·001 879 227	− 17 0653	+1572 2131	+ 681 5674
24	+0·994 225 758	+0·010 896 950	+0·004 936 691	− 46 5838	+1572 2104	+ 681 5808
25	+0·993 612 211	+0·026 617 006	+0·011 751 679	− 76 1287	+1571 7190	+ 681 3813
26	+0·992 703 147	+0·042 329 687	+0·018 563 598	− 105 6847	+1570 7349	+ 680 9663
27	+0·991 498 535	+0·058 030 054	+0·025 370 282	− 135 2354	+1569 2557	+ 680 3341
28	+0·989 998 514	+0·073 713 149	+0·032 169 553	− 164 7635	+1567 2807	+ 679 4838
29	+0·988 203 401	+0·089 374 021	+0·038 959 231	− 194 2509	+1564 8118	+ 678 4156
30	+0·986 113 690	+0·105 007 751	+0·045 737 144	− 223 6803	+1561 8529	+ 677 1310
Oct. 1	+0·983 730 043	+0·120 609 468	+0·052 501 139	− 253 0353	+1558 4107	+ 675 6327

$\dot{X}$, $\dot{Y}$, $\dot{Z}$ are in units of 10^{-9} au / d.

ICRS, ORIGIN AT SOLAR SYSTEM BARYCENTRE
FOR 0^h BARYCENTRIC DYNAMICAL TIME

Date 0^h TDB	X	Y	Z	$\dot{X}$	$\dot{Y}$	$\dot{Z}$
Oct. 1	+0·983 730 043	+0·120 609 468	+0·052 501 139	− 253 0353	+1558 4107	+ 675 6327
2	+0·981 053 280	+0·136 174 380	+0·059 249 099	− 282 3016	+1554 4933	+ 673 9247
3	+0·978 084 348	+0·151 697 783	+0·065 978 950	− 311 4672	+1550 1106	+ 672 0117
4	+0·974 824 301	+0·167 175 076	+0·072 688 668	− 340 5232	+1545 2729	+ 669 8989
5	+0·971 274 269	+0·182 601 760	+0·079 376 282	− 369 4636	+1539 9906	+ 667 5919
6	+0·967 435 425	+0·197 973 437	+0·086 039 876	− 398 2854	+1534 2731	+ 665 0958
7	+0·963 308 957	+0·213 285 797	+0·092 677 582	− 426 9883	+1528 1282	+ 662 4151
8	+0·958 896 051	+0·228 534 594	+0·099 287 575	− 455 5736	+1521 5612	+ 659 5533
9	+0·954 197 868	+0·243 715 624	+0·105 868 052	− 484 0440	+1514 5748	+ 656 5125
10	+0·949 215 548	+0·258 824 692	+0·112 417 229	− 512 4013	+1507 1687	+ 653 2930
11	+0·943 950 216	+0·273 857 591	+0·118 933 316	− 540 6463	+1499 3404	+ 649 8943
12	+0·938 403 000	+0·288 810 080	+0·125 414 512	− 568 7777	+1491 0859	+ 646 3146
13	+0·932 575 053	+0·303 677 872	+0·131 858 997	− 596 7918	+1482 4002	+ 642 5517
14	+0·926 467 575	+0·318 456 631	+0·138 264 927	− 624 6827	+1473 2787	+ 638 6031
15	+0·920 081 835	+0·333 141 978	+0·144 630 432	− 652 4429	+1463 7169	+ 634 4665
16	+0·913 419 181	+0·347 729 490	+0·150 953 623	− 680 0638	+1453 7114	+ 630 1399
17	+0·906 481 056	+0·362 214 716	+0·157 232 590	− 707 5357	+1443 2591	+ 625 6216
18	+0·899 268 998	+0·376 593 176	+0·163 465 410	− 734 8486	+1432 3579	+ 620 9100
19	+0·891 784 650	+0·390 860 371	+0·169 650 143	− 761 9919	+1421 0059	+ 616 0040
20	+0·884 029 762	+0·405 011 785	+0·175 784 837	− 788 9546	+1409 2013	+ 610 9021
21	+0·876 006 198	+0·419 042 885	+0·181 867 528	− 815 7251	+1396 9429	+ 605 6033
22	+0·867 715 943	+0·432 949 125	+0·187 896 241	− 842 2906	+1384 2292	+ 600 1062
23	+0·859 161 116	+0·446 725 948	+0·193 868 988	− 868 6371	+1371 0595	+ 594 4099
24	+0·850 343 983	+0·460 368 796	+0·199 783 772	− 894 7489	+1357 4342	+ 588 5136
25	+0·841 266 976	+0·473 873 120	+0·205 638 594	− 920 6091	+1343 3551	+ 582 4175
26	+0·831 932 702	+0·487 234 400	+0·211 431 460	− 946 1993	+1328 8265	+ 576 1228
27	+0·822 343 951	+0·500 448 175	+0·217 160 397	− 971 5013	+1313 8555	+ 569 6321
28	+0·812 503 694	+0·513 510 069	+0·222 823 464	− 996 4978	+1298 4523	+ 562 9497
29	+0·802 415 063	+0·526 415 822	+0·228 418 771	−1021 1739	+1282 6295	+ 556 0813
30	+0·792 081 324	+0·539 161 310	+0·233 944 492	−1045 5177	+1266 4016	+ 549 0337
31	+0·781 505 843	+0·551 742 554	+0·239 398 872	−1069 5211	+1249 7834	+ 541 8142
Nov. 1	+0·770 692 052	+0·564 155 725	+0·244 780 228	−1093 1794	+1232 7894	+ 534 4302
2	+0·759 643 411	+0·576 397 132	+0·250 086 949	−1116 4909	+1215 4325	+ 526 8883
3	+0·748 363 390	+0·588 463 204	+0·255 317 488	−1139 4558	+1197 7240	+ 519 1946
4	+0·736 855 444	+0·600 350 470	+0·260 470 352	−1162 0761	+1179 6728	+ 511 3540
5	+0·725 123 008	+0·612 055 540	+0·265 544 091	−1184 3543	+1161 2856	+ 503 3702
6	+0·713 169 491	+0·623 575 078	+0·270 537 287	−1206 2927	+1142 5670	+ 495 2458
7	+0·700 998 281	+0·634 905 784	+0·275 448 544	−1227 8931	+1123 5194	+ 486 9824
8	+0·688 612 755	+0·646 044 374	+0·280 276 474	−1249 1558	+1104 1439	+ 478 5806
9	+0·676 016 294	+0·656 987 567	+0·285 019 693	−1270 0797	+1084 4402	+ 470 0401
10	+0·663 212 301	+0·667 732 082	+0·289 676 813	−1290 6616	+1064 4079	+ 461 3607
11	+0·650 204 219	+0·678 274 627	+0·294 246 441	−1310 8966	+1044 0462	+ 452 5415
12	+0·636 995 546	+0·688 611 908	+0·298 727 175	−1330 7785	+1023 3551	+ 443 5821
13	+0·623 589 852	+0·698 740 631	+0·303 117 613	−1350 2997	+1002 3349	+ 434 4821
14	+0·609 990 781	+0·708 657 512	+0·307 416 349	−1369 4521	+ 980 9868	+ 425 2415
15	+0·596 202 067	+0·718 359 281	+0·311 621 976	−1388 2270	+ 959 3127	+ 415 8606
16	+0·582 227 530	+0·727 842 686	+0·315 733 095	−1406 6153	+ 937 3147	+ 406 3398

$\dot{X}$, $\dot{Y}$, $\dot{Z}$ are in units of 10^{-9} au / d.

ICRS, ORIGIN AT SOLAR SYSTEM BARYCENTRE
FOR 0^h BARYCENTRIC DYNAMICAL TIME

Date 0^h TDB	X	Y	Z	$\dot{X}$	$\dot{Y}$	$\dot{Z}$
Nov. 16	+0·582 227 530	+0·727 842 686	+0·315 733 095	−1406 6153	+ 937 3147	+ 406 3398
17	+0·568 071 082	+0·737 104 503	+0·319 748 309	−1424 6075	+ 914 9954	+ 396 6797
18	+0·553 736 733	+0·746 141 534	+0·323 666 227	−1442 1937	+ 892 3578	+ 386 8809
19	+0·539 228 597	+0·754 950 608	+0·327 485 467	−1459 3631	+ 869 4048	+ 376 9441
20	+0·524 550 900	+0·763 528 591	+0·331 204 653	−1476 1038	+ 846 1401	+ 366 8702
21	+0·509 707 995	+0·771 872 385	+0·334 822 418	−1492 4024	+ 822 5680	+ 356 6603
22	+0·494 704 376	+0·779 978 946	+0·338 337 411	−1508 2441	+ 798 6947	+ 346 3163
23	+0·479 544 690	+0·787 845 303	+0·341 748 308	−1523 6128	+ 774 5288	+ 335 8415
24	+0·464 233 750	+0·795 468 587	+0·345 053 820	−1538 4926	+ 750 0822	+ 325 2404
25	+0·448 776 517	+0·802 846 063	+0·348 252 718	−1552 8689	+ 725 3702	+ 314 5199
26	+0·433 178 089	+0·809 975 166	+0·351 343 846	−1566 7303	+ 700 4108	+ 303 6881
27	+0·417 443 652	+0·816 853 521	+0·354 326 140	−1580 0699	+ 675 2239	+ 292 7544
28	+0·401 578 438	+0·823 478 950	+0·357 198 628	−1592 8855	+ 649 8287	+ 281 7285
29	+0·385 587 683	+0·829 849 461	+0·359 960 433	−1605 1789	+ 624 2431	+ 270 6193
30	+0·369 476 585	+0·835 963 226	+0·362 610 762	−1616 9549	+ 598 4819	+ 259 4345
Dec. 1	+0·353 250 290	+0·841 818 555	+0·365 148 893	−1628 2195	+ 572 5574	+ 248 1804
2	+0·336 913 879	+0·847 413 862	+0·367 574 157	−1638 9789	+ 546 4789	+ 236 8620
3	+0·320 472 375	+0·852 747 645	+0·369 885 931	−1649 2391	+ 520 2538	+ 225 4830
4	+0·303 930 746	+0·857 818 467	+0·372 083 625	−1659 0048	+ 493 8875	+ 214 0463
5	+0·287 293 916	+0·862 624 939	+0·374 166 671	−1668 2797	+ 467 3844	+ 202 5538
6	+0·270 566 779	+0·867 165 711	+0·376 134 519	−1677 0663	+ 440 7479	+ 191 0069
7	+0·253 754 213	+0·871 439 461	+0·377 986 633	−1685 3657	+ 413 9807	+ 179 4069
8	+0·236 861 091	+0·875 444 898	+0·379 722 483	−1693 1774	+ 387 0855	+ 167 7544
9	+0·219 892 295	+0·879 180 753	+0·381 341 549	−1700 4999	+ 360 0649	+ 156 0503
10	+0·202 852 732	+0·882 645 787	+0·382 843 319	−1707 3304	+ 332 9218	+ 144 2952
11	+0·185 747 340	+0·885 838 791	+0·384 227 287	−1713 6652	+ 305 6595	+ 132 4902
12	+0·168 581 096	+0·888 758 593	+0·385 492 960	−1719 4997	+ 278 2820	+ 120 6363
13	+0·151 359 029	+0·891 404 062	+0·386 639 855	−1724 8292	+ 250 7938	+ 108 7350
14	+0·134 086 215	+0·893 774 117	+0·387 667 507	−1729 6481	+ 223 2000	+ 96 7879
15	+0·116 767 787	+0·895 867 727	+0·388 575 467	−1733 9509	+ 195 5059	+ 84 7968
16	+0·099 408 937	+0·897 683 919	+0·389 363 303	−1737 7315	+ 167 7172	+ 72 7636
17	+0·082 014 920	+0·899 221 776	+0·390 030 605	−1740 9832	+ 139 8400	+ 60 6903
18	+0·064 591 062	+0·900 480 446	+0·390 576 983	−1743 6984	+ 111 8809	+ 48 5792
19	+0·047 142 771	+0·901 459 145	+0·391 002 071	−1745 8683	+ 83 8472	+ 36 4327
20	+0·029 675 546	+0·902 157 172	+0·391 305 530	−1747 4831	+ 55 7479	+ 24 2541
21	+0·012 194 996	+0·902 573 921	+0·391 487 060	−1748 5317	+ 27 5941	+ 12 0478
22	−0·005 293 164	+0·902 708 919	+0·391 546 412	−1749 0032	− 5999	− 1804
23	−0·022 783 114	+0·902 561 849	+0·391 483 406	−1748 8883	− 28 8161	− 12 4224
24	−0·040 268 955	+0·902 132 592	+0·391 297 949	−1748 1810	− 57 0337	− 24 6688
25	−0·057 744 756	+0·901 421 244	+0·390 990 052	−1746 8808	− 85 2305	− 36 9087
26	−0·075 204 609	+0·900 428 125	+0·390 559 832	−1744 9926	− 113 3846	− 49 1315
27	−0·092 642 679	+0·899 153 757	+0·390 007 511	−1742 5260	− 141 4773	− 61 3275
28	−0·110 053 244	+0·897 598 834	+0·389 333 398	−1739 4936	− 169 4935	− 73 4889
29	−0·127 430 708	+0·895 764 179	+0·388 537 868	−1735 9083	− 197 4221	− 85 6099
30	−0·144 769 608	+0·893 650 710	+0·387 621 348	−1731 7824	− 225 2552	− 97 6864
31	−0·162 064 591	+0·891 259 413	+0·386 584 299	−1727 1267	− 252 9869	− 109 7155
32	−0·179 310 406	+0·888 591 324	+0·385 427 203	−1721 9501	− 280 6130	− 121 6952

$\dot{X}$, $\dot{Y}$, $\dot{Z}$ are in units of 10^{-9} au / d.

Reduction for polar motion

The rotation of the Earth can be represented by a diurnal rotation about a reference axis whose motion with respect to a space-fixed system is given by the theories of precession and nutation plus very small (< 1 mas) corrections from observations. The pole of the reference axis is the celestial intermediate pole (CIP) and the system within which it moves is the GCRS (see page B25). The equator of date is orthogonal to the axis of the CIP. The axis of the CIP also moves with respect to the standard geodetic coordinate system, the ITRS (see below), which is fixed (in a specifically defined sense) with respect to the crust of the Earth. The motion of the CIP within the ITRS is known as polar motion; the path of the pole is quasi-circular with a maximum radius of about 10 m (0″.3) and principal periods of 365 and 428 days. The longer period component of the spin axis relative to the mean figure axis is called the Chandler wobble. It is the free nutation of the nonrigid triaxial mantle and crust of the Earth. The Chandler wobble is excited primarily by transfer of angular momentum from the atmosphere and oceans to the Earth's crust and mantle. The annual component is driven by seasonal effects. Polar motion as a whole is affected by unpredictable geophysical forces and must be determined continuously from various kinds of observations.

The origin of the International Terrestrial Reference System (ITRS) is the geocentre and the directions of its axes are defined implicitly by the adoption of a set of coordinates of stations (instruments) used to determine UT1 and polar motion from observations. The ITRS is systematically within a few centimetres of WGS 84, the geodetic system provided by GPS. The orientation of the Terrestrial Intermediate Reference System (see page B26) with respect to the ITRS is given by successive rotations through the three small angles y, x, and $-s'$. The celestial reference system is then obtained by a rotation about the z-axis, either by Greenwich apparent sidereal time (GAST) if the celestial coordinates are with respect to the true equator and equinox of date; or by the Earth rotation angle (θ) if the celestial coordinates are with respect to the Celestial Intermediate Reference System.

The small angle s', called the TIO locator, is a measure of the secular drift of the terrestrial intermediate origin (TIO), with respect to geodetic zero longitude, that is, the very slow systematic rotation of the Terrestrial Intermediate Reference System with respect to the ITRS (due to polar motion). The value of s' (see below) is minuscule and may be set to zero unless very precise results are needed.

The quantities x, y correspond to the coordinates of the CIP with respect to the ITRS, measured along the meridians at longitudes $0°$ and $270°$ ($90°$ west). Current values of the coordinates, x, y, of the pole for use in the reduction of observations are published by the Central Bureau of the IERS (see *The Astronomical Almanac Online* for web links). Previous values, from 1970 January 1 onwards, are given on page K10 at 3-monthly intervals. For precise work the values at 5-day intervals from the IERS should be used. The coordinates x and y are usually measured in arcseconds.

The longitude and latitude of a terrestrial observer, λ and ϕ, used in astronomical formulae (e.g., for hour angle or the determination of astronomical time), should be expressed in the Terrestrial Intermediate Reference System, that is, corrected for polar motion:

$$\lambda = \lambda_{\text{ITRS}} + \left(x \sin \lambda_{\text{ITRS}} + y \cos \lambda_{\text{ITRS}} \right) \tan \phi_{\text{ITRS}}$$

$$\phi = \phi_{\text{ITRS}} + \left(x \cos \lambda_{\text{ITRS}} - y \sin \lambda_{\text{ITRS}} \right)$$

where λ_{ITRS} and ϕ_{ITRS} are the ITRS (geodetic) longitude and latitude of the observer, and x and y are the ITRS coordinates of the CIP, in the same units as λ and ϕ. These formulae are approximate and should not be used for places at polar latitudes.

Reduction for polar motion (continued)

The rigorous transformation of a vector $\mathbf{p}_3$ with respect to the celestial system to the corresponding vector $\mathbf{p}_4$ with respect to the ITRS is given by the formula:

$$\mathbf{p}_4 = \mathbf{R}_1(-y)\,\mathbf{R}_2(-x)\,\mathbf{R}_3(s')\,\mathbf{R}_3(\beta)\,\mathbf{p}_3$$

and conversely,

$$\mathbf{p}_3 = \mathbf{R}_3(-\beta)\,\mathbf{R}_3(-s')\,\mathbf{R}_2(x)\,\mathbf{R}_1(y)\,\mathbf{p}_4$$

where the TIO locator

$$s' = -0''000\,047\,T$$

and T is measured in Julian centuries of 365 25 days from 245 1545·0 TT. Some previous values of x and y are tabulated on page K10. Note, the standard rotation matrices $\mathbf{R}_1$, $\mathbf{R}_2$, $\mathbf{R}_3$ are given on page K19 and correspond to rotations about the x, y and z axes, respectively.

The method to form the vector $\mathbf{p}_3$ for celestial objects is given on page B68. However, the vectors given above could represent, for example, the coordinates of a point on the Earth's surface or of a satellite in orbit around the Earth. The quantity β depends on whether the true equinox or the celestial intermediate origin (CIO) is used, viz:

Equinox method	*CIO method*
where $\beta =$ GAST, Greenwich apparent sidereal time, tabulated daily at 0^{h} UT1 on pages B13–B20. GAST must be used if $\mathbf{p}_3$ is an equinox based position,	or $\beta = \theta$, the Earth rotation angle, tabulated daily at 0^{h} UT1 on pages B21–B24. ERA must be used when $\mathbf{p}_3$ is a CIO based position.

Reduction for diurnal parallax and diurnal aberration

The computation of diurnal parallax and aberration due to the displacement of the observer from the centre of the Earth requires a knowledge of the geocentric coordinates (ρ, geocentric distance in units of the Earth's equatorial radius, and ϕ', geocentric latitude, see the explanation beginning on page K11) of the place of observation, and the local hour angle (h).

For bodies whose equatorial horizontal parallax (π) normally amounts to only a few arcseconds the corrections for diurnal parallax in right ascension and declination (in the sense geocentric place *minus* topocentric place) are given by:

$$\Delta\alpha = \pi(\rho\cos\phi'\sin h\sec\delta)$$
$$\Delta\delta = \pi(\rho\sin\phi'\cos\delta - \rho\cos\phi'\cos h\sin\delta)$$

and

$$h = \mathrm{GAST} - \alpha_e + \lambda$$
$$= \theta - \alpha_i + \lambda$$

where λ is the longitude. $\mathrm{GAST} - \alpha_e$ is the hour angle calculated from the Greenwich apparent sidereal time and the equinox right ascension, whereas $\theta - \alpha_i$ is the hour angle formed from the Earth rotation angle and the CIO right ascension. π may be calculated from $8''794$ divided by the geocentric distance of the body (in au). For the Moon (and other very close bodies) more precise formulae are required (see page D3).

The corrections for diurnal aberration in right ascension and declination (in the sense apparent place *minus* mean place) are given by:

$$\Delta\alpha = 0^{\mathrm{s}}0213\,\rho\,\cos\phi'\,\cos h\sec\delta$$
$$\Delta\delta = 0''319\,\rho\,\cos\phi'\,\sin h\sin\delta$$

Reduction for diurnal parallax and diurnal aberration (continued)

For a body at transit the local hour angle (h) is zero and so $\Delta\delta$ is zero, but

$$\Delta\alpha = \pm 0^s\!\cdot\!0213\,\rho\,\cos\phi'\,\sec\delta$$

where the plus and minus signs are used for the upper and lower transits, respectively; this may be regarded as a correction to the time of transit.

Alternatively, the effects may be computed in rectangular coordinates using the following expressions for the geocentric coordinates and velocity components of the observer with respect to the celestial equatorial reference system:

position: $(\ a_e\rho\cos\phi'\cos(\beta+\lambda),\ a_e\rho\cos\phi'\sin(\beta+\lambda),\ a_e\rho\sin\phi')$

velocity: $(-a_e\omega\rho\cos\phi'\sin(\beta+\lambda),\ a_e\omega\rho\cos\phi'\cos(\beta+\lambda),\ 0)$

where β is the Greenwich sidereal time (mean or apparent) or the Earth rotation angle (as appropriate), λ is the longitude of the observer (east longitudes are positive), a_e is the equatorial radius of the Earth and ω the angular velocity of the Earth.

$$a_e\omega = 0\!\cdot\!465\,\text{km/s} = 0\!\cdot\!269\times 10^{-3}\,\text{au/d} \qquad c = 2\!\cdot\!998\times 10^5\,\text{km/s} = 173\!\cdot\!14\,\text{au/d}$$

$$a_e\omega/c = 1\!\cdot\!55\times 10^{-6}\,\text{rad} = 0''\!\cdot\!320 = 0^s\!\cdot\!0213$$

These geocentric position and velocity vectors of the observer are added to the barycentric position and velocity of the Earth's centre, respectively, to obtain the corresponding barycentric vectors of the observer. Then, the procedures on pages B66–B75 may be followed using the barycentric position and velocity of the observer rather than $\mathbf{E}_\text{B}$ and $\dot{\mathbf{E}}_\text{B}$.

Conversion to altitude and azimuth

It is convenient to use the local hour angle (h) as an intermediary in the conversion from the right ascension (α_e or α_i) and declination (δ) to the azimuth (A_z) and altitude (a).

In order to determine the local hour angle (see page B11) corresponding to the UT1 of the observation, first obtain either Greenwich apparent sidereal time (GAST), see pages B13–B20, or the Earth rotation angle (θ) tabulated on pages B21–B24. This choice depends on whether the right ascension is with respect to the equinox or the CIO, respectively. The formulae are:

Then
$$h = \text{GAST} + \lambda - \alpha_e = \theta + \lambda - \alpha_i$$

$$\cos a \sin A_z = -\cos\delta\sin h$$
$$\cos a \cos A_z = \sin\delta\cos\phi - \cos\delta\cos h\sin\phi$$
$$\sin a = \sin\delta\sin\phi + \cos\delta\cos h\cos\phi$$

where azimuth (A_z) is measured from the north through east in the plane of the horizon, altitude (a) is measured perpendicular to the horizon, and λ, ϕ are the astronomical values (see page K13) of the east longitude and latitude of the place of observation. The plane of the horizon is defined to be perpendicular to the apparent direction of gravity. Zenith distance is given by $z = 90° - a$.

For most purposes the values of the geodetic longitude and latitude may be used but in some cases the effects of local gravity anomalies and polar motion (see page B84) must be included. For full precision, the values of α, δ must be corrected for diurnal parallax and diurnal aberration. The inverse formulae are:

$$\cos\delta\sin h = -\cos a\sin A_z$$
$$\cos\delta\cos h = \sin a\cos\phi - \cos a\cos A_z\sin\phi$$
$$\sin\delta = \sin a\sin\phi + \cos a\cos A_z\cos\phi$$

Correction for refraction

For most astronomical purposes the effect of refraction in the Earth's atmosphere is to decrease the zenith distance (computed by the formulae of the previous section) by an amount R that depends on the zenith distance and on the meteorological conditions at the site. A simple expression for R for zenith distances less than $75°$ (altitudes greater than $15°$) is:

$$R = 0°004\ 52\ P\tan z/(273 + T)$$
$$= 0°004\ 52\ P/((273 + T)\tan a)$$

where T is the temperature (°C) and P is the barometric pressure (millibars). This formula is usually accurate to about 0.1 for altitudes above $15°$, but the error increases rapidly at lower altitudes, especially in abnormal meteorological conditions. For observed apparent altitudes below $15°$ use the approximate formula:

$$R = P(0.1594 + 0.0196a + 0.000\ 02a^2)/[(273 + T)(1 + 0.505a + 0.0845a^2)]$$

where the altitude a is in degrees.

DETERMINATION OF LATITUDE AND AZIMUTH

Use of the Polaris table

The table on pages B88-B91 gives data for obtaining latitude from an observed altitude of Polaris (suitably corrected for instrumental errors and refraction) and the azimuth of this star (measured from north, positive to the east and negative to the west), for all hour angles and northern latitudes. The six tabulated quantities, each given to a precision of 0.1, are a_0, a_1, a_2, referring to the correction to altitude, and b_0, b_1, b_2, to the azimuth.

$$\text{latitude} = \text{corrected observed altitude } + a_0 + a_1 + a_2$$
$$\text{azimuth} = (b_0 + b_1 + b_2)/\cos(\text{latitude})$$

The table is to be entered with the local apparent sidereal time of observation (LAST), and gives the values of a_0, b_0 directly; interpolation, with maximum differences of 0.7, can be done mentally. To the precision of these tables local mean sidereal time may be used instead of LAST. In the same vertical column, the values of a_1, b_1 are found with the latitude, and those of a_2, b_2 with the date, as argument. Thus all six quantities can, if desired, be extracted together. The errors due to the adoption of a mean value of the local sidereal time for each of the subsidiary tables have been reduced to a minimum, and the total error is not likely to exceed 0.2. Interpolation between columns should not be attempted.

The observed altitude must be corrected for refraction before being used to determine the astronomical latitude of the place of observation. Both the latitude and the azimuth so obtained are affected by local gravity anomalies if the altitude is measured with respect to a plane orthogonal to the local gravity vector, e.g., a liquid surface.

POLARIS TABLE, 2022

LST	0^h		1^h		2^h		3^h		4^h		5^h	
	a_0	b_0	a_0	b_0	a_0	b_0	a_0	b_0	a_0	b_0	a_0	b_0
m	′	′	′	′	′	′	′	′	′	′	′	′
0	−27·1	+27·5	−33·3	+19·5	−37·2	+10·1	−38·5	0·0	−37·2	−10·1	−33·3	−19·5
3	−27·4	+27·1	−33·5	+19·0	−37·3	+ 9·6	−38·5	− 0·5	−37·0	−10·6	−33·0	−19·9
6	−27·8	+26·8	−33·8	+18·6	−37·4	+ 9·1	−38·5	− 1·0	−36·9	−11·1	−32·8	−20·3
9	−28·1	+26·4	−34·0	+18·1	−37·5	+ 8·6	−38·5	− 1·5	−36·7	−11·6	−32·5	−20·8
12	−28·5	+26·0	−34·2	+17·7	−37·6	+ 8·1	−38·4	− 2·0	−36·6	−12·0	−32·2	−21·2
15	−28·8	+25·6	−34·5	+17·2	−37·7	+ 7·6	−38·4	− 2·5	−36·4	−12·5	−31·9	−21·6
18	−29·2	+25·3	−34·7	+16·8	−37·8	+ 7·1	−38·4	− 3·0	−36·3	−13·0	−31·7	−22·0
21	−29·5	+24·9	−34·9	+16·3	−37·9	+ 6·6	−38·3	− 3·6	−36·1	−13·5	−31·4	−22·5
24	−29·8	+24·5	−35·1	+15·9	−38·0	+ 6·1	−38·3	− 4·1	−35·9	−14·0	−31·1	−22·9
27	−30·1	+24·1	−35·3	+15·4	−38·1	+ 5·6	−38·2	− 4·6	−35·7	−14·4	−30·8	−23·3
30	−30·4	+23·7	−35·5	+14·9	−38·2	+ 5·1	−38·2	− 5·1	−35·5	−14·9	−30·5	−23·7
33	−30·7	+23·3	−35·7	+14·5	−38·2	+ 4·6	−38·1	− 5·6	−35·3	−15·4	−30·1	−24·1
36	−31·1	+22·9	−35·9	+14·0	−38·3	+ 4·1	−38·0	− 6·1	−35·1	−15·8	−29·8	−24·5
39	−31·3	+22·5	−36·1	+13·5	−38·3	+ 3·6	−37·9	− 6·6	−34·9	−16·3	−29·5	−24·9
42	−31·6	+22·1	−36·3	+13·0	−38·4	+ 3·1	−37·8	− 7·1	−34·7	−16·8	−29·2	−25·2
45	−31·9	+21·6	−36·4	+12·5	−38·4	+ 2·6	−37·8	− 7·6	−34·5	−17·2	−28·8	−25·6
48	−32·2	+21·2	−36·6	+12·1	−38·4	+ 2·1	−37·6	− 8·1	−34·3	−17·7	−28·5	−26·0
51	−32·5	+20·8	−36·7	+11·6	−38·5	+ 1·5	−37·5	− 8·6	−34·0	−18·1	−28·2	−26·4
54	−32·8	+20·4	−36·9	+11·1	−38·5	+ 1·0	−37·4	− 9·1	−33·8	−18·6	−27·8	−26·8
57	−33·0	+19·9	−37·0	+10·6	−38·5	+ 0·5	−37·3	− 9·6	−33·5	−19·0	−27·5	−27·1
60	−33·3	+19·5	−37·2	+10·1	−38·5	0·0	−37·2	−10·1	−33·3	−19·5	−27·1	−27·5

Lat.	a_1	b_1	a_1	b_1	a_1	b_1	a_1	b_1	a_1	b_1	a_1	b_1
°	′	′	′	′	′	′	′	′	′	′	′	′
0	− 0·1	− 0·2	0·0	− 0·2	0·0	− 0·1	0·0	+ 0·1	0·0	+ 0·2	− 0·1	+ 0·2
10	− 0·1	− 0·2	0·0	− 0·2	0·0	− 0·1	0·0	+ 0·1	0·0	+ 0·2	− 0·1	+ 0·2
20	− 0·1	− 0·2	0·0	− 0·1	0·0	0·0	0·0	0·0	0·0	+ 0·1	− 0·1	+ 0·2
30	0·0	− 0·1	0·0	− 0·1	0·0	0·0	0·0	0·0	0·0	+ 0·1	0·0	+ 0·1
40	0·0	− 0·1	0·0	− 0·1	0·0	0·0	0·0	0·0	0·0	+ 0·1	0·0	+ 0·1
45	0·0	0·0	0·0	0·0	0·0	0·0	0·0	0·0	0·0	0·0	0·0	0·0
50	0·0	0·0	0·0	0·0	0·0	0·0	0·0	0·0	0·0	0·0	0·0	0·0
55	0·0	0·0	0·0	0·0	0·0	0·0	0·0	0·0	0·0	0·0	0·0	0·0
60	0·0	+ 0·1	0·0	0·0	0·0	0·0	0·0	0·0	0·0	0·0	0·0	− 0·1
62	+ 0·1	+ 0·1	0·0	+ 0·1	0·0	0·0	0·0	0·0	0·0	− 0·1	+ 0·1	− 0·1
64	+ 0·1	+ 0·2	0·0	+ 0·1	0·0	0·0	0·0	0·0	0·0	− 0·1	+ 0·1	− 0·2
66	+ 0·1	+ 0·2	0·0	+ 0·2	0·0	+ 0·1	0·0	− 0·1	0·0	− 0·2	+ 0·1	− 0·2

Month	a_2	b_2	a_2	b_2	a_2	b_2	a_2	b_2	a_2	b_2	a_2	b_2
Jan.	+ 0·1	− 0·1	+ 0·1	− 0·1	+ 0·2	0·0	+ 0·2	0·0	+ 0·2	+ 0·1	+ 0·1	+ 0·1
Feb.	+ 0·1	− 0·2	+ 0·1	− 0·2	+ 0·2	− 0·2	+ 0·2	− 0·1	+ 0·2	− 0·1	+ 0·3	0·0
Mar.	− 0·1	− 0·3	0·0	− 0·3	+ 0·1	− 0·3	+ 0·2	− 0·3	+ 0·2	− 0·2	+ 0·3	− 0·1
Apr.	− 0·2	− 0·3	− 0·1	− 0·4	0·0	− 0·4	+ 0·1	− 0·4	+ 0·2	− 0·3	+ 0·2	− 0·3
May	− 0·3	− 0·2	− 0·3	− 0·3	− 0·2	− 0·3	− 0·1	− 0·4	0·0	− 0·4	+ 0·1	− 0·4
June	− 0·4	− 0·1	− 0·3	− 0·2	− 0·3	− 0·2	− 0·2	− 0·3	− 0·1	− 0·3	0·0	− 0·4
July	− 0·3	+ 0·1	− 0·3	0·0	− 0·3	− 0·1	− 0·3	− 0·2	− 0·2	− 0·2	− 0·2	− 0·3
Aug.	− 0·2	+ 0·2	− 0·2	+ 0·1	− 0·3	+ 0·1	− 0·3	0·0	− 0·3	− 0·1	− 0·2	− 0·1
Sept.	0·0	+ 0·3	− 0·1	+ 0·3	− 0·2	+ 0·2	− 0·2	+ 0·2	− 0·3	+ 0·1	− 0·3	0·0
Oct.	+ 0·2	+ 0·3	+ 0·1	+ 0·3	0·0	+ 0·3	− 0·1	+ 0·3	− 0·2	+ 0·3	− 0·2	+ 0·2
Nov.	+ 0·3	+ 0·2	+ 0·3	+ 0·3	+ 0·2	+ 0·4	+ 0·1	+ 0·4	0·0	+ 0·4	− 0·1	+ 0·4
Dec.	+ 0·5	+ 0·1	+ 0·4	+ 0·2	+ 0·4	+ 0·3	+ 0·3	+ 0·4	+ 0·2	+ 0·4	0·0	+ 0·5

Latitude = Corrected observed altitude of *Polaris* + $a_0 + a_1 + a_2$

Azimuth of *Polaris* = $(b_0 + b_1 + b_2)$ / cos (latitude)

LST	6^h		7^h		8^h		9^h		10^h		11^h	
	a_0	b_0	a_0	b_0	a_0	b_0	a_0	b_0	a_0	b_0	a_0	b_0
m	′	′	′	′	′	′	′	′	′	′	′	′
0	−27·1	−27·5	−19·1	−33·6	−9·7	−37·3	+0·2	−38·5	+10·2	−37·1	+19·4	−33·1
3	−26·7	−27·8	−18·6	−33·8	−9·2	−37·4	+0·7	−38·5	+10·7	−36·9	+19·9	−32·9
6	−26·4	−28·2	−18·2	−34·0	−8·8	−37·6	+1·3	−38·5	+11·2	−36·8	+20·3	−32·6
9	−26·0	−28·5	−17·7	−34·3	−8·3	−37·7	+1·8	−38·5	+11·6	−36·6	+20·7	−32·3
12	−25·6	−28·9	−17·3	−34·5	−7·8	−37·8	+2·3	−38·4	+12·1	−36·5	+21·1	−32·1
15	−25·2	−29·2	−16·8	−34·7	−7·3	−37·9	+2·8	−38·4	+12·6	−36·3	+21·6	−31·8
18	−24·9	−29·5	−16·4	−34·9	−6·8	−37·9	+3·3	−38·3	+13·1	−36·1	+22·0	−31·5
21	−24·5	−29·8	−15·9	−35·2	−6·3	−38·0	+3·8	−38·3	+13·5	−36·0	+22·4	−31·2
24	−24·1	−30·2	−15·5	−35·4	−5·8	−38·1	+4·3	−38·2	+14·0	−35·8	+22·8	−30·9
27	−23·7	−30·5	−15·0	−35·6	−5·3	−38·2	+4·8	−38·2	+14·5	−35·6	+23·2	−30·6
30	−23·3	−30·8	−14·5	−35·7	−4·8	−38·2	+5·3	−38·1	+14·9	−35·4	+23·6	−30·3
33	−22·9	−31·1	−14·1	−35·9	−4·3	−38·3	+5·8	−38·0	+15·4	−35·2	+24·0	−30·0
36	−22·5	−31·4	−13·6	−36·1	−3·8	−38·3	+6·3	−37·9	+15·9	−35·0	+24·4	−29·7
39	−22·1	−31·7	−13·1	−36·3	−3·3	−38·4	+6·8	−37·9	+16·3	−34·8	+24·8	−29·4
42	−21·6	−32·0	−12·6	−36·4	−2·8	−38·4	+7·3	−37·8	+16·8	−34·6	+25·1	−29·0
45	−21·2	−32·2	−12·2	−36·6	−2·3	−38·5	+7·7	−37·7	+17·2	−34·3	+25·5	−28·7
48	−20·8	−32·5	−11·7	−36·8	−1·8	−38·5	+8·2	−37·6	+17·7	−34·1	+25·9	−28·4
51	−20·4	−32·8	−11·2	−36·9	−1·3	−38·5	+8·7	−37·4	+18·1	−33·9	+26·3	−28·0
54	−19·9	−33·0	−10·7	−37·1	−0·8	−38·5	+9·2	−37·3	+18·6	−33·6	+26·6	−27·7
57	−19·5	−33·3	−10·2	−37·2	−0·3	−38·5	+9·7	−37·2	+19·0	−33·4	+27·0	−27·3
60	−19·1	−33·6	−9·7	−37·3	+0·2	−38·5	+10·2	−37·1	+19·4	−33·1	+27·3	−27·0

Lat.	a_1	b_1	a_1	b_1	a_1	b_1	a_1	b_1	a_1	b_1	a_1	b_1
°												
0	−0·2	+0·2	−0·2	+0·2	−0·3	+0·1	−0·3	−0·1	−0·2	−0·2	−0·2	−0·2
10	−0·1	+0·2	−0·2	+0·2	−0·2	+0·1	−0·2	−0·1	−0·2	−0·2	−0·1	−0·2
20	−0·1	+0·2	−0·2	+0·1	−0·2	0·0	−0·2	0·0	−0·2	−0·1	−0·1	−0·2
30	−0·1	+0·1	−0·1	+0·1	−0·1	0·0	−0·1	0·0	−0·1	−0·1	−0·1	−0·1
40	0·0	+0·1	−0·1	+0·1	−0·1	0·0	−0·1	0·0	−0·1	−0·1	0·0	−0·1
45	0·0	0·0	0·0	0·0	0·0	0·0	0·0	0·0	0·0	0·0	0·0	0·0
50	0·0	0·0	0·0	0·0	0·0	0·0	0·0	0·0	0·0	0·0	0·0	0·0
55	0·0	0·0	0·0	0·0	+0·1	0·0	+0·1	0·0	0·0	0·0	0·0	0·0
60	+0·1	−0·1	+0·1	−0·1	+0·1	0·0	+0·1	0·0	+0·1	+0·1	+0·1	+0·1
62	+0·1	−0·1	+0·1	−0·1	+0·1	0·0	+0·1	0·0	+0·1	+0·1	+0·1	+0·1
64	+0·1	−0·2	+0·2	−0·1	+0·2	0·0	+0·2	0·0	+0·2	+0·1	+0·1	+0·2
66	+0·1	−0·2	+0·2	−0·2	+0·2	−0·1	+0·2	+0·1	+0·2	+0·2	+0·1	+0·2

Month	a_2	b_2	a_2	b_2	a_2	b_2	a_2	b_2	a_2	b_2	a_2	b_2
Jan.	+0·1	+0·1	+0·1	+0·1	0·0	+0·2	0·0	+0·2	−0·1	+0·2	−0·1	+0·1
Feb.	+0·2	+0·1	+0·2	+0·1	+0·2	+0·2	+0·1	+0·2	+0·1	+0·2	0·0	+0·3
Mar.	+0·3	−0·1	+0·3	0·0	+0·3	+0·1	+0·3	+0·2	+0·2	+0·2	+0·1	+0·3
Apr.	+0·3	−0·2	+0·4	−0·1	+0·4	0·0	+0·4	+0·1	+0·3	+0·2	+0·3	+0·2
May	+0·2	−0·3	+0·3	−0·3	+0·3	−0·2	+0·4	−0·1	+0·4	0·0	+0·4	+0·1
June	+0·1	−0·4	+0·2	−0·3	+0·2	−0·3	+0·3	−0·2	+0·3	−0·1	+0·4	0·0
July	−0·1	−0·3	0·0	−0·3	+0·1	−0·3	+0·2	−0·3	+0·2	−0·2	+0·3	−0·2
Aug.	−0·2	−0·2	−0·1	−0·2	−0·1	−0·3	0·0	−0·3	+0·1	−0·3	+0·1	−0·2
Sept.	−0·3	0·0	−0·3	−0·1	−0·2	−0·2	−0·2	−0·2	−0·1	−0·3	0·0	−0·3
Oct.	−0·3	+0·2	−0·3	+0·1	−0·3	0·0	−0·3	−0·1	−0·3	−0·2	−0·2	−0·2
Nov.	−0·2	+0·3	−0·3	+0·3	−0·4	+0·2	−0·4	+0·1	−0·4	0·0	−0·4	−0·1
Dec.	−0·1	+0·5	−0·2	+0·4	−0·3	+0·4	−0·4	+0·3	−0·4	+0·2	−0·5	0·0

Latitude = Corrected observed altitude of *Polaris* + a_0 + a_1 + a_2

Azimuth of *Polaris* = (b_0 + b_1 + b_2) / cos (latitude)

POLARIS TABLE, 2022

LST	12ʰ a_0	b_0	13ʰ a_0	b_0	14ʰ a_0	b_0	15ʰ a_0	b_0	16ʰ a_0	b_0	17ʰ a_0	b_0
m	′	′	′	′	′	′	′	′	′	′	′	′
0	+27·3	−27·0	+33·4	−19·0	+37·2	−9·8	+38·5	0·0	+37·2	+9·8	+33·4	+19·0
3	+27·7	−26·6	+33·6	−18·6	+37·3	−9·4	+38·5	+0·5	+37·1	+10·3	+33·2	+19·4
6	+28·0	−26·3	+33·9	−18·2	+37·4	−8·9	+38·5	+1·0	+36·9	+10·8	+32·9	+19·9
9	+28·4	−25·9	+34·1	−17·7	+37·6	−8·4	+38·5	+1·5	+36·8	+11·3	+32·6	+20·3
12	+28·7	−25·5	+34·4	−17·3	+37·7	−7·9	+38·4	+2·0	+36·6	+11·7	+32·4	+20·7
15	+29·1	−25·1	+34·6	−16·8	+37·8	−7·4	+38·4	+2·5	+36·5	+12·2	+32·1	+21·1
18	+29·4	−24·8	+34·8	−16·4	+37·9	−6·9	+38·4	+3·0	+36·3	+12·7	+31·8	+21·6
21	+29·7	−24·4	+35·0	−15·9	+37·9	−6·4	+38·3	+3·5	+36·2	+13·1	+31·5	+22·0
24	+30·0	−24·0	+35·2	−15·5	+38·0	−6·0	+38·3	+4·0	+36·0	+13·6	+31·2	+22·4
27	+30·3	−23·6	+35·4	−15·0	+38·1	−5·5	+38·2	+4·5	+35·8	+14·1	+30·9	+22·8
30	+30·6	−23·2	+35·6	−14·6	+38·2	−5·0	+38·2	+4·9	+35·6	+14·5	+30·6	+23·2
33	+30·9	−22·8	+35·8	−14·1	+38·2	−4·5	+38·1	+5·4	+35·4	+15·0	+30·3	+23·6
36	+31·2	−22·4	+36·0	−13·6	+38·3	−4·0	+38·0	+5·9	+35·2	+15·5	+30·0	+24·0
39	+31·5	−22·0	+36·1	−13·2	+38·3	−3·5	+38·0	+6·4	+35·0	+15·9	+29·7	+24·4
42	+31·8	−21·6	+36·3	−12·7	+38·4	−3·0	+37·9	+6·9	+34·8	+16·4	+29·4	+24·7
45	+32·1	−21·2	+36·5	−12·2	+38·4	−2·5	+37·8	+7·4	+34·6	+16·8	+29·1	+25·1
48	+32·4	−20·7	+36·6	−11·8	+38·4	−2·0	+37·7	+7·9	+34·4	+17·3	+28·7	+25·5
51	+32·6	−20·3	+36·8	−11·3	+38·5	−1·5	+37·6	+8·4	+34·1	+17·7	+28·4	+25·9
54	+32·9	−19·9	+36·9	−10·8	+38·5	−1·0	+37·5	+8·9	+33·9	+18·1	+28·1	+26·2
57	+33·1	−19·5	+37·1	−10·3	+38·5	−0·5	+37·3	+9·3	+33·7	+18·6	+27·7	+26·6
60	+33·4	−19·0	+37·2	−9·8	+38·5	0·0	+37·2	+9·8	+33·4	+19·0	+27·4	+27·0

Lat.	a_1	b_1	a_1	b_1	a_1	b_1	a_1	b_1	a_1	b_1	a_1	b_1
°												
0	− 0·1	− 0·2	0·0	− 0·2	0·0	− 0·1	0·0	+0·1	0·0	+ 0·2	− 0·1	+ 0·2
10	− 0·1	− 0·2	0·0	− 0·2	0·0	− 0·1	0·0	+0·1	0·0	+ 0·2	− 0·1	+ 0·2
20	− 0·1	− 0·2	0·0	− 0·1	0·0	0·0	0·0	0·0	0·0	+ 0·1	− 0·1	+ 0·2
30	0·0	− 0·1	0·0	− 0·1	0·0	0·0	0·0	0·0	0·0	+ 0·1	0·0	+ 0·1
40	0·0	− 0·1	0·0	− 0·1	0·0	0·0	0·0	0·0	0·0	+ 0·1	0·0	+ 0·1
45	0·0	0·0	0·0	0·0	0·0	0·0	0·0	0·0	0·0	0·0	0·0	0·0
50	0·0	0·0	0·0	0·0	0·0	0·0	0·0	0·0	0·0	0·0	0·0	0·0
55	0·0	0·0	0·0	0·0	0·0	0·0	0·0	0·0	0·0	0·0	0·0	0·0
60	0·0	+ 0·1	0·0	+ 0·1	0·0	0·0	0·0	0·0	0·0	− 0·1	0·0	− 0·1
62	+ 0·1	+ 0·1	0·0	+ 0·1	0·0	0·0	0·0	0·0	0·0	− 0·1	+ 0·1	− 0·1
64	+ 0·1	+ 0·2	0·0	+ 0·1	0·0	0·0	0·0	0·0	0·0	− 0·1	+ 0·1	− 0·2
66	+ 0·1	+ 0·2	0·0	+ 0·2	0·0	+0·1	0·0	−0·1	0·0	− 0·2	+ 0·1	− 0·2

Month	a_2	b_2	a_2	b_2	a_2	b_2	a_2	b_2	a_2	b_2	a_2	b_2
Jan.	− 0·1	+ 0·1	− 0·1	+ 0·1	− 0·2	0·0	− 0·2	0·0	− 0·2	− 0·1	− 0·1	− 0·1
Feb.	− 0·1	+ 0·2	− 0·1	+ 0·2	− 0·2	+0·2	− 0·2	+0·1	− 0·2	+ 0·1	− 0·3	0·0
Mar.	+ 0·1	+ 0·3	0·0	+ 0·3	− 0·1	+0·3	− 0·2	+0·3	− 0·2	+ 0·2	− 0·3	+ 0·1
Apr.	+ 0·2	+ 0·3	+ 0·1	+ 0·4	0·0	+0·4	− 0·1	+0·4	− 0·2	+ 0·3	− 0·2	+ 0·3
May	+ 0·3	+ 0·2	+ 0·3	+ 0·3	+ 0·2	+0·3	+ 0·1	+0·4	0·0	+ 0·4	− 0·1	+ 0·4
June	+ 0·4	+ 0·1	+ 0·3	+ 0·2	+ 0·3	+0·2	+ 0·2	+0·3	+ 0·1	+ 0·3	0·0	+ 0·4
July	+ 0·3	− 0·1	+ 0·3	0·0	+ 0·3	+0·1	+ 0·3	+0·2	+ 0·2	+ 0·2	+ 0·2	+ 0·3
Aug.	+ 0·2	− 0·2	+ 0·2	− 0·1	+ 0·3	−0·1	+ 0·3	0·0	+ 0·3	+ 0·1	+ 0·2	+ 0·1
Sept.	0·0	− 0·3	+ 0·1	− 0·3	+ 0·2	−0·2	+ 0·2	−0·2	+ 0·3	− 0·1	+ 0·3	0·0
Oct.	− 0·2	− 0·3	− 0·1	− 0·3	0·0	−0·3	+ 0·1	−0·3	+ 0·2	− 0·3	+ 0·2	− 0·2
Nov.	− 0·3	− 0·2	− 0·3	− 0·3	− 0·2	−0·4	+ 0·1	−0·4	0·0	− 0·4	+ 0·1	− 0·4
Dec.	− 0·5	− 0·1	− 0·4	− 0·2	− 0·4	−0·3	− 0·3	−0·4	− 0·2	− 0·4	0·0	− 0·5

Latitude = Corrected observed altitude of *Polaris* + a_0 + a_1 + a_2

Azimuth of *Polaris* = $(b_0 + b_1 + b_2)$ / cos (latitude)

LST	a_0 18ʰ	b_0	a_0 19ʰ	b_0	a_0 20ʰ	b_0	a_0 21ʰ	b_0	a_0 22ʰ	b_0	a_0 23ʰ	b_0
m	′	′	′	′	′	′	′	′	′	′	′	′
0	+27·4	+27·0	+19·5	+33·1	+10·2	+37·1	+0·3	+38·5	− 9·7	+37·3	−19·0	+33·6
3	+27·0	+27·3	+19·0	+33·4	+ 9·7	+37·2	−0·2	+38·5	−10·2	+37·2	−19·5	+33·3
6	+26·6	+27·7	+18·6	+33·6	+ 9·2	+37·3	−0·7	+38·5	−10·7	+37·1	−19·9	+33·1
9	+26·3	+28·0	+18·1	+33·9	+ 8·8	+37·4	−1·2	+38·5	−11·2	+36·9	−20·4	+32·8
12	+25·9	+28·3	+17·7	+34·1	+ 8·3	+37·6	−1·7	+38·5	−11·7	+36·8	−20·8	+32·5
15	+25·5	+28·7	+17·2	+34·3	+ 7·8	+37·7	−2·3	+38·5	−12·1	+36·6	−21·2	+32·3
18	+25·2	+29·0	+16·8	+34·5	+ 7·3	+37·8	−2·8	+38·4	−12·6	+36·5	−21·6	+32·0
21	+24·8	+29·3	+16·3	+34·8	+ 6·8	+37·9	−3·3	+38·4	−13·1	+36·3	−22·0	+31·7
24	+24·4	+29·7	+15·9	+35·0	+ 6·3	+37·9	−3·8	+38·3	−13·6	+36·1	−22·5	+31·4
27	+24·0	+30·0	+15·4	+35·2	+ 5·8	+38·0	−4·3	+38·3	−14·0	+35·9	−22·9	+31·1
30	+23·6	+30·3	+15·0	+35·4	+ 5·3	+38·1	−4·8	+38·2	−14·5	+35·8	−23·3	+30·8
33	+23·2	+30·6	+14·5	+35·6	+ 4·8	+38·2	−5·3	+38·2	−15·0	+35·6	−23·7	+30·5
36	+22·8	+30·9	+14·0	+35·8	+ 4·3	+38·2	−5·8	+38·1	−15·4	+35·4	−24·1	+30·2
39	+22·4	+31·2	+13·6	+35·9	+ 3·8	+38·3	−6·3	+38·0	−15·9	+35·2	−24·5	+29·9
42	+22·0	+31·5	+13·1	+36·1	+ 3·3	+38·3	−6·8	+37·9	−16·4	+35·0	−24·8	+29·5
45	+21·6	+31·8	+12·6	+36·3	+ 2·8	+38·4	−7·3	+37·9	−16·8	+34·7	−25·2	+29·2
48	+21·2	+32·0	+12·1	+36·5	+ 2·3	+38·4	−7·7	+37·8	−17·3	+34·5	−25·6	+28·9
51	+20·7	+32·3	+11·7	+36·6	+ 1·8	+38·4	−8·2	+37·7	−17·7	+34·3	−26·0	+28·5
54	+20·3	+32·6	+11·2	+36·8	+ 1·3	+38·5	−8·7	+37·6	−18·2	+34·1	−26·4	+28·2
57	+19·9	+32·9	+10·7	+36·9	+ 0·8	+38·5	−9·2	+37·4	−18·6	+33·8	−26·7	+27·8
60	+19·5	+33·1	+10·2	+37·1	+ 0·3	+38·5	−9·7	+37·3	−19·0	+33·6	−27·1	+27·5

Lat.	a_1	b_1	a_1	b_1	a_1	b_1	a_1	b_1	a_1	b_1	a_1	b_1
°												
0	− 0·2	+ 0·2	− 0·2	+ 0·2	− 0·3	+ 0·1	−0·3	− 0·1	− 0·2	− 0·2	− 0·2	− 0·2
10	− 0·1	+ 0·2	− 0·2	+ 0·2	− 0·2	+ 0·1	−0·2	− 0·1	− 0·2	− 0·2	− 0·1	− 0·2
20	− 0·1	+ 0·2	− 0·2	+ 0·1	− 0·2	0·0	−0·2	0·0	− 0·2	− 0·1	− 0·1	− 0·2
30	− 0·1	+ 0·1	− 0·1	+ 0·1	− 0·1	0·0	−0·1	0·0	− 0·1	− 0·1	− 0·1	− 0·1
40	0·0	+ 0·1	− 0·1	+ 0·1	− 0·1	0·0	−0·1	0·0	− 0·1	− 0·1	0·0	− 0·1
45	0·0	0·0	0·0	0·0	0·0	0·0	0·0	0·0	0·0	0·0	0·0	0·0
50	0·0	0·0	0·0	0·0	0·0	0·0	0·0	0·0	0·0	0·0	0·0	0·0
55	0·0	0·0	0·0	0·0	+ 0·1	0·0	+0·1	0·0	0·0	0·0	0·0	0·0
60	+ 0·1	− 0·1	+ 0·1	− 0·1	+ 0·1	0·0	+0·1	0·0	+ 0·1	+ 0·1	+ 0·1	+ 0·1
62	+ 0·1	− 0·1	+ 0·1	− 0·1	+ 0·1	0·0	+0·1	0·0	+ 0·1	+ 0·1	+ 0·1	+ 0·1
64	+ 0·1	− 0·2	+ 0·2	− 0·1	+ 0·2	0·0	+0·2	0·0	+ 0·2	+ 0·1	+ 0·1	+ 0·2
66	+ 0·1	− 0·2	+ 0·2	− 0·2	+ 0·2	− 0·1	+0·2	+ 0·1	+ 0·2	+ 0·2	+ 0·1	+ 0·2

Month	a_2	b_2	a_2	b_2	a_2	b_2	a_2	b_2	a_2	b_2	a_2	b_2
Jan.	− 0·1	− 0·1	− 0·1	− 0·1	0·0	− 0·2	0·0	− 0·2	+ 0·1	− 0·2	+ 0·1	− 0·1
Feb.	− 0·2	− 0·1	− 0·2	− 0·1	− 0·2	− 0·2	−0·1	− 0·2	− 0·1	− 0·2	0·0	− 0·3
Mar.	− 0·3	+ 0·1	− 0·3	0·0	− 0·3	− 0·1	−0·3	− 0·2	− 0·2	− 0·2	− 0·1	− 0·3
Apr.	− 0·3	+ 0·2	− 0·4	+ 0·1	− 0·4	0·0	−0·4	− 0·1	− 0·3	− 0·2	− 0·3	− 0·2
May	− 0·2	+ 0·3	− 0·3	+ 0·3	− 0·3	+ 0·2	−0·4	+ 0·1	− 0·4	0·0	− 0·4	− 0·1
June	− 0·1	+ 0·4	− 0·2	+ 0·3	− 0·2	+ 0·3	−0·3	+ 0·2	− 0·3	+ 0·1	− 0·4	0·0
July	+ 0·1	+ 0·3	0·0	+ 0·3	− 0·1	+ 0·3	−0·2	+ 0·3	− 0·2	+ 0·2	− 0·3	+ 0·2
Aug.	+ 0·2	+ 0·2	+ 0·1	+ 0·2	+ 0·1	+ 0·3	0·0	+ 0·3	− 0·1	+ 0·3	− 0·1	+ 0·2
Sept.	+ 0·3	0·0	+ 0·3	+ 0·1	+ 0·2	+ 0·2	+0·2	+ 0·2	+ 0·1	+ 0·3	0·0	+ 0·3
Oct.	+ 0·3	− 0·2	+ 0·3	− 0·1	+ 0·3	0·0	+0·3	+ 0·1	+ 0·3	+ 0·2	+ 0·2	+ 0·2
Nov.	+ 0·2	− 0·3	+ 0·3	− 0·3	+ 0·4	− 0·2	+0·4	− 0·1	+ 0·4	0·0	+ 0·4	+ 0·1
Dec.	+ 0·1	− 0·5	+ 0·2	− 0·4	+ 0·3	− 0·4	+0·4	− 0·3	+ 0·4	− 0·2	+ 0·5	0·0

Latitude = Corrected observed altitude of *Polaris* + a_0 + a_1 + a_2

Azimuth of *Polaris* = $(b_0 + b_1 + b_2) / \cos(\text{latitude})$

Pole star formulae

The formulae below provide a method for obtaining latitude from the observed altitude of one of the pole stars, *Polaris* or σ Octantis, and an assumed *east* longitude of the observer λ. In addition, the azimuth of a pole star may be calculated from an assumed *east* longitude λ and the observed altitude a, or from λ and an assumed latitude ϕ. An error of $0°002$ in a or $0°1$ in λ will produce an error of about $0°002$ in the calculated latitude. Likewise an error of $0°03$ in λ, a or ϕ will produce an error of about $0°002$ in the calculated azimuth for latitudes below $70°$.

Step 1. Calculate the hour angle HA and polar distance p, in degrees, from expressions of the form:

$$HA = a_0 + a_1 L + a_2 \sin L + a_3 \cos L + 15 t$$
$$p = a_0 + a_1 L + a_2 \sin L + a_3 \cos L$$

where
$$L = 0°985\,65\,d$$
$$d = \text{day of year (from pages B4–B5)} + t/24$$

and where the coefficients a_0, a_1, a_2, a_3 are given in the table below, t is the universal time in hours, d is the interval in days from 2022 January 0 at 0^h UT1 to the time of observation, and the quantity L is in degrees. In the above formulae d is required to two decimals of a day, L to two decimals of a degree and t to three decimals of an hour.

Step 2. Calculate the local hour angle *LHA* from:

$$LHA = HA + \lambda \quad \text{(add or subtract multiples of } 360°)$$

where λ is the assumed longitude measured east from the Greenwich meridian.

Form the quantities: $S = p \sin(LHA)$ $C = p \cos(LHA)$

Step 3. The latitude of the place of observation, in degrees, is given by:

$$\text{latitude} = a - C + 0·0087 \, S^2 \tan a$$

where a is the observed altitude of the pole star after correction for instrument error and atmospheric refraction.

Step 4. The azimuth of the pole star, in degrees, is given by:

$$\text{azimuth of } Polaris = -S/\cos a$$
$$\text{azimuth of } \sigma \text{ Octantis} = 180° + S/\cos a$$

where azimuth is measured eastwards around the horizon from north.

In *Step 4*, if a has not been observed, use the quantity:

$$a = \phi + C - 0·0087 \, S^2 \tan \phi$$

where ϕ is an assumed latitude, taken to be positive in either hemisphere.

POLE STAR COEFFICIENTS FOR 2022

	Polaris GHA	Polaris p	σ Octantis GHA	σ Octantis p
	°	°	°	°
a_0	54·84	0·6441	137·97	1·1347
a_1	0·999 00	−0·0000 116	0·999 39	0·0000 109
a_2	0·38	−0·0028	0·18	0·0038
a_3	−0·30	−0·0046	0·21	−0·0039

CONTENTS OF SECTION C

NOTES AND FORMULAS

Mean orbital elements of the Sun

    Mean elements of the orbit of the Sun, referred to the mean equinox and ecliptic of date, are given by the following expressions. The time argument d is the interval in days from 2022 January 0, 0^h TT. These expressions are intended for use only during the year of this volume.

$d = $ JD $- 245\,9579.5 = $ day of year (from B4–B5) + fraction of day from 0^h TT.

Geometric mean longitude:	$279°650\,162 + 0.985\,647\,36\,d$
Mean longitude of perigee:	$283°315\,597 + 0.000\,047\,08\,d$
Mean anomaly:	$356°334\,566 + 0.985\,600\,28\,d$
Eccentricity:	$0.016\,699\,38 - 0.000\,000\,0012\,d$
Mean obliquity of the ecliptic	
(w.r.t. mean equator of date):	$23°436\,418 - 0.000\,000\,36\,d$

The position of the ecliptic of date with respect to the ecliptic of the standard epoch is given by formulas on page B53. Osculating elements of the Earth/Moon barycenter are on page E8.

NOTES AND FORMULAS

Lengths of principal years

The lengths of the principal years at 2022.0 as derived from the Sun's mean motion are:

		d	d h m s
tropical year	(equinox to equinox)	365.242 189	365 05 48 45.1
sidereal year	(fixed star to fixed star)	365.256 363	365 06 09 09.8
anomalistic year	(perigee to perigee)	365.259 637	365 06 13 52.6
eclipse year	(node to node)	346.620 083	346 14 52 55.2

Apparent ecliptic coordinates of the Sun

The apparent ecliptic longitude may be computed from the geometric ecliptic longitude tabulated on pages C6–C20 using:

apparent longitude = tabulated longitude + nutation in longitude ($\Delta\psi$) – $20''.496/R$

where $\Delta\psi$ is tabulated on pages B58–B65 and R is the true geocentric distance tabulated on pages C6–C20. The apparent ecliptic latitude is equal to the geometric ecliptic latitude found on pages C6–C20 to the precision of tabulation.

Time of transit of the Sun

The quantity tabulated as "Ephemeris Transit" on pages C7–C21 is the TT of transit of the Sun over the ephemeris meridian, which is at the longitude 1.002 738 ΔT east of the prime (Greenwich) meridian; in this expression ΔT is the difference TT – UT. The TT of transit of the Sun over a local meridian is obtained by interpolation where the first differences are about 24 hours. The interpolation factor p is given by:

$$p = -\lambda + 1.002\ 738\ \Delta T$$

where λ is the east longitude and the right-hand side of the equation is expressed in days. (Divide longitude in degrees by 360 and ΔT in seconds by 86 400). During 2022 it is expected that ΔT will be about 71 seconds, so that the second term is about +0.000 82 days.

The UT of transit is obtained by subtracting ΔT from the TT of transit obtained by interpolation.

Equation of Time

Apparent solar time is the timescale based on the diurnal motion of the true Sun. The rate of solar diurnal motion has seasonal variations caused by the obliquity of the ecliptic and by the eccentricity of the Earth's orbit. Additional small variations arise from irregularities in the rotation of the Earth on its axis. Mean solar time is the timescale based on the diurnal motion of the fictitious mean Sun, a point with uniform motion along the celestial equator. The difference between apparent solar time and mean solar time is the Equation of Time.

Equation of Time = apparent solar time – mean solar time

To obtain the Equation of Time to a precision of about 1 second it is sufficient to use:

Equation of Time at 12^h UT = 12^h – tabulated value of ephem. transit found on C7–C21.

NOTES AND FORMULAS

Equation of Time (continued)

Alternatively, Equation of Time may be calculated for any instant during 2022 in seconds of time to a precision of about 3 seconds directly from the expression:

$$\text{Equation of Time} = -110.3 \sin L + 595.9 \sin 2L + 4.6 \sin 3L - 12.7 \sin 4L$$
$$- 427.7 \cos L - 2.1 \cos 2L + 19.2 \cos 3L$$

where L is the mean longitude of the Sun, corrected for aberration, given by:

$$L = 279°.644 + 0.985\ 647\ d$$

and where d is the interval in days from 2022 January 0 at 0^h UT, given by:

$$d = \text{day of year (from B4–B5)} + \text{fraction of day from } 0^h \text{ UT.}$$

ICRS geocentric rectangular coordinates of the Sun

The geocentric equatorial rectangular coordinates of the Sun in au, referred to the ICRS axes, are given on pages C22–C25. The direction of these axes have been defined by the International Astronomical Union and are realized in practice by the coordinates of several hundred extragalactic radio sources. A rigorous method of determining the apparent place of a solar system object is described beginning on page B66.

Elements of the rotation of the Sun

The mean elements of the rotation of the Sun for 2022.0 are given below. With the exception of the position of the ascending node of the solar equator on the ecliptic whose rate is $0°.014$ per year, the values change less than $0°.01$ per year and can be used for the entire year for most applications. Linear interpolation using values found in recent editions can be made if needed.

    Position of the ascending node of the solar equator:
        on the ecliptic (longitude) = $76°.07$
        on the mean equator of 2022.0 (right ascension) = $16°.17$
    Inclination of the solar equator:
        with respect to the "Carrington" ecliptic (1850) = $7°.25$
        with respect to the mean equator of 2022.0 = $26°.09$
    Position of the pole of the solar equator, w.r.t. the mean equinox and equator of 2022.0:
        Right ascension = $286°.17$
        Declination = $63°.91$
    Sidereal rotation rate of the prime meridian = $14°.1844$ per day.
    Mean synodic period of rotation of the prime meridian = 27.2753 days.

These data are derived from elements originally given by R. C. Carrington, 1863, *Observations of the Spots on the Sun*, p. 244. They have been updated using values from Urban and Seidelmann, 2012, *Explanatory Supplement to the Astronomical Almanac*, p. 426, and Archinal et al., Celestial Mech Dyn Astr, 2011, **110** 401.

NOTES AND FORMULAS

Heliographic coordinates

Except for Ephemeris Transit, the quantities on the right-hand pages of C7–C21 are tabulated for 0^h TT. Except for L_0, the values are, to the accuracy given, essentially the same for 0^h UT. The value of L_0 at 0^h TT is approximately $0°.01$ greater than its value at 0^h UT.

If ρ_1, θ are the observed angular distance and position angle of a sunspot from the center of the disk of the Sun as seen from the Earth, and ρ is the heliocentric angular distance of the spot on the solar surface from the center of the Sun's disk, then

$$\sin(\rho + \rho_1) = \rho_1/S$$

where S is the semidiameter of the Sun. The position angle is measured from the north point of the disk towards the east.

The formulas for the computation of the heliographic coordinates (L, B) of a sunspot (or other feature on the surface of the Sun) from (ρ, θ) are as follows:

$$\sin B = \sin B_0 \cos \rho + \cos B_0 \sin \rho \cos(P - \theta)$$
$$\cos B \sin(L - L_0) = \sin \rho \sin(P - \theta)$$
$$\cos B \cos(L - L_0) = \cos \rho \cos B_0 - \sin B_0 \sin \rho \cos(P - \theta)$$

where B is measured positive to the north of the solar equator and L is measured from $0°$ to $360°$ in the direction of rotation of the Sun, i.e., westwards on the apparent disk as seen from the Earth. Daily values for B_0 and L_0 are tabulated on pages C7–C21.

SYNODIC ROTATION NUMBERS, 2022

Number	Date of Commencement			Number	Date of Commencement		
2252	2021	Dec.	15.49	2260	2022	July	21.69
2253	2022	Jan.	11.82	2261		Aug.	17.91
2254		Feb.	8.17	2262		Sept	14.17
2255		Mar.	7.50	2263		Oct.	11.44
2256		Apr.	3.81	2264		Nov.	7.74
2257		May	1.07	2265	2022	Dec.	5.05
2258		May	28.29	2266	2023	Jan.	1.38
2259		June	24.49	2267		Jan.	28.72

At the date of commencement of each synodic rotation period, the value of L_0 is zero; that is, the prime meridian passes through the central point of the disk.

NOTES AND FORMULAS

Low precision formulas for the Sun

The following are low precision formulas for the Sun. On this page, the time argument n is the number of days of TT from J2000.0. UT can be used with negligible error.

The low precision formulas for the apparent right ascension and declination of the Sun yield a precision better than $1\!''0$ between the years 1950 and 2050.

$n =$ JD $- 2451545.0 = 8034.5 +$ day of year (from B4–B5) $+$ fraction of day from $0^{\rm h}$ TT
Mean longitude of Sun, corrected for aberration: $L = 280°\!.460 + 0°\!.985\,6474\,n$
Mean anomaly: $g = 357°\!.528 + 0°\!.985\,6003\,n$

Put L and g in the range $0°$ to $360°$ by adding multiples of $360°$.

Ecliptic longitude: $\lambda = L + 1°\!.915\sin g + 0°\!.020\sin 2g$
Ecliptic latitude: $\beta = 0°$
Obliquity of ecliptic: $\epsilon = 23°\!.439 - 0°\!.000\,0004\,n$
Right ascension: $\alpha = \tan^{-1}(\cos\epsilon\tan\lambda)$; ($\alpha$ in same quadrant as λ)

Alternatively, right ascension, α, may be calculated directly from:

Right ascension: $\alpha = \lambda - ft\sin 2\lambda + (f/2)t^2\sin 4\lambda$
    where $f = 180/\pi$ and $t = \tan^2(\epsilon/2)$
Declination: $\delta = \sin^{-1}(\sin\epsilon\sin\lambda)$

The low precision formula for the distance of the Sun from Earth, R, in au, yields a precision better than 0.0003 au between the years 1950 and 2050.

$R = 1.000\,14 - 0.016\,71\cos g - 0.000\,14\cos 2g$

The low precision formulas for the equatorial rectangular coordinates of the Sun, in au, yield a precision better than 0.015 au between the years 1950 and 2050.

$x = R\cos\lambda$
$y = R\cos\epsilon\sin\lambda$
$z = R\sin\epsilon\sin\lambda$

The low precision formula for the Equation of Time, E, in minutes, yields a precision better than $3^{\rm s}\!.5$ between 1950 and 2050.

$E = (L - \alpha)$, in degrees, multiplied by 4

Other useful quantities:

Horizontal parallax: $0°\!.0024$
Semidiameter: $0°\!.2666/R$
Light-time: $0^{\rm d}\!.0058$

SUN, 2022

FOR 0^h TERRESTRIAL TIME

Date		Julian Date	Geometric Ecliptic Coords. Mn Equinox & Ecliptic of Date		Apparent R. A.	Apparent Declination	True Geocentric Distance
			Longitude	Latitude			
		245	° ′ ″	″	h m s	° ′ ″	au
Jan.	0	9579.5	279 31 06.08	−0.30	18 41 23.01	−23 05 48.6	0.983 3691
	1	9580.5	280 32 16.43	−0.44	18 45 48.21	−23 01 12.6	0.983 3556
	2	9581.5	281 33 27.05	−0.58	18 50 13.11	−22 56 09.1	0.983 3458
	3	9582.5	282 34 37.79	−0.69	18 54 37.68	−22 50 38.2	0.983 3395
	4	9583.5	283 35 48.55	−0.78	18 59 01.87	−22 44 40.0	0.983 3367
	5	9584.5	284 36 59.21	−0.84	19 03 25.66	−22 38 14.7	0.983 3375
	6	9585.5	285 38 09.65	−0.86	19 07 49.00	−22 31 22.4	0.983 3420
	7	9586.5	286 39 19.78	−0.86	19 12 11.86	−22 24 03.5	0.983 3506
	8	9587.5	287 40 29.54	−0.82	19 16 34.21	−22 16 18.0	0.983 3636
	9	9588.5	288 41 38.86	−0.75	19 20 56.04	−22 08 06.3	0.983 3811
	10	9589.5	289 42 47.71	−0.66	19 25 17.31	−21 59 28.5	0.983 4035
	11	9590.5	290 43 56.04	−0.55	19 29 38.01	−21 50 25.0	0.983 4311
	12	9591.5	291 45 03.84	−0.43	19 33 58.10	−21 40 56.0	0.983 4640
	13	9592.5	292 46 11.08	−0.30	19 38 17.58	−21 31 01.8	0.983 5025
	14	9593.5	293 47 17.77	−0.17	19 42 36.42	−21 20 42.7	0.983 5468
	15	9594.5	294 48 23.89	−0.05	19 46 54.60	−21 09 59.0	0.983 5969
	16	9595.5	295 49 29.44	+0.07	19 51 12.11	−20 58 51.0	0.983 6531
	17	9596.5	296 50 34.44	+0.16	19 55 28.93	−20 47 19.0	0.983 7154
	18	9597.5	297 51 38.89	+0.24	19 59 45.05	−20 35 23.4	0.983 7839
	19	9598.5	298 52 42.81	+0.30	20 04 00.45	−20 23 04.4	0.983 8585
	20	9599.5	299 53 46.22	+0.32	20 08 15.12	−20 10 22.3	0.983 9394
	21	9600.5	300 54 49.13	+0.32	20 12 29.06	−19 57 17.6	0.984 0263
	22	9601.5	301 55 51.56	+0.29	20 16 42.25	−19 43 50.5	0.984 1192
	23	9602.5	302 56 53.52	+0.23	20 20 54.68	−19 30 01.4	0.984 2178
	24	9603.5	303 57 55.01	+0.14	20 25 06.36	−19 15 50.6	0.984 3220
	25	9604.5	304 58 56.05	+0.04	20 29 17.27	−19 01 18.5	0.984 4314
	26	9605.5	305 59 56.61	−0.09	20 33 27.42	−18 46 25.3	0.984 5457
	27	9606.5	307 00 56.67	−0.22	20 37 36.79	−18 31 11.6	0.984 6646
	28	9607.5	308 01 56.18	−0.36	20 41 45.38	−18 15 37.6	0.984 7877
	29	9608.5	309 02 55.09	−0.49	20 45 53.18	−17 59 43.7	0.984 9146
	30	9609.5	310 03 53.31	−0.61	20 50 00.19	−17 43 30.5	0.985 0450
	31	9610.5	311 04 50.76	−0.70	20 54 06.40	−17 26 58.2	0.985 1786
Feb.	1	9611.5	312 05 47.32	−0.77	20 58 11.79	−17 10 07.3	0.985 3153
	2	9612.5	313 06 42.87	−0.80	21 02 16.36	−16 52 58.2	0.985 4548
	3	9613.5	314 07 37.32	−0.80	21 06 20.10	−16 35 31.3	0.985 5972
	4	9614.5	315 08 30.55	−0.77	21 10 23.02	−16 17 47.1	0.985 7427
	5	9615.5	316 09 22.48	−0.71	21 14 25.11	−15 59 45.9	0.985 8914
	6	9616.5	317 10 13.04	−0.63	21 18 26.38	−15 41 28.2	0.986 0434
	7	9617.5	318 11 02.17	−0.53	21 22 26.83	−15 22 54.5	0.986 1990
	8	9618.5	319 11 49.82	−0.41	21 26 26.46	−15 04 05.1	0.986 3584
	9	9619.5	320 12 35.97	−0.29	21 30 25.29	−14 45 00.5	0.986 5218
	10	9620.5	321 13 20.57	−0.16	21 34 23.32	−14 25 41.0	0.986 6893
	11	9621.5	322 14 03.62	−0.04	21 38 20.56	−14 06 07.3	0.986 8612
	12	9622.5	323 14 45.11	+0.07	21 42 17.01	−13 46 19.5	0.987 0377
	13	9623.5	324 15 25.04	+0.17	21 46 12.70	−13 26 18.3	0.987 2187
	14	9624.5	325 16 03.40	+0.24	21 50 07.63	−13 06 04.0	0.987 4045
	15	9625.5	326 16 40.21	+0.30	21 54 01.81	−12 45 36.9	0.987 5952

FOR 0^h TERRESTRIAL TIME

Date	Pos. Angle of Axis P	Heliographic Latitude B_0	Longitude L_0	Horiz. Parallax	Semi-Diameter	Ephemeris Transit
	°	°	°	″	′ ″	h m s
Jan. 0	+ 2.56	− 2.88	155.72	8.94	16 15.87	12 03 03.65
1	+ 2.08	− 3.00	142.54	8.94	16 15.89	12 03 32.15
2	+ 1.59	− 3.12	129.37	8.94	16 15.90	12 04 00.33
3	+ 1.11	− 3.23	116.20	8.94	16 15.90	12 04 28.16
4	+ 0.62	− 3.35	103.04	8.94	16 15.91	12 04 55.60
5	+ 0.14	− 3.46	89.87	8.94	16 15.91	12 05 22.61
6	− 0.35	− 3.57	76.70	8.94	16 15.90	12 05 49.16
7	− 0.83	− 3.68	63.53	8.94	16 15.89	12 06 15.23
8	− 1.31	− 3.79	50.36	8.94	16 15.88	12 06 40.77
9	− 1.79	− 3.90	37.19	8.94	16 15.86	12 07 05.78
10	− 2.27	− 4.01	24.02	8.94	16 15.84	12 07 30.22
11	− 2.75	− 4.12	10.85	8.94	16 15.81	12 07 54.06
12	− 3.22	− 4.22	357.68	8.94	16 15.78	12 08 17.30
13	− 3.70	− 4.33	344.52	8.94	16 15.74	12 08 39.90
14	− 4.17	− 4.43	331.35	8.94	16 15.70	12 09 01.85
15	− 4.64	− 4.53	318.18	8.94	16 15.65	12 09 23.14
16	− 5.10	− 4.63	305.01	8.94	16 15.59	12 09 43.75
17	− 5.57	− 4.73	291.84	8.94	16 15.53	12 10 03.65
18	− 6.03	− 4.83	278.68	8.94	16 15.46	12 10 22.85
19	− 6.49	− 4.92	265.51	8.94	16 15.39	12 10 41.33
20	− 6.95	− 5.02	252.34	8.94	16 15.31	12 10 59.08
21	− 7.40	− 5.11	239.17	8.94	16 15.22	12 11 16.09
22	− 7.85	− 5.20	226.01	8.94	16 15.13	12 11 32.35
23	− 8.29	− 5.29	212.84	8.94	16 15.03	12 11 47.85
24	− 8.74	− 5.38	199.67	8.93	16 14.93	12 12 02.59
25	− 9.18	− 5.46	186.51	8.93	16 14.82	12 12 16.56
26	− 9.61	− 5.54	173.34	8.93	16 14.71	12 12 29.76
27	− 10.04	− 5.63	160.17	8.93	16 14.59	12 12 42.18
28	− 10.47	− 5.71	147.01	8.93	16 14.47	12 12 53.81
29	− 10.89	− 5.79	133.84	8.93	16 14.34	12 13 04.64
30	− 11.31	− 5.86	120.68	8.93	16 14.21	12 13 14.68
31	− 11.73	− 5.94	107.51	8.93	16 14.08	12 13 23.91
Feb. 1	− 12.14	− 6.01	94.35	8.93	16 13.95	12 13 32.32
2	− 12.54	− 6.08	81.18	8.92	16 13.81	12 13 39.92
3	− 12.94	− 6.15	68.01	8.92	16 13.67	12 13 46.69
4	− 13.34	− 6.22	54.85	8.92	16 13.52	12 13 52.63
5	− 13.73	− 6.28	41.68	8.92	16 13.38	12 13 57.76
6	− 14.12	− 6.35	28.52	8.92	16 13.23	12 14 02.06
7	− 14.50	− 6.41	15.35	8.92	16 13.07	12 14 05.54
8	− 14.87	− 6.47	2.18	8.92	16 12.92	12 14 08.21
9	− 15.25	− 6.52	349.02	8.91	16 12.76	12 14 10.07
10	− 15.61	− 6.58	335.85	8.91	16 12.59	12 14 11.14
11	− 15.97	− 6.63	322.68	8.91	16 12.42	12 14 11.42
12	− 16.33	− 6.68	309.51	8.91	16 12.25	12 14 10.92
13	− 16.68	− 6.73	296.35	8.91	16 12.07	12 14 09.66
14	− 17.02	− 6.78	283.18	8.91	16 11.89	12 14 07.64
15	− 17.36	− 6.82	270.01	8.90	16 11.70	12 14 04.89

SUN, 2022

FOR 0ʰ TERRESTRIAL TIME

Date		Julian Date	Geometric Ecliptic Coords. Mn Equinox & Ecliptic of Date		Apparent R. A.	Apparent Declination	True Geocentric Distance
			Longitude	Latitude			
		245	° ′ ″	″	h m s	° ′ ″	au
Feb.	15	9625.5	326 16 40.21	+0.30	21 54 01.81	−12 45 36.9	0.987 5952
	16	9626.5	327 17 15.49	+0.32	21 57 55.25	−12 24 57.6	0.987 7908
	17	9627.5	328 17 49.27	+0.32	22 01 47.98	−12 04 06.4	0.987 9914
	18	9628.5	329 18 21.57	+0.29	22 05 40.01	−11 43 03.7	0.988 1968
	19	9629.5	330 18 52.44	+0.23	22 09 31.35	−11 21 49.9	0.988 4072
	20	9630.5	331 19 21.91	+0.15	22 13 22.03	−11 00 25.3	0.988 6222
	21	9631.5	332 19 50.00	+0.04	22 17 12.06	−10 38 50.4	0.988 8416
	22	9632.5	333 20 16.76	−0.08	22 21 01.46	−10 17 05.5	0.989 0653
	23	9633.5	334 20 42.18	−0.21	22 24 50.25	− 9 55 11.0	0.989 2929
	24	9634.5	335 21 06.28	−0.34	22 28 38.46	− 9 33 07.4	0.989 5240
	25	9635.5	336 21 29.05	−0.47	22 32 26.09	− 9 10 54.9	0.989 7582
	26	9636.5	337 21 50.46	−0.59	22 36 13.16	− 8 48 34.0	0.989 9951
	27	9637.5	338 22 10.45	−0.68	22 39 59.68	− 8 26 05.1	0.990 2343
	28	9638.5	339 22 28.98	−0.75	22 43 45.67	− 8 03 28.7	0.990 4753
Mar.	1	9639.5	340 22 45.96	−0.78	22 47 31.14	− 7 40 45.2	0.990 7180
	2	9640.5	341 23 01.30	−0.79	22 51 16.09	− 7 17 54.9	0.990 9621
	3	9641.5	342 23 14.92	−0.76	22 55 00.56	− 6 54 58.3	0.991 2073
	4	9642.5	343 23 26.73	−0.70	22 58 44.54	− 6 31 55.9	0.991 4538
	5	9643.5	344 23 36.64	−0.62	23 02 28.06	− 6 08 48.0	0.991 7014
	6	9644.5	345 23 44.59	−0.52	23 06 11.13	− 5 45 35.0	0.991 9502
	7	9645.5	346 23 50.50	−0.40	23 09 53.78	− 5 22 17.4	0.992 2004
	8	9646.5	347 23 54.34	−0.28	23 13 36.02	− 4 58 55.5	0.992 4520
	9	9647.5	348 23 56.06	−0.15	23 17 17.86	− 4 35 29.7	0.992 7053
	10	9648.5	349 23 55.63	−0.03	23 20 59.33	− 4 12 00.6	0.992 9604
	11	9649.5	350 23 53.04	+0.09	23 24 40.45	− 3 48 28.3	0.993 2175
	12	9650.5	351 23 48.27	+0.19	23 28 21.24	− 3 24 53.5	0.993 4766
	13	9651.5	352 23 41.32	+0.27	23 32 01.70	− 3 01 16.3	0.993 7380
	14	9652.5	353 23 32.20	+0.33	23 35 41.88	− 2 37 37.2	0.994 0018
	15	9653.5	354 23 20.91	+0.36	23 39 21.78	− 2 13 56.7	0.994 2681
	16	9654.5	355 23 07.48	+0.36	23 43 01.43	− 1 50 14.9	0.994 5370
	17	9655.5	356 22 51.96	+0.34	23 46 40.86	− 1 26 32.3	0.994 8087
	18	9656.5	357 22 34.37	+0.28	23 50 20.08	− 1 02 49.3	0.995 0832
	19	9657.5	358 22 14.77	+0.20	23 53 59.12	− 0 39 06.2	0.995 3604
	20	9658.5	359 21 53.22	+0.10	23 57 38.01	− 0 15 23.2	0.995 6404
	21	9659.5	0 21 29.79	−0.02	0 01 16.77	+ 0 08 19.2	0.995 9229
	22	9660.5	1 21 04.52	−0.15	0 04 55.43	+ 0 32 00.8	0.996 2079
	23	9661.5	2 20 37.47	−0.29	0 08 34.02	+ 0 55 41.2	0.996 4949
	24	9662.5	3 20 08.67	−0.42	0 12 12.55	+ 1 19 20.1	0.996 7836
	25	9663.5	4 19 38.16	−0.53	0 15 51.04	+ 1 42 57.2	0.997 0736
	26	9664.5	5 19 05.93	−0.63	0 19 29.52	+ 2 06 32.0	0.997 3645
	27	9665.5	6 18 31.98	−0.70	0 23 08.00	+ 2 30 04.2	0.997 6558
	28	9666.5	7 17 56.28	−0.74	0 26 46.51	+ 2 53 33.5	0.997 9472
	29	9667.5	8 17 18.79	−0.74	0 30 25.04	+ 3 16 59.5	0.998 2382
	30	9668.5	9 16 39.46	−0.72	0 34 03.63	+ 3 40 21.8	0.998 5286
	31	9669.5	10 15 58.23	−0.66	0 37 42.30	+ 4 03 40.0	0.998 8181
Apr.	1	9670.5	11 15 15.03	−0.58	0 41 21.05	+ 4 26 53.7	0.999 1065
	2	9671.5	12 14 29.80	−0.48	0 44 59.90	+ 4 50 02.7	0.999 3938

FOR 0ʰ TERRESTRIAL TIME

Date		Pos. Angle of Axis P	Heliographic		Horiz. Parallax	Semi-Diameter	Ephemeris Transit
			Latitude B_0	Longitude L_0			
		°	°	°	″	′ ″	h m s
Feb.	15	− 17.36	− 6.82	270.01	8.90	16 11.70	12 14 04.89
	16	− 17.69	− 6.86	256.84	8.90	16 11.51	12 14 01.42
	17	− 18.02	− 6.90	243.67	8.90	16 11.31	12 13 57.23
	18	− 18.34	− 6.94	230.51	8.90	16 11.11	12 13 52.36
	19	− 18.66	− 6.98	217.34	8.90	16 10.90	12 13 46.81
	20	− 18.97	− 7.01	204.17	8.90	16 10.69	12 13 40.61
	21	− 19.27	− 7.04	191.00	8.89	16 10.47	12 13 33.77
	22	− 19.57	− 7.07	177.83	8.89	16 10.25	12 13 26.31
	23	− 19.86	− 7.10	164.66	8.89	16 10.03	12 13 18.25
	24	− 20.15	− 7.13	151.49	8.89	16 09.80	12 13 09.60
	25	− 20.43	− 7.15	138.32	8.89	16 09.58	12 13 00.38
	26	− 20.70	− 7.17	125.15	8.88	16 09.34	12 12 50.61
	27	− 20.97	− 7.19	111.98	8.88	16 09.11	12 12 40.30
	28	− 21.23	− 7.20	98.80	8.88	16 08.87	12 12 29.46
Mar.	1	− 21.49	− 7.22	85.63	8.88	16 08.64	12 12 18.11
	2	− 21.74	− 7.23	72.46	8.87	16 08.40	12 12 06.27
	3	− 21.98	− 7.24	59.29	8.87	16 08.16	12 11 53.94
	4	− 22.22	− 7.24	46.11	8.87	16 07.92	12 11 41.14
	5	− 22.45	− 7.25	32.94	8.87	16 07.68	12 11 27.89
	6	− 22.67	− 7.25	19.77	8.87	16 07.43	12 11 14.19
	7	− 22.89	− 7.25	6.59	8.86	16 07.19	12 11 00.08
	8	− 23.10	− 7.25	353.42	8.86	16 06.94	12 10 45.57
	9	− 23.31	− 7.25	340.24	8.86	16 06.70	12 10 30.67
	10	− 23.50	− 7.24	327.06	8.86	16 06.45	12 10 15.40
	11	− 23.70	− 7.23	313.89	8.85	16 06.20	12 09 59.79
	12	− 23.88	− 7.22	300.71	8.85	16 05.95	12 09 43.86
	13	− 24.06	− 7.21	287.53	8.85	16 05.69	12 09 27.62
	14	− 24.23	− 7.19	274.35	8.85	16 05.44	12 09 11.11
	15	− 24.39	− 7.18	261.17	8.84	16 05.18	12 08 54.33
	16	− 24.55	− 7.16	247.99	8.84	16 04.92	12 08 37.31
	17	− 24.70	− 7.13	234.81	8.84	16 04.65	12 08 20.09
	18	− 24.85	− 7.11	221.63	8.84	16 04.39	12 08 02.67
	19	− 24.98	− 7.08	208.45	8.84	16 04.12	12 07 45.09
	20	− 25.11	− 7.06	195.26	8.83	16 03.85	12 07 27.37
	21	− 25.24	− 7.03	182.08	8.83	16 03.57	12 07 09.53
	22	− 25.35	− 6.99	168.89	8.83	16 03.30	12 06 51.60
	23	− 25.46	− 6.96	155.71	8.83	16 03.02	12 06 33.60
	24	− 25.57	− 6.92	142.52	8.82	16 02.74	12 06 15.55
	25	− 25.66	− 6.88	129.34	8.82	16 02.46	12 05 57.48
	26	− 25.75	− 6.84	116.15	8.82	16 02.18	12 05 39.40
	27	− 25.83	− 6.80	102.96	8.81	16 01.90	12 05 21.33
	28	− 25.91	− 6.76	89.77	8.81	16 01.62	12 05 03.30
	29	− 25.98	− 6.71	76.59	8.81	16 01.34	12 04 45.32
	30	− 26.04	− 6.66	63.40	8.81	16 01.06	12 04 27.40
	31	− 26.09	− 6.61	50.20	8.80	16 00.78	12 04 09.56
Apr.	1	− 26.14	− 6.56	37.01	8.80	16 00.50	12 03 51.81
	2	− 26.18	− 6.50	23.82	8.80	16 00.23	12 03 34.18

SUN, 2022

FOR 0ʰ TERRESTRIAL TIME

Date		Julian Date	Geometric Ecliptic Coords. Mn Equinox & Ecliptic of Date		Apparent R. A.	Apparent Declination	True Geocentric Distance
			Longitude	Latitude			
		245	° ′ ″	″	h m s	° ′ ″	au
Apr.	1	9670.5	11 15 15.03	−0.58	0 41 21.05	+ 4 26 53.7	0.999 1065
	2	9671.5	12 14 29.80	−0.48	0 44 59.90	+ 4 50 02.7	0.999 3938
	3	9672.5	13 13 42.48	−0.36	0 48 38.88	+ 5 13 06.4	0.999 6798
	4	9673.5	14 12 53.02	−0.23	0 52 17.99	+ 5 36 04.6	0.999 9646
	5	9674.5	15 12 01.37	−0.10	0 55 57.26	+ 5 58 56.9	1.000 2482
	6	9675.5	16 11 07.50	+0.03	0 59 36.70	+ 6 21 42.9	1.000 5308
	7	9676.5	17 10 11.37	+0.15	1 03 16.32	+ 6 44 22.3	1.000 8124
	8	9677.5	18 09 12.98	+0.26	1 06 56.15	+ 7 06 54.6	1.001 0931
	9	9678.5	19 08 12.30	+0.35	1 10 36.19	+ 7 29 19.6	1.001 3732
	10	9679.5	20 07 09.34	+0.42	1 14 16.47	+ 7 51 36.9	1.001 6527
	11	9680.5	21 06 04.10	+0.46	1 17 57.00	+ 8 13 46.1	1.001 9318
	12	9681.5	22 04 56.60	+0.47	1 21 37.79	+ 8 35 46.8	1.002 2107
	13	9682.5	23 03 46.85	+0.45	1 25 18.87	+ 8 57 38.9	1.002 4895
	14	9683.5	24 02 34.89	+0.40	1 29 00.25	+ 9 19 21.8	1.002 7683
	15	9684.5	25 01 20.77	+0.33	1 32 41.95	+ 9 40 55.4	1.003 0475
	16	9685.5	26 00 04.55	+0.23	1 36 23.99	+10 02 19.3	1.003 3269
	17	9686.5	26 58 46.30	+0.11	1 40 06.40	+10 23 33.1	1.003 6068
	18	9687.5	27 57 26.11	−0.02	1 43 49.19	+10 44 36.7	1.003 8870
	19	9688.5	28 56 04.05	−0.16	1 47 32.38	+11 05 29.6	1.004 1675
	20	9689.5	29 54 40.21	−0.29	1 51 15.99	+11 26 11.7	1.004 4480
	21	9690.5	30 53 14.67	−0.41	1 55 00.04	+11 46 42.6	1.004 7283
	22	9691.5	31 51 47.47	−0.51	1 58 44.54	+12 07 02.0	1.005 0080
	23	9692.5	32 50 18.67	−0.59	2 02 29.50	+12 27 09.6	1.005 2866
	24	9693.5	33 48 48.29	−0.63	2 06 14.93	+12 47 05.0	1.005 5638
	25	9694.5	34 47 16.34	−0.65	2 10 00.85	+13 06 47.9	1.005 8392
	26	9695.5	35 45 42.80	−0.63	2 13 47.27	+13 26 18.0	1.006 1122
	27	9696.5	36 44 07.66	−0.58	2 17 34.18	+13 45 34.8	1.006 3827
	28	9697.5	37 42 30.89	−0.50	2 21 21.61	+14 04 38.2	1.006 6502
	29	9698.5	38 40 52.45	−0.40	2 25 09.57	+14 23 27.6	1.006 9146
	30	9699.5	39 39 12.31	−0.28	2 28 58.04	+14 42 02.8	1.007 1757
May	1	9700.5	40 37 30.41	−0.15	2 32 47.06	+15 00 23.5	1.007 4333
	2	9701.5	41 35 46.73	−0.02	2 36 36.60	+15 18 29.3	1.007 6873
	3	9702.5	42 34 01.23	+0.12	2 40 26.69	+15 36 19.9	1.007 9379
	4	9703.5	43 32 13.88	+0.25	2 44 17.33	+15 53 54.9	1.008 1849
	5	9704.5	44 30 24.66	+0.36	2 48 08.51	+16 11 14.1	1.008 4284
	6	9705.5	45 28 33.54	+0.46	2 52 00.23	+16 28 17.0	1.008 6686
	7	9706.5	46 26 40.51	+0.53	2 55 52.50	+16 45 03.4	1.008 9055
	8	9707.5	47 24 45.58	+0.58	2 59 45.32	+17 01 33.0	1.009 1393
	9	9708.5	48 22 48.75	+0.61	3 03 38.69	+17 17 45.4	1.009 3701
	10	9709.5	49 20 50.01	+0.60	3 07 32.61	+17 33 40.3	1.009 5982
	11	9710.5	50 18 49.40	+0.56	3 11 27.09	+17 49 17.5	1.009 8236
	12	9711.5	51 16 46.94	+0.50	3 15 22.11	+18 04 36.6	1.010 0466
	13	9712.5	52 14 42.67	+0.41	3 19 17.69	+18 19 37.4	1.010 2675
	14	9713.5	53 12 36.66	+0.30	3 23 13.83	+18 34 19.6	1.010 4864
	15	9714.5	54 10 28.97	+0.17	3 27 10.53	+18 48 43.0	1.010 7036
	16	9715.5	55 08 19.69	+0.03	3 31 07.80	+19 02 47.2	1.010 9190
	17	9716.5	56 06 08.92	−0.10	3 35 05.63	+19 16 32.1	1.011 1329

FOR 0ʰ TERRESTRIAL TIME

Date	Pos. Angle of Axis P	Heliographic Latitude B_0	Heliographic Longitude L_0	Horiz. Parallax	Semi-Diameter	Ephemeris Transit
	°	°	°	″	′ ″	h m s
Apr. 1	− 26.14	− 6.56	37.01	8.80	16 00.50	12 03 51.81
2	− 26.18	− 6.50	23.82	8.80	16 00.23	12 03 34.18
3	− 26.21	− 6.45	10.63	8.80	15 59.95	12 03 16.68
4	− 26.23	− 6.39	357.44	8.79	15 59.68	12 02 59.32
5	− 26.25	− 6.33	344.24	8.79	15 59.41	12 02 42.12
6	− 26.26	− 6.27	331.05	8.79	15 59.14	12 02 25.10
7	− 26.26	− 6.20	317.85	8.79	15 58.87	12 02 08.27
8	− 26.26	− 6.14	304.65	8.78	15 58.60	12 01 51.64
9	− 26.25	− 6.07	291.45	8.78	15 58.33	12 01 35.25
10	− 26.23	− 6.00	278.26	8.78	15 58.06	12 01 19.09
11	− 26.20	− 5.93	265.06	8.78	15 57.79	12 01 03.20
12	− 26.17	− 5.86	251.85	8.77	15 57.53	12 00 47.58
13	− 26.13	− 5.79	238.65	8.77	15 57.26	12 00 32.26
14	− 26.08	− 5.71	225.45	8.77	15 57.00	12 00 17.26
15	− 26.02	− 5.63	212.25	8.77	15 56.73	12 00 02.58
16	− 25.96	− 5.55	199.04	8.76	15 56.46	11 59 48.26
17	− 25.89	− 5.47	185.84	8.76	15 56.20	11 59 34.30
18	− 25.81	− 5.39	172.63	8.76	15 55.93	11 59 20.74
19	− 25.73	− 5.31	159.43	8.76	15 55.66	11 59 07.58
20	− 25.64	− 5.22	146.22	8.76	15 55.40	11 58 54.85
21	− 25.54	− 5.14	133.01	8.75	15 55.13	11 58 42.56
22	− 25.43	− 5.05	119.80	8.75	15 54.86	11 58 30.73
23	− 25.31	− 4.96	106.59	8.75	15 54.60	11 58 19.36
24	− 25.19	− 4.87	93.38	8.75	15 54.34	11 58 08.48
25	− 25.06	− 4.78	80.17	8.74	15 54.07	11 57 58.09
26	− 24.93	− 4.68	66.96	8.74	15 53.81	11 57 48.21
27	− 24.78	− 4.59	53.75	8.74	15 53.56	11 57 38.83
28	− 24.63	− 4.49	40.53	8.74	15 53.31	11 57 29.97
29	− 24.47	− 4.40	27.32	8.73	15 53.05	11 57 21.64
30	− 24.31	− 4.30	14.11	8.73	15 52.81	11 57 13.83
May 1	− 24.14	− 4.20	0.89	8.73	15 52.56	11 57 06.56
2	− 23.96	− 4.10	347.68	8.73	15 52.32	11 56 59.82
3	− 23.77	− 3.99	334.46	8.72	15 52.09	11 56 53.62
4	− 23.57	− 3.89	321.24	8.72	15 51.85	11 56 47.97
5	− 23.37	− 3.79	308.02	8.72	15 51.62	11 56 42.86
6	− 23.16	− 3.68	294.80	8.72	15 51.40	11 56 38.29
7	− 22.95	− 3.58	281.58	8.72	15 51.17	11 56 34.28
8	− 22.73	− 3.47	268.36	8.71	15 50.95	11 56 30.82
9	− 22.50	− 3.36	255.14	8.71	15 50.74	11 56 27.90
10	− 22.26	− 3.25	241.92	8.71	15 50.52	11 56 25.55
11	− 22.02	− 3.14	228.70	8.71	15 50.31	11 56 23.74
12	− 21.77	− 3.03	215.48	8.71	15 50.10	11 56 22.49
13	− 21.51	− 2.92	202.25	8.70	15 49.89	11 56 21.80
14	− 21.25	− 2.81	189.03	8.70	15 49.69	11 56 21.67
15	− 20.98	− 2.70	175.80	8.70	15 49.48	11 56 22.10
16	− 20.70	− 2.58	162.57	8.70	15 49.28	11 56 23.08
17	− 20.42	− 2.47	149.35	8.70	15 49.08	11 56 24.64

SUN, 2022

FOR 0ʰ TERRESTRIAL TIME

Date	Julian Date	Geometric Ecliptic Coords. Mn Equinox & Ecliptic of Date		Apparent R. A.	Apparent Declination	True Geocentric Distance
		Longitude	Latitude			
	245	° ′ ″	″	h m s	° ′ ″	au
May 17	9716.5	56 06 08.92	−0.10	3 35 05.63	+19 16 32.1	1.011 1329
18	9717.5	57 03 56.76	−0.23	3 39 04.03	+19 29 57.5	1.011 3450
19	9718.5	58 01 43.32	−0.34	3 43 02.99	+19 43 03.1	1.011 5552
20	9719.5	58 59 28.68	−0.43	3 47 02.52	+19 55 48.6	1.011 7633
21	9720.5	59 57 12.93	−0.48	3 51 02.60	+20 08 13.8	1.011 9689
22	9721.5	60 54 56.11	−0.50	3 55 03.22	+20 20 18.4	1.012 1715
23	9722.5	61 52 38.26	−0.49	3 59 04.39	+20 32 02.2	1.012 3709
24	9723.5	62 50 19.41	−0.45	4 03 06.10	+20 43 24.9	1.012 5665
25	9724.5	63 47 59.56	−0.38	4 07 08.33	+20 54 26.3	1.012 7581
26	9725.5	64 45 38.72	−0.29	4 11 11.07	+21 05 06.2	1.012 9454
27	9726.5	65 43 16.85	−0.17	4 15 14.32	+21 15 24.2	1.013 1280
28	9727.5	66 40 53.96	−0.05	4 19 18.05	+21 25 20.2	1.013 3058
29	9728.5	67 38 30.02	+0.08	4 23 22.25	+21 34 54.0	1.013 4786
30	9729.5	68 36 05.01	+0.22	4 27 26.91	+21 44 05.3	1.013 6462
31	9730.5	69 33 38.89	+0.34	4 31 32.00	+21 52 54.0	1.013 8086
June 1	9731.5	70 31 11.66	+0.46	4 35 37.51	+22 01 19.7	1.013 9658
2	9732.5	71 28 43.29	+0.56	4 39 43.42	+22 09 22.5	1.014 1177
3	9733.5	72 26 13.77	+0.64	4 43 49.70	+22 17 02.0	1.014 2645
4	9734.5	73 23 43.07	+0.70	4 47 56.33	+22 24 18.1	1.014 4061
5	9735.5	74 21 11.20	+0.73	4 52 03.30	+22 31 10.6	1.014 5428
6	9736.5	75 18 38.15	+0.73	4 56 10.58	+22 37 39.3	1.014 6747
7	9737.5	76 16 03.93	+0.71	5 00 18.14	+22 43 44.2	1.014 8019
8	9738.5	77 13 28.54	+0.65	5 04 25.98	+22 49 25.1	1.014 9246
9	9739.5	78 10 52.01	+0.57	5 08 34.07	+22 54 41.9	1.015 0431
10	9740.5	79 08 14.37	+0.47	5 12 42.38	+22 59 34.4	1.015 1577
11	9741.5	80 05 35.66	+0.35	5 16 50.91	+23 04 02.6	1.015 2686
12	9742.5	81 02 55.94	+0.22	5 20 59.63	+23 08 06.3	1.015 3761
13	9743.5	82 00 15.29	+0.08	5 25 08.53	+23 11 45.6	1.015 4804
14	9744.5	82 57 33.81	−0.05	5 29 17.59	+23 15 00.4	1.015 5817
15	9745.5	83 54 51.60	−0.17	5 33 26.79	+23 17 50.7	1.015 6802
16	9746.5	84 52 08.79	−0.26	5 37 36.10	+23 20 16.3	1.015 7758
17	9747.5	85 49 25.47	−0.33	5 41 45.52	+23 22 17.4	1.015 8683
18	9748.5	86 46 41.77	−0.36	5 45 55.02	+23 23 53.7	1.015 9576
19	9749.5	87 43 57.75	−0.36	5 50 04.58	+23 25 05.3	1.016 0433
20	9750.5	88 41 13.48	−0.33	5 54 14.18	+23 25 52.2	1.016 1250
21	9751.5	89 38 29.01	−0.27	5 58 23.79	+23 26 14.2	1.016 2025
22	9752.5	90 35 44.37	−0.18	6 02 33.41	+23 26 11.4	1.016 2753
23	9753.5	91 32 59.57	−0.08	6 06 42.99	+23 25 43.9	1.016 3432
24	9754.5	92 30 14.64	+0.04	6 10 52.53	+23 24 51.6	1.016 4059
25	9755.5	93 27 29.56	+0.17	6 15 01.99	+23 23 34.5	1.016 4631
26	9756.5	94 24 44.33	+0.30	6 19 11.35	+23 21 52.6	1.016 5147
27	9757.5	95 21 58.94	+0.42	6 23 20.59	+23 19 46.2	1.016 5606
28	9758.5	96 19 13.38	+0.54	6 27 29.66	+23 17 15.1	1.016 6005
29	9759.5	97 16 27.63	+0.64	6 31 38.56	+23 14 19.4	1.016 6345
30	9760.5	98 13 41.68	+0.72	6 35 47.24	+23 10 59.3	1.016 6624
July 1	9761.5	99 10 55.51	+0.78	6 39 55.69	+23 07 14.8	1.016 6844
2	9762.5	100 08 09.11	+0.81	6 44 03.88	+23 03 06.0	1.016 7005

FOR 0^h TERRESTRIAL TIME

Date		Pos. Angle of Axis P	Heliographic		Horiz. Parallax	Semi-Diameter		Ephemeris Transit		
			Latitude B_0	Longitude L_0						
		°	°	°	''	'	''	h	m	s
May	17	− 20.42	− 2.47	149.35	8.70	15	49.08	11	56	24.64
	18	− 20.13	− 2.35	136.12	8.70	15	48.88	11	56	26.75
	19	− 19.83	− 2.24	122.89	8.69	15	48.68	11	56	29.43
	20	− 19.53	− 2.12	109.67	8.69	15	48.49	11	56	32.66
	21	− 19.22	− 2.01	96.44	8.69	15	48.29	11	56	36.45
	22	− 18.91	− 1.89	83.21	8.69	15	48.10	11	56	40.80
	23	− 18.59	− 1.77	69.98	8.69	15	47.92	11	56	45.68
	24	− 18.26	− 1.65	56.75	8.69	15	47.74	11	56	51.09
	25	− 17.93	− 1.54	43.52	8.68	15	47.56	11	56	57.03
	26	− 17.59	− 1.42	30.29	8.68	15	47.38	11	57	03.48
	27	− 17.25	− 1.30	17.06	8.68	15	47.21	11	57	10.41
	28	− 16.90	− 1.18	3.83	8.68	15	47.04	11	57	17.83
	29	− 16.54	− 1.06	350.59	8.68	15	46.88	11	57	25.70
	30	− 16.18	− 0.94	337.36	8.68	15	46.73	11	57	34.02
	31	− 15.82	− 0.82	324.13	8.67	15	46.57	11	57	42.76
June	1	− 15.45	− 0.70	310.90	8.67	15	46.43	11	57	51.91
	2	− 15.07	− 0.58	297.66	8.67	15	46.29	11	58	01.45
	3	− 14.69	− 0.46	284.43	8.67	15	46.15	11	58	11.34
	4	− 14.31	− 0.34	271.20	8.67	15	46.02	11	58	21.59
	5	− 13.92	− 0.22	257.96	8.67	15	45.89	11	58	32.16
	6	− 13.53	− 0.10	244.73	8.67	15	45.77	11	58	43.03
	7	− 13.13	+ 0.03	231.49	8.67	15	45.65	11	58	54.18
	8	− 12.73	+ 0.15	218.26	8.66	15	45.53	11	59	05.59
	9	− 12.33	+ 0.27	205.02	8.66	15	45.42	11	59	17.25
	10	− 11.92	+ 0.39	191.79	8.66	15	45.32	11	59	29.12
	11	− 11.50	+ 0.51	178.55	8.66	15	45.21	11	59	41.19
	12	− 11.09	+ 0.63	165.31	8.66	15	45.11	11	59	53.45
	13	− 10.67	+ 0.75	152.08	8.66	15	45.02	12	00	05.87
	14	− 10.25	+ 0.87	138.84	8.66	15	44.92	12	00	18.43
	15	− 9.82	+ 0.99	125.60	8.66	15	44.83	12	00	31.12
	16	− 9.39	+ 1.11	112.37	8.66	15	44.74	12	00	43.93
	17	− 8.96	+ 1.23	99.13	8.66	15	44.65	12	00	56.83
	18	− 8.53	+ 1.35	85.89	8.66	15	44.57	12	01	09.80
	19	− 8.09	+ 1.46	72.65	8.66	15	44.49	12	01	22.83
	20	− 7.65	+ 1.58	59.42	8.65	15	44.42	12	01	35.89
	21	− 7.21	+ 1.70	46.18	8.65	15	44.34	12	01	48.95
	22	− 6.77	+ 1.82	32.94	8.65	15	44.28	12	02	02.01
	23	− 6.32	+ 1.93	19.71	8.65	15	44.21	12	02	15.02
	24	− 5.88	+ 2.05	6.47	8.65	15	44.16	12	02	27.97
	25	− 5.43	+ 2.16	353.23	8.65	15	44.10	12	02	40.83
	26	− 4.98	+ 2.28	340.00	8.65	15	44.05	12	02	53.57
	27	− 4.53	+ 2.39	326.76	8.65	15	44.01	12	03	06.17
	28	− 4.08	+ 2.50	313.52	8.65	15	43.97	12	03	18.60
	29	− 3.63	+ 2.62	300.29	8.65	15	43.94	12	03	30.83
	30	− 3.17	+ 2.73	287.05	8.65	15	43.92	12	03	42.84
July	1	− 2.72	+ 2.84	273.82	8.65	15	43.90	12	03	54.60
	2	− 2.27	+ 2.95	260.58	8.65	15	43.88	12	04	06.08

SUN, 2022

FOR 0ʰ TERRESTRIAL TIME

Date		Julian Date	Geometric Ecliptic Coords. Mn Equinox & Ecliptic of Date		Apparent R. A.	Apparent Declination	True Geocentric Distance
			Longitude	Latitude			
		245	° ′ ″	″	h m s	° ′ ″	au
July	1	9761.5	99 10 55.51	+0.78	6 39 55.69	+23 07 14.8	1.016 6844
	2	9762.5	100 08 09.11	+0.81	6 44 03.88	+23 03 06.0	1.016 7005
	3	9763.5	101 05 22.46	+0.82	6 48 11.78	+22 58 33.0	1.016 7107
	4	9764.5	102 02 35.56	+0.80	6 52 19.36	+22 53 36.0	1.016 7151
	5	9765.5	102 59 48.39	+0.75	6 56 26.61	+22 48 15.0	1.016 7140
	6	9766.5	103 57 00.96	+0.67	7 00 33.51	+22 42 30.3	1.016 7076
	7	9767.5	104 54 13.28	+0.58	7 04 40.03	+22 36 21.8	1.016 6961
	8	9768.5	105 51 25.35	+0.46	7 08 46.15	+22 29 49.9	1.016 6797
	9	9769.5	106 48 37.22	+0.34	7 12 51.87	+22 22 54.6	1.016 6588
	10	9770.5	107 45 48.91	+0.21	7 16 57.16	+22 15 36.2	1.016 6337
	11	9771.5	108 43 00.49	+0.08	7 21 02.01	+22 07 54.8	1.016 6048
	12	9772.5	109 40 12.05	−0.04	7 25 06.40	+21 59 50.7	1.016 5724
	13	9773.5	110 37 23.67	−0.14	7 29 10.33	+21 51 24.0	1.016 5366
	14	9774.5	111 34 35.46	−0.22	7 33 13.78	+21 42 35.0	1.016 4977
	15	9775.5	112 31 47.56	−0.26	7 37 16.74	+21 33 23.8	1.016 4557
	16	9776.5	113 29 00.06	−0.27	7 41 19.20	+21 23 50.7	1.016 4105
	17	9777.5	114 26 13.07	−0.25	7 45 21.15	+21 13 55.7	1.016 3620
	18	9778.5	115 23 26.68	−0.20	7 49 22.59	+21 03 39.2	1.016 3098
	19	9779.5	116 20 40.95	−0.12	7 53 23.51	+20 53 01.3	1.016 2537
	20	9780.5	117 17 55.93	−0.02	7 57 23.91	+20 42 02.1	1.016 1933
	21	9781.5	118 15 11.67	+0.09	8 01 23.77	+20 30 42.1	1.016 1285
	22	9782.5	119 12 28.19	+0.21	8 05 23.09	+20 19 01.3	1.016 0589
	23	9783.5	120 09 45.49	+0.34	8 09 21.85	+20 07 00.1	1.015 9844
	24	9784.5	121 07 03.59	+0.46	8 13 20.05	+19 54 38.6	1.015 9046
	25	9785.5	122 04 22.48	+0.57	8 17 17.68	+19 41 57.2	1.015 8195
	26	9786.5	123 01 42.17	+0.67	8 21 14.74	+19 28 56.1	1.015 7290
	27	9787.5	123 59 02.64	+0.75	8 25 11.20	+19 15 35.6	1.015 6328
	28	9788.5	124 56 23.88	+0.80	8 29 07.07	+19 01 56.0	1.015 5310
	29	9789.5	125 53 45.88	+0.84	8 33 02.33	+18 47 57.5	1.015 4235
	30	9790.5	126 51 08.61	+0.84	8 36 56.98	+18 33 40.5	1.015 3103
	31	9791.5	127 48 32.05	+0.82	8 40 51.02	+18 19 05.2	1.015 1914
Aug.	1	9792.5	128 45 56.19	+0.78	8 44 44.44	+18 04 11.9	1.015 0671
	2	9793.5	129 43 21.00	+0.71	8 48 37.23	+17 49 00.9	1.014 9373
	3	9794.5	130 40 46.47	+0.61	8 52 29.41	+17 33 32.6	1.014 8024
	4	9795.5	131 38 12.59	+0.50	8 56 20.96	+17 17 47.2	1.014 6625
	5	9796.5	132 35 39.36	+0.38	9 00 11.88	+17 01 45.0	1.014 5179
	6	9797.5	133 33 06.79	+0.25	9 04 02.20	+16 45 26.3	1.014 3689
	7	9798.5	134 30 34.89	+0.12	9 07 51.90	+16 28 51.5	1.014 2160
	8	9799.5	135 28 03.70	0.00	9 11 40.99	+16 12 00.8	1.014 0594
	9	9800.5	136 25 33.29	−0.11	9 15 29.47	+15 54 54.7	1.013 8997
	10	9801.5	137 23 03.71	−0.19	9 19 17.37	+15 37 33.4	1.013 7370
	11	9802.5	138 20 35.06	−0.24	9 23 04.67	+15 19 57.2	1.013 5718
	12	9803.5	139 18 07.45	−0.26	9 26 51.40	+15 02 06.4	1.013 4042
	13	9804.5	140 15 40.99	−0.24	9 30 37.56	+14 44 01.3	1.013 2343
	14	9805.5	141 13 15.77	−0.20	9 34 23.18	+14 25 42.1	1.013 0620
	15	9806.5	142 10 51.90	−0.12	9 38 08.25	+14 07 09.2	1.012 8874
	16	9807.5	143 08 29.46	−0.03	9 41 52.81	+13 48 22.7	1.012 7100

FOR 0^h TERRESTRIAL TIME

Date		Pos. Angle of Axis P	Heliographic		Horiz. Parallax	Semi-Diameter	Ephemeris Transit
			Latitude B_0	Longitude L_0			
		°	°	°	″	′ ″	h m s
July	1	− 2.72	+ 2.84	273.82	8.65	15 43.90	12 03 54.60
	2	− 2.27	+ 2.95	260.58	8.65	15 43.88	12 04 06.08
	3	− 1.81	+ 3.06	247.34	8.65	15 43.87	12 04 17.27
	4	− 1.36	+ 3.17	234.11	8.65	15 43.87	12 04 28.14
	5	− 0.91	+ 3.28	220.87	8.65	15 43.87	12 04 38.67
	6	− 0.45	+ 3.38	207.64	8.65	15 43.87	12 04 48.83
	7	0.00	+ 3.49	194.40	8.65	15 43.89	12 04 58.60
	8	+ 0.45	+ 3.60	181.17	8.65	15 43.90	12 05 07.97
	9	+ 0.90	+ 3.70	167.93	8.65	15 43.92	12 05 16.91
	10	+ 1.35	+ 3.80	154.70	8.65	15 43.94	12 05 25.42
	11	+ 1.80	+ 3.91	141.46	8.65	15 43.97	12 05 33.48
	12	+ 2.25	+ 4.01	128.23	8.65	15 44.00	12 05 41.07
	13	+ 2.70	+ 4.11	114.99	8.65	15 44.03	12 05 48.19
	14	+ 3.14	+ 4.21	101.76	8.65	15 44.07	12 05 54.83
	15	+ 3.58	+ 4.30	88.53	8.65	15 44.11	12 06 00.98
	16	+ 4.03	+ 4.40	75.29	8.65	15 44.15	12 06 06.63
	17	+ 4.47	+ 4.49	62.06	8.65	15 44.20	12 06 11.77
	18	+ 4.91	+ 4.59	48.83	8.65	15 44.24	12 06 16.40
	19	+ 5.34	+ 4.68	35.60	8.65	15 44.30	12 06 20.51
	20	+ 5.78	+ 4.77	22.37	8.65	15 44.35	12 06 24.08
	21	+ 6.21	+ 4.86	9.13	8.65	15 44.41	12 06 27.12
	22	+ 6.64	+ 4.95	355.90	8.66	15 44.48	12 06 29.60
	23	+ 7.06	+ 5.04	342.67	8.66	15 44.55	12 06 31.52
	24	+ 7.49	+ 5.13	329.44	8.66	15 44.62	12 06 32.88
	25	+ 7.91	+ 5.21	316.22	8.66	15 44.70	12 06 33.66
	26	+ 8.33	+ 5.29	302.99	8.66	15 44.78	12 06 33.85
	27	+ 8.74	+ 5.38	289.76	8.66	15 44.87	12 06 33.46
	28	+ 9.16	+ 5.46	276.53	8.66	15 44.97	12 06 32.46
	29	+ 9.57	+ 5.54	263.30	8.66	15 45.07	12 06 30.86
	30	+ 9.97	+ 5.61	250.08	8.66	15 45.17	12 06 28.65
	31	+ 10.38	+ 5.69	236.85	8.66	15 45.28	12 06 25.82
Aug.	1	+ 10.77	+ 5.76	223.63	8.66	15 45.40	12 06 22.37
	2	+ 11.17	+ 5.84	210.40	8.66	15 45.52	12 06 18.30
	3	+ 11.56	+ 5.91	197.17	8.67	15 45.65	12 06 13.61
	4	+ 11.95	+ 5.98	183.95	8.67	15 45.78	12 06 08.30
	5	+ 12.34	+ 6.04	170.73	8.67	15 45.91	12 06 02.36
	6	+ 12.72	+ 6.11	157.50	8.67	15 46.05	12 05 55.81
	7	+ 13.09	+ 6.18	144.28	8.67	15 46.19	12 05 48.64
	8	+ 13.46	+ 6.24	131.06	8.67	15 46.34	12 05 40.86
	9	+ 13.83	+ 6.30	117.83	8.67	15 46.49	12 05 32.48
	10	+ 14.20	+ 6.36	104.61	8.67	15 46.64	12 05 23.52
	11	+ 14.56	+ 6.42	91.39	8.68	15 46.80	12 05 13.97
	12	+ 14.91	+ 6.47	78.17	8.68	15 46.95	12 05 03.86
	13	+ 15.26	+ 6.53	64.95	8.68	15 47.11	12 04 53.19
	14	+ 15.61	+ 6.58	51.73	8.68	15 47.27	12 04 41.98
	15	+ 15.95	+ 6.63	38.51	8.68	15 47.43	12 04 30.25
	16	+ 16.29	+ 6.68	25.29	8.68	15 47.60	12 04 18.00

SUN, 2022

FOR 0ʰ TERRESTRIAL TIME

Date	Julian Date	Geometric Ecliptic Coords. Mn Equinox & Ecliptic of Date		Apparent R. A.	Apparent Declination	True Geocentric Distance
		Longitude	Latitude			
	245	o ′ ″	″	h m s	o ′ ″	au
Aug. 16	9807.5	143 08 29.46	−0.03	9 41 52.81	+13 48 22.7	1.012 7100
17	9808.5	144 06 08.51	+0.08	9 45 36.85	+13 29 23.1	1.012 5299
18	9809.5	145 03 49.10	+0.20	9 49 20.41	+13 10 10.5	1.012 3467
19	9810.5	146 01 31.27	+0.33	9 53 03.48	+12 50 45.3	1.012 1602
20	9811.5	146 59 15.05	+0.45	9 56 46.08	+12 31 07.9	1.011 9701
21	9812.5	147 57 00.45	+0.56	10 00 28.22	+12 11 18.4	1.011 7764
22	9813.5	148 54 47.47	+0.66	10 04 09.90	+11 51 17.3	1.011 5788
23	9814.5	149 52 36.13	+0.73	10 07 51.15	+11 31 04.8	1.011 3772
24	9815.5	150 50 26.41	+0.79	10 11 31.97	+11 10 41.4	1.011 1714
25	9816.5	151 48 18.30	+0.82	10 15 12.37	+10 50 07.3	1.010 9614
26	9817.5	152 46 11.78	+0.83	10 18 52.36	+10 29 22.8	1.010 7471
27	9818.5	153 44 06.83	+0.81	10 22 31.95	+10 08 28.3	1.010 5283
28	9819.5	154 42 03.43	+0.76	10 26 11.16	+ 9 47 24.2	1.010 3053
29	9820.5	155 40 01.53	+0.69	10 29 50.00	+ 9 26 10.7	1.010 0779
30	9821.5	156 38 01.11	+0.59	10 33 28.48	+ 9 04 48.2	1.009 8462
31	9822.5	157 36 02.14	+0.48	10 37 06.61	+ 8 43 17.1	1.009 6105
Sept. 1	9823.5	158 34 04.57	+0.36	10 40 44.41	+ 8 21 37.6	1.009 3710
2	9824.5	159 32 08.39	+0.22	10 44 21.90	+ 7 59 50.1	1.009 1279
3	9825.5	160 30 13.58	+0.09	10 47 59.09	+ 7 37 55.0	1.008 8815
4	9826.5	161 28 20.13	−0.03	10 51 35.99	+ 7 15 52.7	1.008 6322
5	9827.5	162 26 28.06	−0.14	10 55 12.63	+ 6 53 43.3	1.008 3804
6	9828.5	163 24 37.38	−0.23	10 58 49.02	+ 6 31 27.4	1.008 1266
7	9829.5	164 22 48.15	−0.28	11 02 25.17	+ 6 09 05.2	1.007 8711
8	9830.5	165 21 00.42	−0.31	11 06 01.12	+ 5 46 37.0	1.007 6143
9	9831.5	166 19 14.27	−0.30	11 09 36.87	+ 5 24 03.2	1.007 3566
10	9832.5	167 17 29.80	−0.26	11 13 12.45	+ 5 01 24.1	1.007 0981
11	9833.5	168 15 47.08	−0.19	11 16 47.89	+ 4 38 39.9	1.006 8390
12	9834.5	169 14 06.21	−0.10	11 20 23.21	+ 4 15 50.9	1.006 5793
13	9835.5	170 12 27.28	+0.01	11 23 58.44	+ 3 52 57.4	1.006 3190
14	9836.5	171 10 50.35	+0.13	11 27 33.59	+ 3 29 59.7	1.006 0579
15	9837.5	172 09 15.48	+0.26	11 31 08.70	+ 3 06 58.1	1.005 7960
16	9838.5	173 07 42.71	+0.38	11 34 43.79	+ 2 43 52.9	1.005 5331
17	9839.5	174 06 12.08	+0.50	11 38 18.87	+ 2 20 44.4	1.005 2689
18	9840.5	175 04 43.61	+0.60	11 41 53.97	+ 1 57 33.0	1.005 0033
19	9841.5	176 03 17.31	+0.68	11 45 29.09	+ 1 34 19.0	1.004 7362
20	9842.5	177 01 53.18	+0.74	11 49 04.28	+ 1 11 02.7	1.004 4673
21	9843.5	178 00 31.22	+0.78	11 52 39.53	+ 0 47 44.6	1.004 1966
22	9844.5	178 59 11.42	+0.79	11 56 14.87	+ 0 24 24.8	1.003 9240
23	9845.5	179 57 53.76	+0.77	11 59 50.31	+ 0 01 03.8	1.003 6492
24	9846.5	180 56 38.22	+0.72	12 03 25.89	− 0 22 18.0	1.003 3722
25	9847.5	181 55 24.75	+0.65	12 07 01.60	− 0 45 40.4	1.003 0930
26	9848.5	182 54 13.31	+0.55	12 10 37.48	− 1 09 02.9	1.002 8115
27	9849.5	183 53 03.86	+0.44	12 14 13.53	− 1 32 25.1	1.002 5277
28	9850.5	184 51 56.34	+0.31	12 17 49.79	− 1 55 46.9	1.002 2418
29	9851.5	185 50 50.69	+0.17	12 21 26.26	− 2 19 07.6	1.001 9538
30	9852.5	186 49 46.86	+0.03	12 25 02.97	− 2 42 27.0	1.001 6641
Oct. 1	9853.5	187 48 44.80	−0.10	12 28 39.93	− 3 05 44.7	1.001 3728

FOR 0ʰ TERRESTRIAL TIME

Date	Pos. Angle of Axis P	Heliographic		Horiz. Parallax	Semi-Diameter	Ephemeris Transit
		Latitude B_0	Longitude L_0			
	°	°	°	″	′ ″	h m s
Aug. 16	+ 16.29	+ 6.68	25.29	8.68	15 47.60	12 04 18.00
17	+ 16.62	+ 6.72	12.07	8.69	15 47.77	12 04 05.25
18	+ 16.95	+ 6.77	358.86	8.69	15 47.94	12 03 52.00
19	+ 17.28	+ 6.81	345.64	8.69	15 48.12	12 03 38.28
20	+ 17.59	+ 6.85	332.42	8.69	15 48.29	12 03 24.09
21	+ 17.91	+ 6.89	319.21	8.69	15 48.48	12 03 09.45
22	+ 18.22	+ 6.93	305.99	8.69	15 48.66	12 02 54.36
23	+ 18.52	+ 6.96	292.78	8.70	15 48.85	12 02 38.83
24	+ 18.82	+ 7.00	279.56	8.70	15 49.04	12 02 22.88
25	+ 19.11	+ 7.03	266.35	8.70	15 49.24	12 02 06.52
26	+ 19.40	+ 7.06	253.14	8.70	15 49.44	12 01 49.76
27	+ 19.69	+ 7.08	239.92	8.70	15 49.65	12 01 32.62
28	+ 19.96	+ 7.11	226.71	8.70	15 49.86	12 01 15.09
29	+ 20.24	+ 7.13	213.50	8.71	15 50.07	12 00 57.20
30	+ 20.51	+ 7.15	200.29	8.71	15 50.29	12 00 38.96
31	+ 20.77	+ 7.17	187.08	8.71	15 50.51	12 00 20.38
Sept. 1	+ 21.02	+ 7.19	173.87	8.71	15 50.74	12 00 01.48
2	+ 21.28	+ 7.20	160.66	8.71	15 50.96	11 59 42.26
3	+ 21.52	+ 7.22	147.45	8.72	15 51.20	11 59 22.76
4	+ 21.76	+ 7.23	134.25	8.72	15 51.43	11 59 02.97
5	+ 21.99	+ 7.24	121.04	8.72	15 51.67	11 58 42.92
6	+ 22.22	+ 7.24	107.83	8.72	15 51.91	11 58 22.63
7	+ 22.45	+ 7.25	94.62	8.73	15 52.15	11 58 02.13
8	+ 22.66	+ 7.25	81.42	8.73	15 52.39	11 57 41.42
9	+ 22.87	+ 7.25	68.21	8.73	15 52.64	11 57 20.54
10	+ 23.08	+ 7.25	55.00	8.73	15 52.88	11 56 59.50
11	+ 23.28	+ 7.25	41.80	8.73	15 53.13	11 56 38.34
12	+ 23.47	+ 7.24	28.60	8.74	15 53.37	11 56 17.07
13	+ 23.66	+ 7.23	15.39	8.74	15 53.62	11 55 55.71
14	+ 23.84	+ 7.22	2.19	8.74	15 53.87	11 55 34.30
15	+ 24.02	+ 7.21	348.98	8.74	15 54.11	11 55 12.85
16	+ 24.18	+ 7.20	335.78	8.75	15 54.36	11 54 51.38
17	+ 24.35	+ 7.18	322.58	8.75	15 54.62	11 54 29.91
18	+ 24.50	+ 7.16	309.38	8.75	15 54.87	11 54 08.47
19	+ 24.65	+ 7.14	296.18	8.75	15 55.12	11 53 47.07
20	+ 24.80	+ 7.12	282.98	8.76	15 55.38	11 53 25.73
21	+ 24.93	+ 7.09	269.78	8.76	15 55.63	11 53 04.47
22	+ 25.06	+ 7.07	256.58	8.76	15 55.89	11 52 43.31
23	+ 25.19	+ 7.04	243.38	8.76	15 56.16	11 52 22.27
24	+ 25.31	+ 7.01	230.18	8.76	15 56.42	11 52 01.37
25	+ 25.42	+ 6.97	216.98	8.77	15 56.69	11 51 40.62
26	+ 25.52	+ 6.94	203.78	8.77	15 56.95	11 51 20.04
27	+ 25.62	+ 6.90	190.59	8.77	15 57.23	11 50 59.65
28	+ 25.71	+ 6.86	177.39	8.77	15 57.50	11 50 39.47
29	+ 25.80	+ 6.82	164.19	8.78	15 57.77	11 50 19.51
30	+ 25.87	+ 6.78	151.00	8.78	15 58.05	11 49 59.78
Oct. 1	+ 25.94	+ 6.73	137.80	8.78	15 58.33	11 49 40.32

SUN, 2022

FOR 0ʰ TERRESTRIAL TIME

Date	Julian Date	Geometric Ecliptic Coords. Mn Equinox & Ecliptic of Date		Apparent R. A.	Apparent Declination	True Geocentric Distance
		Longitude	Latitude			
	245	° ′ ″	″	h m s	° ′ ″	au
Oct. 1	9853.5	187 48 44.80	−0.10	12 28 39.93	− 3 05 44.7	1.001 3728
2	9854.5	188 47 44.49	−0.22	12 32 17.15	− 3 29 00.4	1.001 0805
3	9855.5	189 46 45.89	−0.31	12 35 54.67	− 3 52 13.6	1.000 7874
4	9856.5	190 45 49.00	−0.37	12 39 32.48	− 4 15 23.9	1.000 4939
5	9857.5	191 44 53.83	−0.41	12 43 10.62	− 4 38 31.1	1.000 2007
6	9858.5	192 44 00.41	−0.41	12 46 49.10	− 5 01 34.6	0.999 9079
7	9859.5	193 43 08.79	−0.38	12 50 27.95	− 5 24 34.3	0.999 6160
8	9860.5	194 42 19.01	−0.31	12 54 07.18	− 5 47 29.7	0.999 3254
9	9861.5	195 41 31.14	−0.22	12 57 46.83	− 6 10 20.6	0.999 0363
10	9862.5	196 40 45.26	−0.11	13 01 26.92	− 6 33 06.5	0.998 7488
11	9863.5	197 40 01.43	+0.01	13 05 07.47	− 6 55 47.3	0.998 4630
12	9864.5	198 39 19.71	+0.14	13 08 48.51	− 7 18 22.5	0.998 1789
13	9865.5	199 38 40.15	+0.27	13 12 30.06	− 7 40 51.7	0.997 8965
14	9866.5	200 38 02.80	+0.39	13 16 12.14	− 8 03 14.8	0.997 6157
15	9867.5	201 37 27.69	+0.50	13 19 54.77	− 8 25 31.2	0.997 3364
16	9868.5	202 36 54.85	+0.59	13 23 37.97	− 8 47 40.6	0.997 0584
17	9869.5	203 36 24.28	+0.66	13 27 21.75	− 9 09 42.7	0.996 7816
18	9870.5	204 35 56.00	+0.71	13 31 06.14	− 9 31 37.0	0.996 5059
19	9871.5	205 35 30.00	+0.72	13 34 51.15	− 9 53 23.2	0.996 2310
20	9872.5	206 35 06.27	+0.71	13 38 36.79	−10 15 00.8	0.995 9570
21	9873.5	207 34 44.79	+0.67	13 42 23.09	−10 36 29.6	0.995 6835
22	9874.5	208 34 25.53	+0.60	13 46 10.05	−10 57 49.0	0.995 4105
23	9875.5	209 34 08.45	+0.51	13 49 57.69	−11 18 58.6	0.995 1378
24	9876.5	210 33 53.51	+0.39	13 53 46.03	−11 39 58.1	0.994 8653
25	9877.5	211 33 40.63	+0.26	13 57 35.07	−12 00 47.1	0.994 5930
26	9878.5	212 33 29.76	+0.12	14 01 24.83	−12 21 25.1	0.994 3208
27	9879.5	213 33 20.80	−0.02	14 05 15.32	−12 41 51.6	0.994 0488
28	9880.5	214 33 13.68	−0.16	14 09 06.55	−13 02 06.4	0.993 7771
29	9881.5	215 33 08.32	−0.29	14 12 58.53	−13 22 08.9	0.993 5059
30	9882.5	216 33 04.65	−0.39	14 16 51.26	−13 41 58.7	0.993 2356
31	9883.5	217 33 02.61	−0.46	14 20 44.74	−14 01 35.4	0.992 9665
Nov. 1	9884.5	218 33 02.17	−0.51	14 24 38.99	−14 20 58.5	0.992 6990
2	9885.5	219 33 03.28	−0.52	14 28 34.01	−14 40 07.7	0.992 4335
3	9886.5	220 33 05.96	−0.49	14 32 29.81	−14 59 02.6	0.992 1704
4	9887.5	221 33 10.20	−0.44	14 36 26.41	−15 17 42.6	0.991 9103
5	9888.5	222 33 16.03	−0.35	14 40 23.80	−15 36 07.6	0.991 6533
6	9889.5	223 33 23.48	−0.25	14 44 22.01	−15 54 17.0	0.991 3999
7	9890.5	224 33 32.59	−0.13	14 48 21.04	−16 12 10.5	0.991 1501
8	9891.5	225 33 43.40	0.00	14 52 20.91	−16 29 47.7	0.990 9044
9	9892.5	226 33 55.95	+0.14	14 56 21.62	−16 47 08.3	0.990 6626
10	9893.5	227 34 10.29	+0.26	15 00 23.18	−17 04 11.9	0.990 4249
11	9894.5	228 34 26.45	+0.38	15 04 25.60	−17 20 58.1	0.990 1912
12	9895.5	229 34 44.45	+0.48	15 08 28.87	−17 37 26.5	0.989 9616
13	9896.5	230 35 04.32	+0.56	15 12 33.01	−17 53 36.8	0.989 7359
14	9897.5	231 35 26.06	+0.61	15 16 38.00	−18 09 28.5	0.989 5140
15	9898.5	232 35 49.69	+0.64	15 20 43.86	−18 25 01.3	0.989 2958
16	9899.5	233 36 15.20	+0.64	15 24 50.58	−18 40 14.8	0.989 0812

FOR 0ʰ TERRESTRIAL TIME

Date		Pos. Angle of Axis P	Heliographic		Horiz. Parallax	Semi-Diameter	Ephemeris Transit
			Latitude B_0	Longitude L_0			
		°	°	°	″	′ ″	h m s
Oct.	1	+ 25.94	+ 6.73	137.80	8.78	15 58.33	11 49 40.32
	2	+ 26.01	+ 6.69	124.61	8.78	15 58.61	11 49 21.12
	3	+ 26.06	+ 6.64	111.41	8.79	15 58.89	11 49 02.23
	4	+ 26.11	+ 6.59	98.22	8.79	15 59.17	11 48 43.64
	5	+ 26.16	+ 6.53	85.02	8.79	15 59.45	11 48 25.39
	6	+ 26.19	+ 6.48	71.83	8.79	15 59.73	11 48 07.50
	7	+ 26.22	+ 6.42	58.63	8.80	16 00.01	11 47 49.99
	8	+ 26.24	+ 6.36	45.44	8.80	16 00.29	11 47 32.88
	9	+ 26.25	+ 6.30	32.24	8.80	16 00.57	11 47 16.20
	10	+ 26.26	+ 6.24	19.05	8.81	16 00.85	11 46 59.97
	11	+ 26.26	+ 6.17	5.86	8.81	16 01.12	11 46 44.21
	12	+ 26.25	+ 6.11	352.67	8.81	16 01.40	11 46 28.95
	13	+ 26.24	+ 6.04	339.47	8.81	16 01.67	11 46 14.20
	14	+ 26.21	+ 5.97	326.28	8.82	16 01.94	11 45 59.99
	15	+ 26.18	+ 5.89	313.09	8.82	16 02.21	11 45 46.34
	16	+ 26.15	+ 5.82	299.90	8.82	16 02.48	11 45 33.27
	17	+ 26.10	+ 5.74	286.71	8.82	16 02.74	11 45 20.79
	18	+ 26.05	+ 5.67	273.52	8.82	16 03.01	11 45 08.92
	19	+ 25.99	+ 5.59	260.33	8.83	16 03.28	11 44 57.69
	20	+ 25.92	+ 5.51	247.14	8.83	16 03.54	11 44 47.10
	21	+ 25.84	+ 5.42	233.95	8.83	16 03.81	11 44 37.16
	22	+ 25.76	+ 5.34	220.76	8.83	16 04.07	11 44 27.91
	23	+ 25.67	+ 5.25	207.57	8.84	16 04.33	11 44 19.34
	24	+ 25.57	+ 5.17	194.38	8.84	16 04.60	11 44 11.48
	25	+ 25.46	+ 5.08	181.19	8.84	16 04.86	11 44 04.32
	26	+ 25.35	+ 4.99	168.01	8.84	16 05.13	11 43 57.89
	27	+ 25.22	+ 4.89	154.82	8.85	16 05.39	11 43 52.18
	28	+ 25.09	+ 4.80	141.63	8.85	16 05.65	11 43 47.21
	29	+ 24.96	+ 4.70	128.44	8.85	16 05.92	11 43 42.99
	30	+ 24.81	+ 4.61	115.26	8.85	16 06.18	11 43 39.53
	31	+ 24.66	+ 4.51	102.07	8.86	16 06.44	11 43 36.82
Nov.	1	+ 24.49	+ 4.41	88.88	8.86	16 06.70	11 43 34.88
	2	+ 24.33	+ 4.31	75.70	8.86	16 06.96	11 43 33.73
	3	+ 24.15	+ 4.21	62.51	8.86	16 07.22	11 43 33.36
	4	+ 23.96	+ 4.10	49.33	8.87	16 07.47	11 43 33.80
	5	+ 23.77	+ 4.00	36.14	8.87	16 07.72	11 43 35.04
	6	+ 23.57	+ 3.89	22.95	8.87	16 07.97	11 43 37.10
	7	+ 23.36	+ 3.78	9.77	8.87	16 08.21	11 43 39.99
	8	+ 23.14	+ 3.67	356.58	8.87	16 08.45	11 43 43.71
	9	+ 22.92	+ 3.56	343.40	8.88	16 08.69	11 43 48.28
	10	+ 22.69	+ 3.45	330.21	8.88	16 08.92	11 43 53.70
	11	+ 22.45	+ 3.34	317.03	8.88	16 09.15	11 43 59.98
	12	+ 22.20	+ 3.23	303.84	8.88	16 09.38	11 44 07.11
	13	+ 21.95	+ 3.11	290.66	8.89	16 09.60	11 44 15.10
	14	+ 21.68	+ 3.00	277.48	8.89	16 09.81	11 44 23.96
	15	+ 21.41	+ 2.88	264.29	8.89	16 10.03	11 44 33.68
	16	+ 21.14	+ 2.76	251.11	8.89	16 10.24	11 44 44.26

SUN, 2022

FOR 0ʰ TERRESTRIAL TIME

Date		Julian Date	Geometric Ecliptic Coords. Mn Equinox & Ecliptic of Date		Apparent R. A.	Apparent Declination	True Geocentric Distance
			Longitude	Latitude			
		245	° ′ ″	″	h m s	° ′ ″	au
Nov.	16	9899.5	233 36 15.20	+0.64	15 24 50.58	−18 40 14.8	0.989 0812
	17	9900.5	234 36 42.58	+0.61	15 28 58.15	−18 55 08.6	0.988 8699
	18	9901.5	235 37 11.82	+0.55	15 33 06.57	−19 09 42.2	0.988 6619
	19	9902.5	236 37 42.88	+0.46	15 37 15.84	−19 23 55.3	0.988 4568
	20	9903.5	237 38 15.73	+0.36	15 41 25.95	−19 37 47.6	0.988 2547
	21	9904.5	238 38 50.32	+0.23	15 45 36.89	−19 51 18.6	0.988 0552
	22	9905.5	239 39 26.58	+0.09	15 49 48.66	−20 04 27.9	0.987 8582
	23	9906.5	240 40 04.45	−0.06	15 54 01.23	−20 17 15.2	0.987 6635
	24	9907.5	241 40 43.82	−0.20	15 58 14.60	−20 29 40.2	0.987 4710
	25	9908.5	242 41 24.59	−0.33	16 02 28.75	−20 41 42.4	0.987 2808
	26	9909.5	243 42 06.67	−0.44	16 06 43.66	−20 53 21.5	0.987 0929
	27	9910.5	244 42 49.94	−0.53	16 10 59.29	−21 04 37.1	0.986 9075
	28	9911.5	245 43 34.32	−0.58	16 15 15.64	−21 15 29.0	0.986 7249
	29	9912.5	246 44 19.72	−0.60	16 19 32.68	−21 25 56.7	0.986 5454
	30	9913.5	247 45 06.09	−0.59	16 23 50.38	−21 35 59.9	0.986 3694
Dec.	1	9914.5	248 45 53.37	−0.54	16 28 08.73	−21 45 38.5	0.986 1974
	2	9915.5	249 46 41.56	−0.46	16 32 27.71	−21 54 51.9	0.986 0297
	3	9916.5	250 47 30.63	−0.37	16 36 47.29	−22 03 40.1	0.985 8666
	4	9917.5	251 48 20.59	−0.25	16 41 07.47	−22 12 02.7	0.985 7085
	5	9918.5	252 49 11.45	−0.12	16 45 28.22	−22 19 59.5	0.985 5556
	6	9919.5	253 50 03.22	+0.01	16 49 49.52	−22 27 30.3	0.985 4082
	7	9920.5	254 50 55.93	+0.14	16 54 11.35	−22 34 34.8	0.985 2664
	8	9921.5	255 51 49.59	+0.25	16 58 33.69	−22 41 13.0	0.985 1303
	9	9922.5	256 52 44.23	+0.36	17 02 56.50	−22 47 24.5	0.985 0000
	10	9923.5	257 53 39.87	+0.44	17 07 19.78	−22 53 09.2	0.984 8754
	11	9924.5	258 54 36.51	+0.50	17 11 43.48	−22 58 26.9	0.984 7566
	12	9925.5	259 55 34.18	+0.54	17 16 07.58	−23 03 17.4	0.984 6435
	13	9926.5	260 56 32.87	+0.54	17 20 32.06	−23 07 40.6	0.984 5359
	14	9927.5	261 57 32.59	+0.52	17 24 56.88	−23 11 36.2	0.984 4338
	15	9928.5	262 58 33.33	+0.47	17 29 22.01	−23 15 04.3	0.984 3370
	16	9929.5	263 59 35.07	+0.40	17 33 47.43	−23 18 04.5	0.984 2452
	17	9930.5	265 00 37.81	+0.30	17 38 13.11	−23 20 36.9	0.984 1584
	18	9931.5	266 01 41.50	+0.18	17 42 39.01	−23 22 41.3	0.984 0763
	19	9932.5	267 02 46.10	+0.05	17 47 05.10	−23 24 17.5	0.983 9985
	20	9933.5	268 03 51.58	−0.09	17 51 31.35	−23 25 25.6	0.983 9250
	21	9934.5	269 04 57.85	−0.23	17 55 57.72	−23 26 05.5	0.983 8553
	22	9935.5	270 06 04.83	−0.37	18 00 24.17	−23 26 17.2	0.983 7893
	23	9936.5	271 07 12.42	−0.48	18 04 50.68	−23 26 00.6	0.983 7268
	24	9937.5	272 08 20.51	−0.57	18 09 17.18	−23 25 15.7	0.983 6677
	25	9938.5	273 09 28.97	−0.64	18 13 43.65	−23 24 02.6	0.983 6120
	26	9939.5	274 10 37.69	−0.67	18 18 10.03	−23 22 21.2	0.983 5598
	27	9940.5	275 11 46.54	−0.66	18 22 36.29	−23 20 11.6	0.983 5113
	28	9941.5	276 12 55.45	−0.62	18 27 02.39	−23 17 33.9	0.983 4670
	29	9942.5	277 14 04.35	−0.55	18 31 28.29	−23 14 28.1	0.983 4270
	30	9943.5	278 15 13.16	−0.46	18 35 53.96	−23 10 54.3	0.983 3917
	31	9944.5	279 16 21.87	−0.34	18 40 19.38	−23 06 52.6	0.983 3616
	32	9945.5	280 17 30.44	−0.22	18 44 44.50	−23 02 23.2	0.983 3368

FOR 0ʰ TERRESTRIAL TIME

Date		Pos. Angle of Axis P	Heliographic		Horiz. Parallax	Semi-Diameter	Ephemeris Transit
			Latitude B_0	Longitude L_0			
		°	°	°	″	′ ″	h m s
Nov.	16	+ 21.14	+ 2.76	251.11	8.89	16 10.24	11 44 44.26
	17	+ 20.85	+ 2.65	237.93	8.89	16 10.45	11 44 55.70
	18	+ 20.56	+ 2.53	224.75	8.89	16 10.65	11 45 07.98
	19	+ 20.26	+ 2.41	211.56	8.90	16 10.85	11 45 21.12
	20	+ 19.95	+ 2.29	198.38	8.90	16 11.05	11 45 35.09
	21	+ 19.64	+ 2.17	185.20	8.90	16 11.25	11 45 49.89
	22	+ 19.32	+ 2.04	172.02	8.90	16 11.44	11 46 05.50
	23	+ 18.99	+ 1.92	158.84	8.90	16 11.63	11 46 21.91
	24	+ 18.65	+ 1.80	145.66	8.91	16 11.82	11 46 39.11
	25	+ 18.31	+ 1.67	132.48	8.91	16 12.01	11 46 57.07
	26	+ 17.96	+ 1.55	119.30	8.91	16 12.19	11 47 15.77
	27	+ 17.61	+ 1.42	106.12	8.91	16 12.38	11 47 35.20
	28	+ 17.24	+ 1.30	92.94	8.91	16 12.56	11 47 55.33
	29	+ 16.88	+ 1.17	79.76	8.91	16 12.73	11 48 16.14
	30	+ 16.50	+ 1.05	66.58	8.92	16 12.91	11 48 37.61
Dec.	1	+ 16.12	+ 0.92	53.40	8.92	16 13.08	11 48 59.73
	2	+ 15.74	+ 0.79	40.22	8.92	16 13.24	11 49 22.46
	3	+ 15.34	+ 0.67	27.04	8.92	16 13.40	11 49 45.80
	4	+ 14.95	+ 0.54	13.86	8.92	16 13.56	11 50 09.71
	5	+ 14.54	+ 0.41	0.69	8.92	16 13.71	11 50 34.19
	6	+ 14.13	+ 0.28	347.51	8.92	16 13.86	11 50 59.20
	7	+ 13.72	+ 0.15	334.33	8.93	16 14.00	11 51 24.73
	8	+ 13.30	+ 0.03	321.15	8.93	16 14.13	11 51 50.75
	9	+ 12.88	− 0.10	307.97	8.93	16 14.26	11 52 17.24
	10	+ 12.45	− 0.23	294.80	8.93	16 14.38	11 52 44.17
	11	+ 12.01	− 0.36	281.62	8.93	16 14.50	11 53 11.52
	12	+ 11.58	− 0.49	268.44	8.93	16 14.61	11 53 39.26
	13	+ 11.13	− 0.61	255.27	8.93	16 14.72	11 54 07.36
	14	+ 10.69	− 0.74	242.09	8.93	16 14.82	11 54 35.80
	15	+ 10.24	− 0.87	228.92	8.93	16 14.92	11 55 04.53
	16	+ 9.79	− 1.00	215.74	8.93	16 15.01	11 55 33.54
	17	+ 9.33	− 1.12	202.57	8.94	16 15.09	11 56 02.79
	18	+ 8.87	− 1.25	189.39	8.94	16 15.17	11 56 32.24
	19	+ 8.40	− 1.38	176.22	8.94	16 15.25	11 57 01.87
	20	+ 7.94	− 1.50	163.04	8.94	16 15.32	11 57 31.64
	21	+ 7.47	− 1.63	149.87	8.94	16 15.39	11 58 01.51
	22	+ 7.00	− 1.75	136.70	8.94	16 15.46	11 58 31.43
	23	+ 6.52	− 1.88	123.52	8.94	16 15.52	11 59 01.39
	24	+ 6.05	− 2.00	110.35	8.94	16 15.58	11 59 31.32
	25	+ 5.57	− 2.13	97.18	8.94	16 15.63	12 00 01.19
	26	+ 5.09	− 2.25	84.01	8.94	16 15.69	12 00 30.96
	27	+ 4.61	− 2.37	70.84	8.94	16 15.73	12 01 00.60
	28	+ 4.13	− 2.49	57.66	8.94	16 15.78	12 01 30.06
	29	+ 3.65	− 2.61	44.49	8.94	16 15.82	12 01 59.31
	30	+ 3.16	− 2.73	31.32	8.94	16 15.85	12 02 28.31
	31	+ 2.68	− 2.85	18.15	8.94	16 15.88	12 02 57.04
	32	+ 2.19	− 2.97	4.98	8.94	16 15.91	12 03 25.47

SUN, 2022

ICRS GEOCENTRIC RECTANGULAR COORDINATES
FOR 0ʰ TERRESTRIAL TIME

Date		x	y	z	Date		x	y	z
		au	au	au			au	au	au
Jan.	0	+0.157 4096	−0.890 6082	−0.386 0752	Feb.	15	+0.818 4525	−0.507 1046	−0.219 8288
	1	+0.174 6536	−0.887 8850	−0.384 8956		16	+0.828 2296	−0.493 8902	−0.214 1004
	2	+0.191 8436	−0.884 8839	−0.383 5954		17	+0.837 7535	−0.480 5250	−0.208 3067
	3	+0.208 9740	−0.881 6058	−0.382 1750		18	+0.847 0218	−0.467 0131	−0.202 4496
	4	+0.226 0389	−0.878 0516	−0.380 6348		19	+0.856 0319	−0.453 3583	−0.196 5307
	5	+0.243 0324	−0.874 2228	−0.378 9754		20	+0.864 7814	−0.439 5645	−0.190 5516
	6	+0.259 9491	−0.870 1208	−0.377 1974		21	+0.873 2677	−0.425 6359	−0.184 5142
	7	+0.276 7833	−0.865 7472	−0.375 3016		22	+0.881 4882	−0.411 5762	−0.178 4202
	8	+0.293 5298	−0.861 1038	−0.373 2886		23	+0.889 4406	−0.397 3898	−0.172 2712
	9	+0.310 1833	−0.856 1925	−0.371 1593		24	+0.897 1222	−0.383 0805	−0.166 0689
	10	+0.326 7387	−0.851 0149	−0.368 9144		25	+0.904 5305	−0.368 6529	−0.159 8154
	11	+0.343 1910	−0.845 5732	−0.366 5550		26	+0.911 6631	−0.354 1111	−0.153 5122
	12	+0.359 5353	−0.839 8692	−0.364 0818		27	+0.918 5176	−0.339 4597	−0.147 1615
	13	+0.375 7667	−0.833 9049	−0.361 4957		28	+0.925 0915	−0.324 7034	−0.140 7651
	14	+0.391 8804	−0.827 6824	−0.358 7977	Mar.	1	+0.931 3828	−0.309 8469	−0.134 3251
	15	+0.407 8717	−0.821 2037	−0.355 9887		2	+0.937 3893	−0.294 8950	−0.127 8436
	16	+0.423 7360	−0.814 4710	−0.353 0696		3	+0.943 1093	−0.279 8528	−0.121 3228
	17	+0.439 4687	−0.807 4864	−0.350 0413		4	+0.948 5411	−0.264 7252	−0.114 7648
	18	+0.455 0651	−0.800 2521	−0.346 9050		5	+0.953 6832	−0.249 5172	−0.108 1719
	19	+0.470 5209	−0.792 7702	−0.343 6614		6	+0.958 5343	−0.234 2339	−0.101 5462
	20	+0.485 8314	−0.785 0430	−0.340 3117		7	+0.963 0934	−0.218 8803	−0.094 8899
	21	+0.500 9922	−0.777 0728	−0.336 8567		8	+0.967 3595	−0.203 4612	−0.088 2052
	22	+0.515 9988	−0.768 8618	−0.333 2975		9	+0.971 3318	−0.187 9816	−0.081 4942
	23	+0.530 8469	−0.760 4123	−0.329 6351		10	+0.975 0096	−0.172 4464	−0.074 7592
	24	+0.545 5318	−0.751 7268	−0.325 8705		11	+0.978 3923	−0.156 8604	−0.068 0022
	25	+0.560 0491	−0.742 8076	−0.322 0047		12	+0.981 4794	−0.141 2283	−0.061 2253
	26	+0.574 3942	−0.733 6572	−0.318 0388		13	+0.984 2706	−0.125 5549	−0.054 4306
	27	+0.588 5625	−0.724 2783	−0.313 9738		14	+0.986 7654	−0.109 8450	−0.047 6201
	28	+0.602 5494	−0.714 6735	−0.309 8110		15	+0.988 9638	−0.094 1030	−0.040 7959
	29	+0.616 3502	−0.704 8457	−0.305 5515		16	+0.990 8655	−0.078 3337	−0.033 9600
	30	+0.629 9604	−0.694 7980	−0.301 1965		17	+0.992 4705	−0.062 5416	−0.027 1144
	31	+0.643 3752	−0.684 5336	−0.296 7475		18	+0.993 7787	−0.046 7312	−0.020 2610
Feb.	1	+0.656 5902	−0.674 0558	−0.292 2058		19	+0.994 7902	−0.030 9068	−0.013 4017
	2	+0.669 6010	−0.663 3682	−0.287 5731		20	+0.995 5048	−0.015 0729	−0.006 5383
	3	+0.682 4033	−0.652 4746	−0.282 8509		21	+0.995 9226	+0.000 7661	+0.000 3271
	4	+0.694 9930	−0.641 3787	−0.278 0408		22	+0.996 0435	+0.016 6057	+0.007 1928
	5	+0.707 3664	−0.630 0845	−0.273 1446		23	+0.995 8674	+0.032 4417	+0.014 0569
	6	+0.719 5197	−0.618 5960	−0.268 1640		24	+0.995 3944	+0.048 2693	+0.020 9174
	7	+0.731 4494	−0.606 9169	−0.263 1007		25	+0.994 6244	+0.064 0842	+0.027 7724
	8	+0.743 1521	−0.595 0514	−0.257 9565		26	+0.993 5574	+0.079 8814	+0.034 6199
	9	+0.754 6246	−0.583 0034	−0.252 7332		27	+0.992 1936	+0.095 6564	+0.041 4579
	10	+0.765 8635	−0.570 7768	−0.247 4324		28	+0.990 5334	+0.111 4042	+0.048 2842
	11	+0.776 8660	−0.558 3756	−0.242 0560		29	+0.988 5770	+0.127 1199	+0.055 0968
	12	+0.787 6289	−0.545 8038	−0.236 6057		30	+0.986 3251	+0.142 7986	+0.061 8936
	13	+0.798 1495	−0.533 0654	−0.231 0832		31	+0.983 7784	+0.158 4354	+0.068 6723
	14	+0.808 4250	−0.520 1643	−0.225 4904	Apr.	1	+0.980 9380	+0.174 0251	+0.075 4308
	15	+0.818 4525	−0.507 1046	−0.219 8288		2	+0.977 8049	+0.189 5630	+0.082 1669

ICRS GEOCENTRIC RECTANGULAR COORDINATES
FOR 0^h TERRESTRIAL TIME

Date	x	y	z	Date	x	y	z
	au	au	au		au	au	au
Apr. 1	+0.980 9380	+0.174 0251	+0.075 4308	May 17	+0.568 4878	+0.767 2062	+0.332 5748
2	+0.977 8049	+0.189 5630	+0.082 1669	18	+0.554 4665	+0.776 0292	+0.336 3989
3	+0.974 3804	+0.205 0442	+0.088 8785	19	+0.540 2868	+0.784 6320	+0.340 1276
4	+0.970 6660	+0.220 4638	+0.095 5635	20	+0.525 9524	+0.793 0120	+0.343 7599
5	+0.966 6633	+0.235 8171	+0.102 2198	21	+0.511 4672	+0.801 1670	+0.347 2948
6	+0.962 3739	+0.251 0995	+0.108 8453	22	+0.496 8348	+0.809 0945	+0.350 7313
7	+0.957 7997	+0.266 3065	+0.115 4381	23	+0.482 0593	+0.816 7921	+0.354 0682
8	+0.952 9426	+0.281 4335	+0.121 9961	24	+0.467 1448	+0.824 2573	+0.357 3047
9	+0.947 8045	+0.296 4762	+0.128 5175	25	+0.452 0955	+0.831 4879	+0.360 4395
10	+0.942 3875	+0.311 4302	+0.135 0004	26	+0.436 9158	+0.838 4815	+0.363 4718
11	+0.936 6938	+0.326 2914	+0.141 4428	27	+0.421 6102	+0.845 2360	+0.366 4005
12	+0.930 7254	+0.341 0555	+0.147 8430	28	+0.406 1832	+0.851 7494	+0.369 2247
13	+0.924 4847	+0.355 7186	+0.154 1993	29	+0.390 6394	+0.858 0196	+0.371 9436
14	+0.917 9739	+0.370 2766	+0.160 5099	30	+0.374 9837	+0.864 0448	+0.374 5562
15	+0.911 1954	+0.384 7257	+0.166 7731	31	+0.359 2208	+0.869 8233	+0.377 0619
16	+0.904 1514	+0.399 0621	+0.172 9873	June 1	+0.343 3555	+0.875 3535	+0.379 4599
17	+0.896 8442	+0.413 2820	+0.179 1510	2	+0.327 3926	+0.880 6339	+0.381 7496
18	+0.889 2760	+0.427 3818	+0.185 2624	3	+0.311 3370	+0.885 6632	+0.383 9302
19	+0.881 4490	+0.441 3577	+0.191 3202	4	+0.295 1937	+0.890 4400	+0.386 0013
20	+0.873 3653	+0.455 2061	+0.197 3227	5	+0.278 9675	+0.894 9634	+0.387 9624
21	+0.865 0272	+0.468 9231	+0.203 2683	6	+0.262 6633	+0.899 2322	+0.389 8130
22	+0.856 4368	+0.482 5049	+0.209 1555	7	+0.246 2860	+0.903 2456	+0.391 5527
23	+0.847 5964	+0.495 9477	+0.214 9824	8	+0.229 8404	+0.907 0027	+0.393 1812
24	+0.838 5084	+0.509 2474	+0.220 7476	9	+0.213 3313	+0.910 5030	+0.394 6981
25	+0.829 1752	+0.522 4000	+0.226 4491	10	+0.196 7636	+0.913 7458	+0.396 1034
26	+0.819 5995	+0.535 4016	+0.232 0853	11	+0.180 1418	+0.916 7307	+0.397 3967
27	+0.809 7841	+0.548 2482	+0.237 6545	12	+0.163 4705	+0.919 4572	+0.398 5780
28	+0.799 7321	+0.560 9358	+0.243 1550	13	+0.146 7543	+0.921 9250	+0.399 6472
29	+0.789 4464	+0.573 4605	+0.248 5849	14	+0.129 9976	+0.924 1338	+0.400 6040
30	+0.778 9304	+0.585 8185	+0.253 9427	15	+0.113 2046	+0.926 0832	+0.401 4485
May 1	+0.768 1874	+0.598 0062	+0.259 2267	16	+0.096 3797	+0.927 7727	+0.402 1805
2	+0.757 2209	+0.610 0198	+0.264 4353	17	+0.079 5269	+0.929 2020	+0.402 7998
3	+0.746 0346	+0.621 8559	+0.269 5669	18	+0.062 6508	+0.930 3703	+0.403 3061
4	+0.734 6321	+0.633 5110	+0.274 6201	19	+0.045 7557	+0.931 2772	+0.403 6993
5	+0.723 0171	+0.644 9819	+0.279 5933	20	+0.028 8462	+0.931 9221	+0.403 9791
6	+0.711 1936	+0.656 2653	+0.284 4852	21	+0.011 9269	+0.932 3045	+0.404 1453
7	+0.699 1653	+0.667 3583	+0.289 2943	22	−0.004 9974	+0.932 4241	+0.404 1977
8	+0.686 9361	+0.678 2577	+0.294 0195	23	−0.021 9219	+0.932 2805	+0.404 1361
9	+0.674 5100	+0.688 9608	+0.298 6593	24	−0.038 8417	+0.931 8735	+0.403 9604
10	+0.661 8910	+0.699 4647	+0.303 2127	25	−0.055 7518	+0.931 2031	+0.403 6705
11	+0.649 0830	+0.709 7668	+0.307 6785	26	−0.072 6472	+0.930 2692	+0.403 2664
12	+0.636 0900	+0.719 8646	+0.312 0555	27	−0.089 5229	+0.929 0721	+0.402 7482
13	+0.622 9160	+0.729 7557	+0.316 3428	28	−0.106 3738	+0.927 6119	+0.402 1160
14	+0.609 5649	+0.739 4376	+0.320 5393	29	−0.123 1950	+0.925 8893	+0.401 3698
15	+0.596 0407	+0.748 9081	+0.324 6441	30	−0.139 9813	+0.923 9045	+0.400 5100
16	+0.582 3471	+0.758 1651	+0.328 6562	July 1	−0.156 7277	+0.921 6583	+0.399 5367
17	+0.568 4878	+0.767 2062	+0.332 5748	2	−0.173 4292	+0.919 1515	+0.398 4502

SUN, 2022

ICRS GEOCENTRIC RECTANGULAR COORDINATES
FOR 0ʰ TERRESTRIAL TIME

Date		x	y	z	Date		x	y	z
		au	au	au			au	au	au
July	1	−0.156 7277	+0.921 6583	+0.399 5367	Aug.	16	−0.806 9263	+0.561 4409	+0.243 3839
	2	−0.173 4292	+0.919 1515	+0.398 4502		17	−0.816 9285	+0.548 8494	+0.237 9262
	3	−0.190 0810	+0.916 3849	+0.397 2511		18	−0.826 6994	+0.536 1007	+0.232 4005
	4	−0.206 6780	+0.913 3596	+0.395 9395		19	−0.836 2356	+0.523 1982	+0.226 8080
	5	−0.223 2155	+0.910 0765	+0.394 5162		20	−0.845 5341	+0.510 1452	+0.221 1504
	6	−0.239 6885	+0.906 5370	+0.392 9815		21	−0.854 5919	+0.496 9453	+0.215 4290
	7	−0.256 0925	+0.902 7422	+0.391 3361		22	−0.863 4058	+0.483 6021	+0.209 6454
	8	−0.272 4228	+0.898 6937	+0.389 5805		23	−0.871 9729	+0.470 1193	+0.203 8011
	9	−0.288 6748	+0.894 3929	+0.387 7155		24	−0.880 2903	+0.456 5008	+0.197 8980
	10	−0.304 8443	+0.889 8412	+0.385 7418		25	−0.888 3552	+0.442 7504	+0.191 9375
	11	−0.320 9268	+0.885 0403	+0.383 6600		26	−0.896 1649	+0.428 8722	+0.185 9215
	12	−0.336 9183	+0.879 9917	+0.381 4709		27	−0.903 7166	+0.414 8702	+0.179 8516
	13	−0.352 8147	+0.874 6969	+0.379 1752		28	−0.911 0079	+0.400 7485	+0.173 7298
	14	−0.368 6120	+0.869 1574	+0.376 7735		29	−0.918 0362	+0.386 5115	+0.167 5578
	15	−0.384 3062	+0.863 3745	+0.374 2665		30	−0.924 7995	+0.372 1633	+0.161 3375
	16	−0.399 8934	+0.857 3496	+0.371 6548		31	−0.931 2954	+0.357 7085	+0.155 0709
	17	−0.415 3693	+0.851 0841	+0.368 9389	Sept.	1	−0.937 5220	+0.343 1514	+0.148 7598
	18	−0.430 7299	+0.844 5791	+0.366 1194		2	−0.943 4774	+0.328 4963	+0.142 4063
	19	−0.445 9707	+0.837 8363	+0.363 1969		3	−0.949 1600	+0.313 7479	+0.136 0123
	20	−0.461 0875	+0.830 8570	+0.360 1721		4	−0.954 5683	+0.298 9103	+0.129 5797
	21	−0.476 0758	+0.823 6428	+0.357 0455		5	−0.959 7008	+0.283 9882	+0.123 1105
	22	−0.490 9311	+0.816 1956	+0.353 8179		6	−0.964 5563	+0.268 9856	+0.116 6066
	23	−0.505 6491	+0.808 5171	+0.350 4901		7	−0.969 1337	+0.253 9069	+0.110 0699
	24	−0.520 2252	+0.800 6094	+0.347 0628		8	−0.973 4317	+0.238 7563	+0.103 5021
	25	−0.534 6551	+0.792 4744	+0.343 5370		9	−0.977 4495	+0.223 5378	+0.096 9050
	26	−0.548 9342	+0.784 1144	+0.339 9136		10	−0.981 1858	+0.208 2554	+0.090 2805
	27	−0.563 0583	+0.775 5316	+0.336 1936		11	−0.984 6396	+0.192 9132	+0.083 6301
	28	−0.577 0229	+0.766 7285	+0.332 3779		12	−0.987 8097	+0.177 5151	+0.076 9557
	29	−0.590 8239	+0.757 7077	+0.328 4676		13	−0.990 6949	+0.162 0652	+0.070 2589
	30	−0.604 4570	+0.748 4716	+0.324 4640		14	−0.993 2940	+0.146 5676	+0.063 5415
	31	−0.617 9180	+0.739 0232	+0.320 3681		15	−0.995 6058	+0.131 0265	+0.056 8052
Aug.	1	−0.631 2029	+0.729 3651	+0.316 1812		16	−0.997 6290	+0.115 4463	+0.050 0520
	2	−0.644 3078	+0.719 5004	+0.311 9046		17	−0.999 3627	+0.099 8312	+0.043 2836
	3	−0.657 2287	+0.709 4320	+0.307 5396		18	−1.000 8057	+0.084 1857	+0.036 5020
	4	−0.669 9619	+0.699 1630	+0.303 0875		19	−1.001 9571	+0.068 5143	+0.029 7090
	5	−0.682 5039	+0.688 6966	+0.298 5498		20	−1.002 8159	+0.052 8216	+0.022 9067
	6	−0.694 8510	+0.678 0359	+0.293 9279		21	−1.003 3815	+0.037 1123	+0.016 0970
	7	−0.707 0001	+0.667 1843	+0.289 2232		22	−1.003 6531	+0.021 3910	+0.009 2820
	8	−0.718 9479	+0.656 1449	+0.284 4371		23	−1.003 6302	+0.005 6625	+0.002 4637
	9	−0.730 6913	+0.644 9208	+0.279 5710		24	−1.003 3122	−0.010 0684	−0.004 3557
	10	−0.742 2273	+0.633 5154	+0.274 6265		25	−1.002 6990	−0.025 7968	−0.011 1742
	11	−0.753 5531	+0.621 9315	+0.269 6048		26	−1.001 7901	−0.041 5178	−0.017 9897
	12	−0.764 6658	+0.610 1723	+0.264 5072		27	−1.000 5858	−0.057 2266	−0.024 7999
	13	−0.775 5625	+0.598 2407	+0.259 3350		28	−0.999 0860	−0.072 9180	−0.031 6027
	14	−0.786 2401	+0.586 1396	+0.254 0896		29	−0.997 2911	−0.088 5873	−0.038 3960
	15	−0.796 6958	+0.573 8720	+0.248 7721		30	−0.995 2016	−0.104 2294	−0.045 1774
	16	−0.806 9263	+0.561 4409	+0.243 3839	Oct.	1	−0.992 8181	−0.119 8394	−0.051 9450

ICRS GEOCENTRIC RECTANGULAR COORDINATES
FOR 0ʰ TERRESTRIAL TIME

FOR 0^h TERRESTRIAL TIME

Date		x	y	z	Date		x	y	z
		au	au	au			au	au	au
Oct.	1	−0.992 8181	−0.119 8394	−0.051 9450	Nov.	16	−0.591 3117	−0.727 4565	−0.315 3397
	2	−0.990 1415	−0.135 4127	−0.058 6965		17	−0.577 1548	−0.736 7266	−0.319 3584
	3	−0.987 1728	−0.150 9445	−0.065 4299		18	−0.562 8201	−0.745 7720	−0.323 2799
	4	−0.983 9129	−0.166 4301	−0.072 1431		19	−0.548 3116	−0.754 5894	−0.327 1027
	5	−0.980 3630	−0.181 8652	−0.078 8343		20	−0.533 6335	−0.763 1757	−0.330 8254
	6	−0.976 5243	−0.197 2452	−0.085 5014		21	−0.518 7902	−0.771 5278	−0.334 4467
	7	−0.972 3979	−0.212 5659	−0.092 1426		22	−0.503 7861	−0.779 6427	−0.337 9652
	8	−0.967 9851	−0.227 8231	−0.098 7562		23	−0.488 6260	−0.787 5174	−0.341 3797
	9	−0.963 2870	−0.243 0125	−0.105 3402		24	−0.473 3146	−0.795 1490	−0.344 6887
	10	−0.958 3048	−0.258 1299	−0.111 8929		25	−0.457 8569	−0.802 5348	−0.347 8912
	11	−0.953 0395	−0.273 1711	−0.118 4125		26	−0.442 2580	−0.809 6723	−0.350 9858
	12	−0.947 4924	−0.288 1320	−0.124 8973		27	−0.426 5231	−0.816 5589	−0.353 9717
	13	−0.941 6645	−0.303 0081	−0.131 3453		28	−0.410 6574	−0.823 1927	−0.356 8477
	14	−0.935 5570	−0.317 7952	−0.137 7548		29	−0.394 6662	−0.829 5715	−0.359 6130
	15	−0.929 1713	−0.332 4889	−0.144 1238		30	−0.378 5545	−0.835 6936	−0.362 2669
	16	−0.922 5087	−0.347 0848	−0.150 4505	Dec.	1	−0.362 3277	−0.841 5573	−0.364 8086
	17	−0.915 5705	−0.361 5784	−0.156 7330		2	−0.345 9907	−0.847 1609	−0.367 2374
	18	−0.908 3585	−0.375 9652	−0.162 9694		3	−0.329 5487	−0.852 5030	−0.369 5527
	19	−0.900 8741	−0.390 2407	−0.169 1577		4	−0.313 0065	−0.857 5821	−0.371 7539
	20	−0.893 1192	−0.404 4005	−0.175 2959		5	−0.296 3691	−0.862 3969	−0.373 8405
	21	−0.885 0956	−0.418 4399	−0.181 3821		6	−0.279 6413	−0.866 9460	−0.375 8119
	22	−0.876 8053	−0.432 3545	−0.187 4144		7	−0.262 8282	−0.871 2281	−0.377 6676
	23	−0.868 2504	−0.446 1397	−0.193 3907		8	−0.245 9344	−0.875 2419	−0.379 4069
	24	−0.859 4331	−0.459 7908	−0.199 3090		9	−0.228 9650	−0.878 9860	−0.381 0296
	25	−0.850 3560	−0.473 3035	−0.205 1674		10	−0.211 9248	−0.882 4594	−0.382 5349
	26	−0.841 0217	−0.486 6731	−0.210 9638		11	−0.194 8187	−0.885 6607	−0.383 9224
	27	−0.831 4328	−0.499 8952	−0.216 6962		12	−0.177 6518	−0.888 5888	−0.385 1916
	28	−0.821 5924	−0.512 9655	−0.222 3628		13	−0.160 4290	−0.891 2426	−0.386 3420
	29	−0.811 5037	−0.525 8796	−0.227 9617		14	−0.143 1555	−0.893 6210	−0.387 3732
	30	−0.801 1698	−0.538 6334	−0.233 4909		15	−0.125 8364	−0.895 7229	−0.388 2847
	31	−0.790 5941	−0.551 2230	−0.238 9489		16	−0.108 4768	−0.897 5474	−0.389 0761
Nov.	1	−0.779 7802	−0.563 6445	−0.244 3338		17	−0.091 0820	−0.899 0935	−0.389 7469
	2	−0.768 7313	−0.575 8942	−0.249 6440		18	−0.073 6574	−0.900 3605	−0.390 2968
	3	−0.757 4511	−0.587 9686	−0.254 8781		19	−0.056 2084	−0.901 3475	−0.390 7255
	4	−0.745 9430	−0.599 8643	−0.260 0345		20	−0.038 7404	−0.902 0538	−0.391 0325
	5	−0.734 2103	−0.611 5777	−0.265 1118		21	−0.021 2590	−0.902 4789	−0.391 2175
	6	−0.722 2566	−0.623 1055	−0.270 1085		22	−0.003 7701	−0.902 6222	−0.391 2804
	7	−0.710 0851	−0.634 4446	−0.275 0233		23	+0.013 7207	−0.902 4834	−0.391 2210
	8	−0.697 6993	−0.645 5915	−0.279 8548		24	+0.031 2074	−0.902 0625	−0.391 0390
	9	−0.685 1026	−0.656 5430	−0.284 6015		25	+0.048 6840	−0.901 3594	−0.390 7347
	10	−0.672 2983	−0.667 2959	−0.289 2622		26	+0.066 1447	−0.900 3746	−0.390 3080
	11	−0.659 2900	−0.677 8468	−0.293 8353		27	+0.083 5837	−0.899 1085	−0.389 7592
	12	−0.646 0810	−0.688 1924	−0.298 3196		28	+0.100 9951	−0.897 5619	−0.389 0886
	13	−0.632 6750	−0.698 3294	−0.302 7136		29	+0.118 3735	−0.895 7355	−0.388 2966
	14	−0.619 0756	−0.708 2546	−0.307 0159		30	+0.135 7133	−0.893 6303	−0.387 3836
	15	−0.605 2865	−0.717 9647	−0.311 2250		31	+0.153 0092	−0.891 2473	−0.386 3501
	16	−0.591 3117	−0.727 4565	−0.315 3397		32	+0.170 2560	−0.888 5875	−0.385 1966

CONTENTS OF SECTION D

> ᵂᵂᵂ These data or auxiliary material may also be found on *The Astronomical Almanac Online* at **https://asa.hmnao.com** and **https://aa.usno.navy.mil/publications/asa.html**

NOTE: All the times on this page are expressed in Universal Time (UT1).

PHASES OF THE MOON

Lunation	New Moon			First Quarter			Full Moon			Last Quarter		
		d	h m		d	h m		d	h m		d	h m
1225	Jan.	2	18 33	Jan.	9	18 11	Jan.	17	23 48	Jan.	25	13 41
1226	Feb.	1	05 46	Feb.	8	13 50	Feb.	16	16 56	Feb.	23	22 32
1227	Mar.	2	17 35	Mar.	10	10 45	Mar.	18	07 18	Mar.	25	05 37
1228	Apr.	1	06 24	Apr.	9	06 48	Apr.	16	18 55	Apr.	23	11 56
1229	Apr.	30	20 28	May	9	00 21	May	16	04 14	May	22	18 43
1230	May	30	11 30	June	7	14 48	June	14	11 52	June	21	03 11
1231	June	29	02 52	July	7	02 14	July	13	18 38	July	20	14 19
1232	July	28	17 55	Aug.	5	11 07	Aug.	12	01 36	Aug.	19	04 36
1233	Aug.	27	08 17	Sept.	3	18 08	Sept.	10	09 59	Sept.	17	21 52
1234	Sept.	25	21 55	Oct.	3	00 14	Oct.	9	20 55	Oct.	17	17 15
1235	Oct.	25	10 49	Nov.	1	06 37	Nov.	8	11 02	Nov.	16	13 27
1236	Nov.	23	22 57	Nov.	30	14 37	Dec.	8	04 08	Dec.	16	08 56
1237	Dec.	23	10 17	Dec.	30	01 21						

MOON AT PERIGEE

	d	h		d	h		d	h
Jan.	1	23	May	17	15	Oct.	4	17
Jan.	30	07	June	14	23	Oct.	29	15
Feb.	26	22	July	13	09	Nov.	26	02
Mar.	24	00	Aug.	10	17	Dec.	24	08
Apr.	19	15	Sept.	7	18			

MOON AT APOGEE

	d	h		d	h		d	h
Jan.	14	09	June	2	01	Oct.	17	10
Feb.	11	03	June	29	06	Nov.	14	07
Mar.	10	23	July	26	10	Dec.	12	00
Apr.	7	19	Aug.	22	22			
May	5	13	Sept.	19	15			

NOTES AND FORMULAE

Mean elements of the orbit of the Moon

The following expressions for the mean elements of the Moon are based on the fundamental arguments developed by Simon *et al.* (*Astron. & Astrophys.*, **282**, 663, 1994). The angular elements are referred to the mean equinox and ecliptic of date. The time argument (d) is the interval in days from 2022 January 0 at 0^h TT. These expressions are intended for use during 2022 only.

$$d = \text{JD} - 245\ 9579 \cdot 5 = \text{day of year (from B4–B5)} + \text{fraction of day from } 0^h \text{ TT}$$

Mean longitude of the Moon, measured in the ecliptic to the mean ascending node and then along the mean orbit:
$$L' = 244°074\ 041 + 13\cdot176\ 396\ 46\,d$$

Mean longitude of the lunar perigee, measured as for L':
$$\Gamma' = 258°424\ 340 + 0\cdot111\ 403\ 40\,d$$

Mean longitude of the mean ascending node of the lunar orbit on the ecliptic:
$$\Omega = 59°587\ 632 - 0\cdot052\ 953\ 74\,d$$

Mean elongation of the Moon from the Sun:
$$D = L' - L = 324°423\ 879 + 12\cdot190\ 749\ 09\,d$$
Mean inclination of the lunar orbit to the ecliptic: $5°156\ 6898$.

Mean elements of the rotation of the Moon

The following expressions give the mean elements of the mean equator of the Moon, referred to the true equator of the Earth, during 2022 to a precision of about $0°001$; the time-argument d is as defined above for the orbital elements.

Inclination of the mean equator of the Moon to the true equator of the Earth:
$$i = 22°6939 - 0\cdot001\ 280\,d + 0\cdot000\ 000\ 410\,d^2$$

Arc of the mean equator of the Moon from its ascending node on the true equator of the Earth to its ascending node on the ecliptic of date:
$$\Delta = 242°7588 - 0\cdot054\ 514\,d - 0\cdot000\ 001\ 367\,d^2$$

Arc of the true equator of the Earth from the true equinox of date to the ascending node of the mean equator of the Moon:
$$\Omega' = -3°4506 + 0\cdot001\ 713\,d + 0\cdot000\ 001\ 475\,d^2$$

The inclination (I) of the mean lunar equator to the ecliptic: $1°\ 32'\ 33''6$

The ascending node of the mean lunar equator on the ecliptic is at the descending node of the mean lunar orbit on the ecliptic, that is at longitude $\Omega + 180°$.

Lengths of mean months

The lengths of the mean months at 2022·0, as derived from the mean orbital elements are:

		d	d	h	m	s
synodic month	(new moon to new moon)	29·530 589	29	12	44	02·9
tropical month	(equinox to equinox)	27·321 582	27	07	43	04·7
sidereal month	(fixed star to fixed star)	27·321 662	27	07	43	11·6
anomalistic month	(perigee to perigee)	27·554 550	27	13	18	33·1
draconic month	(node to node)	27·212 221	27	05	05	35·9

NOTES AND FORMULAE

Geocentric coordinates

The apparent longitude (λ) and latitude (β) of the Moon given on pages D6–D20 are referred to the true ecliptic and equinox of date: the apparent right ascension (α) and declination (δ) are referred to the true equator and equinox of date. These coordinates are primarily intended for planning purposes. The true distance r in kilometres and the horizonal parallax (π) are also tabulated. The semidiameter s may be formed from

$$\sin s = \frac{R_M}{r} = \frac{R_M}{a_E} \sin \pi = 0 \cdot 272\,399 \sin \pi$$

where π is the horizontal parallax, $R_M = 1737 \cdot 4\,\text{km}$ is the mean radius of the Moon, and $a_E = 6\,378 \cdot 1366\,\text{km}$ is the equatorial radius of the Earth. The semidiameter is tabulated on pages D7–D21. The distance r_e in Earth radii may be obtained from

$$r_e = \frac{r}{a_E} = r/6\,378 \cdot 1366$$

More precise values of right ascension, declination and horizontal parallax for any time may be obtained by using the polynomial coefficients given on *The Astronomical Almanac Online*.

The tabulated values are all referred to the centre of the Earth, and may differ from the topocentric values by up to about 1 degree in angle and 2 per cent in distance.

Time of transit of the Moon

The TT of upper (or lower) transit of the Moon over a local meridian may be obtained by interpolation in the tabulation of the time of upper (or lower) transit over the ephemeris meridian given on pages D6–D20, where the first differences are about 25 hours. The interpolation factor p is given by:

$$p = -\lambda + 1 \cdot 002\,738\,\varDelta T$$

where λ is the *east* longitude and the right-hand side is expressed in days. (Divide longitude in degrees by 360 and $\varDelta T$ in seconds by 86 400). During 2022 it is expected that $\varDelta T$ will be about 71 seconds, so that the second term is about $+0 \cdot 000\,82$ days. In general, second-order differences are sufficient to give times to a few seconds, but higher-order differences must be taken into account if a precision of better than 1 second is required. The UT1 of transit is obtained by subtracting $\varDelta T$ from the TT of transit, which is obtained by interpolation.

Topocentric coordinates

The topocentric equatorial rectangular coordinates of the Moon (x', y', z'), referred to the true equinox of date, are equal to the geocentric equatorial rectangular coordinates of the Moon *minus* the geocentric equatorial rectangular coordinates of the observer. Hence, the topocentric right ascension (α'), declination (δ') and distance (r') of the Moon may be calculated from the formulae:

$$\begin{aligned}
x' &= r' \cos \delta' \cos \alpha' = r \cos \delta \cos \alpha - \rho \cos \phi' \cos \theta_0 \\
y' &= r' \cos \delta' \sin \alpha' = r \cos \delta \sin \alpha - \rho \cos \phi' \sin \theta_0 \\
z' &= r' \sin \delta' \quad\quad\; = r \sin \delta \quad\;\; - \rho \sin \phi'
\end{aligned}$$

where θ_0 is the local apparent sidereal time (see B11) and ρ and ϕ' are the geocentric distance and latitude of the observer.

Then $$r'^2 = x'^2 + y'^2 + z'^2, \quad \alpha' = \tan^{-1}(y'/x'), \quad \delta' = \sin^{-1}(z'/r')$$

The topocentric hour angle (h') may be calculated from $h' = \theta_0 - \alpha'$.

Physical ephemeris

See page D4 for notes on the physical ephemeris of the Moon on pages D7–D21.

NOTES AND FORMULAE

Appearance of the Moon

The quantities tabulated in the ephemeris for physical observations of the Moon on odd pages D7–D21 represent the geocentric aspect and illumination of the Moon's disk. The semidiameter of the Moon is also included on these pages. For most purposes it is sufficient to regard the instant of tabulation as 0^h UT1. The fraction illuminated (or phase) is the ratio of the illuminated area to the total area of the lunar disk; it is also the fraction of the diameter illuminated perpendicular to the line of cusps. This quantity indicates the general aspect of the Moon, while the precise times of the four principal phases are given on pages A1 and D1; they are the times when the apparent longitudes of the Moon and Sun differ by 0°, 90°, 180° and 270°.

The position angle of the bright limb is measured anticlockwise around the disk from the north point (of the hour circle through the centre of the apparent disk) to the midpoint of the bright limb. Before full moon the morning terminator is visible and the position angle of the northern cusp is 90° greater than the position angle of the bright limb; after full moon the evening terminator is visible and the position angle of the northern cusp is 90° less than the position angle of the bright limb.

The brightness of the Moon is determined largely by the fraction illuminated, but it also depends on the distance of the Moon, on the nature of the part of the lunar surface that is illuminated, and on other factors. The integrated visual magnitude of the full Moon at mean distance is about −12·7. The crescent Moon is not normally visible to the naked eye when the phase is less than 0·01, but much depends on the conditions of observation.

Selenographic coordinates

The positions of points on the Moon's surface are specified by a system of selenographic coordinates, in which latitude is measured positively to the north from the equator of the pole of rotation, and longitude is measured positively to the east on the selenocentric celestial sphere from the lunar meridian through the mean centre of the apparent disk. Selenographic longitudes are measured positive to the west (towards Mare Crisium) on the apparent disk; this sign convention implies that the longitudes of the Sun and of the terminators are decreasing functions of time, and so for some purposes it is convenient to use colongitude which is 90° (or 450°) minus longitude.

The tabulated values of the Earth's selenographic longitude and latitude specify the sub-terrestrial point on the Moon's surface (that is, the centre of the apparent disk). The position angle of the axis of rotation is measured anticlockwise from the north point, and specifies the orientation of the lunar meridian through the sub-terrestrial point, which is the pole of the great circle that corresponds to the limb of the Moon.

The tabulated values of the Sun's selenographic colongitude and latitude specify the sub-solar point of the Moon's surface (that is at the pole of the great circle that bounds the illuminated hemisphere). The following relations hold approximately:

longitude of morning terminator = 360° − colongitude of Sun
longitude of evening terminator = 180° (or 540°) − colongitude of Sun

The altitude (a) of the Sun above the lunar horizon at a point at selenographic longitude and latitude (l, b) may be calculated from:

$$\sin a = \sin b_0 \sin b + \cos b_0 \cos b \sin (c_0 + l)$$

where (c_0, b_0) are the Sun's colongitude and latitude at the time.

NOTES AND FORMULAE

Librations of the Moon

On average the same hemisphere of the Moon is always turned to the Earth but there is a periodic oscillation or libration of the apparent position of the lunar surface that allows about 59 per cent of the surface to be seen from the Earth. The libration is due partly to a physical libration, which is an oscillation of the actual rotational motion about its mean rotation, but mainly to the much larger geocentric optical libration, which results from the non-uniformity of the revolution of the Moon around the centre of the Earth. Both of these effects are taken into account in the computation of the Earth's selenographic longitude (l) and latitude (b) and of the position angle (C) of the axis of rotation. There is a further contribution to the optical libration due to the difference between the viewpoints of the observer on the surface of the Earth and of the hypothetical observer at the centre of the Earth. These topocentric optical librations may be as much as 1° and have important effects on the apparent contour of the limb.

When the libration in longitude, that is the selenographic longitude of the Earth, is positive the mean centre of the disk is displaced eastwards on the celestial sphere, exposing to view a region on the west limb. When the libration in latitude, or selenographic latitude of the Earth, is positive the mean centre of the disk is displaced towards the south, and a region on the north limb is exposed to view. In a similar way the selenographic coordinates of the Sun show which regions of the lunar surface are illuminated.

Differential corrections to be applied to the tabular geocentric librations to form the topocentric librations may be computed from the following formulae:

$$\Delta l = -\pi' \sin(Q - C) \sec b$$
$$\Delta b = +\pi' \cos(Q - C)$$
$$\Delta C = +\sin(b + \Delta b) \Delta l - \pi' \sin Q \tan \delta$$

where Q is the geocentric parallactic angle of the Moon and π' is the geocentric parallax (diurnal parallax). The latter is obtained from the Moon's horizontal parallax (π), which is tabulated on even pages D6–D20 by using:

$$\pi' = \pi \, (\sin z + 0{\cdot}0084 \sin 2z)$$

where z is the geocentric zenith distance of the Moon. The values of z and Q may be calculated from the geocentric right ascension (α) and declination (δ) of the Moon by using:

$$\sin z \sin Q = \cos \phi \, \sin h$$
$$\sin z \cos Q = \cos \delta \, \sin \phi - \sin \delta \, \cos \phi \, \cos h$$
$$\cos z = \sin \delta \, \sin \phi + \cos \delta \, \cos \phi \, \cos h$$

where ϕ is the geocentric latitude of the observer and h is the local hour angle of the Moon, given by:

$$h = \text{local apparent sidereal time} - \alpha$$

Second differences must be taken into account in the interpolation of the tabular geocentric librations to the time of observation.

MOON, 2022

FOR 0ʰ TERRESTRIAL TIME

Date 0ʰ TT	Apparent Longitude	Latitude	Apparent R.A.	Dec.	True Distance	Horiz. Parallax	Ephemeris Transit for date Upper	Lower
	° ′ ″	° ′ ″	h m s	° ′ ″	km	′ ″	h	h
Jan. 0	240 31 13	+0 03 50	15 53 30·09	−20 11 44·7	361 491·082	60 39·52	09·6339	22·1517
1	255 28 04	−1 16 47	16 56 17·32	−23 55 02·9	358 892·406	61 05·87	10·6875	23·2364
2	270 35 49	−2 32 50	18 02 39·25	−25 59 00·7	358 034·416	61 14·66	11·7919	…
3	285 45 21	−3 38 07	19 10 15·92	−26 07 01·8	359 079·789	61 03·96	12·8926	00·3465
4	300 46 38	−4 27 34	20 16 11·56	−24 19 58·3	361 968·417	60 34·72	13·9353	01·4238
5	315 30 24	−4 58 08	21 18 09·14	−20 55 36·9	366 424·504	59 50·51	14·8902	02·4245
6	329 49 37	−5 08 59	22 15 13·18	−16 20 50·9	372 010·363	58 56·59	15·7553	03·3333
7	343 40 22	−5 01 10	23 07 40·44	−11 02 59·4	378 206·238	57 58·65	16·5459	04·1586
8	357 01 54	−4 36 58	23 56 27·99	− 5 24 54·6	384 490·756	57 01·79	17·2843	04·9202
9	9 56 06	−3 59 18	0 42 46·76	+ 0 15 57·8	390 403·821	56 09·96	17·9931	05·6410
10	22 26 44	−3 11 09	1 27 47·48	+ 5 46 33·8	395 585·147	55 25·81	18·6931	06·3430
11	34 38 36	−2 15 22	2 12 34·79	+10 56 30·8	399 790·121	54 50·83	19·4025	07·0456
12	46 36 59	−1 14 39	2 58 04·58	+15 36 34·9	402 888·480	54 25·52	20·1359	07·7655
13	58 27 02	−0 11 29	3 45 01·05	+19 37 36·5	404 851·487	54 09·68	20·9033	08·5150
14	70 13 32	+0 51 44	4 33 52·01	+22 50 02·1	405 732·133	54 02·63	21·7075	09·3009
15	82 00 40	+1 52 38	5 24 42·90	+25 04 14·0	405 641·520	54 03·35	22·5430	10·1221
16	93 51 50	+2 48 50	6 17 12·44	+26 11 37·5	404 723·833	54 10·71	23·3957	10·9683
17	105 49 39	+3 37 57	7 10 34·78	+26 06 21·5	403 132·043	54 23·55		11·8228
18	117 55 55	+4 17 44	8 03 51·10	+24 46 51·6	401 006·663	54 40·84	00·2471	12·6666
19	130 11 49	+4 46 07	8 56 07·44	+22 16 26·0	398 460·031	55 01·81	01·0798	13·4857
20	142 38 02	+5 01 21	9 46 50·33	+18 42 39·1	395 568·460	55 25·95	01·8837	14·2741
21	155 15 00	+5 02 11	10 35 53·95	+14 15 57·8	392 373·914	55 53·03	02·6574	15·0350
22	168 03 14	+4 47 59	11 23 38·60	+ 9 08 17·1	388 895·550	56 23·03	03·4082	15·7790
23	181 03 28	+4 18 48	12 10 45·05	+ 3 32 10·9	385 149·832	56 55·93	04·1495	16·5221
24	194 16 50	+3 35 22	12 58 08·55	− 2 19 12·1	381 176·072	57 31·55	04·8993	17·2838
25	207 44 48	+2 39 16	13 46 53·91	− 8 11 30·6	377 062·645	58 09·20	05·6783	18·0856
26	221 28 53	+1 32 57	14 38 09·95	−13 48 06·2	372 967·824	58 47·51	06·5084	18·9489
27	235 30 10	+0 19 44	15 32 59·81	−18 48 59·2	369 128·397	59 24·21	07·4089	19·8890
28	249 48 41	−0 56 06	16 32 02·54	−22 50 41·4	365 849·613	59 56·15	08·3890	20·9066
29	264 22 45	−2 09 30	17 35 06·23	−25 28 29·3	363 472·446	60 19·68	09·4381	21·9782
30	279 08 22	−3 15 05	18 40 46·70	−26 21 58·8	362 319·728	60 31·19	10·5203	23·0578
31	293 59 12	−4 07 45	19 46 39·41	−25 22 25·7	362 630·898	60 28·08	11·5845	…
Feb. 1	308 47 13	−4 43·30	20 50 13·37	−22 36 59·8	364 502·819	60 09·44	12·5873	00·0954
2	323 23 49	−5 00 08	21 49 49·93	−18 26 13·6	367 855·903	59 36·54	13·5092	01·0586
3	337 41 21	−4 57 27	22 45 03·16	−13 16 50·4	372 437·426	58 52·54	14·3531	01·9401
4	351 34 24	−4 37 03	23 36 22·57	− 7 34 58·0	377 860·286	58 01·84	15·1354	02·7507
5	5 00 22	−4 01 41	0 24 45·98	− 1 42 33·1	383 663·430	57 09·17	15·8766	03·5098
6	17 59 30	−3 14 42	1 11 19·61	+ 4 03 19·9	389 376·149	56 18·85	16·5976	04·2384
7	30 34 23	−2 19 28	1 57 07·80	+ 9 29 35·9	394 572·348	55 34·35	17·3171	04·9565
8	42 49 14	−1 19 05	2 43 08·23	+14 25 44·0	398 908·219	54 58·10	18·0512	05·6815
9	54 49 17	−0 16 20	3 30 08·70	+18 42 28·6	402 142·932	54 31·57	18·8118	06·4277
10	66 40 06	+0 46 19	4 18 43·23	+22 10 56·5	404 145·210	54 15·36	19·6053	07·2044
11	78 27 15	+1 46 35	5 09 06·82	+24 42 21·0	404 889·371	54 09·38	20·4306	08·0144
12	90 15 53	+2 42 18	6 01 10·72	+26 08 32·9	404 443·760	54 12·96	21·2785	08·8526
13	102 10 31	+3 31 17	6 54 21·80	+26 23 11·6	402 953·537	54 24·99	22·1335	09·7062
14	114 14 44	+4 11 23	7 47 49·78	+25 23 13·1	400 619·145	54 44·02	22·9786	10·5582
15	126 31 07	+4 40 30	8 40 41·81	+23 09 52·9	397 671·645	55 08·36	23·8008	11·3931

EPHEMERIS FOR PHYSICAL OBSERVATIONS
FOR 0^h TERRESTRIAL TIME

Julian Date	The Earth's Selenographic		The Sun's Selenographic		Position Angle		Semi-diameter	Frac-tion Illum.
	Long.	Lat.	Colong.	Lat.	Axis	Bright Limb		
245	°	°	°	°	°	° ' "	' "	
9579·5	− 3·554	− 0·048	234·49	− 0·97	10·516	102·12	16 31·35	0·112
9580·5	− 1·822	+ 1·695	246·67	− 0·99	4·805	93·53	16 38·53	0·047
9581·5	+ 0·103	+ 3·336	258·86	− 1·02	358·434	76·80	16 40·93	0·010
9582·5	+ 2·077	+ 4·743	271·05	− 1·04	352·044	311·79	16 38·01	0·002
9583·5	+ 3·934	+ 5·806	283·24	− 1·06	346·372	271·20	16 30·05	0·024
9584·5	+ 5·517	+ 6·459	295·43	− 1·09	341·967	260·55	16 18·01	0·073
9585·5	+ 6·700	+ 6·683	307·61	− 1·11	339·038	254·27	16 03·32	0·144
9586·5	+ 7·407	+ 6·503	319·79	− 1·13	337·521	250·36	15 47·54	0·230
9587·5	+ 7·617	+ 5·968	331·97	− 1·16	337·230	248·22	15 32·05	0·326
9588·5	+ 7·357	+ 5·142	344·14	− 1·18	337·967	247·55	15 17·94	0·425
9589·5	+ 6·688	+ 4·091	356·30	− 1·20	339·577	248·16	15 05·91	0·525
9590·5	+ 5·693	+ 2·877	8·45	− 1·23	341·958	249·97	14 56·38	0·621
9591·5	+ 4·462	+ 1·557	20·60	− 1·25	345·048	252·94	14 49·49	0·711
9592·5	+ 3·086	+ 0·186	32·75	− 1·27	348·797	257·10	14 45·18	0·793
9593·5	+ 1·651	− 1·184	44·89	− 1·29	353·136	262·51	14 43·26	0·863
9594·5	+ 0·231	− 2·503	57·02	− 1·31	357·939	269·41	14 43·45	0·921
9595·5	− 1·113	− 3·720	69·16	− 1·33	2·995	278·66	14 45·46	0·963
9596·5	− 2·332	− 4·782	81·29	− 1·34	8·011	294·98	14 48·95	0·990
9597·5	− 3·397	− 5·642	93·42	− 1·36	12·653	12·92	14 53·66	0·999
9598·5	− 4·289	− 6·252	105·55	− 1·37	16·615	83·57	14 59·38	0·989
9599·5	− 4·999	− 6·577	117·68	− 1·38	19·676	97·70	15 05·95	0·960
9600·5	− 5·525	− 6·587	129·81	− 1·39	21·719	104·56	15 13·33	0·912
9601·5	− 5·867	− 6·271	141·95	− 1·39	22·710	108·61	15 21·50	0·846
9602·5	− 6·017	− 5·629	154·09	− 1·40	22·663	110·80	15 30·46	0·764
9603·5	− 5·963	− 4·677	166·24	− 1·40	21·599	111·41	15 40·16	0·669
9604·5	− 5·682	− 3·452	178·39	− 1·41	19·521	110·50	15 50·41	0·564
9605·5	− 5·149	− 2·006	190·55	− 1·41	16·410	108·02	16 00·85	0·453
9606·5	− 4·339	− 0·412	202·72	− 1·42	12·246	103·88	16 10·84	0·343
9607·5	− 3·244	+ 1·237	214·89	− 1·43	7·075	97·99	16 19·54	0·238
9608·5	− 1·883	+ 2·832	227·07	− 1·43	1·108	90·29	16 25·95	0·145
9609·5	− 0·314	+ 4·256	239·26	− 1·44	354·811	80·55	16 29·09	0·072
9610·5	+ 1·363	+ 5·399	251·45	− 1·45	348·845	66·51	16 28·24	0·023
9611·5	+ 3·011	+ 6·173	263·64	− 1·46	343·852	19·33	16 23·16	0·003
9612·5	+ 4·481	+ 6·530	275·83	− 1·47	340·231	275·97	16 14·20	0·010
9613·5	+ 5·636	+ 6·466	288·03	− 1·48	338·071	258·99	16 02·22	0·044
9614·5	+ 6·376	+ 6·016	300·22	− 1·50	337·260	252·84	15 48·41	0·100
9615·5	+ 6·649	+ 5·241	312·40	− 1·51	337·605	250·16	15 34·06	0·173
9616·5	+ 6·460	+ 4·214	324·59	− 1·52	338·923	249·52	15 20·36	0·258
9617·5	+ 5·850	+ 3·008	336·76	− 1·53	341·078	250·42	15 08·24	0·350
9618·5	+ 4·895	+ 1·692	348·93	− 1·54	343·979	252·61	14 58·37	0·446
9619·5	+ 3·687	+ 0·325	1·10	− 1·55	347·559	255·98	14 51·14	0·542
9620·5	+ 2·324	− 1·039	13·26	− 1·56	351·746	260·42	14 46·72	0·635
9621·5	+ 0·904	− 2·351	25·41	− 1·57	356·432	265·85	14 45·10	0·722
9622·5	− 0·482	− 3·565	37·56	− 1·57	1·433	272·16	14 46·07	0·802
9623·5	− 1·756	− 4·632	49·71	− 1·58	6·488	279·27	14 49·35	0·871
9624·5	− 2·857	− 5·506	61·85	− 1·58	11·278	287·35	14 54·53	0·928
9625·5	− 3·742	− 6·141	73·99	− 1·58	15·485	297·71	15 01·16	0·969

MOON, 2022

FOR 0ʰ TERRESTRIAL TIME

Date 0ʰ TT	Apparent Longitude	Apparent Latitude	Apparent R.A.	Apparent Dec.	True Distance	Horiz. Parallax	Ephemeris Transit for date Upper	Lower
	° ′ ″	° ′ ″	h m s	° ′ ″	km	′ ″	h	h
Feb. 15	126 31 07	+4 40 30	8 40 41·81	+23 09 52·9	397 671·645	55 08·36	23·8008	11·3931
16	139 01 04	+4 56 45	9 32 18·32	+19 48 54·0	394 346·656	55 36·26	..:	12·2015
17	151 44 58	+4 58 37	10 22 23·35	+15 29 42·8	390 859·528	56 06·03	00·5951	12·9824
18	164 42 13	+4 45 16	11 11 06·33	+10 24 20·9	387 385·217	56 36·22	01·3645	13·7427
19	177 51 42	+4 16 37	11 58 58·23	+ 4 46 26·6	384 046·619	57 05·74	02·1190	14·4952
20	191 12 05	+3 33 35	12 46 45·70	− 1 09 16·5	380 914·210	57 33·92	02·8736	15·2565
21	204 42 16	+2 38 02	13 35 25·53	− 7 07 01·8	378 017·754	58 00·39	03·6464	16·0457
22	218 21 37	+1 32 44	14 25 58·98	−12 49 38·2	375 367·944	58 24·96	04·4568	16·8819
23	232 09 58	+0 21 13	15 19 23·64	−17 58 02·8	372 982·979	58 47·37	05·3227	17·7806
24	246 07 25	−0 52 24	16 16 19·66	−22 11 19·5	370 913·172	59 07·06	06·2556	18·7471
25	260 13 58	−2 03 37	17 16 49·59	−25 07 58·2	369 256·254	59 22·97	07·2527	19·7690
26	274 28 49	−3 07 47	18 19 59·92	−26 29 23·4	368 157·362	59 33·61	08·2914	20·8143
27	288 50 00	−4 00 32	19 24 02·56	−26 05 00·6	367 790·856	59 37·17	09·3324	21·8407
28	303 13 56	−4 38 09	20 26 48·50	−23 56 21·8	368 325·850	59 31·98	10·3353	22·8135
Mar. 1	317 35 39	−4 58 05	21 26 36·32	−20 17 05·3	369 882·798	59 16·94	11·2741	23·7171
2	331 49 15	−4 59 19	22 22 40·90	−15 28 48·3	372 492·703	58 52·01	12·1433	...
3	345 48 55	−4 42 26	23 15 10·48	− 9 55 45·6	376 071·095	58 18·40	12·9519	00·5542
4	359 29 50	−4 09 29	0 04 46·92	− 4 00 51·6	380 414·737	57 38·45	13·7166	01·3386
5	12 49 00	−3 23 32	0 52 26·64	+ 1 56 11·8	385 221·625	56 55·29	14·4560	02·0883
6	25 45 31	−2 28 04	1 39 08·41	+ 7 39 14·2	390 127·864	56 12·34	15·1880	02·8219
7	38 20 32	−1 26 39	2 25 46·80	+12 55 03·7	394 751·583	55 32·84	15·9283	03·5563
8	50 37 01	−0 22 29	3 13 08·13	+17 32 36·1	398 734·827	54 59·54	16·6890	04·3055
9	62 39 07	+0 41 35	4 01 46·58	+21 22 07·8	401 777·643	54 34·55	17·4776	05·0796
10	74 31 52	+1 43 04	4 51 59·74	+24 14 50·9	403 662·166	54 19·26	18·2952	05·8830
11	86 20 41	+2 39 49	5 43 44·43	+26 02 59·6	404 266·912	54 14·38	19·1356	06·7132
12	98 11 00	+3 29 47	6 36 35·72	+26 40 29·6	403 572·525	54 19·98	19·9865	07·5607
13	110 07 59	+4 11 03	7 29 52·08	+26 03 56·0	401 660·119	54 35·51	20·8332	08·4113
14	122 16 09	+4 41 41	8 22 46·96	+24 13 22·6	398 702·792	54 59·80	21·6630	09·2508
15	134 39 10	+4 59 50	9 14 42·78	+21 12 39·4	394 950·249	55 31·16	22·4693	10·0692
16	147 19 25	+5 03 51	10 05 21·25	+17 09 04·8	390 706·325	56 07·35	23·2530	10·8636
17	160 17 56	+4 52 30	10 54 47·05	+12 12 52·3	386 299·778	56 45·76	...	11·6387
18	173 34 16	+4 25 16	11 43 25·69	+ 6 36 40·0	382 050·282	57 23·65	00·0221	12·4050
19	187 06 36	+3 42 40	12 31 58·69	+ 0 35 15·8	378 233·790	57 58·40	00·7895	13·1776
20	200 52 11	+2 46 27	13 21 18·23	− 5 34 25·4	375 053·499	58 27·90	01·5716	13·9739
21	214 47 44	+1 39 32	14 12 21·15	−11 33 21·2	372 623·226	58 50·78	02·3866	14·8118
22	228 50 05	+0 25 55	15 06 00·66	−17 00 30·7	370 967·996	59 06·53	03·2512	15·7059
23	242 56 30	−0 49 48	16 02 52·99	−21 33 35·2	370 042·160	59 15·41	04·1763	16·6618
24	257 04 53	−2 02 43	17 02 59·13	−24 50 46·8	369 760·063	59 18·12	05·1604	17·6691
25	271 13 39	−3 08 12	18 05 28·89	−26 34 07·7	370 030·463	59 15·52	06·1838	18·6996
26	285 21 29	−4 02 08	19 08 43·11	−26 33 44·6	370 785·074	59 08·28	07·2116	19·7151
27	299 26 56	−4 41 16	20 10 43·84	−24 50 47·2	371 993·812	58 56·75	08·2063	20·6824
28	313 28 11	−5 03 21	21 09 57·20	−21 37 00·7	373 663·409	58 40·95	09·1421	21·5851
29	327 22 52	−5 07 22	22 05 39·89	−17 11 09·7	375 820·719	58 20·73	10·0119	22·4238
30	341 08 12	−4 53 32	22 57 57·82	−11 54 36·9	378 486·018	57 56·08	10·8226	23·2105
31	354 41 16	−4 23 21	23 47 29·28	− 6 08 18·5	381 644·120	57 27·31	11·5895	23·9620
Apr. 1	7 59 33	−3 39 14	0 35 07·50	− 0 11 16·0	385 221·433	56 55·30	12·3301	...
2	21 01 16	−2 44 23	1 21 48·98	+ 5 39 44·2	389 075·101	56 21·47	13·0621	00·6962

EPHEMERIS FOR PHYSICAL OBSERVATIONS
FOR 0ʰ TERRESTRIAL TIME

Julian Date	The Earth's Selenographic Long.	Lat.	The Sun's Selenographic Colong.	Lat.	Position Angle Axis	Bright Limb	Semi-diameter	Frac-tion Illum.
245	°	°	°	°	°	°	′ ″	
9625·5	− 3·742	− 6·141	73·99	− 1·58	15·485	297·71	15 01·16	0·969
9626·5	− 4·390	− 6·495	86·13	− 1·58	18·850	319·32	15 08·76	0·993
9627·5	− 4·802	− 6·537	98·26	− 1·58	21·213	56·21	15 16·87	0·997
9628·5	− 4·992	− 6·245	110·40	− 1·57	22·507	96·22	15 25·09	0·980
9629·5	− 4·987	− 5·621	122·54	− 1·56	22·729	105·37	15 33·13	0·942
9630·5	− 4·814	− 4·683	134·68	− 1·55	21·908	108·72	15 40·80	0·883
9631·5	− 4·495	− 3·472	146·83	− 1·54	20·065	109·33	15 48·01	0·806
9632·5	− 4·039	− 2·050	158·98	− 1·53	17·209	107·94	15 54·71	0·712
9633·5	− 3·443	− 0·492	171·14	− 1·52	13·342	104·79	16 00·81	0·607
9634·5	− 2·699	+ 1·112	183·31	− 1·50	8·509	100·00	16 06·17	0·494
9635·5	− 1·797	+ 2·664	195·48	− 1·49	2·877	93·77	16 10·51	0·381
9636·5	− 0·743	+ 4·065	207·66	− 1·49	356·808	86·41	16 13·40	0·273
9637·5	+ 0·435	+ 5·218	219·85	− 1·48	350·852	78·37	16 14·37	0·177
9638·5	+ 1·678	+ 6·042	232·05	− 1·47	345·608	69·89	16 12·96	0·098
9639·5	+ 2·897	+ 6·481	244·24	− 1·47	341·533	60·10	16 08·86	0·041
9640·5	+ 3·986	+ 6·512	256·45	− 1·46	338·832	41·34	16 02·07	0·009
9641·5	+ 4·839	+ 6·148	268·65	− 1·46	337·489	300·75	15 52·92	0·003
9642·5	+ 5·367	+ 5·434	280·86	− 1·46	337·369	260·59	15 42·04	0·021
9643·5	+ 5·515	+ 4·436	293·06	− 1·45	338·308	253·40	15 30·28	0·061
9644·5	+ 5·269	+ 3·231	305·26	− 1·45	340·161	251·71	15 18·59	0·120
9645·5	+ 4·653	+ 1·896	317·46	− 1·45	342·820	252·46	15 07·83	0·193
9646·5	+ 3·719	+ 0·501	329·65	− 1·44	346·205	254·84	14 58·76	0·276
9647·5	+ 2·543	− 0·892	341·84	− 1·44	350·234	258·49	14 51·95	0·366
9648·5	+ 1·216	− 2·230	354·02	− 1·44	354·799	263·17	14 47·79	0·459
9649·5	− 0·169	− 3·467	6·20	− 1·43	359·733	268·66	14 46·46	0·553
9650·5	− 1·517	− 4·558	18·37	− 1·43	4·795	274·69	14 47·98	0·645
9651·5	− 2·741	− 5·460	30·54	− 1·42	9·688	280·96	14 52·21	0·733
9652·5	− 3·764	− 6·133	42·70	− 1·41	14·102	287·24	14 58·83	0·814
9653·5	− 4·530	− 6·535	54·86	− 1·40	17·765	293·43	15 07·37	0·884
9654·5	− 5·001	− 6·630	67·01	− 1·38	20·484	299·92	15 17·23	0·940
9655·5	− 5·168	− 6·390	79·16	− 1·37	22·153	308·96	15 27·69	0·979
9656·5	− 5·046	− 5·805	91·31	− 1·35	22·737	342·73	15 38·01	0·997
9657·5	− 4·671	− 4·885	103·46	− 1·32	22·238	90·44	15 47·47	0·993
9658·5	− 4·093	− 3·669	115·62	− 1·30	20·672	104·93	15 55·51	0·965
9659·5	− 3·365	− 2·220	127·77	− 1·27	18·047	107·06	16 01·74	0·913
9660·5	− 2·536	− 0·624	139·93	− 1·25	14·375	105·49	16 06·03	0·839
9661·5	− 1·643	+ 1·019	152·09	− 1·22	9·707	101·69	16 08·45	0·746
9662·5	− 0·712	+ 2·604	164·26	− 1·19	4·208	96·22	16 09·18	0·641
9663·5	+ 0·239	+ 4·030	176·44	− 1·17	358·222	89·62	16 08·48	0·528
9664·5	+ 1·192	+ 5·207	188·63	− 1·15	352·263	82·52	16 06·51	0·414
9665·5	+ 2·125	+ 6·065	200·82	− 1·12	346·902	75·55	16 03·36	0·305
9666·5	+ 3·002	+ 6·554	213·02	− 1·10	342·589	69·19	15 59·06	0·207
9667·5	+ 3·775	+ 6·650	225·23	− 1·09	339·554	63·59	15 53·56	0·124
9668·5	+ 4·390	+ 6·359	237·44	− 1·07	337·828	58·31	15 46·84	0·061
9669·5	+ 4·791	+ 5·711	249·66	− 1·05	337·314	51·17	15 39·00	0·020
9670·5	+ 4·929	+ 4·761	261·88	− 1·04	337·879	18·52	15 30·28	0·002
9671·5	+ 4·774	+ 3·577	274·10	− 1·02	339·395	265·27	15 21·07	0·006

MOON, 2022

FOR 0ʰ TERRESTRIAL TIME

Date 0ʰ TT	Apparent Longitude	Latitude	Apparent R.A.	Dec.	True Distance	Horiz. Parallax	Ephemeris Transit for date Upper	Lower
	o ′ ″	o ′ ″	h m s	o ′ ″	km	′ ″	h	h
Apr. 1	7 59 33	− 3 39 14	0 35 07·50	− 0 11 16·0	385 221·433	56 55·30	12·3301	...
2	21 01 16	− 2 44 23	1 21 48·98	+ 5 39 44·2	389 075·101	56 21·47	13·0621	00·6962
3	33 45 45	− 1 42 16	2 08 26·73	+11 10 00·9	392 996·676	55 47·72	13·8007	01·4297
4	46 13 36	− 0 36 23	2 55 46·00	+16 06 37·1	396 728·869	55 16·22	14·5583	02·1765
5	58 26 37	+0 30 03	3 44 20·18	+20 18 02·5	399 991·154	54 49·17	15·3426	02·9468
6	70 27 47	+1 34 12	4 34 26·39	+23 34 08·5	402 509·087	54 28·60	16·1552	03·7455
7	82 20 55	+2 33 37	5 26 01·46	+25 46 23·1	404 042·931	54 16·19	16·9907	04·5707
8	94 10 33	+3 26 13	6 18 41·09	+26 48 26·0	404 412·655	54 13·21	17·8377	05·4137
9	106 01 34	+4 10 06	7 11 44·96	+26 36 50·4	403 517·817	54 20·43	18·6817	06·2609
10	117 59 02	+4 43 34	8 04 27·93	+25 11 30·6	401 351·697	54 38·02	19·5101	07·0984
11	130 07 50	+5 04 57	8 56 13·52	+22 35 38·7	398 009·226	55 05·56	20·3160	07·9160
12	142 32 23	+5 12 42	9 46 43·94	+18 55 14·8	393 687·800	55 41·84	21·0997	08·7103
13	155 16 15	+5 05 29	10 36 03·78	+14 18 33·9	388 679·389	56 24·91	21·8683	09·4852
14	168 21 44	+4 42 23	11 24 38·31	+ 8 55 51·4	383 351·869	57 11·95	22·6345	10·2507
15	181 49 33	+4 03 14	12 13 09·17	+ 2 59 36·3	378 117·937	57 59·46	23·4149	11·0218
16	195 38 35	+3 09 02	13 02 29·62	− 3 14 54·1	373 392·022	58 43·51	...	11·8162
17	209 45 53	+2 02 09	13 53 39·07	− 9 28 56·6	369 539·575	59 20·24	00·2282	12·6531
18	224 07 01	+0 46 25	14 47 35·02	−15 20 09·4	366 828·002	59 46·56	01·0930	13·5492
19	238 36 40	− 0 33 09	15 44 59·03	−20 23 17·1	365 391·687	60 00·66	02·0225	14·5126
20	253 09 13	− 1 50 55	16 45 55·85	−24 12 36·6	365 222·017	60 02·33	03·0178	15·5351
21	267 39 31	− 3 01 23	17 49 33·27	−26 26 23·3	366 186·181	59 52·85	04·0601	16·5874
22	282 03 21	− 3 59 51	18 54 01·89	−26 52 19·4	368 068·770	59 34·47	05·1114	17·6267
23	296 17 33	− 4 42 51	19 57 08·73	−25 31 07·0	370 622·960	59 09·83	06·1288	18·6145
24	310 20 00	− 5 08 17	20 57 08·00	−22 35 28·2	373 616·821	58 41·39	07·0819	19·5306
25	324 09 28	− 5 15 23	21 53 12·13	−18 25 12·6	376 864·369	58 11·04	07·9612	20·3750
26	337 45 18	− 5 04 37	22 45 29·24	−13 21 59·8	380 237·323	57 40·07	08·7741	21·1606
27	351 07 11	− 4 37 25	23 34 42·65	− 7 46 04·5	383 659·148	57 09·20	09·5370	21·9058
28	4 15 04	− 3 56 00	0 21 50·93	− 1 55 15·2	387 086·575	56 38·84	10·2693	22·6299
29	17 09 04	− 3 03 10	1 07 55·26	+ 3 54 52·2	390 485·275	56 09·25	10·9898	23·3511
30	29 49 31	− 2 02 06	1 53 52·80	+ 9 30 15·5	393 806·334	55 40·84	11·7155	...
May 1	42 17 01	− 0 56 07	2 40 32·62	+14 37 52·8	396 968·873	55 14·22	12·4600	00·0847
2	54 32 38	+0 11 31	3 28 31·80	+19 05 26·6	399 852·149	54 50·32	13·2326	00·8424
3	66 37 53	+1 17 44	4 18 10·64	+22 41 31·2	402 298·098	54 30·31	14·0364	01·6307
4	78 34 56	+2 19 48	5 09 27·80	+25 16 07·1	404 123·237	54 15·54	14·8667	02·4488
5	90 26 30	+3 15 23	6 01 58·48	+26 41 36·9	405 137·445	54 07·39	15·7118	03·2883
6	102 15 55	+4 02 28	6 54 58·96	+26 53 43·9	405 166·680	54 07·16	16·5558	04·1349
7	114 07 02	+4 39 18	7 47 38·63	+25 52 04·3	404 076·893	54 15·91	17·3839	04·9725
8	126 04 06	+5 04 24	8 39 15·13	+23 39 53·5	401 796·942	54 34·39	18·1869	05·7888
9	138 11 38	+5 16 26	9 29 26·11	+20 23 13·0	398 338·735	55 02·82	18·9636	06·5783
10	150 34 10	+5 14 14	10 18 13·59	+16 09 48·2	393 812·888	55 40·78	19·7202	07·3438
11	163 15 53	+4 56 53	11 06 02·11	+11 08 31·7	388 437·663	56 27·02	20·4692	08·0947
12	176 20 16	+4 23 54	11 53 34·13	+ 5 29 28·8	382 538·015	57 19·26	21·2275	08·8460
13	189 49 32	+3 35 32	12 41 45·43	− 0 35 15·9	376 530·700	58 14·13	22·0152	09·6164
14	203 44 13	+2 33 09	13 31 40·77	− 6 50 22·9	370 891·564	59 07·26	22·8540	10·4269
15	218 02 37	+1 19 34	14 24 27·80	−12 56 01·2	366 103·698	59 53·66	23·7632	11·2988
16	232 40 42	− 0 00 51	15 21 05·07	−18 27 13·6	362 591·138	60 28·48	...	12·2479
17	247 32 18	− 1 22 24	16 21 59·88	−22 55 16·2	360 651·066	60 48·00	00·7526	13·2751

EPHEMERIS FOR PHYSICAL OBSERVATIONS
FOR 0^h TERRESTRIAL TIME

Julian Date	The Earth's Selenographic		The Sun's Selenographic		Position Angle		Semi-diameter	Fraction Illum.
	Long.	Lat.	Colong.	Lat.	Axis	Bright Limb		
245	°	°	°	°	°	°	′ ″	
9670·5	+4·929	+4·761	261·88	−1·04	337·879	18·52	15 30·28	0·002
9671·5	+4·774	+3·577	274·10	−1·02	339·395	265·27	15 21·07	0·006
9672·5	+4·317	+2·235	286·32	−1·01	341·761	254·84	15 11·88	0·032
9673·5	+3·573	+0·811	298·54	−0·99	344·899	254·33	15 03·30	0·076
9674·5	+2·578	−0·626	310·75	−0·98	348·732	256·64	14 55·93	0·136
9675·5	+1·389	−2·016	322·97	−0·96	353·156	260·53	14 50·33	0·209
9676·5	+0·074	−3·304	335·17	−0·95	358·011	265·45	14 46·95	0·292
9677·5	−1·288	−4·447	347·38	−0·94	3·066	271·01	14 46·14	0·381
9678·5	−2·614	−5·402	359·57	−0·92	8·034	276·83	14 48·10	0·474
9679·5	−3·819	−6·133	11·77	−0·90	12·609	282·56	14 52·90	0·570
9680·5	−4·822	−6·603	23·95	−0·89	16·519	287·87	15 00·40	0·664
9681·5	−5·556	−6·778	36·14	−0·87	19·562	292·56	15 10·28	0·753
9682·5	−5·966	−6·629	48·31	−0·84	21·611	296·49	15 22·01	0·835
9683·5	−6·021	−6·136	60·48	−0·82	22·608	299·75	15 34·82	0·905
9684·5	−5·717	−5·296	72·65	−0·79	22·530	302·83	15 47·76	0·959
9685·5	−5·075	−4·129	84·82	−0·76	21·365	309·31	15 59·76	0·991
9686·5	−4·148	−2·688	96·98	−0·72	19·101	74·45	16 09·76	0·999
9687·5	−3·004	−1·055	109·15	−0·69	15·721	104·56	16 16·93	0·980
9688·5	−1·726	+0·662	121·32	−0·65	11·249	103·74	16 20·77	0·935
9689·5	−0·395	+2·342	133·49	−0·62	5·822	99·22	16 21·23	0·865
9690·5	+0·911	+3·866	145·67	−0·58	359·774	93·02	16 18·64	0·774
9691·5	+2·129	+5·134	157·85	−0·55	353·644	86·09	16 13·64	0·670
9692·5	+3·205	+6·068	170·05	−0·52	348·046	79·28	16 06·93	0·558
9693·5	+4·101	+6·623	182·25	−0·49	343·470	73·22	15 59·18	0·445
9694·5	+4·788	+6·782	194·45	−0·46	340·166	68·29	15 50·91	0·336
9695·5	+5·247	+6·554	206·67	−0·43	338·165	64·60	15 42·48	0·237
9696·5	+5·463	+5·970	218·89	−0·40	337·369	62·12	15 34·07	0·152
9697·5	+5·431	+5·079	231·12	−0·38	337·646	60·69	15 25·80	0·084
9698·5	+5·151	+3·941	243·35	−0·36	338·871	59·92	15 17·74	0·036
9699·5	+4·629	+2·626	255·58	−0·33	340·952	57·93	15 10·00	0·008
9700·5	+3·881	+1·204	267·82	−0·31	343·824	281·56	15 02·75	0·000
9701·5	+2·930	−0·253	280·05	−0·29	347·425	255·03	14 56·25	0·013
9702·5	+1·807	−1·681	292·29	−0·27	351·669	257·26	14 50·80	0·044
9703·5	+0·554	−3·020	304·52	−0·25	356·414	261·69	14 46·77	0·091
9704·5	−0·779	−4·220	316·75	−0·23	1·440	267·05	14 44·55	0·154
9705·5	−2·134	−5·237	328·98	−0·21	6·462	272·80	14 44·49	0·228
9706·5	−3·448	−6·033	341·20	−0·19	11·169	278·50	14 46·87	0·312
9707·5	−4·650	−6·577	353·41	−0·18	15·279	283·80	14 51·91	0·403
9708·5	−5·669	−6·838	5·63	−0·15	18·582	288·42	14 59·65	0·500
9709·5	−6·434	−6·791	17·83	−0·13	20·949	292·18	15 09·99	0·598
9710·5	−6·884	−6·417	30·03	−0·11	22·317	294·94	15 22·58	0·695
9711·5	−6·965	−5·705	42·22	−0·08	22·660	296·58	15 36·81	0·787
9712·5	−6·647	−4·662	54·41	−0·05	21·958	297·00	15 51·76	0·869
9713·5	−5·923	−3·317	66·60	−0·02	20·178	296·02	16 06·23	0·935
9714·5	−4·821	−1·731	78·78	+0·02	17·272	293·33	16 18·86	0·980
9715·5	−3·401	+0·001	90·96	+0·05	13·203	284·40	16 28·35	1·000
9716·5	−1·756	+1·757	103·14	+0·09	8·025	106·25	16 33·66	0·990

MOON, 2022

FOR 0ʰ TERRESTRIAL TIME

Date 0ʰ TT	Apparent Longitude	Latitude	Apparent R.A.	Dec.	True Distance	Horiz. Parallax	Ephemeris Transit for date Upper	Lower
	° ′ ″	° ′ ″	h m s	° ′ ″	km	′ ″	h	h
May 17	247 32 18	− 1 22 24	16 21 59·88	− 22 55 16·2	360 651·066	60 48·00	00·7526	13·2751
18	262 29 44	− 2 38 49	17 26 39·18	− 25 52 04·4	360 403·622	60 50·50	01·8117	14·3569
19	277 24 53	− 3 44 11	18 33 13·71	− 26 57 38·3	361 776·809	60 36·64	02·9038	15·4456
20	292 10 17	− 4 33 53	19 39 04·45	− 26 06 58·2	364 532·564	60 09·15	03·9759	16·4894
21	306 40 01	− 5 05 06	20 41 46·82	− 23 31 21·4	368 324·503	59 31·99	04·9829	17·4548
22	320 50 17	− 5 16 55	21 40 03·31	− 19 32 49·2	372 767·586	58 49·41	05·9051	18·3348
23	334 39 22	− 5 09 57	22 33 49·80	− 14 36 22·6	377 499·791	58 05·16	06·7460	19·1412
24	348 07 20	− 4 45 58	23 23 50·59	− 9 04 49·0	382 223·519	57 22·09	07·5231	19·8943
25	1 15 30	− 4 07 27	0 11 11·06	− 3 16 59·4	386 723·537	56 42·03	08·2578	20·6162
26	14 05 58	− 3 17 14	0 57 00·44	+ 2 31 44·0	390 864·789	56 05·98	08·9719	21·3274
27	26 41 07	− 2 18 24	1 42 23·61	+ 8 08 16·2	394 576·247	55 34·32	09·6848	22·0461
28	39 03 23	− 1 14 02	2 28 17·06	+ 13 20 40·0	397 827·457	55 07·47	10·4129	22·7866
29	51 15 05	− 0 07 12	3 15 25·52	+ 17 57 20·9	400 603·614	54 44·15	11·1682	23·5582
30	63 18 18	+ 0 59 07	4 04 17·29	+ 21 46 56·1	402 883·853	54 25·56	11·9568	. . .
31	75 15 03	+ 2 02 10	4 54 58·60	+ 24 38 43·3	404 626·091	54 11·49	12·7770	00·3634
June 1	87 07 17	+ 2 59 26	5 47 09·69	+ 26 23 46·3	405 760·323	54 02·40	13·6183	01·1959
2	98 57 05	+ 3 48 43	6 40 07·00	+ 26 56 19·2	406 190·892	53 58·97	14·4643	02·0419
3	110 46 48	+ 4 28 10	7 32 54·28	+ 26 14 50·1	405 807·000	54 02·03	15·2970	02·8833
4	122 39 07	+ 4 56 13	8 24 39·49	+ 24 22 08·6	404 499·823	54 12·51	16·1034	03·7040
5	134 37 10	+ 5 11 40	9 14 49·86	+ 21 24 31·1	402 184·141	54 31·24	16·8786	04·4948
6	146 44 31	+ 5 15 30	10 03 18·92	+ 17 30 15·9	398 822·167	54 58·82	17·6262	05·2553
7	159 05 04	+ 5 01 03	10 50 25·57	+ 12 48 31·1	394 447·249	55 35·41	18·3570	05·9928
8	171 42 54	+ 4 33 57	11 36 48·99	+ 7 28 46·4	389 184·743	56 20·51	19·0870	06·7210
9	184 41 55	+ 3 52 19	12 23 23·51	+ 1 41 14·4	383 266·659	57 12·72	19·8360	07·4578
10	198 05 28	+ 2 56 55	13 11 14·68	− 4 22 03·5	377 035·481	58 09·45	20·6268	08·2247
11	211 55 39	+ 1 49 35	14 01 35·47	− 10 25 41·3	370 931·401	59 06·88	21·4830	09·0453
12	226 12 40	+ 0 33 27	14 55 38·78	− 16 09 09·2	365 457·418	60 00·01	22·4242	09·9421
13	240 54 08	− 0 46 54	15 54 20·75	− 21 06 09·0	361 120·139	60 43·26	23·4559	10·9293
14	255 54 46	− 2 05 37	16 57 50·66	− 24 46 29·1	358 352·178	61 11·40	. . .	12·0004
15	271 06 33	− 3 16 19	18 04 57·54	− 26 42 17·7	357 433·057	61 20·84	00·5569	13·1183
16	286 19 41	− 4 13 07	19 13 06·85	− 26 37 34·6	358 433·182	61 10·57	01·6763	14·2236
17	301 24 02	− 4 51 43	20 19 15·10	− 24 35 05·8	361 201·968	60 42·43	02·7537	15·2627
18	316 10 52	− 5 10 02	21 21 09·07	− 20 54 37·7	365 405·060	60 00·53	03·7482	16·2100
19	330 34 00	− 5 08 09	22 18 03·77	− 16 04 11·2	370 596·096	59 10·09	04·6495	17·0685
20	344 30 20	− 4 47 55	23 10 26·16	− 10 31 23·9	376 297·958	58 16·29	05·4699	17·8567
21	357 59 38	− 4 12 09	23 59 20·20	− 4 39 11·5	382 071·270	57 23·46	06·2318	18·5982
22	11 03 49	− 3 24 11	0 46 00·66	+ 1 14 42·9	387 558·638	56 34·70	06·9588	19·3163
23	23 46 14	− 2 27 21	1 31 39·78	+ 6 56 31·6	392 503·516	55 51·93	07·6731	20·0316
24	36 10 51	− 1 24 49	2 17 21·75	+ 12 14 44·0	396 748·674	55 16·06	08·3938	20·7615
25	48 21 45	− 0 19 37	3 03 59·44	+ 16 58 45·5	400 221·019	54 47·29	09·1361	21·5186
26	60 22 44	+ 0 45 29	3 52 10·47	+ 20 58 12·0	402 908·957	54 25·35	09·9095	22·3091
27	72 17 12	+ 1 47 51	4 42 11·65	+ 24 02 49·6	404 837·275	54 09·80	10·7165	23·1309
28	84 07 57	+ 2 45 04	5 33 53·67	+ 26 03 21·9	406 043·366	54 00·14	11·5504	23·9731
29	95 57 22	+ 3 34 55	6 26 40·23	+ 26 52 55·4	406 557·767	53 56·04	12·3964	. . .
30	107 47 23	+ 4 15 27	7 19 35·97	+ 26 28 29·1	406 391·223	53 57·37	13·2358	00·8181
July 1	119 39 48	+ 4 45 00	8 11 42·58	+ 24 51 39·4	405 529·724	54 04·25	14·0518	01·6475
2	131 36 23	+ 5 02 17	9 02 16·41	+ 22 08 15·0	403 938·014	54 17·03	14·8351	02·4478

EPHEMERIS FOR PHYSICAL OBSERVATIONS
FOR 0ʰ TERRESTRIAL TIME

Julian Date	The Earth's Selenographic Long.	Lat.	The Sun's Selenographic Colong.	Lat.	Position Angle Axis	Bright Limb	Semi-diameter	Fraction Illum.
245	°	°	°	°	°	°	′　″	
9716·5	− 1·756	+ 1·757	103·14	+ 0·09	8·025	106·25	16 33·66	0·990
9717·5	− 0·003	+ 3·403	115·32	+ 0·13	1·991	98·86	16 34·35	0·951
9718·5	+ 1·731	+ 4·811	127·50	+ 0·16	355·624	91·24	16 30·57	0·886
9719·5	+ 3·323	+ 5·881	139·69	+ 0·20	349·617	83·79	16 23·08	0·799
9720·5	+ 4·673	+ 6·553	151·89	+ 0·23	344·588	77·17	16 12·96	0·698
9721·5	+ 5·707	+ 6·805	164·09	+ 0·27	340·879	71·83	16 01·37	0·588
9722·5	+ 6·388	+ 6·651	176·30	+ 0·30	338·548	67·94	15 49·31	0·477
9723·5	+ 6·708	+ 6·129	188·52	+ 0·33	337·484	65·48	15 37·58	0·370
9724·5	+ 6·684	+ 5·294	200·74	+ 0·35	337·524	64·39	15 26·67	0·271
9725·5	+ 6·347	+ 4·208	212·97	+ 0·38	338·522	64·59	15 16·85	0·184
9726·5	+ 5·740	+ 2·936	225·21	+ 0·41	340·373	66·12	15 08·23	0·112
9727·5	+ 4·907	+ 1·547	237·45	+ 0·43	343·011	69·13	15 00·81	0·057
9728·5	+ 3·891	+ 0·105	249·69	+ 0·45	346·385	74·42	14 54·56	0·020
9729·5	+ 2·734	− 1·324	261·94	+ 0·48	350·430	89·43	14 49·50	0·002
9730·5	+ 1·475	− 2·683	274·19	+ 0·50	355·032	244·01	14 45·67	0·003
9731·5	+ 0·150	− 3·916	286·43	+ 0·52	359·994	258·80	14 43·20	0·022
9732·5	− 1·202	− 4·977	298·68	+ 0·53	5·042	266·70	14 42·26	0·058
9733·5	− 2·541	− 5·826	310·92	+ 0·55	9·858	273·43	14 43·09	0·110
9734·5	− 3·825	− 6·427	323·16	+ 0·57	14·141	279·39	14 45·95	0·176
9735·5	− 5·004	− 6·756	335·40	+ 0·59	17·661	284·50	14 51·05	0·254
9736·5	− 6·024	− 6·789	347·63	+ 0·60	20·281	288·66	14 58·56	0·343
9737·5	− 6·826	− 6·514	359·85	+ 0·62	21·939	291·77	15 08·53	0·439
9738·5	− 7·348	− 5·921	12·07	+ 0·64	22·620	293·75	15 20·81	0·540
9739·5	− 7·529	− 5·015	24·28	+ 0·66	22·316	294·51	15 35·03	0·643
9740·5	− 7·318	− 3·813	36·49	+ 0·69	21·005	293·91	15 50·48	0·743
9741·5	− 6·680	− 2·354	48·69	+ 0·71	18·634	291·71	16 06·12	0·834
9742·5	− 5·608	− 0·708	60·88	+ 0·74	15·132	287·45	16 20·60	0·911
9743·5	− 4·132	+ 1·027	73·07	+ 0·77	10·464	279·94	16 32·37	0·967
9744·5	− 2·331	+ 2·725	85·26	+ 0·80	4·739	259·64	16 40·04	0·996
9745·5	− 0·327	+ 4·248	97·45	+ 0·83	358·343	113·81	16 42·61	0·995
9746·5	+ 1·720	+ 5·470	109·64	+ 0·86	351·954	93·41	16 39·81	0·964
9747·5	+ 3·642	+ 6·297	121·83	+ 0·89	346·329	83·58	16 32·15	0·906
9748·5	+ 5·285	+ 6·684	134·02	+ 0·92	342·002	76·52	16 20·74	0·825
9749·5	+ 6·536	+ 6·633	146·22	+ 0·95	339·152	71·50	16 07·00	0·728
9750·5	+ 7·332	+ 6·185	158·43	+ 0·97	337·699	68·26	15 52·35	0·623
9751·5	+ 7·663	+ 5·401	170·65	+ 1·00	337·452	66·62	15 37·96	0·516
9752·5	+ 7·559	+ 4·355	182·87	+ 1·02	338·226	66·39	15 24·67	0·410
9753·5	+ 7·075	+ 3·119	195·10	+ 1·05	339·882	67·48	15 13·03	0·312
9754·5	+ 6·283	+ 1·762	207·33	+ 1·07	342·329	69·88	15 03·26	0·224
9755·5	+ 5·255	+ 0·349	219·57	+ 1·09	345·513	73·63	14 55·42	0·148
9756·5	+ 4·061	− 1·060	231·82	+ 1·11	349·377	78·97	14 49·45	0·086
9757·5	+ 2·763	− 2·409	244·06	+ 1·12	353·827	86·60	14 45·21	0·040
9758·5	+ 1·413	− 3·646	256·31	+ 1·14	358·700	99·94	14 42·58	0·012
9759·5	+ 0·052	− 4·722	268·57	+ 1·16	3·743	162·56	14 41·46	0·001
9760·5	− 1·284	− 5·595	280·82	+ 1·17	8·643	254·04	14 41·82	0·008
9761·5	− 2·569	− 6·230	293·07	+ 1·18	13·083	270·04	14 43·70	0·033
9762·5	− 3·774	− 6·597	305·32	+ 1·19	16·806	278·41	14 47·18	0·076

MOON, 2022

FOR 0ʰ TERRESTRIAL TIME

Date 0ʰ TT	Apparent Longitude	Apparent Latitude	Apparent R.A.	Dec.	True Distance	Horiz. Parallax	Ephemeris Transit for date Upper	Lower
	° ′ ″	° ′ ″	h m s	° ′ ″	km	′ ″	h	h
July 1	119 39 48	+4 45 00	8 11 42·58	+24 51 39·4	405 529·724	54 04·25	14·0518	01·6475
2	131 36 23	+5 02 17	9 02 16·41	+22 08 15·0	403 938·014	54 17·03	14·8351	02·4478
3	143 39 08	+5 06 20	9 50 59·30	+18 26 55·7	401 571·170	54 36·23	15·5854	03·2141
4	155 50 22	+4 56 38	10 38 00·19	+13 57 40·1	398 392·937	55 02·37	16·3103	03·9503
5	168 12 54	+4 33 03	11 23 50·65	+ 8 50 45·0	394 398·751	55 35·82	17·0233	04·6672
6	180 50 00	+3 55 52	12 09 19·07	+ 3 16 30·0	389 640·751	56 16·56	17·7424	05·3808
7	193 45 09	+3 05 55	12 55 26·23	− 2 34 08·8	384 251·281	57 03·92	18·4888	06·1107
8	207 01 53	+2 04 44	13 43 22·10	− 8 28 28·7	378 460·433	57 56·31	19·2861	06·8796
9	220 43 05	+0 54 40	14 34 21·73	−14 10 22·3	372 601·860	58 50·98	20·1576	07·7112
10	234 50 24	−0 20 47	15 29 35·27	−19 18 45·9	367 100·194	59 43·90	21·1203	08·6270
11	249 23 19	−1 37 00	16 29 46·61	−23 27 18·5	362 434·233	60 30·05	22·1733	09·6367
12	264 18 25	−2 48 24	17 34 39·46	−26 07 10·1	359 074·595	61 04·01	23·2858	10·7253
13	279 29 02	−3 49 04	18 42 29·78	−26 54 23·6	357 403·916	61 21·14	. . .	11·8471
14	294 45 46	−4 33 43	19 50 22·69	−25 39 31·6	357 639·049	61 18·72	00·4010	12·9407
15	309 57 40	−4 58 44	20 55 23·97	−22 32 28·7	359 780·924	60 56·82	01·4611	13·9592
16	324 54 19	−5 02 51	21 55 50·92	−17 58 11·4	363 611·304	60 18·29	02·4341	14·8864
17	339 27 29	−4 47 04	22 51 28·34	−12 27 04·2	368 737·614	59 27·99	03·3179	15·7310
18	353 32 17	−4 14 08	23 43 00·54	− 6 27 14·3	374 668·335	58 31·50	04·1288	16·5141
19	7 07 17	−3 27 43	0 31 37·57	− 0 21 15·6	380 893·744	57 34·10	04·8900	17·2594
20	20 13 59	−2 31 44	1 18 33·88	+ 5 33 47·3	386 951·852	56 40·02	05·6250	17·9894
21	32 55 52	−1 29 50	2 04 58·31	+11 04 49·6	392 470·415	55 52·21	06·3548	18·7233
22	45 17 35	−0 25 17	2 51 49·48	+16 01 04·1	397 185·349	55 12·41	07·0967	19·4764
23	57 24 09	+0 39 04	3 39 52·07	+20 12 44·9	400 940·633	54 41·39	07·8634	20·2583
24	69 20 30	+1 40 40	4 29 32·02	+23 30 30·4	403 675·768	54 19·15	08·6609	21·0709
25	81 11 04	+2 37 17	5 20 51·09	+25 45 37·2	405 405·909	54 05·24	09·4869	21·9075
26	92 59 40	+3 26 50	6 13 24·12	+26 51 00·8	406 198·509	53 58·91	10·3306	22·7537
27	104 49 21	+4 07 24	7 06 23·43	+26 42 41·0	406 149·412	53 59·30	11·1747	23·5913
28	116 42 29	+4 37 21	7 58 51·91	+25 20 50·2	405 360·854	54 05·60	12·0018	. . .
29	128 40 47	+4 55 16	8 50 00·39	+22 50 04·2	403 923·641	54 17·15	12·7991	00·4046
30	140 45 33	+5 00 08	9 39 21·14	+19 18 31·0	401 905·575	54 33·51	13·5623	01·1849
31	152 57 52	+4 51 23	10 26 52·70	+14 56 27·1	399 347·781	54 54·47	14·2953	01·9320
Aug. 1	165 18 55	+4 28 56	11 12 57·29	+ 9 55 02·4	396 269·743	55 20·07	15·0087	02·6536
2	177 50 09	+3 53 18	11 58 15·29	+ 4 25 40·0	392 682·777	55 50·40	15·7176	03·3626
3	190 33 32	+3 05 32	12 43 40·08	− 1 20 04·2	388 610·365	56 25·51	16·4409	04·0762
4	203 31 24	+2 07 18	13 30 14·54	− 7 09 44·0	384 112·435	57 05·16	17·1997	04·8145
5	216 46 30	+1 00 56	14 19 07·64	−12 48 58·7	379 309·400	57 48·53	18·0162	05·5994
6	230 21 26	−0 10 29	15 11 28·28	−18 00 14·8	374 400·569	58 34·01	18·9102	06·4526
7	244 18 13	−1 23 08	16 08 11·49	−22 21 52·9	369 670·503	59 18·98	19·8914	07·3900
8	258 37 21	−2 32 26	17 09 33·60	−25 28 54·8	365 476·826	59 59·82	20·9485	08·4122
9	273 17 08	−3 33 19	18 14 43·06	−26 57 04·5	362 214·906	60 32·24	22·0432	09·4944
10	288 12 59	−4 20 45	19 21 32·20	−26 30 14·4	360 260·224	60 51·95	23·1216	10·5878
11	303 17 25	−4 50 33	20 27 16·26	−24 07 35·1	359 898·029	60 55·63	. . .	11·6396
12	318 20 57	−5 00 12	21 29 41·76	−20 04 52·9	361 258·796	60 41·86	00·1386	12·6171
13	333 13 34	−4 49 19	22 27 49·83	−14 48 47·5	364 280·823	60 11·64	01·0751	13·5141
14	347 46 31	−4 19 44	23 21 51·55	− 8 48 52·6	368 713·645	59 28·22	01·9359	14·3431
15	1 53 43	−3 34 51	0 12 39·19	− 2 31 54·3	374 160·593	58 36·27	02·7385	15·1248
16	15 32 22	−2 38 51	1 01 20·27	+ 3 40 23·7	380 144·942	57 40·91	03·5048	15·8810

EPHEMERIS FOR PHYSICAL OBSERVATIONS
FOR 0^h TERRESTRIAL TIME

Julian Date	The Earth's Selenographic Long.	The Earth's Selenographic Lat.	The Sun's Selenographic Colong.	The Sun's Selenographic Lat.	Position Angle Axis	Position Angle Bright Limb	Semi-diameter ′ ″	Fraction Illum.
245	°	°	°	°	°	°		
9761·5	−2·569	−6·230	293·07	+1·18	13·083	270·04	14 43·70	0·033
9762·5	−3·774	−6·597	305·32	+1·19	16·806	278·41	14 47·18	0·076
9763·5	−4·872	−6·677	317·57	+1·20	19·651	284·21	14 52·41	0·134
9764·5	−5·830	−6·458	329·81	+1·21	21·547	288·35	14 59·53	0·207
9765·5	−6·606	−5·937	342·04	+1·22	22·484	291·11	15 08·64	0·292
9766·5	−7·151	−5·122	354·27	+1·23	22·473	292·56	15 19·73	0·388
9767·5	−7·410	−4·031	6·50	+1·24	21·516	292·69	15 32·63	0·491
9768·5	−7·325	−2·697	18·72	+1·25	19·581	291·40	15 46·90	0·598
9769·5	−6·845	−1·173	30·93	+1·27	16·607	288·52	16 01·79	0·704
9770·5	−5·937	+0·466	43·13	+1·28	12·526	283·78	16 16·21	0·802
9771·5	−4·599	+2·120	55·33	+1·30	7·344	276·81	16 28·77	0·887
9772·5	−2·880	+3·667	67·52	+1·32	1·266	266·62	16 38·03	0·952
9773·5	−0·882	+4·980	79·71	+1·34	354·808	247·09	16 42·69	0·990
9774·5	+1·240	+5·944	91·90	+1·36	348·720	134·29	16 42·03	0·998
9775·5	+3·298	+6·480	104·09	+1·37	343·707	89·39	16 36·07	0·975
9776·5	+5·108	+6·560	116·28	+1·39	340·161	78·19	16 25·57	0·925
9777·5	+6·521	+6·207	128·47	+1·41	338·129	72·34	16 11·87	0·853
9778·5	+7·448	+5·481	140·67	+1·42	337·452	69·19	15 56·49	0·764
9779·5	+7·861	+4·465	152·88	+1·44	337·916	67·96	15 40·85	0·665
9780·5	+7·785	+3·241	165·09	+1·45	339·343	68·29	15 26·12	0·563
9781·5	+7·283	+1·891	177·31	+1·46	341·606	69·99	15 13·10	0·460
9782·5	+6·436	+0·486	189·53	+1·47	344·626	72·95	15 02·26	0·363
9783·5	+5·336	−0·914	201·76	+1·49	348·336	77·14	14 53·81	0·272
9784·5	+4·069	−2·254	214·00	+1·50	352·653	82·52	14 47·76	0·192
9785·5	+2·715	−3·484	226·24	+1·51	357·434	89·14	14 43·97	0·123
9786·5	+1·339	−4·560	238·49	+1·51	2·452	97·27	14 42·24	0·068
9787·5	−0·004	−5·441	250·73	+1·52	7·414	108·24	14 42·35	0·029
9788·5	−1·278	−6·090	262·98	+1·52	11·998	130·55	14 44·07	0·007
9789·5	−2·456	−6·477	275·23	+1·53	15·925	225·27	14 47·21	0·002
9790·5	−3·522	−6·579	287·48	+1·53	19·002	269·66	14 51·67	0·017
9791·5	−4·461	−6·384	299·73	+1·53	21·134	281·30	14 57·38	0·049
9792·5	−5·262	−5·890	311·98	+1·53	22·302	286·98	15 04·35	0·100
9793·5	−5·904	−5·110	324·22	+1·53	22·523	290·02	15 12·61	0·168
9794·5	−6·358	−4·065	336·45	+1·52	21·815	291·23	15 22·17	0·250
9795·5	−6·585	−2·794	348·68	+1·52	20·176	290·87	15 32·97	0·346
9796·5	−6·538	−1·347	0·90	+1·52	17·572	288·97	15 44·78	0·451
9797·5	−6·168	+0·210	13·12	+1·52	13·948	285·46	15 57·17	0·561
9798·5	−5·432	+1·793	25·33	+1·52	9·281	280·25	16 09·42	0·670
9799·5	−4·315	+3·303	37·53	+1·52	3·671	273·33	16 20·54	0·774
9800·5	−2·836	+4·629	49·72	+1·52	357·460	264·75	16 29·37	0·865
9801·5	−1·070	+5·664	61·91	+1·53	351·259	254·28	16 34·74	0·936
9802·5	+0·859	+6·313	74·10	+1·53	345·783	238·72	16 35·74	0·981
9803·5	+2·782	+6·523	86·28	+1·53	341·580	172·25	16 31·99	0·998
9804·5	+4·523	+6·284	98·46	+1·53	338·876	88·50	16 23·76	0·986
9805·5	+5·924	+5·637	110·64	+1·53	337·623	75·42	16 11·94	0·946
9806·5	+6·878	+4·657	122·83	+1·53	337·642	70·85	15 57·79	0·884
9807·5	+7·339	+3·436	135·02	+1·53	338·738	69·45	15 42·71	0·805

MOON, 2022

FOR 0ʰ TERRESTRIAL TIME

Date 0ʰ TT	Apparent Longitude	Apparent Latitude	Apparent R.A.	Apparent Dec.	True Distance	Horiz. Parallax	Ephemeris Transit for date Upper	Ephemeris Transit for date Lower
	° ′ ″	° ′ ″	h m s	° ′ ″	km	′ ″	h	h
Aug. 16	15 32 22	− 2 38 51	1 01 20·27	+ 3 40 23·7	380 144·942	57 40·91	03·5048	15·8810
17	28 42 45	− 1 36 01	1 49 02·26	+ 9 31 12·1	386 179·445	56 46·82	04·2559	16·6316
18	41 27 32	− 0 30 12	2 36 44·99	+14 47 24·5	391 823·706	55 57·74	05·0101	17·3929
19	53 50 59	+ 0 35 19	3 25 16·02	+19 18 16·4	396 722·429	55 16·28	05·7814	18·1764
20	65 58 13	+ 1 37 50	4 15 06·01	+22 54 27·1	400 624·626	54 43·97	06·5782	18·9867
21	77 54 33	+ 2 35 03	5 06 23·82	+25 27 41·9	403 387·450	54 21·48	07·4013	19·8207
22	89 45 07	+ 3 25 03	5 58 53·38	+26 51 19·1	404 969·012	54 08·74	08·2434	20·6673
23	101 34 33	+ 4 06 04	6 51 56·07	+27 01 08·8	405 413·798	54 05·18	09·0905	21·5107
24	113 26 46	+ 4 36 34	7 44 40·90	+25 56 33·2	404 833·281	54 09·83	09·9261	22·3351
25	125 24 51	+ 4 55 10	8 36 19·77	+23 40 53·1	403 383·638	54 21·51	10·7367	23·1302
26	137 31 02	+ 5 00 45	9 26 21·28	+20 21 03·3	401 242·370	54 38·92	11·5156	23·8931
27	149 46 42	+ 4 52 36	10 14 37·51	+16 06 35·8	398 585·856	55 00·77	12·2637	...
28	162 12 37	+ 4 30 31	11 01 23·48	+11 08 37·7	395 570·365	55 25·94	12·9890	00·6285
29	174 49 06	+ 3 54 57	11 47 12·61	+ 5 39 08·9	392 319·287	55 53·50	13·7043	01·3470
30	187 36 22	+ 3 07 02	12 32 51·63	− 0 09 12·1	388 918·983	56 22·82	14·4260	02·0633
31	200 34 45	+ 2 08 41	13 19 16·53	− 6 02 56·4	385 424·605	56 53·50	15·1728	02·7951
Sept. 1	213 44 59	+ 1 02 29	14 07 28·99	−11 47 12·1	381 875·351	57 25·22	15·9646	03·5619
2	227 08 07	− 0 08 19	14 58 31·05	−17 05 00·1	378 316·511	57 57·64	16·8198	04·3833
3	240 45 27	− 1 19 59	15 53 14·75	−21 36 43·1	374 823·571	58 30·05	17·7500	05·2752
4	254 38 06	− 2 28 18	16 52 03·78	−25 00 30·8	371 522·174	59 01·24	18·7523	06·2432
5	268 46 24	− 3 28 53	17 54 30·47	−26 54 49·4	368 597·252	59 29·35	19·8022	07·2737
6	283 09 24	− 4 17 22	18 59 03·77	−27 03 20·9	366 285·506	59 51·87	20·8575	08·3321
7	297 44 09	− 4 49 55	20 03 29·54	−25 20 46·9	364 848·361	60 06·02	21·8750	09·3731
8	312 25 40	− 5 03 43	21 05 41·09	−21 55 33·3	364 527·661	60 09·20	22·8286	10·3606
9	327 07 10	− 4 57 35	22 04 24·22	−17 07 29·0	365 492·976	59 59·66	23·7138	11·2794
10	341 41 02	− 4 32 09	22 59 27·57	−11 22 16·6	367 794·717	59 37·13	...	12·1338
11	356 00 02	− 3 49 54	23 51 25·34	− 5 06 20·0	371 337·750	59 03·00	00·5416	12·9395
12	9 58 27	− 2 54 35	0 41 13·99	+ 1 16 25·5	375 884·178	58 20·14	01·3301	13·7159
13	23 32 54	− 1 50 39	1 29 55·47	+ 7 25 45·9	381 083·913	57 32·38	02·0992	14·4821
14	36 42 29	− 0 42 29	2 18 27·27	+13 05 06·8	386 522·987	56 43·79	02·8666	15·2545
15	49 28 32	+ 0 26 00	3 07 36·39	+18 00 57·4	391 776·420	55 58·15	03·6469	16·0449
16	61 54 11	+ 1 31 34	3 57 54·18	+22 02 10·6	396 454·852	55 18·52	04·4491	16·8594
17	74 03 41	+ 2 31 35	4 49 31·41	+24 59 41·9	400 239·207	54 47·14	05·2755	17·6963
18	86 01 59	+ 3 24 01	5 42 15·24	+26 46 38·5	402 902·214	54 25·41	06·1205	18·5463
19	97 54 14	+ 4 07 11	6 35 31·22	+27 18 52·8	404 318·293	54 13·97	06·9719	19·3952
20	109 45 27	+ 4 39 41	7 28 32·30	+26 35 39·0	404 464·063	54 12·80	07·8144	20·2279
21	121 40 15	+ 5 00 16	8 20 32·90	+24 39 44·5	403 411·425	54 21·29	08·6346	21·0337
22	133 42 36	+ 5 07 52	9 11 02·01	+21 37 06·4	401 314·430	54 38·33	09·4249	21·8086
23	145 55 41	+ 5 01 41	9 59 50·35	+17 36 05·0	398 390·633	55 02·39	10·1853	22·5560
24	158 21 38	+ 4 41 16	10 47 10·54	+12 46 39·9	394 897·572	55 31·60	10·9222	23·2853
25	171 01 40	+ 4 06 45	11 33 33·23	+ 7 20 06·1	391 105·673	56 03·91	11·6473	...
26	183 55 59	+ 3 19 02	12 19 42·25	+ 1 28 53·6	387 270·080	56 37·23	12·3757	00·0100
27	197 04 02	+ 2 19 56	13 06 30·51	− 4 32 56·0	383 605·275	57 09·69	13·1251	00·7466
28	210 24 48	+ 1 12 07	13 54 56·10	−10 29 24·8	380 267·217	57 39·80	13·9141	01·5135
29	223 56 59	− 0 00 49	14 45 56·91	−16 02 17·1	377 347·192	58 06·57	14·7599	02·3290
30	237 39 25	− 1 14 45	15 40 20·71	−20 50 59·7	374 879·401	58 29·52	15·6738	03·2080
Oct. 1	251 31 00	− 2 25 12	16 38 28·68	−24 33 36·6	372 860·805	58 48·53	16·6543	04·1565

EPHEMERIS FOR PHYSICAL OBSERVATIONS
FOR 0ʰ TERRESTRIAL TIME

Julian Date	The Earth's Selenographic Long.	Lat.	The Sun's Selenographic Colong.	Lat.	Position Angle Axis	Bright Limb	Semi-diameter	Fraction Illum.
245	°	°	°	°	°	°	′ ″	
9807·5	+ 7·339	+ 3·436	135·02	+ 1·53	338·738	69·45	15 42·71	0·805
9808·5	+ 7·313	+ 2·066	147·22	+ 1·53	340·755	70·04	15 27·98	0·715
9809·5	+ 6·851	+ 0·632	159·42	+ 1·53	343·586	72·16	15 14·61	0·619
9810·5	+ 6·032	− 0·795	171·63	+ 1·53	347·146	75·58	15 03·32	0·520
9811·5	+ 4·946	− 2·157	183·84	+ 1·53	351·344	80·13	14 54·52	0·423
9812·5	+ 3·686	− 3·405	196·06	+ 1·53	356·044	85·64	14 48·39	0·331
9813·5	+ 2·343	− 4·496	208·29	+ 1·53	1·039	91·93	14 44·92	0·245
9814·5	+ 0·993	− 5·392	220·52	+ 1·53	6·052	98·79	14 43·95	0·169
9815·5	− 0·297	− 6·059	232·75	+ 1·52	10·770	106·14	14 45·22	0·105
9816·5	− 1·479	− 6·467	244·99	+ 1·52	14·902	114·39	14 48·40	0·054
9817·5	− 2·521	− 6·592	257·23	+ 1·51	18·230	126·01	14 53·14	0·020
9818·5	− 3·404	− 6·417	269·47	+ 1·50	20·630	161·89	14 59·09	0·003
9819·5	− 4·123	− 5·938	281·71	+ 1·49	22·057	261·93	15 05·95	0·006
9820·5	− 4·676	− 5·166	293·95	+ 1·48	22·517	282·34	15 13·45	0·029
9821·5	− 5·064	− 4·125	306·19	+ 1·47	22·034	288·05	15 21·44	0·072
9822·5	− 5·282	− 2·856	318·42	+ 1·45	20·617	289·69	15 29·79	0·135
9823·5	− 5·316	− 1·417	330·65	+ 1·44	18·254	289·02	15 38·44	0·215
9824·5	− 5·142	+ 0·123	342·87	+ 1·42	14·913	286·50	15 47·26	0·311
9825·5	− 4·731	+ 1·683	355·09	+ 1·41	10·579	282·29	15 56·09	0·417
9826·5	− 4·056	+ 3·171	7·29	+ 1·39	5·327	276·54	16 04·59	0·529
9827·5	− 3·105	+ 4·494	19·49	+ 1·38	359·414	269·53	16 12·24	0·642
9828·5	− 1·891	+ 5·555	31·69	+ 1·37	353·326	261·72	16 18·38	0·748
9829·5	− 0·462	+ 6·270	43·87	+ 1·35	347·695	253·63	16 22·23	0·843
9830·5	+ 1·092	+ 6·577	56·05	+ 1·34	343·090	245·42	16 23·10	0·918
9831·5	+ 2·649	+ 6·450	68·23	+ 1·32	339·843	235·59	16 20·50	0·971
9832·5	+ 4·069	+ 5·903	80·40	+ 1·31	338·021	208·45	16 14·36	0·996
9833·5	+ 5·226	+ 4·989	92·57	+ 1·29	337·524	92·69	16 05·07	0·994
9834·5	+ 6·021	+ 3·791	104·74	+ 1·27	338·187	74·56	15 53·39	0·967
9835·5	+ 6·399	+ 2·405	116·91	+ 1·26	339·858	71·22	15 40·39	0·918
9836·5	+ 6·351	+ 0·926	129·09	+ 1·24	342·420	71·58	15 27·15	0·851
9837·5	+ 5·907	− 0·561	141·27	+ 1·23	345·777	73·95	15 14·72	0·771
9838·5	+ 5·125	− 1·985	153·46	+ 1·22	349·831	77·75	15 03·93	0·682
9839·5	+ 4·083	− 3·290	165·65	+ 1·20	354·447	82·63	14 55·38	0·588
9840·5	+ 2·866	− 4·432	177·85	+ 1·19	359·423	88·29	14 49·46	0·493
9841·5	+ 1·562	− 5·374	190·06	+ 1·18	4·488	94·39	14 46·35	0·399
9842·5	+ 0·253	− 6·085	202·26	+ 1·17	9·336	100·60	14 46·03	0·309
9843·5	− 0·985	− 6·539	214·48	+ 1·15	13·670	106·61	14 48·34	0·225
9844·5	− 2·090	− 6·710	226·70	+ 1·14	17·258	112·26	14 52·98	0·150
9845·5	− 3·016	− 6·582	238·92	+ 1·12	19·953	117·62	14 59·53	0·088
9846·5	− 3·732	− 6·145	251·14	+ 1·11	21·687	123·40	15 07·49	0·040
9847·5	− 4·223	− 5·402	263·37	+ 1·09	22·447	133·79	15 16·29	0·010
9848·5	− 4·491	− 4·372	275·60	+ 1·07	22·240	220·78	15 25·36	0·001
9849·5	− 4·547	− 3·095	287·83	+ 1·05	21·074	282·58	15 34·20	0·014
9850·5	− 4·404	− 1·629	300·05	+ 1·02	18·937	287·91	15 42·40	0·049
9851·5	− 4·080	− 0·051	312·27	+ 1·00	15·804	287·35	15 49·70	0·107
9852·5	− 3·586	+ 1·550	324·49	+ 0·97	11·666	284·18	15 55·95	0·185
9853·5	− 2·931	+ 3·078	336·70	+ 0·95	6·596	279·16	16 01·12	0·280

MOON, 2022

FOR 0ʰ TERRESTRIAL TIME

Date 0ʰ TT	Apparent Longitude	Apparent Latitude	R.A.	Dec.	True Distance	Horiz. Parallax	Ephemeris Transit for date Upper	Lower
	° ′ ″	° ′ ″	h m s	° ′ ″	km	′ ″	h	h
Oct. 1	251 31 00	−2 25 12	16 38 28·68	−24 33 36·6	372 860·805	58 48·53	16·6543	04·1565
2	265 30 50	−3 27 44	17 39 55·42	−26 49 20·8	371 278·124	59 03·57	17·6811	05·1640
3	279 37 52	−4 18 15	18 43 18·97	−27 22 52·4	370 134·491	59 14·52	18·7170	06·2005
4	293 50 38	−4 53 20	19 46 38·37	−26 08 50·2	369 467·890	59 20·93	19·7223	07·2256
5	308 07 00	−5 10 30	20 47 57·31	−23 13 47·4	369 355·348	59 22·02	20·6704	08·2044
6	322 23 57	−5 08 32	21 46 04·61	−18 54 07·3	369 900·402	59 16·77	21·5542	09·1201
7	336 37 37	−4 47 36	22 40 46·01	−13 31 39·0	371 205·949	59 04·26	22·3823	09·9743
8	350 43 39	−4 09 22	23 32 30·87	− 7 29 37·2	373 339·147	58 44·01	23·1711	10·7804
9	4 37 44	−3 16 48	0 22 11·80	− 1 10 17·6	376 298·008	58 16·29	23·9397	11·5567
10	18 16 10	−2 13 47	1 10 48·67	+ 5 06 01·7	379 989·383	57 42·33	...	12·3222
11	31 36 20	−1 04 38	1 59 18·67	+11 01 15·8	384 224·645	57 04·16	00·7062	13·0934
12	44 37 08	+0 06 24	2 48 29·68	+16 19 30·7	388 733·908	56 24·43	01·4855	13·8834
13	57 18 52	+1 15 30	3 38 54·43	+20 47 01·8	393 194·459	55 46·04	02·2878	14·6989
14	69 43 20	+2 19 32	4 30 44·79	+24 12 24·5	397 266·294	55 11·74	03·1163	15·5391
15	81 53 26	+3 16 01	5 23 47·89	+26 27 02·6	400 627·869	54 43·95	03·9660	16·3953
16	93 52 59	+4 03 03	6 17 27·55	+27 25 49·0	403 007·186	54 24·56	04·8247	17·2523
17	105 46 25	+4 39 13	7 10 53·66	+27 07 35·5	404 205·840	54 14·88	05·6760	18·0940
18	117 38 28	+5 03 23	8 03 17·19	+25 35 07·8	404 115·546	54 15·60	06·5050	18·9081
19	129 33 57	+5 14 39	8 54 04·50	+22 54 18·6	402 727·436	54 26·83	07·3029	19·6896
20	141 37 28	+5 12 17	9 43 05·07	+19 13 01·3	400 134·482	54 48·00	08·0687	20·4412
21	153 53 12	+4 55 47	10 30 31·54	+14 40 16·1	396 526·778	55 17·91	08·8085	21·1721
22	166 24 33	+4 25 01	11 16 55·42	+ 9 25 49·7	392 178·861	55 54·70	09·5339	21·8959
23	179 13 54	+3 40 23	12 03 01·94	+ 3 40 30·8	387 427·980	56 35·84	10·2604	22·6296
24	192 22 25	+2 43 08	12 49 45·91	− 2 23 06·5	382 642·953	57 18·31	11·0060	23·3921
25	205 49 53	+1 35 32	13 38 08·07	− 8 29 48·6	378 185·189	57 58·84	11·7903	...
26	219 34 40	+0 20 57	14 29 09·97	−14 20 56·4	374 366·625	58 34·33	12·6322	00·2030
27	233 33 59	−0 56 13	15 23 44·02	−19 34 15·9	371 412·475	59 02·29	13·5453	01·0794
28	247 44 07	−2 10 58	16 22 15·81	−23 45 07·6	369 438·108	59 21·22	14·5305	02·0255
29	262 01 01	−3 18 09	17 24 21·12	−26 29 38·9	368 447·047	59 30·80	15·5683	03·0449
30	276 20 37	−4 13 11	18 28 32·71	−27 30 03·2	368 351·199	59 31·73	16·6196	04·0952
31	290 39 14	−4 52 24	19 32 38·09	−26 39 59·0	369 007·312	59 25·38	17·6399	05·1361
Nov. 1	304 53 48	−5 13 29	20 34 28·79	−24 06 22·3	370 258·704	59 13·33	18·5981	06·1278
2	319 01 49	−5 15 26	21 32 46·74	−20 06 23·4	371 970·699	58 56·97	19·4851	07·0503
3	333 01 23	−4 58 39	22 27 17·25	−15 01 56·2	374 051·439	58 37·29	20·3095	07·9042
4	346 50 57	−4 24 42	23 18 33·11	− 9 15 12·8	376 454·834	58 14·84	21·0888	08·7035
5	0 29 16	−3 36 09	0 07 31·62	− 3 06 39·4	379 167·409	57 49·83	21·8435	09·4679
6	13 55 14	−2 36 19	0 55 17·57	+ 3 05 20·6	382 184·478	57 22·44	22·5935	10·2179
7	27 07 58	−1 29 01	1 42 53·31	+ 9 04 00·2	385 482·983	56 52·98	23·3558	10·9722
8	40 06 51	−0 18 13	2 31 12·55	+14 33 40·7	388 998·366	56 22·13	...	11·7458
9	52 51 40	+0 52 14	3 20 54·64	+19 19 43·2	392 611·129	55 51·01	00·1432	12·5485
10	65 22 44	+1 58 53	4 12 18·02	+23 08 51·1	396 145·810	55 21·11	00·9617	13·3820
11	77 41 02	+2 58 48	5 05 14·33	+25 50 05·3	399 381·960	54 54·19	01·8083	14·2388
12	89 48 16	+3 49 43	5 59 07·32	+27 15 59·7	402 074·255	54 32·13	02·6713	15·1033
13	101 46 55	+4 29 54	6 53 00·98	+27 23 45·6	403 977·796	54 16·71	03·5324	15·9563
14	113 40 07	+4 58 08	7 45 56·24	+26 15 25·5	404 874·790	54 09·50	04·3731	16·7815
15	125 31 41	+5 13 35	8 37 08·89	+23 56 59·5	404 599·782	54 11·71	05·1806	17·5704
16	137 25 54	+5 15 41	9 26 20·50	+20 36 50·5	403 061·595	54 24·12	05·9511	18·3235

EPHEMERIS FOR PHYSICAL OBSERVATIONS
FOR 0ʰ TERRESTRIAL TIME

Julian Date	The Earth's Selenographic Long.	Lat.	The Sun's Selenographic Colong.	Lat.	Position Angle Axis	Bright Limb	Semi-diameter	Fraction Illum.
245	°	°	°	°	°	°	′ ″	
9853·5	− 2·931	+ 3·078	336·70	+ 0·95	6·596	279·16	16 01·12	0·280
9854·5	− 2·124	+ 4·436	348·90	+ 0·92	0·831	272·81	16 05·22	0·387
9855·5	− 1·178	+ 5·536	1·09	+ 0·89	354·815	265·71	16 08·20	0·500
9856·5	− 0·118	+ 6·302	13·28	+ 0·87	349·132	258·55	16 09·95	0·614
9857·5	+ 1·015	+ 6·681	25·46	+ 0·84	344·329	251·94	16 10·25	0·722
9858·5	+ 2·162	+ 6·646	37·63	+ 0·81	340·755	246·29	16 08·82	0·819
9859·5	+ 3·248	+ 6·198	49·80	+ 0·78	338·527	241·63	16 05·41	0·898
9860·5	+ 4·193	+ 5·376	61·96	+ 0·76	337·593	237·42	15 59·89	0·956
9861·5	+ 4·921	+ 4·243	74·12	+ 0·73	337·828	230·31	15 52·35	0·990
9862·5	+ 5·369	+ 2·884	86·28	+ 0·70	339·105	122·05	15 43·09	0·999
9863·5	+ 5·499	+ 1·392	98·44	+ 0·67	341·320	74·14	15 32·70	0·985
9864·5	+ 5·300	− 0·142	110·60	+ 0·64	344·389	72·62	15 21·88	0·950
9865·5	+ 4·784	− 1·635	122·76	+ 0·62	348·227	75·09	15 11·42	0·896
9866·5	+ 3·988	− 3·019	134·92	+ 0·59	352·709	79·29	15 02·08	0·828
9867·5	+ 2·964	− 4·242	147·09	+ 0·57	357·639	84·54	14 54·51	0·749
9868·5	+ 1·778	− 5·261	159·26	+ 0·55	2·750	90·37	14 49·23	0·661
9869·5	+ 0·503	− 6·046	171·44	+ 0·53	7·725	96·34	14 46·59	0·569
9870·5	− 0·782	− 6·572	183·63	+ 0·51	12·257	102·07	14 46·79	0·475
9871·5	− 2·003	− 6·819	195·82	+ 0·49	16·098	107·27	14 49·85	0·381
9872·5	− 3·088	− 6·771	208·01	+ 0·47	19·089	111·71	14 55·61	0·290
9873·5	− 3·972	− 6·417	220·21	+ 0·45	21·150	115·28	15 03·76	0·206
9874·5	− 4·605	− 5·754	232·42	+ 0·43	22·254	117·94	15 13·78	0·131
9875·5	− 4·951	− 4·792	244·62	+ 0·41	22·398	119·74	15 24·99	0·070
9876·5	− 4·994	− 3·558	256·83	+ 0·38	21·577	121·10	15 36·55	0·026
9877·5	− 4·738	− 2·101	269·04	+ 0·36	19·766	126·72	15 47·59	0·003
9878·5	− 4·203	− 0·493	281·26	+ 0·33	16·921	285·62	15 57·26	0·004
9879·5	− 3·429	+ 1·170	293·47	+ 0·30	13·010	287·09	16 04·87	0·030
9880·5	− 2·469	+ 2·782	305·67	+ 0·27	8·077	282·81	16 10·03	0·082
9881·5	− 1·382	+ 4·232	317·88	+ 0·24	2·336	276·67	16 12·64	0·157
9882·5	− 0·230	+ 5·420	330·07	+ 0·21	356·231	269·61	16 12·89	0·250
9883·5	+ 0·925	+ 6·268	342·26	+ 0·18	350·373	262·44	16 11·16	0·356
9884·5	+ 2·027	+ 6·723	354·45	+ 0·14	345·340	255·90	16 07·88	0·470
9885·5	+ 3·025	+ 6·765	6·62	+ 0·11	341·507	250·47	16 03·42	0·583
9886·5	+ 3·877	+ 6·402	18·79	+ 0·07	338·996	246·41	15 58·07	0·692
9887·5	+ 4·551	+ 5·668	30·95	+ 0·04	337·756	243·78	15 51·95	0·789
9888·5	+ 5·019	+ 4·619	43·10	0·00	337·668	242·54	15 45·14	0·871
9889·5	+ 5·264	+ 3·328	55·25	− 0·03	338·607	242·68	15 37·68	0·934
9890·5	+ 5·273	+ 1·876	67·40	− 0·07	340·482	244·28	15 29·65	0·977
9891·5	+ 5·043	+ 0·350	79·54	− 0·10	343·227	248·50	15 21·25	0·998
9892·5	+ 4·577	− 1·169	91·69	− 0·13	346·781	67·43	15 12·78	0·997
9893·5	+ 3·887	− 2·605	103·83	− 0·16	351·049	73·48	15 04·63	0·976
9894·5	+ 2·995	− 3·896	115·98	− 0·19	355·865	79·26	14 57·30	0·937
9895·5	+ 1·933	− 4·993	128·12	− 0·22	0·975	85·40	14 51·29	0·881
9896·5	+ 0·742	− 5·858	140·27	− 0·24	6·054	91·64	14 47·09	0·813
9897·5	− 0·527	− 6·465	152·43	− 0·27	10·771	97·63	14 45·13	0·734
9898·5	− 1·815	− 6·795	164·59	− 0·29	14·852	103·05	14 45·73	0·647
9899·5	− 3·055	− 6·837	176·75	− 0·31	18·118	107·67	14 49·11	0·555

MOON, 2022

FOR 0ʰ TERRESTRIAL TIME

Date 0ʰ TT	Apparent Longitude	Latitude	R.A.	Dec.	True Distance	Horiz. Parallax	Ephemeris Transit for date Upper	Lower
	° ′ ″	° ′ ″	h m s	° ′ ″	km	′ ″	h	h
Nov. 16	137 25 54	+5 15 41	9 26 20·50	+20 36 50·5	403 061·595	54 24·12	05·9511	18·3235
17	149 27 20	+5 04 05	10 13 39·56	+16 24 13·4	400 260·852	54 46·96	06·6890	19·0490
18	161 40 42	+4 38 41	10 59 36·60	+11 28 26·1	396 301·999	55 19·80	07·4055	19·7606
19	174 10 27	+3 59 42	11 44 58·01	+ 5 58 50·9	391 398·216	56 01·39	08·1164	20·4754
20	187 00 30	+3 07 50	12 30 41·25	+ 0 05 39·6	385 866·713	56 49·58	08·8403	21·2138
21	200 13 40	+2 04 36	13 17 51·77	− 5 58 49·9	380 111·167	57 41·22	09·5986	21·9976
22	213 51 17	+0 52 30	14 07 39·43	−11 58 43·5	374 588·385	58 32·25	10·4134	22·8485
23	227 52 40	−0 24 42	15 01 10·80	−17 33 14·9	369 758·771	59 18·13	11·3047	23·7827
24	242 14 50	−1 42 08	15 59 12·33	−22 16 40·4	366 025·483	59 54·43	12·2822	....
25	256 52 36	−2 54 11	17 01 42·58	−25 40 47·3	363 674·051	60 17·67	13·3349	00·8009
26	271 39 07	−3 55 17	18 07 25·32	−27 20 55·8	362 829·024	60 26·10	14·4246	01·8784
27	286 26 42	−4 40 43	19 13 53·55	−27 04 05·4	363 442·303	60 19·98	15·4966	02·9662
28	301 08 06	−5 07 21	20 18 22·65	−24 53 56·9	365 317·893	60 01·39	16·5052	04·0107
29	315 37 21	−5 13 59	21 18 58·08	−21 08 37·0	368 164·564	59 33·54	17·4307	04·9784
30	329 50 27	−5 01 07	22 15 04·75	−16 13 13·3	371 658·943	58 59·94	18·2781	05·8632
Dec. 1	343 45 27	−4 30 43	23 07 11·32	−10 32 58·0	375 501·165	58 23·71	19·0658	06·6780
2	357 22 06	−3 45 35	23 56 19·94	− 4 29 45·1	379 451·504	57 47·23	19·8167	07·4444
3	10 41 21	−2 49 07	0 43 43·15	+ 1 38 14·0	383 344·600	57 12·02	20·5534	08·1855
4	23 44 48	−1 44 53	1 30 31·55	+ 7 35 30·4	387 084·061	56 38·86	21·2959	08·9228
5	36 34 18	−0 36 30	2 17 47·50	+13 08 04·3	390 623·482	56 08·06	22·0604	09·6746
6	49 11 33	+0 32 29	3 06 20·23	+18 02 33·2	393 940·805	55 39·70	22·8570	10·4544
7	61 38 04	+1 38 49	3 56 39·72	+22 06 00·5	397 012·451	55 13·86	23·6876	11·2683
8	73 55 05	+2 39 34	4 48 49·51	+25 06 34·7	399 792·403	54 50·81	....	12·1134
9	86 03 48	+3 32 14	5 42 22·22	+26 54 53·8	402 199·746	54 31·11	00·5438	12·9764
10	98 05 24	+4 14 48	6 36 23·44	+27 25 46·8	404 116·204	54 15·60	01·4084	13·8371
11	110 01 23	+4 45 50	7 29 46·73	+26 39 18·6	405 393·424	54 05·34	02·2601	14·6752
12	121 53 42	+5 04 19	8 21 34·38	+24 40 35·4	405 868·333	54 01·54	03·0811	15·4768
13	133 44 51	+5 09 44	9 11 13·50	+21 38 12·8	405 384·133	54 05·41	03·8621	16·2375
14	145 38 00	+5 01 51	9 58 41·23	+17 42 18·6	403 814·391	54 18·03	04·6037	16·9622
15	157 37 00	+4 40 47	10 44 20·79	+13 03 02·6	401 087·874	54 40·18	05·3146	17·6628
16	169 46 12	+4 06 53	11 28 54·49	+ 7 50 00·2	397 212·089	55 12·19	06·0090	18·3555
17	182 10 19	+3 20 52	12 13 17·77	+ 2 12 28·8	392 293·354	55 53·72	06·7049	19·0599
18	194 54 07	+2 23 51	12 58 35·73	− 3 39 32·7	386 550·630	56 43·55	07·4233	19·7983
19	208 01 54	+1 17 39	13 46 00·99	− 9 33 52·6	380 319·102	57 39·32	08·1877	20·5947
20	221 36 54	+0 04 59	14 36 49·75	−15 14 16·6	374 038·226	58 37·42	09·0222	21·4724
21	235 40 27	−1 10 19	15 32 11·04	−20 18 54·6	368 218·710	59 33·01	09·9470	22·4462
22	250 11 11	−2 23 21	16 32 43·03	−24 20 20·0	363 385·619	60 20·54	10·9684	23·5100
23	265 04 27	−3 28 26	17 37 57·38	−26 49 03·6	360 002·014	60 54·57	12·0651	....
24	280 12 28	−4 19 55	18 45 54·53	−27 21 51·2	358 388·363	61 11·03	13·1852	00·6262
25	295 25 08	−4 53 16	19 53 30·13	−25 51 24·0	358 661·621	61 08·23	14·2666	01·7341
26	310 31 44	−5 05 56	20 57 53·72	−22 29 57·5	360 716·461	60 47·33	15·2673	02·7784
27	325 22 51	−4 57 41	21 57 35·66	−17 43 35·8	364 256·549	60 11·88	16·1771	03·7331
28	339 51 47	−4 30 24	22 52 33·98	−12 02 25·9	368 863·699	59 26·77	17·0092	04·6015
29	353 55 09	−3 47 23	23 43 41·96	− 5 53 37·7	374 080·154	58 37·02	17·7867	05·4032
30	7 32 32	−2 52 33	0 32 14·77	+ 0 21 00·1	379 480·125	57 46·97	18·5345	06·1629
31	20 45 50	−1 49 57	1 19 29·63	+ 6 24 27·7	384 717·017	56 59·77	19·2753	06·9045
32	33 38 16	−0 43 20	2 06 36·65	+12 02 57·6	389 543·887	56 17·40	20·0282	07·6492

EPHEMERIS FOR PHYSICAL OBSERVATIONS
FOR 0ʰ TERRESTRIAL TIME

Julian Date	The Earth's Selenographic Long.	Lat.	The Sun's Selenographic Colong.	Lat.	Position Angle Axis	Bright Limb	Semi-diameter	Fraction Illum.
245	°	°	°	°	°	°	′ ″	
9899·5	− 3·055	− 6·837	176·75	− 0·31	18·118	107·67	14 49·11	0·555
9900·5	− 4·177	− 6·582	188·93	− 0·33	20·482	111·35	14 55·33	0·459
9901·5	− 5·107	− 6·029	201·10	− 0·34	21·917	114·00	15 04·27	0·363
9902·5	− 5·776	− 5·182	213·28	− 0·36	22·426	115·53	15 15·60	0·270
9903·5	− 6·122	− 4·059	225·47	− 0·38	22·004	115·82	15 28·73	0·184
9904·5	− 6·098	− 2·692	237·66	− 0·41	20·622	114·66	15 42·79	0·109
9905·5	− 5·680	− 1·135	249·86	− 0·43	18·220	111·55	15 56·69	0·050
9906·5	− 4·872	+ 0·531	262·05	− 0·45	14·724	104·44	16 09·19	0·012
9907·5	− 3·715	+ 2·200	274·25	− 0·48	10·105	352·80	16 19·07	0·000
9908·5	− 2·285	+ 3·752	286·45	− 0·51	4·489	287·07	16 25·40	0·016
9909·5	− 0·691	+ 5·066	298·64	− 0·53	358·263	276·60	16 27·70	0·060
9910·5	+ 0·943	+ 6·041	310·84	− 0·56	352·072	267·96	16 26·03	0·129
9911·5	+ 2·490	+ 6·610	323·02	− 0·59	346·608	260·42	16 20·97	0·218
9912·5	+ 3·842	+ 6·744	335·20	− 0·63	342·358	254·27	16 13·38	0·322
9913·5	+ 4·922	+ 6·458	347·38	− 0·66	339·495	249·71	16 04·23	0·433
9914·5	+ 5·688	+ 5·791	359·54	− 0·69	337·966	246·75	15 54·37	0·545
9915·5	+ 6·131	+ 4·808	11·70	− 0·72	337·621	245·32	15 44·43	0·652
9916·5	+ 6·267	+ 3·581	23·85	− 0·76	338·310	245·36	15 34·84	0·750
9917·5	+ 6·124	+ 2·189	36·00	− 0·79	339·922	246·88	15 25·81	0·835
9918·5	+ 5·739	+ 0·710	48·14	− 0·82	342·390	250·02	15 17·42	0·904
9919·5	+ 5·147	− 0·782	60·28	− 0·86	345·666	255·31	15 09·69	0·955
9920·5	+ 4·380	− 2·214	72·41	− 0·89	349·684	265·22	15 02·66	0·987
9921·5	+ 3·465	− 3·525	84·54	− 0·92	354·318	316·93	14 56·38	0·999
9922·5	+ 2·424	− 4·660	96·68	− 0·94	359·350	67·38	14 51·01	0·993
9923·5	+ 1·278	− 5·576	108·81	− 0·97	4·470	82·24	14 46·79	0·968
9924·5	+ 0·052	− 6·241	120·95	− 0·99	9·334	90·93	14 43·99	0·927
9925·5	− 1·226	− 6·634	133·08	− 1·01	13·631	97·76	14 42·96	0·871
9926·5	− 2·518	− 6·743	145·22	− 1·02	17·149	103·31	14 44·01	0·802
9927·5	− 3·778	− 6·564	157·37	− 1·04	19·780	107·68	14 47·45	0·722
9928·5	− 4·947	− 6·099	169·52	− 1·05	21·498	110·90	14 53·48	0·633
9929·5	− 5·956	− 5·356	181·68	− 1·06	22·314	112·97	15 02·20	0·538
9930·5	− 6·730	− 4·351	193·84	− 1·07	22·243	113·86	15 13·51	0·439
9931·5	− 7·191	− 3·110	206·01	− 1·08	21·276	113·47	15 27·09	0·340
9932·5	− 7·266	− 1·672	218·18	− 1·09	19·362	111·63	15 42·28	0·244
9933·5	− 6·895	− 0·095	230·36	− 1·10	16·418	108·03	15 58·10	0·156
9934·5	− 6·049	+ 1·536	242·55	− 1·12	12·355	102·06	16 13·24	0·083
9935·5	− 4·743	+ 3·117	254·73	− 1·13	7·172	91·94	16 26·19	0·030
9936·5	− 3·043	+ 4·523	266·92	− 1·15	1·094	62·38	16 35·46	0·004
9937·5	− 1·076	+ 5·633	279·11	− 1·17	354·669	293·47	16 39·94	0·006
9938·5	+ 0·988	+ 6·349	291·30	− 1·19	348·663	270·82	16 39·18	0·039
9939·5	+ 2·962	+ 6·613	303·49	− 1·21	343·758	260·64	16 33·48	0·099
9940·5	+ 4·678	+ 6·423	315·67	− 1·23	340·304	254·02	16 23·83	0·182
9941·5	+ 6·013	+ 5·820	327·85	− 1·25	338·317	249·78	16 11·54	0·280
9942·5	+ 6·905	+ 4·876	340·02	− 1·28	337·639	247·47	15 57·99	0·386
9943·5	+ 7·346	+ 3·678	352·18	− 1·30	338·078	246·81	15 44·36	0·495
9944·5	+ 7·369	+ 2·313	4·34	− 1·32	339·478	247·65	15 31·50	0·601
9945·5	+ 7·034	+ 0·863	16·49	− 1·35	341·741	249·90	15 19·96	0·699

NOTES AND FORMULAE

Low-precision formulae for geocentric coordinates of the Moon

The following formulae give approximate geocentric coordinates of the Moon. During the period 1900 to 2100 the errors will rarely exceed $0°3$ in ecliptic longitude (λ), $0°2$ in ecliptic latitude (β), $0°003$ in horizontal parallax (π), $0°001$ in semidiameter (SD), $0\cdot2$ Earth radii in distance (r), $0°3$ in right ascension (α) and $0°2$ in declination (δ).

On this page the time argument T is the number of Julian centuries from J2000·0.

$$T = (\text{JD} - 245\ 1545\cdot0)/36\ 525 = (8034\cdot5 + \text{day of year} + (\text{UT1} + \Delta T)/24)/36\ 525$$

where day of year is given on pages B4–B5. The Universal Time (UT1) and $\Delta T = \text{TT} - \text{UT1}$ (see pages K8–K9), are expressed in hours. To the precision quoted ΔT may be ignored.

$$\begin{aligned}
\lambda =\ & 218°32 + 481\ 267°881\,T \\
& + 6°29 \sin(135°0 + 477\ 198°87\,T) - 1°27 \sin(259°3 - 413\ 335°36\,T) \\
& + 0°66 \sin(235°7 + 890\ 534°22\,T) + 0°21 \sin(269°9 + 954\ 397°74\,T) \\
& - 0°19 \sin(357°5 + 35\ 999°05\,T) - 0°11 \sin(186°5 + 966\ 404°03\,T) \\
\beta =\ & +5°13 \sin(93°3 + 483\ 202°02\,T) + 0°28 \sin(228°2 + 960\ 400°89\,T) \\
& - 0°28 \sin(318°3 + 6\ 003°15\,T) - 0°17 \sin(217°6 - 407\ 332°21\,T) \\
\pi =\ & +0°9508 + 0°0518 \cos(135°0 + 477\ 198°87\,T) + 0°0095 \cos(259°3 - 413\ 335°36\,T) \\
& + 0°0078 \cos(235°7 + 890\ 534°22\,T) + 0°0028 \cos(269°9 + 954\ 397°74\,T)
\end{aligned}$$

$$SD = 0\cdot2724\,\pi \qquad \text{and} \qquad r = 1/\sin\pi$$

Form the geocentric direction cosines (l, m, n) from:

$$\begin{aligned}
l &= \cos\beta \cos\lambda & &= \cos\delta \cos\alpha \\
m &= +0\cdot9175 \cos\beta \sin\lambda - 0\cdot3978 \sin\beta & &= \cos\delta \sin\alpha \\
n &= +0\cdot3978 \cos\beta \sin\lambda + 0\cdot9175 \sin\beta & &= \sin\delta
\end{aligned}$$

Then

$$\alpha = \tan^{-1}(m/l) \qquad \text{and} \qquad \delta = \sin^{-1}(n)$$

where the quadrant of α is determined by the signs of l and m, and where α, δ are referred to the mean equator and equinox of date.

Low-precision formulae for topocentric coordinates of the Moon

The following formulae give approximate topocentric values of right ascension (α'), declination (δ'), distance (r'), parallax (π') and semidiameter (SD').

Form the geocentric rectangular coordinates (x, y, z) from:

$$\begin{aligned}
x &= rl = r \cos\delta \cos\alpha \\
y &= rm = r \cos\delta \sin\alpha \\
z &= rn = r \sin\delta
\end{aligned}$$

Form the topocentric rectangular coordinates (x', y', z') from:

$$\begin{aligned}
x' &= x - \cos\phi' \cos\theta_0 \\
y' &= y - \cos\phi' \sin\theta_0 \\
z' &= z - \sin\phi'
\end{aligned}$$

where (ϕ', λ') are the observer's geocentric latitude and longitude (east positive). The local sidereal time (see page B8) may be approximated by

$$\theta_0 = 100°46 + 36\ 000°77\,T_U + \lambda' + 15\,\text{UT1}$$

where $T_U = (\text{JD} - 245\ 1545\cdot0)/36\ 525 = (8034\cdot5 + \text{day of year} + \text{UT1}/24)/36\ 525$

Then

$$\begin{aligned}
r' &= (x'^2 + y'^2 + z'^2)^{1/2} & \alpha' &= \tan^{-1}(y'/x') & \delta' &= \sin^{-1}(z'/r') \\
\pi' &= \sin^{-1}(1/r') & SD' &= 0\cdot2724\pi'
\end{aligned}$$

CONTENTS OF SECTION E

PLANETS
NOTES AND FORMULAS

Orbital elements

The heliocentric osculating orbital elements for the Earth given on page E8 and the heliocentric coordinates and velocity of the Earth on page E7 actually refer to the Earth-Moon barycenter. The heliocentric coordinates and velocity of the Earth itself are given by:

$$\text{(Earth's center)} = \text{(Earth-Moon barycenter)} - (0.000\,0312\cos L, 0.000\,0286\sin L,$$
$$0.000\,0124\sin L, -0.000\,00718\sin L, 0.000\,00657\cos L, 0.000\,00285\cos L)$$

where $L = 218° + 481\,268°\,T$, with T in Julian centuries from JD 245 1545.0. This estimate is accurate to the fifth decimal place in position and the sixth decimal place in velocity. The position and velocity are with respect to the mean equator and equinox of J2000.0, in units of au and au/day, respectively.

Linear interpolation of the heliocentric osculating orbital elements usually leads to errors of about $1''$ or $2''$ in the resulting geocentric positions of the Sun and planets; the errors may, however, reach about $7''$ for Venus at inferior conjunction and about $3''$ for Mars at opposition.

Heliocentric coordinates

The heliocentric ecliptic coordinates of the Earth may be obtained from the geocentric ecliptic coordinates of the Sun given on pages C6–C20 by adding $\pm 180°$ to the longitude, and reversing the sign of the latitude.

Invariable plane of the solar system

Approximate coordinates of the north pole of the invariable plane are:

$$\alpha_0 = 273°85 \quad \delta_0 = 66°99$$

This is the direction of the total angular momentum vector of the solar system (Sun and major planets) with respect to the ICRS coordinate axes.

Semidiameter and horizontal parallax

The apparent angular semidiameter, s, of a planet is given by:

$$s = \text{semidiameter at 1 au / distance in au}$$

where the distance in au is given in the daily geocentric ephemeris on pages E18–E45. Unless otherwise specified, the semidiameters at unit distance (1 au) are for equatorial radii. They are:

Planet	Semi-diameter	Planet	Semi-diameter	Planet	Semi-diameter
	$''$		$''$		$''$
Mercury	3.36	Jupiter: equatorial	98.57	Uranus: equatorial	35.24
Venus	8.34	Jupiter: polar	92.18	Uranus: polar	34.43
Mars	4.68	Saturn: equatorial	83.10	Neptune: equatorial	34.14
		Saturn: polar	74.96	Neptune: polar	33.56

The difference in transit times of the limb and center of a planet in seconds of time is given approximately by:

$$\text{difference in transit time} = (s \text{ in seconds of arc}) / 15\cos\delta$$

where the sidereal motion of the planet is ignored.

The equatorial horizontal parallax of a planet is given by $8''794\,143$ divided by its distance in au; formulas for the corrections for diurnal parallax are given on page B85.

Time of transit of a planet

The transit times that are tabulated on pages E46–E53 are expressed in terrestrial time (TT) and refer to the transits over the ephemeris meridian; for most purposes this may be regarded as giving the universal time (UT) of transit over the Greenwich meridian.

The UT of transit over a local meridian is given by:

$$\text{time of ephemeris transit} - (\lambda/24) \times \text{first difference}$$

with an error that is usually less than 1 second, where λ is the *east* longitude in hours and the first difference is about 24 hours.

Times of rising and setting

Approximate times of the rising and setting of a planet at a place with latitude φ may be obtained from the time of transit by applying the value of the hour angle h of the point on the horizon at the same declination δ as the planet; h is given by:

$$\cos h = -\tan \varphi \tan \delta$$

This ignores the sidereal motion of the planet during the interval between transit and rising or setting and the effects of refraction (~ 2.25 minutes). Similarly, the time at which a planet reaches a zenith distance z may be obtained by determining the corresponding hour angle h:

$$\cos h = -\tan \varphi \tan \delta + \sec \varphi \sec \delta \cos z$$

and applying h to the time of transit.

Ephemeris for physical observations

Explanatory information for data presented in the ephemeris for physical observations (E54–E79) of the planets and the planetary central meridians (E80–E87) is given here. Additional information is given in the Notes and References section, on page L12.

The tabulated surface brightness is the average visual magnitude of an area of one square arcsecond of the illuminated portion of the apparent disk. For a few days around inferior and superior conjunctions, the tabulated surface brightness and magnitude of Mercury and Venus are unknown; surface brightness values are given for phase angles $2°\!.1 < \phi < 169°\!.5$ for Mercury and $2°\!.2 < \phi < 179°\!.0$ for Venus. For Saturn the magnitude includes the contribution due to the rings, but the surface brightness applies only to the disk of the planet.

The diagram on the next page illustrates many of the quantities tabulated. The primary reference points are the sub-Earth point, e (center of the apparent disk); the sub-solar point, s; and the north pole of the planet, n. Points e and s are on the lines of sight (taking into account light-time and aberration) between the center of a planet and the centers of the Earth and Sun, respectively. An observer on the body's surface at point e or point s would see the apparent center of the Earth or the Sun at the at the planetocentric zenith, respectively.

For points e and s, planetographic longitudes, λ_e and λ_s, and planetographic latitudes, β_e and β_s, are given. Planetographic longitude is reckoned from the prime meridian and increases from $0°$ to $360°$ in the direction opposite rotation. Planetographic latitude is the angle between the planet's equator and the normal to the reference spheroid at the point. Latitudes north of the equator are positive for planets.

For points s and n, apparent distances from the center of the disk, d_s and d_n, and apparent position angles, p_s and p_n, are given. Position angles are measured east from north on the celestial sphere, with north defined by the great circle on the celestial sphere passing through the center of the planet's apparent disk and the true celestial pole of date. Apparent distances are positive in the visible hemisphere and negative on the far side of the planet, so the sign of the distance may change abruptly for points near the limb. Points close to e may appear to be discontinuous in the tables because distance and position angle can vary rapidly and the tabular interval is fixed.

PLANETS
NOTES AND FORMULAS

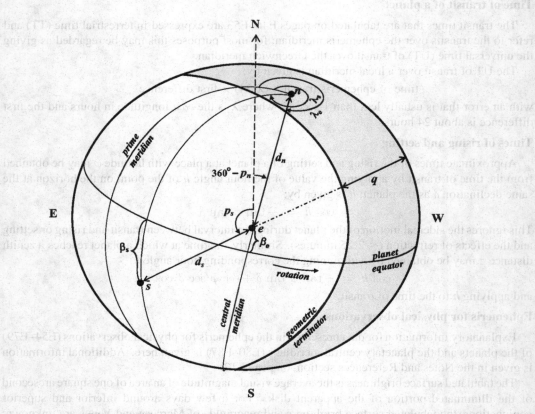

Diagram illustrating many of the physical ephemeris values

The phase is the ratio of the illuminated area of the disk to the total area of the disk, as seen from the Earth. The phase angle, ϕ, is the planetocentric elongation of the Earth from the Sun. The defect of illumination, q, is the length of the unilluminated section of the diameter passing through e and s. The position angle of q can be computed by adding 180° to p_s. Phase and q are based on the geometric terminator, defined by the plane crossing through the planet's center of mass, orthogonal to the direction of the Sun. Both the phase and q assume that the change in their values caused by the flattening of the planet is insignificant.

The planetocentric orbital longitude of the Sun, L_s, is measured eastward in the planet's orbital plane from the planet's vernal equinox. Instantaneous orbital and equatorial planes are used in computing L_s. Values of L_s of 0°, 90°, 180°, and 270° correspond to the beginning of spring, summer, autumn and winter, for the northern hemisphere of a planet. For small solar system bodies, such as dwarf planets and minor planets, L_s=0 corresponds to the beginning of spring in the hemisphere in which the rotation about the pole is counterclockwise.

The angle W of the prime meridian is measured counterclockwise (when viewed from above the planet's north pole) along the planet's equator from the ascending node of the planet's equator on the ICRS equator. For a planet with direct rotation (counterclockwise viewed from the planet's north pole), W increases with time. Values of W and their rates of change are given on page E5.

Longitudes of the planetary central meridians are sub-Earth planetographic longitudes, λ_e, measured from the planet's prime meridian. None are given for Uranus and Neptune since their rotational periods are not well known. Cassini mission data calls into question Saturn's rotation rate.

ROTATION ELEMENTS REFERRED TO THE ICRS
at 2022 JANUARY 0, 0^h TDB

Planet	North Pole		Argument of Prime Meridian		Longitude of Central Meridian	Inclination of Equator to Orbit
	Right Ascension α_1	Declin- ation δ_1	at epoch W_0	var./day $\dot{W}$	λ_e	
	°	°	°	°	°	°
Mercury	281.00	+ 61.41	329.45	+ 6.1385108	222.94	+ 0.03
Venus	272.76	+ 67.16	138.14	− 1.4813688	332.73	+ 2.64
Mars	317.66	+ 52.87	258.26	+ 350.8919824	222.27	+ 25.19
Jupiter I	268.06	+ 64.50	74.65	+ 877.9000000	254.70	+ 3.12
II	268.06	+ 64.50	307.62	+ 870.2700000	127.91	+ 3.12
III	268.06	+ 64.50	166.44	+ 870.5360000	346.73	+ 3.12
Saturn	40.58	+ 83.54	162.51	+ 810.7939024	106.54	+ 26.73
Uranus	257.31	− 15.18	233.04	− 501.1600928	255.81	+ 82.23
Neptune	299.47	+ 42.96	317.43	+ 541.1397757	74.32	+ 28.35

Rotational elements definitions and formulas

α_1, δ_1 right ascension and declination of the north pole of the planet; variations during one year are negligible.

W_0 the angle measured from the planet's equator in the positive sense with respect to the planet's north pole from the ascending node of the planet's equator on the Earth's mean equator of date to the prime meridian of the planet.

$\dot{W}$ the mean daily rate of change of W_0. Sidereal periods of rotation are given on page E6.

Given:

α, δ: apparent right ascension and declination of planet (pages E18–E45).
s: apparent equatorial diameter (pages E54–E79).
p_n: position angle of north pole (or central meridian or axis) (pages E54–E79).
λ_e: planetographic longitude of the sub-Earth point (or central meridian) (pages E54–E77 or E80–E87).
β_e: planetographic latitude of the sub-Earth point (pages E54–E79).
$\dot{W}$: from the above table.
f: geometric flattening (from page E6).

To compute the displacements $\Delta\alpha$, $\Delta\delta$ in right ascension and declination, measured from the center of the disk, of a feature at planetographic longitude λ and planetographic latitude ϕ, first compute the planetocentric quantities ϕ', β'_e, λ', and λ'_e, and the quantity s'. The formulas on the right may be used for planets where the flattening f is small and can be ignored [1]:

$$\tan\phi' = (1-f)^2 \tan\phi \qquad\qquad \phi' = \phi$$
$$\tan\beta'_e = (1-f)^2 \tan\beta_e \qquad\qquad \beta'_e = \beta_e$$
$$\lambda' = 360° - \lambda \quad \text{if } \dot{W} \text{ is positive;} \quad \lambda' = \lambda \quad \text{if } \dot{W} \text{ is negative} \qquad \lambda' \quad \text{as at left}$$
$$\lambda'_e = 360° - \lambda_e \quad \text{if } \dot{W} \text{ is positive;} \quad \lambda'_e = \lambda_e \quad \text{if } \dot{W} \text{ is negative} \qquad \lambda'_e \quad \text{as at left}$$
$$s' = \tfrac{1}{2} s(1 - f\sin^2\phi') \qquad\qquad s' = \tfrac{1}{2} s$$

Then compute the quantities X, Y, and Z:

$$X = s'\cos\phi'\sin(\lambda' - \lambda'_e)$$
$$Y = s'(\sin\phi'\cos\beta'_e - \cos\phi'\sin\beta'_e\cos(\lambda' - \lambda'_e))$$
$$Z = s'(\sin\phi'\sin\beta'_e + \cos\phi'\cos\beta'_e\cos(\lambda' - \lambda'_e))$$

Finally,

$$\Delta\alpha\cos\delta = -X\cos p_n + Y\sin p_n$$
$$\Delta\delta = X\sin p_n + Y\cos p_n$$

If Z is positive, the feature is on the near (visible) side of the planet; if Z is negative, it is on the far side. If $|Z| < 0.1\,s'$, the feature is on or very near the limb.

---

[1] The flattening is negligible if only one apparent diameter is given, or if the difference between the apparent equatorial and polar diameters is not significant to the precision required.

PLANETS

PHYSICAL AND PHOTOMETRIC DATA

Planet	Mass[1]	Mean Equatorial Radius	Minimum Geocentric Distance[2]	Flattening[3] (geometric)	Coefficients of the Potential		
					J_2	J_3	J_4
	kg	km	au		10^{-3}	10^{-6}	10^{-6}
Mercury	3.3010×10^{23}	2440.5	0.549	0.000 930	0.050333	12.473	17.679
Venus	4.8673×10^{24}	6052	0.265	0	0.004404	-2.108	-2.147
Earth	5.9722×10^{24}	6378.14	—	0.003 352 81	1.082625	-2.532	-1.616
(Moon)	7.3458×10^{22}	1737.4	0.002 38	0	0.203216	8.460	-9.704
Mars	6.4169×10^{23}	3396.19	0.373	0.005 886	1.956609	31.148	-15.39
Jupiter	1.8985×10^{27}	71492	3.949	0.064 9	14.698	—	-586.6
Saturn	5.6846×10^{26}	60268	8.032	0.098 0	16.29057	0.06	-935.31
Uranus	8.6819×10^{25}	25559	17.292	0.023 0	3.5107	—	-34
Neptune	1.0243×10^{26}	24764	28.814	0.017	3.408	—	-33

Planet	Period of Rotation	Mean Density	Maximum Angular Diameter[2]	Geometric Albedo	Visual Magnitude[4]		Color Indices	
					$V(1,0)$	V_0	$B-V$	$U-B$
	d	g/cm^3	"					
Mercury	58.646 231 9	5.43	12.3	0.142	-0.61	—	0.97	0.41
Venus	243.018 5	5.24	63.0	0.689	-4.38	—	0.71	0.50
Earth	0.997 269 56	5.513	—	0.434	-3.99	—	0.47	-0.12
(Moon)	27.321 66	3.34	2010.8	0.113	$+0.23$	-12.72	0.85	0.36
Mars	1.025 956 76	3.93	25.1	0.170	-1.60	-2.09	1.36	0.64
Jupiter	0.413 54 (System III)	1.33	49.9	0.538	-9.40	-2.70	0.86	0.43
Saturn	0.444 01	0.69	20.7	0.499	-8.91	$+0.64$	1.07	0.76
Uranus	0.718 33	1.27	4.1	0.488	-7.11	$+5.60$	0.50	0.33
Neptune	0.665 26	1.64	2.4	0.442	-7.00	$+7.11$	0.39	0.17

NOTES TO TABLE

[1] Values for the masses include the atmospheres but exclude satellites.

[2] The tabulated minimum geocentric distance applies to the interval 1950 to 2050.

[3] The flattening for Mars is calculated by using the average of its north and south polar radii.

[4] $V(1,0)$ is the visual magnitude at 1 au and phase angle zero; V_0 is the is the mean opposition magnitude.

HELIOCENTRIC COORDINATES AND VELOCITY COMPONENTS
REFERRED TO THE MEAN EQUATOR AND EQUINOX OF J2000.0

Julian Date (TDB) 245/6	x	y	z	$\dot{x}$	$\dot{y}$	$\dot{z}$
MERCURY	au	au	au	au/day	au/day	au/day
9520.5	− 0.310 0639	+ 0.131 3333	+ 0.102 2959	− 0.018 757 37	− 0.021 726 49	− 0.009 662 03
9600.5	− 0.100 5734	+ 0.259 1939	+ 0.148 8851	− 0.032 296 45	− 0.008 242 91	− 0.001 055 84
9680.5	+ 0.160 2702	+ 0.240 8511	+ 0.112 0504	− 0.029 696 40	+ 0.012 776 13	+ 0.009 902 99
9760.5	+ 0.330 6242	+ 0.080 9890	+ 0.008 9954	− 0.011 895 63	+ 0.024 912 38	+ 0.014 541 13
9840.5	+ 0.351 9288	− 0.121 2167	− 0.101 2308	+ 0.005 634 13	+ 0.024 201 22	+ 0.012 344 30
9920.5	+ 0.258 5412	− 0.287 8445	− 0.180 5633	+ 0.016 692 82	+ 0.016 999 65	+ 0.007 351 04
0000.5	+ 0.101 7635	− 0.386 7335	− 0.217 1404	+ 0.021 772 88	+ 0.007 662 15	+ 0.001 836 43
VENUS						
9520.5	+ 0.725 3474	+ 0.007 6775	− 0.042 4392	+ 0.000 187 37	+ 0.018 364 71	+ 0.008 251 44
9600.5	− 0.440 3102	+ 0.506 7783	+ 0.255 8863	− 0.016 042 70	− 0.011 785 78	− 0.004 288 07
9680.5	− 0.166 5001	− 0.648 4321	− 0.281 2332	+ 0.019 550 65	− 0.003 855 91	− 0.002 971 95
9760.5	+ 0.663 4626	+ 0.279 5010	+ 0.083 7876	− 0.008 161 48	+ 0.016 637 27	+ 0.008 002 46
9840.5	− 0.637 7239	+ 0.285 4160	+ 0.168 7735	− 0.009 360 24	− 0.016 696 56	− 0.006 920 56
9920.5	+ 0.138 5127	− 0.648 0195	− 0.300 3463	+ 0.019 719 81	+ 0.003 902 11	+ 0.000 508 14
0000.5	+ 0.482 7666	+ 0.501 2459	+ 0.194 9968	− 0.015 109 54	+ 0.011 901 68	+ 0.006 311 25
EARTH*						
9520.5	+ 0.765 8841	+ 0.578 9585	+ 0.250 9729	− 0.011 219 55	+ 0.012 123 40	+ 0.005 255 49
9600.5	− 0.501 0210	+ 0.777 0840	+ 0.336 8646	− 0.015 087 23	− 0.008 096 92	− 0.003 509 90
9680.5	− 0.936 7144	− 0.326 2699	− 0.141 4303	+ 0.005 826 34	− 0.014 817 66	− 0.006 423 39
9760.5	+ 0.139 9714	− 0.923 8767	− 0.400 4952	+ 0.016 760 72	+ 0.002 113 51	+ 0.000 916 10
9840.5	+ 1.000 8081	− 0.084 1565	− 0.036 4873	+ 0.001 290 58	+ 0.015 659 59	+ 0.006 788 31
9920.5	+ 0.262 8436	+ 0.871 2537	+ 0.377 6796	− 0.016 860 27	+ 0.004 151 12	+ 0.001 799 57
0000.5	− 0.902 6505	+ 0.372 3816	+ 0.161 4296	− 0.007 334 73	− 0.014 456 87	− 0.006 266 88
MARS						
9520.5	− 1.440 338	− 0.661 009	− 0.264 328	+ 0.006 719 780	− 0.010 253 275	− 0.004 884 264
9600.5	− 0.612 182	− 1.261 474	− 0.562 093	+ 0.013 318 879	− 0.003 933 934	− 0.002 163 772
9680.5	+ 0.519 816	− 1.192 081	− 0.560 807	+ 0.013 543 157	+ 0.005 897 251	+ 0.002 339 529
9760.5	+ 1.310 475	− 0.383 901	− 0.211 445	+ 0.004 954 264	+ 0.013 208 007	+ 0.005 924 561
9840.5	+ 1.228 832	+ 0.682 335	+ 0.279 817	− 0.006 665 600	+ 0.011 931 811	+ 0.005 652 718
9920.5	+ 0.392 924	+ 1.350 652	+ 0.608 914	− 0.012 995 737	+ 0.004 216 790	+ 0.002 284 790
0000.5	− 0.658 858	+ 1.341 098	+ 0.632 910	− 0.012 257 608	− 0.004 205 938	− 0.001 598 454
JUPITER						
9520.5	+ 4.480 885	− 2.010 276	− 0.970 733	+ 0.003 275 974	+ 0.006 571 529	+ 0.002 736 998
9600.5	+ 4.708 365	− 1.470 670	− 0.744 980	+ 0.002 402 344	+ 0.006 902 095	+ 0.002 899 952
9680.5	+ 4.864 060	− 0.908 671	− 0.507 882	+ 0.001 483 684	+ 0.007 130 290	+ 0.003 020 123
9760.5	+ 4.944 949	− 0.332 710	− 0.262 978	+ 0.000 534 834	+ 0.007 250 312	+ 0.003 094 668
9840.5	+ 4.949 268	+ 0.248 389	− 0.014 008	− 0.000 427 708	+ 0.007 258 344	+ 0.003 121 537
9920.5	+ 4.876 605	+ 0.825 611	+ 0.235 174	− 0.001 386 882	+ 0.007 153 416	+ 0.003 099 906
0000.5	+ 4.727 909	+ 1.389 953	+ 0.480 686	− 0.002 325 704	+ 0.006 936 756	+ 0.003 029 895
SATURN						
9520.5	+ 6.736 258	− 6.638 981	− 3.032 263	+ 0.003 792 583	+ 0.003 553 372	+ 0.001 304 505
9600.5	+ 7.032 996	− 6.348 343	− 2.924 985	+ 0.003 624 583	+ 0.003 711 496	+ 0.001 377 044
9680.5	+ 7.315 987	− 6.045 313	− 2.811 997	+ 0.003 448 856	+ 0.003 863 180	+ 0.001 447 260
9760.5	+ 7.584 603	− 5.730 416	− 2.693 489	+ 0.003 265 243	+ 0.004 008 053	+ 0.001 515 003
9840.5	+ 7.838 227	− 5.404 223	− 2.569 671	+ 0.003 074 161	+ 0.004 145 539	+ 0.001 580 003
9920.5	+ 8.076 279	− 5.067 330	− 2.440 763	+ 0.002 875 961	+ 0.004 275 513	+ 0.001 642 207
0000.5	+ 8.298 194	− 4.720 353	− 2.306 997	+ 0.002 670 789	+ 0.004 397 553	+ 0.001 701 437
URANUS						
9520.5	+14.559 48	+ 12.272 63	+ 5.169 11	− 0.002 680 483	+ 0.002 483 414	+ 0.001 125 425
9600.5	+14.343 22	+ 12.469 79	+ 5.258 51	− 0.002 726 034	+ 0.002 445 417	+ 0.001 109 435
9680.5	+14.123 34	+ 12.663 88	+ 5.346 61	− 0.002 770 831	+ 0.002 406 784	+ 0.001 093 153
9760.5	+13.899 89	+ 12.854 86	+ 5.433 40	− 0.002 815 237	+ 0.002 367 478	+ 0.001 076 579
9840.5	+13.672 92	+ 13.042 65	+ 5.518 85	− 0.002 859 055	+ 0.002 327 256	+ 0.001 059 591
9920.5	+13.442 46	+ 13.227 20	+ 5.602 93	− 0.002 902 174	+ 0.002 286 322	+ 0.001 042 280
0000.5	+13.208 58	+ 13.408 44	+ 5.685 61	− 0.002 944 703	+ 0.002 244 580	+ 0.001 024 616
NEPTUNE						
9520.5	+29.607 96	− 3.689 28	− 2.247 23	+ 0.000 431 993	+ 0.002 904 754	+ 0.001 178 288
9600.5	+29.641 43	− 3.456 76	− 2.152 89	+ 0.000 404 825	+ 0.002 908 142	+ 0.001 180 355
9680.5	+29.672 73	− 3.223 98	− 2.058 38	+ 0.000 377 782	+ 0.002 911 363	+ 0.001 182 350
9760.5	+29.701 87	− 2.990 95	− 1.963 71	+ 0.000 350 491	+ 0.002 914 373	+ 0.001 184 271
9840.5	+29.728 81	− 2.757 69	− 1.868 90	+ 0.000 323 139	+ 0.002 916 923	+ 0.001 185 993
9920.5	+29.753 57	− 2.524 25	− 1.773 96	+ 0.000 295 827	+ 0.002 919 210	+ 0.001 187 604
0000.5	+29.776 14	− 2.290 63	− 1.678 89	+ 0.000 268 437	+ 0.002 921 129	+ 0.001 189 071

* Values labeled for the Earth are actually for the Earth-Moon barycenter;

PLANETS, 2022

HELIOCENTRIC OSCULATING ORBITAL ELEMENTS
REFERRED TO THE MEAN EQUINOX AND ECLIPTIC OF J2000.0

Julian Date (TDB) 245/6	Inclination i	Longitude Asc. Node Ω	Longitude Perihelion ϖ	Semimajor Axis a	Daily Motion n	Eccentricity e	Mean Longitude L
MERCURY	°	°	°	au	°		°
9520.5	7.003 61	48.3029	77.4932	0.387 0992	4.092 331	0. 205 6216	130.700 28
9560.5	7.003 61	48.3028	77.4931	0.387 0990	4.092 334	0. 205 6235	294.393 36
9600.5	7.003 61	48.3027	77.4937	0.387 0990	4.092 334	0. 205 6232	98.086 71
9640.5	7.003 63	48.3024	77.4920	0.387 0975	4.092 357	0. 205 6277	261.780 24
9680.5	7.003 63	48.3023	77.4912	0.387 0983	4.092 345	0. 205 6242	65.473 99
9720.5	7.003 64	48.3022	77.4911	0.387 0982	4.092 346	0. 205 6265	229.167 51
9760.5	7.003 63	48.3021	77.4902	0.387 0990	4.092 334	0. 205 6258	32.861 21
9800.5	7.003 64	48.3020	77.4903	0.387 0986	4.092 339	0. 205 6252	196.554 62
9840.5	7.003 63	48.3019	77.4896	0.387 0994	4.092 328	0. 205 6237	0.248 10
9880.5	7.003 64	48.3018	77.4904	0.387 0995	4.092 326	0. 205 6217	163.941 34
9920.5	7.003 58	48.3015	77.4935	0.387 0989	4.092 335	0. 205 6266	327.632 90
9960.5	7.003 58	48.3013	77.4938	0.387 0987	4.092 338	0. 205 6270	131.326 40
VENUS							
9520.5	3.394 50	76.6210	131.801	0.723 3300	1.602 138	0. 006 7738	359.774 93
9560.5	3.394 52	76.6207	131.764	0.723 3335	1.602 126	0. 006 7740	63.860 24
9600.5	3.394 42	76.6198	131.543	0.723 3450	1.602 088	0. 006 7762	127.942 27
9640.5	3.394 40	76.6182	131.398	0.723 3327	1.602 129	0. 006 7656	192.025 43
9680.5	3.394 41	76.6179	131.287	0.723 3233	1.602 160	0. 006 7643	256.111 42
9720.5	3.394 41	76.6178	131.293	0.723 3292	1.602 141	0. 006 7553	320.197 73
9760.5	3.394 41	76.6173	131.336	0.723 3307	1.602 136	0. 006 7484	24.282 33
9800.5	3.394 41	76.6173	131.396	0.723 3260	1.602 151	0. 006 7486	88.368 27
9840.5	3.394 41	76.6171	131.376	0.723 3318	1.602 132	0. 006 7567	152.453 82
9880.5	3.394 41	76.6168	131.345	0.723 3327	1.602 129	0. 006 7632	216.538 20
9920.5	3.394 43	76.6168	131.284	0.723 3275	1.602 146	0. 006 7659	280.623 81
9960.5	3.394 42	76.6166	131.278	0.723 3310	1.602 135	0. 006 7602	344.709 46
EARTH*							
9520.5	0.002 76	175.5	103.0470	0.999 9965	0.985 615 7	0. 016 6767	41.186 86
9560.5	0.002 77	175.8	103.0927	0.999 9892	0.985 626 4	0. 016 6787	80.612 98
9600.5	0.002 80	174.5	103.1671	0.999 9970	0.985 614 8	0. 016 6870	120.040 29
9640.5	0.002 85	173.6	103.2128	1.000 0140	0.985 589 8	0. 016 6990	159.464 80
9680.5	0.002 87	173.7	103.1908	1.000 0086	0.985 597 7	0. 016 7033	198.887 93
9720.5	0.002 88	173.8	103.1446	0.999 9934	0.985 620 1	0. 016 7109	238.312 20
9760.5	0.002 88	174.1	103.1154	0.999 9833	0.985 635 1	0. 016 7181	277.737 84
9800.5	0.002 89	173.9	103.1065	0.999 9923	0.985 621 9	0. 016 7090	317.162 98
9840.5	0.002 92	173.7	103.0945	1.000 0061	0.985 601 5	0. 016 6894	356.585 87
9880.5	0.002 96	174.0	103.1273	0.999 9956	0.985 617 0	0. 016 6705	36.008 13
9920.5	0.002 97	174.3	103.1553	0.999 9797	0.985 640 5	0. 016 6555	75.432 58
9960.5	0.002 97	174.1	103.1615	0.999 9833	0.985 635 1	0. 016 6592	114.858 33

*Values labeled for the Earth are actually for the Earth-Moon barycenter (see note on page E2).

FORMULAS

Mean anomaly, $M = L - \varpi$

Argument of perihelion, measured from node, $\omega = \varpi - \Omega$

True anomaly, $\nu = M + (2e - e^3/4)\sin M + (5e^2/4)\sin 2M + (13e^3/12)\sin 3M + \ldots$ in radians.

Planet-Sun distance, $r = a(1 - e^2)/(1 + e\cos\nu)$

Heliocentric rectangular coordinates, referred to the ecliptic, may be computed from these elements by:

$$x = r\{\cos(\nu + \omega)\cos\Omega - \sin(\nu + \omega)\cos i \sin\Omega\}$$
$$y = r\{\cos(\nu + \omega)\sin\Omega + \sin(\nu + \omega)\cos i \cos\Omega\}$$
$$z = r\sin(\nu + \omega)\sin i$$

HELIOCENTRIC OSCULATING ORBITAL ELEMENTS
REFERRED TO THE MEAN EQUINOX AND ECLIPTIC OF J2000.0

Julian Date (TDB) 245/6	Inclination i	Longitude Asc. Node Ω	Longitude Perihelion ϖ	Semimajor Axis a	Daily Motion n	Eccentricity e	Mean Longitude L
MARS	°	°	°	au	°		°
9520.5	1.847 94	49.4902	336.2223	1.523 6279	0.524 0672	0.093 3857	214.862 78
9560.5	1.847 94	49.4902	336.2360	1.523 5947	0.524 0844	0.093 3903	235.825 10
9600.5	1.847 94	49.4902	336.2418	1.523 5804	0.524 0917	0.093 3912	256.788 58
9640.5	1.847 94	49.4902	336.2369	1.523 5979	0.524 0827	0.093 4006	277.752 86
9680.5	1.847 94	49.4901	336.2278	1.523 6410	0.524 0604	0.093 4237	298.716 78
9720.5	1.847 94	49.4899	336.2170	1.523 7082	0.524 0258	0.093 4601	319.678 84
9760.5	1.847 94	49.4894	336.2066	1.523 7694	0.523 9942	0.093 4953	340.637 89
9800.5	1.847 95	49.4892	336.1901	1.523 7703	0.523 9938	0.093 5032	1.594 65
9840.5	1.847 95	49.4891	336.1646	1.523 7131	0.524 0232	0.093 4904	22.552 44
9880.5	1.847 95	49.4891	336.1357	1.523 6349	0.524 0636	0.093 4730	43.513 50
9920.5	1.847 94	49.4890	336.1171	1.523 5848	0.524 0894	0.093 4602	64.477 67
9960.5	1.847 93	49.4889	336.1143	1.523 5818	0.524 0910	0.093 4443	85.443 20
JUPITER							
9520.5	1.303 57	100.5161	13.9276	5.203 355	0.083 078 27	0.048 4972	337.046 30
9560.5	1.303 57	100.5160	13.9496	5.203 170	0.083 082 69	0.048 4687	340.369 25
9600.5	1.303 57	100.5163	13.9646	5.202 965	0.083 087 60	0.048 4321	343.691 56
9640.5	1.303 58	100.5170	13.9583	5.202 864	0.083 090 04	0.048 4079	347.013 24
9680.5	1.303 58	100.5168	13.9474	5.202 862	0.083 090 07	0.048 4032	350.335 69
9720.5	1.303 58	100.5166	13.9419	5.202 885	0.083 089 52	0.048 4058	353.658 93
9760.5	1.303 57	100.5157	13.9492	5.202 874	0.083 089 79	0.048 4056	356.983 15
9800.5	1.303 57	100.5161	13.9609	5.202 770	0.083 092 29	0.048 3886	0.307 31
9840.5	1.303 58	100.5168	13.9665	5.202 669	0.083 094 69	0.048 3708	3.631 13
9880.5	1.303 58	100.5179	13.9674	5.202 585	0.083 096 70	0.048 3555	6.954 77
9920.5	1.303 58	100.5181	13.9680	5.202 567	0.083 097 15	0.048 3520	10.278 66
9960.5	1.303 58	100.5176	13.9756	5.202 517	0.083 098 33	0.048 3432	13.603 24
SATURN							
9520.5	2.486 27	113.5951	89.8177	9.573 183	0.033 295 84	0.053 0505	316.989 12
9560.5	2.486 29	113.5953	89.7617	9.572 849	0.033 297 59	0.053 1620	318.334 64
9600.5	2.486 33	113.5956	89.7210	9.572 505	0.033 299 39	0.053 2630	319.678 27
9640.5	2.486 36	113.5959	89.6673	9.572 413	0.033 299 86	0.053 3395	321.020 89
9680.5	2.486 36	113.5959	89.6029	9.572 408	0.033 299 89	0.053 4177	322.364 47
9720.5	2.486 37	113.5960	89.5463	9.572 306	0.033 300 42	0.053 5075	323.708 59
9760.5	2.486 38	113.5961	89.5136	9.571 950	0.033 302 28	0.053 6176	325.053 04
9800.5	2.486 44	113.5968	89.5129	9.571 363	0.033 305 35	0.053 7323	326.396 01
9840.5	2.486 50	113.5976	89.5208	9.570 774	0.033 308 42	0.053 8387	327.737 95
9880.5	2.486 58	113.5987	89.5344	9.570 189	0.033 311 47	0.053 9389	329.079 21
9920.5	2.486 63	113.5993	89.5478	9.569 622	0.033 314 43	0.054 0396	330.420 82
9960.5	2.486 68	113.6001	89.5857	9.568 835	0.033 318 55	0.054 1508	331.762 35
URANUS							
9520.5	0.770 42	74.0916	170.6891	19.222 01	0.011 702 69	0.044 8433	46.564 14
9600.5	0.770 51	74.0877	170.1689	19.229 82	0.011 695 57	0.044 7041	47.514 85
9680.5	0.770 56	74.0855	169.7109	19.236 88	0.011 689 13	0.044 5662	48.460 63
9760.5	0.770 71	74.0792	169.1339	19.245 51	0.011 681 27	0.044 4236	49.410 12
9840.5	0.770 80	74.0754	168.6054	19.252 63	0.011 674 78	0.044 3831	50.365 45
9920.5	0.770 88	74.0722	168.1225	19.258 99	0.011 669 01	0.044 3723	51.320 11
0000.5	0.771 08	74.0648	167.6507	19.264 78	0.011 663 74	0.044 4217	52.279 03
NEPTUNE							
9520.5	1.768 87	131.7415	20.833	30.256 49	0.005 926 078	0.012 6244	352.486 90
9600.5	1.768 82	131.7402	21.889	30.258 97	0.005 925 351	0.012 8446	352.996 41
9680.5	1.768 78	131.7389	22.639	30.262 75	0.005 924 239	0.013 0801	353.500 35
9760.5	1.768 66	131.7354	23.651	30.266 19	0.005 923 230	0.013 3403	354.011 95
9840.5	1.768 69	131.7365	25.013	30.264 28	0.005 923 790	0.013 4528	354.523 50
9920.5	1.768 75	131.7382	26.339	30.261 47	0.005 924 616	0.013 5327	355.032 45
0000.5	1.768 76	131.7384	27.942	30.255 38	0.005 926 405	0.013 5337	355.542 89

MERCURY, 2022

HELIOCENTRIC POSITIONS FOR 0ʰ BARYCENTRIC DYNAMICAL TIME
MEAN EQUINOX AND ECLIPTIC OF J2000.0

Date	Longitude	Latitude	True Heliocentric Distance	Date	Longitude	Latitude	True Heliocentric Distance
	° ′ ″	° ′ ″	au		° ′ ″	° ′ ″	au
Jan. 0	349 01 51.6	− 6 01 41.3	0.368 9454	Feb. 15	217 34 20.8	+ 1 18 36.9	0.440 0479
1	353 31 26.0	− 5 43 51.4	0.363 1489	16	220 37 27.3	+ 0 56 25.3	0.443 6605
2	358 09 24.6	− 5 23 15.1	0.357 3996	17	223 37 40.1	+ 0 34 25.0	0.447 0261
3	2 56 03.9	− 4 59 46.7	0.351 7369	18	226 35 15.8	+ 0 12 38.2	0.450 1390
4	7 51 37.4	− 4 33 22.5	0.346 2037	19	229 30 30.7	− 0 08 53.4	0.452 9944
5	12 56 14.3	− 4 04 01.5	0.340 8456	20	232 23 40.1	− 0 30 08.1	0.455 5879
6	18 09 59.1	− 3 31 45.7	0.335 7110	21	235 14 58.9	− 0 51 04.7	0.457 9159
7	23 32 49.8	− 2 56 41.4	0.330 8504	22	238 04 41.6	− 1 11 41.8	0.459 9753
8	29 04 37.1	− 2 18 59.5	0.326 3157	23	240 53 01.8	− 1 31 58.3	0.461 7633
9	34 45 03.5	− 1 38 56.0	0.322 1593	24	243 40 13.3	− 1 51 53.0	0.463 2778
10	40 33 41.9	− 0 56 52.8	0.318 4325	25	246 26 28.9	− 2 11 24.9	0.464 5169
11	46 29 54.9	− 0 13 17.7	0.315 1847	26	249 12 01.7	− 2 30 32.9	0.465 4791
12	52 32 54.9	+ 0 31 16.0	0.312 4614	27	251 57 04.1	− 2 49 16.1	0.466 1634
13	58 41 43.3	+ 1 16 10.3	0.310 3027	28	254 41 48.7	− 3 07 33.4	0.466 5689
14	64 55 11.6	+ 2 00 43.5	0.308 7419	Mar. 1	257 26 27.7	− 3 25 23.7	0.466 6952
15	71 12 02.4	+ 2 44 11.8	0.307 8035	2	260 11 13.2	− 3 42 45.8	0.466 5422
16	77 30 51.3	+ 3 25 51.7	0.307 5028	3	262 56 17.6	− 3 59 38.5	0.466 1099
17	83 50 09.2	+ 4 05 01.6	0.307 8447	4	265 41 53.0	− 4 16 00.5	0.465 3990
18	90 08 25.0	+ 4 41 04.2	0.308 8236	5	268 28 11.8	− 4 31 50.4	0.464 4103
19	96 24 08.5	+ 5 13 28.0	0.310 4237	6	271 15 26.3	− 4 47 06.7	0.463 1447
20	102 35 53.8	+ 5 41 48.7	0.312 6197	7	274 03 49.2	− 5 01 47.5	0.461 6040
21	108 42 21.6	+ 6 05 49.9	0.315 3780	8	276 53 33.3	− 5 15 51.0	0.459 7899
22	114 42 21.3	+ 6 25 23.2	0.318 6579	9	279 44 51.7	− 5 29 15.1	0.457 7047
23	120 34 52.9	+ 6 40 27.7	0.322 4139	10	282 37 57.9	− 5 41 57.6	0.455 3511
24	126 19 07.9	+ 6 51 08.8	0.326 5962	11	285 33 05.7	− 5 53 55.9	0.452 7324
25	131 54 29.2	+ 6 57 37.7	0.331 1534	12	288 30 29.4	− 6 05 07.2	0.449 8522
26	137 20 31.1	+ 7 00 09.5	0.336 0332	13	291 30 23.7	− 6 15 28.4	0.446 7148
27	142 36 58.3	+ 6 59 02.3	0.341 1837	14	294 33 03.8	− 6 24 56.2	0.443 3253
28	147 43 45.0	+ 6 54 35.8	0.346 5546	15	297 38 45.6	− 6 33 26.8	0.439 6894
29	152 40 53.2	+ 6 47 10.7	0.352 0975	16	300 47 45.6	− 6 40 56.1	0.435 8134
30	157 28 31.8	+ 6 37 07.2	0.357 7671	17	304 00 20.7	− 6 47 19.6	0.431 7049
31	162 06 55.1	+ 6 24 45.3	0.363 5207	18	307 16 48.9	− 6 52 32.4	0.427 3722
Feb. 1	166 36 21.5	+ 6 10 23.6	0.369 3190	19	310 37 28.6	− 6 56 29.2	0.422 8248
2	170 57 12.5	+ 5 54 19.4	0.375 1259	20	314 02 38.9	− 6 59 04.1	0.418 0737
3	175 09 51.8	+ 5 36 48.7	0.380 9084	21	317 32 39.8	− 7 00 10.9	0.413 1310
4	179 14 44.4	+ 5 18 05.7	0.386 6367	22	321 07 51.8	− 6 59 42.6	0.408 0105
5	183 12 16.0	+ 4 58 23.2	0.392 2837	23	324 48 36.3	− 6 57 32.2	0.402 7278
6	187 02 52.6	+ 4 37 52.5	0.397 8254	24	328 35 14.9	− 6 53 31.8	0.397 3002
7	190 46 59.8	+ 4 16 43.7	0.403 2399	25	332 28 09.8	− 6 47 33.5	0.391 7476
8	194 25 03.2	+ 3 55 05.3	0.408 5078	26	336 27 43.7	− 6 39 28.8	0.386 0916
9	197 57 27.3	+ 3 33 05.1	0.413 6120	27	340 34 18.9	− 6 29 09.1	0.380 3570
10	201 24 36.0	+ 3 10 49.7	0.418 5369	28	344 48 17.7	− 6 16 25.9	0.374 5708
11	204 46 52.3	+ 2 48 24.6	0.423 2690	29	349 10 01.9	− 6 01 10.7	0.368 7633
12	208 04 38.3	+ 2 25 54.8	0.427 7963	30	353 39 51.9	− 5 43 15.8	0.362 9676
13	211 18 15.1	+ 2 03 24.6	0.432 1079	31	358 18 06.6	− 5 22 34.2	0.357 2203
14	214 28 02.8	+ 1 40 57.6	0.436 1946	Apr. 1	3 05 02.5	− 4 59 00.4	0.351 5609
15	217 34 20.8	+ 1 18 36.9	0.440 0479	2	8 00 52.9	− 4 32 30.7	0.346 0323

MERCURY, 2022

HELIOCENTRIC POSITIONS FOR 0ʰ BARYCENTRIC DYNAMICAL TIME
MEAN EQUINOX AND ECLIPTIC OF J2000.0

Date	Longitude	Latitude	True Heliocentric Distance	Date	Longitude	Latitude	True Heliocentric Distance
	° ′ ″	° ′ ″	au		° ′ ″	° ′ ″	au
Apr. 1	3 05 02.5	− 4 59 00.4	0.351 5609	May 17	226 40 41.0	+ 0 11 58.2	0.450 2321
2	8 00 52.9	− 4 32 30.7	0.346 0323	18	229 35 51.7	− 0 09 32.9	0.453 0794
3	13 05 47.0	− 4 03 04.2	0.340 6804	19	232 28 57.4	− 0 30 47.1	0.455 6647
4	18 19 49.0	− 3 30 43.1	0.335 5536	20	235 20 13.1	− 0 51 43.1	0.457 9844
5	23 42 56.8	− 2 55 33.7	0.330 7023	21	238 09 52.9	− 1 12 19.6	0.460 0353
6	29 15 00.8	− 2 17 47.0	0.326 1787	22	240 58 10.9	− 1 32 35.4	0.461 8149
7	34 55 43.2	− 1 37 39.4	0.322 0348	23	243 45 20.3	− 1 52 29.4	0.463 3208
8	40 44 36.5	− 0 55 33.0	0.318 3223	24	246 31 34.5	− 2 12 00.6	0.464 5513
9	46 41 03.2	− 0 11 55.5	0.315 0902	25	249 17 06.1	− 2 31 07.9	0.465 5049
10	52 44 15.2	+ 0 32 39.5	0.312 3840	26	252 02 07.8	− 2 49 50.3	0.466 1805
11	58 53 13.6	+ 1 17 33.8	0.310 2436	27	254 46 52.0	− 3 08 06.8	0.466 5774
12	65 06 49.6	+ 2 02 05.7	0.308 7019	28	257 31 31.0	− 3 25 56.2	0.466 6950
13	71 23 45.5	+ 2 45 31.3	0.307 7834	29	260 16 16.9	− 3 43 17.4	0.466 5333
14	77 42 36.8	+ 3 27 07.2	0.307 5028	30	263 01 22.1	− 4 00 09.2	0.466 0925
15	84 01 54.3	+ 4 06 11.8	0.307 8649	31	265 46 58.7	− 4 16 30.3	0.465 3729
16	90 20 06.7	+ 4 42 08.1	0.308 8636	June 1	268 33 18.9	− 4 32 19.2	0.464 3756
17	96 35 44.1	+ 5 14 24.6	0.310 4828	2	271 20 35.4	− 4 47 34.3	0.463 1015
18	102 47 20.8	+ 5 42 37.5	0.312 6970	3	274 09 00.6	− 5 02 14.0	0.461 5523
19	108 53 37.4	+ 6 06 30.5	0.315 4724	4	276 58 47.4	− 5 16 16.3	0.459 7297
20	114 53 24.0	+ 6 25 55.4	0.318 7680	5	279 50 08.9	− 5 29 39.2	0.457 6362
21	120 45 40.8	+ 6 40 51.5	0.322 5382	6	282 43 18.7	− 5 42 20.4	0.455 2743
22	126 29 39.6	+ 6 51 24.7	0.326 7331	7	285 38 30.4	− 5 54 17.3	0.452 6474
23	132 04 43.8	+ 6 57 45.9	0.331 3013	8	288 35 58.5	− 6 05 27.1	0.449 7592
24	137 30 27.9	+ 7 00 10.7	0.336 1903	9	291 35 57.7	− 6 15 46.7	0.446 6140
25	142 46 37.0	+ 6 58 57.0	0.341 3485	10	294 38 43.2	− 6 25 12.8	0.443 2168
26	147 53 05.4	+ 6 54 24.7	0.346 7255	11	297 44 30.8	− 6 33 41.5	0.439 5732
27	152 49 55.6	+ 6 46 54.3	0.352 2732	12	300 53 37.2	− 6 41 08.9	0.435 6900
28	157 37 16.6	+ 6 36 46.3	0.357 9460	13	304 06 19.3	− 6 47 30.3	0.431 5743
29	162 15 22.8	+ 6 24 20.4	0.363 7016	14	307 22 54.9	− 6 52 40.9	0.427 2348
30	166 44 32.7	+ 6 09 55.2	0.369 5007	15	310 43 42.7	− 6 56 35.3	0.422 6810
May 1	171 05 08.0	+ 5 53 48.2	0.375 3073	16	314 09 01.7	− 6 59 07.6	0.417 9238
2	175 17 32.3	+ 5 36 15.0	0.381 0885	17	317 39 11.9	− 7 00 11.5	0.412 9753
3	179 22 10.7	+ 5 17 30.0	0.386 8146	18	321 14 33.9	− 6 59 40.2	0.407 8495
4	183 19 29.0	+ 4 57 45.8	0.392 4587	19	324 55 28.9	− 6 57 26.5	0.402 5620
5	187 09 52.9	+ 4 37 13.9	0.397 9967	20	328 42 18.8	− 6 53 22.6	0.397 1303
6	190 53 48.5	+ 4 16 04.0	0.403 4069	21	332 35 25.8	− 6 47 20.5	0.391 5740
7	194 31 40.8	+ 3 54 24.9	0.408 6699	22	336 35 12.3	− 6 39 11.8	0.385 9153
8	198 03 54.7	+ 3 32 24.1	0.413 7687	23	340 42 00.9	− 6 28 47.8	0.380 1786
9	201 30 54.0	+ 3 10 08.3	0.418 6878	24	344 56 13.8	− 6 16 00.0	0.374 3912
10	204 53 01.5	+ 2 47 43.0	0.423 4136	25	349 18 12.7	− 6 00 40.0	0.368 5835
11	208 10 39.4	+ 2 25 13.2	0.427 9343	26	353 48 18.1	− 5 42 40.1	0.362 7887
12	211 24 08.8	+ 2 02 43.0	0.432 2390	27	358 26 48.7	− 5 21 53.3	0.357 0435
13	214 33 49.7	+ 1 40 16.1	0.436 3185	28	3 14 01.0	− 4 58 14.0	0.351 3875
14	217 40 01.4	+ 1 17 55.7	0.440 1644	29	8 10 08.1	− 4 31 38.9	0.345 8637
15	220 43 02.2	+ 0 55 44.4	0.443 7694	30	13 15 19.2	− 4 02 07.0	0.340 5180
16	223 43 09.8	+ 0 33 44.6	0.447 1272	July 1	18 29 38.2	− 3 29 40.5	0.335 3989
17	226 40 41.0	+ 0 11 58.2	0.450 2321	2	23 53 02.8	− 2 54 26.1	0.330 5570

MERCURY, 2022

HELIOCENTRIC POSITIONS FOR 0ʰ BARYCENTRIC DYNAMICAL TIME
MEAN EQUINOX AND ECLIPTIC OF J2000.0

Date	Longitude	Latitude	True Heliocentric Distance	Date	Longitude	Latitude	True Heliocentric Distance
	° ′ ″	° ′ ″	au		° ′ ″	° ′ ″	au
July 1	18 29 38.2	− 3 29 40.5	0.335 3989	Aug. 16	235 25 26.3	− 0 52 21.4	0.458 0519
2	23 53 02.8	− 2 54 26.1	0.330 5570	17	238 15 03.4	− 1 12 57.2	0.460 0945
3	29 25 23.2	− 2 16 34.8	0.326 0443	18	241 03 19.1	− 1 33 12.4	0.461 8656
4	35 06 21.2	− 1 36 23.1	0.321 9131	19	243 50 26.6	− 1 53 05.7	0.463 3631
5	40 55 29.2	− 0 54 13.4	0.318 2147	20	246 36 39.3	− 2 12 36.2	0.464 5850
6	46 52 09.3	− 0 10 33.6	0.314 9983	21	249 22 09.8	− 2 31 42.7	0.465 5300
7	52 55 32.9	+ 0 34 02.6	0.312 3090	22	252 07 10.8	− 2 50 24.4	0.466 1970
8	59 04 41.0	+ 1 18 56.9	0.310 1868	23	254 51 54.6	− 3 08 40.0	0.466 5852
9	65 18 24.4	+ 2 03 27.3	0.308 6641	24	257 36 33.6	− 3 26 28.6	0.466 6942
10	71 35 25.2	+ 2 46 50.2	0.307 7651	25	260 21 20.0	− 3 43 48.9	0.466 5238
11	77 54 18.7	+ 3 28 22.1	0.307 5045	26	263 06 26.0	− 4 00 39.8	0.466 0743
12	84 13 35.4	+ 4 07 21.4	0.307 8864	27	265 52 03.7	− 4 16 59.9	0.465 3462
13	90 31 44.4	+ 4 43 11.3	0.308 9047	28	268 38 25.5	− 4 32 47.8	0.464 3403
14	96 47 15.6	+ 5 15 20.6	0.310 5428	29	271 25 43.9	− 4 48 01.9	0.463 0577
15	102 58 43.4	+ 5 43 25.7	0.312 7750	30	274 14 11.5	− 5 02 40.5	0.461 4999
16	109 04 49.0	+ 6 07 10.5	0.315 5670	31	277 04 01.0	− 5 16 41.6	0.459 6690
17	115 04 22.4	+ 6 26 27.1	0.318 8781	Sept. 1	279 55 25.7	− 5 30 03.3	0.457 5671
18	120 56 24.5	+ 6 41 15.0	0.322 6622	2	282 48 39.0	− 5 42 43.1	0.455 1970
19	126 40 07.2	+ 6 51 40.1	0.326 8695	3	285 43 54.8	− 5 54 38.6	0.452 5620
20	132 14 54.3	+ 6 57 53.9	0.331 4484	4	288 41 27.4	− 6 05 46.9	0.449 6657
21	137 40 20.7	+ 7 00 11.6	0.336 3465	5	291 41 31.5	− 6 16 04.9	0.446 5127
22	142 56 11.8	+ 6 58 51.5	0.341 5122	6	294 44 22.4	− 6 25 29.3	0.443 1078
23	148 02 22.3	+ 6 54 13.4	0.346 8952	7	297 50 15.9	− 6 33 56.3	0.439 4568
24	152 58 54.6	+ 6 46 37.8	0.352 4474	8	300 59 28.7	− 6 41 21.7	0.435 5662
25	157 45 58.2	+ 6 36 25.3	0.358 1234	9	304 12 17.8	− 6 47 41.0	0.431 4436
26	162 23 47.5	+ 6 23 55.4	0.363 8809	10	307 29 00.9	− 6 52 49.3	0.427 0973
27	166 52 41.1	+ 6 09 26.9	0.369 6807	11	310 49 56.8	− 6 56 41.2	0.422 5371
28	171 13 00.9	+ 5 53 17.0	0.375 4870	12	314 15 24.5	− 6 59 10.9	0.417 7738
29	175 25 10.4	+ 5 35 41.4	0.381 2670	13	317 45 44.0	− 7 00 12.0	0.412 8197
30	179 29 34.7	+ 5 16 54.3	0.386 9909	14	321 21 16.0	− 6 59 37.7	0.407 6887
31	183 26 39.7	+ 4 57 08.6	0.392 6321	15	325 02 21.7	− 6 57 20.7	0.402 3966
Aug. 1	187 16 51.3	+ 4 36 35.3	0.398 1664	16	328 49 22.9	− 6 53 13.3	0.396 9607
2	191 00 35.2	+ 4 15 24.4	0.403 5722	17	332 42 41.9	− 6 47 07.4	0.391 4011
3	194 38 16.7	+ 3 53 44.5	0.408 8304	18	336 42 41.1	− 6 38 54.6	0.385 7396
4	198 10 20.5	+ 3 31 43.2	0.413 9238	19	340 49 43.1	− 6 28 26.3	0.380 0010
5	201 37 10.4	+ 3 09 27.0	0.418 8371	20	345 04 10.0	− 6 15 34.0	0.374 2126
6	204 59 09.3	+ 2 47 01.5	0.423 5568	21	349 26 23.6	− 6 00 09.2	0.368 4049
7	208 16 39.2	+ 2 24 31.6	0.428 0709	22	353 56 44.3	− 5 42 04.2	0.362 6112
8	211 30 01.1	+ 2 02 01.5	0.432 3688	23	358 35 30.7	− 5 21 12.2	0.356 8682
9	214 39 35.3	+ 1 39 34.8	0.436 4411	24	3 22 59.2	− 4 57 27.6	0.351 2157
10	217 45 40.8	+ 1 17 14.7	0.440 2797	25	8 19 23.0	− 4 30 47.0	0.345 6968
11	220 48 36.1	+ 0 55 03.7	0.443 8771	26	13 24 50.9	− 4 01 09.6	0.340 3574
12	223 48 38.6	+ 0 33 04.2	0.447 2272	27	18 39 26.7	− 3 28 37.9	0.335 2462
13	226 46 05.1	+ 0 11 18.3	0.450 3242	28	24 03 07.8	− 2 53 18.4	0.330 4138
14	229 41 11.7	− 0 10 12.3	0.453 1634	29	29 35 44.4	− 2 15 22.5	0.325 9121
15	232 34 13.9	− 0 31 26.0	0.455 7405	30	35 16 57.9	− 1 35 06.9	0.321 7935
16	235 25 26.3	− 0 52 21.4	0.458 0519	Oct. 1	41 06 20.3	− 0 52 54.0	0.318 1094

HELIOCENTRIC POSITIONS FOR 0ʰ BARYCENTRIC DYNAMICAL TIME
MEAN EQUINOX AND ECLIPTIC OF J2000.0

Date		Longitude	Latitude	True Heliocentric Distance	Date		Longitude	Latitude	True Heliocentric Distance
		° ′ ″	° ′ ″	au			° ′ ″	° ′ ″	au
Oct.	1	41 06 20.3	− 0 52 54.0	0.318 1094	Nov.	16	246 41 43.3	− 2 13 11.6	0.464 6189
	2	47 03 13.4	− 0 09 11.9	0.314 9086		17	249 27 12.8	− 2 32 17.5	0.465 5556
	3	53 06 48.4	+ 0 35 25.4	0.312 2363		18	252 12 13.0	− 2 50 58.3	0.466 2143
	4	59 16 05.9	+ 1 20 19.6	0.310 1321		19	254 56 56.5	− 3 09 13.1	0.466 5941
	5	65 29 56.4	+ 2 04 48.6	0.308 6283		20	257 41 35.5	− 3 27 00.8	0.466 6948
	6	71 47 01.8	+ 2 48 08.7	0.307 7489		21	260 26 22.3	− 3 44 20.3	0.466 5161
	7	78 05 57.1	+ 3 29 36.4	0.307 5080		22	263 11 29.0	− 4 01 10.2	0.466 0583
	8	84 25 13.0	+ 4 08 30.5	0.307 9096		23	265 57 07.8	− 4 17 29.4	0.465 3219
	9	90 43 18.3	+ 4 44 14.0	0.308 9472		24	268 43 31.1	− 4 33 16.2	0.464 3078
	10	96 58 43.1	+ 5 16 16.1	0.310 6040		25	271 30 51.4	− 4 48 29.2	0.463 0170
	11	103 10 02.0	+ 5 44 13.3	0.312 8539		26	274 19 21.1	− 5 03 06.7	0.461 4512
	12	109 15 56.3	+ 6 07 50.0	0.315 6625		27	277 09 13.2	− 5 17 06.6	0.459 6122
	13	115 15 16.6	+ 6 26 58.3	0.318 9888		28	280 00 40.9	− 5 30 27.0	0.457 5023
	14	121 07 03.8	+ 6 41 38.1	0.322 7865		29	282 53 57.6	− 5 43 05.5	0.455 1244
	15	126 50 30.4	+ 6 51 55.3	0.327 0059		30	285 49 17.2	− 5 54 59.6	0.452 4816
	16	132 25 00.5	+ 6 58 01.5	0.331 5953	Dec.	1	288 46 53.9	− 6 06 06.4	0.449 5778
	17	137 50 09.3	+ 7 00 12.3	0.336 5023		2	291 47 02.7	− 6 16 22.8	0.446 4172
	18	143 05 42.6	+ 6 58 45.8	0.341 6754		3	294 49 58.7	− 6 25 45.5	0.443 0050
	19	148 11 35.1	+ 6 54 02.0	0.347 0642		4	297 55 57.8	− 6 34 10.6	0.439 3469
	20	153 07 49.8	+ 6 46 21.3	0.352 6207		5	301 05 16.6	− 6 41 34.0	0.435 4494
	21	157 54 36.1	+ 6 36 04.3	0.358 2997		6	304 18 12.3	− 6 47 51.3	0.431 3200
	22	162 32 08.6	+ 6 23 30.5	0.364 0590		7	307 35 02.6	− 6 52 57.3	0.426 9674
	23	167 00 46.2	+ 6 08 58.7	0.369 8595		8	310 56 06.0	− 6 56 46.8	0.422 4010
	24	171 20 50.4	+ 5 52 45.9	0.375 6653		9	314 21 42.0	− 6 59 13.9	0.417 6319
	25	175 32 45.3	+ 5 35 07.9	0.381 4439		10	317 52 10.3	− 7 00 12.2	0.412 6724
	26	179 36 55.8	+ 5 16 18.9	0.387 1656		11	321 27 51.7	− 6 59 34.9	0.407 5364
	27	183 33 47.7	+ 4 56 31.5	0.392 8037		12	325 09 07.5	− 6 57 14.6	0.402 2397
	28	187 23 47.0	+ 4 35 56.9	0.398 3343		13	328 56 19.4	− 6 53 03.8	0.396 7999
	29	191 07 19.5	+ 4 14 45.0	0.403 7359		14	332 49 49.7	− 6 46 54.2	0.391 2369
	30	194 44 50.3	+ 3 53 04.4	0.408 9892		15	336 50 00.9	− 6 38 37.5	0.385 5727
	31	198 16 44.2	+ 3 31 02.6	0.414 0772		16	340 57 15.6	− 6 28 05.0	0.379 8321
Nov.	1	201 43 24.8	+ 3 08 46.0	0.418 9848		17	345 11 55.9	− 6 15 08.2	0.374 0427
	2	205 05 15.1	+ 2 46 20.3	0.423 6983		18	349 34 23.4	− 5 59 38.7	0.368 2348
	3	208 22 37.2	+ 2 23 50.3	0.428 2059		19	354 04 58.5	− 5 41 28.8	0.362 4419
	4	211 35 51.9	+ 2 01 20.3	0.432 4970		20	358 44 00.0	− 5 20 31.7	0.356 7008
	5	214 45 19.4	+ 1 38 53.7	0.436 5623		21	3 31 44.0	− 4 56 41.9	0.351 0515
	6	217 51 18.8	+ 1 16 33.8	0.440 3935		22	8 28 23.6	− 4 29 56.1	0.345 5370
	7	220 54 08.6	+ 0 54 23.1	0.443 9835		23	13 34 07.6	− 4 00 13.5	0.340 2035
	8	223 54 06.1	+ 0 32 24.0	0.447 3259		24	18 48 59.4	− 3 27 36.6	0.335 0996
	9	226 51 28.1	+ 0 10 38.6	0.450 4151		25	24 12 56.5	− 2 52 12.3	0.330 2759
	10	229 46 30.7	− 0 10 51.5	0.453 2464		26	29 45 48.6	− 2 14 12.0	0.325 7846
	11	232 39 29.3	− 0 32 04.7	0.455 8155		27	35 27 17.0	− 1 33 52.6	0.321 6779
	12	235 30 38.7	− 0 52 59.5	0.458 1188		28	41 16 53.3	− 0 51 36.6	0.318 0070
	13	238 20 13.1	− 1 13 34.8	0.460 1533		29	47 13 59.2	− 0 07 52.4	0.314 8209
	14	241 08 26.5	− 1 33 49.3	0.461 9162		30	53 17 45.3	+ 0 36 46.0	0.312 1646
	15	243 55 32.2	− 1 53 41.9	0.463 4053		31	59 27 12.0	+ 1 21 40.0	0.310 0775
	16	246 41 43.3	− 2 13 11.6	0.464 6189		32	65 41 09.7	+ 2 06 07.6	0.308 5916

VENUS, 2022

HELIOCENTRIC POSITIONS FOR 0ʰ BARYCENTRIC DYNAMICAL TIME
MEAN EQUINOX AND ECLIPTIC OF J2000.0

Date	Longitude	Latitude	True Heliocentric Distance	Date	Longitude	Latitude	True Heliocentric Distance
	° ′ ″	° ′ ″	au		° ′ ″	° ′ ″	au
Jan. −1	92 10 48.5	+ 0 54 41.5	0.719 5434	Apr. 1	240 50 52.4	+ 0 55 24.7	0.724 9298
1	95 24 51.3	+ 1 05 41.0	0.719 3753	3	244 01 54.9	+ 0 44 25.7	0.725 1850
3	98 39 00.8	+ 1 16 28.2	0.719 2197	5	247 12 48.4	+ 0 33 19.0	0.725 4344
5	101 53 16.7	+ 1 27 01.1	0.719 0772	7	250 23 33.5	+ 0 22 06.6	0.725 6771
7	105 07 38.9	+ 1 37 17.5	0.718 9482	9	253 34 10.5	+ 0 10 50.6	0.725 9124
9	108 22 06.9	+ 1 47 15.5	0.718 8332	11	256 44 40.0	− 0 00 27.0	0.726 1395
11	111 36 40.5	+ 1 56 53.0	0.718 7324	13	259 55 02.5	− 0 11 44.1	0.726 3579
13	114 51 19.4	+ 2 06 08.3	0.718 6463	15	263 05 18.5	− 0 22 58.7	0.726 5668
15	118 06 03.0	+ 2 14 59.4	0.718 5752	17	266 15 28.6	− 0 34 08.6	0.726 7656
17	121 20 51.1	+ 2 23 24.7	0.718 5192	19	269 25 33.4	− 0 45 12.0	0.726 9536
19	124 35 43.0	+ 2 31 22.4	0.718 4785	21	272 35 33.4	− 0 56 06.7	0.727 1304
21	127 50 38.3	+ 2 38 51.0	0.718 4533	23	275 45 29.2	− 1 06 50.9	0.727 2953
23	131 05 36.5	+ 2 45 49.1	0.718 4436	25	278 55 21.5	− 1 17 22.5	0.727 4479
25	134 20 36.9	+ 2 52 15.2	0.718 4495	27	282 05 10.7	− 1 27 39.7	0.727 5878
27	137 35 38.9	+ 2 58 08.1	0.718 4710	29	285 14 57.4	− 1 37 40.7	0.727 7144
29	140 50 42.0	+ 3 03 26.6	0.718 5079	May 1	288 24 42.3	− 1 47 23.7	0.727 8274
31	144 05 45.4	+ 3 08 09.7	0.718 5601	3	291 34 25.8	− 1 56 46.8	0.727 9265
Feb. 2	147 20 48.6	+ 3 12 16.5	0.718 6276	5	294 44 08.5	− 2 05 48.6	0.728 0114
4	150 35 50.7	+ 3 15 46.2	0.718 7100	7	297 53 50.9	− 2 14 27.2	0.728 0818
6	153 50 51.1	+ 3 18 38.2	0.718 8070	9	301 03 33.5	− 2 22 41.2	0.728 1375
8	157 05 49.2	+ 3 20 51.8	0.718 9185	11	304 13 16.9	− 2 30 29.1	0.728 1784
10	160 20 44.1	+ 3 22 26.8	0.719 0439	13	307 23 01.4	− 2 37 49.5	0.728 2043
12	163 35 35.3	+ 3 23 22.8	0.719 1829	15	310 32 47.5	− 2 44 41.1	0.728 2152
14	166 50 21.9	+ 3 23 39.7	0.719 3351	17	313 42 35.5	− 2 51 02.7	0.728 2109
16	170 05 03.4	+ 3 23 17.5	0.719 4998	19	316 52 26.0	− 2 56 53.0	0.728 1917
18	173 19 39.0	+ 3 22 16.3	0.719 6767	21	320 02 19.2	− 3 02 11.0	0.728 1574
20	176 34 08.2	+ 3 20 36.4	0.719 8651	23	323 12 15.5	− 3 06 55.8	0.728 1082
22	179 48 30.3	+ 3 18 18.2	0.720 0645	25	326 22 15.1	− 3 11 06.4	0.728 0443
24	183 02 44.7	+ 3 15 22.1	0.720 2741	27	329 32 18.5	− 3 14 42.1	0.727 9659
26	186 16 51.0	+ 3 11 48.8	0.720 4933	29	332 42 25.7	− 3 17 42.3	0.727 8731
28	189 30 48.5	+ 3 07 39.1	0.720 7214	31	335 52 37.1	− 3 20 06.3	0.727 7663
Mar. 2	192 44 36.9	+ 3 02 53.8	0.720 9576	June 2	339 02 52.9	− 3 21 53.6	0.727 6458
4	195 58 15.8	+ 2 57 34.0	0.721 2013	4	342 13 13.3	− 3 23 04.0	0.727 5120
6	199 11 44.7	+ 2 51 40.7	0.721 4515	6	345 23 38.4	− 3 23 37.1	0.727 3652
8	202 25 03.4	+ 2 45 15.1	0.721 7076	8	348 34 08.4	− 3 23 32.8	0.727 2060
10	205 38 11.6	+ 2 38 18.5	0.721 9687	10	351 44 43.5	− 3 22 51.1	0.727 0347
12	208 51 09.2	+ 2 30 52.4	0.722 2340	12	354 55 23.7	− 3 21 32.0	0.726 8520
14	212 03 55.9	+ 2 22 58.1	0.722 5027	14	358 06 09.3	− 3 19 35.7	0.726 6583
16	215 16 31.7	+ 2 14 37.3	0.722 7738	16	1 17 00.2	− 3 17 02.6	0.726 4543
18	218 28 56.5	+ 2 05 51.5	0.723 0465	18	4 27 56.6	− 3 13 53.0	0.726 2405
20	221 41 10.4	+ 1 56 42.6	0.723 3201	20	7 38 58.7	− 3 10 07.5	0.726 0177
22	224 53 13.5	+ 1 47 12.2	0.723 5935	22	10 50 06.4	− 3 05 46.6	0.725 7865
24	228 05 05.8	+ 1 37 22.3	0.723 8660	24	14 01 19.8	− 3 00 51.2	0.725 5476
26	231 16 47.6	+ 1 27 14.6	0.724 1367	26	17 12 39.1	− 2 55 22.0	0.725 3018
28	234 28 19.1	+ 1 16 51.1	0.724 4048	28	20 24 04.3	− 2 49 20.1	0.725 0497
30	237 39 40.6	+ 1 06 13.8	0.724 6695	30	23 35 35.5	− 2 42 46.5	0.724 7922
Apr. 1	240 50 52.4	+ 0 55 24.7	0.724 9298	July 2	26 47 12.8	− 2 35 42.2	0.724 5301

HELIOCENTRIC POSITIONS FOR 0ʰ BARYCENTRIC DYNAMICAL TIME
MEAN EQUINOX AND ECLIPTIC OF J2000.0

Date		Longitude	Latitude	True Heliocentric Distance	Date		Longitude	Latitude	True Heliocentric Distance
		° ′ ″	° ′ ″	au			° ′ ″	° ′ ″	au
July	2	26 47 12.8	− 2 35 42.2	0.724 5301	Oct.	2	175 26 06.8	+ 3 21 15.8	0.719 8032
	4	29 58 56.3	− 2 28 08.7	0.724 2642		4	178 40 31.3	+ 3 19 10.8	0.719 9988
	6	33 10 46.0	− 2 20 07.2	0.723 9952		6	181 54 48.3	+ 3 16 27.9	0.720 2049
	8	36 22 42.0	− 2 11 39.1	0.723 7241		8	185 08 57.3	+ 3 13 07.6	0.720 4208
	10	39 34 44.5	− 2 02 46.1	0.723 4516		10	188 22 57.7	+ 3 09 10.5	0.720 6458
	12	42 46 53.4	− 1 53 29.7	0.723 1786		12	191 36 49.2	+ 3 04 37.6	0.720 8792
	14	45 59 09.0	− 1 43 51.6	0.722 9061		14	194 50 31.3	+ 2 59 29.7	0.721 1203
	16	49 11 31.3	− 1 33 53.6	0.722 6347		16	198 04 03.6	+ 2 53 48.0	0.721 3683
	18	52 24 00.4	− 1 23 37.4	0.722 3654		18	201 17 25.8	+ 2 47 33.5	0.721 6224
	20	55 36 36.3	− 1 13 05.1	0.722 0990		20	204 30 37.5	+ 2 40 47.6	0.721 8818
	22	58 49 19.2	− 1 02 18.6	0.721 8364		22	207 43 38.7	+ 2 33 31.6	0.722 1456
	24	62 02 09.1	− 0 51 19.8	0.721 5783		24	210 56 29.1	+ 2 25 47.0	0.722 4131
	26	65 15 06.0	− 0 40 10.9	0.721 3257		26	214 09 08.6	+ 2 17 35.3	0.722 6834
	28	68 28 10.1	− 0 28 53.9	0.721 0792		28	217 21 37.1	+ 2 08 58.1	0.722 9557
	30	71 41 21.4	− 0 17 31.0	0.720 8397		30	220 33 54.7	+ 1 59 57.1	0.723 2290
Aug.	1	74 54 39.9	− 0 06 04.3	0.720 6080	Nov.	1	223 46 01.5	+ 1 50 34.0	0.723 5025
	3	78 08 05.5	+ 0 05 24.0	0.720 3848		3	226 57 57.5	+ 1 40 50.7	0.723 7754
	5	81 21 38.3	+ 0 16 51.7	0.720 1707		5	230 09 42.8	+ 1 30 49.0	0.724 0469
	7	84 35 18.3	+ 0 28 16.5	0.719 9666		7	233 21 17.8	+ 1 20 30.8	0.724 3160
	9	87 49 05.3	+ 0 39 36.4	0.719 7730		9	236 32 42.7	+ 1 09 58.1	0.724 5819
	11	91 02 59.2	+ 0 50 49.0	0.719 5905		11	239 43 57.7	+ 0 59 12.9	0.724 8438
	13	94 17 00.0	+ 1 01 52.3	0.719 4199		13	242 55 03.3	+ 0 48 17.2	0.725 1010
	15	97 31 07.4	+ 1 12 44.1	0.719 2615		15	246 05 59.8	+ 0 37 13.0	0.725 3525
	17	100 45 21.4	+ 1 23 22.2	0.719 1159		17	249 16 47.7	+ 0 26 02.3	0.725 5977
	19	103 59 41.5	+ 1 33 44.5	0.718 9836		19	252 27 27.3	+ 0 14 47.3	0.725 8357
	21	107 14 07.6	+ 1 43 49.2	0.718 8651		21	255 37 59.3	+ 0 03 30.0	0.726 0659
	23	110 28 39.4	+ 1 53 34.1	0.718 7607		23	258 48 24.1	− 0 07 47.5	0.726 2875
	25	113 43 16.5	+ 2 02 57.3	0.718 6707		25	261 58 42.2	− 0 19 03.2	0.726 4999
	27	116 57 58.5	+ 2 11 57.0	0.718 5954		27	265 08 54.2	− 0 30 15.0	0.726 7023
	29	120 12 45.0	+ 2 20 31.5	0.718 5351		29	268 19 00.6	− 0 41 20.8	0.726 8943
	31	123 27 35.5	+ 2 28 39.0	0.718 4901	Dec.	1	271 29 02.1	− 0 52 18.8	0.727 0751
Sept.	2	126 42 29.6	+ 2 36 17.9	0.718 4603		3	274 38 59.2	− 1 03 06.9	0.727 2443
	4	129 57 26.6	+ 2 43 26.8	0.718 4460		5	277 48 52.5	− 1 13 43.1	0.727 4014
	6	133 12 26.2	+ 2 50 04.2	0.718 4472		7	280 58 42.6	− 1 24 05.6	0.727 5458
	8	136 27 27.5	+ 2 56 08.8	0.718 4639		9	284 08 29.9	− 1 34 12.4	0.727 6772
	10	139 42 30.2	+ 3 01 39.4	0.718 4959		11	287 18 15.2	− 1 44 01.9	0.727 7951
	12	142 57 33.4	+ 3 06 35.0	0.718 5434		13	290 27 59.0	− 1 53 32.2	0.727 8991
	14	146 12 36.5	+ 3 10 54.6	0.718 6059		15	293 37 41.8	− 2 02 41.6	0.727 9891
	16	149 27 38.8	+ 3 14 37.3	0.718 6835		17	296 47 24.1	− 2 11 28.5	0.728 0646
	18	152 42 39.7	+ 3 17 42.5	0.718 7758		19	299 57 06.4	− 2 19 51.3	0.728 1255
	20	155 57 38.5	+ 3 20 09.6	0.718 8825		21	303 06 49.3	− 2 27 48.5	0.728 1716
	22	159 12 34.4	+ 3 21 58.1	0.719 0033		23	306 16 33.1	− 2 35 18.7	0.728 2027
	24	162 27 26.7	+ 3 23 07.7	0.719 1378		25	309 26 18.4	− 2 42 20.5	0.728 2188
	26	165 42 14.8	+ 3 23 38.3	0.719 2855		27	312 36 05.6	− 2 48 52.7	0.728 2198
	28	168 56 57.9	+ 3 23 29.8	0.719 4460		29	315 45 55.0	− 2 54 54.0	0.728 2057
	30	172 11 35.5	+ 3 22 42.2	0.719 6188		31	318 55 47.0	− 3 00 23.5	0.728 1765
Oct.	2	175 26 06.8	+ 3 21 15.8	0.719 8032		33	322 05 42.0	− 3 05 20.0	0.728 1324

MARS, 2022

HELIOCENTRIC POSITIONS FOR 0ʰ BARYCENTRIC DYNAMICAL TIME
MEAN EQUINOX AND ECLIPTIC OF J2000.0

Date		Longitude	Latitude	True Heliocentric Distance	Date		Longitude	Latitude	True Heliocentric Distance
		° ′ ″	° ′ ″	au			° ′ ″	° ′ ″	au
Jan.	−3	233 37 04.0	− 0 07 59.0	1.541 7551	June	30	341 35 04.3	− 1 42 44.3	1.381 8223
	1	235 39 42.5	− 0 11 55.4	1.536 6332	July	4	344 07 19.0	− 1 40 47.6	1.382 4272
	5	237 43 10.4	− 0 15 52.6	1.531 4769		8	346 39 23.9	− 1 38 39.1	1.383 2616
	9	239 47 28.7	− 0 19 50.0	1.526 2928		12	349 11 15.9	− 1 36 19.2	1.384 3237
	13	241 52 37.9	− 0 23 47.5	1.521 0873		16	351 42 52.1	− 1 33 48.4	1.385 6110
	17	243 58 38.9	− 0 27 44.8	1.515 8673		20	354 14 09.6	− 1 31 06.9	1.387 1206
	21	246 05 32.4	− 0 31 41.4	1.510 6398		24	356 45 05.6	− 1 28 15.3	1.388 8490
	25	248 13 18.9	− 0 35 37.1	1.505 4118		28	359 15 37.2	− 1 25 14.0	1.390 7926
	29	250 21 59.0	− 0 39 31.4	1.500 1905	Aug.	1	1 45 41.8	− 1 22 03.4	1.392 9468
Feb.	2	252 31 33.2	− 0 43 24.0	1.494 9834		5	4 15 16.9	− 1 18 44.1	1.395 3071
	6	254 42 01.8	− 0 47 14.4	1.489 7980		9	6 44 20.0	− 1 15 16.7	1.397 8681
	10	256 53 25.2	− 0 51 02.4	1.484 6419		13	9 12 48.7	− 1 11 41.5	1.400 6244
	14	259 05 43.7	− 0 54 47.4	1.479 5228		17	11 40 40.9	− 1 07 59.3	1.403 5701
	18	261 18 57.3	− 0 58 29.0	1.474 4488		21	14 07 54.3	− 1 04 10.6	1.406 6989
	22	263 33 06.1	− 1 02 06.9	1.469 4276		25	16 34 27.0	− 1 00 15.9	1.410 0043
	26	265 48 10.1	− 1 05 40.5	1.464 4674		29	19 00 17.1	− 0 56 15.8	1.413 4794
Mar.	2	268 04 09.1	− 1 09 09.4	1.459 5763	Sept.	2	21 25 23.0	− 0 52 10.8	1.417 1171
	6	270 21 02.9	− 1 12 33.1	1.454 7623		6	23 49 43.0	− 0 48 01.6	1.420 9102
	10	272 38 51.1	− 1 15 51.2	1.450 0337		10	26 13 15.7	− 0 43 48.8	1.424 8511
	14	274 57 33.3	− 1 19 03.3	1.445 3986		14	28 35 59.7	− 0 39 32.8	1.428 9321
	18	277 17 08.8	− 1 22 08.7	1.440 8653		18	30 57 53.9	− 0 35 14.2	1.433 1454
	22	279 37 36.8	− 1 25 07.1	1.436 4418		22	33 18 57.2	− 0 30 53.6	1.437 4830
	26	281 58 56.6	− 1 27 58.0	1.432 1363		26	35 39 08.7	− 0 26 31.5	1.441 9369
	30	284 21 07.2	− 1 30 40.9	1.427 9568		30	37 58 27.6	− 0 22 08.4	1.446 4989
Apr.	3	286 44 07.4	− 1 33 15.4	1.423 9111	Oct.	4	40 16 53.2	− 0 17 44.9	1.451 1609
	7	289 07 56.0	− 1 35 40.9	1.420 0071		8	42 34 24.9	− 0 13 21.3	1.455 9146
	11	291 32 31.7	− 1 37 57.2	1.416 2524		12	44 51 02.3	− 0 08 58.2	1.460 7519
	15	293 57 52.8	− 1 40 03.6	1.412 6545		16	47 06 45.1	− 0 04 36.0	1.465 6646
	19	296 23 57.7	− 1 41 59.9	1.409 2206		20	49 21 33.1	− 0 00 15.1	1.470 6445
	23	298 50 44.7	− 1 43 45.7	1.405 9578		24	51 35 26.2	+ 0 04 04.0	1.475 6834
	27	301 18 11.9	− 1 45 20.5	1.402 8727		28	53 48 24.2	+ 0 08 21.0	1.480 7734
May	1	303 46 17.1	− 1 46 44.0	1.399 9719	Nov.	1	56 00 27.5	+ 0 12 35.5	1.485 9065
	5	306 14 58.2	− 1 47 55.9	1.397 2616		5	58 11 36.0	+ 0 16 47.1	1.491 0748
	9	308 44 13.0	− 1 48 55.8	1.394 7475		9	60 21 50.1	+ 0 20 55.5	1.496 2706
	13	311 13 59.0	− 1 49 43.7	1.392 4352		13	62 31 10.1	+ 0 25 00.4	1.501 4861
	17	313 44 13.6	− 1 50 19.1	1.390 3297		17	64 39 36.5	+ 0 29 01.6	1.506 7140
	21	316 14 54.4	− 1 50 41.9	1.388 4357		21	66 47 09.6	+ 0 32 58.6	1.511 9467
	25	318 45 58.5	− 1 50 52.0	1.386 7574		25	68 53 50.2	+ 0 36 51.3	1.517 1772
	29	321 17 23.1	− 1 50 49.3	1.385 2986		29	70 59 38.7	+ 0 40 39.5	1.522 3982
June	2	323 49 05.5	− 1 50 33.6	1.384 0626	Dec.	3	73 04 35.8	+ 0 44 22.8	1.527 6029
	6	326 21 02.6	− 1 50 05.0	1.383 0522		7	75 08 42.4	+ 0 48 01.2	1.532 7846
	10	328 53 11.4	− 1 49 23.4	1.382 2698		11	77 11 59.1	+ 0 51 34.3	1.537 9365
	14	331 25 28.9	− 1 48 28.9	1.381 7172		15	79 14 26.9	+ 0 55 02.2	1.543 0524
	18	333 57 52.1	− 1 47 21.6	1.381 3957		19	81 16 06.5	+ 0 58 24.5	1.548 1260
	22	336 30 17.8	− 1 46 01.6	1.381 3059		23	83 16 58.8	+ 1 01 41.1	1.553 1512
	26	339 02 42.9	− 1 44 29.1	1.381 4482		27	85 17 04.9	+ 1 04 52.0	1.558 1222
	30	341 35 04.3	− 1 42 44.3	1.381 8223		31	87 16 25.7	+ 1 07 56.9	1.563 0332

JUPITER, SATURN, URANUS, NEPTUNE, 2022

HELIOCENTRIC POSITIONS FOR 0ʰ BARYCENTRIC DYNAMICAL TIME
MEAN EQUINOX AND ECLIPTIC OF J2000.0

JUPITER / SATURN

Date	Longitude	Latitude	True Heliocentric Distance	Date	Longitude	Latitude	True Heliocentric Distance
	° ′ ″	° ′ ″	au		° ′ ″	° ′ ″	au
Jan. −9	338 01 46.0	− 1 05 58.7	4.994 873	Jan. −9	314 15 19.7	− 0 52 39.7	9.921 937
1	338 55 49.5	− 1 06 37.8	4.992 749	1	314 33 53.4	− 0 53 24.9	9.919 853
11	339 49 55.8	− 1 07 16.0	4.990 673	11	314 52 27.5	− 0 54 10.1	9.917 756
21	340 44 04.8	− 1 07 53.2	4.988 644	21	315 11 02.2	− 0 54 55.1	9.915 646
31	341 38 16.4	− 1 08 29.5	4.986 664	31	315 29 37.3	− 0 55 40.1	9.913 524
Feb. 10	342 32 30.5	− 1 09 04.7	4.984 733	Feb. 10	315 48 12.9	− 0 56 25.0	9.911 389
20	343 26 47.2	− 1 09 38.9	4.982 851	20	316 06 49.0	− 0 57 09.8	9.909 242
Mar. 2	344 21 06.3	− 1 10 12.1	4.981 020	Mar. 2	316 25 25.6	− 0 57 54.5	9.907 083
12	345 15 27.8	− 1 10 44.3	4.979 239	12	316 44 02.7	− 0 58 39.1	9.904 912
22	346 09 51.6	− 1 11 15.5	4.977 509	22	317 02 40.3	− 0 59 23.7	9.902 728
Apr. 1	347 04 17.7	− 1 11 45.6	4.975 830	Apr. 1	317 21 18.4	− 1 00 08.2	9.900 532
11	347 58 45.9	− 1 12 14.6	4.974 204	11	317 39 57.0	− 1 00 52.5	9.898 323
21	348 53 16.3	− 1 12 42.6	4.972 629	21	317 58 36.1	− 1 01 36.9	9.896 102
May 1	349 47 48.8	− 1 13 09.4	4.971 107	May 1	318 17 15.7	− 1 02 21.1	9.893 870
11	350 42 23.2	− 1 13 35.2	4.969 638	11	318 35 55.8	− 1 03 05.2	9.891 625
21	351 36 59.6	− 1 13 59.9	4.968 223	21	318 54 36.5	− 1 03 49.2	9.889 368
31	352 31 37.8	− 1 14 23.5	4.966 861	31	319 13 17.6	− 1 04 33.2	9.887 099
June 10	353 26 17.7	− 1 14 46.0	4.965 553	June 10	319 31 59.3	− 1 05 17.0	9.884 818
20	354 20 59.4	− 1 15 07.4	4.964 300	20	319 50 41.5	− 1 06 00.7	9.882 525
30	355 15 42.7	− 1 15 27.6	4.963 101	30	320 09 24.2	− 1 06 44.4	9.880 220
July 10	356 10 27.6	− 1 15 46.7	4.961 957	July 10	320 28 07.5	− 1 07 27.9	9.877 904
20	357 05 14.0	− 1 16 04.6	4.960 869	20	320 46 51.3	− 1 08 11.4	9.875 576
30	358 00 01.8	− 1 16 21.4	4.959 836	30	321 05 35.6	− 1 08 54.7	9.873 237
Aug. 9	358 54 50.9	− 1 16 37.0	4.958 859	Aug. 9	321 24 20.4	− 1 09 38.0	9.870 886
19	359 49 41.2	− 1 16 51.5	4.957 938	19	321 43 05.8	− 1 10 21.1	9.868 524
29	0 44 32.8	− 1 17 04.8	4.957 074	29	322 01 51.7	− 1 11 04.2	9.866 150
Sept. 8	1 39 25.5	− 1 17 16.9	4.956 267	Sept. 8	322 20 38.1	− 1 11 47.1	9.863 766
18	2 34 19.2	− 1 17 27.8	4.955 517	18	322 39 25.1	− 1 12 29.9	9.861 371
28	3 29 13.8	− 1 17 37.6	4.954 824	28	322 58 12.7	− 1 13 12.6	9.858 965
Oct. 8	4 24 09.4	− 1 17 46.2	4.954 188	Oct. 8	323 17 00.8	− 1 13 55.3	9.856 547
18	5 19 05.7	− 1 17 53.6	4.953 610	18	323 35 49.5	− 1 14 37.7	9.854 120
28	6 14 02.8	− 1 17 59.8	4.953 089	28	323 54 38.7	− 1 15 20.1	9.851 681
Nov. 7	7 09 00.6	− 1 18 04.8	4.952 627	Nov. 7	324 13 28.4	− 1 16 02.4	9.849 232
17	8 03 58.9	− 1 18 08.6	4.952 222	17	324 32 18.8	− 1 16 44.5	9.846 772
27	8 58 57.7	− 1 18 11.2	4.951 876	27	324 51 09.7	− 1 17 26.6	9.844 302
Dec. 7	9 53 57.0	− 1 18 12.6	4.951 588	Dec. 7	325 10 01.2	− 1 18 08.5	9.841 821
17	10 48 56.5	− 1 18 12.8	4.951 357	17	325 28 53.2	− 1 18 50.3	9.839 330
27	11 43 56.4	− 1 18 11.8	4.951 186	27	325 47 45.8	− 1 19 32.0	9.836 829
37	12 38 56.4	− 1 18 09.6	4.951 072	37	326 06 39.0	− 1 20 13.5	9.834 317

URANUS / NEPTUNE

Date	Longitude	Latitude	True Heliocentric Distance	Date	Longitude	Latitude	True Heliocentric Distance
	° ′ ″	° ′ ″	au		° ′ ″	° ′ ″	au
Jan. −19	42 53 23.7	− 0 23 56.9	19.725 52	Jan. −19	352 01 09.4	− 1 08 37.6	29.920 65
Jan. 21	43 20 03.0	− 0 23 38.4	19.719 92	Jan. 21	352 15 41.9	− 1 08 58.1	29.919 87
Mar. 2	43 46 43.3	− 0 23 19.9	19.714 28	Mar. 2	352 30 14.5	− 1 09 18.5	29.919 07
Apr. 11	44 13 24.7	− 0 23 01.3	19.708 60	Apr. 11	352 44 47.2	− 1 09 38.9	29.918 26
May 21	44 40 07.3	− 0 22 42.5	19.702 88	May 21	352 59 20.0	− 1 09 59.2	29.917 43
June 30	45 06 50.9	− 0 22 23.7	19.697 11	June 30	353 13 52.8	− 1 10 19.4	29.916 60
Aug. 9	45 33 35.6	− 0 22 04.8	19.691 31	Aug. 9	353 28 25.7	− 1 10 39.6	29.915 74
Sept. 18	46 00 21.5	− 0 21 45.8	19.685 45	Sept. 18	353 42 58.6	− 1 10 59.6	29.914 88
Oct. 28	46 27 08.4	− 0 21 26.6	19.679 56	Oct. 28	353 57 31.6	− 1 11 19.6	29.914 00
Dec. 7	46 53 56.4	− 0 21 07.4	19.673 62	Dec. 7	354 12 04.6	− 1 11 39.5	29.913 10
Dec. 47	47 20 45.6	− 0 20 48.1	19.667 64	Dec. 47	354 26 37.6	− 1 11 59.4	29.912 19

MERCURY, 2022

GEOCENTRIC COORDINATES FOR 0ʰ TERRESTRIAL TIME

Date	Apparent Right Ascension	Apparent Declination	True Geocentric Distance	Date	Apparent Right Ascension	Apparent Declination	True Geocentric Distance
	h m s	° ′ ″	au		h m s	° ′ ″	au
Jan. 0	19 56 41.062	−22 40 49.89	1.162 7836	Feb. 15	20 08 30.353	−19 32 11.31	0.945 9154
1	20 02 42.750	−22 18 27.27	1.141 5564	16	20 12 34.349	−19 30 22.34	0.962 1855
2	20 08 33.240	−21 54 57.11	1.119 4771	17	20 16 49.840	−19 27 18.41	0.978 2099
3	20 14 10.832	−21 30 26.45	1.096 5662	18	20 21 15.814	−19 22 58.89	0.993 9727
4	20 19 33.612	−21 05 03.73	1.072 8563	19	20 25 51.356	−19 17 23.25	1.009 4614
5	20 24 39.445	−20 38 58.98	1.048 3949	20	20 30 35.637	−19 10 31.06	1.024 6660
6	20 29 25.956	−20 12 23.92	1.023 2471	21	20 35 27.906	−19 02 21.98	1.039 5789
7	20 33 50.534	−19 45 32.14	0.997 4984	22	20 40 27.484	−18 52 55.76	1.054 1944
8	20 37 50.334	−19 18 39.16	0.971 2575	23	20 45 33.758	−18 42 12.23	1.068 5080
9	20 41 22.302	−18 52 02.48	0.944 6589	24	20 50 46.172	−18 30 11.27	1.082 5168
10	20 44 23.217	−18 26 01.49	0.917 8652	25	20 56 04.223	−18 16 52.85	1.096 2185
11	20 46 49.772	−18 00 57.24	0.891 0683	26	21 01 27.457	−18 02 16.97	1.109 6117
12	20 48 38.674	−17 37 12.08	0.864 4899	27	21 06 55.464	−17 46 23.69	1.122 6957
13	20 49 46.801	−17 15 09.05	0.838 3799	28	21 12 27.877	−17 29 13.09	1.135 4701
14	20 50 11.394	−16 55 11.09	0.813 0131	Mar. 1	21 18 04.365	−17 10 45.31	1.147 9345
15	20 49 50.294	−16 37 40.00	0.788 6843	2	21 23 44.638	−16 51 00.50	1.160 0891
16	20 48 42.208	−16 22 55.27	0.765 6997	3	21 29 28.437	−16 29 58.82	1.171 9338
17	20 46 46.998	−16 11 12.76	0.744 3674	4	21 35 15.538	−16 07 40.48	1.183 4682
18	20 44 05.943	−16 02 43.41	0.724 9852	5	21 41 05.745	−15 44 05.69	1.194 6920
19	20 40 41.951	−15 57 32.22	0.707 8269	6	21 46 58.892	−15 19 14.68	1.205 6040
20	20 36 39.659	−15 55 37.52	0.693 1290	7	21 52 54.835	−14 53 07.73	1.216 2029
21	20 32 05.389	−15 56 50.90	0.681 0779	8	21 58 53.458	−14 25 45.09	1.226 4863
22	20 27 06.928	−16 00 57.68	0.671 7996	9	22 04 54.663	−13 57 07.07	1.236 4513
23	20 21 53.134	−16 07 38.11	0.665 3536	10	22 10 58.376	−13 27 13.96	1.246 0938
24	20 16 33.414	−16 16 28.89	0.661 7309	11	22 17 04.542	−12 56 06.09	1.255 4088
25	20 11 17.132	−16 27 05.00	0.660 8570	12	22 23 13.127	−12 23 43.80	1.264 3902
26	20 06 13.048	−16 39 01.41	0.662 6005	13	22 29 24.114	−11 50 07.44	1.273 0303
27	20 01 28.851	−16 51 54.45	0.666 7829	14	22 35 37.503	−11 15 17.41	1.281 3203
28	19 57 10.843	−17 05 22.73	0.673 1926	15	22 41 53.313	−10 39 14.13	1.289 2496
29	19 53 23.795	−17 19 07.60	0.681 5972	16	22 48 11.579	−10 01 58.03	1.296 8058
30	19 50 10.963	−17 32 53.29	0.691 7561	17	22 54 32.350	− 9 23 29.61	1.303 9746
31	19 47 34.209	−17 46 26.64	0.703 4303	18	23 00 55.693	− 8 43 49.41	1.310 7397
Feb. 1	19 45 34.207	−17 59 36.85	0.716 3903	19	23 07 21.687	− 8 02 58.04	1.317 0824
2	19 44 10.676	−18 12 15.02	0.730 4216	20	23 13 50.425	− 7 20 56.20	1.322 9814
3	19 43 22.616	−18 24 13.86	0.745 3279	21	23 20 22.010	− 6 37 44.66	1.328 4128
4	19 43 08.514	−18 35 27.36	0.760 9325	22	23 26 56.555	− 5 53 24.36	1.333 3497
5	19 43 26.525	−18 45 50.48	0.777 0791	23	23 33 34.179	− 5 07 56.36	1.337 7623
6	19 44 14.617	−18 55 19.01	0.793 6304	24	23 40 15.005	− 4 21 21.94	1.341 6172
7	19 45 30.675	−19 03 49.40	0.810 4677	25	23 46 59.159	− 3 33 42.57	1.344 8779
8	19 47 12.583	−19 11 18.61	0.827 4885	26	23 53 46.765	− 2 45 00.01	1.347 5042
9	19 49 18.282	−19 17 44.03	0.844 6056	27	0 00 37.943	− 1 55 16.31	1.349 4524
10	19 51 45.805	−19 23 03.42	0.861 7449	28	0 07 32.804	− 1 04 33.89	1.350 6750
11	19 54 33.297	−19 27 14.87	0.878 8440	29	0 14 31.448	− 0 12 55.55	1.351 1213
12	19 57 39.031	−19 30 16.72	0.895 8505	30	0 21 33.955	+ 0 39 35.39	1.350 7372
13	20 01 01.410	−19 32 07.52	0.912 7209	31	0 28 40.379	+ 1 32 55.08	1.349 4655
14	20 04 38.965	−19 32 46.07	0.929 4191	Apr. 1	0 35 50.737	+ 2 26 59.03	1.347 2469
15	20 08 30.353	−19 32 11.31	0.945 9154	2	0 43 05.006	+ 3 21 42.07	1.344 0203

GEOCENTRIC COORDINATES FOR 0ʰ TERRESTRIAL TIME

Date	Apparent Right Ascension	Apparent Declination	True Geocentric Distance	Date	Apparent Right Ascension	Apparent Declination	True Geocentric Distance
	h m s	° ′ ″	au		h m s	° ′ ″	au
Apr. 1	0 35 50.737	+ 2 26 59.03	1.347 2469	May 17	4 04 50.012	+20 57 45.33	0.571 0555
2	0 43 05.006	+ 3 21 42.07	1.344 0203	18	4 03 05.132	+20 35 29.97	0.564 6252
3	0 50 23.106	+ 4 16 58.25	1.339 7242	19	4 01 11.040	+20 12 23.81	0.559 3697
4	0 57 44.881	+ 5 12 40.86	1.334 2980	20	3 59 10.004	+19 48 41.53	0.555 2947
5	1 05 10.102	+ 6 08 42.02	1.327 6834	21	3 57 04.372	+19 24 38.79	0.552 4007
6	1 12 38.454	+ 7 04 53.09	1.319 8269	22	3 54 56.528	+19 00 31.97	0.550 6831
7	1 20 09.517	+ 8 01 04.50	1.310 6815	23	3 52 48.845	+18 36 37.78	0.550 1320
8	1 27 42.760	+ 8 57 05.69	1.300 2095	24	3 50 43.634	+18 13 12.95	0.550 7325
9	1 35 17.536	+ 9 52 45.30	1.288 3853	25	3 48 43.103	+17 50 33.77	0.552 4654
10	1 42 53.078	+10 47 51.22	1.275 1973	26	3 46 49.318	+17 28 55.73	0.555 3068
11	1 50 28.502	+11 42 10.81	1.260 6503	27	3 45 04.173	+17 08 33.20	0.559 2294
12	1 58 02.813	+12 35 31.10	1.244 7676	28	3 43 29.370	+16 49 39.12	0.564 2024
13	2 05 34.920	+13 27 39.08	1.227 5913	29	3 42 06.403	+16 32 24.79	0.570 1929
14	2 13 03.649	+14 18 21.98	1.209 1827	30	3 40 56.552	+16 16 59.73	0.577 1658
15	2 20 27.770	+15 07 27.59	1.189 6216	31	3 40 00.892	+16 03 31.64	0.585 0850
16	2 27 46.015	+15 54 44.50	1.169 0042	June 1	3 39 20.292	+15 52 06.35	0.593 9136
17	2 34 57.104	+16 40 02.38	1.147 4410	2	3 38 55.439	+15 42 47.93	0.603 6149
18	2 41 59.770	+17 23 12.14	1.125 0529	3	3 38 46.848	+15 35 38.77	0.614 1521
19	2 48 52.775	+18 04 06.08	1.101 9686	4	3 38 54.885	+15 30 39.75	0.625 4895
20	2 55 34.926	+18 42 37.90	1.078 3202	5	3 39 19.785	+15 27 50.34	0.637 5923
21	3 02 05.088	+19 18 42.73	1.054 2408	6	3 40 01.679	+15 27 08.84	0.650 4268
22	3 08 22.192	+19 52 16.99	1.029 8607	7	3 41 00.603	+15 28 32.49	0.663 9607
23	3 14 25.235	+20 23 18.35	1.005 3058	8	3 42 16.530	+15 31 57.67	0.678 1633
24	3 20 13.285	+20 51 45.53	0.980 6954	9	3 43 49.377	+15 37 20.01	0.693 0051
25	3 25 45.476	+21 17 38.20	0.956 1409	10	3 45 39.027	+15 44 34.57	0.708 4578
26	3 31 01.003	+21 40 56.74	0.931 7459	11	3 47 45.337	+15 53 35.90	0.724 4944
27	3 35 59.120	+22 01 42.16	0.907 6051	12	3 50 08.157	+16 04 18.19	0.741 0887
28	3 40 39.133	+22 19 55.90	0.883 8051	13	3 52 47.331	+16 16 35.29	0.758 2154
29	3 45 00.398	+22 35 39.74	0.860 4244	14	3 55 42.710	+16 30 20.81	0.775 8494
30	3 49 02.321	+22 48 55.66	0.837 5344	15	3 58 54.157	+16 45 28.13	0.793 9657
May 1	3 52 44.352	+22 59 45.74	0.815 1999	16	4 02 21.548	+17 01 50.42	0.812 5389
2	3 56 05.997	+23 08 12.15	0.793 4799	17	4 06 04.782	+17 19 20.69	0.831 5431
3	3 59 06.815	+23 14 17.05	0.772 4286	18	4 10 03.779	+17 37 51.74	0.850 9510
4	4 01 46.433	+23 18 02.61	0.752 0957	19	4 14 18.486	+17 57 16.23	0.870 7342
5	4 04 04.551	+23 19 30.99	0.732 5274	20	4 18 48.874	+18 17 26.61	0.890 8618
6	4 06 00.963	+23 18 44.39	0.713 7671	21	4 23 34.937	+18 38 15.14	0.911 3008
7	4 07 35.562	+23 15 45.13	0.695 8555	22	4 28 36.691	+18 59 33.86	0.932 0148
8	4 08 48.369	+23 10 35.69	0.678 8313	23	4 33 54.166	+19 21 14.53	0.952 9639
9	4 09 39.543	+23 03 18.83	0.662 7314	24	4 39 27.403	+19 43 08.62	0.974 1036
10	4 10 09.404	+22 53 57.76	0.647 5910	25	4 45 16.448	+20 05 07.25	0.995 3846
11	4 10 18.453	+22 42 36.26	0.633 4437	26	4 51 21.337	+20 27 01.19	1.016 7517
12	4 10 07.388	+22 29 18.85	0.620 3215	27	4 57 42.091	+20 48 40.77	1.038 1436
13	4 09 37.118	+22 14 10.97	0.608 2544	28	5 04 18.699	+21 09 55.93	1.059 4919
14	4 08 48.776	+21 57 19.19	0.597 2705	29	5 11 11.103	+21 30 36.13	1.080 7213
15	4 07 43.722	+21 38 51.29	0.587 3951	30	5 18 19.182	+21 50 30.45	1.101 7488
16	4 06 23.536	+21 18 56.46	0.578 6505	July 1	5 25 42.730	+22 09 27.54	1.122 4841
17	4 04 50.012	+20 57 45.33	0.571 0555	2	5 33 21.439	+22 27 15.75	1.142 8297

MERCURY, 2022

GEOCENTRIC COORDINATES FOR 0ʰ TERRESTRIAL TIME

Date	Apparent Right Ascension	Apparent Declination	True Geocentric Distance	Date	Apparent Right Ascension	Apparent Declination	True Geocentric Distance
	h m s	° ′ ″	au		h m s	° ′ ″	au
July 1	5 25 42.730	+22 09 27.54	1.122 4841	Aug. 16	11 14 52.968	+ 4 26 57.44	1.092 4000
2	5 33 21.439	+22 27 15.75	1.142 8297	17	11 19 37.861	+ 3 46 50.83	1.079 0700
3	5 41 14.875	+22 43 43.20	1.162 6820	18	11 24 15.517	+ 3 07 11.69	1.065 5805
4	5 49 22.464	+22 58 37.94	1.181 9323	19	11 28 45.886	+ 2 28 03.14	1.051 9367
5	5 57 43.470	+23 11 48.10	1.200 4684	20	11 33 08.884	+ 1 49 28.40	1.038 1431
6	6 06 16.988	+23 23 02.17	1.218 1772	21	11 37 24.391	+ 1 11 30.76	1.024 2049
7	6 15 01.933	+23 32 09.23	1.234 9474	22	11 41 32.251	+ 0 34 13.68	1.010 1269
8	6 23 57.048	+23 38 59.22	1.250 6724	23	11 45 32.269	− 0 02 19.26	0.995 9147
9	6 33 00.912	+23 43 23.26	1.265 2537	24	11 49 24.205	− 0 38 04.24	0.981 5745
10	6 42 11.964	+23 45 13.89	1.278 6041	25	11 53 07.778	− 1 12 57.26	0.967 1133
11	6 51 28.533	+23 44 25.31	1.290 6505	26	11 56 42.657	− 1 46 54.03	0.952 5390
12	7 00 48.877	+23 40 53.56	1.301 3366	27	12 00 08.462	− 2 19 49.96	0.937 8612
13	7 10 11.225	+23 34 36.63	1.310 6242	28	12 03 24.759	− 2 51 40.12	0.923 0907
14	7 19 33.823	+23 25 34.41	1.318 4938	29	12 06 31.059	− 3 22 19.19	0.908 2407
15	7 28 54.984	+23 13 48.71	1.324 9446	30	12 09 26.813	− 3 51 41.41	0.893 3265
16	7 38 13.120	+22 59 23.03	1.329 9935	31	12 12 11.412	− 4 19 40.51	0.878 3660
17	7 47 26.780	+22 42 22.36	1.333 6727	Sept. 1	12 14 44.181	− 4 46 09.70	0.863 3806
18	7 56 34.663	+22 22 52.99	1.336 0281	2	12 17 04.384	− 5 11 01.57	0.848 3951
19	8 05 35.643	+22 01 02.34	1.337 1163	3	12 19 11.218	− 5 34 08.05	0.833 4386
20	8 14 28.770	+21 36 58.50	1.337 0017	4	12 21 03.818	− 5 55 20.38	0.818 5449
21	8 23 13.263	+21 10 50.07	1.335 7545	5	12 22 41.264	− 6 14 29.07	0.803 7535
22	8 31 48.505	+20 42 45.96	1.333 4476	6	12 24 02.585	− 6 31 23.83	0.789 1099
23	8 40 14.030	+20 12 55.15	1.330 1552	7	12 25 06.774	− 6 45 53.66	0.774 6666
24	8 48 29.508	+19 41 26.55	1.325 9505	8	12 25 52.808	− 6 57 46.80	0.760 4838
25	8 56 34.727	+19 08 28.89	1.320 9047	9	12 26 19.673	− 7 06 50.91	0.746 6303
26	9 04 29.578	+18 34 10.60	1.315 0862	10	12 26 26.392	− 7 12 53.13	0.733 1841
27	9 12 14.036	+17 58 39.77	1.308 5592	11	12 26 12.074	− 7 15 40.41	0.720 2334
28	9 19 48.149	+17 22 04.07	1.301 3838	12	12 25 35.961	− 7 14 59.78	0.707 8770
29	9 27 12.018	+16 44 30.81	1.293 6158	13	12 24 37.489	− 7 10 38.85	0.696 2249
30	9 34 25.791	+16 06 06.82	1.285 3062	14	12 23 16.366	− 7 02 26.46	0.685 3987
31	9 41 29.647	+15 26 58.55	1.276 5016	15	12 21 32.654	− 6 50 13.46	0.675 5309
Aug. 1	9 48 23.790	+14 47 12.05	1.267 2444	16	12 19 26.860	− 6 33 53.70	0.666 7643
2	9 55 08.437	+14 06 52.98	1.257 5726	17	12 17 00.023	− 6 13 25.14	0.659 2506
3	10 01 43.817	+13 26 06.65	1.247 5204	18	12 14 13.806	− 5 48 51.01	0.653 1480
4	10 08 10.161	+12 44 58.03	1.237 1185	19	12 11 10.554	− 5 20 21.05	0.648 6176
5	10 14 27.696	+12 03 31.80	1.226 3941	20	12 07 53.333	− 4 48 12.44	0.645 8194
6	10 20 36.646	+11 21 52.36	1.215 3715	21	12 04 25.927	− 4 12 50.48	0.644 9069
7	10 26 37.222	+10 40 03.88	1.204 0721	22	12 00 52.774	− 3 34 48.77	0.646 0212
8	10 32 29.626	+ 9 58 10.29	1.192 5148	23	11 57 18.861	− 2 54 48.70	0.649 2848
9	10 38 14.040	+ 9 16 15.34	1.180 7164	24	11 53 49.553	− 2 13 38.23	0.654 7953
10	10 43 50.634	+ 8 34 22.63	1.168 6915	25	11 50 30.389	− 1 32 10.08	0.662 6201
11	10 49 19.557	+ 7 52 35.57	1.156 4530	26	11 47 26.846	− 0 51 19.34	0.672 7911
12	10 54 40.940	+ 7 10 57.46	1.144 0120	27	11 44 44.102	− 0 12 00.89	0.685 3023
13	10 59 54.895	+ 6 29 31.51	1.131 3783	28	11 42 26.821	+ 0 24 53.15	0.700 1078
14	11 05 01.511	+ 5 48 20.82	1.118 5603	29	11 40 38.966	+ 0 58 35.69	0.717 1219
15	11 10 00.855	+ 5 07 28.45	1.105 5653	30	11 39 23.679	+ 1 28 26.34	0.736 2212
16	11 14 52.968	+ 4 26 57.44	1.092 4000	Oct. 1	11 38 43.201	+ 1 53 52.54	0.757 2475

GEOCENTRIC COORDINATES FOR 0ʰ TERRESTRIAL TIME

Date	Apparent Right Ascension	Apparent Declination	True Geocentric Distance	Date	Apparent Right Ascension	Apparent Declination	True Geocentric Distance
	h m s	° ′ ″	au		h m s	° ′ ″	au
Oct. 1	11 38 43.201	+ 1 53 52.54	0.757 2475	Nov. 16	15 41 42.884	−20 22 40.44	1.444 8218
2	11 38 38.866	+ 2 14 30.06	0.780 0120	17	15 48 09.278	−20 49 37.79	1.443 0633
3	11 39 11.127	+ 2 30 02.94	0.804 3009	18	15 54 36.946	−21 15 33.44	1.440 7445
4	11 40 19.637	+ 2 40 23.03	0.829 8810	19	16 01 05.915	−21 40 26.06	1.437 8671
5	11 42 03.345	+ 2 45 29.28	0.856 5064	20	16 07 36.202	−22 04 14.32	1.434 4317
6	11 44 20.621	+ 2 45 26.80	0.883 9248	21	16 14 07.812	−22 26 56.86	1.430 4378
7	11 47 09.380	+ 2 40 25.86	0.911 8842	22	16 20 40.737	−22 48 32.34	1.425 8838
8	11 50 27.211	+ 2 30 40.93	0.940 1394	23	16 27 14.957	−23 08 59.41	1.420 7671
9	11 54 11.497	+ 2 16 29.63	0.968 4576	24	16 33 50.433	−23 28 16.71	1.415 0843
10	11 58 19.525	+ 1 58 11.91	0.996 6230	25	16 40 27.108	−23 46 22.89	1.408 8308
11	12 02 48.579	+ 1 36 09.11	1.024 4409	26	16 47 04.906	−24 03 16.58	1.402 0014
12	12 07 36.021	+ 1 10 43.33	1.051 7401	27	16 53 43.733	−24 18 56.40	1.394 5898
13	12 12 39.347	+ 0 42 16.72	1.078 3745	28	17 00 23.471	−24 33 20.99	1.386 5889
14	12 17 56.234	+ 0 11 10.99	1.104 2227	29	17 07 03.984	−24 46 28.99	1.377 9910
15	12 23 24.567	− 0 22 12.99	1.129 1880	30	17 13 45.110	−24 58 19.05	1.368 7872
16	12 29 02.452	− 0 57 35.48	1.153 1959	Dec. 1	17 20 26.665	−25 08 49.87	1.358 9680
17	12 34 48.220	− 1 34 38.08	1.176 1927	2	17 27 08.434	−25 18 00.18	1.348 5231
18	12 40 40.422	− 2 13 03.84	1.198 1426	3	17 33 50.173	−25 25 48.77	1.337 4415
19	12 46 37.813	− 2 52 37.31	1.219 0255	4	17 40 31.600	−25 32 14.48	1.325 7112
20	12 52 39.340	− 3 33 04.49	1.238 8339	5	17 47 12.394	−25 37 16.25	1.313 3199
21	12 58 44.125	− 4 14 12.82	1.257 5708	6	17 53 52.186	−25 40 53.11	1.300 2549
22	13 04 51.440	− 4 55 51.07	1.275 2477	7	18 00 30.561	−25 43 04.21	1.286 5028
23	13 11 00.694	− 5 37 49.25	1.291 8823	8	18 07 07.044	−25 43 48.83	1.272 0503
24	13 17 11.412	− 6 19 58.51	1.307 4971	9	18 13 41.098	−25 43 06.43	1.256 8844
25	13 23 23.219	− 7 02 11.01	1.322 1179	10	18 20 12.113	−25 40 56.70	1.240 9921
26	13 29 35.828	− 7 44 19.83	1.335 7727	11	18 26 39.400	−25 37 19.55	1.224 3617
27	13 35 49.019	− 8 26 18.85	1.348 4906	12	18 33 02.180	−25 32 15.19	1.206 9825
28	13 42 02.636	− 9 08 02.69	1.360 3014	13	18 39 19.569	−25 25 44.20	1.188 8461
29	13 48 16.570	− 9 49 26.54	1.371 2348	14	18 45 30.568	−25 17 47.57	1.169 9463
30	13 54 30.753	−10 30 26.17	1.381 3200	15	18 51 34.046	−25 08 26.80	1.150 2811
31	14 00 45.153	−11 10 57.82	1.390 5851	16	18 57 28.723	−24 57 43.97	1.129 8527
Nov. 1	14 06 59.764	−11 50 58.11	1.399 0572	17	19 03 13.155	−24 45 41.81	1.108 6696
2	14 13 14.606	−12 30 24.04	1.406 7622	18	19 08 45.707	−24 32 23.87	1.086 7477
3	14 19 29.717	−13 09 12.90	1.413 7244	19	19 14 04.540	−24 17 54.58	1.064 1126
4	14 25 45.151	−13 47 22.25	1.419 9665	20	19 19 07.585	−24 02 19.38	1.040 8012
5	14 32 00.973	−14 24 49.87	1.425 5096	21	19 23 52.529	−23 45 44.86	1.016 8644
6	14 38 17.257	−15 01 33.73	1.430 3732	22	19 28 16.794	−23 28 18.85	0.992 3698
7	14 44 34.080	−15 37 31.95	1.434 5754	23	19 32 17.539	−23 10 10.51	0.967 4047
8	14 50 51.518	−16 12 42.69	1.438 1322	24	19 35 51.657	−22 51 30.41	0.942 0792
9	14 57 09.741	−16 47 04.73	1.441 0587	25	19 38 55.807	−22 32 30.49	0.916 5289
10	15 03 28.638	−17 20 36.07	1.443 3678	26	19 41 26.465	−22 13 24.03	0.890 9182
11	15 09 48.435	−17 53 15.23	1.445 0714	27	19 43 20.009	−21 54 25.38	0.865 4421
12	15 16 09.175	−18 25 00.88	1.446 1799	28	19 44 32.856	−21 35 49.77	0.840 3274
13	15 22 30.927	−18 55 51.60	1.446 7021	29	19 45 01.646	−21 17 52.76	0.815 8324
14	15 28 53.757	−19 25 46.00	1.446 6458	30	19 44 43.487	−21 00 49.70	0.792 2440
15	15 35 17.725	−19 54 42.73	1.446 0173	31	19 43 36.262	−20 44 55.00	0.769 8728
16	15 41 42.884	−20 22 40.44	1.444 8218	32	19 41 38.980	−20 30 21.34	0.749 0446

VENUS, 2022

GEOCENTRIC COORDINATES FOR 0ʰ TERRESTRIAL TIME

Date	Apparent Right Ascension	Apparent Declination	True Geocentric Distance	Date	Apparent Right Ascension	Apparent Declination	True Geocentric Distance
	h m s	° ′ ″	au		h m s	° ′ ″	au
Jan. 0	19 40 38.790	−18 45 44.94	0.276 0053	Feb. 15	19 06 30.893	−16 47 48.91	0.426 9954
1	19 38 30.266	−18 35 02.14	0.273 7515	16	19 08 51.340	−16 49 49.90	0.433 9256
2	19 36 14.751	−18 24 34.00	0.271 7670	17	19 11 17.729	−16 51 40.24	0.440 9187
3	19 33 53.010	−18 14 21.56	0.270 0581	18	19 13 49.835	−16 53 18.62	0.447 9712
4	19 31 25.872	−18 04 25.87	0.268 6302	19	19 16 27.434	−16 54 43.76	0.455 0797
5	19 28 54.231	−17 54 48.06	0.267 4882	20	19 19 10.312	−16 55 54.45	0.462 2406
6	19 26 19.040	−17 45 29.28	0.266 6361	21	19 21 58.254	−16 56 49.51	0.469 4509
7	19 23 41.303	−17 36 30.73	0.266 0774	22	19 24 51.054	−16 57 27.85	0.476 7073
8	19 21 02.060	−17 27 53.61	0.265 8145	23	19 27 48.505	−16 57 48.44	0.484 0068
9	19 18 22.377	−17 19 39.14	0.265 8488	24	19 30 50.405	−16 57 50.29	0.491 3467
10	19 15 43.331	−17 11 48.53	0.266 1808	25	19 33 56.555	−16 57 32.51	0.498 7243
11	19 13 05.992	−17 04 22.94	0.266 8098	26	19 37 06.760	−16 56 54.24	0.506 1369
12	19 10 31.410	−16 57 23.47	0.267 7342	27	19 40 20.827	−16 55 54.68	0.513 5824
13	19 08 00.602	−16 50 51.14	0.268 9513	28	19 43 38.570	−16 54 33.11	0.521 0585
14	19 05 34.536	−16 44 46.83	0.270 4575	Mar. 1	19 46 59.810	−16 52 48.83	0.528 5634
15	19 03 14.125	−16 39 11.31	0.272 2481	2	19 50 24.373	−16 50 41.21	0.536 0952
16	19 01 00.214	−16 34 05.17	0.274 3178	3	19 53 52.096	−16 48 09.66	0.543 6525
17	18 58 53.572	−16 29 28.83	0.276 6604	4	19 57 22.823	−16 45 13.64	0.551 2337
18	18 56 54.891	−16 25 22.50	0.279 2689	5	20 00 56.406	−16 41 52.65	0.558 8375
19	18 55 04.778	−16 21 46.22	0.282 1360	6	20 04 32.704	−16 38 06.25	0.566 4627
20	18 53 23.756	−16 18 39.80	0.285 2536	7	20 08 11.580	−16 33 54.02	0.574 1081
21	18 51 52.264	−16 16 02.84	0.288 6133	8	20 11 52.906	−16 29 15.61	0.581 7726
22	18 50 30.658	−16 13 54.75	0.292 2063	9	20 15 36.555	−16 24 10.67	0.589 4550
23	18 49 19.215	−16 12 14.76	0.296 0238	10	20 19 22.408	−16 18 38.92	0.597 1542
24	18 48 18.134	−16 11 01.91	0.300 0566	11	20 23 10.348	−16 12 40.09	0.604 8693
25	18 47 27.544	−16 10 15.08	0.304 2955	12	20 27 00.263	−16 06 13.95	0.612 5991
26	18 46 47.509	−16 09 53.03	0.308 7313	13	20 30 52.045	−15 59 20.31	0.620 3426
27	18 46 18.030	−16 09 54.38	0.313 3551	14	20 34 45.590	−15 51 59.00	0.628 0988
28	18 45 59.056	−16 10 17.66	0.318 1580	15	20 38 40.800	−15 44 09.89	0.635 8667
29	18 45 50.485	−16 11 01.31	0.323 1312	16	20 42 37.578	−15 35 52.86	0.643 6454
30	18 45 52.176	−16 12 03.70	0.328 2665	17	20 46 35.834	−15 27 07.85	0.651 4337
31	18 46 03.953	−16 13 23.17	0.333 5560	18	20 50 35.480	−15 17 54.79	0.659 2307
Feb. 1	18 46 25.613	−16 14 57.99	0.338 9918	19	20 54 36.433	−15 08 13.66	0.667 0352
2	18 46 56.935	−16 16 46.41	0.344 5670	20	20 58 38.612	−14 58 04.47	0.674 8462
3	18 47 37.687	−16 18 46.68	0.350 2746	21	21 02 41.941	−14 47 27.27	0.682 6626
4	18 48 27.626	−16 20 57.03	0.356 1082	22	21 06 46.341	−14 36 22.13	0.690 4832
5	18 49 26.506	−16 23 15.71	0.362 0615	23	21 10 51.739	−14 24 49.19	0.698 3068
6	18 50 34.072	−16 25 40.98	0.368 1286	24	21 14 58.060	−14 12 48.60	0.706 1323
7	18 51 50.071	−16 28 11.10	0.374 3039	25	21 19 05.230	−14 00 20.57	0.713 9587
8	18 53 14.246	−16 30 44.38	0.380 5820	26	21 23 13.176	−13 47 25.34	0.721 7849
9	18 54 46.338	−16 33 19.14	0.386 9577	27	21 27 21.830	−13 34 03.17	0.729 6101
10	18 56 26.090	−16 35 53.73	0.393 4259	28	21 31 31.123	−13 20 14.35	0.737 4333
11	18 58 13.247	−16 38 26.54	0.399 9819	29	21 35 40.995	−13 05 59.20	0.745 2539
12	19 00 07.554	−16 40 55.98	0.406 6212	30	21 39 51.385	−12 51 18.05	0.753 0713
13	19 02 08.760	−16 43 20.51	0.413 3393	31	21 44 02.242	−12 36 11.26	0.760 8848
14	19 04 16.621	−16 45 38.64	0.420 1321	Apr. 1	21 48 13.515	−12 20 39.19	0.768 6940
15	19 06 30.893	−16 47 48.91	0.426 9954	2	21 52 25.160	−12 04 42.24	0.776 4984

GEOCENTRIC COORDINATES FOR 0^h TERRESTRIAL TIME

Date	Apparent Right Ascension	Apparent Declination	True Geocentric Distance	Date	Apparent Right Ascension	Apparent Declination	True Geocentric Distance
	h m s	° ′ ″	au		h m s	° ′ ″	au
Apr. 1	21 48 13.515	−12 20 39.19	0.768 6940	May 17	1 03 33.399	+ 4 45 14.78	1.115 7394
2	21 52 25.160	−12 04 42.24	0.776 4984	18	1 07 53.275	+ 5 10 38.98	1.122 8510
3	21 56 37.136	−11 48 20.81	0.784 2978	19	1 12 13.680	+ 5 36 01.10	1.129 9376
4	22 00 49.403	−11 31 35.32	0.792 0918	20	1 16 34.638	+ 6 01 20.47	1.136 9986
5	22 05 01.928	−11 14 26.22	0.799 8801	21	1 20 56.174	+ 6 26 36.41	1.144 0330
6	22 09 14.678	−10 56 53.95	0.807 6624	22	1 25 18.312	+ 6 51 48.23	1.151 0403
7	22 13 27.625	−10 38 58.96	0.815 4382	23	1 29 41.075	+ 7 16 55.25	1.158 0195
8	22 17 40.742	−10 20 41.72	0.823 2075	24	1 34 04.489	+ 7 41 56.77	1.164 9702
9	22 21 54.006	−10 02 02.71	0.830 9697	25	1 38 28.579	+ 8 06 52.10	1.171 8916
10	22 26 07.395	− 9 43 02.41	0.838 7245	26	1 42 53.369	+ 8 31 40.55	1.178 7834
11	22 30 20.893	− 9 23 41.30	0.846 4717	27	1 47 18.884	+ 8 56 21.42	1.185 6450
12	22 34 34.483	− 9 03 59.88	0.854 2108	28	1 51 45.147	+ 9 20 54.03	1.192 4760
13	22 38 48.154	− 8 43 58.64	0.861 9415	29	1 56 12.181	+ 9 45 17.68	1.199 2760
14	22 43 01.896	− 8 23 38.09	0.869 6632	30	2 00 40.009	+10 09 31.67	1.206 0448
15	22 47 15.703	− 8 02 58.72	0.877 3757	31	2 05 08.653	+10 33 35.30	1.212 7820
16	22 51 29.571	− 7 42 01.04	0.885 0783	June 1	2 09 38.134	+10 57 27.87	1.219 4875
17	22 55 43.499	− 7 20 45.57	0.892 7704	2	2 14 08.472	+11 21 08.69	1.226 1608
18	22 59 57.487	− 6 59 12.81	0.900 4514	3	2 18 39.689	+11 44 37.04	1.232 8019
19	23 04 11.535	− 6 37 23.32	0.908 1205	4	2 23 11.804	+12 07 52.25	1.239 4106
20	23 08 25.642	− 6 15 17.64	0.915 7770	5	2 27 44.838	+12 30 53.59	1.245 9866
21	23 12 39.808	− 5 52 56.37	0.923 4200	6	2 32 18.811	+12 53 40.39	1.252 5298
22	23 16 54.031	− 5 30 20.09	0.931 0487	7	2 36 53.743	+13 16 11.95	1.259 0401
23	23 21 08.310	− 5 07 29.42	0.938 6623	8	2 41 29.653	+13 38 27.58	1.265 5172
24	23 25 22.645	− 4 44 24.98	0.946 2601	9	2 46 06.562	+14 00 26.60	1.271 9609
25	23 29 37.038	− 4 21 07.40	0.953 8415	10	2 50 44.488	+14 22 08.32	1.278 3712
26	23 33 51.494	− 3 57 37.31	0.961 4058	11	2 55 23.453	+14 43 32.08	1.284 7478
27	23 38 06.018	− 3 33 55.33	0.968 9524	12	3 00 03.475	+15 04 37.21	1.291 0906
28	23 42 20.620	− 3 10 02.11	0.976 4811	13	3 04 44.570	+15 25 23.06	1.297 3991
29	23 46 35.308	− 2 45 58.27	0.983 9913	14	3 09 26.756	+15 45 48.96	1.303 6730
30	23 50 50.096	− 2 21 44.47	0.991 4827	15	3 14 10.044	+16 05 54.25	1.309 9118
May 1	23 55 04.994	− 1 57 21.34	0.998 9551	16	3 18 54.444	+16 25 38.25	1.316 1149
2	23 59 20.017	− 1 32 49.52	1.006 4082	17	3 23 39.962	+16 45 00.27	1.322 2816
3	0 03 35.181	− 1 08 09.66	1.013 8417	18	3 28 26.606	+17 03 59.61	1.328 4112
4	0 07 50.501	− 0 43 22.41	1.021 2555	19	3 33 14.380	+17 22 35.58	1.334 5029
5	0 12 05.994	− 0 18 28.40	1.028 6494	20	3 38 03.286	+17 40 47.47	1.340 5561
6	0 16 21.678	+ 0 06 31.72	1.036 0231	21	3 42 53.327	+17 58 34.62	1.346 5700
7	0 20 37.574	+ 0 31 37.30	1.043 3765	22	3 47 44.502	+18 15 56.34	1.352 5440
8	0 24 53.702	+ 0 56 47.72	1.050 7093	23	3 52 36.808	+18 32 51.96	1.358 4776
9	0 29 10.085	+ 1 22 02.33	1.058 0214	24	3 57 30.240	+18 49 20.83	1.364 3701
10	0 33 26.745	+ 1 47 20.49	1.065 3125	25	4 02 24.789	+19 05 22.28	1.370 2213
11	0 37 43.707	+ 2 12 41.58	1.072 5824	26	4 07 20.444	+19 20 55.68	1.376 0307
12	0 42 00.998	+ 2 38 04.97	1.079 8308	27	4 12 17.193	+19 36 00.39	1.381 7978
13	0 46 18.646	+ 3 03 30.04	1.087 0575	28	4 17 15.020	+19 50 35.78	1.387 5224
14	0 50 36.680	+ 3 28 56.17	1.094 2622	29	4 22 13.907	+20 04 41.24	1.393 2042
15	0 54 55.130	+ 3 54 22.74	1.101 4444	30	4 27 13.836	+20 18 16.16	1.398 8429
16	0 59 14.027	+ 4 19 49.16	1.108 6037	July 1	4 32 14.785	+20 31 19.95	1.404 4383
17	1 03 33.399	+ 4 45 14.78	1.115 7394	2	4 37 16.731	+20 43 52.02	1.409 9903

VENUS, 2022

GEOCENTRIC COORDINATES FOR 0ʰ TERRESTRIAL TIME

Date	Apparent Right Ascension	Apparent Declination	True Geocentric Distance	Date	Apparent Right Ascension	Apparent Declination	True Geocentric Distance
	h m s	° ′ ″	au		h m s	° ′ ″	au
July 1	4 32 14.785	+20 31 19.95	1.404 4383	Aug. 16	8 30 42.345	+19 32 17.80	1.611 1665
2	4 37 16.731	+20 43 52.02	1.409 9903	17	8 35 46.797	+19 16 22.97	1.614 4781
3	4 42 19.650	+20 55 51.82	1.415 4986	18	8 40 50.388	+18 59 54.94	1.617 7370
4	4 47 23.515	+21 07 18.80	1.420 9631	19	8 45 53.100	+18 42 54.23	1.620 9426
5	4 52 28.301	+21 18 12.43	1.426 3838	20	8 50 54.917	+18 25 21.39	1.624 0948
6	4 57 33.979	+21 28 32.18	1.431 7604	21	8 55 55.824	+18 07 16.99	1.627 1933
7	5 02 40.520	+21 38 17.59	1.437 0931	22	9 00 55.808	+17 48 41.61	1.630 2379
8	5 07 47.894	+21 47 28.17	1.442 3817	23	9 05 54.857	+17 29 35.84	1.633 2283
9	5 12 56.070	+21 56 03.48	1.447 6261	24	9 10 52.963	+17 10 00.29	1.636 1643
10	5 18 05.015	+22 04 03.11	1.452 8264	25	9 15 50.118	+16 49 55.56	1.639 0460
11	5 23 14.693	+22 11 26.66	1.457 9824	26	9 20 46.318	+16 29 22.29	1.641 8732
12	5 28 25.070	+22 18 13.76	1.463 0940	27	9 25 41.558	+16 08 21.12	1.644 6457
13	5 33 36.104	+22 24 24.04	1.468 1610	28	9 30 35.841	+15 46 52.68	1.647 3638
14	5 38 47.754	+22 29 57.17	1.473 1829	29	9 35 29.166	+15 24 57.62	1.650 0273
15	5 43 59.977	+22 34 52.81	1.478 1594	30	9 40 21.541	+15 02 36.62	1.652 6364
16	5 49 12.729	+22 39 10.63	1.483 0900	31	9 45 12.971	+14 39 50.32	1.655 1912
17	5 54 25.967	+22 42 50.33	1.487 9740	Sept. 1	9 50 03.466	+14 16 39.42	1.657 6920
18	5 59 39.645	+22 45 51.65	1.492 8109	2	9 54 53.039	+13 53 04.60	1.660 1390
19	6 04 53.717	+22 48 14.35	1.497 6000	3	9 59 41.701	+13 29 06.54	1.662 5326
20	6 10 08.136	+22 49 58.20	1.502 3408	4	10 04 29.469	+13 04 45.94	1.664 8730
21	6 15 22.850	+22 51 03.04	1.507 0328	5	10 09 16.357	+12 40 03.51	1.667 1607
22	6 20 37.810	+22 51 28.71	1.511 6755	6	10 14 02.384	+12 14 59.96	1.669 3959
23	6 25 52.961	+22 51 15.10	1.516 2685	7	10 18 47.567	+11 49 35.98	1.671 5791
24	6 31 08.251	+22 50 22.10	1.520 8113	8	10 23 31.929	+11 23 52.28	1.673 7106
25	6 36 23.625	+22 48 49.67	1.525 3038	9	10 28 15.492	+10 57 49.55	1.675 7905
26	6 41 39.028	+22 46 37.75	1.529 7455	10	10 32 58.283	+10 31 28.46	1.677 8191
27	6 46 54.406	+22 43 46.35	1.534 1362	11	10 37 40.331	+10 04 49.71	1.679 7964
28	6 52 09.704	+22 40 15.49	1.538 4758	12	10 42 21.668	+ 9 37 53.97	1.681 7224
29	6 57 24.868	+22 36 05.21	1.542 7640	13	10 47 02.323	+ 9 10 41.92	1.683 5970
30	7 02 39.845	+22 31 15.59	1.547 0007	14	10 51 42.330	+ 8 43 14.27	1.685 4200
31	7 07 54.584	+22 25 46.72	1.551 1858	15	10 56 21.718	+ 8 15 31.72	1.687 1915
Aug. 1	7 13 09.034	+22 19 38.75	1.555 3192	16	11 01 00.521	+ 7 47 34.98	1.688 9112
2	7 18 23.146	+22 12 51.82	1.559 4010	17	11 05 38.768	+ 7 19 24.78	1.690 5789
3	7 23 36.874	+22 05 26.14	1.563 4312	18	11 10 16.492	+ 6 51 01.82	1.692 1947
4	7 28 50.173	+21 57 21.90	1.567 4099	19	11 14 53.725	+ 6 22 26.85	1.693 7583
5	7 34 03.001	+21 48 39.36	1.571 3372	20	11 19 30.500	+ 5 53 40.59	1.695 2697
6	7 39 15.315	+21 39 18.79	1.575 2132	21	11 24 06.850	+ 5 24 43.77	1.696 7288
7	7 44 27.077	+21 29 20.50	1.579 0380	22	11 28 42.809	+ 4 55 37.12	1.698 1357
8	7 49 38.249	+21 18 44.80	1.582 8118	23	11 33 18.412	+ 4 26 21.39	1.699 4903
9	7 54 48.792	+21 07 32.05	1.586 5348	24	11 37 53.695	+ 3 56 57.29	1.700 7925
10	7 59 58.673	+20 55 42.63	1.590 2069	25	11 42 28.694	+ 3 27 25.58	1.702 0425
11	8 05 07.857	+20 43 16.90	1.593 8283	26	11 47 03.446	+ 2 57 46.98	1.703 2404
12	8 10 16.313	+20 30 15.25	1.597 3987	27	11 51 37.991	+ 2 28 02.24	1.704 3862
13	8 15 24.013	+20 16 38.09	1.600 9181	28	11 56 12.366	+ 1 58 12.09	1.705 4802
14	8 20 30.933	+20 02 25.84	1.604 3861	29	12 00 46.611	+ 1 28 17.27	1.706 5226
15	8 25 37.050	+19 47 38.92	1.607 8023	30	12 05 20.764	+ 0 58 18.54	1.707 5138
16	8 30 42.345	+19 32 17.80	1.611 1665	Oct. 1	12 09 54.865	+ 0 28 16.63	1.708 4542

GEOCENTRIC COORDINATES FOR 0ʰ TERRESTRIAL TIME

Date	Apparent Right Ascension	Apparent Declination	True Geocentric Distance	Date	Apparent Right Ascension	Apparent Declination	True Geocentric Distance
	h m s	° ′ ″	au		h m s	° ′ ″	au
Oct. 1	12 09 54.865	+ 0 28 16.63	1.708 4542	Nov. 16	15 50 08.339	−19 51 42.79	1.701 3309
2	12 14 28.952	− 0 01 47.70	1.709 3442	17	15 55 19.554	−20 09 49.54	1.700 1594
3	12 19 03.063	− 0 31 53.70	1.710 1844	18	16 00 31.969	−20 27 22.41	1.698 9476
4	12 23 37.238	− 1 02 00.61	1.710 9751	19	16 05 45.571	−20 44 20.69	1.697 6954
5	12 28 11.515	− 1 32 07.68	1.711 7171	20	16 11 00.341	−21 00 43.66	1.696 4027
6	12 32 45.936	− 2 02 14.18	1.712 4106	21	16 16 16.259	−21 16 30.65	1.695 0695
7	12 37 20.544	− 2 32 19.37	1.713 0562	22	16 21 33.302	−21 31 40.98	1.693 6956
8	12 41 55.381	− 3 02 22.51	1.713 6543	23	16 26 51.441	−21 46 13.99	1.692 2811
9	12 46 30.494	− 3 32 22.88	1.714 2053	24	16 32 10.647	−22 00 09.07	1.690 8258
10	12 51 05.927	− 4 02 19.76	1.714 7092	25	16 37 30.882	−22 13 25.60	1.689 3299
11	12 55 41.724	− 4 32 12.43	1.715 1664	26	16 42 52.108	−22 26 03.00	1.687 7933
12	13 00 17.930	− 5 02 00.15	1.715 5770	27	16 48 14.278	−22 38 00.67	1.686 2165
13	13 04 54.586	− 5 31 42.17	1.715 9409	28	16 53 37.348	−22 49 18.08	1.684 5996
14	13 09 31.734	− 6 01 17.76	1.716 2583	29	16 59 01.270	−22 59 54.68	1.682 9430
15	13 14 09.414	− 6 30 46.14	1.716 5291	30	17 04 25.995	−23 09 49.97	1.681 2473
16	13 18 47.664	− 7 00 06.56	1.716 7534	Dec. 1	17 09 51.475	−23 19 03.47	1.679 5127
17	13 23 26.523	− 7 29 18.23	1.716 9312	2	17 15 17.660	−23 27 34.76	1.677 7398
18	13 28 06.030	− 7 58 20.40	1.717 0624	3	17 20 44.500	−23 35 23.41	1.675 9290
19	13 32 46.221	− 8 27 12.27	1.717 1470	4	17 26 11.942	−23 42 29.08	1.674 0806
20	13 37 27.133	− 8 55 53.05	1.717 1851	5	17 31 39.933	−23 48 51.41	1.672 1951
21	13 42 08.803	− 9 24 21.97	1.717 1767	6	17 37 08.416	−23 54 30.12	1.670 2727
22	13 46 51.266	− 9 52 38.24	1.717 1216	7	17 42 37.333	−23 59 24.92	1.668 3136
23	13 51 34.557	−10 20 41.06	1.717 0201	8	17 48 06.623	−24 03 35.59	1.666 3182
24	13 56 18.708	−10 48 29.65	1.716 8720	9	17 53 36.226	−24 07 01.90	1.664 2865
25	14 01 03.753	−11 16 03.20	1.716 6774	10	17 59 06.077	−24 09 43.68	1.662 2187
26	14 05 49.722	−11 43 20.89	1.716 4365	11	18 04 36.113	−24 11 40.79	1.660 1148
27	14 10 36.646	−12 10 21.91	1.716 1495	12	18 10 06.270	−24 12 53.10	1.657 9749
28	14 15 24.552	−12 37 05.46	1.715 8166	13	18 15 36.482	−24 13 20.53	1.655 7989
29	14 20 13.468	−13 03 30.72	1.715 4380	14	18 21 06.685	−24 13 03.01	1.653 5868
30	14 25 03.414	−13 29 36.87	1.715 0144	15	18 26 36.813	−24 12 00.55	1.651 3386
31	14 29 54.414	−13 55 23.10	1.714 5461	16	18 32 06.803	−24 10 13.14	1.649 0541
Nov. 1	14 34 46.489	−14 20 48.58	1.714 0336	17	18 37 36.589	−24 07 40.84	1.646 7332
2	14 39 39.659	−14 45 52.51	1.713 4775	18	18 43 06.110	−24 04 23.74	1.644 3757
3	14 44 33.945	−15 10 34.07	1.712 8782	19	18 48 35.300	−24 00 21.95	1.641 9815
4	14 49 29.368	−15 34 52.45	1.712 2365	20	18 54 04.100	−23 55 35.63	1.639 5503
5	14 54 25.948	−15 58 46.88	1.711 5525	21	18 59 32.445	−23 50 04.99	1.637 0819
6	14 59 23.704	−16 22 16.57	1.710 8269	22	19 05 00.275	−23 43 50.27	1.634 5759
7	15 04 22.653	−16 45 20.73	1.710 0600	23	19 10 27.524	−23 36 51.73	1.632 0323
8	15 09 22.809	−17 07 58.61	1.709 2521	24	19 15 54.131	−23 29 09.70	1.629 4508
9	15 14 24.184	−17 30 09.42	1.708 4034	25	19 21 20.031	−23 20 44.50	1.626 8313
10	15 19 26.788	−17 51 52.39	1.707 5141	26	19 26 45.163	−23 11 36.51	1.624 1739
11	15 24 30.625	−18 13 06.76	1.706 5843	27	19 32 09.470	−23 01 46.12	1.621 4786
12	15 29 35.700	−18 33 51.76	1.705 6142	28	19 37 32.897	−22 51 13.73	1.618 7458
13	15 34 42.012	−18 54 06.63	1.704 6038	29	19 42 55.397	−22 39 59.79	1.615 9757
14	15 39 49.559	−19 13 50.59	1.703 5531	30	19 48 16.923	−22 28 04.78	1.613 1685
15	15 44 58.338	−19 33 02.89	1.702 4621	31	19 53 37.433	−22 15 29.21	1.610 3245
16	15 50 08.339	−19 51 42.79	1.701 3309	32	19 58 56.889	−22 02 13.62	1.607 4441

GEOCENTRIC COORDINATES FOR 0ʰ TERRESTRIAL TIME

Date	Apparent Right Ascension	Apparent Declination	True Geocentric Distance	Date	Apparent Right Ascension	Apparent Declination	True Geocentric Distance
	h m s	° ′ ″	au		h m s	° ′ ″	au
Jan. 0	16 43 35.407	−22 23 53.80	2.346 4244	Feb. 15	19 08 28.211	−23 10 15.85	2.081 6128
1	16 46 38.059	−22 29 59.58	2.341 1956	16	19 11 39.681	−23 05 42.22	2.075 5008
2	16 49 41.141	−22 35 53.00	2.335 9340	17	19 14 51.067	−23 00 54.38	2.069 3829
3	16 52 44.640	−22 41 33.93	2.330 6401	18	19 18 02.361	−22 55 52.40	2.063 2592
4	16 55 48.543	−22 47 02.25	2.325 3146	19	19 21 13.553	−22 50 36.29	2.057 1302
5	16 58 52.837	−22 52 17.85	2.319 9585	20	19 24 24.635	−22 45 06.11	2.050 9960
6	17 01 57.513	−22 57 20.60	2.314 5724	21	19 27 35.599	−22 39 21.90	2.044 8568
7	17 05 02.562	−23 02 10.38	2.309 1574	22	19 30 46.436	−22 33 23.73	2.038 7126
8	17 08 07.977	−23 06 47.11	2.303 7143	23	19 33 57.136	−22 27 11.67	2.032 5637
9	17 11 13.752	−23 11 10.68	2.298 2439	24	19 37 07.690	−22 20 45.78	2.026 4101
10	17 14 19.879	−23 15 21.00	2.292 7472	25	19 40 18.085	−22 14 06.16	2.020 2520
11	17 17 26.351	−23 19 18.01	2.287 2247	26	19 43 28.307	−22 07 12.89	2.014 0896
12	17 20 33.160	−23 23 01.63	2.281 6774	27	19 46 38.343	−22 00 06.07	2.007 9231
13	17 23 40.298	−23 26 31.77	2.276 1058	28	19 49 48.179	−21 52 45.78	2.001 7530
14	17 26 47.756	−23 29 48.38	2.270 5105	Mar. 1	19 52 57.799	−21 45 12.13	1.995 5795
15	17 29 55.524	−23 32 51.37	2.264 8923	2	19 56 07.193	−21 37 25.18	1.989 4034
16	17 33 03.593	−23 35 40.69	2.259 2516	3	19 59 16.349	−21 29 25.05	1.983 2252
17	17 36 11.952	−23 38 16.26	2.253 5890	4	20 02 25.260	−21 21 11.81	1.977 0456
18	17 39 20.592	−23 40 38.01	2.247 9050	5	20 05 33.917	−21 12 45.58	1.970 8653
19	17 42 29.502	−23 42 45.88	2.242 1999	6	20 08 42.313	−21 04 06.46	1.964 6849
20	17 45 38.671	−23 44 39.79	2.236 4742	7	20 11 50.443	−20 55 14.56	1.958 5053
21	17 48 48.089	−23 46 19.69	2.230 7282	8	20 14 58.301	−20 46 10.02	1.952 3271
22	17 51 57.745	−23 47 45.50	2.224 9621	9	20 18 05.879	−20 36 52.94	1.946 1510
23	17 55 07.631	−23 48 57.17	2.219 1763	10	20 21 13.171	−20 27 23.46	1.939 9775
24	17 58 17.736	−23 49 54.63	2.213 3710	11	20 24 20.173	−20 17 41.70	1.933 8072
25	18 01 28.050	−23 50 37.85	2.207 5464	12	20 27 26.877	−20 07 47.79	1.927 6406
26	18 04 38.561	−23 51 06.77	2.201 7027	13	20 30 33.280	−19 57 41.85	1.921 4783
27	18 07 49.259	−23 51 21.36	2.195 8400	14	20 33 39.376	−19 47 24.01	1.915 3207
28	18 11 00.129	−23 51 21.60	2.189 9588	15	20 36 45.161	−19 36 54.40	1.909 1681
29	18 14 11.157	−23 51 07.46	2.184 0593	16	20 39 50.631	−19 26 13.13	1.903 0211
30	18 17 22.324	−23 50 38.93	2.178 1418	17	20 42 55.784	−19 15 20.33	1.896 8797
31	18 20 33.614	−23 49 55.98	2.172 2070	18	20 46 00.618	−19 04 16.13	1.890 7444
Feb. 1	18 23 45.007	−23 48 58.59	2.166 2554	19	20 49 05.132	−18 53 00.63	1.884 6151
2	18 26 56.488	−23 47 46.72	2.160 2877	20	20 52 09.325	−18 41 33.96	1.878 4921
3	18 30 08.042	−23 46 20.37	2.154 3048	21	20 55 13.198	−18 29 56.25	1.872 3753
4	18 33 19.656	−23 44 39.50	2.148 3075	22	20 58 16.749	−18 18 07.64	1.866 2646
5	18 36 31.318	−23 42 44.12	2.142 2967	23	21 01 19.977	−18 06 08.27	1.860 1599
6	18 39 43.019	−23 40 34.23	2.136 2732	24	21 04 22.877	−17 53 58.31	1.854 0613
7	18 42 54.747	−23 38 09.85	2.130 2379	25	21 07 25.445	−17 41 37.91	1.847 9687
8	18 46 06.491	−23 35 30.98	2.124 1914	26	21 10 27.675	−17 29 07.25	1.841 8820
9	18 49 18.240	−23 32 37.66	2.118 1346	27	21 13 29.560	−17 16 26.49	1.835 8012
10	18 52 29.983	−23 29 29.92	2.112 0682	28	21 16 31.095	−17 03 35.80	1.829 7267
11	18 55 41.709	−23 26 07.77	2.105 9927	29	21 19 32.275	−16 50 35.34	1.823 6584
12	18 58 53.406	−23 22 31.26	2.099 9089	30	21 22 33.096	−16 37 25.28	1.817 5968
13	19 02 05.062	−23 18 40.41	2.093 8173	31	21 25 33.556	−16 24 05.78	1.811 5422
14	19 05 16.668	−23 14 35.26	2.087 7185	Apr. 1	21 28 33.654	−16 10 37.00	1.805 4949
15	19 08 28.211	−23 10 15.85	2.081 6128	2	21 31 33.389	−15 56 59.12	1.799 4555

GEOCENTRIC COORDINATES FOR 0ʰ TERRESTRIAL TIME

Date	Apparent Right Ascension	Apparent Declination	True Geocentric Distance	Date	Apparent Right Ascension	Apparent Declination	True Geocentric Distance
	h m s	° ′ ″	au		h m s	° ′ ″	au
Apr. 1	21 28 33.654	−16 10 37.00	1.805 4949	May 17	23 40 44.887	− 3 53 38.97	1.539 0288
2	21 31 33.389	−15 56 59.12	1.799 4555	18	23 43 30.976	− 3 36 12.56	1.533 5075
3	21 34 32.763	−15 43 12.30	1.793 4245	19	23 46 16.881	− 3 18 45.31	1.527 9965
4	21 37 31.774	−15 29 16.72	1.787 4023	20	23 49 02.603	− 3 01 17.43	1.522 4953
5	21 40 30.424	−15 15 12.56	1.781 3894	21	23 51 48.143	− 2 43 49.10	1.517 0034
6	21 43 28.713	−15 00 59.99	1.775 3863	22	23 54 33.502	− 2 26 20.52	1.511 5203
7	21 46 26.642	−14 46 39.21	1.769 3933	23	23 57 18.683	− 2 08 51.89	1.506 0455
8	21 49 24.212	−14 32 10.37	1.763 4110	24	0 00 03.689	− 1 51 23.39	1.500 5788
9	21 52 21.424	−14 17 33.66	1.757 4396	25	0 02 48.522	− 1 33 55.20	1.495 1200
10	21 55 18.280	−14 02 49.25	1.751 4796	26	0 05 33.186	− 1 16 27.53	1.489 6689
11	21 58 14.783	−13 47 57.32	1.745 5311	27	0 08 17.683	− 0 59 00.55	1.484 2253
12	22 01 10.935	−13 32 58.02	1.739 5945	28	0 11 02.017	− 0 41 34.44	1.478 7892
13	22 04 06.740	−13 17 51.52	1.733 6700	29	0 13 46.191	− 0 24 09.41	1.473 3606
14	22 07 02.202	−13 02 37.98	1.727 7578	30	0 16 30.205	− 0 06 45.63	1.467 9395
15	22 09 57.327	−12 47 17.55	1.721 8578	31	0 19 14.063	+ 0 10 36.71	1.462 5258
16	22 12 52.122	−12 31 50.39	1.715 9702	June 1	0 21 57.767	+ 0 27 57.43	1.457 1196
17	22 15 46.593	−12 16 16.65	1.710 0949	2	0 24 41.319	+ 0 45 16.34	1.451 7209
18	22 18 40.747	−12 00 36.48	1.704 2316	3	0 27 24.720	+ 1 02 33.26	1.446 3298
19	22 21 34.589	−11 44 50.05	1.698 3801	4	0 30 07.975	+ 1 19 48.02	1.440 9463
20	22 24 28.123	−11 28 57.54	1.692 5401	5	0 32 51.084	+ 1 37 00.46	1.435 5703
21	22 27 21.352	−11 12 59.14	1.686 7113	6	0 35 34.054	+ 1 54 10.40	1.430 2020
22	22 30 14.274	−10 56 55.03	1.680 8934	7	0 38 16.886	+ 2 11 17.69	1.424 8411
23	22 33 06.891	−10 40 45.42	1.675 0861	8	0 40 59.588	+ 2 28 22.17	1.419 4878
24	22 35 59.202	−10 24 30.51	1.669 2892	9	0 43 42.162	+ 2 45 23.69	1.414 1418
25	22 38 51.207	−10 08 10.48	1.663 5026	10	0 46 24.617	+ 3 02 22.13	1.408 8031
26	22 41 42.907	− 9 51 45.53	1.657 7261	11	0 49 06.959	+ 3 19 17.35	1.403 4715
27	22 44 34.306	− 9 35 15.84	1.651 9599	12	0 51 49.195	+ 3 36 09.22	1.398 1466
28	22 47 25.405	− 9 18 41.62	1.646 2039	13	0 54 31.332	+ 3 52 57.62	1.392 8280
29	22 50 16.208	− 9 02 03.04	1.640 4584	14	0 57 13.373	+ 4 09 42.42	1.387 5154
30	22 53 06.720	− 8 45 20.31	1.634 7235	15	0 59 55.321	+ 4 26 23.47	1.382 2079
May 1	22 55 56.943	− 8 28 33.60	1.628 9994	16	1 02 37.178	+ 4 43 00.62	1.376 9051
2	22 58 46.881	− 8 11 43.12	1.623 2863	17	1 05 18.942	+ 4 59 33.70	1.371 6061
3	23 01 36.538	− 7 54 49.07	1.617 5845	18	1 08 00.612	+ 5 16 02.54	1.366 3103
4	23 04 25.918	− 7 37 51.62	1.611 8942	19	1 10 42.186	+ 5 32 26.96	1.361 0170
5	23 07 15.024	− 7 20 50.98	1.606 2156	20	1 13 23.666	+ 5 48 46.81	1.355 7257
6	23 10 03.860	− 7 03 47.34	1.600 5490	21	1 16 05.049	+ 6 05 01.92	1.350 4358
7	23 12 52.431	− 6 46 40.87	1.594 8944	22	1 18 46.335	+ 6 21 12.12	1.345 1470
8	23 15 40.741	− 6 29 31.77	1.589 2521	23	1 21 27.522	+ 6 37 17.26	1.339 8589
9	23 18 28.796	− 6 12 20.21	1.583 6222	24	1 24 08.610	+ 6 53 17.17	1.334 5712
10	23 21 16.601	− 5 55 06.37	1.578 0047	25	1 26 49.594	+ 7 09 11.71	1.329 2838
11	23 24 04.163	− 5 37 50.41	1.572 3998	26	1 29 30.473	+ 7 25 00.70	1.323 9964
12	23 26 51.489	− 5 20 32.49	1.566 8074	27	1 32 11.243	+ 7 40 44.00	1.318 7089
13	23 29 38.588	− 5 03 12.78	1.561 2275	28	1 34 51.901	+ 7 56 21.45	1.313 4212
14	23 32 25.468	− 4 45 51.42	1.555 6599	29	1 37 32.441	+ 8 11 52.91	1.308 1332
15	23 35 12.139	− 4 28 28.56	1.550 1045	30	1 40 12.862	+ 8 27 18.21	1.302 8449
16	23 37 58.609	− 4 11 04.36	1.544 5610	July 1	1 42 53.158	+ 8 42 37.23	1.297 5561
17	23 40 44.887	− 3 53 38.97	1.539 0288	2	1 45 33.326	+ 8 57 49.81	1.292 2669

GEOCENTRIC COORDINATES FOR 0ʰ TERRESTRIAL TIME

Date	Apparent Right Ascension	Apparent Declination	True Geocentric Distance	Date	Apparent Right Ascension	Apparent Declination	True Geocentric Distance
	h m s	° ′ ″	au		h m s	° ′ ″	au
July 1	1 42 53.158	+ 8 42 37.23	1.297 5561	Aug. 16	3 42 04.544	+18 05 24.12	1.049 4884
2	1 45 33.326	+ 8 57 49.81	1.292 2669	17	3 44 31.365	+18 14 08.34	1.043 9024
3	1 48 13.365	+ 9 12 55.83	1.286 9771	18	3 46 57.582	+18 22 43.27	1.038 3044
4	1 50 53.270	+ 9 27 55.16	1.281 6868	19	3 49 23.169	+18 31 08.90	1.032 6944
5	1 53 33.041	+ 9 42 47.68	1.276 3959	20	3 51 48.100	+18 39 25.26	1.027 0723
6	1 56 12.675	+ 9 57 33.28	1.271 1042	21	3 54 12.350	+18 47 32.38	1.021 4381
7	1 58 52.174	+10 12 11.86	1.265 8118	22	3 56 35.891	+18 55 30.26	1.015 7919
8	2 01 31.536	+10 26 43.33	1.260 5185	23	3 58 58.695	+19 03 18.96	1.010 1339
9	2 04 10.763	+10 41 07.59	1.255 2241	24	4 01 20.734	+19 10 58.49	1.004 4644
10	2 06 49.853	+10 55 24.58	1.249 9283	25	4 03 41.981	+19 18 28.91	0.998 7835
11	2 09 28.807	+11 09 34.21	1.244 6308	26	4 06 02.407	+19 25 50.25	0.993 0917
12	2 12 07.622	+11 23 36.41	1.239 3311	27	4 08 21.985	+19 33 02.58	0.987 3892
13	2 14 46.294	+11 37 31.09	1.234 0287	28	4 10 40.687	+19 40 05.95	0.981 6764
14	2 17 24.817	+11 51 18.14	1.228 7230	29	4 12 58.487	+19 47 00.44	0.975 9539
15	2 20 03.184	+12 04 57.47	1.223 4132	30	4 15 15.360	+19 53 46.14	0.970 2220
16	2 22 41.388	+12 18 28.95	1.218 0987	31	4 17 31.280	+20 00 23.13	0.964 4813
17	2 25 19.421	+12 31 52.48	1.212 7786	Sept. 1	4 19 46.223	+20 06 51.52	0.958 7322
18	2 27 57.276	+12 45 07.94	1.207 4525	2	4 22 00.164	+20 13 11.44	0.952 9752
19	2 30 34.945	+12 58 15.22	1.202 1197	3	4 24 13.079	+20 19 23.02	0.947 2108
20	2 33 12.418	+13 11 14.24	1.196 7799	4	4 26 24.942	+20 25 26.38	0.941 4393
21	2 35 49.685	+13 24 04.88	1.191 4327	5	4 28 35.727	+20 31 21.66	0.935 6611
22	2 38 26.735	+13 36 47.06	1.186 0777	6	4 30 45.406	+20 37 09.00	0.929 8764
23	2 41 03.555	+13 49 20.68	1.180 7148	7	4 32 53.952	+20 42 48.52	0.924 0855
24	2 43 40.133	+14 01 45.65	1.175 3438	8	4 35 01.334	+20 48 20.35	0.918 2883
25	2 46 16.456	+14 14 01.89	1.169 9645	9	4 37 07.523	+20 53 44.60	0.912 4851
26	2 48 52.509	+14 26 09.30	1.164 5768	10	4 39 12.488	+20 59 01.39	0.906 6758
27	2 51 28.279	+14 38 07.81	1.159 1808	11	4 41 16.197	+21 04 10.85	0.900 8604
28	2 54 03.751	+14 49 57.34	1.153 7763	12	4 43 18.616	+21 09 13.09	0.895 0392
29	2 56 38.912	+15 01 37.83	1.148 3634	13	4 45 19.709	+21 14 08.26	0.889 2121
30	2 59 13.748	+15 13 09.20	1.142 9422	14	4 47 19.437	+21 18 56.49	0.883 3796
31	3 01 48.246	+15 24 31.40	1.137 5126	15	4 49 17.760	+21 23 37.93	0.877 5420
Aug. 1	3 04 22.393	+15 35 44.38	1.132 0748	16	4 51 14.634	+21 28 12.73	0.871 6998
2	3 06 56.178	+15 46 48.10	1.126 6288	17	4 53 10.015	+21 32 41.05	0.865 8536
3	3 09 29.589	+15 57 42.54	1.121 1747	18	4 55 03.859	+21 37 03.03	0.860 0041
4	3 12 02.616	+16 08 27.67	1.115 7126	19	4 56 56.117	+21 41 18.83	0.854 1519
5	3 14 35.248	+16 19 03.49	1.110 2425	20	4 58 46.744	+21 45 28.63	0.848 2981
6	3 17 07.475	+16 29 30.00	1.104 7643	21	5 00 35.693	+21 49 32.58	0.842 4435
7	3 19 39.287	+16 39 47.21	1.099 2781	22	5 02 22.914	+21 53 30.86	0.836 5891
8	3 22 10.670	+16 49 55.13	1.093 7836	23	5 04 08.362	+21 57 23.64	0.830 7360
9	3 24 41.614	+16 59 53.77	1.088 2807	24	5 05 51.987	+22 01 11.10	0.824 8854
10	3 27 12.102	+17 09 43.14	1.082 7690	25	5 07 33.743	+22 04 53.42	0.819 0386
11	3 29 42.119	+17 19 23.23	1.077 2481	26	5 09 13.583	+22 08 30.81	0.813 1969
12	3 32 11.649	+17 28 54.03	1.071 7175	27	5 10 51.461	+22 12 03.47	0.807 3616
13	3 34 40.674	+17 38 15.53	1.066 1767	28	5 12 27.332	+22 15 31.60	0.801 5342
14	3 37 09.177	+17 47 27.71	1.060 6252	29	5 14 01.153	+22 18 55.44	0.795 7163
15	3 39 37.140	+17 56 30.57	1.055 0625	30	5 15 32.877	+22 22 15.21	0.789 9092
16	3 42 04.544	+18 05 24.12	1.049 4884	Oct. 1	5 17 02.462	+22 25 31.16	0.784 1145

GEOCENTRIC COORDINATES FOR 0^h TERRESTRIAL TIME

Date	Apparent Right Ascension	Apparent Declination	True Geocentric Distance	Date	Apparent Right Ascension	Apparent Declination	True Geocentric Distance
	h m s	° ′ ″	au		h m s	° ′ ″	au
Oct. 1	5 17 02.462	+22 25 31.16	0.784 1145	Nov. 16	5 32 05.330	+24 32 08.26	0.565 5476
2	5 18 29.860	+22 28 43.51	0.778 3335	17	5 31 00.663	+24 34 30.07	0.562 9584
3	5 19 55.027	+22 31 52.49	0.772 5677	18	5 29 52.522	+24 36 47.72	0.560 5213
4	5 21 17.913	+22 34 58.33	0.766 8185	19	5 28 41.007	+24 39 00.81	0.558 2404
5	5 22 38.472	+22 38 01.23	0.761 0872	20	5 27 26.228	+24 41 08.92	0.556 1200
6	5 23 56.654	+22 41 01.40	0.755 3751	21	5 26 08.310	+24 43 11.66	0.554 1643
7	5 25 12.410	+22 43 59.03	0.749 6834	22	5 24 47.392	+24 45 08.65	0.552 3775
8	5 26 25.689	+22 46 54.31	0.744 0134	23	5 23 23.625	+24 46 59.52	0.550 7636
9	5 27 36.438	+22 49 47.43	0.738 3665	24	5 21 57.175	+24 48 43.94	0.549 3263
10	5 28 44.602	+22 52 38.58	0.732 7442	25	5 20 28.218	+24 50 21.59	0.548 0692
11	5 29 50.123	+22 55 27.96	0.727 1479	26	5 18 56.940	+24 51 52.19	0.546 9957
12	5 30 52.941	+22 58 15.75	0.721 5793	27	5 17 23.539	+24 53 15.47	0.546 1088
13	5 31 52.993	+23 01 02.14	0.716 0402	28	5 15 48.217	+24 54 31.18	0.545 4111
14	5 32 50.214	+23 03 47.31	0.710 5325	29	5 14 11.186	+24 55 39.11	0.544 9049
15	5 33 44.538	+23 06 31.44	0.705 0584	30	5 12 32.662	+24 56 39.06	0.544 5924
16	5 34 35.899	+23 09 14.68	0.699 6200	Dec. 1	5 10 52.866	+24 57 30.88	0.544 4753
17	5 35 24.230	+23 11 57.20	0.694 2198	2	5 09 12.023	+24 58 14.47	0.544 5552
18	5 36 09.465	+23 14 39.14	0.688 8602	3	5 07 30.356	+24 58 49.76	0.544 8334
19	5 36 51.539	+23 17 20.65	0.683 5438	4	5 05 48.093	+24 59 16.74	0.545 3110
20	5 37 30.386	+23 20 01.85	0.678 2735	5	5 04 05.459	+24 59 35.45	0.545 9889
21	5 38 05.945	+23 22 42.85	0.673 0520	6	5 02 22.677	+24 59 45.97	0.546 8680
22	5 38 38.153	+23 25 23.78	0.667 8823	7	5 00 39.970	+24 59 48.42	0.547 9488
23	5 39 06.953	+23 28 04.72	0.662 7677	8	4 58 57.559	+24 59 42.97	0.549 2317
24	5 39 32.288	+23 30 45.77	0.657 7113	9	4 57 15.660	+24 59 29.83	0.550 7169
25	5 39 54.106	+23 33 27.00	0.652 7166	10	4 55 34.489	+24 59 09.26	0.552 4046
26	5 40 12.359	+23 36 08.49	0.647 7870	11	4 53 54.256	+24 58 41.56	0.554 2945
27	5 40 27.004	+23 38 50.31	0.642 9260	12	4 52 15.169	+24 58 07.05	0.556 3864
28	5 40 37.997	+23 41 32.51	0.638 1371	13	4 50 37.431	+24 57 26.12	0.558 6797
29	5 40 45.303	+23 44 15.11	0.633 4239	14	4 49 01.239	+24 56 39.16	0.561 1738
30	5 40 48.887	+23 46 58.13	0.628 7899	15	4 47 26.784	+24 55 46.61	0.563 8678
31	5 40 48.717	+23 49 41.55	0.624 2386	16	4 45 54.254	+24 54 48.96	0.566 7605
Nov. 1	5 40 44.766	+23 52 25.30	0.619 7734	17	4 44 23.826	+24 53 46.70	0.569 8507
2	5 40 37.010	+23 55 09.31	0.615 3977	18	4 42 55.672	+24 52 40.35	0.573 1369
3	5 40 25.430	+23 57 53.47	0.611 1150	19	4 41 29.956	+24 51 30.47	0.576 6176
4	5 40 10.009	+24 00 37.63	0.606 9287	20	4 40 06.834	+24 50 17.63	0.580 2907
5	5 39 50.736	+24 03 21.64	0.602 8421	21	4 38 46.454	+24 49 02.40	0.584 1544
6	5 39 27.601	+24 06 05.31	0.598 8589	22	4 37 28.952	+24 47 45.39	0.588 2062
7	5 39 00.600	+24 08 48.45	0.594 9826	23	4 36 14.457	+24 46 27.20	0.592 4438
8	5 38 29.732	+24 11 30.83	0.591 2169	24	4 35 03.083	+24 45 08.41	0.596 8641
9	5 37 54.999	+24 14 12.21	0.587 5656	25	4 33 54.933	+24 43 49.58	0.601 4642
10	5 37 16.410	+24 16 52.32	0.584 0326	26	4 32 50.099	+24 42 31.25	0.606 2408
11	5 36 33.980	+24 19 30.86	0.580 6218	27	4 31 48.659	+24 41 13.92	0.611 1903
12	5 35 47.731	+24 22 07.51	0.577 3374	28	4 30 50.680	+24 39 58.07	0.616 3090
13	5 34 57.696	+24 24 41.95	0.574 1835	29	4 29 56.218	+24 38 44.14	0.621 5933
14	5 34 03.915	+24 27 13.81	0.571 1644	30	4 29 05.316	+24 37 32.56	0.627 0394
15	5 33 06.439	+24 29 42.71	0.568 2843	31	4 28 18.006	+24 36 23.73	0.632 6435
16	5 32 05.330	+24 32 08.26	0.565 5476	32	4 27 34.310	+24 35 18.02	0.638 4021

GEOCENTRIC COORDINATES FOR 0^h TERRESTRIAL TIME

Date	Apparent Right Ascension	Apparent Declination	True Geocentric Distance	Date	Apparent Right Ascension	Apparent Declination	True Geocentric Distance
	h m s	° ′ ″	au		h m s	° ′ ″	au
Jan. 0	22 11 08.278	−12 16 52.11	5.555 2294	Feb. 15	22 49 29.037	− 8 31 45.82	5.934 9868
1	22 11 52.865	−12 12 39.88	5.567 3065	16	22 50 22.581	− 8 26 20.66	5.938 7807
2	22 12 37.795	−12 08 25.33	5.579 2395	17	22 51 16.186	− 8 20 54.72	5.942 3723
3	22 13 23.060	−12 04 08.49	5.591 0258	18	22 52 09.847	− 8 15 28.01	5.945 7613
4	22 14 08.648	−11 59 49.42	5.602 6628	19	22 53 03.562	− 8 10 00.57	5.948 9472
5	22 14 54.550	−11 55 28.16	5.614 1482	20	22 53 57.326	− 8 04 32.41	5.951 9297
6	22 15 40.757	−11 51 04.73	5.625 4798	21	22 54 51.138	− 7 59 03.55	5.954 7083
7	22 16 27.261	−11 46 39.17	5.636 6554	22	22 55 44.995	− 7 53 34.02	5.957 2827
8	22 17 14.058	−11 42 11.50	5.647 6732	23	22 56 38.894	− 7 48 03.83	5.959 6522
9	22 18 01.140	−11 37 41.74	5.658 5315	24	22 57 32.831	− 7 42 33.03	5.961 8162
10	22 18 48.502	−11 33 09.93	5.669 2285	25	22 58 26.802	− 7 37 01.65	5.963 7743
11	22 19 36.139	−11 28 36.09	5.679 7626	26	22 59 20.800	− 7 31 29.73	5.965 5259
12	22 20 24.043	−11 24 00.25	5.690 1322	27	23 00 14.818	− 7 25 57.33	5.967 0704
13	22 21 12.208	−11 19 22.46	5.700 3359	28	23 01 08.850	− 7 20 24.48	5.968 4074
14	22 22 00.629	−11 14 42.74	5.710 3722	Mar. 1	23 02 02.889	− 7 14 51.25	5.969 5365
15	22 22 49.298	−11 10 01.14	5.720 2396	2	23 02 56.929	− 7 09 17.66	5.970 4575
16	22 23 38.207	−11 05 17.69	5.729 9369	3	23 03 50.965	− 7 03 43.77	5.971 1703
17	22 24 27.352	−11 00 32.43	5.739 4625	4	23 04 44.994	− 6 58 09.62	5.971 6749
18	22 25 16.723	−10 55 45.39	5.748 8152	5	23 05 39.009	− 6 52 35.33	5.971 9716
19	22 26 06.316	−10 50 56.61	5.757 9937	6	23 06 32.991	− 6 47 00.76	5.972 0605
20	22 26 56.122	−10 46 06.12	5.766 9965	7	23 07 26.959	− 6 41 25.73	5.971 9421
21	22 27 46.138	−10 41 13.94	5.775 8224	8	23 08 20.913	− 6 35 50.57	5.971 6168
22	22 28 36.357	−10 36 20.10	5.784 4699	9	23 09 14.839	− 6 30 15.35	5.971 0851
23	22 29 26.776	−10 31 24.62	5.792 9377	10	23 10 08.733	− 6 24 40.08	5.970 3475
24	22 30 17.389	−10 26 27.51	5.801 2244	11	23 11 02.587	− 6 19 04.77	5.969 4046
25	22 31 08.194	−10 21 28.79	5.809 3284	12	23 11 56.398	− 6 13 29.48	5.968 2570
26	22 31 59.187	−10 16 28.49	5.817 2482	13	23 12 50.160	− 6 07 54.24	5.966 9052
27	22 32 50.363	−10 11 26.62	5.824 9823	14	23 13 43.868	− 6 02 19.09	5.965 3500
28	22 33 41.718	−10 06 23.23	5.832 5291	15	23 14 37.517	− 5 56 44.05	5.963 5919
29	22 34 33.246	−10 01 18.35	5.839 8870	16	23 15 31.104	− 5 51 09.18	5.961 6316
30	22 35 24.938	− 9 56 12.03	5.847 0545	17	23 16 24.624	− 5 45 34.50	5.959 4697
31	22 36 16.787	− 9 51 04.32	5.854 0300	18	23 17 18.074	− 5 40 00.03	5.957 1068
Feb. 1	22 37 08.783	− 9 45 55.26	5.860 8122	19	23 18 11.451	− 5 34 25.80	5.954 5435
2	22 38 00.920	− 9 40 44.90	5.867 3998	20	23 19 04.754	− 5 28 51.82	5.951 7803
3	22 38 53.190	− 9 35 33.26	5.873 7918	21	23 19 57.981	− 5 23 18.12	5.948 8176
4	22 39 45.588	− 9 30 20.38	5.879 9871	22	23 20 51.130	− 5 17 44.72	5.945 6557
5	22 40 38.109	− 9 25 06.28	5.885 9850	23	23 21 44.197	− 5 12 11.65	5.942 2951
6	22 41 30.750	− 9 19 50.99	5.891 7847	24	23 22 37.178	− 5 06 38.95	5.938 7359
7	22 42 23.505	− 9 14 34.55	5.897 3858	25	23 23 30.069	− 5 01 06.65	5.934 9786
8	22 43 16.369	− 9 09 16.98	5.902 7876	26	23 24 22.861	− 4 55 34.82	5.931 0233
9	22 44 09.339	− 9 03 58.33	5.907 9896	27	23 25 15.550	− 4 50 03.49	5.926 8704
10	22 45 02.407	− 8 58 38.63	5.912 9916	28	23 26 08.128	− 4 44 32.71	5.922 5204
11	22 45 55.569	− 8 53 17.92	5.917 7930	29	23 27 00.591	− 4 39 02.53	5.917 9739
12	22 46 48.818	− 8 47 56.25	5.922 3936	30	23 27 52.933	− 4 33 32.98	5.913 2314
13	22 47 42.150	− 8 42 33.65	5.926 7929	31	23 28 45.150	− 4 28 04.09	5.908 2938
14	22 48 35.558	− 8 37 10.16	5.930 9907	Apr. 1	23 29 37.239	− 4 22 35.90	5.903 1620
15	22 49 29.037	− 8 31 45.82	5.934 9868	2	23 30 29.196	− 4 17 08.44	5.897 8369

GEOCENTRIC COORDINATES FOR 0ʰ TERRESTRIAL TIME

Date	Apparent Right Ascension	Apparent Declination	True Geocentric Distance	Date	Apparent Right Ascension	Apparent Declination	True Geocentric Distance
	h m s	o ′ ″	au		h m s	o ′ ″	au
Apr. 1	23 29 37.239	− 4 22 35.90	5.903 1620	May 17	0 05 58.990	− 0 34 04.06	5.479 9751
2	23 30 29.196	− 4 17 08.44	5.897 8369	18	0 06 40.005	− 0 29 49.88	5.467 2976
3	23 31 21.018	− 4 11 41.74	5.892 3198	19	0 07 20.673	− 0 25 38.13	5.454 5020
4	23 32 12.700	− 4 06 15.85	5.886 6117	20	0 08 00.983	− 0 21 28.86	5.441 5901
5	23 33 04.238	− 4 00 50.79	5.880 7139	21	0 08 40.929	− 0 17 22.12	5.428 5636
6	23 33 55.627	− 3 55 26.61	5.874 6277	22	0 09 20.503	− 0 13 17.97	5.415 4245
7	23 34 46.863	− 3 50 03.36	5.868 3546	23	0 09 59.700	− 0 09 16.45	5.402 1747
8	23 35 37.939	− 3 44 41.07	5.861 8958	24	0 10 38.513	− 0 05 17.59	5.388 8164
9	23 36 28.851	− 3 39 19.79	5.855 2527	25	0 11 16.937	− 0 01 21.43	5.375 3519
10	23 37 19.594	− 3 33 59.56	5.848 4269	26	0 11 54.968	+ 0 02 32.00	5.361 7835
11	23 38 10.162	− 3 28 40.43	5.841 4196	27	0 12 32.600	+ 0 06 22.65	5.348 1137
12	23 39 00.552	− 3 23 22.42	5.834 2323	28	0 13 09.827	+ 0 10 10.49	5.334 3451
13	23 39 50.758	− 3 18 05.57	5.826 8665	29	0 13 46.644	+ 0 13 55.48	5.320 4803
14	23 40 40.777	− 3 12 49.91	5.819 3236	30	0 14 23.045	+ 0 17 37.58	5.306 5220
15	23 41 30.607	− 3 07 35.47	5.811 6050	31	0 14 59.022	+ 0 21 16.74	5.292 4730
16	23 42 20.245	− 3 02 22.27	5.803 7119	June 1	0 15 34.569	+ 0 24 52.93	5.278 3362
17	23 43 09.689	− 2 57 10.33	5.795 6458	2	0 16 09.678	+ 0 28 26.08	5.264 1144
18	23 43 58.938	− 2 51 59.67	5.787 4076	3	0 16 44.344	+ 0 31 56.16	5.249 8106
19	23 44 47.987	− 2 46 50.31	5.778 9987	4	0 17 18.558	+ 0 35 23.12	5.235 4276
20	23 45 36.835	− 2 41 42.28	5.770 4200	5	0 17 52.314	+ 0 38 46.93	5.220 9685
21	23 46 25.474	− 2 36 35.64	5.761 6725	6	0 18 25.607	+ 0 42 07.53	5.206 4362
22	23 47 13.898	− 2 31 30.42	5.752 7572	7	0 18 58.431	+ 0 45 24.90	5.191 8337
23	23 48 02.100	− 2 26 26.69	5.743 6753	8	0 19 30.780	+ 0 48 39.01	5.177 1640
24	23 48 50.075	− 2 21 24.47	5.734 4278	9	0 20 02.651	+ 0 51 49.82	5.162 4300
25	23 49 37.814	− 2 16 23.84	5.725 0160	10	0 20 34.038	+ 0 54 57.31	5.147 6346
26	23 50 25.315	− 2 11 24.81	5.715 4412	11	0 21 04.938	+ 0 58 01.46	5.132 7807
27	23 51 12.571	− 2 06 27.43	5.705 7048	12	0 21 35.349	+ 1 01 02.25	5.117 8712
28	23 51 59.579	− 2 01 31.73	5.695 8085	13	0 22 05.265	+ 1 03 59.66	5.102 9088
29	23 52 46.335	− 1 56 37.74	5.685 7538	14	0 22 34.681	+ 1 06 53.66	5.087 8960
30	23 53 32.834	− 1 51 45.51	5.675 5427	15	0 23 03.590	+ 1 09 44.21	5.072 8356
May 1	23 54 19.072	− 1 46 55.06	5.665 1768	16	0 23 31.983	+ 1 12 31.26	5.057 7300
2	23 55 05.044	− 1 42 06.43	5.654 6583	17	0 23 59.852	+ 1 15 14.75	5.042 5818
3	23 55 50.745	− 1 37 19.68	5.643 9889	18	0 24 27.188	+ 1 17 54.63	5.027 3937
4	23 56 36.168	− 1 32 34.83	5.633 1709	19	0 24 53.984	+ 1 20 30.86	5.012 1685
5	23 57 21.308	− 1 27 51.95	5.622 2063	20	0 25 20.233	+ 1 23 03.40	4.996 9090
6	23 58 06.159	− 1 23 11.06	5.611 0972	21	0 25 45.930	+ 1 25 32.22	4.981 6183
7	23 58 50.715	− 1 18 32.22	5.599 8458	22	0 26 11.070	+ 1 27 57.27	4.966 2995
8	23 59 34.971	− 1 13 55.46	5.588 4542	23	0 26 35.646	+ 1 30 18.53	4.950 9560
9	0 00 18.920	− 1 09 20.83	5.576 9246	24	0 26 59.654	+ 1 32 35.97	4.935 5911
10	0 01 02.558	− 1 04 48.36	5.565 2591	25	0 27 23.085	+ 1 34 49.54	4.920 2083
11	0 01 45.880	− 1 00 18.09	5.553 4599	26	0 27 45.935	+ 1 36 59.20	4.904 8113
12	0 02 28.883	− 0 55 50.05	5.541 5292	27	0 28 08.196	+ 1 39 04.93	4.889 4036
13	0 03 11.562	− 0 51 24.26	5.529 4691	28	0 28 29.860	+ 1 41 06.67	4.873 9889
14	0 03 53.915	− 0 47 00.75	5.517 2817	29	0 28 50.922	+ 1 43 04.39	4.858 5711
15	0 04 35.939	− 0 42 39.53	5.504 9690	30	0 29 11.373	+ 1 44 58.04	4.843 1538
16	0 05 17.632	− 0 38 20.62	5.492 5329	July 1	0 29 31.207	+ 1 46 47.58	4.827 7409
17	0 05 58.990	− 0 34 04.06	5.479 9751	2	0 29 50.417	+ 1 48 32.99	4.812 3362

JUPITER, 2022

GEOCENTRIC COORDINATES FOR 0ʰ TERRESTRIAL TIME

Date	Apparent Right Ascension	Apparent Declination	True Geocentric Distance	Date	Apparent Right Ascension	Apparent Declination	True Geocentric Distance
	h m s	° ′ ″	au		h m s	° ′ ″	au
July 1	0 29 31.207	+ 1 46 47.58	4.827 7409	Aug. 16	0 32 26.539	+ 1 51 11.42	4.190 7764
2	0 29 50.417	+ 1 48 32.99	4.812 3362	17	0 32 13.696	+ 1 49 31.99	4.180 0436
3	0 30 08.999	+ 1 50 14.22	4.796 9437	18	0 32 00.177	+ 1 47 48.41	4.169 5096
4	0 30 26.946	+ 1 51 51.25	4.781 5672	19	0 31 45.991	+ 1 46 00.75	4.159 1788
5	0 30 44.253	+ 1 53 24.04	4.766 2106	20	0 31 31.142	+ 1 44 09.04	4.149 0555
6	0 31 00.917	+ 1 54 52.59	4.750 8777	21	0 31 15.639	+ 1 42 13.35	4.139 1441
7	0 31 16.934	+ 1 56 16.87	4.735 5724	22	0 30 59.488	+ 1 40 13.72	4.129 4486
8	0 31 32.301	+ 1 57 36.86	4.720 2985	23	0 30 42.699	+ 1 38 10.22	4.119 9735
9	0 31 47.016	+ 1 58 52.57	4.705 0598	24	0 30 25.278	+ 1 36 02.91	4.110 7228
10	0 32 01.075	+ 2 00 03.98	4.689 8598	25	0 30 07.237	+ 1 33 51.86	4.101 7008
11	0 32 14.475	+ 2 01 11.08	4.674 7023	26	0 29 48.585	+ 1 31 37.14	4.092 9115
12	0 32 27.211	+ 2 02 13.85	4.659 5908	27	0 29 29.334	+ 1 29 18.83	4.084 3589
13	0 32 39.277	+ 2 03 12.25	4.644 5288	28	0 29 09.496	+ 1 26 57.02	4.076 0468
14	0 32 50.666	+ 2 04 06.25	4.629 5197	29	0 28 49.086	+ 1 24 31.80	4.067 9791
15	0 33 01.370	+ 2 04 55.81	4.614 5669	30	0 28 28.117	+ 1 22 03.28	4.060 1595
16	0 33 11.385	+ 2 05 40.91	4.599 6740	31	0 28 06.606	+ 1 19 31.57	4.052 5913
17	0 33 20.704	+ 2 06 21.50	4.584 8448	Sept. 1	0 27 44.569	+ 1 16 56.78	4.045 2781
18	0 33 29.325	+ 2 06 57.57	4.570 0830	2	0 27 22.022	+ 1 14 19.03	4.038 2229
19	0 33 37.245	+ 2 07 29.11	4.555 3925	3	0 26 58.983	+ 1 11 38.44	4.031 4287
20	0 33 44.460	+ 2 07 56.10	4.540 7775	4	0 26 35.467	+ 1 08 55.12	4.024 8985
21	0 33 50.967	+ 2 08 18.53	4.526 2421	5	0 26 11.489	+ 1 06 09.18	4.018 6348
22	0 33 56.764	+ 2 08 36.39	4.511 7907	6	0 25 47.066	+ 1 03 20.72	4.012 6401
23	0 34 01.846	+ 2 08 49.66	4.497 4276	7	0 25 22.211	+ 1 00 29.86	4.006 9169
24	0 34 06.210	+ 2 08 58.33	4.483 1573	8	0 24 56.939	+ 0 57 36.68	4.001 4674
25	0 34 09.853	+ 2 09 02.37	4.468 9842	9	0 24 31.267	+ 0 54 41.31	3.996 2938
26	0 34 12.771	+ 2 09 01.79	4.454 9128	10	0 24 05.211	+ 0 51 43.85	3.991 3984
27	0 34 14.961	+ 2 08 56.55	4.440 9476	11	0 23 38.790	+ 0 48 44.43	3.986 7832
28	0 34 16.421	+ 2 08 46.66	4.427 0933	12	0 23 12.024	+ 0 45 43.18	3.982 4505
29	0 34 17.149	+ 2 08 32.11	4.413 3544	13	0 22 44.932	+ 0 42 40.23	3.978 4025
30	0 34 17.143	+ 2 08 12.89	4.399 7355	14	0 22 17.533	+ 0 39 35.71	3.974 6413
31	0 34 16.403	+ 2 07 49.01	4.386 2411	15	0 21 49.849	+ 0 36 29.75	3.971 1692
Aug. 1	0 34 14.929	+ 2 07 20.48	4.372 8758	16	0 21 21.897	+ 0 33 22.49	3.967 9882
2	0 34 12.724	+ 2 06 47.31	4.359 6440	17	0 20 53.697	+ 0 30 14.05	3.965 1003
3	0 34 09.789	+ 2 06 09.53	4.346 5502	18	0 20 25.270	+ 0 27 04.57	3.962 5074
4	0 34 06.126	+ 2 05 27.17	4.333 5989	19	0 19 56.634	+ 0 23 54.18	3.960 2113
5	0 34 01.741	+ 2 04 40.25	4.320 7942	20	0 19 27.812	+ 0 20 43.02	3.958 2135
6	0 33 56.635	+ 2 03 48.81	4.308 1405	21	0 18 58.822	+ 0 17 31.23	3.956 5155
7	0 33 50.813	+ 2 02 52.88	4.295 6418	22	0 18 29.688	+ 0 14 18.95	3.955 1187
8	0 33 44.278	+ 2 01 52.49	4.283 3022	23	0 18 00.432	+ 0 11 06.32	3.954 0244
9	0 33 37.031	+ 2 00 47.67	4.271 1256	24	0 17 31.075	+ 0 07 53.50	3.953 2334
10	0 33 29.074	+ 1 59 38.44	4.259 1159	25	0 17 01.643	+ 0 04 40.65	3.952 7466
11	0 33 20.407	+ 1 58 24.80	4.247 2768	26	0 16 32.158	+ 0 01 27.92	3.952 5647
12	0 33 11.033	+ 1 57 06.77	4.235 6121	27	0 16 02.647	− 0 01 44.52	3.952 6881
13	0 33 00.954	+ 1 55 44.38	4.224 1258	28	0 15 33.135	− 0 04 56.50	3.953 1170
14	0 32 50.174	+ 1 54 17.67	4.212 8217	29	0 15 03.646	− 0 08 07.86	3.953 8513
15	0 32 38.701	+ 1 52 46.66	4.201 7038	30	0 14 34.206	− 0 11 18.43	3.954 8907
16	0 32 26.539	+ 1 51 11.42	4.190 7764	Oct. 1	0 14 04.837	− 0 14 28.05	3.956 2348

GEOCENTRIC COORDINATES FOR 0ʰ TERRESTRIAL TIME

Date	Apparent Right Ascension	Apparent Declination	True Geocentric Distance	Date	Apparent Right Ascension	Apparent Declination	True Geocentric Distance
	h m s	° ′ ″	au		h m s	° ′ ″	au
Oct. 1	0 14 04.837	− 0 14 28.05	3.956 2348	Nov. 16	23 58 22.373	− 1 48 17.45	4.314 5594
2	0 13 35.562	− 0 17 36.59	3.957 8827	17	23 58 16.257	− 1 48 39.87	4.327 6219
3	0 13 06.403	− 0 20 43.89	3.959 8336	18	23 58 10.890	− 1 48 57.31	4.340 8449
4	0 12 37.379	− 0 23 49.84	3.962 0864	19	23 58 06.275	− 1 49 09.74	4.354 2240
5	0 12 08.511	− 0 26 54.29	3.964 6399	20	23 58 02.416	− 1 49 17.15	4.367 7546
6	0 11 39.819	− 0 29 57.12	3.967 4927	21	23 57 59.318	− 1 49 19.53	4.381 4320
7	0 11 11.324	− 0 32 58.20	3.970 6434	22	23 57 56.984	− 1 49 16.84	4.395 2516
8	0 10 43.048	− 0 35 57.39	3.974 0906	23	23 57 55.419	− 1 49 09.08	4.409 2084
9	0 10 15.011	− 0 38 54.56	3.977 8328	24	23 57 54.624	− 1 48 56.24	4.423 2976
10	0 09 47.237	− 0 41 49.57	3.981 8686	25	23 57 54.601	− 1 48 38.32	4.437 5140
11	0 09 19.745	− 0 44 42.28	3.986 1964	26	23 57 55.348	− 1 48 15.33	4.451 8525
12	0 08 52.557	− 0 47 32.57	3.990 8147	27	23 57 56.862	− 1 47 47.29	4.466 3080
13	0 08 25.692	− 0 50 20.32	3.995 7219	28	23 57 59.141	− 1 47 14.25	4.480 8753
14	0 07 59.170	− 0 53 05.40	4.000 9161	29	23 58 02.180	− 1 46 36.22	4.495 5492
15	0 07 33.009	− 0 55 47.71	4.006 3958	30	23 58 05.976	− 1 45 53.24	4.510 3248
16	0 07 07.227	− 0 58 27.12	4.012 1588	Dec. 1	23 58 10.528	− 1 45 05.33	4.525 1971
17	0 06 41.843	− 1 01 03.54	4.018 2032	2	23 58 15.834	− 1 44 12.50	4.540 1615
18	0 06 16.873	− 1 03 36.84	4.024 5267	3	23 58 21.891	− 1 43 14.77	4.555 2131
19	0 05 52.337	− 1 06 06.93	4.031 1271	4	23 58 28.697	− 1 42 12.18	4.570 3474
20	0 05 28.251	− 1 08 33.69	4.038 0019	5	23 58 36.251	− 1 41 04.74	4.585 5600
21	0 05 04.634	− 1 10 57.02	4.045 1485	6	23 58 44.548	− 1 39 52.48	4.600 8465
22	0 04 41.504	− 1 13 16.80	4.052 5641	7	23 58 53.584	− 1 38 35.44	4.616 2025
23	0 04 18.878	− 1 15 32.93	4.060 2459	8	23 59 03.356	− 1 37 13.65	4.631 6238
24	0 03 56.774	− 1 17 45.30	4.068 1908	9	23 59 13.857	− 1 35 47.16	4.647 1062
25	0 03 35.211	− 1 19 53.79	4.076 3955	10	23 59 25.083	− 1 34 16.00	4.662 6454
26	0 03 14.207	− 1 21 58.29	4.084 8566	11	23 59 37.029	− 1 32 40.21	4.678 2373
27	0 02 53.777	− 1 23 58.72	4.093 5705	12	23 59 49.689	− 1 30 59.83	4.693 8777
28	0 02 33.938	− 1 25 54.97	4.102 5333	13	0 00 03.057	− 1 29 14.90	4.709 5625
29	0 02 14.701	− 1 27 46.96	4.111 7410	14	0 00 17.131	− 1 27 25.46	4.725 2874
30	0 01 56.080	− 1 29 34.64	4.121 1896	15	0 00 31.904	− 1 25 31.54	4.741 0483
31	0 01 38.083	− 1 31 17.95	4.130 8747	16	0 00 47.373	− 1 23 33.17	4.756 8411
Nov. 1	0 01 20.721	− 1 32 56.82	4.140 7922	17	0 01 03.534	− 1 21 30.37	4.772 6614
2	0 01 04.002	− 1 34 31.22	4.150 9376	18	0 01 20.383	− 1 19 23.19	4.788 5052
3	0 00 47.936	− 1 36 01.09	4.161 3068	19	0 01 37.916	− 1 17 11.63	4.804 3681
4	0 00 32.534	− 1 37 26.38	4.171 8953	20	0 01 56.131	− 1 14 55.74	4.820 2458
5	0 00 17.803	− 1 38 47.04	4.182 6991	21	0 02 15.023	− 1 12 35.53	4.836 1340
6	0 00 03.755	− 1 40 03.01	4.193 7139	22	0 02 34.587	− 1 10 11.04	4.852 0282
7	23 59 50.399	− 1 41 14.25	4.204 9355	23	0 02 54.818	− 1 07 42.31	4.867 9240
8	23 59 37.741	− 1 42 20.72	4.216 3599	24	0 03 15.706	− 1 05 09.41	4.883 8168
9	23 59 25.791	− 1 43 22.39	4.227 9829	25	0 03 37.243	− 1 02 32.38	4.899 7021
10	23 59 14.553	− 1 44 19.22	4.239 8005	26	0 03 59.420	− 0 59 51.31	4.915 5755
11	23 59 04.033	− 1 45 11.18	4.251 8085	27	0 04 22.228	− 0 57 06.23	4.931 4326
12	23 58 54.237	− 1 45 58.27	4.264 0029	28	0 04 45.659	− 0 54 17.22	4.947 2692
13	23 58 45.169	− 1 46 40.46	4.276 3794	29	0 05 09.708	− 0 51 24.31	4.963 0812
14	23 58 36.833	− 1 47 17.73	4.288 9338	30	0 05 34.368	− 0 48 27.54	4.978 8649
15	23 58 29.233	− 1 47 50.06	4.301 6619	31	0 05 59.634	− 0 45 26.97	4.994 6163
16	23 58 22.373	− 1 48 17.45	4.314 5594	32	0 06 25.499	− 0 42 22.63	5.010 3319

SATURN, 2022

GEOCENTRIC COORDINATES FOR 0ʰ TERRESTRIAL TIME

Date	Apparent Right Ascension	Apparent Declination	True Geocentric Distance	Date	Apparent Right Ascension	Apparent Declination	True Geocentric Distance
	h m s	° ′ ″	au		h m s	° ′ ″	au
Jan. 0	20 57 58.877	−18 02 24.86	10.737 3736	Feb. 15	21 19 31.731	−16 30 49.58	10.884 1110
1	20 58 25.046	−18 00 38.13	10.746 1007	16	21 20 00.168	−16 28 43.95	10.881 2894
2	20 58 51.377	−17 58 50.57	10.754 6008	17	21 20 28.544	−16 26 38.40	10.878 2144
3	20 59 17.863	−17 57 02.20	10.762 8716	18	21 20 56.853	−16 24 32.96	10.874 8868
4	20 59 44.494	−17 55 13.05	10.770 9107	19	21 21 25.094	−16 22 27.64	10.871 3072
5	21 00 11.264	−17 53 23.14	10.778 7162	20	21 21 53.263	−16 20 22.45	10.867 4765
6	21 00 38.166	−17 51 32.49	10.786 2863	21	21 22 21.358	−16 18 17.40	10.863 3954
7	21 01 05.196	−17 49 41.09	10.793 6193	22	21 22 49.376	−16 16 12.52	10.859 0645
8	21 01 32.350	−17 47 48.96	10.800 7138	23	21 23 17.314	−16 14 07.81	10.854 4845
9	21 01 59.623	−17 45 56.10	10.807 5684	24	21 23 45.170	−16 12 03.31	10.849 6562
10	21 02 27.013	−17 44 02.53	10.814 1817	25	21 24 12.937	−16 09 59.06	10.844 5804
11	21 02 54.517	−17 42 08.27	10.820 5527	26	21 24 40.611	−16 07 55.08	10.839 2579
12	21 03 22.129	−17 40 13.34	10.826 6802	27	21 25 08.184	−16 05 51.43	10.833 6896
13	21 03 49.845	−17 38 17.75	10.832 5630	28	21 25 35.649	−16 03 48.12	10.827 8767
14	21 04 17.662	−17 36 21.54	10.838 2002	Mar. 1	21 26 03.000	−16 01 45.19	10.821 8204
15	21 04 45.572	−17 34 24.73	10.843 5907	2	21 26 30.232	−15 59 42.65	10.815 5222
16	21 05 13.572	−17 32 27.35	10.848 7335	3	21 26 57.339	−15 57 40.53	10.808 9835
17	21 05 41.656	−17 30 29.40	10.853 6278	4	21 27 24.320	−15 55 38.83	10.802 2062
18	21 06 09.818	−17 28 30.93	10.858 2726	5	21 27 51.170	−15 53 37.58	10.795 1921
19	21 06 38.052	−17 26 31.95	10.862 6671	6	21 28 17.887	−15 51 36.78	10.787 9432
20	21 07 06.355	−17 24 32.47	10.866 8103	7	21 28 44.468	−15 49 36.47	10.780 4616
21	21 07 34.720	−17 22 32.50	10.870 7013	8	21 29 10.909	−15 47 36.68	10.772 7493
22	21 08 03.144	−17 20 32.07	10.874 3393	9	21 29 37.206	−15 45 37.42	10.764 8086
23	21 08 31.624	−17 18 31.17	10.877 7233	10	21 30 03.355	−15 43 38.74	10.756 6415
24	21 09 00.155	−17 16 29.82	10.880 8524	11	21 30 29.351	−15 41 40.66	10.748 2504
25	21 09 28.736	−17 14 28.02	10.883 7258	12	21 30 55.190	−15 39 43.22	10.739 6375
26	21 09 57.364	−17 12 25.79	10.886 3423	13	21 31 20.866	−15 37 46.44	10.730 8051
27	21 10 26.035	−17 10 23.16	10.888 7013	14	21 31 46.375	−15 35 50.34	10.721 7553
28	21 10 54.746	−17 08 20.14	10.890 8017	15	21 32 11.712	−15 33 54.96	10.712 4905
29	21 11 23.490	−17 06 16.77	10.892 6427	16	21 32 36.873	−15 32 00.31	10.703 0131
30	21 11 52.262	−17 04 13.09	10.894 2236	17	21 33 01.855	−15 30 06.41	10.693 3252
31	21 12 21.053	−17 02 09.13	10.895 5437	18	21 33 26.653	−15 28 13.27	10.683 4290
Feb. 1	21 12 49.857	−17 00 04.93	10.896 6027	19	21 33 51.265	−15 26 20.91	10.673 3269
2	21 13 18.667	−16 58 00.50	10.897 4003	20	21 34 15.690	−15 24 29.33	10.663 0209
3	21 13 47.479	−16 55 55.89	10.897 9363	21	21 34 39.926	−15 22 38.56	10.652 5132
4	21 14 16.287	−16 53 51.19	10.898 2110	22	21 35 03.971	−15 20 48.61	10.641 8059
5	21 14 45.062	−16 51 46.42	10.898 2246	23	21 35 27.821	−15 18 59.51	10.630 9012
6	21 15 13.831	−16 49 40.95	10.897 9774	24	21 35 51.472	−15 17 11.29	10.619 8011
7	21 15 42.602	−16 47 35.42	10.897 4698	25	21 36 14.919	−15 15 23.99	10.608 5079
8	21 16 11.355	−16 45 29.84	10.896 7025	26	21 36 38.157	−15 13 37.65	10.597 0239
9	21 16 40.086	−16 43 24.18	10.895 6760	27	21 37 01.178	−15 11 52.29	10.585 3515
10	21 17 08.790	−16 41 18.45	10.894 3909	28	21 37 23.976	−15 10 07.96	10.573 4933
11	21 17 37.462	−16 39 12.67	10.892 8479	29	21 37 46.547	−15 08 24.67	10.561 4521
12	21 18 06.097	−16 37 06.86	10.891 0477	30	21 38 08.887	−15 06 42.44	10.549 2306
13	21 18 34.690	−16 35 01.07	10.888 9909	31	21 38 30.991	−15 05 01.28	10.536 8319
14	21 19 03.237	−16 32 55.30	10.886 6785	Apr. 1	21 38 52.858	−15 03 21.21	10.524 2591
15	21 19 31.731	−16 30 49.58	10.884 1110	2	21 39 14.485	−15 01 42.24	10.511 5154

GEOCENTRIC COORDINATES FOR 0ʰ TERRESTRIAL TIME

Date	Apparent Right Ascension	Apparent Declination	True Geocentric Distance	Date	Apparent Right Ascension	Apparent Declination	True Geocentric Distance
	h m s	° ′ ″	au		h m s	° ′ ″	au
Apr. 1	21 38 52.858	−15 03 21.21	10.524 2591	May 17	21 50 26.831	−14 12 26.58	9.818 4174
2	21 39 14.485	−15 01 42.24	10.511 5154	18	21 50 34.075	−14 12 00.55	9.801 7449
3	21 39 35.870	−15 00 04.41	10.498 6042	19	21 50 40.953	−14 11 36.46	9.785 0816
4	21 39 57.009	−14 58 27.72	10.485 5288	20	21 50 47.461	−14 11 14.32	9.768 4313
5	21 40 17.900	−14 56 52.21	10.472 2928	21	21 50 53.594	−14 10 54.16	9.751 7984
6	21 40 38.538	−14 55 17.91	10.458 8995	22	21 50 59.350	−14 10 35.98	9.735 1871
7	21 40 58.919	−14 53 44.85	10.445 3525	23	21 51 04.726	−14 10 19.79	9.718 6019
8	21 41 19.040	−14 52 13.06	10.431 6552	24	21 51 09.722	−14 10 05.58	9.702 0472
9	21 41 38.895	−14 50 42.56	10.417 8112	25	21 51 14.337	−14 09 53.36	9.685 5278
10	21 41 58.482	−14 49 13.38	10.403 8240	26	21 51 18.572	−14 09 43.10	9.669 0483
11	21 42 17.796	−14 47 45.55	10.389 6970	27	21 51 22.427	−14 09 34.83	9.652 6136
12	21 42 36.832	−14 46 19.07	10.375 4339	28	21 51 25.903	−14 09 28.53	9.636 2284
13	21 42 55.588	−14 44 53.98	10.361 0380	29	21 51 28.998	−14 09 24.23	9.619 8976
14	21 43 14.061	−14 43 30.27	10.346 5129	30	21 51 31.713	−14 09 21.91	9.603 6260
15	21 43 32.249	−14 42 07.97	10.331 8620	31	21 51 34.047	−14 09 21.59	9.587 4185
16	21 43 50.150	−14 40 47.07	10.317 0887	June 1	21 51 35.999	−14 09 23.28	9.571 2799
17	21 44 07.764	−14 39 27.60	10.302 1962	2	21 51 37.568	−14 09 26.97	9.555 2150
18	21 44 25.088	−14 38 09.55	10.287 1878	3	21 51 38.754	−14 09 32.69	9.539 2286
19	21 44 42.123	−14 36 52.95	10.272 0667	4	21 51 39.555	−14 09 40.41	9.523 3254
20	21 44 58.864	−14 35 37.84	10.256 8363	5	21 51 39.972	−14 09 50.15	9.507 5101
21	21 45 15.306	−14 34 24.24	10.241 4996	6	21 51 40.005	−14 10 01.89	9.491 7873
22	21 45 31.446	−14 33 12.18	10.226 0602	7	21 51 39.654	−14 10 15.62	9.476 1615
23	21 45 47.276	−14 32 01.71	10.210 5214	8	21 51 38.920	−14 10 31.33	9.460 6374
24	21 46 02.792	−14 30 52.84	10.194 8869	9	21 51 37.807	−14 10 49.00	9.445 2192
25	21 46 17.988	−14 29 45.59	10.179 1603	10	21 51 36.315	−14 11 08.61	9.429 9114
26	21 46 32.863	−14 28 39.98	10.163 3455	11	21 51 34.449	−14 11 30.15	9.414 7181
27	21 46 47.413	−14 27 36.02	10.147 4465	12	21 51 32.211	−14 11 53.59	9.399 6435
28	21 47 01.636	−14 26 33.72	10.131 4674	13	21 51 29.605	−14 12 18.92	9.384 6916
29	21 47 15.530	−14 25 33.08	10.115 4125	14	21 51 26.631	−14 12 46.14	9.369 8664
30	21 47 29.095	−14 24 34.13	10.099 2859	15	21 51 23.290	−14 13 15.26	9.355 1718
May 1	21 47 42.327	−14 23 36.87	10.083 0920	16	21 51 19.580	−14 13 46.29	9.340 6117
2	21 47 55.226	−14 22 41.34	10.066 8353	17	21 51 15.500	−14 14 19.22	9.326 1902
3	21 48 07.788	−14 21 47.55	10.050 5200	18	21 51 11.049	−14 14 54.04	9.311 9114
4	21 48 20.010	−14 20 55.52	10.034 1506	19	21 51 06.228	−14 15 30.75	9.297 7794
5	21 48 31.890	−14 20 05.29	10.017 7317	20	21 51 01.038	−14 16 09.31	9.283 7988
6	21 48 43.424	−14 19 16.86	10.001 2674	21	21 50 55.482	−14 16 49.70	9.269 9737
7	21 48 54.608	−14 18 30.25	9.984 7624	22	21 50 49.566	−14 17 31.89	9.256 3089
8	21 49 05.441	−14 17 45.49	9.968 2210	23	21 50 43.291	−14 18 15.87	9.242 8086
9	21 49 15.919	−14 17 02.58	9.951 6475	24	21 50 36.663	−14 19 01.61	9.229 4774
10	21 49 26.041	−14 16 21.53	9.935 0463	25	21 50 29.684	−14 19 49.09	9.216 3198
11	21 49 35.804	−14 15 42.35	9.918 4217	26	21 50 22.357	−14 20 38.31	9.203 3402
12	21 49 45.208	−14 15 05.05	9.901 7780	27	21 50 14.686	−14 21 29.23	9.190 5430
13	21 49 54.251	−14 14 29.61	9.885 1194	28	21 50 06.673	−14 22 21.85	9.177 9326
14	21 50 02.935	−14 13 56.05	9.868 4500	29	21 49 58.321	−14 23 16.15	9.165 5132
15	21 50 11.260	−14 13 24.35	9.851 7739	30	21 49 49.633	−14 24 12.11	9.153 2890
16	21 50 19.225	−14 12 54.52	9.835 0951	July 1	21 49 40.613	−14 25 09.71	9.141 2642
17	21 50 26.831	−14 12 26.58	9.818 4174	2	21 49 31.264	−14 26 08.91	9.129 4428

GEOCENTRIC COORDINATES FOR 0ʰ TERRESTRIAL TIME

Date	Apparent Right Ascension	Apparent Declination	True Geocentric Distance	Date	Apparent Right Ascension	Apparent Declination	True Geocentric Distance
	h m s	o ′ ″	au		h m s	o ′ ″	au
July 1	21 49 40.613	−14 25 09.71	9.141 2642	Aug. 16	21 38 26.681	−15 28 21.19	8.857 0068
2	21 49 31.264	−14 26 08.91	9.129 4428	17	21 38 09.131	−15 29 52.81	8.857 4828
3	21 49 21.589	−14 27 09.70	9.117 8286	18	21 37 51.593	−15 31 24.10	8.858 2585
4	21 49 11.593	−14 28 12.03	9.106 4257	19	21 37 34.077	−15 32 55.00	8.859 3342
5	21 49 01.282	−14 29 15.87	9.095 2375	20	21 37 16.592	−15 34 25.48	8.860 7097
6	21 48 50.661	−14 30 21.18	9.084 2679	21	21 36 59.146	−15 35 55.51	8.862 3851
7	21 48 39.737	−14 31 27.92	9.073 5201	22	21 36 41.750	−15 37 25.04	8.864 3602
8	21 48 28.516	−14 32 36.04	9.062 9975	23	21 36 24.410	−15 38 54.03	8.866 6344
9	21 48 17.006	−14 33 45.51	9.052 7034	24	21 36 07.135	−15 40 22.45	8.869 2074
10	21 48 05.213	−14 34 56.28	9.042 6408	25	21 35 49.934	−15 41 50.25	8.872 0785
11	21 47 53.144	−14 36 08.33	9.032 8126	26	21 35 32.815	−15 43 17.38	8.875 2468
12	21 47 40.804	−14 37 21.63	9.023 2217	27	21 35 15.788	−15 44 43.81	8.878 7113
13	21 47 28.197	−14 38 36.16	9.013 8708	28	21 34 58.862	−15 46 09.48	8.882 4710
14	21 47 15.324	−14 39 51.92	9.004 7627	29	21 34 42.047	−15 47 34.33	8.886 5244
15	21 47 02.189	−14 41 08.86	8.995 9002	30	21 34 25.353	−15 48 58.33	8.890 8700
16	21 46 48.795	−14 42 26.96	8.987 2861	31	21 34 08.791	−15 50 21.41	8.895 5062
17	21 46 35.149	−14 43 46.17	8.978 9234	Sept. 1	21 33 52.371	−15 51 43.53	8.900 4312
18	21 46 21.257	−14 45 06.44	8.970 8150	2	21 33 36.103	−15 53 04.65	8.905 6429
19	21 46 07.126	−14 46 27.73	8.962 9640	3	21 33 19.998	−15 54 24.72	8.911 1390
20	21 45 52.766	−14 47 49.98	8.955 3734	4	21 33 04.064	−15 55 43.73	8.916 9175
21	21 45 38.184	−14 49 13.15	8.948 0462	5	21 32 48.307	−15 57 01.63	8.922 9758
22	21 45 23.388	−14 50 37.21	8.940 9851	6	21 32 32.735	−15 58 18.43	8.929 3115
23	21 45 08.385	−14 52 02.12	8.934 1932	7	21 32 17.353	−15 59 34.08	8.935 9221
24	21 44 53.182	−14 53 27.85	8.927 6730	8	21 32 02.166	−16 00 48.57	8.942 8051
25	21 44 37.786	−14 54 54.35	8.921 4272	9	21 31 47.179	−16 02 01.86	8.949 9580
26	21 44 22.204	−14 56 21.59	8.915 4583	10	21 31 32.400	−16 03 13.91	8.957 3784
27	21 44 06.444	−14 57 49.52	8.909 7687	11	21 31 17.837	−16 04 24.67	8.965 0638
28	21 43 50.511	−14 59 18.12	8.904 3606	12	21 31 03.500	−16 05 34.12	8.973 0119
29	21 43 34.414	−15 00 47.34	8.899 2362	13	21 30 49.396	−16 06 42.20	8.981 2203
30	21 43 18.161	−15 02 17.12	8.894 3974	14	21 30 35.535	−16 07 48.89	8.989 6864
31	21 43 01.758	−15 03 47.42	8.889 8460	15	21 30 21.925	−16 08 54.16	8.998 4079
Aug. 1	21 42 45.217	−15 05 18.18	8.885 5838	16	21 30 08.572	−16 09 58.00	9.007 3820
2	21 42 28.545	−15 06 49.35	8.881 6122	17	21 29 55.484	−16 11 00.38	9.016 6061
3	21 42 11.752	−15 08 20.87	8.877 9325	18	21 29 42.666	−16 12 01.28	9.026 0772
4	21 41 54.850	−15 09 52.69	8.874 5459	19	21 29 30.124	−16 13 00.68	9.035 7925
5	21 41 37.848	−15 11 24.74	8.871 4535	20	21 29 17.865	−16 13 58.57	9.045 7488
6	21 41 20.756	−15 12 56.98	8.868 6559	21	21 29 05.894	−16 14 54.91	9.055 9430
7	21 41 03.585	−15 14 29.37	8.866 1540	22	21 28 54.217	−16 15 49.68	9.066 3717
8	21 40 46.343	−15 16 01.86	8.863 9482	23	21 28 42.839	−16 16 42.86	9.077 0315
9	21 40 29.038	−15 17 34.42	8.862 0390	24	21 28 31.767	−16 17 34.41	9.087 9187
10	21 40 11.675	−15 19 07.02	8.860 4266	25	21 28 21.008	−16 18 24.31	9.099 0297
11	21 39 54.261	−15 20 39.64	8.859 1115	26	21 28 10.567	−16 19 12.52	9.110 3605
12	21 39 36.802	−15 22 12.22	8.858 0940	27	21 28 00.454	−16 19 59.02	9.121 9073
13	21 39 19.305	−15 23 44.73	8.857 3743	28	21 27 50.674	−16 20 43.77	9.133 6658
14	21 39 01.779	−15 25 17.09	8.856 9530	29	21 27 41.234	−16 21 26.75	9.145 6318
15	21 38 44.234	−15 26 49.26	8.856 8303	30	21 27 32.141	−16 22 07.94	9.157 8009
16	21 38 26.681	−15 28 21.19	8.857 0068	Oct. 1	21 27 23.399	−16 22 47.34	9.170 1686

GEOCENTRIC COORDINATES FOR 0ʰ TERRESTRIAL TIME

Date	Apparent Right Ascension	Apparent Declination	True Geocentric Distance	Date	Apparent Right Ascension	Apparent Declination	True Geocentric Distance
	h m s	o ′ ″	au		h m s	o ′ ″	au
Oct. 1	21 27 23.399	−16 22 47.34	9.170 1686	Nov. 16	21 27 38.596	−16 18 57.42	9.875 5543
2	21 27 15.012	−16 23 24.95	9.182 7304	17	21 27 48.241	−16 18 07.86	9.892 0714
3	21 27 06.983	−16 24 00.76	9.195 4819	18	21 27 58.264	−16 17 16.49	9.908 5632
4	21 26 59.312	−16 24 34.76	9.208 4184	19	21 28 08.663	−16 16 23.32	9.925 0251
5	21 26 52.002	−16 25 06.97	9.221 5354	20	21 28 19.437	−16 15 28.34	9.941 4522
6	21 26 45.053	−16 25 37.35	9.234 8286	21	21 28 30.584	−16 14 31.57	9.957 8398
7	21 26 38.469	−16 26 05.91	9.248 2936	22	21 28 42.106	−16 13 32.98	9.974 1829
8	21 26 32.254	−16 26 32.61	9.261 9260	23	21 28 53.999	−16 12 32.60	9.990 4767
9	21 26 26.410	−16 26 57.43	9.275 7217	24	21 29 06.263	−16 11 30.44	10.006 7163
10	21 26 20.944	−16 27 20.37	9.289 6763	25	21 29 18.895	−16 10 26.52	10.022 8966
11	21 26 15.859	−16 27 41.41	9.303 7858	26	21 29 31.890	−16 09 20.86	10.039 0128
12	21 26 11.159	−16 28 00.53	9.318 0460	27	21 29 45.242	−16 08 13.50	10.055 0601
13	21 26 06.848	−16 28 17.75	9.332 4526	28	21 29 58.944	−16 07 04.46	10.071 0338
14	21 26 02.927	−16 28 33.06	9.347 0015	29	21 30 12.991	−16 05 53.76	10.086 9293
15	21 25 59.397	−16 28 46.47	9.361 6881	30	21 30 27.379	−16 04 41.40	10.102 7423
16	21 25 56.262	−16 28 57.96	9.376 5082	Dec. 1	21 30 42.102	−16 03 27.40	10.118 4684
17	21 25 53.520	−16 29 07.56	9.391 4573	2	21 30 57.160	−16 02 11.75	10.134 1037
18	21 25 51.174	−16 29 15.24	9.406 5308	3	21 31 12.549	−16 00 54.47	10.149 6442
19	21 25 49.225	−16 29 21.01	9.421 7241	4	21 31 28.268	−15 59 35.55	10.165 0859
20	21 25 47.675	−16 29 24.87	9.437 0326	5	21 31 44.313	−15 58 15.02	10.180 4250
21	21 25 46.523	−16 29 26.79	9.452 4513	6	21 32 00.683	−15 56 52.89	10.195 6579
22	21 25 45.773	−16 29 26.78	9.467 9756	7	21 32 17.372	−15 55 29.19	10.210 7808
23	21 25 45.426	−16 29 24.82	9.483 6004	8	21 32 34.377	−15 54 03.93	10.225 7901
24	21 25 45.484	−16 29 20.89	9.499 3208	9	21 32 51.694	−15 52 37.14	10.240 6820
25	21 25 45.951	−16 29 15.00	9.515 1316	10	21 33 09.318	−15 51 08.83	10.255 4531
26	21 25 46.828	−16 29 07.12	9.531 0277	11	21 33 27.244	−15 49 39.04	10.270 0995
27	21 25 48.119	−16 28 57.26	9.547 0037	12	21 33 45.467	−15 48 07.78	10.284 6176
28	21 25 49.822	−16 28 45.43	9.563 0544	13	21 34 03.983	−15 46 35.05	10.299 0039
29	21 25 51.938	−16 28 31.64	9.579 1744	14	21 34 22.787	−15 45 00.88	10.313 2547
30	21 25 54.465	−16 28 15.90	9.595 3585	15	21 34 41.876	−15 43 25.27	10.327 3662
31	21 25 57.399	−16 27 58.25	9.611 6014	16	21 35 01.247	−15 41 48.24	10.341 3349
Nov. 1	21 26 00.738	−16 27 38.68	9.627 8979	17	21 35 20.896	−15 40 09.78	10.355 1570
2	21 26 04.479	−16 27 17.20	9.644 2430	18	21 35 40.820	−15 38 29.90	10.368 8289
3	21 26 08.620	−16 26 53.82	9.660 6318	19	21 36 01.018	−15 36 48.62	10.382 3469
4	21 26 13.161	−16 26 28.52	9.677 0595	20	21 36 21.486	−15 35 05.94	10.395 7072
5	21 26 18.100	−16 26 01.31	9.693 5213	21	21 36 42.222	−15 33 21.88	10.408 9062
6	21 26 23.439	−16 25 32.18	9.710 0126	22	21 37 03.223	−15 31 36.46	10.421 9400
7	21 26 29.178	−16 25 01.14	9.726 5289	23	21 37 24.482	−15 29 49.71	10.434 8049
8	21 26 35.316	−16 24 28.18	9.743 0656	24	21 37 45.994	−15 28 01.67	10.447 4973
9	21 26 41.853	−16 23 53.33	9.759 6182	25	21 38 07.751	−15 26 12.36	10.460 0137
10	21 26 48.787	−16 23 16.59	9.776 1823	26	21 38 29.745	−15 24 21.83	10.472 3506
11	21 26 56.117	−16 22 37.99	9.792 7534	27	21 38 51.970	−15 22 30.08	10.484 5049
12	21 27 03.838	−16 21 57.53	9.809 3269	28	21 39 14.420	−15 20 37.13	10.496 4736
13	21 27 11.950	−16 21 15.24	9.825 8984	29	21 39 37.092	−15 18 42.98	10.508 2538
14	21 27 20.448	−16 20 31.11	9.842 4632	30	21 39 59.982	−15 16 47.64	10.519 8429
15	21 27 29.331	−16 19 45.17	9.859 0167	31	21 40 23.089	−15 14 51.14	10.531 2384
16	21 27 38.596	−16 18 57.42	9.875 5543	32	21 40 46.407	−15 12 53.48	10.542 4377

URANUS, 2022

GEOCENTRIC COORDINATES FOR 0ʰ TERRESTRIAL TIME

Date	Apparent Right Ascension	Apparent Declination	True Geocentric Distance	Date	Apparent Right Ascension	Apparent Declination	True Geocentric Distance
	h m s	° ′ ″	au		h m s	° ′ ″	au
Jan. 0	2 34 41.692	+14 43 51.27	19.191 926	Feb. 15	2 35 21.327	+14 48 20.71	19.951 078
1	2 34 38.018	+14 43 35.51	19.206 638	16	2 35 26.911	+14 48 48.84	19.967 568
2	2 34 34.538	+14 43 20.70	19.221 507	17	2 35 32.679	+14 49 17.82	19.983 977
3	2 34 31.252	+14 43 06.83	19.236 527	18	2 35 38.631	+14 49 47.63	20.000 301
4	2 34 28.158	+14 42 53.90	19.251 694	19	2 35 44.766	+14 50 18.28	20.016 535
5	2 34 25.256	+14 42 41.91	19.267 002	20	2 35 51.083	+14 50 49.75	20.032 674
6	2 34 22.548	+14 42 30.83	19.282 445	21	2 35 57.584	+14 51 22.04	20.048 715
7	2 34 20.034	+14 42 20.69	19.298 018	22	2 36 04.268	+14 51 55.16	20.064 654
8	2 34 17.718	+14 42 11.47	19.313 716	23	2 36 11.135	+14 52 29.10	20.080 485
9	2 34 15.602	+14 42 03.20	19.329 533	24	2 36 18.184	+14 53 03.87	20.096 204
10	2 34 13.689	+14 41 55.88	19.345 463	25	2 36 25.413	+14 53 39.48	20.111 807
11	2 34 11.980	+14 41 49.52	19.361 502	26	2 36 32.818	+14 54 15.90	20.127 289
12	2 34 10.476	+14 41 44.14	19.377 644	27	2 36 40.395	+14 54 53.12	20.142 646
13	2 34 09.179	+14 41 39.75	19.393 884	28	2 36 48.141	+14 55 31.12	20.157 873
14	2 34 08.087	+14 41 36.34	19.410 217	Mar. 1	2 36 56.053	+14 56 09.88	20.172 965
15	2 34 07.202	+14 41 33.92	19.426 638	2	2 37 04.128	+14 56 49.37	20.187 918
16	2 34 06.523	+14 41 32.49	19.443 141	3	2 37 12.365	+14 57 29.58	20.202 728
17	2 34 06.048	+14 41 32.05	19.459 721	4	2 37 20.764	+14 58 10.49	20.217 389
18	2 34 05.778	+14 41 32.60	19.476 375	5	2 37 29.324	+14 58 52.11	20.231 898
19	2 34 05.711	+14 41 34.12	19.493 095	6	2 37 38.044	+14 59 34.43	20.246 251
20	2 34 05.847	+14 41 36.61	19.509 879	7	2 37 46.924	+15 00 17.44	20.260 443
21	2 34 06.187	+14 41 40.07	19.526 719	8	2 37 55.960	+15 01 01.14	20.274 471
22	2 34 06.731	+14 41 44.49	19.543 612	9	2 38 05.152	+15 01 45.53	20.288 331
23	2 34 07.479	+14 41 49.87	19.560 553	10	2 38 14.495	+15 02 30.59	20.302 020
24	2 34 08.434	+14 41 56.22	19.577 536	11	2 38 23.987	+15 03 16.30	20.315 534
25	2 34 09.598	+14 42 03.54	19.594 557	12	2 38 33.624	+15 04 02.66	20.328 870
26	2 34 10.971	+14 42 11.84	19.611 610	13	2 38 43.404	+15 04 49.64	20.342 024
27	2 34 12.555	+14 42 21.13	19.628 690	14	2 38 53.322	+15 05 37.24	20.354 994
28	2 34 14.351	+14 42 31.43	19.645 791	15	2 39 03.375	+15 06 25.42	20.367 775
29	2 34 16.356	+14 42 42.73	19.662 909	16	2 39 13.562	+15 07 14.17	20.380 367
30	2 34 18.569	+14 42 55.04	19.680 038	17	2 39 23.879	+15 08 03.48	20.392 764
31	2 34 20.988	+14 43 08.34	19.697 172	18	2 39 34.325	+15 08 53.31	20.404 965
Feb. 1	2 34 23.608	+14 43 22.61	19.714 305	19	2 39 44.898	+15 09 43.67	20.416 967
2	2 34 26.430	+14 43 37.84	19.731 432	20	2 39 55.599	+15 10 34.55	20.428 767
3	2 34 29.452	+14 43 54.01	19.748 548	21	2 40 06.427	+15 11 25.95	20.440 363
4	2 34 32.674	+14 44 11.11	19.765 645	22	2 40 17.381	+15 12 17.86	20.451 750
5	2 34 36.098	+14 44 29.15	19.782 720	23	2 40 28.459	+15 13 10.28	20.462 928
6	2 34 39.725	+14 44 48.12	19.799 767	24	2 40 39.659	+15 14 03.22	20.473 893
7	2 34 43.554	+14 45 08.03	19.816 780	25	2 40 50.976	+15 14 56.66	20.484 641
8	2 34 47.585	+14 45 28.87	19.833 754	26	2 41 02.407	+15 15 50.58	20.495 170
9	2 34 51.817	+14 45 50.66	19.850 684	27	2 41 13.946	+15 16 44.96	20.505 478
10	2 34 56.249	+14 46 13.38	19.867 566	28	2 41 25.590	+15 17 39.78	20.515 560
11	2 35 00.878	+14 46 37.03	19.884 395	29	2 41 37.336	+15 18 35.00	20.525 415
12	2 35 05.703	+14 47 01.60	19.901 165	30	2 41 49.182	+15 19 30.61	20.535 040
13	2 35 10.721	+14 47 27.08	19.917 871	31	2 42 01.127	+15 20 26.60	20.544 431
14	2 35 15.930	+14 47 53.46	19.934 511	Apr. 1	2 42 13.168	+15 21 22.96	20.553 587
15	2 35 21.327	+14 48 20.71	19.951 078	2	2 42 25.306	+15 22 19.67	20.562 504

GEOCENTRIC COORDINATES FOR 0ʰ TERRESTRIAL TIME

Date	Apparent Right Ascension	Apparent Declination	True Geocentric Distance	Date	Apparent Right Ascension	Apparent Declination	True Geocentric Distance
	h m s	° ′ ″	au		h m s	° ′ ″	au
Apr. 1	2 42 13.168	+15 21 22.96	20.553 587	May 17	2 52 26.691	+16 07 42.55	20.696 348
2	2 42 25.306	+15 22 19.67	20.562 504	18	2 52 40.316	+16 08 42.33	20.693 184
3	2 42 37.539	+15 23 16.74	20.571 181	19	2 52 53.913	+16 09 41.92	20.689 758
4	2 42 49.864	+15 24 14.15	20.579 616	20	2 53 07.475	+16 10 41.31	20.686 070
5	2 43 02.279	+15 25 11.90	20.587 806	21	2 53 20.999	+16 11 40.47	20.682 121
6	2 43 14.781	+15 26 09.99	20.595 750	22	2 53 34.480	+16 12 39.37	20.677 912
7	2 43 27.365	+15 27 08.39	20.603 446	23	2 53 47.917	+16 13 37.99	20.673 442
8	2 43 40.029	+15 28 07.08	20.610 892	24	2 54 01.307	+16 14 36.32	20.668 714
9	2 43 52.768	+15 29 06.06	20.618 088	25	2 54 14.650	+16 15 34.36	20.663 728
10	2 44 05.579	+15 30 05.31	20.625 031	26	2 54 27.945	+16 16 32.09	20.658 484
11	2 44 18.458	+15 31 04.79	20.631 720	27	2 54 41.190	+16 17 29.51	20.652 985
12	2 44 31.402	+15 32 04.50	20.638 154	28	2 54 54.384	+16 18 26.62	20.647 231
13	2 44 44.407	+15 33 04.42	20.644 332	29	2 55 07.523	+16 19 23.41	20.641 224
14	2 44 57.473	+15 34 04.52	20.650 254	30	2 55 20.605	+16 20 19.88	20.634 965
15	2 45 10.597	+15 35 04.79	20.655 917	31	2 55 33.627	+16 21 16.03	20.628 457
16	2 45 23.777	+15 36 05.22	20.661 321	June 1	2 55 46.586	+16 22 11.83	20.621 700
17	2 45 37.015	+15 37 05.81	20.666 466	2	2 55 59.476	+16 23 07.28	20.614 698
18	2 45 50.308	+15 38 06.56	20.671 350	3	2 56 12.296	+16 24 02.37	20.607 451
19	2 46 03.656	+15 39 07.47	20.675 972	4	2 56 25.040	+16 24 57.06	20.599 962
20	2 46 17.056	+15 40 08.54	20.680 332	5	2 56 37.707	+16 25 51.36	20.592 233
21	2 46 30.503	+15 41 09.77	20.684 428	6	2 56 50.292	+16 26 45.24	20.584 266
22	2 46 43.992	+15 42 11.12	20.688 259	7	2 57 02.795	+16 27 38.69	20.576 064
23	2 46 57.520	+15 43 12.58	20.691 824	8	2 57 15.211	+16 28 31.69	20.567 629
24	2 47 11.081	+15 44 14.13	20.695 123	9	2 57 27.541	+16 29 24.24	20.558 963
25	2 47 24.673	+15 45 15.75	20.698 153	10	2 57 39.784	+16 30 16.33	20.550 069
26	2 47 38.293	+15 46 17.40	20.700 915	11	2 57 51.939	+16 31 07.95	20.540 949
27	2 47 51.940	+15 47 19.08	20.703 406	12	2 58 04.005	+16 31 59.12	20.531 606
28	2 48 05.611	+15 48 20.77	20.705 627	13	2 58 15.981	+16 32 49.84	20.522 042
29	2 48 19.307	+15 49 22.47	20.707 577	14	2 58 27.866	+16 33 40.11	20.512 260
30	2 48 33.026	+15 50 24.17	20.709 255	15	2 58 39.654	+16 34 29.93	20.502 261
May 1	2 48 46.765	+15 51 25.88	20.710 661	16	2 58 51.341	+16 35 19.29	20.492 049
2	2 49 00.523	+15 52 27.57	20.711 795	17	2 59 02.923	+16 36 08.15	20.481 624
3	2 49 14.297	+15 53 29.25	20.712 656	18	2 59 14.394	+16 36 56.51	20.470 990
4	2 49 28.088	+15 54 30.87	20.713 246	19	2 59 25.753	+16 37 44.33	20.460 148
5	2 49 41.906	+15 55 31.92	20.713 563	20	2 59 36.998	+16 38 31.61	20.449 101
6	2 49 55.613	+15 56 33.58	20.713 609	21	2 59 48.128	+16 39 18.33	20.437 851
7	2 50 09.415	+15 57 35.35	20.713 383	22	2 59 59.143	+16 40 04.48	20.426 400
8	2 50 23.207	+15 58 36.79	20.712 887	23	3 00 10.043	+16 40 50.08	20.414 751
9	2 50 36.988	+15 59 38.08	20.712 120	24	3 00 20.824	+16 41 35.12	20.402 907
10	2 50 50.757	+16 00 39.23	20.711 084	25	3 00 31.486	+16 42 19.60	20.390 871
11	2 51 04.512	+16 01 40.22	20.709 779	26	3 00 42.027	+16 43 03.51	20.378 645
12	2 51 18.253	+16 02 41.05	20.708 205	27	3 00 52.442	+16 43 46.85	20.366 233
13	2 51 31.976	+16 03 41.71	20.706 365	28	3 01 02.729	+16 44 29.62	20.353 638
14	2 51 45.683	+16 04 42.18	20.704 258	29	3 01 12.886	+16 45 11.79	20.340 863
15	2 51 59.371	+16 05 42.48	20.701 886	30	3 01 22.907	+16 45 53.37	20.327 911
16	2 52 13.042	+16 06 42.60	20.699 249	July 1	3 01 32.791	+16 46 34.34	20.314 786
17	2 52 26.691	+16 07 42.55	20.696 348	2	3 01 42.534	+16 47 14.68	20.301 492

URANUS, 2022

GEOCENTRIC COORDINATES FOR 0ʰ TERRESTRIAL TIME

Date	Apparent Right Ascension	Apparent Declination	True Geocentric Distance	Date	Apparent Right Ascension	Apparent Declination	True Geocentric Distance
	h m s	° ′ ″	au		h m s	° ′ ″	au
July 1	3 01 32.791	+16 46 34.34	20.314 786	Aug. 16	3 06 09.526	+17 05 11.17	19.589 364
2	3 01 42.534	+16 47 14.68	20.301 492	17	3 06 11.157	+17 05 17.15	19.572 506
3	3 01 52.133	+16 47 54.38	20.288 032	18	3 06 12.592	+17 05 22.32	19.555 673
4	3 02 01.587	+16 48 33.42	20.274 410	19	3 06 13.829	+17 05 26.68	19.538 869
5	3 02 10.894	+16 49 11.81	20.260 629	20	3 06 14.867	+17 05 30.23	19.522 098
6	3 02 20.053	+16 49 49.52	20.246 694	21	3 06 15.705	+17 05 32.98	19.505 366
7	3 02 29.064	+16 50 26.55	20.232 607	22	3 06 16.343	+17 05 34.92	19.488 677
8	3 02 37.926	+16 51 02.91	20.218 373	23	3 06 16.778	+17 05 36.05	19.472 036
9	3 02 46.638	+16 51 38.60	20.203 996	24	3 06 17.010	+17 05 36.37	19.455 449
10	3 02 55.201	+16 52 13.62	20.189 479	25	3 06 17.037	+17 05 35.87	19.438 920
11	3 03 03.614	+16 52 47.99	20.174 826	26	3 06 16.860	+17 05 34.54	19.422 454
12	3 03 11.873	+16 53 21.70	20.160 040	27	3 06 16.478	+17 05 32.38	19.406 057
13	3 03 19.975	+16 53 54.75	20.145 126	28	3 06 15.891	+17 05 29.38	19.389 733
14	3 03 27.916	+16 54 27.13	20.130 087	29	3 06 15.101	+17 05 25.55	19.373 489
15	3 03 35.691	+16 54 58.81	20.114 925	30	3 06 14.109	+17 05 20.88	19.357 328
16	3 03 43.297	+16 55 29.77	20.099 644	31	3 06 12.918	+17 05 15.39	19.341 256
17	3 03 50.734	+16 56 00.00	20.084 249	Sept. 1	3 06 11.529	+17 05 09.07	19.325 278
18	3 03 58.001	+16 56 29.49	20.068 741	2	3 06 09.946	+17 05 01.96	19.309 398
19	3 04 05.098	+16 56 58.23	20.053 126	3	3 06 08.168	+17 04 54.06	19.293 623
20	3 04 12.025	+16 57 26.23	20.037 406	4	3 06 06.197	+17 04 45.38	19.277 956
21	3 04 18.783	+16 57 53.49	20.021 585	5	3 06 04.033	+17 04 35.94	19.262 401
22	3 04 25.369	+16 58 20.01	20.005 668	6	3 06 01.675	+17 04 25.73	19.246 965
23	3 04 31.782	+16 58 45.80	19.989 658	7	3 05 59.121	+17 04 14.76	19.231 650
24	3 04 38.020	+16 59 10.85	19.973 560	8	3 05 56.371	+17 04 03.01	19.216 461
25	3 04 44.081	+16 59 35.16	19.957 379	9	3 05 53.425	+17 03 50.47	19.201 403
26	3 04 49.961	+16 59 58.73	19.941 117	10	3 05 50.285	+17 03 37.13	19.186 479
27	3 04 55.659	+17 00 21.54	19.924 780	11	3 05 46.953	+17 03 23.01	19.171 694
28	3 05 01.172	+17 00 43.58	19.908 373	12	3 05 43.433	+17 03 08.09	19.157 052
29	3 05 06.498	+17 01 04.85	19.891 899	13	3 05 39.727	+17 02 52.40	19.142 557
30	3 05 11.635	+17 01 25.34	19.875 364	14	3 05 35.838	+17 02 35.96	19.128 214
31	3 05 16.581	+17 01 45.02	19.858 772	15	3 05 31.768	+17 02 18.77	19.114 026
Aug. 1	3 05 21.336	+17 02 03.91	19.842 128	16	3 05 27.519	+17 02 00.86	19.100 000
2	3 05 25.899	+17 02 21.98	19.825 436	17	3 05 23.089	+17 01 42.22	19.086 138
3	3 05 30.271	+17 02 39.24	19.808 702	18	3 05 18.481	+17 01 22.86	19.072 446
4	3 05 34.452	+17 02 55.69	19.791 930	19	3 05 13.695	+17 01 02.79	19.058 928
5	3 05 38.444	+17 03 11.34	19.775 125	20	3 05 08.731	+17 00 42.01	19.045 588
6	3 05 42.246	+17 03 26.20	19.758 291	21	3 05 03.590	+17 00 20.51	19.032 432
7	3 05 45.858	+17 03 40.27	19.741 433	22	3 04 58.274	+16 59 58.31	19.019 464
8	3 05 49.279	+17 03 53.57	19.724 556	23	3 04 52.784	+16 59 35.39	19.006 688
9	3 05 52.508	+17 04 06.09	19.707 664	24	3 04 47.122	+16 59 11.77	18.994 108
10	3 05 55.541	+17 04 17.84	19.690 762	25	3 04 41.292	+16 58 47.45	18.981 730
11	3 05 58.375	+17 04 28.79	19.673 853	26	3 04 35.296	+16 58 22.43	18.969 558
12	3 06 01.008	+17 04 38.93	19.656 943	27	3 04 29.139	+16 57 56.73	18.957 595
13	3 06 03.438	+17 04 48.25	19.640 034	28	3 04 22.825	+16 57 30.37	18.945 847
14	3 06 05.667	+17 04 56.73	19.623 132	29	3 04 16.357	+16 57 03.37	18.934 317
15	3 06 07.696	+17 05 04.36	19.606 240	30	3 04 09.741	+16 56 35.74	18.923 009
16	3 06 09.526	+17 05 11.17	19.589 364	Oct. 1	3 04 02.977	+16 56 07.52	18.911 928

GEOCENTRIC COORDINATES FOR 0^h TERRESTRIAL TIME

Date	Apparent Right Ascension	Apparent Declination	True Geocentric Distance	Date	Apparent Right Ascension	Apparent Declination	True Geocentric Distance
	h m s	° ′ ″	au		h m s	° ′ ″	au
Oct. 1	3 04 02.977	+16 56 07.52	18.911 928	Nov. 16	2 57 07.168	+16 27 09.48	18.694 626
2	3 03 56.069	+16 55 38.71	18.901 076	17	2 56 57.323	+16 26 28.12	18.696 930
3	3 03 49.017	+16 55 09.33	18.890 457	18	2 56 47.508	+16 25 46.87	18.699 543
4	3 03 41.823	+16 54 39.39	18.880 075	19	2 56 37.729	+16 25 05.75	18.702 464
5	3 03 34.486	+16 54 08.88	18.869 932	20	2 56 27.991	+16 24 24.78	18.705 693
6	3 03 27.010	+16 53 37.79	18.860 033	21	2 56 18.300	+16 23 43.98	18.709 228
7	3 03 19.398	+16 53 06.14	18.850 379	22	2 56 08.662	+16 23 03.39	18.713 071
8	3 03 11.653	+16 52 33.92	18.840 974	23	2 55 59.083	+16 22 23.02	18.717 218
9	3 03 03.780	+16 52 01.15	18.831 820	24	2 55 49.569	+16 21 42.92	18.721 669
10	3 02 55.785	+16 51 27.85	18.822 921	25	2 55 40.123	+16 21 03.11	18.726 423
11	3 02 47.673	+16 50 54.04	18.814 279	26	2 55 30.748	+16 20 23.63	18.731 477
12	3 02 39.446	+16 50 19.75	18.805 897	27	2 55 21.447	+16 19 44.47	18.736 831
13	3 02 31.109	+16 49 44.99	18.797 779	28	2 55 12.220	+16 19 05.65	18.742 481
14	3 02 22.664	+16 49 09.78	18.789 927	29	2 55 03.070	+16 18 27.17	18.748 425
15	3 02 14.113	+16 48 34.13	18.782 344	30	2 54 54.002	+16 17 49.04	18.754 662
16	3 02 05.459	+16 47 58.06	18.775 033	Dec. 1	2 54 45.019	+16 17 11.26	18.761 188
17	3 01 56.703	+16 47 21.57	18.767 997	2	2 54 36.128	+16 16 33.85	18.768 001
18	3 01 47.849	+16 46 44.68	18.761 239	3	2 54 27.334	+16 15 56.84	18.775 098
19	3 01 38.900	+16 46 07.39	18.754 761	4	2 54 18.642	+16 15 20.25	18.782 477
20	3 01 29.858	+16 45 29.71	18.748 566	5	2 54 10.057	+16 14 44.11	18.790 136
21	3 01 20.728	+16 44 51.65	18.742 657	6	2 54 01.583	+16 14 08.44	18.798 071
22	3 01 11.514	+16 44 13.21	18.737 036	7	2 53 53.224	+16 13 33.25	18.806 279
23	3 01 02.220	+16 43 34.43	18.731 706	8	2 53 44.982	+16 12 58.59	18.814 759
24	3 00 52.852	+16 42 55.30	18.726 669	9	2 53 36.860	+16 12 24.44	18.823 507
25	3 00 43.417	+16 42 15.86	18.721 927	10	2 53 28.860	+16 11 50.84	18.832 521
26	3 00 33.919	+16 41 36.14	18.717 482	11	2 53 20.985	+16 11 17.79	18.841 798
27	3 00 24.364	+16 40 56.15	18.713 336	12	2 53 13.235	+16 10 45.29	18.851 334
28	3 00 14.757	+16 40 15.94	18.709 491	13	2 53 05.615	+16 10 13.36	18.861 128
29	3 00 05.101	+16 39 35.53	18.705 949	14	2 52 58.128	+16 09 42.01	18.871 176
30	2 59 55.399	+16 38 54.94	18.702 709	15	2 52 50.776	+16 09 11.24	18.881 474
31	2 59 45.653	+16 38 14.17	18.699 774	16	2 52 43.564	+16 08 41.07	18.892 020
Nov. 1	2 59 35.865	+16 37 33.24	18.697 145	17	2 52 36.496	+16 08 11.51	18.902 811
2	2 59 26.038	+16 36 52.14	18.694 821	18	2 52 29.576	+16 07 42.59	18.913 842
3	2 59 16.177	+16 36 10.88	18.692 803	19	2 52 22.809	+16 07 14.31	18.925 111
4	2 59 06.286	+16 35 29.48	18.691 093	20	2 52 16.199	+16 06 46.71	18.936 614
5	2 58 56.372	+16 34 47.96	18.689 690	21	2 52 09.751	+16 06 19.82	18.948 347
6	2 58 46.441	+16 34 06.33	18.688 595	22	2 52 03.469	+16 05 53.65	18.960 306
7	2 58 36.498	+16 33 24.62	18.687 807	23	2 51 57.354	+16 05 28.23	18.972 487
8	2 58 26.548	+16 32 42.86	18.687 329	24	2 51 51.406	+16 05 03.57	18.984 885
9	2 58 16.597	+16 32 01.07	18.687 158	25	2 51 45.627	+16 04 39.68	18.997 497
10	2 58 06.648	+16 31 19.29	18.687 297	26	2 51 40.015	+16 04 16.55	19.010 317
11	2 57 56.703	+16 30 37.52	18.687 745	27	2 51 34.572	+16 03 54.17	19.023 340
12	2 57 46.767	+16 29 55.79	18.688 502	28	2 51 29.302	+16 03 32.54	19.036 562
13	2 57 36.842	+16 29 14.11	18.689 569	29	2 51 24.208	+16 03 11.67	19.049 978
14	2 57 26.931	+16 28 32.49	18.690 945	30	2 51 19.295	+16 02 51.59	19.063 582
15	2 57 17.039	+16 27 50.94	18.692 631	31	2 51 14.565	+16 02 32.29	19.077 371
16	2 57 07.168	+16 27 09.48	18.694 626	32	2 51 10.022	+16 02 13.81	19.091 339

NEPTUNE, 2022

GEOCENTRIC COORDINATES FOR 0^h TERRESTRIAL TIME

Date	Apparent Right Ascension	Apparent Declination	True Geocentric Distance	Date	Apparent Right Ascension	Apparent Declination	True Geocentric Distance
	h m s	o ′ ″	au		h m s	o ′ ″	au
Jan. 0	23 27 26.249	− 4 44 52.09	30.223 612	Feb. 15	23 31 59.566	− 4 14 38.63	30.806 593
1	23 27 29.967	− 4 44 26.41	30.239 995	16	23 32 07.299	− 4 13 48.39	30.814 099
2	23 27 33.805	− 4 43 59.98	30.256 276	17	23 32 15.077	− 4 12 57.88	30.821 341
3	23 27 37.761	− 4 43 32.82	30.272 450	18	23 32 22.900	− 4 12 07.12	30.828 319
4	23 27 41.831	− 4 43 04.95	30.288 513	19	23 32 30.766	− 4 11 16.11	30.835 031
5	23 27 46.012	− 4 42 36.39	30.304 458	20	23 32 38.676	− 4 10 24.85	30.841 475
6	23 27 50.302	− 4 42 07.15	30.320 281	21	23 32 46.628	− 4 09 33.35	30.847 649
7	23 27 54.700	− 4 41 37.22	30.335 977	22	23 32 54.623	− 4 08 41.61	30.853 551
8	23 27 59.208	− 4 41 06.62	30.351 542	23	23 33 02.659	− 4 07 49.63	30.859 181
9	23 28 03.824	− 4 40 35.33	30.366 970	24	23 33 10.737	− 4 06 57.42	30.864 536
10	23 28 08.549	− 4 40 03.36	30.382 257	25	23 33 18.852	− 4 06 05.00	30.869 615
11	23 28 13.383	− 4 39 30.70	30.397 400	26	23 33 27.003	− 4 05 12.39	30.874 415
12	23 28 18.325	− 4 38 57.38	30.412 394	27	23 33 35.185	− 4 04 19.62	30.878 936
13	23 28 23.375	− 4 38 23.39	30.427 234	28	23 33 43.394	− 4 03 26.72	30.883 176
14	23 28 28.529	− 4 37 48.74	30.441 917	Mar. 1	23 33 51.627	− 4 02 33.69	30.887 134
15	23 28 33.788	− 4 37 13.45	30.456 439	2	23 33 59.881	− 4 01 40.57	30.890 808
16	23 28 39.149	− 4 36 37.54	30.470 796	3	23 34 08.155	− 4 00 47.34	30.894 198
17	23 28 44.609	− 4 36 01.01	30.484 983	4	23 34 16.447	− 3 59 54.03	30.897 302
18	23 28 50.166	− 4 35 23.89	30.498 998	5	23 34 24.758	− 3 59 00.64	30.900 121
19	23 28 55.818	− 4 34 46.19	30.512 836	6	23 34 33.087	− 3 58 07.15	30.902 653
20	23 29 01.564	− 4 34 07.91	30.526 494	7	23 34 41.433	− 3 57 13.60	30.904 898
21	23 29 07.401	− 4 33 29.08	30.539 968	8	23 34 49.794	− 3 56 19.97	30.906 857
22	23 29 13.328	− 4 32 49.68	30.553 254	9	23 34 58.169	− 3 55 26.30	30.908 529
23	23 29 19.345	− 4 32 09.74	30.566 349	10	23 35 06.556	− 3 54 32.60	30.909 915
24	23 29 25.452	− 4 31 29.24	30.579 249	11	23 35 14.952	− 3 53 38.89	30.911 013
25	23 29 31.648	− 4 30 48.19	30.591 950	12	23 35 23.356	− 3 52 45.23	30.911 826
26	23 29 37.935	− 4 30 06.59	30.604 448	13	23 35 31.760	− 3 51 51.72	30.912 352
27	23 29 44.311	− 4 29 24.44	30.616 740	14	23 35 40.144	− 3 50 58.17	30.912 593
28	23 29 50.776	− 4 28 41.75	30.628 822	15	23 35 48.536	− 3 50 04.40	30.912 548
29	23 29 57.327	− 4 27 58.53	30.640 690	16	23 35 56.931	− 3 49 10.76	30.912 219
30	23 30 03.962	− 4 27 14.82	30.652 341	17	23 36 05.320	− 3 48 17.26	30.911 605
31	23 30 10.675	− 4 26 30.62	30.663 770	18	23 36 13.701	− 3 47 23.86	30.910 708
Feb. 1	23 30 17.463	− 4 25 45.98	30.674 974	19	23 36 22.073	− 3 46 30.56	30.909 528
2	23 30 24.324	− 4 25 00.91	30.685 950	20	23 36 30.435	− 3 45 37.35	30.908 065
3	23 30 31.255	− 4 24 15.41	30.696 694	21	23 36 38.789	− 3 44 44.24	30.906 320
4	23 30 38.255	− 4 23 29.49	30.707 203	22	23 36 47.133	− 3 43 51.22	30.904 293
5	23 30 45.324	− 4 22 43.16	30.717 475	23	23 36 55.467	− 3 42 58.31	30.901 985
6	23 30 52.462	− 4 21 56.40	30.727 506	24	23 37 03.788	− 3 42 05.51	30.899 397
7	23 30 59.668	− 4 21 09.24	30.737 295	25	23 37 12.092	− 3 41 12.86	30.896 529
8	23 31 06.941	− 4 20 21.67	30.746 838	26	23 37 20.378	− 3 40 20.37	30.893 380
9	23 31 14.280	− 4 19 33.72	30.756 134	27	23 37 28.640	− 3 39 28.07	30.889 954
10	23 31 21.683	− 4 18 45.38	30.765 180	28	23 37 36.875	− 3 38 35.98	30.886 249
11	23 31 29.147	− 4 17 56.69	30.773 975	29	23 37 45.081	− 3 37 44.11	30.882 266
12	23 31 36.670	− 4 17 07.65	30.782 515	30	23 37 53.256	− 3 36 52.48	30.878 008
13	23 31 44.249	− 4 16 18.28	30.790 799	31	23 38 01.398	− 3 36 01.09	30.873 475
14	23 31 51.882	− 4 15 28.60	30.798 826	Apr. 1	23 38 09.508	− 3 35 09.93	30.868 668
15	23 31 59.566	− 4 14 38.63	30.806 593	2	23 38 17.585	− 3 34 19.02	30.863 590

GEOCENTRIC COORDINATES FOR 0ʰ TERRESTRIAL TIME

Date	Apparent Right Ascension	Apparent Declination	True Geocentric Distance	Date	Apparent Right Ascension	Apparent Declination	True Geocentric Distance
	h m s	° ′ ″	au		h m s	° ′ ″	au
Apr. 1	23 38 09.508	− 3 35 09.93	30.868 668	May 17	23 43 20.345	− 3 03 13.56	30.392 528
2	23 38 17.585	− 3 34 19.02	30.863 590	18	23 43 25.205	− 3 02 44.82	30.377 751
3	23 38 25.629	− 3 33 28.36	30.858 242	19	23 43 29.967	− 3 02 16.74	30.362 842
4	23 38 33.638	− 3 32 37.96	30.852 625	20	23 43 34.626	− 3 01 49.34	30.347 805
5	23 38 41.610	− 3 31 47.83	30.846 743	21	23 43 39.180	− 3 01 22.65	30.332 644
6	23 38 49.544	− 3 30 57.98	30.840 596	22	23 43 43.627	− 3 00 56.67	30.317 363
7	23 38 57.437	− 3 30 08.43	30.834 187	23	23 43 47.965	− 3 00 31.41	30.301 965
8	23 39 05.287	− 3 29 19.19	30.827 519	24	23 43 52.194	− 3 00 06.87	30.286 455
9	23 39 13.091	− 3 28 30.29	30.820 593	25	23 43 56.315	− 2 59 43.05	30.270 836
10	23 39 20.846	− 3 27 41.74	30.813 412	26	23 44 00.329	− 2 59 19.94	30.255 114
11	23 39 28.551	− 3 26 53.55	30.805 978	27	23 44 04.235	− 2 58 57.54	30.239 292
12	23 39 36.202	− 3 26 05.75	30.798 294	28	23 44 08.033	− 2 58 35.86	30.223 375
13	23 39 43.798	− 3 25 18.33	30.790 362	29	23 44 11.724	− 2 58 14.88	30.207 368
14	23 39 51.338	− 3 24 31.31	30.782 185	30	23 44 15.306	− 2 57 54.63	30.191 275
15	23 39 58.820	− 3 23 44.69	30.773 765	31	23 44 18.778	− 2 57 35.10	30.175 101
16	23 40 06.245	− 3 22 58.47	30.765 105	June 1	23 44 22.139	− 2 57 16.31	30.158 851
17	23 40 13.614	− 3 22 12.65	30.756 207	2	23 44 25.387	− 2 56 58.27	30.142 529
18	23 40 20.925	− 3 21 27.22	30.747 074	3	23 44 28.521	− 2 56 40.98	30.126 141
19	23 40 28.180	− 3 20 42.19	30.737 708	4	23 44 31.539	− 2 56 24.46	30.109 690
20	23 40 35.376	− 3 19 57.58	30.728 110	5	23 44 34.439	− 2 56 08.71	30.093 183
21	23 40 42.511	− 3 19 13.40	30.718 284	6	23 44 37.222	− 2 55 53.73	30.076 623
22	23 40 49.580	− 3 18 29.67	30.708 232	7	23 44 39.887	− 2 55 39.54	30.060 015
23	23 40 56.581	− 3 17 46.41	30.697 956	8	23 44 42.433	− 2 55 26.12	30.043 365
24	23 41 03.511	− 3 17 03.65	30.687 459	9	23 44 44.861	− 2 55 13.47	30.026 676
25	23 41 10.366	− 3 16 21.40	30.676 744	10	23 44 47.172	− 2 55 01.59	30.009 954
26	23 41 17.145	− 3 15 39.67	30.665 812	11	23 44 49.367	− 2 54 50.47	29.993 203
27	23 41 23.848	− 3 14 58.47	30.654 668	12	23 44 51.448	− 2 54 40.09	29.976 427
28	23 41 30.474	− 3 14 17.78	30.643 314	13	23 44 53.416	− 2 54 30.45	29.959 632
29	23 41 37.024	− 3 13 37.61	30.631 753	14	23 44 55.271	− 2 54 21.55	29.942 820
30	23 41 43.496	− 3 12 57.97	30.619 990	15	23 44 57.010	− 2 54 13.41	29.925 997
May 1	23 41 49.891	− 3 12 18.86	30.608 026	16	23 44 58.631	− 2 54 06.03	29.909 166
2	23 41 56.208	− 3 11 40.29	30.595 867	17	23 45 00.132	− 2 53 59.45	29.892 332
3	23 42 02.444	− 3 11 02.26	30.583 515	18	23 45 01.509	− 2 53 53.67	29.875 498
4	23 42 08.598	− 3 10 24.79	30.570 974	19	23 45 02.763	− 2 53 48.69	29.858 670
5	23 42 14.668	− 3 09 47.90	30.558 248	20	23 45 03.893	− 2 53 44.51	29.841 852
6	23 42 20.651	− 3 09 11.59	30.545 341	21	23 45 04.901	− 2 53 41.12	29.825 049
7	23 42 26.546	− 3 08 35.89	30.532 257	22	23 45 05.788	− 2 53 38.51	29.808 264
8	23 42 32.350	− 3 08 00.80	30.519 000	23	23 45 06.556	− 2 53 36.67	29.791 504
9	23 42 38.062	− 3 07 26.34	30.505 573	24	23 45 07.205	− 2 53 35.60	29.774 772
10	23 42 43.679	− 3 06 52.51	30.491 981	25	23 45 07.736	− 2 53 35.29	29.758 074
11	23 42 49.202	− 3 06 19.32	30.478 227	26	23 45 08.148	− 2 53 35.75	29.741 415
12	23 42 54.629	− 3 05 46.78	30.464 315	27	23 45 08.442	− 2 53 36.97	29.724 799
13	23 42 59.961	− 3 05 14.87	30.450 250	28	23 45 08.618	− 2 53 38.96	29.708 233
14	23 43 05.197	− 3 04 43.60	30.436 035	29	23 45 08.673	− 2 53 41.72	29.691 719
15	23 43 10.340	− 3 04 12.96	30.421 674	30	23 45 08.608	− 2 53 45.26	29.675 265
16	23 43 15.389	− 3 03 42.95	30.407 170	July 1	23 45 08.423	− 2 53 49.58	29.658 873
17	23 43 20.345	− 3 03 13.56	30.392 528	2	23 45 08.115	− 2 53 54.68	29.642 551

GEOCENTRIC COORDINATES FOR 0ʰ TERRESTRIAL TIME

Date	Apparent Right Ascension	Apparent Declination	True Geocentric Distance	Date	Apparent Right Ascension	Apparent Declination	True Geocentric Distance
	h m s	o ′ ″	au		h m s	o ′ ″	au
July 1	23 45 08.423	− 2 53 49.58	29.658 873	Aug. 16	23 43 01.737	− 3 09 33.50	29.049 518
2	23 45 08.115	− 2 53 54.68	29.642 551	17	23 42 56.815	− 3 10 07.34	29.040 907
3	23 45 07.686	− 2 54 00.56	29.626 302	18	23 42 51.826	− 3 10 41.56	29.032 547
4	23 45 07.136	− 2 54 07.22	29.610 131	19	23 42 46.773	− 3 11 16.16	29.024 440
5	23 45 06.465	− 2 54 14.66	29.594 043	20	23 42 41.657	− 3 11 51.12	29.016 591
6	23 45 05.674	− 2 54 22.85	29.578 042	21	23 42 36.479	− 3 12 26.45	29.009 001
7	23 45 04.766	− 2 54 31.80	29.562 134	22	23 42 31.241	− 3 13 02.12	29.001 673
8	23 45 03.742	− 2 54 41.48	29.546 323	23	23 42 25.943	− 3 13 38.13	28.994 611
9	23 45 02.605	− 2 54 51.89	29.530 613	24	23 42 20.587	− 3 14 14.48	28.987 817
10	23 45 01.356	− 2 55 03.00	29.515 009	25	23 42 15.174	− 3 14 51.16	28.981 293
11	23 44 59.997	− 2 55 14.81	29.499 515	26	23 42 09.705	− 3 15 28.15	28.975 042
12	23 44 58.528	− 2 55 27.33	29.484 134	27	23 42 04.182	− 3 16 05.45	28.969 066
13	23 44 56.947	− 2 55 40.55	29.468 872	28	23 41 58.608	− 3 16 43.03	28.963 368
14	23 44 55.252	− 2 55 54.50	29.453 731	29	23 41 52.984	− 3 17 20.89	28.957 949
15	23 44 53.443	− 2 56 09.18	29.438 716	30	23 41 47.316	− 3 17 58.98	28.952 812
16	23 44 51.517	− 2 56 24.59	29.423 831	31	23 41 41.605	− 3 18 37.30	28.947 958
17	23 44 49.475	− 2 56 40.73	29.409 079	Sept. 1	23 41 35.856	− 3 19 15.82	28.943 389
18	23 44 47.321	− 2 56 57.58	29.394 466	2	23 41 30.072	− 3 19 54.51	28.939 106
19	23 44 45.055	− 2 57 15.12	29.379 995	3	23 41 24.257	− 3 20 33.36	28.935 111
20	23 44 42.681	− 2 57 33.35	29.365 671	4	23 41 18.412	− 3 21 12.35	28.931 404
21	23 44 40.201	− 2 57 52.24	29.351 497	5	23 41 12.539	− 3 21 51.47	28.927 987
22	23 44 37.616	− 2 58 11.78	29.337 480	6	23 41 06.638	− 3 22 30.72	28.924 861
23	23 44 34.926	− 2 58 31.98	29.323 622	7	23 41 00.711	− 3 23 10.10	28.922 026
24	23 44 32.134	− 2 58 52.82	29.309 928	8	23 40 54.756	− 3 23 49.61	28.919 483
25	23 44 29.239	− 2 59 14.30	29.296 404	9	23 40 48.774	− 3 24 29.24	28.917 233
26	23 44 26.242	− 2 59 36.42	29.283 052	10	23 40 42.769	− 3 25 08.97	28.915 276
27	23 44 23.142	− 2 59 59.18	29.269 878	11	23 40 36.743	− 3 25 48.77	28.913 613
28	23 44 19.940	− 3 00 22.58	29.256 885	12	23 40 30.701	− 3 26 28.63	28.912 245
29	23 44 16.637	− 3 00 46.60	29.244 078	13	23 40 24.646	− 3 27 08.52	28.911 172
30	23 44 13.233	− 3 01 11.26	29.231 461	14	23 40 18.582	− 3 27 48.41	28.910 396
31	23 44 09.730	− 3 01 36.53	29.219 038	15	23 40 12.512	− 3 28 28.29	28.909 917
Aug. 1	23 44 06.128	− 3 02 02.40	29.206 813	16	23 40 06.438	− 3 29 08.14	28.909 736
2	23 44 02.430	− 3 02 28.87	29.194 790	17	23 40 00.361	− 3 29 47.96	28.909 853
3	23 43 58.639	− 3 02 55.90	29.182 972	18	23 39 54.284	− 3 30 27.73	28.910 268
4	23 43 54.758	− 3 03 23.49	29.171 364	19	23 39 48.208	− 3 31 07.44	28.910 983
5	23 43 50.789	− 3 03 51.61	29.159 968	20	23 39 42.134	− 3 31 47.09	28.911 998
6	23 43 46.735	− 3 04 20.25	29.148 788	21	23 39 36.064	− 3 32 26.67	28.913 312
7	23 43 42.599	− 3 04 49.38	29.137 827	22	23 39 29.999	− 3 33 06.17	28.914 927
8	23 43 38.381	− 3 05 19.01	29.127 088	23	23 39 23.941	− 3 33 45.56	28.916 841
9	23 43 34.084	− 3 05 49.12	29.116 575	24	23 39 17.894	− 3 34 24.84	28.919 055
10	23 43 29.705	− 3 06 19.72	29.106 289	25	23 39 11.860	− 3 35 03.98	28.921 568
11	23 43 25.243	− 3 06 50.82	29.096 234	26	23 39 05.842	− 3 35 42.96	28.924 380
12	23 43 20.700	− 3 07 22.42	29.086 413	27	23 38 59.843	− 3 36 21.76	28.927 490
13	23 43 16.075	− 3 07 54.51	29.076 828	28	23 38 53.869	− 3 37 00.35	28.930 898
14	23 43 11.370	− 3 08 27.06	29.067 482	29	23 38 47.923	− 3 37 38.71	28.934 602
15	23 43 06.590	− 3 09 00.07	29.058 378	30	23 38 42.008	− 3 38 16.81	28.938 601
16	23 43 01.737	− 3 09 33.50	29.049 518	Oct. 1	23 38 36.127	− 3 38 54.65	28.942 894

GEOCENTRIC COORDINATES FOR 0ʰ TERRESTRIAL TIME

Date	Apparent Right Ascension	Apparent Declination	True Geocentric Distance	Date	Apparent Right Ascension	Apparent Declination	True Geocentric Distance
	h m s	° ′ ″	au		h m s	° ′ ″	au
Oct. 1	23 38 36.127	− 3 38 54.65	28.942 894	Nov. 16	23 35 14.358	− 3 59 43.88	29.419 663
2	23 38 30.282	− 3 39 32.20	28.947 479	17	23 35 12.156	− 3 59 56.16	29.434 912
3	23 38 24.472	− 3 40 09.48	28.952 355	18	23 35 10.068	− 4 00 07.69	29.450 306
4	23 38 18.699	− 3 40 46.47	28.957 520	19	23 35 08.095	− 4 00 18.45	29.465 839
5	23 38 12.962	− 3 41 23.18	28.962 972	20	23 35 06.239	− 4 00 28.44	29.481 508
6	23 38 07.263	− 3 41 59.60	28.968 709	21	23 35 04.503	− 4 00 37.64	29.497 306
7	23 38 01.604	− 3 42 35.70	28.974 729	22	23 35 02.889	− 4 00 46.02	29.513 230
8	23 37 55.988	− 3 43 11.48	28.981 031	23	23 35 01.400	− 4 00 53.59	29.529 273
9	23 37 50.417	− 3 43 46.91	28.987 613	24	23 35 00.038	− 4 01 00.32	29.545 432
10	23 37 44.897	− 3 44 21.97	28.994 472	25	23 34 58.802	− 4 01 06.21	29.561 699
11	23 37 39.430	− 3 44 56.63	29.001 608	26	23 34 57.693	− 4 01 11.29	29.578 071
12	23 37 34.020	− 3 45 30.87	29.009 017	27	23 34 56.709	− 4 01 15.54	29.594 540
13	23 37 28.669	− 3 46 04.68	29.016 699	28	23 34 55.848	− 4 01 19.00	29.611 102
14	23 37 23.379	− 3 46 38.06	29.024 651	29	23 34 55.108	− 4 01 21.66	29.627 752
15	23 37 18.151	− 3 47 11.00	29.032 872	30	23 34 54.490	− 4 01 23.53	29.644 483
16	23 37 12.986	− 3 47 43.48	29.041 359	Dec. 1	23 34 53.994	− 4 01 24.60	29.661 290
17	23 37 07.885	− 3 48 15.50	29.050 110	2	23 34 53.622	− 4 01 24.85	29.678 168
18	23 37 02.850	− 3 48 47.07	29.059 122	3	23 34 53.376	− 4 01 24.28	29.695 112
19	23 36 57.882	− 3 49 18.15	29.068 394	4	23 34 53.258	− 4 01 22.88	29.712 117
20	23 36 52.983	− 3 49 48.76	29.077 923	5	23 34 53.268	− 4 01 20.64	29.729 177
21	23 36 48.154	− 3 50 18.86	29.087 706	6	23 34 53.409	− 4 01 17.55	29.746 288
22	23 36 43.398	− 3 50 48.46	29.097 740	7	23 34 53.679	− 4 01 13.63	29.763 444
23	23 36 38.717	− 3 51 17.52	29.108 023	8	23 34 54.079	− 4 01 08.86	29.780 641
24	23 36 34.115	− 3 51 46.04	29.118 552	9	23 34 54.608	− 4 01 03.27	29.797 873
25	23 36 29.596	− 3 52 13.98	29.129 322	10	23 34 55.264	− 4 00 56.85	29.815 135
26	23 36 25.162	− 3 52 41.32	29.140 331	11	23 34 56.048	− 4 00 49.61	29.832 424
27	23 36 20.817	− 3 53 08.05	29.151 575	12	23 34 56.958	− 4 00 41.57	29.849 732
28	23 36 16.564	− 3 53 34.15	29.163 051	13	23 34 57.994	− 4 00 32.71	29.867 056
29	23 36 12.403	− 3 53 59.62	29.174 754	14	23 34 59.155	− 4 00 23.06	29.884 391
30	23 36 08.335	− 3 54 24.45	29.186 681	15	23 35 00.441	− 4 00 12.59	29.901 730
31	23 36 04.359	− 3 54 48.66	29.198 827	16	23 35 01.852	− 4 00 01.32	29.919 070
Nov. 1	23 36 00.475	− 3 55 12.25	29.211 188	17	23 35 03.390	− 3 59 49.24	29.936 404
2	23 35 56.683	− 3 55 35.21	29.223 761	18	23 35 05.055	− 3 59 36.34	29.953 727
3	23 35 52.984	− 3 55 57.53	29.236 540	19	23 35 06.848	− 3 59 22.62	29.971 035
4	23 35 49.380	− 3 56 19.20	29.249 523	20	23 35 08.771	− 3 59 08.06	29.988 321
5	23 35 45.874	− 3 56 40.20	29.262 704	21	23 35 10.825	− 3 58 52.67	30.005 581
6	23 35 42.469	− 3 57 00.52	29.276 080	22	23 35 13.010	− 3 58 36.43	30.022 808
7	23 35 39.168	− 3 57 20.14	29.289 646	23	23 35 15.325	− 3 58 19.38	30.039 997
8	23 35 35.973	− 3 57 39.04	29.303 400	24	23 35 17.767	− 3 58 01.51	30.057 142
9	23 35 32.886	− 3 57 57.21	29.317 336	25	23 35 20.334	− 3 57 42.85	30.074 237
10	23 35 29.908	− 3 58 14.65	29.331 451	26	23 35 23.021	− 3 57 23.43	30.091 278
11	23 35 27.040	− 3 58 31.36	29.345 740	27	23 35 25.828	− 3 57 03.25	30.108 258
12	23 35 24.283	− 3 58 47.33	29.360 200	28	23 35 28.754	− 3 56 42.32	30.125 171
13	23 35 21.635	− 3 59 02.57	29.374 827	29	23 35 31.798	− 3 56 20.62	30.142 014
14	23 35 19.098	− 3 59 17.08	29.389 616	30	23 35 34.963	− 3 55 58.16	30.158 781
15	23 35 16.672	− 3 59 30.85	29.404 563	31	23 35 38.248	− 3 55 34.93	30.175 466
16	23 35 14.358	− 3 59 43.88	29.419 663	32	23 35 41.655	− 3 55 10.93	30.192 065

Date		Mercury	Venus	Mars	Jupiter	Saturn	Uranus	Neptune
		h m s	h m s	h m s	h m s	h m s	h m s	h m s
Jan.	0	13 19 18	12 58 48	10 04 39	15 30 30	14 17 20	19 52 49	16 46 10
	1	13 21 17	12 52 41	10 03 45	15 27 19	14 13 50	19 48 49	16 42 18
	2	13 23 04	12 46 27	10 02 52	15 24 08	14 10 20	19 44 50	16 38 26
	3	13 24 37	12 40 08	10 01 59	15 20 57	14 06 51	19 40 51	16 34 34
	4	13 25 55	12 33 43	10 01 07	15 17 47	14 03 22	19 36 52	16 30 42
	5	13 26 53	12 27 15	10 00 15	15 14 37	13 59 52	19 32 54	16 26 50
	6	13 27 31	12 20 43	9 59 23	15 11 27	13 56 23	19 28 55	16 22 59
	7	13 27 46	12 14 10	9 58 32	15 08 18	13 52 54	19 24 57	16 19 07
	8	13 27 34	12 07 36	9 57 41	15 05 09	13 49 26	19 20 59	16 15 16
	9	13 26 52	12 01 01	9 56 50	15 02 00	13 45 57	19 17 01	16 11 25
	10	13 25 38	11 54 28	9 56 00	14 58 51	13 42 28	19 13 04	16 07 33
	11	13 23 47	11 47 57	9 55 10	14 55 43	13 39 00	19 09 06	16 03 42
	12	13 21 18	11 41 30	9 54 20	14 52 35	13 35 31	19 05 09	15 59 52
	13	13 18 06	11 35 06	9 53 31	14 49 27	13 32 03	19 01 12	15 56 01
	14	13 14 09	11 28 48	9 52 42	14 46 19	13 28 35	18 57 15	15 52 10
	15	13 09 27	11 22 35	9 51 53	14 43 12	13 25 07	18 53 18	15 48 19
	16	13 03 58	11 16 30	9 51 05	14 40 05	13 21 39	18 49 22	15 44 29
	17	12 57 43	11 10 32	9 50 17	14 36 58	13 18 11	18 45 26	15 40 38
	18	12 50 43	11 04 42	9 49 29	14 33 51	13 14 43	18 41 30	15 36 48
	19	12 43 04	10 59 01	9 48 42	14 30 45	13 11 15	18 37 34	15 32 58
	20	12 34 50	10 53 29	9 47 54	14 27 39	13 07 47	18 33 38	15 29 08
	21	12 26 09	10 48 06	9 47 07	14 24 33	13 04 20	18 29 43	15 25 18
	22	12 17 08	10 42 54	9 46 21	14 21 27	13 00 52	18 25 48	15 21 28
	23	12 07 57	10 37 51	9 45 34	14 18 21	12 57 25	18 21 53	15 17 38
	24	11 58 45	10 32 59	9 44 48	14 15 16	12 53 57	18 17 58	15 13 48
	25	11 49 41	10 28 18	9 44 02	14 12 11	12 50 30	18 14 03	15 09 58
	26	11 40 52	10 23 47	9 43 16	14 09 06	12 47 02	18 10 09	15 06 09
	27	11 32 27	10 19 26	9 42 30	14 06 01	12 43 35	18 06 15	15 02 19
	28	11 24 29	10 15 16	9 41 44	14 02 56	12 40 08	18 02 21	14 58 30
	29	11 17 04	10 11 16	9 40 59	13 59 51	12 36 40	17 58 27	14 54 41
	30	11 10 13	10 07 26	9 40 14	13 56 47	12 33 13	17 54 33	14 50 51
	31	11 03 58	10 03 46	9 39 28	13 53 43	12 29 46	17 50 40	14 47 02
Feb.	1	10 58 20	10 00 15	9 38 43	13 50 39	12 26 19	17 46 47	14 43 13
	2	10 53 17	9 56 54	9 37 58	13 47 35	12 22 51	17 42 54	14 39 24
	3	10 48 49	9 53 43	9 37 13	13 44 31	12 19 24	17 39 01	14 35 35
	4	10 44 53	9 50 40	9 36 28	13 41 27	12 15 57	17 35 09	14 31 46
	5	10 41 29	9 47 47	9 35 44	13 38 24	12 12 30	17 31 16	14 27 57
	6	10 38 34	9 45 01	9 34 59	13 35 20	12 09 02	17 27 24	14 24 08
	7	10 36 05	9 42 25	9 34 14	13 32 17	12 05 35	17 23 32	14 20 20
	8	10 34 01	9 39 56	9 33 29	13 29 14	12 02 08	17 19 40	14 16 31
	9	10 32 21	9 37 34	9 32 44	13 26 11	11 58 40	17 15 49	14 12 43
	10	10 31 01	9 35 21	9 32 00	13 23 07	11 55 13	17 11 57	14 08 54
	11	10 30 00	9 33 15	9 31 15	13 20 05	11 51 46	17 08 06	14 05 06
	12	10 29 16	9 31 15	9 30 30	13 17 02	11 48 18	17 04 15	14 01 17
	13	10 28 49	9 29 23	9 29 45	13 13 59	11 44 51	17 00 24	13 57 29
	14	10 28 36	9 27 37	9 29 00	13 10 56	11 41 23	16 56 34	13 53 41
	15	10 28 37	9 25 57	9 28 15	13 07 53	11 37 55	16 52 43	13 49 52

Date	Mercury	Venus	Mars	Jupiter	Saturn	Uranus	Neptune
	h m s	h m s	h m s	h m s	h m s	h m s	h m s
Feb. 15	10 28 37	9 25 57	9 28 15	13 07 53	11 37 55	16 52 43	13 49 52
16	10 28 49	9 24 23	9 27 30	13 04 51	11 34 28	16 48 53	13 46 04
17	10 29 13	9 22 56	9 26 45	13 01 48	11 31 00	16 45 03	13 42 16
18	10 29 47	9 21 33	9 25 59	12 58 46	11 27 32	16 41 13	13 38 28
19	10 30 30	9 20 17	9 25 14	12 55 43	11 24 04	16 37 24	13 34 40
20	10 31 21	9 19 05	9 24 29	12 52 41	11 20 37	16 33 34	13 30 52
21	10 32 20	9 17 58	9 23 43	12 49 39	11 17 09	16 29 45	13 27 04
22	10 33 26	9 16 56	9 22 57	12 46 36	11 13 41	16 25 56	13 23 16
23	10 34 39	9 15 59	9 22 11	12 43 34	11 10 12	16 22 07	13 19 28
24	10 35 57	9 15 06	9 21 25	12 40 32	11 06 44	16 18 18	13 15 40
25	10 37 21	9 14 17	9 20 39	12 37 30	11 03 16	16 14 29	13 11 52
26	10 38 50	9 13 32	9 19 53	12 34 28	10 59 47	16 10 41	13 08 05
27	10 40 23	9 12 51	9 19 06	12 31 25	10 56 19	16 06 53	13 04 17
28	10 42 01	9 12 14	9 18 19	12 28 23	10 52 50	16 03 05	13 00 29
Mar. 1	10 43 43	9 11 40	9 17 32	12 25 21	10 49 21	15 59 17	12 56 41
2	10 45 29	9 11 09	9 16 45	12 22 19	10 45 53	15 55 29	12 52 54
3	10 47 17	9 10 42	9 15 58	12 19 17	10 42 24	15 51 41	12 49 06
4	10 49 10	9 10 17	9 15 10	12 16 15	10 38 54	15 47 54	12 45 18
5	10 51 05	9 09 55	9 14 22	12 13 13	10 35 25	15 44 07	12 41 31
6	10 53 03	9 09 36	9 13 34	12 10 10	10 31 56	15 40 19	12 37 43
7	10 55 04	9 09 19	9 12 45	12 07 08	10 28 26	15 36 32	12 33 55
8	10 57 07	9 09 05	9 11 57	12 04 06	10 24 57	15 32 46	12 30 08
9	10 59 13	9 08 53	9 11 07	12 01 04	10 21 27	15 28 59	12 26 20
10	11 01 21	9 08 43	9 10 18	11 58 01	10 17 57	15 25 12	12 22 33
11	11 03 32	9 08 35	9 09 28	11 54 59	10 14 27	15 21 26	12 18 45
12	11 05 46	9 08 29	9 08 39	11 51 57	10 10 56	15 17 40	12 14 58
13	11 08 01	9 08 25	9 07 48	11 48 54	10 07 26	15 13 54	12 11 10
14	11 10 20	9 08 23	9 06 58	11 45 52	10 03 55	15 10 08	12 07 23
15	11 12 40	9 08 22	9 06 07	11 42 49	10 00 25	15 06 22	12 03 35
16	11 15 03	9 08 23	9 05 16	11 39 47	9 56 54	15 02 36	11 59 47
17	11 17 29	9 08 25	9 04 24	11 36 44	9 53 23	14 58 51	11 56 00
18	11 19 57	9 08 28	9 03 32	11 33 41	9 49 51	14 55 05	11 52 12
19	11 22 28	9 08 33	9 02 40	11 30 38	9 46 20	14 51 20	11 48 25
20	11 25 02	9 08 39	9 01 48	11 27 36	9 42 48	14 47 35	11 44 37
21	11 27 39	9 08 47	9 00 55	11 24 33	9 39 16	14 43 50	11 40 50
22	11 30 19	9 08 55	9 00 02	11 21 30	9 35 44	14 40 05	11 37 02
23	11 33 02	9 09 04	8 59 09	11 18 26	9 32 12	14 36 20	11 33 14
24	11 35 48	9 09 14	8 58 15	11 15 23	9 28 39	14 32 35	11 29 27
25	11 38 37	9 09 25	8 57 21	11 12 20	9 25 07	14 28 51	11 25 39
26	11 41 30	9 09 37	8 56 26	11 09 16	9 21 34	14 25 06	11 21 51
27	11 44 27	9 09 49	8 55 32	11 06 13	9 18 01	14 21 22	11 18 04
28	11 47 28	9 10 02	8 54 36	11 03 09	9 14 27	14 17 38	11 14 16
29	11 50 32	9 10 16	8 53 41	11 00 05	9 10 54	14 13 53	11 10 28
30	11 53 40	9 10 30	8 52 45	10 57 02	9 07 20	14 10 09	11 06 40
31	11 56 53	9 10 44	8 51 49	10 53 58	9 03 46	14 06 25	11 02 52
Apr. 1	12 00 09	9 10 59	8 50 52	10 50 53	9 00 12	14 02 42	10 59 05
2	12 03 29	9 11 14	8 49 56	10 47 49	8 56 37	13 58 58	10 55 17

Date	Mercury	Venus	Mars	Jupiter	Saturn	Uranus	Neptune
	h m s	h m s	h m s	h m s	h m s	h m s	h m s
Apr. 1	12 00 09	9 10 59	8 50 52	10 50 53	9 00 12	14 02 42	10 59 05
2	12 03 29	9 11 14	8 49 56	10 47 49	8 56 37	13 58 58	10 55 17
3	12 06 53	9 11 30	8 48 58	10 44 45	8 53 03	13 55 14	10 51 29
4	12 10 20	9 11 46	8 48 01	10 41 40	8 49 28	13 51 30	10 47 41
5	12 13 51	9 12 02	8 47 03	10 38 36	8 45 53	13 47 47	10 43 53
6	12 17 25	9 12 18	8 46 04	10 35 31	8 42 17	13 44 04	10 40 05
7	12 21 01	9 12 34	8 45 06	10 32 26	8 38 41	13 40 20	10 36 17
8	12 24 39	9 12 51	8 44 06	10 29 21	8 35 05	13 36 37	10 32 29
9	12 28 19	9 13 08	8 43 07	10 26 15	8 31 29	13 32 54	10 28 40
10	12 31 58	9 13 25	8 42 07	10 23 10	8 27 53	13 29 11	10 24 52
11	12 35 37	9 13 42	8 41 07	10 20 04	8 24 16	13 25 28	10 21 04
12	12 39 14	9 13 59	8 40 07	10 16 58	8 20 39	13 21 45	10 17 16
13	12 42 49	9 14 16	8 39 06	10 13 52	8 17 01	13 18 02	10 13 27
14	12 46 19	9 14 33	8 38 05	10 10 46	8 13 24	13 14 19	10 09 39
15	12 49 44	9 14 50	8 37 03	10 07 40	8 09 46	13 10 36	10 05 50
16	12 53 03	9 15 08	8 36 01	10 04 33	8 06 08	13 06 53	10 02 02
17	12 56 13	9 15 25	8 34 59	10 01 26	8 02 29	13 03 10	9 58 13
18	12 59 15	9 15 43	8 33 57	9 58 19	7 58 50	12 59 28	9 54 25
19	13 02 06	9 16 00	8 32 54	9 55 12	7 55 11	12 55 45	9 50 36
20	13 04 45	9 16 18	8 31 51	9 52 05	7 51 32	12 52 03	9 46 47
21	13 07 12	9 16 35	8 30 47	9 48 57	7 47 52	12 48 20	9 42 58
22	13 09 25	9 16 53	8 29 44	9 45 49	7 44 12	12 44 38	9 39 09
23	13 11 24	9 17 11	8 28 40	9 42 41	7 40 32	12 40 55	9 35 20
24	13 13 07	9 17 28	8 27 35	9 39 33	7 36 52	12 37 13	9 31 31
25	13 14 34	9 17 46	8 26 31	9 36 25	7 33 11	12 33 30	9 27 42
26	13 15 43	9 18 04	8 25 26	9 33 16	7 29 29	12 29 48	9 23 53
27	13 16 35	9 18 22	8 24 21	9 30 07	7 25 48	12 26 06	9 20 04
28	13 17 08	9 18 40	8 23 15	9 26 58	7 22 06	12 22 23	9 16 14
29	13 17 22	9 18 59	8 22 09	9 23 48	7 18 24	12 18 41	9 12 25
30	13 17 16	9 19 17	8 21 03	9 20 38	7 14 41	12 14 59	9 08 35
May 1	13 16 51	9 19 35	8 19 57	9 17 28	7 10 58	12 11 17	9 04 46
2	13 16 04	9 19 54	8 18 50	9 14 18	7 07 15	12 07 34	9 00 56
3	13 14 57	9 20 12	8 17 43	9 11 08	7 03 32	12 03 52	8 57 06
4	13 13 28	9 20 31	8 16 36	9 07 57	6 59 48	12 00 10	8 53 17
5	13 11 38	9 20 50	8 15 29	9 04 46	6 56 04	11 56 28	8 49 27
6	13 09 26	9 21 09	8 14 21	9 01 34	6 52 19	11 52 46	8 45 37
7	13 06 52	9 21 29	8 13 13	8 58 23	6 48 34	11 49 03	8 41 47
8	13 03 57	9 21 49	8 12 05	8 55 11	6 44 49	11 45 21	8 37 56
9	13 00 41	9 22 08	8 10 56	8 51 58	6 41 03	11 41 39	8 34 06
10	12 57 03	9 22 29	8 09 47	8 48 46	6 37 18	11 37 57	8 30 16
11	12 53 05	9 22 49	8 08 38	8 45 33	6 33 31	11 34 15	8 26 25
12	12 48 48	9 23 10	8 07 29	8 42 20	6 29 45	11 30 32	8 22 35
13	12 44 12	9 23 31	8 06 19	8 39 06	6 25 58	11 26 50	8 18 44
14	12 39 20	9 23 53	8 05 10	8 35 52	6 22 10	11 23 08	8 14 54
15	12 34 11	9 24 15	8 04 00	8 32 38	6 18 23	11 19 25	8 11 03
16	12 28 48	9 24 38	8 02 50	8 29 23	6 14 34	11 15 43	8 07 12
17	12 23 13	9 25 01	8 01 39	8 26 08	6 10 46	11 12 01	8 03 21

Date	Mercury	Venus	Mars	Jupiter	Saturn	Uranus	Neptune
	h m s	h m s	h m s	h m s	h m s	h m s	h m s
May 17	12 23 13	9 25 01	8 01 39	8 26 08	6 10 46	11 12 01	8 03 21
18	12 17 28	9 25 24	8 00 29	8 22 53	6 06 57	11 08 18	7 59 30
19	12 11 35	9 25 48	7 59 18	8 19 38	6 03 08	11 04 36	7 55 38
20	12 05 36	9 26 13	7 58 08	8 16 22	5 59 18	11 00 54	7 51 47
21	11 59 34	9 26 38	7 56 56	8 13 05	5 55 29	10 57 11	7 47 56
22	11 53 31	9 27 04	7 55 45	8 09 49	5 51 38	10 53 29	7 44 04
23	11 47 29	9 27 30	7 54 34	8 06 32	5 47 48	10 49 46	7 40 13
24	11 41 31	9 27 58	7 53 22	8 03 14	5 43 57	10 46 03	7 36 21
25	11 35 39	9 28 25	7 52 11	7 59 56	5 40 05	10 42 21	7 32 29
26	11 29 54	9 28 54	7 50 59	7 56 38	5 36 13	10 38 38	7 28 37
27	11 24 18	9 29 23	7 49 47	7 53 20	5 32 21	10 34 55	7 24 45
28	11 18 53	9 29 53	7 48 35	7 50 01	5 28 29	10 31 12	7 20 53
29	11 13 41	9 30 24	7 47 22	7 46 41	5 24 36	10 27 30	7 17 01
30	11 08 42	9 30 56	7 46 10	7 43 21	5 20 42	10 23 47	7 13 08
31	11 03 58	9 31 28	7 44 57	7 40 01	5 16 49	10 20 04	7 09 16
June 1	10 59 28	9 32 01	7 43 44	7 36 41	5 12 55	10 16 21	7 05 23
2	10 55 15	9 32 35	7 42 31	7 33 19	5 09 00	10 12 38	7 01 30
3	10 51 18	9 33 10	7 41 18	7 29 58	5 05 06	10 08 54	6 57 37
4	10 47 38	9 33 46	7 40 05	7 26 36	5 01 10	10 05 11	6 53 45
5	10 44 14	9 34 23	7 38 51	7 23 13	4 57 15	10 01 28	6 49 51
6	10 41 07	9 35 01	7 37 38	7 19 50	4 53 19	9 57 44	6 45 58
7	10 38 18	9 35 40	7 36 24	7 16 27	4 49 22	9 54 01	6 42 05
8	10 35 45	9 36 20	7 35 10	7 13 03	4 45 26	9 50 17	6 38 12
9	10 33 29	9 37 00	7 33 56	7 09 39	4 41 29	9 46 34	6 34 18
10	10 31 29	9 37 42	7 32 42	7 06 14	4 37 31	9 42 50	6 30 24
11	10 29 47	9 38 25	7 31 28	7 02 49	4 33 33	9 39 06	6 26 31
12	10 28 20	9 39 09	7 30 14	6 59 23	4 29 35	9 35 22	6 22 37
13	10 27 10	9 39 54	7 28 59	6 55 57	4 25 37	9 31 38	6 18 43
14	10 26 16	9 40 40	7 27 45	6 52 30	4 21 38	9 27 54	6 14 49
15	10 25 38	9 41 27	7 26 30	6 49 02	4 17 38	9 24 10	6 10 54
16	10 25 15	9 42 16	7 25 15	6 45 35	4 13 39	9 20 25	6 07 00
17	10 25 09	9 43 05	7 24 01	6 42 06	4 09 39	9 16 41	6 03 06
18	10 25 18	9 43 56	7 22 46	6 38 37	4 05 38	9 12 56	5 59 11
19	10 25 43	9 44 47	7 21 31	6 35 08	4 01 37	9 09 12	5 55 16
20	10 26 24	9 45 40	7 20 16	6 31 38	3 57 36	9 05 27	5 51 22
21	10 27 20	9 46 34	7 19 01	6 28 08	3 53 35	9 01 42	5 47 27
22	10 28 32	9 47 29	7 17 45	6 24 37	3 49 33	8 57 57	5 43 32
23	10 30 00	9 48 25	7 16 30	6 21 05	3 45 31	8 54 12	5 39 36
24	10 31 44	9 49 23	7 15 15	6 17 33	3 41 28	8 50 27	5 35 41
25	10 33 43	9 50 21	7 13 59	6 14 00	3 37 25	8 46 41	5 31 46
26	10 35 59	9 51 21	7 12 44	6 10 27	3 33 22	8 42 56	5 27 50
27	10 38 30	9 52 22	7 11 28	6 06 53	3 29 18	8 39 10	5 23 55
28	10 41 18	9 53 23	7 10 12	6 03 18	3 25 15	8 35 24	5 19 59
29	10 44 21	9 54 26	7 08 56	5 59 43	3 21 10	8 31 39	5 16 03
30	10 47 40	9 55 30	7 07 40	5 56 07	3 17 06	8 27 53	5 12 07
July 1	10 51 14	9 56 35	7 06 24	5 52 31	3 13 01	8 24 06	5 08 11
2	10 55 04	9 57 41	7 05 07	5 48 54	3 08 55	8 20 20	5 04 15

Date	Mercury	Venus	Mars	Jupiter	Saturn	Uranus	Neptune
	h m s	h m s	h m s	h m s	h m s	h m s	h m s
July 1	10 51 14	9 56 35	7 06 24	5 52 31	3 13 01	8 24 06	5 08 11
2	10 55 04	9 57 41	7 05 07	5 48 54	3 08 55	8 20 20	5 04 15
3	10 59 08	9 58 47	7 03 51	5 45 17	3 04 50	8 16 34	5 00 18
4	11 03 26	9 59 55	7 02 34	5 41 38	3 00 44	8 12 47	4 56 22
5	11 07 57	10 01 04	7 01 17	5 38 00	2 56 38	8 09 00	4 52 25
6	11 12 41	10 02 13	7 00 00	5 34 20	2 52 31	8 05 14	4 48 28
7	11 17 35	10 03 24	6 58 43	5 30 40	2 48 24	8 01 27	4 44 32
8	11 22 39	10 04 35	6 57 26	5 26 59	2 44 17	7 57 40	4 40 35
9	11 27 51	10 05 47	6 56 09	5 23 18	2 40 10	7 53 52	4 36 38
10	11 33 09	10 07 00	6 54 52	5 19 36	2 36 02	7 50 05	4 32 40
11	11 38 33	10 08 13	6 53 34	5 15 53	2 31 54	7 46 17	4 28 43
12	11 43 59	10 09 27	6 52 16	5 12 10	2 27 46	7 42 29	4 24 46
13	11 49 26	10 10 42	6 50 58	5 08 25	2 23 38	7 38 42	4 20 48
14	11 54 53	10 11 58	6 49 40	5 04 41	2 19 29	7 34 53	4 16 51
15	12 00 18	10 13 14	6 48 22	5 00 55	2 15 20	7 31 05	4 12 53
16	12 05 38	10 14 30	6 47 04	4 57 09	2 11 11	7 27 17	4 08 55
17	12 10 54	10 15 47	6 45 45	4 53 22	2 07 01	7 23 28	4 04 57
18	12 16 03	10 17 04	6 44 27	4 49 35	2 02 51	7 19 40	4 00 59
19	12 21 04	10 18 22	6 43 08	4 45 47	1 58 41	7 15 51	3 57 01
20	12 25 57	10 19 40	6 41 49	4 41 58	1 54 31	7 12 02	3 53 02
21	12 30 42	10 20 59	6 40 29	4 38 08	1 50 21	7 08 12	3 49 04
22	12 35 16	10 22 17	6 39 10	4 34 18	1 46 10	7 04 23	3 45 06
23	12 39 41	10 23 36	6 37 50	4 30 27	1 41 59	7 00 33	3 41 07
24	12 43 55	10 24 55	6 36 30	4 26 35	1 37 48	6 56 44	3 37 08
25	12 47 59	10 26 14	6 35 10	4 22 43	1 33 37	6 52 54	3 33 09
26	12 51 52	10 27 32	6 33 50	4 18 50	1 29 26	6 49 03	3 29 11
27	12 55 35	10 28 51	6 32 29	4 14 56	1 25 14	6 45 13	3 25 12
28	12 59 08	10 30 10	6 31 08	4 11 01	1 21 02	6 41 23	3 21 12
29	13 02 30	10 31 29	6 29 46	4 07 06	1 16 50	6 37 32	3 17 13
30	13 05 42	10 32 47	6 28 25	4 03 10	1 12 38	6 33 41	3 13 14
31	13 08 44	10 34 05	6 27 02	3 59 13	1 08 26	6 29 50	3 09 14
Aug. 1	13 11 37	10 35 23	6 25 40	3 55 16	1 04 14	6 25 59	3 05 15
2	13 14 20	10 36 41	6 24 17	3 51 18	1 00 01	6 22 08	3 01 15
3	13 16 54	10 37 58	6 22 54	3 47 19	0 55 49	6 18 16	2 57 16
4	13 19 20	10 39 14	6 21 31	3 43 19	0 51 36	6 14 24	2 53 16
5	13 21 36	10 40 30	6 20 07	3 39 19	0 47 23	6 10 32	2 49 16
6	13 23 44	10 41 46	6 18 42	3 35 17	0 43 10	6 06 40	2 45 16
7	13 25 43	10 43 01	6 17 17	3 31 16	0 38 57	6 02 48	2 41 16
8	13 27 35	10 44 15	6 15 52	3 27 13	0 34 44	5 58 55	2 37 16
9	13 29 19	10 45 29	6 14 27	3 23 10	0 30 31	5 55 02	2 33 16
10	13 30 54	10 46 42	6 13 00	3 19 06	0 26 18	5 51 09	2 29 15
11	13 32 23	10 47 54	6 11 34	3 15 01	0 22 05	5 47 16	2 25 15
12	13 33 43	10 49 06	6 10 07	3 10 56	0 17 51	5 43 23	2 21 15
13	13 34 57	10 50 17	6 08 39	3 06 50	0 13 38	5 39 29	2 17 14
14	13 36 02	10 51 27	6 07 11	3 02 43	0 09 25	5 35 36	2 13 14
15	13 37 01	10 52 36	6 05 43	2 58 36	0 05 11	5 31 42	2 09 13
16	13 37 53	10 53 45	6 04 13	2 54 28	0 00 58	5 27 47	2 05 12

Second transit: Saturn, Aug. $16^d 23^h 56^m 45^s$.

Date	Mercury	Venus	Mars	Jupiter	Saturn	Uranus	Neptune
	h m s	h m s	h m s	h m s	h m s	h m s	h m s
Aug. 16	13 37 53	10 53 45	6 04 13	2 54 28	0 00 58	5 27 47	2 05 12
17	13 38 37	10 54 52	6 02 44	2 50 19	23 52 31	5 23 53	2 01 11
18	13 39 14	10 55 59	6 01 13	2 46 10	23 48 18	5 19 59	1 57 10
19	13 39 44	10 57 05	5 59 42	2 42 00	23 44 05	5 16 04	1 53 10
20	13 40 06	10 58 10	5 58 10	2 37 49	23 39 51	5 12 09	1 49 09
21	13 40 20	10 59 14	5 56 38	2 33 37	23 35 38	5 08 14	1 45 07
22	13 40 27	11 00 17	5 55 05	2 29 25	23 31 25	5 04 19	1 41 06
23	13 40 26	11 01 19	5 53 31	2 25 13	23 27 12	5 00 23	1 37 05
24	13 40 17	11 02 20	5 51 56	2 20 59	23 22 59	4 56 27	1 33 04
25	13 39 59	11 03 20	5 50 21	2 16 45	23 18 46	4 52 31	1 29 03
26	13 39 32	11 04 19	5 48 45	2 12 31	23 14 33	4 48 35	1 25 01
27	13 38 56	11 05 18	5 47 08	2 08 16	23 10 20	4 44 39	1 21 00
28	13 38 10	11 06 15	5 45 30	2 04 00	23 06 08	4 40 42	1 16 58
29	13 37 14	11 07 11	5 43 51	1 59 44	23 01 55	4 36 46	1 12 57
30	13 36 07	11 08 07	5 42 11	1 55 27	22 57 43	4 32 49	1 08 55
31	13 34 49	11 09 01	5 40 30	1 51 10	22 53 31	4 28 52	1 04 54
Sept. 1	13 33 18	11 09 55	5 38 49	1 46 52	22 49 19	4 24 54	1 00 52
2	13 31 34	11 10 47	5 37 06	1 42 34	22 45 07	4 20 57	0 56 51
3	13 29 37	11 11 39	5 35 22	1 38 15	22 40 55	4 16 59	0 52 49
4	13 27 25	11 12 30	5 33 37	1 33 55	22 36 43	4 13 01	0 48 47
5	13 24 57	11 13 20	5 31 52	1 29 36	22 32 32	4 09 03	0 44 45
6	13 22 13	11 14 09	5 30 05	1 25 15	22 28 21	4 05 05	0 40 44
7	13 19 11	11 14 57	5 28 16	1 20 55	22 24 10	4 01 06	0 36 42
8	13 15 50	11 15 45	5 26 27	1 16 34	22 19 59	3 57 08	0 32 40
9	13 12 10	11 16 31	5 24 37	1 12 12	22 15 48	3 53 09	0 28 38
10	13 08 09	11 17 17	5 22 45	1 07 50	22 11 38	3 49 10	0 24 36
11	13 03 47	11 18 03	5 20 52	1 03 28	22 07 28	3 45 10	0 20 34
12	12 59 04	11 18 47	5 18 58	0 59 06	22 03 18	3 41 11	0 16 32
13	12 53 57	11 19 31	5 17 02	0 54 43	21 59 08	3 37 11	0 12 30
14	12 48 29	11 20 14	5 15 05	0 50 20	21 54 58	3 33 12	0 08 29
15	12 42 38	11 20 57	5 13 07	0 45 56	21 50 49	3 29 12	0 04 27
16	12 36 26	11 21 39	5 11 07	0 41 33	21 46 40	3 25 11	0 00 25
17	12 29 54	11 22 20	5 09 05	0 37 09	21 42 32	3 21 11	23 52 21
18	12 23 04	11 23 01	5 07 03	0 32 44	21 38 23	3 17 11	23 48 19
19	12 15 59	11 23 41	5 04 58	0 28 20	21 34 15	3 13 10	23 44 17
20	12 08 42	11 24 21	5 02 52	0 23 55	21 30 07	3 09 09	23 40 15
21	12 01 17	11 25 01	5 00 44	0 19 31	21 26 00	3 05 08	23 36 13
22	11 53 48	11 25 40	4 58 35	0 15 06	21 21 52	3 01 07	23 32 11
23	11 46 22	11 26 19	4 56 24	0 10 41	21 17 45	2 57 05	23 28 09
24	11 39 02	11 26 58	4 54 10	0 06 16	21 13 39	2 53 04	23 24 07
25	11 31 56	11 27 36	4 51 55	0 01 51	21 09 32	2 49 02	23 20 05
26	11 25 07	11 28 14	4 49 39	23 53 00	21 05 27	2 45 00	23 16 03
27	11 18 41	11 28 52	4 47 20	23 48 35	21 01 21	2 40 58	23 12 02
28	11 12 42	11 29 30	4 44 59	23 44 10	20 57 15	2 36 56	23 08 00
29	11 07 13	11 30 08	4 42 36	23 39 44	20 53 11	2 32 54	23 03 58
30	11 02 18	11 30 45	4 40 11	23 35 19	20 49 06	2 28 51	22 59 56
Oct. 1	10 57 59	11 31 23	4 37 44	23 30 54	20 45 02	2 24 48	22 55 54

Second transits: Neptune, Sept. $16^d 23^h 56^m 23^s$; Jupiter, Sept. $25^d 23^h 57^m 25^s$.

Date	Mercury	Venus	Mars	Jupiter	Saturn	Uranus	Neptune
	h m s	h m s	h m s	h m s	h m s	h m s	h m s
Oct. 1	10 57 59	11 31 23	4 37 44	23 30 54	20 45 02	2 24 48	22 55 54
2	10 54 15	11 32 00	4 35 14	23 26 29	20 40 58	2 20 46	22 51 53
3	10 51 08	11 32 38	4 32 43	23 22 05	20 36 54	2 16 43	22 47 51
4	10 48 36	11 33 16	4 30 09	23 17 40	20 32 51	2 12 40	22 43 49
5	10 46 38	11 33 53	4 27 33	23 13 16	20 28 48	2 08 36	22 39 48
6	10 45 14	11 34 31	4 24 54	23 08 51	20 24 45	2 04 33	22 35 46
7	10 44 19	11 35 10	4 22 13	23 04 27	20 20 43	2 00 30	22 31 45
8	10 43 53	11 35 48	4 19 30	23 00 04	20 16 41	1 56 26	22 27 43
9	10 43 51	11 36 27	4 16 44	22 55 40	20 12 40	1 52 22	22 23 42
10	10 44 13	11 37 06	4 13 56	22 51 17	20 08 39	1 48 18	22 19 41
11	10 44 54	11 37 45	4 11 04	22 46 54	20 04 38	1 44 14	22 15 39
12	10 45 52	11 38 25	4 08 11	22 42 31	20 00 38	1 40 10	22 11 38
13	10 47 05	11 39 06	4 05 14	22 38 09	19 56 38	1 36 06	22 07 37
14	10 48 31	11 39 46	4 02 15	22 33 47	19 52 39	1 32 02	22 03 36
15	10 50 07	11 40 28	3 59 12	22 29 25	19 48 40	1 27 57	21 59 35
16	10 51 53	11 41 10	3 56 07	22 25 04	19 44 41	1 23 53	21 55 34
17	10 53 45	11 41 52	3 52 59	22 20 43	19 40 43	1 19 48	21 51 33
18	10 55 43	11 42 36	3 49 47	22 16 23	19 36 45	1 15 43	21 47 32
19	10 57 46	11 43 20	3 46 33	22 12 03	19 32 47	1 11 39	21 43 31
20	10 59 53	11 44 05	3 43 15	22 07 44	19 28 50	1 07 34	21 39 31
21	11 02 03	11 44 50	3 39 54	22 03 25	19 24 53	1 03 29	21 35 30
22	11 04 15	11 45 36	3 36 29	21 59 06	19 20 57	0 59 24	21 31 29
23	11 06 28	11 46 24	3 33 02	21 54 48	19 17 01	0 55 19	21 27 29
24	11 08 43	11 47 12	3 29 30	21 50 31	19 13 06	0 51 13	21 23 28
25	11 10 59	11 48 01	3 25 56	21 46 14	19 09 11	0 47 08	21 19 28
26	11 13 16	11 48 51	3 22 18	21 41 58	19 05 16	0 43 03	21 15 28
27	11 15 33	11 49 41	3 18 36	21 37 42	19 01 21	0 38 57	21 11 28
28	11 17 50	11 50 33	3 14 50	21 33 27	18 57 28	0 34 52	21 07 28
29	11 20 08	11 51 26	3 11 01	21 29 13	18 53 34	0 30 46	21 03 28
30	11 22 26	11 52 20	3 07 08	21 24 59	18 49 41	0 26 41	20 59 28
31	11 24 44	11 53 15	3 03 12	21 20 46	18 45 48	0 22 35	20 55 28
Nov. 1	11 27 02	11 54 11	2 59 11	21 16 33	18 41 56	0 18 29	20 51 28
2	11 29 21	11 55 08	2 55 07	21 12 21	18 38 04	0 14 24	20 47 29
3	11 31 40	11 56 07	2 50 59	21 08 10	18 34 13	0 10 18	20 43 29
4	11 33 59	11 57 06	2 46 48	21 03 59	18 30 22	0 06 12	20 39 30
5	11 36 19	11 58 07	2 42 32	20 59 49	18 26 31	0 02 07	20 35 31
6	11 38 39	11 59 09	2 38 13	20 55 40	18 22 41	23 53 55	20 31 31
7	11 41 00	12 00 12	2 33 50	20 51 31	18 18 51	23 49 49	20 27 32
8	11 43 21	12 01 16	2 29 23	20 47 23	18 15 01	23 45 43	20 23 33
9	11 45 44	12 02 21	2 24 52	20 43 16	18 11 12	23 41 38	20 19 34
10	11 48 07	12 03 28	2 20 17	20 39 10	18 07 23	23 37 32	20 15 36
11	11 50 31	12 04 36	2 15 39	20 35 04	18 03 35	23 33 26	20 11 37
12	11 52 56	12 05 45	2 10 56	20 30 59	17 59 47	23 29 20	20 07 38
13	11 55 22	12 06 56	2 06 10	20 26 55	17 56 00	23 25 14	20 03 40
14	11 57 49	12 08 07	2 01 21	20 22 51	17 52 12	23 21 09	19 59 42
15	12 00 17	12 09 20	1 56 27	20 18 48	17 48 26	23 17 03	19 55 43
16	12 02 46	12 10 34	1 51 31	20 14 46	17 44 39	23 12 57	19 51 45

Second transit: Uranus, Nov. $5^d 23^h 58^m 01^s$.

Date	Mercury	Venus	Mars	Jupiter	Saturn	Uranus	Neptune
	h m s	h m s	h m s	h m s	h m s	h m s	h m s
Nov. 16	12 02 46	12 10 34	1 51 31	20 14 46	17 44 39	23 12 57	19 51 45
17	12 05 17	12 11 50	1 46 30	20 10 45	17 40 53	23 08 52	19 47 47
18	12 07 49	12 13 06	1 41 26	20 06 44	17 37 07	23 04 46	19 43 49
19	12 10 22	12 14 24	1 36 19	20 02 44	17 33 22	23 00 40	19 39 51
20	12 12 57	12 15 43	1 31 09	19 58 45	17 29 37	22 56 35	19 35 54
21	12 15 33	12 17 03	1 25 55	19 54 47	17 25 53	22 52 29	19 31 56
22	12 18 10	12 18 24	1 20 39	19 50 49	17 22 09	22 48 24	19 27 59
23	12 20 49	12 19 46	1 15 19	19 46 52	17 18 25	22 44 18	19 24 02
24	12 23 29	12 21 10	1 09 57	19 42 56	17 14 41	22 40 13	19 20 04
25	12 26 10	12 22 34	1 04 33	19 39 01	17 10 58	22 36 08	19 16 07
26	12 28 52	12 23 59	0 59 06	19 35 06	17 07 15	22 32 03	19 12 10
27	12 31 35	12 25 25	0 53 37	19 31 13	17 03 33	22 27 58	19 08 14
28	12 34 19	12 26 52	0 48 07	19 27 19	16 59 51	22 23 53	19 04 17
29	12 37 04	12 28 20	0 42 34	19 23 27	16 56 09	22 19 48	19 00 20
30	12 39 49	12 29 49	0 37 01	19 19 36	16 52 28	22 15 43	18 56 24
Dec. 1	12 42 34	12 31 18	0 31 26	19 15 45	16 48 47	22 11 38	18 52 28
2	12 45 20	12 32 48	0 25 49	19 11 55	16 45 06	22 07 33	18 48 32
3	12 48 05	12 34 19	0 20 13	19 08 06	16 41 26	22 03 29	18 44 35
4	12 50 50	12 35 50	0 14 35	19 04 17	16 37 46	21 59 24	18 40 40
5	12 53 34	12 37 22	0 08 57	19 00 29	16 34 06	21 55 20	18 36 44
6	12 56 17	12 38 54	0 03 19	18 56 42	16 30 27	21 51 16	18 32 48
7	12 58 58	12 40 27	23 52 04	18 52 56	16 26 48	21 47 12	18 28 53
8	13 01 37	12 42 00	23 46 26	18 49 10	16 23 09	21 43 08	18 24 57
9	13 04 13	12 43 33	23 40 50	18 45 25	16 19 30	21 39 04	18 21 02
10	13 06 46	12 45 07	23 35 14	18 41 41	16 15 52	21 35 00	18 17 07
11	13 09 15	12 46 40	23 29 40	18 37 58	16 12 14	21 30 56	18 13 12
12	13 11 38	12 48 14	23 24 07	18 34 15	16 08 37	21 26 53	18 09 17
13	13 13 56	12 49 48	23 18 36	18 30 33	16 04 59	21 22 50	18 05 22
14	13 16 07	12 51 22	23 13 06	18 26 51	16 01 22	21 18 46	18 01 27
15	13 18 09	12 52 55	23 07 38	18 23 11	15 57 46	21 14 43	17 57 33
16	13 20 02	12 54 29	23 02 12	18 19 31	15 54 09	21 10 40	17 53 38
17	13 21 43	12 56 02	22 56 48	18 15 51	15 50 33	21 06 37	17 49 44
18	13 23 12	12 57 35	22 51 27	18 12 13	15 46 57	21 02 35	17 45 50
19	13 24 26	12 59 07	22 46 09	18 08 35	15 43 21	20 58 32	17 41 56
20	13 25 22	13 00 39	22 40 53	18 04 58	15 39 46	20 54 30	17 38 02
21	13 26 00	13 02 11	22 35 40	18 01 21	15 36 11	20 50 28	17 34 08
22	13 26 15	13 03 42	22 30 29	17 57 45	15 32 36	20 46 26	17 30 14
23	13 26 04	13 05 12	22 25 22	17 54 10	15 29 01	20 42 24	17 26 21
24	13 25 25	13 06 42	22 20 19	17 50 35	15 25 27	20 38 22	17 22 28
25	13 24 15	13 08 11	22 15 18	17 47 01	15 21 53	20 34 21	17 18 34
26	13 22 29	13 09 39	22 10 21	17 43 28	15 18 19	20 30 19	17 14 41
27	13 20 04	13 11 07	22 05 27	17 39 55	15 14 45	20 26 18	17 10 48
28	13 16 56	13 12 33	22 00 37	17 36 23	15 11 12	20 22 17	17 06 55
29	13 13 04	13 13 59	21 55 50	17 32 51	15 07 39	20 18 16	17 03 02
30	13 08 23	13 15 23	21 51 07	17 29 20	15 04 06	20 14 16	16 59 10
31	13 02 53	13 16 47	21 46 27	17 25 50	15 00 33	20 10 15	16 55 17
32	12 56 34	13 18 09	21 41 51	17 22 20	14 57 00	20 06 15	16 51 25

Second transit: Mars, Dec. $6^d 23^h 57^m 41^s$.

MERCURY, 2022

EPHEMERIS FOR PHYSICAL OBSERVATIONS
FOR 0ʰ TERRESTRIAL TIME

Date		Light-time	Magnitude	Surface Brightness	Diameter	Phase	Phase Angle	Defect of Illumination
		m		mag./arcsec^2	″		°	″
Jan.	−1	9.84	− 0.8	+ 2.5	5.69	0.823	49.7	1.00
	1	9.50	− 0.7	+ 2.6	5.89	0.782	55.6	1.28
	3	9.12	− 0.7	+ 2.6	6.14	0.733	62.2	1.64
	5	8.72	− 0.6	+ 2.7	6.42	0.674	69.6	2.09
	7	8.30	− 0.5	+ 2.8	6.75	0.604	77.9	2.67
	9	7.86	− 0.4	+ 2.9	7.12	0.524	87.2	3.39
	11	7.41	− 0.2	+ 3.0	7.55	0.435	97.5	4.27
	13	6.97	+ 0.1	+ 3.1	8.03	0.339	108.8	5.31
	15	6.56	+ 0.5	+ 3.4	8.53	0.242	121.0	6.47
	17	6.19	+ 1.2	+ 3.7	9.04	0.152	134.0	7.66
	19	5.89	+ 2.4	+ 4.2	9.51	0.079	147.5	8.76
	21	5.66	+ 3.9	+ 4.8	9.88	0.029	160.5	9.59
	23	5.53	—	—	10.11	0.008	169.6	10.02
	25	5.50	+ 4.6	+ 5.0	10.18	0.017	165.0	10.01
	27	5.55	+ 3.2	+ 4.7	10.09	0.051	153.9	9.58
	29	5.67	+ 2.1	+ 4.3	9.87	0.102	142.7	8.86
	31	5.85	+ 1.3	+ 4.0	9.57	0.164	132.2	8.00
Feb.	2	6.07	+ 0.9	+ 3.8	9.21	0.229	122.8	7.11
	4	6.33	+ 0.6	+ 3.7	8.85	0.293	114.4	6.25
	6	6.60	+ 0.4	+ 3.6	8.48	0.354	107.0	5.48
	8	6.88	+ 0.3	+ 3.6	8.13	0.410	100.4	4.80
	10	7.17	+ 0.2	+ 3.6	7.81	0.461	94.5	4.21
	12	7.45	+ 0.1	+ 3.5	7.51	0.507	89.2	3.70
	14	7.73	+ 0.1	+ 3.5	7.24	0.549	84.4	3.27
	16	8.00	+ 0.1	+ 3.5	7.00	0.586	80.1	2.90
	18	8.27	+ 0.1	+ 3.4	6.77	0.619	76.2	2.58
	20	8.52	0.0	+ 3.4	6.57	0.650	72.6	2.30
	22	8.77	0.0	+ 3.3	6.38	0.678	69.2	2.06
	24	9.00	0.0	+ 3.3	6.22	0.703	66.1	1.85
	26	9.23	0.0	+ 3.3	6.07	0.726	63.1	1.66
	28	9.44	− 0.1	+ 3.2	5.93	0.748	60.3	1.49
Mar.	2	9.65	− 0.1	+ 3.2	5.80	0.768	57.5	1.34
	4	9.84	− 0.1	+ 3.1	5.69	0.788	54.9	1.21
	6	10.03	− 0.2	+ 3.0	5.58	0.806	52.2	1.08
	8	10.20	− 0.2	+ 3.0	5.49	0.824	49.6	0.97
	10	10.36	− 0.3	+ 2.9	5.40	0.841	47.0	0.86
	12	10.51	− 0.4	+ 2.8	5.32	0.858	44.3	0.76
	14	10.66	− 0.4	+ 2.7	5.25	0.874	41.6	0.66
	16	10.78	− 0.5	+ 2.7	5.19	0.890	38.7	0.57
	18	10.90	− 0.6	+ 2.6	5.13	0.906	35.7	0.48
	20	11.00	− 0.7	+ 2.4	5.09	0.922	32.4	0.40
	22	11.09	− 0.9	+ 2.3	5.05	0.937	29.0	0.32
	24	11.16	− 1.0	+ 2.2	5.02	0.952	25.3	0.24
	26	11.21	− 1.2	+ 2.0	4.99	0.966	21.2	0.17
	28	11.23	− 1.4	+ 1.8	4.98	0.979	16.8	0.11
	30	11.23	− 1.6	+ 1.6	4.98	0.989	12.0	0.05
Apr.	1	11.20	− 1.9	+ 1.4	5.00	0.996	6.9	0.02

EPHEMERIS FOR PHYSICAL OBSERVATIONS
FOR 0ʰ TERRESTRIAL TIME

Date		Sub-Earth Point		Sub-Solar Point			North Pole	
		Long.	Lat.	Long.	Dist.	P.A.	Dist.	P.A.
		°	°	°	″	°	″	°
Jan.	−1	218.27	− 4.49	168.71	+2.17	265.92	−2.83	352.14
	1	227.64	− 4.79	172.18	+2.43	263.99	−2.93	350.73
	3	237.15	− 5.12	175.06	+2.71	262.11	−3.05	349.42
	5	246.86	− 5.49	177.32	+3.01	260.27	−3.19	348.24
	7	256.83	− 5.90	178.96	+3.30	258.48	−3.35	347.22
	9	267.17	− 6.36	179.97	+3.56	256.70	−3.54	346.39
	11	277.98	− 6.88	180.41	−3.74	254.89	−3.75	345.79
	13	289.38	− 7.45	180.41	−3.80	252.93	−3.98	345.46
	15	301.49	− 8.05	180.10	−3.65	250.58	−4.22	345.43
	17	314.38	− 8.66	179.70	−3.25	247.32	−4.46	345.73
	19	328.04	− 9.23	179.40	−2.56	241.70	−4.69	346.37
	21	342.35	− 9.72	179.40	−1.65	228.60	−4.87	347.30
	23	357.10	−10.06	179.86	−0.91	183.92	−4.98	348.42
	25	11.98	−10.22	180.89	−1.32	121.63	−5.01	349.63
	27	26.68	−10.22	182.54	−2.22	102.24	−4.96	350.76
	29	40.97	−10.06	184.82	−2.99	95.08	−4.86	351.70
	31	54.71	− 9.80	187.72	−3.54	91.37	−4.71	352.39
Feb.	2	67.85	− 9.48	191.19	−3.87	88.95	−4.54	352.80
	4	80.43	− 9.13	195.19	−4.03	87.09	−4.36	352.93
	6	92.48	− 8.76	199.67	−4.06	85.49	−4.19	352.81
	8	104.09	− 8.41	204.56	−4.00	84.00	−4.02	352.47
	10	115.32	− 8.07	209.82	−3.89	82.57	−3.86	351.94
	12	126.22	− 7.75	215.39	+3.76	81.15	−3.72	351.26
	14	136.86	− 7.44	221.24	+3.60	79.74	−3.59	350.46
	16	147.28	− 7.16	227.31	+3.45	78.32	−3.47	349.56
	18	157.50	− 6.89	233.58	+3.29	76.90	−3.36	348.59
	20	167.56	− 6.64	240.00	+3.13	75.48	−3.26	347.56
	22	177.49	− 6.40	246.55	+2.98	74.07	−3.17	346.49
	24	187.29	− 6.17	253.20	+2.84	72.67	−3.09	345.39
	26	196.97	− 5.96	259.91	+2.70	71.28	−3.01	344.28
	28	206.57	− 5.75	266.66	+2.57	69.90	−2.95	343.17
Mar.	2	216.07	− 5.55	273.42	+2.45	68.55	−2.88	342.06
	4	225.48	− 5.36	280.17	+2.33	67.23	−2.83	340.97
	6	234.81	− 5.18	286.88	+2.21	65.93	−2.78	339.91
	8	244.07	− 5.00	293.52	+2.09	64.66	−2.73	338.88
	10	253.25	− 4.83	300.07	+1.98	63.42	−2.69	337.89
	12	262.35	− 4.66	306.49	+1.86	62.21	−2.65	336.94
	14	271.38	− 4.49	312.75	+1.74	61.02	−2.62	336.04
	16	280.33	− 4.33	318.81	+1.62	59.85	−2.59	335.21
	18	289.20	− 4.17	324.65	+1.50	58.67	−2.56	334.44
	20	297.99	− 4.02	330.21	+1.36	57.47	−2.54	333.74
	22	306.69	− 3.87	335.46	+1.22	56.19	−2.52	333.11
	24	315.31	− 3.72	340.33	+1.07	54.75	−2.50	332.58
	26	323.85	− 3.57	344.79	+0.90	52.97	−2.49	332.13
	28	332.29	− 3.43	348.77	+0.72	50.44	−2.48	331.78
	30	340.66	− 3.29	352.22	+0.52	45.97	−2.48	331.54
Apr.	1	348.94	− 3.16	355.10	+0.30	34.48	−2.49	331.41

MERCURY, 2022

EPHEMERIS FOR PHYSICAL OBSERVATIONS
FOR 0ʰ TERRESTRIAL TIME

Date	Light-time	Magnitude	Surface Brightness	Diameter	Phase	Phase Angle	Defect of Illumination
	m		mag./arcsec^2	$''$		$\circ$	$''$
Apr. 1	11.20	− 1.9	+ 1.4	5.00	0.996	6.9	0.02
3	11.14	− 2.1	+ 1.1	5.02	0.999	3.0	0.00
5	11.04	− 2.0	+ 1.2	5.07	0.996	7.0	0.02
7	10.90	− 1.8	+ 1.4	5.13	0.986	13.7	0.07
9	10.72	− 1.7	+ 1.6	5.22	0.966	21.3	0.18
11	10.49	− 1.6	+ 1.7	5.34	0.936	29.3	0.34
13	10.21	− 1.4	+ 1.9	5.48	0.895	37.8	0.58
15	9.90	− 1.3	+ 2.0	5.66	0.844	46.5	0.88
17	9.54	− 1.1	+ 2.2	5.86	0.785	55.2	1.26
19	9.17	− 0.9	+ 2.4	6.11	0.720	63.9	1.71
21	8.77	− 0.7	+ 2.6	6.38	0.652	72.3	2.22
23	8.36	− 0.4	+ 2.8	6.69	0.583	80.5	2.79
25	7.95	− 0.2	+ 3.0	7.04	0.515	88.3	3.41
27	7.55	0.0	+ 3.2	7.41	0.449	95.8	4.08
29	7.16	+ 0.2	+ 3.4	7.82	0.387	103.0	4.79
May 1	6.78	+ 0.5	+ 3.6	8.25	0.329	110.0	5.54
3	6.43	+ 0.7	+ 3.8	8.71	0.275	116.8	6.32
5	6.09	+ 1.0	+ 4.0	9.19	0.224	123.5	7.13
7	5.79	+ 1.4	+ 4.2	9.67	0.178	130.1	7.95
9	5.51	+ 1.9	+ 4.5	10.15	0.136	136.7	8.77
11	5.27	+ 2.4	+ 4.8	10.62	0.099	143.4	9.58
13	5.06	+ 3.1	+ 5.1	11.06	0.066	150.1	10.33
15	4.89	+ 3.8	+ 5.4	11.46	0.040	156.9	11.00
17	4.75	+ 4.8	+ 5.6	11.78	0.020	163.7	11.55
19	4.65	—	—	12.03	0.007	170.4	11.95
21	4.59	—	—	12.18	0.001	176.5	12.17
23	4.58	—	—	12.23	0.002	174.7	12.20
25	4.59	+ 5.5	+ 5.7	12.18	0.010	168.4	12.06
27	4.65	+ 4.5	+ 5.7	12.03	0.025	161.9	11.74
29	4.74	+ 3.7	+ 5.4	11.80	0.045	155.6	11.28
31	4.87	+ 3.0	+ 5.2	11.50	0.069	149.5	10.71
June 2	5.02	+ 2.5	+ 4.9	11.15	0.098	143.6	10.06
4	5.20	+ 2.0	+ 4.7	10.76	0.129	137.9	9.37
6	5.41	+ 1.7	+ 4.5	10.35	0.163	132.4	8.66
8	5.64	+ 1.4	+ 4.3	9.92	0.198	127.1	7.96
10	5.89	+ 1.1	+ 4.2	9.50	0.235	122.0	7.26
12	6.16	+ 0.9	+ 4.0	9.08	0.274	116.9	6.60
14	6.45	+ 0.7	+ 3.9	8.68	0.314	111.9	5.95
16	6.76	+ 0.5	+ 3.7	8.28	0.355	106.9	5.34
18	7.08	+ 0.4	+ 3.6	7.91	0.398	101.8	4.76
20	7.41	+ 0.2	+ 3.5	7.56	0.442	96.6	4.21
22	7.75	+ 0.1	+ 3.3	7.22	0.489	91.2	3.69
24	8.10	− 0.1	+ 3.2	6.91	0.538	85.6	3.19
26	8.45	− 0.2	+ 3.0	6.62	0.589	79.7	2.72
28	8.81	− 0.4	+ 2.8	6.35	0.642	73.4	2.27
30	9.16	− 0.6	+ 2.7	6.11	0.697	66.8	1.85
July 2	9.50	− 0.8	+ 2.5	5.89	0.752	59.7	1.46

EPHEMERIS FOR PHYSICAL OBSERVATIONS
FOR 0ʰ TERRESTRIAL TIME

Date		Sub-Earth Point		Sub-Solar Point			North Pole	
		Long.	Lat.	Long.	Dist.	P.A.	Dist.	P.A.
		°	°	°	″	°	″	°
Apr.	1	348.94	− 3.16	355.10	+0.30	34.48	−2.49	331.41
	3	357.15	− 3.03	357.35	+0.13	335.28	−2.51	331.40
	5	5.30	− 2.91	358.97	+0.31	266.09	−2.53	331.53
	7	13.41	− 2.79	359.98	+0.61	253.31	−2.56	331.78
	9	21.51	− 2.68	0.42	+0.95	249.10	−2.61	332.17
	11	29.64	− 2.57	0.40	+1.31	247.30	−2.66	332.69
	13	37.83	− 2.46	0.10	+1.68	246.55	−2.74	333.34
	15	46.14	− 2.36	359.69	+2.05	246.36	−2.82	334.09
	17	54.61	− 2.25	359.39	+2.41	246.52	−2.93	334.93
	19	63.28	− 2.14	359.40	+2.74	246.91	−3.05	335.83
	21	72.19	− 2.02	359.87	+3.04	247.44	−3.19	336.77
	23	81.38	− 1.89	0.91	+3.30	248.06	−3.34	337.71
	25	90.86	− 1.74	2.56	+3.52	248.71	−3.51	338.63
	27	100.66	− 1.58	4.86	−3.69	249.37	−3.70	339.50
	29	110.78	− 1.39	7.76	−3.81	250.00	−3.91	340.30
May	1	121.25	− 1.18	11.25	−3.88	250.60	−4.12	341.01
	3	132.06	− 0.94	15.26	−3.89	251.15	−4.35	341.61
	5	143.23	− 0.67	19.74	−3.83	251.66	−4.59	342.08
	7	154.76	− 0.36	24.64	−3.70	252.13	−4.83	342.42
	9	166.65	− 0.02	29.90	−3.48	252.61	−5.07	342.63
	11	178.89	+ 0.35	35.48	−3.17	253.16	+5.31	342.69
	13	191.46	+ 0.76	41.33	−2.76	253.93	+5.53	342.62
	15	204.33	+ 1.19	47.41	−2.25	255.20	+5.72	342.43
	17	217.46	+ 1.64	53.68	−1.65	257.71	+5.88	342.15
	19	230.78	+ 2.09	60.11	−1.00	264.22	+6.01	341.79
	21	244.23	+ 2.54	66.66	−0.37	297.34	+6.08	341.40
	23	257.71	+ 2.98	73.31	−0.56	37.21	+6.10	340.99
	25	271.16	+ 3.38	80.02	−1.23	54.05	+6.07	340.61
	27	284.49	+ 3.75	86.77	−1.87	58.79	+6.00	340.27
	29	297.64	+ 4.08	93.54	−2.44	61.04	+5.88	339.99
	31	310.55	+ 4.36	100.29	−2.92	62.45	+5.73	339.80
June	2	323.20	+ 4.59	106.99	−3.31	63.52	+5.55	339.70
	4	335.54	+ 4.78	113.63	−3.61	64.44	+5.36	339.69
	6	347.59	+ 4.93	120.18	−3.82	65.32	+5.15	339.79
	8	359.32	+ 5.04	126.59	−3.96	66.20	+4.94	339.98
	10	10.76	+ 5.12	132.85	−4.03	67.13	+4.73	340.28
	12	21.90	+ 5.17	138.92	−4.05	68.10	+4.52	340.69
	14	32.77	+ 5.20	144.75	−4.03	69.16	+4.32	341.21
	16	43.36	+ 5.20	150.30	−3.96	70.30	+4.12	341.84
	18	53.69	+ 5.19	155.54	−3.87	71.54	+3.94	342.59
	20	63.78	+ 5.17	160.41	−3.75	72.89	+3.76	343.46
	22	73.62	+ 5.14	164.86	−3.61	74.38	+3.59	344.47
	24	83.23	+ 5.10	168.83	+3.44	76.02	+3.44	345.60
	26	92.60	+ 5.05	172.27	+3.26	77.82	+3.29	346.88
	28	101.76	+ 5.00	175.14	+3.04	79.81	+3.16	348.30
	30	110.70	+ 4.95	177.38	+2.81	82.01	+3.04	349.88
July	2	119.42	+ 4.91	178.99	+2.54	84.48	+2.93	351.60

MERCURY, 2022

EPHEMERIS FOR PHYSICAL OBSERVATIONS
FOR 0ʰ TERRESTRIAL TIME

Date	Light-time	Magnitude	Surface Brightness	Diameter	Phase	Phase Angle	Defect of Illumination
	m		mag./arcsec²	″		°	″
July 2	9.50	− 0.8	+ 2.5	5.89	0.752	59.7	1.46
4	9.83	− 1.0	+ 2.3	5.69	0.807	52.2	1.10
6	10.13	− 1.2	+ 2.1	5.53	0.858	44.3	0.79
8	10.40	− 1.4	+ 1.9	5.38	0.904	36.2	0.52
10	10.63	− 1.6	+ 1.7	5.26	0.942	27.9	0.31
12	10.82	− 1.8	+ 1.5	5.17	0.971	19.7	0.15
14	10.97	− 2.0	+ 1.3	5.10	0.989	11.8	0.05
16	11.06	− 2.2	+ 1.1	5.06	0.998	5.6	0.01
18	11.11	− 2.1	+ 1.2	5.04	0.997	6.7	0.02
20	11.12	− 1.8	+ 1.5	5.03	0.988	12.6	0.06
22	11.09	− 1.5	+ 1.7	5.05	0.973	18.7	0.13
24	11.03	− 1.3	+ 1.9	5.08	0.955	24.5	0.23
26	10.94	− 1.1	+ 2.1	5.12	0.934	29.8	0.34
28	10.82	− 1.0	+ 2.3	5.17	0.911	34.7	0.46
30	10.69	− 0.8	+ 2.4	5.24	0.888	39.2	0.59
Aug. 1	10.54	− 0.7	+ 2.5	5.31	0.864	43.3	0.72
3	10.38	− 0.5	+ 2.7	5.39	0.840	47.1	0.86
5	10.20	− 0.4	+ 2.8	5.49	0.817	50.7	1.01
7	10.01	− 0.3	+ 2.9	5.59	0.793	54.1	1.16
9	9.82	− 0.2	+ 3.0	5.70	0.770	57.3	1.31
11	9.62	− 0.1	+ 3.1	5.82	0.747	60.4	1.47
13	9.41	− 0.1	+ 3.2	5.95	0.724	63.4	1.64
15	9.20	0.0	+ 3.3	6.09	0.701	66.3	1.82
17	8.98	+ 0.1	+ 3.4	6.24	0.677	69.3	2.02
19	8.75	+ 0.1	+ 3.4	6.40	0.652	72.3	2.22
21	8.52	+ 0.2	+ 3.5	6.57	0.627	75.3	2.45
23	8.28	+ 0.2	+ 3.5	6.76	0.601	78.4	2.70
25	8.04	+ 0.3	+ 3.6	6.96	0.573	81.6	2.97
27	7.80	+ 0.3	+ 3.6	7.17	0.543	85.1	3.28
29	7.55	+ 0.3	+ 3.7	7.41	0.511	88.7	3.62
31	7.31	+ 0.4	+ 3.7	7.66	0.478	92.6	4.00
Sept. 2	7.06	+ 0.4	+ 3.8	7.93	0.441	96.8	4.43
4	6.81	+ 0.5	+ 3.8	8.22	0.402	101.4	4.92
6	6.56	+ 0.6	+ 3.9	8.53	0.359	106.4	5.47
8	6.33	+ 0.7	+ 3.9	8.85	0.314	111.9	6.07
10	6.10	+ 0.9	+ 4.0	9.18	0.265	118.0	6.74
12	5.89	+ 1.2	+ 4.1	9.51	0.215	124.8	7.46
14	5.70	+ 1.5	+ 4.3	9.82	0.164	132.3	8.21
16	5.55	+ 2.1	+ 4.5	10.09	0.114	140.6	8.94
18	5.43	+ 2.9	+ 4.8	10.30	0.069	149.6	9.59
20	5.37	+ 4.0	+ 5.1	10.42	0.033	159.2	10.08
22	5.37	+ 5.3	+ 5.1	10.42	0.010	168.4	10.31
24	5.45	—	—	10.28	0.006	171.3	10.21
26	5.60	+ 4.4	+ 5.0	10.00	0.023	162.7	9.78
28	5.82	+ 2.9	+ 4.5	9.61	0.062	151.2	9.02
30	6.12	+ 1.7	+ 4.0	9.14	0.122	139.1	8.02
Oct. 2	6.49	+ 0.9	+ 3.5	8.63	0.200	126.9	6.90

MERCURY, 2022

EPHEMERIS FOR PHYSICAL OBSERVATIONS
FOR 0ʰ TERRESTRIAL TIME

Date		Sub-Earth Point		Sub-Solar Point			North Pole	
		Long.	Lat.	Long.	Dist.	P.A.	Dist.	P.A.
		°	°	°	″	°	″	°
July	2	119.42	+ 4.91	178.99	+2.54	84.48	+2.93	351.60
	4	127.96	+ 4.87	179.99	+2.25	87.25	+2.83	353.46
	6	136.31	+ 4.84	180.42	+1.93	90.41	+2.75	355.46
	8	144.52	+ 4.82	180.40	+1.59	94.16	+2.68	357.57
	10	152.60	+ 4.82	180.09	+1.23	98.86	+2.62	359.75
	12	160.60	+ 4.83	179.68	+0.87	105.55	+2.57	1.98
	14	168.56	+ 4.85	179.39	+0.52	117.87	+2.54	4.22
	16	176.51	+ 4.88	179.41	+0.25	155.54	+2.52	6.43
	18	184.50	+ 4.93	179.88	+0.29	232.01	+2.51	8.57
	20	192.54	+ 5.00	180.93	+0.55	257.82	+2.50	10.61
	22	200.67	+ 5.07	182.59	+0.81	267.50	+2.51	12.54
	24	208.88	+ 5.16	184.89	+1.05	273.01	+2.53	14.34
	26	217.21	+ 5.25	187.81	+1.27	276.85	+2.55	16.01
	28	225.64	+ 5.35	191.30	+1.47	279.83	+2.57	17.55
	30	234.18	+ 5.45	195.32	+1.65	282.26	+2.60	18.95
Aug.	1	242.83	+ 5.56	199.81	+1.82	284.33	+2.64	20.23
	3	251.58	+ 5.68	204.71	+1.98	286.11	+2.68	21.39
	5	260.45	+ 5.80	209.98	+2.12	287.68	+2.73	22.43
	7	269.43	+ 5.92	215.56	+2.26	289.07	+2.78	23.36
	9	278.51	+ 6.04	221.42	+2.40	290.30	+2.83	24.20
	11	287.69	+ 6.17	227.50	+2.53	291.42	+2.89	24.94
	13	296.99	+ 6.30	233.77	+2.66	292.42	+2.95	25.60
	15	306.39	+ 6.44	240.20	+2.79	293.33	+3.02	26.17
	17	315.90	+ 6.57	246.76	+2.92	294.16	+3.09	26.67
	19	325.53	+ 6.71	253.40	+3.05	294.92	+3.17	27.10
	21	335.29	+ 6.86	260.12	+3.18	295.64	+3.26	27.47
	23	345.18	+ 7.01	266.87	+3.31	296.31	+3.35	27.77
	25	355.21	+ 7.16	273.63	+3.44	296.95	+3.45	28.03
	27	5.40	+ 7.32	280.38	+3.57	297.57	+3.56	28.24
	29	15.76	+ 7.48	287.09	+3.70	298.20	+3.67	28.40
	31	26.32	+ 7.64	293.73	−3.83	298.85	+3.79	28.53
Sept.	2	37.11	+ 7.81	300.27	−3.94	299.53	+3.93	28.63
	4	48.15	+ 7.99	306.69	−4.03	300.28	+4.07	28.71
	6	59.48	+ 8.16	312.95	−4.09	301.13	+4.22	28.76
	8	71.14	+ 8.32	319.01	−4.11	302.12	+4.37	28.79
	10	83.17	+ 8.48	324.83	−4.05	303.31	+4.53	28.81
	12	95.61	+ 8.61	330.39	−3.90	304.80	+4.70	28.81
	14	108.51	+ 8.70	335.62	−3.63	306.74	+4.85	28.79
	16	121.86	+ 8.74	340.49	−3.21	309.45	+4.98	28.74
	18	135.65	+ 8.71	344.93	−2.61	313.69	+5.09	28.66
	20	149.82	+ 8.58	348.89	−1.85	321.75	+5.15	28.52
	22	164.24	+ 8.33	352.33	−1.04	343.78	+5.15	28.33
	24	178.73	+ 7.97	355.18	−0.78	52.30	+5.09	28.11
	26	193.08	+ 7.51	357.42	−1.49	92.96	+4.95	27.87
	28	207.07	+ 6.96	359.02	−2.32	104.87	+4.77	27.66
	30	220.52	+ 6.38	360.00	−2.99	110.12	+4.54	27.51
Oct.	2	233.32	+ 5.78	0.42	−3.45	113.09	+4.29	27.45

MERCURY, 2022
EPHEMERIS FOR PHYSICAL OBSERVATIONS
FOR 0ʰ TERRESTRIAL TIME

Date		Light-time	Magnitude	Surface Brightness	Diameter	Phase	Phase Angle	Defect of Illumination
		m		mag./arcsec^2	"		°	"
Oct.	2	6.49	+0.9	+3.5	8.63	0.200	126.9	6.90
	4	6.90	+0.3	+3.2	8.11	0.290	114.9	5.76
	6	7.35	−0.1	+3.0	7.62	0.386	103.2	4.68
	8	7.82	−0.4	+2.9	7.16	0.482	92.0	3.71
	10	8.29	−0.6	+2.7	6.75	0.574	81.5	2.88
	12	8.75	−0.7	+2.6	6.40	0.657	71.7	2.19
	14	9.18	−0.9	+2.5	6.10	0.730	62.6	1.65
	16	9.59	−1.0	+2.4	5.84	0.791	54.4	1.22
	18	9.96	−1.0	+2.3	5.62	0.841	47.0	0.89
	20	10.30	−1.1	+2.2	5.43	0.882	40.3	0.64
	22	10.60	−1.1	+2.2	5.28	0.913	34.2	0.46
	24	10.87	−1.1	+2.1	5.15	0.938	28.8	0.32
	26	11.11	−1.1	+2.1	5.04	0.957	23.9	0.22
	28	11.31	−1.1	+2.1	4.95	0.971	19.5	0.14
	30	11.49	−1.2	+2.0	4.87	0.982	15.5	0.09
Nov.	1	11.63	−1.2	+1.9	4.81	0.989	11.9	0.05
	3	11.76	−1.3	+1.9	4.76	0.995	8.5	0.03
	5	11.86	−1.3	+1.8	4.72	0.998	5.3	0.01
	7	11.93	−1.4	+1.6	4.69	1.000	2.4	0.00
	9	11.98	—	—	4.67	1.000	0.4	0.00
	11	12.02	−1.3	+1.7	4.66	0.999	3.0	0.00
	13	12.03	−1.2	+1.9	4.65	0.998	5.6	0.01
	15	12.03	−1.1	+2.0	4.65	0.995	8.0	0.02
	17	12.00	−1.0	+2.1	4.66	0.992	10.4	0.04
	19	11.96	−0.9	+2.2	4.68	0.987	12.8	0.06
	21	11.90	−0.8	+2.3	4.70	0.982	15.3	0.08
	23	11.82	−0.7	+2.3	4.74	0.976	17.7	0.11
	25	11.72	−0.7	+2.4	4.78	0.969	20.2	0.15
	27	11.60	−0.7	+2.4	4.83	0.961	22.7	0.19
	29	11.46	−0.6	+2.5	4.88	0.952	25.4	0.24
Dec.	1	11.30	−0.6	+2.5	4.95	0.941	28.2	0.29
	3	11.12	−0.6	+2.5	5.03	0.928	31.2	0.36
	5	10.92	−0.6	+2.6	5.12	0.912	34.4	0.45
	7	10.70	−0.6	+2.6	5.23	0.895	37.9	0.55
	9	10.45	−0.6	+2.6	5.35	0.874	41.7	0.68
	11	10.18	−0.6	+2.6	5.50	0.849	45.8	0.83
	13	9.89	−0.6	+2.7	5.66	0.819	50.4	1.02
	15	9.57	−0.6	+2.7	5.85	0.784	55.4	1.27
	17	9.22	−0.6	+2.8	6.07	0.742	61.1	1.57
	19	8.85	−0.5	+2.8	6.32	0.692	67.4	1.95
	21	8.46	−0.5	+2.9	6.62	0.633	74.6	2.43
	23	8.05	−0.4	+2.9	6.96	0.564	82.6	3.03
	25	7.62	−0.3	+3.0	7.34	0.485	91.7	3.78
	27	7.20	−0.1	+3.1	7.77	0.397	101.9	4.69
	29	6.79	+0.2	+3.2	8.25	0.303	113.2	5.75
	31	6.40	+0.7	+3.5	8.74	0.209	125.6	6.91
	33	6.07	+1.6	+3.9	9.22	0.123	139.0	8.08

MERCURY, 2022

EPHEMERIS FOR PHYSICAL OBSERVATIONS
FOR 0ʰ TERRESTRIAL TIME

Date		Sub-Earth Point		Sub-Solar Point			North Pole	
		Long.	Lat.	Long.	Dist.	P.A.	Dist.	P.A.
		°	°	°	″	°	″	°
Oct.	2	233.32	+ 5.78	0.42	−3.45	113.09	+4.29	27.45
	4	245.42	+ 5.20	0.40	−3.68	115.05	+4.04	27.49
	6	256.85	+ 4.67	0.08	−3.71	116.49	+3.79	27.61
	8	267.65	+ 4.17	359.68	−3.58	117.62	+3.57	27.79
	10	277.93	+ 3.73	359.39	+3.34	118.53	+3.37	28.01
	12	287.79	+ 3.34	359.41	+3.04	119.29	+3.19	28.22
	14	297.31	+ 2.98	359.90	+2.71	119.91	+3.04	28.40
	16	306.60	+ 2.67	0.95	+2.37	120.40	+2.91	28.53
	18	315.72	+ 2.38	2.63	+2.05	120.77	+2.80	28.59
	20	324.73	+ 2.12	4.94	+1.76	121.02	+2.71	28.56
	22	333.67	+ 1.88	7.86	+1.48	121.17	+2.64	28.45
	24	342.58	+ 1.66	11.36	+1.24	121.22	+2.57	28.26
	26	351.48	+ 1.44	15.38	+1.02	121.17	+2.52	27.97
	28	0.38	+ 1.24	19.88	+0.83	121.05	+2.47	27.59
	30	9.30	+ 1.05	24.79	+0.65	120.87	+2.43	27.12
Nov.	1	18.24	+ 0.86	30.06	+0.49	120.67	+2.40	26.57
	3	27.20	+ 0.68	35.65	+0.35	120.53	+2.38	25.94
	5	36.19	+ 0.51	41.50	+0.22	120.69	+2.36	25.23
	7	45.21	+ 0.33	47.59	+0.10	122.55	+2.34	24.44
	9	54.25	+ 0.16	53.87	+0.02	269.48	+2.33	23.58
	11	63.32	− 0.01	60.30	+0.12	292.55	−2.33	22.64
	13	72.41	− 0.18	66.85	+0.23	293.29	−2.32	21.63
	15	81.52	− 0.35	73.50	+0.32	292.88	−2.32	20.55
	17	90.65	− 0.52	80.21	+0.42	292.10	−2.33	19.41
	19	99.80	− 0.69	86.97	+0.52	291.11	−2.34	18.20
	21	108.96	− 0.86	93.73	+0.62	290.00	−2.35	16.94
	23	118.14	− 1.04	100.48	+0.72	288.77	−2.37	15.61
	25	127.32	− 1.22	107.19	+0.82	287.46	−2.39	14.24
	27	136.53	− 1.40	113.82	+0.93	286.07	−2.41	12.82
	29	145.74	− 1.59	120.37	+1.05	284.61	−2.44	11.35
Dec.	1	154.97	− 1.78	126.78	+1.17	283.09	−2.47	9.85
	3	164.21	− 1.98	133.03	+1.30	281.51	−2.51	8.32
	5	173.47	− 2.18	139.09	+1.45	279.89	−2.56	6.77
	7	182.75	− 2.40	144.91	+1.61	278.24	−2.61	5.21
	9	192.07	− 2.63	150.46	+1.78	276.55	−2.67	3.65
	11	201.43	− 2.87	155.69	+1.97	274.85	−2.74	2.11
	13	210.85	− 3.13	160.55	+2.18	273.15	−2.82	0.59
	15	220.36	− 3.42	164.99	+2.41	271.45	−2.92	359.13
	17	229.98	− 3.72	168.95	+2.66	269.76	−3.03	357.73
	19	239.77	− 4.06	172.37	+2.92	268.10	−3.15	356.44
	21	249.77	− 4.43	175.22	+3.19	266.48	−3.30	355.27
	23	260.07	− 4.85	177.45	+3.45	264.89	−3.46	354.27
	25	270.75	− 5.31	179.04	−3.67	263.32	−3.65	353.49
	27	281.94	− 5.82	180.01	−3.80	261.74	−3.86	352.96
	29	293.75	− 6.38	180.43	−3.79	260.03	−4.09	352.76
	31	306.29	− 6.97	180.40	−3.55	257.93	−4.33	352.92
	33	319.63	− 7.56	180.08	−3.03	254.75	−4.56	353.46

VENUS, 2022

EPHEMERIS FOR PHYSICAL OBSERVATIONS
FOR 0ʰ TERRESTRIAL TIME

Date		Light-time	Magnitude	Surface Brightness	Diameter	Phase	Phase Angle	Defect of Illumination
		m		mag./arcsec²	"		°	"
Jan.	−3	2.36	−4.5	+0.8	58.69	0.050	154.1	55.75
	1	2.28	−4.2	+0.4	60.96	0.025	162.0	59.46
	5	2.22	—	—	62.39	0.008	169.6	61.87
	9	2.21	—	—	62.77	0.003	173.4	62.56
	13	2.24	—	—	62.05	0.010	168.3	61.40
	17	2.30	−4.3	+0.5	60.32	0.029	160.6	58.60
	21	2.40	−4.5	+0.9	57.83	0.055	152.8	54.63
	25	2.53	−4.7	+1.1	54.85	0.088	145.5	50.03
	29	2.69	−4.8	+1.2	51.65	0.124	138.8	45.26
Feb.	2	2.87	−4.9	+1.3	48.44	0.161	132.7	40.65
	6	3.06	−4.9	+1.4	45.34	0.198	127.2	36.38
	10	3.27	−4.9	+1.4	42.42	0.233	122.2	32.53
	14	3.49	−4.9	+1.4	39.73	0.267	117.7	29.10
	18	3.73	−4.8	+1.4	37.26	0.300	113.6	26.08
	22	3.96	−4.8	+1.5	35.01	0.331	109.8	23.44
	26	4.21	−4.8	+1.5	32.98	0.360	106.3	21.12
Mar.	2	4.46	−4.7	+1.5	31.13	0.387	103.1	19.09
	6	4.71	−4.7	+1.5	29.46	0.413	100.1	17.30
	10	4.97	−4.6	+1.5	27.95	0.437	97.2	15.73
	14	5.22	−4.6	+1.5	26.57	0.461	94.5	14.34
	18	5.48	−4.5	+1.4	25.32	0.483	92.0	13.10
	22	5.74	−4.5	+1.4	24.17	0.504	89.6	11.99
	26	6.00	−4.4	+1.4	23.12	0.524	87.2	11.00
	30	6.26	−4.4	+1.4	22.16	0.544	85.0	10.12
Apr.	3	6.52	−4.3	+1.4	21.28	0.562	82.9	9.32
	7	6.78	−4.3	+1.4	20.47	0.580	80.8	8.59
	11	7.04	−4.3	+1.4	19.72	0.598	78.8	7.94
	15	7.30	−4.2	+1.4	19.02	0.614	76.8	7.34
	19	7.55	−4.2	+1.4	18.38	0.630	74.9	6.79
	23	7.81	−4.2	+1.3	17.78	0.646	73.0	6.29
	27	8.06	−4.1	+1.3	17.23	0.661	71.2	5.83
May	1	8.31	−4.1	+1.3	16.71	0.676	69.4	5.41
	5	8.55	−4.1	+1.3	16.23	0.691	67.6	5.02
	9	8.80	−4.1	+1.3	15.77	0.705	65.8	4.66
	13	9.04	−4.0	+1.3	15.35	0.718	64.1	4.33
	17	9.28	−4.0	+1.3	14.96	0.732	62.4	4.02
	21	9.51	−4.0	+1.2	14.59	0.744	60.7	3.73
	25	9.75	−4.0	+1.2	14.24	0.757	59.1	3.46
	29	9.97	−4.0	+1.2	13.92	0.769	57.4	3.21
June	2	10.20	−3.9	+1.2	13.61	0.781	55.8	2.98
	6	10.42	−3.9	+1.2	13.32	0.793	54.1	2.76
	10	10.63	−3.9	+1.2	13.06	0.804	52.5	2.55
	14	10.84	−3.9	+1.1	12.80	0.816	50.9	2.36
	18	11.05	−3.9	+1.1	12.56	0.826	49.2	2.18
	22	11.25	−3.9	+1.1	12.34	0.837	47.6	2.01
	26	11.44	−3.9	+1.1	12.13	0.847	46.0	1.85
	30	11.63	−3.9	+1.1	11.93	0.857	44.4	1.70

EPHEMERIS FOR PHYSICAL OBSERVATIONS
FOR 0ʰ TERRESTRIAL TIME

Date		L_s	Sub-Earth Point		Sub-Solar Point				North Pole	
			Long.	Lat.	Long.	Lat.	Dist.	P.A.	Dist.	P.A.
		°	°	°	°	°	″	°	″	°
Jan.	−3	211.23	329.51	− 1.73	123.83	− 1.37	− 12.80	254.27	− 29.33	350.98
	1	217.71	333.73	− 2.73	136.23	− 1.61	− 9.43	247.93	− 30.45	351.68
	5	224.19	337.49	− 3.71	148.64	− 1.84	− 5.65	230.60	− 31.13	352.55
	9	230.68	340.99	− 4.59	161.05	− 2.04	− 3.63	172.97	− 31.29	353.52
	13	237.17	344.49	− 5.33	173.47	− 2.22	− 6.30	124.35	− 30.89	354.49
	17	243.66	348.26	− 5.88	185.89	− 2.36	− 10.04	109.96	− 30.00	355.36
	21	250.16	352.51	− 6.23	198.32	− 2.48	− 13.21	103.95	− 28.74	356.03
	25	256.66	357.38	− 6.39	210.74	− 2.57	− 15.53	100.50	− 27.25	356.45
	29	263.15	2.92	− 6.40	223.17	− 2.62	− 17.01	98.04	− 25.66	356.61
Feb.	2	269.64	9.10	− 6.29	235.59	− 2.64	− 17.79	96.00	− 24.07	356.50
	6	276.14	15.89	− 6.09	248.02	− 2.62	− 18.05	94.14	− 22.54	356.16
	10	282.62	23.21	− 5.82	260.44	− 2.57	− 17.94	92.35	− 21.10	355.59
	14	289.11	31.00	− 5.50	272.85	− 2.49	− 17.58	90.58	− 19.77	354.85
	18	295.58	39.20	− 5.15	285.26	− 2.38	− 17.07	88.81	− 18.55	353.94
	22	302.05	47.75	− 4.78	297.66	− 2.24	− 16.47	87.03	− 17.44	352.92
	26	308.52	56.59	− 4.40	310.05	− 2.06	− 15.82	85.24	− 16.44	351.79
Mar.	2	314.97	65.68	− 4.01	322.43	− 1.87	− 15.16	83.45	− 15.53	350.59
	6	321.42	74.98	− 3.63	334.80	− 1.65	− 14.51	81.67	− 14.70	349.35
	10	327.85	84.46	− 3.25	347.16	− 1.40	− 13.86	79.91	− 13.95	348.08
	14	334.28	94.10	− 2.88	359.51	− 1.14	− 13.24	78.20	− 13.27	346.82
	18	340.70	103.87	− 2.52	11.84	− 0.87	− 12.65	76.53	− 12.65	345.57
	22	347.11	113.75	− 2.18	24.17	− 0.59	+ 12.09	74.94	− 12.08	344.37
	26	353.51	123.73	− 1.85	36.49	− 0.30	+ 11.55	73.42	− 11.56	343.21
	30	359.89	133.80	− 1.54	48.80	− 0.01	+ 11.04	72.00	− 11.08	342.13
Apr.	3	6.27	143.94	− 1.24	61.10	+ 0.29	+ 10.56	70.69	− 10.64	341.14
	7	12.65	154.15	− 0.96	73.39	+ 0.58	+ 10.10	69.49	− 10.23	340.23
	11	19.01	164.41	− 0.71	85.67	+ 0.86	+ 9.67	68.42	− 9.86	339.43
	15	25.36	174.72	− 0.47	97.94	+ 1.13	+ 9.26	67.48	− 9.51	338.75
	19	31.71	185.07	− 0.26	110.21	+ 1.39	+ 8.87	66.67	− 9.19	338.18
	23	38.05	195.47	− 0.06	122.48	+ 1.63	+ 8.50	66.01	− 8.89	337.73
	27	44.39	205.89	+ 0.11	134.74	+ 1.85	+ 8.15	65.50	+ 8.61	337.41
May	1	50.72	216.35	+ 0.26	146.99	+ 2.04	+ 7.82	65.14	+ 8.35	337.22
	5	57.05	226.84	+ 0.39	159.25	+ 2.21	+ 7.50	64.93	+ 8.11	337.16
	9	63.37	237.34	+ 0.50	171.50	+ 2.36	+ 7.20	64.88	+ 7.89	337.24
	13	69.69	247.87	+ 0.59	183.75	+ 2.47	+ 6.91	64.98	+ 7.68	337.45
	17	76.02	258.42	+ 0.66	196.01	+ 2.56	+ 6.63	65.25	+ 7.48	337.79
	21	82.34	268.99	+ 0.71	208.26	+ 2.61	+ 6.36	65.67	+ 7.29	338.27
	25	88.66	279.57	+ 0.75	220.52	+ 2.64	+ 6.11	66.26	+ 7.12	338.89
	29	94.99	290.17	+ 0.76	232.78	+ 2.63	+ 5.86	67.01	+ 6.96	339.64
June	2	101.32	300.79	+ 0.76	245.04	+ 2.59	+ 5.63	67.91	+ 6.81	340.52
	6	107.66	311.42	+ 0.75	257.30	+ 2.51	+ 5.40	68.98	+ 6.66	341.54
	10	114.00	322.05	+ 0.72	269.57	+ 2.41	+ 5.18	70.20	+ 6.53	342.69
	14	120.34	332.71	+ 0.68	281.85	+ 2.28	+ 4.96	71.58	+ 6.40	343.96
	18	126.70	343.37	+ 0.63	294.13	+ 2.12	+ 4.76	73.11	+ 6.28	345.36
	22	133.06	354.04	+ 0.57	306.42	+ 1.93	+ 4.56	74.79	+ 6.17	346.87
	26	139.43	4.73	+ 0.50	318.71	+ 1.72	+ 4.36	76.60	+ 6.06	348.50
	30	145.80	15.43	+ 0.43	331.01	+ 1.48	+ 4.18	78.54	+ 5.97	350.22

VENUS, 2022

EPHEMERIS FOR PHYSICAL OBSERVATIONS
FOR 0ʰ TERRESTRIAL TIME

Date		Light-time	Magnitude	Surface Brightness	Diameter	Phase	Phase Angle	Defect of Illumination
		m		mag./arcsec²	″		°	″
June	30	11.63	−3.9	+1.1	11.93	0.857	44.4	1.70
July	4	11.82	−3.9	+1.1	11.75	0.867	42.8	1.57
	8	12.00	−3.9	+1.0	11.57	0.876	41.2	1.43
	12	12.17	−3.9	+1.0	11.41	0.885	39.6	1.31
	16	12.33	−3.9	+1.0	11.25	0.894	38.0	1.19
	20	12.49	−3.9	+1.0	11.11	0.902	36.4	1.09
	24	12.65	−3.9	+1.0	10.97	0.910	34.8	0.98
	28	12.79	−3.9	+0.9	10.85	0.918	33.3	0.89
Aug.	1	12.93	−3.9	+0.9	10.73	0.926	31.7	0.80
	5	13.07	−3.9	+0.9	10.62	0.933	30.1	0.72
	9	13.19	−3.9	+0.9	10.52	0.939	28.5	0.64
	13	13.31	−3.9	+0.9	10.42	0.946	26.9	0.57
	17	13.43	−3.9	+0.9	10.34	0.952	25.4	0.50
	21	13.53	−3.9	+0.9	10.26	0.958	23.8	0.44
	25	13.63	−3.9	+0.8	10.18	0.963	22.2	0.38
	29	13.72	−3.9	+0.8	10.11	0.968	20.7	0.33
Sept.	2	13.81	−3.9	+0.8	10.05	0.972	19.1	0.28
	6	13.88	−3.9	+0.8	10.00	0.977	17.6	0.23
	10	13.95	−3.9	+0.8	9.95	0.980	16.1	0.19
	14	14.02	−3.9	+0.8	9.90	0.984	14.5	0.16
	18	14.07	−3.9	+0.8	9.86	0.987	13.0	0.13
	22	14.12	−3.9	+0.8	9.83	0.990	11.5	0.10
	26	14.17	−3.9	+0.8	9.80	0.992	10.0	0.08
	30	14.20	−3.9	+0.8	9.77	0.994	8.6	0.05
Oct.	4	14.23	−3.9	+0.8	9.75	0.996	7.1	0.04
	8	14.25	−3.9	+0.8	9.74	0.998	5.7	0.02
	12	14.27	−3.9	+0.8	9.73	0.999	4.3	0.01
	16	14.28	−3.9	+0.8	9.72	0.999	3.0	0.01
	20	14.28	—	—	9.72	1.000	1.9	0.00
	24	14.28	—	—	9.72	1.000	1.5	0.00
	28	14.27	—	—	9.73	1.000	2.2	0.00
Nov.	1	14.26	−3.9	+0.8	9.74	0.999	3.4	0.01
	5	14.23	−3.9	+0.8	9.75	0.998	4.7	0.02
	9	14.21	−3.9	+0.8	9.77	0.997	6.0	0.03
	13	14.18	−3.9	+0.8	9.79	0.996	7.3	0.04
	17	14.14	−3.9	+0.8	9.82	0.994	8.6	0.06
	21	14.10	−3.9	+0.8	9.85	0.992	10.0	0.07
	25	14.05	−3.9	+0.8	9.88	0.990	11.3	0.10
	29	14.00	−3.9	+0.8	9.92	0.988	12.6	0.12
Dec.	3	13.94	−3.9	+0.8	9.96	0.985	13.9	0.15
	7	13.88	−3.9	+0.8	10.00	0.982	15.3	0.18
	11	13.81	−3.9	+0.8	10.05	0.979	16.6	0.21
	15	13.73	−3.9	+0.8	10.11	0.976	17.9	0.24
	19	13.66	−3.9	+0.8	10.16	0.972	19.2	0.28
	23	13.57	−3.9	+0.9	10.23	0.968	20.5	0.32
	27	13.49	−3.9	+0.9	10.29	0.964	21.8	0.37
	31	13.39	−3.9	+0.9	10.36	0.960	23.1	0.42

VENUS, 2022

EPHEMERIS FOR PHYSICAL OBSERVATIONS
FOR 0ʰ TERRESTRIAL TIME

Date		L_s	Sub-Earth Point		Sub-Solar Point				North Pole	
			Long.	Lat.	Long.	Lat.	Dist.	P.A.	Dist.	P.A.
		°	°	°	°	°	″	°	″	°
June	30	145.80	15.43	+ 0.43	331.01	+ 1.48	+ 4.18	78.54	+ 5.97	350.22
July	4	152.19	26.14	+ 0.35	343.32	+ 1.23	+ 3.99	80.61	+ 5.87	352.04
	8	158.59	36.86	+ 0.26	355.64	+ 0.96	+ 3.81	82.77	+ 5.79	353.93
	12	164.99	47.59	+ 0.18	7.97	+ 0.68	+ 3.64	85.03	+ 5.70	355.89
	16	171.41	58.33	+ 0.09	20.30	+ 0.39	+ 3.47	87.36	+ 5.63	357.89
	20	177.83	69.08	0.00	32.65	+ 0.10	+ 3.30	89.75	+ 5.55	359.92
	24	184.27	79.84	− 0.08	45.00	− 0.20	+ 3.14	92.18	− 5.49	1.95
	28	190.71	90.62	− 0.17	57.36	− 0.49	+ 2.97	94.62	− 5.42	3.97
Aug.	1	197.17	101.40	− 0.24	69.73	− 0.78	+ 2.82	97.05	− 5.37	5.97
	5	203.63	112.20	− 0.32	82.11	− 1.06	+ 2.66	99.47	− 5.31	7.91
	9	210.09	123.00	− 0.38	94.50	− 1.32	+ 2.51	101.85	− 5.26	9.78
	13	216.57	133.81	− 0.44	106.90	− 1.57	+ 2.36	104.17	− 5.21	11.56
	17	223.05	144.64	− 0.49	119.31	− 1.80	+ 2.21	106.42	− 5.17	13.25
	21	229.54	155.47	− 0.53	131.72	− 2.01	+ 2.07	108.59	− 5.13	14.82
	25	236.03	166.31	− 0.56	144.13	− 2.19	+ 1.93	110.68	− 5.09	16.27
	29	242.52	177.17	− 0.58	156.56	− 2.34	+ 1.79	112.68	− 5.06	17.59
Sept.	2	249.01	188.03	− 0.59	168.98	− 2.46	+ 1.65	114.58	− 5.03	18.76
	6	255.51	198.89	− 0.59	181.41	− 2.55	+ 1.51	116.40	− 5.00	19.80
	10	262.01	209.77	− 0.58	193.83	− 2.61	+ 1.38	118.14	− 4.97	20.68
	14	268.50	220.65	− 0.55	206.26	− 2.64	+ 1.24	119.82	− 4.95	21.41
	18	274.99	231.54	− 0.52	218.68	− 2.63	+ 1.11	121.47	− 4.93	22.00
	22	281.48	242.44	− 0.47	231.10	− 2.59	+ 0.98	123.12	− 4.91	22.43
	26	287.96	253.34	− 0.41	243.52	− 2.51	+ 0.85	124.85	− 4.90	22.71
	30	294.44	264.25	− 0.35	255.93	− 2.40	+ 0.73	126.78	− 4.89	22.83
Oct.	4	300.91	275.17	− 0.27	268.33	− 2.26	+ 0.60	129.11	− 4.88	22.80
	8	307.38	286.09	− 0.19	280.72	− 2.10	+ 0.48	132.26	− 4.87	22.62
	12	313.83	297.01	− 0.09	293.10	− 1.90	+ 0.36	137.16	− 4.86	22.28
	16	320.28	307.93	0.00	305.48	− 1.69	+ 0.25	146.32	+ 4.86	21.79
	20	326.72	318.86	+ 0.11	317.84	− 1.45	+ 0.16	167.76	+ 4.86	21.15
	24	333.15	329.80	+ 0.22	330.19	− 1.19	+ 0.12	215.93	+ 4.86	20.36
	28	339.57	340.73	+ 0.33	342.53	− 0.92	+ 0.19	254.62	+ 4.86	19.41
Nov.	1	345.98	351.67	+ 0.44	354.86	− 0.64	+ 0.29	269.61	+ 4.87	18.31
	5	352.38	2.61	+ 0.55	7.18	− 0.35	+ 0.40	275.89	+ 4.87	17.07
	9	358.77	13.56	+ 0.67	19.49	− 0.06	+ 0.51	278.77	+ 4.88	15.68
	13	5.15	24.50	+ 0.77	31.79	+ 0.24	+ 0.62	279.98	+ 4.89	14.16
	17	11.52	35.44	+ 0.88	44.08	+ 0.53	+ 0.74	280.22	+ 4.91	12.51
	21	17.89	46.39	+ 0.98	56.37	+ 0.81	+ 0.85	279.83	+ 4.92	10.74
	25	24.24	57.34	+ 1.08	68.64	+ 1.08	+ 0.97	278.99	+ 4.94	8.86
	29	30.59	68.29	+ 1.16	80.91	+ 1.34	+ 1.08	277.83	+ 4.96	6.89
Dec.	3	36.94	79.24	+ 1.24	93.18	+ 1.58	+ 1.20	276.42	+ 4.98	4.84
	7	43.27	90.18	+ 1.31	105.44	+ 1.81	+ 1.32	274.82	+ 5.00	2.75
	11	49.61	101.13	+ 1.37	117.70	+ 2.01	+ 1.43	273.07	+ 5.02	0.62
	15	55.93	112.08	+ 1.41	129.96	+ 2.19	+ 1.55	271.23	+ 5.05	358.49
	19	62.26	123.02	+ 1.44	142.21	+ 2.33	+ 1.67	269.32	+ 5.08	356.37
	23	68.58	133.96	+ 1.46	154.46	+ 2.46	+ 1.79	267.39	+ 5.11	354.28
	27	74.91	144.91	+ 1.46	166.72	+ 2.55	+ 1.91	265.46	+ 5.14	352.26
	31	81.23	155.85	+ 1.45	178.97	+ 2.61	+ 2.04	263.56	+ 5.18	350.32

MARS, 2022

EPHEMERIS FOR PHYSICAL OBSERVATIONS
FOR 0ʰ TERRESTRIAL TIME

Date		Light-time	Magnitude	Surface Brightness	Diameter		Phase	Phase Angle	Defect of Illumination
					Eq.	Polar			
		m	mag./arcsec^2		″	″		°	″
Jan.	−3	19.64	+1.5	+4.2	3.97	3.94	0.980	16.4	0.08
	1	19.47	+1.5	+4.2	4.00	3.98	0.978	17.1	0.09
	5	19.29	+1.5	+4.3	4.04	4.01	0.976	17.9	0.10
	9	19.11	+1.5	+4.3	4.08	4.05	0.974	18.7	0.11
	13	18.93	+1.5	+4.3	4.11	4.09	0.971	19.5	0.12
	17	18.74	+1.5	+4.3	4.16	4.13	0.969	20.3	0.13
	21	18.55	+1.5	+4.3	4.20	4.17	0.967	21.1	0.14
	25	18.36	+1.4	+4.3	4.24	4.22	0.964	21.8	0.15
	29	18.16	+1.4	+4.3	4.29	4.26	0.962	22.6	0.16
Feb.	2	17.97	+1.4	+4.3	4.34	4.31	0.959	23.3	0.18
	6	17.77	+1.4	+4.3	4.38	4.36	0.956	24.1	0.19
	10	17.57	+1.4	+4.3	4.43	4.41	0.954	24.8	0.20
	14	17.36	+1.3	+4.3	4.49	4.46	0.951	25.6	0.22
	18	17.16	+1.3	+4.3	4.54	4.51	0.948	26.3	0.23
	22	16.95	+1.3	+4.3	4.59	4.57	0.945	27.0	0.25
	26	16.75	+1.3	+4.3	4.65	4.62	0.943	27.7	0.27
Mar.	2	16.54	+1.3	+4.3	4.71	4.68	0.940	28.5	0.28
	6	16.34	+1.2	+4.3	4.77	4.74	0.937	29.2	0.30
	10	16.13	+1.2	+4.3	4.83	4.80	0.934	29.8	0.32
	14	15.93	+1.2	+4.3	4.89	4.86	0.931	30.5	0.34
	18	15.72	+1.2	+4.3	4.95	4.93	0.928	31.2	0.36
	22	15.52	+1.1	+4.3	5.02	4.99	0.925	31.9	0.38
	26	15.32	+1.1	+4.3	5.08	5.06	0.922	32.5	0.40
	30	15.12	+1.1	+4.3	5.15	5.13	0.919	33.2	0.42
Apr.	3	14.91	+1.1	+4.3	5.22	5.20	0.916	33.8	0.44
	7	14.71	+1.0	+4.3	5.29	5.27	0.912	34.4	0.46
	11	14.52	+1.0	+4.3	5.37	5.34	0.909	35.0	0.49
	15	14.32	+1.0	+4.3	5.44	5.41	0.906	35.6	0.51
	19	14.12	+0.9	+4.3	5.51	5.49	0.903	36.2	0.53
	23	13.93	+0.9	+4.3	5.59	5.56	0.900	36.8	0.56
	27	13.74	+0.9	+4.3	5.67	5.64	0.897	37.4	0.58
May	1	13.55	+0.9	+4.3	5.75	5.72	0.894	37.9	0.61
	5	13.36	+0.8	+4.3	5.83	5.80	0.892	38.5	0.63
	9	13.17	+0.8	+4.3	5.91	5.89	0.889	39.0	0.66
	13	12.98	+0.8	+4.3	6.00	5.97	0.886	39.5	0.68
	17	12.80	+0.7	+4.3	6.09	6.06	0.883	40.0	0.71
	21	12.62	+0.7	+4.3	6.17	6.14	0.880	40.5	0.74
	25	12.43	+0.7	+4.3	6.26	6.23	0.878	40.9	0.77
	29	12.25	+0.7	+4.3	6.36	6.33	0.875	41.4	0.79
June	2	12.07	+0.6	+4.3	6.45	6.42	0.873	41.8	0.82
	6	11.89	+0.6	+4.3	6.55	6.52	0.870	42.2	0.85
	10	11.72	+0.6	+4.3	6.65	6.62	0.868	42.6	0.88
	14	11.54	+0.5	+4.3	6.75	6.72	0.865	43.0	0.91
	18	11.36	+0.5	+4.3	6.85	6.82	0.863	43.4	0.94
	22	11.19	+0.5	+4.3	6.96	6.93	0.861	43.7	0.97
	26	11.01	+0.5	+4.3	7.07	7.04	0.859	44.1	1.00
	30	10.83	+0.4	+4.3	7.19	7.15	0.857	44.4	1.03

MARS, 2022

EPHEMERIS FOR PHYSICAL OBSERVATIONS
FOR 0ʰ TERRESTRIAL TIME

Date		L_s	Sub-Earth Point		Sub-Solar Point				North Pole	
			Long.	Lat.	Long.	Lat.	Dist.	P.A.	Dist.	P.A.
		°	°	°	°	°	″	°	″	°
Jan.	−3	148.60	251.49	+ 5.91	266.49	+ 12.96	+ 0.56	98.16	+1.96	34.47
	1	150.65	212.53	+ 4.68	228.16	+ 12.18	+ 0.59	96.94	+1.98	33.56
	5	152.71	173.56	+ 3.43	189.83	+ 11.39	+ 0.62	95.70	+2.00	32.56
	9	154.78	134.60	+ 2.18	151.50	+ 10.57	+ 0.65	94.43	+2.02	31.47
	13	156.87	95.63	+ 0.92	113.16	+ 9.74	+ 0.69	93.16	+2.04	30.31
	17	158.97	56.65	− 0.35	74.82	+ 8.89	+ 0.72	91.87	−2.07	29.07
	21	161.08	17.66	− 1.62	36.48	+ 8.03	+ 0.75	90.57	−2.09	27.76
	25	163.21	338.66	− 2.89	358.14	+ 7.15	+ 0.79	89.27	−2.11	26.38
	29	165.36	299.65	− 4.16	319.78	+ 6.25	+ 0.82	87.96	−2.13	24.94
Feb.	2	167.52	260.62	− 5.42	281.43	+ 5.34	+ 0.86	86.66	−2.15	23.43
	6	169.69	221.57	− 6.67	243.06	+ 4.42	+ 0.89	85.36	−2.16	21.87
	10	171.89	182.50	− 7.91	204.69	+ 3.49	+ 0.93	84.08	−2.18	20.25
	14	174.09	143.40	− 9.13	166.30	+ 2.54	+ 0.97	82.82	−2.20	18.59
	18	176.31	104.28	− 10.33	127.91	+ 1.59	+ 1.01	81.57	−2.22	16.88
	22	178.55	65.13	− 11.52	89.50	+ 0.63	+ 1.04	80.35	−2.24	15.13
	26	180.80	25.95	− 12.67	51.08	− 0.34	+ 1.08	79.17	−2.26	13.34
Mar.	2	183.07	346.74	− 13.80	12.65	− 1.32	+ 1.12	78.01	−2.27	11.52
	6	185.35	307.49	− 14.90	334.20	− 2.30	+ 1.16	76.89	−2.29	9.67
	10	187.65	268.21	− 15.96	295.73	− 3.28	+ 1.20	75.81	−2.31	7.80
	14	189.96	228.89	− 16.98	257.25	− 4.27	+ 1.24	74.78	−2.33	5.91
	18	192.28	189.53	− 17.96	218.75	− 5.26	+ 1.28	73.79	−2.34	4.00
	22	194.62	150.14	− 18.89	180.23	− 6.24	+ 1.32	72.86	−2.36	2.07
	26	196.98	110.70	− 19.77	141.68	− 7.22	+ 1.37	71.97	−2.38	0.14
	30	199.35	71.23	− 20.59	103.12	− 8.20	+ 1.41	71.14	−2.40	358.20
Apr.	3	201.73	31.73	− 21.36	64.53	− 9.17	+ 1.45	70.36	−2.42	356.25
	7	204.13	352.19	− 22.07	25.92	− 10.14	+ 1.50	69.64	−2.44	354.31
	11	206.54	312.62	− 22.72	347.28	− 11.09	+ 1.54	68.98	−2.46	352.38
	15	208.96	273.01	− 23.30	308.61	− 12.03	+ 1.58	68.38	−2.49	350.46
	19	211.39	233.38	− 23.81	269.92	− 12.96	+ 1.63	67.84	−2.51	348.56
	23	213.84	193.73	− 24.25	231.20	− 13.87	+ 1.67	67.36	−2.54	346.68
	27	216.30	154.05	− 24.62	192.45	− 14.76	+ 1.72	66.94	−2.57	344.83
May	1	218.76	114.36	− 24.91	153.67	− 15.63	+ 1.77	66.58	−2.60	343.01
	5	221.24	74.66	− 25.12	114.86	− 16.48	+ 1.81	66.28	−2.63	341.23
	9	223.73	34.96	− 25.26	76.02	− 17.30	+ 1.86	66.05	−2.66	339.50
	13	226.22	355.25	− 25.33	37.16	− 18.10	+ 1.91	65.87	−2.70	337.83
	17	228.72	315.55	− 25.31	358.26	− 18.86	+ 1.95	65.76	−2.74	336.21
	21	231.23	275.86	− 25.22	319.33	− 19.60	+ 2.00	65.70	−2.78	334.65
	25	233.75	236.19	− 25.06	280.37	− 20.30	+ 2.05	65.71	−2.83	333.16
	29	236.27	196.54	− 24.82	241.38	− 20.96	+ 2.10	65.77	−2.87	331.75
June	2	238.80	156.91	− 24.51	202.37	− 21.58	+ 2.15	65.89	−2.92	330.42
	6	241.33	117.31	− 24.13	163.33	− 22.17	+ 2.20	66.07	−2.98	329.18
	10	243.87	77.76	− 23.69	124.27	− 22.71	+ 2.25	66.31	−3.03	328.02
	14	246.40	38.24	− 23.18	85.18	− 23.20	+ 2.30	66.60	−3.09	326.96
	18	248.94	358.76	− 22.61	46.07	− 23.65	+ 2.35	66.94	−3.15	325.99
	22	251.48	319.32	− 21.99	6.94	− 24.06	+ 2.41	67.34	−3.21	325.12
	26	254.02	279.94	− 21.31	327.80	− 24.41	+ 2.46	67.78	−3.28	324.35
	30	256.56	240.60	− 20.59	288.65	− 24.71	+ 2.51	68.28	−3.35	323.67

MARS, 2022

EPHEMERIS FOR PHYSICAL OBSERVATIONS
FOR 0ʰ TERRESTRIAL TIME

Date		Light-time	Magnitude	Surface Brightness	Diameter		Phase	Phase Angle	Defect of Illumination
					Eq.	Polar			
		m		mag./arcsec²	″	″		°	″
June	30	10.83	+0.4	+4.3	7.19	7.15	0.857	44.4	1.03
July	4	10.66	+0.4	+4.3	7.31	7.27	0.856	44.7	1.06
	8	10.48	+0.4	+4.3	7.43	7.39	0.854	44.9	1.08
	12	10.31	+0.3	+4.3	7.56	7.52	0.852	45.2	1.11
	16	10.13	+0.3	+4.3	7.69	7.65	0.851	45.4	1.14
	20	9.95	+0.3	+4.3	7.83	7.78	0.850	45.6	1.17
	24	9.77	+0.2	+4.3	7.97	7.93	0.849	45.8	1.20
	28	9.60	+0.2	+4.3	8.12	8.07	0.848	45.9	1.23
Aug.	1	9.41	+0.2	+4.3	8.27	8.23	0.847	46.0	1.26
	5	9.23	+0.1	+4.3	8.44	8.39	0.847	46.1	1.29
	9	9.05	+0.1	+4.3	8.61	8.56	0.847	46.1	1.32
	13	8.87	0.0	+4.3	8.78	8.73	0.847	46.1	1.34
	17	8.68	0.0	+4.3	8.97	8.92	0.847	46.0	1.37
	21	8.49	0.0	+4.3	9.17	9.12	0.848	45.9	1.40
	25	8.31	−0.1	+4.3	9.38	9.32	0.849	45.8	1.42
	29	8.12	−0.1	+4.3	9.60	9.54	0.850	45.6	1.44
Sept.	2	7.93	−0.2	+4.3	9.83	9.77	0.851	45.4	1.46
	6	7.73	−0.2	+4.3	10.07	10.01	0.853	45.0	1.48
	10	7.54	−0.3	+4.3	10.33	10.27	0.856	44.7	1.49
	14	7.35	−0.3	+4.3	10.60	10.54	0.858	44.2	1.50
	18	7.15	−0.4	+4.3	10.89	10.83	0.862	43.7	1.50
	22	6.96	−0.5	+4.4	11.20	11.13	0.866	43.0	1.50
	26	6.76	−0.5	+4.4	11.52	11.45	0.870	42.3	1.50
	30	6.57	−0.6	+4.4	11.86	11.79	0.875	41.5	1.48
Oct.	4	6.38	−0.7	+4.4	12.21	12.14	0.880	40.5	1.46
	8	6.19	−0.7	+4.4	12.59	12.51	0.886	39.4	1.43
	12	6.00	−0.8	+4.4	12.98	12.90	0.893	38.1	1.38
	16	5.82	−0.9	+4.4	13.39	13.31	0.901	36.7	1.33
	20	5.64	−1.0	+4.4	13.81	13.73	0.909	35.2	1.26
	24	5.47	−1.1	+4.4	14.24	14.16	0.917	33.4	1.18
	28	5.31	−1.1	+4.3	14.68	14.59	0.927	31.5	1.08
Nov.	1	5.15	−1.2	+4.3	15.11	15.02	0.936	29.3	0.96
	5	5.01	−1.3	+4.3	15.54	15.44	0.946	26.9	0.84
	9	4.89	−1.4	+4.3	15.94	15.85	0.956	24.3	0.71
	13	4.78	−1.5	+4.3	16.31	16.22	0.965	21.5	0.57
	17	4.68	−1.6	+4.2	16.64	16.54	0.974	18.5	0.43
	21	4.61	−1.7	+4.2	16.90	16.80	0.982	15.2	0.30
	25	4.56	−1.8	+4.1	17.09	16.99	0.989	11.9	0.18
	29	4.53	−1.8	+4.1	17.19	17.09	0.995	8.4	0.09
Dec.	3	4.53	−1.9	+4.0	17.19	17.09	0.998	4.9	0.03
	7	4.56	−1.9	+4.0	17.09	16.99	1.000	1.8	0.00
	11	4.61	−1.9	+4.0	16.90	16.80	0.999	2.9	0.01
	15	4.69	−1.8	+4.1	16.61	16.51	0.997	6.2	0.05
	19	4.80	−1.6	+4.1	16.24	16.15	0.993	9.5	0.11
	23	4.93	−1.5	+4.2	15.81	15.72	0.988	12.7	0.19
	27	5.08	−1.4	+4.3	15.32	15.23	0.981	15.6	0.28
	31	5.26	−1.3	+4.3	14.80	14.72	0.974	18.4	0.38

MARS, 2022

EPHEMERIS FOR PHYSICAL OBSERVATIONS
FOR 0ʰ TERRESTRIAL TIME

Date		L_s	Sub-Earth Point		Sub-Solar Point				North Pole	
			Long.	Lat.	Long.	Lat.	Dist.	P.A.	Dist.	P.A.
		°	°	°	°	°	″	°	″	°
June	30	256.56	240.60	− 20.59	288.65	− 24.71	+ 2.51	68.28	− 3.35	323.67
July	4	259.10	201.32	− 19.82	249.48	− 24.97	+ 2.57	68.82	− 3.42	323.10
	8	261.63	162.10	− 19.01	210.31	− 25.17	+ 2.62	69.40	− 3.50	322.63
	12	264.16	122.92	− 18.17	171.13	− 25.31	+ 2.68	70.03	− 3.57	322.25
	16	266.69	83.81	− 17.29	131.96	− 25.41	+ 2.73	70.70	− 3.65	321.97
	20	269.21	44.75	− 16.39	92.78	− 25.45	+ 2.79	71.40	− 3.74	321.79
	24	271.72	5.74	− 15.47	53.62	− 25.44	+ 2.85	72.14	− 3.82	321.69
	28	274.23	326.80	− 14.53	14.46	− 25.38	+ 2.91	72.91	− 3.91	321.68
Aug.	1	276.73	287.91	− 13.58	335.31	− 25.27	+ 2.97	73.70	− 4.00	321.76
	5	279.23	249.08	− 12.62	296.18	− 25.11	+ 3.03	74.52	− 4.09	321.92
	9	281.71	210.32	− 11.66	257.07	− 24.89	+ 3.10	75.36	− 4.19	322.14
	13	284.19	171.61	− 10.69	217.97	− 24.63	+ 3.16	76.22	− 4.29	322.44
	17	286.65	132.97	− 9.74	178.90	− 24.32	+ 3.23	77.08	− 4.40	322.81
	21	289.10	94.38	− 8.79	139.86	− 23.97	+ 3.29	77.96	− 4.51	323.22
	25	291.55	55.87	− 7.86	100.84	− 23.57	+ 3.36	78.83	− 4.62	323.69
	29	293.98	17.42	− 6.95	61.86	− 23.13	+ 3.43	79.70	− 4.74	324.21
Sept.	2	296.40	339.04	− 6.06	22.90	− 22.65	+ 3.49	80.56	− 4.86	324.76
	6	298.80	300.74	− 5.20	343.98	− 22.14	+ 3.56	81.40	− 4.99	325.33
	10	301.20	262.51	− 4.38	305.09	− 21.59	+ 3.63	82.23	− 5.12	325.93
	14	303.58	224.36	− 3.59	266.23	− 21.00	+ 3.69	83.02	− 5.26	326.54
	18	305.94	186.30	− 2.85	227.40	− 20.38	+ 3.76	83.79	− 5.41	327.16
	22	308.30	148.34	− 2.16	188.61	− 19.73	+ 3.82	84.51	− 5.56	327.77
	26	310.63	110.47	− 1.53	149.86	− 19.06	+ 3.87	85.19	− 5.72	328.36
	30	312.96	72.72	− 0.96	111.14	− 18.36	+ 3.92	85.81	− 5.89	328.93
Oct.	4	315.27	35.08	− 0.45	72.45	− 17.63	+ 3.96	86.37	− 6.07	329.47
	8	317.56	357.58	− 0.02	33.79	− 16.88	+ 3.99	86.85	− 6.26	329.96
	12	319.84	320.20	+ 0.33	355.17	− 16.12	+ 4.01	87.25	+ 6.45	330.39
	16	322.10	282.98	+ 0.59	316.57	− 15.33	+ 4.00	87.56	+ 6.65	330.76
	20	324.35	245.92	+ 0.76	278.01	− 14.53	+ 3.98	87.77	+ 6.86	331.06
	24	326.58	209.04	+ 0.83	239.47	− 13.72	+ 3.92	87.86	+ 7.08	331.27
	28	328.80	172.34	+ 0.79	200.96	− 12.89	+ 3.83	87.81	+ 7.29	331.38
Nov.	1	331.00	135.84	+ 0.64	162.48	− 12.05	+ 3.69	87.61	+ 7.51	331.39
	5	333.19	99.53	+ 0.38	124.02	− 11.20	+ 3.51	87.25	+ 7.72	331.30
	9	335.36	63.43	+ 0.01	85.59	− 10.34	+ 3.28	86.68	+ 7.92	331.10
	13	337.52	27.53	− 0.48	47.17	− 9.48	+ 2.99	85.87	− 8.11	330.80
	17	339.66	351.82	− 1.07	8.78	− 8.61	+ 2.63	84.76	− 8.27	330.40
	21	341.78	316.30	− 1.75	330.40	− 7.74	+ 2.22	83.21	− 8.40	329.91
	25	343.90	280.93	− 2.52	292.04	− 6.86	+ 1.76	80.95	− 8.49	329.36
	29	345.99	245.68	− 3.33	253.69	− 5.99	+ 1.26	77.22	− 8.53	328.76
Dec.	3	348.08	210.51	− 4.18	215.35	− 5.11	+ 0.74	69.06	− 8.52	328.13
	7	350.15	175.38	− 5.03	177.03	− 4.23	+ 0.27	31.87	− 8.46	327.51
	11	352.20	140.24	− 5.85	138.72	− 3.35	+ 0.43	295.33	− 8.36	326.92
	15	354.24	105.05	− 6.63	100.42	− 2.48	+ 0.89	277.79	− 8.20	326.38
	19	356.27	69.76	− 7.33	62.12	− 1.61	+ 1.34	272.14	− 8.01	325.89
	23	358.29	34.33	− 7.94	23.83	− 0.74	+ 1.73	269.18	− 7.78	325.48
	27	0.29	358.75	− 8.44	345.55	+ 0.12	+ 2.07	267.27	− 7.54	325.14
	31	2.28	322.98	− 8.84	307.27	+ 0.98	+ 2.34	265.92	− 7.27	324.88

JUPITER, 2022

EPHEMERIS FOR PHYSICAL OBSERVATIONS
FOR 0ʰ TERRESTRIAL TIME

Date		Light-time	Magnitude	Surface Brightness	Diameter		Phase Angle	Defect of Illumination
					Eq.	Polar		
		m		mag./arcsec^2	"	"	°	"
Jan.	−3	45.89	−2.1	+ 5.3	35.73	33.41	9.1	0.22
	1	46.30	−2.1	+ 5.3	35.41	33.11	8.7	0.20
	5	46.69	−2.1	+ 5.3	35.12	32.84	8.2	0.18
	9	47.06	−2.1	+ 5.3	34.84	32.58	7.8	0.16
	13	47.41	−2.1	+ 5.3	34.58	32.34	7.3	0.14
	17	47.73	−2.1	+ 5.3	34.35	32.12	6.8	0.12
	21	48.04	−2.1	+ 5.3	34.13	31.92	6.3	0.10
	25	48.31	−2.1	+ 5.2	33.94	31.73	5.8	0.09
	29	48.57	−2.1	+ 5.2	33.76	31.57	5.2	0.07
Feb.	2	48.80	−2.1	+ 5.2	33.60	31.42	4.7	0.06
	6	49.00	−2.0	+ 5.2	33.46	31.29	4.1	0.04
	10	49.18	−2.0	+ 5.2	33.34	31.18	3.5	0.03
	14	49.33	−2.0	+ 5.2	33.24	31.08	2.9	0.02
	18	49.45	−2.0	+ 5.2	33.16	31.01	2.4	0.01
	22	49.55	−2.0	+ 5.2	33.09	30.95	1.8	0.01
	26	49.61	−2.0	+ 5.2	33.05	30.90	1.2	0.00
Mar.	2	49.65	−2.0	+ 5.2	33.02	30.88	0.6	0.00
	6	49.67	−2.0	+ 5.2	33.01	30.87	0.2	0.00
	10	49.65	−2.0	+ 5.2	33.02	30.88	0.7	0.00
	14	49.61	−2.0	+ 5.2	33.05	30.91	1.3	0.00
	18	49.54	−2.0	+ 5.2	33.09	30.95	1.9	0.01
	22	49.45	−2.0	+ 5.2	33.16	31.01	2.5	0.02
	26	49.33	−2.0	+ 5.2	33.24	31.08	3.1	0.02
	30	49.18	−2.0	+ 5.2	33.34	31.18	3.6	0.03
Apr.	3	49.00	−2.0	+ 5.2	33.46	31.29	4.2	0.05
	7	48.81	−2.1	+ 5.2	33.59	31.42	4.8	0.06
	11	48.58	−2.1	+ 5.2	33.75	31.56	5.3	0.07
	15	48.33	−2.1	+ 5.2	33.92	31.72	5.9	0.09
	19	48.06	−2.1	+ 5.2	34.11	31.90	6.4	0.11
	23	47.77	−2.1	+ 5.2	34.32	32.10	6.9	0.12
	27	47.45	−2.1	+ 5.3	34.55	32.31	7.4	0.14
May	1	47.12	−2.1	+ 5.3	34.80	32.54	7.9	0.16
	5	46.76	−2.1	+ 5.3	35.07	32.79	8.3	0.19
	9	46.38	−2.1	+ 5.3	35.35	33.06	8.8	0.21
	13	45.99	−2.2	+ 5.3	35.65	33.34	9.2	0.23
	17	45.58	−2.2	+ 5.3	35.98	33.64	9.6	0.25
	21	45.15	−2.2	+ 5.3	36.32	33.96	10.0	0.27
	25	44.71	−2.2	+ 5.3	36.68	34.30	10.3	0.30
	29	44.25	−2.2	+ 5.3	37.05	34.65	10.6	0.32
June	2	43.78	−2.2	+ 5.3	37.45	35.03	10.9	0.34
	6	43.30	−2.3	+ 5.3	37.87	35.41	11.1	0.36
	10	42.81	−2.3	+ 5.3	38.30	35.82	11.3	0.37
	14	42.31	−2.3	+ 5.3	38.75	36.24	11.5	0.39
	18	41.81	−2.3	+ 5.3	39.21	36.67	11.7	0.40
	22	41.30	−2.4	+ 5.3	39.70	37.13	11.7	0.42
	26	40.79	−2.4	+ 5.3	40.19	37.59	11.8	0.43
	30	40.28	−2.4	+ 5.3	40.71	38.07	11.8	0.43

JUPITER, 2022

EPHEMERIS FOR PHYSICAL OBSERVATIONS
FOR 0ʰ TERRESTRIAL TIME

Date		L_s	Sub-Earth Point		Sub-Solar Point				North Pole	
			Long.	Lat.	Long.	Lat.	Dist.	P.A.	Dist.	P.A.
		°	°	°	°	°	″	°	″	°
Jan.	−3	21.34	255.88	+0.78	246.80	+1.30	+2.82	250.13	+16.70	337.20
	1	21.70	137.01	+0.80	128.34	+1.32	+2.67	250.08	+16.56	337.05
	5	22.06	18.12	+0.83	9.89	+1.34	+2.52	250.03	+16.42	336.90
	9	22.42	259.23	+0.86	251.45	+1.36	+2.36	250.00	+16.29	336.75
	13	22.78	140.33	+0.90	133.02	+1.38	+2.20	249.97	+16.17	336.60
	17	23.14	21.42	+0.93	14.61	+1.40	+2.04	249.97	+16.06	336.46
	21	23.50	262.50	+0.97	256.21	+1.42	+1.88	249.99	+15.96	336.32
	25	23.87	143.59	+1.00	137.82	+1.44	+1.71	250.04	+15.87	336.17
	29	24.23	24.67	+1.04	19.45	+1.46	+1.54	250.12	+15.78	336.04
Feb.	2	24.59	265.76	+1.08	261.10	+1.48	+1.37	250.27	+15.71	335.90
	6	24.95	146.85	+1.12	142.76	+1.50	+1.20	250.49	+15.64	335.78
	10	25.31	27.95	+1.16	24.43	+1.52	+1.03	250.83	+15.59	335.65
	14	25.67	269.06	+1.20	266.12	+1.54	+0.85	251.36	+15.54	335.53
	18	26.03	150.17	+1.25	147.83	+1.56	+0.68	252.22	+15.50	335.42
	22	26.40	31.30	+1.29	29.56	+1.58	+0.51	253.74	+15.47	335.31
	26	26.76	272.44	+1.33	271.30	+1.60	+0.34	256.92	+15.45	335.21
Mar.	2	27.12	153.59	+1.38	153.06	+1.62	+0.17	266.87	+15.44	335.12
	6	27.48	34.76	+1.42	34.83	+1.64	+0.06	354.10	+15.43	335.03
	10	27.85	275.95	+1.47	276.62	+1.66	+0.20	50.74	+15.44	334.95
	14	28.21	157.15	+1.52	158.43	+1.68	+0.37	58.29	+15.45	334.87
	18	28.57	38.38	+1.56	40.25	+1.70	+0.54	61.02	+15.47	334.80
	22	28.93	279.62	+1.61	282.09	+1.72	+0.71	62.41	+15.50	334.74
	26	29.30	160.89	+1.66	163.94	+1.74	+0.89	63.24	+15.54	334.69
	30	29.66	42.17	+1.71	45.82	+1.76	+1.06	63.79	+15.58	334.64
Apr.	3	30.02	283.49	+1.75	287.70	+1.78	+1.23	64.18	+15.64	334.60
	7	30.38	164.82	+1.80	169.60	+1.80	+1.40	64.47	+15.70	334.56
	11	30.75	46.18	+1.85	51.52	+1.82	+1.57	64.70	+15.77	334.53
	15	31.11	287.57	+1.90	293.45	+1.84	+1.74	64.88	+15.85	334.51
	19	31.47	168.99	+1.94	175.40	+1.86	+1.90	65.04	+15.94	334.49
	23	31.84	50.44	+1.99	57.35	+1.88	+2.07	65.17	+16.04	334.48
	27	32.20	291.91	+2.04	299.33	+1.90	+2.23	65.29	+16.15	334.48
May	1	32.56	173.42	+2.08	181.31	+1.92	+2.39	65.40	+16.26	334.48
	5	32.93	54.96	+2.13	63.31	+1.94	+2.55	65.50	+16.39	334.48
	9	33.29	296.53	+2.18	305.32	+1.96	+2.70	65.60	+16.52	334.49
	13	33.66	178.13	+2.22	187.33	+1.98	+2.85	65.69	+16.66	334.51
	17	34.02	59.77	+2.27	69.36	+1.99	+3.00	65.78	+16.81	334.52
	21	34.38	301.44	+2.31	311.40	+2.01	+3.14	65.87	+16.97	334.54
	25	34.75	183.15	+2.35	193.45	+2.03	+3.28	65.96	+17.14	334.57
	29	35.11	64.90	+2.40	75.51	+2.05	+3.41	66.05	+17.31	334.59
June	2	35.48	306.69	+2.44	317.57	+2.07	+3.53	66.13	+17.50	334.62
	6	35.84	188.51	+2.48	199.64	+2.09	+3.65	66.22	+17.69	334.65
	10	36.21	70.37	+2.52	81.71	+2.11	+3.76	66.31	+17.89	334.68
	14	36.57	312.28	+2.56	323.79	+2.12	+3.87	66.40	+18.10	334.71
	18	36.93	194.23	+2.60	205.88	+2.14	+3.96	66.49	+18.32	334.74
	22	37.30	76.21	+2.64	87.96	+2.16	+4.04	66.59	+18.55	334.77
	26	37.66	318.25	+2.68	330.05	+2.18	+4.11	66.68	+18.78	334.79
	30	38.03	200.32	+2.71	212.14	+2.20	+4.17	66.77	+19.02	334.82

JUPITER, 2022

EPHEMERIS FOR PHYSICAL OBSERVATIONS
FOR 0ʰ TERRESTRIAL TIME

Date		Light-time	Magnitude	Surface Brightness	Diameter		Phase Angle	Defect of Illumination
					Eq.	Polar		
		m		mag./arcsec^2	"	"	°	"
June	30	40.28	−2.4	+5.3	40.71	38.07	11.8	0.43
July	4	39.77	−2.4	+5.3	41.23	38.56	11.8	0.43
	8	39.26	−2.5	+5.3	41.77	39.06	11.7	0.43
	12	38.75	−2.5	+5.3	42.31	39.57	11.6	0.43
	16	38.25	−2.5	+5.3	42.86	40.09	11.4	0.42
	20	37.76	−2.6	+5.3	43.42	40.61	11.2	0.41
	24	37.28	−2.6	+5.3	43.98	41.13	10.9	0.40
	28	36.82	−2.6	+5.3	44.53	41.65	10.6	0.38
Aug.	1	36.37	−2.7	+5.3	45.08	42.17	10.2	0.36
	5	35.93	−2.7	+5.3	45.63	42.67	9.8	0.33
	9	35.52	−2.7	+5.3	46.16	43.17	9.3	0.30
	13	35.13	−2.7	+5.3	46.67	43.65	8.8	0.27
	17	34.76	−2.8	+5.3	47.16	44.11	8.2	0.24
	21	34.42	−2.8	+5.2	47.63	44.55	7.5	0.21
	25	34.11	−2.8	+5.2	48.06	44.95	6.9	0.17
	29	33.83	−2.9	+5.2	48.46	45.33	6.1	0.14
Sept.	2	33.58	−2.9	+5.2	48.82	45.66	5.4	0.11
	6	33.37	−2.9	+5.2	49.13	45.95	4.6	0.08
	10	33.20	−2.9	+5.2	49.39	46.20	3.7	0.05
	14	33.06	−2.9	+5.2	49.60	46.39	2.9	0.03
	18	32.96	−2.9	+5.2	49.75	46.53	2.0	0.02
	22	32.89	−2.9	+5.2	49.85	46.62	1.1	0.00
	26	32.87	−2.9	+5.2	49.88	46.65	0.4	0.00
	30	32.89	−2.9	+5.2	49.85	46.62	0.8	0.00
Oct.	4	32.95	−2.9	+5.2	49.76	46.54	1.6	0.01
	8	33.05	−2.9	+5.2	49.61	46.40	2.5	0.02
	12	33.19	−2.9	+5.2	49.40	46.20	3.4	0.04
	16	33.37	−2.9	+5.2	49.14	45.96	4.2	0.07
	20	33.58	−2.9	+5.2	48.82	45.66	5.0	0.09
	24	33.83	−2.9	+5.2	48.46	45.32	5.8	0.12
	28	34.12	−2.8	+5.2	48.05	44.94	6.5	0.16
Nov.	1	34.44	−2.8	+5.2	47.61	44.53	7.2	0.19
	5	34.79	−2.8	+5.2	47.13	44.08	7.9	0.22
	9	35.16	−2.7	+5.3	46.63	43.61	8.5	0.25
	13	35.57	−2.7	+5.3	46.10	43.11	9.0	0.28
	17	35.99	−2.7	+5.3	45.55	42.60	9.5	0.31
	21	36.44	−2.7	+5.3	45.00	42.08	9.9	0.34
	25	36.91	−2.6	+5.3	44.43	41.55	10.3	0.36
	29	37.39	−2.6	+5.3	43.85	41.01	10.6	0.38
Dec.	3	37.88	−2.6	+5.3	43.28	40.48	10.9	0.39
	7	38.39	−2.5	+5.3	42.71	39.94	11.1	0.40
	11	38.91	−2.5	+5.3	42.14	39.41	11.3	0.41
	15	39.43	−2.5	+5.3	41.58	38.89	11.4	0.41
	19	39.96	−2.4	+5.3	41.03	38.38	11.4	0.41
	23	40.49	−2.4	+5.3	40.50	37.88	11.5	0.40
	27	41.01	−2.4	+5.3	39.98	37.39	11.4	0.40
	31	41.54	−2.4	+5.3	39.47	36.91	11.3	0.38

JUPITER, 2022

EPHEMERIS FOR PHYSICAL OBSERVATIONS
FOR 0ʰ TERRESTRIAL TIME

Date		L_s	Sub-Earth Point		Sub-Solar Point				North Pole	
			Long.	Lat.	Long.	Lat.	Dist.	P.A.	Dist.	P.A.
		°	°	°	°	°	ʺ	°	ʺ	°
June	30	38.03	200.32	+2.71	212.14	+2.20	+4.17	66.77	+19.02	334.82
July	4	38.39	82.44	+2.75	94.23	+2.21	+4.21	66.87	+19.26	334.84
	8	38.76	324.61	+2.78	336.32	+2.23	+4.24	66.97	+19.51	334.87
	12	39.12	206.81	+2.81	218.40	+2.25	+4.25	67.07	+19.76	334.88
	16	39.49	89.07	+2.84	100.48	+2.27	+4.24	67.18	+20.02	334.90
	20	39.85	331.37	+2.87	342.56	+2.28	+4.21	67.29	+20.28	334.91
	24	40.22	213.71	+2.89	224.63	+2.30	+4.16	67.41	+20.54	334.92
	28	40.58	96.10	+2.92	106.69	+2.32	+4.09	67.53	+20.80	334.92
Aug.	1	40.95	338.53	+2.94	348.74	+2.34	+4.00	67.67	+21.06	334.92
	5	41.32	221.01	+2.96	230.78	+2.35	+3.87	67.81	+21.31	334.91
	9	41.68	103.52	+2.97	112.81	+2.37	+3.73	67.97	+21.56	334.90
	13	42.05	346.08	+2.99	354.82	+2.39	+3.55	68.16	+21.80	334.89
	17	42.41	228.66	+3.00	236.82	+2.40	+3.35	68.37	+22.03	334.88
	21	42.78	111.28	+3.01	118.81	+2.42	+3.12	68.62	+22.25	334.86
	25	43.14	353.93	+3.02	0.77	+2.44	+2.87	68.92	+22.45	334.83
	29	43.51	236.61	+3.02	242.72	+2.45	+2.59	69.30	+22.64	334.81
Sept.	2	43.87	119.30	+3.02	124.65	+2.47	+2.28	69.79	+22.80	334.78
	6	44.24	2.01	+3.01	6.56	+2.49	+1.95	70.46	+22.95	334.75
	10	44.61	244.73	+3.01	248.44	+2.50	+1.61	71.43	+23.07	334.72
	14	44.97	127.45	+3.00	130.30	+2.52	+1.25	72.98	+23.17	334.70
	18	45.34	10.17	+2.98	12.14	+2.54	+0.87	75.89	+23.24	334.67
	22	45.70	252.88	+2.97	253.96	+2.55	+0.50	83.29	+23.28	334.64
	26	46.07	135.57	+2.95	135.75	+2.57	+0.16	126.53	+23.30	334.62
	30	46.44	18.24	+2.93	17.51	+2.58	+0.34	221.92	+23.28	334.59
Oct.	4	46.80	260.88	+2.90	259.26	+2.60	+0.71	235.20	+23.24	334.57
	8	47.17	143.48	+2.88	140.97	+2.61	+1.09	239.30	+23.17	334.55
	12	47.53	26.04	+2.85	22.67	+2.63	+1.45	241.29	+23.08	334.54
	16	47.90	268.55	+2.82	264.34	+2.64	+1.80	242.47	+22.95	334.52
	20	48.27	151.01	+2.80	145.99	+2.66	+2.14	243.26	+22.81	334.51
	24	48.63	33.41	+2.77	27.61	+2.68	+2.45	243.83	+22.64	334.50
	28	49.00	275.75	+2.74	269.22	+2.69	+2.73	244.27	+22.45	334.49
Nov.	1	49.36	158.03	+2.71	150.80	+2.70	+2.99	244.62	+22.24	334.49
	5	49.73	40.24	+2.68	32.37	+2.72	+3.23	244.91	+22.02	334.48
	9	50.10	282.39	+2.65	273.92	+2.73	+3.43	245.15	+21.78	334.48
	13	50.46	164.46	+2.62	155.45	+2.75	+3.61	245.36	+21.54	334.48
	17	50.83	46.47	+2.60	36.97	+2.76	+3.76	245.54	+21.28	334.48
	21	51.20	288.41	+2.58	278.48	+2.78	+3.88	245.70	+21.02	334.48
	25	51.56	170.29	+2.55	159.97	+2.79	+3.98	245.84	+20.76	334.48
	29	51.93	52.10	+2.53	41.46	+2.81	+4.05	245.97	+20.49	334.48
Dec.	3	52.30	293.85	+2.52	282.94	+2.82	+4.09	246.09	+20.22	334.48
	7	52.66	175.53	+2.50	164.41	+2.83	+4.12	246.20	+19.95	334.48
	11	53.03	57.16	+2.49	45.87	+2.85	+4.12	246.30	+19.69	334.48
	15	53.39	298.73	+2.48	287.34	+2.86	+4.10	246.40	+19.43	334.49
	19	53.76	180.24	+2.47	168.79	+2.87	+4.07	246.49	+19.17	334.49
	23	54.13	61.71	+2.47	50.25	+2.89	+4.02	246.58	+18.92	334.50
	27	54.49	303.13	+2.46	291.71	+2.90	+3.96	246.66	+18.68	334.51
	31	54.86	184.51	+2.46	173.17	+2.91	+3.88	246.75	+18.44	334.52

SATURN, 2022

EPHEMERIS FOR PHYSICAL OBSERVATIONS
FOR 0ʰ TERRESTRIAL TIME

Date		Light-time	Magnitude	Surface Brightness	Diameter		Phase Angle	Defect of Illumination
					Eq.	Polar		
		m		mag./arcsec^2	"	"	°	"
Jan.	−3	89.07	+ 0.7	+ 6.8	15.52	14.15	3.3	0.01
	1	89.37	+ 0.7	+ 6.8	15.47	14.10	3.0	0.01
	5	89.64	+ 0.7	+ 6.8	15.42	14.05	2.6	0.01
	9	89.88	+ 0.7	+ 6.8	15.38	14.01	2.3	0.01
	13	90.09	+ 0.7	+ 6.8	15.34	13.97	2.0	0.00
	17	90.27	+ 0.7	+ 6.8	15.31	13.94	1.7	0.00
	21	90.41	+ 0.7	+ 6.8	15.29	13.92	1.3	0.00
	25	90.52	+ 0.6	+ 6.8	15.27	13.90	1.0	0.00
	29	90.59	+ 0.6	+ 6.8	15.26	13.89	0.6	0.00
Feb.	2	90.63	+ 0.6	+ 6.8	15.25	13.88	0.3	0.00
	6	90.64	+ 0.6	+ 6.8	15.25	13.87	0.1	0.00
	10	90.61	+ 0.6	+ 6.8	15.26	13.88	0.5	0.00
	14	90.54	+ 0.7	+ 6.8	15.27	13.88	0.8	0.00
	18	90.44	+ 0.7	+ 6.8	15.28	13.90	1.2	0.00
	22	90.31	+ 0.7	+ 6.8	15.30	13.91	1.5	0.00
	26	90.15	+ 0.7	+ 6.8	15.33	13.94	1.9	0.00
Mar.	2	89.95	+ 0.7	+ 6.8	15.37	13.96	2.2	0.01
	6	89.72	+ 0.7	+ 6.8	15.41	14.00	2.5	0.01
	10	89.46	+ 0.7	+ 6.8	15.45	14.04	2.8	0.01
	14	89.17	+ 0.7	+ 6.8	15.50	14.08	3.1	0.01
	18	88.85	+ 0.7	+ 6.8	15.56	14.13	3.4	0.01
	22	88.51	+ 0.7	+ 6.8	15.62	14.18	3.7	0.02
	26	88.13	+ 0.7	+ 6.8	15.68	14.24	4.0	0.02
	30	87.74	+ 0.7	+ 6.8	15.75	14.30	4.3	0.02
Apr.	3	87.31	+ 0.7	+ 6.8	15.83	14.37	4.5	0.02
	7	86.87	+ 0.7	+ 6.8	15.91	14.44	4.7	0.03
	11	86.41	+ 0.7	+ 6.8	16.00	14.51	4.9	0.03
	15	85.93	+ 0.7	+ 6.8	16.09	14.59	5.1	0.03
	19	85.43	+ 0.7	+ 6.8	16.18	14.68	5.3	0.03
	23	84.92	+ 0.7	+ 6.8	16.28	14.76	5.4	0.04
	27	84.39	+ 0.7	+ 6.8	16.38	14.86	5.6	0.04
May	1	83.86	+ 0.7	+ 6.8	16.48	14.95	5.7	0.04
	5	83.31	+ 0.7	+ 6.8	16.59	15.05	5.8	0.04
	9	82.77	+ 0.7	+ 6.8	16.70	15.14	5.8	0.04
	13	82.21	+ 0.7	+ 6.8	16.81	15.25	5.9	0.04
	17	81.66	+ 0.7	+ 6.8	16.93	15.35	5.9	0.04
	21	81.10	+ 0.6	+ 6.8	17.04	15.45	5.9	0.04
	25	80.55	+ 0.6	+ 6.8	17.16	15.56	5.8	0.04
	29	80.01	+ 0.6	+ 6.8	17.28	15.66	5.7	0.04
June	2	79.47	+ 0.6	+ 6.8	17.39	15.77	5.7	0.04
	6	78.94	+ 0.6	+ 6.8	17.51	15.88	5.5	0.04
	10	78.43	+ 0.6	+ 6.8	17.62	15.98	5.4	0.04
	14	77.93	+ 0.5	+ 6.8	17.74	16.08	5.2	0.04
	18	77.44	+ 0.5	+ 6.8	17.85	16.18	5.0	0.03
	22	76.98	+ 0.5	+ 6.8	17.95	16.28	4.8	0.03
	26	76.54	+ 0.5	+ 6.8	18.06	16.38	4.6	0.03
	30	76.13	+ 0.5	+ 6.8	18.16	16.47	4.3	0.02

EPHEMERIS FOR PHYSICAL OBSERVATIONS
FOR 0ʰ TERRESTRIAL TIME

Date		L_s	Sub-Earth Point		Sub-Solar Point				North Pole	
			Long.	Lat.	Long.	Lat.	Dist.	P.A.	Dist.	P.A.
		°	°	° '	°	°	"	°	"	°
Jan.	−3	140.86	194.60	+21.44	191.43	+20.00	+0.44	255.08	+6.67	6.68
	1	140.99	197.19	+21.25	194.32	+19.94	+0.40	255.13	+6.65	6.68
	5	141.11	199.79	+21.05	197.22	+19.89	+0.35	255.21	+6.64	6.67
	9	141.23	202.40	+20.85	200.14	+19.84	+0.31	255.36	+6.62	6.66
	13	141.36	205.02	+20.64	203.08	+19.78	+0.26	255.60	+6.62	6.65
	17	141.48	207.65	+20.43	206.04	+19.73	+0.22	255.99	+6.61	6.63
	21	141.61	210.30	+20.21	209.01	+19.68	+0.17	256.64	+6.61	6.62
	25	141.73	212.96	+19.99	212.01	+19.62	+0.13	257.87	+6.60	6.61
	29	141.85	215.63	+19.77	215.02	+19.57	+0.08	260.65	+6.60	6.60
Feb.	2	141.98	218.33	+19.54	218.05	+19.51	+0.04	271.13	+6.61	6.59
	6	142.10	221.04	+19.32	221.11	+19.46	+0.02	33.19	+6.61	6.57
	10	142.23	223.78	+19.09	224.18	+19.41	+0.06	61.95	+6.62	6.56
	14	142.35	226.54	+18.87	227.27	+19.35	+0.11	66.35	+6.63	6.55
	18	142.47	229.32	+18.64	230.38	+19.30	+0.15	68.03	+6.65	6.53
	22	142.60	232.12	+18.42	233.51	+19.24	+0.20	68.88	+6.66	6.52
	26	142.72	234.95	+18.19	236.66	+19.19	+0.25	69.38	+6.68	6.50
Mar.	2	142.85	237.80	+17.97	239.83	+19.13	+0.29	69.69	+6.70	6.49
	6	142.97	240.68	+17.76	243.01	+19.08	+0.34	69.88	+6.72	6.47
	10	143.10	243.58	+17.54	246.21	+19.02	+0.38	70.01	+6.75	6.46
	14	143.22	246.51	+17.33	249.43	+18.97	+0.42	70.10	+6.78	6.44
	18	143.34	249.47	+17.13	252.67	+18.91	+0.46	70.16	+6.81	6.43
	22	143.47	252.45	+16.93	255.92	+18.86	+0.50	70.19	+6.84	6.42
	26	143.59	255.46	+16.74	259.19	+18.80	+0.54	70.22	+6.87	6.40
	30	143.72	258.50	+16.55	262.47	+18.75	+0.58	70.23	+6.91	6.39
Apr.	3	143.84	261.57	+16.37	265.76	+18.69	+0.62	70.24	+6.94	6.37
	7	143.97	264.67	+16.20	269.06	+18.64	+0.65	70.24	+6.98	6.36
	11	144.09	267.79	+16.04	272.38	+18.58	+0.68	70.24	+7.02	6.35
	15	144.21	270.94	+15.89	275.71	+18.53	+0.71	70.25	+7.07	6.34
	19	144.34	274.12	+15.75	279.04	+18.47	+0.74	70.25	+7.11	6.32
	23	144.46	277.32	+15.62	282.39	+18.41	+0.77	70.26	+7.16	6.31
	27	144.59	280.56	+15.50	285.74	+18.36	+0.79	70.27	+7.21	6.30
May	1	144.71	283.81	+15.39	289.10	+18.30	+0.81	70.28	+7.25	6.29
	5	144.84	287.10	+15.30	292.46	+18.24	+0.83	70.30	+7.30	6.29
	9	144.96	290.41	+15.21	295.83	+18.19	+0.84	70.32	+7.35	6.28
	13	145.09	293.74	+15.14	299.19	+18.13	+0.85	70.35	+7.41	6.27
	17	145.21	297.10	+15.08	302.56	+18.08	+0.86	70.39	+7.46	6.27
	21	145.34	300.48	+15.04	305.93	+18.02	+0.86	70.44	+7.51	6.26
	25	145.46	303.89	+15.01	309.30	+17.96	+0.86	70.49	+7.56	6.26
	29	145.58	307.31	+14.99	312.66	+17.90	+0.86	70.55	+7.61	6.26
June	2	145.71	310.75	+14.99	316.02	+17.85	+0.85	70.63	+7.66	6.26
	6	145.83	314.21	+15.00	319.38	+17.79	+0.84	70.71	+7.72	6.26
	10	145.96	317.69	+15.02	322.72	+17.73	+0.82	70.81	+7.77	6.26
	14	146.08	321.19	+15.06	326.06	+17.68	+0.80	70.92	+7.81	6.26
	18	146.21	324.69	+15.11	329.39	+17.62	+0.78	71.05	+7.86	6.26
	22	146.33	328.21	+15.17	332.71	+17.56	+0.75	71.19	+7.91	6.27
	26	146.46	331.74	+15.25	336.01	+17.50	+0.71	71.35	+7.95	6.27
	30	146.58	335.28	+15.34	339.30	+17.45	+0.67	71.54	+7.99	6.28

SATURN, 2022

EPHEMERIS FOR PHYSICAL OBSERVATIONS
FOR 0ʰ TERRESTRIAL TIME

Date		Light-time	Magnitude	Surface Brightness	Diameter		Phase Angle	Defect of Illumination
					Eq.	Polar		
		m		mag./arcsec^2	"	"	°	"
June	30	76.13	+0.5	+6.8	18.16	16.47	4.3	0.02
July	4	75.74	+0.4	+6.8	18.25	16.55	4.0	0.02
	8	75.37	+0.4	+6.8	18.34	16.63	3.7	0.02
	12	75.04	+0.4	+6.8	18.42	16.71	3.4	0.02
	16	74.74	+0.4	+6.8	18.49	16.78	3.0	0.01
	20	74.48	+0.4	+6.8	18.56	16.84	2.6	0.01
	24	74.25	+0.3	+6.8	18.62	16.89	2.3	0.01
	28	74.06	+0.3	+6.8	18.66	16.94	1.9	0.00
Aug.	1	73.90	+0.3	+6.8	18.70	16.98	1.5	0.00
	5	73.78	+0.3	+6.8	18.73	17.00	1.0	0.00
	9	73.70	+0.3	+6.8	18.75	17.02	0.6	0.00
	13	73.66	+0.2	+6.8	18.76	17.04	0.2	0.00
	17	73.67	+0.2	+6.8	18.76	17.04	0.3	0.00
	21	73.71	+0.3	+6.8	18.75	17.03	0.7	0.00
	25	73.79	+0.3	+6.8	18.73	17.01	1.1	0.00
	29	73.91	+0.3	+6.8	18.70	16.99	1.5	0.00
Sept.	2	74.07	+0.3	+6.8	18.66	16.95	1.9	0.01
	6	74.26	+0.3	+6.8	18.61	16.91	2.3	0.01
	10	74.50	+0.3	+6.8	18.55	16.86	2.7	0.01
	14	74.77	+0.4	+6.8	18.49	16.80	3.0	0.01
	18	75.07	+0.4	+6.8	18.41	16.73	3.4	0.02
	22	75.40	+0.4	+6.8	18.33	16.66	3.7	0.02
	26	75.77	+0.4	+6.8	18.24	16.58	4.0	0.02
	30	76.16	+0.4	+6.8	18.15	16.50	4.3	0.03
Oct.	4	76.58	+0.5	+6.8	18.05	16.41	4.6	0.03
	8	77.03	+0.5	+6.8	17.94	16.31	4.8	0.03
	12	77.50	+0.5	+6.8	17.84	16.22	5.0	0.03
	16	77.98	+0.5	+6.8	17.72	16.11	5.2	0.04
	20	78.49	+0.5	+6.8	17.61	16.01	5.4	0.04
	24	79.00	+0.5	+6.8	17.50	15.91	5.5	0.04
	28	79.53	+0.6	+6.8	17.38	15.80	5.6	0.04
Nov.	1	80.07	+0.6	+6.8	17.26	15.69	5.7	0.04
	5	80.62	+0.6	+6.8	17.14	15.59	5.7	0.04
	9	81.17	+0.6	+6.8	17.03	15.48	5.8	0.04
	13	81.72	+0.6	+6.8	16.91	15.38	5.8	0.04
	17	82.27	+0.7	+6.8	16.80	15.27	5.7	0.04
	21	82.82	+0.7	+6.8	16.69	15.17	5.7	0.04
	25	83.36	+0.7	+6.8	16.58	15.07	5.6	0.04
	29	83.89	+0.7	+6.8	16.48	14.97	5.5	0.04
Dec.	3	84.41	+0.7	+6.8	16.37	14.88	5.4	0.04
	7	84.92	+0.7	+6.8	16.28	14.79	5.2	0.03
	11	85.41	+0.7	+6.8	16.18	14.70	5.1	0.03
	15	85.89	+0.7	+6.8	16.09	14.62	4.9	0.03
	19	86.35	+0.7	+6.8	16.01	14.54	4.7	0.03
	23	86.78	+0.8	+6.8	15.93	14.46	4.4	0.02
	27	87.20	+0.8	+6.8	15.85	14.39	4.2	0.02
	31	87.59	+0.8	+6.8	15.78	14.33	3.9	0.02

SATURN, 2022

EPHEMERIS FOR PHYSICAL OBSERVATIONS
FOR 0ʰ TERRESTRIAL TIME

Date		L_s	Sub-Earth Point		Sub-Solar Point				North Pole	
			Long.	Lat.	Long.	Lat.	Dist.	P.A.	Dist.	P.A.
		°	°	°	°	°	″	°	″	°
June	30	146.58	335.28	+ 15.34	339.30	+ 17.45	+ 0.67	71.54	+ 7.99	6.28
July	4	146.71	338.83	+ 15.44	342.58	+ 17.39	+ 0.63	71.76	+ 8.03	6.28
	8	146.83	342.37	+ 15.55	345.84	+ 17.33	+ 0.59	72.02	+ 8.07	6.29
	12	146.96	345.92	+ 15.67	349.08	+ 17.27	+ 0.53	72.32	+ 8.10	6.30
	16	147.08	349.47	+ 15.80	352.31	+ 17.22	+ 0.48	72.69	+ 8.13	6.31
	20	147.21	353.02	+ 15.93	355.51	+ 17.16	+ 0.42	73.15	+ 8.15	6.32
	24	147.33	356.56	+ 16.08	358.70	+ 17.10	+ 0.36	73.75	+ 8.17	6.33
	28	147.46	0.09	+ 16.23	1.87	+ 17.04	+ 0.30	74.59	+ 8.19	6.34
Aug.	1	147.58	3.61	+ 16.38	5.01	+ 16.98	+ 0.24	75.86	+ 8.20	6.35
	5	147.71	7.12	+ 16.54	8.13	+ 16.92	+ 0.17	78.08	+ 8.21	6.36
	9	147.83	10.61	+ 16.70	11.23	+ 16.87	+ 0.10	83.14	+ 8.22	6.37
	13	147.96	14.08	+ 16.85	14.31	+ 16.81	+ 0.04	106.32	+ 8.22	6.38
	17	148.08	17.53	+ 17.01	17.37	+ 16.75	+ 0.04	221.55	+ 8.21	6.40
	21	148.21	20.96	+ 17.17	20.40	+ 16.69	+ 0.11	239.73	+ 8.20	6.41
	25	148.33	24.36	+ 17.32	23.42	+ 16.63	+ 0.18	244.25	+ 8.19	6.42
	29	148.46	27.74	+ 17.47	26.41	+ 16.57	+ 0.24	246.31	+ 8.17	6.43
Sept.	2	148.58	31.09	+ 17.62	29.37	+ 16.51	+ 0.31	247.52	+ 8.15	6.44
	6	148.71	34.40	+ 17.75	32.32	+ 16.45	+ 0.37	248.33	+ 8.12	6.45
	10	148.83	37.69	+ 17.88	35.25	+ 16.39	+ 0.43	248.93	+ 8.09	6.46
	14	148.96	40.93	+ 18.00	38.15	+ 16.33	+ 0.49	249.39	+ 8.06	6.47
	18	149.08	44.15	+ 18.12	41.04	+ 16.28	+ 0.54	249.76	+ 8.03	6.47
	22	149.21	47.33	+ 18.22	43.91	+ 16.22	+ 0.59	250.07	+ 7.99	6.48
	26	149.33	50.47	+ 18.31	46.76	+ 16.16	+ 0.64	250.33	+ 7.94	6.49
	30	149.46	53.58	+ 18.39	49.59	+ 16.10	+ 0.68	250.56	+ 7.90	6.49
Oct.	4	149.59	56.65	+ 18.45	52.41	+ 16.04	+ 0.72	250.76	+ 7.86	6.50
	8	149.71	59.68	+ 18.50	55.22	+ 15.98	+ 0.75	250.93	+ 7.81	6.50
	12	149.84	62.68	+ 18.54	58.02	+ 15.92	+ 0.78	251.09	+ 7.76	6.50
	16	149.96	65.64	+ 18.57	60.80	+ 15.86	+ 0.80	251.22	+ 7.71	6.50
	20	150.09	68.56	+ 18.58	63.57	+ 15.80	+ 0.82	251.34	+ 7.66	6.51
	24	150.21	71.46	+ 18.58	66.34	+ 15.74	+ 0.83	251.45	+ 7.61	6.51
	28	150.34	74.32	+ 18.57	69.10	+ 15.68	+ 0.85	251.54	+ 7.56	6.50
Nov.	1	150.46	77.15	+ 18.54	71.85	+ 15.62	+ 0.85	251.63	+ 7.51	6.50
	5	150.59	79.95	+ 18.50	74.60	+ 15.56	+ 0.85	251.70	+ 7.46	6.50
	9	150.72	82.72	+ 18.45	77.35	+ 15.49	+ 0.85	251.76	+ 7.41	6.50
	13	150.84	85.47	+ 18.38	80.10	+ 15.43	+ 0.84	251.81	+ 7.36	6.49
	17	150.97	88.19	+ 18.30	82.85	+ 15.37	+ 0.84	251.86	+ 7.32	6.49
	21	151.09	90.89	+ 18.21	85.60	+ 15.31	+ 0.82	251.90	+ 7.27	6.48
	25	151.22	93.57	+ 18.10	88.35	+ 15.25	+ 0.81	251.94	+ 7.23	6.47
	29	151.34	96.23	+ 17.98	91.11	+ 15.19	+ 0.79	251.97	+ 7.18	6.47
Dec.	3	151.47	98.88	+ 17.85	93.87	+ 15.13	+ 0.76	252.00	+ 7.14	6.46
	7	151.60	101.51	+ 17.71	96.64	+ 15.07	+ 0.74	252.03	+ 7.11	6.45
	11	151.72	104.13	+ 17.56	99.42	+ 15.01	+ 0.71	252.06	+ 7.07	6.44
	15	151.85	106.75	+ 17.39	102.21	+ 14.95	+ 0.68	252.09	+ 7.03	6.43
	19	151.97	109.35	+ 17.22	105.01	+ 14.88	+ 0.65	252.12	+ 7.00	6.41
	23	152.10	111.95	+ 17.04	107.83	+ 14.82	+ 0.61	252.16	+ 6.97	6.40
	27	152.22	114.55	+ 16.85	110.65	+ 14.76	+ 0.57	252.22	+ 6.94	6.39
	31	152.35	117.15	+ 16.65	113.49	+ 14.70	+ 0.54	252.28	+ 6.92	6.37

URANUS, 2022

EPHEMERIS FOR PHYSICAL OBSERVATIONS
FOR 0ʰ TERRESTRIAL TIME

Date		Light-time	Magnitude	Equatorial Diameter	Phase Angle	L_s	Sub-Earth Lat.	North Pole Dist.	North Pole P.A.
		m		″	°	°	°	″	°
Jan.	−3	159.26	+ 5.7	3.68	2.3	55.52	+ 53.75	+ 1.10	264.12
	5	160.24	+ 5.7	3.66	2.6	55.61	+ 53.63	+ 1.09	264.06
	13	161.29	+ 5.8	3.63	2.7	55.70	+ 53.56	+ 1.09	264.03
	21	162.40	+ 5.8	3.61	2.8	55.79	+ 53.55	+ 1.08	264.03
	29	163.53	+ 5.8	3.58	2.9	55.88	+ 53.59	+ 1.07	264.05
Feb.	6	164.67	+ 5.8	3.56	2.8	55.97	+ 53.69	+ 1.06	264.11
	14	165.79	+ 5.8	3.54	2.8	56.06	+ 53.84	+ 1.05	264.20
	22	166.87	+ 5.8	3.51	2.7	56.14	+ 54.04	+ 1.04	264.31
Mar.	2	167.90	+ 5.8	3.49	2.5	56.23	+ 54.28	+ 1.03	264.45
	10	168.85	+ 5.9	3.47	2.3	56.32	+ 54.57	+ 1.01	264.62
	18	169.70	+ 5.9	3.45	2.0	56.41	+ 54.89	+ 1.00	264.81
	26	170.45	+ 5.9	3.44	1.8	56.50	+ 55.25	+ 0.99	265.02
Apr.	3	171.09	+ 5.9	3.43	1.4	56.59	+ 55.63	+ 0.97	265.25
	11	171.59	+ 5.9	3.42	1.1	56.68	+ 56.04	+ 0.96	265.50
	19	171.96	+ 5.9	3.41	0.8	56.77	+ 56.47	+ 0.95	265.76
	27	172.19	+ 5.9	3.40	0.4	56.86	+ 56.90	+ 0.94	266.03
May	5	172.27	+ 5.9	3.40	0.0	56.94	+ 57.34	+ 0.93	266.32
	13	172.21	+ 5.9	3.40	0.4	57.03	+ 57.78	+ 0.92	266.61
	21	172.01	+ 5.9	3.41	0.7	57.12	+ 58.21	+ 0.91	266.90
	29	171.67	+ 5.9	3.41	1.1	57.21	+ 58.64	+ 0.90	267.19
June	6	171.19	+ 5.9	3.42	1.4	57.30	+ 59.05	+ 0.89	267.47
	14	170.60	+ 5.9	3.44	1.7	57.39	+ 59.43	+ 0.88	267.74
	22	169.88	+ 5.9	3.45	2.0	57.48	+ 59.79	+ 0.88	268.00
	30	169.06	+ 5.9	3.47	2.3	57.57	+ 60.12	+ 0.87	268.25
July	8	168.15	+ 5.8	3.49	2.5	57.66	+ 60.41	+ 0.87	268.47
	16	167.16	+ 5.8	3.51	2.7	57.75	+ 60.67	+ 0.87	268.66
	24	166.12	+ 5.8	3.53	2.8	57.84	+ 60.88	+ 0.87	268.82
Aug.	1	165.02	+ 5.8	3.55	2.9	57.93	+ 61.05	+ 0.87	268.95
	9	163.90	+ 5.8	3.58	2.9	58.01	+ 61.18	+ 0.87	269.04
	17	162.78	+ 5.8	3.60	2.9	58.10	+ 61.25	+ 0.88	269.10
	25	161.67	+ 5.8	3.63	2.9	58.19	+ 61.27	+ 0.88	269.11
Sept.	2	160.59	+ 5.7	3.65	2.8	58.28	+ 61.24	+ 0.89	269.09
	10	159.57	+ 5.7	3.67	2.6	58.37	+ 61.17	+ 0.90	269.03
	18	158.62	+ 5.7	3.70	2.4	58.46	+ 61.04	+ 0.91	268.93
	26	157.77	+ 5.7	3.72	2.1	58.55	+ 60.87	+ 0.92	268.79
Oct.	4	157.02	+ 5.7	3.73	1.8	58.64	+ 60.66	+ 0.93	268.63
	12	156.40	+ 5.7	3.75	1.4	58.73	+ 60.42	+ 0.94	268.45
	20	155.93	+ 5.7	3.76	1.1	58.82	+ 60.14	+ 0.95	268.24
	28	155.60	+ 5.7	3.77	0.7	58.91	+ 59.85	+ 0.96	268.02
Nov.	5	155.44	+ 5.7	3.77	0.2	59.00	+ 59.54	+ 0.97	267.80
	13	155.44	+ 5.7	3.77	0.2	59.09	+ 59.22	+ 0.98	267.58
	21	155.60	+ 5.7	3.77	0.6	59.17	+ 58.91	+ 0.98	267.36
	29	155.93	+ 5.7	3.76	1.0	59.26	+ 58.61	+ 0.99	267.15
Dec.	7	156.41	+ 5.7	3.75	1.4	59.35	+ 58.33	+ 0.99	266.97
	15	157.03	+ 5.7	3.73	1.7	59.44	+ 58.09	+ 1.00	266.80
	23	157.79	+ 5.7	3.71	2.0	59.53	+ 57.87	+ 1.00	266.67
	31	158.66	+ 5.7	3.69	2.3	59.62	+ 57.70	+ 1.00	266.56
	39	159.63	+ 5.7	3.67	2.5	59.71	+ 57.58	+ 0.99	266.48

EPHEMERIS FOR PHYSICAL OBSERVATIONS
FOR 0ʰ TERRESTRIAL TIME

Date		Light-time	Magnitude	Equatorial Diameter	Phase Angle	L_s	Sub-Earth Lat.	North Pole	
								Dist.	P.A.
		m		″	°	°	°	″	°
Jan.	−3	250.95	+7.8	2.26	1.8	306.42	−23.69	−1.02	321.16
	5	252.03	+7.8	2.25	1.7	306.47	−23.65	−1.02	321.09
	13	253.06	+7.8	2.24	1.6	306.52	−23.61	−1.02	321.01
	21	253.99	+7.8	2.24	1.5	306.57	−23.56	−1.01	320.91
	29	254.83	+7.8	2.23	1.3	306.62	−23.50	−1.01	320.80
Feb.	6	255.55	+7.8	2.22	1.1	306.67	−23.43	−1.01	320.69
	14	256.15	+7.8	2.22	0.9	306.71	−23.35	−1.01	320.56
	22	256.60	+7.8	2.21	0.6	306.76	−23.27	−1.00	320.43
Mar.	2	256.91	+7.8	2.21	0.4	306.81	−23.19	−1.00	320.29
	10	257.07	+7.8	2.21	0.1	306.86	−23.10	−1.00	320.15
	18	257.08	+7.8	2.21	0.1	306.91	−23.01	−1.00	320.01
	26	256.93	+7.8	2.21	0.4	306.96	−22.92	−1.01	319.88
Apr.	3	256.64	+7.8	2.21	0.6	307.00	−22.83	−1.01	319.75
	11	256.21	+7.8	2.22	0.9	307.05	−22.74	−1.01	319.62
	19	255.64	+7.8	2.22	1.1	307.10	−22.66	−1.01	319.50
	27	254.95	+7.8	2.23	1.3	307.15	−22.58	−1.02	319.39
May	5	254.15	+7.8	2.23	1.5	307.20	−22.50	−1.02	319.29
	13	253.25	+7.8	2.24	1.6	307.24	−22.44	−1.02	319.21
	21	252.27	+7.8	2.25	1.8	307.29	−22.38	−1.03	319.13
	29	251.23	+7.8	2.26	1.9	307.34	−22.33	−1.03	319.07
June	6	250.14	+7.8	2.27	1.9	307.39	−22.29	−1.04	319.03
	14	249.03	+7.8	2.28	1.9	307.44	−22.26	−1.04	318.99
	22	247.91	+7.8	2.29	1.9	307.49	−22.24	−1.05	318.97
	30	246.80	+7.7	2.30	1.9	307.53	−22.23	−1.05	318.97
July	8	245.73	+7.7	2.31	1.8	307.58	−22.23	−1.06	318.98
	16	244.71	+7.7	2.32	1.7	307.63	−22.24	−1.06	319.01
	24	243.76	+7.7	2.33	1.6	307.68	−22.26	−1.06	319.05
Aug.	1	242.91	+7.7	2.34	1.4	307.73	−22.30	−1.07	319.10
	9	242.16	+7.7	2.35	1.2	307.78	−22.34	−1.07	319.16
	17	241.53	+7.7	2.35	1.0	307.82	−22.39	−1.07	319.24
	25	241.03	+7.7	2.36	0.8	307.87	−22.44	−1.08	319.32
Sept.	2	240.68	+7.7	2.36	0.5	307.92	−22.50	−1.08	319.41
	10	240.48	+7.7	2.36	0.2	307.97	−22.56	−1.08	319.50
	18	240.44	+7.7	2.36	0.1	308.02	−22.63	−1.08	319.60
	26	240.56	+7.7	2.36	0.3	308.07	−22.69	−1.08	319.70
Oct.	4	240.83	+7.7	2.36	0.6	308.11	−22.76	−1.07	319.79
	12	241.26	+7.7	2.35	0.8	308.16	−22.82	−1.07	319.88
	20	241.83	+7.7	2.35	1.0	308.21	−22.88	−1.07	319.97
	28	242.54	+7.7	2.34	1.3	308.26	−22.93	−1.07	320.04
Nov.	5	243.37	+7.7	2.33	1.4	308.31	−22.97	−1.06	320.10
	13	244.30	+7.7	2.32	1.6	308.36	−23.01	−1.06	320.15
	21	245.32	+7.7	2.32	1.7	308.40	−23.03	−1.05	320.19
	29	246.41	+7.7	2.30	1.8	308.45	−23.05	−1.05	320.21
Dec.	7	247.54	+7.7	2.29	1.9	308.50	−23.05	−1.04	320.21
	15	248.69	+7.8	2.28	1.9	308.55	−23.05	−1.04	320.19
	23	249.84	+7.8	2.27	1.9	308.60	−23.03	−1.03	320.16
	31	250.96	+7.8	2.26	1.8	308.65	−23.01	−1.03	320.11
	39	252.04	+7.8	2.25	1.7	308.69	−22.97	−1.02	320.05

FOR 0ʰ TERRESTRIAL TIME

Date		Mars	Jupiter			Saturn
			System I	System II	System III	
		°	°	°	°	°
Jan.	0	222.27	254.70	127.91	346.73	106.54
	1	212.53	52.34	277.92	137.01	197.19
	2	202.79	209.99	67.94	287.29	287.84
	3	193.05	7.63	217.95	77.57	18.49
	4	183.30	165.27	7.96	227.85	109.14
	5	173.56	322.91	157.98	18.12	199.79
	6	163.82	120.55	307.99	168.40	290.44
	7	154.08	278.19	98.00	318.68	21.09
	8	144.34	75.83	248.01	108.95	111.75
	9	134.60	233.47	38.02	259.23	202.40
	10	124.85	31.11	188.03	49.50	293.05
	11	115.11	188.75	338.03	199.78	23.71
	12	105.37	346.39	128.04	350.05	114.36
	13	95.63	144.02	278.05	140.33	205.02
	14	85.88	301.66	68.06	290.60	295.68
	15	76.14	99.30	218.06	80.87	26.33
	16	66.39	256.93	8.07	231.14	116.99
	17	56.65	54.57	158.08	21.42	207.65
	18	46.90	212.20	308.08	171.69	298.31
	19	37.16	9.84	98.09	321.96	28.97
	20	27.41	167.47	248.09	112.23	119.63
	21	17.66	325.11	38.10	262.50	210.30
	22	7.91	122.74	188.10	52.77	300.96
	23	358.16	280.38	338.11	203.05	31.62
	24	348.41	78.01	128.12	353.32	122.29
	25	338.66	235.65	278.12	143.59	212.96
	26	328.91	33.28	68.13	293.86	303.62
	27	319.16	190.92	218.13	84.13	34.29
	28	309.40	348.55	8.14	234.40	124.96
	29	299.65	146.19	158.14	24.67	215.63
	30	289.89	303.82	308.15	174.95	306.31
	31	280.14	101.46	98.15	325.22	36.98
Feb.	1	270.38	259.10	248.16	115.49	127.65
	2	260.62	56.73	38.17	265.76	218.33
	3	250.86	214.37	188.17	56.03	309.01
	4	241.10	12.00	338.18	206.31	39.68
	5	231.33	169.64	128.19	356.58	130.36
	6	221.57	327.28	278.19	146.85	221.04
	7	211.80	124.92	68.20	297.13	311.73
	8	202.04	282.55	218.21	87.40	42.41
	9	192.27	80.19	8.22	237.68	133.09
	10	182.50	237.83	158.23	27.95	223.78
	11	172.73	35.47	308.24	178.23	314.47
	12	162.95	193.11	98.25	328.50	45.16
	13	153.18	350.75	248.26	118.78	135.85
	14	143.40	148.39	38.27	269.06	226.54
	15	133.63	306.04	188.28	59.34	317.23

Date		Mars	Jupiter			Saturn
			System I	System II	System III	
		°	°	°	°	°
Feb.	15	133.63	306.04	188.28	59.34	317.23
	16	123.85	103.68	338.30	209.62	47.92
	17	114.06	261.32	128.31	359.89	138.62
	18	104.28	58.97	278.32	150.17	229.32
	19	94.50	216.61	68.34	300.46	320.02
	20	84.71	14.26	218.35	90.74	50.72
	21	74.92	171.90	8.37	241.02	141.42
	22	65.13	329.55	158.39	31.30	232.12
	23	55.34	127.20	308.40	181.59	322.82
	24	45.55	284.84	98.42	331.87	53.53
	25	35.75	82.49	248.44	122.15	144.24
	26	25.95	240.14	38.46	272.44	234.95
	27	16.15	37.79	188.48	62.73	325.66
	28	6.35	195.45	338.50	213.02	56.37
Mar.	1	356.54	353.10	128.53	3.30	147.08
	2	346.74	150.75	278.55	153.59	237.80
	3	336.93	308.41	68.58	303.88	328.51
	4	327.12	106.06	218.60	94.18	59.23
	5	317.30	263.72	8.63	244.47	149.95
	6	307.49	61.38	158.66	34.76	240.68
	7	297.67	219.04	308.68	185.06	331.40
	8	287.85	16.70	98.71	335.35	62.12
	9	278.03	174.36	248.74	125.65	152.85
	10	268.21	332.02	38.78	275.95	243.58
	11	258.38	129.68	188.81	66.25	334.31
	12	248.55	287.35	338.84	216.55	65.04
	13	238.72	85.01	128.88	6.85	155.77
	14	228.89	242.68	278.92	157.15	246.51
	15	219.05	40.35	68.96	307.46	337.25
	16	209.21	198.02	218.99	97.76	67.98
	17	199.37	355.69	9.03	248.07	158.72
	18	189.53	153.36	159.08	38.38	249.47
	19	179.69	311.03	309.12	188.69	340.21
	20	169.84	108.71	99.16	339.00	70.96
	21	159.99	266.38	249.21	129.31	161.70
	22	150.14	64.06	39.26	279.62	252.45
	23	140.28	221.74	189.30	69.93	343.20
	24	130.43	19.42	339.35	220.25	73.95
	25	120.57	177.10	129.41	10.57	164.71
	26	110.70	334.78	279.46	160.89	255.46
	27	100.84	132.47	69.51	311.21	346.22
	28	90.97	290.15	219.57	101.53	76.98
	29	81.11	87.84	9.62	251.85	167.74
	30	71.23	245.53	159.68	42.17	258.50
	31	61.36	43.22	309.74	192.50	349.27
Apr.	1	51.49	200.91	99.80	342.83	80.03
	2	41.61	358.60	249.86	133.15	170.80

PLANETARY CENTRAL MERIDIANS, 2022
FOR 0ʰ TERRESTRIAL TIME

Date		Mars	Jupiter			Saturn
			System I	System II	System III	
		°	°	°	°	°
Apr.	1	51.49	200.91	99.80	342.83	80.03
	2	41.61	358.60	249.86	133.15	170.80
	3	31.73	156.29	39.93	283.49	261.57
	4	21.85	313.99	189.99	73.82	352.34
	5	11.96	111.69	340.06	224.15	83.11
	6	2.08	269.39	130.13	14.49	173.89
	7	352.19	67.09	280.20	164.82	264.67
	8	342.30	224.79	70.27	315.16	355.44
	9	332.41	22.49	220.35	105.50	86.22
	10	322.51	180.20	10.42	255.84	177.01
	11	312.62	337.91	160.50	46.18	267.79
	12	302.72	135.62	310.58	196.53	358.57
	13	292.82	293.33	100.66	346.88	89.36
	14	282.92	91.04	250.74	137.22	180.15
	15	273.01	248.76	40.83	287.57	270.94
	16	263.11	46.47	190.91	77.93	1.73
	17	253.20	204.19	341.00	228.28	92.53
	18	243.29	1.91	131.09	18.63	183.32
	19	233.38	159.63	281.18	168.99	274.12
	20	223.47	317.35	71.27	319.35	4.92
	21	213.56	115.08	221.37	109.71	95.72
	22	203.64	272.80	11.46	260.07	186.52
	23	193.73	70.53	161.56	50.44	277.32
	24	183.81	228.26	311.66	200.80	8.13
	25	173.89	26.00	101.76	351.17	98.94
	26	163.97	183.73	251.87	141.54	189.75
	27	154.05	341.47	41.97	291.91	280.56
	28	144.13	139.20	192.08	82.29	11.37
	29	134.21	296.94	342.19	232.66	102.18
	30	124.29	94.69	132.30	23.04	193.00
May	1	114.36	252.43	282.42	173.42	283.81
	2	104.44	50.18	72.53	323.80	14.63
	3	94.51	207.92	222.65	114.18	105.45
	4	84.59	5.67	12.77	264.57	196.28
	5	74.66	163.43	162.89	54.96	287.10
	6	64.74	321.18	313.01	205.35	17.92
	7	54.81	118.94	103.14	355.74	108.75
	8	44.88	276.69	253.27	146.13	199.58
	9	34.96	74.46	43.40	296.53	290.41
	10	25.03	232.22	193.53	86.93	21.24
	11	15.10	29.98	343.66	237.33	112.07
	12	5.18	187.75	133.80	27.73	202.91
	13	355.25	345.52	283.94	178.13	293.74
	14	345.33	143.29	74.08	328.54	24.58
	15	335.40	301.06	224.22	118.95	115.42
	16	325.48	98.84	14.36	269.36	206.26
	17	315.55	256.61	164.51	59.77	297.10

FOR 0^h TERRESTRIAL TIME

Date		Mars	Jupiter			Saturn
			System I	System II	System III	
		°	°	°	°	°
May	17	315.55	256.61	164.51	59.77	297.10
	18	305.63	54.39	314.66	210.19	27.94
	19	295.71	212.18	104.81	0.60	118.79
	20	285.78	9.96	254.96	151.02	209.64
	21	275.86	167.75	45.12	301.44	300.48
	22	265.94	325.53	195.28	91.87	31.33
	23	256.02	123.33	345.44	242.30	122.18
	24	246.11	281.12	135.60	32.72	213.03
	25	236.19	78.91	285.77	183.15	303.89
	26	226.27	236.71	75.93	333.59	34.74
	27	216.36	34.51	226.10	124.02	125.59
	28	206.45	192.31	16.27	274.46	216.45
	29	196.54	350.12	166.45	64.90	307.31
	30	186.63	147.93	316.63	215.34	38.17
	31	176.72	305.74	106.80	5.79	129.03
June	1	166.81	103.55	256.99	156.24	219.89
	2	156.91	261.36	47.17	306.69	310.75
	3	147.01	59.18	197.36	97.14	41.62
	4	137.11	217.00	347.54	247.59	132.48
	5	127.21	14.82	137.74	38.05	223.35
	6	117.31	172.65	287.93	188.51	314.21
	7	107.42	330.47	78.13	338.97	45.08
	8	97.53	128.30	228.32	129.44	135.95
	9	87.64	286.13	18.53	279.91	226.82
	10	77.76	83.97	168.73	70.37	317.69
	11	67.87	241.80	318.94	220.85	48.56
	12	57.99	39.64	109.15	11.32	139.44
	13	48.11	197.49	259.36	161.80	230.31
	14	38.24	355.33	49.57	312.28	321.19
	15	28.36	153.18	199.79	102.76	52.06
	16	18.49	311.03	350.01	253.25	142.94
	17	8.62	108.88	140.23	43.74	233.82
	18	358.76	266.74	290.45	194.23	324.69
	19	348.89	64.59	80.68	344.72	55.57
	20	339.04	222.45	230.91	135.21	146.45
	21	329.18	20.32	21.14	285.71	237.33
	22	319.32	178.18	171.38	76.21	328.21
	23	309.47	336.05	321.61	226.72	59.09
	24	299.63	133.92	111.85	17.22	149.98
	25	289.78	291.80	262.10	167.73	240.86
	26	279.94	89.67	52.34	318.25	331.74
	27	270.10	247.55	202.59	108.76	62.63
	28	260.26	45.43	352.84	259.28	153.51
	29	250.43	203.32	143.10	49.80	244.40
	30	240.60	1.21	293.35	200.32	335.28
July	1	230.78	159.10	83.61	350.85	66.17
	2	220.96	316.99	233.88	141.37	157.05

FOR 0ʰ TERRESTRIAL TIME

Date		Mars	Jupiter			Saturn
			System I	System II	System III	
		°	°	°	°	°.
July	1	230.78	159.10	83.61	350.85	66.17
	2	220.96	316.99	233.88	141.37	157.05
	3	211.14	114.89	24.14	291.91	247.94
	4	201.32	272.78	174.41	82.44	338.83
	5	191.51	70.69	324.68	232.98	69.71
	6	181.70	228.59	114.96	23.52	160.60
	7	171.90	26.50	265.23	174.06	251.49
	8	162.10	184.41	55.51	324.61	342.37
	9	152.30	342.32	205.79	115.15	73.26
	10	142.50	140.24	356.08	265.70	164.15
	11	132.71	298.16	146.37	56.26	255.04
	12	122.92	96.08	296.66	206.81	345.92
	13	113.14	254.00	86.95	357.37	76.81
	14	103.36	51.93	237.25	147.94	167.70
	15	93.58	209.86	27.55	298.50	258.58
	16	83.81	7.79	177.85	89.07	349.47
	17	74.04	165.72	328.15	239.64	80.36
	18	64.27	323.66	118.46	30.21	171.24
	19	54.51	121.60	268.77	180.79	262.13
	20	44.75	279.55	59.08	331.37	353.02
	21	34.99	77.49	209.40	121.95	83.90
	22	25.24	235.44	359.72	272.54	174.79
	23	15.49	33.40	150.04	63.12	265.67
	24	5.74	191.35	300.36	213.71	356.56
	25	356.00	349.31	90.69	4.31	87.44
	26	346.26	147.27	241.02	154.90	178.32
	27	336.53	305.23	31.35	305.50	269.21
	28	326.80	103.20	181.69	96.10	0.09
	29	317.07	261.17	332.03	246.71	90.97
	30	307.35	59.14	122.37	37.31	181.85
	31	297.63	217.11	272.71	187.92	272.73
Aug.	1	287.91	15.09	63.06	338.53	3.61
	2	278.20	173.07	213.40	129.15	94.49
	3	268.49	331.05	3.76	279.77	185.36
	4	258.78	129.03	154.11	70.39	276.24
	5	249.08	287.02	304.47	221.01	7.12
	6	239.39	85.01	94.83	11.63	97.99
	7	229.69	243.00	245.19	162.26	188.86
	8	220.00	41.00	35.55	312.89	279.74
	9	210.32	198.99	185.92	103.52	10.61
	10	200.64	356.99	336.29	254.16	101.48
	11	190.96	154.99	126.66	44.80	192.35
	12	181.28	313.00	277.03	195.43	283.21
	13	171.61	111.00	67.41	346.08	14.08
	14	161.94	269.01	217.78	136.72	104.94
	15	152.28	67.02	8.16	287.37	195.81
	16	142.62	225.04	158.55	78.01	286.67

FOR 0ʰ TERRESTRIAL TIME

Date		Mars	Jupiter			Saturn
			System I	System II	System III	
		°	°	°	°	°
Aug.	16	142.62	225.04	158.55	78.01	286.67
	17	132.97	23.05	308.93	228.66	17.53
	18	123.31	181.07	99.32	19.32	108.39
	19	113.67	339.09	249.70	169.97	199.25
	20	104.02	137.11	40.09	320.63	290.11
	21	94.38	295.13	190.49	111.28	20.96
	22	84.75	93.15	340.88	261.94	111.81
	23	75.12	251.18	131.28	52.61	202.67
	24	65.49	49.21	281.67	203.27	293.52
	25	55.87	207.24	72.07	353.93	24.36
	26	46.25	5.27	222.47	144.60	115.21
	27	36.63	163.30	12.87	295.27	206.06
	28	27.02	321.33	163.28	85.94	296.90
	29	17.42	119.37	313.68	236.61	27.74
	30	7.82	277.40	104.09	27.28	118.58
	31	358.22	75.44	254.50	177.95	209.42
Sept.	1	348.63	233.48	44.90	328.63	300.25
	2	339.04	31.52	195.31	119.30	31.09
	3	329.46	189.56	345.72	269.98	121.92
	4	319.88	347.60	136.13	60.66	212.75
	5	310.30	145.64	286.55	211.33	303.58
	6	300.74	303.69	76.96	2.01	34.40
	7	291.17	101.73	227.37	152.69	125.23
	8	281.61	259.77	17.78	303.37	216.05
	9	272.06	57.82	168.20	94.05	306.87
	10	262.51	215.86	318.61	244.73	37.69
	11	252.96	13.91	109.03	35.41	128.50
	12	243.42	171.95	259.44	186.09	219.31
	13	233.89	329.99	49.85	336.77	310.13
	14	224.36	128.04	200.27	127.45	40.93
	15	214.84	286.08	350.68	278.13	131.74
	16	205.32	84.13	141.10	68.81	222.55
	17	195.81	242.17	291.51	219.49	313.35
	18	186.30	40.21	81.92	10.17	44.15
	19	176.80	198.26	232.33	160.85	134.95
	20	167.31	356.30	22.75	311.53	225.74
	21	157.82	154.34	173.16	102.20	316.54
	22	148.34	312.38	323.57	252.88	47.33
	23	138.86	110.42	113.98	43.55	138.12
	24	129.39	268.45	264.38	194.23	228.90
	25	119.93	66.49	54.79	344.90	319.69
	26	110.47	224.53	205.19	135.57	50.47
	27	101.02	22.56	355.60	286.24	141.25
	28	91.58	180.59	146.00	76.91	232.03
	29	82.15	338.62	296.40	227.57	322.80
	30	72.72	136.65	86.80	18.24	53.58
Oct.	1	63.30	294.68	237.20	168.90	144.35

PLANETARY CENTRAL MERIDIANS, 2022

FOR 0ʰ TERRESTRIAL TIME

Date		Mars	Jupiter			Saturn
			System I	System II	System III	
		°	°	°	°	°
Oct.	1	63.30	294.68	237.20	168.90	144.35
	2	53.89	92.70	27.59	319.56	235.12
	3	44.48	250.72	177.98	110.22	325.88
	4	35.08	48.74	328.37	260.88	56.65
	5	25.69	206.76	118.76	51.53	147.41
	6	16.31	4.78	269.15	202.18	238.17
	7	6.94	162.79	59.53	352.83	328.92
	8	357.58	320.80	209.91	143.48	59.68
	9	348.22	118.81	0.29	294.12	150.43
	10	338.87	276.81	150.66	84.76	241.18
	11	329.53	74.81	301.04	235.40	331.93
	12	320.20	232.81	91.40	26.04	62.68
	13	310.88	30.81	241.77	176.67	153.42
	14	301.57	188.80	32.13	327.30	244.16
	15	292.27	346.79	182.50	117.92	334.90
	16	282.98	144.78	332.85	268.55	65.64
	17	273.70	302.76	123.21	59.17	156.37
	18	264.43	100.74	273.56	209.78	247.10
	19	255.17	258.72	63.90	0.40	337.84
	20	245.92	56.69	214.25	151.01	68.56
	21	236.68	214.66	4.59	301.61	159.29
	22	227.46	12.63	154.92	92.22	250.01
	23	218.24	170.59	305.26	242.81	340.74
	24	209.04	328.55	95.59	33.41	71.46
	25	199.85	126.51	245.91	184.00	162.17
	26	190.66	284.46	36.23	334.59	252.89
	27	181.50	82.41	186.55	125.17	343.61
	28	172.34	240.35	336.86	275.75	74.32
	29	163.19	38.29	127.17	66.33	165.03
	30	154.06	196.22	277.48	216.90	255.74
	31	144.94	354.15	67.78	7.47	346.44
Nov.	1	135.84	152.08	218.08	158.03	77.15
	2	126.74	310.00	8.37	308.59	167.85
	3	117.66	107.92	158.66	99.14	258.55
	4	108.59	265.84	308.95	249.69	349.25
	5	99.53	63.75	99.23	40.24	79.95
	6	90.49	221.65	249.50	190.78	170.64
	7	81.45	19.55	39.78	341.32	261.34
	8	72.43	177.45	190.04	131.86	352.03
	9	63.43	335.35	340.31	282.39	82.72
	10	54.43	133.24	130.57	72.91	173.41
	11	45.45	291.12	280.82	223.43	264.10
	12	36.48	89.00	71.07	13.95	354.78
	13	27.53	246.88	221.32	164.46	85.47
	14	18.58	44.75	11.56	314.97	176.15
	15	9.65	202.62	161.80	105.48	266.83
	16	0.73	0.48	312.04	255.98	357.51

FOR 0ʰ TERRESTRIAL TIME

Date		Mars	Jupiter			Saturn
			System I	System II	System III	
		°	°	°	°	°
Nov.	16	0.73	0.48	312.04	255.98	357.51
	17	351.82	158.34	102.27	46.47	88.19
	18	342.92	316.20	252.49	196.96	178.87
	19	334.04	114.05	42.71	347.45	269.54
	20	325.16	271.89	192.93	137.94	0.22
	21	316.30	69.74	343.14	288.41	90.89
	22	307.44	227.57	133.35	78.89	181.56
	23	298.59	25.41	283.56	229.36	272.23
	24	289.76	183.24	73.76	19.83	2.90
	25	280.93	341.07	223.96	170.29	93.57
	26	272.10	138.89	14.15	320.75	184.24
	27	263.29	296.70	164.34	111.20	274.90
	28	254.48	94.52	314.52	261.65	5.57
	29	245.68	252.33	104.70	52.10	96.23
	30	236.88	50.13	254.88	202.54	186.90
Dec.	1	228.09	207.94	45.05	352.98	277.56
	2	219.30	5.73	195.22	143.41	8.22
	3	210.51	163.53	345.38	293.85	98.88
	4	201.73	321.32	135.54	84.27	189.54
	5	192.95	119.10	285.70	234.70	280.20
	6	184.16	276.89	75.85	25.11	10.85
	7	175.38	74.67	226.00	175.53	101.51
	8	166.60	232.44	16.15	325.94	192.17
	9	157.82	30.21	166.29	116.35	282.82
	10	149.03	187.98	316.43	266.76	13.48
	11	140.24	345.75	106.57	57.16	104.13
	12	131.45	143.51	256.70	207.55	194.79
	13	122.65	301.26	46.83	357.95	285.44
	14	113.85	99.02	196.95	148.34	16.09
	15	105.05	256.77	347.07	298.73	106.75
	16	96.23	54.52	137.19	89.11	197.40
	17	87.42	212.26	287.31	239.49	288.05
	18	78.59	10.00	77.42	29.87	18.70
	19	69.76	167.74	227.53	180.24	109.35
	20	60.91	325.48	17.63	330.62	200.00
	21	52.06	123.21	167.73	120.98	290.65
	22	43.20	280.94	317.83	271.35	21.30
	23	34.33	78.66	107.93	61.71	111.95
	24	25.45	236.38	258.02	212.07	202.60
	25	16.56	34.10	48.11	2.43	293.25
	26	7.66	191.82	198.20	152.78	23.90
	27	358.75	349.53	348.29	303.13	114.55
	28	349.83	147.25	138.37	93.48	205.20
	29	340.89	304.95	288.45	243.83	295.85
	30	331.94	102.66	78.52	34.17	26.50
	31	322.98	260.36	228.60	184.51	117.15
	32	314.01	58.06	18.67	334.85	207.80

CONTENTS OF SECTION F

The satellite ephemerides were calculated using $\Delta T = 71.0$ seconds.

Satellite		Orbital Period (R = Retrograde)	Max. Elong. at Mean Opposition	Semimajor Axis	Orbital Eccentricity	Inclination of Orbit to Planet's Equator	Motion of Node on Fixed Plane[2]
		d	° ′ ″	×10³ km		°	°/yr
Earth							
	Moon	27.321 661		384.400	0.054 900 489	18.2–28.6	19.34[7]
Mars							
I	Phobos[1]	0.318 910 105 0	25	9.376	0.015 1.	1.075	158.8
II	Deimos[1]	1.262 440 833	1 02	23.458	0.000 2	1.788	6.260
Jupiter							
I	Io[1]	1.769 137 760 6	2 18	421.80	0.004 1	0.036	48.6
II	Europa[1]	3.551 181 055	3 40	671.10	0.009 4	0.466	12.0
III	Ganymede[1]	7.154 553 248	5 51	1 070.40	0.001 3	0.177	2.63
IV	Callisto[1]	16.689 016 97	10 18	1 882.70	0.007 4	0.192	0.643
V	Amalthea[1]	0.498 179 076 39	59	181.40	0.003 2	0.380	914.6
VI	Himalia	250.56	1 22 14	11 460.20	0.159	28.61	524.4
VII	Elara	259.64	1 24 14	11 740.30	0.211	27.94	506.1
VIII	Pasiphae	743.61 R	2 49 33	23 629.10	0.406	151.41	185.6
IX	Sinope	758.89 R	2 10 20	23 942.00	0.255	158.19	181.4
X	Lysithea	259.20	1 03 58	11 717.00	0.116	27.66	506.9
XI	Carme	734.17 R	2 47 55	23 400.50	0.255	164.99	187.1
XII	Ananke	629.80 R	2 32 30	21 253.70	0.233	148.69	215.2
XIII	Leda	240.93	1 20 07	11 164.40	0.162	27.88	545.4
XIV	Thebe[1]	0.675	1 13	221.90	0.017 6	1.080	
XV	Adrastea[1]	0.298	42	129.00	0.001 8	0.054	
XVI	Metis[1]	0.295	42	128.00	0.001 2	0.019	
XVII	Callirrhoe	758.82 R	2 52 55	24 098.9	0.280	147.08[9]	
XVIII	Themisto	130.02	53 51	7 503.9	0.243	42.98[9]	
XIX	Megaclite	752.88 R	2 50 52	23 813.9	0.416	152.78[9]	
XX	Taygete	732.41 R	2 47 38	23 362.9	0.252	165.25[9]	
XXI	Chaldene	723.73 R	2 46 20	23 180.6	0.250	165.16[9]	
XXII	Harpalyke	623.32 R	2 31 27	21 106.1	0.230	148.76[9]	
XXIII	Kalyke	742.04 R	2 49 05	23 564.6	0.247	165.12[9]	
XXIV	Iocaste	631.60 R	2 32 38	21 272.0	0.215	149.41[9]	
XXV	Erinome	728.49 R	2 47 05	23 285.9	0.266	164.91[9]	
XXVI	Isonoe	726.26 R	2 46 42	23 231.2	0.247	165.25[9]	
XXVII	Praxidike	625.39 R	2 31 45	21 147.7	0.227	148.88[9]	
XXVIII	Autonoe	761.01 R	2 52 29	24 037.2	0.315	152.37[9]	
XXIX	Thyone	627.19 R	2 32 06	21 197.2	0.231	148.59[9]	
XXX	Hermippe	633.91 R	2 32 49	21 297.1	0.210	150.74[9]	
XXXI	Aitne	730.12 R	2 47 18	23 316.7	0.263	165.05[9]	
XXXII	Eurydome	717.31 R	2 46 05	23 146.2	0.275	150.27[9]	
XXXIII	Euanthe	620.45 R	2 30 58	21 039.0	0.232	148.92[9]	
XXXVI	Sponde	748.32 R	2 50 42	23 790.1	0.311	151.00[9]	
XXXVII	Kale	729.61 R	2 47 14	23 305.8	0.260	164.94[9]	
XXXIX	Hegemone	739.82 R	2 49 09	23 574.7	0.344	154.16[9]	
XLI	Aoede	761.40 R	2 52 01	23 974.1	0.432	158.27[9]	
XLIII	Arche	731.90 R	2 47 34	23 352.0	0.249	165.01[9]	
XLV	Helike	626.33 R	2 31 09	21 065.5	0.150	154.84[9]	
XLVI	Carpo	456.28	2 02 23	17 056.6	0.432	51.62[9]	
XLVII	Eukelade	730.33 R	2 47 21	23 322.7	0.262	165.26[9]	
LIII	Dia	278.21	1 28 14	12 297.50	0.232	28.63[9]	
LXV	Pandia	252.1	1 03 01	11 525.00	0.180	28.15[9]	
LXXI	Ersa	252.0	1 02 48	11 483.00	0.094	30.16[9]	
Saturn							
I	Mimas[1]	0.942 421 958 7	30	185.539	0.019 6	1.574	365.0
II	Enceladus[1]	1.370 218 093 1	38	238.042	0.000 0	. 0.003	156.2[8]
III	Tethys[1]	1.887 802 537 0	48	294.672	0.000 1	1.091	72.25
IV	Dione[1]	2.736 915 571	1 01	377.415	0.002 2	0.028	30.85[8]
V	Rhea[1]	4.517 502 731	1 25	527.068	0.000 2	0.333	10.16
VI	Titan[1]	15.945 448 42	3 17	1 221.865	0.028 8	0.306	0.521 3[8]
VII	Hyperion[1]	21.276 658 24	4 02	1 500.933	0.023 2	0.615	
VIII	Iapetus[1]	79.331 122 3	9 35	3 560.854	0.029 3	8.298	
IX	Phoebe[1]	548.02 R	34 51	12 947.918	0.163 4	175.243[9]	

[1] Mean orbital data given with respect to the local Laplace plane.
[2] Rate of decrease (or increase) in the longitude of the ascending node.
[3] S = Synchronous, rotation period same as orbital period. C = Chaotic.
[4] V(Sun) = −26.75
[5] $V(1, 0)$ is the visual magnitude of the satellite reduced to a distance of 1 au from both the Sun and Earth and with phase angle of zero.
[6] V_0 is the mean opposition magnitude of the satellite.

Satellite		Mass Ratio (sat./planet)	Radius	Sid. Rot. Per. [3]	Geom. Alb. (V) [4]	V(1,0) [5]	V_0 [6]	B − V	U − B
			km	d					
Earth									
	Moon	0.012 300 037 1	1737.4	S	0.12	+ 0.21	−12.74	0.92	0.46
Mars									
I	Phobos	1.661×10^{-8}	13.0 × 11.4 × 9.1	S	0.07	+11.8	+11.4	0.6	
II	Deimos	2.300×10^{-9}	7.8 × 6.0 × 5.1	S	0.07	+12.89	+12.5	0.65	0.18
Jupiter									
I	Io	4.705×10^{-5}	1829×1819×1816	S	0.63	− 1.68	+ 5.0	1.17	1.30
II	Europa	2.528×10^{-5}	1563×1560×1560	S	0.67	− 1.41	+ 5.3	0.87	0.52
III	Ganymede	7.805×10^{-5}	2631.2	S	0.43	− 2.09	+ 4.6	0.83	0.50
IV	Callisto	5.667×10^{-5}	2410.3	S	0.17	− 1.05	+ 5.7	0.86	0.55
V	Amalthea	1.09×10^{-9}	125 × 73 × 64	S	0.09	+ 6.3	+14.1	1.50	
VI	Himalia	3.6×10^{-9}	85	0.40	0.04	+ 8.1	+14.6	0.67	0.30
VII	Elara	4.58×10^{-10}	40		0.04 :	+10.0	+16.3	0.69	0.28
VIII	Pasiphae	1.58×10^{-10}	18 :		0.04 :	+ 9.9	+17.0	0.74	0.34
IX	Sinope	3.95×10^{-11}	14 :	0.548	0.04 :	+11.6	+18.1	0.84	
X	Lysithea	3.32×10^{-11}	12 :	0.533	0.04 :	+11.1	+18.3	0.72	
XI	Carme	6.95×10^{-11}	15 :	0.433	0.04 :	+10.9	+17.6	0.76	
XII	Ananke	1.58×10^{-11}	10 :	0.35	0.04 :	+11.9	+18.8	0.90	
XIII	Leda	5.76×10^{-12}	5 :		0.04 :	+13.5	+19.0	0.7	
XIV	Thebe	7.89×10^{-10}	58 × 49 × 42	S	0.05	+ 9.0	+16.0	1.3	
XV	Adrastea	3.95×10^{-12}	10 × 8 × 7	S	0.1 :	+12.4	+18.7		
XVI	Metis	6.31×10^{-11}	30 × 20 × 17	S	0.06	+10.8	+17.5		
XVII	Callirrhoe	4.58×10^{-13}	4.3 :		0.04 :	+13.9	+20.7	0.72	
XVIII	Themisto	3.63×10^{-13}	4.0 :		0.04 :	+12.9	+20.3	0.83	
XIX	Megaclite	1.11×10^{-13}	2.7 :		0.04 :	+15.1	+22.1	0.94	
XX	Taygete	8.68×10^{-14}	2.5 :		0.04 :	+15.6	+22.9	0.56	
XXI	Chaldene	3.95×10^{-14}	1.9 :		0.04 :	+15.7	+22.5		
XXII	Harpalyke	6.31×10^{-14}	2.2 :		0.04 :	+15.2	+22.2		
XXIII	Kalyke	1.03×10^{-13}	2.6 :		0.04 :	+15.3	+21.8	0.94	
XXIV	Iocaste	1.03×10^{-13}	2.6 :		0.04 :	+15.3	+22.5	0.63	
XXV	Erinome	2.73×10^{-14}	1.6 :		0.04 :	+16.0	+22.8		
XXVI	Isonoe	3.95×10^{-14}	1.9 :		0.04 :	+15.9	+22.5		
XXVII	Praxidike	2.29×10^{-13}	3.4 :		0.04 :	+15.2	+22.5	0.77	
XXVIII	Autonoe	4.74×10^{-14}	2.0 :		0.04 :	+15.4	+22.0		
XXIX	Thyone	4.74×10^{-14}	2.0 :		0.04 :	+15.7	+22.3		
XXX	Hermippe	4.74×10^{-14}	2.0 :		0.04 :	+15.5	+22.1		
XXXI	Aitne	2.37×10^{-14}	1.5 :		0.04 :	+16.1	+22.7		
XXXII	Eurydome	2.37×10^{-14}	1.5 :		0.04 :	+16.1	+22.7		
XXXIII	Euanthe	2.37×10^{-14}	1.5 :		0.04 :	+16.2	+22.8		
XXXVI	Sponde	7.89×10^{-15}	1.0 :		0.04 :	+16.4	+23.0		
XXXVII	Kale	7.89×10^{-15}	1.0 :		0.04 :	+16.4	+23.0		
XXXIX	Hegemone	2.37×10^{-14}	1.5 :		0.04 :	+15.9	+22.8		
XLI	Aoede	4.74×10^{-14}	2.0 :		0.04 :	+15.8	+22.5		
XLIII	Arche	2.37×10^{-14}	1.5 :		0.04 :	+16.4	+22.8		
XLV	Helike	4.74×10^{-14}	2.0 :		0.04 :	+16.0	+22.6		
XLVI	Carpo	2.37×10^{-14}	1.5 :		0.04 :	+15.6	+23.0		
XLVII	Eukelade	4.74×10^{-14}	2.0 :		0.04 :	+15.0	+22.6		
LIII	Dia	7.89×10^{-15}	1.0 :		0.04 :	+16.1	+22.4		
LXV	Pandia		1.5 :		0.04 :		+23.0		
LXXI	Ersa		1.5 :		0.04 :		+22.9		
Saturn									
I	Mimas	6.60×10^{-8}	207.8 × 196.7 × 190.6	S	0.6	+ 3.3	+12.8		
II	Enceladus	1.90×10^{-7}	256.6 × 251.4 × 248.3	S	1.0	+ 2.2	+11.8	0.70	0.28
III	Tethys	1.09×10^{-6}	538.4 × 528.3 × 526.3	S	0.8	+ 0.7	+10.3	0.73	0.30
IV	Dione	1.93×10^{-6}	563.4 × 561.3 × 559.6	S	0.6	+ 0.88	+10.4	0.71	0.31
V	Rhea	4.06×10^{-6}	765.0 × 763.1 × 762.4	S	0.6	+ 0.16	+ 9.7	0.78	0.38
VI	Titan	2.367×10^{-4}	2575.0	S	0.2	− 1.20	+ 8.4	1.28	0.75
VII	Hyperion	9.83×10^{-9}	180.1 × 133.0 × 102.7	C	0.25	+ 4.6	+14.4	0.78	0.33
VIII	Iapetus	3.177×10^{-6}	745.7 × 745.7 × 712.1	S	0.2 [10]	+ 1.6	+11.0	0.72	0.30
IX	Phoebe	1.458×10^{-8}	109.4 × 108.5 × 101.8	0.4	0.081	+ 6.63	+16.7	0.63	0.34

[7] Motion on the ecliptic plane.

[8] Rate of increase in the longitude of the apse.

[9] Measured from the ecliptic plane.

[10] Bright side, 0.5; faint side, 0.05.

: Quantity is uncertain.

Satellite		Orbital Period (R = Retrograde)	Max. Elong. at Mean Opposition			Semimajor Axis	Orbital Eccentricity	Inclination of Orbit to Planet's Equator	Motion of Node on Fixed Plane[2]
		d	°	'	"	×10³ km		°	°/yr
Saturn									
X	Janus	0.695			24	151.450	0.009 8	0.165	
XI	Epimetheus	0.695			24	151.450	0.016 1	0.353	
XII	Helene	2.737		1	01	377.444	0.000 0	0.213	
XIII	Telesto	1.888			48	294.720	0.000 2	1.180	
XIV	Calypso	1.888			48	294.721	0.000 5	1.500	
XV	Atlas	0.602			22	137.774	0.001 1	0.003	
XVI	Prometheus	0.613			23	139.429	0.002 2	0.007	
XVII	Pandora	0.629			23	141.810	0.004 2	0.050	
XVIII	Pan[1]	0.575			22	133.585	0.000 0	0.000	
XIX	Ymir	1315.13 R	1	02	14	23 128	0.333 8	173.497	
XX	Paaliaq	686.95		40	55	15 204	0.332 5	46.228	
XXI	Tarvos	926.35		49	06	18 243	0.538 2	33.725	
XXII	Ijiraq	451.42		30	42	11 408	0.271 7	47.485	
XXIV	Kiviuq	449.22		30	38	11 384	0.332 5	46.764	
XXVI	Albiorix	783.46		44	07	16 393	0.479 7	34.060	
XXIX	Siarnaq	895.51		48	56	18 182	0.280 2	45.809	
Uranus									
I	Ariel	2.520 379 1			14	190.9	0.001 2	0.041	6.8
II	Umbriel	4.144 176 5			20	266.0	0.003 9	0.128	3.6
III	Titania	8.705 866 9			33	436.3	0.001 1	0.079	2.0
IV	Oberon	13.463 234			44	583.5	0.001 4	0.068	1.4
V	Miranda	1.413 479 4			10	129.9	0.001 3	4.338	19.8
VII	Ophelia	0.376 400			4	53.8	0.009 9	0.104	417.9
VIII	Bianca	0.434 578 99			4	59.2	0.000 9	0.193	298.7
IX	Cressida	0.463 569 60			5	61.8	0.000 4	0.006	256.9
X	Desdemona	0.473 649 60			5	62.7	0.000 1	0.113	244.3
XI	Juliet	0.493 065 49			5	64.4	0.000 7	0.065	222.5
XII	Portia	0.513 195 920			5	66.1	0.000 1	0.059	202.6
XIII	Rosalind	0.558 459 53			5	69.9	0.000 1	0.279	166.4
XIV	Belinda	0.623 527 47			6	75.3	0.000 1	0.031	128.8
XV	Puck	0.761 832 87			7	86.0	0.000 1	0.319	80.91
XVI	Caliban	579.73 R		9	08	7 231.100	0.181 2	141.53[9]	
XVII	Sycorax	1288.38 R		15	24	12 179.400	0.521 9	159.42[9]	
Neptune									
I	Triton[1]	5.876 854 1 R			17	354.759	0.000 0	156.865	0.523 2
II	Nereid[1]	360.134 1		4	22	5 513.818	0.750 7	7.090	0.039
V	Despina[1]	0.334 66			2	52.526	0.000 2	0.068	466.0
VI	Galatea[1]	0.428 74			3	61.953	0.000 1	0.034	261.3
VII	Larissa[1]	0.554 65			3	73.548	0.001 4	0.205	143.5
VIII	Proteus[1]	1.122			6	117.646	0.000 5	0.075	28.80
Pluto									
I	Charon	6.387 2			1	19.596	0.000 05	0.00	

[1] Mean orbital data given with respect to the local Laplace plane.
[2] Rate of decrease (or increase) in the longitude of the ascending node.
[3] S = Synchronous, rotation period same as orbital period. C = Chaotic.
[4] V(Sun) = −26.75
[5] V(1, 0) is the visual magnitude of the satellite reduced to a distance of 1 au from both the Sun and Earth and with phase angle of zero.
[6] V_0 is the mean opposition magnitude of the satellite.

A Note on the Satellite Diagrams

The satellite orbit diagrams have been designed to assist observers in locating many of the shorter period (< 21 days) satellites of the planets. Each diagram depicts a planet and the apparent orbits of its satellites at 0 hours UT on that planet's opposition date, unless no opposition date occurs during the year. In that case, the diagram depicts the planet and orbits at 0 hours UT on January 1 or December 31 depending on which date provides the better view. The diagrams are inverted to reproduce what an observer would normally see through a telescope. Two arrows or text in the diagram indicate the apparent motion of the satellite(s); for most satellites in the solar system, the orbital motion is counterclockwise when viewed from the northern side of the orbital plane. In the case of Jupiter, Saturn, and Uranus, the diagram may have an expanded scale in one direction to better clarify the relative positions of the orbits.

Satellite		Mass Ratio (sat./planet)	Radius	Sid. Rot. Per.[3]	Geom. Alb. (V)[4]	V(1,0)[5]	V_0[6]	B − V	U − B
			km	d					
Saturn									
X	Janus	3.330×10^{-9}	101.7 × 93.0 × 76.3	S	0.71	+ 4 :	+14.4		
XI	Epimetheus	9.254×10^{-10}	64.9 × 57.3 × 53.0	S	0.73	+ 5.4 :	+15.6		
XII	Helene	2.004×10^{-11}	22.5 × 19.6 × 13.3		1.67	+ 8.4 :	+18.4		
XIII	Telesto	7.118×10^{-12}	16.3 × 11.8 × 9.8		1.0	+ 8.9 :	+18.5		
XIV	Calypso	4.482×10^{-12}	15.3 × 9.3 × 6.3		0.7	+ 9.1 :	+18.7		
XV	Atlas	1.160×10^{-11}	20.5 × 17.8 × 9.4		0.4	+ 8.4 :	+19.0		
XVI	Prometheus	2.831×10^{-10}	68.2 × 41.6 × 28.2	S	0.6	+ 6.4 :	+15.8		
XVII	Pandora	2.436×10^{-10}	52.2 × 40.8 × 31.5	S	0.5	+ 6.4 :	+16.4		
XVIII	Pan	8.700×10^{-12}	17.2 × 15.4 × 10.4		0.5 :		+19.4		
XIX	Ymir	8.700×10^{-12}	10 :		0.08 :	+12.4	+21.9	0.80	
XX	Paaliaq	1.450×10^{-11}	13 :		0.08 :	+11.8	+21.2	0.86	
XXI	Tarvos	4.746×10^{-12}	7 :		0.08 :	+12.6	+23.0	0.78	
XXII	Ijiraq	2.109×10^{-12}	6 :		0.08 :	+13.6	+22.6	1.05	
XXIV	Kiviuq	5.800×10^{-12}	8 :		0.08 :	+12.7	+22.6	0.92	
XXVI	Albiorix	3.691×10^{-11}	16 :		0.08 :		+20.5	0.80	
XXIX	Siarnaq	6.855×10^{-11}	21 :		0.08 :	+10.7	+20.1	0.87	
Uranus									
I	Ariel	1.49×10^{-5}	581.1 × 577.9 × 577.7	S	0.39	+ 1.7	+13.2	0.65	
II	Umbriel	1.41×10^{-5}	584.7	S	0.21	+ 2.6	+14.0	0.68	
III	Titania	3.94×10^{-5}	788.9	S	0.27	+ 1.3	+13.0	0.70	0.28
IV	Oberon	3.32×10^{-5}	761.4	S	0.23	+ 1.5	+13.2	0.68	0.20
V	Miranda	7.59×10^{-7}	240.4 × 234.2 × 232.9	S	0.32	+ 3.8	+15.3		
VII	Ophelia	6.21×10^{-10}	15		0.07 :	+11.1	+22.8		
VIII	Bianca	1.07×10^{-9}	21		0.065 :	+10.3	+22.0		
IX	Cressida	3.95×10^{-9}	31		0.069 :	+ 9.5	+21.1		
X	Desdemona	2.05×10^{-9}	27		0.084 :	+ 9.8	+21.5		
XI	Juliet	6.42×10^{-9}	42		0.075 :	+ 8.8	+20.6		
XII	Portia	1.94×10^{-8}	54		0.069 :	+ 8.3	+19.9		
XIII	Rosalind	2.93×10^{-9}	27		0.072 :	+ 9.8	+21.3		
XIV	Belinda	4.11×10^{-9}	33		0.067 :	+ 9.4	+21.0		
XV	Puck	3.33×10^{-8}	77		0.104 :	+ 7.5	+19.2		
XVI	Caliban	3.45×10^{-9}	36 :		0.04 :	+ 9.7	+22.4		
XVII	Sycorax	3.11×10^{-8}	75 :		0.04 :	+ 8.2	+20.8		
Neptune									
I	Triton	2.089×10^{-4}	1352.6	S	0.719	− 1.2	+13.0	0.72	0.29
II	Nereid	3.01×10^{-7}	170		0.155	+ 4.0	+19.7	0.65	
V	Despina	2.05×10^{-8}	74		0.090	+ 7.9	+22.0		
VI	Galatea	3.66×10^{-8}	79		0.079	+ 7.6 :	+21.9		
VII	Larissa	4.83×10^{-8}	96		0.091	+ 7.3	+21.5		
VIII	Proteus	4.916×10^{-7}	218 × 208 × 201	S	0.096	+ 5.6	+19.8		
Pluto									
I	Charon	0.1175	606.0	S	0.372	+ 0.9	+17.3	0.71	

[7] Motion on the ecliptic plane.
[8] Rate of increase in the longitude of the apse.
[9] Measured from the ecliptic plane.
[10] Bright side, 0.5; faint side, 0.05.
: Quantity is uncertain.

A Note on Selection Criteria for the Satellite Data Tables

Due to the recent proliferation of known satellites associated with the gas giant planets, a set of selection criteria has been established under which satellites will be included in the data tables presented on pages F2–F5. These criteria are the following: The value of the visual magnitude of the satellite must not be greater than 23.0 and the satellite must be sanctioned by the IAU with a roman numeral and a name designation. Satellites that have yet to receive IAU approval shall be designated as "works in progress" and shall be included at a later time should such approval be granted, provided their visual magnitudes are not dimmer than 23.0. A more complete version of this table, including satellites with visual magnitude values larger than 23.0, is to be found at *The Astronomical Almanac Online* (**https://aa.usno.navy.mil/publications/asa.html** and **https://asa.hmnao.com**).

APPARENT ORBITS OF THE SATELLITES AT 0^h UNIVERSAL TIME ON THE DATE OF OPPOSITION DECEMBER 8

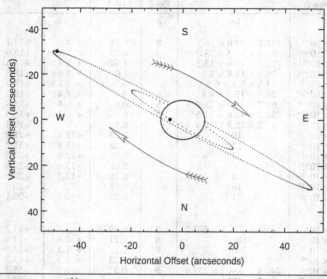

NAME	MEAN SIDEREAL PERIOD
	d
I Phobos	0.318 910 105 0
II Deimos	1.262 440 833

II Deimos

UNIVERSAL TIME OF GREATEST EASTERN ELONGATION

Jan.	Feb.	Mar.	Apr.	May	June	July	Aug.	Sept.	Oct.	Nov.	Dec.
d h	d h	d h	d h	d h	d h	d h	d h	d h	d h	d h	d h
−1 20.0	1 17.6	1 13.8	2 05.2	1 08.0	1 23.6	1 02.3	1 17.5	1 02.1	1 10.3	2 00.2	1 00.6
1 02.4	3 00.0	2 20.1	3 11.6	2 14.4	3 06.0	2 08.7	2 23.9	2 08.5	2 16.7	3 06.5	2 06.9
2 08.7	4 06.3	4 02.5	4 18.0	3 20.8	4 12.4	3 15.1	4 06.3	3 14.8	3 23.0	4 12.8	3 13.1
3 15.1	5 12.7	5 08.9	6 00.4	5 03.2	5 18.8	4 21.4	5 12.6	4 21.2	5 05.3	5 19.1	4 19.4
4 21.5	6 19.1	6 15.3	7 06.7	6 09.6	7 01.2	6 03.8	6 19.0	6 03.5	6 11.6	7 01.4	6 01.7
6 03.8	8 01.4	7 21.6	8 13.1	7 16.0	8 07.5	7 10.2	8 01.4	7 09.9	7 18.0	8 07.7	7 07.9
7 10.2	9 07.8	9 04.0	9 19.5	8 22.3	9 13.9	8 16.6	9 07.7	8 16.2	9 00.3	9 14.0	8 14.2
8 16.6	10 14.2	10 10.4	11 01.9	10 04.7	10 20.3	9 22.9	10 14.1	9 22.6	10 06.6	10 20.2	9 20.4
9 23.0	11 20.5	11 16.8	12 08.3	11 11.1	12 02.7	11 05.3	11 20.4	11 04.9	11 12.9	12 02.5	11 02.7
11 05.3	13 02.9	12 23.1	13 14.7	12 17.5	13 09.1	12 11.7	13 02.8	12 11.2	12 19.3	13 08.8	12 09.0
12 11.7	14 09.3	14 05.5	14 21.0	13 23.9	14 15.4	13 18.0	14 09.1	13 17.6	14 01.6	14 15.1	13 15.2
13 18.1	15 15.7	15 11.9	16 03.4	15 06.3	15 21.8	15 00.4	15 15.5	14 23.9	15 07.9	15 21.4	14 21.5
15 00.4	16 22.0	16 18.3	17 09.8	16 12.7	17 04.2	16 06.8	16 21.9	16 06.3	16 14.2	17 03.6	16 03.8
16 06.8	18 04.4	18 00.7	18 16.2	17 19.0	18 10.6	17 13.2	18 04.2	17 12.6	17 20.5	18 09.9	17 10.0
17 13.2	19 10.8	19 07.0	19 22.6	19 01.4	19 16.9	18 19.5	19 10.6	18 19.0	19 02.9	19 16.2	18 16.3
18 19.5	20 17.1	20 13.4	21 05.0	20 07.8	20 23.3	20 01.9	20 16.9	20 01.3	20 09.2	20 22.5	19 22.6
20 01.9	21 23.5	21 19.8	22 11.3	21 14.2	22 05.7	21 08.3	21 23.3	21 07.6	21 15.5	22 04.7	21 04.8
21 08.3	23 05.9	23 02.2	23 17.7	22 20.6	23 12.1	22 14.6	23 05.6	22 14.0	22 21.8	23 11.0	22 11.1
22 14.6	24 12.3	24 08.6	25 00.1	24 03.0	24 18.5	23 21.0	24 12.0	24 20.3	24 04.1	24 17.3	23 17.4
23 21.0	25 18.6	25 14.9	26 06.5	25 09.3	26 00.8	25 03.4	25 18.4	25 02.7	25 10.4	25 23.5	24 23.7
25 03.4	27 01.0	26 21.3	27 12.9	26 15.7	27 07.2	26 09.7	27 00.7	26 09.0	26 16.7	27 05.8	26 05.9
26 09.7	28 07.4	28 03.7	28 19.3	27 22.1	28 13.6	27 16.1	28 07.1	27 15.3	27 23.0	28 12.1	27 12.2
27 16.1		29 10.1	30 01.7	29 04.5	29 20.0	28 22.5	29 13.4	28 21.7	29 05.3	29 18.3	28 18.5
28 22.5		30 16.5		30 10.9		30 04.8	30 19.8	30 04.0	30 11.6		30 00.8
30 04.8		31 22.8		31 17.2		31 11.2			31 17.9		31 07.1
31 11.2											32 13.3

I Phobos

UNIVERSAL TIME OF EVERY THIRD GREATEST EASTERN ELONGATION

Jan.	Feb.	Mar.	Apr.	May	June	July	Aug.	Sept.	Oct.	Nov.	Dec.
d h	d h	d h	d h	d h	d h	d h	d h	d h	d h	d h	d h
−1 21.4	1 10.5	1 04.8	1 19.0	1 11.2	1 02.5	1 17.8	1 08.9	1 00.1	1 15.1	1 05.9	1 20.6
0 20.3	2 09.5	2 03.7	2 17.9	2 10.2	2 01.5	2 16.7	2 07.9	1 23.0	2 14.0	2 04.9	2 19.5
1 19.3	3 08.4	3 02.7	3 16.9	3 09.2	3 00.5	3 15.7	3 06.9	2 22.0	3 13.0	3 03.8	3 18.5
2 18.3	4 07.4	4 01.7	4 15.9	4 08.2	3 23.5	4 14.7	4 05.9	3 21.0	4 12.0	4 02.8	4 17.4
3 17.3	5 06.4	5 00.7	5 14.9	5 07.2	4 22.4	5 13.7	5 04.8	4 19.9	5 10.9	5 01.8	5 16.4
4 16.2	6 05.4	5 23.6	6 13.8	6 06.1	5 21.4	6 12.6	6 03.8	5 18.9	6 09.9	6 00.7	6 15.3
5 15.2	7 04.3	6 22.6	7 12.8	7 05.1	6 20.4	7 11.6	7 02.8	6 17.9	7 08.9	6 23.7	7 14.3
6 14.2	8 03.3	7 21.6	8 11.8	8 04.1	7 19.4	8 10.6	8 01.8	7 16.8	8 07.8	7 22.6	8 13.3
7 13.2	9 02.3	8 20.6	9 10.8	9 03.1	8 18.3	9 09.6	9 00.7	8 15.8	9 06.8	8 21.6	9 12.2
8 12.1	10 01.3	9 19.5	10 09.7	10 02.0	9 17.3	10 08.5	9 23.7	9 14.8	10 05.8	9 20.6	10 11.2
9 11.1	11 00.2	10 18.5	11 08.7	11 01.0	10 16.3	11 07.5	10 22.7	10 13.8	11 04.7	10 19.5	11 10.1
10 10.1	11 23.2	11 17.5	12 07.7	12 00.0	11 15.3	12 06.5	11 21.6	11 12.7	12 03.7	11 18.5	12 09.1
11 09.1	12 22.2	12 16.5	13 06.7	12 23.0	12 14.2	13 05.5	12 20.6	12 11.7	13 02.7	12 17.4	13 08.0
12 08.0	13 21.2	13 15.4	14 05.7	13 22.0	13 13.2	14 04.4	13 19.6	13 10.7	14 01.6	13 16.4	14 07.0
13 07.0	14 20.1	14 14.4	15 04.6	14 20.9	14 12.2	15 03.4	14 18.6	14 09.6	15 00.6	14 15.4	15 05.9
14 06.0	15 19.1	15 13.4	16 03.6	15 19.9	15 11.2	16 02.4	15 17.5	15 08.6	15 23.6	15 14.3	16 04.9
15 05.0	16 18.1	16 12.4	17 02.6	16 18.9	16 10.1	17 01.4	16 16.5	16 07.6	16 22.5	16 13.3	17 03.9
16 03.9	17 17.1	17 11.3	18 01.6	17 17.9	17 09.1	18 00.3	17 15.5	17 06.5	17 21.5	17 12.2	18 02.8
17 02.9	18 16.0	18 10.3	19 00.5	18 16.8	18 08.1	18 23.3	18 14.5	18 05.5	18 20.5	18 11.2	19 01.8
18 01.9	19 15.0	19 09.3	19 23.5	19 15.8	19 07.1	19 22.3	19 13.4	19 04.5	19 19.4	19 10.1	20 00.7
19 00.8	20 14.0	20 08.3	20 22.5	20 14.8	20 06.1	20 21.3	20 12.4	20 03.5	20 18.4	20 09.1	20 23.7
19 23.8	21 13.0	21 07.2	21 21.5	21 13.8	21 05.0	21 20.2	21 11.4	21 02.4	21 17.3	21 08.1	21 22.6
20 22.8	22 11.9	22 06.2	22 20.4	22 12.7	22 04.0	22 19.2	22 10.3	22 01.4	22 16.3	22 07.0	22 21.6
21 21.8	23 10.9	23 05.2	23 19.4	23 11.7	23 03.0	23 18.2	23 09.3	23 00.4	23 15.3	23 06.0	23 20.6
22 20.7	24 09.9	24 04.2	24 18.4	24 10.7	24 02.0	24 17.2	24 08.3	23 23.3	24 14.2	24 04.9	24 19.5
23 19.7	25 08.9	25 03.1	25 17.4	25 09.7	25 00.9	25 16.1	25 07.3	24 22.3	25 13.2	25 03.9	25 18.5
24 18.7	26 07.8	26 02.1	26 16.4	26 08.7	25 23.9	26 15.1	26 06.2	25 21.3	26 12.2	26 02.8	26 17.4
25 17.7	27 06.8	27 01.1	27 15.3	27 07.6	26 22.9	27 14.1	27 05.2	26 20.2	27 11.1	27 01.8	27 16.4
26 16.6	28 05.8	28 00.1	28 14.3	28 06.6	27 21.9	28 13.1	28 04.2	27 19.2	28 10.1	28 00.7	28 15.3
27 15.6		28 23.1	29 13.3	29 05.6	28 20.8	29 12.0	29 03.1	28 18.2	29 09.0	28 23.7	29 14.3
28 14.6		29 22.0	30 12.3	30 04.6	29 19.8	30 11.0	30 02.1	29 17.1	30 08.0	29 22.7	30 13.3
29 13.6		30 21.0		31 03.5	30 18.8	31 10.0	31 01.1	30 16.1	31 07.0	30 21.6	31 12.2
30 12.5		31 20.0									32 11.2
31 11.5											33 10.1

SATELLITES OF JUPITER, 2022

APPARENT ORBITS OF SATELLITES I-IV AT 0ʰ UNIVERSAL TIME
ON THE DATE OF OPPOSITION, SEPTEMBER 26

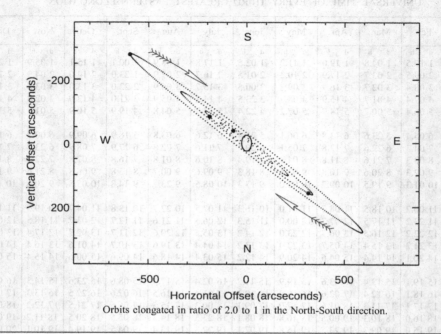

Orbits elongated in ratio of 2.0 to 1 in the North-South direction.

NAME	MEAN SIDEREAL PERIOD		NAME	MEAN SIDEREAL PERIOD
	d h m s	d		d
V Amalthea	0 11 57 22.672 =	0.498 179 076 39	XIII Leda	240.93
I Io	1 18 27 33.503 =	1.769 137 760 6	X Lysithea	259.20
II Europa	3 13 13 42.043 =	3.551 181 055	XII Ananke	629.80 R
III Ganymede	7 03 42 33.401 =	7.154 553 248	XI Carme	734.17 R
IV Callisto	16 16 32 11.066 =	16.689 016 97	VIII Pasiphae	743.61 R
VI Himalia		250.56	IX Sinope	758.89 R
VII Elara		259.64		

V Amalthea

UNIVERSAL TIME OF EVERY TWENTIETH GREATEST EASTERN ELONGATION

	d h		d h		d h		d h		d h
Jan.	−1 04.1	Mar.	19 21.8	June	7 15.2	Aug.	26 08.2	Nov.	14 00.9
	9 03.3		29 21.0		17 14.4	Sept.	5 07.2		24 00.1
	19 02.5	Apr.	8 20.2		27 13.5		15 06.3	Dec.	3 23.2
	29 01.7		18 19.4	July	7 12.6		25 05.4		13 22.4
Feb.	8 00.9		28 18.5		17 11.8	Oct.	5 04.5		23 21.5
	18 00.2	May	8 17.7		27 10.9		15 03.6		33 20.7
	27 23.4		18 16.9	Aug.	6 10.0		25 02.7		
Mar.	9 22.6		28 16.1		16 09.1	Nov.	4 01.8		

MULTIPLES OF THE MEAN SYNODIC PERIOD

	d	h		d	h		d	h		d	h
1	0	12.0	6	2	23.7	11	5	11.5	16	7	23.3
2	0	23.9	7	3	11.7	12	5	23.5	17	8	11.3
3	1	11.9	8	3	23.7	13	6	11.4	18	8	23.2
4	1	23.8	9	4	11.6	14	6	23.4	19	9	11.2
5	2	11.8	10	4	23.6	15	7	11.4	20	9	23.2

Date		VI Himalia		VII Elara		Date		VI Himalia		VII Elara	
		$\Delta\alpha$	$\Delta\delta$	$\Delta\alpha$	$\Delta\delta$			$\Delta\alpha$	$\Delta\delta$	$\Delta\alpha$	$\Delta\delta$
		m s	'	m s	'			m s	'	m s	'
Jan.	−3	+ 0 05	+ 22.9	− 2 17	+ 13.9	July	4	+ 1 04	+ 1.1	+ 3 37	+ 36.8
	1	− 0 12	+ 21.0	− 2 25	+ 12.1		8	+ 1 18	+ 5.7	+ 3 33	+ 38.7
	5	− 0 28	+ 18.9	− 2 32	+ 10.3		12	+ 1 31	+ 10.3	+ 3 27	+ 40.5
	9	− 0 43	+ 16.7	− 2 38	+ 8.3		16	+ 1 43	+ 14.9	+ 3 21	+ 42.0
	13	− 0 58	+ 14.2	− 2 43	+ 6.3		20	+ 1 54	+ 19.5	+ 3 13	+ 43.3
	17	− 1 11	+ 11.7	− 2 46	+ 4.2		24	+ 2 04	+ 23.9	+ 3 03	+ 44.4
	21	− 1 24	+ 9.1	− 2 48	+ 2.0		28	+ 2 13	+ 28.1	+ 2 52	+ 45.2
	25	− 1 35	+ 6.3	− 2 49	− 0.1	Aug.	1	+ 2 20	+ 32.0	+ 2 39	+ 45.8
	29	− 1 46	+ 3.6	− 2 48	− 2.3		5	+ 2 24	+ 35.5	+ 2 25	+ 46.0
Feb.	2	− 1 55	+ 0.8	− 2 46	− 4.5		9	+ 2 27	+ 38.5	+ 2 10	+ 46.0
	6	− 2 03	− 2.0	− 2 42	− 6.7		13	+ 2 27	+ 40.9	+ 1 53	+ 45.5
	10	− 2 11	− 4.8	− 2 36	− 8.8		17	+ 2 25	+ 42.8	+ 1 34	+ 44.8
	14	− 2 17	− 7.5	− 2 29	− 10.7		21	+ 2 20	+ 44.1	+ 1 14	+ 43.6
	18	− 2 23	− 10.2	− 2 21	− 12.6		25	+ 2 13	+ 44.6	+ 0 53	+ 42.1
	22	− 2 27	− 12.8	− 2 10	− 14.3		29	+ 2 04	+ 44.6	+ 0 31	+ 40.2
	26	− 2 31	− 15.4	− 1 58	− 15.8	Sept.	2	+ 1 52	+ 43.8	+ 0 08	+ 37.9
Mar.	2	− 2 34	− 17.9	− 1 45	− 17.0		6	+ 1 38	+ 42.4	− 0 16	+ 35.2
	6	− 2 36	− 20.2	− 1 31	− 18.0		10	+ 1 22	+ 40.3	− 0 40	+ 32.1
	10	− 2 37	− 22.5	− 1 15	− 18.7		14	+ 1 04	+ 37.6	− 1 03	+ 28.8
	14	− 2 38	− 24.6	− 0 59	− 19.1		18	+ 0 45	+ 34.4	− 1 27	+ 25.1
	18	− 2 38	− 26.7	− 0 41	− 19.2		22	+ 0 25	+ 30.7	− 1 49	+ 21.2
	22	− 2 37	− 28.6	− 0 24	− 19.0		26	+ 0 04	+ 26.6	− 2 10	+ 17.0
	26	− 2 36	− 30.3	− 0 06	− 18.5		30	− 0 17	+ 22.1	− 2 30	+ 12.7
	30	− 2 34	− 31.9	+ 0 12	− 17.6	Oct.	4	− 0 38	+ 17.5	− 2 48	+ 8.3
Apr.	3	− 2 31	− 33.3	+ 0 30	− 16.6		8	− 0 58	+ 12.6	− 3 03	+ 3.9
	7	− 2 28	− 34.5	+ 0 47	− 15.2		12	− 1 18	+ 7.7	− 3 15	− 0.5
	11	− 2 24	− 35.6	+ 1 04	− 13.6		16	− 1 36	+ 2.7	− 3 24	− 4.7
	15	− 2 20	− 36.5	+ 1 20	− 11.8		20	− 1 54	− 2.2	− 3 31	− 8.8
	19	− 2 15	− 37.1	+ 1 36	− 9.8		24	− 2 10	− 7.0	− 3 33	− 12.7
	23	− 2 10	− 37.6	+ 1 50	− 7.7		28	− 2 24	− 11.6	− 3 32	− 16.2
	27	− 2 04	− 37.8	+ 2 04	− 5.5	Nov.	1	− 2 36	− 16.0	− 3 28	− 19.5
May	1	− 1 57	− 37.8	+ 2 17	− 3.1		5	− 2 47	− 20.1	− 3 20	− 22.3
	5	− 1 50	− 37.6	+ 2 29	− 0.6		9	− 2 55	− 24.0	− 3 09	− 24.6
	9	− 1 42	− 37.0	+ 2 40	+ 1.9		13	− 3 02	− 27.5	− 2 55	− 26.6
	13	− 1 33	− 36.2	+ 2 51	+ 4.5		17	− 3 07	− 30.7	− 2 39	− 27.9
	17	− 1 24	− 35.2	+ 3 00	+ 7.1		21	− 3 10	− 33.6	− 2 20	− 28.9
	21	− 1 15	− 33.8	+ 3 08	+ 9.8		25	− 3 12	− 36.1	− 2 00	− 29.3
	25	− 1 04	− 32.1	+ 3 16	+ 12.5		29	− 3 12	− 38.4	− 1 38	− 29.2
	29	− 0 53	− 30.1	+ 3 22	+ 15.1	Dec.	3	− 3 10	− 40.2	− 1 15	− 28.7
June	2	− 0 42	− 27.9	+ 3 28	+ 17.8		7	− 3 08	− 41.7	− 0 52	− 27.7
	6	− 0 30	− 25.2	+ 3 33	+ 20.4		11	− 3 04	− 42.9	− 0 29	− 26.4
	10	− 0 17	− 22.3	+ 3 36	+ 23.0		15	− 2 59	− 43.8	− 0 06	− 24.7
	14	− 0 04	− 19.1	+ 3 39	+ 25.5		19	− 2 52	− 44.4	+ 0 16	− 22.7
	18	+ 0 09	− 15.5	+ 3 41	+ 28.0		23	− 2 46	− 44.6	+ 0 37	− 20.5
	22	+ 0 23	− 11.7	+ 3 41	+ 30.4		27	− 2 38	− 44.6	+ 0 57	− 18.1
	26	+ 0 37	− 7.7	+ 3 41	+ 32.6		31	− 2 30	− 44.3	+ 1 15	− 15.5
	30	+ 0 51	− 3.4	+ 3 39	+ 34.8		35	− 2 21	− 43.7	+ 1 32	− 12.8

Differential coordinates are given in the sense "satellite minus planet."

SATELLITES OF JUPITER, 2022
DIFFERENTIAL COORDINATES FOR 0ʰ UNIVERSAL TIME

Date		VIII Pasiphae		IX Sinope		X Lysithea	
		$\Delta\alpha$	$\Delta\delta$	$\Delta\alpha$	$\Delta\delta$	$\Delta\alpha$	$\Delta\delta$
		m s	′	m s	′	m s	′
Jan.	−9	− 3 53	+ 41.7	− 3 01	+ 13.8	+ 1 18	+ 15.8
	1	− 4 20	+ 36.9	− 3 36	+ 9.0	+ 1 34	+ 22.0
	11	− 4 47	+ 32.1	− 4 06	+ 4.2	+ 1 44	+ 26.9
	21	− 5 12	+ 27.3	− 4 30	− 0.3	+ 1 49	+ 30.0
	31	− 5 36	+ 22.7	− 4 48	− 4.7	+ 1 50	+ 31.1
Feb.	10	− 5 59	+ 18.2	− 5 00	− 8.7	+ 1 45	+ 30.2
	20	− 6 20	+ 13.9	− 5 05	− 12.2	+ 1 36	+ 27.2
Mar.	2	− 6 40	+ 9.7	− 5 05	− 15.3	+ 1 22	+ 22.4
	12	− 6 58	+ 5.8	− 4 59	− 17.9	+ 1 06	+ 16.1
	22	− 7 14	+ 2.0	− 4 48	− 20.1	+ 0 47	+ 8.6
Apr.	1	− 7 29	− 1.6	− 4 31	− 21.7	+ 0 26	+ 0.6
	11	− 7 41	− 4.9	− 4 10	− 22.9	+ 0 03	− 7.7
	21	− 7 52	− 8.0	− 3 45	− 23.6	− 0 20	− 15.7
May	1	− 8 01	− 10.9	− 3 15	− 24.0	− 0 43	− 23.3
	11	− 8 08	− 13.7	− 2 42	− 24.1	− 1 07	− 30.1
	21	− 8 12	− 16.2	− 2 06	− 24.0	− 1 30	− 35.9
	31	− 8 14	− 18.7	− 1 27	− 23.6	− 1 52	− 40.6
June	10	− 8 13	− 21.1	− 0 45	− 23.2	− 2 13	− 44.0
	20	− 8 09	− 23.4	− 0 02	− 22.8	− 2 31	− 45.9
	30	− 8 02	− 25.7	+ 0 43	− 22.3	− 2 46	− 46.1
July	10	− 7 52	− 28.0	+ 1 28	− 21.9	− 2 55	− 44.4
	20	− 7 37	− 30.3	+ 2 14	− 21.6	− 2 58	− 40.6
	30	− 7 18	− 32.6	+ 2 59	− 21.4	− 2 52	− 34.6
Aug.	9	− 6 54	− 34.9	+ 3 43	− 21.4	− 2 36	− 26.4
	19	− 6 25	− 37.0	+ 4 24	− 21.4	− 2 09	− 16.2
	29	− 5 50	− 38.8	+ 5 02	− 21.4	− 1 32	− 4.4
Sept.	8	− 5 09	− 40.1	+ 5 37	− 21.4	− 0 47	+ 8.3
	18	− 4 21	− 40.8	+ 6 06	− 21.2	+ 0 04	+ 20.8
	28	− 3 27	− 40.6	+ 6 32	− 20.9	+ 0 55	+ 31.8
Oct.	8	− 2 28	− 39.2	+ 6 52	− 20.2	+ 1 39	+ 40.0
	18	− 1 25	− 36.6	+ 7 10	− 19.2	+ 2 12	+ 44.4
	28	− 0 20	− 32.5	+ 7 24	− 17.8	+ 2 30	+ 44.6
Nov.	7	+ 0 45	− 27.1	+ 7 35	− 15.9	+ 2 33	+ 40.7
	17	+ 1 45	− 20.4	+ 7 45	− 13.7	+ 2 22	+ 33.5
	27	+ 2 37	− 12.9	+ 7 54	− 11.3	+ 2 00	+ 24.0
Dec.	7	+ 3 16	− 5.0	+ 8 01	− 8.6	+ 1 31	+ 13.4
	17	+ 3 41	+ 2.6	+ 8 07	− 5.9	+ 0 59	+ 2.7
	27	+ 3 51	+ 9.4	+ 8 13	− 3.3	+ 0 27	− 7.4
	37	+ 3 47	+ 15.1	+ 8 17	− 0.7	− 0 04	− 16.4

Differential coordinates are given in the sense "satellite minus planet."

DIFFERENTIAL COORDINATES FOR 0ʰ UNIVERSAL TIME

Date		XI Carme		XII Ananke		XIII Leda	
		$\Delta\alpha$	$\Delta\delta$	$\Delta\alpha$	$\Delta\delta$	$\Delta\alpha$	$\Delta\delta$
		m s	′	m s	′	m s	′
Jan.	−9	− 7 42	− 59.2	+ 4 00	− 11.3	+ 2 20	− 9.0
	1	− 7 33	− 57.7	+ 4 22	− 4.0	+ 1 36	− 10.7
	11	− 7 23	− 56.0	+ 4 41	+ 3.1	+ 0 46	− 11.2
	21	− 7 11	− 54.0	+ 4 57	+ 9.9	− 0 06	− 10.4
	31	− 6 56	− 51.8	+ 5 10	+ 16.3	− 0 55	− 8.6
Feb.	10	− 6 40	− 49.4	+ 5 20	+ 22.4	− 1 38	− 6.0
	20	− 6 22	− 46.6	+ 5 26	+ 28.1	− 2 12	− 3.2
Mar.	2	− 6 01	− 43.4	+ 5 29	+ 33.3	− 2 36	− 0.5
	12	− 5 39	− 39.9	+ 5 28	+ 38.1	− 2 52	+ 1.9
	22	− 5 14	− 36.0	+ 5 23	+ 42.5	− 3 00	+ 3.9
Apr.	1	− 4 47	− 31.7	+ 5 15	+ 46.3	− 3 01	+ 5.4
	11	− 4 19	− 27.1	+ 5 03	+ 49.7	− 2 55	+ 6.4
	21	− 3 48	− 22.0	+ 4 48	+ 52.6	− 2 44	+ 6.9
May	1	− 3 16	− 16.7	+ 4 29	+ 55.1	− 2 27	+ 6.9
	11	− 2 42	− 11.0	+ 4 06	+ 57.1	− 2 06	+ 6.5
	21	− 2 06	− 5.0	+ 3 39	+ 58.6	− 1 39	+ 5.8
	31	− 1 29	+ 1.1	+ 3 09	+ 59.7	− 1 08	+ 4.7
June	10	− 0 50	+ 7.5	+ 2 36	+ 60.2	− 0 32	+ 3.4
	20	− 0 11	+ 13.9	+ 1 59	+ 60.3	+ 0 08	+ 2.0
	30	+ 0 28	+ 20.4	+ 1 19	+ 59.8	+ 0 51	+ 0.4
July	10	+ 1 08	+ 26.9	+ 0 36	+ 58.6	+ 1 36	− 1.1
	20	+ 1 47	+ 33.1	− 0 08	+ 56.7	+ 2 20	− 2.5
	30	+ 2 24	+ 39.0	− 0 54	+ 54.0	+ 3 00	− 3.7
Aug.	9	+ 2 59	+ 44.4	− 1 40	+ 50.3	+ 3 29	− 4.7
	19	+ 3 32	+ 49.2	− 2 25	+ 45.6	+ 3 41	− 5.3
	29	+ 4 01	+ 53.2	− 3 08	+ 39.7	+ 3 31	− 5.7
Sept.	8	+ 4 25	+ 56.1	− 3 47	+ 32.8	+ 2 54	− 5.7
	18	+ 4 45	+ 57.8	− 4 22	+ 24.8	+ 1 53	− 5.3
	28	+ 4 59	+ 58.2	− 4 52	+ 16.0	+ 0 34	− 4.5
Oct.	8	+ 5 08	+ 57.3	− 5 15	+ 6.6	− 0 50	− 3.2
	18	+ 5 10	+ 55.1	− 5 31	− 3.0	− 2 06	− 1.4
	28	+ 5 06	+ 51.7	− 5 40	− 12.4	− 3 05	+ 0.6
Nov.	7	+ 4 55	+ 47.2	− 5 42	− 21.3	− 3 43	+ 2.7
	17	+ 4 38	+ 41.9	− 5 38	− 29.5	− 4 01	+ 4.6
	27	+ 4 16	+ 35.9	− 5 27	− 36.7	− 4 01	+ 6.1
Dec.	7	+ 3 49	+ 29.4	− 5 11	− 42.8	− 3 48	+ 7.1
	17	+ 3 18	+ 22.7	− 4 49	− 47.8	− 3 25	+ 7.5
	27	+ 2 43	+ 15.8	− 4 23	− 51.5	− 2 56	+ 7.4
	37	+ 2 06	+ 8.9	− 3 53	− 54.1	− 2 23	+ 6.8

Differential coordinates are given in the sense "satellite minus planet."

TERRESTRIAL TIME OF SUPERIOR GEOCENTRIC CONJUNCTION

I Io

	d	h m		d	h m		d	h m		d	h m
Jan.	0	17 14	May	10	00 18	July	28	15 52	Oct.	16	05 34
	2	11 44		11	18 48		30	10 20		18	00 00
	4	06 14		13	13 18	Aug.	1	04 47		19	18 26
	6	00 44		15	07 48		2	23 14		21	12 52
	7	19 15		17	02 18		4	17 41		23	07 19
	9	13 45		18	20 47		6	12 08		25	01 45
	11	08 15		20	15 17		8	06 35		26	20 11
	13	02 46		22	09 47		10	01 02		28	14 38
	14	21 16		24	04 16		11	19 29		30	09 05
	16	15 47		25	22 46		13	13 55	Nov.	1	03 31
	18	10 17		27	17 15		15	08 22		2	21 58
	20	04 48		29	11 45		17	02 49		4	16 25
	21	23 18		31	06 14		18	21 15		6	10 52
	23	17 49	June	2	00 44		20	15 42		8	05 19
	25	12 19		3	19 13		22	10 08		9	23 46
	27	06 50		5	13 42		24	04 34		11	18 13
	29	01 20		7	08 11		25	23 01		13	12 40
	30	19 51		9	02 41		27	17 27		15	07 07
Feb.	1	14 21		10	21 10		29	11 53		17	01 35
	3	08 52		12	15 39		31	06 19		18	20 02
	5	03 23		14	10 08	Sept.	2	00 46		20	14 29
	6	21 53		16	04 37		3	19 12		22	08 57
	..	.. ..		17	23 06		5	13 38		24	03 25
Apr.	1	01 13		19	17 34		7	08 04		25	21 52
	2	19 43		21	12 03		9	02 30		27	16 20
	4	14 14		23	06 32		10	20 56		29	10 48
	6	08 44		25	01 00		12	15 21	Dec.	1	05 16
	8	03 15		26	19 29		14	09 47		2	23 44
	9	21 45		28	13 58		16	04 13		4	18 12
	11	16 16		30	08 26		17	22 39		6	12 41
	13	10 46	July	2	02 54		19	17 05		8	07 09
	15	05 16		3	21 23		21	11 31		10	01 37
	16	23 47		5	15 51		23	05 57		11	20 06
	18	18 17		7	10 19		25	00 22		13	14 34
	20	12 47		9	04 47		26	18 48		15	09 03
	22	07 18		10	23 15		28	13 14		17	03 31
	24	01 48		12	17 43		30	07 40		18	22 00
	25	20 18		14	12 11	Oct.	2	02 06		20	16 29
	27	14 48		16	06 39		3	20 32		22	10 58
	29	09 18		18	01 07		5	14 57		24	05 27
May	1	03 48		19	19 35		7	09 23		25	23 56
	2	22 18		21	14 02		9	03 49		27	18 25
	4	16 48		23	08 30		10	22 15		29	12 54
	6	11 18		25	02 57		12	16 41		31	07 23
	8	05 48		26	21 25		14	11 07			

Jupiter is too close to the Sun for observations between February 8 and March 31.

TERRESTRIAL TIME OF SUPERIOR GEOCENTRIC CONJUNCTION

II Europa

	d	h m		d	h m		d	h m		d	h m
Jan.	−1	11 15	May	11	03 20	July	31	21 27	Oct.	21	11 56
	3	00 39		14	16 42	Aug.	4	10 40		25	01 05
	6	14 03		18	06 05		7	23 52		28	14 16
	10	03 27		21	19 27		11	13 04	Nov.	1	03 26
	13	16 51		25	08 48		15	02 15		4	16 37
	17	06 16		28	22 10		18	15 26		8	05 48
	20	19 40	June	1	11 31		22	04 36		11	19 01
	24	09 05		5	00 52		25	17 46		15	08 14
	27	22 30		8	14 12		29	06 55		18	21 28
	31	11 55		12	03 32	Sept.	1	20 05		22	10 41
Feb.	4	01 19		15	16 52		5	09 13		25	23 57
	..	.. ..		19	06 12		8	22 21		29	13 12
Apr.	1	23 59		22	19 31		12	11 29	Dec.	3	02 28
	5	13 23		26	08 49		16	00 37		6	15 44
	9	02 48		29	22 07		19	13 44		10	05 02
	12	16 12	July	3	11 25		23	02 52		13	18 19
	16	05 36		7	00 42		26	15 59		17	07 38
	19	19 00		10	13 58		30	05 07		20	20 57
	23	08 24		14	03 15	Oct.	3	18 14		24	10 17
	26	21 47		17	16 30		7	07 22		27	23 36
	30	11 11		21	05 46		10	20 30		31	12 57
May	4	00 34		24	19 00		14	09 39			
	7	13 57		28	08 14		17	22 47			

III Ganymede

	d	h m		d	h m		d	h m		d	h m
Jan.	−5	02 34	May	4	11 19	July	29	12 23	Oct.	23	04 54
	2	06 56		11	15 41	Aug.	5	16 03		30	08 19
	9	11 21		18	20 01		12	19 37	Nov.	6	11 48
	16	15 49		26	00 19		19	23 06		13	15 22
	23	20 17	June	2	04 34		27	02 31		20	19 00
	31	00 46		9	08 46	Sept.	3	05 52		27	22 44
Feb.	7	05 17		16	12 56		10	09 12	Dec.	5	02 32
	..	.. ..		23	17 01		17	12 28		12	06 25
Apr.	5	17 29		30	21 02		24	15 44		19	10 24
	12	21 59	July	8	00 59	Oct.	1	19 00		26	14 27
	20	02 27		15	04 51		8	22 16			
	27	06 54		22	08 40		16	01 33			

IV Callisto

	d	h m		d	h m		d	h m		d	h m
Jan.	−13	19 22	May	2	16 52	Aug.	11	06 55	Nov.	18	23 40
Jan.	4	15 24		19	12 58		27	22 11	Dec.	5	16 27
	21	11 53	June	5	08 32	Sept.	13	12 41		22	10 16
Feb.	7	08 40		22	03 26		30	02 49			
	..	.. ..	July	8	21 33	Oct.	16	17 05			
Apr.	15	20 22		25	14 44	Nov.	2	07 55			

Jupiter is too close to the Sun for observations between February 8 and March 31.

UNIVERSAL TIME OF GEOCENTRIC PHENOMENA

JANUARY

d	h m			
0	16 03	I	Oc	D
	19 23	I	Ec	R
1	4 01	II	Tr	I
	6 06	II	Sh	I
	6 52	II	Tr	E
	8 53	II	Sh	E
	13 26	I	Tr	I
	14 26	I	Sh	I
	15 43	I	Tr	E
	16 42	I	Sh	E
2	5 07	III	Oc	D
	8 44	III	Oc	R
	9 14	III	Ec	D
	10 34	I	Oc	D
	12 44	III	Ec	R
	13 52	I	Ec	R
	23 12	II	Oc	D
3	4 01	II	Ec	R
	7 56	I	Tr	I
	8 55	I	Sh	I
	10 13	I	Tr	E
	11 11	I	Sh	E
4	5 04	I	Oc	D
	8 21	I	Ec	R
	13 08	IV	Oc	D
	17 26	II	Tr	I
	17 38	IV	Oc	R
	19 25	II	Sh	I
	20 16	II	Tr	E
	22 12	II	Sh	E
	22 32	IV	Ec	D
5	2 26	I	Tr	I
	2 29	IV	Ec	R
	3 24	I	Sh	I
	4 43	I	Tr	E
	5 40	I	Sh	E
	19 25	III	Tr	I
	23 00	III	Tr	E
	23 21	III	Sh	I
	23 34	I	Oc	D
6	2 49	I	Ec	R
	2 50	III	Sh	E
	12 36	II	Oc	D
	17 19	II	Ec	R
	20 56	I	Tr	I
	21 53	I	Sh	I
	23 13	I	Tr	E
7	0 09	I	Sh	E
	18 04	I	Oc	D
	21 18	I	Ec	R
8	6 50	II	Tr	I
	8 44	II	Sh	I

d	h m			
8	9 41	II	Tr	E
	11 31	II	Sh	E
	15 27	I	Tr	I
	16 22	I	Sh	I
	17 43	I	Tr	E
	18 38	I	Sh	E
9	9 32	III	Oc	D
	12 35	I	Oc	D
	13 08	III	Oc	R
	13 16	III	Ec	D
	15 47	I	Ec	R
	16 45	III	Ec	R
10	2 01	II	Oc	D
	6 37	II	Ec	R
	9 57	I	Tr	I
	10 50	I	Sh	I
	12 14	I	Tr	E
	13 06	I	Sh	E
11	7 05	I	Oc	D
	10 16	I	Ec	R
	20 15	II	Tr	I
	22 03	II	Sh	I
	23 06	II	Tr	E
12	0 50	II	Sh	E
	4 27	I	Tr	I
	5 19	I	Sh	I
	6 44	I	Tr	E
	7 35	I	Sh	E
	22 17	IV	Tr	I
	23 50	III	Tr	I
13	1 36	I	Oc	D
	2 44	IV	Tr	E
	3 23	III	Sh	I
	3 25	III	Tr	E
	4 45	I	Ec	R
	6 50	IV	Sh	I
	6 51	III	Sh	E
	10 42	IV	Sh	E
	15 25	II	Oc	D
	19 55	II	Ec	R
	22 57	I	Tr	I
	23 48	I	Sh	I
14	1 14	I	Tr	E
	2 04	I	Sh	E
	20 06	I	Oc	D
	23 14	I	Ec	R
15	9 40	II	Tr	I
	11 22	II	Sh	I
	12 31	II	Tr	E
	14 09	II	Sh	E
	17 28	I	Tr	I
	18 17	I	Sh	I
	19 45	I	Tr	E

d	h m			
15	20 33	I	Sh	E
16	13 59	III	Oc	D
	14 36	I	Oc	D
	17 43	I	Ec	R
	20 47	III	Ec	R
17	4 50	II	Oc	D
	9 13	II	Ec	R
	11 58	I	Tr	I
	12 46	I	Sh	I
	14 15	I	Tr	E
	15 02	I	Sh	E
18	9 07	I	Oc	D
	12 12	I	Ec	R
	23 06	II	Tr	I
19	0 41	II	Sh	I
	1 56	II	Tr	E
	3 28	II	Sh	E
	6 28	I	Tr	I
	7 14	I	Sh	I
	8 45	I	Tr	E
	9 30	I	Sh	E
20	3 37	I	Oc	D
	4 17	III	Tr	I
	6 40	I	Ec	R
	7 24	III	Sh	I
	7 52	III	Tr	E
	10 52	III	Sh	E
	18 14	II	Oc	D
	22 31	II	Ec	R
21	0 59	I	Tr	I
	1 43	I	Sh	I
	3 16	I	Tr	E
	3 59	I	Sh	E
	9 40	IV	Oc	D
	14 03	IV	Oc	R
	16 49	IV	Ec	D
	20 38	IV	Ec	R
	22 08	I	Oc	D
22	1 09	I	Ec	R
	12 31	II	Tr	I
	14 00	II	Sh	I
	15 21	II	Tr	E
	16 47	II	Sh	E
	19 29	I	Tr	I
	20 12	I	Sh	I
	21 46	I	Tr	E
	22 28	I	Sh	E
23	16 38	I	Oc	D
	18 28	III	Oc	D
	19 38	I	Ec	R
24	0 49	III	Ec	R

d	h m			
24	7 39	II	Oc	D
	11 49	II	Ec	R
	14 00	I	Tr	I
	14 41	I	Sh	I
	16 16	I	Tr	E
	16 57	I	Sh	E
25	11 09	I	Oc	D
	14 07	I	Ec	R
26	1 57	II	Tr	I
	3 19	II	Sh	I
	4 48	II	Tr	E
	6 06	II	Sh	E
	8 30	I	Tr	I
	9 09	I	Sh	I
	10 47	I	Tr	E
	11 25	I	Sh	E
27	5 40	I	Oc	D
	8 36	I	Ec	R
	8 47	III	Tr	I
	11 26	III	Sh	I
	12 21	III	Tr	E
	14 53	III	Sh	E
	21 04	II	Oc	D
28	1 06	II	Ec	R
	3 01	I	Tr	I
	3 38	I	Sh	I
	5 17	I	Tr	E
	5 54	I	Sh	E
29	0 10	I	Oc	D
	3 05	I	Ec	R
	15 23	II	Tr	I
	16 38	II	Sh	I
	18 13	II	Tr	E
	19 06	IV	Tr	I
	19 25	II	Sh	E
	21 31	I	Tr	I
	22 07	I	Sh	I
	23 25	IV	Tr	E
	23 48	I	Tr	E
30	0 23	I	Sh	E
	1 10	IV	Sh	I
	4 54	IV	Sh	E
	18 41	I	Oc	D
	21 34	I	Ec	R
	22 58	III	Oc	D
31	4 50	III	Ec	R
	10 29	II	Oc	D
	14 24	II	Ec	R
	16 01	I	Tr	I
	16 36	I	Sh	I
	18 18	I	Tr	E
	18 52	I	Sh	E

I. Jan. 16
$x_2 = + 1.7, \; y_2 = + 0.1$

II. Jan. 17
$x_2 = + 2.1, \; y_2 = + 0.2$

III. Jan. 16
$x_2 = + 2.7, \; y_2 = + 0.2$

IV. Jan. 21
$x_1 = + 2.0, \; y_1 = + 0.4$
$x_2 = + 3.6, \; y_2 = + 0.4$

NOTE.—I denotes ingress; E, egress; D, disappearance; R, reappearance; Ec, eclipse; Oc, occultation; Tr, transit of the satellite; Sh, transit of the shadow.

CONFIGURATIONS OF SATELLITES I-IV FOR JANUARY

UNIVERSAL TIME

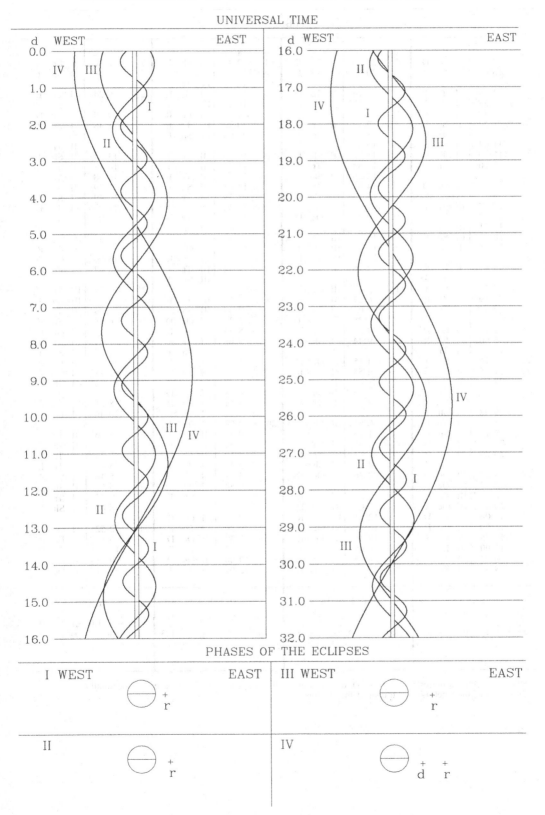

PHASES OF THE ECLIPSES

SATELLITES OF JUPITER, 2022

UNIVERSAL TIME OF GEOCENTRIC PHENOMENA

FEBRUARY

d	h m	event			d	h m	event			d	h m	event			d	h m	event		
1	13 11	I	Oc	D	7	20 20	I	Tr	E	14	22 41	I	Sh	E	21	22 10	II	Ec	R
	16 02	I	Ec	R		20 47	I	Sh	E	15	16 11	IV	Tr	I		22 20	I	Sh	I
2	4 49	II	Tr	I	8	15 14	I	Oc	D		17 17	I	Oc	D	22	0 24	I	Tr	E
	5 58	II	Sh	I		17 58	I	Ec	R		19 29	IV	Sh	I		0 36	I	Sh	E
	7 40	II	Tr	E	9	7 42	II	Tr	I		19 53	I	Ec	R		19 19	I	Oc	D
	8 44	II	Sh	E		8 36	II	Sh	I		20 20	IV	Tr	E		21 48	I	Ec	R
	10 32	I	Tr	I		10 32	II	Tr	E		23 05	IV	Sh	E	23	13 30	II	Tr	I
	11 04	I	Sh	I		11 23	II	Sh	E	16	10 36	II	Tr	I		13 53	II	Sh	I
	12 49	I	Tr	E		12 34	I	Tr	I		11 14	II	Sh	I		16 18	II	Tr	E
	13 20	I	Sh	E		12 59	I	Sh	I		13 25	II	Tr	E		16 38	I	Tr	I
3	7 42	I	Oc	D		14 51	I	Tr	E		14 01	II	Sh	E		16 39	II	Sh	E
	10 31	I	Ec	R		15 15	I	Sh	E		14 36	I	Tr	I		16 49	I	Sh	I
	13 17	III	Tr	I	10	9 45	I	Oc	D		14 54	I	Sh	I		18 55	I	Tr	E
	15 28	III	Sh	I		12 27	I	Ec	R		16 53	I	Tr	E		19 05	I	Sh	E
	16 51	III	Tr	E		17 50	III	Tr	I		17 10	I	Sh	E	24	3 36	IV	Oc	D
	18 54	III	Sh	E		19 31	III	Sh	I	17	11 47	I	Oc	D		8 56	IV	Ec	R
	23 54	II	Oc	D		21 22	III	Tr	E		14 22	I	Ec	R		13 50	I	Oc	D
4	3 42	II	Ec	R		22 56	III	Sh	E		22 22	III	Tr	I		16 17	I	Ec	R
	5 02	I	Tr	I	11	2 44	II	Oc	D		23 32	III	Sh	I	25	2 54	III	Tr	I
	5 33	I	Sh	I		6 17	II	Ec	R	18	1 53	III	Tr	E		3 34	III	Sh	I
	7 19	I	Tr	E		7 04	I	Tr	I		2 57	III	Sh	E		6 24	III	Tr	E
	7 49	I	Sh	E		7 28	I	Sh	I		5 35	II	Oc	D		6 58	III	Sh	E
5	2 13	I	Oc	D		9 21	I	Tr	E		8 53	II	Ec	R		8 26	II	Oc	D
	5 00	I	Ec	R		9 44	I	Sh	E		9 06	I	Tr	I		11 09	I	Tr	I
	18 15	II	Tr	I	12	4 15	I	Oc	D		9 23	I	Sh	I		11 17	I	Sh	I
	19 16	II	Sh	I		6 55	I	Ec	R		11 23	I	Tr	E		11 28	II	Ec	R
	21 05	II	Tr	E		21 09	II	Tr	I		11 39	I	Sh	E		13 25	I	Tr	E
	22 03	II	Sh	E		21 55	II	Sh	I	19	6 18	I	Oc	D		13 33	I	Sh	E
	23 33	I	Tr	I		23 58	II	Tr	E		8 51	I	Ec	R	26	8 21	I	Oc	D
6	0 02	I	Sh	I	13	0 41	II	Sh	E	20	0 02	II	Tr	I		10 46	I	Ec	R
	1 50	I	Tr	E		1 35	I	Tr	I		0 33	II	Sh	I	27	2 56	II	Tr	I
	2 18	I	Sh	E		1 57	I	Sh	I		2 51	II	Tr	E		3 11	II	Sh	I
	20 43	I	Oc	D		3 52	I	Tr	E		3 19	II	Sh	E		5 39	I	Tr	I
	23 29	I	Ec	R		4 13	I	Sh	E		3 37	I	Tr	I		5 45	II	Tr	E
7	3 29	III	Oc	D		22 46	I	Oc	D		3 51	I	Sh	I		5 46	I	Sh	I
	6 32	IV	Oc	D	14	1 24	I	Ec	R		5 54	I	Tr	E		5 57	II	Sh	E
	8 51	III	Ec	R		8 00	III	Oc	D		6 07	I	Sh	E		7 55	I	Tr	E
	10 46	IV	Oc	R		12 51	III	Ec	R	21	0 49	I	Oc	D		8 02	I	Sh	E
	11 06	IV	Ec	D		16 10	II	Oc	D		3 20	I	Ec	R	28	2 52	I	Oc	D
	13 19	II	Oc	D		19 35	II	Ec	R		12 33	III	Oc	D		5 15	I	Ec	R
	14 48	IV	Ec	R		20 05	I	Tr	I		16 52	III	Ec	R		17 06	III	Oc	D
	17 00	II	Ec	R		20 25	I	Sh	I		19 00	II	Oc	D		20 53	III	Ec	R
	18 03	I	Tr	I		22 22	I	Tr	E		22 07	I	Tr	I		21 51	II	Oc	D
	18 31	I	Sh	I															

I. Feb. 15	II. Feb. 14	III. Feb. 14	IV. Feb. 7
$x_2 = +1.3$, $y_2 = +0.1$	$x_2 = +1.4$, $y_2 = +0.2$	$x_2 = +1.7$, $y_2 = +0.3$	$x_1 = +1.0$, $y_1 = +0.5$
			$x_2 = +2.5$, $y_2 = +0.5$

NOTE.—I denotes ingress; E, egress; D, disappearance; R, reappearance; Ec, eclipse; Oc, occultation; Tr, transit of the satellite; Sh, transit of the shadow.

CONFIGURATIONS OF SATELLITES I-IV FOR FEBRUARY

UNIVERSAL TIME

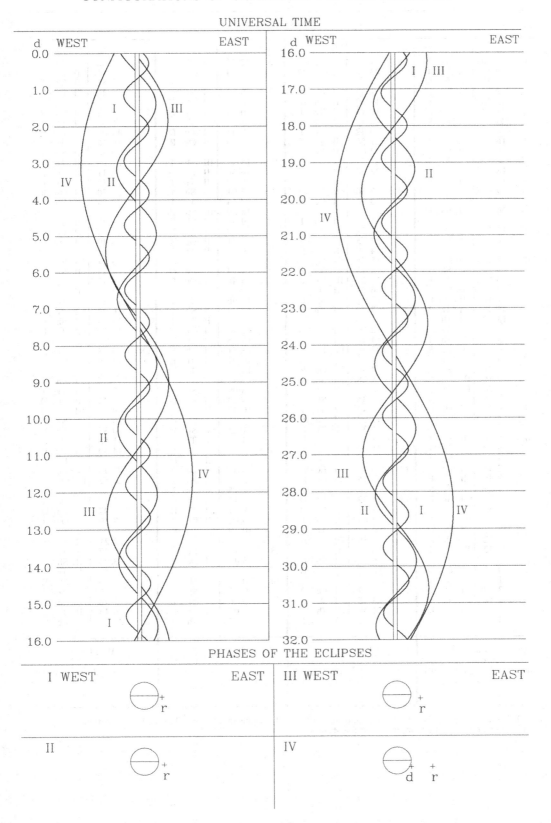

PHASES OF THE ECLIPSES

SATELLITES OF JUPITER, 2022

UNIVERSAL TIME OF GEOCENTRIC PHENOMENA

MARCH

d	h m		d	h m		d	h m		d	h m	
1	0 10	I Tr I	8	4 28	I Tr E	16	22 32	I Sh I	24	3 02	I Tr E
	0 15	I Sh I		23 22	I Ec D		22 44	I Tr I		3 11	II Sh E
	0 45	II Ec R	9	1 43	I Oc R	17	0 33	II Sh E		3 51	II Tr E
	2 26	I Tr E		19 09	II Sh I		0 48	I Sh E		21 40	I Ec D
	2 30	I Sh E		19 18	II Tr I		0 59	II Tr E	25	0 18	I Oc R
	21 22	I Oc D		20 38	I Sh I		1 00	I Tr E		18 55	I Sh I
	23 43	I Ec R		20 42	I Tr I		19 45	I Ec D		19 05	II Ec D
2	16 24	II Tr I		21 55	II Sh E		22 16	I Oc R		19 16	I Tr I
	16 31	II Sh I		22 05	II Tr E	18	15 37	III Sh I		19 38	III Sh I
	18 40	I Tr I		22 53	I Sh E		16 30	II Ec D		21 05	III Tr I
	18 43	I Sh I		22 58	I Tr E		16 32	III Tr I		21 11	I Sh E
	19 12	II Tr E	10	17 50	I Ec D		17 01	I Sh I		21 32	I Tr E
	19 17	II Sh E		20 13	I Oc R		17 14	I Tr I		22 30	II Oc R
	20 56	I Tr E	11	11 35	III Sh I		18 59	III Sh E		22 59	III Sh E
	20 59	I Sh E		11 59	III Tr I		19 16	I Sh E	26	0 28	III Tr E
3	15 53	I Oc D		13 55	II Ec D		19 30	I Tr E		16 09	I Ec D
	18 12	I Ec R		14 58	III Sh E		19 41	II Oc R		18 49	I Oc R
4	7 27	III Tr I		15 06	I Sh I		19 57	III Tr E	27	13 24	I Sh I
	7 35	III Sh I		15 13	I Tr I	19	14 14	I Ec D		13 45	II Sh I
	10 55	III Tr E		15 26	III Tr E		16 46	I Oc R		13 47	I Tr I
	10 58	III Sh E		16 51	II Oc R	20	11 06	II Sh I		14 32	II Tr I
	11 16	II Oc D		17 22	I Sh E		11 29	I Sh I		15 39	I Sh E
	13 11	I Tr I		17 29	I Tr E		11 38	II Tr I		16 02	I Tr E
	13 12	I Sh I	12	12 19	I Ec D		11 45	I Tr I		16 29	II Sh E
	13 26	IV Tr I		14 44	I Oc R		13 45	I Sh E		17 17	II Tr E
	13 49	IV Sh I		23 40	IV Ec D		13 51	II Sh E	28	10 38	I Ec D
	14 03	II Ec R	13	4 30	IV Oc R		14 01	I Tr E		13 19	I Oc R
	15 27	I Tr E		8 28	II Sh I		14 25	II Tr E	29	7 52	I Sh I
	15 28	I Sh E		8 44	II Tr I	21	8 09	IV Sh I		8 17	I Tr I
	17 16	IV Sh E		9 35	I Sh I		8 43	I Ec D		8 22	II Ec D
	17 20	IV Tr E		9 43	I Tr I		10 43	IV Tr I		9 36	III Ec D
5	10 24	I Oc D		11 13	II Sh E		11 17	I Oc R		10 08	I Sh E
	12 41	I Oc R		11 31	II Tr E		11 25	IV Sh E		10 33	I Tr E
6	5 50	II Sh I		11 51	I Sh E		14 17	IV Tr E		11 55	II Oc R
	5 50	II Tr I		11 59	I Tr E	22	5 35	III Ec D		14 40	III Oc R
	7 41	I Sh I	14	6 48	I Ec D		5 47	II Ec D		17 57	IV Ec D
	7 41	I Tr I		9 15	I Oc R		5 58	I Sh I		21 11	IV Ec R
	8 35	II Sh E	15	1 33	III Ec D		6 15	I Tr I		21 52	IV Oc D
	8 38	II Tr E		3 12	II Ec D		8 13	I Sh E	30	1 17	IV Oc R
	9 56	I Sh E		4 04	I Sh I		8 31	I Tr E		5 07	I Ec D
	9 57	I Tr E		4 14	I Tr I		9 06	II Oc R		7 50	I Oc R
7	4 53	I Ec D		5 39	III Oc R		10 10	III Oc R	31	2 21	I Sh I
	7 12	I Oc R		6 16	II Oc R	23	3 12	I Ec D		2 47	I Tr I
	21 32	III Ec D		6 19	I Sh E		5 47	I Oc R		3 04	II Sh I
8	0 37	II Ec D		6 30	I Tr E	24	0 26	II Sh I		3 59	II Tr I
	1 08	III Oc R	16	1 17	I Ec D		0 27	I Sh I		4 36	I Sh E
	2 09	I Sh I		3 45	I Oc R		0 46	I Tr I		5 03	I Tr E
	2 12	I Tr I		21 48	II Sh I		1 05	II Tr I		5 48	II Sh E
	3 27	II Oc R		22 12	II Tr I		2 42	I Sh E		6 44	II Tr E
	4 25	I Sh E								23 35	I Ec D

I. Mar. 16	II. Mar. 15	III. Mar. 15	IV. Mar. 12
$x_1 = -1.2, \ y_1 = +0.1$	$x_1 = -1.2, \ y_1 = +0.1$	$x_1 = -1.3, \ y_1 = +0.3$	$x_1 = -1.2, \ y_1 = +0.6$

NOTE.—I denotes ingress; E, egress; D, disappearance; R, reappearance; Ec, eclipse; Oc, occultation; Tr, transit of the satellite; Sh, transit of the shadow.

CONFIGURATIONS OF SATELLITES I-IV FOR MARCH

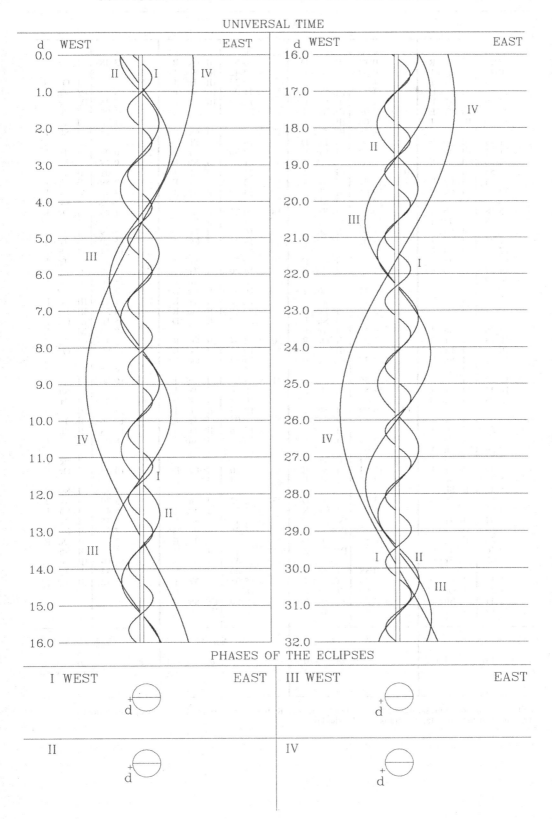

UNIVERSAL TIME

PHASES OF THE ECLIPSES

SATELLITES OF JUPITER, 2022

UNIVERSAL TIME OF GEOCENTRIC PHENOMENA

APRIL

d	h m				d	h m				d	h m				d	h m		
1	2 20	I	Oc	R	9	0 15	II	Ec	D	16	6 55	II	Oc	R	23	23 48	I	Ec	D
	20 49	I	Sh	I		0 59	I	Sh	E		7 42	III	Sh	I	24	2 55	I	Oc	R
	21 18	I	Tr	I		1 34	I	Tr	E		10 37	III	Tr	I		4 57	IV	Tr	I
	21 40	II	Ec	D		3 41	III	Sh	I		11 00	III	Sh	E		7 35	IV	Tr	E
	23 05	I	Sh	E		4 07	II	Oc	R		13 53	III	Tr	E		21 00	I	Sh	I
	23 33	I	Tr	E		6 08	III	Tr	I		21 53	I	Ec	D		21 50	I	Tr	I
	23 40	III	Sh	I		7 00	III	Sh	E	17	0 54	I	Oc	R		23 15	I	Sh	E
2	1 19	II	Oc	R		9 26	III	Tr	E		19 06	I	Sh	I	25	0 05	I	Tr	E
	1 37	III	Tr	I		19 59	I	Ec	D		19 50	I	Tr	I		0 17	II	Sh	I
	3 00	III	Sh	E		22 52	I	Oc	R		21 21	I	Sh	E		2 01	II	Tr	I
	4 58	III	Tr	E	10	17 12	I	Sh	I		21 39	II	Sh	I		2 59	II	Sh	E
	18 04	I	Ec	D		17 49	I	Tr	I		22 05	I	Tr	E		4 42	II	Tr	E
	20 51	I	Oc	R		19 01	II	Sh	I		23 10	II	Tr	I		18 17	I	Ec	D
3	15 18	I	Sh	I		19 27	I	Sh	E	18	0 22	II	Sh	E		21 25	I	Oc	R
	15 48	I	Tr	I		20 04	I	Tr	E		1 52	II	Tr	E	26	15 29	I	Sh	I
	16 23	II	Sh	I		20 18	II	Tr	I		16 22	I	Ec	D		16 20	I	Tr	I
	17 25	II	Tr	I		21 44	II	Sh	E		19 24	I	Oc	R		17 44	I	Sh	E
	17 33	I	Sh	E		23 01	II	Tr	E	19	13 35	I	Sh	I		18 35	I	Tr	E
	18 03	I	Tr	E	11	14 28	I	Ec	D		14 20	I	Tr	I		18 42	II	Ec	D
	19 07	II	Sh	E		17 23	I	Oc	R		15 50	I	Sh	E		23 06	II	Oc	R
	20 10	II	Tr	E	12	11 41	I	Sh	I		16 07	II	Ec	D	27	1 41	III	Ec	D
4	12 33	I	Ec	D		12 19	I	Tr	I		16 35	I	Tr	E		4 58	III	Ec	R
	15 21	I	Oc	R		13 32	II	Ec	D		20 19	II	Oc	R		5 16	III	Oc	D
5	9 46	I	Sh	I		13 56	I	Sh	E		21 39	III	Ec	D		8 30	III	Oc	R
	10 18	I	Tr	I		14 34	I	Tr	E	20	4 04	III	Oc	R		12 45	I	Ec	D
	10 57	II	Ec	D		17 31	II	Oc	R		10 51	I	Ec	D		15 55	I	Oc	R
	12 02	I	Sh	E		17 38	III	Ec	D		13 54	I	Oc	R	28	9 57	I	Sh	I
	12 34	I	Tr	E		23 37	III	Oc	R	21	8 03	I	Sh	I		10 50	I	Tr	I
	13 37	III	Ec	D	13	8 56	I	Ec	D		8 50	I	Tr	I		12 12	I	Sh	E
	14 43	II	Oc	R		11 53	I	Oc	R		10 18	I	Sh	E		13 05	I	Tr	E
	19 08	III	Oc	R	14	6 09	I	Sh	I		10 58	II	Sh	I		13 36	II	Sh	I
6	7 01	I	Ec	D		6 50	I	Tr	I		11 05	I	Tr	E		15 26	II	Tr	I
	9 52	I	Oc	R		8 20	II	Sh	I		12 36	II	Tr	I		16 18	II	Sh	E
7	2 29	IV	Sh	I		8 24	I	Sh	E		13 41	II	Sh	E		18 07	II	Tr	E
	4 15	I	Sh	I		9 04	I	Tr	E		15 17	II	Tr	E	29	7 14	I	Ec	D
	4 49	I	Tr	I		9 44	II	Tr	I	22	5 20	I	Ec	D		10 25	I	Oc	R
	5 34	IV	Sh	E		11 04	II	Sh	E		8 24	I	Oc	R	30	4 26	I	Sh	I
	5 42	II	Sh	I		12 27	II	Tr	E	23	2 32	I	Sh	I		5 20	I	Tr	I
	6 30	I	Sh	E	15	3 25	I	Ec	D		3 20	I	Tr	I		6 41	I	Sh	E
	6 52	II	Tr	I		6 23	I	Oc	R		4 47	I	Sh	E		7 35	I	Tr	E
	7 04	I	Tr	E		12 13	IV	Ec	D		5 25	II	Ec	D		7 59	II	Ec	D
	7 55	IV	Tr	I		15 17	IV	Ec	R		5 35	I	Tr	E		12 29	II	Oc	R
	8 26	II	Sh	E		18 51	IV	Oc	D		9 43	II	Oc	R		15 44	III	Sh	I
	9 36	II	Tr	E		21 51	IV	Oc	R		11 43	III	Sh	I		18 59	III	Sh	E
	11 05	IV	Tr	E	16	0 38	I	Sh	I		15 00	III	Sh	E		19 32	III	Tr	I
8	1 30	I	Ec	D		1 20	I	Tr	I		15 05	III	Tr	I		22 42	III	Tr	E
	4 22	I	Oc	R		2 50	II	Ec	D		18 19	III	Tr	E					
	22 44	I	Sh	I		2 53	I	Sh	E		20 50	IV	Sh	I					
	23 19	I	Tr	I		3 35	I	Tr	E		23 42	IV	Sh	E					

I. Apr. 16	II. Apr. 16	III. Apr. 12	IV. Apr. 15
$x_1 = -1.6,\ y_1 = +0.2$	$x_1 = -1.9,\ y_1 = +0.3$	$x_1 = -2.4,\ y_1 = +0.4$	$x_1 = -3.3,\ y_1 = +0.8$
			$x_2 = -2.1,\ y_2 = +0.8$

NOTE.—I denotes ingress; E, egress; D, disappearance; R, reappearance; Ec, eclipse; Oc, occultation; Tr, transit of the satellite; Sh, transit of the shadow.

CONFIGURATIONS OF SATELLITES I-IV FOR APRIL

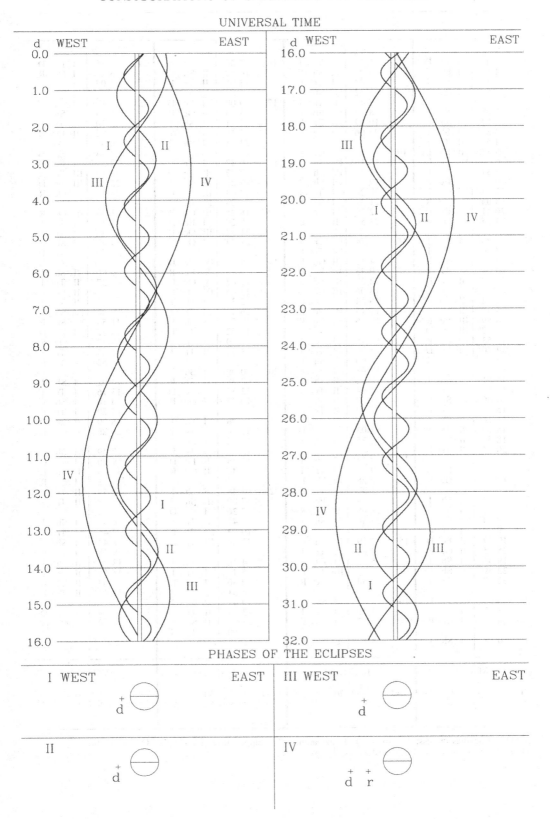

UNIVERSAL TIME

PHASES OF THE ECLIPSES

SATELLITES OF JUPITER, 2022

UNIVERSAL TIME OF GEOCENTRIC PHENOMENA

MAY

d	h m				d	h m				d	h m				d	h m			
1	1 43	I	Ec	D	9	1 50	I	Tr	I	16	10 28	II	Tr	I	24	1 55	I	Ec	D
	4 55	I	Oc	R		3 03	I	Sh	E		10 50	II	Sh	E		5 23	I	Oc	R
	22 54	I	Sh	I		4 04	I	Tr	E		13 05	II	Tr	E		23 05	I	Sh	I
	23 50	I	Tr	I		5 32	II	Sh	I	17	0 00	I	Ec	D	25	0 17	I	Tr	I
2	1 09	I	Sh	E		7 40	II	Tr	I		3 24	I	Oc	R		1 19	I	Sh	E
	2 04	I	Tr	E		8 14	II	Sh	E		21 11	I	Sh	I		2 30	I	Tr	E
	2 55	II	Sh	I		10 19	II	Tr	E		22 18	I	Tr	I		5 02	II	Ec	D
	4 51	II	Tr	I		22 06	I	Ec	D		23 25	I	Sh	E		10 05	II	Oc	R
	5 37	II	Sh	E	10	1 25	I	Oc	R	18	0 32	I	Tr	E		17 44	III	Ec	D
	6 30	IV	Ec	D		15 10	IV	Sh	I		2 27	II	Ec	D		20 23	I	Ec	D
	7 31	II	Tr	E		17 49	IV	Sh	E		7 22	II	Oc	R		20 58	III	Ec	R
	9 22	IV	Ec	R		19 17	I	Sh	I		13 44	III	Ec	D		22 47	III	Oc	D
	15 38	IV	Oc	D		20 20	I	Tr	I		16 58	III	Ec	R		23 52	I	Oc	R
	18 04	IV	Oc	R		21 31	I	Sh	E		18 28	III	Oc	D	26	1 48	III	Oc	R
	20 11	I	Ec	D		22 33	I	Tr	E		18 29	I	Ec	D		17 33	I	Sh	I
	23 25	I	Oc	R		23 52	II	Ec	D		21 32	III	Oc	R		18 46	I	Tr	I
3	17 23	I	Sh	I	11	1 44	IV	Tr	I		21 54	I	Oc	R		19 47	I	Sh	E
	18 20	I	Tr	I		3 39	IV	Tr	E	19	0 48	IV	Ec	D		20 59	I	Tr	E
	19 37	I	Sh	E		4 37	II	Oc	R		3 27	IV	Ec	R	27	0 06	II	Sh	I
	20 34	I	Tr	E		9 43	III	Ec	D		12 07	IV	Oc	D		2 37	II	Tr	I
	21 17	II	Ec	D		12 59	III	Ec	R		13 46	IV	Oc	R		2 46	II	Sh	E
4	1 52	II	Oc	R		14 06	III	Oc	D		15 39	I	Sh	I		5 12	II	Tr	E
	5 42	III	Ec	D		16 34	I	Ec	D		16 48	I	Tr	I		9 31	IV	Sh	I
	8 59	III	Ec	R		17 14	III	Oc	R		17 54	I	Sh	E		11 55	IV	Sh	E
	9 42	III	Oc	D		19 55	I	Oc	R		19 02	I	Tr	E		14 52	I	Ec	D
	12 53	III	Oc	R	12	13 45	I	Sh	I		21 29	II	Sh	I		18 22	I	Oc	R
	14 40	I	Ec	D		14 49	I	Tr	I		23 52	II	Tr	I		22 23	IV	Tr	I
	17 55	I	Oc	R		16 00	I	Sh	E	20	0 09	II	Sh	E		22 53	IV	Tr	E
5	11 51	I	Sh	I		17 03	I	Tr	E		2 28	II	Tr	E	28	12 02	I	Sh	I
	12 50	I	Tr	I		18 52	II	Sh	I		12 57	I	Ec	D		13 16	I	Tr	I
	14 06	I	Sh	E		21 04	II	Tr	I		16 23	I	Oc	R		14 16	I	Sh	E
	15 04	I	Tr	E		21 32	II	Sh	E	21	10 08	I	Sh	I		15 29	I	Tr	E
	16 14	II	Sh	I		23 42	II	Tr	E		11 18	I	Tr	I		18 20	II	Ec	D
	18 16	II	Tr	I	13	11 03	I	Ec	D		12 22	I	Sh	E		23 26	II	Oc	R
	18 56	II	Sh	E		14 25	I	Oc	R		13 31	I	Tr	E	29	7 49	III	Sh	I
	20 55	II	Tr	E	14	8 14	I	Sh	I		15 44	II	Ec	D		9 20	I	Ec	D
6	9 09	I	Ec	D		9 19	I	Tr	I		20 44	II	Oc	R		11 00	III	Sh	E
	12 25	I	Oc	R		10 28	I	Sh	E	22	3 48	III	Sh	I		12 51	I	Oc	R
7	6 20	I	Sh	I		11 33	I	Tr	E		7 00	III	Sh	E		12 59	III	Tr	I
	7 20	I	Tr	I		13 09	II	Ec	D		7 26	I	Ec	D		15 58	III	Tr	E
	8 34	I	Sh	E		18 00	II	Oc	R		8 41	III	Tr	I	30	6 30	I	Sh	I
	9 34	I	Tr	E		23 46	III	Sh	I		10 53	I	Oc	R		7 45	I	Tr	I
	10 34	II	Ec	D	15	2 59	III	Sh	E		11 43	III	Tr	E		8 44	I	Sh	E
	15 15	II	Oc	R		4 20	III	Tr	I	23	4 36	I	Sh	I		9 58	I	Tr	E
	19 45	III	Sh	I		5 32	I	Ec	D		5 47	I	Tr	I		13 25	II	Sh	I
	22 59	III	Sh	E		7 25	III	Tr	E		6 50	I	Sh	E		15 59	II	Tr	I
	23 57	III	Tr	I		8 54	I	Oc	R		8 01	I	Tr	E		16 04	II	Sh	E
8	3 05	III	Tr	E	16	2 42	I	Sh	I		10 47	II	Sh	I		18 34	II	Tr	E
	3 37	I	Ec	D		3 49	I	Tr	I		13 14	II	Tr	I	31	3 49	I	Ec	D
	6 55	I	Oc	R		4 57	I	Sh	E		13 27	II	Sh	E		7 20	I	Oc	R
9	0 48	I	Sh	I		6 02	I	Tr	E		15 50	II	Tr	E					
						8 10	II	Sh	I										

I. May 15	II. May 14	III. May 18	IV. May 19
$x_1 = -1.9,\ y_1 = +0.2$	$x_1 = -2.4,\ y_1 = +0.4$	$x_1 = -3.4,\ y_1 = +0.5$	$x_1 = -5.0,\ y_1 = +0.9$
		$x_2 = -1.7,\ y_2 = +0.5$	$x_2 = -3.9,\ y_2 = +0.9$

NOTE.—I denotes ingress; E, egress; D, disappearance; R, reappearance; Ec, eclipse; Oc, occultation; Tr, transit of the satellite; Sh, transit of the shadow.

CONFIGURATIONS OF SATELLITES I-IV FOR MAY

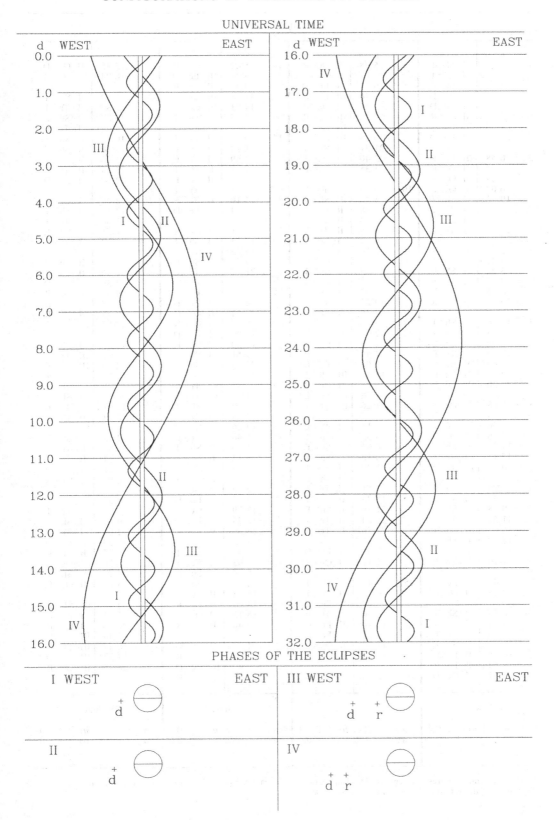

UNIVERSAL TIME

PHASES OF THE ECLIPSES

SATELLITES OF JUPITER, 2022

UNIVERSAL TIME OF GEOCENTRIC PHENOMENA

JUNE

d	h m				d	h m				d	h m				d	h m			
1	0 59	I	Sh	I	8	15 28	II	Oc	R	16	5 42	I	Oc	R	23	15 35	III	Oc	D
	2 14	I	Tr	I							5 48	III	Ec	D		18 24	III	Oc	R
	3 13	I	Sh	E	9	0 11	I	Ec	D		8 58	III	Ec	R	24	1 09	I	Sh	I
	4 27	I	Tr	E		1 46	III	Ec	D		11 28	III	Oc	D		2 32	I	Tr	I
	7 37	II	Ec	D		3 46	I	Oc	R		14 21	III	Oc	R		3 22	I	Sh	E
	12 47	II	Oc	R		4 58	III	Ec	R		23 15	I	Sh	I		4 44	I	Tr	E
	21 46	III	Ec	D		7 17	III	Oc	D	17	0 36	I	Tr	I		10 33	II	Sh	I
	22 17	I	Ec	D		10 13	III	Oc	R		1 29	I	Sh	E		13 10	II	Sh	E
2	0 58	III	Ec	R		21 21	I	Sh	I		2 49	I	Tr	E		13 23	II	Tr	I
	1 50	I	Oc	R		22 40	I	Tr	I		7 57	II	Sh	I		15 53	II	Tr	E
	3 04	III	Oc	D		23 35	I	Sh	E		10 35	II	Sh	E		22 28	I	Ec	D
	6 02	III	Oc	R	10	0 53	I	Tr	E		10 44	II	Tr	I	25	2 06	I	Oc	R
	19 27	I	Sh	I		5 20	II	Sh	I		13 16	II	Tr	E		19 37	I	Sh	I
	20 44	I	Tr	I		7 58	II	Sh	E		20 34	I	Ec	D		21 00	I	Tr	I
	21 41	I	Sh	E		8 04	II	Tr	I	18	0 11	I	Oc	R		21 51	I	Sh	E
	22 57	I	Tr	E		10 36	II	Tr	E		17 44	I	Sh	I		23 12	I	Tr	E
3	2 43	II	Sh	I		18 40	I	Ec	D		19 05	I	Tr	I	26	4 41	II	Ec	D
	5 21	II	Tr	I		22 16	I	Oc	R		19 57	I	Sh	E		7 20	II	Ec	R
	5 22	II	Sh	E	11	15 50	I	Sh	I		21 17	I	Tr	E		7 32	II	Oc	D
	7 55	II	Tr	E		17 10	I	Tr	I	19	2 05	II	Ec	D		10 04	II	Oc	R
	16 46	I	Ec	D		18 03	I	Sh	E		4 44	II	Ec	R		16 57	I	Ec	D
	20 19	I	Oc	R		19 22	I	Tr	E		4 54	II	Oc	D		20 35	I	Oc	R
4	13 56	I	Sh	I		23 30	II	Ec	D		7 27	II	Oc	R		23 52	III	Sh	I
	15 13	I	Tr	I	12	2 09	II	Ec	R		15 03	I	Ec	D	27	2 58	III	Sh	E
	16 09	I	Sh	E		2 14	II	Oc	D		18 40	I	Oc	R		5 40	III	Tr	I
	17 26	I	Tr	E		4 48	II	Oc	R		19 51	III	Sh	I		8 26	III	Tr	E
	19 06	IV	Ec	D		13 08	I	Ec	D		22 58	III	Sh	E		14 06	I	Sh	I
	20 55	II	Ec	D		15 50	III	Sh	I	20	1 35	III	Tr	I		15 29	I	Tr	I
	21 30	IV	Ec	R		16 45	I	Oc	R		4 23	III	Tr	E		16 19	I	Sh	E
						18 58	III	Sh	E		12 12	I	Sh	I		17 41	I	Tr	E
5	2 08	II	Oc	R		21 26	III	Tr	I		13 34	I	Tr	I		23 51	II	Sh	I
	11 14	I	Ec	D	13	0 18	III	Tr	E		14 26	I	Sh	E	28	2 28	II	Sh	E
	11 50	III	Sh	I		3 54	IV	Sh	I		15 46	I	Tr	E		2 41	II	Tr	I
	14 48	I	Oc	R		6 01	IV	Sh	E		21 15	II	Sh	I		5 11	II	Tr	E
	14 59	III	Sh	E		10 18	I	Sh	I		23 52	II	Sh	E		11 25	I	Ec	D
	17 14	III	Tr	I		11 39	I	Tr	I	21	0 04	II	Tr	I		15 03	I	Oc	R
	20 10	III	Tr	E		12 32	I	Sh	E		2 35	II	Tr	E					
						13 51	I	Tr	E		9 31	I	Ec	D	29	8 34	I	Sh	I
6	8 24	I	Sh	I		18 38	II	Sh	I		13 09	I	Oc	R		9 57	I	Tr	I
	9 42	I	Tr	I		21 16	II	Sh	E		13 24	IV	Ec	D		10 48	I	Sh	E
	10 38	I	Sh	E		21 24	II	Tr	I		15 33	IV	Ec	R		12 09	I	Tr	E
	11 55	I	Tr	E		23 56	II	Tr	E	22	6 41	I	Sh	I		17 59	II	Ec	D
	16 02	II	Sh	I	14	7 37	I	Ec	D		8 03	I	Tr	I		20 37	II	Ec	R
	18 40	II	Sh	E		11 14	I	Oc	R		8 54	I	Sh	E		20 50	II	Oc	D
	18 43	II	Tr	I							10 15	I	Tr	E		22 17	IV	Sh	I
	21 16	II	Tr	E	15	4 47	I	Sh	I		15 23	II	Ec	D		23 22	II	Oc	R
7	5 43	I	Ec	D		6 07	I	Tr	I		18 02	II	Ec	R	30	0 05	IV	Sh	E
	9 17	I	Oc	R		7 00	I	Sh	E		18 13	II	Oc	D		5 54	I	Ec	D
						8 20	I	Tr	E		20 46	II	Oc	R		9 32	I	Oc	R
8	2 53	I	Sh	I		12 48	II	Ec	D	23	4 00	I	Ec	D		13 49	III	Ec	D
	4 11	I	Tr	I		15 27	II	Ec	R		7 37	I	Oc	R		16 57	III	Ec	R
	5 06	I	Sh	E		15 34	II	Oc	D		9 49	III	Ec	D		19 37	III	Oc	D
	6 24	I	Tr	E		18 08	II	Oc	R		12 58	III	Ec	R		22 24	III	Oc	R
	10 12	II	Ec	D	16	2 06	I	Ec	D										
	12 52	II	Ec	R															
	12 54	II	Oc	D															

I. June 16	II. June 15	III. June 16	IV. June 21
$x_1 = -2.1,\ y_1 = +0.2$	$x_1 = -2.8,\ y_1 = +0.4$	$x_1 = -3.9,\ y_1 = +0.6$	$x_1 = -5.8,\ y_1 = +1.0$
	$x_2 = -1.0,\ y_2 = +0.4$	$x_2 = -2.2,\ y_2 = +0.6$	$x_2 = -4.9,\ y_2 = +1.0$

NOTE.—I denotes ingress; E, egress; D, disappearance; R, reappearance; Ec, eclipse; Oc, occultation; Tr, transit of the satellite; Sh, transit of the shadow.

CONFIGURATIONS OF SATELLITES I-IV FOR JUNE

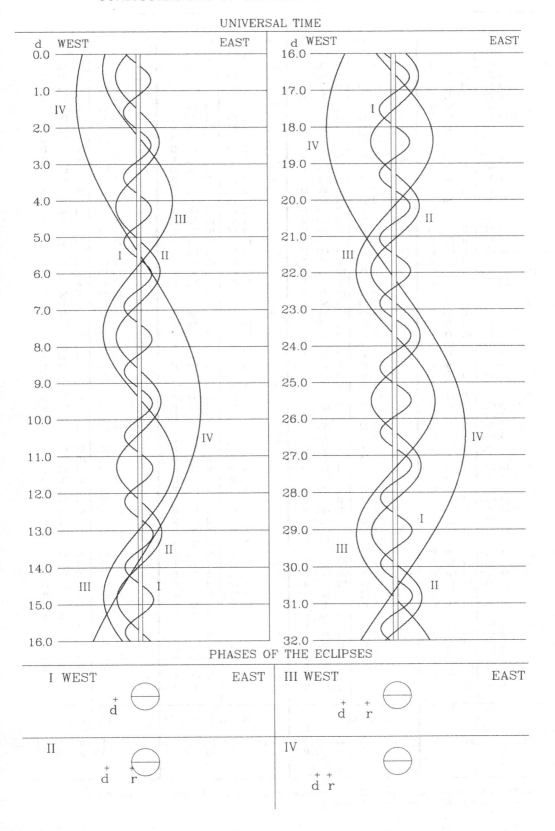

UNIVERSAL TIME

PHASES OF THE ECLIPSES

SATELLITES OF JUPITER, 2022

UNIVERSAL TIME OF GEOCENTRIC PHENOMENA

JULY

d	h m		d	h m		d	h m		d	h m	
1	3 03	I Sh I	8	15 46	II Sh I	16	7 44	I Oc R	24	5 26	I Sh E
	4 26	I Tr I		18 22	II Sh E		16 42	IV Sh I		6 42	I Tr E
	5 16	I Sh E		18 34	II Tr I		18 06	IV Sh E		15 05	II Ec D
	6 38	I Tr E		21 02	II Tr E	17	1 19	I Sh I		17 42	II Ec R
	13 10	II Sh I	9	2 16	I Ec D		2 39	I Tr I		17 44	II Oc D
	15 46	II Sh E		5 53	I Oc R		3 32	I Sh E		20 13	II Oc R
	15 59	II Tr I		23 25	I Sh I		4 51	I Tr E	25	0 33	I Ec D
	18 29	II Tr E	10	0 47	I Tr I		12 29	II Ec D		2 06	IV Ec D
2	0 22	I Ec D		1 39	I Sh E		15 06	II Ec R		3 35	IV Ec R
	4 00	I Oc R		2 59	I Tr E		15 14	II Oc D		4 02	I Oc R
	21 31	I Sh I		9 53	II Ec D		17 44	II Oc R		15 56	III Sh I
	22 54	I Tr I		12 31	II Ec R		22 39	I Ec D		18 58	III Sh E
	23 45	I Sh E		12 42	II Oc D	18	2 12	I Oc R		21 17	III Tr I
3	1 06	I Tr E		15 12	II Oc R		11 55	III Sh I		21 42	I Sh I
	7 17	II Ec D		20 45	I Ec D		14 58	III Sh E		22 58	I Tr I
	9 55	II Ec R	11	0 21	I Oc R		17 30	III Tr I		23 52	III Tr E
	10 08	II Oc D		7 55	III Sh I		19 48	I Sh I		23 55	I Sh E
	12 39	II Oc R		10 58	III Sh E		20 07	III Tr E	26	1 09	I Tr E
	18 51	I Ec D		13 38	III Tr I		21 07	I Tr I		10 15	II Sh I
	22 28	I Oc R		16 18	III Tr E		22 01	I Sh E		12 49	II Tr I
4	3 53	III Sh I		17 54	I Sh I		23 19	I Tr E		12 50	II Sh E
	6 58	III Sh E		19 15	I Tr I	19	7 39	II Sh I		15 15	II Tr E
	9 41	III Tr I		20 07	I Sh E		10 15	II Sh E		19 01	I Ec D
	12 24	III Tr E		21 27	I Tr E		10 21	II Tr I		22 30	I Oc R
	16 00	I Sh I	12	5 03	II Sh I		12 48	II Tr E	27	16 10	I Sh I
	17 23	I Tr I		7 39	II Sh E		17 07	I Ec D		17 25	I Tr I
	18 13	I Sh E		7 50	II Tr I		20 40	I Oc R		18 24	I Sh E
	19 34	I Tr E		10 18	II Tr E	20	14 16	I Sh I		19 37	I Tr E
5	2 27	II Sh I		15 13	I Ec D		15 35	I Tr I	28	4 23	II Ec D
	5 04	II Sh E		18 49	I Oc R		16 29	I Sh E		9 27	II Oc R
	5 17	II Tr I	13	12 22	I Sh I		17 46	I Tr E		13 30	I Ec D
	7 46	II Tr E		13 43	I Tr I	21	1 47	II Ec D		16 57	I Oc R
	13 19	I Ec D		14 36	I Sh E		4 24	II Ec R	29	5 52	III Ec D
	16 56	I Oc R		15 55	I Tr E		4 30	II Oc D		8 56	III Ec R
6	10 28	I Sh I		23 11	II Ec D		6 59	II Oc R		10 39	I Sh I
	11 51	I Tr I	14	1 49	II Ec R		11 36	I Ec D		11 04	III Oc D
	12 42	I Sh E		1 59	II Oc D		15 07	I Oc R		11 53	I Tr I
	14 03	I Tr E		4 29	II Oc R	22	1 51	III Ec D		12 52	I Sh E
	20 35	II Ec D		9 42	I Ec D		4 56	III Ec R		13 40	III Oc R
	23 13	II Ec R		13 17	I Oc R		7 19	III Oc D		14 04	I Tr E
	23 25	II Oc D		21 50	III Ec D		8 45	I Sh I		23 33	II Sh I
7	1 56	II Oc R	15	0 56	III Ec R		9 58	III Oc R	30	2 02	II Tr I
	7 48	I Ec D		3 29	III Oc D		10 02	I Tr I		2 07	II Sh E
	11 25	I Oc R		6 10	III Oc R		10 58	I Sh E		4 28	II Tr E
	17 50	III Ec D		6 51	I Sh I		12 14	I Tr E		7 58	I Ec D
	20 56	III Ec R		8 11	I Tr I		20 57	II Sh I		11 25	I Oc R
	23 36	III Oc D		9 04	I Sh E		23 32	II Sh E	31	5 07	I Sh I
8	2 19	III Oc R		10 23	I Tr E		23 35	II Tr I		6 20	I Tr I
	4 57	I Sh I		18 21	II Sh I	23	2 02	II Tr E		7 21	I Sh E
	6 19	I Tr I		20 57	II Sh E		6 04	I Ec D		8 31	I Tr E
	7 10	I Sh E		21 06	II Tr I		9 35	I Oc R		17 41	II Ec D
	7 44	IV Ec D		23 33	II Tr E	24	3 13	I Sh I		22 40	II Oc R
	8 31	I Tr E	16	4 10	I Ec D		4 30	I Tr I			
	9 35	IV Ec R									

I. July 16	II. July 17	III. July 14, 15	IV. July 8
$x_1 = -2.1,\ y_1 = +0.2$	$x_1 = -2.7,\ y_1 = +0.5$	$x_1 = -3.8,\ y_1 = +0.6$	$x_1 = -5.7,\ y_1 = +1.1$
	$x_2 = -1.0,\ y_2 = +0.5$	$x_2 = -2.1,\ y_2 = +0.6$	$x_2 = -4.9,\ y_2 = +1.1$

NOTE.—I denotes ingress; E, egress; D, disappearance; R, reappearance; Ec, eclipse; Oc, occultation; Tr, transit of the satellite; Sh, transit of the shadow.

CONFIGURATIONS OF SATELLITES I-IV FOR JULY

UNIVERSAL TIME

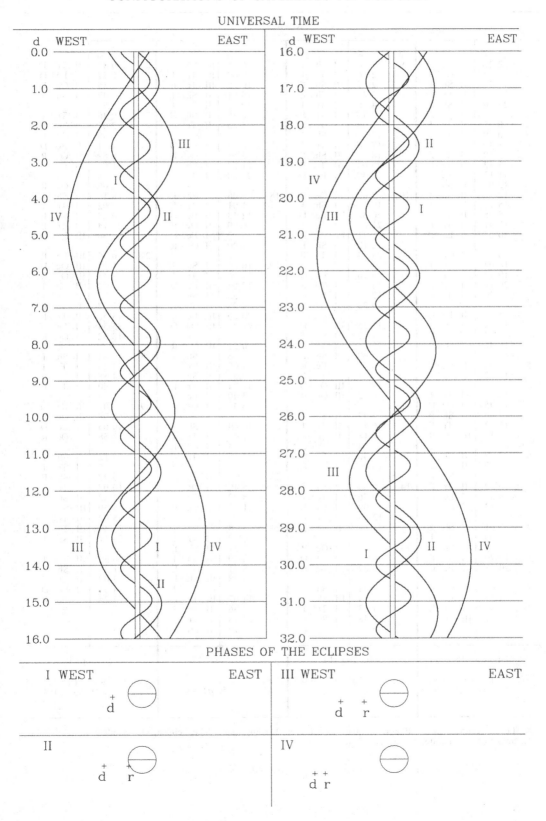

PHASES OF THE ECLIPSES

SATELLITES OF JUPITER, 2022
UNIVERSAL TIME OF GEOCENTRIC PHENOMENA

AUGUST

d	h m				d	h m				d	h m				d	h m			
1	2 27	I	Ec	D	9	1 30	I	Sh	I	16	6 58	III	Sh	E	24	0 43	II	Tr	E
	5 52	I	Oc	R		2 36	I	Tr	I		8 09	III	Tr	I		2 37	I	Ec	D
	19 56	III	Sh	I		2 57	III	Sh	E		10 39	III	Tr	E		5 39	I	Oc	R
	22 57	III	Sh	E		3 43	I	Sh	E		18 01	II	Sh	I		23 47	I	Sh	I
	23 36	I	Sh	I		4 36	III	Tr	I		19 59	II	Tr	I	25	0 36	I	Tr	I
						4 47	I	Tr	E		20 35	II	Sh	E		2 01	I	Sh	E
2	0 47	I	Tr	I		7 08	III	Tr	E		22 25	II	Tr	E		2 48	I	Tr	E
	0 59	III	Tr	I		15 26	II	Sh	I	17	0 43	I	Ec	D		14 51	II	Ec	D
	1 49	I	Sh	E		17 38	II	Tr	I		3 53	I	Oc	R		18 59	II	Oc	R
	2 59	I	Tr	E		18 00	II	Sh	E		21 52	I	Sh	I		21 06	I	Ec	D
	3 32	III	Tr	E		20 04	II	Tr	E		22 50	I	Tr	I	26	0 06	I	Oc	R
	11 13	IV	Sh	I		22 49	I	Ec	D	18	0 06	I	Sh	E		18 15	I	Sh	I
	12 03	IV	Sh	E	10	2 07	I	Oc	R		1 01	I	Tr	E		19 02	I	Tr	I
	12 50	II	Sh	I		19 58	I	Sh	I		12 13	II	Ec	D		20 29	I	Sh	E
	15 15	II	Tr	I		20 32	IV	Ec	D		16 39	II	Oc	R		21 14	I	Tr	E
	15 25	II	Sh	E		21 02	I	Tr	I		19 12	I	Ec	D		21 56	III	Ec	D
	17 41	II	Tr	E		21 31	IV	Ec	R		22 20	I	Oc	R	27	0 55	III	Ec	R
	20 55	I	Ec	D		22 12	I	Sh	E	19	16 21	I	Sh	I		1 14	III	Oc	D
3	0 19	I	Oc	R		23 14	I	Tr	E		17 16	I	Tr	I		3 45	III	Oc	R
	18 04	I	Sh	I	11	9 36	II	Ec	D		17 56	III	Ec	D		9 54	II	Sh	I
	19 14	I	Tr	I		14 17	II	Oc	R		18 35	I	Sh	E		11 27	II	Tr	I
	20 18	I	Sh	E		17 18	I	Ec	D		19 28	I	Tr	E		12 27	II	Sh	E
	21 26	I	Tr	E		20 33	I	Oc	R		20 56	III	Ec	R		13 52	II	Tr	E
4	7 00	II	Ec	D	12	13 55	III	Ec	D		21 49	III	Oc	D		15 34	I	Ec	D
	11 53	II	Oc	R		14 27	I	Sh	I	20	0 21	III	Oc	R		18 32	I	Oc	R
	15 24	I	Ec	D		15 29	I	Tr	I		7 18	II	Sh	I	28	12 44	I	Sh	I
	18 46	I	Oc	R		16 40	I	Sh	E		9 09	II	Tr	I		13 28	I	Tr	I
5	9 54	III	Ec	D		16 56	III	Ec	R		9 52	II	Sh	E		14 58	I	Sh	E
	12 33	I	Sh	I		17 41	I	Tr	E		11 34	II	Tr	E		15 40	I	Tr	E
	12 56	III	Ec	R		18 19	III	Oc	D		13 40	I	Ec	D	29	4 09	II	Ec	D
	13 42	I	Tr	I		20 52	III	Oc	R		16 46	I	Oc	R		8 08	II	Oc	R
	14 45	III	Oc	D	13	4 43	II	Sh	I	21	10 49	I	Sh	I		10 03	I	Ec	D
	14 46	I	Sh	E		6 49	II	Tr	I		11 43	I	Tr	I		12 58	I	Oc	R
	15 53	I	Tr	E		7 18	II	Sh	E		13 03	I	Sh	E	30	7 12	I	Sh	I
	17 19	III	Oc	R		9 14	II	Tr	E		13 55	I	Tr	E		7 55	I	Tr	I
6	2 08	II	Sh	I		11 46	I	Ec	D	22	1 32	II	Ec	D		9 27	I	Sh	E
	4 27	II	Tr	I		15 00	I	Oc	R		5 49	II	Oc	R		10 07	I	Tr	E
	4 43	II	Sh	E	14	8 55	I	Sh	I		8 09	I	Ec	D		12 02	III	Sh	I
	6 52	II	Tr	E		9 56	I	Tr	I		11 13	I	Oc	R		14 59	III	Sh	E
	9 52	I	Ec	D		11 09	I	Sh	E	23	5 18	I	Sh	I		15 02	III	Tr	I
	13 13	I	Oc	R		12 08	I	Tr	E		6 09	I	Tr	I		17 31	III	Tr	E
7	7 01	I	Sh	I		22 55	II	Ec	D		7 32	I	Sh	E		23 11	II	Sh	I
	8 09	I	Tr	I	15	3 28	II	Oc	R		8 00	III	Sh	I	31	0 35	II	Tr	I
	9 15	I	Sh	E		6 15	I	Ec	D		8 21	I	Tr	E		1 45	II	Sh	E
	10 20	I	Tr	E		9 27	I	Oc	R		10 58	III	Sh	E		3 00	II	Tr	E
	20 18	II	Ec	D	16	3 24	I	Sh	I		11 37	III	Tr	I		4 31	I	Ec	D
8	1 05	II	Oc	R		3 59	III	Sh	I		14 07	III	Tr	E		7 24	I	Oc	R
	4 21	I	Ec	D		4 23	I	Tr	I		20 36	II	Sh	I					
	7 40	I	Oc	R		5 38	I	Sh	E		22 18	II	Tr	I					
	23 57	III	Sh	I		6 35	I	Tr	E		23 10	II	Sh	E					

I. Aug. 15	II. Aug. 14	III. Aug. 12	IV. Aug. 10
$x_1 = -1.8,\ y_1 = +0.3$	$x_1 = -2.3,\ y_1 = +0.5$	$x_1 = -3.1,\ y_1 = +0.7$	$x_1 = -4.3,\ y_1 = +1.1$
		$x_2 = -1.5,\ y_2 = +0.7$	$x_2 = -3.9,\ y_2 = +1.2$

NOTE.—I denotes ingress; E, egress; D, disappearance; R, reappearance; Ec, eclipse; Oc, occultation; Tr, transit of the satellite; Sh, transit of the shadow.

CONFIGURATIONS OF SATELLITES I–IV FOR AUGUST

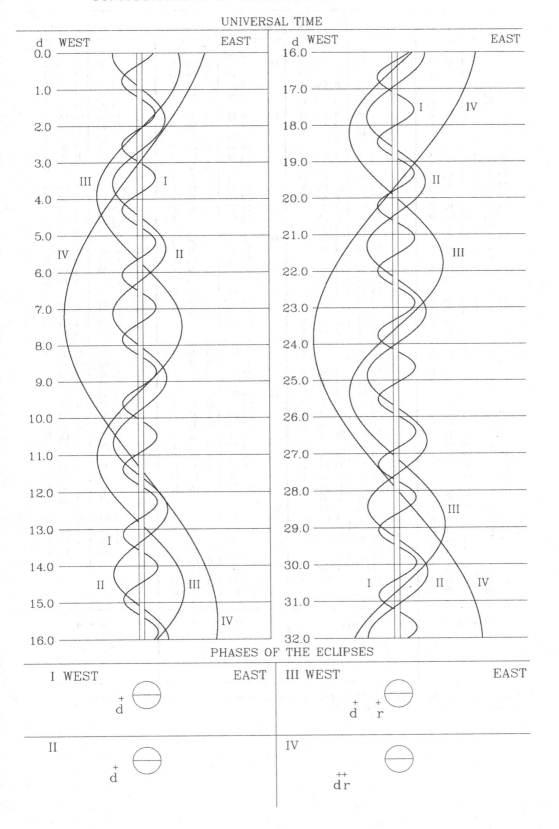

UNIVERSAL TIME

PHASES OF THE ECLIPSES

SATELLITES OF JUPITER, 2022

UNIVERSAL TIME OF GEOCENTRIC PHENOMENA

SEPTEMBER

d	h m				d	h m				d	h m				d	h m		
1	1 41	I	Sh	I	8	6 18	I	Tr	E	16	1 50	II	Oc	R	24	1 54	I	Sh	I
	2 21	I	Tr	I		20 06	II	Ec	D		2 49	I	Ec	D		1 59	I	Tr	I
	3 55	I	Sh	E		23 34	II	Oc	R		5 18	I	Oc	R		4 08	I	Sh	E
	4 33	I	Tr	E	9	0 54	I	Ec	D		23 59	I	Sh	I		4 12	I	Tr	E
	17 28	II	Ec	D		3 34	I	Oc	R	17	0 15	I	Tr	I		14 03	III	Ec	D
	21 17	II	Oc	R		22 04	I	Sh	I		2 13	I	Sh	E		17 01	III	Oc	R
	23 00	I	Ec	D		22 32	I	Tr	I		2 28	I	Tr	E		20 14	II	Sh	I
2	1 50	I	Oc	R	10	0 19	I	Sh	E		10 00	III	Ec	D		20 23	II	Tr	I
	20 10	I	Sh	I		0 44	I	Tr	E		13 44	III	Oc	R		22 47	II	Sh	E
	20 47	I	Tr	I		5 59	III	Ec	D		17 39	II	Sh	I		22 49	II	Tr	E
	22 24	I	Sh	E		10 26	III	Oc	R		18 11	II	Tr	I		23 12	I	Ec	D
	22 59	I	Tr	E		15 04	II	Sh	I		20 12	II	Sh	E	25	1 27	I	Oc	R
3	1 57	III	Ec	D		15 57	II	Tr	I		20 36	II	Tr	E		20 23	I	Sh	I
	7 07	III	Oc	R		17 37	II	Sh	E		21 17	I	Ec	D		20 25	I	Tr	I
	12 29	II	Sh	I		18 23	II	Tr	E		23 44	I	Oc	R		22 37	I	Sh	E
	13 43	II	Tr	I		19 23	I	Ec	D	18	18 28	I	Sh	I		22 38	I	Tr	E
	15 02	II	Sh	E		22 00	I	Oc	R		18 41	I	Tr	I	26	14 40	II	Ec	D
	16 08	II	Tr	E	11	16 33	I	Sh	I		20 42	I	Sh	E		17 15	II	Ec	R
	17 28	I	Ec	D		16 58	I	Tr	I		20 54	I	Tr	E		17 40	I	Ec	D
	20 16	I	Oc	R		18 47	I	Sh	E	19	12 02	II	Ec	D		19 54	I	Ec	R
4	14 38	I	Sh	I		19 10	I	Tr	E		14 57	II	Oc	R	27	14 51	I	Tr	I
	15 13	I	Tr	I	12	9 24	II	Ec	D		15 46	I	Ec	D		14 52	I	Sh	I
	16 52	I	Sh	E		12 41	II	Oc	R		18 10	I	Oc	R		17 04	I	Tr	E
	17 25	I	Tr	E		13 51	I	Ec	D	20	12 57	I	Sh	I		17 06	I	Sh	E
5	6 47	II	Ec	D		16 26	I	Oc	R		13 07	I	Tr	I	28	4 07	III	Tr	I
	10 25	II	Oc	R	13	11 02	I	Sh	I		15 11	I	Sh	E		4 08	III	Sh	I
	11 57	I	Ec	D		11 24	I	Tr	I		15 20	I	Tr	E		6 42	III	Tr	E
	14 42	I	Oc	R		13 16	I	Sh	E	21	0 06	III	Sh	I		7 01	III	Sh	E
6	9 07	I	Sh	I		13 36	I	Tr	E		0 53	III	Tr	I		9 30	II	Tr	I
	9 39	I	Tr	I		20 05	III	Sh	I		3 00	III	Sh	E		9 32	II	Sh	I
	11 21	I	Sh	E		21 39	III	Tr	I		3 26	III	Tr	E		11 56	II	Tr	E
	11 52	I	Tr	E		23 00	III	Sh	E		6 57	II	Sh	I		12 04	II	Sh	E
	16 03	III	Sh	I	14	0 10	III	Tr	E		7 17	II	Tr	I		12 07	I	Oc	D
	18 22	III	Tr	I		4 21	II	Sh	I		9 29	II	Sh	E		14 22	I	Ec	R
	18 59	III	Sh	E		5 04	II	Tr	I		9 43	II	Tr	E	29	9 17	I	Tr	I
	20 52	III	Tr	E		6 54	II	Sh	E		10 14	I	Ec	D		9 20	I	Sh	I
7	1 46	II	Sh	I		7 30	II	Tr	E		12 35	I	Oc	R		11 30	I	Tr	E
	2 50	II	Tr	I		8 20	I	Ec	D	22	7 25	I	Sh	I		11 35	I	Sh	E
	4 20	II	Sh	E		10 52	I	Oc	R		7 33	I	Tr	I	30	3 51	II	Oc	D
	5 15	II	Tr	E	15	5 30	I	Sh	I		9 40	I	Sh	E		6 33	I	Oc	D
	6 26	I	Ec	D		5 49	I	Tr	I		9 46	I	Tr	E		6 34	II	Ec	R
	9 08	I	Oc	R		7 45	I	Sh	E	23	1 22	II	Ec	D		8 51	I	Ec	R
8	3 36	I	Sh	I		8 02	I	Tr	E		4 05	II	Oc	R					
	4 05	I	Tr	I		22 44	II	Ec	D		4 43	I	Ec	D					
	5 50	I	Sh	E							7 01	I	Oc	R					

I. Sept. 16	II. Sept. 15	III. Sept. 17	IV. Sept.
$x_1 = -1.2,\ y_1 = +0.3$	$x_1 = -1.3,\ y_1 = +0.5$	$x_1 = -1.4,\ y_1 = +0.7$	no eclipse

NOTE.—I denotes ingress; E, egress; D, disappearance; R, reappearance; Ec, eclipse; Oc, occultation; Tr, transit of the satellite; Sh, transit of the shadow.

CONFIGURATIONS OF SATELLITES I-IV FOR SEPTEMBER

UNIVERSAL TIME

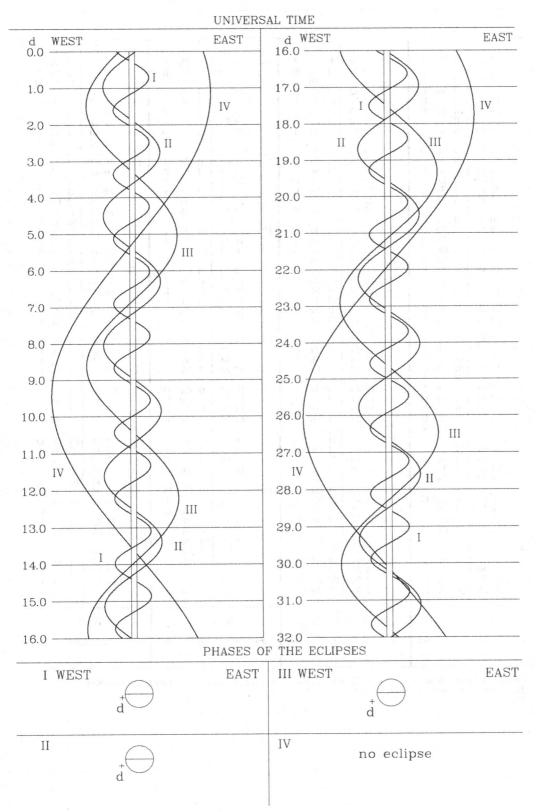

PHASES OF THE ECLIPSES

I WEST	EAST	III WEST	EAST
d		+ d	

| II | | IV | no eclipse |
| + d | | | |

SATELLITES OF JUPITER, 2022

UNIVERSAL TIME OF GEOCENTRIC PHENOMENA

OCTOBER

d	h m			
1	3 43	I	Tr	I
	3 49	I	Sh	I
	5 56	I	Tr	E
	6 04	I	Sh	E
	17 40	III	Oc	D
	20 57	III	Ec	R
	22 36	II	Tr	I
	22 50	II	Sh	I
2	0 58	I	Oc	D
	1 03	II	Tr	E
	1 22	II	Sh	E
	3 20	I	Ec	R
	22 09	I	Tr	I
	22 18	I	Sh	I
3	0 22	I	Tr	E
	0 32	I	Sh	E
	16 58	II	Oc	D
	19 24	I	Oc	D
	19 53	II	Ec	R
	21 48	I	Ec	R
4	16 35	I	Tr	I
	16 47	I	Sh	I
	18 48	I	Tr	E
	19 01	I	Sh	E
5	7 22	III	Tr	I
	8 11	III	Sh	I
	9 59	III	Tr	E
	11 02	III	Sh	E
	11 42	II	Tr	I
	12 08	II	Sh	I
	13 50	I	Oc	D
	14 09	II	Tr	E
	14 39	II	Sh	E
	16 17	I	Ec	R
6	11 01	I	Tr	I
	11 16	I	Sh	I
	13 14	I	Tr	E
	13 30	I	Sh	E
7	6 06	II	Oc	D
	8 16	I	Oc	D
	9 12	II	Ec	R
	10 46	I	Ec	R
8	5 27	I	Tr	I
	5 45	I	Sh	I
	7 40	I	Tr	E
	7 59	I	Sh	E
	20 55	III	Oc	D

d	h m			
9	0 49	II	Tr	I
	0 57	III	Ec	R
	1 25	II	Sh	I
	2 42	I	Oc	D
	3 16	II	Tr	E
	3 57	II	Sh	E
	5 14	I	Ec	R
	23 53	I	Tr	I
10	0 14	I	Sh	I
	2 06	I	Tr	E
	2 28	I	Sh	E
	19 14	II	Oc	D
	21 08	I	Oc	D
	22 31	II	Ec	R
	23 43	I	Ec	R
11	18 19	I	Tr	I
	18 42	I	Sh	I
	20 32	I	Tr	E
	20 56	I	Sh	E
12	10 38	III	Tr	I
	12 13	III	Sh	I
	13 18	III	Tr	E
	13 56	II	Tr	I
	14 43	II	Sh	I
	15 03	III	Sh	E
	15 34	I	Oc	D
	16 24	II	Tr	E
	17 14	II	Sh	E
	18 12	I	Ec	R
13	12 45	I	Tr	I
	13 11	I	Sh	I
	14 58	I	Tr	E
	15 25	I	Sh	E
14	8 22	II	Oc	D
	10 00	I	Oc	D
	11 50	II	Ec	R
	12 40	I	Ec	R
15	7 12	I	Tr	I
	7 40	I	Sh	I
	9 25	I	Tr	E
	9 54	I	Sh	E
16	0 11	III	Oc	D
	3 03	II	Tr	I
	4 01	II	Sh	I
	4 26	I	Oc	D
	4 58	III	Ec	R
	5 31	II	Tr	E

d	h m			
16	6 32	II	Sh	E
	7 09	I	Ec	R
17	1 38	I	Tr	I
	2 09	I	Sh	I
	3 51	I	Tr	E
	4 23	I	Sh	E
	21 30	II	Oc	D
	22 52	I	Oc	D
18	1 09	II	Ec	R
	1 38	I	Ec	R
	20 04	I	Tr	I
	20 38	I	Sh	I
	22 17	I	Tr	E
	22 52	I	Sh	E
19	13 58	III	Tr	I
	16 11	II	Tr	I
	16 17	III	Sh	I
	16 39	III	Tr	E
	17 19	I	Oc	D
	17 19	II	Sh	I
	18 39	II	Tr	E
	19 05	III	Sh	E
	19 49	II	Sh	E
	20 06	I	Ec	R
20	14 31	I	Tr	I
	15 07	I	Sh	I
	16 44	I	Tr	E
	17 20	I	Sh	E
21	10 39	II	Oc	D
	11 45	I	Oc	D
	14 29	II	Ec	R
	14 35	I	Ec	R
22	8 57	I	Tr	I
	9 36	I	Sh	I
	11 10	I	Tr	E
	11 49	I	Sh	E
23	3 30	III	Oc	D
	5 18	II	Tr	I
	6 11	I	Oc	D
	6 36	II	Sh	I
	7 47	II	Tr	E
	8 58	III	Ec	R
	9 04	I	Ec	R
	9 07	II	Sh	E
24	3 24	I	Tr	I
	4 05	I	Sh	I

d	h m			
24	5 37	I	Tr	E
	6 18	I	Sh	E
	23 48	II	Oc	D
25	0 37	I	Oc	D
	3 32	I	Ec	R
	3 48	II	Ec	R
	21 50	I	Tr	I
	22 34	I	Sh	I
26	0 03	I	Tr	E
	0 47	I	Sh	E
	17 19	III	Tr	I
	18 27	II	Tr	I
	19 04	I	Oc	D
	19 54	II	Sh	I
	20 03	III	Tr	E
	20 19	III	Sh	I
	20 56	II	Tr	E
	22 01	I	Ec	R
	22 25	III	Sh	E
	23 06	III	Sh	E
27	16 17	I	Tr	I
	17 03	I	Sh	I
	18 30	I	Tr	E
	19 16	I	Sh	E
28	12 59	II	Oc	D
	13 30	I	Oc	D
	16 30	I	Ec	R
	17 07	II	Ec	R
29	10 43	I	Tr	I
	11 32	I	Sh	I
	12 57	I	Tr	E
	13 45	I	Sh	E
30	6 54	III	Oc	D
	7 36	II	Tr	I
	7 57	I	Oc	D
	9 12	II	Sh	I
	9 41	III	Oc	R
	10 05	II	Tr	E
	10 12	III	Ec	D
	10 59	I	Ec	R
	11 42	II	Sh	E
	13 00	III	Ec	R
31	5 10	I	Tr	I
	6 00	I	Sh	I
	7 23	I	Tr	E
	8 14	I	Sh	E

I. Oct. 16	II. Oct. 14	III. Oct. 16	IV. Oct.
$x_2 = +1.4$, $y_2 = +0.3$	$x_2 = +1.5$, $y_2 = +0.5$	$x_2 = +1.9$, $y_2 = +0.6$	no eclipse

NOTE.—I denotes ingress; E, egress; D, disappearance; R, reappearance; Ec, eclipse; Oc, occultation; Tr, transit of the satellite; Sh, transit of the shadow.

CONFIGURATIONS OF SATELLITES I-IV FOR OCTOBER

UNIVERSAL TIME

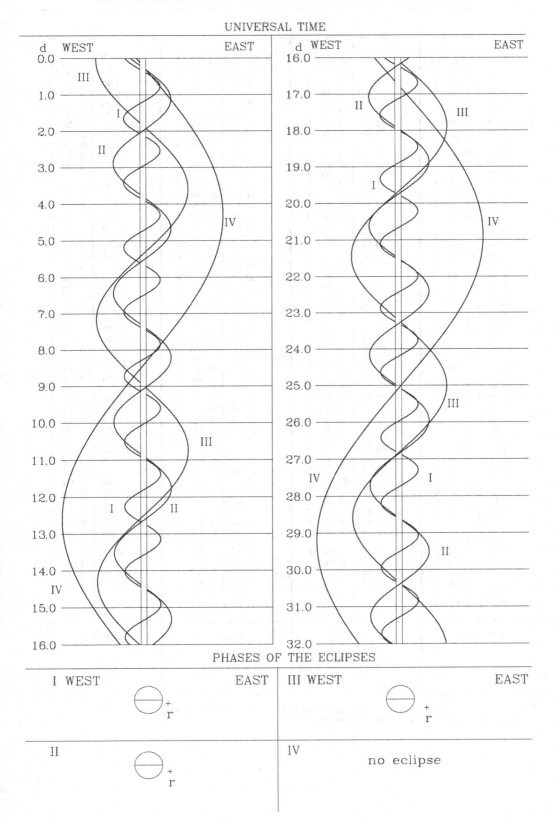

PHASES OF THE ECLIPSES

SATELLITES OF JUPITER, 2022

UNIVERSAL TIME OF GEOCENTRIC PHENOMENA

NOVEMBER

d	h m				d	h m				d	h m				d	h m			
1	2 08	II	Oc	D	8	9 05	II	Ec	R	16	4 21	I	Sh	I	24	2 17	I	Oc	D
	2 24	I	Oc	D	9	1 25	I	Tr	I		5 28	I	Tr	E		3 54	II	Tr	I
	5 27	I	Ec	R		2 25	I	Sh	I		6 34	I	Sh	E		5 42	I	Ec	R
	6 26	II	Ec	R		3 38	I	Tr	E	17	0 27	I	Oc	D		6 18	II	Sh	I
	23 37	I	Tr	I		4 38	I	Sh	E		1 29	II	Tr	I		6 26	II	Tr	E
2	0 29	I	Sh	I		22 38	I	Oc	D		3 42	II	Sh	I		7 31	III	Tr	I
	1 50	I	Tr	E		23 06	II	Tr	I		3 47	I	Ec	R		8 46	II	Sh	E
	2 43	I	Sh	E	10	0 15	III	Tr	I		3 50	III	Tr	I		10 23	III	Tr	E
	20 45	III	Tr	I		1 06	II	Sh	I		4 00	II	Tr	E		12 31	III	Sh	I
	20 45	II	Tr	I		1 36	II	Tr	E		6 11	II	Sh	E		15 12	III	Sh	E
	20 50	I	Oc	D		1 51	I	Ec	R		6 40	III	Tr	E		23 33	I	Tr	I
	22 30	II	Sh	I		3 03	III	Tr	E		8 27	III	Sh	I	25	0 46	I	Sh	I
	23 15	II	Tr	E		3 35	II	Sh	E		11 10	III	Sh	E		1 46	I	Tr	E
	23 31	III	Tr	E		4 25	III	Sh	I		21 42	I	Tr	I		2 59	I	Sh	E
	23 56	I	Ec	R		7 09	III	Sh	E		22 50	I	Sh	I		20 45	I	Oc	D
3	0 22	III	Sh	I		19 52	I	Tr	I		23 55	I	Tr	E		22 38	II	Oc	D
	1 00	II	Sh	E		20 54	I	Sh	I	18	1 03	I	Sh	E	26	0 11	I	Ec	R
	3 08	III	Sh	E		22 06	I	Tr	E		18 54	I	Oc	D		3 41	II	Ec	R
	18 04	I	Tr	I		23 07	I	Sh	E		20 09	II	Oc	D		18 01	I	Tr	I
	18 58	I	Sh	I	11	17 05	I	Oc	D		22 15	I	Ec	R		19 15	I	Sh	I
	20 17	I	Tr	E		17 43	II	Oc	D	19	1 03	II	Ec	R		20 14	I	Tr	E
	21 11	I	Sh	E		20 20	I	Ec	R		16 10	I	Tr	I		21 28	I	Sh	E
4	15 17	I	Oc	D		22 24	II	Ec	R		17 19	I	Sh	I	27	15 12	I	Oc	D
	15 20	II	Oc	D	12	14 20	I	Tr	I		18 23	I	Tr	E		17 08	II	Tr	I
	18 25	I	Ec	R		15 23	I	Sh	I		19 32	I	Sh	E		18 40	I	Ec	R
	19 46	II	Ec	R		16 33	I	Tr	E	20	13 22	I	Oc	D		19 36	II	Sh	I
5	12 31	I	Tr	I		17 36	I	Sh	E		14 41	II	Tr	I		19 39	II	Tr	E
	13 27	I	Sh	I	13	11 32	I	Oc	D		16 44	I	Ec	R		21 15	III	Oc	D
	14 44	I	Tr	E		12 17	II	Tr	I		17 00	II	Sh	I		22 04	III	Sh	E
	15 40	I	Sh	E		13 55	III	Oc	D		17 12	II	Tr	E	28	0 10	III	Oc	R
6	9 44	I	Oc	D		14 24	II	Sh	I		17 32	III	Oc	D		2 23	III	Ec	D
	9 55	II	Tr	I		14 48	II	Tr	E		19 28	II	Sh	E		5 05	III	Ec	R
	10 22	III	Oc	D		14 49	I	Ec	R		20 26	III	Oc	R		12 29	I	Tr	I
	11 48	II	Sh	I		16 46	III	Oc	R		22 20	III	Ec	D		13 44	I	Sh	I
	12 25	II	Tr	E		16 53	II	Sh	E	21	1 04	III	Ec	R		14 42	I	Tr	E
	12 54	I	Ec	R		18 18	III	Ec	D		10 38	I	Tr	I		15 56	I	Sh	E
	13 11	III	Oc	R		21 03	III	Ec	R		11 48	I	Sh	I	29	9 40	I	Oc	D
	14 15	III	Ec	D	14	8 47	I	Tr	I		12 51	I	Tr	E		11 53	II	Oc	D
	14 17	II	Sh	E		9 52	I	Sh	I		14 01	I	Sh	E		13 08	I	Ec	R
	17 01	III	Ec	R		11 00	I	Tr	E	22	7 49	I	Oc	D		14 28	II	Oc	R
7	6 58	I	Tr	I		12 05	I	Sh	E		9 23	II	Oc	D		14 29	II	Ec	R
	7 56	I	Sh	I	15	5 59	I	Oc	D		11 13	I	Ec	R		17 00	II	Ec	R
	9 11	I	Tr	E		6 56	II	Oc	D		14 22	II	Ec	R	30	6 57	I	Tr	I
	10 09	I	Sh	E		9 18	I	Ec	R	23	5 05	I	Tr	I		8 13	I	Sh	I
8	4 11	I	Oc	D		11 43	II	Ec	R		6 17	I	Sh	I		9 10	I	Tr	E
	4 31	II	Oc	D	16	3 15	I	Tr	I		7 19	I	Tr	E		10 25	I	Sh	E
	7 23	I	Ec	R							8 30	I	Sh	E					

I. Nov. 15	II. Nov. 15	III. Nov. 13	IV. Nov.
$x_2 = + 1.9,\ y_2 = + 0.2$	$x_2 = + 2.4,\ y_2 = + 0.4$	$x_1 = + 1.6,\ y_1 = + 0.6$ $x_2 = + 3.1,\ y_2 = + 0.6$	no eclipse

NOTE.—I denotes ingress; E, egress; D, disappearance; R, reappearance; Ec, eclipse; Oc, occultation; Tr, transit of the satellite; Sh, transit of the shadow.

CONFIGURATIONS OF SATELLITES I-IV FOR NOVEMBER

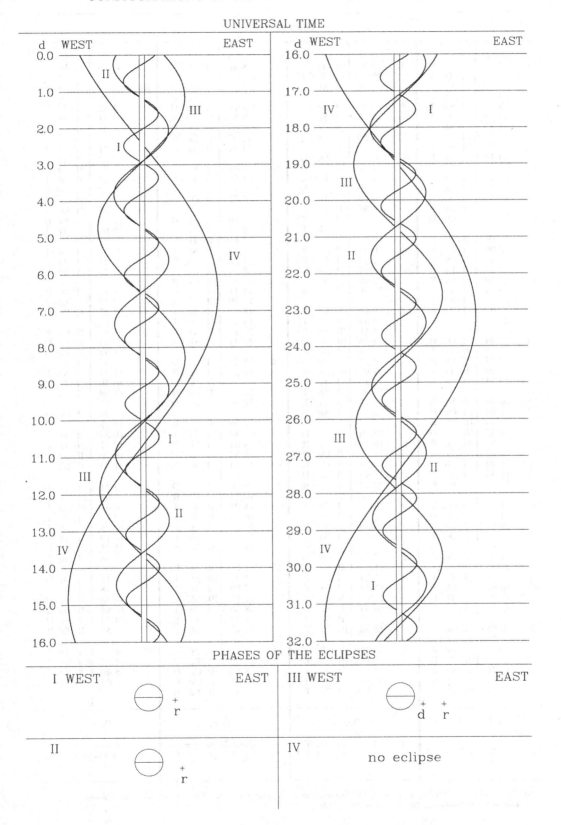

UNIVERSAL TIME

PHASES OF THE ECLIPSES

SATELLITES OF JUPITER, 2022

UNIVERSAL TIME OF GEOCENTRIC PHENOMENA

DECEMBER

d	h m	Event
1	4 08	I Oc D
	6 23	II Tr I
	7 37	I Ec R
	8 54	II Tr E
	8 54	II Sh I
	11 17	III Tr I
	11 22	II Sh E
	14 10	III Tr E
	16 34	III Sh I
	19 14	III Sh E
2	1 25	I Tr I
	2 42	I Sh I
	3 39	I Tr E
	4 54	I Sh E
	22 36	I Oc D
3	1 09	II Oc D
	2 06	I Ec R
	3 44	II Oc R
	3 49	II Ec D
	6 20	II Ec R
	19 54	I Tr I
	21 11	I Sh I
	22 07	I Tr E
	23 23	I Sh E
4	17 04	I Oc D
	19 38	II Tr I
	20 35	I Ec R
	22 09	II Tr E
	22 13	II Sh I
5	0 40	II Sh E
	1 03	III Oc D
	3 59	III Oc R
	6 25	III Ec D
	9 06	III Ec R
	14 22	I Tr I
	15 40	I Sh I
	16 35	I Tr E
	17 52	I Sh E
6	11 33	I Oc D
	14 25	II Oc D
	15 04	I Ec R
	17 01	II Oc R
	17 08	II Ec D
	19 39	II Ec R
7	8 51	I Tr I
	10 09	I Sh I
	11 04	I Tr E
	12 21	I Sh E
8	6 01	I Oc D
	8 53	II Tr I
	9 33	I Ec R
	11 25	II Tr E
	11 31	II Sh I
	13 58	II Sh E
	15 09	III Tr I

d	h m	Event
8	18 03	III Tr E
	20 38	III Sh I
	23 16	III Sh E
9	3 19	I Tr I
	4 38	I Sh I
	5 32	I Tr E
	6 50	I Sh E
10	0 29	I Oc D
	3 43	II Oc D
	4 01	I Ec R
	6 19	II Oc R
	6 28	II Ec D
	8 58	II Ec R
	21 48	I Tr I
	23 07	I Sh I
11	0 01	I Tr E
	1 19	I Sh E
	18 58	I Oc D
	22 09	II Tr I
	22 30	I Ec R
12	0 41	II Tr E
	0 49	II Sh I
	3 16	II Sh E
	4 56	III Oc D
	7 53	III Oc R
	10 28	III Ec D
	13 07	III Ec R
	16 16	I Tr I
	17 36	I Sh I
	18 29	I Tr E
	19 48	I Sh E
13	13 26	I Oc D
	16 59	I Ec R
	17 00	II Oc D
	19 36	II Oc R
	19 47	II Ec D
	22 17	II Ec R
14	10 45	I Tr I
	12 05	I Sh I
	12 58	I Tr E
	14 17	I Sh E
15	7 55	I Oc D
	11 26	II Tr I
	11 28	I Ec R
	13 58	II Tr E
	14 07	II Sh I
	16 34	II Sh E
	19 05	III Tr I
	22 00	III Tr E
16	0 41	III Sh I
	3 18	III Sh E
	5 14	I Tr I
	6 34	I Sh I
	7 27	I Tr E

d	h m	Event
16	8 46	I Sh E
17	2 23	I Oc D
	5 57	I Ec R
	6 19	II Oc D
	8 55	II Oc R
	9 07	II Ec D
	11 37	II Ec R
	23 42	I Tr I
18	1 03	I Sh I
	1 56	I Tr E
	3 15	I Sh E
	20 52	I Oc D
19	0 26	I Ec R
	0 43	II Tr I
	3 16	II Tr E
	3 25	II Sh I
	5 52	II Sh E
	8 54	III Oc D
	11 52	III Oc R
	14 31	III Ec D
	17 09	III Ec R
	18 11	I Tr I
	19 32	I Sh I
	20 24	I Tr E
	21 44	I Sh E
20	15 21	I Oc D
	18 55	I Ec R
	19 38	II Oc D
	22 14	II Oc R
	22 26	II Ec D
21	0 56	II Ec R
	12 40	I Tr I
	14 01	I Sh I
	14 54	I Tr E
	16 13	I Sh E
22	9 50	I Oc D
	13 24	I Ec R
	14 01	II Tr I
	16 34	II Tr E
	16 44	II Sh I
	19 10	II Sh E
	23 06	III Tr I
23	2 01	III Tr E
	4 44	III Sh I
	7 09	I Tr I
	7 19	III Sh E
	8 30	I Sh I
	9 22	I Tr E
	10 42	I Sh E
24	4 19	I Oc D
	7 52	I Ec R
	8 58	II Oc D
	11 33	II Oc R
	11 46	II Ec D

d	h m	Event
24	14 15	II Ec R
25	1 38	I Tr I
	2 59	I Sh I
	3 52	I Tr E
	5 11	I Sh E
	22 48	I Oc D
26	2 21	I Ec R
	3 20	II Tr I
	5 52	II Tr E
	6 02	II Sh I
	8 29	II Sh E
	12 57	III Oc D
	15 55	III Oc R
	18 34	III Ec D
	20 08	I Tr I
	21 11	III Ec R
	21 28	I Sh I
	22 21	I Tr E
	23 40	I Sh E
27	17 17	I Oc D
	20 50	I Ec R
	22 17	II Oc D
28	0 53	II Oc R
	1 05	II Ec D
	3 34	II Ec R
	14 37	I Tr I
	15 57	I Sh I
	16 50	I Tr E
	18 09	I Sh E
29	11 46	I Oc D
	15 19	I Ec R
	16 39	II Tr I
	19 11	II Tr E
	19 20	II Sh I
	21 47	II Sh E
30	3 11	III Tr I
	6 06	III Tr E
	8 47	III Sh I
	9 06	I Tr I
	10 26	I Sh I
	11 19	I Tr E
	11 21	III Sh E
	12 38	I Sh E
31	6 15	I Oc D
	9 48	I Ec R
	11 38	II Oc D
	14 14	II Oc R
	14 24	II Ec D
	16 53	II Ec R
32	3 35	I Tr I
	4 55	I Sh I
	5 49	I Tr E
	7 07	I Sh E

I. Dec. 15

$x_2 = + 2.1, y_2 = + 0.2$

II. Dec. 17

$x_1 = + 1.0, y_1 = + 0.4$
$x_2 = + 2.7, y_2 = + 0.4$

III. Dec. 12

$x_1 = + 2.2, y_1 = + 0.6$
$x_2 = + 3.7, y_2 = + 0.5$

IV. Dec.

no eclipse

NOTE.—I denotes ingress; E, egress; D, disappearance; R, reappearance; Ec, eclipse; Oc, occultation; Tr, transit of the satellite; Sh, transit of the shadow.

CONFIGURATIONS OF SATELLITES I-IV FOR DECEMBER

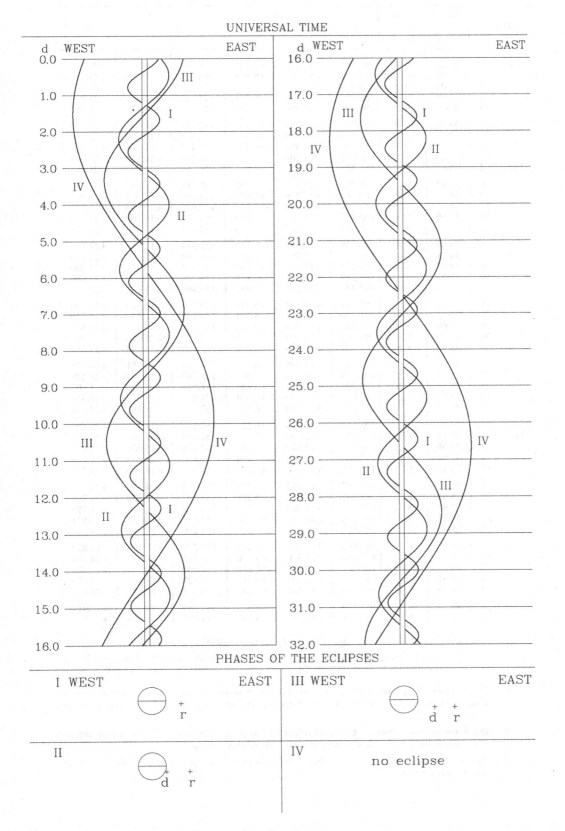

UNIVERSAL TIME

PHASES OF THE ECLIPSES

FOR 0ʰ UNIVERSAL TIME

Date		Axes of outer edge of A ring		U	B	P	U'	B'	P'
		Major	Minor						
		"	"	°	°	°	°	°	°
Jan.	−3	35.22	10.73	184.585	+17.729	+6.701	148.584	+16.501	+23.677
	1	35.10	10.59	184.998	+17.565	+6.693	148.704	+16.456	+23.710
	5	35.00	10.46	185.421	+17.396	+6.684	148.825	+16.411	+23.742
	9	34.90	10.33	185.852	+17.223	+6.674	148.945	+16.366	+23.774
	13	34.82	10.21	186.291	+17.046	+6.664	149.065	+16.320	+23.805
	17	34.76	10.08	186.736	+16.865	+6.653	149.185	+16.275	+23.837
	21	34.70	9.96	187.186	+16.682	+6.641	149.305	+16.229	+23.869
	25	34.66	9.84	187.639	+16.496	+6.630	149.425	+16.184	+23.900
	29	34.63	9.72	188.095	+16.308	+6.617	149.545	+16.138	+23.932
Feb.	2	34.62	9.61	188.553	+16.118	+6.605	149.665	+16.092	+23.963
	6	34.61	9.50	189.010	+15.927	+6.592	149.785	+16.047	+23.994
	10	34.63	9.39	189.466	+15.736	+6.578	149.905	+16.001	+24.025
	14	34.65	9.29	189.921	+15.545	+6.564	150.025	+15.955	+24.056
	18	34.69	9.19	190.372	+15.355	+6.550	150.145	+15.909	+24.087
	22	34.74	9.09	190.818	+15.165	+6.536	150.265	+15.863	+24.118
	26	34.80	8.99	191.259	+14.977	+6.522	150.384	+15.816	+24.148
Mar.	2	34.88	8.90	191.694	+14.792	+6.507	150.504	+15.770	+24.179
	6	34.97	8.82	192.121	+14.609	+6.492	150.624	+15.724	+24.209
	10	35.07	8.74	192.539	+14.429	+6.477	150.744	+15.677	+24.240
	14	35.18	8.66	192.947	+14.253	+6.463	150.863	+15.631	+24.270
	18	35.31	8.59	193.344	+14.082	+6.448	150.983	+15.584	+24.300
	22	35.45	8.52	193.730	+13.915	+6.434	151.102	+15.538	+24.330
	26	35.60	8.46	194.103	+13.754	+6.420	151.222	+15.491	+24.360
	30	35.76	8.41	194.462	+13.599	+6.406	151.342	+15.444	+24.389
Apr.	3	35.93	8.36	194.807	+13.450	+6.392	151.461	+15.397	+24.419
	7	36.11	8.31	195.136	+13.308	+6.379	151.580	+15.351	+24.448
	11	36.31	8.27	195.448	+13.174	+6.367	151.700	+15.304	+24.478
	15	36.51	8.24	195.744	+13.047	+6.355	151.819	+15.256	+24.507
	19	36.72	8.22	196.020	+12.929	+6.344	151.939	+15.209	+24.536
	23	36.95	8.20	196.279	+12.820	+6.333	152.058	+15.162	+24.565
	27	37.18	8.19	196.517	+12.720	+6.323	152.177	+15.115	+24.594
May	1	37.41	8.18	196.735	+12.630	+6.314	152.297	+15.067	+24.623
	5	37.66	8.18	196.931	+12.549	+6.305	152.416	+15.020	+24.651
	9	37.91	8.19	197.106	+12.479	+6.298	152.535	+14.973	+24.680
	13	38.16	8.21	197.258	+12.420	+6.292	152.654	+14.925	+24.709
	17	38.42	8.23	197.388	+12.372	+6.286	152.773	+14.877	+24.737
	21	38.68	8.26	197.495	+12.335	+6.282	152.892	+14.830	+24.765
	25	38.95	8.30	197.577	+12.309	+6.278	153.012	+14.782	+24.793
	29	39.21	8.35	197.636	+12.294	+6.276	153.131	+14.734	+24.821
June	2	39.48	8.40	197.671	+12.291	+6.275	153.250	+14.686	+24.849
	6	39.74	8.47	197.682	+12.300	+6.275	153.369	+14.638	+24.877
	10	40.00	8.54	197.668	+12.320	+6.276	153.488	+14.590	+24.904
	14	40.26	8.61	197.631	+12.352	+6.278	153.606	+14.542	+24.932
	18	40.51	8.69	197.570	+12.394	+6.281	153.725	+14.494	+24.959
	22	40.75	8.78	197.486	+12.447	+6.285	153.844	+14.446	+24.987
	26	40.99	8.88	197.379	+12.511	+6.290	153.963	+14.397	+25.014
	30	41.21	8.98	197.251	+12.584	+6.296	154.082	+14.349	+25.041

Factor by which axes of outer edge of the A ring are to be multiplied to obtain axes of:

         Inner edge of the A ring   0.8944   Inner edge of the B ring   0.6724

         Outer edge of the B ring   0.8591   Inner edge of the C ring   0.5458

U = The geocentric longitude of Saturn, measured in the plane of the rings eastward from its ascending node on the mean equator of the Earth. The Saturnicentric longitude of the Earth, measured in the same way, is $U + 180°$.

B = The Saturnicentric latitude of the Earth, referred to the plane of the rings, positive toward the north. When B is positive the visible surface of the rings is the northern surface.

P = The geocentric position angle of the northern semiminor axis of the apparent ellipse of the rings, measured eastward from north.

FOR 0^h UNIVERSAL TIME

Date		Axes of outer edge of A ring		U	B	P	U'	B'	P'
		Major	Minor						
		$''$	$''$	°	°	°	°	°	°
July	4	41.42	9.08	197.102	+12.667	+6.303	154.201	+14.300	+25.068
	8	41.62	9.19	196.932	+12.759	+6.311	154.319	+14.252	+25.095
	12	41.81	9.30	196.745	+12.859	+6.319	154.438	+14.203	+25.121
	16	41.97	9.42	196.540	+12.967	+6.328	154.557	+14.155	+25.148
	20	42.12	9.53	196.319	+13.081	+6.338	154.675	+14.106	+25.175
	24	42.25	9.65	196.084	+13.201	+6.349	154.794	+14.057	+25.201
	28	42.36	9.76	195.837	+13.326	+6.359	154.913	+14.008	+25.227
Aug.	1	42.45	9.88	195.580	+13.454	+6.370	155.031	+13.959	+25.253
	5	42.52	9.99	195.314	+13.586	+6.381	155.150	+13.910	+25.279
	9	42.57	10.09	195.042	+13.718	+6.393	155.268	+13.861	+25.305
	13	42.59	10.20	194.767	+13.852	+6.404	155.387	+13.812	+25.331
	17	42.59	10.29	194.489	+13.985	+6.415	155.505	+13.763	+25.357
	21	42.57	10.38	194.213	+14.117	+6.427	155.624	+13.714	+25.382
	25	42.52	10.46	193.939	+14.246	+6.437	155.742	+13.664	+25.408
	29	42.45	10.54	193.670	+14.371	+6.448	155.860	+13.615	+25.433
Sept.	2	42.36	10.60	193.409	+14.492	+6.458	155.979	+13.566	+25.458
	6	42.25	10.65	193.158	+14.607	+6.467	156.097	+13.516	+25.483
	10	42.11	10.70	192.919	+14.716	+6.476	156.215	+13.467	+25.508
	14	41.96	10.73	192.694	+14.818	+6.484	156.334	+13.417	+25.533
	18	41.79	10.75	192.484	+14.911	+6.492	156.452	+13.367	+25.558
	22	41.61	10.77	192.291	+14.997	+6.499	156.570	+13.317	+25.583
	26	41.41	10.77	192.118	+15.072	+6.505	156.688	+13.268	+25.607
	30	41.19	10.76	191.965	+15.138	+6.510	156.806	+13.218	+25.631
Oct.	4	40.97	10.74	191.834	+15.194	+6.515	156.924	+13.168	+25.656
	8	40.73	10.71	191.726	+15.238	+6.518	157.043	+13.118	+25.680
	12	40.48	10.66	191.642	+15.272	+6.521	157.161	+13.068	+25.704
	16	40.23	10.61	191.582	+15.295	+6.523	157.279	+13.017	+25.728
	20	39.97	10.55	191.547	+15.306	+6.524	157.397	+12.967	+25.752
	24	39.71	10.48	191.538	+15.306	+6.524	157.515	+12.917	+25.775
	28	39.45	10.41	191.554	+15.295	+6.523	157.633	+12.867	+25.799
Nov.	1	39.18	10.32	191.596	+15.271	+6.522	157.751	+12.816	+25.822
	5	38.92	10.23	191.664	+15.237	+6.519	157.868	+12.766	+25.846
	9	38.65	10.13	191.757	+15.191	+6.516	157.986	+12.715	+25.869
	13	38.39	10.02	191.875	+15.133	+6.511	158.104	+12.665	+25.892
	17	38.13	9.91	192.018	+15.065	+6.506	158.222	+12.614	+25.915
	21	37.88	9.80	192.184	+14.987	+6.500	158.340	+12.563	+25.938
	25	37.64	9.68	192.375	+14.897	+6.493	158.458	+12.512	+25.961
	29	37.40	9.55	192.588	+14.798	+6.485	158.576	+12.462	+25.983
Dec.	3	37.17	9.42	192.822	+14.688	+6.476	158.693	+12.411	+26.006
	7	36.94	9.29	193.078	+14.569	+6.467	158.811	+12.360	+26.028
	11	36.73	9.16	193.354	+14.441	+6.456	158.929	+12.309	+26.050
	15	36.53	9.02	193.648	+14.304	+6.445	159.046	+12.258	+26.073
	19	36.33	8.89	193.960	+14.159	+6.433	159.164	+12.207	+26.095
	23	36.15	8.75	194.289	+14.006	+6.420	159.282	+12.155	+26.117
	27	35.98	8.61	194.634	+13.846	+6.406	159.399	+12.104	+26.138
	31	35.82	8.47	194.994	+13.678	+6.391	159.517	+12.053	+26.160
	35	35.67	8.33	195.367	+13.505	+6.376	159.635	+12.001	+26.182

Factor by which axes of outer edge of the A ring are to be multiplied to obtain axes of:

Inner edge of the A ring 0.8944   Inner edge of the B ring 0.6724
Outer edge of the B ring 0.8591   Inner edge of the C ring 0.5458

U' = The heliocentric longitude of Saturn, measured in the plane of the rings eastward from its ascending node on the ecliptic. The Saturnicentric longitude of the Sun, measured in the same way is $U' + 180°$.

B' = The Saturnicentric latitude of the Sun, referred to the plane of the rings, positive toward the north. When B' is positive the northern surface of the rings is illuminated.

P' = The heliocentric position angle of the northern semiminor axis of the rings on the heliocentric celestial sphere, measured eastward from the great circle that passes through Saturn and the poles of the ecliptic.

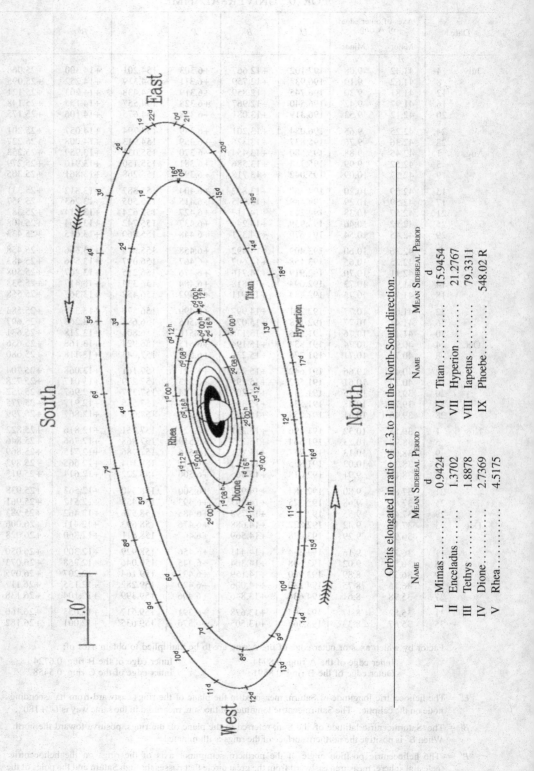

APPARENT ORBITS OF SATELLITES I–VII AT 0ʰ UNIVERSAL TIME ON THE DATE OF OPPOSITION, AUGUST 14

Orbits elongated in ratio of 1.3 to 1 in the North–South direction.

NAME	MEAN SIDEREAL PERIOD d		NAME	MEAN SIDEREAL PERIOD d
I Mimas	0.9424		VI Titan	15.9454
II Enceladus	1.3702		VII Hyperion	21.2767
III Tethys	1.8878		VIII Iapetus	79.3311
IV Dione	2.7369		IX Phoebe	548.02 R
V Rhea	4.5175			

UNIVERSAL TIME OF GREATEST EASTERN ELONGATION

Jan.	Feb.	Mar.	Apr.	May	June	July	Aug.	Sept.	Oct.	Nov.	Dec.

I Mimas

d h	d h	d h	d h	d h	d h	d h	d h	d h	d h	d h	d h
−1 04.2	1 04.1	1 10.9	1 13.5	1 17.3	1 19.7	1 00.7	1 02.9	1 05.2	1 08.9	1 11.3	1 15.3
0 02.8	2 02.8	2 09.5	2 12.1	2 15.9	2 18.3	1 23.3	2 01.5	2 03.8	2 07.5	2 10.0	2 13.9
1 01.5	3 01.4	3 08.1	3 10.7	3 14.5	3 16.9	2 21.9	3 00.2	3 02.4	3 06.1	3 08.6	3 12.5
2 00.1	4 00.0	4 06.8	4 09.3	4 13.2	4 15.5	3 20.6	3 22.8	4 01.0	4 04.7	4 07.2	4 11.2
2 22.7	4 22.6	5 05.4	5 07.9	5 11.8	5 14.1	4 19.2	4 21.4	4 23.6	5 03.4	5 05.8	5 09.8
3 21.3	5 21.3	6 04.0	6 06.6	6 10.4	6 12.8	5 17.8	5 20.0	5 22.2	6 02.0	6 04.5	6 08.4
4 20.0	6 19.9	7 02.6	7 05.2	7 09.0	7 11.4	6 16.4	6 18.6	6 20.9	7 00.6	7 03.1	7 07.0
5 18.6	7 18.5	8 01.3	8 03.8	8 07.6	8 10.0	7 15.0	7 17.2	7 19.5	7 23.2	8 01.7	8 05.7
6 17.2	8 17.1	8 23.9	9 02.4	9 06.3	9 08.6	8 13.6	8 15.8	8 18.1	8 21.8	9 00.3	9 04.3
7 15.8	9 15.8	9 22.5	10 01.1	10 04.9	10 07.2	9 12.2	9 14.4	9 16.7	9 20.4	9 22.9	10 02.9
8 14.5	10 14.4	10 21.1	10 23.7	11 03.5	11 05.8	10 10.8	10 13.1	10 15.3	10 19.1	10 21.6	11 01.6
9 13.1	11 13.0	11 19.8	11 22.3	12 02.1	12 04.4	11 09.5	11 11.7	11 13.9	11 17.7	11 20.2	12 00.2
10 11.7	12 11.6	12 18.4	12 20.9	13 00.7	13 03.1	12 08.1	12 10.3	12 12.5	12 16.3	12 18.8	12 22.8
11 10.4	13 10.3	13 17.0	13 19.5	13 23.3	14 01.7	13 06.7	13 08.9	13 11.2	13 14.9	13 17.4	13 21.4
12 09.0	14 08.9	14 15.6	14 18.2	14 22.0	15 00.3	14 05.3	14 07.5	14 09.8	14 13.5	14 16.1	14 20.1
13 07.6	15 07.5	15 14.3	15 16.8	15 20.6	15 22.9	15 03.9	15 06.1	15 08.4	15 12.2	15 14.7	15 18.7
14 06.2	16 06.2	16 12.9	16 15.4	16 19.2	16 21.5	16 02.5	16 04.7	16 07.0	16 10.8	16 13.3	16 17.3
15 04.9	17 04.8	17 11.5	17 14.0	17 17.8	17 20.1	17 01.1	17 03.4	17 05.6	17 09.4	17 11.9	17 15.9
16 03.5	18 03.4	18 10.1	18 12.6	18 16.4	18 18.7	17 23.7	18 02.0	18 04.2	18 08.0	18 10.6	18 14.6
17 02.1	19 02.0	19 08.8	19 11.3	19 15.0	19 17.4	18 22.4	19 00.6	19 02.9	19 06.6	19 09.2	19 13.2
18 00.7	20 00.7	20 07.4	20 09.9	20 13.7	20 16.0	19 21.0	19 23.2	20 01.5	20 05.3	20 07.8	20 11.8
18 23.4	20 23.3	21 06.0	21 08.5	21 12.3	21 14.6	20 19.6	20 21.8	21 00.1	21 03.9	21 06.4	21 10.4
19 22.0	21 21.9	22 04.6	22 07.1	22 10.9	22 13.2	21 18.2	21 20.4	21 22.7	22 02.5	22 05.1	22 09.1
20 20.6	22 20.5	23 03.2	23 05.7	23 09.5	23 11.8	22 16.8	22 19.0	22 21.3	23 01.1	23 03.7	23 07.7
21 19.2	23 19.2	24 01.9	24 04.4	24 08.1	24 10.4	23 15.4	23 17.6	23 19.9	23 23.7	24 02.3	24 06.3
22 17.9	24 17.8	25 00.5	25 03.0	25 06.7	25 09.0	24 14.0	24 16.3	24 18.6	24 22.4	25 00.9	25 04.9
23 16.5	25 16.4	25 23.1	26 01.6	26 05.4	26 07.7	25 12.6	25 15.0	25 17.2	25 21.0	25 23.5	26 03.6
24 15.1	26 15.0	26 21.7	27 00.2	27 04.0	27 06.3	26 11.3	26 13.5	26 15.8	26 19.6	26 22.2	27 02.2
25 13.8	27 13.7	27 20.4	27 22.8	28 02.6	28 04.9	27 09.9	27 12.1	27 14.4	27 18.2	27 20.8	28 00.8
26 12.4	28 12.3	28 19.0	28 21.5	29 01.2	29 03.5	28 08.5	28 10.7	28 13.0	28 16.9	28 19.4	28 23.4
27 11.0		29 17.6	29 20.1	29 23.8	30 02.1	29 07.1	29 09.3	29 11.6	29 15.5	29 18.0	29 22.1
28 09.6		30 16.2	30 18.7	30 22.4		30 05.7	30 07.9	30 10.3	30 14.1	30 16.7	30 20.7
29 08.3		31 14.8		31 21.1		31 04.3	31 06.6		31 12.7		31 19.3
30 06.9											32 18.0
31 05.5											33 16.6

II Enceladus

d h	d h	d h	d h	d h	d h	d h	d h	d h	d h	d h	d h
−1 12.1	1 09.7	2 04.6	1 08.3	1 11.9	2 00.3	2 03.7	1 06.9	1 19.1	1 22.5	1 02.0	1 05.6
0 21.0	2 18.6	3 13.5	2 17.2	2 20.8	3 09.2	3 12.5	2 15.8	3 04.0	3 07.4	2 10.9	2 14.5
2 05.9	4 03.5	4 22.4	4 02.1	4 05.7	4 18.1	4 21.4	4 00.7	4 12.9	4 16.2	3 19.8	3 23.4
3 14.8	5 12.4	6 07.3	5 11.0	5 14.6	6 02.9	6 06.3	5 09.6	5 21.7	6 01.1	5 04.7	5 08.3
4 23.7	6 21.3	7 16.2	6 19.9	6 23.5	7 11.8	7 15.2	6 18.4	7 06.6	7 10.0	6 13.5	6 17.2
6 08.6	8 06.2	9 01.1	8 04.8	8 08.4	8 20.7	9 00.0	8 03.3	8 15.5	8 18.9	7 22.4	8 02.1
7 17.5	9 15.1	10 10.0	9 13.7	9 17.2	10 05.6	10 08.9	9 12.2	10 00.4	10 03.8	9 07.3	9 11.0
9 02.4	11 00.0	11 18.9	10 22.6	11 02.1	11 14.5	11 17.8	10 21.1	11 09.3	11 12.7	10 16.2	10 19.9
10 11.3	12 08.9	13 03.8	12 07.5	12 11.0	12 23.3	13 02.7	12 06.0	12 18.1	12 21.6	12 01.1	12 04.8
11 20.2	13 17.8	14 12.7	13 16.3	13 19.9	14 08.2	14 11.6	13 14.8	14 03.0	14 06.4	13 10.0	13 13.7
13 05.1	15 02.7	15 21.6	15 01.2	15 04.8	15 17.1	15 20.4	14 23.7	15 11.9	15 15.3	14 18.9	14 22.6
14 14.0	16 11.6	17 06.5	16 10.1	16 13.7	17 02.0	17 05.3	16 08.6	16 20.8	17 00.2	16 03.8	16 07.5
15 22.9	17 20.5	18 15.4	17 19.0	17 22.6	18 10.9	18 14.2	17 17.5	18 05.7	18 09.1	17 12.7	17 16.4
17 07.8	19 05.4	20 00.3	19 03.9	19 07.4	19 19.7	19 23.1	19 02.3	19 14.5	19 18.0	18 21.6	19 01.3
18 16.7	20 14.3	21 09.2	20 12.8	20 16.3	21 04.6	21 07.9	20 11.2	20 23.4	21 02.9	20 06.5	20 10.2
20 01.6	21 23.2	22 18.1	21 21.7	22 01.2	22 13.5	22 16.8	21 20.1	22 08.3	22 11.8	21 15.4	21 19.1
21 10.5	23 08.1	24 02.9	23 06.5	23 10.1	23 22.4	24 01.7	23 05.0	23 17.2	23 20.6	23 00.3	23 04.0
22 19.4	24 17.0	25 11.8	24 15.5	24 19.0	25 07.3	25 10.6	24 13.8	25 02.1	25 05.5	24 09.1	24 12.9
24 04.3	26 01.9	26 20.7	26 00.4	26 03.9	26 16.1	26 19.4	25 22.7	26 10.9	26 14.4	25 18.0	25 21.8
25 13.2	27 10.8	28 05.6	27 09.3	27 12.8	28 01.0	28 04.3	27 07.6	27 19.8	27 23.3	27 02.9	27 06.7
26 22.1	28 19.7	29 14.5	28 18.1	28 21.6	29 09.9	29 13.2	28 16.5	29 04.7	29 08.2	28 11.8	28 15.6
28 07.0		30 23.4	30 03.0	30 06.5	30 18.8	30 22.1	30 01.4	30 13.6	30 17.1	29 20.7	30 00.5
29 15.9				31 15.4			31 10.2				31 09.4
31 00.8											32 18.3

SATELLITES OF SATURN, 2022

UNIVERSAL TIME OF GREATEST EASTERN ELONGATION

III Tethys

Jan.	Feb.	Mar.	Apr.	May	June	July	Aug.	Sept.	Oct.	Nov.	Dec.
d h	d h	d h	d h	d h	d h	d h	d h	d h	d h	d h	d h
−2 14.6	1 14.6	1 22.6	1 03.9	1 09.0	2 11.3	2 16.1	1 20.7	1 01.4	1 06.2	2 08.4	2 13.5
0 11.9	3 11.9	3 19.9	3 01.2	3 06.3	4 08.6	4 13.3	3 18.0	2 22.7	3 03.5	4 05.7	4 10.9
2 09.2	5 09.3	5 17.3	4 22.5	5 03.6	6 05.9	6 10.6	5 15.3	4 20.0	5 00.8	6 03.0	6 08.2
4 06.6	7 06.6	7 14.6	6 19.8	7 00.9	8 03.2	8 07.9	7 12.6	6 17.3	6 22.1	8 00.4	8 05.5
6 03.9	9 03.9	9 11.9	8 17.2	8 22.2	10 00.5	10 05.2	9 09.9	8 14.6	8 19.4	9 21.7	10 02.9
8 01.2	11 01.3	11 09.3	10 14.5	10 19.6	11 21.8	12 02.5	11 07.2	10 11.9	10 16.7	11 19.0	12 00.2
9 22.6	12 22.6	13 06.6	12 11.8	12 16.9	13 19.1	13 23.8	13 04.5	12 09.2	12 14.0	13 16.3	13 21.5
11 19.9	14 19.9	15 03.9	14 09.1	14 14.2	15 16.4	15 21.1	15 01.8	14 06.5	14 11.3	15 13.6	15 18.8
13 17.3	16 17.3	17 01.3	16 06.4	16 11.5	17 13.7	17 18.4	16 23.1	16 03.8	16 08.6	17 11.0	17 16.2
15 14.6	18 14.6	18 22.6	18 03.8	18 08.8	19 11.0	19 15.7	18 20.3	18 01.1	18 05.9	19 08.3	19 13.5
17 11.9	20 12.0	20 19.9	20 01.1	20 06.1	21 08.3	21 13.0	20 17.6	19 22.4	20 03.2	21 05.6	21 10.8
19 09.3	22 09.3	22 17.2	21 22.4	22 03.4	23 05.6	23 10.3	22 14.9	21 19.6	22 00.5	23 02.9	23 08.2
21 06.6	24 06.6	24 14.6	23 19.7	24 00.7	25 02.9	25 07.6	24 12.2	23 16.9	23 21.8	25 00.2	25 05.5
23 03.9	26 03.9	26 11.9	25 17.0	25 22.0	27 00.2	27 04.9	26 09.5	25 14.2	25 19.2	26 21.6	27 02.8
25 01.3	28 01.3	28 09.2	27 14.4	27 19.3	28 21.5	29 02.2	28 06.8	27 11.6	27 16.5	28 18.9	29 00.1
26 22.6		30 06.5	29 11.7	29 16.6	30 18.8	30 23.4	30 04.1	29 08.9	29 13.8	30 16.2	30 21.5
28 19.9				31 14.0					31 11.1		32 18.8
30 17.3											

IV Dione

Jan.	Feb.	Mar.	Apr.	May	June	July	Aug.	Sept.	Oct.	Nov.	Dec.
d h	d h	d h	d h	d h	d h	d h	d h	d h	d h	d h	d h
−1 03.8	1 00.7	3 03.9	2 06.9	2 09.8	1 12.4	1 14.8	3 10.7	2 12.8	2 15.1	1 17.7	1 20.5
1 21.5	3 18.4	5 21.6	5 00.6	5 03.5	4 06.1	4 08.5	6 04.3	5 06.5	5 08.8	4 11.4	4 14.2
4 15.3	6 12.2	8 15.3	7 18.3	7 21.2	6 23.8	7 02.1	8 22.0	8 00.1	8 02.5	7 05.1	7 08.0
7 09.0	9 05.9	11 09.1	10 12.1	10 14.9	9 17.4	9 19.8	11 15.6	10 17.8	10 20.2	9 22.8	10 01.7
10 02.8	11 23.7	14 02.8	13 05.8	13 08.6	12 11.1	12 13.4	14 09.3	13 11.5	13 13.9	12 16.5	12 19.4
12 20.5	14 17.4	16 20.5	15 23.5	16 02.3	15 04.8	15 07.1	17 02.9	16 05.1	16 07.5	15 10.2	15 13.2
15 14.2	17 11.2	19 14.3	18 17.2	18 20.0	17 22.5	18 00.7	19 20.6	18 22.8	19 01.2	18 03.9	18 06.9
18 08.0	20 04.9	22 08.0	21 10.9	21 13.6	20 16.1	20 18.4	22 14.2	21 16.5	21 18.9	20 21.7	21 00.6
21 01.7	22 22.6	25 01.7	24 04.6	24 07.3	23 09.8	23 12.1	25 07.9	24 10.1	24 12.6	23 15.4	23 18.3
23 19.5	25 16.4	27 19.4	26 22.3	27 01.0	26 03.5	26 05.7	28 01.5	27 03.8	27 06.3	26 09.1	26 12.1
26 13.2	28 10.1	30 13.2	29 16.1	29 18.7	28 21.1	28 23.4	30 19.2	29 21.5	30 00.0	29 02.8	29 05.8
29 07.0						31 17.0					31 23.6

V Rhea

Jan.	Feb.	Mar.	Apr.	May	June	July	Aug.	Sept.	Oct.	Nov.	Dec.
d h	d h	d h	d h	d h	d h	d h	d h	d h	d h	d h	d h
0 11.6	1 03.7	4 19.7	5 11.5	2 14.5	3 05.6	4 20.3	5 10.7	1 12.6	3 03.1	3 18.1	5 09.5
5 00.2	5 16.2	9 08.2	10 00.0	7 03.0	7 18.0	9 08.7	9 23.0	6 01.0	7 15.5	8 06.5	9 22.0
9 12.8	10 04.8	13 20.8	14 12.5	11 15.4	12 06.4	13 21.0	14 11.3	10 13.3	12 03.9	12 19.0	14 10.5
14 01.3	14 17.4	18 09.3	19 01.0	16 03.9	16 18.8	18 09.4	18 23.6	15 01.7	16 16.3	17 07.5	18 23.1
18 13.9	19 06.0	22 21.9	23 13.5	20 16.3	21 07.2	22 21.7	23 12.0	19 14.0	21 04.7	21 20.0	23 11.6
23 02.5	23 18.5	27 10.4	28 02.0	25 04.8	25 19.6	27 10.0	28 00.3	24 02.4	25 17.2	26 08.5	28 00.2
27 15.1	28 07.1	31 23.0		29 17.2	30 08.0	31 22.3		28 14.7	30 05.6	30 21.0	32 12.7

UNIVERSAL TIME OF CONJUNCTIONS AND ELONGATIONS

VI Titan

Eastern Elongation		Inferior Conjunction		Western Elongation		Superior Conjunction	
	d h		d h		d h		d h
Jan.	−19 21.8	Jan.	−15 21.4	Jan.	−10 00.5	Jan.	−6 01.3
	−3 22.1		1 21.9		6 01.1		10 01.7
	13 22.7		17 22.6		22 01.7		26 02.2
	29 23.3	Feb.	2 23.3	Feb.	7 02.5	Feb.	11 02.8
Feb.	15 00.0		19 00.1		23 03.2		27 03.2
Mar.	3 00.6	Mar.	7 00.7	Mar.	11 03.8	Mar.	15 03.6
	19 01.0		23 01.1		27 04.2		31 03.8
Apr.	4 01.3	Apr.	8 01.4	Apr.	12 04.3	Apr.	16 03.7
	20 01.2		24 01.3		28 04.1	May	2 03.3
May	6 00.8	May	10 00.8	May	14 03.6		18 02.6
	22 00.0		26 00.0		30 02.6	June	3 01.5
June	6 22.9	June	10 22.7	June	15 01.2		19 00.0
	22 21.3		26 21.0		30 23.4	July	4 22.2
July	8 19.3	July	12 18.9	July	16 21.2		20 20.1
	24 17.0		28 16.6	Aug.	1 18.8	Aug.	5 17.8
Aug.	9 14.5	Aug.	13 14.1		17 16.2		21 15.3
	25 12.0		29 11.6	Sept.	2 13.7	Sept.	6 13.0
Sept.	10 09.5	Sept.	14 09.2		18 11.3		22 10.9
	26 07.4		30 07.1	Oct.	4 09.3	Oct.	8 09.1
Oct.	12 05.5	Oct.	16 05.4		20 07.7		24 07.6
	28 04.2	Nov.	1 04.2	Nov.	5 06.5	Nov.	9 06.6
Nov.	13 03.2		17 03.4		21 05.8		25 05.9
	29 02.7	Dec.	3 03.0	Dec.	7 05.5	Dec.	11 05.7
Dec.	15 02.6		19 03.0		23 05.6		27 05.7
	31 02.8		35 03.3		39 06.0		43 05.9
	47 03.2						

VII Hyperion

Eastern Elongation		Inferior Conjunction		Western Elongation		Superior Conjunction	
	d h		d h		d h		d h
Jan.	−14 02.0	Jan.	−9 17.4	Jan.	−3 12.0	Jan.	2 12.9
	7 10.4		13 02.7		18 21.1		23 21.3
	28 19.8	Feb.	3 12.9	Feb.	9 05.2	Feb.	14 03.3
Feb.	19 03.5		24 22.2	Mar.	2 13.4	Mar.	7 10.1
Mar.	12 11.0	Mar.	18 06.1		23 20.8		28 16.9
Apr.	2 18.6	Apr.	8 14.1	Apr.	14 02.9	Apr.	18 21.4
	24 00.6		29 21.3	May	5 09.2	May	10 02.7
May	15 05.9	May	21 02.4		26 14.0		31 07.4
June	5 10.8	June	11 07.2	June	16 17.5	June	21 10.1
	26 14.4	July	2 11.7	July	7 21.7	July	12 14.2
July	17 17.6		23 14.3		29 00.5	Aug.	2 17.6
Aug.	7 20.6	Aug.	13 17.3	Aug.	19 02.9		23 20.0
	28 23.7	Sept.	3 21.6	Sept.	9 07.5	Sept.	14 01.1
Sept.	19 04.0		25 01.7		30 12.1	Oct.	5 06.5
Oct.	10 09.5	Oct.	16 07.7	Oct.	21 17.7		26 11.9
	31 16.4	Nov.	6 16.6	Nov.	12 02.5	Nov.	16 20.6
Nov.	22 01.3		28 01.9	Dec.	3 11.9	Dec.	8 06.0
Dec.	13 11.7	Dec.	19 13.1		24 22.1		29 15.2
	34 23.0		41 02.3				

VIII Iapetus

Eastern Elongation		Inferior Conjunction		Western Elongation		Superior Conjunction	
	d h		d h		d h		d h
Jan.	−63 23.1	Jan.	−43 18.0	Jan.	−22 11.2	Jan.	−1 10.4
	18 21.2	Feb.	7 20.9	Mar.	1 02.3	Mar.	21 15.8
Apr.	10 07.8	Apr.	29 22.2	May	20 23.4	June	9 20.2
June	29 01.2	July	18 04.4	Aug.	7 12.0	Aug.	27 07.6
Sept.	15 00.1	Oct.	4 10.4	Oct.	24 16.2	Nov.	6 00.0
Dec.	3 07.4	Dec.	23 08.7	Dec.	44 06.1		

SATELLITES OF SATURN, 2022

DIFFERENTIAL COORDINATES OF VII HYPERION FOR 0ʰ UNIVERSAL TIME

Date		$\Delta\alpha$	$\Delta\delta$	Date		$\Delta\alpha$	$\Delta\delta$	Date		$\Delta\alpha$	$\Delta\delta$
		s	′			s	′			s	′
Jan.	−1	− 12	+ 0.6	May	1	− 4	− 0.7	Sept.	2	+ 7	− 1.1
	1	− 6	+ 0.8		3	− 10	− 0.3		4	− 1	− 1.0
	3	+ 2	+ 0.7		5	− 13	+ 0.1		6	− 9	− 0.7
	5	+ 10	+ 0.3		7	− 12	+ 0.5		8	− 14	− 0.1
	7	+ 13	− 0.3.		9	− 5	+ 0.7		10	− 15	+ 0.4
	9	+ 11	− 0.8		11	+ 4	+ 0.5		12	− 9	+ 0.8
	11	+ 7	− 1.0		13	+ 12	+ 0.1		14	0	+ 0.8
	13	0	− 1.0		15	+ 14	− 0.4		16	+ 10	+ 0.4
	15	− 6	− 0.7		17	+ 13	− 0.7		18	+ 15	− 0.2
	17	− 11	− 0.3		19	+ 7	− 0.9		20	+ 15	− 0.7
	19	− 13	+ 0.2		21	0	− 0.8		22	+ 11	− 1.0
	21	− 10	+ 0.7		23	− 7	− 0.5		24	+ 4	− 1.1
	23	− 3	+ 0.8		25	− 12	− 0.1		26	− 4	− 0.9
	25	+ 5	+ 0.6		27	− 14	+ 0.3		28	− 11	− 0.5
	27	+ 11	+ 0.1		29	− 10	+ 0.6		30	− 15	+ 0.1
	29	+ 13	− 0.5		31	− 1	+ 0.7	Oct.	2	− 13	+ 0.6
	31	+ 10	− 0.8	June	2	+ 8	+ 0.4		4	− 6	+ 0.9
Feb.	2	+ 5	− 1.0		4	+ 14	− 0.1		6	+ 4	+ 0.7
	4	− 2	− 0.9		6	+ 15	− 0.5		8	+ 12	+ 0.2
	6	− 8	− 0.6		8	+ 11	− 0.8		10	+ 16	− 0.4
	8	− 12	− 0.1		10	+ 5	− 0.9		12	+ 14	− 0.8
	10	− 12	+ 0.4		12	− 3	− 0.7		14	+ 9	− 1.1
	12	− 8	+ 0.7		14	− 10	− 0.4		16	+ 1	− 1.1
	14	0	+ 0.7		16	− 14	+ 0.1		18	− 7	− 0.8
	16	+ 8	+ 0.4		18	− 13	+ 0.5		20	− 12	− 0.3
	18	+ 12	− 0.1		20	− 7	+ 0.7		22	− 14	+ 0.3
	20	+ 12	− 0.6		22	+ 3	+ 0.6		24	− 11	+ 0.7
	22	+ 9	− 0.9		24	+ 11	+ 0.2		26	− 2	+ 0.8
	24	+ 3	− 0.9		26	+ 15	− 0.3		28	+ 7	+ 0.5
	26	− 4	− 0.7		28	+ 14	− 0.7		30	+ 14	0.0
	28	− 10	− 0.4		30	+ 9	− 0.9	Nov.	1	+ 15	− 0.5
Mar.	2	− 13	+ 0.1	July	2	+ 2	− 0.9		3	+ 12	− 0.9
	4	− 11	+ 0.5		4	− 6	− 0.7		5	+ 6	− 1.1
	6	− 6	+ 0.7		6	− 12	− 0.2		7	− 2	− 0.9
	8	+ 3	+ 0.6		8	− 15	+ 0.3		9	− 9	− 0.6
	10	+ 10	+ 0.2		10	− 11	+ 0.7		11	− 13	− 0.1
	12	+ 13	− 0.3		12	− 3	+ 0.8		13	− 13	+ 0.4
	14	+ 12	− 0.7		14	+ 7	+ 0.5		15	− 8	+ 0.8
	16	+ 7	− 0.9		16	+ 14	0.0		17	+ 1	+ 0.7
	18	+ 1	− 0.8		18	+ 16	− 0.5		19	+ 9	+ 0.4
	20	− 6	− 0.6		20	+ 13	− 0.9		21	+ 14	− 0.2
	22	− 11	− 0.2		22	+ 6	− 1.0		23	+ 14	− 0.7
	24	− 13	+ 0.2		24	− 2	− 0.9		25	+ 10	− 0.9
	26	− 10	+ 0.6		26	− 9	− 0.5		27	+ 4	− 1.0
	28	− 3	+ 0.7		28	− 14	0.0		29	− 4	− 0.8
	30	+ 6	+ 0.4		30	− 14	+ 0.5	Dec.	1	− 10	− 0.4
Apr.	1	+ 12	0.0	Aug.	1	− 8	+ 0.8		3	− 13	+ 0.1
	3	+ 13	− 0.5		3	+ 2	+ 0.7		5	− 12	+ 0.5
	5	+ 11	− 0.8		5	+ 11	− 0.3		7	− 5	+ 0.8
	7	+ 5	− 0.9		7	+ 16	− 0.3		9	+ 4	+ 0.6
	9	− 2	− 0.8		9	+ 15	− 0.7		11	+ 11	+ 0.2
	11	− 8	− 0.5		11	+ 10	− 1.0		13	+ 14	− 0.3
	13	− 12	0.0		13	+ 3	− 1.0		15	+ 13	− 0.7
	15	− 13	+ 0.4		15	− 5	− 0.8		17	+ 8	− 0.9
	17	− 8	+ 0.7		17	− 12	− 0.4		19	+ 2	− 0.9
	19	+ 1	+ 0.6		19	− 15	+ 0.2		21	− 5	− 0.7
	21	+ 9	+ 0.3		21	− 12	+ 0.7		23	− 11	− 0.3
	23	+ 13	− 0.2		23	− 4	+ 0.9		25	− 13	+ 0.2
	25	+ 13	− 0.6		25	+ 6	+ 0.6		27	− 10	+ 0.6
	27	+ 9	− 0.8		27	+ 14	+ 0.1		29	− 3	+ 0.7
	29	+ 3	− 0.8		29	+ 16	− 0.5		31	+ 6	+ 0.5
May	1	− 4	− 0.7		31	+ 14	− 0.9		33	+ 12	0.0

Differential coordinates are given in the sense "satellite minus planet."

DIFFERENTIAL COORDINATES OF VIII IAPETUS FOR 0ʰ UNIVERSAL TIME

Date		$\Delta\alpha$	$\Delta\delta$	Date		$\Delta\alpha$	$\Delta\delta$	Date		$\Delta\alpha$	$\Delta\delta$
		s	′			s	′			s	′
Jan.	−1	− 1	+ 0.4	May	1	− 3	+ 0.1	Sept.	2	+ 17	+ 0.2
	1	+ 4	+ 0.4		3	− 8	0.0		4	+ 22	+ 0.2
	3	+ 9	+ 0.3		5	− 13	0.0		6	+ 27	+ 0.2
	5	+ 14	+ 0.3		7	− 18	− 0.1		8	+ 31	+ 0.3
	7	+ 18	+ 0.2		9	− 22	− 0.2		10	+ 34	+ 0.2
	9	+ 22	+ 0.2		11	− 26	− 0.2		12	+ 36	+ 0.2
	11	+ 25	+ 0.1		13	− 29	− 0.2		14	+ 37	+ 0.2
	13	+ 28	+ 0.1		15	− 32	− 0.3		16	+ 37	+ 0.2
	15	+ 29	0.0		17	− 34	− 0.3		18	+ 36	+ 0.1
	17	+ 31	0.0		19	− 35	− 0.4		20	+ 34	+ 0.1
	19	+ 31	0.0		21	− 35	− 0.4		22	+ 31	0.0
	21	+ 30	− 0.1		23	− 35	− 0.4		24	+ 27	0.0
	23	+ 29	− 0.1		25	− 34	− 0.4		26	+ 23	0.0
	25	+ 27	− 0.1		27	− 31	− 0.4		28	+ 18	− 0.1
	27	+ 24	− 0.2		29	− 29	− 0.4		30	+ 12	− 0.1
	29	+ 21	− 0.2		31	− 25	− 0.4	Oct.	2	+ 7	− 0.2
	31	+ 17	− 0.2	June	2	− 21	− 0.3		4	+ 1	− 0.2
Feb.	2	+ 13	− 0.2		4	− 16	− 0.3		6	− 5	− 0.2
	4	+ 9	− 0.2		6	− 11	− 0.2		8	− 10	− 0.2
	6	+ 4	− 0.2		8	− 5	− 0.2		10	− 16	− 0.3
	8	− 1	− 0.2		10	+ 1	− 0.1		12	− 21	− 0.3
	10	− 5	− 0.2		12	+ 6	0.0		14	− 25	− 0.3
	12	− 10	− 0.2		14	+ 12	0.0		16	− 29	− 0.2
	14	− 14	− 0.2		16	+ 17	+ 0.1		18	− 32	− 0.2
	16	− 18	− 0.2		18	+ 22	+ 0.2		20	− 34	− 0.2
	18	− 22	− 0.2		20	+ 27	+ 0.2		22	− 36	− 0.2
	20	− 25	− 0.2		22	+ 30	+ 0.3		24	− 37	− 0.2
	22	− 28	− 0.2		24	+ 33	+ 0.3		26	− 36	− 0.1
	24	− 30	− 0.1		26	+ 35	+ 0.4		28	− 35	− 0.1
	26	− 31	− 0.1		28	+ 36	+ 0.4		30	− 34	− 0.1
	28	− 32	− 0.1		30	+ 36	+ 0.4	Nov.	1	− 31	0.0
Mar.	2	− 32	− 0.1	July	2	+ 35	+ 0.4		3	− 28	0.0
	4	− 31	− 0.1		4	+ 33	+ 0.4		5	− 24	+ 0.1
	6	− 30	− 0.1		6	+ 30	+ 0.3		7	− 19	+ 0.1
	8	− 28	− 0.1		8	+ 27	+ 0.3		9	− 14	+ 0.1
	10	− 25	− 0.1		10	+ 22	+ 0.3		11	− 9	+ 0.1
	12	− 22	− 0.1		12	+ 17	+ 0.2		13	− 3	+ 0.2
	14	− 18	0.0		14	+ 12	+ 0.2		15	+ 2	+ 0.2
	16	− 13	0.0		16	+ 6	+ 0.1		17	+ 8	+ 0.2
	18	− 9	0.0		18	0	0.0		19	+ 13	+ 0.2
	20	− 4	0.0		20	− 6	0.0		21	+ 18	+ 0.2
	22	+ 1	0.0		22	− 12	− 0.1		23	+ 22	+ 0.2
	24	+ 6	+ 0.1		24	− 17	− 0.1		25	+ 26	+ 0.2
	26	+ 11	+ 0.1		26	− 22	− 0.2		27	+ 29	+ 0.2
	28	+ 16	+ 0.1		28	− 27	− 0.2		29	+ 31	+ 0.2
	30	+ 20	+ 0.2		30	− 31	− 0.3	Dec.	1	+ 32	+ 0.2
Apr.	1	+ 23	+ 0.2	Aug.	1	− 34	− 0.3		3	+ 33	+ 0.2
	3	+ 27	+ 0.2		3	− 37	− 0.3		5	+ 32	+ 0.2
	5	+ 29	+ 0.2		5	− 38	− 0.3		7	+ 31	+ 0.1
	7	+ 31	+ 0.2		7	− 39	− 0.3		9	+ 29	+ 0.1
	9	+ 32	+ 0.3		9	− 39	− 0.3		11	+ 27	+ 0.1
	11	+ 32	+ 0.3		11	− 38	− 0.3		13	+ 23	+ 0.1
	13	+ 31	+ 0.3		13	− 35	− 0.2		15	+ 19	0.0
	15	+ 29	+ 0.3		15	− 32	− 0.2		17	+ 15	0.0
	17	+ 27	+ 0.3		17	− 28	− 0.2		19	+ 10	0.0
	19	+ 24	+ 0.3		19	− 24	− 0.1		21	+ 6	0.0
	21	+ 21	+ 0.2		21	− 19	− 0.1		23	+ 1	− 0.1
	23	+ 17	+ 0.2		23	− 13	0.0		25	− 4	− 0.1
	25	+ 12	+ 0.2		25	− 7	+ 0.1		27	− 9	− 0.1
	27	+ 7	+ 0.1		27	− 1	+ 0.1		29	− 14	− 0.1
	29	+ 2	+ 0.1		29	+ 5	+ 0.1		31	− 18	− 0.2
May	1	− 3	+ 0.1		31	+ 12	+ 0.2		33	− 22	− 0.2

Differential coordinates are given in the sense "satellite minus planet."

DIFFERENTIAL COORDINATES OF IX PHOEBE FOR 0ʰ UNIVERSAL TIME

Date		$\Delta\alpha$ (m s)	$\Delta\delta$ ($'$)	Date		$\Delta\alpha$ (m s)	$\Delta\delta$ ($'$)	Date		$\Delta\alpha$ (m s)	$\Delta\delta$ ($'$)
Jan.	−1	+ 1 48	+ 3.8	May	1	− 1 02	− 5.5	Sept.	2	− 1 21	− 2.8
	1	+ 1 46	+ 3.7		3	− 1 05	− 5.6		4	− 1 19	− 2.6
	3	+ 1 44	+ 3.7		5	− 1 07	− 5.8		6	− 1 17	− 2.4
	5	+ 1 43	+ 3.6		7	− 1 10	− 5.9		8	− 1 15	− 2.3
	7	+ 1 40	+ 3.5		9	− 1 12	− 6.0		10	− 1 13	− 2.1
	9	+ 1 38	+ 3.4		11	− 1 15	− 6.1		12	− 1 10	− 2.0
	11	+ 1 36	+ 3.3		13	− 1 17	− 6.2		14	− 1 08	− 1.8
	13	+ 1 34	+ 3.2		15	− 1 19	− 6.3		16	− 1 06	− 1.6
	15	+ 1 32	+ 3.1		17	− 1 21	− 6.4		18	− 1 03	− 1.5
	17	+ 1 30	+ 3.0		19	− 1 24	− 6.5		20	− 1 01	− 1.3
	19	+ 1 27	+ 2.8		21	− 1 26	− 6.6		22	− 0 59	− 1.1
	21	+ 1 25	+ 2.7		23	− 1 28	− 6.7		24	− 0 56	− 1.0
	23	+ 1 23	+ 2.6		25	− 1 30	− 6.7		26	− 0 54	− 0.8
	25	+ 1 20	+ 2.5		27	− 1 32	− 6.8		28	− 0 51	− 0.7
	27	+ 1 18	+ 2.4		29	− 1 33	− 6.9		30	− 0 49	− 0.5
	29	+ 1 15	+ 2.2		31	− 1 35	− 6.9	Oct.	2	− 0 46	− 0.4
	31	+ 1 12	+ 2.1	June	2	− 1 37	− 6.9		4	− 0 43	− 0.2
Feb.	2	+ 1 10	+ 2.0		4	− 1 38	− 7.0		6	− 0 41	0.0
	4	+ 1 07	+ 1.8		6	− 1 40	− 7.0		8	− 0 38	+ 0.1
	6	+ 1 04	+ 1.7		8	− 1 41	− 7.0		10	− 0 36	+ 0.3
	8	+ 1 02	+ 1.5		10	− 1 42	− 7.0		12	− 0 33	+ 0.4
	10	+ 0 59	+ 1.4		12	− 1 44	− 7.1		14	− 0 30	+ 0.6
	12	+ 0 56	+ 1.2		14	− 1 45	− 7.1		16	− 0 27	+ 0.7
	14	+ 0 53	+ 1.1		16	− 1 46	− 7.0		18	− 0 25	+ 0.9
	16	+ 0 50	+ 0.9		18	− 1 47	− 7.0		20	− 0 22	+ 1.0
	18	+ 0 48	+ 0.7		20	− 1 48	− 7.0		22	− 0 19	+ 1.2
	20	+ 0 45	+ 0.6		22	− 1 48	− 7.0		24	− 0 17	+ 1.4
	22	+ 0 42	+ 0.4		24	− 1 49	− 6.9		26	− 0 14	+ 1.5
	24	+ 0 39	+ 0.2		26	− 1 50	− 6.9		28	− 0 11	+ 1.7
	26	+ 0 36	+ 0.1		28	− 1 50	− 6.9		30	− 0 08	+ 1.8
	28	+ 0 33	− 0.1		30	− 1 51	− 6.8	Nov.	1	− 0 05	+ 2.0
Mar.	2	+ 0 30	− 0.3	July	2	− 1 51	− 6.7		3	− 0 03	+ 2.1
	4	+ 0 26	− 0.5		4	− 1 51	− 6.7		5	0 00	+ 2.3
	6	+ 0 23	− 0.6		6	− 1 51	− 6.6		7	+ 0 03	+ 2.4
	8	+ 0 20	− 0.8		8	− 1 52	− 6.5		9	+ 0 06	+ 2.5
	10	+ 0 17	− 1.0		10	− 1 51	− 6.4		11	+ 0 08	+ 2.7
	12	+ 0 14	− 1.2		12	− 1 51	− 6.3		13	+ 0 11	+ 2.8
	14	+ 0 11	− 1.4		14	− 1 51	− 6.3		15	+ 0 14	+ 3.0
	16	+ 0 08	− 1.5		16	− 1 51	− 6.2		17	+ 0 16	+ 3.1
	18	+ 0 05	− 1.7		18	− 1 51	− 6.0		19	+ 0 19	+ 3.3
	20	+ 0 01	− 1.9		20	− 1 50	− 5.9		21	+ 0 22	+ 3.4
	22	− 0 02	− 2.1		22	− 1 50	− 5.8		23	+ 0 24	+ 3.6
	24	− 0 05	− 2.3		24	− 1 49	− 5.7		25	+ 0 27	+ 3.7
	26	− 0 08	− 2.5		26	− 1 48	− 5.6		27	+ 0 30	+ 3.9
	28	− 0 11	− 2.7		28	− 1 47	− 5.5		29	+ 0 32	+ 4.0
	30	− 0 14	− 2.8		30	− 1 47	− 5.3	Dec.	1	+ 0 35	+ 4.2
Apr.	1	− 0 18	− 3.0	Aug.	1	− 1 46	− 5.2		3	+ 0 37	+ 4.3
	3	− 0 21	− 3.2		3	− 1 45	− 5.1		5	+ 0 40	+ 4.4
	5	− 0 24	− 3.4		5	− 1 44	− 4.9		7	+ 0 43	+ 4.6
	7	− 0 27	− 3.6		7	− 1 42	− 4.8		9	+ 0 45	+ 4.7
	9	− 0 30	− 3.7		9	− 1 41	− 4.6		11	+ 0 48	+ 4.9
	11	− 0 33	− 3.9		11	− 1 40	− 4.5		13	+ 0 50	+ 5.0
	13	− 0 36	− 4.1		13	− 1 38	− 4.3		15	+ 0 52	+ 5.1
	15	− 0 39	− 4.3		15	− 1 37	− 4.2		17	+ 0 55	+ 5.3
	17	− 0 42	− 4.4		17	− 1 35	− 4.0		19	+ 0 57	+ 5.4
	19	− 0 45	− 4.6		19	− 1 34	− 3.9		21	+ 1 00	+ 5.6
	21	− 0 48	− 4.8		21	− 1 32	− 3.7		23	+ 1 02	+ 5.7
	23	− 0 51	− 4.9		23	− 1 31	− 3.6		25	+ 1 04	+ 5.8
	25	− 0 54	− 5.1		25	− 1 29	− 3.4		27	+ 1 06	+ 6.0
	27	− 0 56	− 5.2		27	− 1 27	− 3.2		29	+ 1 09	+ 6.1
	29	− 0 59	− 5.4		29	− 1 25	− 3.1		31	+ 1 11	+ 6.2
May	1	− 1 02	− 5.5		31	− 1 23	− 2.9		33	+ 1 13	+ 6.4

Differential coordinates are given in the sense "satellite minus planet."

APPARENT ORBITS OF SATELLITES I-V AT 0ʰ UNIVERSAL TIME ON THE DATE OF OPPOSITION, NOVEMBER 9

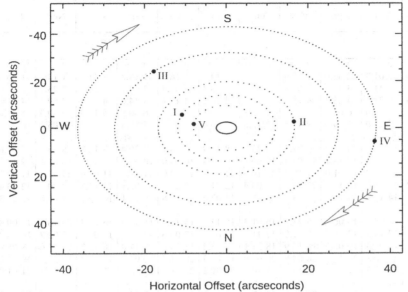

Orbits elongated in ratio of 1.7 to 1 in the East-West direction.

NAME	MEAN SIDEREAL PERIOD
	d
V Miranda	1.413 479 4
I Ariel	2.520 379 1
II Umbriel	4.144 176 5
III Titania	8.705 866 9
IV Oberon	13.463 234

RINGS OF URANUS

Ring	Semimajor Axis	Width	Eccentricity	Inclination	Optical Depth
	km	km		°	
6	41837	1.5	0.00101	0.062	~ 0.3
5	42234	~ 2	0.00190	0.054	~ 0.5
4	42571	~ 2	0.001065	0.032	~ 0.3
α	44718	4 – 10	0.00076	0.015	~ 0.4
β	45661	5 – 11	0.00044	0.005	~ 0.3
η	47176	1.6	——	—	≤ 0.4
γ	47627	1 – 4	0.00109	0.000	≥ 0.3
δ	48300	3 – 7	0.00004	0.001	~ 0.5
λ	50024	~ 2	0.	0.	~ 0.1
ϵ	51149	20 – 96	0.00794	0.000	0.5 – 2.3

UNIVERSAL TIME OF GREATEST NORTHERN ELONGATION

V Miranda

Jan.	Feb.	Mar.	Apr.	May	June	July	Aug.	Sept.	Oct.	Nov.	Dec.
d h	d h	d h	d h	d h	d h	d h	d h	d h	d h	d h	d h
−3 10.6	1 18.8	2 01.3	2 03.6	1 19.9	1 22.1	1 14.3	1 16.5	1 18.8	1 11.1	1 13.5	1 06.0
−2 20.5	3 04.7	3 11.2	3 13.5	3 05.8	3 08.0	3 00.3	3 02.4	3 04.7	2 21.1	2 23.4	2 15.9
0 06.5	4 14.6	4 21.1	4 23.4	4 15.7	4 17.9	4 10.2	4 12.4	4 14.6	4 07.0	4 09.4	4 01.8
1 16.4	6 00.5	6 07.0	6 09.3	6 01.6	6 03.8	5 20.1	5 22.3	6 00.5	5 16.9	5 19.3	5 11.8
3 02.3	7 10.5	7 17.0	7 19.3	7 11.6	7 13.8	7 06.0	7 08.2	7 10.4	7 02.8	7 05.2	6 21.7
4 12.2	8 20.4	9 02.9	9 05.2	8 21.5	8 23.7	8 15.9	8 18.1	8 20.4	8 12.8	8 15.1	8 07.6
5 22.2	10 06.3	10 12.8	10 15.1	10 07.4	10 09.6	10 01.8	10 04.0	10 06.3	9 22.7	10 01.1	9 17.5
7 08.1	11 16.3	11 22.7	12 01.0	11 17.3	11 19.5	11 11.8	11 14.0	11 16.2	11 08.6	11 11.0	11 03.5
8 18.0	13 02.2	13 08.7	13 10.9	13 03.2	13 05.4	12 21.7	12 23.9	13 02.1	12 18.5	12 20.9	12 13.4
10 03.9	14 12.1	14 18.6	14 20.9	14 13.2	14 15.3	14 07.6	14 09.8	14 12.1	14 04.5	14 06.8	13 23.3
11 13.9	15 22.0	16 04.5	16 06.8	15 23.1	16 01.3	15 17.5	15 19.7	15 22.0	15 14.4	15 16.8	15 09.3
12 23.8	17 07.9	17 14.4	17 16.7	17 09.0	17 11.2	17 03.4	17 05.6	17 07.9	17 00.3	17 02.7	16 19.2
14 09.7	18 17.9	19 00.3	19 02.6	18 18.9	18 21.1	18 13.4	18 15.6	18 17.8	18 10.2	18 12.6	18 05.1
15 19.7	20 03.8	20 10.3	20 12.5	20 04.8	20 07.0	19 23.3	20 01.5	20 03.7	19 20.2	19 22.6	19 15.0
17 05.6	21 13.7	21 20.2	21 22.5	21 14.7	21 16.9	21 09.2	21 11.4	21 13.7	21 06.1	21 08.5	21 01.0
18 15.5	22 23.7	23 06.1	23 08.4	23 00.7	23 02.8	22 19.1	22 21.3	22 23.6	22 16.0	22 18.4	22 10.9
20 01.4	24 09.6	24 16.0	24 18.3	24 10.6	24 12.8	24 05.0	24 07.2	24 09.5	24 01.9	24 04.3	23 20.8
21 11.4	25 19.5	26 02.0	26 04.2	25 20.5	25 22.7	25 14.9	25 17.2	25 19.4	25 11.9	25 14.3	25 06.8
22 21.3	27 05.4	27 11.9	27 14.1	27 06.4	27 08.6	27 00.9	27 03.1	27 05.4	26 21.8	27 00.2	26 16.7
24 07.2	28 15.3	28 21.8	29 00.1	28 16.3	28 18.5	28 10.8	28 13.0	28 15.3	28 07.7	28 10.1	28 02.6
25 17.1		30 07.7	30 10.0	30 02.3	30 04.4	29 20.7	29 22.9	30 01.2	29 17.6	29 20.0	29 12.5
27 03.1		31 17.6		31 12.2		31 06.6	31 08.8		31 03.6		30 22.5
28 13.0											32 08.4
29 22.9											33 18.3
31 08.8											35 04.3

I Ariel

Jan.	Feb.	Mar.	Apr.	May	June	July	Aug.	Sept.	Oct.	Nov.	Dec.
d h	d h	d h	d h	d h	d h	d h	d h	d h	d h	d h	d h
−1 18.1	1 12.5	1 05.9	3 00.2	3 06.0	2 11.8	2 17.5	1 23.2	1 05.0	1 10.8	3 05.3	3 11.2
2 06.6	4 01.0	3 18.4	5 12.7	5 18.5	5 00.2	5 05.9	4 11.7	3 17.5	3 23.3	5 17.8	5 23.7
4 19.1	6 13.5	6 06.9	8 01.2	8 07.0	7 12.7	7 18.4	7 00.2	6 06.0	6 11.8	8 06.3	8 12.2
7 07.6	9 02.0	8 19.4	10 13.7	10 19.5	10 01.2	10 06.9	9 12.6	8 18.4	9 00.3	10 18.8	11 00.7
9 20.1	11 14.5	11 07.9	13 02.2	13 07.9	12 13.7	12 19.4	12 01.1	11 06.9	11 12.8	13 07.3	13 13.2
12 08.6	14 03.0	13 20.4	15 14.7	15 20.4	15 02.1	15 07.9	14 13.6	13 19.4	14 01.3	15 19.7	16 01.7
14 21.1	16 15.5	16 08.9	18 03.1	18 08.9	17 14.6	17 20.3	17 02.1	16 07.9	16 13.8	18 08.2	18 14.2
17 09.6	19 04.0	18 21.3	20 15.6	20 21.4	20 03.1	20 08.8	19 14.6	18 20.4	19 02.3	20 20.7	21 02.7
19 22.1	21 16.5	21 09.8	23 04.1	23 09.8	22 15.6	22 21.3	22 03.1	21 08.9	21 14.8	23 09.2	23 15.2
22 10.6	24 04.9	23 22.3	25 16.6	25 22.3	25 04.0	25 09.8	24 15.5	23 21.4	24 03.3	25 21.7	26 03.7
24 23.0	26 17.4	26 10.8	28 05.1	28 10.8	27 16.5	27 22.2	27 04.0	26 09.9	26 15.8	28 10.2	28 16.2
27 11.5		28 23.3	30 17.5	30 23.3	30 05.0	30 10.7	29 16.5	28 22.4	29 04.3	30 22.7	31 04.7
30 00.0		31 11.8							31 16.8		33 17.2

UNIVERSAL TIME OF GREATEST NORTHERN ELONGATION

Jan.	Feb.	Mar.	Apr.	May	June	July	Aug.	Sept.	Oct.	Nov.	Dec.

II Umbriel

d h	d h	d h	d h	d h	d h	d h	d h	d h	d h	d h	d h
−5 02.8	1 10.0	2 10.2	4 13.8	3 13.9	1 13.9	4 17.4	2 17.4	4 21.0	3 21.3	1 21.6	5 01.4
−1 06.2	5 13.5	6 13.7	8 17.3	7 17.3	5 17.4	8 20.8	6 20.9	9 00.5	8 00.7	6 01.0	9 04.9
3 09.7	9 16.9	10 17.1	12 20.7	11 20.7	9 20.8	13 00.2	11 00.3	13 04.0	12 04.2	10 04.5	13 08.4
7 13.2	13 20.4	14 20.6	17 00.1	16 00.2	14 00.2	17 03.7	15 03.8	17 07.4	16 07.7	14 08.0	17 11.8
11 16.6	17 23.8	19 00.0	21 03.6	20 03.6	18 03.7	21 07.1	19 07.2	21 10.9	20 11.1	18 11.5	21 15.3
15 20.1	22 03.3	23 03.5	25 07.0	24 07.1	22 07.1	25 10.5	23 10.7	25 14.3	24 14.6	22 15.0	25 18.8
19 23.6	26 06.8	27 06.9	29 10.4	28 10.5	26 10.5	29 14.0	27 14.1	29 17.8	28 18.1	26 18.5	29 22.3
24 03.1		31 10.4			30 14.0		31 17.6			30 21.9	34 01.7
28 06.5											38 05.2

III Titania

d h	d h	d h	d h	d h	d h	d h	d h	d h	d h	d h	d h
−4 09.1	8 21.8	7 00.6	2 03.1	6 22.7	2 01.1	6 20.4	1 23.0	5 18.6	1 21.6	5 17.6	1 20.5
5 02.1	17 14.7	15 17.4	10 20.1	15 15.5	10 17.9	15 13.2	10 15.8	14 11.6	10 14.6	14 10.6	10 13.5
13 19.0	26 07.7	24 10.3	19 12.9	24 08.3	19 10.7	24 06.1	19 08.8	23 04.6	19 07.6	23 03.5	19 06.6
22 12.0			28 05.8		28 03.6		28 01.7		28 00.6		27 23.5
31 04.9											36 16.5

IV Oberon

d h	d h	d h	d h	d h	d h	d h	d h	d h	d h	d h	d h
−7 03.7	2 13.1	1 11.3	10 20.1	7 17.7	3 15.5	14 00.3	9 22.4	5 20.3	2 18.6	12 04.4	9 03.0
6 14.8	16 00.2	14 22.3	24 06.9	21 04.6	17 02.4	27 11.3	23 09.3	19 07.4	16 05.8	25 15.8	22 14.3
20 02.0		28 09.2			30 13.4				29 17.1		36 01.5

SATELLITES OF NEPTUNE, 2022

APPARENT ORBIT OF I TRITON AT 0ʰ UNIVERSAL TIME
ON THE DATE OF OPPOSITION, SEPTEMBER 16

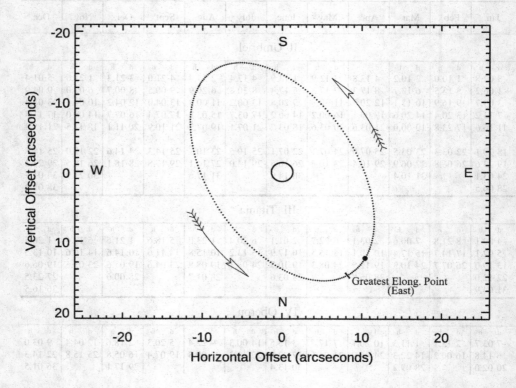

NAME	MEAN SIDEREAL PERIOD
	d
I Triton	5.876 854 1 R
II Nereid	360.134 1

DIFFERENTIAL COORDINATES OF II NEREID FOR 0ʰ UNIVERSAL TIME

Date		$\Delta\alpha\cos\delta$	$\Delta\delta$	Date		$\Delta\alpha\cos\delta$	$\Delta\delta$	Date		$\Delta\alpha\cos\delta$	$\Delta\delta$
		′ ″	′ ″			′ ″	′ ″			′ ″	′ ″
Jan.	−9	+2 36.0	+1 09.9	May	1	+4 26.2	+2 32.3	Sept.	8	+6 34.8	+3 24.6
	1	+1 49.6	+0 46.1		11	+4 48.8	+2 43.6		18	+6 26.9	+3 18.9
	11	+0 56.2	+0 19.5		21	+5 09.4	+2 53.7		28	+6 15.8	+3 11.7
	21	−0 04.5	−0 09.4		31	+5 27.9	+3 02.6	Oct.	8	+6 01.6	+3 02.8
	31	−0 53.7	−0 28.7	June	10	+5 44.5	+3 10.4		18	+5 44.0	+2 52.4
Feb.	10	−0 29.1	−0 08.8		20	+5 59.3	+3 17.1		28	+5 23.2	+2 40.3
	20	+0 21.9	+0 21.5		30	+6 12.0	+3 22.6	Nov.	7	+4 58.9	+2 26.5
Mar.	2	+1 09.8	+0 48.4	July	10	+6 22.6	+3 26.9		17	+4 30.9	+2 11.0
	12	+1 52.3	+1 11.7		20	+6 31.0	+3 30.0		27	+3 59.2	+1 53.7
	22	+2 30.0	+1 32.0		30	+6 37.1	+3 31.7	Dec.	7	+3 23.3	+1 34.5
Apr.	1	+3 03.6	+1 49.8	Aug.	9	+6 40.6	+3 32.1		17	+2 42.4	+1 13.0
	11	+3 33.9	+2 05.6		19	+6 41.5	+3 31.1		27	+1 55.7	+0 48.9
	21	+4 01.3	+2 19.7		29	+6 39.6	+3 28.6		37	+1 01.6	+0 21.9

I Triton

UNIVERSAL TIME OF GREATEST EASTERN ELONGATION

Jan.	Feb.	Mar.	Apr.	May	June	July	Aug.	Sept.	Oct.	Nov.	Dec.
d h	d h	d h	d h	d h	d h	d h	d h	d h	d h	d h	d h
−6 06.5	4 09.5	5 18.4	4 03.2	3 12.1	1 21.0	1 06.1	5 12.4	3 21.9	3 07.4	1 16.9	1 02.3
0 03.5	10 06.5	11 15.3	10 00.2	9 09.0	7 18.0	7 03.1	11 09.5	9 19.0	9 04.5	7 14.0	6 23.3
6 00.5	16 03.5	17 12.3	15 21.1	15 06.0	13 15.0	13 00.2	17 06.6	15 16.1	15 01.6	13 11.0	12 20.4
11 21.5	22 00.4	23 09.3	21 18.1	21 03.0	19 12.0	18 21.2	23 03.7	21 13.2	20 22.7	19 08.1	18 17.4
17 18.6	27 21.4	29 06.2	27 15.1	27 00.0	25 09.1	24 18.3	29 00.8	27 10.3	26 19.8	25 05.2	24 14.4
23 15.5						30 15.4					30 11.5
29 12.5											36 08.5

SATELLITE OF PLUTO, 2022

APPARENT ORBIT OF I CHARON AT 0ʰ UNIVERSAL TIME ON THE DATE OF OPPOSITION, JULY 20

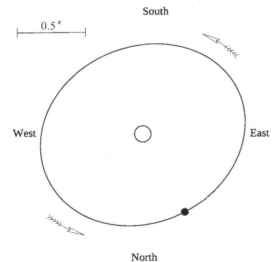

NAME	MEAN SIDEREAL PERIOD
	d
I Charon	6.387 2

I Charon

UNIVERSAL TIME OF GREATEST NORTHERN ELONGATION

Jan.	Feb.	Mar.	Apr.	May	June	July	Aug.	Sept.	Oct.	Nov.	Dec.
d h	d h	d h	d h	d h	d h	d h	d h	d h	d h	d h	d h
−4 00.1	3 07.1	7 04.9	1 17.7	3 15.9	4 14.5	6 13.3	1 02.8	2 01.7	4 00.4	4 22.8	6 21.0
2 09.3	9 16.2	13 14.1	8 02.9	10 01.2	10 23.8	12 22.6	7 12.2	8 11.1	10 09.7	11 08.1	13 06.2
8 18.4	16 01.4	19 23.3	14 12.1	16 10.5	17 09.2	19 08.0	13 21.6	14 20.4	16 19.0	17 17.3	19 15.4
15 03.6	22 10.6	26 08.5	20 21.4	22 19.8	23 18.5	25 17.4	20 07.0	21 05.7	23 04.3	24 02.6	26 00.6
21 12.8	28 19.7		27 06.6	29 05.1	30 03.9		26 16.3	27 15.1	29 13.6	30 11.8	32 09.7
27 21.9											

CONTENTS OF SECTION G

> **WWW** These data or auxiliary material may also be found on *The Astronomical Almanac Online*
> at **https://asa.hmnao.com** and **https://aa.usno.navy.mil/publications/asa.html**

Introduction

At the XXVI General Assembly (2006), the IAU defined a new classification scheme for the solar system. This scheme includes definitions for planets, dwarf planets and small solar system bodies (i.e. asteroids, trans-Neptunian objects, comets, and other small bodies). The 2006 IAU resolution B5 (2) classifies a dwarf planet as follows: A "dwarf planet" is a celestial body that (a) is in orbit around the Sun, (b) has sufficient mass for its self gravity to overcome rigid body forces so that it assumes a hydrostatic equilibrium shape, (c) has not cleared the neighbourhood around its orbit, and (d) is not a satellite. Resolution B6 confirmed the re-classification of Pluto as a dwarf planet.

This section includes tabulated data on selected dwarf planets, minor planets, and comets. Solar system bodies classified as planets are tabulated in Section E. See Section L for details about the selection of dwarf and minor planets, the sources of the various data and about the star catalogues used to plot the charts.

Notes on dwarf planets

The current selection of dwarf planets is (1) Ceres, (134340) Pluto and (136199) Eris. Prior to the 2013 edition Pluto was included in Section E—Planets and Ceres was classified as a minor planet. Eris (discovered in 2005) is another prominent member of the dwarf planet group. When these selected dwarf planets are at opposition between 2022 January 1 and January 31 of the following year more data are provided. Not only is the opposition date and time (nearest hour UT) given but also when the object is stationary in right ascension. Two star charts, one showing the path of the dwarf planet during the year and the other, a more detailed 60-day view on either side of opposition, are provided in order to help with identification. A daily astrometric ephemeris (see page B29) is also tabulated around opposition, which covers the interval when the dwarf planet is within 45° of opposition. Independent of the opposition date the osculating elements and heliocentric coordinates are tabulated for three dates during the year.

A physical ephemeris is tabulated at a ten day interval for those dwarf planets for which reliable data are available; currently (1) Ceres and (134340) Pluto. Information on the use of a physical ephemeris for the planets is given in Section E (see page E3) and can be applied to a dwarf planet ephemeris with the exception that a positive pole, defined as the pole around which the object rotates in a counterclockwise direction, replaces the notion of a north pole.

All dwarf planets acknowledged by the IAU (at the time of production) are listed with their basic physical properties. No reliable mass estimate is available for Makemake as the orbital parameters of its possible satellite are unknown. The topic of dwarf planets in our solar system and small solar system bodies is the subject of ongoing research and new discoveries are being made. This section makes no attempt to provide a complete or definitive list.

Notes on bright minor planets

Pages G10–G26 contain various data on a selection of 92 of the largest and/or brightest minor planets. The first of these tabulate their heliocentric osculating orbital elements for epoch 2022 January 21·0 TT (JD 245 9600·5), with respect to the ecliptic and equinox J2000·0.

The next opposition dates of all the objects are listed in chronological order together with the visual magnitude and apparent declination. A sub-set (printed in bold) of the 14 larger minor planets, consisting of (2) Pallas, (3) Juno, (4) Vesta, (6) Hebe, (7) Iris, (8) Flora, (9) Metis, (10) Hygiea, (15) Eunomia, (16) Psyche, (52) Europa, (65) Cybele, (511) Davida and (704) Interamnia are candidates for a daily ephemeris.

A daily geocentric astrometric ephemeris is tabulated for those of the 14 larger minor planets that have an opposition date occurring between 2022 January 1 and 2023 January 31. The daily ephemeris of each object is centred about the opposition date, which is repeated at the bottom of the first column and at the top of the second column. The highlighted dates indicate when the object is stationary in right ascension. It is very occasionally possible for a stationary date to be outside the period tabulated.

Linear interpolation is sufficient for the magnitude and ephemeris transit, but for the right ascension and declination second differences are significant. The tabulations are similar to those for the dwarf planets, and the use of the data is similar to that for the planets.

Notes on comets

The table of osculating elements (see last page of this section) is for use in the generation of ephemerides by numerical integration. Typically, an ephemeris may be computed from these unperturbed elements to provide positions accurate to one to two arcminutes within a year of the epoch (Osc. epoch). The innate inaccuracy of some of these elements can be more of a problem and are discussed further in that part of Section L that deals with section G.

PHYSICAL PROPERTIES OF DWARF PLANETS

Number	Name	Equat. Radius km	Mass kg × 10²⁰	Minimum Geocentric Distance au	Sidereal Period of Rotation d	Maximum Angular Diameter ″	Geometric Albedo	Year of Discovery
(1)	Ceres	482·2	9·38	1·58865	0·3781	0·837	0·090	1801
(134340)	Pluto	1188·3	130·3	28·6031	6·3872	0·115	0·30	1930
(136108)	Haumea	1161	42	33·8492	0·1631	0·095	0·73	2004
(136199)	Eris	1163	166·95	37·3267	1·0800	0·086	0·96	2005
(136472)	Makemake	717	—	37·2098	0·9511	0·053	0·78	2005

OSCULATING ELEMENTS FOR ECLIPTIC AND EQUINOX J2000·0

Name	Magnitude Parameters H	G	Mean Diameter km	Julian Date	Inclination i °	Long. of Asc. Node Ω °	Argument of Perihelion ω °	Semimajor Axis a au	Daily Motion n °/d	Eccentricity e	Mean Anomaly M °
Ceres	3·40	0·15	939·4	2459700·5	10·587	80·268	73·596	2·766	0·2142	0·078	312·8421375
				2459800·5	10·587	80·266	73·532	2·766	0·2141	0·078	334·3271394
				2459900·5	10·586	80·264	73·495	2·766	0·2141	0·078	355·7797459
Pluto	−0·40	0·15	2377	2459700·5	17·115	110·302	114·819	39·639	0·0039	0·248	46·4909054
				2459800·5	17·121	110·305	114·686	39·601	0·0039	0·248	47·0425590
				2459900·5	17·127	110·307	114·540	39·564	0·0039	0·247	47·5973843
Eris	−1·10	0·15	2400	2459700·5	43·820	36·046	151·266	68·054	0·0017	0·433	207·7371562
				2459800·5	43·794	36·057	151·184	68·079	0·0017	0·432	208·0636783
				2459900·5	43·775	36·064	151·110	68·095	0·0017	0·432	208·3860890

USEFUL FORMULAE

Mean Longitude: $L = M + \varpi$

Longitude of perihelion: $\varpi = \omega + \Omega$

True anomaly in radians: $v = M + (2e - e^3/4)\sin M + (5e^2/4)\sin 2M$
$$+ (13e^3/12)\sin 3M + \cdots$$

Planet-Sun distance: $r = a(1 - e^2)/(1 + e\cos v)$

Heliocentric rectangular coordinates, referred to the ecliptic, may be computed from the elements using:
$$x = r\{\cos(v + \omega)\cos\Omega - \sin(v + \omega)\cos i \sin\Omega\}$$
$$y = r\{\cos(v + \omega)\sin\Omega + \sin(v + \omega)\cos i \cos\Omega\}$$
$$z = r\sin(v + \omega)\sin i$$

HELIOCENTRIC COORDINATES AND VELOCITY COMPONENTS
REFERRED TO THE MEAN EQUATOR AND EQUINOX OF J2000·0

Name	Julian Date	x au	y au	z au	ẋ au/d	ẏ au/d	ż au/d
Ceres	2459700·5	−0·4261500	+2·3113296	+1·1768006	−0·0104188	−0·0030260	+0·0006940
	2459800·5	−1·4039784	+1·8270824	+1·1474897	−0·0088462	−0·0065596	−0·0012927
	2459900·5	−2·1412567	+1·0320760	+0·9226369	−0·0056669	−0·0091184	−0·0031468
Pluto	2459700·5	+15·4737858	−27·8170326	−13·3408221	+0·0028848	+0·0010383	−0·0005436
	2459800·5	+15·7616373	−27·7121901	−13·3946982	+0·0028722	+0·0010584	−0·0005339
	2459900·5	+16·0482323	−27·6053574	−13·4476096	+0·0028597	+0·0010782	−0·0005243
Eris	2459700·5	+85·8259393	+42·5926469	−1·9715277	−0·0004303	+0·0004416	+0·0012040
	2459800·5	+85·7827031	+42·6367539	−1·8511167	−0·0004345	+0·0004404	+0·0012042
	2459900·5	+85·7390504	+42·6807210	−1·7306949	−0·0004386	+0·0004389	+0·0012042

PLUTO AT OPPOSITION

Date	UT	Mag.
2022 July 20	2ʰ	+ 14.9

Stationary in right ascension on 2022 April 30 and October 8.

The following diagrams are provided for observers wishing to find the position of Pluto in relation to the stars. The first chart shows the path of the dwarf planet during 2022. The second chart provides a detailed view of the path over 60 days either side of opposition. The V-magnitude scale used is given on each chart.

Pluto is in Sagittarius, towards the Galatic Centre. The field of view is therefore crowded with background stars.

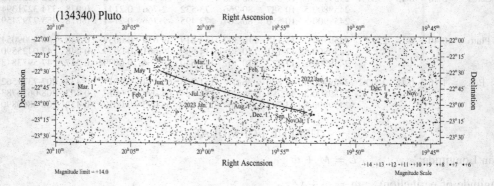

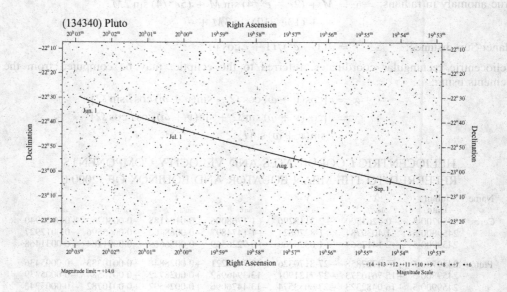

The charts are also available for download from *The Astronomical Almanac Online*.

PLUTO, 2022

GEOCENTRIC POSITIONS FOR 0ʰ TERRESTRIAL TIME

Date	Astrometric R.A.	Dec.	Vis. Mag.	Ephemeris Transit	Date	Astrometric R.A.	Dec.	Vis. Mag.	Ephemeris Transit
	h m s	° ′ ″		h m		h m s	° ′ ″		h m
2022 May 22	20 02 50·8	−22 29 59	15·1	4 05·1	2022 July 20	19 58 08·4	−22 50 27	14·9	0 08·4
23	20 02 48·2	−22 30 15	15·1	4 01·1	21	19 58 02·4	−22 50 49	15·0	0 04·4
24	20 02 45·6	−22 30 31	15·1	3 57·1	22	19 57 56·3	−22 51 11	15·0	0 00·4
25	20 02 42·9	−22 30 47	15·1	3 53·2	23	19 57 50·3	−22 51 33	15·0	23 52·3
26	20 02 40·0	−22 31 04	15·1	3 49·2	24	19 57 44·3	−22 51 55	15·0	23 48·3
27	20 02 37·1	−22 31 21	15·1	3 45·2	25	19 57 38·2	−22 52 17	15·0	23 44·3
28	20 02 34·0	−22 31 38	15·1	3 41·2	26	19 57 32·2	−22 52 38	15·0	23 40·2
29	20 02 30·9	−22 31 56	15·1	3 37·2	27	19 57 26·2	−22 53 00	15·0	23 36·2
30	20 02 27·6	−22 32 14	15·1	3 33·2	28	19 57 20·2	−22 53 22	15·0	23 32·2
31	20 02 24·3	−22 32 32	15·1	3 29·3	29	19 57 14·3	−22 53 43	15·0	23 28·1
June 1	20 02 20·8	−22 32 50	15·1	3 25·3	30	19 57 08·3	−22 54 04	15·0	23 24·1
2	20 02 17·3	−22 33 08	15·1	3 21·3	31	19 57 02·4	−22 54 25	15·0	23 20·1
3	20 02 13·7	−22 33 27	15·1	3 17·3	Aug. 1	19 56 56·5	−22 54 46	15·0	23 16·0
4	20 02 09·9	−22 33 46	15·1	3 13·3	2	19 56 50·6	−22 55 07	15·0	23 12·0
5	20 02 06·1	−22 34 05	15·1	3 09·3	3	19 56 44·7	−22 55 28	15·0	23 08·0
6	20 02 02·2	−22 34 24	15·1	3 05·3	4	19 56 38·9	−22 55 48	15·0	23 04·0
7	20 01 58·2	−22 34 44	15·1	3 01·3	5	19 56 33·1	−22 56 08	15·0	22 59·9
8	20 01 54·1	−22 35 03	15·1	2 57·3	6	19 56 27·4	−22 56 28	15·0	22 55·9
9	20 01 50·0	−22 35 23	15·1	2 53·3	7	19 56 21·7	−22 56 48	15·0	22 51·9
10	20 01 45·7	−22 35 43	15·1	2 49·3	8	19 56 16·0	−22 57 08	15·0	22 47·9
11	20 01 41·4	−22 36 04	15·1	2 45·3	9	19 56 10·3	−22 57 28	15·0	22 43·8
12	20 01 37·0	−22 36 24	15·1	2 41·3	10	19 56 04·8	−22 57 47	15·0	22 39·8
13	20 01 32·5	−22 36 45	15·1	2 37·3	11	19 55 59·2	−22 58 06	15·0	22 35·8
14	20 01 27·9	−22 37 05	15·1	2 33·3	12	19 55 53·7	−22 58 25	15·0	22 31·8
15	20 01 23·3	−22 37 26	15·1	2 29·3	13	19 55 48·2	−22 58 44	15·0	22 27·7
16	20 01 18·6	−22 37 47	15·1	2 25·3	14	19 55 42·8	−22 59 02	15·1	22 23·7
17	20 01 13·8	−22 38 09	15·1	2 21·3	15	19 55 37·5	−22 59 21	15·1	22 19·7
18	20 01 09·0	−22 38 30	15·1	2 17·2	16	19 55 32·2	−22 59 39	15·1	22 15·7
19	20 01 04·0	−22 38 51	15·1	2 13·2	17	19 55 27·0	−22 59 57	15·1	22 11·7
20	20 00 59·1	−22 39 13	15·1	2 09·2	18	19 55 21·8	−23 00 14	15·1	22 07·6
21	20 00 54·0	−22 39 35	15·1	2 05·2	19	19 55 16·7	−23 00 32	15·1	22 03·6
22	20 00 48·9	−22 39 57	15·1	2 01·2	20	19 55 11·6	−23 00 49	15·1	21 59·6
23	20 00 43·7	−22 40 19	15·1	1 57·2	21	19 55 06·6	−23 01 06	15·1	21 55·6
24	20 00 38·5	−22 40 41	15·1	1 53·1	22	19 55 01·7	−23 01 22	15·1	21 51·6
25	20 00 33·2	−22 41 03	15·0	1 49·1	23	19 54 56·8	−23 01 39	15·1	21 47·6
26	20 00 27·8	−22 41 25	15·0	1 45·1	24	19 54 52·0	−23 01 55	15·1	21 43·6
27	20 00 22·4	−22 41 47	15·0	1 41·1	25	19 54 47·3	−23 02 11	15·1	21 39·6
28	20 00 17·0	−22 42 10	15·0	1 37·1	26	19 54 42·7	−23 02 26	15·1	21 35·5
29	20 00 11·5	−22 42 32	15·0	1 33·0	27	19 54 38·1	−23 02 42	15·1	21 31·5
30	20 00 05·9	−22 42 55	15·0	1 29·0	28	19 54 33·6	−23 02 57	15·1	21 27·5
July 1	20 00 00·3	−22 43 17	15·0	1 25·0	29	19 54 29·2	−23 03 11	15·1	21 23·5
2	19 59 54·7	−22 43 40	15·0	1 21·0	30	19 54 24·9	−23 03 26	15·1	21 19·5
3	19 59 49·0	−22 44 02	15·0	1 16·9	31	19 54 20·7	−23 03 40	15·1	21 15·5
4	19 59 43·3	−22 44 25	15·0	1 12·9	Sept. 1	19 54 16·5	−23 03 54	15·1	21 11·5
5	19 59 37·5	−22 44 48	15·0	1 08·9	2	19 54 12·4	−23 04 08	15·1	21 07·5
6	19 59 31·8	−22 45 10	15·0	1 04·9	3	19 54 08·5	−23 04 21	15·1	21 03·5
7	19 59 25·9	−22 45 33	15·0	1 00·8	4	19 54 04·6	−23 04 34	15·1	20 59·5
8	19 59 20·1	−22 45 56	15·0	0 56·8	5	19 54 00·8	−23 04 47	15·1	20 55·5
9	19 59 14·2	−22 46 19	15·0	0 52·8	6	19 53 57·1	−23 04 59	15·1	20 51·6
10	19 59 08·3	−22 46 41	15·0	0 48·7	7	19 53 53·5	−23 05 11	15·1	20 47·6
11	19 59 02·4	−22 47 04	15·0	0 44·7	8	19 53 50·0	−23 05 23	15·1	20 43·6
12	19 58 56·5	−22 47 27	15·0	0 40·7	9	19 53 46·5	−23 05 35	15·1	20 39·6
13	19 58 50·5	−22 47 49	15·0	0 36·7	10	19 53 43·2	−23 05 46	15·1	20 35·6
14	19 58 44·5	−22 48 12	15·0	0 32·6	11	19 53 40·0	−23 05 57	15·1	20 31·6
15	19 58 38·5	−22 48 35	15·0	0 28·6	12	19 53 36·9	−23 06 07	15·1	20 27·6
16	19 58 32·5	−22 48 57	15·0	0 24·6	13	19 53 33·9	−23 06 17	15·1	20 23·7
17	19 58 26·5	−22 49 20	15·0	0 20·5	14	19 53 31·0	−23 06 27	15·1	20 19·7
18	19 58 20·5	−22 49 42	15·0	0 16·5	15	19 53 28·2	−23 06 37	15·1	20 15·7
19	19 58 14·4	−22 50 04	15·0	0 12·5	16	19 53 25·5	−23 06 46	15·1	20 11·7
July 20	19 58 08·4	−22 50 27	14·9	0 08·4	Sept. 17	19 53 22·9	−23 06 55	15·1	20 07·8

Second transit for Pluto 2022 July 22ᵈ 23ʰ 56ᵐ3

ERIS AT OPPOSITION

Date	UT	Mag.
2022 Oct. 17	21^h	+ 18.7

Stationary in right ascension on 2022 January 16 and July 25.

The following diagrams are provided for observers wishing to find the position of Eris in relation to the stars. The first chart shows the path of the dwarf planet during 2022. The second chart provides a detailed view of the path over 60 days either side of opposition. The V-magnitude scale used is given on each chart.

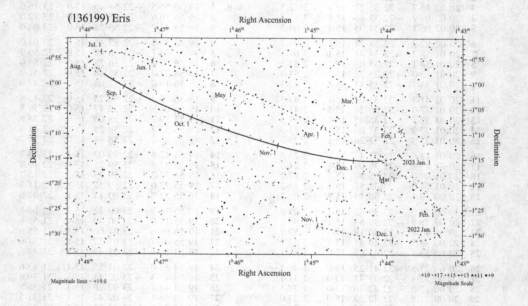

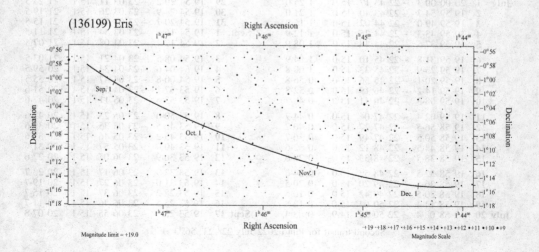

The charts are also available for download from *The Astronomical Almanac Online*.

GEOCENTRIC POSITIONS FOR 0ʰ TERRESTRIAL TIME

Date	Astrometric R.A.	Dec.	Vis. Mag.	Ephemeris Transit	Date	Astrometric R.A.	Dec.	Vis. Mag.	Ephemeris Transit
	h m s	° ′ ″		h m		h m s	° ′ ″		h m
2022 Aug. 19	1 47 45·1	− 0 58 11	18·8	3 58·9	2022 Oct. 17	1 46 00·9	− 1 09 49	18·7	0 05·3
20	1 47 44·1	− 0 58 22	18·8	3 55·0	18	1 45 58·7	− 1 10 00	18·7	0 01·3
21	1 47 43·1	− 0 58 32	18·8	3 51·0	19	1 45 56·4	− 1 10 10	18·7	23 53·4
22	1 47 42·0	− 0 58 42	18·8	3 47·1	20	1 45 54·1	− 1 10 21	18·7	23 49·4
23	1 47 40·9	− 0 58 53	18·8	3 43·1	21	1 45 51·9	− 1 10 32	18·7	23 45·4
24	1 47 39·8	− 0 59 04	18·8	3 39·2	22	1 45 49·6	− 1 10 42	18·7	23 41·4
25	1 47 38·6	− 0 59 14	18·8	3 35·2	23	1 45 47·4	− 1 10 53	18·7	23 37·5
26	1 47 37·4	− 0 59 25	18·8	3 31·3	24	1 45 45·1	− 1 11 03	18·7	23 33·5
27	1 47 36·2	− 0 59 36	18·8	3 27·3	25	1 45 42·9	− 1 11 13	18·7	23 29·5
28	1 47 34·9	− 0 59 47	18·8	3 23·4	26	1 45 40·6	− 1 11 23	18·7	23 25·6
29	1 47 33·7	− 0 59 59	18·8	3 19·4	27	1 45 38·4	− 1 11 32	18·7	23 21·6
30	1 47 32·3	− 1 00 10	18·8	3 15·5	28	1 45 36·1	− 1 11 42	18·7	23 17·6
31	1 47 31·0	− 1 00 21	18·8	3 11·5	29	1 45 33·9	− 1 11 51	18·7	23 13·7
Sept. 1	1 47 29·6	− 1 00 33	18·8	3 07·6	30	1 45 31·6	− 1 12 01	18·7	23 09·7
2	1 47 28·2	− 1 00 45	18·8	3 03·6	31	1 45 29·4	− 1 12 10	18·7	23 05·7
3	1 47 26·7	− 1 00 56	18·8	2 59·7	Nov. 1	1 45 27·2	− 1 12 19	18·7	23 01·8
4	1 47 25·3	− 1 01 08	18·8	2 55·7	2	1 45 25·0	− 1 12 27	18·7	22 57·8
5	1 47 23·8	− 1 01 20	18·8	2 51·8	3	1 45 22·7	− 1 12 36	18·7	22 53·8
6	1 47 22·2	− 1 01 32	18·8	2 47·8	4	1 45 20·5	− 1 12 44	18·7	22 49·8
7	1 47 20·7	− 1 01 44	18·8	2 43·8	5	1 45 18·4	− 1 12 52	18·8	22 45·9
8	1 47 19·1	− 1 01 56	18·8	2 39·9	6	1 45 16·2	− 1 13 00	18·8	22 41·9
9	1 47 17·4	− 1 02 08	18·8	2 35·9	7	1 45 14·0	− 1 13 08	18·8	22 37·9
10	1 47 15·8	− 1 02 20	18·8	2 32·0	8	1 45 11·8	− 1 13 16	18·8	22 34·0
11	1 47 14·1	− 1 02 33	18·8	2 28·0	9	1 45 09·7	− 1 13 23	18·8	22 30·0
12	1 47 12·4	− 1 02 45	18·8	2 24·0	10	1 45 07·6	− 1 13 30	18·8	22 26·0
13	1 47 10·7	− 1 02 57	18·8	2 20·1	11	1 45 05·4	− 1 13 37	18·8	22 22·1
14	1 47 09·0	− 1 03 09	18·8	2 16·1	12	1 45 03·3	− 1 13 44	18·8	22 18·1
15	1 47 07·2	− 1 03 22	18·8	2 12·2	13	1 45 01·2	− 1 13 51	18·8	22 14·1
16	1 47 05·4	− 1 03 34	18·8	2 08·2	14	1 44 59·2	− 1 13 57	18·8	22 10·2
17	1 47 03·6	− 1 03 47	18·8	2 04·2	15	1 44 57·1	− 1 14 03	18·8	22 06·2
18	1 47 01·7	− 1 03 59	18·8	2 00·3	16	1 44 55·1	− 1 14 09	18·8	22 02·2
19	1 46 59·9	− 1 04 12	18·8	1 56·3	17	1 44 53·0	− 1 14 15	18·8	21 58·3
20	1 46 58·0	− 1 04 24	18·8	1 52·4	18	1 44 51·0	− 1 14 21	18·8	21 54·3
21	1 46 56·1	− 1 04 37	18·8	1 48·4	19	1 44 49·0	− 1 14 26	18·8	21 50·4
22	1 46 54·1	− 1 04 49	18·8	1 44·4	20	1 44 47·1	− 1 14 31	18·8	21 46·4
23	1 46 52·2	− 1 05 02	18·8	1 40·5	21	1 44 45·1	− 1 14 36	18·8	21 42·4
24	1 46 50·2	− 1 05 14	18·8	1 36·5	22	1 44 43·2	− 1 14 40	18·8	21 38·5
25	1 46 48·2	− 1 05 27	18·8	1 32·5	23	1 44 41·3	− 1 14 45	18·8	21 34·5
26	1 46 46·2	− 1 05 39	18·8	1 28·6	24	1 44 39·4	− 1 14 49	18·8	21 30·5
27	1 46 44·2	− 1 05 51	18·8	1 24·6	25	1 44 37·5	− 1 14 52	18·8	21 26·6
28	1 46 42·1	− 1 06 04	18·8	1 20·6	26	1 44 35·7	− 1 14 56	18·8	21 22·6
29	1 46 40·1	− 1 06 16	18·8	1 16·7	27	1 44 33·9	− 1 14 59	18·8	21 18·6
30	1 46 38·0	− 1 06 29	18·8	1 12·7	28	1 44 32·1	− 1 15 03	18·8	21 14·7
Oct. 1	1 46 35·9	− 1 06 41	18·7	1 08·7	29	1 44 30·3	− 1 15 05	18·8	21 10·7
2	1 46 33·8	− 1 06 53	18·7	1 04·8	30	1 44 28·6	− 1 15 08	18·8	21 06·8
3	1 46 31·7	− 1 07 05	18·7	1 00·8	Dec. 1	1 44 26·9	− 1 15 10	18·8	21 02·8
4	1 46 29·5	− 1 07 18	18·7	0 56·8	2	1 44 25·2	− 1 15 12	18·8	20 58·8
5	1 46 27·4	− 1 07 30	18·7	0 52·9	3	1 44 23·6	− 1 15 14	18·8	20 54·9
6	1 46 25·2	− 1 07 42	18·7	0 48·9	4	1 44 21·9	− 1 15 16	18·8	20 50·9
7	1 46 23·1	− 1 07 54	18·7	0 44·9	5	1 44 20·3	− 1 15 17	18·8	20 47·0
8	1 46 20·9	− 1 08 06	18·7	0 41·0	6	1 44 18·8	− 1 15 18	18·8	20 43·0
9	1 46 18·7	− 1 08 17	18·7	0 37·0	7	1 44 17·2	− 1 15 19	18·8	20 39·1
10	1 46 16·5	− 1 08 29	18·7	0 33·0	8	1 44 15·7	− 1 15 20	18·8	20 35·1
11	1 46 14·3	− 1 08 41	18·7	0 29·1	9	1 44 14·2	− 1 15 20	18·8	20 31·1
12	1 46 12·1	− 1 08 52	18·7	0 25·1	10	1 44 12·8	− 1 15 20	18·8	20 27·2
13	1 46 09·9	− 1 09 04	18·7	0 21·1	11	1 44 11·4	− 1 15 20	18·8	20 23·2
14	1 46 07·6	− 1 09 15	18·7	0 17·2	12	1 44 10·0	− 1 15 19	18·8	20 19·3
15	1 46 05·4	− 1 09 26	18·7	0 13·2	13	1 44 08·6	− 1 15 18	18·8	20 15·3
16	1 46 03·1	− 1 09 38	18·7	0 09·2	14	1 44 07·3	− 1 15 17	18·8	20 11·4
Oct. 17	1 46 00·9	− 1 09 49	18·7	0 05·3	Dec. 15	1 44 06·0	− 1 15 16	18·8	20 07·4

Second transit for Eris 2022 October 18ᵈ 23ʰ 57ᵐ3

CERES, 2022

EPHEMERIS FOR PHYSICAL OBSERVATIONS
FOR 0^h TERRESTRIAL TIME

Date		Light Time	Visual Magnitude	Phase Angle	L_s	Sub-Earth Point Longitude	Latitude	Positive Pole P.A.
		m		°	°	°		°
Jan.	−9	15·24	7·6	10·6	217·91	86·15	− 3·36	341·62
	1	15·85	7·8	14·0	220·12	248·48	− 4·34	341·25
	11	16·63	8·0	16·8	222·34	50·05	− 5·19	341·04
	21	17·52	8·1	18·9	224·57	210·85	− 5·89	341·01
Jan.	31	18·51	8·3	20·4	226·81	10·94	− 6·45	341·15
Feb.	10	19·55	8·4	21·3	229·07	170·41	− 6·85	341·45
	20	20·61	8·6	21·7	231·34	329·34	− 7·13	341·90
Mar.	2	21·67	8·7	21·6	233·62	127·83	− 7·28	342·52
	12	22·71	8·7	21·2	235·92	285·96	− 7·32	343·29
	22	23·72	8·8	20·4	238·23	83·79	− 7·27	344·22
Apr.	1	24·67	8·9	19·5	240·55	241·39	− 7·13	345·29
	11	25·57	8·9	18·3	242·89	38·81	− 6·91	346·52
	21	26·39	8·9	16·9	245·24	196·10	− 6·63	347·88
May	1	27·13	8·9	15·4	247·60	353·28	− 6·30	349·37
	11	27·80	8·9	13·7	249·97	150·39	− 5·92	350·97
	21	28·37	8·9	12·0	252·35	307·45	− 5·50	352·68
	31	28·86	8·8	10·2	254·75	104·48	− 5·05	354·47
June	10	29·25	8·8	8·4	257·15	261·51	− 4·58	356·32
	20	29·55	8·7	6·5	259·57	58·53	− 4·10	358·21
	30	29·76	8·6	4·7	262·00	215·57	− 3·62	0·13
July	10	29·87	8·5	3·0	264·44	12·63	− 3·14	2·05
	20	29·89	8·5	1·9	266·88	169·73	− 2·68	3·95
	30	29·81	8·5	2·5	269·34	326·87	− 2·25	5·82
Aug.	9	29·64	8·6	4·1	271·80	124·06	− 1·84	7·63
	19	29·38	8·7	6·0	274·27	281·32	− 1·48	9·38
	29	29·03	8·7	7·8	276·75	78·64	− 1·16	11·04
Sept.	8	28·58	8·8	9·7	279·23	236·05	− 0·90	12·62
	18	28·06	8·8	11·5	281·73	33·54	− 0·71	14·09
	28	27·44	8·8	13·3	284·22	191·14	− 0·59	15·45
Oct.	8	26·75	8·8	15·0	286·72	348·86	− 0·55	16·70
	18	25·98	8·8	16·6	289·23	146·73	− 0·60	17·83
	28	25·14	8·8	18·1	291·74	304·75	− 0·74	18·84
Nov.	7	24·24	8·7	19·5	294·25	102·96	− 0·98	19·72
	17	23·29	8·7	20·6	296·76	261·38	− 1·32	20·48
	27	22·29	8·6	21·6	299·28	60·05	− 1·78	21·12
Dec.	7	21·25	8·5	22·3	301·80	219·01	− 2·34	21·65
	17	20·19	8·4	22·6	304·31	18·30	− 3·02	22·07
	27	19·13	8·3	22·7	306·83	177·98	− 3·80	22·40
	37	18·08	8·2	22·2	309·34	338·12	− 4·68	22·65
Dec.	47	17·07	8·0	21·3	311·85	138·76	− 5·63	22·83

EPHEMERIS FOR PHYSICAL OBSERVATIONS
FOR 0ʰ TERRESTRIAL TIME

Date		Light Time	Visual Magnitude	Phase Angle	L_s	Sub-Earth Point Longitude	Sub-Earth Point Latitude	Positive Pole P.A.
		m	°	°	°	°	°	°
Jan.	−9	293·69	15·1	0·7	256·74	351·63	+57·40	209·18
	1	294·25	15·1	0·4	256·79	195·70	+57·59	208·66
	11	294·57	15·1	0·2	256·85	39·80	+57·79	208·12
	21	294·64	15·1	0·1	256·90	243·92	+57·98	207·56
Jan.	31	294·48	15·1	0·4	256·95	88·05	+58·17	207·00
Feb.	10	294·07	15·1	0·7	257·00	292·18	+58·35	206·45
	20	293·45	15·2	0·9	257·05	136·30	+58·52	205·93
Mar.	2	292·62	15·2	1·1	257·10	340·40	+58·67	205·45
	12	291·62	15·2	1·3	257·15	184·45	+58·79	205·01
	22	290·47	15·2	1·5	257·20	28·46	+58·90	204·64
Apr.	1	289·21	15·2	1·6	257·25	232·41	+58·97	204·34
	11	287·89	15·2	1·7	257·30	76·29	+59·02	204·12
	21	286·53	15·2	1·7	257·35	280·10	+59·04	203·97
May	1	285·18	15·2	1·6	257·40	123·84	+59·03	203·92
	11	283·88	15·2	1·6	257·46	327·49	+58·99	203·94
	21	282·67	15·1	1·4	257·51	171·08	+58·93	204·05
	31	281·59	15·1	1·3	257·56	14·59	+58·84	204·23
June	10	280·66	15·1	1·1	257·61	218·03	+58·73	204·48
	20	279·93	15·1	0·8	257·66	61·42	+58·60	204·78
	30	279·40	15·0	0·6	257·71	264·76	+58·46	205·12
July	10	279·10	15·0	0·3	257·76	108·07	+58·31	205·49
	20	279·04	14·9	0·1	257·81	311·35	+58·15	205·88
	30	279·22	15·0	0·3	257·86	154·63	+58·00	206·27
Aug.	9	279·64	15·0	0·6	257·91	357·91	+57·85	206·64
	19	280·29	15·1	0·8	257·96	201·21	+57·71	206·98
	29	281·15	15·1	1·1	258·01	44·54	+57·58	207·28
Sept.	8	282·20	15·1	1·3	258·06	247·90	+57·48	207·53
	18	283·41	15·2	1·4	258·11	91·32	+57·40	207·71
	28	284·75	15·2	1·5	258·16	294·79	+57·35	207·83
Oct.	8	286·17	15·2	1·6	258·21	138·32	+57·33	207·87
	18	287·64	15·2	1·6	258·27	341·92	+57·34	207·84
	28	289·12	15·2	1·6	258·32	185·59	+57·38	207·72
Nov.	7	290·57	15·2	1·6	258·37	29·34	+57·45	207·52
	17	291·93	15·2	1·4	258·42	233·15	+57·55	207·25
	27	293·19	15·2	1·3	258·47	77·03	+57·67	206·91
Dec.	7	294·29	15·2	1·1	258·52	280·98	+57·81	206·50
	17	295·21	15·2	0·9	258·57	124·98	+57·97	206·04
	27	295·92	15·2	0·6	258·62	329·03	+58·15	205·52
	37	296·40	15·1	0·4	258·67	173·13	+58·33	204·98
Dec.	47	296·65	15·1	0·1	258·72	17·26	+58·51	204·40

BRIGHT MINOR PLANETS, 2022

HELIOCENTRIC OSCULATING ELEMENTS
FOR EPOCH 2022 JANUARY 21·0 TT, ECLIPTIC AND EQUINOX J2000·0

No.	Name	Magnitude Parameters H	Magnitude Parameters G	Mean Diameter	Inclination i	Long. of Asc. Node Ω	Argument of Perihelion ω	Semimajor Axis a	Daily Motion n	Eccentricity e	Mean Anomaly M
				km	°	°	°	au	°/d		°
(2)	Pallas	4·06	0·11	502	34·925	172·917	310·697	2·7711	0·21366	0·2300	272·480
(3)	Juno	5·33	0·32	250	12·992	169·848	247·942	2·6688	0·22606	0·2569	261·299
(4)	Vesta	3·20	0·32	525	7·142	103·804	151·091	2·3613	0·27164	0·0882	7·031
(5)	Astraea	6·85	0·15	114	5·368	141·570	358·741	2·5752	0·23850	0·1901	160·982
(6)	Hebe	5·71	0·24	193	14·739	138·641	239·506	2·4257	0·26089	0·2031	347·499
(7)	Iris	5·51	0·15	214	5·518	259·526	145·343	2·3866	0·26732	0·2295	47·642
(8)	Flora	6·35	0·28	140	5·889	110·872	285·550	2·2017	0·30169	0·1561	136·259
(9)	Metis	6·28	0·17	201	5·577	68·900	6·164	2·3853	0·26754	0·1236	184·563
(10)	Hygiea	5·43	0·15	434	3·831	283·184	312·493	3·1419	0·17698	0·1116	328·897
(11)	Parthenope	6·61	0·15	153	4·632	125·528	195·598	2·4533	0·25650	0·0995	175·421
(12)	Victoria	7·24	0·22	124	8·373	235·369	69·670	2·3338	0·27645	0·2207	49·751
(13)	Egeria	6·74	0·15	201	16·535	43·207	80·147	2·5766	0·23831	0·0854	66·244
(14)	Irene	6·30	0·15	148	9·121	86·116	97·714	2·5859	0·23702	0·1659	42·035
(15)	Eunomia	5·28	0·23	248	11·752	292·926	98·632	2·6441	0·22924	0·1866	152·500
(16)	Psyche	5·90	0·20	226	3·097	150·032	229·220	2·9245	0·19707	0·1339	125·128
(17)	Thetis	7·76	0·15	83	5·593	125·543	135·807	2·4706	0·25380	0·1329	197·573
(18)	Melpomene	6·51	0·25	162	10·132	150·362	228·119	2·2958	0·28334	0·2179	190·374
(19)	Fortuna	7·13	0·10	211	1·573	211·044	182·472	2·4429	0·25813	0·1570	95·089
(20)	Massalia	6·50	0·25	141	0·709	205·974	257·559	2·4088	0·26363	0·1431	20·514
(21)	Lutetia	7·35	0·11	97	3·064	80·854	250·155	2·4352	0·25936	0·1635	243·381
(22)	Kalliope	6·45	0·21	166	13·701	65·993	357·601	2·9102	0·19853	0·0984	33·484
(23)	Thalia	6·95	0·15	107	10·097	66·714	60·992	2·6300	0·23109	0·2327	207·141
(24)	Themis	7·07	0·19	183	0·752	35·965	107·600	3·1424	0·17693	0·1224	171·961
(25)	Phocaea	7·83	0·15	80	21·610	214·101	90·248	2·3994	0·26519	0·2550	78·042
(26)	Proserpina	7·50	0·15	90	3·563	45·762	193·662	2·6550	0·22782	0·0894	333·295
(27)	Euterpe	7·00	0·15	106	1·583	94·783	356·257	2·3481	0·27393	0·1721	249·694
(28)	Bellona	7·09	0·15	108	9·431	144·288	343·832	2·7747	0·21324	0·1515	126·846
(29)	Amphitrite	5·85	0·20	204	6·083	356·329	63·089	2·5542	0·24145	0·0734	165·882
(30)	Urania	7·57	0·15	95	2·095	307·472	86·997	2·3660	0·27081	0·1277	300·483
(31)	Euphrosyne	6·74	0·15	273	26·276	30·872	61·559	3·1641	0·17512	0·2179	262·857
(32)	Pomona	7·56	0·15	82	5·521	220·376	338·682	2·5873	0·23682	0·0817	269·617
(37)	Fides	7·29	0·24	107	3·071	7·259	62·617	2·6410	0·22964	0·1759	211·332
(39)	Laetitia	6·10	0·15	164	10·371	156·940	209·542	2·7701	0·21378	0·1117	155·005
(40)	Harmonia	7·00	0·15	111	4·256	94·167	268·651	2·2669	0·28877	0·0465	37·302
(41)	Daphne	7·12	0·10	190	15·790	178·055	45·921	2·7613	0·21479	0·2746	349·106
(42)	Isis	7·53	0·15	103	8·512	84·187	237·177	2·4419	0·25829	0·2227	101·854
(43)	Ariadne	7·93	0·11	63	3·470	264·771	16·309	2·2031	0·30141	0·1688	79·283
(44)	Nysa	7·03	0·46	83	3·712	131·498	344·195	2·4228	0·26136	0·1489	342·986
(45)	Eugenia	7·46	0·07	186	6·605	147·595	87·658	2·7208	0·21961	0·0836	258·628
(48)	Doris	6·90	0·15	212	6·550	183·480	251·981	3·1152	0·17925	0·0706	250·213
(51)	Nemausa	7·35	0·08	144	9·979	175·955	1·912	2·3657	0·27088	0·0676	7·665
(52)	Europa	6·31	0·18	315	7·478	128·597	343·144	3·0953	0·18099	0·1108	58·662
(54)	Alexandra	7·66	0·15	143	11·797	313·244	345·177	2·7119	0·22070	0·1970	238·894
(60)	Echo	8·51	0·27	60	3·601	191·539	271·097	2·3919	0·26643	0·1850	114·902
(63)	Ausonia	7·55	0·25	87	5·777	337·723	296·222	2·3958	0·26578	0·1274	45·152
(64)	Angelina	7·58	0·48	50	1·306	309·018	180·668	2·6814	0·22447	0·1256	260·961
(65)	Cybele	6·62	0·01	273	3·566	155·589	103·433	3·4333	0·15493	0·1141	55·629

HELIOCENTRIC OSCULATING ELEMENTS
FOR EPOCH 2022 JANUARY 21·0 TT, ECLIPTIC AND EQUINOX J2000·0

No.	Name	Magnitude Parameters		Mean Diameter	Inclination	Long. of Asc. Node	Argument of Perihelion	Semimajor Axis	Daily Motion	Eccentricity	Mean Anomaly
		H	G		i	Ω	ω	a	n	e	M
				km	°	°	°	au	°/d		°
(67)	Asia	8·28	0·15	61	6·028	202·396	107·016	2·4222	0·26145	0·1848	180·093
(68)	Leto	6·78	0·05	125	7·961	44·068	304·642	2·7830	0·21229	0·1850	113·808
(69)	Hesperia	7·05	0·19	110	8·593	184·987	288·907	2·9750	0·19208	0·1702	133·304
(71)	Niobe	7·30	0·40	82	23·252	315·986	267·193	2·7574	0·21526	0·1749	119·069
(79)	Eurynome	7·96	0·25	63	4·613	206·518	201·544	2·4452	0·25776	0·1903	126·140
(80)	Sappho	7·98	0·15	66	8·677	218·655	139·486	2·2956	0·28337	0·2002	20·841
(85)	Io	7·56	0·15	177	11·961	203·061	122·817	2·6522	0·22819	0·1942	89·106
(87)	Sylvia	6·94	0·15	273	10·877	73·014	263·933	3·4798	0·15184	0·0940	244·119
(88)	Thisbe	7·04	0·14	212	5·213	276·440	36·534	2·7695	0·21385	0·1618	262·591
(89)	Julia	6·60	0·15	142	16·128	311·547	45·045	2·5502	0·24201	0·1847	19·809
(92)	Undina	6·61	0·15	124	9·922	101·552	238·234	3·1912	0·17289	0·1060	353·889
(94)	Aurora	7·59	0·15	169	7·971	2·553	60·217	3·1576	0·17566	0·0947	124·733
(97)	Klotho	7·74	0·15	85	11·779	159·621	268·566	2·6676	0·22622	0·2577	177·217
(103)	Hera	7·66	0·15	84	5·419	136·075	189·043	2·7029	0·22180	0·0792	216·397
(107)	Camilla	7·08	0·08	255	10·004	172·587	305·682	3·4876	0·15132	0·0650	118·559
(115)	Thyra	7·51	0·12	82	11·593	308·799	96·874	2·3798	0·26847	0·1932	285·602
(121)	Hermione	7·31	0·15	187	7·567	72·884	296·801	3·4540	0·15354	0·1263	13·207
(128)	Nemesis	7·49	0·15	184	6·245	76·231	303·461	2·7490	0·21624	0·1281	288·575
(129)	Antigone	7·07	0·33	125	12·271	135·664	110·831	2·8669	0·20305	0·2130	143·158
(135)	Hertha	8·23	0·15	77	2·304	343·566	340·307	2·4286	0·26041	0·2069	238·346
(185)	Eunike	7·62	0·15	161	23·256	153·760	223·576	2·7378	0·21758	0·1274	42·998
(192)	Nausikaa	7·13	0·03	90	6·800	343·101	30·685	2·4023	0·26471	0·2458	262·758
(194)	Prokne	7·68	0·15	151	18·512	159·263	163·106	2·6164	0·23289	0·2377	148·505
(196)	Philomela	6·54	0·15	145	7·261	72·306	202·454	3·1150	0·17928	0·0154	268·380
(216)	Kleopatra	7·30	0·29	122	13·116	215·342	179·894	2·7930	0·21116	0·2514	282·099
(230)	Athamantis	7·35	0·27	110	9·450	239·834	139·691	2·3822	0·26806	0·0621	291·758
(270)	Anahita	8·75	0·15	49	2·367	254·326	80·519	2·1982	0·30241	0·1503	104·052
(287)	Nephthys	8·30	0·22	60	10·036	142·319	119·746	2·3529	0·27308	0·0227	313·182
(324)	Bamberga	6·82	0·09	227	11·105	327·860	44·206	2·6806	0·22458	0·3414	314·547
(346)	Hermentaria	7·13	0·15	93	8·753	91·932	291·909	2·7945	0·21098	0·1027	250·512
(349)	Dembowska	5·93	0·37	156	8·247	32·200	344·475	2·9263	0·19689	0·0905	342·958
(354)	Eleonora	6·44	0·37	165	18·396	140·348	6·388	2·8034	0·20998	0·1121	183·831
(372)	Palma	7·20	0·15	192	23·827	327·286	115·228	3·1625	0·17525	0·2546	268·381
(387)	Aquitania	7·41	0·15	97	18·115	128·216	157·447	2·7403	0·21727	0·2349	318·149
(389)	Industria	7·88	0·15	74	8·121	282·281	265·068	2·6077	0·23405	0·0665	96·859
(409)	Aspasia	7·62	0·29	180	11·268	242·137	353·566	2·5751	0·23852	0·0719	17·363
(423)	Diotima	7·32	0·15	208	11·240	69·365	199·402	3·0692	0·18331	0·0351	244·944
(433)	Eros	11·16	0·46	15	10·828	304·296	178·897	1·4583	0·55969	0·2227	246·904
(451)	Patientia	6·52	0·19	250	15·200	89·110	335·858	3·0674	0·18346	0·0717	288·397
(471)	Papagena	6·73	0·37	132	15·014	83·801	315·635	2·8905	0·20057	0·2287	86·068
(511)	Davida	6·22	0·16	289	15·940	107·585	337·159	3·1625	0·17525	0·1884	149·382
(532)	Herculina	5·81	0·26	198	16·296	107·448	76·626	2·7708	0·21369	0·1788	197·170
(654)	Zelinda	8·52	0·15	116	18·093	278·351	214·476	2·2978	0·28297	0·2308	257·522
(702)	Alauda	7·25	0·15	192	20·598	289·742	353·264	3·1954	0·17255	0·0165	224·147
(704)	Interamnia	5·94	0·02	332	17·310	280·283	94·798	3·0563	0·18446	0·1555	285·268

NEXT OPPOSITION

Name		Date	Mag.	Dec.	Name		Date	Mag.	Dec.
				° ′					° ′
(7)	**Iris**	**2022 Jan. 13**	**7·6**	**+15 39**	(704)	Interamnia	2022 Aug. 18	9·9	+05 37
(68)	Leto	2022 Jan. 20	11·2	+31 13	(4)	**Vesta**	**2022 Aug. 22**	**5·8**	**−20 07**
(194)	Prokne	2022 Jan. 24	12·3	+03 52	(389)	Industria	2022 Sept. 3	11·7	+02 25
(45)	Eugenia	2022 Jan. 26	11·2	+15 02	(3)	**Juno**	**2022 Sept. 7**	**7·9**	**−03 58**
(67)	Asia	2022 Jan. 31	12·3	+08 54	(5)	Astraea	2022 Sept. 8	10·9	−08 37
(20)	Massalia	2022 Feb. 5	8·5	+14 42	(216)	Kleopatra	2022 Sept. 12	10·0	+11 37
(11)	Parthenope	2022 Feb. 10	10·1	+16 06	(24)	Themis	2022 Sept. 13	11·8	−04 24
(702)	Alauda	2022 Feb. 17	12·0	−06 01	(128)	Nemesis	2022 Sept. 17	10·6	−11 46
(19)	Fortuna	2022 Feb. 22	10·4	+08 07	(48)	Doris	2022 Sept. 25	10·9	+01 16
(423)	Diotima	2022 Feb. 25	11·9	+24 12	(372)	Palma	2022 Sept. 29	11·3	+24 23
(471)	Papagena	2022 Feb. 26	11·2	+28 10	(65)	**Cybele**	**2022 Sept. 29**	**11·5**	**+00 19**
(16)	**Psyche**	**2022 Mar. 3**	**10·2**	**+07 39**	(23)	Thalia	2022 Oct. 2	10·9	−08 34
(54)	Alexandra	2022 Mar. 8	11·9	−04 45	(354)	Eleonora	2022 Oct. 7	10·8	−14 55
(39)	Laetitia	2022 Mar. 16	10·3	+06 12	(31)	Euphrosyne	2022 Oct. 14	10·6	+00 47
(103)	Hera	2022 Mar. 31	11·5	+02 07	(230)	Athamantis	2022 Oct. 18	9·9	+18 49
(196)	Philomela	2022 Apr. 5	10·9	+02 21	(92)	Undina	2022 Oct. 24	10·9	−01 24
(52)	**Europa**	**2022 Apr. 6**	**10·6**	**+02 58**	(71)	Niobe	2022 Nov. 6	12·2	+46 55
(135)	Hertha	2022 Apr. 11	11·5	−10 38	(451)	Patientia	2022 Nov. 7	10·6	+00 46
(8)	**Flora**	**2022 Apr. 12**	**9·6**	**+00 16**	(63)	Ausonia	2022 Nov. 11	10·9	+25 48
(79)	Eurynome	2022 Apr. 15	11·6	−10 08	(27)	Euterpe	2022 Nov. 12	8·7	+15 42
(15)	**Eunomia**	**2022 Apr. 16**	**9·8**	**−26 05**	(115)	Thyra	2022 Nov. 18	9·6	+40 53
(94)	Aurora	2022 Apr. 19	12·3	−16 03	(324)	Bamberga	2022 Nov. 21	8·9	+41 46
(51)	Nemausa	2022 Apr. 25	10·0	−02 31	(30)	Urania	2022 Nov. 29	9·6	+24 53
(88)	Thisbe	2022 Apr. 28	10·7	−20 54	(349)	Dembowska	2022 Dec. 1	9·6	+29 34
(10)	**Hygiea**	**2022 Apr. 29**	**9·2**	**−19 32**	(532)	Herculina	2022 Dec. 2	9·9	+07 05
(21)	Lutetia	2022 May 3	10·4	−12 40	(121)	Hermione	2022 Dec. 20	11·9	+26 12
(13)	Egeria	2022 May 4	9·9	−16 32	(129)	Antigone	2022 Dec. 20	12·0	+10 37
(18)	Melpomene	2022 May 6	10·3	−01 38	(12)	Victoria	2023 Jan. 2	11·1	+13 31
(87)	Sylvia	2022 May 8	12·0	−10 45	(64)	Angelina	2023 Jan. 3	10·2	+23 48
(26)	Proserpina	2022 May 21	10·3	−21 48	(43)	Ariadne	2023 Jan. 5	11·1	+20 46
(287)	Nephthys	2022 June 1	11·2	−05 26	(2)	**Pallas**	**2023 Jan. 8**	**7·6**	**−31 19**
(29)	Amphitrite	2022 June 6	9·5	−32 09	(25)	Phocaea	2023 Jan. 21	12·5	−10 50
(41)	Daphne	2022 June 8	9·8	+06 26	(89)	Julia	2023 Jan. 24	10·2	+22 17
(511)	**Davida**	**2022 June 13**	**11·6**	**−13 32**	(6)	**Hebe**	**2023 Jan. 26**	**8·8**	**+13 22**
(107)	Camilla	2022 June 14	12·4	−09 31	(654)	Zelinda	2023 Feb. 12	10·2	−13 01
(60)	Echo	2022 June 15	12·2	−17 56	(80)	Sappho	2023 Feb. 13	11·6	+00 51
(97)	Klotho	2022 June 19	12·6	−07 18	(85)	Io	2023 Feb. 14	12·2	−00 50
(387)	Aquitania	2022 June 25	9·9	−03 24	(185)	Eunike	2023 Feb. 26	11·6	+10 51
(69)	Hesperia	2022 July 5	12·0	−10 49	(42)	Isis	2023 Feb. 27	11·7	+19 44
(14)	Irene	2022 July 6	9·6	−27 18	(40)	Harmonia	2023 Feb. 27	9·8	+14 19
(28)	Bellona	2022 July 20	11·5	−14 26	(22)	Kalliope	2023 Apr. 4	10·9	+09 07
(9)	**Metis**	**2022 July 20**	**9·6**	**−27 21**	(17)	Thetis	2023 Apr. 8	10·5	+01 29
(192)	Nausikaa	2022 July 22	9·4	−29 00	(270)	Anahita	2023 Apr. 10	11·6	−11 02
(346)	Hermentaria	2022 July 24	10·8	−26 30	(32)	Pomona	2023 May 4	10·2	−15 26
(409)	Aspasia	2022 July 28	10·9	−02 33	(44)	Nysa	2023 May 22	10·3	−14 44
(37)	Fides	2022 July 30	11·0	−22 31	(433)	Eros	2023 Aug. 12	12·0	−08 24

Daily ephemerides of minor planets printed in **bold** are given in this section.

PALLAS, 2022

GEOCENTRIC POSITIONS FOR 0ʰ TERRESTRIAL TIME

Date	Astrometric R.A.	Dec.	Vis. Mag.	Ephemeris Transit	Date	Astrometric R.A.	Dec.	Vis. Mag.	Ephemeris Transit
	h m s	° ′ ″		h m		h m s	° ′ ″		h m
2022 Nov. 10	7 11 19·6	−24 56 12	8·2	3 55·2	2023 Jan. 8	6 49 31·4	−31 23 14	7·6	23 36·5
11	7 11 45·0	−25 11 24	8·2	3 51·6	9	6 48 40·2	−31 15 33	7·6	23 31·8
12	7 12 08·7	−25 26 30	8·2	3 48·1	10	6 47 49·4	−31 07 17	7·6	23 27·0
13	7 12 30·7	−25 41 28	8·2	3 44·5	11	6 46 59·1	−30 58 27	7·6	23 22·3
14	7 12 51·0	−25 56 19	8·2	3 40·9	12	6 46 09·2	−30 49 03	7·6	23 17·5
15	7 13 09·5	−26 11 01	8·2	3 37·3	13	6 45 20·0	−30 39 05	7·6	23 12·8
16	7 13 26·2	−26 25 35	8·2	3 33·6	14	6 44 31·5	−30 28 34	7·6	23 08·1
17	7 13 41·2	−26 39 59	8·1	3 29·9	15	6 43 43·8	−30 17 29	7·6	23 03·3
18	7 13 54·3	−26 54 14	8·1	3 26·2	16	6 42 56·9	−30 05 52	7·6	22 58·7
19	7 14 05·6	−27 08 18	8·1	3 22·5	17	6 42 10·9	−29 53 41	7·6	22 54·0
20	7 14 15·1	−27 22 11	8·1	3 18·7	18	6 41 26·0	−29 40 59	7·6	22 49·3
21	7 14 22·8	−27 35 52	8·1	3 14·9	19	6 40 42·1	−29 27 44	7·6	22 44·7
22	7 14 28·6	−27 49 21	8·1	3 11·0	20	6 39 59·4	−29 13 59	7·6	22 40·1
23	7 14 32·5	−28 02 37	8·1	3 07·2	21	6 39 18·0	−28 59 42	7·6	22 35·5
Nov. 24	7 14 34·6	−28 15 39	8·1	3 03·3	22	6 38 37·8	−28 44 56	7·6	22 30·9
25	7 14 34·8	−28 28 27	8·0	2 59·3	23	6 37 59·0	−28 29 40	7·6	22 26·3
26	7 14 33·1	−28 41 01	8·0	2 55·4	24	6 37 21·6	−28 13 55	7·6	22 21·8
27	7 14 29·6	−28 53 19	8·0	2 51·4	25	6 36 45·8	−27 57 42	7·6	22 17·3
28	7 14 24·2	−29 05 20	8·0	2 47·3	26	6 36 11·5	−27 41 01	7·6	22 12·8
29	7 14 17·0	−29 17 05	8·0	2 43·3	27	6 35 38·7	−27 23 55	7·6	22 08·4
30	7 14 07·9	−29 28 33	8·0	2 39·2	28	6 35 07·7	−27 06 22	7·6	22 04·0
Dec. 1	7 13 57·0	−29 39 42	8·0	2 35·1	29	6 34 38·3	−26 48 24	7·6	21 59·6
2	7 13 44·3	−29 50 33	8·0	2 30·9	30	6 34 10·6	−26 30 03	7·6	21 55·2
3	7 13 29·7	−30 01 05	7·9	2 26·8	31	6 33 44·8	−26 11 17	7·6	21 50·9
4	7 13 13·4	−30 11 17	7·9	2 22·5	Feb. 1	6 33 20·7	−25 52 10	7·6	21 46·6
5	7 12 55·3	−30 21 08	7·9	2 18·3	2	6 32 58·4	−25 32 41	7·6	21 42·3
6	7 12 35·4	−30 30 38	7·9	2 14·0	3	6 32 38·0	−25 12 51	7·6	21 38·1
7	7 12 13·7	−30 39 47	7·9	2 09·8	4	6 32 19·5	−24 52 41	7·6	21 33·9
8	7 11 50·3	−30 48 33	7·9	2 05·4	5	6 32 02·9	−24 32 13	7·6	21 29·7
9	7 11 25·3	−30 56 56	7·9	2 01·1	6	6 31 48·2	−24 11 26	7·6	21 25·6
10	7 10 58·5	−31 04 56	7·9	1 56·7	7	6 31 35·5	−23 50 22	7·6	21 21·5
11	7 10 30·1	−31 12 31	7·8	1 52·3	8	6 31 24·7	−23 29 01	7·6	21 17·4
12	7 10 00·1	−31 19 41	7·8	1 47·9	9	6 31 15·8	−23 07 25	7·6	21 13·3
13	7 09 28·4	−31 26 26	7·8	1 43·4	10	6 31 09·0	−22 45 35	7·7	21 09·3
14	7 08 55·3	−31 32 45	7·8	1 38·9	11	6 31 04·1	−22 23 30	7·7	21 05·3
15	7 08 20·6	−31 38 37	7·8	1 34·4	Feb. 12	6 31 01·3	−22 01 13	7·7	21 01·4
16	7 07 44·4	−31 44 01	7·8	1 29·9	13	6 31 00·4	−21 38 43	7·7	20 57·5
17	7 07 06·8	−31 48 58	7·8	1 25·3	14	6 31 01·5	−21 16 03	7·7	20 53·6
18	7 06 27·9	−31 53 25	7·8	1 20·7	15	6 31 04·7	−20 53 12	7·7	20 49·8
19	7 05 47·6	−31 57 24	7·8	1 16·1	16	6 31 09·8	−20 30 11	7·7	20 45·9
20	7 05 06·0	−32 00 53	7·8	1 11·5	17	6 31 17·0	−20 07 02	7·7	20 42·2
21	7 04 23·2	−32 03 51	7·7	1 06·9	18	6 31 26·2	−19 43 45	7·7	20 38·4
22	7 03 39·3	−32 06 18	7·7	1 02·2	19	6 31 37·4	−19 20 21	7·7	20 34·7
23	7 02 54·3	−32 08 14	7·7	0 57·5	20	6 31 50·6	−18 56 50	7·7	20 31·0
24	7 02 08·3	−32 09 38	7·7	0 52·8	21	6 32 05·8	−18 33 15	7·8	20 27·4
25	7 01 21·4	−32 10 29	7·7	0 48·1	22	6 32 23·0	−18 09 36	7·8	20 23·8
26	7 00 33·6	−32 10 48	7·7	0 43·4	23	6 32 42·1	−17 45 52	7·8	20 20·2
27	6 59 45·0	−32 10 33	7·7	0 38·7	24	6 33 03·3	−17 22 07	7·8	20 16·6
28	6 58 55·8	−32 09 45	7·7	0 33·9	25	6 33 26·4	−16 58 19	7·8	20 13·1
29	6 58 05·9	−32 08 23	7·7	0 29·2	26	6 33 51·4	−16 34 30	7·8	20 09·6
30	6 57 15·5	−32 06 27	7·7	0 24·4	27	6 34 18·4	−16 10 41	7·8	20 06·2
31	6 56 24·6	−32 03 57	7·7	0 19·6	28	6 34 47·3	−15 46 53	7·8	20 02·7
2023 Jan. 1	6 55 33·4	−32 00 53	7·7	0 14·8	Mar. 1	6 35 18·0	−15 23 05	7·8	19 59·4
2	6 54 41·9	−31 57 14	7·6	0 10·1	2	6 35 50·6	−14 59 19	7·9	19 56·0
3	6 53 50·2	−31 53 01	7·6	0 05·3	3	6 36 25·0	−14 35 36	7·9	19 52·7
4	6 52 58·3	−31 48 13	7·6	0 00·5	4	6 37 01·2	−14 11 56	7·9	19 49·4
5	6 52 06·5	−31 42 50	7·6	23 50·9	5	6 37 39·3	−13 48 20	7·9	19 46·1
6	6 51 14·6	−31 36 53	7·6	23 46·1	6	6 38 19·0	−13 24 48	7·9	19 42·8
7	6 50 22·9	−31 30 21	7·6	23 41·3	7	6 39 00·6	−13 01 20	7·9	19 39·6
Jan. 8	6 49 31·4	−31 23 14	7·6	23 36·5	Mar. 8	6 39 43·8	−12 37 59	7·9	19 36·4

Second transit for Pallas 2023 January 4ᵈ 23ʰ 55ᵐ·7

JUNO, 2022
GEOCENTRIC POSITIONS FOR 0ʰ TERRESTRIAL TIME

Date	R.A. (h m s)	Dec. (° ' ")	Vis. Mag.	Ephemeris Transit (h m)	Date	R.A. (h m s)	Dec. (° ' ")	Vis. Mag.	Ephemeris Transit (h m)
2022 July 10	23 14 55·5	+ 2 00 06	9·5	4 03·9	2022 Sept. 7	23 01 03·7	− 3 57 15	7·9	23 53·4
11	23 15 19·6	+ 2 00 36	9·5	4 00·3	8	23 00 19·4	− 4 09 10	7·9	23 48·7
12	23 15 42·5	+ 2 00 54	9·4	3 56·8	9	22 59 35·0	− 4 21 10	7·9	23 44·0
13	23 16 04·2	+ 2 01 01	9·4	3 53·2	10	22 58 50·5	− 4 33 12	7·9	23 39·4
14	23 16 24·6	+ 2 00 56	9·4	3 49·6	11	22 58 06·1	− 4 45 17	7·9	23 34·7
15	23 16 43·8	+ 2 00 40	9·4	3 46·0	12	22 57 21·7	− 4 57 23	7·9	23 30·0
16	23 17 01·6	+ 2 00 11	9·3	3 42·4	13	22 56 37·5	− 5 09 31	8·0	23 25·4
17	23 17 18·2	+ 1 59 30	9·3	3 38·7	14	22 55 53·5	− 5 21 38	8·0	23 20·7
18	23 17 33·5	+ 1 58 36	9·3	3 35·0	15	22 55 09·8	− 5 33 45	8·0	23 16·1
19	23 17 47·4	+ 1 57 29	9·3	3 31·3	16	22 54 26·4	− 5 45 51	8·0	23 11·4
20	23 18 00·0	+ 1 56 10	9·3	3 27·6	17	22 53 43·5	− 5 57 55	8·0	23 06·8
21	23 18 11·2	+ 1 54 37	9·2	3 23·8	18	22 53 01·0	− 6 09 56	8·1	23 02·2
22	23 18 21·0	+ 1 52 50	9·2	3 20·1	19	22 52 19·1	− 6 21 54	8·1	22 57·6
23	23 18 29·4	+ 1 50 51	9·2	3 16·3	20	22 51 37·8	− 6 33 48	8·1	22 53·0
24	23 18 36·4	+ 1 48 37	9·2	3 12·5	21	22 50 57·3	− 6 45 37	8·1	22 48·4
25	23 18 42·1	+ 1 46 09	9·1	3 08·6	22	22 50 17·4	− 6 57 21	8·1	22 43·8
26	23 18 46·2	+ 1 43 27	9·1	3 04·7	23	22 49 38·5	− 7 08 59	8·1	22 39·2
27	23 18 49·0	+ 1 40 31	9·1	3 00·9	24	22 49 00·4	− 7 20 30	8·2	22 34·7
July 28	23 18 50·3	+ 1 37 20	9·1	2 56·9	25	22 48 23·3	− 7 31 54	8·2	22 30·1
29	23 18 50·2	+ 1 33 55	9·0	2 53·0	26	22 47 47·2	− 7 43 09	8·2	22 25·6
30	23 18 48·6	+ 1 30 15	9·0	2 49·0	27	22 47 12·2	− 7 54 17	8·2	22 21·1
31	23 18 45·6	+ 1 26 20	9·0	2 45·1	28	22 46 38·3	− 8 05 15	8·2	22 16·7
Aug. 1	23 18 41·1	+ 1 22 10	9·0	2 41·1	29	22 46 05·7	− 8 16 03	8·3	22 12·2
2	23 18 35·1	+ 1 17 45	8·9	2 37·0	30	22 45 34·3	− 8 26 41	8·3	22 07·8
3	23 18 27·7	+ 1 13 04	8·9	2 33·0	Oct. 1	22 45 04·2	− 8 37 08	8·3	22 03·4
4	23 18 18·9	+ 1 08 09	8·9	2 28·9	2	22 44 35·5	− 8 47 24	8·3	21 59·0
5	23 18 08·6	+ 1 02 58	8·8	2 24·8	3	22 44 08·2	− 8 57 29	8·3	21 54·6
6	23 17 56·9	+ 0 57 33	8·8	2 20·7	4	22 43 42·4	− 9 07 21	8·3	21 50·3
7	23 17 43·8	+ 0 51 51	8·8	2 16·5	5	22 43 18·0	− 9 17 01	8·4	21 46·0
8	23 17 29·2	+ 0 45 55	8·8	2 12·3	6	22 42 55·2	− 9 26 28	8·4	21 41·7
9	23 17 13·2	+ 0 39 44	8·7	2 08·1	7	22 42 33·9	− 9 35 42	8·4	21 37·4
10	23 16 55·9	+ 0 33 17	8·7	2 03·9	8	22 42 14·1	− 9 44 42	8·4	21 33·2
11	23 16 37·1	+ 0 26 35	8·7	1 59·7	9	22 41 56·0	− 9 53 29	8·4	21 29·0
12	23 16 17·0	+ 0 19 38	8·7	1 55·4	10	22 41 39·6	− 10 02 01	8·4	21 24·8
13	23 15 55·5	+ 0 12 26	8·6	1 51·1	11	22 41 24·7	− 10 10 20	8·5	21 20·7
14	23 15 32·7	+ 0 04 59	8·6	1 46·8	12	22 41 11·6	− 10 18 24	8·5	21 16·5
15	23 15 08·5	− 0 02 42	8·6	1 42·5	13	22 41 00·2	− 10 26 13	8·5	21 12·4
16	23 14 43·0	− 0 10 39	8·6	1 38·1	14	22 40 50·4	− 10 33 48	8·5	21 08·4
17	23 14 16·3	− 0 18 50	8·5	1 33·7	15	22 40 42·5	− 10 41 08	8·5	21 04·3
18	23 13 48·2	− 0 27 15	8·5	1 29·3	16	22 40 36·2	− 10 48 13	8·6	21 00·3
19	23 13 19·0	− 0 35 55	8·5	1 24·9	17	22 40 31·8	− 10 55 02	8·6	20 56·3
20	23 12 48·5	− 0 44 48	8·4	1 20·5	18	22 40 29·1	− 11 01 37	8·6	20 52·4
21	23 12 16·8	− 0 53 55	8·4	1 16·0	Oct. 19	22 40 28·2	− 11 07 56	8·6	20 48·5
22	23 11 44·0	− 1 03 16	8·4	1 11·5	20	22 40 29·2	− 11 13 59	8·6	20 44·6
23	23 11 10·1	− 1 12 50	8·4	1 07·1	21	22 40 31·9	− 11 19 47	8·6	20 40·7
24	23 10 35·2	− 1 22 36	8·3	1 02·5	22	22 40 36·4	− 11 25 19	8·7	20 36·9
25	23 09 59·2	− 1 32 35	8·3	0 58·0	23	22 40 42·8	− 11 30 36	8·7	20 33·1
26	23 09 22·2	− 1 42 46	8·3	0 53·5	24	22 40 51·0	− 11 35 36	8·7	20 29·3
27	23 08 44·4	− 1 53 08	8·2	0 48·9	25	22 41 01·0	− 11 40 22	8·7	20 25·6
28	23 08 05·6	− 2 03 41	8·2	0 44·3	26	22 41 12·9	− 11 44 51	8·7	20 21·9
29	23 07 26·1	− 2 14 25	8·2	0 39·8	27	22 41 26·5	− 11 49 05	8·7	20 18·2
30	23 06 45·8	− 2 25 18	8·1	0 35·2	28	22 41 42·0	− 11 53 03	8·8	20 14·5
31	23 06 04·8	− 2 36 21	8·1	0 30·5	29	22 41 59·3	− 11 56 46	8·8	20 10·9
Sept. 1	23 05 23·2	− 2 47 33	8·1	0 25·9	30	22 42 18·4	− 12 00 13	8·8	20 07·3
2	23 04 41·0	− 2 58 53	8·0	0 21·3	31	22 42 39·3	− 12 03 25	8·8	20 03·8
3	23 03 58·3	− 3 10 21	8·0	0 16·7	Nov. 1	22 43 01·9	− 12 06 21	8·8	20 00·2
4	23 03 15·1	− 3 21 56	8·0	0 12·0	2	22 43 26·4	− 12 09 02	8·8	19 56·7
5	23 02 31·6	− 3 33 37	7·9	0 07·4	3	22 43 52·5	− 12 11 28	8·9	19 53·3
6	23 01 47·8	− 3 45 23	7·9	0 02·7	4	22 44 20·4	− 12 13 39	8·9	19 49·8
Sept. 7	23 01 03·7	− 3 57 15	7·9	23 53·4	Nov. 5	22 44 50·0	− 12 15 35	8·9	19 46·4

Second transit for Juno 2022 September 6ᵈ 23ʰ 58ᵐ0

GEOCENTRIC POSITIONS FOR 0ʰ TERRESTRIAL TIME

Date	Astrometric R.A. (h m s)	Astrometric Dec. (° ′ ″)	Vis. Mag.	Ephemeris Transit (h m)
2022 June 24	22 37 40·1	−13 45 29	6·9	4 29·7
25	22 38 10·5	−13 47 30	6·8	4 26·3
26	22 38 39·3	−13 49 43	6·8	4 22·8
27	22 39 06·5	−13 52 07	6·8	4 19·3
28	22 39 32·1	−13 54 42	6·8	4 15·8
29	22 39 56·0	−13 57 29	6·8	4 12·3
30	22 40 18·3	−14 00 28	6·8	4 08·7
July 1	22 40 38·9	−14 03 38	6·7	4 05·1
2	22 40 57·7	−14 07 01	6·7	4 01·5
3	22 41 14·9	−14 10 35	6·7	3 57·8
4	22 41 30·3	−14 14 21	6·7	3 54·2
5	22 41 44·1	−14 18 18	6·7	3 50·4
6	22 41 56·0	−14 22 28	6·6	3 46·7
7	22 42 06·2	−14 26 49	6·6	3 42·9
8	22 42 14·7	−14 31 21	6·6	3 39·1
9	22 42 21·4	−14 36 05	6·6	3 35·3
10	22 42 26·3	−14 41 01	6·6	3 31·5
11	22 42 29·4	−14 46 08	6·6	3 27·6
July 12	22 42 30·7	−14 51 26	6·5	3 23·7
13	22 42 30·2	−14 56 55	6·5	3 19·7
14	22 42 27·9	−15 02 35	6·5	3 15·8
15	22 42 23·8	−15 08 26	6·5	3 11·8
16	22 42 17·9	−15 14 28	6·5	3 07·7
17	22 42 10·2	−15 20 40	6·4	3 03·7
18	22 42 00·6	−15 27 03	6·4	2 59·6
19	22 41 49·2	−15 33 36	6·4	2 55·4
20	22 41 36·0	−15 40 19	6·4	2 51·3
21	22 41 20·9	−15 47 11	6·4	2 47·1
22	22 41 04·1	−15 54 13	6·3	2 42·9
23	22 40 45·4	−16 01 24	6·3	2 38·6
24	22 40 24·9	−16 08 44	6·3	2 34·4
25	22 40 02·7	−16 16 12	6·3	2 30·1
26	22 39 38·7	−16 23 48	6·3	2 25·7
27	22 39 13·0	−16 31 32	6·2	2 21·4
28	22 38 45·5	−16 39 22	6·2	2 17·0
29	22 38 16·4	−16 47 20	6·2	2 12·6
30	22 37 45·6	−16 55 24	6·2	2 08·1
31	22 37 13·1	−17 03 33	6·2	2 03·7
Aug. 1	22 36 39·1	−17 11 48	6·1	1 59·2
2	22 36 03·6	−17 20 07	6·1	1 54·6
3	22 35 26·5	−17 28 31	6·1	1 50·1
4	22 34 48·0	−17 36 58	6·1	1 45·5
5	22 34 08·1	−17 45 28	6·1	1 40·9
6	22 33 26·8	−17 54 00	6·1	1 36·3
7	22 32 44·1	−18 02 34	6·0	1 31·7
8	22 32 00·3	−18 11 10	6·0	1 27·0
9	22 31 15·2	−18 19 46	6·0	1 22·3
10	22 30 29·0	−18 28 21	6·0	1 17·6
11	22 29 41·7	−18 36 57	6·0	1 12·9
12	22 28 53·4	−18 45 31	5·9	1 08·2
13	22 28 04·1	−18 54 03	5·9	1 03·4
14	22 27 13·9	−19 02 33	5·9	0 58·7
15	22 26 22·8	−19 11 00	5·9	0 53·9
16	22 25 31·0	−19 19 23	5·9	0 49·1
17	22 24 38·5	−19 27 42	5·9	0 44·3
18	22 23 45·3	−19 35 57	5·9	0 39·5
19	22 22 51·6	−19 44 06	5·8	0 34·7
20	22 21 57·4	−19 52 08	5·8	0 29·9
21	22 21 02·8	−20 00 05	5·8	0 25·0
Aug. 22	22 20 07·9	−20 07 54	5·8	0 20·2
2022 Aug. 22	22 20 07·9	−20 07 54	5·8	0 20·2
23	22 19 12·8	−20 15 35	5·8	0 15·3
24	22 18 17·5	−20 23 08	5·8	0 10·5
25	22 17 22·1	−20 30 33	5·9	0 05·6
26	22 16 26·7	−20 37 48	5·9	0 00·8
27	22 15 31·5	−20 44 53	5·9	23 51·1
28	22 14 36·4	−20 51 48	5·9	23 46·3
29	22 13 41·6	−20 58 32	5·9	23 41·4
30	22 12 47·1	−21 05 05	5·9	23 36·6
31	22 11 53·1	−21 11 26	6·0	23 31·8
Sept. 1	22 10 59·7	−21 17 35	6·0	23 27·0
2	22 10 06·8	−21 23 32	6·0	23 22·2
3	22 09 14·6	−21 29 17	6·0	23 17·4
4	22 08 23·1	−21 34 48	6·0	23 12·6
5	22 07 32·5	−21 40 07	6·1	23 07·9
6	22 06 42·8	−21 45 12	6·1	23 03·1
7	22 05 54·0	−21 50 03	6·1	22 58·4
8	22 05 06·3	−21 54 41	6·1	22 53·7
9	22 04 19·6	−21 59 05	6·2	22 49·0
10	22 03 34·1	−22 03 15	6·2	22 44·4
11	22 02 49·8	−22 07 11	6·2	22 39·7
12	22 02 06·7	−22 10 53	6·2	22 35·1
13	22 01 24·9	−22 14 21	6·3	22 30·5
14	22 00 44·5	−22 17 35	6·3	22 25·9
15	22 00 05·4	−22 20 35	6·3	22 21·4
16	21 59 27·8	−22 23 20	6·3	22 16·8
17	21 58 51·7	−22 25 52	6·3	22 12·3
18	21 58 17·1	−22 28 09	6·4	22 07·8
19	21 57 44·0	−22 30 13	6·4	22 03·4
20	21 57 12·6	−22 32 02	6·4	21 59·0
21	21 56 42·8	−22 33 37	6·4	21 54·6
22	21 56 14·6	−22 34 59	6·5	21 50·2
23	21 55 48·1	−22 36 06	6·5	21 45·8
24	21 55 23·4	−22 37 00	6·5	21 41·5
25	21 55 00·4	−22 37 41	6·5	21 37·2
26	21 54 39·1	−22 38 08	6·6	21 33·0
27	21 54 19·7	−22 38 22	6·6	21 28·8
28	21 54 02·0	−22 38 22	6·6	21 24·6
29	21 53 46·1	−22 38 10	6·6	21 20·4
30	21 53 32·1	−22 37 45	6·7	21 16·2
Oct. 1	21 53 19·9	−22 37 07	6·7	21 12·1
2	21 53 09·5	−22 36 17	6·7	21 08·1
3	21 53 00·9	−22 35 15	6·7	21 04·0
4	21 52 54·2	−22 34 00	6·7	21 00·0
5	21 52 49·2	−22 32 34	6·8	20 56·0
6	21 52 46·1	−22 30 56	6·8	20 52·1
Oct. 7	21 52 44·8	−22 29 06	6·8	20 48·1
8	21 52 45·3	−22 27 06	6·8	20 44·2
9	21 52 47·6	−22 24 54	6·9	20 40·4
10	21 52 51·6	−22 22 31	6·9	20 36·5
11	21 52 57·4	−22 19 58	6·9	20 32·7
12	21 53 04·9	−22 17 15	6·9	20 28·9
13	21 53 14·1	−22 14 21	6·9	20 25·2
14	21 53 25·1	−22 11 17	7·0	20 21·4
15	21 53 37·7	−22 08 03	7·0	20 17·7
16	21 53 52·1	−22 04 39	7·0	20 14·1
17	21 54 08·1	−22 01 06	7·0	20 10·4
18	21 54 25·7	−21 57 24	7·1	20 06·8
19	21 54 45·0	−21 53 32	7·1	20 03·2
Oct. 20	21 55 05·9	−21 49 31	7·1	19 59·7

Second transit for Vesta 2022 August 26ᵈ 23ʰ 56ᵐ0

HEBE, 2022
GEOCENTRIC POSITIONS FOR 0ʰ TERRESTRIAL TIME

Date	Astrometric R.A.	Astrometric Dec.	Vis. Mag.	Ephemeris Transit	Date	Astrometric R.A.	Astrometric Dec.	Vis. Mag.	Ephemeris Transit
	h m s	° ′ ″		h m		h m s	° ′ ″		h m
2022 Nov. 28	8 55 38·9	+ 7 50 15	9·8	4 28·7	2023 Jan. 26	8 27 31·9	+13 22 36	8·8	0 08·7
29	8 55 58·1	+ 7 50 15	9·8	4 25·1	27	8 26 31·8	+13 32 37	8·8	0 03·7
30	8 56 15·6	+ 7 50 26	9·8	4 21·4	28	8 25 31·9	+13 42 39	8·8	23 53·9
Dec. 1	8 56 31·4	+ 7 50 48	9·8	4 17·8	29	8 24 32·3	+13 52 41	8·8	23 49·0
2	8 56 45·5	+ 7 51 20	9·7	4 14·0	30	8 23 33·0	+14 02 43	8·8	23 44·1
3	8 56 57·8	+ 7 52 03	9·7	4 10·3	31	8 22 34·2	+14 12 44	8·9	23 39·2
4	8 57 08·4	+ 7 52 57	9·7	4 06·6	Feb. 1	8 21 35·9	+14 22 44	8·9	23 34·3
5	8 57 17·2	+ 7 54 03	9·7	4 02·8	2	8 20 38·2	+14 32 42	8·9	23 29·4
6	8 57 24·2	+ 7 55 19	9·7	3 58·9	3	8 19 41·1	+14 42 38	8·9	23 24·6
7	8 57 29·5	+ 7 56 48	9·7	3 55·1	4	8 18 44·8	+14 52 32	9·0	23 19·7
8	8 57 32·9	+ 7 58 28	9·7	3 51·2	5	8 17 49·2	+15 02 22	9·0	23 14·9
Dec. 9	8 57 34·6	+ 8 00 20	9·6	3 47·3	6	8 16 54·6	+15 12 09	9·0	23 10·1
10	8 57 34·4	+ 8 02 24	9·6	3 43·4	7	8 16 00·8	+15 21 52	9·0	23 05·3
11	8 57 32·4	+ 8 04 40	9·6	3 39·4	8	8 15 08·0	+15 31 31	9·1	23 00·5
12	8 57 28·6	+ 8 07 09	9·6	3 35·4	9	8 14 16·3	+15 41 04	9·1	22 55·7
13	8 57 22·9	+ 8 09 50	9·6	3 31·4	10	8 13 25·7	+15 50 33	9·1	22 51·0
14	8 57 15·4	+ 8 12 44	9·6	3 27·3	11	8 12 36·3	+15 59 57	9·2	22 46·2
15	8 57 06·1	+ 8 15 50	9·5	3 23·2	12	8 11 48·0	+16 09 14	9·2	22 41·5
16	8 56 54·9	+ 8 19 10	9·5	3 19·1	13	8 11 01·1	+16 18 26	9·2	22 36·8
17	8 56 41·8	+ 8 22 42	9·5	3 15·0	14	8 10 15·4	+16 27 31	9·2	22 32·2
18	8 56 26·9	+ 8 26 28	9·5	3 10·8	15	8 09 31·2	+16 36 30	9·3	22 27·5
19	8 56 10·1	+ 8 30 26	9·5	3 06·6	16	8 08 48·3	+16 45 21	9·3	22 22·9
20	8 55 51·6	+ 8 34 38	9·4	3 02·3	17	8 08 06·9	+16 54 06	9·3	22 18·3
21	8 55 31·1	+ 8 39 03	9·4	2 58·0	18	8 07 27·0	+17 02 43	9·4	22 13·7
22	8 55 08·9	+ 8 43 41	9·4	2 53·7	19	8 06 48·7	+17 11 13	9·4	22 09·2
23	8 54 44·8	+ 8 48 32	9·4	2 49·4	20	8 06 11·9	+17 19 34	9·4	22 04·7
24	8 54 19·0	+ 8 53 37	9·4	2 45·0	21	8 05 36·8	+17 27 48	9·4	22 00·2
25	8 53 51·3	+ 8 58 55	9·4	2 40·6	22	8 05 03·3	+17 35 53	9·5	21 55·7
26	8 53 22·0	+ 9 04 26	9·3	2 36·2	23	8 04 31·5	+17 43 50	9·5	21 51·3
27	8 52 50·9	+ 9 10 10	9·3	2 31·8	24	8 04 01·4	+17 51 39	9·5	21 46·9
28	8 52 18·1	+ 9 16 07	9·3	2 27·3	25	8 03 33·1	+17 59 19	9·5	21 42·5
29	8 51 43·6	+ 9 22 17	9·3	2 22·8	26	8 03 06·5	+18 06 50	9·6	21 38·2
30	8 51 07·5	+ 9 28 40	9·3	2 18·3	27	8 02 41·6	+18 14 12	9·6	21 33·9
31	8 50 29·9	+ 9 35 15	9·2	2 13·7	28	8 02 18·5	+18 21 25	9·6	21 29·6
2023 Jan. 1	8 49 50·6	+ 9 42 02	9·2	2 09·1	Mar. 1	8 01 57·2	+18 28 30	9·6	21 25·3
2	8 49 09·9	+ 9 49 01	9·2	2 04·5	2	8 01 37·7	+18 35 25	9·7	21 21·1
3	8 48 27·6	+ 9 56 12	9·2	1 59·9	3	8 01 19·9	+18 42 11	9·7	21 16·9
4	8 47 44·0	+10 03 35	9·2	1 55·2	4	8 01 04·0	+18 48 48	9·7	21 12·7
5	8 46 58·9	+10 11 09	9·1	1 50·6	5	8 00 49·9	+18 55 16	9·7	21 08·6
6	8 46 12·5	+10 18 54	9·1	1 45·9	6	8 00 37·5	+19 01 35	9·8	21 04·5
7	8 45 24·8	+10 26 49	9·1	1 41·1	7	8 00 27·0	+19 07 45	9·8	21 00·4
8	8 44 35·8	+10 34 55	9·1	1 36·4	8	8 00 18·2	+19 13 45	9·8	20 56·3
9	8 43 45·6	+10 43 12	9·1	1 31·6	9	8 00 11·2	+19 19 37	9·8	20 52·3
10	8 42 54·3	+10 51 37	9·1	1 26·8	10	8 00 06·0	+19 25 19	9·9	20 48·3
11	8 42 01·9	+11 00 13	9·0	1 22·0	11	8 00 02·5	+19 30 52	9·9	20 44·4
12	8 41 08·5	+11 08 57	9·0	1 17·2	Mar. 12	8 00 00·8	+19 36 17	9·9	20 40·4
13	8 40 14·1	+11 17 49	9·0	1 12·4	13	8 00 00·9	+19 41 32	9·9	20 36·5
14	8 39 18·8	+11 26 50	9·0	1 07·5	14	8 00 02·7	+19 46 39	10·0	20 32·7
15	8 38 22·7	+11 35 58	9·0	1 02·7	15	8 00 06·2	+19 51 36	10·0	20 28·8
16	8 37 25·8	+11 45 14	8·9	0 57·8	16	8 00 11·4	+19 56 25	10·0	20 25·0
17	8 36 28·2	+11 54 36	8·9	0 52·9	17	8 00 18·4	+20 01 04	10·0	20 21·2
18	8 35 30·0	+12 04 05	8·9	0 48·0	18	8 00 27·0	+20 05 35	10·1	20 17·4
19	8 34 31·3	+12 13 39	8·9	0 43·1	19	8 00 37·3	+20 09 57	10·1	20 13·7
20	8 33 32·1	+12 23 19	8·9	0 38·2	20	8 00 49·3	+20 14 11	10·1	20 10·0
21	8 32 32·5	+12 33 03	8·8	0 33·3	21	8 01 03·0	+20 18 16	10·1	20 06·3
22	8 31 32·7	+12 42 51	8·8	0 28·4	22	8 01 18·2	+20 22 12	10·1	20 02·6
23	8 30 32·6	+12 52 43	8·8	0 23·5	23	8 01 35·1	+20 26 00	10·2	19 59·0
24	8 29 32·4	+13 02 39	8·8	0 18·5	24	8 01 53·6	+20 29 39	10·2	19 55·4
25	8 28 32·1	+13 12 36	8·8	0 13·6	25	8 02 13·7	+20 33 10	10·2	19 51·8
Jan. 26	8 27 31·9	+13 22 36	8·8	0 08·7	Mar. 26	8 02 35·3	+20 36 32	10·2	19 48·3

Second transit for Hebe 2023 January 27ᵈ 23ʰ 58ᵐ8

IRIS, 2022

GEOCENTRIC POSITIONS FOR 0ʰ TERRESTRIAL TIME

Date	Astrometric R.A. h m s	Dec. ° ' "	Vis. Mag.	Ephemeris Transit h m	Date	Astrometric R.A. h m s	Dec. ° ' "	Vis. Mag.	Ephemeris Transit h m
2021 Nov. 15	8 04 22.3	+18 38 52	8.8	4 27.8	2022 Jan. 13	7 37 34.2	+15 41 42	7.6	0 09.0
16	8 04 57.4	+18 33 07	8.8	4 24.4	14	7 36 26.9	+15 41 36	7.6	0 03.9
17	8 05 30.2	+18 27 25	8.8	4 21.0	15	7 35 20.0	+15 41 33	7.6	23 53.9
18	8 06 00.9	+18 21 48	8.8	4 17.6	16	7 34 13.6	+15 41 34	7.7	23 48.8
19	8 06 29.3	+18 16 14	8.8	4 14.2	17	7 33 07.8	+15 41 38	7.7	23 43.8
20	8 06 55.5	+18 10 45	8.7	4 10.6	18	7 32 02.6	+15 41 46	7.7	23 38.8
21	8 07 19.5	+18 05 20	8.7	4 07.1	19	7 30 58.2	+15 41 57	7.7	23 33.9
22	8 07 41.2	+17 59 59	8.7	4 03.5	20	7 29 54.8	+15 42 11	7.8	23 28.9
23	8 08 00.6	+17 54 43	8.7	3 59.9	21	7 28 52.2	+15 42 28	7.8	23 23.9
24	8 08 17.6	+17 49 32	8.7	3 56.3	22	7 27 50.8	+15 42 47	7.9	23 19.0
25	8 08 32.3	+17 44 26	8.6	3 52.6	23	7 26 50.4	+15 43 09	7.9	23 14.1
26	8 08 44.7	+17 39 25	8.6	3 48.8	24	7 25 51.3	+15 43 34	7.9	23 09.2
27	8 08 54.7	+17 34 29	8.6	3 45.1	25	7 24 53.5	+15 44 01	8.0	23 04.3
28	8 09 02.3	+17 29 39	8.6	3 41.2	26	7 23 57.0	+15 44 30	8.0	22 59.5
29	8 09 07.5	+17 24 54	8.6	3 37.4	27	7 23 02.1	+15 45 01	8.0	22 54.7
Nov. 30	8 09 10.2	+17 20 15	8.5	3 33.5	28	7 22 08.6	+15 45 34	8.1	22 49.9
Dec. 1	8 09 10.6	+17 15 42	8.5	3 29.6	29	7 21 16.7	+15 46 09	8.1	22 45.1
2	8 09 08.5	+17 11 15	8.5	3 25.6	30	7 20 26.5	+15 46 46	8.1	22 40.4
3	8 09 04.0	+17 06 54	8.5	3 21.6	31	7 19 38.1	+15 47 24	8.2	22 35.7
4	8 08 57.0	+17 02 39	8.5	3 17.5	Feb. 1	7 18 51.4	+15 48 03	8.2	22 31.0
5	8 08 47.6	+16 58 31	8.4	3 13.4	2	7 18 06.6	+15 48 44	8.2	22 26.4
6	8 08 35.8	+16 54 29	8.4	3 09.3	3	7 17 23.6	+15 49 27	8.3	22 21.7
7	8 08 21.5	+16 50 34	8.4	3 05.1	4	7 16 42.6	+15 50 10	8.3	22 17.2
8	8 08 04.9	+16 46 45	8.4	3 00.9	5	7 16 03.6	+15 50 54	8.3	22 12.6
9	8 07 45.9	+16 43 03	8.4	2 56.7	6	7 15 26.6	+15 51 39	8.4	22 08.1
10	8 07 24.5	+16 39 28	8.3	2 52.4	7	7 14 51.6	+15 52 24	8.4	22 03.6
11	8 07 00.8	+16 35 59	8.3	2 48.0	8	7 14 18.7	+15 53 10	8.4	21 59.2
12	8 06 34.7	+16 32 37	8.3	2 43.7	9	7 13 47.9	+15 53 56	8.5	21 54.8
13	8 06 06.4	+16 29 22	8.3	2 39.3	10	7 13 19.2	+15 54 43	8.5	21 50.4
14	8 05 35.9	+16 26 14	8.3	2 34.8	11	7 12 52.6	+15 55 29	8.5	21 46.0
15	8 05 03.1	+16 23 13	8.2	2 30.3	12	7 12 28.2	+15 56 16	8.6	21 41.7
16	8 04 28.1	+16 20 18	8.2	2 25.8	13	7 12 05.9	+15 57 03	8.6	21 37.5
17	8 03 50.9	+16 17 30	8.2	2 21.3	14	7 11 45.7	+15 57 49	8.6	21 33.2
18	8 03 11.7	+16 14 50	8.2	2 16.7	15	7 11 27.7	+15 58 35	8.7	21 29.0
19	8 02 30.4	+16 12 15	8.1	2 12.1	16	7 11 11.8	+15 59 21	8.7	21 24.9
20	8 01 47.0	+16 09 48	8.1	2 07.4	17	7 10 58.0	+16 00 06	8.7	21 20.8
21	8 01 01.8	+16 07 28	8.1	2 02.7	18	7 10 46.4	+16 00 51	8.8	21 16.7
22	8 00 14.6	+16 05 14	8.1	1 58.0	19	7 10 36.9	+16 01 35	8.8	21 12.6
23	7 59 25.5	+16 03 07	8.0	1 53.3	20	7 10 29.5	+16 02 18	8.8	21 08.6
24	7 58 34.7	+16 01 06	8.0	1 48.5	21	7 10 24.2	+16 03 01	8.9	21 04.6
25	7 57 42.1	+15 59 13	8.0	1 43.7	22	7 10 21.0	+16 03 42	8.9	21 00.6
26	7 56 47.9	+15 57 25	8.0	1 38.9	Feb. 23	7 10 19.9	+16 04 22	8.9	20 56.7
27	7 55 52.1	+15 55 44	8.0	1 34.0	24	7 10 20.8	+16 05 02	8.9	20 52.8
28	7 54 54.8	+15 54 10	7.9	1 29.1	25	7 10 23.8	+16 05 39	9.0	20 49.0
29	7 53 56.1	+15 52 41	7.9	1 24.2	26	7 10 28.8	+16 06 16	9.0	20 45.1
30	7 52 56.1	+15 51 19	7.9	1 19.3	27	7 10 35.8	+16 06 51	9.0	20 41.4
31	7 51 54.8	+15 50 03	7.9	1 14.4	28	7 10 44.8	+16 07 25	9.1	20 37.6
2022 Jan. 1	7 50 52.4	+15 48 53	7.8	1 09.4	Mar. 1	7 10 55.8	+16 07 57	9.1	20 33.9
2	7 49 49.0	+15 47 48	7.8	1 04.4	2	7 11 08.8	+16 08 27	9.1	20 30.2
3	7 48 44.6	+15 46 50	7.8	0 59.4	3	7 11 23.7	+16 08 55	9.1	20 26.5
4	7 47 39.5	+15 45 57	7.8	0 54.4	4	7 11 40.5	+16 09 21	9.2	20 22.9
5	7 46 33.6	+15 45 09	7.8	0 49.4	5	7 11 59.2	+16 09 46	9.2	20 19.3
6	7 45 27.1	+15 44 27	7.7	0 44.3	6	7 12 19.8	+16 10 08	9.2	20 15.8
7	7 44 20.1	+15 43 49	7.7	0 39.3	7	7 12 42.2	+16 10 27	9.2	20 12.2
8	7 43 12.7	+15 43 17	7.7	0 34.2	8	7 13 06.5	+16 10 45	9.3	20 08.7
9	7 42 05.1	+15 42 49	7.7	0 29.2	9	7 13 32.5	+16 11 00	9.3	20 05.2
10	7 40 57.3	+15 42 26	7.6	0 24.1	10	7 14 00.2	+16 11 12	9.3	20 01.8
11	7 39 49.5	+15 42 07	7.6	0 19.1	11	7 14 29.7	+16 11 22	9.4	19 58.4
12	7 38 41.8	+15 41 53	7.6	0 14.0	12	7 15 00.9	+16 11 29	9.4	19 55.0
Jan. 13	7 37 34.2	+15 41 42	7.6	0 09.0	Mar. 13	7 15 33.7	+16 11 34	9.4	19 51.6

Second transit for Iris 2022 January 14ᵈ 23ʰ 58ᵐ9

FLORA, 2022
GEOCENTRIC POSITIONS FOR 0ʰ TERRESTRIAL TIME

Date	Astrometric R.A. (h m s)	Dec. (° ′ ″)	Vis. Mag.	Ephemeris Transit (h m)	Date	Astrometric R.A. (h m s)	Dec. (° ′ ″)	Vis. Mag.	Ephemeris Transit (h m)
2022 Feb. 12	14 02 16·7	− 4 33 07	10·7	4 34·6	2022 Apr. 12	13 36 59·6	+ 0 20 33	9·6	0 17·4
13	14 02 37·0	− 4 31 34	10·6	4 31·0	13	13 35 59·7	+ 0 26 27	9·6	0 12·4
14	14 02 55·8	− 4 29 52	10·6	4 27·4	14	13 34 59·8	+ 0 32 15	9·6	0 07·5
15	14 03 13·0	− 4 28 00	10·6	4 23·8	15	13 33 59·8	+ 0 37 56	9·6	0 02·6
16	14 03 28·7	− 4 26 00	10·6	4 20·1	16	13 32 59·9	+ 0 43 31	9·6	23 52·8
17	14 03 42·7	− 4 23 50	10·6	4 16·4	17	13 32 00·0	+ 0 48 58	9·6	23 47·8
18	14 03 55·2	− 4 21 31	10·6	4 12·7	18	13 31 00·4	+ 0 54 17	9·6	23 42·9
19	14 04 06·0	− 4 19 03	10·5	4 08·9	19	13 30 01·0	+ 0 59 28	9·7	23 38·0
20	14 04 15·2	− 4 16 25	10·5	4 05·1	20	13 29 02·0	+ 1 04 31	9·7	23 33·1
21	14 04 22·7	− 4 13 38	10·5	4 01·3	21	13 28 03·3	+ 1 09 25	9·7	23 28·2
22	14 04 28·5	− 4 10 43	10·5	3 57·5	22	13 27 05·0	+ 1 14 10	9·7	23 23·3
23	14 04 32·6	− 4 07 38	10·5	3 53·6	23	13 26 07·3	+ 1 18 46	9·7	23 18·4
Feb. 24	14 04 35·0	− 4 04 24	10·4	3 49·7	24	13 25 10·1	+ 1 23 12	9·8	23 13·6
25	14 04 35·8	− 4 01 00	10·4	3 45·8	25	13 24 13·5	+ 1 27 28	9·8	23 08·7
26	14 04 34·7	− 3 57 28	10·4	3 41·8	26	13 23 17·7	+ 1 31 34	9·8	23 03·9
27	14 04 32·0	− 3 53 47	10·4	3 37·8	27	13 22 22·6	+ 1 35 30	9·8	22 59·0
28	14 04 27·5	− 3 49 57	10·4	3 33·8	28	13 21 28·3	+ 1 39 15	9·8	22 54·2
Mar. 1	14 04 21·2	− 3 45 58	10·4	3 29·8	29	13 20 34·9	+ 1 42 49	9·9	22 49·4
2	14 04 13·2	− 3 41 51	10·3	3 25·7	30	13 19 42·5	+ 1 46 11	9·9	22 44·6
3	14 04 03·4	− 3 37 35	10·3	3 21·6	May 1	13 18 51·0	+ 1 49 23	9·9	22 39·9
4	14 03 51·8	− 3 33 11	10·3	3 17·5	2	13 18 00·6	+ 1 52 23	9·9	22 35·1
5	14 03 38·5	− 3 28 39	10·3	3 13·3	3	13 17 11·3	+ 1 55 11	9·9	22 30·4
6	14 03 23·5	− 3 23 58	10·3	3 09·2	4	13 16 23·1	+ 1 57 47	10·0	22 25·7
7	14 03 06·6	− 3 19 10	10·2	3 04·9	5	13 15 36·1	+ 2 00 12	10·0	22 21·0
8	14 02 48·1	− 3 14 14	10·2	3 00·7	6	13 14 50·3	+ 2 02 25	10·0	22 16·3
9	14 02 27·8	− 3 09 11	10·2	2 56·4	7	13 14 05·8	+ 2 04 25	10·0	22 11·7
10	14 02 05·8	− 3 04 01	10·2	2 52·1	8	13 13 22·6	+ 2 06 14	10·1	22 07·0
11	14 01 42·1	− 2 58 43	10·2	2 47·8	9	13 12 40·7	+ 2 07 50	10·1	22 02·4
12	14 01 16·7	− 2 53 19	10·1	2 43·4	10	13 12 00·2	+ 2 09 14	10·1	21 57·8
13	14 00 49·6	− 2 47 48	10·1	2 39·1	11	13 11 21·1	+ 2 10 26	10·1	21 53·3
14	14 00 20·9	− 2 42 11	10·1	2 34·7	12	13 10 43·4	+ 2 11 26	10·1	21 48·7
15	13 59 50·5	− 2 36 29	10·1	2 30·2	13	13 10 07·2	+ 2 12 14	10·2	21 44·2
16	13 59 18·6	− 2 30 40	10·1	2 25·7	14	13 09 32·4	+ 2 12 50	10·2	21 39·8
17	13 58 45·0	− 2 24 46	10·0	2 21·3	15	13 08 59·0	+ 2 13 14	10·2	21 35·3
18	13 58 09·8	− 2 18 47	10·0	2 16·7	16	13 08 27·2	+ 2 13 26	10·2	21 30·9
19	13 57 33·1	− 2 12 43	10·0	2 12·2	17	13 07 56·9	+ 2 13 26	10·2	21 26·4
20	13 56 54·9	− 2 06 34	10·0	2 07·6	18	13 07 28·1	+ 2 13 15	10·3	21 22·1
21	13 56 15·3	− 2 00 21	10·0	2 03·0	19	13 07 00·8	+ 2 12 52	10·3	21 17·7
22	13 55 34·1	− 1 54 05	9·9	1 58·4	20	13 06 35·1	+ 2 12 18	10·3	21 13·4
23	13 54 51·6	− 1 47 44	9·9	1 53·8	21	13 06 11·0	+ 2 11 32	10·3	21 09·0
24	13 54 07·6	− 1 41 21	9·9	1 49·1	22	13 05 48·3	+ 2 10 35	10·3	21 04·8
25	13 53 22·4	− 1 34 55	9·9	1 44·4	23	13 05 27·3	+ 2 09 26	10·4	21 00·5
26	13 52 35·8	− 1 28 26	9·9	1 39·7	24	13 05 07·8	+ 2 08 07	10·4	20 56·3
27	13 51 47·9	− 1 21 56	9·8	1 35·0	25	13 04 49·9	+ 2 06 36	10·4	20 52·1
28	13 50 58·9	− 1 15 23	9·8	1 30·3	26	13 04 33·6	+ 2 04 54	10·4	20 47·9
29	13 50 08·7	− 1 08 50	9·8	1 25·5	27	13 04 18·9	+ 2 03 02	10·4	20 43·7
30	13 49 17·4	− 1 02 16	9·8	1 20·7	28	13 04 05·7	+ 2 00 59	10·5	20 39·6
31	13 48 25·1	− 0 55 42	9·8	1 15·9	29	13 03 54·1	+ 1 58 46	10·5	20 35·5
Apr. 1	13 47 31·8	− 0 49 08	9·7	1 11·1	30	13 03 44·1	+ 1 56 22	10·5	20 31·4
2	13 46 37·6	− 0 42 35	9·7	1 06·3	31	13 03 35·7	+ 1 53 48	10·5	20 27·4
3	13 45 42·5	− 0 36 03	9·7	1 01·4	June 1	13 03 28·9	+ 1 51 04	10·5	20 23·4
4	13 44 46·6	− 0 29 32	9·7	0 56·6	2	13 03 23·6	+ 1 48 09	10·6	20 19·4
5	13 43 50·0	− 0 23 04	9·7	0 51·7	3	13 03 19·9	+ 1 45 06	10·6	20 15·4
6	13 42 52·8	− 0 16 39	9·7	0 46·8	June 4	13 03 17·7	+ 1 41 52	10·6	20 11·4
7	13 41 55·0	− 0 10 16	9·6	0 41·9	5	13 03 17·1	+ 1 38 29	10·6	20 07·5
8	13 40 56·6	− 0 03 58	9·6	0 37·0	6	13 03 18·0	+ 1 34 57	10·6	20 03·6
9	13 39 57·9	+ 0 02 17	9·6	0 32·1	7	13 03 20·4	+ 1 31 15	10·6	19 59·8
10	13 38 58·7	+ 0 08 27	9·6	0 27·2	8	13 03 24·3	+ 1 27 25	10·7	19 55·9
11	13 37 59·2	+ 0 14 33	9·6	0 22·3	9	13 03 29·7	+ 1 23 26	10·7	19 52·1
Apr. 12	13 36 59·6	+ 0 20 33	9·6	0 17·4	June 10	13 03 36·6	+ 1 19 18	10·7	19 48·3

Second transit for Flora 2022 April 15ᵈ 23ʰ 57ᵐ7

GEOCENTRIC POSITIONS FOR 0ʰ TERRESTRIAL TIME

Date	Astrometric R.A.	Dec.	Vis. Mag.	Ephemeris Transit	Date	Astrometric R.A.	Dec.	Vis. Mag.	Ephemeris Transit
	h m s	° ′ ″		h m		h m s	° ′ ″		h m
2022 May 22	20 31 59·5	−23 12 17	10·9	4 34·2	2022 July 20	20 05 07·6	−27 22 09	9·6	0 15·4
23	20 32 18·5	−23 14 07	10·9	4 30·6	21	20 04 04·0	−27 26 42	9·6	0 10·5
24	20 32 36·0	−23 16 04	10·9	4 26·9	22	20 03 00·3	−27 31 08	9·6	0 05·5
25	20 32 52·0	−23 18 07	10·8	4 23·3	23	20 01 56·4	−27 35 29	9·6	0 00·5
26	20 33 06·3	−23 20 16	10·8	4 19·6	24	20 00 52·4	−27 39 43	9·6	23 50·5
27	20 33 19·1	−23 22 33	10·8	4 15·8	25	19 59 48·5	−27 43 50	9·6	23 45·5
28	20 33 30·3	−23 24 56	10·8	4 12·1	26	19 58 44·8	−27 47 51	9·7	23 40·5
29	20 33 39·8	−23 27 25	10·8	4 08·3	27	19 57 41·2	−27 51 45	9·7	23 35·5
30	20 33 47·7	−23 30 01	10·7	4 04·5	28	19 56 37·9	−27 55 32	9·7	23 30·6
31	20 33 54·0	−23 32 44	10·7	4 00·7	29	19 55 34·9	−27 59 11	9·7	23 25·6
June 1	20 33 58·6	−23 35 34	10·7	3 56·8	30	19 54 32·4	−28 02 43	9·7	23 20·7
2	20 34 01·5	−23 38 30	10·7	3 52·9	31	19 53 30·4	−28 06 07	9·8	23 15·7
June 3	20 34 02·8	−23 41 33	10·7	3 49·0	Aug. 1	19 52 29·1	−28 09 23	9·8	23 10·8
4	20 34 02·3	−23 44 43	10·6	3 45·1	2	19 51 28·4	−28 12 31	9·8	23 05·8
5	20 34 00·2	−23 47 59	10·6	3 41·1	3	19 50 28·4	−28 15 31	9·8	23 00·9
6	20 33 56·3	−23 51 22	10·6	3 37·1	4	19 49 29·3	−28 18 22	9·8	22 56·0
7	20 33 50·8	−23 54 51	10·6	3 33·1	5	19 48 31·1	−28 21 06	9·9	22 51·2
8	20 33 43·5	−23 58 27	10·6	3 29·0	6	19 47 33·8	−28 23 41	9·9	22 46·3
9	20 33 34·5	−24 02 09	10·5	3 24·9	7	19 46 37·6	−28 26 08	9·9	22 41·5
10	20 33 23·8	−24 05 57	10·5	3 20·8	8	19 45 42·5	−28 28 27	9·9	22 36·6
11	20 33 11·3	−24 09 51	10·5	3 16·7	9	19 44 48·5	−28 30 38	10·0	22 31·8
12	20 32 57·2	−24 13 51	10·5	3 12·5	10	19 43 55·8	−28 32 40	10·0	22 27·0
13	20 32 41·3	−24 17 58	10·4	3 08·3	11	19 43 04·3	−28 34 34	10·0	22 22·3
14	20 32 23·6	−24 22 09	10·4	3 04·1	12	19 42 14·1	−28 36 19	10·0	22 17·5
15	20 32 04·3	−24 26 27	10·4	2 59·8	13	19 41 25·3	−28 37 57	10·0	22 12·8
16	20 31 43·2	−24 30 49	10·4	2 55·6	14	19 40 37·9	−28 39 27	10·1	22 08·1
17	20 31 20·3	−24 35 17	10·4	2 51·2	15	19 39 52·0	−28 40 48	10·1	22 03·4
18	20 30 55·8	−24 39 50	10·3	2 46·9	16	19 39 07·6	−28 42 02	10·1	21 58·8
19	20 30 29·5	−24 44 28	10·3	2 42·5	17	19 38 24·7	−28 43 07	10·1	21 54·2
20	20 30 01·5	−24 49 11	10·3	2 38·1	18	19 37 43·4	−28 44 05	10·1	21 49·6
21	20 29 31·8	−24 53 58	10·3	2 33·7	19	19 37 03·7	−28 44 56	10·2	21 45·0
22	20 29 00·4	−24 58 50	10·2	2 29·3	20	19 36 25·7	−28 45 38	10·2	21 40·5
23	20 28 27·3	−25 03 45	10·2	2 24·8	21	19 35 49·3	−28 46 14	10·2	21 36·0
24	20 27 52·6	−25 08 44	10·2	2 20·3	22	19 35 14·7	−28 46 42	10·2	21 31·5
25	20 27 16·2	−25 13 47	10·2	2 15·7	23	19 34 41·9	−28 47 02	10·2	21 27·1
26	20 26 38·2	−25 18 52	10·1	2 11·2	24	19 34 10·9	−28 47 16	10·3	21 22·6
27	20 25 58·6	−25 24 01	10·1	2 06·6	25	19 33 41·6	−28 47 23	10·3	21 18·2
28	20 25 17·4	−25 29 12	10·1	2 02·0	26	19 33 14·2	−28 47 23	10·3	21 13·9
29	20 24 34·8	−25 34 25	10·1	1 57·3	27	19 32 48·7	−28 47 16	10·3	21 09·6
30	20 23 50·6	−25 39 41	10·0	1 52·7	28	19 32 25·0	−28 47 02	10·3	21 05·3
July 1	20 23 04·9	−25 44 58	10·0	1 48·0	29	19 32 03·3	−28 46 43	10·4	21 01·0
2	20 22 17·9	−25 50 16	10·0	1 43·3	30	19 31 43·4	−28 46 16	10·4	20 56·8
3	20 21 29·4	−25 55 34	10·0	1 38·5	31	19 31 25·5	−28 45 44	10·4	20 52·6
4	20 20 39·7	−26 00 54	10·0	1 33·8	Sept. 1	19 31 09·4	−28 45 05	10·4	20 48·4
5	20 19 48·6	−26 06 13	9·9	1 29·0	2	19 30 55·3	−28 44 21	10·4	20 44·3
6	20 18 56·3	−26 11 33	9·9	1 24·2	3	19 30 43·1	−28 43 31	10·5	20 40·2
7	20 18 02·9	−26 16 51	9·9	1 19·4	4	19 30 32·9	−28 42 35	10·5	20 36·1
8	20 17 08·3	−26 22 09	9·9	1 14·5	5	19 30 24·6	−28 41 33	10·5	20 32·0
9	20 16 12·7	−26 27 25	9·8	1 09·7	6	19 30 18·2	−28 40 27	10·5	20 28·0
10	20 15 16·0	−26 32 39	9·8	1 04·8	7	19 30 13·7	−28 39 14	10·5	20 24·0
11	20 14 18·4	−26 37 52	9·8	0 59·9	Sept. 8	19 30 11·1	−28 37 57	10·5	20 20·1
12	20 13 19·9	−26 43 01	9·8	0 55·0	9	19 30 10·4	−28 36 35	10·6	20 16·2
13	20 12 20·6	−26 48 08	9·7	0 50·1	10	19 30 11·6	−28 35 07	10·6	20 12·3
14	20 11 20·5	−26 53 12	9·7	0 45·2	11	19 30 14·7	−28 33 35	10·6	20 08·4
15	20 10 19·7	−26 58 13	9·7	0 40·3	12	19 30 19·6	−28 31 58	10·6	20 04·6
16	20 09 18·3	−27 03 09	9·7	0 35·3	13	19 30 26·4	−28 30 16	10·6	20 00·8
17	20 08 16·3	−27 08 01	9·6	0 30·4	14	19 30 35·0	−28 28 30	10·7	19 57·1
18	20 07 13·8	−27 12 49	9·6	0 25·4	15	19 30 45·4	−28 26 39	10·7	19 53·3
19	20 06 10·9	−27 17 32	9·6	0 20·4	16	19 30 57·7	−28 24 43	10·7	19 49·6
July 20	20 05 07·6	−27 22 09	9·6	0 15·4	Sept. 17	19 31 11·7	−28 22 44	10·7	19 45·9

Second transit for Metis 2022 July 23ᵈ 23ʰ 55ᵐ5

HYGIEA, 2022
GEOCENTRIC POSITIONS FOR 0ʰ TERRESTRIAL TIME

Date	Astrometric R.A.	Dec.	Vis. Mag.	Ephemeris Transit	Date	Astrometric R.A.	Dec.	Vis. Mag.	Ephemeris Transit
	h m s	° ′ ″		h m		h m s	° ′ ″		h m
2022 Mar. 1	14 39 35·8	−20 29 11	10·4	4 05·1	2022 Apr. 29	14 17 07·3	−19 26 46	9·2	23 46·0
2	14 39 51·2	−20 31 44	10·4	4 01·4	30	14 16 20·0	−19 22 17	9·2	23 41·2
3	14 40 05·3	−20 34 10	10·4	3 57·7	May 1	14 15 32·8	−19 17 45	9·2	23 36·5
4	14 40 17·9	−20 36 30	10·3	3 54·0	2	14 14 45·8	−19 13 09	9·2	23 31·8
5	14 40 29·0	−20 38 43	10·3	3 50·2	3	14 13 59·1	−19 08 31	9·2	23 27·1
6	14 40 38·8	−20 40 49	10·3	3 46·5	4	14 13 12·7	−19 03 50	9·2	23 22·4
7	14 40 47·0	−20 42 49	10·3	3 42·7	5	14 12 26·7	−18 59 07	9·3	23 17·7
8	14 40 53·8	−20 44 41	10·3	3 38·8	6	14 11 41·0	−18 54 22	9·3	23 13·1
9	14 40 59·2	−20 46 26	10·3	3 35·0	7	14 10 55·9	−18 49 35	9·3	23 08·4
10	14 41 03·0	−20 48 04	10·2	3 31·1	8	14 10 11·3	−18 44 48	9·3	23 03·7
11	14 41 05·4	−20 49 35	10·2	3 27·2	9	14 09 27·3	−18 39 59	9·3	22 59·1
Mar. 12	14 41 06·4	−20 50 59	10·2	3 23·3	10	14 08 43·9	−18 35 11	9·4	22 54·4
13	14 41 05·8	−20 52 16	10·2	3 19·4	11	14 08 01·2	−18 30 22	9·4	22 49·8
14	14 41 03·8	−20 53 25	10·2	3 15·4	12	14 07 19·3	−18 25 33	9·4	22 45·2
15	14 41 00·3	−20 54 27	10·1	3 11·4	13	14 06 38·1	−18 20 45	9·4	22 40·6
16	14 40 55·3	−20 55 21	10·1	3 07·4	14	14 05 57·8	−18 15 58	9·5	22 36·0
17	14 40 48·8	−20 56 08	10·1	3 03·4	15	14 05 18·3	−18 11 12	9·5	22 31·4
18	14 40 40·8	−20 56 47	10·1	2 59·3	16	14 04 39·8	−18 06 28	9·5	22 26·9
19	14 40 31·4	−20 57 18	10·1	2 55·2	17	14 04 02·1	−18 01 45	9·5	22 22·3
20	14 40 20·4	−20 57 42	10·0	2 51·1	18	14 03 25·5	−17 57 05	9·5	22 17·8
21	14 40 08·1	−20 57 58	10·0	2 46·9	19	14 02 49·8	−17 52 27	9·6	22 13·3
22	14 39 54·2	−20 58 05	10·0	2 42·8	20	14 02 15·3	−17 47 51	9·6	22 08·8
23	14 39 38·9	−20 58 05	10·0	2 38·6	21	14 01 41·8	−17 43 19	9·6	22 04·3
24	14 39 22·1	−20 57 57	10·0	2 34·4	22	14 01 09·4	−17 38 50	9·6	21 59·9
25	14 39 03·9	−20 57 41	9·9	2 30·1	23	14 00 38·1	−17 34 24	9·6	21 55·5
26	14 38 44·3	−20 57 17	9·9	2 25·9	24	14 00 08·0	−17 30 03	9·7	21 51·0
27	14 38 23·3	−20 56 44	9·9	2 21·6	25	13 59 39·2	−17 25 45	9·7	21 46·6
28	14 38 00·8	−20 56 04	9·9	2 17·3	26	13 59 11·5	−17 21 32	9·7	21 42·3
29	14 37 37·0	−20 55 15	9·8	2 13·0	27	13 58 45·2	−17 17 24	9·7	21 37·9
30	14 37 11·8	−20 54 17	9·8	2 08·6	28	13 58 20·1	−17 13 20	9·8	21 33·6
31	14 36 45·3	−20 53 12	9·8	2 04·2	29	13 57 56·3	−17 09 22	9·8	21 29·3
Apr. 1	14 36 17·5	−20 51 58	9·8	1 59·8	30	13 57 33·8	−17 05 29	9·8	21 25·0
2	14 35 48·4	−20 50 36	9·8	1 55·4	31	13 57 12·7	−17 01 41	9·8	21 20·7
3	14 35 18·0	−20 49 05	9·7	1 51·0	June 1	13 56 52·9	−16 58 00	9·8	21 16·5
4	14 34 46·5	−20 47 27	9·7	1 46·5	2	13 56 34·5	−16 54 24	9·9	21 12·3
5	14 34 13·7	−20 45 40	9·7	1 42·1	3	13 56 17·5	−16 50 55	9·9	21 08·1
6	14 33 39·9	−20 43 45	9·7	1 37·6	4	13 56 01·9	−16 47 32	9·9	21 03·9
7	14 33 04·9	−20 41 42	9·7	1 33·1	5	13 55 47·8	−16 44 16	9·9	20 59·8
8	14 32 28·8	−20 39 31	9·6	1 28·5	6	13 55 35·0	−16 41 06	9·9	20 55·7
9	14 31 51·7	−20 37 12	9·6	1 24·0	7	13 55 23·7	−16 38 03	9·9	20 51·6
10	14 31 13·7	−20 34 46	9·6	1 19·4	8	13 55 13·7	−16 35 07	10·0	20 47·5
11	14 30 34·7	−20 32 11	9·6	1 14·8	9	13 55 05·3	−16 32 18	10·0	20 43·4
12	14 29 54·8	−20 29 29	9·5	1 10·2	10	13 54 58·2	−16 29 36	10·0	20 39·4
13	14 29 14·0	−20 26 40	9·5	1 05·6	11	13 54 52·6	−16 27 02	10·0	20 35·4
14	14 28 32·5	−20 23 43	9·5	1 01·0	12	13 54 48·4	−16 24 34	10·0	20 31·4
15	14 27 50·2	−20 20 39	9·5	0 56·4	13	13 54 45·6	−16 22 14	10·1	20 27·4
16	14 27 07·2	−20 17 28	9·4	0 51·7	June 14	13 54 44·3	−16 20 02	10·1	20 23·5
17	14 26 23·5	−20 14 10	9·4	0 47·1	15	13 54 44·3	−16 17 56	10·1	20 19·6
18	14 25 39·2	−20 10 46	9·4	0 42·4	16	13 54 45·8	−16 15 59	10·1	20 15·7
19	14 24 54·4	−20 07 15	9·4	0 37·7	17	13 54 48·7	−16 14 08	10·1	20 11·9
20	14 24 09·0	−20 03 37	9·3	0 33·0	18	13 54 53·0	−16 12 25	10·2	20 08·0
21	14 23 23·3	−19 59 53	9·3	0 28·4	19	13 54 58·6	−16 10 50	10·2	20 04·2
22	14 22 37·1	−19 56 03	9·3	0 23·7	20	13 55 05·7	−16 09 22	10·2	20 00·4
23	14 21 50·5	−19 52 08	9·3	0 19·0	21	13 55 14·1	−16 08 02	10·2	19 56·6
24	14 21 03·7	−19 48 06	9·3	0 14·2	22	13 55 24·0	−16 06 49	10·2	19 52·9
25	14 20 16·6	−19 44 00	9·2	0 09·5	23	13 55 35·2	−16 05 44	10·2	19 49·1
26	14 19 29·4	−19 39 48	9·2	0 04·8	24	13 55 47·8	−16 04 46	10·3	19 45·4
27	14 18 42·1	−19 35 32	9·2	0 00·1	25	13 56 01·7	−16 03 56	10·3	19 41·8
28	14 17 54·7	−19 31 11	9·2	23 50·7	26	13 56 17·0	−16 03 13	10·3	19 38·1
Apr. 29	14 17 07·3	−19 26 46	9·2	23 46·0	June 27	13 56 33·6	−16 02 38	10·3	19 34·5

Second transit for Hygiea 2022 April 27ᵈ 23ʰ 55ᵐ4

GEOCENTRIC POSITIONS FOR 0ʰ TERRESTRIAL TIME

Date	Astrometric R.A.	Dec.	Vis. Mag.	Ephemeris Transit	Date	Astrometric R.A.	Dec.	Vis. Mag.	Ephemeris Transit
	h m s	° ′ ″		h m		h m s	° ′ ″		h m
2022 Feb. 16	13 44 30·4	−25 51 52	10·6	4 01·2	2022 Apr. 16	13 09 48·5	−25 59 49	9·8	23 29·8
17	13 44 30·8	−25 56 49	10·6	3 57·3	17	13 08 54·3	−25 54 28	9·8	23 25·0
18	13 44 29·8	−26 01 39	10·6	3 53·3	18	13 08 00·5	−25 48 59	9·8	23 20·2
19	13 44 27·3	−26 06 22	10·6	3 49·4	19	13 07 07·0	−25 43 22	9·8	23 15·4
20	13 44 23·5	−26 10 57	10·6	3 45·4	20	13 06 14·0	−25 37 37	9·8	23 10·5
21	13 44 18·2	−26 15 24	10·6	3 41·3	21	13 05 21·5	−25 31 45	9·8	23 05·8
22	13 44 11·5	−26 19 44	10·5	3 37·3	22	13 04 29·5	−25 25 45	9·9	23 01·0
23	13 44 03·4	−26 23 56	10·5	3 33·2	23	13 03 38·1	−25 19 39	9·9	22 56·2
24	13 43 53·8	−26 27 59	10·5	3 29·1	24	13 02 47·3	−25 13 27	9·9	22 51·4
25	13 43 42·7	−26 31 54	10·5	3 25·0	25	13 01 57·3	−25 07 08	9·9	22 46·7
26	13 43 30·2	−26 35 41	10·5	3 20·9	26	13 01 08·0	−25 00 45	9·9	22 41·9
27	13 43 16·3	−26 39 18	10·5	3 16·7	27	13 00 19·4	−24 54 16	9·9	22 37·2
28	13 43 00·8	−26 42 47	10·5	3 12·5	28	12 59 31·7	−24 47 43	9·9	22 32·5
Mar. 1	13 42 43·9	−26 46 07	10·4	3 08·3	29	12 58 44·9	−24 41 05	9·9	22 27·8
2	13 42 25·6	−26 49 17	10·4	3 04·1	30	12 57 59·0	−24 34 24	9·9	22 23·1
3	13 42 05·8	−26 52 18	10·4	2 59·8	May 1	12 57 14·0	−24 27 39	10·0	22 18·5
4	13 41 44·6	−26 55 09	10·4	2 55·5	2	12 56 30·1	−24 20 51	10·0	22 13·8
5	13 41 22·0	−26 57 50	10·4	2 51·2	3	12 55 47·2	−24 14 01	10·0	22 09·2
6	13 40 57·9	−27 00 21	10·4	2 46·9	4	12 55 05·3	−24 07 09	10·0	22 04·6
7	13 40 32·4	−27 02 42	10·4	2 42·5	5	12 54 24·5	−24 00 15	10·0	22 00·0
8	13 40 05·6	−27 04 52	10·3	2 38·1	6	12 53 44·9	−23 53 21	10·0	21 55·4
9	13 39 37·3	−27 06 52	10·3	2 33·7	7	12 53 06·4	−23 46 25	10·0	21 50·9
10	13 39 07·7	−27 08 42	10·3	2 29·3	8	12 52 29·2	−23 39 29	10·1	21 46·3
11	13 38 36·8	−27 10 20	10·3	2 24·9	9	12 51 53·1	−23 32 34	10·1	21 41·8
12	13 38 04·6	−27 11 48	10·3	2 20·4	10	12 51 18·3	−23 25 39	10·1	21 37·3
13	13 37 31·0	−27 13 05	10·3	2 15·9	11	12 50 44·7	−23 18 44	10·1	21 32·9
14	13 36 56·2	−27 14 10	10·2	2 11·4	12	12 50 12·4	−23 11 51	10·1	21 28·4
15	13 36 20·1	−27 15 05	10·2	2 06·9	13	12 49 41·3	−23 05 00	10·1	21 24·0
16	13 35 42·8	−27 15 47	10·2	2 02·3	14	12 49 11·6	−22 58 10	10·2	21 19·6
17	13 35 04·3	−27 16 18	10·2	1 57·7	15	12 48 43·2	−22 51 23	10·2	21 15·2
18	13 34 24·7	−27 16 38	10·2	1 53·1	16	12 48 16·1	−22 44 39	10·2	21 10·8
19	13 33 43·9	−27 16 46	10·2	1 48·5	17	12 47 50·4	−22 37 57	10·2	21 06·5
20	13 33 01·9	−27 16 42	10·1	1 43·9	18	12 47 26·0	−22 31 19	10·2	21 02·2
21	13 32 19·0	−27 16 26	10·1	1 39·3	19	12 47 02·9	−22 24 44	10·2	20 57·9
22	13 31 34·9	−27 15 57	10·1	1 34·6	20	12 46 41·2	−22 18 13	10·2	20 53·6
23	13 30 49·9	−27 15 17	10·1	1 29·9	21	12 46 20·9	−22 11 47	10·3	20 49·4
24	13 30 03·8	−27 14 25	10·1	1 25·2	22	12 46 01·9	−22 05 24	10·3	20 45·1
25	13 29 16·9	−27 13 20	10·1	1 20·5	23	12 45 44·3	−21 59 06	10·3	20 40·9
26	13 28 29·0	−27 12 03	10·1	1 15·8	24	12 45 28·1	−21 52 53	10·3	20 36·8
27	13 27 40·4	−27 10 34	10·0	1 11·1	25	12 45 13·3	−21 46 46	10·3	20 32·6
28	13 26 50·9	−27 08 52	10·0	1 06·3	26	12 44 59·9	−21 40 43	10·3	20 28·5
29	13 26 00·6	−27 06 58	10·0	1 01·5	27	12 44 47·9	−21 34 47	10·4	20 24·4
30	13 25 09·6	−27 04 52	10·0	0 56·8	28	12 44 37·2	−21 28 56	10·4	20 20·3
31	13 24 18·0	−27 02 34	10·0	0 52·0	29	12 44 28·0	−21 23 11	10·4	20 16·2
Apr. 1	13 23 25·8	−27 00 03	10·0	0 47·2	30	12 44 20·1	−21 17 33	10·4	20 12·2
2	13 22 33·1	−26 57 20	9·9	0 42·4	31	12 44 13·6	−21 12 01	10·4	20 08·1
3	13 21 39·8	−26 54 25	9·9	0 37·5	June 1	12 44 08·5	−21 06 35	10·4	20 04·1
4	13 20 46·1	−26 51 19	9·9	0 32·7	2	12 44 04·8	−21 01 17	10·5	20 00·2
5	13 19 52·0	−26 48 01	9·9	0 27·9	3	12 44 02·5	−20 56 06	10·5	19 56·2
6	13 18 57·6	−26 44 31	9·9	0 23·1	June 4	12 44 01·5	−20 51 01	10·5	19 52·3
7	13 18 03·0	−26 40 50	9·9	0 18·2	5	12 44 01·8	−20 46 04	10·5	19 48·4
8	13 17 08·1	−26 36 58	9·9	0 13·4	6	12 44 03·5	−20 41 15	10·5	19 44·5
9	13 16 13·1	−26 32 55	9·9	0 08·5	7	12 44 06·6	−20 36 33	10·5	19 40·6
10	13 15 18·0	−26 28 41	9·9	0 03·7	8	12 44 10·9	−20 31 58	10·5	19 36·8
11	13 14 22·9	−26 24 17	9·9	23 54·0	9	12 44 16·6	−20 27 31	10·6	19 33·0
12	13 13 27·7	−26 19 43	9·8	23 49·2	10	12 44 23·6	−20 23 12	10·6	19 29·2
13	13 12 32·7	−26 14 58	9·8	23 44·3	11	12 44 31·8	−20 19 01	10·6	19 25·4
14	13 11 37·8	−26 10 05	9·8	23 39·5	12	12 44 41·4	−20 14 57	10·6	19 21·6
15	13 10 43·0	−26 05 01	9·8	23 34·6	13	12 44 52·1	−20 11 02	10·6	19 17·9
Apr. 16	13 09 48·5	−25 59 49	9·8	23 29·8	June 14	12 45 04·2	−20 07 14	10·6	19 14·2

Second transit for Eunomia 2022 April 10ᵈ 23ʰ 58ᵐ8

PSYCHE, 2022
GEOCENTRIC POSITIONS FOR 0ʰ TERRESTRIAL TIME

Date	Astrometric R.A.	Dec.	Vis. Mag.	Ephemeris Transit	Date	Astrometric R.A.	Dec.	Vis. Mag.	Ephemeris Transit
	h m s	° ′ ″		h m		h m s	° ′ ″		h m
2022 Jan. 3	11 21 18.1	+ 4 21 34	11.4	4 31.3	2022 Mar. 3	10 57 13.6	+ 7 43 46	10.2	0 15.3
4	11 21 26.9	+ 4 21 24	11.3	4 27.5	4	10 56 26.9	+ 7 49 21	10.3	0 10.6
5	11 21 34.4	+ 4 21 22	11.3	4 23.7	5	10 55 40.2	+ 7 54 56	10.3	0 05.9
6	11 21 40.7	+ 4 21 29	11.3	4 19.9	6	10 54 53.5	+ 8 00 29	10.3	0 01.2
7	11 21 45.7	+ 4 21 44	11.3	4 16.0	7	10 54 07.0	+ 8 06 00	10.4	23 51.8
8	11 21 49.5	+ 4 22 07	11.3	4 12.2	8	10 53 20.7	+ 8 11 29	10.4	23 47.1
9	11 21 52.0	+ 4 22 38	11.3	4 08.3	9	10 52 34.6	+ 8 16 56	10.4	23 42.4
Jan. 10	11 21 53.3	+ 4 23 19	11.3	4 04.4	10	10 51 48.8	+ 8 22 20	10.4	23 37.7
11	11 21 53.3	+ 4 24 07	11.2	4 00.4	11	10 51 03.2	+ 8 27 41	10.5	23 33.1
12	11 21 52.0	+ 4 25 04	11.2	3 56.5	12	10 50 18.0	+ 8 32 59	10.5	23 28.4
13	11 21 49.5	+ 4 26 10	11.2	3 52.5	13	10 49 33.3	+ 8 38 13	10.5	23 23.7
14	11 21 45.7	+ 4 27 24	11.2	3 48.5	14	10 48 48.9	+ 8 43 23	10.5	23 19.1
15	11 21 40.6	+ 4 28 46	11.2	3 44.5	15	10 48 05.1	+ 8 48 30	10.6	23 14.4
16	11 21 34.2	+ 4 30 17	11.2	3 40.4	16	10 47 21.8	+ 8 53 32	10.6	23 09.8
17	11 21 26.6	+ 4 31 57	11.1	3 36.4	17	10 46 39.1	+ 8 58 29	10.6	23 05.2
18	11 21 17.7	+ 4 33 45	11.1	3 32.3	18	10 45 56.9	+ 9 03 22	10.6	23 00.5
19	11 21 07.5	+ 4 35 41	11.1	3 28.2	19	10 45 15.4	+ 9 08 09	10.7	22 55.9
20	11 20 56.0	+ 4 37 46	11.1	3 24.1	20	10 44 34.6	+ 9 12 52	10.7	22 51.3
21	11 20 43.3	+ 4 39 59	11.1	3 19.9	21	10 43 54.5	+ 9 17 29	10.7	22 46.7
22	11 20 29.3	+ 4 42 20	11.1	3 15.8	22	10 43 15.2	+ 9 22 00	10.7	22 42.2
23	11 20 14.0	+ 4 44 50	11.0	3 11.6	23	10 42 36.6	+ 9 26 26	10.7	22 37.6
24	11 19 57.5	+ 4 47 28	11.0	3 07.4	24	10 41 58.9	+ 9 30 46	10.8	22 33.1
25	11 19 39.7	+ 4 50 14	11.0	3 03.1	25	10 41 22.0	+ 9 34 59	10.8	22 28.5
26	11 19 20.7	+ 4 53 09	11.0	2 58.9	26	10 40 46.0	+ 9 39 06	10.8	22 24.0
27	11 19 00.4	+ 4 56 11	11.0	2 54.6	27	10 40 10.9	+ 9 43 07	10.8	22 19.5
28	11 18 38.9	+ 4 59 22	11.0	2 50.3	28	10 39 36.8	+ 9 47 01	10.8	22 15.0
29	11 18 16.2	+ 5 02 40	10.9	2 46.0	29	10 39 03.6	+ 9 50 49	10.9	22 10.6
30	11 17 52.3	+ 5 06 06	10.9	2 41.7	30	10 38 31.4	+ 9 54 29	10.9	22 06.1
31	11 17 27.2	+ 5 09 39	10.9	2 37.3	31	10 38 00.2	+ 9 58 02	10.9	22 01.7
Feb. 1	11 17 00.9	+ 5 13 21	10.9	2 33.0	Apr. 1	10 37 30.1	+10 01 29	10.9	21 57.3
2	11 16 33.5	+ 5 17 09	10.9	2 28.6	2	10 37 01.1	+10 04 48	10.9	21 52.9
3	11 16 05.0	+ 5 21 05	10.9	2 24.2	3	10 36 33.2	+10 07 59	11.0	21 48.5
4	11 15 35.3	+ 5 25 07	10.8	2 19.7	4	10 36 06.3	+10 11 04	11.0	21 44.2
5	11 15 04.6	+ 5 29 17	10.8	2 15.3	5	10 35 40.7	+10 14 00	11.0	21 39.8
6	11 14 32.9	+ 5 33 33	10.8	2 10.8	6	10 35 16.1	+10 16 49	11.0	21 35.5
7	11 14 00.1	+ 5 37 55	10.8	2 06.4	7	10 34 52.7	+10 19 31	11.0	21 31.2
8	11 13 26.3	+ 5 42 23	10.8	2 01.9	8	10 34 30.5	+10 22 05	11.1	21 26.9
9	11 12 51.5	+ 5 46 58	10.8	1 57.4	9	10 34 09.5	+10 24 31	11.1	21 22.6
10	11 12 15.9	+ 5 51 38	10.7	1 52.8	10	10 33 49.7	+10 26 49	11.1	21 18.4
11	11 11 39.3	+ 5 56 24	10.7	1 48.3	11	10 33 31.0	+10 28 59	11.1	21 14.2
12	11 11 01.8	+ 6 01 14	10.7	1 43.8	12	10 33 13.6	+10 31 02	11.1	21 10.0
13	11 10 23.5	+ 6 06 10	10.7	1 39.2	13	10 32 57.4	+10 32 57	11.1	21 05.8
14	11 09 44.4	+ 6 11 11	10.7	1 34.6	14	10 32 42.4	+10 34 44	11.2	21 01.6
15	11 09 04.5	+ 6 16 16	10.6	1 30.0	15	10 32 28.7	+10 36 23	11.2	20 57.5
16	11 08 23.9	+ 6 21 25	10.6	1 25.4	16	10 32 16.1	+10 37 55	11.2	20 53.4
17	11 07 42.5	+ 6 26 38	10.6	1 20.8	17	10 32 04.8	+10 39 18	11.2	20 49.3
18	11 07 00.6	+ 6 31 54	10.6	1 16.2	18	10 31 54.7	+10 40 34	11.2	20 45.2
19	11 06 18.0	+ 6 37 14	10.6	1 11.5	19	10 31 45.8	+10 41 43	11.2	20 41.1
20	11 05 34.8	+ 6 42 37	10.5	1 06.9	20	10 31 38.1	+10 42 44	11.3	20 37.1
21	11 04 51.1	+ 6 48 03	10.5	1 02.2	21	10 31 31.7	+10 43 37	11.3	20 33.1
22	11 04 06.8	+ 6 53 31	10.5	0 57.6	22	10 31 26.5	+10 44 22	11.3	20 29.1
23	11 03 22.1	+ 6 59 02	10.5	0 52.9	23	10 31 22.5	+10 45 00	11.3	20 25.1
24	11 02 37.0	+ 7 04 34	10.4	0 48.2	24	10 31 19.7	+10 45 31	11.3	20 21.1
25	11 01 51.6	+ 7 10 08	10.4	0 43.5	Apr. 25	10 31 18.1	+10 45 53	11.3	20 17.2
26	11 01 05.8	+ 7 15 43	10.4	0 38.8	26	10 31 17.7	+10 46 09	11.4	20 13.3
27	11 00 19.7	+ 7 21 19	10.4	0 34.1	27	10 31 18.6	+10 46 17	11.4	20 09.4
28	10 59 33.4	+ 7 26 56	10.3	0 29.4	28	10 31 20.6	+10 46 17	11.4	20 05.5
Mar. 1	10 58 46.9	+ 7 32 33	10.3	0 24.7	29	10 31 23.8	+10 46 11	11.4	20 01.6
2	10 58 00.3	+ 7 38 09	10.3	0 20.0	30	10 31 28.3	+10 45 56	11.4	19 57.8
Mar. 3	10 57 13.6	+ 7 43 46	10.2	0 15.3	May 1	10 31 33.9	+10 45 35	11.4	19 53.9

Second transit for Psyche 2022 March 6ᵈ 23ʰ 56ᵐ5

EUROPA, 2022

GEOCENTRIC POSITIONS FOR 0ʰ TERRESTRIAL TIME

Date	Astrometric R.A. (h m s)	Astrometric Dec. (° ′ ″)	Vis. Mag.	Ephemeris Transit (h m)
2022 Feb. 6	13 35 20·9	− 1 44 24	11·5	4 31·4
7	13 35 37·7	− 1 42 21	11·5	4 27·7
8	13 35 53·3	− 1 40 10	11·5	4 24·0
9	13 36 07·5	− 1 37 51	11·4	4 20·3
10	13 36 20·4	− 1 35 24	11·4	4 16·6
11	13 36 32·1	− 1 32 49	11·4	4 12·9
12	13 36 42·4	− 1 30 05	11·4	4 09·1
13	13 36 51·4	− 1 27 14	11·4	4 05·3
14	13 36 59·0	− 1 24 14	11·4	4 01·5
15	13 37 05·4	− 1 21 07	11·3	3 57·7
16	13 37 10·3	− 1 17 52	11·3	3 53·8
17	13 37 14·0	− 1 14 29	11·3	3 49·9
18	13 37 16·3	− 1 10 59	11·3	3 46·0
Feb. 19	13 37 17·2	− 1 07 21	11·3	3 42·1
20	13 37 16·8	− 1 03 35	11·3	3 38·2
21	13 37 15·0	− 0 59 42	11·3	3 34·2
22	13 37 11·8	− 0 55 42	11·2	3 30·2
23	13 37 07·3	− 0 51 34	11·2	3 26·2
24	13 37 01·5	− 0 47 19	11·2	3 22·2
25	13 36 54·2	− 0 42 58	11·2	3 18·1
26	13 36 45·6	− 0 38 29	11·2	3 14·1
27	13 36 35·7	− 0 33 54	11·2	3 10·0
28	13 36 24·4	− 0 29 12	11·1	3 05·8
Mar. 1	13 36 11·7	− 0 24 24	11·1	3 01·7
2	13 35 57·8	− 0 19 30	11·1	2 57·5
3	13 35 42·4	− 0 14 29	11·1	2 53·3
4	13 35 25·8	− 0 09 23	11·1	2 49·1
5	13 35 07·9	− 0 04 12	11·1	2 44·9
6	13 34 48·8	+ 0 01 05	11·0	2 40·6
7	13 34 28·3	+ 0 06 27	11·0	2 36·4
8	13 34 06·6	+ 0 11 53	11·0	2 32·1
9	13 33 43·7	+ 0 17 25	11·0	2 27·8
10	13 33 19·7	+ 0 23 00	11·0	2 23·4
11	13 32 54·4	+ 0 28 39	11·0	2 19·1
12	13 32 28·0	+ 0 34 22	10·9	2 14·7
13	13 32 00·4	+ 0 40 09	10·9	2 10·3
14	13 31 31·8	+ 0 45 58	10·9	2 05·9
15	13 31 02·1	+ 0 51 50	10·9	2 01·5
16	13 30 31·3	+ 0 57 45	10·9	1 57·0
17	13 29 59·5	+ 1 03 42	10·8	1 52·6
18	13 29 26·8	+ 1 09 41	10·8	1 48·1
19	13 28 53·1	+ 1 15 42	10·8	1 43·6
20	13 28 18·5	+ 1 21 44	10·8	1 39·1
21	13 27 42·9	+ 1 27 47	10·8	1 34·6
22	13 27 06·6	+ 1 33 50	10·8	1 30·1
23	13 26 29·4	+ 1 39 54	10·7	1 25·5
24	13 25 51·4	+ 1 45 58	10·7	1 20·9
25	13 25 12·7	+ 1 52 01	10·7	1 16·4
26	13 24 33·3	+ 1 58 04	10·7	1 11·8
27	13 23 53·3	+ 2 04 06	10·7	1 07·2
28	13 23 12·6	+ 2 10 06	10·7	1 02·6
29	13 22 31·4	+ 2 16 04	10·6	0 58·0
30	13 21 49·6	+ 2 22 01	10·6	0 53·3
31	13 21 07·3	+ 2 27 54	10·6	0 48·7
Apr. 1	13 20 24·7	+ 2 33 45	10·6	0 44·1
2	13 19 41·6	+ 2 39 32	10·6	0 39·4
3	13 18 58·3	+ 2 45 16	10·6	0 34·8
4	13 18 14·6	+ 2 50 56	10·6	0 30·1
5	13 17 30·7	+ 2 56 32	10·6	0 25·5
Apr. 6	13 16 46·7	+ 3 02 02	10·6	0 20·8
2022 Apr. 6	13 16 46·7	+ 3 02 02	10·6	0 20·8
7	13 16 02·5	+ 3 07 28	10·6	0 16·1
8	13 15 18·3	+ 3 12 48	10·6	0 11·5
9	13 14 34·0	+ 3 18 03	10·6	0 06·8
10	13 13 49·8	+ 3 23 12	10·6	0 02·1
11	13 13 05·6	+ 3 28 14	10·6	23 52·8
12	13 12 21·6	+ 3 33 10	10·6	23 48·2
13	13 11 37·7	+ 3 37 59	10·6	23 43·5
14	13 10 54·0	+ 3 42 41	10·7	23 38·9
15	13 10 10·6	+ 3 47 16	10·7	23 34·2
16	13 09 27·5	+ 3 51 43	10·7	23 29·6
17	13 08 44·8	+ 3 56 02	10·7	23 24·9
18	13 08 02·4	+ 4 00 13	10·7	23 20·3
19	13 07 20·5	+ 4 04 17	10·7	23 15·7
20	13 06 39·1	+ 4 08 11	10·8	23 11·1
21	13 05 58·1	+ 4 11 58	10·8	23 06·5
22	13 05 17·7	+ 4 15 35	10·8	23 01·9
23	13 04 37·9	+ 4 19 04	10·8	22 57·3
24	13 03 58·8	+ 4 22 24	10·8	22 52·7
25	13 03 20·3	+ 4 25 34	10·9	22 48·2
26	13 02 42·5	+ 4 28 36	10·9	22 43·6
27	13 02 05·5	+ 4 31 27	10·9	22 39·1
28	13 01 29·2	+ 4 34 10	10·9	22 34·6
29	13 00 53·8	+ 4 36 42	10·9	22 30·1
30	13 00 19·2	+ 4 39 05	11·0	22 25·6
May 1	12 59 45·5	+ 4 41 18	11·0	22 21·1
2	12 59 12·7	+ 4 43 21	11·0	22 16·6
3	12 58 40·8	+ 4 45 13	11·0	22 12·2
4	12 58 09·9	+ 4 46 56	11·0	22 07·8
5	12 57 40·0	+ 4 48 29	11·1	22 03·4
6	12 57 11·1	+ 4 49 52	11·1	21 59·0
7	12 56 43·3	+ 4 51 04	11·1	21 54·6
8	12 56 16·5	+ 4 52 07	11·1	21 50·2
9	12 55 50·8	+ 4 52 59	11·1	21 45·9
10	12 55 26·2	+ 4 53 42	11·2	21 41·6
11	12 55 02·6	+ 4 54 14	11·2	21 37·3
12	12 54 40·2	+ 4 54 37	11·2	21 33·0
13	12 54 19·0	+ 4 54 49	11·2	21 28·7
14	12 53 58·9	+ 4 54 52	11·2	21 24·5
15	12 53 39·9	+ 4 54 45	11·3	21 20·2
16	12 53 22·1	+ 4 54 29	11·3	21 16·0
17	12 53 05·4	+ 4 54 03	11·3	21 11·8
18	12 52 49·9	+ 4 53 27	11·3	21 07·6
19	12 52 35·6	+ 4 52 42	11·3	21 03·5
20	12 52 22·5	+ 4 51 48	11·4	20 59·4
21	12 52 10·5	+ 4 50 45	11·4	20 55·3
22	12 51 59·8	+ 4 49 32	11·4	20 51·2
23	12 51 50·2	+ 4 48 10	11·4	20 47·1
24	12 51 41·8	+ 4 46 40	11·4	20 43·0
25	12 51 34·6	+ 4 45 00	11·4	20 39·0
26	12 51 28·7	+ 4 43 12	11·5	20 35·0
27	12 51 23·9	+ 4 41 15	11·5	20 31·0
28	12 51 20·3	+ 4 39 09	11·5	20 27·0
29	12 51 17·9	+ 4 36 55	11·5	20 23·1
May 30	12 51 16·7	+ 4 34 33	11·5	20 19·1
31	12 51 16·7	+ 4 32 03	11·6	20 15·2
June 1	12 51 17·9	+ 4 29 24	11·6	20 11·3
2	12 51 20·2	+ 4 26 37	11·6	20 07·4
3	12 51 23·8	+ 4 23 42	11·6	20 03·6
June 4	12 51 28·5	+ 4 20 40	11·6	19 59·7

Second transit for Europa 2022 April 10ᵈ 23ʰ 57ᵐ5

CYBELE, 2022
GEOCENTRIC POSITIONS FOR 0ʰ TERRESTRIAL TIME

Date	Astrometric R.A.	Astrometric Dec.	Vis. Mag.	Ephemeris Transit	Date	Astrometric R.A.	Astrometric Dec.	Vis. Mag.	Ephemeris Transit
	h m s	° ′ ″		h m		h m s	° ′ ″		h m
2022 Aug. 1	0 49 40.5	+ 3 36 10	12.6	4 11.8	2022 Sept. 29	0 28 07.9	+ 0 15 50	11.5	23 53.8
2	0 49 46.6	+ 3 35 40	12.6	4 08.0	30	0 27 27.8	+ 0 10 49	11.5	23 49.2
3	0 49 51.5	+ 3 35 02	12.6	4 04.1	Oct. 1	0 26 47.7	+ 0 05 51	11.5	23 44.6
4	0 49 55.4	+ 3 34 17	12.6	4 00.3	2	0 26 07.7	+ 0 00 54	11.5	23 40.0
5	0 49 58.2	+ 3 33 26	12.6	3 56.4	3	0 25 27.8	− 0 04 02	11.6	23 35.4
6	0 49 59.9	+ 3 32 27	12.6	3 52.5	4	0 24 48.1	− 0 08 55	11.6	23 30.8
Aug. 7	0 50 00.6	+ 3 31 21	12.5	3 48.6	5	0 24 08.5	− 0 13 45	11.6	23 26.2
8	0 50 00.2	+ 3 30 09	12.5	3 44.6	6	0 23 29.1	− 0 18 33	11.7	23 21.6
9	0 49 58.7	+ 3 28 49	12.5	3 40.7	7	0 22 50.0	− 0 23 18	11.7	23 17.1
10	0 49 56.1	+ 3 27 22	12.5	3 36.7	8	0 22 11.2	− 0 28 00	11.7	23 12.5
11	0 49 52.4	+ 3 25 49	12.5	3 32.7	9	0 21 32.7	− 0 32 38	11.7	23 07.9
12	0 49 47.6	+ 3 24 08	12.5	3 28.7	10	0 20 54.6	− 0 37 13	11.8	23 03.4
13	0 49 41.8	+ 3 22 20	12.4	3 24.6	11	0 20 16.8	− 0 41 44	11.8	22 58.8
14	0 49 34.8	+ 3 20 26	12.4	3 20.6	12	0 19 39.5	− 0 46 11	11.8	22 54.3
15	0 49 26.8	+ 3 18 24	12.4	3 16.5	13	0 19 02.7	− 0 50 34	11.8	22 49.7
16	0 49 17.7	+ 3 16 16	12.4	3 12.4	14	0 18 26.3	− 0 54 52	11.9	22 45.2
17	0 49 07.6	+ 3 14 01	12.4	3 08.3	15	0 17 50.5	− 0 59 06	11.9	22 40.7
18	0 48 56.3	+ 3 11 39	12.4	3 04.2	16	0 17 15.2	− 1 03 15	11.9	22 36.2
19	0 48 44.0	+ 3 09 10	12.3	3 00.1	17	0 16 40.5	− 1 07 18	11.9	22 31.7
20	0 48 30.6	+ 3 06 34	12.3	2 55.9	18	0 16 06.4	− 1 11 17	12.0	22 27.2
21	0 48 16.1	+ 3 03 52	12.3	2 51.7	19	0 15 33.0	− 1 15 10	12.0	22 22.7
22	0 48 00.6	+ 3 01 03	12.3	2 47.6	20	0 15 00.2	− 1 18 57	12.0	22 18.3
23	0 47 44.0	+ 2 58 07	12.3	2 43.3	21	0 14 28.2	− 1 22 39	12.0	22 13.8
24	0 47 26.4	+ 2 55 06	12.3	2 39.1	22	0 13 56.9	− 1 26 15	12.1	22 09.4
25	0 47 07.7	+ 2 51 57	12.2	2 34.9	23	0 13 26.3	− 1 29 44	12.1	22 05.0
26	0 46 48.1	+ 2 48 43	12.2	2 30.6	24	0 12 56.6	− 1 33 08	12.1	22 00.5
27	0 46 27.4	+ 2 45 22	12.2	2 26.3	25	0 12 27.6	− 1 36 25	12.1	21 56.1
28	0 46 05.7	+ 2 41 55	12.2	2 22.1	26	0 11 59.5	− 1 39 35	12.2	21 51.8
29	0 45 43.1	+ 2 38 22	12.2	2 17.7	27	0 11 32.3	− 1 42 38	12.2	21 47.4
30	0 45 19.5	+ 2 34 44	12.2	2 13.4	28	0 11 05.9	− 1 45 35	12.2	21 43.0
31	0 44 55.0	+ 2 31 00	12.1	2 09.1	29	0 10 40.4	− 1 48 25	12.2	21 38.7
Sept. 1	0 44 29.6	+ 2 27 10	12.1	2 04.7	30	0 10 15.9	− 1 51 08	12.2	21 34.4
2	0 44 03.2	+ 2 23 15	12.1	2 00.4	31	0 09 52.3	− 1 53 44	12.3	21 30.1
3	0 43 36.0	+ 2 19 15	12.1	1 56.0	Nov. 1	0 09 29.7	− 1 56 12	12.3	21 25.8
4	0 43 07.9	+ 2 15 10	12.1	1 51.6	2	0 09 08.0	− 1 58 33	12.3	21 21.5
5	0 42 39.0	+ 2 11 00	12.0	1 47.2	3	0 08 47.3	− 2 00 47	12.3	21 17.2
6	0 42 09.3	+ 2 06 46	12.0	1 42.7	4	0 08 27.7	− 2 02 53	12.3	21 13.0
7	0 41 38.9	+ 2 02 27	12.0	1 38.3	5	0 08 09.0	− 2 04 52	12.4	21 08.8
8	0 41 07.6	+ 1 58 03	12.0	1 33.9	6	0 07 51.3	− 2 06 44	12.4	21 04.6
9	0 40 35.6	+ 1 53 36	12.0	1 29.4	7	0 07 34.7	− 2 08 28	12.4	21 00.4
10	0 40 02.9	+ 1 49 05	11.9	1 24.9	8	0 07 19.1	− 2 10 04	12.4	20 56.2
11	0 39 29.6	+ 1 44 30	11.9	1 20.4	9	0 07 04.5	− 2 11 33	12.4	20 52.0
12	0 38 55.6	+ 1 39 52	11.9	1 15.9	10	0 06 51.0	− 2 12 55	12.5	20 47.9
13	0 38 20.9	+ 1 35 10	11.9	1 11.4	11	0 06 38.5	− 2 14 09	12.5	20 43.8
14	0 37 45.7	+ 1 30 25	11.9	1 06.9	12	0 06 27.1	− 2 15 15	12.5	20 39.7
15	0 37 09.8	+ 1 25 38	11.8	1 02.4	13	0 06 16.8	− 2 16 14	12.5	20 35.6
16	0 36 33.5	+ 1 20 48	11.8	0 57.9	14	0 06 07.5	− 2 17 05	12.5	20 31.5
17	0 35 56.6	+ 1 15 55	11.8	0 53.3	15	0 05 59.3	− 2 17 49	12.6	20 27.4
18	0 35 19.3	+ 1 11 00	11.8	0 48.8	16	0 05 52.1	− 2 18 25	12.6	20 23.4
19	0 34 41.5	+ 1 06 04	11.8	0 44.2	17	0 05 46.0	− 2 18 53	12.6	20 19.4
20	0 34 03.4	+ 1 01 05	11.7	0 39.6	18	0 05 41.1	− 2 19 14	12.6	20 15.4
21	0 33 24.8	+ 0 56 06	11.7	0 35.1	19	0 05 37.2	− 2 19 28	12.6	20 07.4
22	0 32 46.0	+ 0 51 05	11.7	0 30.5	20	0 05 34.3	− 2 19 34	12.6	20 07.4
23	0 32 06.8	+ 0 46 03	11.7	0 25.9	21	0 05 32.6	− 2 19 32	12.7	20 03.5
24	0 31 27.4	+ 0 41 01	11.6	0 21.3	Nov. 22	0 05 31.9	− 2 19 23	12.7	19 59.6
25	0 30 47.8	+ 0 35 58	11.6	0 16.7	23	0 05 32.3	− 2 19 07	12.7	19 55.7
26	0 30 08.0	+ 0 30 55	11.6	0 12.1	24	0 05 33.8	− 2 18 43	12.7	19 51.8
27	0 29 28.0	+ 0 25 53	11.5	0 07.6	25	0 05 36.3	− 2 18 12	12.7	19 47.9
28	0 28 48.0	+ 0 20 51	11.5	0 03.0	26	0 05 40.0	− 2 17 33	12.7	19 44.0
Sept. 29	0 28 07.9	+ 0 15 50	11.5	23 53.8	Nov. 27	0 05 44.7	− 2 16 47	12.8	19 40.2

Second transit for Cybele 2022 September 28ᵈ 23ʰ 58ᵐ4

GEOCENTRIC POSITIONS FOR 0ʰ TERRESTRIAL TIME

Date	Astrometric R.A.	Dec.	Vis. Mag.	Ephemeris Transit	Date	Astrometric R.A.	Dec.	Vis. Mag.	Ephemeris Transit
	h m s	° ′ ″		h m		h m s	° ′ ″		h m
2022 Apr. 15	17 55 11·9	−13 06 28	12·4	4 23·2	2022 June 13	17 26 44·0	−13 30 10	11·6	0 02·9
16	17 55 12·2	−13 05 51	12·4	4 19·3	14	17 25 56·3	−13 31 58	11·6	23 53·4
17	17 55 11·3	−13 05 15	12·4	4 15·3	15	17 25 08·6	−13 33 49	11·6	23 48·7
18	17 55 09·3	−13 04 40	12·4	4 11·3	16	17 24 21·0	−13 35 43	11·6	23 44·0
19	17 55 06·2	−13 04 06	12·3	4 07·4	17	17 23 33·4	−13 37 39	11·6	23 39·3
20	17 55 01·9	−13 03 33	12·3	4 03·4	18	17 22 46·0	−13 39 39	11·6	23 34·5
21	17 54 56·5	−13 03 02	12·3	3 59·3	19	17 21 58·7	−13 41 41	11·6	23 29·8
22	17 54 49·9	−13 02 32	12·3	3 55·3	20	17 21 11·5	−13 43 47	11·6	23 25·1
23	17 54 42·1	−13 02 04	12·3	3 51·2	21	17 20 24·6	−13 45 55	11·6	23 20·4
24	17 54 33·2	−13 01 37	12·3	3 47·1	22	17 19 38·0	−13 48 06	11·6	23 15·7
25	17 54 23·2	−13 01 12	12·3	3 43·0	23	17 18 51·7	−13 50 19	11·7	23 11·0
26	17 54 11·9	−13 00 48	12·3	3 38·9	24	17 18 05·7	−13 52 36	11·7	23 06·3
27	17 53 59·6	−13 00 26	12·2	3 34·8	25	17 17 20·1	−13 54 55	11·7	23 01·7
28	17 53 46·1	−13 00 06	12·2	3 30·6	26	17 16 34·9	−13 57 17	11·7	22 57·0
29	17 53 31·4	−12 59 48	12·2	3 26·4	27	17 15 50·1	−13 59 42	11·7	22 52·3
30	17 53 15·6	−12 59 32	12·2	3 22·3	28	17 15 05·9	−14 02 09	11·7	22 47·7
May 1	17 52 58·6	−12 59 17	12·2	3 18·0	29	17 14 22·1	−14 04 39	11·8	22 43·0
2	17 52 40·6	−12 59 05	12·2	3 13·8	30	17 13 38·9	−14 07 12	11·8	22 38·4
3	17 52 21·4	−12 58 55	12·2	3 09·6	July 1	17 12 56·3	−14 09 47	11·8	22 33·7
4	17 52 01·0	−12 58 46	12·1	3 05·3	2	17 12 14·3	−14 12 25	11·8	22 29·1
5	17 51 39·6	−12 58 41	12·1	3 01·0	3	17 11 33·0	−14 15 05	11·8	22 24·5
6	17 51 17·1	−12 58 37	12·1	2 56·7	4	17 10 52·3	−14 17 48	11·8	22 19·9
7	17 50 53·5	−12 58 36	12·1	2 52·4	5	17 10 12·4	−14 20 33	11·9	22 15·3
8	17 50 28·9	−12 58 37	12·1	2 48·0	6	17 09 33·2	−14 23 20	11·9	22 10·8
9	17 50 03·2	−12 58 40	12·1	2 43·7	7	17 08 54·7	−14 26 10	11·9	22 06·2
10	17 49 36·4	−12 58 46	12·0	2 39·3	8	17 08 17·1	−14 29 02	11·9	22 01·7
11	17 49 08·7	−12 58 55	12·0	2 34·9	9	17 07 40·3	−14 31 57	11·9	21 57·1
12	17 48 39·9	−12 59 06	12·0	2 30·5	10	17 07 04·3	−14 34 54	11·9	21 52·6
13	17 48 10·1	−12 59 19	12·0	2 26·1	11	17 06 29·1	−14 37 53	11·9	21 48·1
14	17 47 39·4	−12 59 36	12·0	2 21·6	12	17 05 54·9	−14 40 54	12·0	21 43·6
15	17 47 07·7	−12 59 55	12·0	2 17·2	13	17 05 21·5	−14 43 57	12·0	21 39·2
16	17 46 35·1	−13 00 16	12·0	2 12·7	14	17 04 49·1	−14 47 02	12·0	21 34·7
17	17 46 01·5	−13 00 41	11·9	2 08·2	15	17 04 17·5	−14 50 09	12·0	21 30·3
18	17 45 27·1	−13 01 08	11·9	2 03·7	16	17 03 47·0	−14 53 18	12·0	21 25·9
19	17 44 51·8	−13 01 38	11·9	1 59·2	17	17 03 17·4	−14 56 29	12·0	21 21·4
20	17 44 15·6	−13 02 10	11·9	1 54·6	18	17 02 48·8	−14 59 42	12·1	21 17·1
21	17 43 38·6	−13 02 46	11·9	1 50·1	19	17 02 21·2	−15 02 57	12·1	21 12·7
22	17 43 00·7	−13 03 24	11·9	1 45·5	20	17 01 54·6	−15 06 13	12·1	21 08·3
23	17 42 22·1	−13 04 05	11·8	1 41·0	21	17 01 29·0	−15 09 32	12·1	21 04·0
24	17 41 42·7	−13 04 50	11·8	1 36·4	22	17 01 04·5	−15 12 52	12·1	20 59·7
25	17 41 02·6	−13 05 37	11·8	1 31·8	23	17 00 41·0	−15 16 14	12·1	20 55·4
26	17 40 21·7	−13 06 27	11·8	1 27·2	24	17 00 18·6	−15 19 37	12·1	20 51·1
27	17 39 40·2	−13 07 20	11·8	1 22·5	25	16 59 57·2	−15 23 02	12·2	20 46·8
28	17 38 58·0	−13 08 16	11·8	1 17·9	26	16 59 37·0	−15 26 29	12·2	20 42·5
29	17 38 15·3	−13 09 15	11·7	1 13·3	27	16 59 17·9	−15 29 57	12·2	20 38·3
30	17 37 31·9	−13 10 17	11·7	1 08·6	28	16 58 59·8	−15 33 27	12·2	20 34·1
31	17 36 48·0	−13 11 22	11·7	1 04·0	29	16 58 42·9	−15 36 58	12·2	20 29·9
June 1	17 36 03·6	−13 12 31	11·7	0 59·3	30	16 58 27·1	−15 40 31	12·2	20 25·7
2	17 35 18·7	−13 13 42	11·7	0 54·6	31	16 58 12·4	−15 44 05	12·3	20 21·6
3	17 34 33·4	−13 14 57	11·7	0 49·9	Aug. 1	16 57 58·9	−15 47 40	12·3	20 17·4
4	17 33 47·6	−13 16 14	11·7	0 45·3	2	16 57 46·5	−15 51 17	12·3	20 13·3
5	17 33 01·5	−13 17 35	11·6	0 40·6	3	16 57 35·3	−15 54 54	12·3	20 09·2
6	17 32 15·1	−13 18 58	11·6	0 35·9	4	16 57 25·1	−15 58 33	12·3	20 05·1
7	17 31 28·4	−13 20 25	11·6	0 31·2	5	16 57 16·2	−16 02 14	12·3	20 01·1
8	17 30 41·4	−13 21 55	11·6	0 26·4	6	16 57 08·3	−16 05 55	12·3	19 57·0
9	17 29 54·2	−13 23 28	11·6	0 21·7	7	16 57 01·6	−16 09 37	12·3	19 53·0
10	17 29 06·8	−13 25 04	11·6	0 17·0	8	16 56 56·1	−16 13 20	12·4	19 49·0
11	17 28 19·3	−13 26 43	11·6	0 12·3	9	16 56 51·7	−16 17 04	12·4	19 45·0
12	17 27 31·7	−13 28 25	11·6	0 07·6	10	16 56 48·4	−16 20 49	12·4	19 41·0
June 13	17 26 44·0	−13 30 10	11·6	0 02·9	Aug. 11	16 56 46·2	−16 24 35	12·4	19 37·1

Second transit for Davida 2022 June 13ᵈ 23ʰ 58ᵐ·1

INTERAMNIA, 2022
GEOCENTRIC POSITIONS FOR 0ʰ TERRESTRIAL TIME

Date	Astrometric		Vis. Mag.	Ephemeris Transit	Date	Astrometric		Vis. Mag.	Ephemeris Transit
	R.A.	Dec.				R.A.	Dec.		
	h m s	° ′ ″		h m		h m s	° ′ ″		h m
2022 June 20	21 56 09.2	+ 0 07 23	11.0	4 03.9	2022 Aug. 18	21 24 59.1	+ 5 31 13	9.9	23 36.0
21	21 56 13.2	+ 0 16 30	11.0	4 00.0	19	21 24 05.7	+ 5 31 37	9.9	23 31.2
22	21 56 15.8	+ 0 25 32	11.0	3 56.1	20	21 23 12.6	+ 5 31 50	9.9	23 26.4
June 23	21 56 17.0	+ 0 34 30	10.9	3 52.2	21	21 22 19.6	+ 5 31 53	9.9	23 21.6
24	21 56 17.0	+ 0 43 24	10.9	3 48.3	22	21 21 27.1	+ 5 31 46	9.9	23 16.8
25	21 56 15.5	+ 0 52 13	10.9	3 44.3	23	21 20 34.9	+ 5 31 28	9.9	23 12.0
26	21 56 12.6	+ 1 00 58	10.9	3 40.3	24	21 19 43.1	+ 5 31 01	9.9	23 07.2
27	21 56 08.4	+ 1 09 37	10.9	3 36.3	25	21 18 51.9	+ 5 30 23	9.9	23 02.4
28	21 56 02.8	+ 1 18 11	10.8	3 32.3	26	21 18 01.2	+ 5 29 37	9.9	22 57.7
29	21 55 55.8	+ 1 26 40	10.8	3 28.3	27	21 17 11.2	+ 5 28 41	10.0	22 52.9
30	21 55 47.4	+ 1 35 03	10.8	3 24.2	28	21 16 21.8	+ 5 27 36	10.0	22 48.2
July 1	21 55 37.6	+ 1 43 21	10.8	3 20.1	29	21 15 33.2	+ 5 26 22	10.0	22 43.5
2	21 55 26.4	+ 1 51 32	10.8	3 16.0	30	21 14 45.4	+ 5 25 00	10.0	22 38.8
3	21 55 13.8	+ 1 59 37	10.7	3 11.8	31	21 13 58.4	+ 5 23 30	10.0	22 34.1
4	21 54 59.8	+ 2 07 37	10.7	3 07.7	Sept. 1	21 13 12.4	+ 5 21 52	10.0	22 29.4
5	21 54 44.4	+ 2 15 29	10.7	3 03.5	2	21 12 27.3	+ 5 20 07	10.0	22 24.7
6	21 54 27.7	+ 2 23 15	10.7	2 59.2	3	21 11 43.2	+ 5 18 14	10.1	22 20.1
7	21 54 09.5	+ 2 30 54	10.6	2 55.0	4	21 11 00.1	+ 5 16 15	10.1	22 15.4
8	21 53 50.0	+ 2 38 26	10.6	2 50.8	5	21 10 18.1	+ 5 14 09	10.1	22 10.8
9	21 53 29.1	+ 2 45 51	10.6	2 46.5	6	21 09 37.2	+ 5 11 58	10.1	22 06.2
10	21 53 06.8	+ 2 53 08	10.6	2 42.2	7	21 08 57.6	+ 5 09 40	10.1	22 01.7
11	21 52 43.2	+ 3 00 18	10.6	2 37.8	8	21 08 19.1	+ 5 07 17	10.1	21 57.1
12	21 52 18.2	+ 3 07 20	10.5	2 33.5	9	21 07 41.8	+ 5 04 49	10.2	21 52.6
13	21 51 52.0	+ 3 14 14	10.5	2 29.1	10	21 07 05.8	+ 5 02 16	10.2	21 48.1
14	21 51 24.4	+ 3 21 00	10.5	2 24.7	11	21 06 31.1	+ 4 59 39	10.2	21 43.6
15	21 50 55.4	+ 3 27 38	10.5	2 20.3	12	21 05 57.7	+ 4 56 57	10.2	21 39.1
16	21 50 25.2	+ 3 34 07	10.5	2 15.9	13	21 05 25.7	+ 4 54 12	10.2	21 34.7
17	21 49 53.7	+ 3 40 27	10.4	2 11.4	14	21 04 55.1	+ 4 51 23	10.2	21 30.3
18	21 49 21.0	+ 3 46 38	10.4	2 07.0	15	21 04 25.9	+ 4 48 31	10.3	21 25.9
19	21 48 47.0	+ 3 52 40	10.4	2 02.5	16	21 03 58.1	+ 4 45 35	10.3	21 21.5
20	21 48 11.8	+ 3 58 33	10.4	1 57.9	17	21 03 31.7	+ 4 42 37	10.3	21 17.2
21	21 47 35.3	+ 4 04 17	10.3	1 53.4	18	21 03 06.9	+ 4 39 37	10.3	21 12.8
22	21 46 57.7	+ 4 09 50	10.3	1 48.8	19	21 02 43.5	+ 4 36 35	10.3	21 08.5
23	21 46 18.9	+ 4 15 14	10.3	1 44.3	20	21 02 21.7	+ 4 33 32	10.4	21 04.3
24	21 45 39.0	+ 4 20 27	10.3	1 39.7	21	21 02 01.4	+ 4 30 26	10.4	21 00.0
25	21 44 58.0	+ 4 25 30	10.3	1 35.1	22	21 01 42.6	+ 4 27 20	10.4	20 55.8
26	21 44 16.0	+ 4 30 23	10.2	1 30.4	23	21 01 25.4	+ 4 24 14	10.4	20 51.6
27	21 43 32.9	+ 4 35 05	10.2	1 25.8	24	21 01 09.8	+ 4 21 06	10.4	20 47.4
28	21 42 48.8	+ 4 39 36	10.2	1 21.1	25	21 00 55.8	+ 4 17 59	10.4	20 43.3
29	21 42 03.8	+ 4 43 56	10.2	1 16.4	26	21 00 43.3	+ 4 14 52	10.5	20 39.2
30	21 41 17.9	+ 4 48 06	10.2	1 11.8	27	21 00 32.5	+ 4 11 46	10.5	20 35.1
31	21 40 31.1	+ 4 52 04	10.1	1 07.0	28	21 00 23.3	+ 4 08 40	10.5	20 31.0
Aug. 1	21 39 43.5	+ 4 55 51	10.1	1 02.3	29	21 00 15.7	+ 4 05 35	10.5	20 27.0
2	21 38 55.2	+ 4 59 27	10.1	0 57.6	30	21 00 09.8	+ 4 02 32	10.5	20 23.0
3	21 38 06.1	+ 5 02 51	10.1	0 52.8	Oct. 1	21 00 05.4	+ 3 59 31	10.5	20 19.0
4	21 37 16.3	+ 5 06 04	10.1	0 48.1	2	21 00 02.7	+ 3 56 31	10.6	20 15.1
5	21 36 26.0	+ 5 09 06	10.0	0 43.3	Oct. 3	21 00 01.6	+ 3 53 34	10.6	20 11.1
6	21 35 35.0	+ 5 11 56	10.0	0 38.5	4	21 00 02.1	+ 3 50 39	10.6	20 07.2
7	21 34 43.6	+ 5 14 35	10.0	0 33.8	5	21 00 04.2	+ 3 47 47	10.6	20 03.4
8	21 33 51.7	+ 5 17 02	10.0	0 29.0	6	21 00 07.9	+ 3 44 58	10.6	19 59.5
9	21 32 59.4	+ 5 19 18	10.0	0 24.2	7	21 00 13.2	+ 3 42 12	10.7	19 55.7
10	21 32 06.7	+ 5 21 23	10.0	0 19.4	8	21 00 20.0	+ 3 39 29	10.7	19 51.9
11	21 31 13.8	+ 5 23 16	10.0	0 14.6	9	21 00 28.4	+ 3 36 50	10.7	19 48.1
12	21 30 20.5	+ 5 24 57	9.9	0 09.7	10	21 00 38.4	+ 3 34 14	10.7	19 44.4
13	21 29 27.1	+ 5 26 28	9.9	0 04.9	11	21 00 50.0	+ 3 31 42	10.7	19 40.7
14	21 28 33.6	+ 5 27 47	9.9	0 00.1	12	21 01 03.0	+ 3 29 14	10.7	19 37.0
15	21 27 39.9	+ 5 28 55	9.9	23 50.5	13	21 01 17.6	+ 3 26 50	10.8	19 33.3
16	21 26 46.3	+ 5 29 52	9.9	23 45.6	14	21 01 33.7	+ 3 24 31	10.8	19 29.6
17	21 25 52.7	+ 5 30 38	9.9	23 40.8	15	21 01 51.3	+ 3 22 16	10.8	19 26.0
Aug. 18	21 24 59.1	+ 5 31 13	9.9	23 36.0	Oct. 16	21 02 10.4	+ 3 20 05	10.8	19 22.4

Second transit for Interamnia 2022 August 14ᵈ 23ʰ 55ᵐ3

OSCULATING ELEMENTS FOR ECLIPTIC AND EQUINOX OF J2000·0

Designation/Name	Perihelion Time T	Perihelion Distance q	Eccen-tricity e	Period P	Arg. of Perihelion ω	Long. of Asc. Node Ω	Inclin-ation i	Osc. Epoch
		au		years	°	°	°	
P/2008 QP20 (LINEAR-Hill)	Jan. 2·086 13	1·806 2551	0·491 2990	6·69	75·542 51	322·069 54	7·521 80	Jan. 21
181P/Shoemaker-Levy	Jan. 8·749 00	1·159 8285	0·700 6031	7·62	336·227 78	35·406 10	17·485 74	Jan. 21
104P/Kowal	Jan. 11·173 67	1·072 8002	0·665 4139	5·74	227·163 04	207·366 86	5·724 23	Jan. 21
205P/Giacobini	Jan. 13·464 10	1·530 0963	0·568 1777	6·67	154·192 92	179·602 02	15·305 70	Jan. 21
152P/Helin-Lawrence	Jan. 13·688 11	3·094 9237	0·308 6095	9·47	163·943 62	91·858 03	9·880 54	Jan. 21
P/2006 S4 (Christensen)	Jan. 14·408 13	3·105 1989	0·508 7813	15·89	305·159 69	36·049 09	39·536 57	Jan. 21
19P/Borrelly	Feb. 1·825 66	1·306 2915	0·637 6451	6·85	351·915 45	74·247 37	29·304 81	Jan. 21
86P/Wild	Feb. 7·598 41	2·260 6662	0·372 2215	6·83	179·404 75	72·355 79	15·475 26	Jan. 21
P/2011 W1 (PANSTARRS)	Feb. 7·739 84	3·322 0184	0·287 6159	10·07	282·751 58	161·786 07	3·718 57	Jan. 21
259P/Garradd	Feb. 8·406 06	1·805 6425	0·338 6714	4·51	257·646 65	51·449 92	15·890 55	Jan. 21
348P/PANSTARRS	Feb. 12·520 62	2·183 8650	0·306 8123	5·59	135·662 22	312·941 73	17·740 20	Mar. 2
P/2015 Q1 (Scotti)	Feb. 13·619 45	1·813 6754	0·477 7272	6·47	199·855 41	202·847 04	22·392 59	Mar. 2
97P/Metcalf-Brewington	Feb. 15·516 40	2·570 1849	0·459 9097	10·38	229·966 50	184·078 58	17·952 12	Mar. 2
382P/Larson	Feb. 17·464 73	4·419 7731	0·316 9800	16·46	170·987 88	173·742 06	8·310 52	Mar. 2
P/2016 J1 (PANSTARRS)	Feb. 20·703 13	2·449 6925	0·227 7437	5·65	46·984 56	199·811 31	14·328 75	Mar. 2
288P/(300163) 2006 VW139	Mar. 1·996 36	2·436 9793	0·201 1685	5·33	280·277 23	83·137 87	3·237 82	Mar. 2
9P/Tempel	Mar. 4·949 97	1·544 2323	0·509 1468	5·58	179·349 42	68·714 34	10·470 01	Mar. 2
22P/Kopff	Mar. 18·112 71	1·552 4068	0·548 7542	6·38	163·023 19	120·831 70	4·742 13	Mar. 2
230P/LINEAR	Mar. 19·331 77	1·568 7771	0·545 4239	6·41	313·429 68	106·984 54	15·470 21	Mar. 2
P/1997 B1 (Kobayashi)	Mar. 28·811 98	2·056 2002	0·760 4621	25·15	183·316 75	328·882 22	12·339 23	Apr. 11
325P/Yang-Gao	Mar. 29·177 61	1·432 4123	0·593 3803	6·61	343·702 08	257·559 74	16·694 05	Apr. 11
319P/Catalina-McNaught	Mar. 31·432 15	1·188 9772	0·666 6648	6·74	203·677 71	111·369 97	15·094 80	Apr. 11
135P/Shoemaker-Levy	Apr. 7·349 92	2·680 0976	0·294 9933	7·41	22·323 04	213·024 79	6·063 13	Apr. 11
274P/Tombaugh-Tenagra	Apr. 8·467 06	2·453 1540	0·439 3359	9·15	38·469 24	81·339 76	15·815 67	Apr. 11
99P/Kowal	Apr. 12·643 33	4·706 1056	0·229 2452	15·09	174·932 57	28·101 87	4·339 62	Apr. 11
44P/Reinmuth	Apr. 23·288 10	2·112 6815	0·427 8309	7·10	58·085 75	286·472 69	5·895 98	Apr. 11
45P/Honda-Mrkos-Pajdusakova	Apr. 26·619 38	0·557 2062	0·817 5281	5·34	327·909 61	87·699 95	4·322 56	Apr. 11
182P/LONEOS	May 12·244 13	0·993 7505	0·663 2062	5·07	54·235 85	72·459 34	16·226 75	May 21
286P/Christensen	May 12·638 52	2·360 9989	0·425 6409	8·33	24·857 77	283·955 62	17·043 95	May 21
P/2009 Q1 (Hill)	May 23·631 18	2·788 5921	0·496 0375	13·02	157·094 91	173·951 39	14·506 21	May 21
P/2012 O3 (McNaught)	May 29·707 18	1·613 9445	0·647 1225	9·78	344·752 81	336·414 06	16·615 80	May 21
179P/Jedicke	May 30·311 82	4·117 7247	0·305 8547	14·45	296·919 84	115·512 95	19·898 18	May 21
113P/Spitaler	June 1·431 89	2·141 7337	0·419 7049	7·09	115·517 30	306·671 23	5·289 88	May 21
238P/Read	June 5·540 46	2·369 3807	0·252 0283	5·64	324·238 95	51·624 12	1·264 10	May 21
148P/Anderson-LINEAR	June 13·675 72	1·628 6791	0·549 7922	6·88	8·030 47	89·209 47	3·658 04	June 30
P/2013 G4 (PANSTARRS)	June 19·556 76	2·622 3053	0·409 3746	9·36	214·630 77	339·639 45	5·916 39	June 30
337P/WISE	July 1·162 90	1·654 0614	0·496 5686	5·96	161·035 03	106·060 64	15·371 31	June 30
117P/Helin-Roman-Alu	July 7·778 60	3·039 6226	0·255 4798	8·25	222·945 42	58·841 78	8·703 98	June 30
169P/NEAT	July 9·683 60	0·602 8268	0·768 3475	4·20	218·043 94	176·106 63	11·299 02	June 30
116P/Wild	July 16·925 60	2·197 0461	0·370 5464	6·52	173·288 83	20·983 30	3·603 92	June 30
272P/NEAT	July 17·050 17	2·432 1881	0·454 6960	9·42	27·895 15	109·469 97	18·074 11	June 30
127P/Holt-Olmstead	Aug. 10·481 26	2·211 1673	0·359 9476	6·42	6·290 27	13·604 42	14·300 97	Aug. 9
100P/Hartley	Aug. 10·957 28	2·017 6333	0·412 1260	6·36	181·972 46	37·686 99	25·566 20	Aug. 9
119P/Parker-Hartley	Aug. 11·981 40	2·327 5062	0·388 1475	7·42	322·057 40	104·569 12	7·393 94	Aug. 9
335P/Gibbs	Aug. 12·008 37	1·623 8366	0·546 1512	6·77	162·307 26	330·847 15	7·293 30	Aug. 9
P/2014 R5 (Lemmon-PANSTARRS)	Aug. 18·701 06	2·377 9841	0·414 3790	8·18	213·706 00	126·562 71	1·088 42	Aug. 9
P/2011 Q3 (McNaught)	Aug. 19·114 23	2·322 3835	0·533 4262	11·11	310·966 67	32·018 52	6·057 33	Aug. 9
107P/Wilson-Harrington	Aug. 24·663 46	0·966 6384	0·631 7540	4·25	95·441 54	266·777 36	2·799 21	Aug. 9
73P/Schwassmann-Wachmann	Aug. 25·765 81	0·972 9624	0·685 3139	5·44	199·484 67	69·612 89	11·227 65	Aug. 9
189P/NEAT	Aug. 28·845 23	1·211 5171	0·588 6802	5·06	16·330 21	281·716 67	20·068 70	Aug. 9
327P/Van Ness	Sept. 2·408 28	1·556 0680	0·563 3570	6·73	185·032 00	173·984 99	36·251 15	Sept. 18
P/2015 X1 (PANSTARRS)	Sept. 6·615 13	2·112 0606	0·419 2339	6·94	218·740 39	161·757 51	12·151 79	Sept. 18
255P/Levy	Sept. 7·565 50	0·848 5912	0·711 5936	5·05	186·026 97	275·656 77	13·393 44	Sept. 18
157P/Tritton	Sept. 9·811 65	1·571 8149	0·556 5542	6·47	155·057 92	287·549 60	12·421 15	Sept. 18
41P/Tuttle-Giacobini-Kresak	Sept. 13·625 02	1·050 1608	0·659 9843	5·43	62·209 73	140·988 89	9·220 76	Sept. 18
P/2017 S8 (PANSTARRS)	Sept. 15·599 89	1·692 5136	0·390 7889	4·63	254·837 94	191·522 24	29·852 81	Sept. 18
214P/LINEAR	Sept. 26·225 63	1·860 9807	0·485 9286	6·89	190·184 95	348·249 13	15·183 27	Sept. 18
224P/LINEAR-NEAT	Sept. 29·969 10	2·045 9963	0·405 9111	6·39	16·660 92	40·038 25	13·305 71	Sept. 18
51P/Harrington	Oct. 3·893 83	1·692 6265	0·543 7195	7·14	269·254 50	83·671 26	5·425 76	Sept. 18
211P/Hill	Oct. 4·579 84	2·327 5953	0·343 7622	6·68	4·274 45	117·131 92	18·920 48	Sept. 18
P/2011 R3 (Novichonok-Gerke)	Oct. 5·249 11	3·467 5155	0·269 1240	10·33	226·458 52	189·440 13	19·357 07	Sept. 18
P/2007 S1 (Zhao)	Oct. 7·893 21	2·524 6324	0·339 4493	7·47	245·268 43	141·353 60	5·961 12	Sept. 18
61P/Shajn-Schaldach	Oct. 23·797 14	2·125 8188	0·424 1062	7·09	221·651 53	162·966 44	5·999 67	Oct. 28
196P/Tichy	Oct. 29·351 34	2·175 3371	0·428 3623	7·42	12·052 10	24·111 59	19·301 31	Oct. 28
204P/LINEAR-NEAT	Nov. 16·869 68	1·834 3716	0·487 7691	6·78	356·649 88	108·499 85	6·596 28	Oct. 28
244P/Scotti	Nov. 17·311 05	3·920 4002	0·199 3000	10·83	93·113 59	353·992 59	2·259 38	Dec. 7
176P/LINEAR	Nov. 21·042 08	2·580 5954	0·193 2033	5·72	34·313 05	345·969 22	0·231 75	Dec. 7
118P/Shoemaker-Levy	Nov. 24·319 95	1·829 0012	0·453 4083	6·12	314·834 40	142·095 20	10·092 00	Dec. 7
P/2007 A2 (Christensen)	Nov. 28·868 21	2·798 6127	0·558 4434	15·96	186·697 71	300·913 18	26·484 46	Dec. 7
P/2010 TO20 (LINEAR-Grauer)	Nov. 29·687 30	5·508 4596	0·055 6838	14·09	267·589 33	43·283 34	2·478 72	Dec. 7
129P/Shoemaker-Levy	Nov. 30·034 55	3·924 3678	0·084 8289	8·88	307·444 71	184·861 51	3·442 29	Dec. 7
197P/LINEAR	Dec. 7·727 12	1·062 9737	0·629 3513	4·86	188·750 70	66·362 18	25·528 19	Dec. 7
80P/Peters-Hartley	Dec. 8·863 47	1·615 3157	0·598 5559	8·07	339·246 43	259·796 03	29·923 07	Dec. 7
81P/Wild	Dec. 15·635 63	1·598 4369	0·537 2541	6·42	41·631 76	136·098 16	3·236 70	Dec. 7

Up-to-date elements of the comets currently observable may be found at the web site of the IAU Minor Planet Center (see page x for web address).

CONTENTS OF SECTION H

Except for the tables of ICRF radio sources, radio flux calibrators, quasars, pulsars, gamma ray sources and X-ray sources, positions tabulated in Section H are referred to the mean equator and equinox of J2022.5 = 2022 July 2.625 = JD 245 9763.125. The positions of the ICRF radio sources, including Galactic abberation, provide a practical realization of the ICRS and are given for the epoch J2015.0 = JD 245 7024.0. The positions of radio flux calibrators, pulsars, quasars, gamma ray sources and X-rays are referred to the mean equator and equinox of J2000.0 = JD 245 1545.0.

When present, notes associated with a table are found on the table's last page.

 These data or auxiliary material may also be found on *The Astronomical Almanac Online* at **https://asa.hmnao.com** and **https://aa.usno.navy.mil/publications/docs/asa.html**

Designation		BS=HR No.	Right Ascension	Declination	Notes	V	B−V	V−I	Spectral Type
			h m s	° ′ ″					
	π Phe	9069	00 00 05.2	−52 37 13		5.13	+1.12	+1.08	K0 III
28	ω Psc	9072	00 00 28.1	+06 59 16	b	4.03	+0.42	+0.49	F3 V
	ε Tuc	9076	00 01 04.2	−65 27 07		4.49	−0.08	−0.04	B9 IV
	θ Oct	9084	00 02 43.3	−76 56 30		4.78	+1.25	+1.26	K2 III
30 YY	Psc	9089	00 03 06.8	−05 53 21		4.37	+1.63	+2.35	M3 III
2	Cet	9098	00 04 53.4	−17 12 39		4.55	−0.05	−0.03	B9 IV
33 BC	Psc	3	00 06 29.2	−05 34 55	b	4.61	+1.03	+1.04	K0 III−IV
21 α	And	15	00 09 33.3	+29 12 52	dbn01	2.07	−0.04	−0.10	B9p Hg Mn
11 β	Cas	21	00 10 23.6	+59 16 26	svdb	2.28	+0.38	+0.40	F2 III
	ε Phe	25	00 10 32.8	−45 37 24		3.88	+1.01	+1.00	K0 III
22	And	27	00 11 29.9	+46 11 51		5.01	+0.41	+0.55	F0 II
	κ² Scl	34	00 12 42.8	−27 40 28	d	5.41	+1.35	+1.31	K5 III
	θ Scl	35	00 12 52.4	−35 00 26		5.24	+0.46	+0.53	F3/5 V
88	γ Peg	39	00 14 23.8	+15 18 31	svdb	2.83	−0.19	−0.22	B2 IV
89	χ Peg	45	00 15 46.2	+20 19 54	as	4.79	+1.57	+1.93	M2⁺ III
7 AE	Cet	48	00 15 46.9	−18 48 30		4.44	+1.64	+1.96	M1 III
25 σ	And	68	00 19 30.6	+36 54 35	b	4.51	+0.05	+0.06	A2 Va
8 ι	Cet	74	00 20 34.4	−08 41 58	d	3.56	+1.21	+1.13	K1 IIIb
	ζ Tuc	77	00 21 13.7	−64 44 34		4.23	+0.58	+0.65	F9 V
41	Psc	80	00 21 45.4	+08 18 54		5.38	+1.34	+1.28	K3⁻ III Ca 1 CN 0.5
27 ρ	And	82	00 22 18.8	+38 05 35		5.16	+0.44	+0.51	F6 IV
R	And	90	00 25 13.7	+38 42 05	svd	10.71	+2.08	+2.63	S5/4.5e
	β Hyi	98	00 26 54.1	−77 07 40		2.82	+0.62	+0.68	G1 IV
	κ Phe	100	00 27 18.3	−43 33 19		3.93	+0.18	+0.20	A5 Vn
	α Phe	99	00 27 23.5	−42 11 02	bn02	2.40	+1.08	+1.11	K0 IIIb
		118	00 31 30.0	−23 39 49	b	5.17	+0.13	+0.14	A5 Vn
	λ¹ Phe	125	00 32 29.7	−48 40 46	db	4.76	+0.02	+0.01	A1 Va
	β¹ Tuc	126	00 32 33.9	−62 50 04	db	4.36	−0.06	−0.02	B9 V
15 κ	Cas	130	00 34 17.8	+63 03 20	sb	4.17	+0.13	+0.17	B0.7 Ia
29 π	And	154	00 38 05.3	+33 50 34	db	4.34	−0.12	−0.08	B5 V
17 ζ	Cas	153	00 38 14.3	+54 01 14		3.69	−0.20	−0.23	B2 IV
		157	00 38 33.9	+35 31 23	s	5.45	+0.89	+0.82	G2 Ib−II
30 ε	And	163	00 39 45.0	+29 26 01		4.34	+0.87	+0.92	G6 III Fe−3 CH 1
31 δ	And	165	00 40 32.2	+30 59 02	sdb	3.27	+1.27	+1.23	K3 III
18 α	Cas	168	00 41 47.9	+56 39 37	dn03	2.24	+1.17	+1.13	K0⁻ IIIa
	μ Phe	180	00 42 23.0	−45 57 43		4.59	+0.95	+0.95	G8 III
	η Phe	191	00 44 21.5	−57 20 24	d	4.36	+0.02	+0.02	A0.5 IV
16 β	Cet	188	00 44 43.1	−17 51 48	n04	2.04	+1.02	+1.00	G9 III CH−1 CN 0.5 Ca 1
22 o	Cas	193	00 45 59.4	+48 24 26	db	4.48	−0.07	0.00	B5 III
34 ζ	And	215	00 48 32.2	+24 23 21	vdb	4.08	+1.10	+1.06	K0 III
	λ Hyi	236	00 49 21.8	−74 48 05		5.09	+1.35	+1.34	K5 III
63 δ	Psc	224	00 49 51.1	+07 42 26	d	4.44	+1.50	+1.58	K4.5 IIIb
64	Psc	225	00 50 09.9	+17 03 42	db	5.07	+0.50	+0.57	F7 V
24 η	Cas	219	00 50 28.9	+57 56 02	sdb	3.46	+0.59	+0.66	F9 V
35 ν	And	226	00 51 03.8	+41 12 04	b	4.53	−0.14	−0.14	B5 V
19 φ²	Cet	235	00 51 15.2	−10 31 25		5.17	+0.51	+0.59	F8 V
		233	00 52 06.8	+64 22 10	cdb	5.35	+0.53	+0.60	G0 III−IV + B9.5 V
20	Cet	248	00 54 09.6	−01 01 21		4.78	+1.55	+1.66	M0⁻ IIIa
	λ² Tuc	270	00 55 50.3	−69 24 21		5.45	+1.10	+1.05	K2 III
37 μ	And	269	00 58 00.6	+38 37 15	d	3.86	+0.13	+0.14	A5 IV−V

Designation	BS=HR No.	Right Ascension	Declination	Notes	V	B–V	V–I	Spectral Type
		h m s	° ′ ″					
27 γ Cas	264	00 58 05.1	+60 50 17	db	2.15	−0.05	−0.02	B0 IVnpe (shell)
38 η And	271	00 58 24.8	+23 32 19	db	4.40	+0.94	+0.94	G8⁻ IIIb
68 Psc	274	00 59 03.6	+29 06 48		5.44	+1.08	+0.99	gG6
α Scl	280	00 59 41.3	−29 14 11	sb	4.30	−0.15	−0.12	B4 Vp
σ Scl	293	01 03 30.8	−31 25 53		5.50	+0.08	+0.10	A2 V
71 ε Psc	294	01 04 06.8	+08 00 39		4.27	+0.95	+0.98	G9 III Fe−2
β Phe	322	01 07 05.0	−46 35 54	d	3.32	+0.89	+0.90	G8 III
ι Tuc	332	01 08 11.8	−61 39 20		5.36	+0.88	+0.80	G5 III
υ Phe	331	01 08 49.3	−41 22 02	dm	5.21	+0.16	+0.19	A3 IV/V
ζ Phe	338	01 09 19.5	−55 07 33	vdbm	3.94	−0.12	−0.08	B7 V
31 η Cet	334	01 09 43.3	−10 03 49	d	3.46	+1.16	+1.11	K2⁻ III CN 0.5
30 μ Cas	321	01 09 47.2	+55 01 48	db	5.17	+0.70	+0.83	G5 Vb
42 φ And	335	01 10 49.1	+47 21 40	dm	4.26	+0.01	−0.02	B7 III
43 β And	337	01 11 00.0	+35 44 21	ad	2.07	+1.58	+1.74	M0⁺ IIIa
	285	01 12 17.4	+86 22 35		4.24	+1.21	+1.16	K2 III
33 θ Cas	343	01 12 29.3	+55 16 08	db	4.34	+0.17	+0.19	A7m
84 χ Psc	351	01 12 40.1	+21 09 13		4.66	+1.02	+0.99	G8.5 III
83 τ Psc	352	01 12 54.4	+30 12 31	b	4.51	+1.09	+1.05	K0.5 IIIb
86 ζ Psc	361	01 14 54.6	+07 41 37	db	5.21	+0.32	+0.37	F0 Vn
89 Psc	378	01 18 57.7	+03 43 56	b	5.13	+0.07	+0.11	A3 V
90 υ Psc	383	01 20 42.5	+27 22 54	b	4.74	+0.03	+0.10	A2 IV
34 φ Cas	382	01 21 30.9	+58 20 57	sdb	4.95	+0.68	+0.93	F0 Ia
46 ξ And	390	01 23 40.6	+45 38 45	b	4.87	+1.08	+1.04	K0⁻ IIIb
45 θ Cet	402	01 25 08.9	−08 04 04	d	3.60	+1.07	+1.05	K0 IIIb
37 δ Cas	403	01 27 18.5	+60 21 05	sdb	2.66	+0.16	+0.19	A5 IV
36 ψ Cas	399	01 27 33.3	+68 14 48	d	4.72	+1.05	+1.01	K0 III CN 0.5
94 Psc	414	01 27 54.9	+19 21 23		5.50	+1.11	+1.04	gK1
48 ω And	417	01 29 00.8	+45 31 19	d	4.83	+0.42	+0.49	F5 V
γ Phe	429	01 29 20.4	−43 12 13	vb	3.41	+1.54	+1.73	M0⁻ IIIa
48 Cet	433	01 30 40.9	−21 30 49	d	5.11	+0.03	+0.04	A1 Va
δ Phe	440	01 32 11.1	−48 57 23		3.93	+0.97	+1.00	G9 III
99 η Psc	437	01 32 41.5	+15 27 40	dm	3.62	+0.97	+0.94	G7 IIIa
50 υ And	458	01 38 07.6	+41 31 02	db	4.10	+0.54	+0.58	F8 V
α Eri	472	01 38 32.9	−57 07 23	n05	0.45	−0.16	−0.17	B3 Vnp (shell)
51 And	464	01 39 23.2	+48 44 29		3.59	+1.28	+1.23	K3⁻ III
40 Cas	456	01 40 21.6	+73 09 13	d	5.28	+0.97	+0.96	G7 III
106 ν Psc	489	01 42 36.3	+05 36 02		4.45	+1.35	+1.37	K3 IIIb
π Scl	497	01 43 09.4	−32 12 52		5.25	+1.04	+1.04	K1 II/III
	500	01 43 51.8	−03 34 40		4.98	+1.38	+1.26	K3 II−III
φ Per	496	01 45 05.1	+50 48 04	b	4.01	−0.10	−0.08	B2 Vep
52 τ Cet	509	01 45 06.8	−15 49 11	d	3.49	+0.73	+0.82	G8 V
110 o Psc	510	01 46 35.1	+09 16 12	s	4.26	+0.94	+0.93	G8 III
ε Scl	514	01 46 41.9	−24 56 28	dm	5.29	+0.40	+0.46	F0 V
	513	01 47 07.1	−05 37 18	s	5.37	+1.52	+1.55	K4 III
53 χ Cet	531	01 50 41.5	−10 34 33	d	4.66	+0.33	+0.38	F2 IV−V
55 ζ Cet	539	01 52 34.3	−10 13 29	db	3.74	+1.14	+1.07	K0 III
2 α Tri	544	01 54 22.3	+29 41 15	dvb	3.42	+0.49	+0.55	F6 IV
ψ Phe	555	01 54 32.7	−46 11 35	b	4.39	+1.60	+2.49	M4 III
111 ξ Psc	549	01 54 43.4	+03 17 52	b	4.61	+0.93	+0.93	G9 IIIb Fe−0.5
φ Phe	558	01 55 17.9	−42 23 14	b	5.12	−0.06	−0.04	Ap Hg

Designation	BS=HR No.	Right Ascension	Declination	Notes	V	B–V	V–I	Spectral Type
		h m s	° ′ ″					
η^2 Hyi	570	01 55 30.5	−67 32 14		4.68	+0.93	+0.95	G8.5 III
6 β Ari	553	01 55 53.3	+20 55 02	db	2.64	+0.17	+0.18	A4 V
45 ϵ Cas	542	01 56 02.4	+63 46 47		3.35	−0.15	−0.12	B3 IV:p (shell)
χ Eri	566	01 56 49.9	−51 29 52	d	3.69	+0.84	+0.90	G8 III−IV CN−0.5 Hδ 0.5
α Hyi	591	01 59 28.7	−61 27 40		2.86	+0.29	+0.34	F0n III−IV
59 υ Cet	585	02 01 03.9	−20 58 11		3.99	+1.55	+1.79	M0 IIIb
113 α Psc	596	02 03 12.8	+02 52 17	vdbm	3.82	+0.02	+0.05	A0p Si Sr
4 Per	590	02 03 49.0	+54 35 43	b	4.99	−0.07	−0.02	B8 III
57 γ^1 And	603	02 05 17.4	+42 26 12	dbm	2.10	+1.37	+1.37	K3$^-$ IIb
50 Cas	580	02 05 24.3	+72 31 43	b	3.95	0.00	+0.03	A1 Va
ν For	612	02 05 29.9	−29 11 23	v	4.68	−0.16	−0.12	B9.5p Si
13 α Ari	617	02 08 26.8	+23 34 04	abn06	2.01	+1.15	+1.13	K2 IIIab
4 β Tri	622	02 10 53.4	+35 05 33	db	3.00	+0.14	+0.17	A5 IV
μ For	652	02 13 53.9	−30 37 09		5.27	−0.01	+0.01	A0 Va$^+$nn
65 ξ^1 Cet	649	02 14 11.7	+08 57 04	db	4.36	+0.88	+0.90	G7 II−III Fe−1
	645	02 15 07.0	+51 10 09	db	5.31	+0.93	+0.93	G8 III CN 1 CH 0.5 Fe−1
	641	02 15 18.1	+58 39 54	s	6.43	+0.55	+0.79	A3 Iab
ϕ Eri	674	02 17 18.8	−51 24 31	d	3.56	−0.12	−0.11	B8 V
67 Cet	666	02 18 06.5	−06 19 10		5.51	+0.96	+0.93	G8.5 III
9 γ Tri	664	02 18 39.6	+33 57 00		4.03	+0.02	−0.02	A0 IV−Vn
68 o Cet	681	02 20 29.1	−02 52 35	vd	6.47	+0.97	+5.71	M5.5−9e III + pec
62 And	670	02 20 44.6	+47 28 57		5.31	+0.01	+0.03	A1 V
δ Hyi	705	02 22 09.4	−68 33 27		4.08	+0.03	+0.04	A1 Va
κ Hyi	715	02 23 01.4	−73 32 39		5.99	+1.09	+1.01	K1 III
κ For	695	02 23 34.3	−23 42 53		5.19	+0.61	+0.68	G0 Va
λ Hor	714	02 25 31.7	−60 12 43		5.36	+0.40	+0.46	F2 IV−V
72 ρ Cet	708	02 27 02.3	−12 11 24		4.88	−0.03	−0.01	A0 III−IVn
κ Eri	721	02 27 48.6	−47 36 13	b	4.24	−0.14	−0.11	B5 IV
73 ξ^2 Cet	718	02 29 21.5	+08 33 35	b	4.30	−0.05	−0.06	A0 III$^-$
12 Tri	717	02 29 29.5	+29 46 07		5.29	+0.31	+0.36	F0 III
ι Cas	707	02 30 57.1	+67 30 07	vdm	4.46	+0.15	+0.17	A5p Sr
μ Hyi	776	02 31 15.4	−79 00 39		5.27	+0.98	+0.98	G8 III
76 σ Cet	740	02 33 09.2	−15 08 50		4.74	+0.45	+0.55	F4 IV
14 Tri	736	02 33 29.1	+36 14 45		5.15	+1.47	+1.49	K5 III
78 ν Cet	754	02 37 03.5	+05 41 25	db	4.87	+0.88	+0.89	G8 III
	753	02 37 19.1	+06 59 35	sdb	5.79	+0.92	+1.06	K3$^-$ V
ϵ Hyi	806	02 39 56.6	−68 10 15		4.12	−0.06	−0.07	B9 V
32 ν Ari	773	02 40 06.0	+22 03 27	b	5.45	+0.17	+0.18	A7 V
	743	02 40 13.5	+72 54 53		5.17	+0.90	+0.90	G8 III
82 δ Cet	779	02 40 38.3	+00 25 28	vb	4.08	−0.21	−0.22	B2 IV
ζ Hor	802	02 41 21.7	−54 27 15	b	5.21	+0.41	+0.48	F4 IV
ι Eri	794	02 41 33.3	−39 45 36		4.11	+1.01	+1.05	K0.5 IIIb Fe−0.5
86 γ Cet	804	02 44 28.1	+03 19 46	dm	3.47	+0.09	+0.10	A2 Va
35 Ari	801	02 44 46.7	+27 48 06	b	4.65	−0.12	−0.12	B3 V
89 π Cet	811	02 45 11.7	−13 45 52	b	4.24	−0.12	−0.11	B7 V
14 Per	800	02 45 33.7	+44 23 28		5.43	+0.90	+0.93	G0 Ib Ca 1
13 θ Per	799	02 45 45.0	+49 19 19	d	4.10	+0.51	+0.59	F7 V
1 τ^1 Eri	818	02 46 09.2	−18 28 42	b	4.47	+0.48	+0.54	F5 V
87 μ Cet	813	02 46 09.7	+10 12 29	db	4.27	+0.31	+0.37	F0m F2 V$^+$
β For	841	02 50 01.9	−32 18 45	d	4.45	+0.98	+1.00	G8.5 III Fe−0.5

Designation		BS=HR No.	Right Ascension	Declination	Notes	V	B−V	V−I	Spectral Type
			h m s	° ′ ″					
41	Ari	838	02 51 18.8	+27 21 07	db	3.61	−0.10	−0.08	B8 Vn
16	Per	840	02 52 00.8	+38 24 35	d	4.22	+0.34	+0.41	F1 V+
2 τ^2	Eri	850	02 52 03.6	−20 54 44	d	4.76	+0.91	+0.91	K0 III
15 η	Per	834	02 52 21.3	+55 59 14	db	3.77	+1.69	+1.64	K3− Ib−IIa
43 σ	Ari	847	02 52 44.4	+15 10 25		5.52	−0.10	−0.08	B7 V
R	Hor	868	02 54 37.7	−49 47 55	v	7.22	+1.04	+1.01	gM6.5e:
18 τ	Per	854	02 55 52.0	+52 51 10	cdb	3.93	+0.76	+0.80	G5 III + A4 V
3 η	Eri	874	02 57 31.7	−08 48 35		3.89	+1.09	+1.08	K1 IIIb
		875	02 57 45.2	−03 37 23	b	5.16	+0.08	+0.10	A3 Vn
θ^1	Eri	897	02 59 06.9	−40 12 56	dbmn07	2.88	+0.13	+0.17	A5 IV
24	Per	882	03 00 27.8	+35 16 19		4.94	+1.24	+1.19	K2 III
1 α	UMi	424	03 00 43.3	+89 21 28	vdbn58	1.97	+0.64	+0.70	F5−8 Ib
91 λ	Cet	896	03 00 55.5	+08 59 45		4.71	−0.11	−0.09	B6 III
θ	Hyi	939	03 02 19.2	−71 48 53	d	5.51	−0.13	−0.11	B9 IVp
11 τ^3	Eri	919	03 03 23.1	−23 32 15		4.08	+0.16	+0.18	A4 V
92 α	Cet	911	03 03 27.5	+04 10 36	n08	2.54	+1.63	+1.97	M1.5 IIIa
μ	Hor	934	03 04 08.8	−59 39 04		5.12	+0.35	+0.41	F0 IV−V
23 γ	Per	915	03 06 26.5	+53 35 34	cdb	2.91	+0.72	+0.77	G5 III + A2 V
25 ρ	Per	921	03 06 37.6	+38 55 33	v	3.32	+1.53	+2.76	M4 II
		881	03 09 14.8	+79 30 15	dbm	5.49	+1.57	+2.02	M2 IIIab
26 β	Per	936	03 09 38.5	+41 02 27	cvdb	2.09	0.00	+0.02	B8 V + F:
ι	Per	937	03 10 42.2	+49 41 50	d	4.05	+0.60	+0.65	G0 V
27 κ	Per	941	03 11 01.4	+44 56 28	db	3.79	+0.98	+0.94	K0 III
57 δ	Ari	951	03 12 55.2	+19 48 37		4.35	+1.03	+0.96	K0 III
α	For	963	03 13 02.0	−28 54 01	dm	3.80	+0.54	+0.63	F6 V
TW	Hor	977	03 13 07.5	−57 14 17	s	5.71	+2.42	+2.47	C6:,2.5 Ba2 Y4
94	Cet	962	03 13 55.5	−01 06 48	d	5.07	+0.58	+0.63	G0 IV
58 ζ	Ari	972	03 16 12.0	+21 07 35		4.87	−0.01	+0.02	A0.5 Va+
13 ζ	Eri	984	03 16 55.7	−08 44 15	b	4.80	+0.23	+0.28	A5m:
29	Per	987	03 20 14.6	+50 18 10	sb	5.16	−0.07	−0.05	B3 V
16 τ^4	Eri	1003	03 20 31.1	−21 40 38	d	3.70	+1.61	+2.42	M3+ IIIa Ca−1
96 κ	Cet	996	03 20 32.7	+03 27 05	dasv	4.84	+0.68	+0.73	G5 V
		1008	03 20 49.6	−42 59 06		4.26	+0.71	+0.79	G8 V
		999	03 21 42.4	+29 07 42		4.47	+1.56	+1.61	K3 IIIa Ba 0.5
61 τ	Ari	1005	03 22 31.8	+21 13 36	dvm	5.27	−0.07	−0.04	B5 IV
		961	03 23 16.4	+77 48 51	d	5.44	+0.21	+0.23	A5 III:
33 α	Per	1017	03 25 56.5	+49 56 22	dasn09	1.79	+0.48	+0.63	F5 Ib
1 o	Tau	1030	03 26 01.6	+09 06 24	b	3.61	+0.89	+0.90	G6 IIIa Fe−1
		1009	03 26 39.3	+64 39 51		5.13	+2.04	+2.23	M0 II
		1029	03 27 33.9	+49 11 54	sv	6.09	−0.07	−0.05	B7 V
2 ξ	Tau	1038	03 28 23.5	+09 48 35	dbm	3.73	−0.08	−0.07	B9 Vn
κ	Ret	1083	03 29 46.6	−62 51 32	d	4.71	+0.41	+0.49	F5 IV−V
		1035	03 30 54.6	+60 01 00	vdm	4.21	+0.42	+0.58	B9 Ia
		1040	03 31 43.6	+58 57 17	asb	4.55	+0.49	+0.79	A0 Ia
17	Eri	1070	03 31 44.2	−04 59 58		4.74	−0.09	−0.07	B9 Vs
5	Tau	1066	03 32 07.1	+13 00 44	b	4.14	+1.11	+1.01	K0− II−III Fe−0.5
35 σ	Per	1052	03 32 10.3	+48 04 16		4.36	+1.37	+1.42	K3 III
18 ϵ	Eri	1084	03 33 59.5	−09 23 00	das	3.72	+0.88	+0.94	K2 V
19 τ^5	Eri	1088	03 34 47.0	−21 33 31	b	4.26	−0.11	−0.09	B8 V
20 EG	Eri	1100	03 37 19.0	−17 23 38	dvm	5.24	−0.12	−0.10	B9p Si

Designation			BS=HR No.	Right Ascension	Declination	Notes	V	B–V	V–I	Spectral Type
				h m s	° ′ ″					
			1106	03 37 54.2	−40 12 06		4.57	+1.02	+1.07	K1 III
10		Tau	1101	03 38 01.4	+00 28 18		4.29	+0.58	+0.66	F9 IV–V
37	ψ	Per	1087	03 38 06.0	+48 15 56		4.32	−0.06	+0.07	B5 Ve
	δ	For	1134	03 43 08.6	−31 52 04	b	4.99	−0.16	−0.15	B5 IV
	BD	Cam	1105	03 44 07.8	+63 17 14	b	5.06	+1.65	+2.40	S3,5/2
23	δ	Eri	1136	03 44 19.7	−09 41 19		3.52	+0.92	+0.94	K0+ IV
	β	Ret	1175	03 44 29.3	−64 44 12	db	3.84	+1.13	+1.11	K2 III
39	δ	Per	1122	03 44 32.2	+47 51 27	dbm	3.01	−0.13	−0.07	B5 III
24		Eri	1146	03 45 39.2	−01 05 37	b	5.24	−0.09	−0.07	B7 V
38	o	Per	1131	03 45 44.1	+32 21 28	vdbm	3.84	+0.02	+0.12	B1 III
17		Tau	1142	03 46 13.0	+24 10 57	b	3.72	−0.11	−0.09	B6 III
19		Tau	1145	03 46 33.1	+24 32 10	db	4.30	−0.11	−0.08	B6 IV
41	ν	Per	1135	03 46 43.8	+42 38 52	d	3.77	+0.43	+0.52	F5 II
29		Tau	1153	03 46 52.3	+06 07 08	db	5.34	−0.10	−0.08	B3 V
	γ	Hyi	1208	03 46 54.9	−74 10 11		3.26	+1.59	+1.94	M2 III
20		Tau	1149	03 47 10.2	+24 26 11	sb	3.87	−0.06	−0.02	B7 IIIp
26	π	Eri	1162	03 47 12.4	−12 01 57		4.43	+1.60	+1.89	M2− IIIab
23 v971		Tau	1156	03 47 40.0	+24 01 00		4.14	−0.05	+0.02	B6 IV
27	τ⁶	Eri	1173	03 47 49.0	−23 11 04		4.22	+0.43	+0.51	F3 III
25	η	Tau	1165	03 48 49.6	+24 10 23	d	2.85	−0.09	−0.01	B7 IIIn
			1195	03 50 17.8	−36 08 00		4.17	+0.93	+0.92	G7 IIIa
27		Tau	1178	03 50 30.3	+24 07 14	db	3.62	−0.07	−0.03	B8 III
	BE	Cam	1155	03 51 36.3	+65 35 35		4.39	+1.87	+2.58	M2+ IIab
	γ	Cam	1148	03 52 46.3	+71 23 55	d	4.59	+0.06	+0.13	A1 IIIn
44	ζ	Per	1203	03 55 33.1	+31 56 55	sdb	2.84	+0.27	+0.18	B1 Ib
34	γ	Eri	1231	03 59 04.8	−13 26 45	d	2.97	+1.59	+1.78	M0.5 IIIb Ca−1
	δ	Ret	1247	03 59 06.4	−61 20 14		4.56	+1.59	+1.85	M1 III
45	ε	Per	1220	03 59 22.2	+40 04 24	sdb	2.90	−0.20	−0.19	B0.5 IV
46	ξ	Per	1228	04 00 25.9	+35 51 14	b	3.98	+0.02	+0.16	O7.5 IIIf
35	λ	Tau	1239	04 01 55.8	+12 33 08	vb	3.41	−0.10	−0.08	B3 V
35		Eri	1244	04 02 40.6	−01 29 17		5.28	−0.13	−0.12	B5 V
38	ν	Tau	1251	04 04 21.3	+06 03 00		3.91	+0.03	+0.03	A1 Va
37		Tau	1256	04 06 01.8	+22 08 30	d	4.36	+1.06	+1.02	K0 III
47	λ	Per	1261	04 08 16.2	+50 24 36		4.25	−0.01	+0.08	A0 IIIn
			1279	04 08 58.6	+15 13 17	sdbm	6.02	+0.40	+0.46	F3 V
48	MX	Per	1273	04 10 18.2	+47 46 13		3.96	−0.03	+0.08	B3 Ve
43		Tau	1283	04 10 28.8	+19 40 01		5.51	+1.08	+1.05	K1 III
			1270	04 11 22.9	+59 57 56	s	6.29	+1.11	+1.16	G8 IIa
44	IM	Tau	1287	04 12 12.3	+26 32 16	v	5.39	+0.35	+0.41	F2 IV–V
38	o¹	Eri	1298	04 12 57.9	−06 46 49		4.04	+0.33	+0.38	F1 IV
	α	Ret	1336	04 14 43.2	−62 25 05	db	3.33	+0.92	+0.91	G8 II–III
	α	Hor	1326	04 14 44.9	−42 14 24		3.85	+1.09	+1.09	K2 III
40	o²	Eri	1325	04 16 18.5	−07 37 09	d	4.43	+0.82	+0.89	K0.5 V
51	μ	Per	1303	04 16 33.5	+48 27 51	db	4.12	+0.94	+0.93	G0 Ib
	γ	Dor	1338	04 16 37.1	−51 25 51	v	4.26	+0.31	+0.37	F1 V+
49	μ	Tau	1320	04 16 45.5	+08 56 49	b	4.27	−0.05	−0.02	B3 IV
	ε	Ret	1355	04 16 52.5	−59 14 55	d	4.44	+1.08	+1.05	K2 IV
48		Tau	1319	04 17 03.1	+15 27 19	sd	6.31	+0.40	+0.46	F3 V
41		Eri	1347	04 18 44.8	−33 44 41	db	3.55	−0.11	−0.09	B9p Mn
54	γ	Tau	1346	04 21 04.6	+15 40 49	db	3.65	+0.98	+0.95	G9.5 IIIab CN 0.5

Designation			BS=HR No.	Right Ascension	Declination	Notes	V	B–V	V–I	Spectral Type
				h m s	° ′ ″					
57	v483	Tau	1351	04 21 13.9	+14 05 16	sdb	5.58	+0.28	+0.33	F0 IV
			1367	04 21 38.0	−20 35 14		5.38	−0.03	−0.01	A1 V
54		Per	1343	04 21 52.6	+34 37 09	d	4.93	+0.95	+0.94	G8 III Fe 0.5
	η	Ret	1395	04 22 08.3	−63 20 00		5.24	+0.96	+0.91	G8 III
			1327	04 22 48.5	+65 11 33	s	5.26	+0.82	+0.83	G5 IIb
61	δ	Tau	1373	04 24 14.1	+17 35 37	db	3.77	+0.98	+0.93	G9.5 III CN 0.5
63		Tau	1376	04 24 42.7	+16 49 41	csb	5.64	+0.31	+0.34	F0m
42	ξ	Eri	1383	04 24 48.2	−03 41 42	b	5.17	+0.07	+0.10	A2 V
43		Eri	1393	04 24 53.0	−33 57 57		3.97	+1.47	+1.53	K3.5⁻ IIIb
65	κ¹	Tau	1387	04 26 42.8	+22 20 37	db	4.21	+0.14	+0.16	A5 IV−V
68	v776	Tau	1389	04 26 47.7	+17 58 39	dbm	4.30	+0.05	+0.08	A2 IV−Vs
71	v777	Tau	1394	04 27 37.8	+15 40 03	db	4.48	+0.26	+0.33	F0n IV−V
69	υ	Tau	1392	04 27 39.5	+22 51 46	db	4.28	+0.26	+0.32	A9 IV⁻n
77	θ¹	Tau	1411	04 29 51.8	+16 00 37	db	3.84	+0.95	+1.02	G9 III Fe−0.5
74	ε	Tau	1409	04 29 56.0	+19 13 43	d	3.53	+1.01	+1.04	G9.5 III CN 0.5
78	θ²	Tau	1412	04 29 57.0	+15 55 08	sdb	3.40	+0.18	+0.21	A7 III
	δ	Cae	1443	04 31 31.5	−44 54 23		5.07	−0.19	−0.20	B2 IV−V
50	υ¹	Eri	1453	04 34 23.6	−29 43 20		4.49	+0.97	+1.00	K0⁺ III Fe−0.5
	α	Dor	1465	04 34 29.1	−54 59 57	vdm	3.30	−0.08	−0.08	A0p Si
86	ρ	Tau	1444	04 35 07.7	+14 53 24	b	4.65	+0.26	+0.28	A9 V
52	υ²	Eri	1464	04 36 25.6	−30 31 03		3.81	+0.96	+0.93	G8.5 IIIa
88		Tau	1458	04 36 53.6	+10 12 19	dbm	4.25	+0.18	+0.21	A5m
	R	Dor	1492	04 37 01.6	−62 01 59	vsd	5.59	+1.50	+4.70	M8e III:
87	α	Tau	1457	04 37 12.9	+16 33 10	sdbn10	0.87	+1.54	+1.67	K5⁺ III
48	ν	Eri	1463	04 37 26.7	−03 18 29	vdb	3.93	−0.21	−0.20	B2 III
58		Per	1454	04 38 15.3	+41 18 32	cb	4.25	+1.17	+1.13	K0 II−III + B9 V
53		Eri	1481	04 39 12.7	−14 15 42	dbm	3.86	+1.08	+1.09	K1.5 IIIb
90		Tau	1473	04 39 25.1	+12 33 15	db	4.27	+0.12	+0.15	A5 IV−V
	α	Cae	1502	04 41 17.3	−41 49 19	d	4.44	+0.34	+0.40	F1 V
54 DM		Eri	1496	04 41 25.6	−19 37 47	d	4.32	+1.60	+2.27	M3 II−III
	β	Cae	1503	04 42 51.3	−37 06 05		5.04	+0.39	+0.46	F2 V
94	τ	Tau	1497	04 43 35.9	+22 59 53	dbm	4.27	−0.11	−0.10	B3 V
57	μ	Eri	1520	04 46 37.8	−03 12 54	b	4.01	−0.15	−0.13	B4 IV
4		Cam	1511	04 49 53.3	+56 47 40	dm	5.29	+0.25	+0.22	Am
1	π³	Ori	1543	04 51 03.8	+06 59 56	adb	3.19	+0.48	+0.53	F6 V
			1533	04 51 25.8	+37 31 33		4.89	+1.45	+1.51	K3.5 III
2	π²	Ori	1544	04 51 50.4	+08 56 13	b	4.35	+0.01	+0.04	A0.5 IVn
3	π⁴	Ori	1552	04 52 24.4	+05 38 31	sb	3.68	−0.16	−0.16	B2 III
97	v480	Tau	1547	04 52 41.6	+18 52 35	d	5.08	+0.21	+0.26	A9 V⁺
4	o¹	Ori	1556	04 53 48.5	+14 17 11	cv	4.71	+1.77	+2.63	S3.5/1⁻
61	ω	Eri	1560	04 54 00.1	−05 25 00	b	4.36	+0.26	+0.33	A9 IV
	η	Men	1629	04 54 33.5	−74 54 05		5.47	+1.52	+1.53	K4 III
8	π⁵	Ori	1567	04 55 25.5	+02 28 33	vb	3.71	−0.18	−0.18	B2 III
9	α	Cam	1542	04 56 18.1	+66 22 40		4.26	−0.01	+0.09	O9.5 Ia
9	o²	Ori	1580	04 57 38.3	+13 32 53	d	4.06	+1.16	+1.16	K2⁻ III Fe−1
3	ι	Aur	1577	04 58 27.8	+33 11 59	a	2.69	+1.49	+1.46	K3 II
7		Cam	1568	04 59 05.9	+53 47 08	dbm	4.43	−0.02	+0.06	A0m A1 III
10	π⁶	Ori	1601	04 59 43.0	+01 44 49		4.47	+1.37	+1.32	K2⁻ II
7	ε	Aur	1605	05 03 35.3	+43 51 15	vdb	3.03	+0.54	+0.61	A9 Ia
8	ζ	Aur	1612	05 04 03.3	+41 06 23	cdvb	3.69	+1.15	+1.12	K5 II + B5 V

Designation			BS=HR No.	Right Ascension	Declination	Notes	V	B−V	V−I	Spectral Type
				h m s	° ′ ″					
102	ι	Tau	1620	05 04 26.6	+21 37 12		4.62	+0.16	+0.19	A7 IV
10	β	Cam	1603	05 05 25.7	+60 28 20	d	4.03	+0.92	+0.89	G1 Ib–IIa
	η²	Pic	1663	05 05 33.1	−49 32 54		5.05	+1.48	+1.59	K5 III
11	v1032	Ori	1638	05 05 51.4	+15 26 01	v	4.65	−0.06	+0.02	A0p Si
	ζ	Dor	1674	05 05 54.0	−57 26 33		4.71	+0.53	+0.60	F7 V
2	ε	Lep	1654	05 06 24.9	−22 20 32		3.19	+1.46	+1.50	K4 III
10	η	Aur	1641	05 08 05.8	+41 15 45	a	3.18	−0.15	−0.17	B3 V
67	β	Eri	1666	05 08 57.4	−05 03 32	d	2.78	+0.16	+0.16	A3 IVn
69	λ	Eri	1679	05 10 13.5	−08 43 37		4.25	−0.19	−0.16	B2 IVn
16		Ori	1672	05 10 34.0	+09 51 24	db	5.43	+0.25	+0.24	A9m
3	ι	Lep	1696	05 13 21.0	−11 50 38	d	4.45	−0.10	−0.08	B9 V:
	θ	Dor	1744	05 13 44.7	−67 09 36		4.81	+1.27	+1.22	K2.5 IIIa
5	μ	Lep	1702	05 13 56.6	−16 10 49	s	3.29	−0.11	−0.09	B9p Hg Mn
4	κ	Lep	1705	05 14 16.3	−12 54 58	dm	4.36	−0.09	−0.07	B7 V
17	ρ	Ori	1698	05 14 28.2	+02 53 11	dbm	4.46	+1.17	+1.12	K1 III CN 0.5
11	μ	Aur	1689	05 14 58.3	+38 30 32		4.82	+0.19	+0.23	A7m
19	β	Ori	1713	05 15 37.2	−08 10 38	vdasbn11	0.18	−0.03	+0.03	B8 Ia
	o	Col	1743	05 18 17.8	−34 52 28		4.81	+0.99	+1.00	K0/1 III/IV
13	α	Aur	1708	05 18 21.3	+46 01 06	cdbn12	0.08	+0.80	+0.83	G6 III + G2 III
20	τ	Ori	1735	05 18 42.0	−06 49 18	sdb	3.59	−0.12	−0.10	B5 III
	ζ	Pic	1767	05 19 55.4	−50 34 57		5.44	+0.52	+0.59	F7 III–IV
6	λ	Lep	1756	05 20 36.8	−13 09 18		4.29	−0.24	−0.26	B0.5 IV
15	λ	Aur	1729	05 20 43.6	+40 07 00	d	4.69	+0.63	+0.70	G1.5 IV–V Fe−1
22		Ori	1765	05 22 54.7	−00 21 43	b	4.72	−0.17	−0.17	B2 IV–V
29		Ori	1784	05 25 01.9	−07 47 20		4.13	+0.94	+0.97	G8 III Fe−0.5
28	η	Ori	1788	05 25 36.6	−02 22 41	cdvbm	3.35	−0.24	−0.16	B1 IV + B
			1686	05 26 18.4	+79 15 05	d	5.08	+0.51	+0.58	F7 Vs
24	γ	Ori	1790	05 26 20.4	+06 22 06	dbn13	1.64	−0.22	−0.22	B2 III
112	β	Tau	1791	05 27 43.0	+28 37 28	sdn14	1.65	−0.13	−0.09	B7 III
115		Tau	1808	05 28 28.9	+17 58 47	d	5.40	−0.09	−0.07	B5 V
9	β	Lep	1829	05 29 12.6	−20 44 35	d	2.81	+0.81	+0.86	G5 II
			1856	05 30 46.7	−47 03 45	d	5.46	+0.62	+0.68	G3 IV
	γ	Men	1953	05 31 00.5	−76 19 25	d	5.18	+1.13	+1.11	K2 III
32		Ori	1839	05 31 59.4	+05 57 49	dm	4.20	−0.14	−0.14	B5 V
	ε	Col	1862	05 32 00.7	−35 27 19		3.86	+1.13	+1.09	K1 II/III
17		Cam	1802	05 32 18.1	+63 04 58		5.43	+1.70	+2.11	M1 IIIa
34	δ	Ori	1852	05 33 09.4	−00 17 03	dvbm	2.25	−0.18	−0.21	O9.5 II
119	CE	Tau	1845	05 33 32.0	+18 36 32		4.32	+2.06	+2.54	M2 Iab–Ib
11	α	Lep	1865	05 33 43.4	−17 48 28	das	2.58	+0.21	+0.32	F0 Ib
	β	Dor	1922	05 33 49.4	−62 28 32	v	3.76	+0.64	+0.69	F7–G2 Ib
25	χ	Aur	1843	05 34 11.7	+32 12 23	b	4.71	+0.28	+0.51	B5 Iab
37	φ¹	Ori	1876	05 36 03.4	+09 30 11	db	4.39	−0.16	−0.13	B0.5 IV–V
39	λ	Ori	1879	05 36 22.7	+09 56 51	dm	3.39	−0.16	−0.13	O8 IIIf
	v1046	Ori	1890	05 36 28.7	−04 28 52	sdvbm	6.57	−0.14	−0.14	B2 Vh
			1891	05 36 29.2	−04 24 40	dsm	6.24	−0.15	−0.14	B2.5 V
44	ι	Ori	1899	05 36 32.1	−05 53 49	dsb	2.75	−0.21	−0.22	O9 III
46	ε	Ori	1903	05 37 21.4	−01 11 21	dasbn15	1.69	−0.18	−0.16	B0 Ia
40	φ²	Ori	1907	05 38 08.6	+09 18 04	s	4.09	+0.95	+1.02	K0 IIIb Fe−2
123	ζ	Tau	1910	05 38 59.5	+21 09 15	sb	2.97	−0.15	−0.15	B2 IIIpe (shell)
48	σ	Ori	1931	05 39 52.6	−02 35 20	dbm	3.77	−0.19	−0.25	O9.5 V

Designation			BS=HR No.	Right Ascension	Declination	Notes	V	B–V	V–I	Spectral Type
				h m s	° ′ ″					
	α	Col	1956	05 40 27.9	−34 03 48	d	2.65	−0.12	−0.07	B7 IV
50	ζ	Ori	1948	05 41 53.7	−01 55 57	dbm	1.74	−0.20	−0.18	O9.5 Ib
	δ	Dor	2015	05 44 48.9	−65 43 38		4.34	+0.22	+0.27	A7 V⁺n
13	γ	Lep	1983	05 45 24.1	−22 26 33	d	3.59	+0.48	+0.57	F7 V
27	o	Aur	1971	05 47 38.7	+49 50 00		5.46	+0.03	+0.07	A0p Cr
	β	Pic	2020	05 47 49.1	−51 03 33		3.85	+0.17	+0.18	A6 V
14	ζ	Lep	1998	05 47 58.6	−14 48 54	b	3.55	+0.10	+0.11	A2 Van
130		Tau	1990	05 48 45.0	+17 44 08		5.47	+0.30	+0.34	F0 III
53	κ	Ori	2004	05 48 49.5	−09 39 48		2.07	−0.17	−0.14	B0.5 Ia
	γ	Pic	2042	05 50 14.3	−56 09 42		4.50	+1.08	+1.06	K1 III
			2049	05 51 23.8	−52 06 16		5.16	+0.96	+0.97	G8 III
	β	Col	2040	05 51 45.2	−35 45 40		3.12	+1.15	+1.10	K1.5 III
15	δ	Lep	2035	05 52 17.4	−20 52 43		3.76	+0.98	+1.05	K0 III Fe−1.5 CH 0.5
32	ν	Aur	2012	05 53 03.1	+39 09 10	d	3.97	+1.13	+1.07	K0 III CN 0.5
136		Tau	2034	05 54 44.6	+27 36 56	b	4.56	−0.01	0.00	A0 IV
54	χ¹	Ori	2047	05 55 43.0	+20 16 42	b	4.39	+0.59	+0.66	G0⁻ V Ca 0.5
58	α	Ori	2061	05 56 23.4	+07 24 34	vadbn16	0.45	+1.50	+2.32	M1−M2 Ia−Iab
30	ξ	Aur	2029	05 56 44.0	+55 42 34		4.96	+0.05	+0.09	A1 Va
16	η	Lep	2085	05 57 25.8	−14 09 55		3.71	+0.34	+0.39	F1 V
	γ	Col	2106	05 58 20.1	−35 16 56	d	4.36	−0.17	−0.16	B2.5 IV
	η	Col	2120	05 59 50.2	−42 48 54		3.96	+1.15	+1.06	G8/K1 II
60		Ori	2103	05 59 59.0	+00 33 12	db	5.21	+0.01	+0.03	A1 Vs
34	β	Aur	2088	06 01 10.8	+44 56 50	vdb	1.90	+0.08	+0.05	A1 IV
37	θ	Aur	2095	06 01 15.4	+37 12 43	vdb	2.65	−0.08	−0.06	A0p Si
33	δ	Aur	2077	06 01 22.9	+54 17 01	d	3.72	+1.01	+0.99	K0⁻ III
35	π	Aur	2091	06 01 36.3	+45 56 11		4.30	+1.70	+2.51	M3 II
61	μ	Ori	2124	06 03 37.3	+09 38 43	dbm	4.12	+0.17	+0.19	A5m:
62	χ²	Ori	2135	06 05 15.4	+20 08 09	asv	4.64	+0.24	+0.41	B2 Ia
1		Gem	2134	06 05 29.3	+23 15 36	dbm	4.16	+0.84	+0.88	G5 III−IV
17 SS		Lep	2148	06 05 59.4	−16 29 15	sb	4.92	+0.20	+0.21	Ap (shell)
	ν	Dor	2221	06 08 35.6	−68 50 53		5.06	−0.07	−0.08	B8 V
67	ν	Ori	2159	06 08 51.4	+14 45 50	db	4.42	−0.16	−0.17	B3 IV
	α	Men	2261	06 09 34.1	−74 45 35		5.08	+0.71	+0.75	G5 V
			2180	06 09 54.6	−22 25 58		5.49	−0.01	+0.01	A0 V
	δ	Pic	2212	06 10 44.2	−54 58 28	vb	4.72	−0.23	−0.24	B0.5 IV
70	ξ	Ori	2199	06 13 13.2	+14 12 06	db	4.45	−0.18	−0.16	B3 IV
36		Cam	2165	06 15 06.8	+65 42 38	b	5.36	+1.34	+1.30	K2 II−III
5	γ	Mon	2227	06 15 57.2	−06 17 00	d	3.99	+1.32	+1.27	K1 III Ba 0.5
7	η	Gem	2216	06 16 14.2	+22 29 54	vdbm	3.31	+1.60	+2.70	M2.5 III
44	κ	Aur	2219	06 16 48.7	+29 29 16		4.32	+1.02	+1.04	G9 IIIb
	κ	Col	2256	06 17 21.2	−35 08 57		4.37	+0.98	+0.94	K0.5 IIIa
74		Ori	2241	06 17 42.5	+12 15 50	d	5.04	+0.43	+0.50	F4 IV
7		Mon	2273	06 20 47.9	−07 50 02	db	5.27	−0.18	−0.18	B2.5 V
1	ζ	CMa	2282	06 21 10.7	−30 04 29	db	3.02	−0.16	−0.20	B2.5 V
			2209	06 21 19.3	+69 18 29	b	4.76	+0.03	+0.05	A0 IV⁺nn
2 UZ		Lyn	2238	06 21 36.4	+59 00 00		4.44	+0.03	+0.05	A1 Va
	δ	Col	2296	06 22 56.2	−33 26 56	b	3.85	+0.86	+0.88	G7 II
2	β	CMa	2294	06 23 41.5	−17 58 07	svdb	1.98	−0.24	−0.24	B1 II−III
13	μ	Gem	2286	06 24 19.3	+22 30 00	sd	2.87	+1.62	+2.30	M3 IIIab
	α	Car	2326	06 24 27.1	−52 42 31	n17	−0.62	+0.16	+0.23	A9 II

Designation			BS=HR No.	Right Ascension	Declination	Notes	V	B–V	V–I	Spectral Type
				h m s	° ′ ″					
8		Mon	2298	06 24 57.6	+04 34 47	db	4.39	+0.22	+0.25	A6 IV
			2305	06 25 13.3	−11 32 38		5.21	+1.23	+1.18	K3 III
46	ψ^1	Aur	2289	06 26 37.8	+49 16 26	b	4.92	+1.91	+1.94	K5−M0 Iab−Ib
	λ	CMa	2361	06 29 00.3	−32 35 44		4.47	−0.17	−0.16	B4 V
10		Mon	2344	06 29 04.3	−04 46 40	d	5.06	−0.18	−0.18	B2 V
18	ν	Gem	2343	06 30 17.9	+20 11 45	db	4.13	−0.12	−0.10	B6 III
4	ξ^1	CMa	2387	06 32 47.7	−23 26 10	vdb	4.34	−0.25	−0.24	B1 III
			2392	06 33 50.2	−11 11 04	dsb	6.30	+1.10	+0.95	G9.5 III: Ba 3
13		Mon	2385	06 34 07.2	+07 18 53		4.47	+0.02	+0.09	A0 Ib−II
			2395	06 34 46.5	−01 14 20		5.09	−0.13	−0.12	B5 Vn
			2435	06 35 28.4	−52 59 41		4.35	−0.02	+0.06	A0 II
5	ξ^2	CMa	2414	06 36 00.0	−22 59 03		4.54	−0.04	−0.01	A0 III
7	ν^2	CMa	2429	06 37 40.0	−19 16 36		3.95	+1.04	+1.02	K1.5 III−IV Fe 1
	ν	Pup	2451	06 38 27.0	−43 13 00	b	3.17	−0.10	−0.07	B8 IIIn
8	ν^3	CMa	2443	06 38 52.8	−18 15 30	dm	4.42	+1.14	+1.12	K0.5 III
24	γ	Gem	2421	06 39 00.6	+16 22 41	db	1.93	0.00	+0.04	A1 IVs
15	S	Mon	2456	06 42 13.0	+09 52 23	dasbm	4.66	−0.23	−0.22	O7 Vf
30		Gem	2478	06 45 15.4	+13 12 12	d	4.49	+1.17	+1.11	K0.5 III CN 0.5
27	ϵ	Gem	2473	06 45 18.9	+25 06 25	dasb	3.06	+1.38	+1.22	G8 Ib
			2513	06 45 57.2	−52 13 33	s	6.56	+1.08	+1.03	G5 Iab
9	α	CMa	2491	06 46 08.0	−16 44 57	odbn18	−1.44	+0.01	−0.02	A0m A1 Va
31	ξ	Gem	2484	06 46 33.1	+12 52 10		3.35	+0.44	+0.48	F5 IV
			2518	06 48 07.6	−37 57 20	d	5.27	−0.08	−0.06	B8/9 V
56	ψ^5	Aur	2483	06 48 21.5	+43 33 10	d	5.24	+0.58	+0.65	G0 V
	α	Pic	2550	06 48 25.2	−61 57 58		3.24	+0.23	+0.28	A6 Vn
18		Mon	2506	06 49 02.0	+02 23 09	b	4.48	+1.10	+1.06	K0$^+$ IIIa
57	ψ^6	Aur	2487	06 49 22.3	+48 45 48		5.22	+1.13	+1.09	K0 III
			2401	06 50 01.9	+79 32 06	b	5.44	+0.53	+0.60	F8 V
	v415	Car	2554	06 50 20.6	−53 38 58	b	4.41	+0.90	+0.92	G4 II
	τ	Pup	2553	06 50 29.7	−50 38 32	b	2.94	+1.21	+1.14	K1 III
13	κ	CMa	2538	06 50 40.9	−32 32 09		3.50	−0.12	−0.10	B1.5 IVne
	ι	Vol	2602	06 51 11.2	−70 59 28		5.41	−0.11	−0.09	B7 IV
	v592	Mon	2534	06 51 47.3	−08 04 08	sv	6.31	+0.01	+0.03	A2p Sr Cr Eu
34	θ	Gem	2540	06 54 16.2	+33 55 55	db	3.60	+0.10	+0.14	A3 III−IV
16	o^1	CMa	2580	06 55 04.0	−24 12 49	s	3.89	+1.74	+1.58	K2 Iab
	NP	Pup	2591	06 55 09.2	−42 23 42	s	6.32	+2.29	+2.34	C5,2.5
14	θ	CMa	2574	06 55 14.1	−12 04 06		4.08	+1.42	+1.49	K4 III
43		Cam	2511	06 56 07.0	+68 51 31		5.11	−0.11	−0.10	B7 III
20	ι	CMa	2596	06 57 08.5	−17 05 06		4.36	−0.06	+0.01	B3 II
15		Lyn	2560	06 59 13.1	+58 23 26	d	4.35	+0.85	+0.85	G5 III−IV
21	ϵ	CMa	2618	06 59 30.6	−29 00 14	dn19	1.50	−0.21	−0.20	B2 II
22	σ	CMa	2646	07 02 37.0	−27 58 06	d	3.49	+1.73	+1.82	K7 III
			2527	07 03 18.8	+76 56 38	b	4.55	+1.37	+1.35	K4 III
42	ω	Gem	2630	07 03 47.0	+24 10 53	s	5.20	+0.95	+0.83	G5 IIa
24	o^2	CMa	2653	07 03 57.9	−23 52 03	vasb	3.02	−0.08	−0.03	B3 Ia
	v386	Car	2683	07 04 43.5	−56 47 04	v	5.14	−0.03	−0.01	Ap Si
			2666	07 04 45.6	−42 22 18	dbm	5.20	+0.20	+0.15	A9m
23	γ	CMa	2657	07 04 46.6	−15 40 05		4.11	−0.11	−0.09	B8 II
43	ζ	Gem	2650	07 05 26.5	+20 32 07	vdb	4.01	+0.90	+0.90	F9 Ib (var)
	γ^2	Vol	2736	07 08 33.0	−70 32 07	d	3.78	+1.01	+0.94	G9 III

Designation			BS=HR No.	Right Ascension	Declination	Notes	V	B–V	V–I	Spectral Type
				h m s	° ′ ″					
25	δ	CMa	2693	07 09 18.4	−26 25 49	dasb	1.83	+0.67	+0.67	F8 Ia
20		Mon	2701	07 11 20.7	−04 16 26	d	4.91	+1.02	+1.03	K0 III
46	τ	Gem	2697	07 12 34.2	+30 12 22	d	4.41	+1.26	+1.25	K2 III
22	δ	Mon	2714	07 13 00.8	−00 31 54	d	4.15	−0.01	+0.02	A1 III⁺
63		Aur	2696	07 13 12.0	+39 16 54	b	4.91	+1.45	+1.48	K3.5 III
	QW	Pup	2740	07 13 12.1	−46 47 52		4.49	+0.32	+0.40	F0 IVs
48		Gem	2706	07 13 48.3	+24 05 20	s	5.85	+0.40	+0.46	F5 III−IV
	L₂	Pup	2748	07 14 13.6	−44 40 39	vd	4.42	+1.33	+3.46	M5 IIIe
51 BQ		Gem	2717	07 14 39.7	+16 07 08	dm	5.07	+1.65	+1.63	M4 IIIab
27 EW		CMa	2745	07 15 10.3	−26 23 33	dbm	4.42	−0.17	−0.12	B3 IIIep
28	ω	CMa	2749	07 15 43.5	−26 48 47		4.01	−0.15	−0.08	B2 IV−Ve
	δ	Vol	2803	07 16 48.8	−67 59 54		3.97	+0.76	+0.78	F9 Ib
	π	Pup	2773	07 17 56.3	−37 08 20	dm	2.71	+1.62	+1.65	K3 Ib
54	λ	Gem	2763	07 19 23.1	+16 29 53	db	3.58	+0.11	+0.12	A4 IV
30	τ	CMa	2782	07 19 38.5	−24 59 48	vdbm	4.37	−0.13	−0.10	O9 II
55	δ	Gem	2777	07 21 27.9	+21 56 20	db	3.50	+0.37	+0.44	F0 V⁺
31	η	CMa	2827	07 24 59.1	−29 20 54	das	2.45	−0.08	+0.01	B5 Ia
66		Aur	2805	07 25 41.7	+40 37 37	b	5.23	+1.25	+1.14	K1 IIIa Fe−1
60	ι	Gem	2821	07 27 07.3	+27 45 05		3.78	+1.02	+1.01	G9 IIIb
3	β	CMi	2845	07 28 22.2	+08 14 32	db	2.89	−0.10	−0.07	B8 V
4	γ	CMi	2854	07 29 23.3	+08 52 42	db	4.33	+1.43	+1.48	K3 III Fe−1
	σ	Pup	2878	07 29 56.7	−43 20 53	vdb	3.25	+1.51	+1.54	K5 III
62	ρ	Gem	2852	07 30 33.4	+31 44 16	db	4.16	+0.32	+0.40	F0 V⁺
6		CMi	2864	07 31 02.9	+11 57 30		4.55	+1.28	+1.21	K1 III
			2906	07 35 01.0	−22 20 46		4.44	+0.52	+0.60	F6 IV
66	α¹	Gem	2891	07 36 01.7	+31 50 11	odbm	1.58	+0.03	+0.05	A1m A2 Va
66	α²	Gem	2890	07 36 02.0	+31 50 14	odbm	1.58	+0.03	+0.05	A2m A5 V:
			2934	07 36 13.1	−52 35 05	b	4.93	+1.37	+1.39	K3 III
69	υ	Gem	2905	07 37 18.4	+26 50 38	d	4.06	+1.54	+1.66	M0 III−IIIb
			2937	07 38 12.1	−35 01 13	dm	4.53	−0.08	−0.08	B8 V
25		Mon	2927	07 38 23.8	−04 09 46	d	5.14	+0.44	+0.51	F6 III
10	α	CMi	2943	07 40 28.8	+05 09 55	osdbn20	0.40	+0.43	+0.49	F5 IV−V
	ζ	Vol	3024	07 41 31.8	−72 39 35	d	3.93	+1.03	+1.02	G9 III
	R	Pup	2974	07 41 45.0	−31 42 53	s	6.60	+1.07	+1.21	G2 0−Ia
26	α	Mon	2970	07 42 19.3	−09 36 18		3.94	+1.02	+1.01	G9 III Fe−1
3		Pup	2996	07 44 42.7	−29 00 35	b	3.94	+0.16	+0.34	A2 Ib
75	σ	Gem	2973	07 44 42.9	+28 49 38	db	4.23	+1.12	+1.12	K1 III
24		Lyn	2946	07 44 53.9	+58 39 19	d	4.93	+0.10	+0.17	A2 IVn
77	κ	Gem	2985	07 45 48.2	+24 20 32	ad	3.57	+0.93	+0.90	G8 III
			3017	07 46 03.4	−38 01 27		3.62	+1.71	+1.82	K5 IIa
78	β	Gem	2990	07 46 41.4	+27 58 12	adn21	1.16	+0.99	+0.97	K0 IIIb
4		Pup	3015	07 46 59.0	−14 37 12		5.03	+0.34	+0.40	F2 V
81		Gem	3003	07 47 25.5	+18 27 12	b	4.89	+1.43	+1.54	K4 III
11		CMi	3008	07 47 30.4	+10 42 42	b	5.25	+0.02	+0.04	A0.5 IV⁻nn
			2999	07 48 09.1	+37 27 39		5.15	+1.59	+2.03	M2⁺ IIIb
			3037	07 48 12.3	−46 39 55	b	5.22	−0.15	−0.15	B1.5 IV
80	π	Gem	3013	07 48 57.1	+33 21 31	d	5.14	+1.64	+1.83	M1⁺ IIIa
	o	Pup	3034	07 49 01.3	−25 59 39	d	4.40	−0.07	+0.13	B1 IV:nne
			3055	07 49 55.4	−46 25 51	dm	4.10	−0.16	−0.17	B0 III
	OV	Cep	2609	07 50 10.9	+86 57 52		5.05	+1.60	+1.91	M2⁻ IIIab

Designation			BS=HR No.	Right Ascension	Declination	Notes	V	B−V	V−I	Spectral Type
				h m s	o ′ ″					
7	ξ	Pup	3045	07 50 14.5	−24 55 03	db	3.34	+1.22	+1.08	G6 Iab–Ib
13	ζ	CMi	3059	07 52 52.0	+01 42 28		5.12	−0.12	−0.09	B8 II
			3080	07 52 59.5	−40 38 05	cb	3.71	+1.01	+1.04	K1/2 II + A
	QZ	Pup	3084	07 53 26.5	−38 55 20	vb	4.49	−0.19	−0.18	B2.5 V
			3090	07 53 57.8	−48 09 45		4.22	−0.13	−0.11	B0.5 Ib
83	φ	Gem	3067	07 54 52.2	+26 42 21	b	4.97	+0.10	+0.14	A3 IV–V
26		Lyn	3066	07 56 20.5	+47 30 15		5.47	+1.46	+1.47	K3 III
	χ	Car	3117	07 57 21.0	−53 02 37		3.46	−0.18	−0.17	B3p Si
11		Pup	3102	07 57 49.6	−22 56 29		4.20	+0.72	+0.75	F8 II
			3113	07 58 34.0	−30 23 47		4.76	+0.15	+0.24	A6 II
	V	Pup	3129	07 58 53.3	−49 18 25	cvdb	4.47	−0.18	−0.14	B1 Vp + B2:
			3153	08 00 00.5	−60 38 58	s	5.19	+1.76	+2.12	M1.5 II
27		Mon	3122	08 00 51.6	−03 44 33		4.93	+1.21	+1.22	K2 III
			3131	08 00 52.6	−18 27 44		4.61	+0.09	+0.11	A2 IVn
			3075	08 02 50.6	+73 51 16		5.37	+1.42	+1.41	K3 III
			3145	08 03 26.1	+02 16 17	d	4.39	+1.25	+1.27	K2 IIIb Fe−0.5
	ζ	Pup	3165	08 04 22.5	−40 04 03	s	2.21	−0.27	−0.22	O5 Iafn
	χ	Gem	3149	08 04 53.8	+27 43 46	db	4.94	+1.13	+1.09	K1 III
	ε	Vol	3223	08 07 59.6	−68 41 00	dbm	4.35	−0.11	−0.10	B6 IV
15	ρ	Pup	3185	08 08 30.2	−24 22 14	vdb	2.83	+0.46	+0.42	F5 (Ib–II)p
29	ζ	Mon	3188	08 09 43.5	−03 03 03	d	4.36	+0.97	+0.92	G2 Ib
16		Pup	3192	08 10 01.9	−19 18 44	b	4.40	−0.16	−0.14	B5 IV
27		Lyn	3173	08 10 08.4	+51 26 23	d	4.78	+0.05	+0.10	A1 Va
	γ²	Vel	3207	08 10 13.6	−47 24 14	cdb	1.75	−0.15	−0.14	WC8 + O9I:
	NS	Pup	3225	08 12 09.8	−39 41 12	b	4.44	+1.59	+1.62	K4.5 Ib
20		Pup	3229	08 14 22.0	−15 51 26		4.99	+1.07	+1.02	G5 IIa
			3243	08 14 50.9	−40 25 04	db	4.42	+1.17	+1.15	K1 II/III
			3182	08 15 01.4	+68 24 18		5.34	+1.04	+0.96	G7 II
17	β	Cnc	3249	08 17 44.0	+09 06 53	d	3.53	+1.48	+1.47	K4 III Ba 0.5
	α	Cha	3318	08 17 54.6	−76 59 24		4.05	+0.41	+0.49	F4 IV
			3270	08 19 23.9	−36 43 48		4.44	+0.22	+0.25	A7 IV
	θ	Cha	3340	08 19 55.7	−77 33 22	d	4.34	+1.16	+1.10	K2 III CN 0.5
18	χ	Cnc	3262	08 21 25.6	+27 08 35		5.13	+0.49	+0.56	F6 V
			3282	08 22 16.2	−33 07 37		4.83	+1.42	+1.35	K2.5 II–III
	ε	Car	3307	08 22 58.4	−59 34 57	dcmn22	1.86	+1.20	+1.16	K3: III + B2: V
31		Lyn	3275	08 24 22.1	+43 06 51		4.25	+1.55	+1.61	K4.5 III
	β	Vol	3347	08 25 58.5	−66 12 44		3.77	+1.13	+1.10	K2 III
			3315	08 26 02.1	−24 07 13	db	5.32	+1.48	+1.49	K4.5 III CN 1
			3314	08 26 47.1	−03 58 52		3.91	−0.01	−0.02	A0 Va
1	o	UMa	3323	08 32 06.9	+60 38 27	sd	3.35	+0.86	+0.87	G5 III
33	η	Cnc	3366	08 34 00.4	+20 21 47		5.33	+1.25	+1.11	K3 III
			3426	08 38 26.2	−43 04 07		4.11	+0.11	+0.20	A6 II
4	δ	Hya	3410	08 38 50.7	+05 37 26	db	4.14	0.00	+0.02	A1 IVnn
5	σ	Hya	3418	08 39 55.9	+03 15 40		4.45	+1.22	+1.12	K1 III
	η	Cha	3502	08 40 30.4	−79 02 39		5.46	−0.10	−0.08	B8 V
	o	Vel	3447	08 40 56.3	−53 00 09	vb	3.60	−0.17	−0.16	B3 IV
	β	Pyx	3438	08 40 59.0	−35 23 21	db	3.97	+0.94	+0.91	G4 III
6		Hya	3431	08 41 05.4	−12 33 22		4.98	+1.42	+1.40	K4 III
	v343	Car	3457	08 41 06.8	−59 50 31	db	4.31	−0.12	−0.08	B1.5 III
			3445	08 41 22.4	−46 43 47	d	3.77	+0.67	+0.92	F0 Ia

Designation		BS=HR No.	Right Ascension	Declination	Notes	V	B−V	V−I	Spectral Type
			h m s	° ′ ″					
34	Lyn	3422	08 42 33.8	+45 45 12		5.35	+0.99	+0.97	G8 IV
7	η Hya	3454	08 44 24.0	+03 19 00	b	4.30	−0.19	−0.20	B4 V
	α Pyx	3468	08 44 29.8	−33 16 07		3.68	−0.18	−0.17	B1.5 III
43	γ Cnc	3449	08 44 35.1	+21 23 10	db	4.66	+0.01	+0.03	A1 Va
		3477	08 45 12.2	−42 43 54	d	4.05	+0.87	+0.89	G6 II−III
	δ Vel	3485	08 45 19.5	−54 47 31	dm	1.93	+0.04	+0.05	A1 Va
47	δ Cnc	3461	08 45 57.6	+18 04 13	d	3.94	+1.08	+1.01	K0 IIIb
		3487	08 46 47.5	−46 07 29		3.87	+0.02	+0.09	A1 II
	v344 Car	3498	08 47 17.4	−56 51 11		4.50	−0.17	−0.16	B3 Vne
12	Hya	3484	08 47 26.3	−13 37 52	db	4.32	+0.90	+0.91	G8 III Fe−1
11	ε Hya	3482	08 47 57.9	+06 20 06	cdbm	3.38	+0.69	+0.78	G5: III + A:
48	ι Cnc	3475	08 48 03.2	+28 40 34	d	4.03	+1.01	+0.96	G8 II−III
13	ρ Hya	3492	08 49 37.4	+05 45 12	db	4.35	−0.04	−0.03	A0 Vn
14	KX Hya	3500	08 50 29.5	−03 31 40		5.30	−0.08	−0.06	B9p Hg Mn
	γ Pyx	3518	08 51 29.3	−27 47 40		4.02	+1.27	+1.24	K2.5 III
	ζ Oct	3678	08 52 58.4	−85 44 58		5.43	+0.31	+0.35	F0 III
		3571	08 55 33.3	−60 43 52	d	3.84	−0.10	−0.08	B7 II−III
16	ζ Hya	3547	08 56 34.9	+05 51 31		3.11	+0.98	+0.96	G9 IIIa
	v376 Car	3582	08 57 31.4	−59 19 00	d	4.93	−0.18	−0.21	B2 IV−V
65	α Cnc	3572	08 59 42.9	+11 46 09	db	4.26	+0.14	+0.14	A5m
9	ι UMa	3569	09 00 44.3	+47 57 07	db	3.12	+0.22	+0.25	A7 IVn
64	σ³ Cnc	3575	09 00 55.2	+32 19 47	d	5.23	+0.91	+0.91	G8 III
		3591	09 00 55.9	−41 20 31	cb	4.45	+0.65	+0.75	G8/K1 III + A
		3579	09 02 05.5	+41 41 31	odbm	3.96	+0.46	+0.53	F7 V
	α Vol	3615	09 02 47.8	−66 29 11	b	4.00	+0.15	+0.15	A5m
8	ρ UMa	3576	09 04 32.5	+67 32 23		4.74	+1.54	+2.15	M3 IIIb Ca 1
		3614	09 04 55.9	−47 11 17		3.75	+1.17	+1.11	K2 III
12	κ UMa	3594	09 05 09.1	+47 03 57	dm	3.57	+0.01	+0.03	A0 IIIn
		3643	09 05 11.5	−72 41 36		4.47	+0.61	+0.67	F8 II
		3612	09 07 57.2	+38 21 39		4.56	+1.04	+0.97	G7 Ib−II
	λ Vel	3634	09 08 49.5	−43 31 27	dn23	2.23	+1.67	+1.69	K4.5 Ib
76	κ Cnc	3623	09 08 57.8	+10 34 35	db	5.23	−0.09	−0.07	B8p Hg Mn
15	UMa	3619	09 10 26.7	+51 30 44		4.46	+0.29	+0.30	F0m
77	ξ Cnc	3627	09 10 38.9	+21 57 11	db	5.16	+0.97	+0.90	G9 IIIa Fe−0.5 CH−1
	v357 Car	3659	09 11 33.6	−59 03 35	b	3.43	−0.19	−0.17	B2 IV−V
		3663	09 11 47.3	−62 24 35		3.96	−0.18	−0.18	B3 III
	β Car	3685	09 13 26.3	−69 48 36	n24	1.67	+0.07	+0.02	A1 III
36	Lyn	3652	09 15 16.0	+43 07 25		5.30	−0.13	−0.12	B8p Mn
22	θ Hya	3665	09 15 32.0	+02 13 06	db	3.89	−0.06	−0.07	B9.5 IV (C II)
		3696	09 16 50.2	−57 38 11		4.34	+1.60	+1.83	M0.5 III Ba 0.3
	ι Car	3699	09 17 41.5	−59 22 13		2.21	+0.19	+0.28	A7 Ib
38	Lyn	3690	09 20 14.2	+36 42 22	dbm	3.82	+0.07	+0.12	A2 IV⁻
40	α Lyn	3705	09 22 25.2	+34 17 46		3.14	+1.55	+1.65	K7 IIIab
	θ Pyx	3718	09 22 29.4	−26 03 44		4.71	+1.63	+1.91	M0.5 III
	κ Vel	3734	09 22 48.7	−55 06 27	b	2.47	−0.14	−0.17	B2 IV−V
1	κ Leo	3731	09 25 57.6	+26 05 03	d	4.47	+1.22	+1.20	K2 III
30	α Hya	3748	09 28 41.6	−08 45 26	dn25	1.99	+1.44	+1.39	K3 II−III
	ε Ant	3765	09 30 10.5	−36 03 02	b	4.51	+1.41	+1.37	K3 III
	ψ Vel	3786	09 31 35.4	−40 33 58	dm	3.60	+0.37	+0.43	F0 V⁺
		3821	09 31 45.6	−73 10 51		5.46	+1.56	+1.57	K4 III

Designation			BS=HR No.	Right Ascension	Declination	Notes	V	B–V	V–I	Spectral Type
				h m s	° ′ ″					
			3803	09 31 54.4	−57 08 03		3.16	+1.54	+1.59	K5 III
	R	Car	3816	09 32 48.5	−62 53 20	vd	7.43	+0.91	+0.91	gM5e
4	λ	Leo	3773	09 33 00.0	+22 52 03		4.32	+1.54	+1.63	K4.5 IIIb
5	ξ	Leo	3782	09 33 09.4	+11 11 57		4.99	+1.05	+0.89	G9.5 III
23		UMa	3757	09 33 16.7	+62 57 43	d	3.65	+0.36	+0.41	F0 IV
			3808	09 34 14.7	−21 12 58		5.02	+1.02	+0.94	K0 III
25	θ	UMa	3775	09 34 21.0	+51 34 24	db	3.17	+0.48	+0.56	F6 IV
			3825	09 35 05.9	−59 19 50		4.08	−0.01	+0.01	B5 II
10	SU	LMi	3800	09 35 35.7	+36 17 47		4.54	+0.91	+0.91	G7.5 III Fe−0.5
26		UMa	3799	09 36 21.1	+51 57 00		4.47	+0.03	+0.08	A1 Va
24	DK	UMa	3771	09 36 25.9	+69 43 47		4.54	+0.78	+0.83	G5 III−IV
			3836	09 37 38.0	−49 27 23	d	4.34	+0.17	+0.18	A5 IV−V
			3834	09 39 37.6	+04 32 48		4.68	+1.31	+1.35	K3 III
			3751	09 40 07.6	+81 13 27		4.28	+1.49	+1.46	K3 IIIa
35	ι	Hya	3845	09 41 00.3	−01 14 45		3.90	+1.31	+1.29	K2.5 III
38	κ	Hya	3849	09 41 23.1	−14 26 07		5.07	−0.15	−0.15	B5 V
14	o	Leo	3852	09 42 21.0	+09 47 20	cdb	3.52	+0.52	+0.59	F5 II + A5?
16	ψ	Leo	3866	09 44 57.3	+13 55 04	d	5.36	+1.61	+1.94	M2.4+ IIIab
	θ	Ant	3871	09 45 12.4	−27 52 24	cdm	4.78	+0.52	+0.61	F7 II−III + A8 V
	1	Car	3884	09 45 51.9	−62 36 44	v	3.69	+1.01	+1.03	F9−G5 Ib
17	ϵ	Leo	3873	09 47 07.5	+23 40 11		2.97	+0.81	+0.81	G1 II
	υ	Car	3890	09 47 39.8	−65 10 37	dm	2.92	+0.27	+0.42	A6 II
	R	Leo	3882	09 48 46.0	+11 19 24	v	10.35	+1.50	+9.03	gM7e
			3881	09 50 01.8	+45 54 54		5.08	+0.62	+0.68	G0.5 Va
39	υ¹	Hya	3903	09 52 33.7	−14 57 11		4.11	+0.92	+0.92	G8.5 IIIa
29	υ	UMa	3888	09 52 34.2	+58 55 54	vd	3.78	+0.29	+0.39	F0 IV
24	μ	Leo	3905	09 54 02.3	+25 54 00	s	3.88	+1.22	+1.13	K2 III CN 1 Ca 1
			3923	09 55 56.0	−19 07 00	b	4.94	+1.56	+1.75	K5 III
	φ	Vel	3940	09 57 39.3	−54 40 32	d	3.52	−0.07	−0.04	B5 Ib
19		LMi	3928	09 59 03.2	+40 56 51	b	5.11	+0.48	+0.55	F5 V
	η	Ant	3947	09 59 50.3	−35 59 58	d	5.23	+0.30	+0.34	F1 III−IV
29	π	Leo	3950	10 01 24.0	+07 56 07		4.68	+1.59	+1.96	M2− IIIab
20		LMi	3951	10 02 18.1	+31 48 43		5.37	+0.68	+0.74	G3 Va Hδ 1
40	υ²	Hya	3970	10 06 13.2	−13 10 28	b	4.60	−0.09	−0.07	B9 V
30	η	Leo	3975	10 08 33.4	+16 39 08	asd	3.48	−0.03	+0.06	A0 Ib
21		LMi	3974	10 08 45.0	+35 08 03		4.49	+0.19	+0.19	A7 V
15	α	Sex	3981	10 09 05.3	−00 28 57		4.48	−0.03	−0.01	A0 III
31		Leo	3980	10 09 05.8	+09 53 11	d	4.39	+1.45	+1.51	K3.5 IIIb Fe−1:
32	α	Leo	3982	10 09 34.1	+11 51 23	dbn26	1.36	−0.09	−0.10	B7 Vn
41	λ	Hya	3994	10 11 41.1	−12 27 58	db	3.61	+1.01	+0.96	K0 III CN 0.5
	ω	Car	4037	10 14 16.2	−70 09 00		3.29	−0.07	−0.03	B8 IIIn
			4023	10 15 41.0	−42 14 02	b	3.85	+0.05	+0.03	A2 Va
	v337	Car	4050	10 17 50.2	−61 26 43	d	3.39	+1.54	+1.45	K2.5 II
36	ζ	Leo	4031	10 17 56.3	+23 18 16	dasb	3.43	+0.31	+0.39	F0 III
33	λ	UMa	4033	10 18 26.7	+42 48 04	s	3.45	+0.03	+0.05	A1 IV
22	ϵ	Sex	4042	10 18 44.9	−08 10 55		5.25	+0.34	+0.39	F1 IV−
	AG	Ant	4049	10 19 09.6	−29 06 18		5.52	+0.28	+0.31	A0p Ib−II
41	γ¹	Leo	4057	10 21 12.6	+19 43 37	dbm	2.01	+1.13	+1.17	K1− IIIb Fe−0.5
			4080	10 23 17.7	−41 45 49		4.82	+1.10	+1.06	K1 III
34	μ	UMa	4069	10 23 39.7	+41 23 08	b	3.06	+1.60	+1.77	M0 III

Designation			BS=HR No.	Right Ascension	Declination	Notes	V	B–V	V–I	Spectral Type
				h m s	° ′ ″					
			4086	10 24 28.6	−38 07 29		5.34	+0.25	+0.28	A8 V
			4102	10 24 50.2	−74 08 47	b	3.99	+0.37	+0.43	F2 V
			4072	10 25 43.6	+65 27 06	b	4.94	−0.05	−0.02	A0p Hg
42	μ	Hya	4094	10 27 10.8	−16 57 06		3.83	+1.46	+1.47	K4+ III
	α	Ant	4104	10 28 11.0	−31 10 59	b	4.28	+1.43	+1.47	K4.5 III
			4114	10 28 42.5	−58 51 17		3.81	+0.32	+0.41	F0 Ib
31	β	LMi	4100	10 29 10.6	+36 35 28	dbm	4.20	+0.91	+0.89	G9 IIIab
29	δ	Sex	4116	10 30 37.3	−02 51 18		5.19	−0.05	−0.03	B9.5 V
36		UMa	4112	10 32 03.1	+55 51 52	d	4.82	+0.54	+0.58	F8 V
	PP	Car	4140	10 32 49.7	−61 48 05		3.30	−0.09	+0.02	B4 Vne
46		Leo	4127	10 33 23.7	+14 01 16		5.43	+1.70	+1.91	M1 IIIb
			4084	10 33 38.1	+82 26 33		5.25	+0.40	+0.46	F4 V
			4143	10 33 54.1	−47 07 11	dm	5.02	+1.05	+1.11	K1/2 III
47	ρ	Leo	4133	10 33 59.7	+09 11 25	vdb	3.84	−0.15	−0.13	B1 Iab
44		Hya	4145	10 35 05.2	−23 51 42	d	5.08	+1.60	+1.59	K5 III
	γ	Cha	4174	10 35 43.0	−78 43 28		4.11	+1.58	+1.71	M0 III
			4159	10 36 27.5	−57 40 28	b	4.45	+1.60	+1.62	K5 II
37		UMa	4141	10 36 35.7	+56 57 57		5.16	+0.35	+0.39	F1 V
			4126	10 36 56.5	+75 35 45		4.86	+0.96	+0.94	G8 III
			4167	10 38 15.2	−48 20 34	dbm	3.84	+0.30	+0.35	F0m
37		LMi	4166	10 39 58.9	+31 51 31		4.68	+0.82	+0.82	G2.5 IIa
			4180	10 40 12.4	−55 43 15	d	4.29	+1.03	+0.96	G2 II
	θ	Car	4199	10 43 45.9	−64 30 46	b	2.74	−0.22	−0.24	B0.5 Vp
41		LMi	4192	10 44 38.1	+23 04 12		5.08	+0.04	+0.06	A2 IV
			4181	10 44 38.8	+68 57 28		5.01	+1.41	+1.38	K3 III
			4191	10 44 51.7	+46 05 06	db	5.18	+0.32	+0.38	F5 III
	δ²	Cha	4234	10 45 58.1	−80 39 32		4.45	−0.19	−0.19	B2.5 IV
42		LMi	4203	10 47 06.6	+30 33 48	db	5.36	−0.05	−0.03	A1 Vn
51		Leo	4208	10 47 37.1	+18 46 20		5.50	+1.13	+1.08	gK3
	μ	Vel	4216	10 47 44.5	−49 32 23	cdbm	2.69	+0.90	+0.91	G5 III + F8: V
53		Leo	4227	10 50 26.3	+10 25 32	b	5.32	+0.04	+0.05	A2 V
	ν	Hya	4232	10 50 44.2	−16 18 43		3.11	+1.23	+1.22	K1.5 IIIb Hδ−0.5
			4257	10 54 24.9	−58 58 23	db	3.78	+0.95	+0.96	K0 IIIb
46		LMi	4247	10 54 33.9	+34 05 35		3.79	+1.04	+1.07	K0+ III−IV
54		Leo	4259	10 56 49.7	+24 37 45	cdm	4.30	+0.02	+0.07	A1 IIIn + A1 IVn
	ι	Ant	4273	10 57 46.2	−37 15 33		4.60	+1.01	+0.99	K0 III
47		UMa	4277	11 00 43.1	+40 18 35		5.03	+0.62	+0.69	G1− V Fe−0.5
7	α	Crt	4287	11 00 52.4	−18 25 08		4.08	+1.08	+1.06	K0+ III
			4293	11 01 11.5	−42 20 49		4.37	+0.12	+0.13	A3 IV
58		Leo	4291	11 01 43.3	+03 29 46	d	4.84	+1.14	+1.13	K0.5 III Fe−0.5
48	β	UMa	4295	11 03 11.1	+56 15 41	b	2.34	+0.03	+0.02	A0m A1 IV−V
60		Leo	4300	11 03 31.7	+20 03 31		4.42	+0.05	+0.03	A0.5m A3 V
50	α	UMa	4301	11 05 05.8	+61 37 45	mn27	1.81	+1.06	+1.03	K0− IIIa
63	χ	Leo	4310	11 06 10.6	+07 12 50	d	4.62	+0.33	+0.39	F1 IV
	χ¹	Hya	4314	11 06 25.1	−27 24 56	d	4.92	+0.37	+0.43	F3 IV
	v382	Car	4337	11 09 33.5	−59 05 50	cb	3.93	+1.23	+1.19	G4 0−Ia
52	ψ	UMa	4335	11 10 55.2	+44 22 34		3.00	+1.14	+1.09	K1 III
11	β	Crt	4343	11 12 46.1	−22 56 56	b	4.46	+0.03	+0.04	A2 IV
			4350	11 13 34.9	−49 13 24	b	5.37	+0.18	+0.19	A3 IV/V
68	δ	Leo	4357	11 15 18.1	+20 24 00	d	2.56	+0.13	+0.12	A4 IV

Designation			BS=HR No.	Right Ascension	Declination	Notes	V	B–V	V–I	Spectral Type
				h m s	o ′ ″					
70	θ	Leo	4359	11 15 25.1	+15 18 22		3.33	0.00	+0.01	A2 IV (Kvar)
74	φ	Leo	4368	11 17 48.4	−03 46 30	d	4.45	+0.21	+0.25	A7 V⁺n
	SV	Crt	4369	11 18 06.7	−07 15 28	sdb	6.11	+0.21	+0.23	A8p Sr Cr
54	ν	UMa	4377	11 19 41.3	+32 58 16	db	3.49	+1.40	+1.37	K3⁻ III
55		UMa	4380	11 20 21.1	+38 03 43	db	4.76	+0.11	+0.11	A1 Va
12	δ	Crt	4382	11 20 28.1	−14 54 02	b	3.56	+1.11	+1.12	G9 IIIb CH 0.2
	π	Cen	4390	11 22 02.4	−54 36 52	dm	3.90	−0.16	−0.16	B5 Vn
77	σ	Leo	4386	11 22 17.8	+05 54 21	b	4.05	−0.06	−0.06	A0 III⁺
78	ι	Leo	4399	11 25 05.7	+10 24 19	dbm	4.00	+0.42	+0.47	F2 IV
15	γ	Crt	4405	11 26 00.5	−17 48 28	d	4.06	+0.22	+0.24	A7 V
84	τ	Leo	4418	11 29 05.7	+02 43 56	d	4.95	+1.00	+0.95	G7.5 IIIa
1	λ	Dra	4434	11 32 42.9	+69 12 24		3.82	+1.61	+1.79	M0 III Ca−1
	ξ	Hya	4450	11 34 06.8	−31 58 56	d	3.54	+0.95	+0.92	G7 III
	λ	Cen	4467	11 36 49.9	−63 08 40	d	3.11	−0.04	−0.01	B9.5 IIn
			4466	11 37 01.5	−47 46 00		5.26	+0.26	+0.29	A7m
21	θ	Crt	4468	11 37 49.5	−09 55 37	b	4.70	−0.07	−0.06	B9.5 Vn
91	υ	Leo	4471	11 38 06.1	−00 56 53		4.30	+0.98	+0.98	G8⁺ IIIb
	o	Hya	4494	11 41 20.1	−34 52 10		4.70	−0.07	−0.05	B9 V
61		UMa	4496	11 42 13.8	+34 04 28	das	5.31	+0.72	+0.78	G8 V
3		Dra	4504	11 43 42.5	+66 37 13		5.32	+1.27	+1.23	K3 III
	v810	Cen	4511	11 44 36.3	−62 36 52	s	5.00	+0.78	+0.87	G0 0−Ia Fe 1
27	ζ	Crt	4514	11 45 54.4	−18 28 33	dm	4.71	+0.96	+0.94	G8 IIIa
	λ	Mus	4520	11 46 41.0	−66 51 13	d	3.63	+0.16	+0.17	A7 IV
3	ν	Vir	4517	11 47 00.9	+06 24 12		4.04	+1.50	+1.79	M1 III
63	χ	UMa	4518	11 47 13.8	+47 39 16		3.69	+1.18	+1.15	K0.5 IIIb
			4522	11 47 36.9	−61 18 13	d	4.11	+0.90	+0.88	G3 II
93	DQ	Leo	4527	11 49 08.6	+20 05 38	cdb	4.50	+0.55	+0.69	G4 III−IV + A7 V
	II	Hya	4532	11 49 53.5	−26 52 30		5.10	+1.59	+2.84	M4⁺ III
94	β	Leo	4534	11 50 12.3	+14 26 46	dn28	2.14	+0.09	+0.10	A3 Va
			4537	11 50 47.6	−63 54 49		4.30	−0.15	−0.09	B3 V
5	β	Vir	4540	11 51 52.1	+01 38 16	d	3.59	+0.52	+0.61	F9 V
			4546	11 52 16.6	−45 17 55		4.47	+1.28	+1.24	K3 III
	β	Hya	4552	11 54 03.0	−34 02 00	vdm	4.29	−0.10	−0.07	Ap Si
64	γ	UMa	4554	11 55 00.3	+53 34 11	ab	2.41	+0.04	+0.06	A0 Van
95		Leo	4564	11 56 49.9	+15 31 18	db	5.53	+0.12	+0.13	A3 V
30	η	Crt	4567	11 57 09.9	−17 16 34		5.17	−0.02	0.00	A0 Va
8	π	Vir	4589	12 02 01.6	+06 29 20	b	4.65	+0.12	+0.14	A5 IV
	θ¹	Cru	4599	12 04 11.1	−63 26 17	db	4.32	+0.28	+0.36	A8m
			4600	12 04 49.9	−42 33 36		5.15	+0.42	+0.50	F6 V
9	o	Vir	4608	12 06 21.3	+08 36 29	s	4.12	+0.97	+0.96	G8 IIIa CN−1 Ba 1 CH 1
	η	Cru	4616	12 08 04.3	−64 44 21	db	4.14	+0.35	+0.41	F2 V⁺
			4618	12 09 15.7	−50 47 11	v	4.46	−0.16	−0.16	B2 IIne
	δ	Cen	4621	12 09 32.0	−50 50 51	d	2.58	−0.13	−0.12	B2 IVne
1	α	Crv	4623	12 09 34.7	−24 51 15		4.02	+0.33	+0.40	F0 IV−V
2	ε	Crv	4630	12 11 17.1	−22 44 41		3.02	+1.33	+1.23	K2.5 IIIa
	ρ	Cen	4638	12 12 50.3	−52 29 37		3.97	−0.16	−0.17	B3 V
			4646	12 13 13.6	+77 29 29	vb	5.14	+0.36	+0.42	F2m
	δ	Cru	4656	12 16 21.2	−58 52 26		2.79	−0.19	−0.25	B2 IV
69	δ	UMa	4660	12 16 31.8	+56 54 28	d	3.32	+0.08	+0.03	A2 Van
4	γ	Crv	4662	12 16 58.0	−17 40 00	bn29	2.58	−0.11	−0.10	B8p Hg Mn

Designation		BS=HR No.	Right Ascension	Declination	Notes	V	B–V	V–I	Spectral Type
			h m s	o ′ ″					
	ε Mus	4671	12 18 48.4	−68 05 09	b	4.06	+1.60	+2.82	M5 III
	ζ Cru	4679	12 19 40.5	−64 07 41	d	4.06	−0.17	−0.18	B2.5 V
	β Cha	4674	12 19 43.0	−79 26 13		4.24	−0.12	−0.11	B5 Vn
3	CVn	4690	12 20 54.8	+48 51 34		5.28	+1.62	+1.90	M1$^+$ IIIab
15	η Vir	4689	12 21 03.5	−00 47 30	db	3.89	+0.03	+0.03	A1 IV$^+$
16	Vir	4695	12 21 29.6	+03 11 15	d	4.97	+1.17	+1.19	K0.5 IIIb Fe−0.5
	ε Cru	4700	12 22 35.4	−60 31 31		3.59	+1.39	+1.39	K3 III
12	Com	4707	12 23 38.0	+25 43 17	cdb	4.78	+0.52	+0.61	G5 III + A5
6	CVn	4728	12 26 57.2	+38 53 38		5.01	+0.96	+0.94	G9 III
	α^1 Cru	4730	12 27 52.0	−63 13 25	cdbmn30	0.77	−0.24	−0.26	B0.5 IV
15	γ Com	4737	12 28 03.4	+28 08 37		4.35	+1.13	+1.04	K1 III Fe 0.5
	σ Cen	4743	12 29 16.0	−50 21 18		3.91	−0.19	−0.20	B2 V
		4748	12 29 34.7	−39 09 56		5.45	−0.07	−0.05	B8/9 V
74	UMa	4760	12 30 59.9	+58 16 56		5.37	+0.21	+0.17	δ Del
7 δ	Crv	4757	12 31 01.9	−16 38 26	d	2.94	−0.01	−0.04	B9.5 IV$^-$n
	γ Cru	4763	12 32 25.7	−57 14 20	dn31	1.59	+1.60	+2.37	M3.5 III
8 η	Crv	4775	12 33 14.0	−16 19 13	b	4.30	+0.39	+0.44	F2 V
	γ Mus	4773	12 33 50.5	−72 15 25		3.84	−0.16	−0.14	B5 V
5 κ	Dra	4787	12 34 25.9	+69 39 52	vb	3.85	−0.12	−0.02	B6 IIIpe
		4783	12 34 45.2	+33 07 25		5.42	+1.01	+0.96	K0 III CN−1
8 β	CVn	4785	12 34 48.4	+41 14 08	adsb	4.24	+0.59	+0.67	G0 V
9 β	Crv	4786	12 35 34.4	−23 31 15		2.65	+0.89	+0.88	G5 IIb
23	Com	4789	12 35 58.3	+22 30 21	dbm	4.80	+0.01	+0.03	A0m A1 IV
24	Com	4792	12 36 15.4	+18 15 12	d	5.03	+1.15	+1.12	K2 III
	α Mus	4798	12 38 33.1	−69 15 33	d	2.69	−0.18	−0.23	B2 IV–V
	τ Cen	4802	12 38 56.6	−48 39 53		3.85	+0.05	+0.06	A1 IVnn
26 χ	Vir	4813	12 40 24.6	−08 07 09	d	4.66	+1.24	+1.15	K2 III CN 1.5
	γ Cen	4819	12 42 46.1	−49 04 59	dbm	2.20	−0.02	−0.01	A1 IV
29 γ^1	Vir	4825	12 42 48.1	−01 34 22	ocdbm	2.74	+0.36	+0.43	F1 V
29 γ^2	Vir	4826	12 42 48.1	−01 34 19	ocdm	2.74	+0.36	+0.43	F0m F2 V
30 ρ	Vir	4828	12 43 01.4	+10 06 43	b	4.88	+0.08	+0.08	A0 Va (λ Boo)
		4839	12 45 12.8	−28 26 50		5.46	+1.35	+1.31	K3 III
	Y CVn	4846	12 46 11.0	+45 19 03		5.42	+2.99	+3.07	C5,5
32 FM	Vir	4847	12 46 45.3	+07 33 02	b	5.22	+0.32	+0.34	F2m
	β Mus	4844	12 47 41.1	−68 13 51	cdm	3.04	−0.18	−0.19	B2 V + B2.5 V
	β Cru	4853	12 49 03.1	−59 48 41	vdb	1.25	−0.24	−0.27	B0.5 III
		4874	12 51 54.8	−34 07 17	d	4.90	−0.03	−0.01	A0 IV
31	Com	4883	12 52 47.6	+27 25 07	s	4.93	+0.68	+0.70	G0 IIIp
		4888	12 54 24.0	−49 03 55	b	4.33	+1.34	+1.33	K3/4 III
		4889	12 54 41.5	−40 18 03		4.25	+0.22	+0.27	A7 V
77 ε	UMa	4905	12 55 00.8	+55 50 17	dvbn32	1.76	−0.02	−0.04	A0p Cr
40 ψ	Vir	4902	12 55 31.5	−09 39 39		4.77	+1.59	+2.18	M3$^-$ III Ca−1
	μ^1 Cru	4898	12 55 55.9	−57 17 59	d	4.03	−0.18	−0.26	B2 IV–V
8	Dra	4916	12 56 21.9	+65 19 00	v	5.23	+0.30	+0.35	F0 IV–V
43 δ	Vir	4910	12 56 44.3	+03 16 32	d	3.39	+1.57	+2.24	M3$^+$ III
12 α^2	CVn	4915	12 57 04.6	+38 11 50	vd	2.89	−0.12	−0.13	A0p Si Eu
	ι Oct	4870	12 57 36.0	−85 14 41	dm	5.45	+0.99	+0.97	K0 III
78	UMa	4931	13 01 41.3	+56 14 44	asdm	4.93	+0.37	+0.45	F2 V
47 ε	Vir	4932	13 03 17.8	+10 50 19	asd	2.85	+0.93	+0.83	G8 IIIab
	δ Mus	4923	13 03 51.3	−71 40 10	b	3.61	+1.19	+1.17	K2 III

Designation			BS=HR No.	Right Ascension	Declination	Notes	V	B–V	V–I	Spectral Type
				h m s	° ′ ″					
14		CVn	4943	13 06 47.4	+35 40 44		5.20	−0.06	−0.04	B9 V
	ξ^2	Cen	4942	13 08 14.2	−50 01 34	db	4.27	−0.18	−0.18	B1.5 V
51	θ	Vir	4963	13 11 07.0	−05 39 31	dbm	4.38	−0.01	+0.01	A1 IV
43	β	Com	4983	13 12 55.3	+27 45 53	db	4.23	+0.57	+0.67	F9.5 V
	η	Mus	4993	13 16 48.2	−68 00 47	vdb	4.79	−0.08	−0.09	B7 V
			5006	13 18 08.5	−31 37 29		5.10	+0.96	+0.95	K0 III
20 AO		CVn	5017	13 18 32.9	+40 27 17	sv	4.72	+0.31	+0.31	F2 III (str. met.)
60	σ	Vir	5015	13 18 44.5	+05 21 07		4.78	+1.64	+1.97	M1 III
61		Vir	5019	13 19 35.2	−18 26 09	d	4.74	+0.71	+0.75	G6.5 V
46	γ	Hya	5020	13 20 09.0	−23 17 22	d	2.99	+0.92	+0.90	G8 IIIa
	ι	Cen	5028	13 21 52.2	−36 49 49		2.75	+0.07	+0.02	A2 Va
			5035	13 24 06.3	−61 06 20	d	4.52	−0.14	−0.13	B3 V
79	ζ	UMa	5054	13 24 49.7	+54 48 30	db	2.23	+0.06	+0.07	A1 Va$^+$ (Si)
80		UMa	5062	13 26 07.4	+54 52 17	b	3.99	+0.17	+0.19	A5 Vn
67	α	Vir	5056	13 26 22.9	−11 16 41	vdbn33	0.98	−0.24	−0.25	B1 V
68		Vir	5064	13 27 54.7	−12 49 27		5.27	+1.48	+1.60	M0 III
			5085	13 29 16.4	+59 49 48	d	5.40	−0.01	+0.01	A1 Vn
70		Vir	5072	13 29 31.9	+13 39 33	d	4.97	+0.71	+0.77	G4 V
			5089	13 32 21.4	−39 31 22	dbm	3.90	+1.19	+1.10	G8 III
78 CW		Vir	5105	13 35 16.4	+03 32 39	vb	4.92	+0.03	+0.03	A1p Cr Eu
BH		CVn	5110	13 35 48.0	+37 04 04	b	4.91	+0.40	+0.55	F1 V$^+$
79	ζ	Vir	5107	13 35 50.5	−00 42 36		3.38	+0.11	+0.12	A2 IV$^-$
			5139	13 37 43.6	+71 07 41		5.50	+1.22	+1.18	gK2
	ϵ	Cen	5132	13 41 19.7	−53 34 47	d	2.29	−0.17	−0.23	B1 III
v744		Cen	5134	13 41 24.0	−50 03 47	s	5.74	+1.50	+3.33	M6 III
82		Vir	5150	13 42 47.8	−08 48 57		5.03	+1.62	+2.04	M1.5 III
1		Cen	5168	13 46 58.4	−33 09 24	b	4.23	+0.39	+0.44	F2 V$^+$
4	τ	Boo	5185	13 48 19.9	+17 20 44	d	4.50	+0.51	+0.51	F7 V
85	η	UMa	5191	13 48 25.5	+49 12 06	abn34	1.85	−0.10	−0.08	B3 V
v766		Cen	5171	13 48 46.4	−62 42 05	sdm	6.40	+	+	K0 0–Ia
5	υ	Boo	5200	13 50 33.8	+15 41 13		4.05	+1.52	+1.60	K5.5 III
2 v806		Cen	5192	13 50 45.4	−34 33 44		4.19	+1.52	+3.00	M4.5 III
	ν	Cen	5190	13 50 51.8	−41 47 56	vb	3.41	−0.23	−0.24	B2 IV
	μ	Cen	5193	13 50 58.9	−42 35 06	sdb	3.47	−0.17	−0.21	B2 IV–Vpne (shell)
89		Vir	5196	13 51 05.9	−18 14 43		4.96	+1.06	+1.09	K0.5 III
10 CU		Dra	5226	13 52 05.4	+64 36 45	d	4.58	+1.57	+2.35	M3.5 III
8	η	Boo	5235	13 55 45.4	+18 17 09	asdb	2.68	+0.58	+0.65	G0 IV
	ζ	Cen	5231	13 56 57.3	−47 23 53	b	2.55	−0.18	−0.18	B2.5 IV
			5241	13 59 18.1	−63 47 45		4.71	+1.08	+1.05	K1.5 III
	ϕ	Cen	5248	13 59 38.9	−42 12 35		3.83	−0.22	−0.23	B2 IV
47		Hya	5250	13 59 47.2	−25 04 52	b	5.20	−0.09	−0.07	B8 V
	υ^1	Cen	5249	14 00 04.8	−44 54 44		3.87	−0.21	−0.22	B2 IV–V
93	τ	Vir	5264	14 02 47.6	+01 26 12	db	4.23	+0.12	+0.14	A3 IV
	υ^2	Cen	5260	14 03 08.4	−45 42 41	b	4.34	+0.60	+0.65	F6 II
			5270	14 03 38.1	+09 34 41	s	6.18	+0.85	+0.87	G8: II: Fe−5
11	α	Dra	5291	14 05 00.0	+64 16 08	sb	3.67	−0.05	−0.08	A0 III
	β	Cen	5267	14 05 25.9	−60 28 49	dbmn35	0.61	−0.23	−0.25	B1 III
	χ	Cen	5285	14 07 25.7	−41 17 11		4.36	−0.20	−0.21	B2 V
	θ	Aps	5261	14 07 35.9	−76 54 13	vs	5.69	+1.24	+4.10	M6.5 III:
49	π	Hya	5287	14 07 39.5	−26 47 23		3.25	+1.09	+1.10	K2$^-$ III Fe−0.5

Designation			BS=HR No.	Right Ascension	Declination	Notes	V	B–V	V–I	Spectral Type
				h m s	° ′ ″					
5	θ	Cen	5288	14 08 00.9	−36 28 47	dn36	2.06	+1.01	+1.01	K0⁻ IIIb
4		UMi	5321	14 08 47.7	+77 26 30	db	4.80	+1.37	+1.34	K3⁻ IIIb Fe−0.5
	BY	Boo	5299	14 08 49.7	+43 44 53		5.13	+1.49	+2.74	M4.5 III
12		Boo	5304	14 11 25.5	+24 59 09	db	4.82	+0.54	+0.57	F8 IV
98	κ	Vir	5315	14 14 06.0	−10 22 39		4.18	+1.32	+1.35	K2.5 III Fe−0.5
16	α	Boo	5340	14 16 41.3	+19 03 58	dmn37	−0.05	+1.24	+1.22	K1.5 III Fe−0.5
21	ι	Boo	5350	14 16 57.7	+51 15 51	db	4.75	+0.24	+0.19	A7 IV
99	ι	Vir	5338	14 17 11.8	−06 06 25		4.07	+0.51	+0.59	F7 III–IV
19	λ	Boo	5351	14 17 14.3	+45 59 09		4.18	+0.09	+0.04	A0 Va (λ Boo)
			5361	14 18 56.9	+35 24 23	b	4.80	+1.06	+1.00	K0 III
100	λ	Vir	5359	14 20 19.9	−13 28 25	b	4.52	+0.13	+0.11	A5m:
18		Boo	5365	14 20 21.7	+12 54 05	d	5.41	+0.39	+0.41	F3 V
	ι	Lup	5354	14 20 51.3	−46 09 38		3.55	−0.18	−0.18	B2.5 IVn
			5358	14 21 54.9	−56 29 20		4.30	+0.08	+0.21	B6 Ib
	ψ	Cen	5367	14 21 56.0	−37 59 15	d	4.05	−0.03	−0.02	A0 III
	v761	Cen	5378	14 24 26.0	−39 36 48	v	4.41	−0.19	−0.20	B7 IIIp (var)
			5392	14 25 18.6	+05 43 09	b	5.10	+0.12	+0.14	A5 V
23	θ	Boo	5404	14 25 57.7	+51 44 51	d	4.04	+0.50	+0.59	F7 V
			5390	14 26 06.0	−24 54 26		5.34	+0.96	+0.95	K0 III
22		Boo	5405	14 27 30.2	+19 07 36		5.40	+0.23	+0.21	F0m
5		UMi	5430	14 27 30.3	+75 35 45	d	4.25	+1.43	+1.42	K4⁻ III
	τ¹	Lup	5395	14 27 35.5	−45 19 19	vd	4.56	−0.15	−0.14	B2 IV
	τ²	Lup	5396	14 27 38.3	−45 28 47	cdbm	4.33	+0.43	+0.58	F4 IV + A7:
105	φ	Vir	5409	14 29 21.8	−02 19 40	sdbm	4.81	+0.69	+0.73	G2 IV
52		Hya	5407	14 29 29.9	−29 35 30	d	4.97	−0.07	−0.05	B8 IV
	δ	Oct	5339	14 30 48.3	−83 46 04		4.31	+1.30	+1.30	K2 III
25	ρ	Boo	5429	14 32 48.0	+30 16 25	ad	3.57	+1.30	+1.22	K3 III
27	γ	Boo	5435	14 32 59.0	+38 12 38	d	3.04	+0.19	+0.17	A7 IV⁺
	σ	Lup	5425	14 34 08.8	−50 33 20		4.44	−0.18	−0.18	B2 III
28	σ	Boo	5447	14 35 39.6	+29 38 54	d	4.47	+0.36	+0.41	F2 V
	η	Cen	5440	14 36 56.7	−42 15 19	v	2.33	−0.16	−0.17	B1.5 IVpne (shell)
	ρ	Lup	5453	14 39 24.8	−49 31 21		4.05	−0.15	−0.16	B5 V
33		Boo	5468	14 39 40.4	+44 18 29	b	5.39	+0.03	+0.05	A1 V
	α²	Cen	5460	14 41 08.6	−60 55 35	odn38	1.35	+0.90	+0.88	K1 V
	α¹	Cen	5459	14 41 08.6	−60 55 43	odbn38	−0.01	+0.71	+0.69	G2 V
30	ζ	Boo	5478	14 42 13.5	+13 37 58	odbm	3.78	+0.04	+0.06	A2 Va
			5471	14 43 21.9	−37 53 19		4.01	−0.16	−0.18	B3 V
	α	Lup	5469	14 43 26.2	−47 29 00	vdb	2.30	−0.15	−0.21	B1.5 III
107	μ	Vir	5487	14 44 14.9	−05 45 17	b	3.87	+0.39	+0.47	F2 V
	α	Cir	5463	14 44 21.1	−65 04 17	db	3.18	+0.26	+0.26	A7p Sr Eu
34	W	Boo	5490	14 44 24.7	+26 25 59	v	4.80	+1.67	+2.13	M3⁻ III
			5485	14 45 02.5	−35 16 09		4.06	+1.36	+1.35	K3 IIIb
36	ε	Boo	5506	14 45 58.2	+26 58 49	dm	2.35	+0.97	+0.95	K0⁻ II–III
109		Vir	5511	14 47 23.3	+01 47 57		3.73	−0.01	+0.01	A0 IVnn
			5495	14 48 36.6	−52 28 38	d	5.22	+0.98	+0.96	G8 III
56		Hya	5516	14 49 03.9	−26 10 50		5.23	+0.94	+0.93	G8/K0 III
7	β	UMi	5563	14 50 39.8	+74 03 49	dn40	2.07	+1.47	+1.46	K4⁻ III
	α	Aps	5470	14 50 45.9	−79 08 15		3.83	+1.43	+1.42	K3 III CN 0.5
58		Hya	5526	14 51 36.9	−28 03 10		4.42	+1.37	+1.43	K2.5 IIIb Fe−1:
8	α¹	Lib	5530	14 51 56.0	−16 05 22		5.15	+0.40	+0.48	F3 V

Designation			BS=HR No.	Right Ascension	Declination	Notes	V	B−V	V−I	Spectral Type
				h m s	° ′ ″					
			5552	14 52 00.9	+59 12 11		5.48	+1.37	+1.34	K4 III
9	α^2	Lib	5531	14 52 07.6	−16 08 02	dbn39	2.75	+0.15	+0.16	A3 III−IV
	o	Lup	5528	14 53 07.0	−43 40 01	dbm	4.32	−0.15	−0.14	B5 IV
			5558	14 57 08.0	−33 56 45	db	5.32	+0.05	+0.06	A0 V
RR		UMi	5589	14 57 56.9	+65 50 36	b	4.63	+1.59	+2.85	M4.5 III
15	ξ^2	Lib	5564	14 57 59.6	−11 29 57		5.48	+1.49	+1.51	gK4
16		Lib	5570	14 58 21.7	−04 26 13		4.47	+0.32	+0.38	F0 IV$^-$
	β	Lup	5571	15 00 00.9	−43 13 23		2.68	−0.18	−0.23	B2 IV
	κ	Cen	5576	15 00 38.1	−42 11 35	dm	3.13	−0.21	−0.21	B2 V
19	δ	Lib	5586	15 02 10.7	−08 36 25	vdb	4.91	0.00	+0.07	B9.5 V
42	β	Boo	5602	15 02 47.6	+40 18 10		3.49	+0.96	+0.89	G8 IIIa Fe−0.5
110		Vir	5601	15 04 02.4	+02 00 15		4.39	+1.03	+1.04	K0$^+$ IIIb Fe−0.5
20	σ	Lib	5603	15 05 23.5	−25 22 08		3.25	+1.67	+2.23	M2.5 III
43	ψ	Boo	5616	15 05 24.6	+26 51 40		4.52	+1.24	+1.23	K2 III
			5635	15 06 55.4	+54 28 14		5.24	+0.96	+0.95	G8 III Fe−1
45		Boo	5634	15 08 17.4	+24 46 58	d	4.93	+0.43	+0.51	F5 V
	λ	Lup	5626	15 10 22.1	−45 21 53	dbm	4.07	−0.16	−0.18	B3 V
24	ι	Lib	5652	15 13 30.5	−19 52 31	db	4.54	−0.07	−0.06	B9p Si
	κ^1	Lup	5646	15 13 30.6	−48 49 18	d	3.88	−0.03	−0.02	B9.5 IVnn
	ζ	Lup	5649	15 13 54.9	−52 10 59	d	3.41	+0.92	+0.91	G8 III
			5691	15 14 54.4	+67 15 42		5.15	+0.55	+0.62	F8 V
1		Lup	5660	15 16 00.4	−31 36 06		4.91	+0.37	+0.48	F0 Ib−II
3		Ser	5675	15 16 18.6	+04 51 26	dm	5.32	+1.09	+1.05	gK0
49	δ	Boo	5681	15 16 24.6	+33 13 55	db	3.46	+0.96	+0.96	G8 III Fe−1
27	β	Lib	5685	15 18 13.2	−09 27 52	b	2.61	−0.07	−0.08	B8 IIIn
2		Lup	5686	15 19 12.3	−30 13 47		4.35	+1.10	+1.03	K0$^-$ IIIa CH−1
	β	Cir	5670	15 19 17.6	−58 53 00		4.07	+0.09	+0.08	A3 Vb
	μ	Lup	5683	15 20 06.6	−47 57 23	dm	4.27	−0.09	−0.07	B8 V
13	γ	UMi	5735	15 20 42.6	+71 45 14		3.00	+0.06	+0.12	A3 III
	γ	TrA	5671	15 21 02.6	−68 45 37		2.87	+0.01	+0.04	A1 III
	δ	Lup	5695	15 22 51.4	−40 43 38		3.22	−0.23	−0.23	B1.5 IVn
	ϕ^1	Lup	5705	15 23 14.5	−36 20 29	d	3.57	+1.53	+1.59	K4 III
	ϵ	Lup	5708	15 24 13.1	−44 46 08	dbm	3.37	−0.19	−0.20	B2 IV−V
	ϕ^2	Lup	5712	15 24 36.0	−36 56 15		4.54	−0.16	−0.16	B4 V
	γ	Cir	5704	15 25 11.3	−59 23 59	cdm	4.48	+0.17	+0.18	B5 IV
51	μ^1	Boo	5733	15 25 20.5	+37 17 57	db	4.31	+0.31	+0.35	F0 IV
12	ι	Dra	5744	15 25 26.0	+58 53 16	d	3.29	+1.17	+1.07	K2 III
9	τ^1	Ser	5739	15 26 50.1	+15 21 01		5.16	+1.65	+1.84	M1 IIIa
3	β	CrB	5747	15 28 45.4	+29 01 45	vdb	3.66	+0.32	+0.37	F0p Cr Eu
52	ν^1	Boo	5763	15 31 44.3	+40 45 26		5.04	+1.59	+1.71	K4.5 IIIb Ba 0.5
4	θ	CrB	5778	15 33 50.3	+31 17 04	dm	4.14	−0.13	−0.12	B6 Vnn
	κ^1	Aps	5730	15 34 00.9	−73 27 53	d	5.40	−0.15	−0.14	B1pne
37		Lib	5777	15 35 24.7	−10 08 25		4.61	+1.00	+1.02	K1 III−IV
5	α	CrB	5793	15 35 38.5	+26 38 25	bn41	2.22	+0.03	+0.05	A0 IV
13	δ	Ser	5789	15 35 52.7	+10 27 54	cdm	3.80	+0.27	+0.30	F0 III−IV + F0 IIIb
	γ	Lup	5776	15 36 38.9	−41 14 26	dvbm	2.80	−0.22	−0.22	B2 IVn
38	γ	Lib	5787	15 36 47.3	−14 51 47	d	3.91	+1.01	+1.02	G8.5 III
			5784	15 37 45.1	−44 28 13		5.44	+1.50	+1.49	K4/5 III
39	υ	Lib	5794	15 38 23.7	−28 12 29	d	3.60	+1.36	+1.36	K3.5 III
54	ϕ	Boo	5823	15 38 38.1	+40 16 52		5.25	+0.89	+0.89	G7 III−IV Fe−2

Designation	BS=HR No.	Right Ascension	Declination	Notes	V	B–V	V–I	Spectral Type
		h m s	° ′ ″					
ε TrA	5771	15 38 48.4	−66 23 25	d	4.11	+1.16	+1.12	K1/2 III
ω Lup	5797	15 39 34.7	−42 38 22	db	4.34	+1.41	+1.42	K4.5 III
40 τ Lib	5812	15 40 02.6	−29 51 00	b	3.66	−0.18	−0.18	B2.5 V
	5798	15 40 30.5	−52 26 42	d	5.43	+0.01	+0.03	B9 V
43 κ Lib	5838	15 43 14.8	−19 45 01	db	4.75	+1.57	+1.74	M0⁻ IIIb
16 ζ UMi	5903	15 43 18.1	+77 43 27		4.29	+0.04	+0.05	A2 III−IVn
8 γ CrB	5849	15 43 41.3	+26 13 32	dm	3.81	+0.02	+0.04	A0 IV comp.?
24 α Ser	5854	15 45 22.7	+06 21 22	d	2.63	+1.17	+1.09	K2 IIIb CN 1
	5886	15 47 00.9	+62 31 50		5.19	+0.06	+0.07	A2 IV
28 β Ser	5867	15 47 13.6	+15 21 10	d	3.65	+0.07	+0.09	A2 IV
27 λ Ser	5868	15 47 32.2	+07 17 02	b	4.42	+0.60	+0.66	G0⁻ V
35 κ Ser	5879	15 49 45.2	+18 04 24		4.09	+1.62	+1.73	M0.5 IIIab
10 δ CrB	5889	15 50 32.3	+26 00 03	s	4.59	+0.79	+0.82	G5 III−IV Fe−1
32 μ Ser	5881	15 50 47.8	−03 29 51	db	3.54	−0.04	−0.03	A0 III
37 ε Ser	5892	15 51 56.4	+04 24 41		3.71	+0.15	+0.13	A5m
11 κ CrB	5901	15 52 04.9	+35 35 19	sd	4.79	+1.00	+0.97	K1 IVa
5 χ Lup	5883	15 52 23.7	−33 41 38	b	3.97	−0.05	−0.05	B9p Hg
1 χ Her	5914	15 53 27.3	+42 23 22		4.60	+0.56	+0.63	F8 V Fe−2 Hδ−1
45 λ Lib	5902	15 54 38.7	−20 13 57	b	5.04	−0.01	−0.03	B2.5 V
46 θ Lib	5908	15 55 06.6	−16 47 37		4.13	+1.00	+1.02	G9 IIIb
β TrA	5897	15 57 08.7	−63 29 52	d	2.83	+0.32	+0.36	F0 IV
41 γ Ser	5933	15 57 29.6	+15 35 22	d	3.85	+0.48	+0.54	F6 V
5 ρ Sco	5928	15 58 16.7	−29 16 41	db	3.87	−0.20	−0.18	B2 IV−V
CL Dra	5960	15 58 19.6	+54 41 13	b	4.96	+0.27	+0.29	F0 IV
13 ε CrB	5947	15 58 31.2	+26 48 50	sd	4.14	+1.23	+1.17	K2 IIIab
48 FX Lib	5941	15 59 27.2	−14 20 34	b	4.95	−0.08	−0.06	B5 IIIpe (shell)
6 π Sco	5944	16 00 13.0	−26 10 38	cvdb	2.89	−0.18	−0.18	B1 V + B2 V
T CrB	5958	16 00 26.7	+25 51 27	vdb	10.08	+1.34	+2.06	gM3: + Bep
	5943	16 01 02.7	−41 48 25		4.99	+0.99	+0.97	K0 II/III
49 Lib	5954	16 01 35.5	−16 35 53	db	5.47	+0.52	+0.52	F8 V
η Lup	5948	16 01 37.2	−38 27 33	d	3.42	−0.21	−0.23	B2.5 IVn
7 δ Sco	5953	16 01 40.1	−22 41 03	dbm	2.29	−0.12	−0.09	B0.3 IV
13 θ Dra	5986	16 02 18.8	+58 30 21	b	4.01	+0.53	+0.55	F8 IV−V
8 β¹ Sco	5984	16 06 44.9	−19 51 55	db	2.56	−0.07	−0.04	B0.5 V
8 β² Sco	5985	16 06 45.2	−19 51 42	sd	4.90	−0.02	0.00	B2 V
θ Lup	5987	16 08 04.6	−36 51 42		4.22	−0.18	−0.19	B2.5 Vn
δ Nor	5980	16 08 05.4	−45 13 56		4.73	+0.23	+0.20	A7m
9 ω¹ Sco	5993	16 08 07.6	−20 43 42	s	3.93	−0.05	+0.01	B1 V
10 ω² Sco	5997	16 08 43.7	−20 55 40		4.31	+0.83	+0.85	G4 II−III
7 κ Her	6008	16 09 05.5	+16 59 18	d	5.00	+0.93	+0.93	G5 III
11 φ Her	6023	16 09 28.8	+44 52 37	vb	4.23	−0.05	−0.02	B9p Hg Mn
16 τ CrB	6018	16 09 47.7	+36 26 06	db	4.73	+1.02	+1.00	K1⁻ III−IV
19 UMi	6079	16 10 12.8	+75 49 12		5.48	−0.09	−0.07	B8 V
14 ν Sco	6027	16 13 18.4	−19 31 03	dbm	4.00	+0.08	+0.14	B2 IVp
κ Nor	6024	16 15 15.9	−54 41 11	d	4.95	+1.02	+0.99	G8 III
1 δ Oph	6056	16 15 31.6	−03 45 02	d	2.73	+1.58	+1.82	M0.5 III
21 η UMi	6116	16 16 52.4	+75 42 09	d	4.95	+0.39	+0.46	F5 V
δ TrA	6030	16 17 30.2	−63 44 26	d	3.86	+1.11	+1.03	G2 Ib−IIa
2 ε Oph	6075	16 19 30.8	−04 44 45	d	3.23	+0.97	+0.96	G9.5 IIIb Fe−0.5
22 τ Her	6092	16 20 25.1	+46 15 39	vd	3.91	−0.15	−0.19	B5 IV

Designation		BS=HR No.	Right Ascension	Declination	Notes	V	B−V	V−I	Spectral Type
			h m s	° ′ ″					
		6077	16 20 58.4	−30 57 34	db	5.53	+0.47	+0.54	F6 III
γ^2	Nor	6072	16 21 32.0	−50 12 30	d	4.01	+1.08	+1.03	K1$^+$ III
20 σ	Sco	6084	16 22 33.6	−25 38 42	vdbm	2.90	+0.30	+0.31	B1 III
20 γ	Her	6095	16 22 54.8	+19 06 06	db	3.74	+0.30	+0.34	A9 IIIbn
50 σ	Ser	6093	16 23 12.8	+00 58 40		4.82	+0.34	+0.39	F1 IV−V
δ^1	Aps	6020	16 23 47.1	−78 44 52	d	4.68	+1.68	+2.67	M4 IIIa
14 η	Dra	6132	16 24 18.1	+61 27 49	db	2.73	+0.91	+0.84	G8$^-$ IIIab
4 ψ	Oph	6104	16 25 25.4	−20 05 17		4.48	+1.00	+0.99	K0$^-$ II−III
24 ω	Her	6117	16 26 27.3	+13 58 59	vd	4.57	0.00	+0.02	B9p Cr
15	Dra	6161	16 27 57.0	+68 43 10		4.94	−0.05	+0.02	B9.5 III
7 χ	Oph	6118	16 28 19.9	−18 30 20	b	4.22	+0.22	+0.24	B1.5 Ve
ε	Nor	6115	16 28 50.5	−47 36 14	db	4.46	−0.07	−0.04	B4 V
21 α	Sco	6134	16 30 47.5	−26 28 48	vdbn42	1.06	+1.87	+2.90	M1.5 Iab−Ib
ζ	TrA	6098	16 30 54.9	−70 07 54	b	4.90	+0.56	+0.64	F9 V
27 β	Her	6148	16 31 11.3	+21 26 31	db	2.78	+0.95	+0.94	G7 IIIa Fe−0.5
10 λ	Oph	6149	16 32 03.0	+01 56 11	dbm	3.82	+0.02	+0.03	A1 IV
8 φ	Oph	6147	16 32 25.8	−16 39 36	d	4.29	+0.92	+0.89	G8$^+$ IIIa
		6143	16 32 51.4	−34 45 05		4.24	−0.17	−0.17	B2 III−IV
9 ω	Oph	6153	16 33 28.4	−21 30 46		4.45	+0.13	+0.12	Ap Sr Cr
35 σ	Her	6168	16 34 49.8	+42 23 30	db	4.20	−0.01	+0.02	A0 IIIn
γ	Aps	6102	16 36 58.4	−78 56 35	b	3.86	+0.92	+0.92	G8/K0 III
23 τ	Sco	6165	16 37 17.2	−28 15 39	s	2.82	−0.21	−0.24	B0 V
		6166	16 37 51.6	−35 17 58	b	4.18	+1.54	+1.72	K7 III
13 ζ	Oph	6175	16 38 24.0	−10 36 39		2.54	+0.04	+0.10	O9.5 Vn
42	Her	6200	16 39 21.6	+48 53 07	d	4.86	+1.56	+2.03	M3$^-$ IIIab
40 ζ	Her	6212	16 42 08.1	+31 33 47	dbm	2.81	+0.65	+0.70	G0 IV
		6196	16 42 52.6	−17 47 02		4.91	+1.10	+1.13	G7.5 II−III CN 1 Ba 0.5
44 η	Her	6220	16 43 40.1	+38 52 50	d	3.48	+0.92	+0.89	G7 III Fe−1
22 ε	UMi	6322	16 43 44.7	+81 59 49	vdb	4.21	+0.90	+0.91	G5 III
		6237	16 45 43.6	+56 44 32	db	4.84	+0.38	+0.44	F2 V$^+$
β	Aps	6163	16 46 20.6	−77 33 36	d	4.23	+1.06	+1.04	K0 III
α	TrA	6217	16 51 04.0	−69 03 56	n43	1.91	+1.45	+1.45	K2 IIb−IIIa
20	Oph	6243	16 51 04.8	−10 49 15	b	4.64	+0.48	+0.55	F7 III
26 ε	Sco	6241	16 51 37.5	−34 19 55		2.29	+1.14	+1.10	K2 III
η	Ara	6229	16 51 44.3	−59 04 44	d	3.77	+1.56	+1.67	K5 III
51	Her	6270	16 52 41.3	+24 37 12		5.03	+1.25	+1.11	K0.5 IIIa Ca 0.5
μ^1	Sco	6247	16 53 23.9	−38 05 02	vb	3.00	−0.20	−0.20	B1.5 IVn
53	Her	6279	16 53 49.3	+31 39 56	d	5.34	+0.32	+0.37	F2 V
μ^2	Sco	6252	16 53 51.8	−38 03 13		3.56	−0.21	−0.21	B2 IV
25 ι	Oph	6281	16 55 04.4	+10 07 47	b	4.39	−0.09	−0.13	B8 V
ζ^2	Sco	6271	16 56 10.3	−42 23 51		3.62	+1.39	+1.37	K3.5 IIIb
27 κ	Oph	6299	16 58 44.1	+09 20 30	as	3.19	+1.16	+1.10	K2 III
ζ	Ara	6285	17 00 29.4	−56 01 23		3.12	+1.55	+1.60	K4 III
58 ε	Her	6324	17 01 09.1	+30 53 40	db	3.92	−0.02	−0.04	A0 IV$^+$
ϵ^1	Ara	6295	17 01 23.0	−53 11 33		4.06	+1.45	+1.42	K4 IIIab
30	Oph	6318	17 02 14.9	−04 15 17	d	4.82	+1.48	+1.49	K4 III
59	Her	6332	17 02 26.3	+33 32 13		5.27	+0.03	+0.04	A3 IV−Vs
60	Her	6355	17 06 25.4	+12 42 41	d	4.89	+0.13	+0.11	A4 IV
22 ζ	Dra	6396	17 08 51.4	+65 41 13	d	3.17	−0.12	−0.14	B6 III
35 η	Oph	6378	17 11 40.2	−15 45 03	dbmn44	2.43	+0.06	+0.06	A2 Va$^+$ (Sr)

Designation			BS=HR No.	Right Ascension	Declination	Notes	V	B–V	V–I	Spectral Type
				h m s	° ′ ″					
	η	Sco	6380	17 13 46.1	−43 15 59		3.32	+0.44	+0.47	F2 V:p (Cr)
64	α¹	Her	6406	17 15 40.5	+14 21 58	vsdm	2.78	+1.16	+1.13	M5 Ib–II
67	π	Her	6418	17 15 49.9	+36 47 06		3.16	+1.44	+1.31	K3 II
65	δ	Her	6410	17 15 57.4	+24 48 51	db	3.12	+0.08	+0.06	A1 Vann
	v656	Her	6452	17 21 18.4	+18 02 08		5.01	+1.65	+1.90	M1⁺ IIIab
72		Her	6458	17 21 30.2	+32 26 24	d	5.38	+0.62	+0.70	G0 V
53	ν	Ser	6446	17 22 05.7	−12 52 04	d	4.32	+0.04	+0.07	A1.5 IV
40	ξ	Oph	6445	17 22 21.4	−21 08 06	d	4.39	+0.39	+0.47	F2 V
42	θ	Oph	6453	17 23 23.6	−25 01 12	dvb	3.27	−0.19	−0.21	B2 IV
	ι	Aps	6411	17 24 37.2	−70 08 36	dm	5.39	−0.04	−0.02	B8/9 Vn
23	δ	UMi	6789	17 25 04.4	+86 34 11		4.35	+0.02	+0.04	A1 Van
	β	Ara	6461	17 27 10.5	−55 32 54		2.84	+1.48	+1.50	K3 Ib–IIa
	γ	Ara	6462	17 27 17.6	−56 23 46	d	3.31	−0.15	−0.12	B1 Ib
49	σ	Oph	6498	17 27 37.9	+04 07 21	s	4.34	+1.48	+1.44	K2 II
44		Oph	6486	17 27 44.8	−24 11 38		4.16	+0.28	+0.30	A9m:
			6493	17 27 49.6	−05 06 17	b	4.53	+0.39	+0.46	F2 V
45		Oph	6492	17 28 47.6	−29 53 07		4.28	+0.40	+0.45	δ Del
23	β	Dra	6536	17 30 56.5	+52 17 08	sd	2.79	+0.95	+0.93	G2 Ib–IIa
76	λ	Her	6526	17 31 38.9	+26 05 42		4.41	+1.43	+1.39	K3.5 III
27		Dra	6566	17 31 52.7	+68 07 14	db	5.07	+1.08	+1.04	G9 IIIb
34	υ	Sco	6508	17 32 17.7	−37 18 41	b	2.70	−0.18	−0.23	B2 IV
24	ν¹	Dra	6554	17 32 37.2	+55 10 10	b	4.89	+0.25	+0.28	A7m
25	ν²	Dra	6555	17 32 42.7	+55 09 30	db	4.86	+0.28	+0.30	A7m
	δ	Ara	6500	17 33 08.1	−60 41 59	d	3.60	−0.10	−0.10	B8 Vn
	α	Ara	6510	17 33 35.0	−49 53 29	db	2.84	−0.14	−0.15	B2 Vne
35	λ	Sco	6527	17 35 08.3	−37 07 05	vdbn45	1.62	−0.23	−0.24	B1.5 IV
55	α	Oph	6556	17 35 58.8	+12 32 43	bn46	2.08	+0.16	+0.17	A5 Vnn
28	ω	Dra	6596	17 36 49.4	+68 44 51	db	4.77	+0.43	+0.49	F4 V
			6546	17 38 05.9	−38 38 56		4.26	+1.08	+1.09	G8/K0 III/IV
55	ξ	Ser	6561	17 38 52.6	−15 24 39	db	3.54	+0.26	+0.29	F0 IIIb
	θ	Sco	6553	17 38 56.2	−43 00 35	m	1.86	+0.41	+0.48	F1 III
85	ι	Her	6588	17 40 06.1	+45 59 43	svdb	3.82	−0.18	−0.21	B3 IV
31	ψ	Dra	6636	17 41 32.7	+72 08 14	d	4.57	+0.43	+0.50	F5 V
56	o	Ser	6581	17 42 40.8	−12 53 08	b	4.24	+0.09	+0.10	A2 Va
	κ	Sco	6580	17 44 02.8	−39 02 21	vb	2.39	−0.17	−0.22	B1.5 III
84		Her	6608	17 44 17.0	+24 19 10	s	5.73	+0.68	+0.74	G2 IIIb
60	β	Oph	6603	17 44 35.1	+04 33 34		2.76	+1.17	+1.10	K2 III CN 0.5
58		Oph	6595	17 44 46.8	−21 41 32		4.86	+0.47	+0.54	F7 V:
	μ	Ara	6585	17 45 56.0	−51 50 36		5.12	+0.69	+0.71	G5 V
86	μ	Her	6623	17 47 20.5	+27 42 32	asd	3.42	+0.75	+0.71	G5 IV
	η	Pav	6582	17 47 56.7	−64 43 53		3.61	+1.16	+1.09	K1 IIIa CN 1
35		Dra	6701	17 48 26.8	+76 57 30		5.02	+0.52	+0.59	F7 IV
3	X	Sgr	6616	17 48 58.7	−27 50 14	v	4.53	+0.60	+0.76	F3 II
62	γ	Oph	6629	17 49 01.3	+02 42 02	b	3.75	+0.04	+0.05	A0 Van
	ι¹	Sco	6615	17 49 09.6	−40 08 00	sdb	2.99	+0.51	+0.64	F2 Ia
			6630	17 51 23.4	−37 02 54	d	3.19	+1.19	+1.15	K2 III
32	ξ	Dra	6688	17 53 55.1	+56 52 11	d	3.73	+1.18	+1.11	K2 III
89	v441	Her	6685	17 56 19.7	+26 02 52	svb	5.47	+0.34	+0.41	F2 Ibp
91	θ	Her	6695	17 57 01.5	+37 14 56		3.86	+1.35	+1.17	K1 IIa CN 2
33	γ	Dra	6705	17 57 07.8	+51 29 13	asdn47	2.24	+1.52	+1.54	K5 III

Designation	BS=HR No.	Right Ascension	Declination	Notes	V	B–V	V–I	Spectral Type
		h m s	° ′ ″					
92 ξ Her	6703	17 58 38.4	+29 14 48	v	3.70	+0.94	+0.89	G8.5 III
94 ν Her	6707	17 59 21.8	+30 11 19	dm	4.41	+0.38	+0.51	F2m
64 ν Oph	6698	18 00 15.9	−09 46 28		3.32	+0.99	+0.95	G9 IIIa
93 Her	6713	18 01 03.5	+16 45 04		4.67	+1.25	+1.12	K0.5 IIb
67 Oph	6714	18 01 46.4	+02 55 56	sd	3.93	+0.03	+0.10	B5 Ib
68 Oph	6723	18 02 53.7	+01 18 23	dbm	4.42	+0.05	+0.06	A0.5 Van
W Sgr	6742	18 06 27.5	−29 34 37	vdb	4.66	+0.77	+0.81	G0 Ib/II
70 Oph	6752	18 06 35.4	+02 29 51	dvbm	4.03	+0.86	+0.96	K0⁻ V
10 γ Sgr	6746	18 07 15.2	−30 25 18	b	2.98	+0.98	+0.99	K0⁺ III
	6791	18 08 09.5	+43 27 57	sb	5.00	+0.91	+0.91	G8 III CN−1 CH−3
θ Ara	6743	18 08 23.0	−50 05 15		3.65	−0.10	−0.06	B2 Ib
72 Oph	6771	18 08 25.0	+09 34 07	db	3.71	+0.16	+0.18	A5 IV−V
103 o Her	6779	18 08 25.2	+28 46 01	db	3.84	−0.02	−0.02	A0 II−III
102 Her	6787	18 09 43.3	+20 49 10	d	4.37	−0.16	−0.19	B2 IV
π Pav	6745	18 10 44.7	−63 39 52	b	4.33	+0.23	+0.23	A7p Sr
ε Tel	6783	18 12 53.9	−45 56 53	d	4.52	+1.01	+0.95	K0 III
36 Dra	6850	18 14 01.6	+64 24 19	d	4.99	+0.44	+0.51	F5 V
13 μ Sgr	6812	18 15 06.5	−21 03 03	db	3.84	+0.20	+0.21	B9 Ia
	6819	18 19 01.2	−56 00 49	b	5.36	−0.05	−0.01	B3 IIIpe
η Sgr	6832	18 19 09.0	−36 45 10	d	3.10	+1.58	+2.24	M3.5 IIIab
43 φ Dra	6920	18 20 25.9	+71 20 57	vdbm	4.22	−0.09	−0.11	A0p Si
44 χ Dra	6927	18 20 38.9	+72 44 31	db	3.55	+0.49	+0.62	F7 V
1 κ Lyr	6872	18 20 39.1	+36 04 33		4.33	+1.16	+1.10	K2⁻ IIIab CN 0.5
74 Oph	6866	18 21 59.5	+03 23 20	d	4.85	+0.91	+0.90	G8 III
19 δ Sgr	6859	18 22 26.0	−29 48 59	d	2.72	+1.38	+1.35	K2.5 IIIa CN 0.5
58 η Ser	6869	18 22 28.5	−02 53 29	d	3.23	+0.94	+0.96	K0 III−IV
109 Her	6895	18 24 39.5	+21 46 53	sd	3.85	+1.17	+1.13	K2 IIIab
ξ Pav	6855	18 25 17.8	−61 28 50	db	4.35	+1.46	+1.50	K4 III
20 ε Sgr	6879	18 25 39.9	−34 22 18	dn48	1.79	−0.03	+0.01	A0 II⁻ n (shell)
α Tel	6897	18 28 38.4	−45 57 13		3.49	−0.18	−0.18	B3 IV
22 λ Sgr	6913	18 29 21.5	−25 24 26		2.82	+1.03	+1.04	K1 IIIb
γ Sct	6930	18 30 28.8	−14 32 58		4.67	+0.08	+0.10	A2 III⁻
ζ Tel	6905	18 30 33.7	−49 03 21		4.10	+1.00	+1.02	G8/K0 III
60 Ser	6935	18 30 51.2	−01 58 08	b	5.38	+0.96	+0.95	K0 III
θ Cra	6951	18 35 06.5	−42 17 38		4.62	+0.99	+0.95	G8 III
α Sct	6973	18 36 25.9	−08 13 36		3.85	+1.32	+1.28	K3 III
	6985	18 37 32.2	+09 08 30	b	5.38	+0.39	+0.45	F5 IIIs
3 α Lyr	7001	18 37 42.1	+38 48 21	asdn49	0.03	0.00	−0.01	A0 Va
δ Sct	7020	18 43 30.3	−09 01 45	vdb	4.70	+0.36	+0.40	F2 III (str. met.)
ε Sct	7032	18 44 44.8	−08 15 04	d	4.88	+1.11	+1.07	G8 IIb
6 ξ¹ Lyr	7056	18 45 32.9	+37 37 47	db	4.34	+0.19	+0.18	A5m
50 Dra	7124	18 45 37.9	+75 27 34	b	5.37	+0.05	+0.06	A1 Vn
ζ Pav	6982	18 45 39.1	−71 24 18	d	4.01	+1.13	+1.14	K0 III
110 Her	7061	18 46 37.9	+20 34 09	d	4.19	+0.48	+0.55	F6 V
	7064	18 46 58.9	+26 41 15		4.83	+1.20	+1.16	K2 III
27 φ Sgr	7039	18 47 03.7	−26 57 56	b	3.17	−0.11	−0.10	B8 III
111 Her	7069	18 48 00.9	+18 12 29	db	4.34	+0.15	+0.16	A3 Va⁺
β Sct	7063	18 48 22.1	−04 43 19	b	4.22	+1.09	+1.09	G4 IIa
R Sct	7066	18 48 41.0	−05 40 45	vs	5.38	+1.28	+1.42	K0 Ib:p Ca−1
η¹ CrA	7062	18 50 27.7	−43 39 12		5.46	+0.13	+0.15	A2 Vn

Designation	BS=HR No.	Right Ascension	Declination	Notes	V	B–V	V–I	Spectral Type
		h m s	° ′ ″					
10 β Lyr	7106	18 50 54.7	+33 23 24	cvdb	3.52	0.00	+0.02	B7 Vpe (shell)
47 o Dra	7125	18 51 32.0	+59 24 59	dvb	4.63	+1.19	+1.20	G9 III Fe−0.5
52 υ Dra	7180	18 54 06.9	+71 19 37	b	4.82	+1.15	+1.10	K0 III CN 0.5
λ Pav	7074	18 54 17.6	−62 09 32	d	4.22	−0.15	−0.14	B2 II−III
12 δ² Lyr	7139	18 55 17.5	+36 55 42	d	4.22	+1.58	+2.60	M4 II
13 R Lyr	7157	18 56 01.2	+43 58 36	vsb	4.08	+1.40	+3.14	M5 III (var)
34 σ Sgr	7121	18 56 39.5	−26 16 00	dn50	2.05	−0.13	−0.13	B3 IV
63 θ¹ Ser	7141	18 57 20.3	+04 14 04	d	4.62	+0.16	+0.20	A5 V
37 ξ² Sgr	7150	18 59 04.3	−21 04 31		3.52	+1.15	+1.09	K1 III
κ Pav	7107	18 59 15.5	−67 12 07	v	4.40	+0.53	+0.59	F5 I−II
14 γ Lyr	7178	18 59 47.1	+32 43 18	d	3.25	−0.05	−0.03	B9 II
λ Tel	7134	19 00 15.4	−52 54 24	b	4.85	−0.05	−0.03	A0 III⁺
13 ε Aql	7176	19 00 38.6	+15 06 01	db	4.02	+1.08	+1.00	K1⁻ III CN 0.5
12 Aql	7193	19 02 52.9	−05 42 21		4.02	+1.08	+1.08	K1 III
38 ζ Sgr	7194	19 04 02.5	−29 50 45	dbm	2.60	+0.06	+0.06	A2 IV−V
39 o Sgr	7217	19 06 01.8	−21 42 24	d	3.76	+1.01	+0.98	G9 IIIb
17 ζ Aql	7235	19 06 26.7	+13 53 54	db	2.99	+0.01	−0.01	A0 Vann
χ Oct	6721	19 07 24.1	−87 34 25		5.29	+1.30	+1.26	K3 III
16 λ Aql	7236	19 07 26.5	−04 50 50		3.43	−0.10	−0.09	A0 IVp (wk 4481)
18 ι Lyr	7262	19 08 06.3	+36 08 12	d	5.25	−0.11	−0.09	B6 IV
40 τ Sgr	7234	19 08 20.6	−27 38 08	b	3.32	+1.17	+1.15	K1.5 IIIb
α CrA	7254	19 11 00.0	−37 52 02		4.11	+0.04	+0.03	A2 IVn
41 π Sgr	7264	19 11 06.0	−20 59 09	d	2.88	+0.38	+0.44	F2 II−III
β CrA	7259	19 11 34.4	−39 18 11		4.10	+1.16	+1.11	K0 II
57 δ Dra	7310	19 12 33.3	+67 42 04	d	3.07	+0.99	+0.94	G9 III
20 Aql	7279	19 13 53.9	−07 54 01		5.35	+0.09	+0.11	B3 V
20 η Lyr	7298	19 14 31.5	+39 11 09	db	4.43	−0.15	−0.19	B2.5 IV
60 τ Dra	7352	19 15 06.3	+73 23 48	b	4.45	+1.26	+1.15	K2⁺ IIIb CN 1
21 θ Lyr	7314	19 17 09.0	+38 10 30	d	4.35	+1.26	+1.13	K0 II
1 κ Cyg	7328	19 17 37.3	+53 24 39	b	3.80	+0.95	+0.85	G9 III
25 ω¹ Aql	7315	19 18 52.4	+11 38 15		5.28	+0.20	+0.21	F0 IV
43 Sgr	7304	19 18 57.0	−18 54 40		4.88	+1.01	+0.99	G8 II−III
44 ρ¹ Sgr	7340	19 22 58.6	−17 48 11		3.92	+0.23	+0.25	F0 III−IV
46 υ Sgr	7342	19 23 00.8	−15 54 40	b	4.52	+0.08	+0.34	Apep
β¹ Sgr	7337	19 24 15.0	−44 24 52	d	3.96	−0.09	−0.07	B8 V
β² Sgr	7343	19 24 50.4	−44 45 19		4.27	+0.35	+0.42	F0 IV
α Sgr	7348	19 25 26.5	−40 34 17	b	3.96	−0.11	−0.10	B8 V
31 Aql	7373	19 26 02.6	+11 59 39	d	5.17	+0.76	+0.75	G7 IV Hδ 1
30 δ Aql	7377	19 26 37.9	+03 09 40	db	3.36	+0.32	+0.38	F2 IV−V
6 α Vul	7405	19 29 38.5	+24 42 42	d	4.44	+1.50	+1.68	M0.5 IIIb
10 ι² Cyg	7420	19 30 16.4	+51 46 43		3.76	+0.15	+0.18	A4 V
6 β Cyg	7417	19 31 37.7	+28 00 29	cdm	3.05	+1.09	+1.05	K3 II + B9.5 V
36 Aql	7414	19 31 50.4	−02 44 25		5.03	+1.77	+2.29	M1 IIIab
61 σ Dra	7462	19 32 18.7	+69 41 58	asd	4.67	+0.79	+0.85	K0 V
8 Cyg	7426	19 32 36.5	+34 30 07		4.74	−0.15	−0.12	B3 IV
38 μ Aql	7429	19 35 11.3	+07 25 42	d	4.45	+1.18	+1.14	K3⁻ IIIb Fe 0.5
ι Tel	7424	19 36 52.7	−48 02 54		4.88	+1.10	+1.06	K0 III
13 θ Cyg	7469	19 37 02.7	+50 16 27	d	4.49	+0.40	+0.44	F4 V
41 ι Aql	7447	19 37 53.1	−01 14 06	d	4.36	−0.08	−0.06	B5 III
52 Sgr	7440	19 38 04.4	−24 49 56	d	4.59	−0.08	−0.06	B8/9 V

Designation			BS=HR No.	Right Ascension	Declination	Notes	V	B–V	V–I	Spectral Type
				h m s	° ′ ″					
39	κ	Aql	7446	19 38 06.0	−06 58 33		4.93	−0.05	+0.03	B0.5 IIIn
5	α	Sge	7479	19 41 06.1	+18 04 01	d	4.39	+0.78	+0.77	G1 II
			7495	19 41 31.8	+45 34 45	sd	5.06	+0.43	+0.49	F5 II–III
54		Sgr	7476	19 42 00.6	−16 14 24	d	5.30	+1.11	+1.14	K2 III
6	β	Sge	7488	19 42 03.6	+17 31 46		4.39	+1.04	+0.96	G8 IIIa CN 0.5
16		Cyg	7503	19 42 24.8	+50 34 41	sd	5.99	+0.64	+0.61	G1.5 Vb
16		Cyg	7504	19 42 27.9	+50 34 14	s	6.25	+0.66	+0.61	G3 V
55		Sgr	7489	19 43 48.2	−16 04 10	b	5.06	+0.32	+0.37	F0 IVn:
10		Vul	7506	19 44 39.1	+25 49 37		5.50	+0.94	+0.93	G8 III
15		Cyg	7517	19 45 05.3	+37 24 35		4.89	+0.95	+0.94	G8 III
18	δ	Cyg	7528	19 45 40.7	+45 11 12	dbm	2.86	0.00	−0.02	B9.5 III
50	γ	Aql	7525	19 47 19.7	+10 40 10	d	2.72	+1.51	+1.44	K3 II
56		Sgr	7515	19 47 40.4	−19 42 19		4.87	+1.06	+1.03	K0+ III
63	ε	Dra	7582	19 48 05.1	+70 19 30	dbm	3.84	+0.89	+0.88	G7 IIIb Fe−1
7	δ	Sge	7536	19 48 23.4	+18 35 28	cdbm	3.68	+1.31	+1.27	M2 II + A0 V
	ν	Tel	7510	19 49 50.8	−56 18 22		5.33	+0.20	+0.21	A9 Vn
	χ	Cyg	7564	19 51 25.8	+32 58 20	vd	7.91	+2.10	+6.13	S6+/1e
53	α	Aql	7557	19 51 52.8	+08 55 45	dvn51	0.76	+0.22	+0.27	A7 Vnn
51		Aql	7553	19 52 01.0	−10 42 17	d	5.38	+0.40	+0.47	F0 V
			7589	19 52 39.8	+47 05 11	s	5.60	−0.08	0.00	O9.5 Iab
	v3961	Sgr	7552	19 53 21.9	−39 48 55	svb	5.32	−0.05	−0.02	A0p Si Cr Eu
9		Sge	7574	19 53 22.0	+18 43 52	sb	6.24	−0.03	−0.01	O8 If
55	η	Aql	7570	19 53 37.1	+01 03 54	vb	3.87	+0.63	+0.73	F6−G1 Ib
	v1291	Aql	7575	19 54 29.4	−03 03 17	s	5.63	+0.23	+0.26	A5p Sr Cr Eu
60	β	Aql	7602	19 56 25.1	+06 27 52	ad	3.71	+0.86	+0.89	G8 IV
	ι	Sgr	7581	19 56 48.5	−41 48 26		4.12	+1.06	+1.09	G8 III
21	η	Cyg	7615	19 57 09.0	+35 08 40	d	3.89	+1.02	+0.98	K0 III
61		Sgr	7614	19 59 13.5	−15 25 48		5.01	+0.06	+0.05	A3 Va
12	γ	Sge	7635	19 59 45.5	+19 33 16	s	3.51	+1.57	+1.65	M0− III
	θ1	Sgr	7623	20 01 11.8	−35 12 49	db	4.37	−0.15	−0.15	B2.5 IV
15	NT	Vul	7653	20 02 01.7	+27 49 01	b	4.66	+0.18	+0.19	A7m
	ε	Pav	7590	20 03 09.3	−72 50 52		3.97	−0.03	−0.04	A0 Va
62	v3872	Sgr	7650	20 04 02.3	−27 38 44		4.43	+1.64	+2.50	M4.5 III
1	κ	Cep	7750	20 08 05.4	+77 46 41	dm	4.38	−0.05	−0.06	B9 III
	ξ	Tel	7673	20 09 05.9	−52 48 51	b	4.93	+1.59	+1.83	M1 IIab
28	v1624	Cyg	7708	20 10 15.8	+36 54 25	b	4.93	−0.14	−0.13	B2.5 V
	δ	Pav	7665	20 10 54.7	−66 07 19		3.55	+0.75	+0.76	G6/8 IV
65	θ	Aql	7710	20 12 27.9	−00 45 12	db	3.24	−0.07	−0.06	B9.5 III+
33		Cyg	7740	20 13 55.2	+56 38 14	b	4.28	+0.11	+0.14	A3 IVn
31	o1	Cyg	7735	20 14 20.4	+46 48 38	cvdb	3.80	+1.27	+1.15	K2 II + B4 V
67	ρ	Aql	7724	20 15 19.1	+15 16 03	b	4.94	+0.07	+0.09	A1 Va
32	o2	Cyg	7751	20 16 10.1	+47 47 03	cvdb	3.96	+1.45	+1.45	K3 II + B9: V
24		Vul	7753	20 17 44.9	+24 44 30		5.30	+0.95	+0.94	G8 III
34	P	Cyg	7763	20 18 37.0	+38 06 14	vs	4.77	+0.38	+0.44	B1pe
5	α1	Cap	7747	20 18 53.6	−12 26 14	dbm	4.30	+0.93	+1.05	G3 Ib
6	α2	Cap	7754	20 19 18.0	−12 28 25	db	3.58	+0.88	+0.92	G9 III
9	β	Cap	7776	20 22 16.4	−14 42 31	cdb	3.05	+0.79	+0.90	K0 II: + A5n: V:
37	γ	Cyg	7796	20 23 02.2	+40 19 47	asd	2.23	+0.67	+0.65	F8 Ib
			7794	20 24 17.5	+05 24 59		5.30	+0.98	+0.96	G8 III–IV
39		Cyg	7806	20 24 45.6	+32 15 50	s	4.43	+1.33	+1.31	K2.5 III Fe−0.5

Designation			BS=HR No.	Right Ascension	Declination	Notes	V	B−V	V−I	Spectral Type
				h m s	° ′ ″					
	α	Pav	7790	20 27 24.8	−56 39 39	dbn52	1.94	−0.12	−0.10	B2.5 V
2	θ	Cep	7850	20 29 57.3	+63 04 13	b	4.21	+0.20	+0.20	A7m
41		Cyg	7834	20 30 18.9	+30 26 41		4.01	+0.40	+0.46	F5 II
69		Aql	7831	20 30 49.5	−02 48 34		4.91	+1.16	+1.12	K2 III
73	AF	Dra	7879	20 31 11.1	+75 01 53	b	5.18	+0.10	+0.11	A0p Sr Cr Eu
2	ε	Del	7852	20 34 17.3	+11 22 51		4.03	−0.12	−0.10	B6 III
6	β	Del	7882	20 38 36.3	+14 40 28	dbm	3.64	+0.43	+0.50	F5 IV
	α	Ind	7869	20 39 08.4	−47 12 41	d	3.11	+1.00	+0.98	K0 III CN−1
71		Aql	7884	20 39 29.9	−01 01 31	db	4.31	+0.95	+0.91	G7.5 IIIa
29		Vul	7891	20 39 31.7	+21 16 53		4.81	−0.03	−0.01	A0 Va (shell)
7	κ	Del	7896	20 40 13.3	+10 10 00	d	5.07	+0.70	+0.75	G2 IV
9	α	Del	7906	20 40 41.0	+15 59 34	dbm	3.77	−0.06	−0.01	B9 IV
15	υ	Cap	7900	20 41 19.6	−18 03 29		5.15	+1.65	+2.02	M1 III
49		Cyg	7921	20 41 57.2	+32 23 18	sdbm	5.53	+0.87	+0.88	G8 IIb
50	α	Cyg	7924	20 42 12.0	+45 21 42	asdbn53	1.25	+0.09	+0.16	A2 Ia
11	δ	Del	7928	20 44 30.6	+15 09 23	vb	4.43	+0.30	+0.34	F0m
	η	Ind	7920	20 45 40.7	−51 50 20		4.51	+0.28	+0.30	A9 IV
3	η	Cep	7957	20 45 44.6	+61 55 36	d	3.41	+0.91	+0.94	K0 IV
			7955	20 45 54.6	+57 39 40	db	4.52	+0.54	+0.58	F8 IV−V
52		Cyg	7942	20 46 35.5	+30 48 10	d	4.22	+1.05	+1.01	K0 IIIa
	β	Pav	7913	20 46 57.5	−66 07 13		3.42	+0.16	+0.20	A6 IV⁻
53	ε	Cyg	7949	20 47 07.4	+34 03 20	adb	2.48	+1.02	+1.00	K0 III
16	ψ	Cap	7936	20 47 25.4	−25 11 19		4.13	+0.43	+0.49	F4 V
12	γ²	Del	7948	20 47 42.2	+16 12 24	dm	4.27	+1.04	+1.03	K1 IV
54	λ	Cyg	7963	20 48 17.2	+36 34 28	dbm	4.53	−0.08	−0.12	B6 IV
2	ε	Aqr	7950	20 48 53.5	−09 24 43		3.78	0.00	−0.01	A1 III⁻
3	EN	Aqr	7951	20 48 55.4	−04 56 38		4.43	+1.64	+2.21	M3 III
55 v1661		Cyg	7977	20 49 42.3	+46 11 54	sd	4.81	+0.57	+0.59	B2.5 Ia
	ι	Mic	7943	20 50 00.1	−43 54 18	d	5.11	+0.36	+0.42	F1 IV
18	ω	Cap	7980	20 53 09.6	−26 50 01		4.12	+1.63	+1.76	M0 III Ba 0.5
6	μ	Aqr	7990	20 53 51.9	−08 53 51	db	4.73	+0.33	+0.36	F2m
32		Vul	8008	20 55 31.2	+28 08 39		5.03	+1.48	+1.50	K4 III
	β	Ind	7986	20 56 33.1	−58 22 03	d	3.67	+1.25	+1.11	K1 II
			8023	20 57 22.5	+45 00 44	sb	5.96	+0.02	+0.04	O6 V
58	υ	Cyg	8028	20 58 00.8	+41 15 17	dbm	3.94	+0.03	+0.01	A0.5 IIIn
33		Vul	8032	20 59 16.7	+22 24 50		5.30	+1.42	+1.40	K3.5 III
59 v832		Cyg	8047	21 00 35.5	+47 36 35	dbm	4.74	−0.08	−0.06	B1.5 Vnne
20	AO	Cap	8033	21 00 52.6	−18 56 48	sv	6.26	−0.11	−0.09	B9psi
	γ	Mic	8039	21 02 39.9	−32 10 06	d	4.67	+0.89	+0.90	G8 III
	ζ	Mic	8048	21 04 23.8	−38 32 32		5.32	+0.42	+0.49	F3 V
62	ξ	Cyg	8079	21 05 45.0	+44 01 06	sb	3.72	+1.61	+1.63	K4.5 Ib−II
23	θ	Cap	8075	21 07 12.5	−17 08 32	b	4.08	−0.01	0.00	A1 Va⁺
	α	Oct	8021	21 07 21.8	−76 56 07	cvb	5.13	+0.49	+0.66	G2 III + A7 III
61 v1803		Cyg	8085	21 07 54.6	+38 51 40	asd	5.20	+1.07	+1.13	K5 V
61		Cyg	8086	21 07 55.8	+38 51 11	sd	6.05	+1.31	+1.27	K7 V
24		Cap	8080	21 08 26.4	−24 54 53	d	4.49	+1.60	+1.81	M1⁻ III
13	ν	Aqr	8093	21 10 49.0	−11 16 46		4.50	+0.93	+0.92	G8⁺ III
5	γ	Equ	8097	21 11 26.1	+10 13 24	dm	4.70	+0.26	+0.26	F0p Sr Eu
64	ζ	Cyg	8115	21 13 53.7	+30 19 12	sdb	3.21	+0.99	+0.97	G8⁺ III−IIIa Ba 0.5
			8110	21 14 37.1	−27 31 34		5.41	+1.43	+1.41	K5 III

Designation			BS=HR No.	Right Ascension	Declination	Notes	V	B−V	V−I	Spectral Type
	o	Pav	8092	21 15 24.7	−70 01 57	b	5.06	+1.58	+2.03	M1/2 III
7	δ	Equ	8123	21 15 34.6	+10 05 57	dbm	4.47	+0.53	+0.57	F8 V
65	τ	Cyg	8130	21 15 41.5	+38 08 32	dbm	3.74	+0.39	+0.46	F2 V
8	α	Equ	8131	21 16 56.9	+05 20 31	cdb	3.92	+0.55	+0.62	G2 II−III + A4 V
67	σ	Cyg	8143	21 18 18.1	+39 29 23	b	4.22	+0.10	+0.25	B9 Iab
66	υ	Cyg	8146	21 18 50.7	+34 59 32	db	4.41	−0.10	−0.09	B2 Ve
5	α	Cep	8162	21 19 06.9	+62 40 53	d	2.45	+0.26	+0.26	A7 V+n
	ε	Mic	8135	21 19 17.8	−32 04 38		4.71	+0.07	+0.09	A1m A2 Va+
	θ	Ind	8140	21 21 27.4	−53 21 13	dm	4.39	+0.19	+0.21	A5 IV−V
	θ¹	Mic	8151	21 22 11.5	−40 42 46	dvm	4.80	+0.03	+0.07	Ap Cr Eu
1		Peg	8173	21 23 07.7	+19 54 06	db	4.08	+1.11	+1.05	K1 III
32	ι	Cap	8167	21 23 29.8	−16 44 15		4.28	+0.89	+0.89	G7 III Fe−1.5
18		Aqr	8187	21 25 25.1	−12 46 50	d	5.48	+0.30	+0.34	F0 V+
69		Cyg	8209	21 26 42.3	+36 45 56	sd	5.93	+0.03	−0.12	B0 Ib
	σ	Oct	7228	21 27 03.7	−88 51 40	vn59	5.45	+0.28	+0.32	F0 III
34	ζ	Cap	8204	21 27 56.9	−22 18 46	db	3.77	+1.00	+0.88	G4 Ib: Ba 2
	γ	Pav	8181	21 28 16.5	−65 15 46		4.21	+0.49	+0.61	F6 Vp
8	β	Cep	8238	21 28 56.5	+70 39 35	vdb	3.23	−0.20	−0.25	B1 III
36		Cap	8213	21 30 00.1	−21 42 29		4.50	+0.89	+0.89	G7 IIIb Fe−1
71		Cyg	8228	21 30 16.9	+46 38 26		5.22	+0.97	+0.95	K0− III
2		Peg	8225	21 30 58.1	+23 44 18	d	4.52	+1.62	+1.82	M1+ III
22	β	Aqr	8232	21 32 44.5	−05 28 16	asd	2.90	+0.83	+0.82	G0 Ib
73	ρ	Cyg	8252	21 34 49.7	+45 41 31		3.98	+0.89	+0.94	G8 III Fe−0.5
74		Cyg	8266	21 37 51.2	+40 30 55		5.04	+0.20	+0.22	A5 V
9 v337		Cep	8279	21 38 31.4	+62 11 02	as	4.76	+0.25	+0.38	B2 Ib
5		Peg	8267	21 38 48.6	+19 25 15		5.46	+0.32	+0.37	F0 V+
23	ξ	Aqr	8264	21 38 56.9	−07 45 08	db	4.68	+0.18	+0.19	A5 Vn
75		Cyg	8284	21 41 04.2	+43 22 36	sd	5.09	+1.60	+1.92	M1 IIIab
40	γ	Cap	8278	21 41 20.1	−16 33 35	b	3.69	+0.32	+0.32	A7m:
11		Cep	8317	21 42 14.6	+71 24 55		4.55	+1.11	+1.07	K0.5 III
	ν	Oct	8254	21 43 53.7	−77 17 17	b	3.73	+1.01	+0.98	K0 III
	μ	Cep	8316	21 44 11.8	+58 53 02	vasd	4.23	+2.24	+3.57	M2− Ia
8	ε	Peg	8308	21 45 17.5	+09 58 45	sdn54	2.38	+1.52	+1.42	K2 Ib−II
9		Peg	8313	21 45 34.7	+17 27 15	as	4.34	+1.16	+1.05	G5 Ib
10	κ	Peg	8315	21 45 40.0	+25 44 58	dbm	4.14	+0.43	+0.48	F5 IV
10	ν	Cep	8334	21 46 05.9	+61 13 31		4.25	+0.47	+0.73	A2 Ia
9	ι	PsA	8305	21 46 16.8	−32 55 19	db	4.35	−0.05	−0.05	A0 IV
81	π²	Cyg	8335	21 47 37.6	+49 24 52	dbm	4.23	−0.12	−0.13	B2.5 III
49	δ	Cap	8322	21 48 16.8	−16 01 27	vdb	2.85	+0.18	+0.35	F2m
14		Peg	8343	21 50 50.5	+30 16 47	b	5.07	+0.01	+0.03	A1 Vs
	o	Ind	8333	21 52 39.1	−69 31 24		5.52	+1.38	+1.35	K2/3 III
16		Peg	8356	21 54 05.3	+26 01 55	b	5.09	−0.16	−0.15	B3 V
51	μ	Cap	8351	21 54 31.2	−13 26 42		5.08	+0.38	+0.43	F2 V
	γ	Gru	8353	21 55 17.0	−37 15 29		3.00	−0.08	−0.10	B8 IV−Vs
13		Cep	8371	21 55 38.7	+56 43 06	s	5.74	+0.66	+1.00	B8 Ib
	δ	Ind	8368	21 59 26.0	−54 53 04	dm	4.40	+0.30	+0.35	F0 III−IVn
17	ξ	Cep	8417	22 04 26.6	+64 44 17	dbm	4.26	+0.38	+0.44	A7m:
	ε	Ind	8387	22 05 03.9	−56 41 32		4.69	+1.06	+1.15	K4/5 V
20		Cep	8426	22 05 41.6	+62 53 45		5.27	+1.41	+1.39	K4 III
19		Cep	8428	22 05 50.5	+62 23 23	sd	5.07	+0.24	+0.15	O9.5 Ib

Designation	BS=HR No.	Right Ascension	Declination	Notes	V	B−V	V−I	Spectral Type
		h m s	° ′ ″					
34 α Aqr	8414	22 06 56.3	−00 12 35	sd	2.95	+0.97	+0.92	G2 Ib
λ Gru	8411	22 07 27.8	−39 26 02		4.47	+1.35	+1.31	K3 III
33 ι Aqr	8418	22 07 39.0	−13 45 35	b	4.29	−0.08	−0.06	B9 IV−V
24 ι Peg	8430	22 08 03.6	+25 27 21	db	3.77	+0.44	+0.51	F5 V
α Gru	8425	22 09 38.4	−46 51 04	dn55	1.73	−0.07	−0.05	B7 Vn
14 μ PsA	8431	22 09 41.4	−32 52 40		4.50	+0.05	+0.06	A1 IVnn
24 Cep	8468	22 10 14.0	+72 27 08		4.79	+0.92	+0.91	G7 II−III
	8546	22 10 57.5	+86 13 11	b	5.27	−0.03	−0.01	B9.5 Vn
29 π Peg	8454	22 10 59.4	+33 17 22		4.28	+0.47	+0.52	F3 III
26 θ Peg	8450	22 11 20.1	+06 18 34	b	3.52	+0.09	+0.09	A2m A1 IV−V
21 ζ Cep	8465	22 11 38.3	+58 18 46	b	3.39	+1.56	+1.58	K1.5 Ib
22 λ Cep	8469	22 12 16.6	+59 31 34	s	5.05	+0.19	+0.21	O6 If
	8485	22 14 50.9	+39 49 38	dbm	4.50	+1.39	+1.36	K2.5 III
16 λ PsA	8478	22 15 35.0	−27 39 16		5.45	−0.12	−0.11	B8 III
23 ε Cep	8494	22 15 52.2	+57 09 23	db	4.18	+0.28	+0.33	A9 IV
1 Lac	8498	22 16 57.2	+37 51 41		4.14	+1.45	+1.33	K3⁻ II−III
43 θ Aqr	8499	22 18 01.2	−07 40 14		4.17	+0.98	+0.95	G9 III
α Tuc	8502	22 20 01.4	−60 08 47	b	2.87	+1.39	+1.37	K3 III
ε Oct	8481	22 22 25.5	−80 19 34		5.09	+1.28	+3.21	M6 III
31 IN Peg	8520	22 22 37.6	+12 19 09		4.82	−0.13	−0.16	B2 IV−V
48 γ Aqr	8518	22 22 49.0	−01 16 24	db	3.86	−0.06	−0.06	B9.5 III−IV
47 Aqr	8516	22 22 49.6	−21 29 05		5.12	+1.06	+1.02	K0 III
3 β Lac	8538	22 24 27.0	+52 20 32	d	4.42	+1.02	+1.03	G9 IIIb Ca 1
52 π Aqr	8539	22 26 25.5	+01 29 32		4.80	−0.17	−0.18	B1 Ve
δ Tuc	8540	22 28 54.4	−64 51 03	dm	4.51	−0.03	−0.01	B9.5 IVn
ν Gru	8552	22 29 57.9	−39 01 02	d	5.47	+0.96	+1.01	G8 III
55 ζ² Aqr	8559	22 29 59.4	+00 05 45	cdm	3.65	+0.41	+0.50	F2.5 IV−V
27 δ Cep	8571	22 30 00.7	+58 31 51	vdb	4.07	+0.78	+0.81	F5−G2 Ib
29 ρ² Cep	8591	22 30 03.6	+78 56 24	b	5.45	+0.09	+0.11	A3 V
5 Lac	8572	22 30 28.3	+47 49 21	cdb	4.34	+1.68	+1.90	M0 II + B8 V
δ¹ Gru	8556	22 30 36.3	−43 22 48	d	3.97	+1.02	+0.98	G6/8 III
δ² Gru	8560	22 31 05.5	−43 38 00	d	4.12	+1.57	+2.49	M4.5 IIIa
6 Lac	8579	22 31 27.8	+43 14 21	b	4.52	−0.09	−0.09	B2 IV
57 σ Aqr	8573	22 31 50.1	−10 33 44	dbm	4.82	−0.05	−0.04	A0 IV
7 α Lac	8585	22 32 13.4	+50 23 55	d	3.76	+0.03	+0.05	A1 Va
17 β PsA	8576	22 32 46.7	−32 13 48	d	4.29	+0.01	+0.03	A1 Va
59 υ Aqr	8592	22 35 55.3	−20 35 32		5.21	+0.45	+0.49	F5 V
31 Cep	8615	22 36 19.4	+73 45 37		5.08	+0.40	+0.46	F3 III−IV
62 η Aqr	8597	22 36 30.7	−00 00 03		4.04	−0.08	−0.07	B9 IV−V:n
63 κ Aqr	8610	22 38 55.2	−04 06 41	d	5.04	+1.14	+1.10	K1.5 IIIb CN 0.5
30 Cep	8627	22 39 27.3	+63 42 07	b	5.19	+0.08	+0.10	A3 IV
10 Lac	8622	22 40 16.5	+39 10 04	ad	4.89	−0.21	−0.23	O9 V
	8626	22 40 35.6	+37 42 38	sd	6.03	+0.85	+0.87	G3 Ib−II: CN−1 CH 2 Fe−1
11 Lac	8632	22 41 30.3	+44 23 39		4.50	+1.32	+1.25	K2.5 III
18 ε PsA	8628	22 41 53.7	−26 55 32		4.18	−0.11	−0.07	B8 Ve
42 ζ Peg	8634	22 42 35.1	+10 56 58	d	3.41	−0.09	−0.06	B8.5 III
β Gru	8636	22 44 00.1	−46 45 59		2.07	+1.61	+2.60	M4.5 III
44 η Peg	8650	22 44 03.6	+30 20 22	cdb	2.93	+0.85	+0.87	G8 II + F0 V
13 Lac	8656	22 45 05.9	+41 56 16	d	5.11	+0.96	+0.95	K0 III
47 λ Peg	8667	22 47 37.0	+23 41 04		3.97	+1.07	+0.99	G8 IIIa CN 0.5

Designation			BS=HR No.	Right Ascension	Declination	Notes	V	B–V	V–I	Spectral Type
				h m s	° ′ ″					
46	ξ	Peg	8665	22 47 49.1	+12 17 20	d	4.20	+0.50	+0.60	F6 V
	β	Oct	8630	22 48 13.7	−81 15 45	b	4.13	+0.21	+0.24	A7 III–IV
68		Aqr	8670	22 48 45.4	−19 29 44		5.24	+0.94	+0.93	G8 III
	ε	Gru	8675	22 49 54.1	−51 11 53		3.49	+0.08	+0.10	A2 Va
32	ι	Cep	8694	22 50 29.2	+66 19 09	s	3.50	+1.05	+1.06	K0⁻ III
71	τ	Aqr	8679	22 50 46.8	−13 28 24	d	4.05	+1.57	+1.72	M0 III
48	μ	Peg	8684	22 51 05.5	+24 43 15	s	3.51	+0.93	+0.89	G8⁺ III
			8685	22 52 18.6	−39 02 14		5.43	+1.44	+1.44	K3 III
22	γ	PsA	8695	22 53 46.2	−32 45 20	dm	4.46	−0.04	−0.01	A0m A1 III–IV
73	λ	Aqr	8698	22 53 47.2	−07 27 34		3.73	+1.63	+2.07	M2.5 III Fe−0.5
			8748	22 54 08.9	+84 27 59		4.70	+1.42	+1.38	K4 III
76	δ	Aqr	8709	22 55 50.5	−15 42 02		3.27	+0.07	+0.08	A3 IV–V
23	δ	PsA	8720	22 57 11.3	−32 25 08	d	4.20	+0.95	+0.96	G8 III
			8726	22 57 25.5	+49 51 15	s	4.99	+1.78	+1.87	K5 Ib
24	α	PsA	8728	22 58 53.3	−29 30 09	an56	1.17	+0.15	+0.16	A3 Va
			8732	22 59 49.8	−35 24 11	s	6.15	+0.58	+0.62	F8 III–IV
	v509	Cas	8752	23 01 02.4	+57 03 59	s	5.10	+1.01	+0.99	G4v 0
	ζ	Gru	8747	23 02 11.8	−52 37 59	b	4.11	+0.96	+1.01	G8/K0 III
1	o	And	8762	23 02 57.7	+42 26 50	dbm	3.62	−0.10	−0.05	B6pe (shell)
	π	PsA	8767	23 04 44.2	−34 37 38	b	5.12	+0.31	+0.37	F0 V:
53	β	Peg	8775	23 04 52.1	+28 12 19	d	2.44	+1.66	+2.31	M2.5 II–III
4	β	Psc	8773	23 05 01.3	+03 56 30		4.48	−0.12	−0.09	B6 Ve
54	α	Peg	8781	23 05 53.0	+15 19 36	bn57	2.49	0.00	0.00	A0 III–IV
86		Aqr	8789	23 07 53.1	−23 37 16	dm	4.48	+0.89	+0.92	G6 IIIb
	θ	Gru	8787	23 08 08.3	−43 23 54	dm	4.28	+0.42	+0.44	F5 (II–III)m
55		Peg	8795	23 08 08.3	+09 31 53		4.54	+1.56	+1.79	M1 IIIab
33	π	Cep	8819	23 08 37.2	+75 30 34	dbm	4.41	+0.80	+0.84	G2 III
88		Aqr	8812	23 10 38.6	−21 03 00		3.68	+1.20	+1.16	K1.5 III
	ι	Gru	8820	23 11 37.4	−45 07 28	b	3.88	+1.00	+0.95	K1 III
59		Peg	8826	23 12 52.4	+08 50 33		5.15	+0.14	+0.15	A3 Van
90	φ	Aqr	8834	23 15 29.2	−05 55 39		4.22	+1.55	+1.89	M1.5 III
91	ψ¹	Aqr	8841	23 17 04.1	−08 57 53	d	4.24	+1.11	+1.06	K1⁻ III Fe−0.5
6	γ	Psc	8852	23 18 19.9	+03 24 20	s	3.70	+0.92	+0.97	G9 III: Fe−2
	γ	Tuc	8848	23 18 43.7	−58 06 43		3.99	+0.41	+0.50	F2 V
93	ψ²	Aqr	8858	23 19 04.3	−09 03 34		4.41	−0.14	−0.14	B5 Vn
	γ	Scl	8863	23 20 02.0	−32 24 33		4.41	+1.11	+1.08	K1 III
95	ψ³	Aqr	8865	23 20 07.8	−09 29 15	d	4.99	−0.02	0.00	A0 Va
62	τ	Peg	8880	23 21 45.2	+23 51 49	v	4.58	+0.18	+0.23	A5 V
98		Aqr	8892	23 24 09.0	−19 58 39		3.96	+1.08	+1.10	K1 III
4		Cas	8904	23 25 50.9	+62 24 24	d	4.96	+1.68	+1.94	M2⁻ IIIab
68	υ	Peg	8905	23 26 30.4	+23 31 42	s	4.42	+0.62	+0.67	F8 III
99		Aqr	8906	23 27 13.5	−20 31 07		4.38	+1.46	+1.52	K4.5 III
8	κ	Psc	8911	23 28 05.2	+01 22 44	d	4.95	+0.04	+0.01	A0p Cr Sr
10	θ	Psc	8916	23 29 06.6	+06 30 10		4.27	+1.06	+1.03	K0.5 III
70		Peg	8923	23 30 17.7	+12 53 06		4.54	+0.94	+0.93	G8 IIIa
			8924	23 30 41.8	−04 24 36	s	6.26	+1.12	+1.04	K3⁻ IIIb Fe 2
	τ	Oct	8862	23 30 42.4	−87 21 29		5.50	+1.28	+1.24	K2 III
	β	Scl	8937	23 34 10.3	−37 41 37		4.38	−0.10	−0.09	B9.5p Hg Mn
			8952	23 35 58.5	+71 46 00	s	5.86	+1.68	+1.71	G9 Ib
	ι	Phe	8949	23 36 16.8	−42 29 26	d	4.69	+0.08	+0.10	Ap Sr

Designation			BS=HR No.	Right Ascension	Declination	Notes	V	B−V	V−I	Spectral Type
				h m s	° ′ ″					
16	λ	And	8961	23 38 40.4	+46 34 49	vdb	3.81	+0.98	+0.96	G8 III−IV
			8959	23 39 03.2	−45 22 04	b	4.74	+0.08	+0.08	A1/2 V
17	ι	And	8965	23 39 14.8	+43 23 34	b	4.29	−0.08	−0.06	B8 V
35	γ	Cep	8974	23 40 17.6	+77 45 28	as	3.21	+1.03	+0.99	K1 III−IV CN 1
17	ι	Psc	8969	23 41 06.5	+05 44 54	d	4.13	+0.51	+0.59	F7 V
19	κ	And	8976	23 41 31.4	+44 27 31	d	4.15	−0.07	−0.06	B8 IVn
	μ	Scl	8975	23 41 48.7	−31 56 55		5.30	+0.97	+0.95	K0 III
18	λ	Psc	8984	23 43 11.7	+01 54 14	b	4.49	+0.20	+0.22	A6 IV⁻
105	ω²	Aqr	8988	23 43 53.3	−14 25 13	db	4.49	−0.03	−0.04	B9.5 IV
106		Aqr	8998	23 45 22.0	−18 09 07		5.24	−0.08	−0.06	B9 Vn
20	ψ	And	9003	23 47 09.4	+46 32 43	dm	4.97	+1.09	+1.05	G3 Ib−II
			9013	23 49 00.3	+67 55 55	b	5.05	+0.01	+0.03	A1 Vn
20		Psc	9012	23 49 05.9	−02 38 11	d	5.49	+0.94	+0.96	gG8
	δ	Scl	9016	23 50 05.6	−28 00 21	d	4.59	0.00	−0.01	A0 Va⁺n
81	φ	Peg	9036	23 53 38.1	+19 14 43		5.06	+1.59	+2.09	M3⁻ IIIb
82 HT		Peg	9039	23 53 46.1	+11 04 21		5.30	+0.19	+0.20	A4 Vn
7	ρ	Cas	9045	23 55 31.2	+57 37 28		4.51	+1.19	+1.15	G2 0 (var)
84	ψ	Peg	9064	23 58 54.6	+25 15 59	d	4.63	+1.58	+2.21	M3 III
27		Psc	9067	23 59 49.5	−03 25 52	db	4.88	+0.93	+0.92	G9 III

Notes to Table

a   anchor point for the MK system
b   spectroscopic binary
c   composite or combined spectrum
d   double star given in Washington Double Star Catalog
m   magnitude and color refer to combined light of two or more stars
n   navigational star followed by its star number in *The Nautical Almanac*
o   orbital position generated using FK5 center-of-mass position and proper motion
s   MK standard star
v   variable star

WWW A searchable version of this table appears on *The Astronomical Almanac Online*.

WWW These data or auxiliary material may also be found on *The Astronomical Almanac Online* at **https://asa.hmnao.com** *and* **https://aa.usno.navy.mil/publications/docs/asa.html**

BS=HR No.	WDS No.	Right Ascension	Declination	Discoverer Designation	Epoch[1]	P.A.	Separation	V of primary[2]	Δm_V
		h m s	o ′ ″			o	″		
126	00315−6257	00 32 33.9	−62 50 04	LCL 119 AC	2017	168	27.2	4.28	0.23
154	00369+3343	00 38 05.3	+33 50 34	H 5 17 AB	2019	175	36.2	4.36	2.72
361	01137+0735	01 14 54.6	+07 41 37	STF 100 AB	2018	63	22.8	5.22	0.93
382	01201+5814	01 21 30.9	+58 20 57	H 3 23 AC	2014	235	132.8	5.07	1.97
531	01496−1041	01 50 41.5	−10 34 33	ENG 8	2012	250	192.9	4.69	2.12
596	02020+0246	02 03 12.8	+02 52 17	STF 202 AB	2022.5	260	1.9	4.10	1.07
603	02039+4220	02 05 17.4	+42 26 12	STF 205 A,BC	2019	63	9.6	2.31	2.71
681	02193−0259	02 20 29.1	−02 52 35	H 6 1 AC	2022.5	68	123.9	6.65	2.94
897	02583−4018	02 59 06.9	−40 12 56	PZ 2	2020	90	8.2	3.20	0.92
1279	04077+1510	04 08 58.6	+15 13 17	STF 495	2015	224	3.8	6.11	2.66
1387	04254+2218	04 26 42.8	+22 20 37	STF 541 AB	2016	174	339.4	4.22	1.07
1412	04287+1552	04 29 57.0	+15 55 08	STFA 10	2016	339	347.9	3.41	0.53
1497	04422+2257	04 43 35.9	+22 59 53	S 455 AB	2017	214	62.5	4.24	2.78
1856	05302−4705	05 30 46.7	−47 03 45	DUN 21 AD	2015	271	197.7	5.52	1.16
1879	05351+0956	05 36 22.7	+09 56 51	STF 738 AB	2019	44	4.3	3.51	1.94
1931	05387−0236	05 39 52.6	−02 35 20	STF 762 AB,D	2019	84	12.9	3.73	2.83
1931	05387−0236	05 39 52.6	−02 35 20	STF 762 AB,E	2019	62	41.4	3.73	2.61
1983	05445−2227	05 45 24.1	−22 26 33	H 6 40 AB	2019	349	95.5	3.64	2.64
2298	06238+0436	06 24 57.6	+04 34 47	STF 900 AB	2019	30	12.2	4.42	2.22
2736	07087−7030	07 08 33.0	−70 32 07	DUN 42	2020	298	14.2	3.86	1.57
2891	07346+3153	07 36 01.7	+31 50 11	STF1110 AB	2022.5	51	5.5	1.93	1.04
3223	08079−6837	08 07 59.6	−68 41 00	RMK 7	2020	24	5.7	4.38	2.93
3207	08095−4720	08 10 13.6	−47 24 14	DUN 65 AB	2017	221	41.2	1.79	2.35
3315	08252−2403	08 26 02.1	−24 07 13	S 568	2010	90	42.7	5.48	2.95
3475	08467+2846	08 48 03.2	+28 40 34	STF1268	2018	308	30.7	4.13	1.86
3582	08570−5914	08 57 31.4	−59 19 00	DUN 74	2015	76	40.1	4.87	1.71
3890	09471−6504	09 47 39.8	−65 10 37	RMK 11	2015	128	5.1	3.02	2.98
4031	10167+2325	10 17 56.3	+23 18 16	STFA 18	2015	337	331.3	3.46	2.57
4057	10200+1950	10 21 12.6	+19 43 37	STF1424 AB	2022.5	127	4.7	2.37	1.30
4180	10393−5536	10 40 12.4	−55 43 15	DUN 95 AB	2015	106	51.8	4.38	1.68
4191	10435+4612	10 44 51.7	+46 05 06	SMA 75 AB	2018	88	288.0	5.21	2.14
4203	10459+3041	10 47 06.6	+30 33 48	S 612 AB	2019	174	196.4	5.34	2.44
4203	10459+3041	10 47 06.6	+30 33 48	ARN 3 AC	2013	94	424.6	5.34	2.97
4257	10535−5851	10 54 24.9	−58 58 23	DUN 102 AB	2015	205	160.4	3.88	2.35
4259	10556+2445	10 56 49.7	+24 37 45	STF1487	2019	112	6.8	4.48	1.82
4369	11170−0708	11 18 06.7	−07 15 28	BU 600 AC	2022.5	99	52.8	6.15	2.07
4418	11279+0251	11 29 05.7	+02 43 56	STFA 19 AB	2022.5	182	88.5	5.05	2.42
4621	12084−5043	12 09 32.0	−50 50 51	JC 2 AB	1999	325	269.1	2.51	1.91
4730	12266−6306	12 27 52.0	−63 13 25	DUN 252 AB	2020	111	3.5	1.25	0.30
4792	12351+1823	12 36 15.4	+18 15 12	STF1657	2018	272	20.2	5.11	1.22
4898	12546−5711	12 55 55.9	−57 17 59	DUN 126 AB	2020	17	34.5	3.94	1.01
4915	12560+3819	12 57 04.6	+38 11 50	STF1692	2018	230	19.5	2.85	2.67
4993	13152−6754	13 16 48.2	−68 00 47	DUN 131 AC	2015	331	58.2	4.76	2.48
5035	13226−6059	13 24 06.3	−61 06 20	DUN 133 AB,C	2016	346	60.4	4.51	1.66
5054	13239+5456	13 24 49.7	+54 48 30	STF1744 AB	2019	154	14.6	2.23	1.65
5054	13239+5456	13 24 49.7	+54 48 30	STF1744 AC	2017	72	707.7	2.23	1.78
5085	13288+5956	13 29 16.4	+59 49 48	S 649 CA	2014	111	182.2	5.46	2.73
5171	13472−6235	13 48 46.4	−62 42 05	COO 157 AB	2019	318	9.3	7.19	2.71
5350	14162+5122	14 16 57.7	+51 15 51	STFA 26 AB	2017	33	39.0	4.76	2.63
5460	14396−6050	14 41 08.6	−60 55 35	RHD 1 AB	2022.5	0	7.1	−0.01*	1.34

BS=HR No.	WDS No.	Right Ascension	Declination	Discoverer Designation	Epoch[1]	P.A.	Separation	V of primary[2]	Δm_V
		h m s	° ′ ″			°	″		
5459	14396−6050	14 41 08.6	−60 55 43	RHD 1 BA	2022.5	180	7.1	1.33*	1.34
5506	14450+2704	14 45 58.2	+26 58 49	STF1877 AB	2018	347	2.8	2.58	2.23
5531	14509−1603	14 52 07.6	−16 08 02	SHJ 186 AB	2012	314	231.1	2.74	2.45
5646	15119−4844	15 13 30.6	−48 49 18	DUN 177	2015	143	26.3	3.83	1.69
5683	15185−4753	15 20 06.6	−47 57 23	DUN 180 AC	2016	128	23.2	4.99	1.35
5733	15245+3723	15 25 20.5	+37 17 57	STFA 28 AB	2018	172	109.0	4.33	2.76
5789	15348+1032	15 35 52.7	+10 27 54	STF1954 AB	2022.5	171	4.0	4.17	0.99
5984	16054−1948	16 06 44.9	−19 51 55	H 3 7 AC	2019	20	13.4	2.59	1.93
5985	16054−1948	16 06 45.2	−19 51 42	H 3 7 CA	2016	200	13.4	4.52	1.93
6008	16081+1703	16 09 05.5	+16 59 18	STF2010 AB	2019	14	27.0	5.10	1.11
6027	16120−1928	16 13 18.4	−19 31 03	H 5 6 AC	2019	336	41.3	4.21	2.39
6077	16195−3054	16 20 58.4	−30 57 34	BSO 12	2018	318	23.6	5.55	1.33
6020	16203−7842	16 23 47.1	−78 44 52	BSO 22 AB	2010	10	103.0	4.90	0.51
6115	16272−4733	16 28 50.5	−47 36 14	HJ 4853	2016	334	22.9	4.51	1.61
6406	17146+1423	17 15 40.5	+14 21 58	STF2140 AB	2022.5	102	4.6	3.48	1.92
6555	17322+5511	17 32 42.7	+55 09 30	STFA 35	2017	311	62.1	4.87	0.03
6636	17419+7209	17 41 32.7	+72 08 14	STF2241 AB	2022.5	17	29.5	4.60	0.99
6752	18055+0230	18 06 35.4	+02 29 51	STF2272 AB	2022.5	120	6.7	4.22	1.95
7056	18448+3736	18 45 32.9	+37 37 47	STFA 38 AD	2018	150	43.7	4.34	1.28
7141	18562+0412	18 57 20.3	+04 14 04	STF2417 AB	2019	106	22.4	4.59	0.34
7405	19287+2440	19 29 38.5	+24 42 42	STFA 42	2016	28	427.7	4.61	1.32
7417	19307+2758	19 31 37.7	+28 00 29	STFA 43 AB	2019	54	35.2	3.19	1.49
7476	19407−1618	19 42 00.6	−16 14 24	HJ 599 AC	2019	41	45.5	5.42	2.23
7503	19418+5032	19 42 24.8	+50 34 41	STFA 46 AB	2022.5	133	39.8	6.00	0.23
7582	19482+7016	19 48 05.1	+70 19 30	STF2603	2017	21	3.2	4.01	2.86
7735	20136+4644	20 14 20.4	+46 48 38	STFA 50 AD	2016	322	336.7	3.93	0.90
7754	20181−1233	20 19 18.0	−12 28 25	STFA 51 AE	2012	290	381.2	3.67	0.67
7776	20210−1447	20 22 16.4	−14 42 31	STFA 52 AB	2012	267	205.4	3.15	2.93
7948	20467+1607	20 47 42.2	+16 12 24	STF2727	2022.5	265	8.8	4.36	0.67
8085	21069+3845	21 07 54.6	+38 51 40	STF2758 AB	2022.5	154	31.9	5.20	0.85
8086	21069+3845	21 07 55.8	+38 51 11	STF2758 BA	2022.5	334	31.9	6.05	0.85
8097	21103+1008	21 11 26.1	+10 13 24	STFA 54 AD	2015	152	335.2	4.70	1.36
8140	21199−5327	21 21 27.4	−53 21 13	HJ 5258	2015	269	7.3	4.50	2.43
8417	22038+6438	22 04 26.6	+64 44 17	STF2863 AB	2022.5	274	8.1	4.45	1.95
8559	22288−0001	22 29 59.4	+00 05 45	STF2909	2022.5	155	2.4	4.34	0.15
8571	22292+5825	22 30 00.7	+58 31 51	STFA 58 AC	2018	191	41.0	4.21	1.90
8576	22315−3221	22 32 46.7	−32 13 48	PZ 7	2015	172	30.4	4.28	2.84

Notes to Table

[1] Epoch represents the date of position angle and separation data. Data for Epoch 2022.5 are calculated; data for all other epochs represent the most recent measurement. In the latter cases, the system configuration at 2020.5 is not expected to be significantly different.

[2] Visual magnitudes are Tycho *V* except where indicated by *; in those cases, the magnitudes are Hipparcos *V*. Primary is not necessarily the brighter object, but is the object used as the origin of the measurements for the pair.

Name	Right Ascension	Declination	V	B–V	U–B	V–R	R–I	V–I
	h m s	o ′ ″						
TPhe I	00 31 09.6	−46 20 43	14.820	+0.764	+0.338	+0.422	+0.395	+0.817
TPhe A	00 31 14.6	−46 24 02	14.651	+0.793	+0.380	+0.435	+0.405	+0.841
TPhe H	00 31 14.7	−46 19 58	14.942	+0.740	+0.225	+0.425	+0.425	+0.851
TPhe B	00 31 21.3	−46 20 32	12.334	+0.405	+0.156	+0.262	+0.271	+0.535
TPhe C	00 31 21.9	−46 24 55	14.376	−0.298	−1.217	−0.148	−0.211	−0.360
TPhe D	00 31 23.3	−46 23 53	13.118	+1.551	+1.871	+0.849	+0.810	+1.663
TPhe E	00 31 24.8	−46 17 09	11.631	+0.443	−0.103	+0.276	+0.283	+0.564
TPhe J	00 31 27.9	−46 16 29	13.434	+1.465	+1.229	+0.980	+1.063	+2.043
TPhe F	00 31 54.9	−46 25 58	12.475	+0.853	+0.534	+0.492	+0.437	+0.929
TPhe K	00 32 01.2	−46 15 59	12.935	+0.806	+0.402	+0.473	+0.429	+0.909
TPhe G	00 32 09.2	−46 15 25	10.447	+1.545	+1.910	+0.934	+1.086	+2.025
PG0029+024	00 32 51.6	+02 45 10	15.268	+0.362	−0.184	+0.251	+0.337	+0.593
HD 2892	00 33 21.4	+01 18 44	9.360	+1.322	+1.414	+0.692	+0.628	+1.321
BD −15 115	00 39 28.1	−14 52 30	10.885	−0.199	−0.838	−0.095	−0.110	−0.204
PG0039+049	00 43 15.8	+05 16 46	12.877	−0.019	−0.871	+0.067	+0.097	+0.164
BD −11 162	00 53 22.9	−10 32 28	11.184	−0.082	−1.115	+0.051	+0.092	+0.145
SA 92 309	00 54 23.3	+00 53 20	13.842	+0.513	−0.024	+0.326	+0.325	+0.652
SA 92 312	00 54 25.8	+00 55 47	10.598	+1.636	+1.992	+0.898	+0.906	+1.806
SA 92 322	00 54 56.3	+00 54 53	12.676	+0.528	−0.002	+0.302	+0.305	+0.608
SA 92 245	00 55 25.5	+00 47 13	13.818	+1.418	+1.189	+0.929	+0.907	+1.836
SA 92 248	00 55 40.1	+00 47 35	15.346	+1.128	+1.289	+0.690	+0.553	+1.245
SA 92 249	00 55 42.9	+00 48 23	14.325	+0.699	+0.240	+0.399	+0.370	+0.770
SA 92 250	00 55 46.5	+00 46 15	13.178	+0.814	+0.480	+0.446	+0.394	+0.840
SA 92 330	00 55 52.7	+00 50 44	15.073	+0.568	−0.115	+0.331	+0.334	+0.666
SA 92 252	00 55 56.5	+00 46 42	14.932	+0.517	−0.140	+0.326	+0.332	+0.666
SA 92 253	00 56 00.7	+00 47 37	14.085	+1.131	+0.955	+0.719	+0.616	+1.337
SA 92 335	00 56 07.6	+00 51 18	12.523	+0.672	+0.208	+0.380	+0.338	+0.719
SA 92 339	00 56 12.6	+00 51 28	15.579	+0.449	−0.177	+0.306	+0.339	+0.645
SA 92 342	00 56 19.2	+00 50 30	11.615	+0.435	−0.037	+0.265	+0.271	+0.537
SA 92 188	00 56 19.7	+00 30 26	14.751	+1.050	+0.751	+0.679	+0.573	+1.254
SA 92 409	00 56 20.9	+01 03 12	10.627	+1.138	+1.136	+0.734	+0.625	+1.361
SA 92 410	00 56 23.6	+01 09 08	14.984	+0.398	−0.134	+0.239	+0.242	+0.484
SA 92 412	00 56 25.0	+01 09 12	15.036	+0.457	−0.152	+0.285	+0.304	+0.589
SA 92 259	00 56 30.9	+00 47 48	14.997	+0.642	+0.108	+0.370	+0.452	+0.821
SA 92 345	00 56 33.1	+00 58 24	15.216	+0.745	+0.121	+0.465	+0.476	+0.941
SA 92 347	00 56 35.4	+00 58 06	15.752	+0.543	−0.097	+0.339	+0.318	+0.658
SA 92 348	00 56 38.7	+00 51 50	12.109	+0.598	+0.056	+0.345	+0.341	+0.688
SA 92 417	00 56 41.5	+01 00 25	15.922	+0.477	−0.185	+0.351	+0.305	+0.657
SA 92 260	00 56 42.2	+00 45 40	15.071	+1.162	+1.115	+0.719	+0.608	+1.328
SA 92 263	00 56 48.7	+00 43 37	11.782	+1.046	+0.844	+0.562	+0.521	+1.083
SA 92 497	00 57 03.7	+01 18 59	13.642	+0.729	+0.257	+0.404	+0.378	+0.783
SA 92 498	00 57 05.9	+01 17 58	14.408	+1.010	+0.794	+0.648	+0.531	+1.181
SA 92 500	00 57 07.3	+01 17 42	15.841	+1.003	+0.211	+0.738	+0.599	+1.338
SA 92 425	00 57 07.5	+01 00 15	13.941	+1.191	+1.173	+0.755	+0.627	+1.384
SA 92 426	00 57 08.9	+01 00 12	14.466	+0.729	+0.184	+0.412	+0.396	+0.809
SA 92 501	00 57 09.4	+01 18 08	12.958	+0.610	+0.068	+0.345	+0.331	+0.677
SA 92 355	00 57 15.0	+00 58 04	14.965	+1.164	+1.201	+0.759	+0.645	+1.406
SA 92 427	00 57 16.0	+01 07 38	14.953	+0.809	+0.352	+0.462	+2.922	+3.275
SA 92 502	00 57 17.5	+01 11 42	11.812	+0.486	−0.095	+0.284	+0.292	+0.576
SA 92 430	00 57 24.5	+01 00 35	14.440	+0.567	−0.040	+0.338	+0.338	+0.676

Name	Right Ascension	Declination	V	B–V	U–B	V–R	R–I	V–I
	h m s	o ′ ″						
SA 92 276	00 57 35.9	+00 49 07	12.036	+0.629	+0.067	+0.368	+0.357	+0.726
SA 92 282	00 57 56.1	+00 45 46	12.969	+0.318	−0.038	+0.201	+0.221	+0.422
SA 92 507	00 58 00.1	+01 13 17	11.332	+0.932	+0.688	+0.507	+0.461	+0.969
SA 92 508	00 58 00.5	+01 16 51	11.679	+0.529	−0.047	+0.318	+0.320	+0.639
SA 92 364	00 58 01.6	+00 51 08	11.673	+0.607	−0.037	+0.356	+0.357	+0.714
SA 92 433	00 58 03.1	+01 07 58	11.667	+0.655	+0.110	+0.367	+0.348	+0.716
SA 92 288	00 58 26.3	+00 44 05	11.631	+0.858	+0.472	+0.491	+0.441	+0.932
Feige 11	01 05 31.5	+04 20 49	12.065	−0.239	−0.988	−0.118	−0.142	−0.259
Feige 11A	01 05 37.8	+04 19 09	14.475	+0.841	+0.454	+0.479	+0.426	+0.907
Feige 11B	01 05 38.2	+04 18 38	13.784	+0.747	+0.234	+0.437	+0.412	+0.849
Feige 16	01 55 42.1	−06 39 25	12.405	−0.008	+0.013	−0.007	+0.002	−0.004
SA 93 407	01 55 46.7	+01 00 22	11.971	+0.852	+0.564	+0.487	+0.421	+0.908
SA 93 317	01 55 47.1	+00 49 35	11.546	+0.488	−0.053	+0.293	+0.299	+0.592
SA 93 333	01 56 14.6	+00 52 17	12.009	+0.833	+0.436	+0.469	+0.422	+0.892
SA 93 424	01 56 35.8	+01 03 17	11.619	+1.083	+0.929	+0.553	+0.501	+1.056
G3–33	02 01 24.0	+13 08 57	12.298	+1.802	+1.306	+1.355	+1.752	+3.103
PG0220+132B	02 24 47.3	+13 34 09	14.216	+0.937	+0.319	+0.562	+0.496	+1.058
PG0220+132	02 24 51.9	+13 33 39	14.760	−0.132	−0.922	−0.050	−0.120	−0.170
PG0220+132A	02 24 53.4	+13 33 34	15.771	+0.783	−0.339	+0.514	+0.481	+0.995
Feige 22	02 31 27.6	+05 21 47	12.798	−0.052	−0.809	−0.103	−0.105	−0.206
PG0231+051E	02 34 39.8	+05 25 41	13.809	+0.677	+0.207	+0.383	+0.369	+0.752
PG0231+051D	02 34 45.0	+05 25 23	14.031	+1.077	+1.026	+0.671	+0.584	+1.252
PG0231+051A	02 34 51.0	+05 23 32	12.768	+0.711	+0.271	+0.405	+0.388	+0.794
PG0231+051	02 34 52.3	+05 24 36	16.096	−0.320	−1.214	−0.144	−0.373	−0.502
PG0231+051B	02 34 56.5	+05 23 25	14.732	+1.437	+1.279	+0.951	+0.991	+1.933
PG0231+051C	02 34 59.1	+05 26 18	13.707	+0.678	+0.078	+0.396	+0.385	+0.783
Feige 24	02 36 18.1	+03 49 48	12.412	−0.203	−1.182	+0.087	+0.361	+0.444
Feige 24A	02 36 27.1	+03 49 07	13.822	+0.525	+0.034	+0.314	+0.319	+0.635
Feige 24B	02 36 28.8	+03 48 31	13.546	+0.668	+0.188	+0.382	+0.367	+0.749
Feige 24C	02 36 36.7	+03 47 41	11.761	+1.133	+1.007	+0.598	+0.535	+1.127
SA 94 171	02 54 48.1	+00 22 46	12.659	+0.817	+0.304	+0.480	+0.483	+0.964
SA 94 296	02 56 29.4	+00 33 36	12.255	+0.750	+0.235	+0.415	+0.387	+0.803
SA 94 394	02 57 23.7	+00 40 35	12.273	+0.545	−0.047	+0.344	+0.330	+0.676
SA 94 401	02 57 40.2	+00 45 30	14.293	+0.638	+0.098	+0.389	+0.369	+0.759
SA 94 242	02 58 30.5	+00 24 00	11.725	+0.303	+0.110	+0.176	+0.184	+0.362
BD −2 524	02 58 48.2	−01 54 27	10.304	−0.111	−0.621	−0.048	−0.060	−0.108
SA 94 251	02 58 56.3	+00 21 24	11.204	+1.219	+1.281	+0.659	+0.586	+1.245
SA 94 702	02 59 23.0	+01 16 15	11.597	+1.416	+1.617	+0.757	+0.675	+1.431
GD 50	03 49 59.1	−00 54 32	14.063	−0.276	−1.191	−0.147	−0.180	−0.325
SA 95 15	03 53 49.5	−00 01 26	11.302	+0.712	+0.157	+0.424	+0.385	+0.809
SA 95 16	03 53 49.8	−00 01 09	14.313	+1.306	+1.322	+0.796	+0.676	+1.472
SA 95 301	03 53 50.6	+00 35 18	11.216	+1.293	+1.298	+0.692	+0.620	+1.311
SA 95 302	03 53 51.7	+00 35 14	11.694	+0.825	+0.447	+0.471	+0.420	+0.891
SA 95 96	03 54 03.4	+00 04 15	10.010	+0.147	+0.077	+0.079	+0.095	+0.174
SA 95 97	03 54 06.7	+00 03 37	14.818	+0.906	+0.380	+0.522	+0.546	+1.068
SA 95 98	03 54 09.4	+00 06 43	14.448	+1.181	+1.092	+0.723	+0.620	+1.342
SA 95 100	03 54 10.0	+00 04 12	15.633	+0.791	+0.051	+0.538	+0.421	+0.961
SA 95 101	03 54 13.3	+00 06 44	12.677	+0.778	+0.263	+0.436	+0.426	+0.863
SA 95 102	03 54 16.8	+00 05 07	15.622	+1.001	+0.162	+0.448	+0.618	+1.065
SA 95 252	03 54 20.0	+00 31 19	15.394	+1.452	+1.178	+0.816	+0.747	+1.566

Name	Right Ascension	Declination	V	B–V	U–B	V–R	R–I	V–I
	h m s	o ′ ″						
SA 95 190	03 54 22.6	+00 20 18	12.627	+0.287	+0.236	+0.195	+0.220	+0.415
SA 95 193	03 54 29.9	+00 20 30	14.338	+1.211	+1.239	+0.748	+0.616	+1.366
SA 95 105	03 54 30.5	+00 03 37	13.574	+0.976	+0.627	+0.550	+0.536	+1.088
SA 95 106	03 54 34.4	+00 05 18	15.137	+1.251	+0.369	+0.394	+0.508	+0.903
SA 95 107	03 54 34.9	+00 06 16	16.275	+1.324	+1.115	+0.947	+0.962	+1.907
SA 95 112	03 54 49.3	+00 02 44	15.502	+0.662	+0.077	+0.605	+0.620	+1.227
SA 95 41	03 54 50.4	+00 01 22	14.060	+0.903	+0.297	+0.589	+0.585	+1.176
SA 95 42	03 54 52.8	−00 00 41	15.606	−0.215	−1.111	−0.119	−0.180	−0.300
SA 95 317	03 54 53.6	+00 33 45	13.449	+1.320	+1.120	+0.768	+0.708	+1.476
SA 95 263	03 54 56.4	+00 30 36	12.679	+1.500	+1.559	+0.801	+0.711	+1.513
SA 95 115	03 54 57.0	+00 03 07	14.680	+0.836	+0.096	+0.577	+0.579	+1.157
SA 95 43	03 54 57.8	+00 00 53	10.803	+0.510	−0.016	+0.308	+0.316	+0.624
SA 95 271	03 55 25.7	+00 22 46	13.669	+1.287	+0.916	+0.734	+0.717	+1.453
SA 95 328	03 55 29.0	+00 40 26	13.525	+1.532	+1.298	+0.908	+0.868	+1.776
SA 95 329	03 55 33.3	+00 41 01	14.617	+1.184	+1.093	+0.766	+0.642	+1.410
SA 95 330	03 55 40.2	+00 32 59	12.174	+1.999	+2.233	+1.166	+1.100	+2.268
SA 95 275	03 55 53.7	+00 31 14	13.479	+1.763	+1.740	+1.011	+0.931	+1.944
SA 95 276	03 55 55.3	+00 29 47	14.118	+1.225	+1.218	+0.748	+0.646	+1.395
SA 95 60	03 55 58.7	−00 03 11	13.429	+0.776	+0.197	+0.464	+0.449	+0.914
SA 95 218	03 55 59.2	+00 14 02	12.095	+0.708	+0.208	+0.397	+0.370	+0.767
SA 95 132	03 56 00.9	+00 09 14	12.067	+0.445	+0.311	+0.263	+0.287	+0.546
SA 95 62	03 56 09.6	+00 00 59	13.538	+1.355	+1.181	+0.742	+0.685	+1.428
SA 95 137	03 56 12.9	+00 07 18	14.440	+1.457	+1.136	+0.893	+0.845	+1.737
SA 95 139	03 56 13.6	+00 06 59	12.196	+0.923	+0.677	+0.562	+0.476	+1.039
SA 95 66	03 56 15.7	−00 05 39	12.892	+0.715	+0.167	+0.426	+0.438	+0.864
SA 95 227	03 56 18.2	+00 18 27	15.779	+0.771	+0.034	+0.515	+0.552	+1.067
SA 95 142	03 56 18.6	+00 05 13	12.927	+0.588	+0.097	+0.371	+0.375	+0.745
SA 95 74	03 56 40.3	−00 05 21	11.531	+1.126	+0.686	+0.600	+0.567	+1.165
SA 95 231	03 56 48.1	+00 14 35	14.216	+0.452	+0.297	+0.270	+0.290	+0.560
SA 95 284	03 56 51.0	+00 30 29	13.669	+1.398	+1.073	+0.818	+0.766	+1.586
SA 95 285	03 56 53.5	+00 29 01	15.561	+0.937	+0.703	+0.607	+0.602	+1.210
SA 95 149	03 56 53.7	+00 10 54	10.938	+1.593	+1.564	+0.874	+0.811	+1.685
SA 95 236	03 57 22.6	+00 12 39	11.487	+0.737	+0.168	+0.419	+0.412	+0.831
SA 96 21	04 52 24.8	−00 12 38	12.182	+0.490	−0.004	+0.299	+0.297	+0.598
SA 96 36	04 52 51.5	−00 07 58	10.589	+0.247	+0.118	+0.133	+0.137	+0.271
SA 96 737	04 53 44.8	+00 24 39	11.719	+1.338	+1.146	+0.735	+0.696	+1.432
SA 96 409	04 54 07.8	+00 11 13	13.778	+0.543	+0.042	+0.340	+0.340	+0.682
SA 96 83	04 54 07.9	−00 12 32	11.719	+0.181	+0.205	+0.092	+0.096	+0.189
SA 96 235	04 54 28.0	−00 02 53	11.138	+1.077	+0.890	+0.557	+0.509	+1.066
G97−42	05 29 14.1	+09 39 23	12.443	+1.639	+1.259	+1.171	+1.485	+2.655
G102−22	05 43 28.2	+12 29 20	11.509	+1.621	+1.134	+1.211	+1.590	+2.800
GD 71C	05 53 30.5	+15 52 58	12.325	+1.159	+0.849	+0.655	+0.628	+1.274
GD 71E	05 53 38.2	+15 52 21	13.634	+0.824	+0.428	+0.472	+0.423	+0.892
GD 71B	05 53 39.3	+15 52 55	12.599	+0.680	+0.166	+0.404	+0.399	+0.800
GD 71D	05 53 42.5	+15 55 12	12.898	+0.570	+0.097	+0.359	+0.363	+0.719
GD 71	05 53 45.5	+15 53 23	13.033	−0.248	−1.110	−0.138	−0.166	−0.304
GD 71A	05 53 51.3	+15 52 13	12.643	+1.176	+0.897	+0.651	+0.621	+1.265
SA 97 249	05 58 16.8	+00 01 16	11.735	+0.647	+0.101	+0.369	+0.354	+0.725
SA 97 345	05 58 42.6	+00 21 20	11.605	+1.652	+1.706	+0.929	+0.843	+1.772
SA 97 351	05 58 46.6	+00 13 48	9.779	+0.201	+0.092	+0.124	+0.140	+0.264

Name	Right Ascension	Declination	V	B–V	U–B	V–R	R–I	V–I
	h m s	o ′ ″						
SA 97 75	05 59 04.2	−00 09 26	11.483	+1.872	+2.100	+1.047	+0.952	+1.999
SA 97 284	05 59 34.3	+00 05 15	10.787	+1.364	+1.089	+0.774	+0.726	+1.500
SA 97 224	05 59 53.2	−00 05 09	14.085	+0.910	+0.341	+0.553	+0.547	+1.102
SA 98 961	06 52 36.0	−00 17 18	13.089	+1.283	+1.003	+0.701	+0.662	+1.362
SA 98 966	06 52 37.3	−00 18 07	14.001	+0.469	+0.357	+0.283	+0.331	+0.613
SA 98 557	06 52 38.5	−00 26 48	14.780	+1.397	+1.072	+0.755	+0.741	+1.494
SA 98 556	06 52 38.5	−00 26 32	14.137	+0.338	+0.126	+0.196	+0.243	+0.437
SA 98 562	06 52 39.7	−00 20 41	12.185	+0.522	−0.002	+0.305	+0.303	+0.607
SA 98 563	06 52 40.5	−00 28 07	14.162	+0.416	−0.190	+0.294	+0.317	+0.610
SA 98 978	06 52 42.8	−00 13 14	10.574	+0.609	+0.094	+0.348	+0.321	+0.669
SA 98 L1	06 52 48.0	−00 28 18	15.672	+1.243	+0.776	+0.730	+0.712	+1.445
SA 98 580	06 52 48.7	−00 28 24	14.728	+0.367	+0.303	+0.241	+0.305	+0.547
SA 98 581	06 52 48.9	−00 27 24	14.556	+0.238	+0.161	+0.118	+0.244	+0.361
SA 98 L2	06 52 49.5	−00 23 41	15.859	+1.340	+1.497	+0.754	+0.572	+1.327
SA 98 L3	06 52 51.3	−00 17 37	14.614	+1.936	+1.837	+1.091	+1.047	+2.142
SA 98 L4	06 52 51.3	−00 18 03	16.332	+1.344	+1.086	+0.936	+0.785	+1.726
SA 98 590	06 52 52.0	−00 24 01	14.642	+1.352	+0.853	+0.753	+0.747	+1.500
SA 98 1002	06 52 52.1	−00 17 34	14.568	+0.574	−0.027	+0.354	+0.379	+0.733
SA 98 614	06 52 57.6	−00 22 15	15.674	+1.063	+0.399	+0.834	+0.645	+1.480
SA 98 618	06 52 58.6	−00 22 58	12.723	+2.192	+2.144	+1.254	+1.151	+2.407
SA 98 624	06 53 00.8	−00 21 59	13.811	+0.791	+0.394	+0.417	+0.404	+0.822
SA 98 626	06 53 01.4	−00 22 26	14.758	+1.406	+1.067	+0.806	+0.816	+1.624
SA 98 627	06 53 02.0	−00 23 43	14.900	+0.689	+0.078	+0.428	+0.387	+0.817
SA 98 634	06 53 04.7	−00 22 38	14.608	+0.647	+0.123	+0.382	+0.372	+0.757
SA 98 642	06 53 08.0	−00 23 14	15.290	+0.571	+0.318	+0.302	+0.393	+0.697
SA 98 185	06 53 10.8	−00 29 04	10.537	+0.202	+0.114	+0.110	+0.122	+0.231
SA 98 646	06 53 11.3	−00 22 59	15.839	+1.060	+1.426	+0.583	+0.504	+1.090
SA 98 193	06 53 12.3	−00 29 01	10.026	+1.176	+1.152	+0.614	+0.536	+1.151
SA 98 650	06 53 13.5	−00 21 21	12.271	+0.157	+0.110	+0.080	+0.086	+0.166
SA 98 652	06 53 13.8	−00 23 38	14.817	+0.611	+0.126	+0.276	+0.339	+0.618
SA 98 653	06 53 14.0	−00 20 01	9.538	−0.003	−0.102	+0.010	+0.009	+0.017
SA 98 666	06 53 18.9	−00 25 15	12.732	+0.164	−0.004	+0.091	+0.108	+0.200
SA 98 670	06 53 20.5	−00 20 59	11.930	+1.357	+1.325	+0.727	+0.654	+1.381
SA 98 671	06 53 20.9	−00 20 09	13.385	+0.968	+0.719	+0.575	+0.494	+1.071
SA 98 675	06 53 22.3	−00 21 23	13.398	+1.909	+1.936	+1.082	+1.002	+2.085
SA 98 676	06 53 22.7	−00 21 03	13.068	+1.146	+0.666	+0.683	+0.673	+1.352
SA 98 L5	06 53 24.7	−00 21 27	17.800	+1.900	−0.100	+3.100	+2.600	+5.800
SA 98 682	06 53 25.5	−00 21 24	13.749	+0.632	+0.098	+0.366	+0.352	+0.717
SA 98 685	06 53 27.5	−00 22 03	11.954	+0.463	+0.096	+0.290	+0.280	+0.570
SA 98 688	06 53 27.9	−00 25 16	12.754	+0.293	+0.245	+0.158	+0.180	+0.337
SA 98 1082	06 53 29.2	−00 15 57	15.010	+0.835	−0.001	+0.485	+0.619	+1.102
SA 98 1087	06 53 30.1	−00 17 34	14.439	+1.595	+1.284	+0.928	+0.882	+1.812
SA 98 1102	06 53 37.0	−00 15 27	12.113	+0.314	+0.089	+0.193	+0.195	+0.388
SA 98 1112	06 53 44.0	−00 17 10	13.975	+0.814	+0.286	+0.443	+0.431	+0.874
SA 98 1119	06 53 45.8	−00 16 15	11.878	+0.551	+0.069	+0.312	+0.299	+0.611
SA 98 724	06 53 46.2	−00 21 04	11.118	+1.104	+0.904	+0.575	+0.527	+1.103
SA 98 1122	06 53 46.6	−00 18 48	14.090	+0.595	−0.297	+0.376	+0.442	+0.816
SA 98 1124	06 53 47.1	−00 18 17	13.707	+0.315	+0.258	+0.173	+0.201	+0.373
SA 98 733	06 53 49.1	−00 18 59	12.238	+1.285	+1.087	+0.698	+0.650	+1.347
RL 149G	07 25 20.8	−00 34 41	12.829	+0.541	+0.033	+0.322	+0.322	+0.645

Name	Right Ascension	Declination	V	B–V	U–B	V–R	R–I	V–I
	h m s	o ′ ″						
RL 149A	07 25 22.1	−00 35 36	14.495	+0.298	+0.118	+0.196	+0.196	+0.391
RL 149F	07 25 23.0	−00 34 22	13.471	+1.115	+1.025	+0.594	+0.538	+1.132
RL 149	07 25 23.3	−00 35 47	13.866	−0.129	−0.779	−0.040	−0.068	−0.108
RL 149D	07 25 24.3	−00 35 31	11.480	−0.037	−0.287	+0.021	+0.008	+0.029
RL 149C	07 25 26.2	−00 35 09	14.425	+0.195	+0.141	+0.093	+0.127	+0.222
RL 149B	07 25 26.5	−00 35 50	12.642	+0.662	+0.151	+0.374	+0.354	+0.728
RL 149E	07 25 27.3	−00 34 02	13.718	+0.522	−0.007	+0.321	+0.314	+0.637
RL 152F	07 31 01.9	−02 07 45	14.564	+0.635	+0.069	+0.382	+0.315	+0.689
RL 152E	07 31 02.4	−02 08 24	12.362	+0.042	−0.086	+0.030	+0.034	+0.065
RL 152	07 31 06.6	−02 09 31	13.017	−0.187	−1.081	−0.059	−0.088	−0.147
RL 152B	07 31 07.4	−02 08 51	15.019	+0.500	+0.022	+0.290	+0.309	+0.600
RL 152A	07 31 08.6	−02 09 16	14.341	+0.543	−0.085	+0.325	+0.329	+0.654
RL 152C	07 31 10.8	−02 08 34	12.222	+0.573	−0.013	+0.342	+0.340	+0.683
RL 152D	07 31 14.2	−02 07 31	11.076	+0.875	+0.491	+0.473	+0.449	+0.921
SA 99 6	07 54 42.1	−00 53 13	11.055	+1.252	+1.289	+0.650	+0.577	+1.227
SA 99 367	07 55 20.8	−00 29 12	11.152	+1.005	+0.832	+0.531	+0.477	+1.007
SA 99 408	07 56 22.0	−00 29 11	9.807	+0.402	+0.038	+0.253	+0.247	+0.500
SA 99 438	07 57 03.3	−00 20 28	9.397	−0.156	−0.729	−0.060	−0.081	−0.142
SA 99 447	07 57 15.7	−00 24 22	9.419	−0.068	−0.220	−0.031	−0.041	−0.073
SA 100 241	08 53 43.0	−00 44 58	10.140	+0.157	+0.106	+0.078	+0.085	+0.162
SA 100 162	08 54 23.3	−00 48 41	9.150	+1.276	+1.495	+0.649	+0.552	+1.202
SA 100 267	08 54 26.1	−00 46 39	13.027	+0.485	−0.062	+0.307	+0.302	+0.608
SA 100 269	08 54 27.4	−00 46 20	12.350	+0.547	−0.040	+0.335	+0.331	+0.666
SA 100 280	08 54 44.4	−00 41 52	11.799	+0.493	−0.001	+0.295	+0.291	+0.588
SA 100 394	08 55 03.5	−00 37 33	11.384	+1.317	+1.457	+0.705	+0.636	+1.341
PG0918+029D	09 22 32.0	+02 41 40	12.272	+1.044	+0.821	+0.575	+0.535	+1.108
PG0918+029	09 22 38.3	+02 40 14	13.327	−0.271	−1.081	−0.129	−0.159	−0.288
PG0918+029B	09 22 43.0	+02 42 10	13.963	+0.765	+0.366	+0.417	+0.370	+0.787
PG0918+029A	09 22 45.2	+02 40 31	14.490	+0.536	−0.032	+0.325	+0.336	+0.661
PG0918+029C	09 22 52.4	+02 40 49	13.537	+0.631	+0.087	+0.367	+0.357	+0.722
BD −12 2918	09 32 25.3	−13 35 18	10.067	+1.501	+1.166	+1.067	+1.318	+2.385
PG0942−029D	09 46 16.9	−03 12 10	13.683	+0.576	+0.064	+0.341	+0.329	+0.668
PG0942−029A	09 46 18.1	−03 16 30	14.738	+0.888	+0.552	+0.563	+0.474	+1.035
PG0942−029B	09 46 19.8	−03 13 14	14.105	+0.573	+0.014	+0.353	+0.341	+0.693
PG0942−029	09 46 20.1	−03 15 38	14.012	−0.298	−1.177	−0.132	−0.165	−0.296
PG0942−029C	09 46 22.6	−03 12 56	14.950	+0.803	+0.338	+0.488	+0.395	+0.884
SA 101 315	09 56 00.3	−00 33 57	11.249	+1.153	+1.056	+0.612	+0.559	+1.172
SA 101 316	09 56 01.1	−00 25 01	11.552	+0.493	+0.032	+0.293	+0.291	+0.584
SA 101 L1	09 56 38.2	−00 28 09	16.501	+0.757	−0.104	+0.421	+0.527	+0.947
SA 101 320	09 56 42.0	−00 29 00	13.823	+1.052	+0.690	+0.581	+0.561	+1.141
SA 101 L2	09 56 43.8	−00 25 17	15.770	+0.602	+0.082	+0.321	+0.304	+0.625
SA 101 404	09 56 49.8	−00 24 49	13.459	+0.996	+0.697	+0.530	+0.500	+1.029
SA 101 324	09 57 05.7	−00 29 42	9.737	+1.161	+1.145	+0.591	+0.519	+1.109
SA 101 408	09 57 17.1	−00 19 08	14.785	+1.200	+1.347	+0.718	+0.603	+1.321
SA 101 262	09 57 17.1	−00 36 18	14.295	+0.784	+0.297	+0.440	+0.387	+0.827
SA 101 326	09 57 17.1	−00 33 38	14.923	+0.729	+0.227	+0.406	+0.375	+0.780
SA 101 327	09 57 17.9	−00 32 22	13.441	+1.155	+1.139	+0.717	+0.574	+1.290
SA 101 410	09 57 18.2	−00 20 29	13.646	+0.546	−0.063	+0.298	+0.326	+0.623
SA 101 413	09 57 23.1	−00 18 22	12.583	+0.983	+0.716	+0.529	+0.497	+1.025
SA 101 268	09 57 26.1	−00 38 24	14.380	+1.531	+1.381	+1.040	+1.200	+2.237

Name	Right Ascension	Declination	V	B–V	U–B	V–R	R–I	V–I
	h m s	° ′ ″						
SA 101 330	09 57 29.6	−00 33 50	13.723	+0.577	−0.026	+0.346	+0.338	+0.684
SA 101 415	09 57 32.2	−00 23 21	15.259	+0.577	−0.008	+0.346	+0.350	+0.695
SA 101 270	09 57 36.0	−00 42 12	13.711	+0.554	+0.055	+0.332	+0.306	+0.637
SA 101 278	09 58 03.5	−00 36 06	15.494	+1.041	+0.737	+0.596	+0.548	+1.144
SA 101 L3	09 58 04.0	−00 36 53	15.953	+0.637	−0.033	+0.396	+0.395	+0.792
SA 101 281	09 58 14.1	−00 38 11	11.576	+0.812	+0.415	+0.453	+0.412	+0.864
SA 101 L4	09 58 16.8	−00 37 53	16.264	+0.793	+0.362	+0.578	+0.062	+0.644
SA 101 L5	09 58 19.2	−00 37 09	15.928	+0.622	+0.115	+0.414	+0.305	+0.720
SA 101 421	09 58 25.2	−00 23 47	13.180	+0.507	−0.031	+0.327	+0.296	+0.623
SA 101 338	09 58 26.8	−00 27 29	13.788	+0.634	+0.024	+0.350	+0.340	+0.691
SA 101 339	09 58 27.4	−00 31 30	14.449	+0.850	+0.501	+0.458	+0.398	+0.857
SA 101 424	09 58 29.4	−00 22 54	15.058	+0.764	+0.273	+0.429	+0.425	+0.855
SA 101 427	09 58 35.5	−00 23 46	14.964	+0.805	+0.321	+0.484	+0.369	+0.854
SA 101 341	09 58 38.9	−00 28 23	14.342	+0.575	+0.059	+0.332	+0.309	+0.641
SA 101 342	09 58 40.3	−00 28 19	15.556	+0.529	−0.065	+0.339	+0.419	+0.758
SA 101 343	09 58 40.4	−00 29 24	15.504	+0.606	+0.094	+0.396	+0.338	+0.734
SA 101 429	09 58 40.8	−00 24 43	13.496	+0.980	+0.782	+0.617	+0.526	+1.143
SA 101 431	09 58 46.4	−00 24 22	13.684	+1.246	+1.144	+0.808	+0.708	+1.517
SA 101 L6	09 58 48.6	−00 24 22	16.497	+0.711	+0.183	+0.445	+0.583	+1.024
SA 101 207	09 59 01.5	−00 54 05	12.421	+0.513	−0.080	+0.320	+0.323	+0.645
SA 101 363	09 59 27.8	−00 32 06	9.874	+0.260	+0.132	+0.146	+0.151	+0.297
GD 108A	10 01 46.8	−07 39 57	13.881	+0.789	+0.316	+0.458	+0.449	+0.909
GD 108B	10 01 49.9	−07 37 40	15.056	+0.839	+0.364	+0.463	+0.466	+0.924
GD 108	10 01 54.4	−07 40 03	13.563	−0.214	−0.943	−0.099	−0.118	−0.218
GD 108C	10 02 02.4	−07 37 02	13.819	+0.786	+0.345	+0.435	+0.393	+0.825
GD 108D	10 02 03.1	−07 41 24	14.235	+0.641	+0.078	+0.372	+0.357	+0.731
BD +1 2447	10 30 04.0	+00 43 15	9.650	+1.501	+1.238	+1.033	+1.225	+2.261
G162−66	10 34 49.1	−11 48 39	13.012	−0.165	−0.997	−0.126	−0.141	−0.266
G44−27	10 37 10.4	+05 00 14	12.636	+1.586	+1.088	+1.185	+1.526	+2.714
PG1034+001	10 38 12.8	−00 15 21	13.228	−0.365	−1.274	−0.155	−0.203	−0.359
G163−6	10 44 03.5	+02 40 14	14.706	+1.550	+1.228	+1.090	+1.384	+2.478
PG1047+003	10 51 12.0	−00 07 48	13.474	−0.290	−1.121	−0.132	−0.162	−0.295
PG1047+003A	10 51 14.8	−00 08 22	13.512	+0.688	+0.168	+0.422	+0.418	+0.840
PG1047+003B	10 51 17.1	−00 09 15	14.751	+0.679	+0.172	+0.391	+0.371	+0.764
PG1047+003C	10 51 22.8	−00 07 42	12.453	+0.607	−0.019	+0.378	+0.358	+0.737
G44−40	10 52 01.0	+06 41 00	11.675	+1.644	+1.213	+1.216	+1.568	+2.786
SA 102 620	10 56 12.9	−00 55 32	10.074	+1.080	+1.025	+0.645	+0.524	+1.169
G45−20	10 57 33.3	+06 52 38	13.507	+2.034	+1.165	+1.823	+2.174	+4.000
SA 102 1081	10 58 13.2	−00 20 28	9.903	+0.664	+0.258	+0.366	+0.332	+0.697
G163−27	10 58 42.1	−07 38 36	14.338	+0.288	−0.548	+0.206	+0.210	+0.417
G163−51E	11 08 30.9	−05 23 33	14.466	+0.611	+0.095	+0.381	+0.344	+0.725
G163−51B	11 08 41.3	−05 19 57	11.292	+0.623	+0.119	+0.355	+0.336	+0.692
G163−51C	11 08 42.3	−05 21 40	12.672	+0.431	−0.009	+0.267	+0.272	+0.540
G163−51D	11 08 43.5	−05 22 20	13.862	+0.844	+0.202	+0.478	+0.466	+0.945
G163−51A	11 08 45.7	−05 19 43	12.504	+0.666	+0.060	+0.382	+0.371	+0.753
G163−50	11 09 08.4	−05 16 56	13.057	+0.036	−0.696	−0.084	−0.072	−0.158
G163−51	11 09 15.0	−05 21 17	12.559	+1.499	+1.195	+1.080	+1.355	+2.434
BD +5 2468	11 16 40.5	+04 50 01	9.352	−0.114	−0.543	−0.035	−0.052	−0.089
HD 100340	11 33 59.5	+05 09 09	10.115	−0.234	−0.975	−0.104	−0.135	−0.238
BD +5 2529	11 42 59.3	+05 00 46	9.585	+1.233	+1.194	+0.783	+0.667	+1.452

Name	Right Ascension	Declination	V	B–V	U–B	V–R	R–I	V–I
	h m s	o ′ ″						
G10–50	11 48 54.5	+00 40 19	11.153	+1.752	+1.318	+1.294	+1.673	+2.969
SA 103 302	11 57 15.1	−00 55 25	9.859	+0.370	−0.057	+0.230	+0.236	+0.465
SA 103 626	11 57 55.4	−00 30 46	11.836	+0.413	−0.057	+0.262	+0.274	+0.535
SA 103 526	11 58 03.3	−00 37 44	10.890	+1.090	+0.936	+0.560	+0.501	+1.056
G12–43	12 34 23.2	+08 53 55	12.467	+1.846	+1.085	+1.530	+1.944	+3.479
SA 104 306	12 42 12.9	−00 44 38	9.370	+1.592	+1.666	+0.832	+0.762	+1.591
SA 104 423	12 42 45.2	−00 38 34	15.602	+0.630	+0.050	+0.262	+0.559	+0.818
SA 104 428	12 42 50.5	−00 33 49	12.630	+0.985	+0.748	+0.534	+0.497	+1.032
SA 104 L1	12 42 58.6	−00 28 24	14.608	+0.630	+0.064	+0.374	+0.364	+0.739
SA 104 430	12 42 59.5	−00 33 16	13.858	+0.652	+0.131	+0.364	+0.363	+0.727
SA 104 325	12 43 11.5	−00 48 59	15.581	+0.694	+0.051	+0.345	+0.307	+0.652
SA 104 330	12 43 20.7	−00 48 05	15.296	+0.594	−0.028	+0.369	+0.371	+0.739
SA 104 440	12 43 23.4	−00 32 09	15.114	+0.440	−0.227	+0.289	+0.317	+0.605
SA 104 237	12 43 26.2	−00 58 42	15.395	+1.088	+0.918	+0.647	+0.628	+1.274
SA 104 L2	12 43 28.8	−00 41 47	16.048	+0.650	−0.172	+0.344	+0.323	+0.667
SA 104 443	12 43 29.0	−00 32 44	15.372	+1.331	+1.280	+0.817	+0.778	+1.595
SA 104 444	12 43 29.2	−00 39 51	13.477	+0.512	−0.070	+0.313	+0.331	+0.643
SA 104 334	12 43 29.7	−00 47 52	13.484	+0.518	−0.067	+0.323	+0.331	+0.653
SA 104 335	12 43 30.1	−00 40 31	11.665	+0.622	+0.145	+0.357	+0.334	+0.691
SA 104 239	12 43 32.2	−00 53 59	13.936	+1.356	+1.291	+0.868	+0.805	+1.675
SA 104 336	12 43 33.9	−00 47 21	14.404	+0.830	+0.495	+0.461	+0.403	+0.865
SA 104 338	12 43 39.4	−00 45 55	16.059	+0.591	−0.082	+0.348	+0.372	+0.719
SA 104 339	12 43 42.6	−00 49 03	15.459	+0.832	+0.709	+0.476	+0.374	+0.849
SA 104 244	12 43 43.5	−00 53 10	16.011	+0.590	−0.152	+0.338	+0.489	+0.825
SA 104 455	12 44 01.3	−00 31 40	15.105	+0.581	−0.024	+0.360	+0.357	+0.716
SA 104 456	12 44 02.7	−00 39 23	12.362	+0.622	+0.135	+0.357	+0.337	+0.694
SA 104 457	12 44 03.5	−00 36 12	16.048	+0.753	+0.522	+0.484	+0.490	+0.974
SA 104 460	12 44 11.9	−00 35 41	12.895	+1.281	+1.246	+0.813	+0.695	+1.511
SA 104 461	12 44 15.3	−00 39 41	9.705	+0.476	−0.035	+0.288	+0.289	+0.579
SA 104 350	12 44 23.5	−00 40 43	13.634	+0.673	+0.165	+0.383	+0.353	+0.736
SA 104 470	12 44 31.5	−00 37 15	14.310	+0.732	+0.101	+0.295	+0.356	+0.649
SA 104 364	12 44 55.2	−00 41 54	15.799	+0.601	−0.131	+0.314	+0.397	+0.712
SA 104 366	12 45 02.4	−00 42 06	12.908	+0.870	+0.424	+0.517	+0.464	+0.982
SA 104 479	12 45 04.5	−00 40 12	16.087	+1.271	+0.673	+0.657	+0.607	+1.264
SA 104 367	12 45 07.7	−00 40 56	15.844	+0.639	−0.126	+0.382	+0.296	+0.679
SA 104 484	12 45 29.8	−00 38 17	14.406	+1.024	+0.732	+0.514	+0.486	+1.000
SA 104 485	12 45 33.1	−00 37 39	15.017	+0.838	+0.493	+0.478	+0.488	+0.967
SA 104 490	12 45 42.7	−00 33 14	12.572	+0.535	+0.048	+0.318	+0.312	+0.630
SA 104 598	12 46 25.8	−00 24 04	11.478	+1.108	+1.051	+0.667	+0.545	+1.214
PG1323–086	13 26 50.4	−08 56 19	13.481	−0.140	−0.681	−0.048	−0.078	−0.127
PG1323–086A	13 27 00.6	−08 57 23	13.591	+0.393	−0.019	+0.252	+0.252	+0.506
PG1323–086C	13 27 01.1	−08 55 39	14.003	+0.707	+0.245	+0.395	+0.363	+0.759
PG1323–086B	13 27 01.6	−08 57 55	13.406	+0.761	+0.265	+0.426	+0.407	+0.833
PG1323–086D	13 27 16.2	−08 57 35	12.080	+0.587	+0.005	+0.346	+0.335	+0.684
G14–55	13 29 31.0	−02 28 46	11.336	+1.491	+1.157	+1.078	+1.388	+2.462
SA 105 505	13 36 34.1	−00 30 08	10.270	+1.422	+1.218	+0.910	+0.861	+1.771
SA 105 437	13 38 26.1	−00 44 47	12.535	+0.248	+0.067	+0.136	+0.143	+0.279
SA 105 815	13 41 11.4	−00 09 09	11.451	+0.381	−0.247	+0.267	+0.292	+0.559
BD +2 2711	13 43 27.9	+01 23 32	10.369	−0.163	−0.699	−0.072	−0.095	−0.168
UCAC2 32376437	13 43 32.1	+01 23 39	10.584	+0.499	+0.005	+0.304	+0.301	+0.606

Name	Right Ascension	Declination	V	B–V	U–B	V–R	R–I	V–I
	h m s	o ′ ″						
HD 121968	14 00 01.1	−03 01 23	10.256	−0.185	−0.915	−0.074	−0.100	−0.173
PG1407−013B	14 11 33.8	−01 33 36	12.471	+0.970	+0.665	+0.537	+0.505	+1.037
PG1407−013	14 11 35.5	−01 36 36	13.758	−0.259	−1.133	−0.119	−0.151	−0.272
PG1407−013C	14 11 37.6	−01 31 23	12.462	+0.805	+0.298	+0.464	+0.448	+0.914
PG1407−013A	14 11 39.2	−01 35 29	14.661	+1.151	+1.049	+0.617	+0.569	+1.178
PG1407−013D	14 11 43.7	−01 33 33	14.872	+0.891	+0.420	+0.496	+0.472	+0.967
PG1407−013E	14 11 45.3	−01 32 50	15.182	+0.883	+0.600	+0.496	+0.417	+0.915
SA 106 1024	14 41 16.2	−00 03 59	11.599	+0.332	+0.085	+0.196	+0.195	+0.390
SA 106 700	14 42 00.3	−00 29 20	9.786	+1.364	+1.580	+0.730	+0.643	+1.374
SA 106 575	14 42 47.8	−00 31 45	9.341	+1.306	+1.485	+0.676	+0.587	+1.268
SA 106 485	14 45 23.5	−00 42 46	9.477	+0.378	−0.052	+0.233	+0.236	+0.468
PG1514+034	15 18 22.2	+03 05 35	13.997	−0.009	−0.955	+0.087	+0.126	+0.212
PG1525−071	15 29 23.8	−07 21 09	15.046	−0.211	−1.177	−0.068	+0.012	−0.151
PG1525−071D	15 29 24.2	−07 21 15	16.300	+0.393	+0.224	+0.405	+0.343	+0.756
PG1525−071A	15 29 25.6	−07 20 38	13.506	+0.773	+0.282	+0.437	+0.421	+0.862
PG1525−071B	15 29 26.6	−07 20 49	16.392	+0.729	+0.141	+0.450	+0.387	+0.906
PG1525−071C	15 29 28.7	−07 19 07	13.519	+1.116	+1.073	+0.593	+0.509	+1.096
PG1528+062B	15 31 46.2	+05 56 41	11.989	+0.593	+0.005	+0.364	+0.344	+0.711
PG1528+062A	15 31 55.8	+05 56 52	15.553	+0.830	+0.356	+0.433	+0.389	+0.824
PG1528+062	15 31 56.6	+05 56 24	14.767	−0.252	−1.091	−0.111	−0.182	−0.296
PG1528+062C	15 32 02.3	+05 55 38	13.477	+0.644	+0.074	+0.357	+0.340	+0.699
PG1530+057A	15 34 17.1	+05 29 14	13.711	+0.829	+0.414	+0.473	+0.412	+0.886
PG1530+057	15 34 17.6	+05 27 58	14.211	+0.151	−0.789	+0.162	+0.036	+0.199
PG1530+057B	15 34 24.3	+05 29 18	12.842	+0.745	+0.325	+0.423	+0.376	+0.799
SA 107 544	15 37 57.4	−00 19 29	9.036	+0.399	+0.156	+0.232	+0.227	+0.458
SA 107 970	15 38 34.9	+00 14 12	10.939	+1.596	+1.750	+1.142	+1.435	+2.574
SA 107 568	15 39 02.0	−00 21 39	13.054	+1.149	+0.862	+0.625	+0.595	+1.217
SA 107 1006	15 39 42.5	+00 09 59	11.713	+0.766	+0.278	+0.442	+0.420	+0.863
SA 107 347	15 39 45.2	−00 40 18	9.446	+1.294	+1.302	+0.712	+0.652	+1.365
SA 107 720	15 39 46.2	−00 06 45	13.121	+0.599	+0.088	+0.374	+0.355	+0.731
SA 107 456	15 39 52.0	−00 24 07	12.919	+0.921	+0.589	+0.537	+0.478	+1.015
SA 107 351	15 39 55.2	−00 36 26	12.342	+0.562	−0.005	+0.351	+0.358	+0.708
SA 107 457	15 39 56.1	−00 24 35	14.910	+0.792	+0.350	+0.494	+0.469	+0.964
SA 107 458	15 39 59.6	−00 28 46	11.676	+1.214	+1.189	+0.667	+0.602	+1.274
SA 107 592	15 39 59.7	−00 21 29	11.847	+1.318	+1.380	+0.709	+0.647	+1.357
SA 107 459	15 40 00.2	−00 26 54	12.284	+0.900	+0.427	+0.525	+0.517	+1.045
SA 107 212	15 40 05.6	−00 49 51	13.383	+0.683	+0.135	+0.404	+0.411	+0.818
SA 107 215	15 40 07.2	−00 47 26	16.046	+0.115	−0.082	−0.032	−0.475	−0.511
SA 107 213	15 40 07.2	−00 48 35	14.262	+0.802	+0.261	+0.531	+0.509	+1.038
SA 107 357	15 40 14.9	−00 43 31	14.418	+0.675	+0.025	+0.416	+0.421	+0.840
SA 107 359	15 40 18.5	−00 39 59	12.797	+0.580	−0.124	+0.379	+0.381	+0.759
SA 107 599	15 40 18.8	−00 18 48	14.675	+0.698	+0.243	+0.433	+0.438	+0.869
SA 107 600	15 40 19.4	−00 20 10	14.884	+0.503	+0.049	+0.339	+0.361	+0.700
SA 107 601	15 40 23.2	−00 17 47	14.646	+1.412	+1.265	+0.923	+0.835	+1.761
SA 107 602	15 40 28.2	−00 19 49	12.116	+0.991	+0.585	+0.545	+0.531	+1.074
SA 107 611	15 40 44.4	−00 16 54	14.329	+0.890	+0.455	+0.520	+0.447	+0.968
SA 107 612	15 40 44.7	−00 19 26	14.256	+0.896	+0.296	+0.551	+0.530	+1.081
SA 107 614	15 40 50.4	−00 17 29	13.926	+0.622	+0.033	+0.361	+0.370	+0.732
SA 107 626	15 41 14.7	−00 21 47	13.468	+1.000	+0.728	+0.600	+0.527	+1.126
SA 107 627	15 41 16.8	−00 21 40	13.349	+0.779	+0.226	+0.465	+0.454	+0.918

Name	Right Ascension	Declination	V	B–V	U–B	V–R	R–I	V–I
	h m s	° ′ ″						
SA 107 484	15 41 26.2	−00 25 32	11.311	+1.240	+1.298	+0.664	+0.577	+1.240
SA 107 636	15 41 49.8	−00 19 10	14.873	+0.751	+0.121	+0.432	+0.465	+0.896
SA 107 639	15 41 54.1	−00 21 27	14.197	+0.640	−0.026	+0.399	+0.404	+0.803
SA 107 640	15 41 58.5	−00 21 04	15.050	+0.755	+0.092	+0.511	+0.506	+1.017
G153−41	16 19 11.8	−15 39 09	13.425	−0.210	−1.129	−0.133	−0.158	−0.289
G138−25	16 26 15.6	+15 37 27	13.513	+1.419	+1.265	+0.883	+0.796	+1.685
BD −12 4523	16 31 33.4	−12 43 03	10.072	+1.566	+1.195	+1.155	+1.499	+2.651
HD 149382	16 35 34.5	−04 03 36	8.943	−0.282	−1.143	−0.127	−0.135	−0.262
PG1633+099	16 36 28.3	+09 45 08	14.396	−0.191	−0.990	−0.085	−0.114	−0.208
PG1633+099A	16 36 30.3	+09 45 11	15.259	+0.871	+0.305	+0.506	+0.506	+1.011
SA 108 1332	16 36 30.6	−00 06 47	9.208	+0.380	+0.083	+0.225	+0.225	+0.449
PG1633+099G	16 36 36.7	+09 47 49	13.749	+0.693	+0.079	+0.412	+0.389	+0.804
PG1633+099B	16 36 37.7	+09 43 39	12.968	+1.081	+1.017	+0.589	+0.503	+1.090
PG1633+099F	16 36 41.0	+09 46 59	13.768	+0.878	+0.254	+0.523	+0.522	+1.035
PG1633+099C	16 36 41.6	+09 43 34	13.224	+1.144	+1.146	+0.612	+0.524	+1.133
PG1633+099D	16 36 44.4	+09 44 00	13.689	+0.535	−0.021	+0.324	+0.323	+0.649
PG1633+099E	16 36 49.4	+09 46 43	13.113	+0.841	+0.337	+0.484	+0.471	+0.953
SA 108 719	16 37 20.4	−00 28 09	12.690	+1.031	+0.648	+0.553	+0.533	+1.087
SA 108 1848	16 38 07.6	+00 03 17	11.738	+0.559	+0.073	+0.331	+0.325	+0.657
SA 108 475	16 38 10.1	−00 37 18	11.307	+1.380	+1.463	+0.743	+0.664	+1.408
SA 108 1863	16 38 21.6	−00 00 08	12.244	+0.803	+0.378	+0.446	+0.398	+0.844
SA 108 1491	16 38 23.2	−00 05 21	9.059	+0.964	+0.616	+0.522	+0.498	+1.020
SA 108 551	16 38 57.3	−00 35 42	10.702	+0.180	+0.182	+0.100	+0.109	+0.209
SA 108 1918	16 38 59.3	−00 03 14	11.384	+1.432	+1.839	+0.773	+0.661	+1.434
SA 108 981	16 40 26.0	−00 27 41	12.071	+0.494	+0.237	+0.310	+0.312	+0.622
PG1647+056	16 51 24.9	+05 30 42	14.773	−0.173	−1.064	−0.058	−0.022	−0.082
Wolf 629	16 56 37.4	−08 21 46	11.759	+1.676	+1.256	+1.185	+1.525	+2.715
PG1657+078E	17 00 32.5	+07 42 05	14.486	+0.787	+0.284	+0.436	+0.413	+0.851
PG1657+078D	17 00 33.1	+07 41 03	16.156	+0.986	+0.599	+0.635	+0.592	+1.227
PG1657+078B	17 00 37.2	+07 40 11	14.724	+0.697	+0.039	+0.417	+0.420	+0.838
PG1657+078	17 00 37.5	+07 41 34	15.019	−0.142	−0.958	−0.079	−0.058	−0.128
PG1657+078A	17 00 38.5	+07 40 23	14.032	+1.068	+0.735	+0.569	+0.538	+1.105
PG1657+078C	17 00 40.5	+07 40 30	15.225	+0.837	+0.382	+0.504	+0.442	+0.965
BD −4 4226	17 06 24.2	−05 07 50	10.071	+1.415	+1.085	+0.970	+1.141	+2.113
SA 109 71	17 45 16.2	−00 25 28	11.490	+0.326	+0.154	+0.187	+0.223	+0.409
SA 109 381	17 45 21.6	−00 21 03	11.731	+0.704	+0.222	+0.427	+0.435	+0.862
SA 109 949	17 45 22.8	−00 02 58	12.828	+0.806	+0.363	+0.500	+0.517	+1.020
SA 109 956	17 45 23.7	−00 02 38	14.639	+1.283	+0.858	+0.779	+0.743	+1.525
SA 109 954	17 45 25.1	−00 02 46	12.436	+1.296	+0.956	+0.764	+0.731	+1.496
SA 109 199	17 46 12.1	−00 29 57	10.990	+1.739	+1.967	+1.006	+0.900	+1.904
SA 109 231	17 46 29.4	−00 26 20	9.333	+1.465	+1.591	+0.787	+0.705	+1.494
SA 109 537	17 46 51.8	−00 22 02	10.353	+0.609	+0.226	+0.376	+0.393	+0.769
G21−15	18 28 19.8	+04 04 35	13.889	+0.092	−0.598	−0.039	−0.030	−0.069
SA 110 229	18 41 54.8	+00 03 11	13.649	+1.910	+1.391	+1.198	+1.155	+2.356
SA 110 230	18 42 00.7	+00 03 44	14.281	+1.084	+0.728	+0.624	+0.596	+1.218
SA 110 232	18 42 01.5	+00 03 15	12.516	+0.729	+0.147	+0.439	+0.450	+0.889
SA 110 233	18 42 01.9	+00 02 12	12.771	+1.281	+0.812	+0.773	+0.818	+1.593
SA 110 239	18 42 29.0	+00 01 35	13.858	+0.899	+0.584	+0.541	+0.517	+1.060
SA 110 339	18 42 35.5	+00 09 47	13.607	+0.988	+0.776	+0.563	+0.468	+1.036
SA 110 340	18 42 37.5	+00 16 45	10.025	+0.308	+0.124	+0.171	+0.183	+0.354

Name	Right Ascension	Declination	V	B–V	U–B	V–R	R–I	V–I
	h m s	° ′ ″						
SA 110 477	18 42 52.1	+00 28 06	13.988	+1.345	+0.715	+0.850	+0.857	+1.707
SA 110 246	18 42 59.8	+00 06 23	12.706	+0.586	−0.129	+0.381	+0.410	+0.790
SA 110 346	18 43 04.3	+00 11 21	14.757	+0.999	+0.752	+0.697	+0.646	+1.345
SA 110 349	18 43 22.5	+00 11 39	15.095	+1.088	+0.668	+0.503	−0.059	+0.477
SA 110 355	18 43 28.0	+00 09 48	11.944	+1.023	+0.504	+0.652	+0.727	+1.378
SA 110 358	18 43 44.5	+00 16 26	14.430	+1.039	+0.418	+0.603	+0.543	+1.150
SA 110 360	18 43 49.6	+00 10 35	14.618	+1.197	+0.539	+0.715	+0.717	+1.432
SA 110 361	18 43 54.1	+00 09 29	12.425	+0.632	+0.035	+0.361	+0.348	+0.709
SA 110 362	18 43 57.4	+00 07 52	15.693	+1.333	+3.919	+0.918	+0.885	+1.803
SA 110 266	18 43 57.9	+00 06 31	12.018	+0.889	+0.411	+0.538	+0.577	+1.111
SA 110 L1	18 43 59.3	+00 08 38	16.252	+1.752	+2.953	+1.066	+0.992	+2.058
SA 110 364	18 44 01.9	+00 09 20	13.615	+1.133	+1.095	+0.697	+0.585	+1.281
SA 110 157	18 44 05.7	−00 07 34	13.491	+2.123	+1.679	+1.257	+1.139	+2.395
SA 110 365	18 44 06.6	+00 08 48	13.470	+2.261	+1.895	+1.360	+1.270	+2.631
SA 110 496	18 44 08.2	+00 32 34	13.004	+1.040	+0.737	+0.607	+0.681	+1.287
SA 110 273	18 44 08.7	+00 03 49	14.686	+2.527	+1.000	+1.509	+1.345	+2.856
SA 110 497	18 44 11.4	+00 32 22	14.196	+1.052	+0.380	+0.606	+0.597	+1.203
SA 110 280	18 44 16.2	−00 02 16	12.996	+2.151	+2.133	+1.235	+1.148	+2.384
SA 110 499	18 44 16.6	+00 29 27	11.737	+0.987	+0.639	+0.600	+0.674	+1.273
SA 110 502	18 44 19.0	+00 29 08	12.330	+2.326	+2.326	+1.373	+1.250	+2.625
SA 110 503	18 44 20.6	+00 31 08	11.773	+0.671	+0.506	+0.373	+0.436	+0.808
SA 110 504	18 44 20.7	+00 31 29	14.022	+1.248	+1.323	+0.797	+0.683	+1.482
SA 110 506	18 44 27.8	+00 31 53	11.312	+0.568	+0.059	+0.335	+0.312	+0.652
SA 110 507	18 44 28.1	+00 30 51	12.440	+1.141	+0.830	+0.633	+0.579	+1.206
SA 110 290	18 44 31.3	+00 00 10	11.898	+0.708	+0.196	+0.418	+0.418	+0.836
SA 110 441	18 44 42.6	+00 21 07	11.122	+0.556	+0.108	+0.325	+0.335	+0.660
SA 110 311	18 44 56.7	+00 01 06	15.505	+1.796	+1.179	+1.010	+0.864	+1.874
SA 110 312	18 44 58.1	+00 01 33	16.093	+1.319	−0.788	+1.137	+1.154	+2.293
SA 110 450	18 45 00.5	+00 24 25	11.583	+0.946	+0.683	+0.549	+0.626	+1.175
SA 110 315	18 45 01.3	+00 02 16	13.637	+2.069	+2.256	+1.206	+1.133	+2.338
SA 110 316	18 45 01.5	+00 02 31	14.821	+1.731	+4.355	+0.858	+0.910	+1.769
SA 110 319	18 45 04.5	+00 03 27	11.861	+1.309	+1.076	+0.742	+0.700	+1.443
SA 111 773	19 38 24.9	+00 14 05	8.965	+0.209	−0.209	+0.121	+0.145	+0.265
SA 111 775	19 38 25.4	+00 15 12	10.748	+1.741	+2.017	+0.965	+0.897	+1.863
SA 111 1925	19 38 37.6	+00 28 10	12.387	+0.396	+0.264	+0.226	+0.256	+0.483
SA 111 1965	19 38 50.5	+00 29 59	11.419	+1.710	+1.865	+0.951	+0.877	+1.830
SA 111 1969	19 38 52.3	+00 28 56	10.382	+1.959	+2.306	+1.177	+1.222	+2.400
SA 111 2039	19 39 13.5	+00 35 20	12.395	+1.369	+1.237	+0.739	+0.689	+1.430
SA 111 2088	19 39 30.2	+00 34 09	13.193	+1.610	+1.678	+0.888	+0.818	+1.708
SA 111 2093	19 39 32.4	+00 34 34	12.538	+0.637	+0.283	+0.370	+0.397	+0.766
SA 112 595	20 42 27.5	+00 21 21	11.352	+1.601	+1.991	+0.898	+0.903	+1.801
SA 112 704	20 43 11.1	+00 24 02	11.452	+1.536	+1.742	+0.822	+0.746	+1.570
SA 112 223	20 43 23.7	+00 13 54	11.424	+0.454	+0.016	+0.273	+0.274	+0.547
SA 112 250	20 43 35.5	+00 12 37	12.095	+0.532	−0.025	+0.317	+0.323	+0.639
SA 112 275	20 43 44.5	+00 12 15	9.905	+1.210	+1.294	+0.648	+0.569	+1.217
SA 112 805	20 43 55.8	+00 21 03	12.086	+0.151	+0.158	+0.064	+0.075	+0.139
SA 112 822	20 44 04.0	+00 19 57	11.548	+1.030	+0.883	+0.558	+0.502	+1.060
Mark A4	20 45 07.0	−10 40 09	14.767	+0.795	+0.176	+0.471	+0.475	+0.952
Mark A2	20 45 08.5	−10 40 35	14.540	+0.666	+0.096	+0.379	+0.371	+0.751
Mark A1	20 45 11.9	−10 42 16	15.911	+0.609	−0.014	+0.367	+0.373	+0.740

Name	Right Ascension	Declination	V	B–V	U–B	V–R	R–I	V–I
	h m s	° ′ ″						
Mark A	20 45 12.8	−10 42 45	13.256	−0.246	−1.159	−0.114	−0.124	−0.238
Mark A3	20 45 17.3	−10 40 42	14.818	+0.938	+0.651	+0.587	+0.510	+1.098
Wolf 918	21 10 32.5	−13 13 21	10.869	+1.493	+1.139	+0.978	+1.083	+2.064
G26−7A	21 32 19.1	−09 40 36	13.047	+0.725	+0.279	+0.405	+0.371	+0.776
G26−7	21 32 32.8	−09 41 28	12.006	+1.664	+1.231	+1.298	+1.669	+2.968
G26−7C	21 32 35.7	−09 44 47	12.468	+0.624	+0.093	+0.354	+0.340	+0.695
G26−7B	21 32 38.8	−09 41 24	13.454	+0.562	+0.027	+0.323	+0.327	+0.652
SA 113 440	21 41 43.4	+00 47 57	11.796	+0.637	+0.167	+0.363	+0.350	+0.715
SA 113 221	21 41 45.6	+00 27 14	12.071	+1.031	+0.874	+0.550	+0.490	+1.041
SA 113 L1	21 41 56.5	+00 34 46	15.530	+1.343	+1.180	+0.867	+0.723	+1.594
SA 113 337	21 41 58.5	+00 34 09	14.225	+0.519	−0.025	+0.351	+0.331	+0.682
SA 113 339	21 42 04.7	+00 34 09	12.250	+0.568	−0.034	+0.340	+0.347	+0.687
SA 113 233	21 42 08.3	+00 28 14	12.398	+0.549	+0.096	+0.338	+0.322	+0.661
SA 113 342	21 42 08.9	+00 33 48	10.878	+1.015	+0.696	+0.537	+0.513	+1.050
SA 113 239	21 42 15.9	+00 28 45	13.038	+0.516	+0.051	+0.318	+0.327	+0.647
SA 113 241	21 42 18.2	+00 31 59	14.352	+1.344	+1.452	+0.897	+0.797	+1.683
SA 113 245	21 42 22.4	+00 28 04	15.665	+0.628	+0.112	+0.396	+0.318	+0.716
SA 113 459	21 42 23.9	+00 49 16	12.125	+0.535	−0.018	+0.307	+0.313	+0.623
SA 113 250	21 42 33.7	+00 26 53	13.160	+0.505	−0.003	+0.309	+0.316	+0.626
SA 113 466	21 42 36.4	+00 46 27	10.003	+0.453	+0.003	+0.279	+0.283	+0.564
SA 113 259	21 42 53.9	+00 23 52	11.744	+1.199	+1.220	+0.621	+0.544	+1.167
SA 113 260	21 42 57.1	+00 30 05	12.406	+0.514	+0.069	+0.308	+0.298	+0.606
SA 113 475	21 43 00.3	+00 45 33	10.304	+1.058	+0.841	+0.568	+0.528	+1.097
SA 113 263	21 43 01.9	+00 31 50	15.481	+0.280	+0.074	+0.194	+0.207	+0.401
SA 113 366	21 43 02.6	+00 35 35	13.537	+1.096	+0.896	+0.623	+0.588	+1.211
SA 113 265	21 43 02.8	+00 24 16	14.934	+0.639	+0.101	+0.411	+0.395	+0.807
SA 113 268	21 43 06.2	+00 26 08	15.281	+0.589	−0.018	+0.379	+0.407	+0.786
SA 113 34	21 43 07.9	+00 07 19	15.173	+0.484	−0.054	+0.306	+0.346	+0.652
SA 113 372	21 43 11.1	+00 34 51	13.681	+0.670	+0.080	+0.395	+0.370	+0.766
SA 113 149	21 43 14.6	+00 15 37	13.469	+0.621	+0.043	+0.379	+0.386	+0.765
SA 113 153	21 43 17.9	+00 21 17	14.476	+0.745	+0.285	+0.462	+0.441	+0.902
SA 113 272	21 43 29.4	+00 27 11	13.904	+0.633	+0.067	+0.370	+0.340	+0.710
SA 113 156	21 43 30.8	+00 18 22	11.224	+0.526	−0.057	+0.303	+0.314	+0.618
SA 113 158	21 43 30.9	+00 20 22	13.116	+0.723	+0.247	+0.407	+0.374	+0.782
SA 113 491	21 43 33.5	+00 50 07	14.373	+0.764	+0.306	+0.434	+0.420	+0.854
SA 113 492	21 43 36.8	+00 44 35	12.174	+0.553	+0.005	+0.342	+0.341	+0.684
SA 113 493	21 43 37.6	+00 44 24	11.767	+0.786	+0.392	+0.430	+0.393	+0.824
SA 113 495	21 43 38.7	+00 44 21	12.437	+0.947	+0.530	+0.512	+0.497	+1.010
SA 113 163	21 43 44.5	+00 22 58	14.540	+0.658	+0.106	+0.380	+0.355	+0.735
SA 113 165	21 43 47.1	+00 21 46	15.639	+0.601	+0.003	+0.354	+0.392	+0.746
SA 113 281	21 43 47.8	+00 25 10	15.247	+0.529	−0.026	+0.347	+0.359	+0.706
SA 113 167	21 43 50.0	+00 22 22	14.841	+0.597	−0.034	+0.351	+0.376	+0.728
SA 113 177	21 44 05.7	+00 20 57	13.560	+0.789	+0.318	+0.456	+0.436	+0.890
SA 113 182	21 44 17.4	+00 21 03	14.370	+0.659	+0.065	+0.402	+0.422	+0.824
SA 113 187	21 44 29.7	+00 23 08	15.080	+1.063	+0.969	+0.638	+0.535	+1.174
SA 113 189	21 44 36.5	+00 23 34	15.421	+1.118	+0.958	+0.713	+0.605	+1.319
SA 113 307	21 44 39.5	+00 24 18	14.214	+1.128	+0.911	+0.630	+0.614	+1.245
SA 113 191	21 44 42.6	+00 22 08	12.337	+0.799	+0.223	+0.471	+0.466	+0.937
SA 113 195	21 44 49.9	+00 23 36	13.692	+0.730	+0.201	+0.418	+0.413	+0.832
G93−48D	21 53 18.7	+02 27 48	13.664	+0.636	+0.120	+0.368	+0.362	+0.724

Name	Right Ascension	Declination	V	B–V	U–B	V–R	R–I	V–I
	h m s	o ′ ″						
G93–48C	21 53 22.5	+02 28 16	12.664	+1.320	+1.260	+0.852	+0.759	+1.610
G93–48A	21 53 26.0	+02 29 37	12.856	+0.715	+0.278	+0.403	+0.365	+0.772
G93–48B	21 53 26.8	+02 29 33	12.416	+0.719	+0.194	+0.405	+0.383	+0.791
G93–48	21 53 33.9	+02 29 36	12.743	−0.011	−0.790	−0.096	−0.099	−0.195
PG2213–006F	22 17 22.1	−00 11 10	12.644	+0.678	+0.171	+0.395	+0.384	+0.781
PG2213–006C	22 17 26.9	−00 15 28	15.108	+0.726	+0.175	+0.425	+0.432	+0.853
PG2213–006E	22 17 30.5	−00 10 53	13.776	+0.661	+0.087	+0.397	+0.373	+0.778
PG2213–006B	22 17 31.0	−00 15 02	12.710	+0.753	+0.291	+0.427	+0.404	+0.831
PG2213–006D	22 17 31.8	−00 10 56	13.987	+0.787	+0.128	+0.486	+0.479	+0.967
PG2213–006A	22 17 32.5	−00 14 41	14.180	+0.665	+0.094	+0.407	+0.408	+0.817
PG2213–006	22 17 37.6	−00 14 28	14.137	−0.214	−1.176	−0.072	−0.132	−0.211
G156–31	22 39 49.2	−15 10 05	12.361	+1.993	+1.408	+1.648	+2.042	+3.684
SA 114 531	22 41 45.7	+00 59 00	12.095	+0.733	+0.175	+0.421	+0.404	+0.824
SA 114 637	22 41 51.6	+01 10 15	12.070	+0.801	+0.307	+0.456	+0.415	+0.872
SA 114 446	22 42 12.9	+00 53 06	12.064	+0.737	+0.237	+0.397	+0.369	+0.769
SA 114 654	22 42 35.2	+01 17 15	11.833	+0.656	+0.178	+0.368	+0.341	+0.711
SA 114 656	22 42 44.0	+01 18 15	12.644	+0.965	+0.698	+0.547	+0.506	+1.051
SA 114 548	22 42 45.8	+01 06 11	11.599	+1.362	+1.568	+0.738	+0.651	+1.387
SA 114 750	22 42 53.7	+01 19 41	11.916	−0.037	−0.367	+0.027	−0.016	+0.010
SA 114 755	22 43 16.4	+01 23 54	10.909	+0.570	−0.063	+0.313	+0.310	+0.622
SA 114 670	22 43 18.2	+01 17 22	11.101	+1.206	+1.223	+0.645	+0.561	+1.208
SA 114 176	22 44 19.3	+00 28 22	9.239	+1.485	+1.853	+0.800	+0.717	+1.521
HD 216135	22 51 39.5	−13 11 34	10.111	−0.119	−0.618	−0.052	−0.065	−0.119
G156–57	22 54 29.6	−14 08 52	10.192	+1.557	+1.179	+1.179	+1.543	+2.730
GD 246A	23 13 25.4	+10 53 34	12.962	+0.463	−0.047	+0.288	+0.296	+0.584
GD 246	23 13 29.9	+10 54 26	13.090	−0.318	−1.194	−0.148	−0.181	−0.328
GD 246B	23 13 37.0	+10 54 33	14.368	+0.919	+0.693	+0.512	+0.431	+0.944
GD 246C	23 13 38.9	+10 56 35	13.637	+0.879	+0.540	+0.484	+0.448	+0.933
Feige 108	23 17 21.8	−01 43 13	12.973	−0.237	−1.050	−0.106	−0.140	−0.245
PG2317+046	23 21 04.1	+04 59 58	12.876	−0.246	−1.137	−0.074	−0.035	−0.118
PG2331+055	23 34 53.3	+05 54 08	15.182	−0.066	−0.487	−0.012	−0.031	−0.044
PG2331+055A	23 34 58.2	+05 54 20	13.051	+0.741	+0.257	+0.419	+0.401	+0.821
PG2331+055B	23 35 00.0	+05 52 37	14.744	+0.819	+0.429	+0.481	+0.454	+0.935
PG2336+004B	23 39 47.5	+00 50 15	12.429	+0.517	−0.048	+0.313	+0.317	+0.627
PG2336+004A	23 39 51.9	+00 49 58	11.274	+0.686	+0.129	+0.394	+0.382	+0.769
PG2336+004	23 39 52.7	+00 50 28	15.885	−0.160	−0.781	−0.056	−0.048	−0.109
SA 115 554	23 42 40.0	+01 33 55	11.812	+1.005	+0.548	+0.586	+0.538	+1.127
SA 115 486	23 42 42.1	+01 24 14	12.482	+0.493	−0.049	+0.298	+0.308	+0.607
SA 115 412	23 43 10.1	+01 16 31	12.209	+0.573	−0.040	+0.327	+0.335	+0.665
SA 115 268	23 43 39.8	+00 59 40	12.494	+0.634	+0.077	+0.366	+0.348	+0.714
SA 115 420	23 43 45.6	+01 13 28	11.160	+0.467	−0.019	+0.288	+0.293	+0.581
SA 115 271	23 43 51.1	+00 52 43	9.693	+0.612	+0.109	+0.354	+0.349	+0.702
SA 115 516	23 45 24.6	+01 21 42	10.431	+1.028	+0.760	+0.564	+0.534	+1.099
BD +1 4774	23 50 23.1	+02 31 13	8.993	+1.434	+1.105	+0.964	+1.081	+2.047
PG2349+002	23 53 02.4	+00 35 48	13.277	−0.191	−0.921	−0.103	−0.116	−0.219

Name	BS=HR No.	Right Ascension	Declination	V	Spectral Type	Note[1]
		h m s	° ′ ″			
HD 224926	9087	00 02 58.65	−02 54 08.3	5.12	B7III	
G 158−100		00 35 02.91	−12 00 37.5	14.89	dG−K	
HD 3360	153	00 38 14.26	+54 01 13.5	3.66	B2IV	
CD−34 241		00 42 52.41	−33 31 45.8	11.23	F	
BPM 16274		00 51 04.71	−52 00 54.5	14.20	DA2	Model
LTT 1020		01 55 52.46	−27 22 06.0	11.52	G	
HD 15318	718	02 29 21.51	+08 33 35.1	4.28	B9III	
EGGR 21 1		03 10 43.80	−68 31 02.0	11.38	DA	
LTT 1788		03 49 11.66	−39 04 37.7	13.16	F	
GD 50		03 49 59.12	−00 54 32.7	14.06	DA2	
SA 95−42		03 54 52.81	−00 00 40.8	15.61	DA	
HZ 4		03 56 35.88	+09 51 10.5	14.52	DA4	
LB 227		04 10 46.48	+17 11 22.0	15.34	DA4	
HZ 2		04 13 58.45	+11 55 09.5	13.86	DA3	
HD 30739	1544	04 51 50.41	+08 56 13.2	4.36	A1V	
G 191−B2B		05 07 18.40	+52 51 34.3	11.78	DA1	
HD 38666	1996	05 46 50.12	−32 17 57.0	5.17	O9V	Model
GD 71		05 53 45.48	+15 53 22.9	13.03	DA1	
LTT 2415		05 57 18.44	−27 51 29.7	12.21		
HILT 600		06 46 23.65	+02 06 45.1	10.44	B1	
HD 49798		06 48 45.17	−44 20 32.8	8.30	O6	Model
HD 60753		07 34 02.91	−50 38 02.5	6.70	B3IV	Model
G 193−74		07 55 10.57	+52 25 50.3	15.70	DA0	
BD+75 325		08 13 32.31	+74 53 52.2	9.54	O5p	
LTT 3218		08 42 24.76	−33 00 55.5	11.86	DA	
HD 74280	3454	08 44 23.97	+03 18 59.6	4.30	B3V	
AGK+81°266		09 24 38.26	+81 37 37.3	11.92	sdO	
GD 108		10 01 54.39	−07 40 02.7	13.56	sdB	
LTT 3864		10 33 14.28	−35 44 40.6	12.17	F	
Feige 34		10 40 55.53	+42 59 04.8	11.18	DO	
HD 93521		10 49 39.73	+37 27 03.7	7.04	O9Vp	
HD 100889	4468	11 37 49.49	−09 55 36.7	4.70	B9.5V	
LTT 4364		11 46 57.71	−64 57 52.9	11.50	C2	
HD 103287	4554	11 55 00.30	+53 34 10.6	2.44	A0V	Model
Feige 56		12 07 56.21	+11 32 41.7	11.06	B5p	
HZ 21		12 15 04.07	+32 49 02.5	14.68	DO2	
Feige 66		12 38 30.40	+24 56 34.6	10.50	sdO	
LTT 4816		12 40 04.97	−49 55 12.9	13.79	DA	
Feige 67		12 42 59.23	+17 23 55.8	11.81	sdO	
GD 153		12 58 08.46	+21 54 31.8	13.35	DA1	
G 60−54		13 01 17.14	+03 21 06.7	15.81	DC	
HD 114330	4963	13 11 07.02	−05 39 30.9	4.38	A1IV	
HZ 43		13 17 25.27	+28 58 47.3	12.91	DA1	
HZ 44		13 24 36.47	+36 00 58.8	11.66	sdO	
GRW+70°5824		13 39 22.82	+70 10 17.6	12.77	DA3	

Name	BS=HR No.	Right Ascension	Declination	V	Spectral Type	Note[1]
		h m s	° ′ ″			
HD 120315	5191	13 48 25.51	+49 12 05.7	1.86	B3V	Model
CD−32 9927		14 13 06.21	−33 09 31.9	10.42	A0	
HD 129956	5501	14 46 39.10	+00 37 24.4	5.68	B9.5V	
LTT 6248		15 40 21.88	−28 40 00.0	11.80	A	
BD+33 2642		15 52 52.53	+32 52 56.1	10.81	B2IV	
EGGR 274		16 25 05.63	−39 16 49.0	11.03	DA	
G 138−31		16 28 58.12	+09 09 10.5	16.14	DC	
HD 172167	7001	18 37 42.07	+38 48 20.9	0.00	A0V	
LTT 7379		18 38 03.73	−44 17 27.6	10.23	G0	
HD 188350	7596	19 55 53.91	+00 20 02.3	5.62	A0III	
LTT 7987		20 12 20.12	−30 09 07.2	12.23	DA	
G 24−9		20 15 02.05	+06 46 50.8	15.72	DC	
HD 198001	7950	20 48 53.50	−09 24 43.4	3.78	A1V	
LDS 749B		21 33 25.96	+00 21 16.5	14.67	DB4	
BD+28 4211		21 52 11.33	+28 58 11.2	10.51	Op	
G 93−48		21 53 33.93	+02 29 36.2	12.74	DA3	
BD+25 4655		22 00 43.62	+26 32 27.1	9.76	O	
NGC 7293		22 30 52.15	−20 43 17.0	13.51	V.Hot	
HD 214923	8634	22 42 35.10	+10 56 57.7	3.40	B8V	
LTT 9239		22 53 53.58	−20 28 27.9	12.07	F	
LTT 9491		23 20 46.53	−16 58 04.1	14.11	DC	
Feige 110		23 21 08.03	−05 02 32.1	11.82	DOp	
GD 248		23 27 14.45	+16 07 43.2	15.09	DC	

Notes to Table

[1] Model data for the optical range; only suitable as a standard in the ultraviolet range.

HIP No.	HD No.	Right Ascension	Declination	V	v_r	σv_r	Spectral Type
		h m s	° ′ ″		km/s	km/s	
699	400	00 09 50.8	+36 45 05	6.21	− 15.116	0.0119	F8IV
1499	1461	00 19 51.3	−07 55 45	6.47	− 10.086	0.0224	G0V
1541	1497	00 20 22.6	+13 42 04	8.19	− 7.367	0.0165	F8
1813	1832	00 24 11.0	+22 29 54	7.57	− 30.502	0.0085	F8
2712	3079	00 35 44.9	+48 02 23	7.38	− 12.296	0.0199	F8
2832	3268	00 37 04.9	+13 19 47	6.32	− 23.372	0.0153	F7V
3206	3765	00 42 03.7	+40 18 22	7.36	− 63.113	0.0160	K2V
4393	5372	00 57 36.7	+52 36 46	7.53	+ 0.649	0.0096	G5
5176	6512	01 07 24.1	+13 22 21	8.15	+ 10.366	0.0155	G0
5578	7134	01 12 39.1	−12 43 28	7.48	− 16.612	0.0208	G1V
6285	8004	01 22 00.8	+55 04 45	7.21	− 8.198	0.0136	G0
6405	8262	01 23 31.6	+18 47 59	6.96	+ 5.658	0.0183	G3V
6653	8648	01 26 29.7	+01 34 37	7.38	+ 1.051	0.0243	G5
7090	9224	01 32 35.7	+29 31 40	7.32	+ 14.991	0.0131	G0V
7576	10008	01 38 43.4	−06 38 50	7.66	+ 11.706	0.0074	G5
7734	10086	01 40 58.8	+45 59 23	6.60	+ 2.185	0.0193	G5IV
8798	11505	01 54 14.8	−01 13 08	7.43	− 16.438	0.0140	G0
10505	13825	02 16 42.0	+24 22 26	6.80	− 2.179	0.0160	G8IV
10681	13829	02 19 11.8	+65 21 55	7.61	− 11.846	0.0140	F8
11949	15830	02 35 38.1	+42 52 54	7.59	+ 16.846	0.0274	G0
13291	17674	02 52 25.7	+30 22 42	7.56	+ 10.568	0.0205	G0V
14150	18803	03 03 46.4	+26 41 44	6.62	+ 9.933	0.0113	G8V
14614	19518	03 09 59.7	+15 25 07	7.85	− 27.180	0.0209	G8V
15323	20367	03 19 02.9	+31 12 28	6.40	+ 6.482	0.0225	G0
17147	22879	03 41 30.9	−03 08 49	6.68	+120.400	0.0121	F9V
20917	28343	04 30 20.4	+21 58 19	8.30	− 35.406	0.0194	K7V
21553	232979	04 39 28.2	+52 56 03	8.62	+ 34.066	0.0177	K8V
22576	30708	04 52 59.4	+35 51 03	6.78	− 55.686	0.0117	G5
23311	32147	05 01 56.1	−05 42 35	6.22	+ 21.671	0.0079	K3V
24681	34445	05 18 54.0	+07 22 30	7.31	− 78.906	0.0271	G0
25973	36066	05 34 29.7	+57 14 03	6.44	+ 33.264	0.0160	F8V
26973	38459	05 44 02.7	−47 48 46	8.52	+ 26.600	0.0147	K0V
29432	42618	06 13 13.6	+06 46 29	6.85	− 53.440	0.0139	G4V
29525	42807	06 14 27.4	+10 37 04	6.43	+ 6.100	0.0293	G8V
30067	43947	06 20 57.9	+16 00 07	6.61	+ 40.579	0.0121	F8V
30862	45391	06 30 16.7	+36 27 45	7.15	− 5.289	0.0197	G0
32874	49736	06 52 23.8	+25 43 52	6.98	+ 6.734	0.0138	F8
35265	56124	07 18 37.1	+33 02 57	6.93	+ 22.605	0.0155	G0
37722	62346	07 45 33.1	+20 08 43	7.35	− 9.256	0.0185	G5
38784	62613	07 59 54.2	+80 12 16	6.55	− 7.752	0.0087	G8V
39157	65583	08 01 55.5	+29 09 43	6.97	+ 14.886	0.0235	G8V
39330	66653	08 03 08.8	−46 23 56	7.52	+ 23.176	0.0133	G5V
40093	67827	08 12 50.8	+38 39 45	6.61	+ 25.943	0.0167	G0
41484	71148	08 29 10.4	+45 34 31	6.32	− 32.300	0.0191	G5V
42403	73344	08 40 04.7	+23 36 17	6.89	+ 6.253	0.0255	F8
43297	75302	08 50 22.8	+03 24 02	7.45	+ 10.248	0.0207	G0
43737	75933	08 55 57.6	+40 02 44	7.62	− 35.533	0.0117	G5
44097	76780	09 00 13.0	+21 04 39	7.63	+ 31.022	0.0141	G5
45869	80536	09 22 28.9	+25 03 57	7.26	− 37.923	0.0099	G0
48331	85512	09 52 02.0	−43 36 43	7.67	− 9.510	0.0025	K5V

HIP No.	HD No.	Right Ascension	Declination	V	v_r	σv_r	Spectral Type
		h m s	° ′ ″		km/s	km/s	
50139	88725	10 15 18.6	+03 02 12	7.75	− 21.976	0.0039	G1V
50316	88986	10 17 44.3	+28 34 09	6.46	+ 29.061	0.0082	G0V
51700	91347	10 35 13.0	+49 04 13	7.50	− 25.065	0.0164	F8
54196	96094	11 06 27.3	+25 04 47	7.60	+ 0.490	0.0130	G0
57083	101690	11 43 16.4	+04 37 22	7.28	+ 21.526	0.0163	G0
59589	106210	12 14 22.0	+10 41 35	7.57	− 24.447	0.0157	G3V
61044	108942	12 31 45.5	+50 50 57	7.91	− 10.903	0.0092	G5
65530	117043	13 26 45.8	+63 08 46	6.50	− 30.934	0.0134	G6V
66974	119550	13 44 41.0	+14 15 11	6.92	+ 5.597	0.0044	G2V
67246	120066	13 48 04.0	+06 14 17	6.33	− 30.506	0.0103	G0V
69357	124106	14 12 58.7	− 12 43 04	7.93	+ 3.373	0.0191	K1V
70252	126323	14 23 06.5	+60 51 49	7.40	− 2.909	0.0207	G0
70520	126512	14 26 32.8	+20 29 09	7.27	− 48.580	0.0160	F9V
71181	128165	14 34 12.9	+52 48 44	7.24	+ 11.392	0.0143	K3V
71679	129499	14 40 04.8	+66 15 02	7.38	− 11.449	0.0156	G5
72604	131042	14 51 40.8	+22 48 55	7.50	− 26.864	0.0109	G5
73623	133826	15 03 20.6	+65 41 25	7.33	− 2.712	0.0136	G0
73941	134044	15 07 28.1	+36 22 14	6.35	− 5.810	0.0125	F8V
76906	140233	15 43 18.8	+07 45 11	7.33	− 0.883	0.0292	G0
78424	145742	15 59 08.6	+80 33 55	7.57	− 21.711	0.0192	K0
78775	144579	16 05 43.4	+39 05 48	6.66	− 59.381	0.0171	G8V
79862	147044	16 18 56.3	+34 25 43	7.50	− 14.502	0.0092	G0
81813	151541	16 42 36.1	+68 03 48	7.56	+ 9.529	0.0190	K1V
83389	154345	17 03 14.5	+47 03 23	6.76	− 46.847	0.0222	G8V
83827	155060	17 08 46.4	+32 04 38	7.21	− 10.499	0.0098	F8
83863	154931	17 09 28.3	+04 23 44	7.25	− 18.598	0.0210	G0
85810	159222	17 32 49.4	+34 15 23	6.52	− 51.558	0.0176	G5V
87382	162826	17 51 57.9	+40 04 05	6.55	+ 1.880	0.0218	F8V
88194	164595	18 01 30.8	+29 34 25	7.07	+ 2.074	0.0155	G2V
89474	168009	18 16 11.3	+45 13 02	6.30	− 64.567	0.0092	G2V
90864	171067	18 33 12.5	+13 45 19	7.20	− 46.197	0.0100	G8V
91949	173701	18 45 15.8	+43 51 28	7.54	− 45.551	0.0193	K0
93373	175607	19 03 20.8	− 66 09 41	8.60	− 91.911	0.0023	G8V
94981	181655	19 20 26.5	+37 22 20	6.29	+ 2.076	0.0267	G8V
98792	190404	20 04 53.1	+23 23 59	7.28	− 2.444	0.0263	K1V
99241	191649	20 09 21.3	+50 39 13	7.40	− 9.009	0.0205	G0
100963	195034	20 29 11.2	+22 12 11	7.09	− 0.864	0.0177	G5
102610	198089	20 48 41.9	+13 04 13	7.43	− 33.377	0.0217	F8
103692	200078	21 01 46.5	+17 32 13	8.05	− 60.171	0.0098	G5
106707	205702	21 38 00.6	+05 54 57	7.62	− 13.482	0.0198	F8
109439	210460	22 11 23.4	+19 43 37	6.18	+ 20.492	0.0215	G0V
109527	210667	22 12 11.1	+36 21 59	7.23	− 19.393	0.0295	K0
111274	213575	22 33 44.9	− 06 21 02	6.94	− 21.460	0.0132	G0
111748	214557	22 39 09.8	+45 56 39	7.06	− 38.471	0.0201	F8
113829	217813	23 04 11.2	+21 02 24	6.65	+ 2.084	0.0180	G5V
114028	218133	23 06 39.1	+14 34 27	7.10	− 48.719	0.0210	G0
115697	220773	23 27 36.0	+08 45 59	7.10	− 37.700	0.0094	G0
116085	221354	23 32 28.5	+59 17 26	6.76	− 25.014	0.0189	K2V
116421	221830	23 36 37.1	+31 08 36	6.86	−112.260	0.0195	F9V
116542	222033	23 38 14.4	+30 48 11	7.21	− 13.040	0.0206	G0V

Name	HD No.	R.A.	Dec.	Type	Magnitude Min.	Magnitude Max.		Epoch 2400000+	Period	Spectral Type
		h m s	° ′ ″						d	
WW Cet		00 12 33.7	−11 21 13	UGz	10.4	15.8	v		31.2:	pec(UG) + M2.5V
S Scl	1115	00 16 30.2	−31 55 13	M	5.5	13.6	v	42345	367	M3e−M9e(Tc)
T Cet	1760	00 22 54.5	−19 56 00	SRc	4.96	6.90	V	54286.0	159.3	M5−6SIIe
R And	1967	00 25 13.7	+38 42 05	M	5.8	15.2	v	53820.0	409.2	S3,5e−S8,8e(M7e)
TV Psc	2411	00 29 13.5	+18 01 03	SR	4.65	5.42	V	31387	49.1	M3III
EG And	4174	00 45 51.5	+40 48 08	Z And+E	6.97	7.8	V	50683.20	482.57	M2IIIep
U Cep	5679	01 04 25.8	+81 59 46	EA	6.75	9.24	V	51492.323	2.493	B7Ve + G8III−IV
RX And		01 05 52.2	+41 25 10	UGz	10.3	14.8	V		14:	pec(UG)
ζ Phe	6882	01 09 19.5	−55 07 33	EA	3.91	4.42	V	41957.6058	1.670	B6V + B9V
WX Hyi		02 10 28.0	−63 12 19	UGsu	9.6	14.85	V		13.7:	pec(UG)
KK Per	13136	02 11 49.7	+56 39 52	Lc	7.49	7.99	V			M1.0Iab−M3.5Iab
o Cet	14386	02 20 29.1	−02 52 35	M	2	10.1	v	44839	331.96	M5e−M9e
VW Ari	15165	02 27 58.3	+10 39 56	δ Sct	6.64	6.76	V		0.161	F0IV
U Cet	15971	02 34 48.5	−13 03 02	M	6.7	13.8	v	42137	234.76	M2e−M6e
R Tri	16210	02 38 24.6	+34 21 39	M	5.4	12.6	v	45215	266.9	M4IIIe−M8e
RZ Cas	17138	02 50 59.5	+69 43 37	EA	6.18	7.72	V	43200.3063	1.195	A2.8V
R Hor	18242	02 54 37.7	−49 47 55	M	4.7	14.3	v	41494	407.6	M5e−M8eII−III
ρ Per	19058	03 06 37.6	+38 55 33	SRb	3.3	4.0	V		50:	M4IIb−IIIa
β Per	19356	03 09 38.5	+41 02 27	EA	2.09	3.30	V	56181.84	2.867	B8V+G8III
λ Tau	25204	04 01 55.8	+12 33 08	EA	3.37	3.91	V	47185.265	3.953	B3V + A4IV
VW Hyi		04 09 02.3	−71 14 12	UGsu	8.4	14.4	v		27.3:	pec(UG)
R Dor	29712	04 37 01.6	−62 01 59	SRb	4.78	6.32	V	55335	172	M7−M8IIIe
HU Tau	29365	04 39 35.7	+20 43 41	EA	5.85	6.68	V	42412.456	2.056	B8V
R Cae	29844	04 41 17.0	−38 11 35	M	6.7	14.6	v	40645	390.95	M6e
R Pic	30551	04 46 45.7	−49 12 22	SR	6.35	10.1	V	54410	168	M1IIe−M4IIe
R Lep	31996	05 00 37.9	−14 46 26	M	5.5	11.7	v	54344	445	C7,6e(N6e)
ε Aur	31964	05 03 35.3	+43 51 15	EA	2.92	3.83	V	35629	9892	A8Ia−F2epIa + BV
RX Lep	33664	05 12 25.9	−11 49 22	SRb	5.12	6.65	V	48562.0	79.54	M6III
AR Aur	34364	05 19 47.9	+33 47 22	EA	6.15	6.82	V	49706.3615	4.135	Ap(Hg−Mn) + B9V
TZ Men	39780	05 25 57.3	−84 46 03	EA	6.19	6.87	V	39190.34	8.569	A1III + B9V:
β Dor	37350	05 33 49.4	−62 28 32	δ Cep	3.41	4.08	V	40905.3	9.843	F4−G4Ia−II
SU Tau	247925	05 50 24.4	+19 04 16	RCB	9.1	18.0	V	54862.0	44.68	G0−1Iep(C1,0HD)
α Ori	39801	05 56 23.4	+07 24 34	SRc	0.0	1.3	v		2335	M1−M2Ia−Ibe
U Ori	39816	05 57 09.4	+20 10 37	M	4.8	13.0	v	54520	377	M6e−M9.5e
SS Aur		06 15 04.6	+47 43 57	UGss	10.3	16.8	V		55.5:	M3−5Ve
η Gem	42995	06 16 14.2	+22 29 54	SRa+EA	3.15	3.9	V	37725	232.9	M3IIIab
T Mon	44990	06 26 25.9	+07 04 18	δ Cep	5.58	6.62	V	43784.615	27.025	F7Iab−K1Iab +...
RT Aur	45412	06 30 00.8	+30 28 37	δ Cep	5.00	5.82	V	42361.155	3.728	F4Ib−G1Ib
WW Aur	46052	06 33 55.2	+32 26 12	EA	5.79	6.54	V	41399.305	2.525	A3m: + A3m:
IR Gem		06 49 04.5	+28 03 09	UGsu	11.2	18.7:	V		75:	pec(UG)
ζ Gem	52973	07 05 26.5	+20 32 07	δ Cep	3.62	4.18	V	43805.927	10.151	F7Ib−G3Ib
L₂ Pup	56096	07 14 13.6	−44 40 39	SRb	2.6	8.0	V		140.6	M5IIIe−M6IIIe
R CMa	57167	07 20 29.3	−16 26 20	EA	5.7	6.34	V	50015.6841	1.136	F1V
U Mon	59693	07 31 51.9	−09 49 32	RVb	5.45	7.67	V	38496	91.32	F8eVIb−K0pIb(M2)
U Gem	64511	07 56 25.0	+21 56 26	UGss+E	8.2	14.9	v		105.2:	pec(UG) + M4.5V
V Pup	65818	07 58 53.3	−49 18 25	EB	4.35	4.92	V	45367.6063	1.454	B1Vp + B3:
AR Pup		08 03 51.7	−36 39 39	RVb	8.85	10.15	V	54900.0	76.32	F0I−II−F8I−II
AI Vel	69213	08 14 49.7	−44 38 42	δ Sct	6.15	6.76	V		0.116	A2p−F2pIV/V
Z Cam		08 27 41.6	+73 02 10	UGz	10.0	14.5	v		22:	pec(UG) + K7V
SW UMa		08 38 23.2	+53 23 52	UGsu	9.7	16.5	V		460:	pec(UG)

Name	HD No.	R.A.	Dec.	Type	Magnitude Min.	Magnitude Max.		Epoch 2400000+	Period	Spectral Type
		h m s	o ′ ″						d	
AK Hya	73844	08 40 55.6	−17 23 05	SRb	6.33	6.91	V		75	M4III
VZ Cnc	73857	08 42 05.2	+09 44 35	δ Sct	7.18	7.91	V	50071.282	0.178	A7III−F2III
BZ UMa		08 55 27.9	+57 43 29	UGsu	10.5	17.5	v		97:	pec(UG)
CU Vel		08 59 23.2	−41 53 11	UGsu	10.5	17.0	V		164.7:	M5V
TY Pyx	77137	09 00 40.6	−27 54 19	EA/RS	6.85	7.5	V	43187.2304	3.199	G5 + G5
CV Vel	77464	09 01 20.5	−51 38 40	EA	6.69	7.19	V	42048.6689	6.889	B2.5V + B2.5V
SY Cnc		09 02 19.3	+17 48 35	UGz	10.5	14.1	V		27:	pec(UG) + G
T Pyx		09 05 37.5	−32 28 14	Nr	6.2	15.5	V	51651.6526	7000:	pec(NOVA)
WY Vel	81137	09 22 43.3	−52 39 40	Z And	7.50	9.1	V			−M5epIb:+B2III:
IW Car	82085	09 27 24.9	−63 43 43	RVb	7.77	9.10	V	53866.0	143.6	F7/8+A3/5Ib/II:
R Car	82901	09 32 48.5	−62 53 20	M	3.9	10.5	v	54597	307.0	M4e−M8e
S Ant	82610	09 33 17.6	−28 43 40	EW	6.27	6.83	V	52627.7968	0.648	F3V
W UMa	83950	09 45 19.4	+55 50 54	EW	7.75	8.48	V	51276.3967	0.334	F8Vp + F8Vp
R Leo	84748	09 48 46.0	+11 19 24	M	4.4	11.3	v	44164	309.95	M6e−M8IIIe−...
CH UMa		10 08 44.0	+67 26 10	UG	10.7	15.3	v		204:	pec(UG) + K4−M0V
S Car	88366	10 10 05.1	−61 39 34	M	4.5	9.9	v	42112	149.49	K5e−M6e
η Car	93308	10 45 56.2	−59 48 11	S Dor	−0.8	7.9	v			pec(E)
VY UMa	92839	10 46 36.1	+67 17 33	SRb	5.73	6.32	V	49838.0	120.4	C6,3(N0)
U Car	95109	10 58 43.6	−59 51 10	δ Cep	5.74	6.96	V	53075.3	38.829	F6−G7Iab
VW UMa	94902	11 00 32.4	+69 52 05	SRb	6.69	7.71	V	52764	615	M4−M5III
QZ Vir		11 39 36.0	+03 14 37	UGsu	9.6	16.2	v			pec(UG)
BC UMa		11 53 26.0	+49 07 11	UGwz	10.9	19.37	V			
RU Cen	105578	12 10 34.3	−45 33 05	RVa	8.48	9.93	V	52718	64.727	A7Ib−G2pe
S Mus	106111	12 14 01.1	−70 16 37	δ Cep	5.89	6.49	V	40299.42	9.660	F6Ib−G0
RY UMa	107397	12 21 31.4	+61 11 06	SRa	6.49	7.94	V		310	M2−M3IIIe
SS Vir	108105	12 26 23.5	+00 38 43	SRa	6.0	9.6	v	54296	361	C6,3e(Ne)
BO Mus	109372	12 36 15.0	−67 52 50	SRb	5.3	6.56	V	52028	132.4	M6II−III
R Vir	109914	12 39 38.5	+06 51 55	M	6.1	12.1	v	45872	145.63	M3.5IIIe−M8.5e
R Mus	110311	12 43 29.1	−69 31 50	δ Cep	5.93	6.73	V	26496.288	7.510	F7Ib−G2
UW Cen		12 44 34.4	−54 39 04	RCB	9.1	17.8	V	54573	71.4	K
TX CVn		12 45 46.8	+36 38 28	Z And+EL	9.34	10.28	V		199.75	B1−B9Veq +...
SW Vir	114961	13 15 14.0	−02 55 32	SRb	6.2	8.0	V	54883	146	M7III
FH Vir	115322	13 17 32.0	+06 23 10	SRb	6.92	7.4	V	40740	70:	M6III
V CVn	115898	13 20 26.4	+45 24 34	SRa	6.52	8.56	V	43929	191.89	M4e−M6eIIIa:
R Hya	117287	13 30 56.9	−23 23 49	M	3.5	10.9	v	52863	380	M6e−M9eS(TC)
BV Cen		13 32 45.4	−55 05 29	UGss	10.7	13.6	v	40264.78		pec(UG)
T Cen	119090	13 43 03.4	−33 42 37	RVa	5.56	8.44	V	53530	181.4	K0:e−M4II:e
V412 Cen	121518	13 59 00.8	−57 49 12	SRc	7.0	7.6	V	53541	89.44	M3Iab/b−M7
θ Aps	122250	14 07 35.9	−76 54 13	SRb	4.65	6.20	V	53846	111.0	M7III
Z Aps		14 08 51.4	−71 28 39	RVa	10.7	12.7	v		37.89	
R Cen	124601	14 18 12.8	−60 01 02	M	5.3	11.8	v	53079	502	M4e−M8IIe
δ Lib	132742	15 02 10.7	−08 36 25	EA	4.91	5.9	v	48788.426	2.327	A0IV−V
i Boo	133640	15 04 31.8	+47 34 02	EW	5.8	6.4	v	50945.4898	0.268	G2V + G2V
S Aps		15 11 42.5	−72 08 49	RCB	9.54	17.0	v	53149	66.03	C(R3)
GG Lup	135876	15 20 25.4	−40 52 08	EB	5.49	6.0	B	52501.301	1.85	B7V
τ⁴ Ser	139216	15 37 30.8	+15 01 42	SRb	5.89	7.07	V	54192	86.7	M5IIb−IIIa
R CrB	141527	15 49 30.1	+28 05 20	RCB	5.71	15.2	V			C0,0(F8pep)
R Ser	141850	15 51 44.1	+15 04 00	M	5.16	14.4	V	45521	356.41	M5IIIe−M9e
T CrB	143454	16 00 26.7	+25 51 27	Nr+EL	2.0	10.8	v	47919	227.6	M3III + pec(NOVA)
AG Dra		16 01 49.3	+66 44 28	Z And	7.9	10.3	v	50775.34	548.65	K3IIIep

Name		HD No.	R.A.	Dec.	Type	Magnitude Min.	Max.		Epoch 2400000+	Period	Spectral Type
			h m s	° ′ ″						d	
AT	Dra	147232	16 17 38.1	+59 42 04	SRb	5.18	5.54	V	49856	35.57	M4IIIa
U	Sco		16 23 48.8	−17 55 48	Nr+E	7.5	19.3	V	47717.6145		pec(E)
g	Her	148783	16 29 23.0	+41 50 00	SRb	4.3	5.5	V		89.2	M6III
α	Sco	148478	16 30 47.5	−26 28 48	SRc	0.75	1.21	V	55056	2180	M1.5Iab−Ib
R	Ara	149730	16 41 37.5	−57 02 13	EA	6.17	7.32	V	47386.12	4.425	B9Vp
AH	Her		16 45 05.8	+25 12 36	UGz	10.9	14.7	v		19.8:	pec(UG)+ K7V
V1010 Oph		151676	16 50 44.9	−15 42 20	EB	6.1	7.00	V	50963.757	0.661	A5V
ζ[1]	Sco	152236	16 55 35.2	−42 23 50	S Dor:	4.66	4.86	V			B1Iape
RS	Sco	152476	16 57 16.1	−45 08 15	M	5.96	13.0	V	53637	319	M5e−M9
V861	Sco	152667	16 58 10.2	−40 51 26	EB	6.07	6.4	V	43704.21	7.848	B0.5Iae
α[1]	Her	156014	17 15 40.5	+14 21 58	SRb	2.73	3.60	V	50960	125.6	M3−M5Ib/III
U	Oph	156247	17 17 40.3	+01 11 14	EA	5.84	6.56	V	52066.758	1.677	B5V + B5V
u	Her	156633	17 18 09.5	+33 04 38	EA	4.69	5.37	V	48852.367	2.051	B1.5Vp + B5III
RY	Ara		17 22 50.6	−51 08 29	RVa:	8.71	11.51	V	30220	145:	G5−K0
BM	Sco	160371	17 42 26.6	−32 13 28	L	5.25	6.46	V			K2.5Ib
V703	Sco	160589	17 43 45.1	−32 31 57	δ Sct	7.58	8.04	V	42979.3923	0.115	A9−G0
X	Sgr	161592	17 48 58.7	−27 50 14	δ Cep	4.2	4.9	V	40741.7	7.013	F5−G2II
RS	Oph	162214	17 51 25.9	−06 42 47	Nr+Lb	4.3	12.5	v	51848	453.6	OB + K4−M4III
V539	Ara	161783	17 52 18.4	−53 37 02	EA+SPB	5.71	6.24	V	48753.44	3.169	B2V + B3V
OP	Her	163990	17 57 27.3	+45 20 57	SRb	5.85	6.73	V	41196	120.5	M5IIb−IIIa(S)
W	Sgr	164975	18 06 27.5	−29 34 37	δ Cep	4.29	5.14	V	43374.77	7.595	F4−G2Ib
VX	Sgr	165674	18 09 25.5	−22 13 09	SRc	6.52	14.0	V	36493	732	M4eIa−M10eIa
RS	Sgr	167647	18 19 05.7	−34 05 50	EA	6.01	6.97	V	20586.387	2.416	B3IV−V + A
RS	Tel		18 20 32.0	−46 32 15	RCB	9.6	<16.5	v	51980	48.6	C(R4)
Y	Sgr	168608	18 22 42.4	−18 50 53	δ Cep	5.25	6.24	V	40762.38	5.773	F5−G0Ib−II
AC	Her	170756	18 31 13.5	+21 53 01	RVa	6.85	9.0	V	53831.8	75.29	F2pIb−K4e(C0.0)
T	Lyr		18 33 06.8	+37 01 00	Lb	7.5	9.2	V			C6,5(R6)
XY	Lyr	172380	18 38 51.1	+39 41 22	SRc	5.6	6.6	V		120	M4−5Ib−II
X	Oph	172171	18 39 25.7	+08 51 20	M	5.9	8.6	V	53477	338	M5e−M9e
R	Sct	173819	18 48 41.0	−05 40 45	RVa	4.2	8.6	v	44872	146.5	G0Iae−K2p(M3)Ibe
V	CrA	173539	18 49 04.6	−38 07 58	RCB	9.4	17.9	V			C(R0)
β	Lyr	174638	18 50 54.7	+33 23 24	EB	3.30	4.35	V	55434.8702	12.941	B8II−IIIep
FN	Sgr		18 55 14.0	−18 57 54	Z And+EA	10.8	14.0	V	50270	568.3	M5III+WD
R	Lyr	175865	18 56 01.2	+43 58 36	SRb	3.81	4.44	V		46:	M5III
FF	Aql	176155	18 59 14.8	+17 23 33	δ Cep	5.18	5.68	V	41576.428	4.471	F5Ia−F8Ia
κ	Pav	174694	18 59 15.5	−67 12 07	CW	3.91	4.78	V	40140.167	9.083	F5−G5I−II
MT	Tel	176387	19 03 51.8	−46 37 12	RRc	8.70	9.25	V	54602.797	0.317	A0W
R	Aql	177940	19 07 27.3	+08 15 56	M	5.5	12.0	v	43458	270.5	M5e−M9e
RY	Sgr	180093	19 18 00.8	−33 28 51	RCB	5.8	14.0	v	54305	37.67	G0Iaep(C1,0)
RS	Vul	180939	19 18 37.5	+22 28 59	EA	6.79	7.83	V	32808.257	4.478	B4V + A2IV
U	Sge	181182	19 19 47.5	+19 39 11	EA	6.45	9.28	V	17130.4114	3.381	B8V + G2III−IV
UX	Dra	183556	19 20 46.5	+76 36 11	SRb:	5.94	7.1	V		175	C7,3(N0)
BF	Cyg		19 24 46.7	+29 43 11	Z And	9.1	13.5	V		755	Bep + M5III
CH	Cyg	182917	19 25 08.5	+50 17 12	Z And+SR	5.6	10.1	v			M7IIIab + Be
RR	Lyr	182989	19 26 11.0	+42 49 44	RRab	7.06	8.12	V	55751.4711	0.567	A5.0−F7.0
CI	Cyg		19 51 01.9	+35 44 32	Z And+E	9.0	12.3	V	41838.8	852.98	Bep + M5III
χ	Cyg	187796	19 51 25.8	+32 58 20	M	3.3	14.2	v	42140	408.05	S6,2e−S10,4e(MSe)
η	Aql	187929	19 53 37.1	+01 03 54	δ Cep	3.48	4.39	V	36084.656	7.177	F6Ib−G4Ib
V449	Cyg	188344	19 54 12.3	+34 00 36	Lb	7.2	7.77	V			M1−M5
V505	Sgr	187949	19 54 22.4	−14 32 38	EA	6.46	7.51	V	50999.3118	1.183	A2V + F6:

Name	HD No.	R.A.	Dec.	Type	Magnitude Min.	Magnitude Max.		Epoch 2400000+	Period	Spectral Type
		h m s	° ′ ″						d	
S Sge	188727	19 57 02.6	+16 41 45	δ Cep	5.24	6.04	V	42678.792	8.382	F6Ib–G5Ib
RR Sgr	188378	19 57 20.2	−29 07 45	M	5.4	14.0	v	40809	336.33	M4e–M9e
RR Tel		20 06 05.4	−55 39 39	Nc	6.5	16.5	p			pec
WZ Sge		20 08 36.7	+17 46 16	UGwz+E+ZZ		15.53	B		11900:	DAep(UG)
P Cyg	193237	20 18 37.0	+38 06 14	S Dor	3	6	v			B1Iapeq
V Sge		20 21 13.8	+21 10 29	CBSS+E	8.6	13.9	v	37889.9154	0.514	pec(CONT + e)
EU Del	196610	20 38 56.3	+18 20 56	SRb	5.41	6.72	V	53145	58.63	M6III
AE Aqr		20 41 18.8	−00 47 24	DQ+EL	10.18	12.12	V		0.412	WD+K3Ve
X Cyg	197572	20 44 17.1	+35 40 12	δ Cep	5.85	6.91	V	43830.387	16.386	F7Ib–G8Ib
T Vul	198726	20 52 25.6	+28 20 09	δ Cep	5.41	6.09	V	41705.121	4.435	F5Ib–G0Ib
T Cep	202012	21 09 49.1	+68 34 58	M	5.2	11.3	v	44177	388.14	M5.5e–M8.8e
VY Aqr		21 13 21.6	−08 44 02	UGsu	10.0	17.52	V	17796		pec(UG)
W Cyg	205730	21 36 53.9	+45 28 34	SRb	5.10	6.83	V	48945	131.7	M4e–M6e(TC:)III
EE Peg	206155	21 41 08.3	+09 17 15	EA	6.93	7.51	V	45563.8916	2.628	A3mV + F5
V460 Cyg	206570	21 42 58.1	+35 36 49	SRb	5.57	6.5	V		180:	C6,4(N1)
SS Cyg	206697	21 43 36.1	+43 41 23	UGss	7.7	12.4	v			K5V + pec(UG)
μ Cep	206936	21 44 11.8	+58 53 02	SRc	3.43	5.1	V	49518	835	M2eIa
RS Gru	206379	21 44 32.0	−48 05 09	δ Sct	7.94	8.48	V	54734.729	0.147	A6–A9IV–F0
AG Peg	207757	21 52 07.6	+12 43 54	Z And+EL	6.0	9.4	v	31667.5	816.5	WN6 + M3III
VV Cep	208816	21 57 17.3	+63 43 59	EA+SRc	4.8	5.36	V	43360	7430	M2epIa−...
AR Lac	210334	22 09 35.5	+45 51 12	EA/RS	6.08	6.77	V	49292.3444	1.983	G2IV–V + K0IV
RU Peg		22 15 08.8	+12 48 59	UGss+ZZ:	9.5	13.0	v		74.3:	pec(UG) + K0/5V
π¹ Gru	212087	22 24 06.1	−45 50 01	SRb	5.31	7.1	V	54229	195.5	S5
δ Cep	213306	22 30 00.7	+58 31 51	δ Cep	3.49	4.36	V	36075.445	5.366	F5Ib–G1Ib
ER Aqr	218074	23 06 37.7	−22 21 54	Lb	7.14	7.81	V			M3III
Z And	221650	23 34 45.3	+48 56 34	Z And	7.7	11.3	V			M2III + B1eq
R Aqr	222800	23 44 59.3	−15 09 35	M+Z And	5.2	12.4	v	53650	387	M5e–M8.5e + pec
TX Psc	223075	23 47 32.5	+03 36 42	Lb	4.79	5.2	V			C7,2(N0)(Tc)
SX Phe	223065	23 47 44.1	−41 27 44	SX Phe(B)	6.76	7.53	V	38636.617	0.055	A5–F4

Notes to Table

CBSS	close binary supersoft x-ray source	RS	RS Canum Venaticorum type
CW	cepheid, W Vir type (period > 8 days)	RV	RV Tauri type
δ Cep	cepheid, classical type	RVa	RV Tauri type (constant mean brightness)
δ Sct	δ Scuti type	RVb	RV Tauri type (varying mean brightness)
DQ	DQ Herculis type	S Dor	S Doradus variable
E	eclipsing	SR	semi-regular, long period variable
EA	eclipsing, Algol type	SRa	semi-regular, late spectral class, strong periodicities
EB	eclipsing, β Lyrae type	SRb	semi-regular, late spectral class, weak periodicities
EL	rotating ellipsoidal close binary	SRc	semi-regular supergiant of late spectral class
EW	eclipsing, W Ursae Maj type	SPB	slowly pulsating B star
Lb	slow irregular variable	SRd	semi-regular giant or supergiant, spectrum F, G, or K
Lc	irregular supergiant (late spectral type)	SX Phe	SX Phoenicis variable
M	Mira type long period variable	UG	U Gem type dwarf nova
Nc	very slow nova	UGss	U Gem type dwarf nova (SS Cygni subtype)
NL	nova-like variable	UGsu	U Gem type dwarf nova (SU Ursae Majoris subtype)
Nr	recurrent nova	UGwz	U Gem type dwarf nova(WZ Sagittae subtype)
RCB	R Coronae Borealis variable	UGz	U Gem type dwarf nova (Z Camelopardalis subtype)
RRab	RR Lyrae variable (asymmetric light curves)	Z And	Z And type symbiotic star
RRc	RR Lyrae variable (symmetric sinusoidal light curves)	ZZ	ZZ Ceti variable
p	photographic magnitude	V	photoelectric magnitude, visual filter
v	visual magnitude	B	photoelectric magnitude, blue filter
:	uncertainty in period or spectral type	<	fainter than the magnitude indicated
...	full spectral type given in Section L		

IAU Designation	Name	RA	Dec.	Appt. Diam.	Dist.	Log (age)	Mag. Mem.[1]	E(B-V)	Metallicity	Trumpler Class
		h m s	o ' "	'	pc	yr				
C0001−302	Blanco 1	00 05 16	−29 42 29	70.0	269	7.796	8	0.010	+0.04	IV 3 m
C0022+610	NGC 103	00 26 31	+61 26 52	4.0	3026	8.126	11	0.406		II 1 m
C0027+599	NGC 129	00 31 16	+60 20 33	19.0	1625	7.886	11	0.548		III 2 m
C0029+628	King 14	00 33 21	+63 16 46	8.0	2960	7.9	10	0.34		III 1 p
C0030+630	NGC 146	00 34 16	+63 27 29	5.5	3470	7.11		0.55		II 2 p
C0036+608	NGC 189	00 40 54	+61 13 06	5.0	752	7.00		0.42		III 1 p
C0040+615	NGC 225	00 44 59	+61 53 52	12.0	657	8.114		0.274		III 1 pn
C0039+850	NGC 188	00 49 55	+85 22 39	17.0	2047	9.632	10	0.082	−0.03	I 2 r
C0048+579	King 2	00 52 20	+58 18 19	5.0	5750	9.78	17	0.31	−0.42	II 2 m
	IC 1590	00 54 09	+56 45 01	4.0	2940	6.54		0.32		
C0112+598	NGC 433	01 16 37	+60 14 42	2.0	2323	7.50	9	0.86		III 2 p
C0112+585	NGC 436	01 17 24	+58 55 48	5.0	3014	7.926	10	0.460		I 2 m
C0115+580	NGC 457	01 21 01	+58 24 15	20.0	2429	7.324	6	0.472		II 3 r
C0126+630	NGC 559	01 31 04	+63 25 10	9.1	2430	8.35	9	0.82		I 1 m
C0129+604	NGC 581	01 34 54	+60 45 53	5.0	2194	7.336	9	0.382		II 2 m
C0132+610	Trumpler 1	01 37 14	+61 23 52	3.0	2469	7.30	10	0.68		II 2 p
C0139+637	NGC 637	01 44 40	+64 09 09	3.0	2500	7.0	8	0.64		I 2 m
C0140+616	NGC 654	01 45 34	+61 59 51	5.0	2410	7.0	10	0.82		II 2 r
C0140+604	NGC 659	01 45 57	+60 47 08	5.0	1938	7.548	10	0.652		I 2 m
C0144+717	Collinder 463	01 47 35	+71 55 19	57.0	702	8.373		0.259		III 2 m
C0142+610	NGC 663	01 47 43	+61 20 49	14.0	2420	7.4	9	0.80		II 3 r
C0149+615	IC 166	01 54 06	+61 56 37	7.0	4800	9.0	17	0.80	−0.178	II 1 r
C0154+374	NGC 752	01 59 02	+37 53 38	75.0	457	9.050	8	0.034	+0.01	II 2 r
C0155+552	NGC 744	02 00 04	+55 34 55	5.0	1207	8.248	10	0.384		III 1 p
C0211+590	Stock 2	02 16 21	+59 35 20	60.0	303	8.23		0.38	−0.14	I 2 m
C0215+569	NGC 869	02 20 36	+57 13 52	18.0	2079	7.069	7	0.575	−0.3	I 3 r
C0218+568	NGC 884	02 23 59	+57 13 39	18.2	2940	7.1	7	0.56	−0.3	I 3 r
C0225+604	Markarian 6	02 31 22	+60 48 21	6.0	698	7.214	8	0.606		III 1 P
C0228+612	IC 1805	02 34 26	+61 32 53	20.0	2344	6.48	9	0.87		II 3 mn
C0233+557	Trumpler 2	02 38 30	+56 00 42	17.0	725	7.95		0.40		II 2 p
C0238+425	NGC 1039	02 43 32	+42 51 24	35.0	499	8.249	9	0.070	+0.07	II 3 r
C0238+613	NGC 1027	02 44 29	+61 43 42	6.2	1030	8.4	9	0.41		III 3 mn
C0247+602	IC 1848	02 52 57	+60 31 30	18.0	2200	6.70		0.660		I 3 pn
C0302+441	NGC 1193	03 07 27	+44 28 09	3.0	4571	9.7	14	0.19	−0.293	I 2 m
	NGC 1252	03 11 23	−57 40 57	8.0	790	9.45		0.00		
C0311+470	NGC 1245	03 16 16	+47 19 09	40.0	2818	9.03	12	0.24	−0.04	II 2 r
C0318+484	Melotte 20	03 25 56	+49 56 23	300.0	185	7.854	3	0.090	+0.04	III 3 m
C0328+371	NGC 1342	03 33 06	+37 27 07	15.0	665	8.655	8	0.319	−0.16	III 2 m
C0341+321	IC 348	03 45 59	+32 13 58	8.0	385	7.641		0.929		
C0344+239	Melotte 22	03 48 21	+24 11 05	120.0	133	8.131	3	0.030	−0.03	I 3 rn
C0400+524	NGC 1496	04 06 16	+52 43 18	4.0	1230	8.80	12	0.45		III 2 p
C0403+622	NGC 1502	04 09 50	+62 23 24	8.0	1000	7.00	7	0.70		I 3 m
C0406+493	NGC 1513	04 11 38	+49 34 21	10.0	1320	8.11	11	0.67		II 1 m
C0411+511	NGC 1528	04 17 06	+51 16 11	16.0	1090	8.6	10	0.26		II 2 m
C0417+448	Berkeley 11	04 22 12	+44 58 08	5.0	2200	8.041	15	0.95	+0.01	II 2 m
C0417+501	NGC 1545	04 22 39	+50 18 19	18.0	711	8.448	9	0.303	−0.13	IV 2 p
C0424+157	Melotte 25	04 28 11	+15 54 57	330.0	45	8.896	4	0.010	+0.13	
C0443+189	NGC 1647	04 47 14	+19 09 16	40.0	540	8.158	9	0.370		II 2 r
C0445+108	NGC 1662	04 49 42	+10 58 29	20.0	437	8.625	9	0.304	−0.095	II 3 m
C0447+436	NGC 1664	04 52 43	+43 42 42	9.0	1199	8.465	10	0.254		

IAU Designation	Name	RA	Dec.	Appt. Diam.	Dist.	Log (age)	Mag. Mem.[1]	$E_{(B-V)}$	Metallicity	Trumpler Class
		h m s	° ′ ″	′	pc	yr				
C0504+369	NGC 1778	05 09 35	+37 03 04	8.0	1469	8.155		0.336		III 2 p
C0509+166	NGC 1817	05 13 33	+16 42 56	16.0	1972	8.612	9	0.334	−0.16	IV 2 r
C0518−685	NGC 1901	05 18 05	−68 25 38	10.0	460	8.78		0.03	−0.018	III 3 m
C0519+333	NGC 1893	05 24 13	+33 25 53	25.0	6000	6.48		0.45		II 3 rn
C0520+295	Berkeley 19	05 25 32	+29 37 09	4.0	7870	9.40	15	0.32	−0.50	II 1 m
C0524+352	NGC 1907	05 29 35	+35 20 31	7.0	1800	8.5	11	0.52		I 1 mn
C0524+343	Stock 8	05 29 37	+34 26 25	12.0	2005	6.30		0.40		
C0525+358	NGC 1912	05 30 11	+35 51 54	20.0	1400	8.5	8	0.25	−0.38	II 2 r
C0532+099	Collinder 69	05 36 20	+09 56 48	70.0	400	6.70		0.12		
C0532−059	NGC 1980	05 36 30	−05 54 07	20.0	550	6.67		0.05		III 3 mn
C0532+341	NGC 1960	05 37 47	+34 09 09	10.0	1330	7.4	9	0.22		I 3 r
C0536−026	Sigma Orionis	05 39 50	−02 35 19	10.0	399	7.11		0.05		III 1 p
C0535+379	Stock 10	05 40 33	+37 56 40	25.0	380	7.90		0.07		IV 2 p
C0546+336	King 8	05 50 53	+33 38 19	4.0	6403	8.618	15	0.580	−0.460	II 2 m
C0548+217	Berkeley 21	05 53 03	+21 47 15	5.0	5000	9.34	6	0.76	−0.835	I 2
C0549+325	NGC 2099	05 53 46	+32 33 26	14.0	1383	8.540	11	0.302	+0.089	I 2 r
C0600+104	NGC 2141	06 04 10	+10 26 41	10.0	4033	9.231	15	0.250	−0.18	I 2 r
C0601+240	IC 2157	06 06 13	+24 03 10	5.0	2040	7.800	12	0.548		II 1 p
C0604+241	NGC 2158	06 08 48	+24 05 32	5.0	5071	9.023	15	0.360	−0.28	
C0605+139	NGC 2169	06 09 41	+13 57 36	5.0	1052	7.067		0.199		III 3 m
C0605+243	NGC 2168	06 10 17	+24 19 41	40.0	912	8.25	8	0.20	−0.160	III 3 r
C0606+203	NGC 2175	06 10 59	+20 28 52	22.0	1627	6.953	8	0.598		III 3 rn
C0609+054	NGC 2186	06 13 20	+05 26 48	8.1	2700	8.3	12	0.27		II 2 m
C0611+128	NGC 2194	06 15 01	+12 47 56	9.0	3781	8.515	13	0.383	−0.08	II 2 r
C0613−186	NGC 2204	06 16 32	−18 40 26	10.0	2629	8.896	13	0.085	−0.23	II 2 r
C0618−072	NGC 2215	06 21 54	−07 17 42	7.0	1293	8.369	11	0.300		II 2 m
C0624−047	NGC 2232	06 28 22	−04 46 25	53.0	359	7.727		0.030	+0.32	III 2 p
C0627−312	NGC 2243	06 30 25	−31 17 59	5.0	4458	9.032		0.051	−0.42	I 2 r
C0629+049	NGC 2244	06 33 07	+04 55 26	29.0	1660	6.28	7	0.47		II 3 rn
C0632+084	NGC 2251	06 35 52	+08 20 51	10.0	1329	8.427		0.186	−0.10	III 2 m
C0634+094	Trumpler 5	06 37 56	+09 24 47	15.4	2400	9.70	17	0.60	−0.30	III 1 rn
C0635+020	Collinder 110	06 39 34	+01 59 44	18.0	1950	9.15		0.50		
C0638+099	NGC 2264	06 42 12	+09 52 21	39.0	667	6.954	5	0.051	−0.15	III 3 mn
C0640+270	NGC 2266	06 44 43	+26 56 46	5.0	3000	8.80	11	0.20	−0.38	II 2 m
C0644−206	NGC 2287	06 46 59	−20 46 55	39.0	710	8.4	8	0.01	−0.23	I 3 r
C0645+411	NGC 2281	06 49 52	+41 03 06	25.0	558	8.554	8	0.063	+0.13	I 3 m
C0649+005	NGC 2301	06 52 54	+00 25 54	14.0	870	8.2	8	0.03	+0.060	I 3 r
C0649−070	NGC 2302	06 53 01	−07 06 42	5.0	1500	7.08	12	0.23		III 2 m
C0649+030	Berkeley 28	06 53 23	+02 54 17	3.0	2557	7.846	15	0.761		I 1 p
C0655+065	Berkeley 32	06 59 18	+06 24 06	6.0	3078	9.70	14	0.15	−0.29	II 2 r
C0700−082	NGC 2323	07 03 47	−08 25 03	14.0	950	8.0	9	0.20		II 3 r
C0701+011	NGC 2324	07 05 17	+01 00 36	10.6	3800	8.65	12	0.25	−0.17	II 2 r
C0704−100	NGC 2335	07 07 53	−10 03 53	6.0	1417	8.210	10	0.393	−0.18	III 2 mn
C0705−105	NGC 2343	07 09 10	−10 39 13	5.0	1056	7.104	8	0.118	−0.30	II 2 pn
C0706−130	NGC 2345	07 09 20	−13 13 49	12.0	2251	7.853	9	0.616		II 3 r
C0712−256	NGC 2354	07 15 05	−25 43 48	18.0	4085	8.126		0.307	−0.30	III 2 r
C0712−102	NGC 2353	07 15 34	−10 18 25	18.0	1170	8.10	9	0.10		III 3 p
C0712−310	Collinder 132	07 16 12	−30 43 26	80.0	472	7.080		0.037		III 3 p
C0715−367	Collinder 135	07 18 05	−36 51 30	50.0	316	7.407		0.032	−0.219	
C0714+138	NGC 2355	07 18 15	+13 42 30	7.0	1949	8.90	13	0.22	−0.08	II 2 m

IAU Designation	Name	RA	Dec.	Appt. Diam.	Dist.	Log (age)	Mag. Mem.[1]	E$_{(B-V)}$	Metal-licity	Trumpler Class
		h m s	o ′ ″	′	pc	yr				
C0715−155	NGC 2360	07 18 44	−15 41 01	13.0	1887	8.749		0.111	−0.03	I 3 r
C0716−248	NGC 2362	07 19 37	−24 59 51	5.0	1480	6.70	8	0.10		I 3 r
C0717−130	Haffner 6	07 21 09	−13 10 35	6.0	3054	8.826	16	0.450		IV 2 rn
C0721−131	NGC 2374	07 24 59	−13 18 30	12.0	1468	8.463		0.090		IV 2 p
C0722−321	Collinder 140	07 25 19	−31 53 43	60.0	405	7.548		0.030	−0.10	III 3 m
C0722−261	Ruprecht 18	07 25 34	−26 15 44	7.0	1056	7.648		0.700	−0.010	
C0722−209	NGC 2384	07 26 08	−21 04 03	5.0	3070	7.15		0.31		IV 3 p
C0724−476	Melotte 66	07 27 01	−47 42 46	14.0	4313	9.445		0.143	−0.33	II 1 r
C0731−153	NGC 2414	07 34 14	−15 30 11	5.0	3455	6.976		0.508		I 3 m
C0734−205	NGC 2421	07 37 12	−20 39 47	6.0	2200	7.90	11	0.42		I 2 r
C0734−143	NGC 2422	07 37 37	−14 32 05	25.0	490	7.861	5	0.070	+0.11	I 3 m
C0734−137	NGC 2423	07 38 08	−13 55 24	12.0	766	8.867		0.097	+0.14	II 2 m
C0735−119	Melotte 71	07 38 33	−12 07 07	7.0	3154	8.371		0.113	−0.32	II 2 r
C0735+216	NGC 2420	07 39 43	+21 31 15	5.0	2480	9.3	11	0.04	−0.38	I 1 r
C0738−334	Bochum 15	07 40 57	−33 35 11	3.0	2806	6.742		0.576		IV 2 pn
C0738−315	NGC 2439	07 41 37	−31 44 49	9.0	1300	7.00	9	0.37		II 3 r
C0739−147	NGC 2437	07 42 48	−14 51 51	20.0	1510	8.4	10	0.10	+0.059	II 2 r
C0742−237	NGC 2447	07 45 27	−23 54 43	10.0	1037	8.588	9	0.046	−0.10	I 3 r
C0744−044	Berkeley 39	07 47 49	−04 39 23	7.0	4780	9.90	16	0.12	−0.20	II 2 r
C0745−271	NGC 2453	07 48 30	−27 15 07	4.0	2150	7.187		0.446		I 3 m
C0746−261	Ruprecht 36	07 49 19	−26 21 26	5.0	1681	7.606	12	0.166		IV 1 m
C0750−384	NGC 2477	07 52 58	−38 35 21	15.0	1341	8.85	12	0.31	+0.07	I 2 r
C0752−241	NGC 2482	07 56 09	−24 19 08	10.0	1343	8.604		0.093	−0.07	IV 1 m
C0754−299	NGC 2489	07 57 09	−30 07 28	6.0	3957	7.264	11	0.374	+0.080	I 2 m
C0757−607	NGC 2516	07 58 26	−60 48 54	30.0	409	8.052	7	0.101	+0.060	I 3 r
C0757−284	Ruprecht 44	07 59 46	−28 38 44	10.0	4730	6.941	12	0.619		IV 2 m
C0757−106	NGC 2506	08 01 05	−10 49 58	12.0	3750	9.00	11	0.10	−0.20	I 2 r
C0803−280	NGC 2527	08 05 53	−28 12 43	10.0	601	8.649		0.038	−0.10	II 2 m
C0805−297	NGC 2533	08 07 58	−29 56 58	5.0	1700	8.84		0.14		II 2 r
C0809−491	NGC 2547	08 10 49	−49 16 57	25.0	361	7.585	7	0.186	−0.160	I 3 rn
C0808−126	NGC 2539	08 11 40	−12 53 10	9.0	1363	8.570	9	0.082	+0.13	III 2 m
C0810−374	NGC 2546	08 13 05	−37 39 49	70.0	919	7.874	7	0.134	+0.120	III 2 m
C0811−056	NGC 2548	08 14 50	−05 49 09	30.0	770	8.6	8	0.03	+0.080	I 3 r
C0816−304	NGC 2567	08 19 27	−30 42 41	7.0	1677	8.469	11	0.128	0.00	II 2 m
C0816−295	NGC 2571	08 19 51	−29 49 18	8.0	1342	7.488		0.137	+0.05	II 3 m
C0835−394	Pismis 5	08 38 28	−39 39 47	12.0	869	7.197		0.421		
C0837−460	NGC 2645	08 39 48	−46 18 49	3.0	1668	7.283	9	0.380		II 3 p
C0838−528	IC 2391	08 41 11	−53 06 51	60.0	175	7.661	4	0.008	−0.01	II 3 m
	Mamajek 1	08 41 16	−79 06 30	40.0	97	6.9		0.00		
C0837+201	NGC 2632	08 41 41	+19 35 08	70.0	187	8.863	6	0.009	+0.27	II 3 m
C0839−461	Pismis 8	08 42 21	−46 20 53	3.0	1312	7.427	10	0.706		II 2 p
C0839−480	IC 2395	08 43 14	−48 11 42	18.6	800	6.80		0.09	0.00	II 3 m
C0840−469	NGC 2660	08 43 23	−47 16 54	3.5	2826	9.033	13	0.313	+0.04	I 1 r
C0843−486	NGC 2670	08 46 13	−48 52 58	7.0	1188	7.690	13	0.430		III 2 m
C0843−527	NGC 2669	08 47 01	−53 01 54	20.0	1046	7.927		0.180		III 3 m
C0846−423	Trumpler 10	08 48 43	−42 32 02	29.0	424	7.542		0.034	−0.13	II 3 m
C0847+120	NGC 2682	08 52 32	+11 42 52	25.0	808	9.45	9	0.03	+0.03	II 3 r
C0914−364	NGC 2818	09 16 56	−36 43 11	9.0	1855	8.626		0.121	−0.17	III 1 m
	NGC 2866	09 22 52	−51 11 48	2.0	2600	8.30		0.66		
C0922−515	Ruprecht 76	09 24 58	−51 45 51	5.0	1262	7.734	13	0.376		IV 2 p

IAU Designation	Name	RA	Dec.	Appt. Diam.	Dist.	Log (age)	Mag. Mem.[1]	$E_{(B-V)}$	Metal-licity	Trumpler Class
		h m s	o ′ ″	′	pc	yr				
C0925−549	Ruprecht 77	09 27 46	−55 12 54	5.0	4129	7.501	14	0.622		II 1 m
C0926−567	IC 2488	09 28 19	−57 05 55	18.0	1134	8.113	10	0.231	+0.10	II 3 r
C0927−534	Ruprecht 78	09 29 54	−53 47 57	3.0	1641	7.987	15	0.350		II 2 m
C0939−536	Ruprecht 79	09 41 45	−53 57 11	5.0	1979	7.093	11	0.717		III 2 p
C1001−598	NGC 3114	10 03 20	−60 13 45	35.0	911	8.093	9	0.069	+0.02	
C1019−514	NGC 3228	10 22 15	−51 50 32	5.0	544	7.932		0.028	+0.03	
C1022−575	Westerlund 2	10 24 52	−57 52 52	2.0	2850	6.30		1.65		IV 1 pn
C1025−573	IC 2581	10 28 20	−57 43 55	5.0	2446	7.142		0.415	−0.34	II 2 pn
C1028−595	Collinder 223	10 33 06	−60 08 11	18.0	2820	8.0		0.25	−0.217	II 2 m
C1033−579	NGC 3293	10 36 43	−58 20 49	6.0	2327	7.014	8	0.263		
C1035−583	NGC 3324	10 38 12	−58 45 32	12.0	2317	6.754		0.438	−0.474	
C1036−538	NGC 3330	10 39 41	−54 14 27	4.0	894	8.229		0.050		III 2 m
C1040−588	Bochum 10	10 43 04	−59 15 05	20.0	2027	6.857		0.306		II 3 mn
C1041−641	IC 2602	10 43 46	−64 31 06	100.0	161	7.507	3	0.024	0.00	I 3 r
C1041−593	Trumpler 14	10 44 49	−59 40 07	8.4	2900	6.00		0.36		
C1041−597	Collinder 228	10 44 52	−60 12 19	14.0	2201	6.830		0.342		
C1042−591	Trumpler 15	10 45 36	−59 29 07	14.0	1853	6.926		0.434		III 2 pn
C1043−594	Trumpler 16	10 46 03	−59 50 07	12.0	2900	6.00		0.36		
C1045−598	Bochum 11	10 48 08	−60 12 09	21.0	2412	6.764		0.576		IV 3 pn
C1054−589	Trumpler 17	10 57 19	−59 19 14	5.0	2189	7.706		0.605		
C1055−614	Bochum 12	10 58 18	−61 50 14	10.0	2218	7.61		0.24		III 3 p
C1057−600	NGC 3496	11 00 31	−60 27 28	8.0	990	8.471		0.469		II 1 r
	Sher 1	11 02 00	−60 21 16	1.0	5875	6.713		1.374		
C1059−595	Pismis 17	11 02 02	−59 56 16	6.0	3504	7.023	9	0.471	−0.145	
C1104−584	NGC 3532	11 06 37	−58 52 30	50.0	492	8.477	8	0.028	+0.02	II 3 r
C1108−599	NGC 3572	11 11 21	−60 22 15	5.0	1995	6.891	7	0.389		II 3 mn
C1108−601	Hogg 10	11 11 40	−60 31 21	3.0	1776	6.784		0.460		
C1109−604	Trumpler 18	11 12 26	−60 47 21	5.0	1358	7.194		0.315		II 3 m
C1109−600	Collinder 240	11 12 38	−60 25 56	32.0	1577	7.160		0.310		III 2 mn
C1110−605	NGC 3590	11 13 57	−60 54 40	3.0	1651	7.231		0.449		I 2 p
C1110−586	Stock 13	11 14 04	−59 00 22	5.0	1577	7.222	10	0.218		I 3 pn
C1112−609	NGC 3603	11 16 06	−61 22 58	4.0	6900	6.00		1.338		II 3 mn
C1115−624	IC 2714	11 18 26	−62 51 23	14.0	1238	8.542	10	0.341	+0.01	II 2 r
C1117−632	Melotte 105	11 20 41	−63 36 24	5.0	1715	8.55		0.83	+0.08	I 2 r
C1123−429	NGC 3680	11 26 43	−43 22 02	5.0	938	9.077	10	0.066	−0.19	I 2 m
C1133−613	NGC 3766	11 37 18	−61 43 59	9.3	2218	7.32	8	0.20		I 3 r
C1134−627	IC 2944	11 39 24	−63 29 51	65.0	1794	6.818		0.320		III 3 mn
C1141−622	Stock 14	11 44 53	−62 38 30	6.0	2399	7.30	10	0.21		III 3 p
C1148−554	NGC 3960	11 51 40	−55 47 55	5.0	1850	9.1		0.29	+0.02	I 2 m
C1154−623	Ruprecht 97	11 58 37	−62 50 31	5.0	1357	8.343	12	0.229	−0.03	IV 1 p
C1204−609	NGC 4103	12 07 51	−61 22 31	6.0	1632	7.393	10	0.294		I 2 m
C1221−616	NGC 4349	12 25 23	−61 59 46	5.0	2176	8.315	11	0.384	−0.12	II 2 m
C1222+263	Melotte 111	12 26 14	+25 58 32	120.0	96	8.652	5	0.013	+0.07	III 3 r
C1226−604	Harvard 5	12 28 32	−60 54 12	5.0	1184	8.032		0.160	+0.07	
C1225−598	NGC 4439	12 29 43	−60 13 45	4.0	1785	7.909		0.348	.	
C1239−627	NGC 4609	12 43 38	−63 07 05	13.0	1320	7.7	10	0.37	+0.05	II 2 m
C1250−600	NGC 4755	12 55 01	−60 29 00	10.0	1976	7.216	7	0.388		
C1315−623	Stock 16	13 20 58	−62 45 04	3.0	1810	6.90	10	0.52		III 3 pn
C1317−646	Ruprecht 107	13 21 17	−65 04 03	3.0	1442	7.478	12	0.458		III 2 p
C1324−587	NGC 5138	13 28 44	−59 08 58	7.0	1986	7.986		0.262	+0.120	II 2 m

IAU Designation	Name	RA	Dec.	Appt. Diam.	Dist.	Log (age)	Mag. Mem.[1]	$E_{(B-V)}$	Metallicity	Trumpler Class
		h m s	° ′ ″	′	pc	yr				
C1326−609	Hogg 16	13 30 48	−61 18 57	6.0	1585	7.047		0.411		II 2 p
C1327−606	NGC 5168	13 32 36	−61 03 19	4.0	1777	8.001		0.431		I 2 m
C1328−625	Trumpler 21	13 33 46	−62 54 54	5.0	1263	7.696		0.197		I 2 p
C1343−626	NGC 5281	13 48 11	−63 01 42	7.0	1108	7.146	10	0.225		I 3 m
C1350−616	NGC 5316	13 55 33	−61 58 42	14.0	1215	8.202	11	0.267	−0.02	II 2 r
C1356−619	Lynga 1	14 01 40	−62 15 30	3.0	1900	8.00		0.45	+0.040	II 2 p
C1404−480	NGC 5460	14 08 54	−48 26 58	35.0	700	8.2	9	0.092	−0.06	I 3 m
C1420−611	Lynga 2	14 26 17	−61 25 53	13.0	900	7.95		0.22		II 3 m
C1424−594	NGC 5606	14 29 27	−59 43 53	3.0	1805	7.075		0.474		I 3 p
C1426−605	NGC 5617	14 31 26	−60 48 39	10.0	2000	7.90	10	0.48	+0.31	I 3 r
C1427−609	Trumpler 22	14 32 45	−61 15 56	10.0	1516	7.950	12	0.521		III 2 m
C1431−563	NGC 5662	14 37 15	−56 42 56	29.0	666	7.968	10	0.311	−0.03	II 3 r
C1440+697	Collinder 285	14 41 23	+69 28 16	1400.0	25	8.30	2	0.00		
C1445−543	NGC 5749	14 50 31	−54 35 27	10.0	1031	7.728		0.376		II 2 m
C1501−541	NGC 5822	15 06 01	−54 29 00	35.0	933	8.95	10	0.103	+0.05	II 2 r
C1502−554	NGC 5823	15 07 11	−55 41 22	12.0	1192	8.900	13	0.090		II 2 r
C1511−588	Pismis 20	15 17 10	−59 08 56	4.0	3272	6.864		1.28		
C1559−603	NGC 6025	16 05 13	−60 29 32	14.0	756	7.889	7	0.159	+0.19	II 3 r
C1601−517	Lynga 6	16 06 35	−51 59 36	5.0	1600	7.430		1.250		
C1603−539	NGC 6031	16 09 21	−54 04 25	3.0	1823	8.069		0.371	+0.02	I 3 p
C1609−540	NGC 6067	16 14 58	−54 16 27	14.0	1417	8.076	10	0.380	+0.138	I 3 r
C1614−577	NGC 6087	16 20 43	−57 59 17	14.0	891	7.976	8	0.175	−0.01	II 2 m
C1622−405	NGC 6124	16 26 53	−40 42 12	39.0	512	8.147	9	0.750		I 3 r
C1623−261	Collinder 302	16 27 31	−26 17 58	500.0						III 3 p
C1624−490	NGC 6134	16 29 27	−49 12 01	6.0	1260	8.95	11	0.35	+0.15	
C1632−455	NGC 6178	16 37 25	−45 41 17	5.0	1014	7.248		0.219		III 3 p
C1637−486	NGC 6193	16 43 02	−48 48 18	14.0	1155	6.775		0.475		
C1642−469	NGC 6204	16 47 49	−47 03 21	5.0	1200	7.90		0.46	−1.053	I 3 m
C1645−537	NGC 6208	16 51 16	−53 45 57	18.0	939	9.069		0.210	−0.03	III 2 r
C1650−417	NGC 6231	16 55 45	−41 51 36	14.0	1243	6.843	6	0.439		
C1652−394	NGC 6242	16 57 06	−39 29 46	9.0	1131	7.608		0.377		
C1653−405	Trumpler 24	16 58 34	−40 42 01	60.0	1138	6.919		0.418		
C1654−447	NGC 6249	16 59 19	−44 50 42	5.0	981	7.386		0.443		II 2 m
C1654−457	NGC 6250	16 59 35	−45 58 11	10.0	865	7.415		0.350		II 3 r
C1657−446	NGC 6259	17 02 23	−44 41 12	14.0	1031	8.336	11	0.498	+0.020	II 2 r
C1714−355	Bochum 13	17 18 54	−35 34 22	14.0	1077	6.823		0.854		III 3 m
C1714−429	NGC 6322	17 20 02	−42 57 20	5.0	996	7.058		0.590		I 3 m
C1720−499	IC 4651	17 26 34	−49 57 07	10.0	888	9.057	10	0.116	+0.15	II 2 r
C1731−325	NGC 6383	17 36 16	−32 34 48	20.0	985	6.962		0.298		II 3 mn
C1732−334	Trumpler 27	17 37 49	−33 31 45	6.0	1211	7.063		1.194	−0.193	III 3 m
C1733−324	Trumpler 28	17 38 28	−32 29 44	5.0	1343	7.290		0.733	+0.326	III 2 mn
C1734−362	Ruprecht 127	17 39 22	−36 18 42	5.0	1466	7.351	11	0.990		II 2 p
C1736−321	NGC 6405	17 41 48	−32 15 49	20.0	487	7.974	7	0.144	+0.06	II 3 r
C1741−323	NGC 6416	17 45 47	−32 22 11	14.0	741	8.087		0.251	−0.613	III 2 m
C1743+057	IC 4665	17 47 24	+05 42 34	70.0	352	7.634	6	0.174	−0.03	III 2 m
C1747−302	NGC 6451	17 52 08	−30 12 53	7.0	2080	8.134	12	0.672	−0.34	I 2 m
C1750−348	NGC 6475	17 55 21	−34 47 47	80.0	301	8.475	7	0.103	+0.14	I 3 r
C1753−190	NGC 6494	17 58 24	−18 59 10	29.0	628	8.477	10	0.356	+0.04	II 2 r
C1758−237	Bochum 14	18 03 22	−23 40 55	2.0	578	6.996		1.508		III 1 pn
C1800−279	NGC 6520	18 04 49	−27 53 10	2.0	1900	8.18	9	0.42		I 2 rn

IAU Designation	Name	RA	Dec.	Appt. Diam.	Dist.	Log (age)	Mag. Mem.[1]	$E_{(B-V)}$	Metallicity	Trumpler Class
		h m s	° ′ ″	′	pc	yr				
C1801−225	NGC 6531	18 05 35	−22 29 14	14.0	1205	7.070	8	0.281		I 3 r
C1801−243	NGC 6530	18 05 54	−24 21 20	14.0	1330	6.867	6	0.333		I 3 r
C1804−233	NGC 6546	18 08 44	−23 17 32	14.0	938	7.849		0.491	−0.334	II 1 r
C1815−122	NGC 6604	18 19 19	−12 13 53	5.0	1696	6.810		0.970		I 3 mn
C1816−138	NGC 6611	18 20 05	−13 47 46	6.0	1800	6.11	11	0.80		
C1817−171	NGC 6613	18 21 16	−17 05 26	5.0	1296	7.223		0.450		II 3 pn
C1825+065	NGC 6633	18 28 21	+06 31 25	20.0	376	8.629	8	0.182	+0.06	III 2 m
C1828−192	IC 4725	18 33 06	−19 05 56	29.0	620	7.965	8	0.476	+0.17	I 3 m
C1830−104	NGC 6649	18 34 42	−10 23 05	5.0	1369	7.566	13	1.201		I 3 m
C1834−082	NGC 6664	18 37 50	−07 47 35	12.0	1164	7.162	9	0.709		III 2 m
C1836+054	IC 4756	18 40 06	+05 28 17	39.0	484	8.699	8	0.192	−0.01	II 3 r
C1840−041	Trumpler 35	18 44 05	−04 06 35	5.0	1206	7.862		1.218		I 2 m
C1842−094	NGC 6694	18 46 32	−09 21 30	7.0	1600	7.931	11	0.589		II 3 m
C1848−052	NGC 6704	18 51 57	−05 10 38	5.0	2974	7.863	12	0.717		I 2 m
C1848−063	NGC 6705	18 52 17	−06 14 31	32.0	1877	8.4	11	0.428	+0.23	
C1850−204	Collinder 394	18 53 36	−20 10 29	22.0	690	7.803		0.235		
C1851+368	Stephenson 1	18 54 17	+36 56 45	20.0	390	7.731		0.040		IV 3 p
C1851−199	NGC 6716	18 55 54	−19 52 18	10.0	789	7.961		0.220	−0.31	IV 1 p
C1905+041	NGC 6755	19 08 56	+04 18 12	14.0	1421	7.719	11	0.826		II 2 r
C1906+046	NGC 6756	19 09 49	+04 44 32	4.0	1507	7.79	13	1.18	+0.10	I 1 m
C1919+377	NGC 6791	19 21 40	+37 48 54	10.0	5035	9.92	15	0.160	+0.42	I 2 r
C1936+464	NGC 6811	19 37 57	+46 26 24	14.0	1215	8.799	11	0.160	−0.02	III 1 r
C1939+400	NGC 6819	19 42 02	+40 15 02	13.0	2511	9.38	11	0.12	+0.09	
C1941+231	NGC 6823	19 44 07	+23 21 17	6.0	3176	6.5		0.854		I 3 mn
C1948+229	NGC 6830	19 51 57	+23 09 31	5.0	1639	7.572	10	0.501	+0.24	II 2 p
C1950+292	NGC 6834	19 53 06	+29 28 03	5.0	2067	7.883	11	0.708		II 2 m
C1950+182	Harvard 20	19 54 06	+18 23 34	7.0	1540	7.476		0.247		IV 2 p
C2002+438	NGC 6866	20 04 39	+44 13 23	14.0	1470	8.8	10	0.10		II 2 r
C2002+290	Roslund 4	20 05 49	+29 16 54	5.0	2000	6.6		0.91		III 3 mn
C2004+356	NGC 6871	20 06 50	+35 50 32	29.0	1574	6.958		0.443		II 2 pn
C2007+353	Biurakan 2	20 10 03	+35 33 02	20.0	1106	7.011	16	0.360		III 2 p
C2008+410	IC 1311	20 11 05	+41 17 03	5.0	6026	9.20		0.28	−0.30	I 1 r
C2009+263	NGC 6885	20 12 58	+26 32 48	20.0	597	9.16	6	0.08		III 2 m
C2014+374	IC 4996	20 17 21	+37 43 33	2.2	2398	6.87	8	0.71		II 3 pn
C2018+385	Berkeley 86	20 21 13	+38 46 20	6.0	1112	7.116	13	0.898		IV 2 mn
C2019+372	Berkeley 87	20 22 32	+37 26 22	10.0	633	7.152	13	1.369		III 2 m
C2021+406	NGC 6910	20 24 00	+40 51 06	10.0	1139	7.127		0.971		I 3 mn
C2022+383	NGC 6913	20 24 47	+38 34 56	10.0	1148	7.111	9	0.744		II 3 mn
C2030+604	NGC 6939	20 31 57	+60 44 19	10.0	1800	9.20		0.33	0.00	II 1 r
C2032+281	NGC 6940	20 35 23	+28 21 42	25.0	770	8.858	11	0.214	+0.013	III 2 r
C2054+444	NGC 6996	20 57 18	+44 43 14	14.0	760	8.54		0.52		III 2 m
C2109+454	NGC 7039	21 11 37	+45 42 34	14.0	951	7.820		0.131		IV 2 m
C2121+461	NGC 7062	21 24 16	+46 28 32	5.0	1480	8.465		0.452	+0.08	II 2 m
C2122+478	NGC 7067	21 25 11	+48 06 27	6.0	3600	8.00		0.75		II 1 p
C2122+362	NGC 7063	21 25 16	+36 35 03	9.0	689	7.977		0.091		III 1 p
C2127+468	NGC 7082	21 30 06	+47 13 33	25.0	1442	8.233		0.237	−0.01	
C2130+482	NGC 7092	21 32 37	+48 32 00	29.0	326	8.445	7	0.013	+0.01	III 2 m
C2137+572	Trumpler 37	21 39 48	+57 36 09	89.0	835	7.054		0.470		IV 3 m
C2144+655	NGC 7142	21 45 41	+65 52 45	12.0	2300	9.48	11	0.35	+0.08	I 2 r
C2151+470	IC 5146	21 54 16	+47 22 24	20.0	852	6.00		0.593		III 2 pn

IAU Designation	Name	RA	Dec.	Appt. Diam.	Dist.	Log (age)	Mag. Mem.[1]	E(B−V)	Metal-licity	Trumpler Class
		h m s	° ′ ″	′	pc	yr				
C2152+623	NGC 7160	21 54 19	+62 42 36	5.0	789	7.278		0.375	+0.16	I 3 p
C2203+462	NGC 7209	22 06 01	+46 35 36	14.0	1168	8.617	9	0.168	−0.12	III 1 m
C2208+551	NGC 7226	22 11 15	+55 30 35	2.0	2616	8.436		0.536		I 2 m
C2210+570	NGC 7235	22 13 13	+57 22 54	5.0	3330	6.90		0.90		II 3 m
C2213+496	NGC 7243	22 16 01	+50 00 39	29.0	808	8.058	8	0.220	+0.06	II 2 m
C2213+540	NGC 7245	22 16 02	+54 27 21	7.0	3467	8.65		0.45		II 2 m
C2218+578	NGC 7261	22 20 56	+58 14 30	7.0	2830	8.20		0.88		II 3 m
C2227+551	Berkeley 96	22 30 42	+55 30 44	3.0	3180	7.60	13	0.54		I 2 p
C2245+578	NGC 7380	22 48 15	+58 15 03	20.0	2222	7.077	10	0.602		III 2 mn
C2306+602	King 19	23 09 15	+60 38 20	5.0	1967	8.557	12	0.547		III 2 p
C2309+603	NGC 7510	23 12 01	+60 41 33	6.0	3480	7.35	10	0.90		II 3 rn
C2313+602	Markarian 50	23 16 17	+60 35 22	2.0	2114	7.095		0.810		III 1 pn
C2322+613	NGC 7654	23 25 49	+61 43 02	15.0	1400	8.2	11	0.57		II 2 r
C2345+683	King 11	23 48 53	+68 45 30	5.0	2892	9.048	17	1.270	−0.27	I 2 m
C2350+616	King 12	23 54 09	+62 04 16	5.0	2490	7.85	10	0.51		II 1 p
C2354+611	NGC 7788	23 57 47	+61 31 33	4.0	2750	8.20		0.49		I 2 p
C2354+564	NGC 7789	23 58 33	+56 50 01	25.0	1795	9.15	10	0.28	+0.02	II 2 r
C2355+609	NGC 7790	23 59 33	+61 20 01	5.0	2944	7.749	10	0.531		II 2 m

Notes to Table

[1] The Mag. Mem. column gives the visual magnitude of the brightest cluster member.

Alternate Names for Some Clusters

C0001−302	ζ Scl Cluster	C0838−528	o Vel Cluster
C0129+604	M103	C0847+120	M67
C0215+569	h Per	C1041−641	θ Car Cluster
C0218+568	χ Per	C1043−594	η Car Cluster
C0238+425	M34	C1239−627	Coal-Sack Cluster
C0344+239	M45	C1250−600	Jewel Box Cluster
C0525+358	M38	C1440+697	Ursa Major Moving Group
C0532+341	M36	C1736−321	M6
C0549+325	M37	C1750−348	M7
C0605+243	M35	C1753−190	M23
C0629+049	Rosette Cluster	C1801−225	M21
C0638+099	S Mon Cluster	C1816−138	M16
C0644−206	M41	C1817−171	M18
C0700−082	M50	C1828−192	M25
C0716−248	τ CMa Cluster	C1842−094	M26
C0734−143	M47	C1848−063	M11
C0739−147	M46	C2022+383	M29
C0742−237	M93	C2130+482	M39
C0811−056	M48	C2322+613	M52
C0837+201	M44		

Name	RA	Dec.	V_t	$B-V$	$E_{(B-V)}$	$(m-M)_V$	[Fe/H]	v_r	c^1	r_h^2	Alternate Name
	h m s	° ′ ″						km/s		′	
NGC 104	00 25 04.9	−71 57 24	3.95	0.88	0.04	13.37	−0.72	− 18.0	2.07	3.17	47 Tuc
NGC 288	00 53 50.9	−26 27 39	8.09	0.65	0.03	14.84	−1.32	− 45.4	0.99	2.23	
NGC 362	01 03 59.7	−70 43 42	6.40	0.77	0.05	14.83	−1.26	+223.5	1.76c:	0.82	
Whiting 1	02 04 05.3	−03 08 43	15.03		0.03	17.49	−0.70	−130.6	0.55	0.22	
NGC 1261	03 12 53.2	−55 07 58	8.29	0.72	0.01	16.09	−1.27	+ 68.2	1.16	0.68	
Pal 1	03 36 41.5	+79 39 18	13.18	0.96	0.15	15.70	−0.65	− 82.8	2.57	0.46	
AM 1	03 55 41.3	−49 33 02	15.72	0.72	0.00	20.45	−1.70	+116.0	1.36	0.41	E 1
Eridanus	04 25 43.0	−21 08 12	14.70	0.79	0.02	19.83	−1.43	− 23.6	1.10	0.46	
Pal 2	04 47 32.5	+31 25 15	13.04	2.08	1.24	21.01	−1.42	−133.0	1.53	0.50	
NGC 1851	05 14 51.1	−40 01 19	7.14	0.76	0.02	15.47	−1.18	+320.5	1.86	0.51	
NGC 1904	05 25 06.6	−24 30 20	7.73	0.65	0.01	15.59	−1.60	+205.8	1.70c:	0.65	M 79
NGC 2298	06 49 47.2	−36 01 56	9.29	0.75	0.14	15.60	−1.92	+148.9	1.38	0.98	
NGC 2419	07 39 39.6	+38 49 48	10.41	0.66	0.08	19.83	−2.15	− 20.2	1.37	0.89	
Ko 2	07 59 39.0	+26 11 34	17.60		0.08	17.95			0.50	0.21	
Pyxis	09 08 51.4	−37 18 47	12.90		0.21	18.63	−1.20	+ 34.3	0.00	0.00	
NGC 2808	09 12 29.4	−64 57 24	6.20	0.92	0.22	15.59	−1.14	+101.6	1.56	0.80	
E 3	09 20 40.6	−77 22 41	11.35		0.30	15.47	−0.83		0.75	2.10	
Pal 3	10 06 41.1	−00 02 18	14.26		0.04	19.95	−1.63	+ 83.4	0.99	0.65	
NGC 3201	10 18 32.4	−46 31 32	6.75	0.96	0.24	14.20	−1.59	+494.0	1.29	3.10	
Pal 4	11 30 28.2	+28 50 58	14.20		0.01	20.21	−1.41	+ 74.5	0.93	0.51	
Ko 1	12 00 27.7	+12 08 05	17.10		0.01	18.45			0.50	0.26	
NGC 4147	12 11 15.0	+18 25 03	10.32	0.59	0.02	16.49	−1.80	+183.2	1.83	0.48	
NGC 4372	12 27 05.7	−72 47 00	7.24	1.10	0.39	15.03	−2.17	+ 72.3	1.30	3.91	
Rup 106	12 39 55.8	−51 16 25	10.90		0.20	17.25	−1.68	− 44.0	0.70	1.05	
NGC 4590	12 40 39.7	−26 52 03	7.84	0.63	0.05	15.21	−2.23	− 94.7	1.41	1.51	M 68
NGC 4833	13 01 05.7	−70 59 51	6.91	0.93	0.32	15.08	−1.85	+200.2	1.25	2.41	
NGC 5024	13 14 01.3	+18 02 57	7.61	0.64	0.02	16.32	−2.10	− 62.9	1.72	1.31	M 53
NGC 5053	13 17 33.0	+17 34 55	9.47	0.65	0.01	16.23	−2.27	+ 44.0	0.74	2.61	
NGC 5139	13 28 08.6	−47 35 45	3.68	0.78	0.12	13.94	−1.53	+232.1	1.31	5.00	ω Cen
NGC 5272	13 43 13.8	+28 15 52	6.19	0.69	0.01	15.07	−1.50	−147.6	1.89	2.31	M 3
NGC 5286	13 47 53.0	−51 29 10	7.34	0.88	0.24	16.08	−1.69	+ 57.4	1.41	0.73	
AM 4	13 57 38.4	−27 16 36	15.88		0.05	17.69	−1.30		0.70	0.43	
NGC 5466	14 06 27.9	+28 25 39	9.04	0.67	0.00	16.02	−1.98	+110.7	1.04	2.30	
NGC 5634	14 30 48.3	−06 04 33	9.47	0.67	0.05	17.16	−1.88	− 45.1	2.07	0.86	
NGC 5694	14 40 55.1	−26 38 05	10.17	0.69	0.09	18.00	−1.98	−140.3	1.89	0.40	
IC 4499	15 04 05.4	−82 18 05	9.76	0.91	0.23	17.08	−1.53	+ 31.5	1.21	1.71	
NGC 5824	15 05 21.9	−33 09 18	9.09	0.75	0.13	17.94	−1.91	− 27.5	1.98	0.45	
Pal 5	15 17 14.4	−00 11 37	11.75		0.03	16.92	−1.41	− 58.7	0.52	2.73	
NGC 5897	15 18 42.5	−21 05 30	8.53	0.74	0.09	15.76	−1.90	+101.5	0.86	2.06	
NGC 5904	15 19 41.6	+02 00 01	5.65	0.72	0.03	14.46	−1.29	+ 53.2	1.73	1.77	M 5
NGC 5927	15 29 38.8	−50 44 59	8.01	1.31	0.45	15.82	−0.49	−107.5	1.60	1.10	
NGC 5946	15 37 07.4	−50 43 59	9.61	1.29	0.54	16.79	−1.29	+128.4	2.50c	0.89	
BH 176	15 40 46.0	−50 07 29	14.00		0.54	18.06	0.00		0.85	0.90	
NGC 5986	15 47 31.7	−37 51 19	7.52	0.90	0.28	15.96	−1.59	+ 88.9	1.23	0.98	
Pal 14	16 12 02.7	+14 54 02	14.74		0.04	19.54	−1.62	+ 72.3	0.80	1.22	AvdB
Lynga 7	16 12 51.5	−55 22 29	10.18		0.73	16.78	−1.01	+ 8.0	0.95	1.20	BH184
NGC 6093	16 18 23.1	−23 01 49	7.33	0.84	0.18	15.56	−1.75	+ 8.1	1.68	0.61	M 80
NGC 6121	16 24 58.1	−26 34 36	5.63	1.03	0.35	12.82	−1.16	+ 70.7	1.65	4.33	M 4
NGC 6101	16 28 23.5	−72 15 06	9.16	0.68	0.05	16.10	−1.98	+361.4	0.80	1.05	
NGC 6144	16 28 36.5	−26 04 21	9.01	0.96	0.36	15.86	−1.76	+193.8	1.55	1.63	

Name	RA	Dec.	V_t	$B-V$	$E_{(B-V)}$	$(m-M)_V$	[Fe/H]	v_r	c^1	r_h^2	Alternate Name
	h m s	° ′ ″						km/s		′	
NGC 6139	16 29 11.8	−38 53 51	8.99	1.40	0.75	17.35	−1.65	+ 6.7	1.86	0.85	
Terzan 3	16 30 08.9	−35 24 06	12.00		0.73	16.82	−0.74	−136.3	0.70	1.25	
NGC 6171	16 33 47.5	−13 06 00	7.93	1.10	0.33	15.05	−1.02	− 34.1	1.53	1.73	M 107
1636-283	16 40 49.9	−28 26 29	12.00		0.46	16.02	−1.50		1.00	0.50	ESO452−SC11
NGC 6205	16 42 29.5	+36 25 05	5.78	0.68	0.02	14.33	−1.53	−244.2	1.53	1.69	M 13
NGC 6229	16 47 36.7	+47 29 19	9.39	0.70	0.01	17.45	−1.47	−154.2	1.50	0.36	
NGC 6218	16 48 24.3	−01 59 14	6.70	0.83	0.19	14.01	−1.37	− 41.4	1.34	1.77	M 12
FSR 1735	16 53 50.7	−47 05 39	12.90		1.42	19.35			0.56	0.34	
NGC 6235	16 54 46.2	−22 12 47	9.97	1.05	0.31	16.26	−1.28	+ 87.3	1.53	1.00	
NGC 6254	16 58 20.3	−04 08 02	6.60	0.90	0.28	14.08	−1.56	+ 75.2	1.38	1.95	M 10
Pal 15	17 01 00.5	−00 34 16	14.00	-	0.40	19.51	−2.07	+ 68.9	0.60	1.10	
NGC 6256	17 01 03.8	−37 09 13	11.29	1.69	1.09	18.44	−1.02	−101.4	2.50c	0.86	
NGC 6266	17 02 38.9	−30 08 42	6.45	1.19	0.47	15.63	−1.18	− 70.1	1.71c:	0.92	M 62
NGC 6273	17 04 01.4	−26 17 55	6.77	1.03	0.38	15.90	−1.74	+135.0	1.53	1.32	M 19
NGC 6284	17 05 51.2	−24 47 40	8.83	0.99	0.28	16.79	−1.26	+ 27.5	2.50c	0.66	
NGC 6287	17 06 30.5	−22 44 16	9.35	1.20	0.60	16.72	−2.10	−288.7	1.38	0.74	
NGC 6293	17 11 34.1	−26 36 31	8.22	0.96	0.36	16.00	−1.99	−146.2	2.50c	0.89	
NGC 6304	17 15 58.1	−29 29 11	8.22	1.31	0.54	15.52	−0.45	−107.3	1.80	1.42	
NGC 6341	17 17 48.8	+43 06 46	6.44	0.63	0.02	14.65	−2.31	−120.0	1.68	1.02	M 92
NGC 6316	17 18 02.3	−28 09 48	8.43	1.39	0.54	16.77	−0.45	+ 71.4	1.65	0.65	
NGC 6325	17 19 21.4	−23 47 18	10.33	1.66	0.91	17.29	−1.25	+ 29.8	2.50c	0.63	
NGC 6333	17 20 30.3	−18 32 16	7.72	0.97	0.38	15.67	−1.77	+229.1	1.25	0.96	M 9
NGC 6342	17 22 29.7	−19 36 29	9.66	1.26	0.46	16.08	−0.55	+115.7	2.50c	0.73	
NGC 6356	17 24 53.6	−17 49 57	8.25	1.13	0.28	16.76	−0.40	+ 27.0	1.59	0.81	
NGC 6355	17 25 22.4	−26 22 22	9.14	1.48	0.77	17.21	−1.37	−176.9	2.50c	0.88	
NGC 6352	17 27 11.8	−48 26 26	7.96	1.06	0.22	14.43	−0.64	−137.0	1.10	2.05	
IC 1257	17 28 21.4	−07 06 38	13.10	1.38	0.73	19.25	−1.70	−140.2	1.55	1.40	
NGC 6366	17 28 56.0	−05 05 50	9.20	1.44	0.71	14.94	−0.59	−122.2	0.74	2.92	
Terzan 2	17 29 00.0	−30 49 11	14.29		1.87	20.17	−0.69	+109.0	2.50c	1.52	HP 3
Terzan 4	17 32 06.5	−31 36 40	16.00		2.00	20.48	−1.41	− 50.0	0.90	1.85	HP 4
HP 1	17 32 31.6	−29 59 49	11.59		1.12	18.05	−1.00	+ 45.8	2.50c	3.10	BH 229
NGC 6362	17 34 14.6	−67 03 47	7.73	0.85	0.09	14.68	−0.99	− 13.1	1.09	2.05	
Liller 1	17 34 53.4	−33 24 11	16.77		3.07	24.09	−0.33	+ 52.0	2.30		
NGC 6380	17 36 01.5	−39 04 58	11.31	2.01	1.17	18.81	−0.75	− 3.6	1.55c:	0.74	Ton 1
Terzan 1	17 37 14.6	−30 28 57	15.90		1.99	20.31	−1.03	+114.0	2.50c	3.82	HP 2
Ton 2	17 37 43.5	−38 33 57	12.24		1.24	18.41	−0.70	−184.4	1.30	1.30	Pismis 26
NGC 6388	17 37 56.0	−44 44 53	6.72	1.17	0.37	16.13	−0.55	+ 80.1	1.75	0.52	
NGC 6402	17 38 47.0	−03 15 28	7.59	1.25	0.60	16.69	−1.28	− 66.1	0.99	1.30	M 14
NGC 6401	17 39 59.1	−23 55 15	9.45	1.58	0.72	17.35	−1.02	− 65.0	1.69	1.91	
NGC 6397	17 42 31.9	−53 41 04	5.73	0.73	0.18	12.37	−2.02	+ 18.8	2.50c	2.90	
Pal 6	17 45 06.2	−26 13 52	11.55	2.83	1.46	18.34	−0.91	+181.0	1.10	1.20	
NGC 6426	17 46 02.1	+03 09 44	11.01	1.02	0.36	17.68	−2.15	−162.0	1.70	0.92	
Djorg 1	17 48 57.0	−33 04 19	13.60		1.58	20.58	−1.51	−362.4	1.50	1.59	
Terzan 5	17 49 27.8	−24 47 07	13.85	2.77	2.28	21.27	−0.23	− 93.0	1.62	0.72	Terzan 11
NGC 6440	17 50 13.0	−20 21 57	9.20	1.97	1.07	17.95	−0.36	− 76.6	1.62	0.48	
NGC 6441	17 51 44.9	−37 03 23	7.15	1.27	0.47	16.78	−0.46	+ 16.5	1.74	0.57	
Terzan 6	17 52 13.7	−31 16 48	13.85		2.35	21.44	−0.56	+126.0	2.50c	0.44	HP 5
NGC 6453	17 52 21.6	−34 36 13	10.08	1.31	0.64	17.30	−1.50	− 83.7	2.50c	0.44	
UKS 1	17 55 49.9	−24 08 53	17.29		3.14	24.20	−0.64	+ 57.0	2.10		
NGC 6496	18 00 42.1	−44 15 58	8.54	0.98	0.15	15.74	−0.46	−112.7	0.70	1.02	

Name	RA	Dec.	V_t	$B-V$	$E_{(B-V)}$	$(m-M)_V$	[Fe/H]	v_r	c^1	r_h^2	Alternate Name
	h m s	° ′ ″						km/s		′	
Terzan 9	18 03 03.2	−26 50 18	16.00		1.76	19.71	−1.05	+ 59.0	2.50c	0.78	
NGC 6517	18 03 04.4	−08 57 27	10.23	1.75	1.08	18.48	−1.23	− 39.6	1.82	0.50	
Djorg 2	18 03 14.2	−27 49 28	9.90		0.94	16.90	−0.65		1.50	1.05	ESO456−SC38
NGC 6535	18 04 59.8	−00 17 43	10.47	0.94	0.34	15.22	−1.79	−215.1	1.33	0.85	
Terzan 10	18 05 00.3	−26 04 13	14.90		2.40	21.25	−1.00		0.75	1.55	
NGC 6522	18 05 00.6	−30 01 54	8.27	1.21	0.48	15.92	−1.34	− 21.1	2.50c	1.00	
NGC 6539	18 06 02.8	−07 34 58	9.33	1.83	1.02	17.62	−0.63	+ 31.0	1.74	1.70	
NGC 6528	18 06 16.2	−30 03 12	9.60	1.53	0.54	16.17	−0.11	+206.6	1.50	0.38	
NGC 6540	18 07 33.6	−27 45 42	9.30		0.66	15.65	−1.35	− 17.7	2.50		Djorg 3
NGC 6544	18 08 43.7	−24 59 35	7.77	1.46	0.76	14.71	−1.40	− 27.3	1.63c:	1.21	
NGC 6541	18 09 40.2	−43 42 36	6.30	0.76	0.14	14.82	−1.81	−158.7	1.86c:	1.06	
2MS-GC01	18 09 41.8	−19 49 29	27.74		6.80	33.85			0.85	1.65	2MASS−GC01
NGC 6553	18 10 41.4	−25 54 12	8.06	1.73	0.63	15.83	−0.18	− 3.2	1.16	1.03	
ESO-SC06	18 10 46.7	−46 25 03	12.00		0.07	16.87	−1.80		0.90	1.05	ESO280−SC06
2MS-GC02	18 10 57.1	−20 46 24	24.60		5.16	29.46	−1.08	−238.0	0.95	0.55	2MASS−GC02
NGC 6558	18 11 45.4	−31 45 28	9.26	1.11	0.44	15.70	−1.32	−197.2	2.50c	2.15	
IC 1276	18 11 57.2	−07 12 05	10.34	1.76	1.08	17.01	−0.75	+155.7	1.33	2.38	Pal 7
Terzan 12	18 13 37.6	−22 44 06	15.63		2.06	19.77	−0.50	+ 94.1	0.57	0.75	
NGC 6569	18 15 06.6	−31 49 09	8.55	1.34	0.53	16.83	−0.76	− 28.1	1.31	0.80	
BH 261	18 15 32.2	−28 37 37	11.00		0.36	15.19	−1.30		1.00	0.55	AL 3
GLIMPSE02	18 19 48.8	−16 58 00			7.85	38.05	−0.33		1.33	1.75	
NGC 6584	18 20 25.4	−52 12 18	8.27	0.76	0.10	15.96	−1.50	+222.9	1.47	0.73	
NGC 6624	18 25 07.2	−30 20 52	7.87	1.11	0.28	15.36	−0.44	+ 53.9	2.50c	0.82	
NGC 6626	18 25 55.8	−24 51 22	6.79	1.08	0.40	14.95	−1.32	+ 17.0	1.67	1.97	M 28
NGC 6638	18 32 19.5	−25 28 49	9.02	1.15	0.41	16.14	−0.95	+ 18.1	1.33	0.51	
NGC 6637	18 32 51.1	−32 19 50	7.64	1.01	0.18	15.28	−0.64	+ 39.9	1.38	0.84	M 69
NGC 6642	18 33 16.2	−23 27 27	9.13	1.11	0.40	15.79	−1.26	− 57.2	1.99c:	0.73	
NGC 6652	18 37 14.0	−32 58 15	8.62	0.94	0.09	15.28	−0.81	−111.7	1.80	0.48	
NGC 6656	18 37 46.2	−23 53 04	5.10	0.98	0.34	13.60	−1.70	−146.3	1.38	3.36	M 22
Pal 8	18 42 49.7	−19 48 11	11.02	1.22	0.32	16.53	−0.37	− 43.0	1.53	0.58	
NGC 6681	18 44 40.5	−32 16 06	7.87	0.72	0.07	14.99	−1.62	+220.3	2.50c	0.71	M 70
GLIMPSE01	18 49 59.6	−01 28 14	22.24		4.85	28.15			1.37	0.65	
NGC 6712	18 54 18.0	−08 40 37	8.10	1.17	0.45	15.60	−1.02	−107.6	1.05	1.33	
NGC 6717	18 56 27.4	−22 40 17	9.28	1.00	0.22	14.94	−1.26	+ 22.8	2.07	0.68	Pal 9
NGC 6715	18 56 29.6	−30 26 59	7.60	0.85	0.15	17.58	−1.49	+141.3	2.04	0.82	M 54
NGC 6723	19 01 03.9	−36 35 59	7.01	0.75	0.05	14.84	−1.10	− 94.5	1.11c:	1.53	
NGC 6749	19 06 23.5	+01 56 11	12.44	2.14	1.50	19.14	−1.60	− 61.7	0.79	1.10	
NGC 6760	19 12 20.7	+01 04 09	8.88	1.66	0.77	16.72	−0.40	− 27.5	1.65	1.27	
NGC 6752	19 12 50.7	−59 56 45	5.40	0.66	0.04	13.13	−1.54	− 26.7	2.50c	1.91	
NGC 6779	19 17 28.2	+30 13 29	8.27	0.86	0.26	15.68	−1.98	−135.6	1.38	1.10	M 56
Pal 10	19 19 01.8	+18 36 50	13.22		1.66	19.01	−0.10	− 31.7	0.58	0.99	
Terzan 7	19 19 12.6	−34 36 56	12.00		0.07	17.01	−0.32	+166.0	0.93	0.77	
Arp 2	19 30 09.6	−30 18 29	12.30	0.86	0.10	17.59	−1.75	+115.0	0.88	1.77	
NGC 6809	19 41 25.2	−30 54 41	6.32	0.72	0.08	13.89	−1.94	+174.7	0.93	2.83	M 55
Terzan 8	19 43 11.9	−33 56 43	12.40		0.12	17.47	−2.16	+130.0	0.60	0.95	
Pal 11	19 46 27.4	−07 57 05	9.80	1.27	0.35	16.72	−0.40	− 68.0	0.57	1.46	
NGC 6838	19 54 46.6	+18 50 21	8.19	1.09	0.25	13.80	−0.78	− 22.8	1.15	1.67	M 71
NGC 6864	20 07 24.1	−21 51 19	8.52	0.87	0.16	17.09	−1.29	−189.3	1.80	0.46	M 75
NGC 6934	20 35 17.4	+07 28 58	8.83	0.77	0.10	16.28	−1.47	−411.4	1.53	0.69	
NGC 6981	20 54 41.7	−12 27 04	9.27	0.72	0.05	16.31	−1.42	−345.0	1.21	0.93	M 72

Name	RA	Dec.	V_t	$B-V$	$E_{(B-V)}$	$(m-M)_V$	[Fe/H]	v_r	c^1	r_h^2	Alternate Name
	h m s	o ′ ″						km/s		′	
NGC 7006	21 02 32.4	+16 16 36	10.56	0.75	0.05	18.23	−1.52	−384.1	1.41	0.44	
NGC 7078	21 31 03.5	+12 16 00	6.20	0.68	0.10	15.39	−2.37	−107.0	2.29c	1.00	M 15
NGC 7089	21 34 36.4	−00 43 21	6.47	0.66	0.06	15.50	−1.65	− 5.3	1.59	1.06	M 2
NGC 7099	21 41 38.6	−23 04 37	7.19	0.60	0.03	14.64	−2.27	−184.2	2.50c	1.03	M 30
Pal 12	21 47 54.4	−21 08 52	11.99	1.07	0.02	16.46	−0.85	+ 27.8	2.98	1.72	
Pal 13	23 07 52.0	+12 53 38	13.47	0.76	0.05	17.23	−1.88	+ 25.2	0.66	0.36	
NGC 7492	23 09 37.6	−15 29 22	11.29	0.42	0.00	17.10	−1.78	−177.5	0.72	1.15	

Notes to Table

[1] central concentration index: c = core collapsed; c: = possibly core collapsed

[2] half-light radius

Name	Right Ascension	Declination	Type	L	Log (D_{25})	Log (R_{25})	P.A.	B_T^w	$B-V$	$U-B$	v_r
	h m s	° ′ ″					°				km/s
WLM	00 03 06	−15 19.6	IB(s)m	9.0	2.06	0.46	4	11.03	0.44	−0.21	− 118
NGC 0045	00 15 12.0	−23 03 22	SA(s)dm	7.3	1.93	0.16	142	11.32	0.71	−0.05	+ 468
NGC 0055	00 16 02	−39 04.4	SB(s)m: sp	5.6	2.51	0.76	108	8.42	0.55	+0.12	+ 124
NGC 0134	00 31 28.5	−33 07 12	SAB(s)bc	3.7	1.93	0.62	50	11.23	0.84	+0.23	+1579
NGC 0147	00 34 26.3	+48 37 57	dE5 pec		2.12	0.23	25	10.47	0.95		− 160
NGC 0185	00 40 12.7	+48 27 37	dE3 pec		2.07	0.07	35	10.10	0.92	+0.39	− 251
NGC 0205	00 41 36.0	+41 48 31	dE5 pec		2.34	0.30	170	8.92	0.85	+0.22	− 239
NGC 0221	00 43 55.9	+40 59 17	cE2		1.94	0.13	170	9.03	0.95	+0.48	− 205
NGC 0224	00 43 58.46	+41 23 31.2	SA(s)b	2.2	3.28	0.49	35	4.36	0.92	+0.50	− 298
NGC 0247	00 48 15.2	−20 38 15	SAB(s)d	6.8	2.33	0.49	174	9.67	0.56	−0.09	+ 159
NGC 0253	00 48 39.39	−25 09 56.4	SAB(s)c	3.3	2.44	0.61	52	8.04	0.85	+0.38	+ 250
SMC	00 53 25	−72 40.7	SB(s)m pec	7.0	3.50	0.23	45	2.70	0.45	−0.20	+ 175
NGC 0300	00 55 57.1	−37 33 45	SA(s)d	6.2	2.34	0.15	111	8.72	0.59	+0.11	+ 141
Sculptor	01 01 13	−33 35.2	dSph		2.06:	0.17	99	9.5:	0.7		+ 107
IC 1613	01 05 58	+02 14.4	IB(s)m	9.5	2.21	0.05	50	9.88	0.67		− 230
NGC 0488	01 22 57.0	+05 22 27	SA(r)b	1.1	1.72	0.13	15	11.15	0.87	+0.35	+2267
NGC 0598	01 35 07.23	+30 46 29.5	SA(s)cd	4.3	2.85	0.23	23	6.27	0.55	−0.10	− 179
NGC 0613	01 35 20.57	−29 18 14.1	SB(rs)bc	3.0	1.74	0.12	120	10.73	0.68	+0.06	+1478
NGC 0628	01 37 54.5	+15 53 52	SA(s)c	1.1	2.02	0.04	25	9.95	0.56		+ 655
NGC 0672	01 49 10.5	+27 32 39	SB(s)cd	5.4	1.86	0.45	65	11.47	0.58	−0.10	+ 420
NGC 0772	02 00 34.0	+19 06 59	SA(s)b	1.2	1.86	0.23	130	11.09	0.78	+0.26	+2457
NGC 0891	02 23 58.5	+42 27 03	SA(s)b? sp	4.5	2.13	0.73	22	10.81	0.88	+0.27	+ 528
NGC 0908	02 24 07.0	−21 07 57	SA(s)c	1.5	1.78	0.36	75	10.83	0.65	0.00	+1499
NGC 0925	02 28 38.1	+33 40 44	SAB(s)d	4.3	2.02	0.25	102	10.69	0.57		+ 553
Fornax	02 40 55	−34 21.3	dSph		2.26:	0.18	82	8.4:	0.62	+0.04	+ 53
NGC 1023	02 41 49.0	+39 09 31	SB(rs)0⁻		1.94	0.47	87	10.35	1.00	+0.56	+ 632
NGC 1055	02 42 54.6	+00 32 18	SBb: sp	3.9	1.88	0.45	105	11.40	0.81	+0.19	+ 995
NGC 1068	02 43 49.92	+00 04 53.8	(R)SA(rs)b	2.3	1.85	0.07	70	9.61	0.74	+0.09	+1135
NGC 1097	02 47 16.52	−30 10 52.3	SB(s)b	2.2	1.97	0.17	130	10.23	0.75	+0.23	+1274
NGC 1187	03 03 37.7	−22 46 48	SB(r)c	2.1	1.74	0.13	130	11.34	0.56	−0.05	+1397
NGC 1232	03 10 46.3	−20 29 41	SAB(rs)c	2.0	1.87	0.06	108	10.52	0.63	0.00	+1683
NGC 1291	03 18 07.8	−41 01 35	(R)SB(s)0/a		1.99	0.08		9.39	0.93	+0.46	+ 836
NGC 1313	03 18 32.5	−66 25 02	SB(s)d	7.0	1.96	0.12		9.2	0.49	−0.24	+ 456
NGC 1300	03 20 42.2	−19 19 50	SB(rs)bc	1.1	1.79	0.18	106	11.11	0.68	+0.11	+1568
NGC 1316	03 23 33.25	−37 07 43.9	SAB(s)0⁰ pec		2.08	0.15	50	9.42	0.89	+0.39	+1793
NGC 1344	03 29 14.6	−30 59 29	E5		1.78	0.24	165	11.27	0.88	+0.44	+1169
NGC 1350	03 32 01.4	−33 33 10	(R′)SB(r)ab	3.0	1.72	0.27	0	11.16	0.87	+0.34	+1883
NGC 1365	03 34 28.0	−36 03 57	SB(s)b	1.3	2.05	0.26	32	10.32	0.69	+0.16	+1663
NGC 1399	03 39 20.8	−35 22 43	E1 pec		1.84	0.03		10.55	0.96	+0.50	+1447
NGC 1395	03 39 28.5	−22 57 19	E2		1.77	0.12		10.55	0.96	+0.58	+1699
NGC 1398	03 39 49.1	−26 15 56	(R′)SB(r)ab	1.1	1.85	0.12	100	10.57	0.90	+0.43	+1407
NGC 1433	03 42 43.9	−47 09 04	(R′)SB(r)ab	2.7	1.81	0.04		10.70	0.79	+0.21	+1067
NGC 1425	03 43 06.4	−29 49 22	SA(s)b	3.2	1.76	0.35	129	11.29	0.68	+0.11	+1508
NGC 1448	03 45 16.4	−44 34 30	SAcd: sp	4.4	1.88	0.65	41	11.40	0.72	+0.01	+1165
IC 342	03 49 00.4	+68 09 53	SAB(rs)cd	2.0	2.33	0.01		9.10			+ 32

Name	Right Ascension	Declination	Type	L	Log (D$_{25}$)	Log (R$_{25}$)	P.A.	B^w_T	B–V	U–B	v_r
	h m s	o ′ ″					o				km/s
NGC 1512	04 04 38.6	−43 17 18	SB(r)a	1.1	1.95	0.20	90	11.13	0.81	+0.17	+ 889
IC 356	04 10 08.5	+69 52 15	SA(s)ab pec		1.72	0.13	90	11.39	1.32	+0.76	+ 888
NGC 1532	04 12 56.2	−32 49 03	SB(s)b pec sp	1.9	2.10	0.58	33	10.65	0.80	+0.15	+1187
NGC 1566	04 20 30.9	−54 53 07	SAB(s)bc	1.7	1.92	0.10	60	10.33	0.60	−0.04	+1492
NGC 1672	04 46 04.1	−59 12 28	SB(s)b	3.1	1.82	0.08	170	10.28	0.60	+0.01	+1339
NGC 1792	05 06 00.8	−37 57 04	SA(rs)bc	4.0	1.72	0.30	137	10.87	0.68	+0.08	+1224
NGC 1808	05 08 29.04	−37 29 05.0	(R)SAB(s)a		1.81	0.22	133	10.76	0.82	+0.29	+1006
LMC	05 23.4	−69 44	SB(s)m	5.8	3.81	0.07	170	0.91	0.51	0.00	+ 313
NGC 2146	06 22 12.4	+78 20 44	SB(s)ab pec	3.4	1.78	0.25	56	11.38	0.79	+0.29	+ 890
Carina	06 42 10	−50 59.4	dSph		2.25:	0.17	65	11.5:	0.7:		+ 223
NGC 2280	06 45 42.8	−27 39 47	SA(s)cd	2.2	1.80	0.31	163	10.9	0.60	+0.15	+1906
NGC 2336	07 30 53.3	+80 07 50	SAB(r)bc	1.1	1.85	0.26	178	11.05	0.62	+0.06	+2200
NGC 2366	07 31 17.6	+69 10 08	IB(s)m	8.7	1.91	0.39	25	11.43	0.58		+ 99
NGC 2442	07 36 19.4	−69 34 54	SAB(s)bc pec	2.5	1.74	0.05		11.24	0.82	+0.23	+1448
NGC 2403	07 38 59.9	+65 32 58	SAB(s)cd	5.4	2.34	0.25	127	8.93	0.47		+ 130
Holmberg II	08 21 25	+70 38.6	Im	8.0	1.90	0.10	15	11.10	0.44		+ 157
NGC 2613	08 34 22.0	−23 03 05	SA(s)b	3.0	1.86	0.61	113	11.16	0.91	+0.38	+1677
NGC 2683	08 54 05.0	+33 20 06	SA(rs)b	4.0	1.97	0.63	44	10.64	0.89	+0.27	+ 405
NGC 2784	09 13 19.6	−24 15 56	SA(s)0⁰:		1.74	0.39	73	11.30	1.14	+0.72	+ 691
NGC 2768	09 13 21.4	+59 56 39	E6:		1.91	0.28	95	10.84	0.97	+0.46	+1335
NGC 2835	09 18 54.1	−22 27 00	SB(rs)c	1.8	1.82	0.18	8	11.01	0.49	−0.12	+ 887
NGC 2841	09 23 35.32	+50 52 46.7	SA(r)b:	0.5	1.91	0.36	147	10.09	0.87	+0.34	+ 637
NGC 2903	09 33 26.4	+21 24 03	SAB(rs)bc	2.3	2.10	0.32	17	9.68	0.67	+0.06	+ 556
NGC 2997	09 46 37.8	−31 17 43	SAB(rs)c	1.6	1.95	0.12	110	10.06	0.7	+0.3	+1087
NGC 2976	09 49 04.7	+67 48 41	SAc pec	6.8	1.77	0.34	143	10.82	0.66	0.00	+ 3
NGC 3031	09 57 22.580	+68 57 28.08	SA(s)ab	2.2	2.43	0.28	157	7.89	0.95	+0.48	− 36
NGC 3034	09 57 43.1	+69 34 20	I0		2.05	0.42	65	9.30	0.89	+0.31	+ 216
NGC 3109	10 04 14.2	−26 16 03	SB(s)m	8.2	2.28	0.71	93	10.39			+ 404
NGC 3077	10 05 05.6	+68 37 27	I0 pec		1.73	0.08	45	10.61	0.76	+0.14	+ 13
NGC 3115	10 06 21.2	−07 49 43	S0⁻		1.86	0.47	43	9.87	0.97	+0.54	+ 661
Leo I	10 09 39.7	+12 11 48	dSph		1.82:	0.10	79	10.7	0.6	+0.1:	+ 285
Sextans	10 14.1	−01 44	dSph		2.52:	0.91	56	11.0:			+ 224
NGC 3184	10 19 37.4	+41 18 39	SAB(rs)cd	3.5	1.87	0.03	135	10.36	0.58	−0.03	+ 591
NGC 3198	10 21 17.0	+45 26 11	SB(rs)c	2.6	1.93	0.41	35	10.87	0.54	−0.04	+ 663
NGC 3227	10 24 44.17	+19 45 02.2	SAB(s)a pec	3.5	1.73	0.17	155	11.1	0.82	+0.27	+1156
IC 2574	10 29 59.8	+68 17 47	SAB(s)m	8.0	2.12	0.39	50	10.80	0.44		+ 46
NGC 3319	10 40 27.8	+41 34 08	SB(rs)cd	3.8	1.79	0.26	37	11.48	0.41		+ 746
NGC 3344	10 44 44.8	+24 48 14	(R)SAB(r)bc	1.9	1.85	0.04		10.45	0.59	−0.07	+ 585
NGC 3351	10 45 08.9	+11 35 06	SB(r)b	3.3	1.87	0.17	13	10.53	0.80	+0.18	+ 777
NGC 3368	10 47 56.84	+11 42 03.7	SAB(rs)ab	3.4	1.88	0.16	5	10.11	0.86	+0.31	+ 897
NGC 3359	10 48 04.5	+63 06 19	SB(rs)c	3.0	1.86	0.22	170	11.03	0.46	−0.20	+1012
NGC 3377	10 48 53.8	+13 51 59	E5−6		1.72	0.24	35	11.24	0.86	+0.31	+ 692
NGC 3379	10 49 00.8	+12 27 45	E1		1.73	0.05		10.24	0.96	+0.53	+ 889
NGC 3384	10 49 28.1	+12 30 36	SB(s)0⁻:		1.74	0.34	53	10.85	0.93	+0.44	+ 735
NGC 3486	11 01 37.3	+28 51 14	SAB(r)c	2.6	1.85	0.13	80	11.05	0.52	−0.16	+ 681

Name	Right Ascension	Declination	Type	L	Log (D_{25})	Log (R_{25})	P.A.	B_T^w	$B-V$	$U-B$	v_r
	h m s	° ′ ″					°				km/s
NGC 3521	11 06 57.76	−00 09 27.7	SAB(rs)bc	3.6	2.04	0.33	163	9.83	0.81	+0.23	+ 804
NGC 3556	11 12 49.2	+55 33 07	SB(s)cd	5.7	1.94	0.59	80	10.69	0.66	+0.07	+ 694
NGC 3621	11 19 22.2	−32 56 14	SA(s)d	5.8	2.09	0.24	159	10.28	0.62	−0.08	+ 725
NGC 3623	11 20 06.3	+12 58 08	SAB(rs)a	3.3	1.99	0.53	174	10.25	0.92	+0.45	+ 806
NGC 3627	11 21 25.36	+12 52 05.1	SAB(s)b	3.0	1.96	0.34	173	9.65	0.73	+0.20	+ 726
NGC 3628	11 21 27.4	+13 27 56	Sb pec sp	4.5	2.17	0.70	104	10.28	0.80		+ 846
NGC 3631	11 22 18.8	+53 02 45	SA(s)c	1.8	1.70	0.02		11.01	0.58		+1157
NGC 3675	11 27 21.8	+43 27 42	SA(s)b	3.3	1.77	0.28	178	11.00			+ 766
NGC 3726	11 34 33.9	+46 54 17	SAB(r)c	2.2	1.79	0.16	10	10.91	0.49		+ 849
NGC 3923	11 52 10.4	−28 55 53	E4−5		1.77	0.18	50	10.8	1.00	+0.61	+1668
NGC 3938	11 53 59.4	+43 59 44	SA(s)c	1.1	1.73	0.04		10.90	0.52	−0.10	+ 808
NGC 3953	11 54 59.0	+52 12 05	SB(r)bc	1.8	1.84	0.30	13	10.84	0.77	+0.20	+1053
NGC 3992	11 58 45.5	+53 14 58	SB(rs)bc	1.1	1.88	0.21	68	10.60	0.77	+0.20	+1048
NGC 4038	12 03 02.2	−18 59 38	SB(s)m pec	4.2	1.72	0.23	80	10.91	0.65	−0.19	+1626
NGC 4039	12 03 02.9	−19 00 41	SB(s)m pec	5.3	1.72	0.29	171	11.10			+1655
NGC 4051	12 04 18.33	+44 24 21.9	SAB(rs)bc	3.3	1.72	0.13	135	10.83	0.65	−0.04	+ 720
NGC 4088	12 06 42.4	+50 24 51	SAB(rs)bc	3.9	1.76	0.41	43	11.15	0.59	−0.05	+ 758
NGC 4096	12 07 09.3	+47 21 10	SAB(rs)c	4.2	1.82	0.57	20	11.48	0.63	+0.01	+ 564
NGC 4125	12 09 12.7	+65 02 56	E6 pec		1.76	0.26	95	10.65	0.93	+0.49	+1356
NGC 4151	12 11 40.57	+39 16 50.4	(R′)SAB(rs)ab:		1.80	0.15	50	11.28	0.73	−0.17	+ 992
NGC 4192	12 14 57.0	+14 46 32	SAB(s)ab	2.9	1.99	0.55	155	10.95	0.81	+0.30	− 141
NGC 4214	12 16 47.0	+36 12 06	IAB(s)m	5.8	1.93	0.11		10.24	0.46	−0.31	+ 291
NGC 4216	12 17 03.1	+13 01 28	SAB(s)b:	3.0	1.91	0.66	19	10.99	0.98	+0.52	+ 129
NGC 4236	12 17 47	+69 20.0	SB(s)dm	7.6	2.34	0.48	162	10.05	0.42		0
NGC 4242	12 18 36.9	+45 29 39	SAB(s)dm	6.2	1.70	0.12	25	11.37	0.54		+ 517
NGC 4244	12 18 37.1	+37 40 57	SA(s)cd: sp	7.0	2.22	0.94	48	10.88	0.50		+ 242
NGC 4254	12 19 58.1	+14 17 31	SA(s)c	1.5	1.73	0.06		10.44	0.57	+0.01	+2407
NGC 4258	12 20 03.94	+47 10 44.9	SAB(s)bc	3.5	2.27	0.41	150	9.10	0.69		+ 449
NGC 4274	12 20 58.28	+29 29 23.4	(R)SB(r)ab	4.0	1.83	0.43	102	11.34	0.93	+0.44	+ 929
NGC 4293	12 22 21.05	+18 15 28.6	(R)SB(s)0/a		1.75	0.34	72	11.26	0.90		+ 943
NGC 4303	12 23 03.86	+04 20 56.4	SAB(rs)bc	2.0	1.81	0.05		10.18	0.53	−0.11	+1569
NGC 4321	12 24 03.2	+15 41 51	SAB(s)bc	1.1	1.87	0.07	30	10.05	0.70	−0.01	+1585
NGC 4365	12 25 37.1	+07 11 36	E3		1.84	0.14	40	10.52	0.96	+0.50	+1227
NGC 4374	12 26 12.167	+12 45 45.05	E1		1.81	0.06	135	10.09	0.98	+0.53	+ 951
NGC 4382	12 26 32.2	+18 04 00	SA(s)0$^+$ pec		1.85	0.11		10.00	0.89	+0.42	+ 722
NGC 4395	12 26 55.8	+33 25 21	SA(s)m:	7.3	2.12	0.08	147	10.64	0.46		+ 319
NGC 4406	12 27 20.16	+12 49 18.5	E3		1.95	0.19	130	9.83	0.93	+0.49	− 248
NGC 4429	12 28 35.1	+10 58 59	SA(r)0$^+$		1.75	0.34	99	11.02	0.98	+0.55	+1137
NGC 4438	12 28 53.91	+12 53 04.8	SA(s)0/a pec:		1.93	0.43	27	11.02	0.85	+0.35	+ 64
NGC 4449	12 29 16.7	+43 58 10	IBm	6.7	1.79	0.15	45	9.99	0.41	−0.35	+ 202
NGC 4450	12 29 37.60	+16 57 38.8	SA(s)ab	1.5	1.72	0.13	175	10.90	0.82		+1956
NGC 4472	12 30 55.38	+07 52 34.4	E2		2.01	0.09	155	9.37	0.96	+0.55	+ 912
NGC 4490	12 31 41.8	+41 31 08	SB(s)d pec	5.4	1.80	0.31	125	10.22	0.43	−0.19	+ 578
NGC 4486	12 31 57.714	+12 16 01.36	E+0−1 pec		1.92	0.10		9.59	0.96	+0.57	+1282
NGC 4501	12 33 07.25	+14 17 47.1	SA(rs)b	2.4	1.84	0.27	140	10.36	0.73	+0.24	+2279

Name	Right Ascension	Declination	Type	L	Log (D_{25})	Log (R_{25})	P.A.	B_T^w	$B-V$	$U-B$	v_r
	h m s	° ′ ″					°				km/s
NGC 4517	12 33 54.8	−00 00 33	SA(s)cd: sp	5.6	2.02	0.83	83	11.10	0.71		+1121
NGC 4526	12 35 11.58	+07 34 31.8	SAB(s)0°:		1.86	0.48	113	10.66	0.96	+0.53	+ 460
NGC 4527	12 35 17.43	+02 31 48.6	SAB(s)bc	3.3	1.79	0.47	67	11.38	0.86	+0.21	+1733
NGC 4535	12 35 28.83	+08 04 26.3	SAB(s)c	1.6	1.85	0.15	0	10.59	0.63	−0.01	+1957
NGC 4536	12 35 36.1	+02 03 50	SAB(rs)bc	2.0	1.88	0.37	130	11.16	0.61	−0.02	+1804
NGC 4548	12 36 34.4	+14 22 22	SB(rs)b	2.3	1.73	0.10	150	10.96	0.81	+0.29	+ 486
NGC 4552	12 36 48.0	+12 25 57	E0−1		1.71	0.04		10.73	0.98	+0.56	+ 311
NGC 4559	12 37 04.4	+27 50 11	SAB(rs)cd	4.3	2.03	0.39	150	10.46	0.45		+ 814
NGC 4565	12 37 27.63	+25 51 50.4	SA(s)b? sp	1.0	2.20	0.87	136	10.42	0.84		+1225
NGC 4569	12 37 57.84	+13 02 21.7	SAB(rs)ab	2.4	1.98	0.34	23	10.26	0.72	+0.30	− 236
NGC 4579	12 38 51.68	+11 41 41.1	SAB(rs)b	3.1	1.77	0.10	95	10.48	0.82	+0.32	+1521
NGC 4605	12 40 58.7	+61 29 09	SB(s)c pec	5.7	1.76	0.42	125	10.89	0.56	−0.08	+ 143
NGC 4594	12 41 09.713	−11 44 46.83	SA(s)a		1.94	0.39	89	8.98	0.98	+0.53	+1089
NGC 4621	12 43 10.3	+11 31 26	E5		1.73	0.16	165	10.57	0.94	+0.48	+ 430
NGC 4631	12 43 13.6	+32 25 06	SB(s)d	5.0	2.19	0.76	86	9.75	0.56		+ 608
NGC 4636	12 43 58.7	+02 33 53	E0−1		1.78	0.11	150	10.43	0.94	+0.44	+1017
NGC 4649	12 44 48.0	+11 25 46	E2		1.87	0.09	105	9.81	0.97	+0.60	+1114
NGC 4656	12 45 04.0	+32 02 57	SB(s)m pec	7.0	2.18	0.71	33	10.96	0.44		+ 640
NGC 4697	12 49 45.6	−05 55 23	E6		1.86	0.19	70	10.14	0.91	+0.39	+1236
NGC 4725	12 51 32.6	+25 22 44	SAB(r)ab pec	2.4	2.03	0.15	35	10.11	0.72	+0.34	+1205
NGC 4736	12 51 56.41	+40 59 53.4	(R)SA(r)ab	3.0	2.05	0.09	105	8.99	0.75	+0.16	+ 308
NGC 4753	12 53 31.4	−01 19 17	I0		1.78	0.33	80	10.85	0.90	+0.41	+1237
NGC 4762	12 54 03.8	+11 06 31	SB(r)0°? sp		1.94	0.72	32	11.12	0.86	+0.40	+ 979
NGC 4826	12 57 49.8	+21 33 42	(R)SA(rs)ab	3.5	2.00	0.27	115	9.36	0.84	+0.32	+ 411
NGC 4945	13 06 46.7	−49 35 18	SB(s)cd: sp	6.7	2.30	0.72	43	9.3			+ 560
NGC 4976	13 09 57.2	−49 37 31	E4 pec:		1.75	0.28	161	11.04	1.01	+0.44	+1453
NGC 5005	13 11 58.49	+36 56 23.5	SAB(rs)bc	3.3	1.76	0.32	65	10.61	0.80	+0.31	+ 948
NGC 5033	13 14 29.61	+36 28 30.4	SA(s)c	2.2	2.03	0.33	170	10.75	0.55		+ 877
NGC 5055	13 16 49.6	+41 54 40	SA(rs)bc	3.9	2.10	0.24	105	9.31	0.72		+ 504
NGC 5068	13 20 07.8	−21 09 24	SAB(rs)cd	4.7	1.86	0.06	110	10.7	0.67		+ 671
NGC 5102	13 23 14.7	−36 44 51	SA0⁻		1.94	0.49	48	10.35	0.72	+0.23	+ 468
NGC 5128	13 26 47.119	−43 08 08.25	E1/S0 + S pec		2.41	0.11	35	7.84	1.00		+ 559
NGC 5194	13 30 49.47	+47 04 46.3	SA(s)bc pec	1.8	2.05	0.21	163	8.96	0.60	−0.06	+ 463
NGC 5195	13 30 56.3	+47 09 02	I0 pec		1.76	0.10	79	10.45	0.90	+0.31	+ 484
NGC 5236	13 38 16.7	−29 58 44	SAB(s)c	2.8	2.11	0.05		8.20	0.66	+0.03	+ 514
NGC 5248	13 38 39.29	+08 46 17.7	SAB(rs)bc	1.8	1.79	0.14	110	10.97	0.65	+0.05	+1153
NGC 5247	13 39 16.30	−17 59 52.0	SA(s)bc	1.8	1.75	0.06	20	10.5	0.54	−0.11	+1357
NGC 5253	13 41 13.05	−31 45 12.7	Pec		1.70	0.41	45	10.87	0.43	−0.24	+ 404
NGC 5322	13 50 00.34	+60 04 45.5	E3−4		1.77	0.18	95	11.14	0.91	+0.47	+1915
NGC 5364	13 57 19.9	+04 54 19	SA(rs)bc pec	1.1	1.83	0.19	30	11.17	0.64	+0.07	+1241
NGC 5457	14 04 00.2	+54 14 28	SAB(rs)cd	1.1	2.46	0.03		8.31	0.45		+ 240
NGC 5585	14 20 31.0	+56 37 36	SAB(s)d	7.6	1.76	0.19	30	11.20	0.46	−0.22	+ 304
NGC 5566	14 21 28.0	+03 49 54	SB(r)ab	3.6	1.82	0.48	35	11.46	0.91	+0.45	+1505
NGC 5746	14 46 04.4	+01 51 39	SAB(rs)b? sp	4.5	1.87	0.75	170	11.29	0.97	+0.42	+1722
Ursa Minor	15 09 17	+67 08.5	dSph		2.50:	0.35	53	11.5:	0.9:		− 250

Name	Right Ascension	Declination	Type	L	Log (D_{25})	Log (R_{25})	P.A.	B_T^w	$B-V$	$U-B$	v_r
	h m s	° ′ ″					°				km/s
NGC 5907	15 16 28.8	+56 14 48	SA(s)c: sp	3.0	2.10	0.96	155	11.12	0.78	+0.15	+ 666
NGC 6384	17 33 29.8	+07 02 44	SAB(r)bc	1.1	1.79	0.18	30	11.14	0.72	+0.23	+1667
NGC 6503	17 49 12.4	+70 08 19	SA(s)cd	5.2	1.85	0.47	123	10.91	0.68	+0.03	+ 43
Sgr Dw Sph	18 56.6	−30 28	dSph		4.26:	0.42	104	4.3:	0.7:		+ 140
NGC 6744	19 11 53.6	−63 49 09	SAB(r)bc	3.3	2.30	0.19	15	9.14			+ 838
NGC 6822	19 46 13	−14 45.0	IB(s)m	8.5	2.19	0.06	5	9.0	0.79	+0.04:	− 54
NGC 6946	20 35 20.62	+60 13 56.7	SAB(rs)cd	2.3	2.06	0.07		9.61	0.80		+ 50
NGC 7090	21 38 02.4	−54 27 18	SBc? sp		1.87	0.77	127	11.33	0.61	−0.02	+ 854
IC 5152	22 04 09.0	−51 11 11	IA(s)m	8.4	1.72	0.21	100	11.06			+ 120
IC 5201	22 22 19.5	−45 55 18	SB(rs)cd	5.1	1.93	0.34	33	11.3			+ 914
NGC 7331	22 38 06.00	+34 31 58.8	SA(s)b	2.2	2.02	0.45	171	10.35	0.87	+0.30	+ 821
NGC 7410	22 56 17.0	−39 32 28	SB(s)a		1.72	0.51	45	11.24	0.93	+0.45	+1751
IC 1459	22 58 25.72	−36 20 29.6	E3−4		1.72	0.14	40	10.97	0.98	+0.51	+1691
IC 5267	22 58 30.3	−43 16 32	SA(rs)0/a		1.72	0.13	140	11.43	0.89	+0.37	+1713
NGC 7424	22 58 34.6	−40 57 00	SAB(rs)cd	4.0	1.98	0.07		10.96	0.48	−0.15	+ 941
NGC 7582	23 19 37.8	−42 14 51	(R′)SB(s)ab		1.70	0.38	157	11.37	0.75	+0.25	+1573
IC 5332	23 35 39.0	−35 58 36	SA(s)d	3.9	1.89	0.10		11.09			+ 706
NGC 7793	23 58 59.1	−32 27 57	SA(s)d	6.9	1.97	0.17	98	9.63	0.54	−0.09	+ 228

Notes to Table

:   Indicates uncertainity or larger than normal standard deviation.

Alternate Names for Some Galaxies

Leo I	Regulus Dwarf
LMC	Large Magellanic Cloud
NGC 224	Andromeda Galaxy, M31
NGC 598	Triangulum Galaxy, M33
NGC 1068	M77, 3C 71
NGC 1316	Fornax A
NGC 3034	M82, 3C 231
NGC 4038/9	The Antennae
NGC 4374	M84, 3C 272.1
NGC 4486	Virgo A, M87, 3C 274
NGC 4594	Sombrero Galaxy, M104
NGC 4826	Black Eye Galaxy, M64
NGC 5055	Sunflower Galaxy, M63
NGC 5128	Centaurus A
NGC 5194	Whirlpool Galaxy, M51
NGC 5457	Pinwheel Galaxy, M101/2
NGC 6822	Barnard's Galaxy
Sgr Dw Sph	Sagittarius Dwarf Spheroidal Galaxy
SMC	Small Magellanic Cloud, NGC 292
WLM	Wolf-Lundmark-Melotte Galaxy

IERS Designation	Right Ascension	Declination	Type	z	V	G
	h m s	° ′ ″				
0002−478	00 04 35.6554 8526	−47 36 19.6040 054	AQ	0.8800	19.0	19.7
0007+106	00 10 31.0059 0413	+10 58 29.5042 981	A1	0.0893	15.0	16.1
0009−148	00 11 40.4558 4973	−14 34 04.6348 040	AQ	1.3000		19.7
0010+405	00 13 31.1301 9909	+40 51 37.1441 374	A1	0.2550	18.0	19.3
0013−005	00 16 11.0885 5044	+00 15 12.4454 125	AQ	1.5763	20.0	19.7
0016+731	00 19 45.7863 7230	+73 27 30.0176 020	AQ	1.7810	19.0	18.3
0017+200	00 19 37.8544 9305	+20 21 45.6446 105	AL	3.9300	20.6	19.2
0035−252	00 38 14.7355 0152	−24 59 02.2352 926	AQ	0.4981	17.5	19.1
0038−326	00 40 30.6548 5223	−32 25 20.3298 466	AL	0.5240		
0044−846	00 44 26.6892 3207	−84 22 39.9875 303	AQ	1.0320	18.5	19.5
0046+316	00 48 47.1414 7900	+31 57 25.0845 702	A2	0.0150	14.3	17.9
0047+023	00 49 43.2359 3957	+02 37 03.7785 936	AL	1.4400	18.5	18.2
0048−097	00 50 41.3173 8216	−09 29 05.2103 418	AL	0.6350	16.0	15.7
0054+161	00 56 55.2943 2895	+16 25 13.3409 138	AL	0.2060	18.5	19.8
0059+581	01 02 45.7623 7340	+58 24 11.1366 164	AQ	0.6440	19.2	17.9
0104−408	01 06 45.1079 6439	−40 34 19.9603 733	AQ	0.5840	19.0	19.6
0107−610	01 09 15.4751 9907	−60 49 48.4601 187	AQ		19.0	
0110+495	01 13 27.0068 0467	+49 48 24.0432 101	AQ	0.3890	18.4	18.2
0133+476	01 36 58.5948 0326	+47 51 29.1000 720	AQ	0.8590	18.0	18.3
0149+218	01 52 18.0590 4204	+22 07 07.6997 943	AQ	1.3200	18.0	18.4
0159+723	02 03 33.3849 5695	+72 32 53.6673 482	AL	0.3900	19.2	18.8
0202−172	02 04 57.6743 3267	−17 01 19.8408 671	AQ	1.7395	18.0	17.4
0202+319	02 05 04.9253 6206	+32 12 30.0954 703	AQ	1.4660	17.9	17.6
0208−512	02 10 46.2004 2049	−51 01 01.8919 205	AL	0.9990	16.9	16.7
0215+015	02 17 48.9547 5095	+01 44 49.6990 271	AQ	1.7150	16.1	18.8
0221+067	02 24 28.4281 8961	+06 59 23.3415 566	AQ	0.5110	20.0	18.0
0227−369	02 29 28.4490 5708	−36 43 56.8223 412	AQ	2.1150	19.0	19.6
0230−790	02 29 34.9465 9694	−78 47 45.6017 623	AQ	1.0700	18.9	19.3
0227+403	02 30 45.7107 8259	+40 32 53.0685 846	AQ	1.0190	19.0	18.6
0234−301	02 36 31.1694 1522	−29 53 55.5405 598	A	2.1034	18.0	18.4
0235−618	02 36 53.2457 4011	−61 36 15.1835 463	AQ	0.4650	18.5	19.6
0235+164	02 38 38.9301 0450	+16 36 59.2745 528	AL	0.9400	17.5	17.4
0237−027	02 39 45.4722 7239	−02 34 40.9145 702	AQ	1.1160	19.4	19.7
0239+175	02 42 24.2682 6371	+17 42 58.8491 818	AL	0.5510	21.3	20.2
0256−005	02 59 28.5161 5658	+00 19 59.9753 897	AL	2.0012	17.6	17.3
0300+470	03 03 35.2422 1958	+47 16 16.2754 726	AL	0.4750	16.6	16.9
0302+625	03 06 42.6595 5141	+62 43 02.0241 670	R			
0305+039	03 08 26.2238 0005	+04 06 39.3007 808	A1	0.0287	13.5	17.1
0308−611	03 09 56.0991 4475	−60 58 39.0564 095	AQ	1.4800	18.5	18.4
0307+380	03 10 49.8799 2240	+38 14 53.8378 761	AL	0.8160	19.7	20.0
0312+100	03 15 21.1398 1265	+10 12 43.0838 933	AL	0.2220	18.3	19.0
0316−444	03 17 57.6794 6154	−44 14 17.1632 318	AQ	0.0761		20.6
0322+222	03 25 36.8143 5345	+22 24 00.3656 161	AQ	2.0600	18.9	19.1
0332−403	03 34 13.6544 8823	−40 08 25.3979 928	AL	1.4450	18.5	17.8
0334−131	03 36 35.0358 1609	−13 02 04.6600 312	AQ	1.3030	19.0	20.4
0346−279	03 48 38.1445 7039	−27 49 13.5657 855	AQ	0.9910	19.4	19.0
0347−211	03 49 57.8266 7348	−21 02 47.7416 093	AQ	2.9440	20.9	20.1
0346+800	03 54 46.1259 9356	+80 09 28.8472 674	AB			20.6
0355−669	03 55 47.8834 3322	−66 45 33.8173 093	AQ	0.7753		18.5
0400−319	04 02 21.2659 9921	−31 47 25.9455 847	AQ	1.2880		20.0
0402−362	04 03 53.7499 0003	−36 05 01.9131 880	AQ	1.4228	17.2	17.0
0403−132	04 05 34.0033 9116	−13 08 13.6909 309	AL	0.5706	17.1	16.8

IERS Designation	Right Ascension	Declination	Type	z	V	G
	h m s	° ′ ″				
0406−127	04 09 05.7697 2871	−12 38 48.1438 174	AQ	1.5630	18.5	18.5
0415+398	04 19 22.5495 1530	+39 55 28.9775 938	V			
0420+022	04 22 52.2146 5085	+02 19 26.9307 480	AQ	2.2770	19.5	19.5
0430+289	04 33 37.8298 5981	+29 05 55.4770 576	AL	0.9700	17.8	20.4
0437−454	04 39 00.8546 6368	−45 22 22.5631 875	AQ	2.0170	20.6	19.7
0454−810	04 50 05.4402 1015	−81 01 02.2314 265	AQ	0.4440	19.2	19.2
0454−234	04 57 03.1792 2481	−23 24 52.0203 248	AQ	1.0030	18.5	16.8
0458−020	05 01 12.8098 8538	−01 59 14.2564 557	AQ	2.2860	18.5	18.7
0506−612	05 06 43.9887 4900	−61 09 40.9939 787	AQ	1.0930	16.9	17.2
0454+844	05 08 42.3635 1222	+84 32 04.5441 733	AL	1.3400	18.3	19.3
0506+101	05 09 27.4570 6676	+10 11 44.6001 432	AQ	0.6210	17.8	19.4
0507+179	05 10 02.3691 2937	+18 00 41.5815 635	AQ	0.4160	19.0	17.6
0510+559	05 14 18.6996 0090	+56 02 11.0530 616	AQ	2.1900		
0515+208	05 18 03.8245 1380	+20 54 52.4973 957	AQ	2.5790		21.0
0522−611	05 22 34.4254 7703	−61 07 57.1337 711	AQ	1.4000	18.1	18.6
0524−485	05 26 16.6713 1784	−48 30 36.7919 695	AQ	1.3000	20.0	18.2
0524+034	05 27 32.7054 4208	+03 31 31.5165 613	AL	0.9000	20.0	19.7
0530−727	05 29 30.0421 7573	−72 45 28.5075 004	AQ	1.3400		19.6
0529+483	05 33 15.8657 9115	+48 22 52.8077 787	AQ	1.1620	19.9	18.4
0534−340	05 36 28.4323 6164	−34 01 11.4684 065	AQ	0.6825	18.3	17.9
0536+145	05 39 42.3659 9322	+14 33 45.5616 887	AQ	2.6900		20.6
0537−286	05 39 54.2814 7904	−28 39 55.9481 236	AQ	3.1040	19.1	19.0
0539−057	05 41 38.0833 6552	−05 41 49.4283 917	AQ	0.8390	20.4	20.8
0544+273	05 47 34.1489 2156	+27 21 56.8425 747	I			
0548+084	05 51 11.2293 4426	+08 29 11.2218 668	AL			19.4
0552+398	05 55 30.8056 1419	+39 48 49.1649 683	AQ	2.3650	18.0	17.6
0556+238	05 59 32.0331 3313	+23 53 53.9267 334	I			
0605−085	06 07 59.6992 4014	−08 34 49.9783 246	AL	0.8720	16.7	18.7
0607−157	06 09 40.9495 4062	−15 42 40.6727 537	AQ	0.3226	18.0	18.5
0613+570	06 17 16.9225 6638	+57 01 16.4232 088	AL		17.5	17.1
0615+820	06 26 03.0062 3818	+82 02 25.5679 443	AQ	0.7100	17.5	18.1
0627−199	06 29 23.7618 6296	−19 59 19.7236 825	AL	1.7240	18.6	19.9
0641+392	06 44 53.7095 9953	+39 14 47.5339 198	AQ	1.2660	20.3	19.2
0642−349	06 44 25.2810 3832	−34 59 41.9491 795	AQ	2.1650	18.5	17.6
0646−306	06 48 14.0964 6706	−30 44 19.6597 807	AQ	0.4550	20.4	18.9
0648−165	06 50 24.5818 5949	−16 37 39.7255 562	AQ			
0657+172	07 00 01.5255 4306	+17 09 21.7013 068	AQ	1.0800		18.5
0700−465	07 01 34.5465 8767	−46 34 36.6251 872	AQ	0.8220	19.5	18.8
0700−197	07 02 42.9006 6398	−19 51 22.0355 917	AQ	0.1000		18.1
0716+714	07 21 53.4484 7569	+71 20 36.3634 294	AL	0.3000	13.7	13.5
0727−115	07 30 19.1124 7452	−11 41 12.6006 642	AQ	1.5910	20.3	19.5
0738−674	07 38 56.4962 4352	−67 35 50.8260 320	AQ	1.6630	19.8	19.7
0736+017	07 39 18.0338 9906	+01 37 04.6177 501	AQ	0.1894	16.5	17.0
0738+491	07 42 02.7489 5098	+49 00 15.6089 311	AQ	2.3180	21.8	20.4
0742−562	07 43 20.4852 3465	−56 19 32.9587 169	AQ	2.3190		19.4
0743−006	07 45 54.0823 2685	+00 44 17.5399 048	AQ	0.9940	17.1	17.0
0743+259	07 46 25.8741 8071	+25 49 02.1347 101	AQ	2.9875	19.7	19.5
0743+277	07 46 40.4323 1234	+27 34 59.0470 434	AQ	2.6250		20.0
0748+126	07 50 52.0457 3865	+12 31 04.8282 079	AQ	0.8890	17.3	17.4
0749+540	07 53 01.3845 7270	+53 52 59.6370 830	AL	0.2000	17.5	18.2
0759+183	08 02 48.0319 7175	+18 09 49.2493 330	AQ	1.5860	20.7	20.3
0800+618	08 05 18.1795 6222	+61 44 23.7005 580	AQ	3.0330		19.9

IERS Designation	Right Ascension	Declination	Type	z	V	G
	h m s	° ′ ″				
0802−010	08 05 12.8884 8306	−01 11 13.7952 408	AQ	1.3880		18.9
0804−267	08 06 12.7226 1243	−26 52 33.3085 062	AQ	1.2302		18.5
0804+499	08 08 39.6662 8970	+49 50 36.5304 041	AQ	1.4352	19.2	18.6
0805+410	08 08 56.6520 4477	+40 52 44.8888 932	AQ	1.4200	19.4	18.6
0808+019	08 11 26.7073 1711	+01 46 52.2201 568	AL	1.1480	18.0	18.0
0809−493	08 11 08.8032 2300	−49 29 43.5114 798	AQ			
0818−128	08 20 57.4476 2374	−12 58 59.1692 275	AL	0.0740	15.0	19.1
0826−373	08 28 04.7802 3133	−37 31 06.2815 112	AQ			
0829+089	08 31 55.0915 0458	+08 47 43.6518 657	AQ	0.9409	20.1	20.5
0834−201	08 36 39.2152 5204	−20 16 59.5042 773	AQ	2.7520	19.4	19.1
0834+250	08 37 40.2456 8929	+24 54 23.1214 722	AQ	1.1264	17.9	17.9
0847−120	08 50 09.6356 3375	−12 13 35.3761 390	AQ	0.5660	19.3	18.1
0855−716	08 55 11.7698 5589	−71 49 06.4572 052	AQ	1.8560		18.3
0912+297	09 15 52.4016 4472	+29 33 24.0429 125	AL	0.1010	16.2	16.0
0918−534	09 19 44.0394 6690	−53 40 06.4476 712	AQ	0.6000		18.6
0920+390	09 23 14.4529 3735	+38 49 39.9100 905	V			
0926−039	09 28 33.4693 7078	−04 09 08.8470 898	AQ	0.6000		20.0
0930−080	09 33 17.0953 9312	−08 19 10.8504 430	AQ	0.9030		20.8
0943+105	09 46 35.0699 5887	+10 17 06.1344 498	AQ	1.0045	19.7	19.0
0951+268	09 54 39.7965 2916	+26 39 24.5433 239	V			
0954+658	09 58 47.2451 1333	+65 33 54.8180 376	AL	0.3680	16.8	16.3
0955+476	09 58 19.6716 4698	+47 25 07.8424 065	AQ	1.8821	18.6	18.3
1004−217	10 06 46.4136 8347	−21 59 20.4102 018	A1	0.3300	16.9	16.6
1004−500	10 06 14.0093 1655	−50 18 13.4707 354	AQ			20.0
1012+232	10 14 47.0654 6648	+23 01 16.5707 383	A1	0.5664	17.8	17.3
1015+057	10 18 27.8482 8610	+05 30 29.9620 200	AQ	1.9453	19.3	20.0
1016−311	10 18 28.7535 0173	−31 23 53.8497 307	AQ	0.7940		17.7
1022−665	10 23 43.5331 9662	−66 46 48.7176 018	AQ		17.9	20.6
1022+194	10 24 44.8095 9654	+19 12 20.4155 021	AQ	0.8275	17.8	19.0
1027−186	10 29 33.0976 9855	−18 52 50.2889 530	AQ	1.7840	19.0	18.6
1034−374	10 36 53.4396 0110	−37 44 15.0658 359	AQ	1.8210	19.5	18.8
1036−529	10 38 40.6571 7784	−53 11 43.2702 782	AQ	1.4500		18.5
1040+244	10 43 09.0357 8135	+24 08 35.4094 642	AL	0.5634	17.3	18.6
1042+071	10 44 55.9112 4811	+06 55 38.2624 955	AQ	0.6896	19.4	20.2
1053+704	10 56 53.6175 0640	+70 11 45.9155 652	AQ	2.4920	18.5	18.8
1059+282	11 02 14.2884 6235	+27 57 08.6894 771	AQ	1.8646	19.6	18.9
1101−536	11 03 52.2216 8463	−53 57 00.6966 389	AL		17.9	18.0
1111+149	11 13 58.6950 8613	+14 42 26.9526 507	AQ	0.8674	17.6	17.4
1116−462	11 18 26.9576 6041	−46 34 15.0014 696	AQ	0.7130	17.0	17.0
1124−186	11 27 04.3924 5388	−18 57 17.4418 445	AQ	1.0500		17.8
1130+009	11 33 20.0557 9109	+00 40 52.8371 482	AQ	1.6400		19.6
1133−032	11 36 24.5769 3472	−03 30 29.4966 741	AQ	1.6480	19.5	19.6
1143−696	11 45 53.6241 8068	−69 54 01.7975 812	A1	0.2440	16.7	16.4
1143−245	11 46 08.1033 1974	−24 47 32.8964 951	AQ	1.9400	18.0	17.3
1143−332	11 46 28.4517 6683	−33 28 42.6323 932	AL	0.2940		20.2
1144+402	11 46 58.2979 1724	+39 58 34.3043 988	AQ	1.0901	18.1	18.0
1144−379	11 47 01.3707 1212	−38 12 11.0235 229	AL	1.0480	16.2	17.7
1149−084	11 52 17.2095 1637	−08 41 03.3139 769	AQ	2.3700	18.5	19.2
1150+497	11 53 24.4666 3994	+49 31 08.8301 372	AQ	0.3337	17.7	17.5
1219+044	12 22 22.5496 2606	+04 13 15.7760 715	AQ	0.9660	18.0	17.8
1221+809	12 23 40.4937 5661	+80 40 04.3404 140	AL		19.0	19.1
1222+131	12 25 03.7433 3922	+12 53 13.1392 138	A2	0.0034	10.6	

IERS Designation	Right Ascension	Declination	Type	z	V	G
	h m s	° ′ ″				
1226+373	12 28 47.4236 7714	+37 06 12.0958 131	AQ	1.5169	18.3	18.1
1227+255	12 30 14.0893 5178	+25 18 07.1361 158	AL	0.1350	14.5	15.5
1236+077	12 39 24.5883 3099	+07 30 17.1890 748	AQ	0.4000	20.1	18.0
1243−160	12 45 53.7422 7041	−16 16 45.7052 308	AQ	0.2000		20.3
1243−072	12 46 04.2321 1565	−07 30 46.5746 985	AQ	1.2860	20.1	19.8
1244−255	12 46 46.8020 3943	−25 47 49.2889 822	AQ	0.6330	17.4	17.3
1245−457	12 48 28.4951 5071	−45 59 47.1796 776	AQ	1.0200		17.1
1251−713	12 54 59.9214 8599	−71 38 18.4366 378	AQ			19.4
1300+580	13 02 52.4652 8286	+57 48 37.6093 029	AQ	1.0880	19.8	20.4
1306−395	13 09 48.4883 1525	−39 48 33.0864 996	AQ	1.8280		
1308+328	13 10 59.4027 3257	+32 33 34.4495 500	AQ	1.6348	16.8	18.8
1312−533	13 15 04.1811 3270	−53 34 35.8740 743	AB			19.7
1313−333	13 16 07.9859 4757	−33 38 59.1726 741	AQ	1.2100	20.0	18.2
1324+224	13 27 00.8613 1319	+22 10 50.1628 385	AQ	1.4000	18.9	18.9
1325+126	13 27 54.6829 9830	+12 23 09.1783 574	AQ	0.9500	19.0	20.8
1325−558	13 29 01.1449 1196	−56 08 02.6655 453	AQ			18.7
1330+022	13 32 53.2705 3616	+02 00 45.6991 690	A1	0.2156	18.5	19.1
1330+476	13 32 45.2464 2464	+47 22 22.6677 558	AQ	0.6691	17.9	18.5
1334−127	13 37 39.7827 8132	−12 57 24.6933 925	AQ	0.5390	18.5	17.9
1348+308	13 50 52.7362 2485	+30 34 53.5906 894	AQ	0.7115	18.3	19.1
1351−018	13 54 06.8953 2721	−02 06 03.1904 962	AQ	3.7070	19.9	19.6
1357+769	13 57 55.3715 4275	+76 43 21.0509 950	AQ	1.5850	19.0	
1406−076	14 08 56.4812 0623	−07 52 26.6663 312	AQ	1.4940	18.4	18.9
1406−267	14 09 50.1697 8505	−26 57 36.9804 663	AQ	2.4300		20.9
1412−368	14 15 26.0163 3738	−37 05 26.9704 854	V			
1418+546	14 19 46.5974 0979	+54 23 14.7870 963	AL	0.1526	15.6	15.7
1420−679	14 24 55.5573 9084	−68 07 58.0945 831	AQ			
1423+146	14 25 49.0180 1221	+14 24 56.9018 642	AQ	0.7800	18.0	18.9
1424−418	14 27 56.2975 6617	−42 06 19.4376 238	AQ	1.5220	17.7	17.1
1428+370	14 30 40.5836 9349	+36 49 03.8887 684	AL	0.5674	19.7	19.9
1435−218	14 38 09.4694 0207	−22 04 54.7484 420	AQ	1.1870	17.9	18.3
1443−162	14 45 53.3763 0149	−16 29 01.6191 263	AQ			19.6
1448+762	14 48 28.7790 7399	+76 01 11.5972 341	AQ	0.8990	22.3	
1448−648	14 52 39.6791 8743	−65 02 03.4332 326	G			
1451−400	14 54 32.9123 7565	−40 12 32.5143 755	AQ	1.8100	18.5	19.1
1502+106	15 04 24.9797 8391	+10 29 39.1985 309	AQ	1.8383	17.8	17.4
1504+377	15 06 09.5299 7529	+37 30 51.1325 012	A2	0.6715	21.2	
1508+572	15 10 02.9223 7321	+57 02 43.3759 220	AQ	4.3087	20.2	20.5
1510−089	15 12 50.5329 3048	−09 05 59.8297 908	AQ	0.3600	16.9	15.9
1511−476	15 14 40.0246 0253	−47 48 29.8576 501	AQ	1.5512		19.3
1511−558	15 15 12.6729 0705	−55 59 32.8381 627	R			
1514+197	15 16 56.7961 6460	+19 32 12.9919 519	AL	1.0700	18.7	18.5
1520+437	15 21 49.6138 7806	+43 36 39.2681 695	AQ	2.1746	18.9	19.0
1519−273	15 22 37.6759 9511	−27 30 10.7855 131	AL	1.2940	18.2	18.8
1520+319	15 22 09.9917 3254	+31 44 14.3819 383	AQ	1.4870	19.9	19.1
1538+149	15 40 49.4915 1924	+14 47 45.8846 989	AL	0.6050	17.7	18.3
1555+001	15 57 51.4339 7121	+00 01 50.4137 827	AQ	1.7700	19.7	19.8
1556−245	15 59 41.4090 8144	−24 42 38.8322 303	AQ	2.8130	18.7	18.5
1557+032	15 59 30.9726 1910	+03 04 48.2567 339	AQ	3.8910	19.8	20.3
1600−445	16 04 31.0207 4903	−44 41 31.9734 699	AB			19.9
1602−115	16 05 17.5316 5742	−11 39 26.8311 169	V	0.9000		19.6
1606+106	16 08 46.2031 8700	+10 29 07.7757 424	AQ	1.2260	18.0	18.4

IERS Designation	Right Ascension	Declination	Type	z	V	G
	h m s	° ′ ″				
1606−398	16 10 21.8790 9104	−39 58 58.3294 463	AQ	0.5180		19.3
1608+243	16 10 42.0267 7563	+24 14 49.0115 848	AQ	1.4490	20.3	19.7
1619−680	16 24 18.4370 0381	−68 09 12.4965 744	AQ	1.3600	17.2	16.3
1623+578	16 24 24.8075 6989	+57 41 16.2809 410	AQ	0.7890	19.5	20.0
1624−617	16 28 54.6898 0334	−61 52 36.3980 187	AQ	2.5780		19.1
1636+473	16 37 45.1305 5568	+47 17 33.8311 081	AQ	0.7400	19.0	19.4
1639−062	16 42 02.1777 1463	−06 21 23.6950 367	AL	1.5140	20.9	20.1
1642+690	16 42 07.8485 1261	+68 56 39.7563 611	AQ	0.7510	19.2	20.4
1647−296	16 50 39.5441 2547	−29 43 46.9547 609	AQ	0.8000		19.6
1657−261	17 00 53.1540 6418	−26 10 51.7253 944	AQ			18.0
1659+399	17 01 24.6348 1525	+39 54 37.0915 503	AL	0.5074	17.1	17.1
1705+018	17 07 34.4152 7083	+01 48 45.6993 042	AQ	2.5680	18.5	18.4
1706−174	17 09 34.3453 9302	−17 28 53.3650 596	AQ		17.5	20.4
1717+178	17 19 13.0484 8035	+17 45 06.4371 847	AL	0.1370	19.1	17.2
1718−259	17 21 55.9791 4608	−25 58 40.6931 367	X			
1725+044	17 28 24.9527 2284	+04 27 04.9138 307	A1	0.2960	17.1	17.9
1730−130	17 33 02.7057 8907	−13 04 49.5482 119	AQ	0.9020	18.5	18.3
1737−081	17 40 01.5661 9684	−08 11 14.7817 717	V			21.0
1741−038	17 43 58.8561 3537	−03 50 04.6167 326	AQ	1.0540	18.5	18.1
1745+624	17 46 14.0341 3499	+62 26 54.7383 195	AQ	3.8890	19.5	19.1
1746+470	17 47 26.6472 7228	+46 58 50.9262 456	AL	1.4840	21.3	
1749+096	17 51 32.8185 7326	+09 39 00.7284 066	AL	0.3220	17.3	16.9
1751+288	17 53 42.4736 4223	+28 48 04.9388 788	AQ	1.1150		19.2
1753+204	17 55 35.5209 8108	+20 23 57.1371 713	AQ	1.4200	18.0	18.0
1754+155	17 56 53.1021 3899	+15 35 20.8265 134	V	2.0600		20.3
1758+388	18 00 24.7653 6016	+38 48 30.6974 570	AQ	2.0920	17.8	17.7
1759−396	18 02 42.6800 5300	−39 40 07.9081 646	AB	0.2960		18.5
1806−458	18 09 57.8717 4351	−45 52 41.0141 114	AL	0.0697	15.7	18.3
1815−553	18 19 45.3995 1531	−55 21 20.7453 837	AQ	1.6292	16.0	
1823+689	18 23 32.8539 0331	+68 57 52.6125 366	AL	2.1430		19.8
1831−711	18 37 28.7149 6089	−71 08 43.5546 170	AQ	1.3560	17.5	17.1
1846+322	18 48 22.0885 7099	+32 19 02.6037 977	AQ	0.7980		18.2
1849+670	18 49 16.0722 8484	+67 05 41.6802 599	A1	0.6570	18.6	18.9
1908+484	19 09 46.5627 0767	+48 34 31.8201 871	AQ	0.5130	19.0	20.5
1908−201	19 11 09.6528 9294	−20 06 55.1090 664	AQ	1.1190	18.4	18.6
1909+161	19 11 58.2574 0170	+16 11 46.8652 526	I			
1921−293	19 24 51.0559 5254	−29 14 30.1210 248	AL	0.3526	18.2	17.7
1925−610	19 30 06.1600 8387	−60 56 09.1841 871	AQ	3.2540		19.9
1929+226	19 31 24.9167 7020	+22 43 31.2585 148	R			
1929−457	19 32 44.8877 4432	−45 36 37.9289 309	AQ	0.6520	19.5	19.0
1936+046	19 38 30.6695 4887	+04 48 11.6142 608	V			20.7
1936−155	19 39 26.6577 5171	−15 25 43.0584 711	AQ	1.6570	19.4	19.3
1937−101	19 39 57.2565 7102	−10 02 41.5206 043	AL	3.7870	18.1	17.0
1935−692	19 40 25.5281 5148	−69 07 56.9717 355	AQ	3.1540	18.8	18.3
1949−052	19 51 47.4684 6027	−05 09 43.9624 421	AQ	1.0830		19.5
1951+355	19 53 30.8757 1313	+35 37 59.3592 795	AL			19.6
1954−388	19 57 59.8192 7491	−38 45 06.3558 881	AQ	0.6300	17.1	17.5
2000+148	20 02 41.9992 3145	+15 01 14.5740 653	AQ			20.6
2000+472	20 02 10.4182 4494	+47 25 28.7737 471	AQ	2.2660		19.3
2002−375	20 05 55.0708 9847	−37 23 41.4779 107	V			
2008−159	20 11 15.7109 2555	−15 46 40.2537 406	AQ	1.1800	17.2	16.9
2017+745	20 17 13.0792 9657	+74 40 47.9999 016	AQ	2.1870	18.1	18.2

IERS Designation	Right Ascension	Declination	Type	z	V	G
	h m s	° ′ ″				
2022−077	20 25 40.6604 0313	−07 35 52.6889 470	AL	1.3880		18.1
2029+121	20 31 54.9942 6552	+12 19 41.3401 260	AL	1.2150	18.5	19.8
2036−034	20 39 09.9848 8939	−03 17 14.4169 978	AQ	1.5510		19.6
2037+216	20 39 34.8083 0863	+21 52 09.6829 032	AQ			18.8
2037−253	20 40 08.7729 1682	−25 07 46.6634 680	AQ	1.5740	18.5	18.9
2052−474	20 56 16.3598 0507	−47 14 47.6277 179	AQ	1.4890	19.1	17.7
2059+034	21 01 38.8341 5344	+03 41 31.3207 714	AQ	1.0130	17.8	17.5
2111+400	21 13 29.4862 5383	+40 12 51.3877 999	R			
2113+293	21 15 29.4134 5155	+29 33 38.3669 390	AQ	1.5140	19.5	18.7
2109−811	21 16 30.8456 5873	−80 53 55.2229 061	AQ			20.9
2121+547	21 23 05.3134 5329	+55 00 27.3252 330	I			
2142+110	21 45 18.7750 6615	+11 15 27.3123 630	AL	0.5480	18.2	18.0
2143−156	21 46 22.9793 2711	−15 25 43.8856 539	A1	0.6980	17.3	17.2
2142−758	21 47 12.7306 3669	−75 36 13.2249 063	AQ	1.1390	17.3	17.2
2149+056	21 51 37.8754 9026	+05 52 12.9545 152	A1	0.7400	22.1	
2155+312	21 57 28.8238 8667	+31 27 01.3517 551	AQ	1.4860	18.6	20.5
2155−304	21 58 52.0651 1983	−30 13 32.1182 492	AL	0.1160	13.4	13.7
2209+236	22 12 05.9663 1459	+23 55 40.5438 259	AQ	1.1250	18.3	19.2
2210−257	22 13 02.4979 8123	−25 29 30.0806 026	AQ	1.8330	19.0	19.0
2214+350	22 16 20.0098 9880	+35 18 14.1799 033	AL	0.5100	18.5	18.2
2215+150	22 18 10.9139 0230	+15 20 35.7174 349	AQ	2.3350	18.6	18.4
2216−038	22 18 52.0377 2044	−03 35 36.8795 441	AQ	0.9010	16.6	16.3
2220−351	22 23 05.9305 5963	−34 55 47.1778 251	A1	0.2980	17.5	16.0
2227−088	22 29 40.0843 3313	−08 32 54.4355 294	AQ	1.5605	17.4	17.6
2229+695	22 30 36.4697 3826	+69 46 28.0769 147	AL	1.4130	19.6	20.0
2232−488	22 35 13.2365 7823	−48 35 58.7945 202	AQ	0.5058	17.2	17.5
2236−572	22 39 12.0758 9936	−57 01 00.8395 331	AQ	0.5686		21.0
2244−372	22 47 03.9173 2859	−36 57 46.3041 035	AQ	2.2520	19.0	19.2
2245−328	22 48 38.6857 3790	−32 35 52.1881 477	AQ	2.2680	18.7	18.6
2250+190	22 53 07.3691 6889	+19 42 34.6286 731	AL	0.2840	16.8	16.4
2254+074	22 57 17.3031 1778	+07 43 12.3025 633	AL	0.1900	16.5	17.8
2318+049	23 20 44.8565 9166	+05 13 49.9526 016	AQ	0.6220	19.0	18.1
2319+317	23 21 54.9559 8750	+32 04 07.6225 103	AQ	1.4890	18.0	19.4
2319+444	23 22 20.3580 8015	+44 45 42.3536 071	AQ	1.3100		20.5
2325−150	23 27 47.9642 6891	−14 47 55.7511 114	AQ	2.4650	19.0	19.3
2331−240	23 33 55.2378 2715	−23 43 40.6581 980	AL	0.0477	17.0	17.0
2335−027	23 37 57.3390 7021	−02 30 57.6293 054	AQ	1.0720	19.3	18.8
2336+598	23 39 21.1251 9661	+60 10 11.8495 795	V			
2353−686	23 56 00.6814 2337	−68 20 03.4720 105	AQ	1.7160	17.0	17.1
2353+816	23 56 22.7939 1486	+81 52 52.2550 985	AQ	1.3440	20.3	20.6
2355−534	23 57 53.2660 5016	−53 11 13.6895 021	AL	1.0060	17.8	18.8
2355−106	23 58 10.8823 9662	−10 20 08.6114 174	AQ	1.6363	18.9	18.2
2356+385	23 59 33.1807 9487	+38 50 42.3182 764	AQ	2.7040	18.0	18.9

Notes to Table

A	AGN including unspecified QSO in NED	G	Radio galaxy
AB	Blazar (replaced by other AGN class when known)	I	IR source
AL	BL Lac type	R	Radio source
AQ	Quasar	V	Visual source
A1	Seyfert 1 galaxy	X	X-ray source
A2	Seyfert 2 galaxy		

Name	Right Ascension	Declination	S_{400}	S_{750}	S_{1400}	S_{1665}	S_{2700}	S_{5000}	S_{8000}
	h m s	° ′ ″	Jy	Jy	Jy	Jy	Jy	Jy	Jy
3C 48[e,h]	01 37 41.299	+33 09 35.13	42.3	26.7	16.30	14.12	9.33	5.33	3.39
3C 123	04 37 04.4	+29 40 15	119.2	77.7	48.70	42.40	28.50	16.5	10.60
3C 147[e,g,h]	05 42 36.138	+49 51 07.23	48.2	33.9	22.42	19.43	12.96	7.66	5.10
3C 161[h]	06 27 10.0	−05 53 07	40.5	28.4	18.64	16.38	11.13	6.42	4.03
3C 218	09 18 06.0	−12 05 45	134.6	76.0	43.10	36.80	23.70	13.5	8.81
3C 227	09 47 46.4	+07 25 12	20.3	12.1	7.21	6.25	4.19	2.52	1.71
3C 249.1	11 04 11.5	+76 59 01	6.1	4.0	2.48	2.14	1.40	0.77	0.47
3C 274[e,f]	12 30 49.423	+12 23 28.04	625.0	365.0	214.00	184.00	122.00	71.9	48.10
3C 286[e,h]	13 31 08.288	+30 30 32.96	23.8	19.2	14.71	13.55	10.55	7.34	5.39
3C 295[h]	14 11 20.7	+52 12 09	55.7	36.8	22.40	19.24	12.19	6.35	3.66
3C 348	16 51 08.3	+04 59 26	168.1	86.8	45.00	37.50	22.60	11.8	7.19
3C 353	17 20 29.5	−00 58 52	131.1	88.2	57.30	50.50	35.00	21.2	14.20
DR 21	20 39 01.2	+42 19 45							21.60
NGC 7027[d,h]	21 07 01.6	+42 14 10			1.43	1.93	3.69	5.43	5.90

Name	S_{10700}	S_{15000}	S_{22235}	S_{32000}	S_{43200}	Spec.	Type	Angular Size (at 1.4 GHz)
	Jy	Jy	Jy	Jy	Jy			″
3C 48[e,h]	2.54	1.80	1.18	0.80	0.57	C⁻	QSS	<1
3C 123	7.94	5.63	3.71			C⁻	GAL	20
3C 147[e,g,h]	3.95	2.92	2.05	1.47	1.12	C⁻	QSS	<1
3C 161[h]	2.97	2.04	1.29	0.82	0.56	C⁻	GAL	<3
3C 218	6.77					S	GAL	core 25, halo 220
3C 227	1.34	1.02	0.73			S	GAL	180
3C 249.1	0.34	0.23				S	QSS	15
3C 274[e,f]	37.50	28.10				S	GAL	halo 400[a]
3C 286[e,h]	4.38	3.40	2.49	1.83	1.40	C⁻	QSS	<5
3C 295[h]	2.54	1.63	0.94	0.55	0.35	C⁻	GAL	4
3C 348	5.30					S	GAL	115[b]
3C 353	10.90					C⁻	GAL	150
DR 21	20.80	20.00	19.00			Th	HII	20[c]
NGC 7027[d,h]	5.93	5.84	5.65	5.43	5.23	Th	PN	10

Notes to Table

a	Halo has steep spectral index, so for $\lambda \leq 6$ cm, more than 90% of the flux is in the core. The slope of the spectrum is positive above 20 GHz.
b	Angular distance between the two components
c	Angular size at 2 cm, but consists of 5 smaller components
d	All data are calculated from a fit to the thermal spectrum. Mean epoch is 1995.5.
e	Suitable for calibration of interferometers and synthesis telescopes.
f	Virgo A
g	Indications of time variability above 5 GHz.
h	Suitable for polarization calibrator; see following page.
GAL	Galaxy
HII	HII region
PN	Planetary Nebula
QSS	Quasar
C−	Concave parabola has been fitted to spectrum data.
S	Straight line has been fitted to spectrum data.
Th	Thermal spectrum

Name	1.40 GHz		1.66 GHz		2.65 GHz		4.85 GHz		8.35 GHz		10.45 GHz		14.60 GHz		32.00 GHz	
	m	χ	m	χ	m	χ	m	χ	m	χ	m	χ	m	χ	m	χ
	%	°	%	°	%	°	%	°	%	°	%	°	%	°	%	°
3C 48	0.6	147.6	0.7	178.7	1.6	70.5	4.2	106.6	5.4	114.4	5.9	115.9	5.9	114.0	8.0	106.1
3C 147	<0.3		<0.3		<0.3		<0.3		0.9	151.3	1.1	14.7	2.7	57.7		
3C 161	5.8	30.3	9.8	125.9	10.2	175.6	4.8	122.5	2.6	99.9	2.4	93.8			2.7	52.4
3C 286[a]	9.5	33.0	9.8	33.0	10.1	33.0	11.0	33.0	11.2	33.0	11.7	33.0	11.8	33.0	12.0	33.0
3C 295	<0.3		<0.3		<0.3		<0.3		0.9	28.7	1.7	155.2	1.9	95.4		

Notes to Table

Positions of these radio sources are found on the previous page.

m   Degree of polarization

χ   Polarization angle

a   Serves as main reference source, besides NGC 7027 which can be considered unpolarized at all frequencies.

Name	Right Ascension	Declination	Flux[1]	Mag.[2]	Identified Counterpart	Type of Source
	h m s	° ′ ″	mCrab			
Tycho's SNR	00 25 20.0	+64 08 18	9.4		Tycho's SNR	SNR
4U 0037−10	00 41 34.7	−09 21 00	3.1	12.8	Abell 85	C
4U 0053+60	00 56 42.5	+60 43 00	4.8 − 10.6	2.5	Gamma Cas	Be Star
SMC X−1	01 17 05.1	−73 26 36	0.5 − 54.7	13.3	Sanduleak 160	HMXB
2S 0114+650	01 18 02.7	+65 17 30	3.8	11.0	LSI+65 010	HMXB
4U 0115+634	01 18 31.9	+63 44 33	1.9 − 336.0	15.2	V 635 Cas	HMXB
4U 0316+41	03 19 48.0	+41 30 44	50.1	12.5*	Abell 426	C
V 0332+53	03 34 59.9	+53 10 23	0.48 − 1076.2	15.3V	BQ Cam	HMXB
4U 0352+309	03 55 23.1	+31 02 45	8.6 − 35.5	6.1	X Per	HMXB
4U 0431−12	04 33 36.1	−13 14 43	2.7	15.3*	Abell 496	C
4U 0513−40	05 14 06.6	−40 02 36	5.8	8.1	NGC 1851	LMXB
LMC X−2	05 20 28.7	−71 57 37	8.6 − 42.2	18.5*X		BHC
LMC X−4	05 32 49.6	−66 22 13	2.9 − 57.6	14.0	O7 IV Star	HMXB
Crab Nebula	05 34 31.3	+22 00 53	1000.0		Crab Nebula	SNR+P
A 0538−66	05 35 44.8	−66 50 25	0.01 − 172.8	13.8	Be star	HMXB
A 0535+262	05 38 54.6	+26 18 57	2.9 − 2687.9	9.2	HD 245770	HMXB
LMC X−3	05 38 56.7	−64 05 03	1.6 − 42.2	17.2	B3 V Star	BHC
LMC X−1	05 39 40.1	−69 44 34	2.9 − 24.0	14.5	O8 III Star	BHC
4U 0614+091	06 17 08.0	+09 08 37	48.0	18.8*	V 1055 Ori	BHC
IC 443	06 18 01.4	+22 33 48	3.6		IC 443	SNR
A 0620−00	06 22 44.5	−00 20 44	0.02 − 47998.5	18.2	V 616 Mon	BHC
4U 0726−260	07 28 53.6	−26 06 29	1.2 − 4.5	11.6	LS 437	HMXB
EXO 0748−676	07 48 33.7	−67 45 08	0.1 − 57.6	16.9	UY Vol	B
Pup A	08 24 07.1	−42 59 55	7.9		Pup A	SNR
Vela SNR	08 34 11.4	−45 45 10	9.6		Vela SNR	SNR
GRS 0834−430	08 36 51.4	−43 15 00	28.8 − 288.0	20.4X		HMXB
Vela X−1	09 02 06.9	−40 33 17	1.9 − 1056.0	6.9	GP Vel	HMXB
3A 1102+385	11 04 27.3	+38 12 31	4.4	13.0	MRK 421	Q
Cen X−3	11 21 15.2	−60 37 27	9.6 − 299.5	13.3V	V 779 Cen	HMXB
4U 1145−619	11 48 00.0	−62 12 25	3.8 − 960.0	8.9	V 801 Cen	HMXB
4U 1206+39	12 10 32.6	+39 24 21	4.5	11.9	NGC 4151	AGN
GX 301−2	12 26 37.6	−62 46 13	8.6 − 960.0	10.8V	Wray 977	HMXB
3C 273	12 29 06.7	+02 03 09	2.8	12.5	3C 273	Q
4U 1228+12	12 30 49.4	+12 23 27	22.9	8.6	M 87	AGN
4U 1246−41	12 48 49.3	−41 18 39	5.4		Centaurus Cluster	C
4U 1254−690	12 57 37.7	−69 17 15	24.0	18V	GR Mus	B
4U 1257+28	12 59 35.8	+27 57 44	15.6	10.7	Coma Cluster	C
GX 304−1	13 01 17.1	−61 36 07	0.3 − 192.0	13.4V	V 850 Cen	HMXB
Cen A	13 25 27.6	−43 01 09	8.9	6.8	NGC 5128	Q
Cen X−4	14 58 22.4	−32 01 06	0.1 − 19199.4	18.2*	V 822 Cen	B
SN 1006	15 02 22.2	−41 53 47	2.5		SN 1006	SNR
Cir X−1	15 20 40.9	−57 09 59	4.8 − 2879.9	21.4*	BR Cir	LMXB
4U 1538−522	15 42 23.4	−52 23 10	2.9 − 28.8	16.3	QV Nor	HMXB
4U 1556−605	16 01 01.5	−60 44 26	15.4	18.6V	LU TrA	LMXB
4U 1608−522	16 12 42.8	−52 25 20	1.0 − 105.6		QX Nor	LMXB
Sco X−1	16 19 55.1	−15 38 25	13439.6	11.1	V 818 Sco	LMXB
4U 1627+39	16 28 38.3	+39 33 05	4.1	12.6	Abell 2199	C
4U 1627−673	16 32 16.7	−67 27 40	24.0	18.2V	KZ TrA	LMXB
4U 1636−536	16 40 55.6	−53 45 05	211.2	16.9V	V 801 Ara	B
GX 340+0	16 45 47.9	−45 36 42	480.0			LMXB

Name	Right Ascension	Declination	Flux[1]	Mag.[2]	Identified Counterpart	Type of Source
	h m s	° ′ ″	mCrab			
GRO J1655−40	16 54 00.2	−39 50 45	3132.0	14.0V	V 1033 Sco	BHC
Her X−1	16 57 49.8	+35 20 33	14.4 − 48.0	13.8	HZ Her	LMXB
4U 1704−30	17 02 06.3	−29 56 45	3.3	13.0*V	V 2134 Oph	B
GX 339−4	17 02 49.4	−48 47 23	1.4 − 864.0	15.4	V 821 Ara	BHC
4U 1700−377	17 03 56.8	−37 50 39	10.6 − 105.6	6.5	V 884 Sco	HMXB
GX 349+2	17 05 44.5	−36 25 23	792.0	18.3V	V 1101 Sco	LMXB
4U 1722−30	17 27 33.2	−30 48 06	7.3		Terzan 2	LMXB
Kepler's SNR	17 30 35.9	−21 28 55	4.4	19	Kepler's SNR	SNR
GX 9+9	17 31 43.9	−16 57 43	288.0	17.1*	V 2216 Oph	LMXB
GX 354−0	17 31 57.3	−33 49 58	144.0			B
GX 1+4	17 32 02.2	−24 44 44	96.0	18.7V	V 2116 Oph	LMXB
Rapid Burster	17 33 23.6	−33 23 26	0.1 − 192.0		Liller 1	B
4U 1735−444	17 38 58.2	−44 27 00	153.6	17.4V	V 926 Sco	LMXB
1E 1740.7−2942	17 44 02.7	−29 43 25	3.8 − 28.8			BHC
GX 3+1	17 47 56.5	−26 33 50	384.0	14.0V	V 3893 Sgr	B
4U 1746−37	17 50 12.7	−37 03 08	30.7	8.0	NGC 6441	LMXB
4U 1755−338	17 58 40.2	−33 48 25	96.0	18.3V	V 4134 Sgr	BHC
GX 5−1	18 01 07.9	−25 04 54	1200.0			LMXB
GX 9+1	18 01 31.1	−20 31 39	672.0			LMXB
GX 13+1	18 14 30.3	−17 09 28	336.0		V 5512 Sgr	LMXB
GX 17+2	18 16 01.4	−14 02 12	1440.0	17.5V	NP Ser	LMXB
4U 1820−30	18 23 40.5	−30 21 42	403.2	9.1	NGC 6624	LMXB
4U 1822−37	18 25 46.9	−37 06 19	9.6 − 24.0	15.8*	V 691 CrA	B
Ser X−1	18 39 57.6	+05 02 11	216.0	19.2*	MM Ser	B
4U 1850−08	18 53 05.1	−08 42 23	9.6	8.7	NGC 6712	LMXB
Aql X−1	19 11 15.6	+00 35 14	0.1 − 1248.0	14.8V	V 1333 Aql	LMXB
SS 433	19 11 49.6	+04 58 58	2.5 − 9.9	13.0	V 1343 Aql	BHC
GRS 1915+105	19 15 11.7	+10 56 46	288.0		V 1487 Aql	BHC
4U 1916−053	19 18 48.0	−05 14 10	24.0	21.4*	V 1405 Aql	B
Cyg X−1	19 58 21.7	+35 12 06	225.6 − 1267.2	8.9	V 1357 Cyg	BHC
4U 1957+11	19 59 24.0	+11 42 30	28.8	18.7V	V 1408 Aql	LMXB
Cyg X−3	20 32 26.1	+40 57 20	86.4 − 412.8		V 1521 Cyg	BHC
4U 2129+12	21 29 58.3	+12 10 03	5.8	6.2	AC 211	LMXB
4U 2129+47	21 31 26.2	+47 17 25	8.6	15.6V	V1727 Cyg	B
SS Cyg	21 42 42.8	+43 35 10	3.5 − 19.9	12.1	SS Cyg	T
Cyg X−2	21 44 41.2	+38 19 17	432.0	14.4*	V 1341 Cyg	LMXB
Cas A	23 23 21.4	+58 48 45	56.4		Cassiopeia A	SNR

Notes to Table

[1]   (2-10) keV flux of X-ray source
[2]   V magnitude of optical counterpart
    * indicates B magnitude given instead of V
    V indicates variable magnitude
    X indicates magnitude is for X-ray source and not optical counterpart

AGN	active galactic nuclei	LMXB	low mass X-ray binary
B	X-ray burster	P	pulsar
BHC	black hole candidate	Q	quasar
C	cluster of galaxies	SNR	supernova remnant
HMXB	high mass X-ray binary	T	transient (nova-like optically)

LQAC−5 ID	Right Ascension	Declination	G [1]	G_{BP}	G_{RP}	z	M_B	Criteria [2]
	h m s	o ′ ″						
016−000_ 118	01 06 04.70	−00 37 51.47	20.79	21.47	20.01	6.876	− 9.9	z
033+005_ 001	02 12 02.01	+05 28 46.46	20.41	21.07	19.49	6.690	− 35.0	z,M_B
049+041_ 007	03 19 48.16	+41 30 42.11	13.97	14.21	13.14	0.018	− 26.5	G
079−000_ 001	05 16 11.41	−00 08 59.16	13.97	14.16	13.20	0.033	− 9.9	G
088+059_ 001	05 52 28.17	+59 28 36.94	14.05	14.35	13.46	0.058	− 22.1	G
097+069_ 001	06 30 02.51	+69 05 03.91	14.06	14.24	13.59	0.370	− 9.9	G
103+074_ 001	06 52 12.33	+74 25 37.12	13.38	13.78	12.63	0.019	− 9.9	G
105−038_ 001	07 03 11.54	−38 15 47.95	13.43	14.28	12.53	0.056	− 9.9	G
110+071_ 003	07 21 53.45	+71 20 36.36	13.27	13.60	12.66	0.300	− 27.1	G
114+027_ 009	07 38 20.10	+27 50 45.30	20.42	21.36	19.10	6.725	− 9.9	z
117+027_ 005	07 49 14.96	+27 09 58.58	19.92	19.69	19.66	6.260	− 35.1	M_B
120+055_ 004	08 02 48.20	+55 13 28.87	18.10	18.65	17.31	6.787	− 37.3	z,M_B
121+027_ 036	08 06 48.43	+27 03 15.21	19.49	20.04	18.66	6.983	− 9.9	z
123+048_ 010	08 13 28.73	+48 00 24.05	10.82	11.40	10.13	0.459	− 29.7	G
124+048_ 007	08 19 16.29	+48 17 45.54	19.46	19.29	17.82	5.590	− 34.8	M_B
133+018_ 014	08 54 25.57	+18 05 07.01	18.89	18.07	16.89	4.904	− 36.7	M_B
138+024_ 010	09 15 01.72	+24 18 12.11	20.34	20.41	19.22	6.515	− 34.9	M_B
143+012_ 012	09 35 44.17	+12 40 31.56	19.95	21.01	18.72	6.648	− 34.4	z,M_B
146+010_ 010	09 45 33.99	+10 09 50.10	17.65	17.91	17.17	5.142	− 34.3	M_B
148+050_ 004	09 53 03.11	+50 28 32.76	13.80	14.07	13.35	0.408	− 27.4	G
148+069_ 004	09 55 33.17	+69 03 55.06	13.30	12.93	11.47	0.000	− 9.9	G
149+028_ 004	09 57 18.71	+28 31 39.62	18.41	18.36	17.10	5.429	− 36.0	M_B
152+056_ 004	10 08 43.18	+56 20 45.00	19.56	19.51	19.47	6.919	− 36.9	z,M_B
152+001_ 037	10 11 15.64	+01 06 42.51	19.31	19.53	18.79	6.629	− 36.8	M_B
153+021_ 010	10 14 03.63	+21 14 46.91	20.39	20.44	19.26	6.539	− 34.4	M_B
156+060_ 013	10 27 38.54	+60 50 16.47	17.28	17.38	16.68	6.640	− 37.4	z,M_B
165+022_ 008	11 02 42.85	+22 27 49.65	18.73	18.42	17.33	5.392	− 34.8	M_B
166+038_ 004	11 04 27.31	+38 12 31.80	12.81	12.92	12.28	0.030	− 21.3	G
167+048_ 006	11 11 21.71	+48 20 45.98	18.48	18.48	17.41	6.225	− 36.9	M_B
173+032_ 006	11 34 24.65	+32 38 02.45	18.40	19.30	17.39	6.983	− 36.5	z,M_B
173+030_ 014	11 35 14.09	+30 10 05.60	20.32	20.13	19.22	6.688	− 34.3	z
175+005_ 003	11 40 51.59	+05 46 31.06	19.56	18.83	17.31	5.105	− 34.6	M_B
178+003_ 045	11 54 36.61	+03 00 06.36	18.68	20.56	17.49	6.785	− 9.9	z
179+055_ 007	11 57 56.13	+55 27 12.93	13.86	13.45	12.19	0.004	− 18.0	G
182+039_ 015	12 10 32.58	+39 24 21.06	13.07	12.98	12.13	0.003	− 18.7	G
185−000_ 004	12 20 12.15	−00 03 06.82	19.46	19.57	18.88	6.687	− 35.5	z,M_B
187+002_ 004	12 29 06.70	+02 03 08.60	12.85	12.97	12.55	0.158	− 26.3	G
188+020_ 017	12 33 02.59	+20 07 43.91	20.94	20.97	20.08	6.954	− 9.9	z
190+001_ 057	12 42 41.17	+01 28 11.02	20.93	20.59	19.94	6.743	− 9.9	z
194+056_ 001	12 56 14.23	+56 52 25.24	13.55	13.99	12.78	0.042	− 25.7	G
197+029_ 080	13 10 20.98	+29 26 37.62	8.15	8.70	7.49	3.090	− 37.9	M_B,G
204+024_ 005	13 37 18.72	+24 23 03.32	14.07	14.42	13.51	0.107	− 24.5	G
208+042_ 001	13 52 06.86	+42 52 36.96	20.10	20.20	19.33	6.405	− 35.2	M_B
212+034_ 001	14 08 00.44	+34 51 24.76	17.44	17.87	16.79	7.011	− 38.5	z,M_B
216+023_ 006	14 27 00.39	+23 48 00.04	14.03	14.33	13.50	0.400	− 26.9	G
217+009_ 042	14 31 12.40	+09 39 15.48	20.24	20.56	19.46	7.011	− 9.9	z
222+046_ 014	14 50 45.56	+46 15 04.26	19.35	19.93	18.40	6.908	− 35.8	z,M_B
225+018_ 010	15 02 26.60	+18 00 39.62	18.49	19.24	17.50	6.795	− 36.9	z,M_B
227−009_ 002	15 11 45.78	−09 28 53.86	14.05	14.56	13.39	1.900	− 31.3	G
228+058_ 002	15 12 25.68	+58 57 52.14	20.06	20.55	18.93	6.903	− 35.7	z,M_B

LQAC–5 ID	Right Ascension	Declination	G [1]	G_{BP}	G_{RP}	z	M_B	Criteria [2]
	h m s	° ′ ″						
229+015_024	15 17 16.35	+15 08 13.60	20.52	20.51	20.03	6.760	– 9.9	z
233+035_014	15 32 58.64	+35 15 14.42	20.01	20.08	19.36	6.719	– 9.9	z
238+036_015	15 55 06.41	+36 53 56.17	18.17	18.30	17.80	6.968	– 37.9	z,M_B
238+011_016	15 55 43.04	+11 11 24.37	14.08	14.36	13.58	0.360	– 27.2	G
239+035_001	15 56 33.78	+35 17 57.39	18.99	20.71	17.77	6.802	– 35.7	z,M_B
240+015_005	16 01 43.76	+15 02 37.77	17.37	17.65	16.85	6.699	– 38.6	z,M_B
246+035_001	16 24 19.96	+35 38 45.27	18.09	18.54	17.39	5.442	– 34.3	M_B
247+031_008	16 30 04.31	+31 19 57.66	20.31	21.27	18.85	6.999	– 36.8	z,M_B
250+039_019	16 42 49.87	+39 23 50.56	13.50	13.79	13.04	2.381	– 32.5	G
253+037_016	16 54 33.28	+37 28 20.00	20.67	20.88	19.72	6.977	– 35.4	z,M_B
256+019_005	17 04 10.86	+19 52 41.57	20.66	20.71	19.98	6.738	– 9.9	z
275+064_001	18 21 57.21	+64 20 36.22	13.89	13.97	13.44	0.297	– 9.9	G
310–000_040	20 40 00.58	–00 34 04.35	13.57	13.90	13.08	2.300	– 32.3	G
313+044_001	20 53 53.69	+44 23 11.07	7.01	7.46	6.44	0.000	– 9.9	G
328–009_004	21 55 01.51	–09 22 24.35	14.06	14.11	13.84	0.190	– 25.9	G
329–030_024	21 58 52.07	–30 13 32.12	13.91	14.12	13.44	0.116	– 24.8	G
329+012_013	21 59 50.31	+12 47 18.43	19.14	20.39	18.10	6.807	– 35.7	z,M_B
330+042_001	22 02 43.29	+42 16 39.98	13.84	14.45	12.97	0.069	– 22.7	G
339+013_006	22 36 48.14	+13 55 37.15	20.24	20.23	20.24	6.062	– 35.3	M_B
340+000_011	22 41 34.52	+00 28 29.52	12.45	12.90	11.86	2.100	– 32.9	G
349+000_068	23 18 56.65	+00 14 37.98	13.85	13.94	13.21	0.029	– 9.9	G
350+000_090	23 21 19.12	+00 42 21.62	20.51	20.66	19.69	7.011	– 9.9	z
355–003_003	23 42 56.94	–03 23 31.89	12.06	12.44	11.53	0.896	– 27.4	G

Notes to Table

[1]   Magnitudes in the Gaia DR2 photometric system.

[2]   Criteria for inclusion in the table (see Section L for codes)

Name	Right Ascension	Declination	Period	$\dot{P}$	Epoch	DM	S_{400}	S_{1400}	Type
	h m s	° ′ ″	s	10^{-13} ss^{-1}	MJD	cm^{-3}pc	mJy	mJy	
B0021−72C	00 23 50.4	−72 04 31.5	0.005 756 780	0.00000	51600	24.6	1.53	0.6	
J0024−7204R	00 24 05.7	−72 04 52.6	0.003 480 463		51000	24.4			b
J0030+0451	00 30 27.4	+04 51 39.7	0.004 865 453	0.00000	50984	4.3	7.9	0.6	gx
B0031−07	00 34 08.9	−07 21 53.4	0.942 950 995	0.00408	46635	11.4	52	11	
J0034−0534	00 34 21.8	−05 34 36.6	0.001 877 182	0.00000	50690	13.8	17	0.61	b
J0045−7319	00 45 35.2	−73 19 03.0	0.926 275 905	0.04463	49144	105.4	1	0.3	b
J0218+4232	02 18 06.4	+42 32 17.4	0.002 323 090	0.00000	50864	61.3	35	0.9	bxg
B0329+54	03 32 59.4	+54 34 43.6	0.714 519 700	0.02048	46473	26.8	1500	203	
J0437−4715	04 37 15.9	−47 15 09.0	0.005 757 452	0.00000	52005	2.6	550	149	bxg
B0450−18	04 52 34.1	−17 59 23.4	0.548 939 223	0.05753	49289	39.9	82	5.3	
B0456−69	04 55 47.6	−69 51 34.3	0.320 422 712	0.10212	48757	94.9	0.6		ox
B0525+21	05 28 52.3	+22 00 04.0	3.745 539 250	0.40053	54200	50.9	57	9	oxg
B0531+21	05 34 32.0	+22 00 52.1	0.033 084 716	4.22765	40000	56.8	550	14	
J0537−6910	05 37 47.4	−69 10 19.9	0.016 122 222	0.51784	52061			0.00	x
B0540−69	05 40 11.2	−69 19 54.2	0.050 498 818	4.78925	51197	146.5	0.0	0.024	
J0613−0200	06 13 44.0	−02 00 47.2	0.003 061 844	0.00000	53114	38.8	21	2.3	gb
B0628−28	06 30 49.4	−28 34 42.8	1.244 418 596	0.07123	46603	34.5	206	23	x
J0633+1746	06 33 54.2	+17 46 12.9	0.237 099 442	0.10971	50498				g
B0656+14	06 59 48.1	+14 14 21.5	0.384 891 195	0.55003	49721	14.0	6.5	3.7	oxg
B0655+64	07 00 37.8	+64 18 11.2	0.195 670 945	0.00001	48806	8.8	5	0.3	b
J0737−3039A	07 37 51.2	−30 39 40.7	0.022 699 379	0.00002	53156	48.9		1.6	bx
J0737−3039B	07 37 51.2	−30 39 40.7	2.773 460 770	0.00892	53156	48.9		1.3	b
B0736−40	07 38 32.3	−40 42 40.9	0.374 919 985	0.01616	51700	160.8	190	80	
B0740−28	07 42 49.1	−28 22 43.8	0.166 762 292	0.16821	49326	73.8	296	15.0	
J0751+1807	07 51 09.2	+18 07 38.6	0.003 478 771	0.00000	51800	30.2	10	3.2	bg
J0806−4123	08 06 23.4	−41 22 30.9	11.370 385 930	0.56000	54771				o
B0818−13	08 20 26.4	−13 50 55.9	1.238 129 544	0.02105	48904	40.9	102	7	
B0820+02	08 23 09.8	+01 59 12.4	0.864 872 805	0.00105	49281	23.7	30	1.5	b
B0826−34	08 28 16.6	−34 17 07.0	1.848 918 804	0.00996	48132	52.2	16	0.25	
B0833−45	08 35 20.6	−45 10 34.9	0.089 328 385	1.25008	51559	68.0	5000	1100	oxg
B0834+06	08 37 05.6	+06 10 14.6	1.273 768 292	0.06799	48721	12.9	89	4	
B0835−41	08 37 21.2	−41 35 14.4	0.751 623 618	0.03539	51700	147.3	197	16.0	
B0950+08	09 53 09.3	+07 55 35.8	0.253 065 165	0.00230	46375	3.0	400	84	x
B0959−54	10 01 38.0	−55 07 06.7	1.436 582 629	0.51396	46800	130.3	80	6.3	
J1012+5307	10 12 33.4	+53 07 02.6	0.005 255 749	0.00000	50700	9.0	30	3	b
J1022+1001	10 22 58.0	+10 01 52.8	0.016 452 930	0.00000	53589	10.3	20	6.1	b
J1024−0719	10 24 38.7	−07 19 19.2	0.005 162 205	0.00000	53000	6.5	4.6	1.5	x
J1028−5819	10 28 28.0	−58 19 05.2	0.091 403 231	0.16100	54562	96.5		0.36	g
J1045−4509	10 45 50.2	−45 09 54.1	0.007 474 224	0.00000	53050	58.2	15	2.7	b
B1055−52	10 57 59.0	−52 26 56.3	0.197 107 608	0.05834	43556	30.1	80		xg
B1133+16	11 36 03.2	+15 51 04.5	1.187 913 066	0.03734	46407	4.8	257	32	
J1141−6545	11 41 07.0	−65 45 19.1	0.393 898 815	0.04307	54637	116.1		3.3	b
J1157−5112	11 57 08.2	−51 12 56.1	0.043 589 227	0.00000	51400	39.7			b
B1154−62	11 57 15.2	−62 24 50.9	0.400 522 048	0.03931	46800	325.2	145	5.9	
B1237+25	12 39 40.5	+24 53 49.3	1.382 449 103	0.00960	46531	9.2	110	10	

Name	Right Ascension	Declination	Period	$\dot{P}$	Epoch	DM	S_{400}	S_{1400}	Type
	h m s	° ′ ″	s	10^{-13} ss^{-1}	MJD	cm^{-3}pc	mJy	mJy	
B1240−64	12 43 17.2	−64 23 23.9	0.388 480 921	0.04501	46800	297.3	110	13.0	
B1257+12	13 00 03.6	+12 40 56.5	0.006 218 532	0.00000	49750	10.2	20	2	b
B1259−63	13 02 47.6	−63 50 08.7	0.047 762 508	0.02279	50357	146.7		1.70	b
B1323−58	13 26 58.3	−58 59 29.1	0.477 990 867	0.03238	47782	287.3	120	9.9	
B1323−62	13 27 17.4	−62 22 44.6	0.529 913 192	0.18879	47782	318.8	135	16.0	
B1356−60	13 59 58.2	−60 38 08.0	0.127 500 777	0.06339	43556	293.7	105	7.6	
B1426−66	14 30 40.9	−66 23 05.0	0.785 440 757	0.02770	46800	65.3	130	8.0	
B1449−64	14 53 32.7	−64 13 15.6	0.179 484 754	0.02746	46800	71.1	230	14.0	
J1453+1902	14 53 45.7	+19 02 12.2	0.005 792 303	0.00000	53337	14.0	2.2		
J1455−3330	14 55 48.0	−33 30 46.4	0.007 987 205	0.00000	50598	13.6	9	1.2	b
B1451−68	14 56 00.2	−68 43 39.3	0.263 376 815	0.00098	46800	8.6	350	80	
B1508+55	15 09 25.6	+55 31 32.4	0.739 681 923	0.04998	49904	19.6	114	8	
B1509−58	15 13 55.6	−59 08 09.0	0.151 251 258	15.31468	52835	252.5	1.5	0.94	xg
J1518+4904	15 18 16.8	+49 04 34.3	0.040 934 989	0.00000	52000	11.6	8	4	b
B1534+12	15 37 10.0	+11 55 55.6	0.037 904 441	0.00002	50300	11.6	36	0.6	b
B1556−44	15 59 41.5	−44 38 45.9	0.257 056 098	0.01019	46800	56.1	110	40	
B1620−26	16 23 38.2	−26 31 53.8	0.011 075 751	0.00001	48725	62.9	15	1.6	b
J1643−1224	16 43 38.2	−12 24 58.7	0.004 621 642	0.00000	49524	62.4	75	4.8	b
B1641−45	16 44 49.3	−45 59 09.5	0.455 059 775	0.20090	46800	478.8	375	310	
B1642−03	16 45 02.0	−03 17 58.3	0.387 689 698	0.01780	46515	35.7	393	21	
B1648−42	16 51 48.8	−42 46 11.0	0.844 080 666	0.04812	46800	482.0	100	16.0	
B1706−44	17 09 42.7	−44 29 08.2	0.102 459 246	0.92985	50042	75.7	25	7.3	xg
J1713+0747	17 13 49.5	+07 47 37.5	0.004 570 137	0.00000	52000	16.0	36	10.2	b
J1719−1438	17 19 10.1	−14 38 00.9	0.005 790 152	0.00000	55236	36.9		0.42	b
J1730−2304	17 30 21.7	−23 04 31.3	0.008 122 798	0.00000	53300	9.6	43	3.9	
B1727−47	17 31 42.1	−47 44 34.6	0.829 828 785	1.63626	50939	123.3	190	12	
B1737−30	17 40 33.8	−30 15 43.5	0.606 886 624	4.66124	54780	152.2	24.6	6.4	
J1744−1134	17 44 29.4	−11 34 54.7	0.004 074 546	0.00000	53742	3.1	18	3.1	g
B1744−24A	17 48 02.3	−24 46 36.9	0.011 563 148	0.00000	48270	242.2		0.61	b
J1748−2446ad	17 48 04.8	−24 46 45.0	0.001 395 955	0.00000	53500	235.6			b
B1749−28	17 52 58.7	−28 06 37.3	0.562 557 636	0.08129	46483	50.4	1100	18.0	
B1800−27	18 03 31.7	−27 12 06.0	0.334 415 427	0.00017	50261	165.5	3.4	1.00	b
J1804−2717	18 04 21.1	−27 17 31.2	0.009 343 031	0.00000	51041	24.7	15	0.4	b
B1802−07	18 04 49.9	−07 35 24.7	0.023 100 855	0.00000	50337	186.3	3.1	1.0	b
J1808−2024	18 08 39.3	−20 24 39.9	7.555 920 000	5490.0	53254				
J1819−1458	18 19 34.2	−14 58 03.6	4.263 164 033	5.75171	54451	196.0			
B1818−04	18 20 52.6	−04 27 38.1	0.598 075 930	0.06331	46634	84.4	157	6.1	
B1820−11	18 23 40.3	−11 15 11.0	0.279 828 697	0.01379	49465	428.6	11	3.2	b
B1820−30A	18 23 40.5	−30 21 40.1	0.005 440 004	0.00003	55049	86.9	16	0.72	
B1830−08	18 33 40.3	−08 27 31.3	0.085 284 251	0.09171	50483	411.0		3.6	
B1831−03	18 33 41.9	−03 39 04.3	0.686 704 444	0.41565	49698	234.5	89	2.8	
B1831−00	18 34 17.3	−00 10 53.3	0.520 954 311	0.00011	49123	88.7	5.1	0.29	b
J1841−0456	18 41 19.3	−04 56 11.2	11.788 978 400	409.2	55585				
J1846−0258	18 46 24.9	−02 58 30.1	0.326 571 288	71.07450	54834				
B1855+09	18 57 36.4	+09 43 17.3	0.005 362 000	0.00000	50481	13.3	31	5.0	b

Name	Right Ascension	Declination	Period	$\dot{P}$	Epoch	DM	S_{400}	S_{1400}	Type
	h m s	° ′ ″	s	10^{-13} ss^{-1}	MJD	cm^{-3}pc	mJy	mJy	
B1857−26	19 00 47.6	−26 00 43.8	0.612 209 204	0.00205	48891	38.0	131	13	
B1859+03	19 01 31.8	+03 31 05.9	0.655 450 239	0.07459	50027	402.1	165	4.2	
J1903+0327	19 03 05.8	+03 27 19.2	0.002 149 912	0.00000	55000	297.5		1.3	b
J1906+0746	19 06 48.7	+07 46 28.6	0.144 071 930	0.20280	53590	217.8	0.9	0.55	b
J1909−3744	19 09 47.4	−37 44 14.4	0.002 947 108	0.00000	53631	10.4		2.1	b
J1911−1114	19 11 49.3	−11 14 22.3	0.003 625 746	0.00000	50458	31.0	31	0.5	b
B1911−04	19 13 54.2	−04 40 47.7	0.825 935 803	0.04068	46634	89.4	118	4.4	
B1913+16	19 15 28.0	+16 06 27.4	0.059 030 003	0.00009	52984	168.8	4	0.9	b
B1919+21	19 21 44.8	+21 53 02.3	1.337 302 160	0.01348	48999	12.4	57	6	
B1929+10	19 32 13.9	+10 59 32.4	0.226 517 635	0.01157	46523	3.2	303	36	x
B1931+24	19 33 37.8	+24 36 39.6	0.813 690 303	0.08110	50629	106.0	7.5		
B1933+16	19 35 47.8	+16 16 40.0	0.358 738 411	0.06003	46434	158.5	242	42	
B1937+21	19 39 38.6	+21 34 59.1	0.001 557 806	0.00000	47900	71.0	240	13.2	x
B1946+35	19 48 25.0	+35 40 11.1	0.717 311 174	0.07061	49449	129.1	145	8.3	
B1951+32	19 52 58.2	+32 52 40.5	0.039 531 193	0.05845	49845	45.0	7	1.0	xg
B1953+29	19 55 27.9	+29 08 43.5	0.006 133 167	0.00000	54500	104.5	15	1.1	b
B1957+20	19 59 36.8	+20 48 15.1	0.001 607 402	0.00000	48196	29.1	20	0.4	bx
B2016+28	20 18 03.8	+28 39 54.2	0.557 953 480	0.00148	46384	14.2	314	30	
J2019+2425	20 19 31.9	+24 25 15.3	0.003 934 524	0.00000	50000	17.2			b
J2021+3651	20 21 05.5	+36 51 04.8	0.103 740 952	0.95721	54710	367.5		0.1	g
J2043+2740	20 43 43.5	+27 40 56.0	0.096 130 563	0.01270	49773	21.0	15		g
B2045−16	20 48 35.6	−16 16 44.6	1.961 572 304	0.10958	46423	11.5	116	13	
J2051−0827	20 51 07.5	−08 27 37.8	0.004 508 642	0.00000	51000	20.7	22	2.8	b
B2111+46	21 13 24.3	+46 44 08.7	1.014 684 793	0.00715	46614	141.3	230	19	
J2124−3358	21 24 43.9	−33 58 44.7	0.004 931 115	0.00000	53174	4.6	17	3.6	gx
B2127+11B	21 29 58.6	+12 10 00.3	0.056 133 036	0.00010	50000	67.7	1.0		
J2144−3933	21 44 12.1	−39 33 56.9	8.509 827 491	0.00496	49016	3.4	16	0.8	
J2145−0750	21 45 50.5	−07 50 18.4	0.016 052 424	0.00000	53040	9.0	100	8.9	b
B2154+40	21 57 01.8	+40 17 46.0	1.525 265 634	0.03433	49277	70.9	105	17	
B2217+47	22 19 48.1	+47 54 53.9	0.538 468 822	0.02765	46599	43.5	111	3	
J2229+2643	22 29 50.9	+26 43 57.8	0.002 977 819	0.00000	49718	23.0	13	0.9	b
J2235+1506	22 35 43.7	+15 06 49.1	0.059 767 358	0.00000	49250	18.1	3		
B2303+46	23 05 55.8	+47 07 45.3	1.066 371 072	0.00569	46107	62.1	1.9		b
B2310+42	23 13 08.6	+42 53 13.0	0.349 433 682	0.00112	48241	17.3	89	15	
J2317+1439	23 17 09.2	+14 39 31.2	0.003 445 251	0.00000	49300	21.9	19	4	b
J2322+2057	23 22 22.4	+20 57 02.9	0.004 808 428	0.00000	48900	13.4			

Notes to Table

b   Pulsar is a member of a binary system.
g   Pulsar has been observed in the gamma ray.
o   Pulsar has been observed in the optical.
x   Pulsar has been observed in the X-ray.

Name	Alternate Name	RA	Dec.	Flux[1]	E_{low}[2]	E_{high}	Type
		h m s	° ′ ″	photons cm^{-2}s^{-1}	MeV	MeV	
PSR J0007+7303	4FGL J0007.0+7303	00 07 02	+73 03 08	6.7E−8 ±4.8E−10	1000	100000	P
3C66A	4FGL J0222.6+4302	02 22 38	+43 02 09	1.6E−8 2.3E−10	1000	100000	Q
AO 0235+164	4FGL J0238.6+1637	02 38 42	+16 37 27	1.2E−8 2.0E−10	1000	100000	Q
LSI +61 303	4FGL J0240.5+6113	02 40 31	+61 13 30	4.7E−8 4.3E−10	1000	100000	B
LSI +61 303		02 40 31	+61 13 30	2.2E−11 7.0E−12	>200000		B
NGC 1275	4FGL J0319.8+4130	03 19 52	+41 30 45	3.0E−8 ±3.1E−10	1000	100000	Q
EXO 0331+530		03 34 58	+53 10 06	2.9E−3 4.8E−5	0.04	0.1	B
X Per	4U 0352+30	03 55 23	+31 02 45	2.9E−3 8.7E−5	0.04	0.1	B
GRO J0422+32	Nova Per 1992	04 21 43	+32 54 35	9.0E−4 3.1E−4	0.75	2	P
PKS 0426−380	4FGL J0428.6−3756	04 28 41	−37 56 00	2.4E−8 2.8E−10	1000	100000	Q
MG2 J043337+2905	4FGL J0433.6+2905	04 33 37	+29 05 55	3.3E−9 ±1.4E−10	1000	100000	Q
PKS 0454−234	4FGL J0457.0−2324	04 57 04	−23 25 38	2.1E−8 2.5E−10	1000	100000	Q
TXS 0506+056	4FGL J0509.4+0542	05 09 25	+05 41 35	6.0E−9 1.6E−10	1000	100000	Q
LMC-30DorWest	4FGL J0530.0−6900e	05 30 00	−69 00 00	4.0E−9 1.8E−10	1000	100000	G
Crab		05 34 32	+22 00 52	9.7E−2 2.9E−5	0.04	0.1	P,N
Crab	4FGL J0534.5+2200	05 34 32	+22 00 52	1.6E−7 ±1.0E−9	1000	100000	P,N
Crab		05 34 32	+22 00 52	2.0E−10 5.0E−12	>200000		P,N
SN 1987A		05 35 28	−69 16 11	6.5E−3 1.4E−3	0.85	line[3]	R
PKS 0537−441	4FGL J0538.8−4405	05 38 52	−44 04 51	2.1E−8 2.5E−10	1000	100000	Q
PSR J0540−6919	4FGL J0540.3−6920	05 40 11	−69 19 54	2.4E−9 1.4E−10	1000	100000	P
PSR J0614−3329	4FGL J0614.1−3329	06 14 10	−33 29 01	1.8E−8 ±2.6E−10	1000	100000	P
IC 443	4FGL J0617.2+2234e	06 17 14	+22 34 48	5.6E−8 9.3E−10	1000	100000	R
PSR J0633+0632	4FGL J0633.7+0632	06 33 33	+06 34 41	1.5E−8 3.2E−10	1000	100000	P
Geminga	4FGL J0633.9+1746	06 33 54	+17 46 13	7.1E−7 2.4E−9	1000	100000	P
S5 0716+71	4FGL J0721.9+7120	07 21 54	+71 20 58	2.3E−8 2.3E−10	1000	100000	Q
PKS 0727−11	4FGL J0730.3−1141	07 30 17	−11 41 44	1.4E−8 ±2.3E−10	1000	100000	Q
PKS 0805−07	4FGL J0808.2−0751	08 08 14	−07 50 59	7.5E−9 1.7E−10	1000	100000	Q
Vela−X	4FGL J0833.1−4511e	08 33 09	−45 11 24	1.3E−8 9.0E−10	1000	100000	N
Vela−X	HESS J0835−455	08 35 00	−45 36 00	1.3E−11 0.4E−11	>1000000		N
Vela Pulsar	4FGL J0835.3−4510	08 35 20	−45 10 35	1.4E−6 4.3E−9	1000	100000	P
RX J0852.0−4622	HESS J0852−463	08 52 00	−46 22 00	1.9E−11±0.6E−11	>1000000		N
Vela X−1	4U 0900−40	09 02 06	−40 33 16	5.3E−3 1.9E−5	0.04	0.1	B
1FGL J1018.6−5856	4FGL J1018.9−5856	10 18 55	−58 56 46	2.5E−8 4.7E−10	1000	100000	B
PSR J1023−5746	4FGL J1023.0−5745	10 23 03	−57 46 05	1.8E−8 7.5E−10	1000	100000	P
PSR J1028−5819	4FGL J1028.5−5819	10 28 30	−58 19 55	3.4E−8 4.7E−10	1000	100000	P
PSR J1044−5737	4FGL J1044.4−5737	10 44 33	−57 37 19	1.4E−8 ±2.8E−10	1000	100000	P
Eta Carinae	4FGL J1045.1−5940	10 45 00	−59 41 31	2.1E−8 3.9E−10	1000	100000	B
PSR J1048−5832	4FGL J1048.2−5832	10 48 17	−58 31 48	2.5E−8 3.9E−10	1000	100000	P
PSR J1057−5226	4FGL J1057.9−5227	10 57 59	−52 26 54	4.9E−8 4.6E−10	1000	100000	P
MRK 421	4FGL J1104.4+3812	11 04 30	+38 12 39	3.8E−8 3.6E−10	1000	100000	Q
MRK 421		11 04 30	+38 12 39	1.5E−10±3.0E−12	>250000		Q
NGC 4151	H 1208+396	12 10 33	+39 24 35	2.3E−6 3.5E−8	0.07	0.3	Q
4C +21.35	4FGL J1224.9+2122	12 24 54	+21 22 48	2.0E−8 2.4E−10	1000	100000	Q
4C +21.35		12 24 54	+21 22 48	4.6E−10 5.0E−11	>100000		Q
NGC 4388		12 25 47	+12 39 00	6.4E−4 5.8E−5	0.05	0.15	Q

Name	Alternate Name	RA	Dec.	Flux[1]		E_{low}[2]	E_{high}	Type
		h m s	° ′ ″	photons cm^{-2}s^{-1}		MeV	MeV	
3C 273	4FGL J1229.0+0202	12 29 06	+02 03 09	6.3 E−9	±1.4E−10	1000	100000	Q
PSR J1231−1411	4FGL J1231.1−1412	12 31 16	−14 11 13	1.8 E−8	2.7E−10	1000	100000	P
3C 279	4FGL J1256.1−0547	12 56 13	−05 47 28	2.5 E−8	2.8E−10	1000	100000	Q
HESS J1303−631		13 03 00	−63 11 55	1.2 E−11	0.2E−11	>380000		N
Cen A		13 25 39	−43 00 40	3.9 E−3	2.9E−5	0.04	0.1	Q
PSR J1413−6205	4FGL J1413.5−6205	14 13 26	−62 04 30	2.7 E−8	±4.9E−10	1000	100000	P
NGC 5548	H 1415+253	14 18 00	+25 07 47	3.8 E−4	7.4E−5	0.05	0.15	Q
PSR J1418−6058	4FGL J1418.7−6057	14 18 42	−60 58 11	4.2 E−8	1.4E−9	1000	100000	P
PSR J1420−6048	4FGL J1420.0−6048	14 20 07	−60 47 49	1.7 E−8	1.8E−9	1000	100000	P
PKS 1424−41	4FGL J1427.9−4206	14 27 56	−42 06 19	3.8 E−8	3.6E−10	1000	100000	Q
H 1426+428	RGB J1428+426	14 28 33	+42 40 25	2.0 E−11	±3.5E−12	>280000		Q
PKS 1502+106	4FGL J1504.4+1029	15 04 25	+10 29 34	1.9 E−8	2.4E−10	1000	100000	Q
PKS 1510−08	4FGL J1512.8−0906	15 12 50	−09 06 09	3.8 E−8	3.6E−10	1000	100000	Q
PSR B1509−58		15 13 55	−59 08 24	9.4 E−4	4.8E−5	0.05	5	P
MSH 15−52	HESS J1514−591	15 14 07	−59 09 27	2.3 E−11	0.6E−11	>280000		N
B2 1520+31	4FGL J1522.1+3144	15 22 10	+31 44 37	1.3 E−8	±1.8E−10	1000	100000	Q
XTE J1550−564	V381 Nor	15 50 58	−56 28 36	3.2 E−3	1.9E−5	0.04	0.1	B
PG 1553+113	4FGL J1555.7+1111	15 55 43	+11 11 24	1.4 E−8	2.2E−10	1000	100000	Q
HESS J1614−518		16 14 19	−51 49 12	5.8 E−11	7.7E−12	>200000		U
HESS J1616−508		16 16 24	−50 54 00	4.3 E−11	2.0E−12	>200000		N
PSR J1620−4927	4FGL J1620.7−4927	16 20 52	−49 28 30	2.2 E−8	±6.3E−10	1000	100000	P
4U 1630−47		16 34 00	−47 23 39	2.0 E−3	9.7E−6	0.04	0.1	T
HESS J1632−478	4FGL J1633.0−4746e	16 36 21	−47 40 58	3.2 E−8	9.4E−10	1000	100000	N
MRK 501		16 53 52	+39 45 37	2.8 E−11	5.0E−12	>300000		Q
OAO 1657−415	H 1657−415	17 00 47	−41 40 23	3.7 E−3	9.7E−6	0.04	0.1	B
GX 339−4	1H 1659−487	17 02 50	−48 47 23	4.2 E−3	±1.9E−5	0.04	0.1	B
4U 1700−377	V884 Sco	17 03 56	−37 50 38	1.2 E−2	9.7E−6	0.04	0.1	B
HESS J1708−443		17 08 11	−44 20 00	3.8 E−12	8.0E−13	>1000000		U
PSR J1709−4429	4FGL J1709.7−4429	17 09 43	−44 29 08	2.0 E−7	1.1E−9	1000	100000	P
RX J1713.7−3946	G 347.3−0.5	17 13 33	−39 45 44	5.3 E−12	9 E−13	>1800000		R
GX 1+4	4U 1728−24	17 32 02	−24 44 44	4.0 E−3	±9.7E−6	0.04	0.1	B
PSR J1732−3131	4FGL J1732.5−3131	17 32 34	−31 31 21	3.4 E−8	5.9E−10	1000	100000	P
PSR J1741−2054	4FGL J1741.9−2054	17 41 58	−20 54 50	1.7 E−8	3.0E−10	1000	100000	P
1E 1740.7−2942		17 44 02	−29 43 26	3.5 E−3	9.7E−6	0.04	0.1	T
IGR J17464−3213	H 1743−32	17 45 02	−32 13 36	6.9 E−3	3.4E−5	0.04	0.1	B
4FGL J1745.6−2859	3EG J1746−2851	17 45 39	−28 59 49	5.1 E−8	±1.3E−9	1000	100000	U
Galactic Center	HESS J1745−290	17 45 40	−29 00 22	2.0 E−12	1.0E−13	>1000000		U
PSR J1747−2958	4FGL J1747.2−2957	17 47 16	−29 58 01	2.0 E−8	5.5E−10	1000	100000	P
GRO J1753+57		17 51 40	+57 10 47	5.8 E−4	1.0E−4	0.75	8	U
Swift J1753.5−0127		17 53 29	−01 27 24	6.6 E−3	1.9E−5	0.04	0.1	B
GRS 1758−258	INTEGRAL1 79	18 01 12	−25 44 36	7.2 E−3	±9.7E−6	0.04	0.1	B
W28	4FGL J1801.3−2326e	18 01 22	−23 26 24	3.1 E−8	1.5E−9	1000	100000	N
PMN J1802−3940	4FGL J1802.6−3940	18 02 39	−39 40 45	5.7 E−9	1.5E−10	1000	100000	Q
PSR J1803-2149	4FGL J1803.1−2148	18 03 12	−21 47 30	1.2 E−8	5.3E−10	1000	100000	P
HESS J1804−216		18 04 31	−21 42 00	5.32E−11	2.0E−12	>200000		U

Name	Alternate Name	RA	Dec.	Flux[1]		E_{low}[2]	E_{high}	Type
		h m s	° ′ ″	photons cm^{-2}s^{-1}		MeV	MeV	
W30	4FGL J1805.6–2136e	18 05 38	−21 36 42	6.2E−9	±1.4 E−9	1000	100000	N
PSR J1809–2332	4FGL J1809.8–2332	18 09 50	−23 33 35	6.4E−8	7.0 E−10	1000	100000	P
PSR J1813–1246	4FGL J1813.4–1246	18 13 24	−12 45 59	2.8E−8	4.3 E−10	1000	100000	P
M 1812–12	4U 1812–12	18 15 12	−12 05 00	2.5E−3	1.9 E−5	0.04	0.1	B
HESS J1825–137	4FGL J1824.5–1351e	18 26 05	−13 45 36	3.9E−11	2.2 E−12	>200000		N
PSR J1826–1256	4FGL J1826.1–1256	18 26 08	−12 56 33	5.8E−8	±8.5 E−10	1000	100000	P
LS 5039	4FGL J1826.2–1450	18 26 21	−14 50 13	2.0E−8	4.8 E−10	1000	100000	B
GS 1826–24		18 29 28	−24 48	6.4E−3	9.7 E−6	0.04	0.1	B
PSR J1836+5925	4FGL J1836.2+5925	18 36 14	+59 25 30	1.0E−7	6.1 E−10	1000	100000	P
HESS J1837–069	4FGL J1836.5–0651e	18 36 34	−06 51 58	2.0E−8	7.7 E−10	1000	100000	N
W44	4FGL J1855.9+0121e	18 55 58	+01 21 18	7.2E−8	±1.0 E−9	1000	100000	R
MGRO J1908+06	HESS J1908+063	19 07 54	+06 16 07	3.8E−12	8.0 E−13	>1000000		U
PSR J1907+0602	4FGL J1907.9+0602	19 07 55	+06 02 17	4.2E−8	6.0 E−10	1000	100000	P
W 49B	4FGL J1911.0+0905	19 11 03	+09 05 33	1.9E−8	5.7 E−10	1000	100000	N
GRS 1915+105	Nova Aql 1992	19 15 11	+10 56 45	1.2E−2	9.7 E−6	0.04	0.1	B
W51C	4FGL J1923.2+1408e	19 23 16	+14 08 42	3.7E−8	±6.5 E−10	1000	100000	N
2HWC J1928+177		19 28 36	+17 46 48	9.3E−12	4.5 E−12	>1000000		U
NGC 6814	QSO 1939–104	19 42 40	−10 19 12	3.2E−4	8.3 E−5	0.05	0.15	Q
PSR J1952+3252	4FGL J1952.9+3252	19 52 58	+32 52 41	2.0E−8	3.2 E−10	1000	100000	P
Cyg X–1	4U 1956+35	19 58 21	+35 12 00	6.6E−4	7.4 E−5	0.75	2	B
1ES 1959+650	QSO B1959+650	20 00 00	+65 08 55	4.7E−11	±1.6 E−11	>180000		Q
MAGIC J2001+435	4FGL J2001.2+4353	20 01 13	+43 52 53	6.8E−10	7.0 E−11	>100000		Q
VER J2019+407		20 20 05	+40 45 26	5.2E−12	2.0 E−12	>320000		U
PSR J2021+3651	4FGL J2021.1+3651	20 21 05	+36 51 48	7.3E−8	7.2 E−10	1000	100000	P
PSR J2021+4026	4FGL J2021.5+4026	20 21 52	+40 26 26	1.1E−7	1.2 E−9	1000	100000	P
Cygnus–X	4FGL J2028.6+4110e	20 28 41	+41 10 12	1.2E−7	±1.9 E−9	1000	100000	S
EXO 2030+375		20 32 13	+37 37 48	3.3E−3	1.9 E−5	0.04	0.1	B
PSR J2032+4127	4FGL J2032.2+4127	20 32 13	+41 27 25	2.3E−8	4.6 E−10	1000	100000	P
Cyg X–3		20 32 26	+40 57 28	6.8E−3	1.9 E−5	0.04	0.1	B
J2124.6+5057	IGR J21247+5058	21 24 39	+50 58 26	6.5E−4	2.9 E−5	0.04	0.1	Q
PKS 2155–304	HESS J2158–302	21 58 52	−30 13 32	1.3E−11	±0.1 E−11	>300000		Q
PKS 2155–304	4FGL J2158.8–3013	21 58 52	−30 13 32	2.0E−8	2.7 E−10	1000	100000	Q
PSR J2229+6114	4FGL J2229.0+6114	22 29 05	+61 14 29	3.1E−8	3.6 E−10	1000	100000	P
3C 454.3	4FGL J2253.9+1609	22 53 59	+16 08 58	9.8E−8	6.0 E−10	1000	100000	Q
Cas A	1H 2321+585	23 23 12	+58 48 36	2.8E−4	6.60E−5	0.04	0.25	R

Notes to Table

[1]   Integrated flux over the low (< 100 KeV), high (100 MeV to 100 GeV), or very high (> 100 GeV) energy range; some sources are bright in multiple energy ranges.

[2]   > indicates a lower limit energy value; flux is the integral observed flux.

[3]   For SN1987A, flux is only for single observed spectral line.

B   Binary system
G   Galaxy
N   Nebula/diffuse
P   Pulsar
Q   Quasar
R   Supernova remnant
S   Star-forming region
T   Transient
U   Unknown

CONTENTS OF SECTION J

THE CONTENTS OF SECTION J ARE UNDER REVIEW

Rapid changes in instrumentation, data types, or what can be considered a 'professional' observatory over the past couple of decades have led the contents of Section J to become significantly out of date. Nor is it clear that a static lisitng of observatories is a useful service any longer. We are reviewing this section to determine what data might be useful to supply and can be provided with current resources (either here or in *The Astronomical Almanac Online*), or whether this section will be deleted from future editions of *The Astronomical Almanac*.

EXPLANATORY NOTES

Beginning with the 1997 edition of *The Astronomical Almanac*, observatories in the General List are alphabetical first by country and then by observatory name within the country. If the country in which an observatory is located is unknown, it may be found in the Index List. Taking Ebro Observatory as an example, the Index List refers the reader to Spain, under which Ebro is listed in the General List.

Observatories in England, Northern Ireland, Scotland and Wales will be found under United Kingdom. Observatories in the United States will be found under the appropriate state, under United States of America (USA). Thus, the W.M. Keck Observatory is under USA, Hawaii. In the Index List, it is listed under "Keck, W.M."; and "W.M. Keck", with referrals to Hawaii (USA), in the General List.

The "Location" column in the General List gives the city or town associated with the observatory, sometimes with the name of the mountain on which the observatory is actually located. Since some institutions have observatories located outside of their native countries, the "Location" column indicates the locale of the observatory, but not necessarily the ownership by that country. In the "Observatory Name" column of the General List, observatories with radio instruments, infrared instruments, or laser instruments are designated with an 'R', 'I', or 'L', respectively. The height of the observatory is given, in the final column, in meters (m) above mean sea level (m.s.l.); observatories for which the height is unknown at the time of publication have a "——" in the "Height" column.

Beginning with the 2012 edition of *The Astronomical Almanac*, the General List includes observatory codes as designated by the IAU Minor Planet Center (MPC), for some observatories; these codes are given in the "MPC Code" column.

Finally, readers interested in only a subset of the observatories—for example, those from a certain country (or few countries) or those with radio (or infrared or laser) instruments—may wish to use the Observatory Search feature on *The Astronomical Almanac Online* (see below).

INDEX LIST

INDEX LIST

INDEX LIST

INDEX LIST

INDEX LIST

Observatory Name	MPC Code	Location	East Longitude	Latitude	Height (m.s.l.)
			° ′	° ′	m
Algeria					
Algiers Obs.	008	Bouzaréa	+ 3 02.1	+ 36 48.1	345
Argentina					
Argentine Radio Ast. Inst.	R	Villa Elisa	− 58 08.2	− 34 52.1	11
Córdoba Ast. Obs.	822	Córdoba	− 64 11.8	− 31 25.3	434
Córdoba Obs. Astrophys. Sta.	821	Bosque Alegre	− 64 32.8	− 31 35.9	1250
Dr. Carlos U. Cesco Sta.		San Juan/El Leoncito	− 69 19.8	− 31 48.1	2348
El Leoncito Ast. Complex	808	San Juan/El Leoncito	− 69 18.0	− 31 48.0	2552
Félix Aguilar Obs.		San Juan	− 68 37.2	− 31 30.6	700
La Plata Ast. Obs.	839	La Plata	− 57 55.9	− 34 54.5	17
National Obs. of Cosmic Physics		San Miguel	− 58 43.9	− 34 33.4	37
Naval Obs.		Buenos Aires	− 58 21.3	− 34 37.3	6
Armenia					
Byurakan Astrophysical Obs.	R 123	Yerevan/Mt. Aragatz	+ 44 17.5	+ 40 20.1	1500
Australia					
Anglo–Australian Obs.	I	Coonabarabran/Siding Spg., NSW	+ 149 04.0	− 31 16.6	1164
Australian Natl. Radio Ast. Obs.	R	Parkes, NSW	+ 148 15.7	− 33 00.0	392
CSIRO Ast. and Space Sci. (CASS)	R	Culgoora, NSW	+ 149 33.7	− 30 18.9	217
Deep Space Sta.	R	Tidbinbilla, ACT	+ 148 58.8	− 35 24.1	656
Fleurs Radio Obs.	R	Kemps Creek, NSW	+ 150 46.5	− 33 51.8	45
Molonglo Radio Obs.	R	Hoskinstown, NSW	+ 149 25.4	− 35 22.3	732
Mopra Radio Obs.	R	Coonabarabran, NSW	+ 149 06.0	− 31 16.1	866
Mount Pleasant Radio Ast. Obs.	R	Hobart, Tasmania	+ 147 26.4	− 42 48.3	43
Mount Stromlo Obs.	414	Canberra/Mt. Stromlo, ACT	+ 149 00.5	− 35 19.2	767
Perth Obs.	323	Bickley, Western Australia	+ 116 08.1	− 32 00.5	391
Riverview College Obs.		Lane Cove, NSW	+ 151 09.5	− 33 49.8	25
Siding Spring Obs.	413	Coonabarabran/Siding Spg., NSW	+ 149 03.7	− 31 16.4	1149
Austria					
Kanzelhöhe Solar Obs.		Klagenfurt/Kanzelhöhe	+ 13 54.4	+ 46 40.7	1526
Kuffner Obs.		Vienna	+ 16 17.8	+ 48 12.8	302
L. Figl Astrophysical Obs.	562	St. Corona at Schöpfl	+ 15 55.4	+ 48 05.0	890
Lustbühel Obs.	580	Graz	+ 15 29.7	+ 47 03.9	480
Purgathofer Obs.	A96	Klosterneuburg	+ 16 17.2	+ 48 17.8	399
Univ. of Graz Obs.		Graz	+ 15 27.1	+ 47 04.7	375
Urania Obs.	602	Vienna	+ 16 23.1	+ 48 12.7	193
Vienna Univ. Obs.	045	Vienna	+ 16 20.2	+ 48 13.9	241
Belgium					
Ast. and Astrophys. Inst.		Brussels	+ 4 23.0	+ 50 48.8	147
Cointe Obs.	623	Liège	+ 5 33.9	+ 50 37.1	127
Royal Obs. Radio Ast. Sta.	R	Humain	+ 5 15.3	+ 50 11.5	293
Royal Obs. of Belgium	R 012	Uccle	+ 4 21.5	+ 50 47.9	105
Brazil					
Abrahão de Moraes Obs.	R 860	Valinhos	− 46 58.0	− 23 00.1	850
Antares Ast. Obs.		Feira de Santana	− 38 57.9	− 12 15.4	256
Itapetinga Radio Obs.	R	Atibaia	− 46 33.5	− 23 11.1	806
Morro Santana Obs.		Porto Alegre	− 51 07.6	− 30 03.2	300
National Obs.	880	Rio de Janeiro	− 43 13.4	− 22 53.7	33
Pico dos Dias Obs.	874	Itajubá/Pico dos Dias	− 45 35.0	− 22 32.1	1870
Piedade Obs.		Belo Horizonte	− 43 30.7	− 19 49.3	1746
Valongo Obs.		Rio de Janeiro/Mt. Valongo	− 43 11.2	− 22 53.9	52

Observatory Name	MPC Code	Location	East Longitude	Latitude	Height (m.s.l.)
			° ′	° ′	m
Bulgaria					
Belogradchik Ast. Obs.		Belogradchik	+ 22 40.5	+ 43 37.4	650
Rozhen National Ast. Obs.	071	Rozhen	+ 24 44.6	+ 41 41.6	1759
Canada					
Algonquin Radio Obs.	R	Lake Traverse, Ontario	− 78 04.4	+ 45 57.3	260
Climenhaga Obs.	657	Victoria, British Columbia	− 123 18.5	+ 48 27.8	74
Devon Ast. Obs.		Devon, Alberta	− 113 45.5	+ 53 23.4	708
Dominion Astrophysical Obs.		Victoria, British Columbia	− 123 25.0	+ 48 31.2	238
Dominion Radio Astrophys. Obs.	R	Penticton, British Columbia	− 119 37.2	+ 49 19.2	545
Elginfield Obs.	440	London, Ontario	− 81 18.9	+ 43 11.5	323
Mont Mégantic Ast. Obs.	301	Mégantic/Mont Mégantic, Quebec	− 71 09.2	+ 45 27.3	1114
Rothney Astrophysical Obs.	I 661	Priddis, Alberta	− 114 17.3	+ 50 52.1	1272
Chile					
Cerro Calán National Ast. Obs.	806	Santiago/Cerro Calán	− 70 32.8	− 33 23.8	860
Cerro El Roble Ast. Obs.	805	Santiago/Cerro El Roble	− 71 01.2	− 32 58.9	2220
Cerro Tololo Inter–Amer. Obs.	R,I 807	La Serena/Cerro Tololo	− 70 48.9	− 30 09.9	2215
European Southern Obs.	R 809	La Serena/Cerro La Silla	− 70 43.8	− 29 15.4	2347
Gemini South Obs.	I11	La Serena/Cerro Pachón	− 70 44.2	− 30 14.4	2748
Las Campanas Obs.	304	Vallenar/Cerro Las Campanas	− 70 42.0	− 29 00.5	2282
Maipu Radio Ast. Obs.	R	Maipu	− 70 51.5	− 33 30.1	446
Manuel Foster Astrophys. Obs.		Santiago/Cerro San Cristobal	− 70 37.8	− 33 25.1	840
Paranal Obs.	309	Antofagasta/Cerro Paranal	− 70 24.2	− 24 37.5	2635
China, People's Republic of					
Beijing Normal Univ. Obs.	R	Beijing	+ 116 21.6	+ 39 57.4	70
Beijing Obs. Sta.	R	Miyun	+ 116 45.9	+ 40 33.4	160
Beijing Obs. Sta.	R,L 324	Shahe	+ 116 19.7	+ 40 06.1	40
Beijing Obs. Sta.		Tianjing	+ 117 03.5	+ 39 08.0	5
Beijing Obs. Sta.	I 327	Xinglong	+ 117 34.5	+ 40 23.7	870
Purple Mountain Obs.	R 330	Nanjing/Purple Mtn.	+ 118 49.3	+ 32 04.0	267
Shaanxi Ast. Obs.	R	Lintong	+ 109 33.1	+ 34 56.7	468
Shanghai Obs. Sta.	R,L	Sheshan	+ 121 11.2	+ 31 05.8	100
Shanghai Obs. Sta.	R	Urumqui	+ 87 10.7	+ 43 28.3	2080
Shanghai Obs. Sta.	R	Xujiahui	+ 121 25.6	+ 31 11.4	5
Wuchang Time Obs.	L	Wuhan	+ 114 20.7	+ 30 32.5	28
Yunnan Obs.	R 286	Kunming	+ 102 47.3	+ 25 01.5	1940
Colombia					
National Ast. Obs.		Bogotá	− 74 04.9	+ 4 35.9	2640
Croatia, Republic of					
Geodetical Faculty Obs.		Zagreb	+ 16 01.3	+ 45 49.5	146
Hvar Obs.		Hvar	+ 16 26.9	+ 43 10.7	238
Czech Republic					
Charles Univ. Ast. Inst.	541	Prague	+ 14 23.7	+ 50 04.6	267
Nicholas Copernicus Obs.	616	Brno	+ 16 35.0	+ 49 12.2	304
Ondřejov Obs.	R 557	Ondřejov	+ 14 47.0	+ 49 54.6	533
Prostějov Obs.		Prostějov	+ 17 09.8	+ 49 29.2	225
Valašské Meziříčí Obs.		Valašské Meziříčí	+ 17 58.5	+ 49 27.8	338

Observatory Name		MPC Code	Location	East Longitude	Latitude	Height (m.s.l.)
				° ′	° ′	m
Denmark						
Copenhagen Univ. Obs.		054	Brorfelde	+ 11 40.0	+ 55 37.5	90
Copenhagen Univ. Obs.		035	Copenhagen	+ 12 34.6	+ 55 41.2	——
Ole Rømer Obs.		155	Aarhus	+ 10 11.8	+ 56 07.7	50
Ecuador						
Quito Ast. Obs.		781	Quito	− 78 29.9	− 0 13.0	2818
Egypt						
Helwân Obs.		087	Helwân	+ 31 22.8	+ 29 51.5	116
Kottamia Obs.		088	Kottamia	+ 31 49.5	+ 29 55.9	476
Estonia						
Wilhelm Struve Astrophys. Obs.			Tartu	+ 26 28.0	+ 58 16.0	——
Finland						
European Incoh. Scatter Facility	R		Sodankylä	+ 26 37.6	+ 67 21.8	197
Metsähovi Obs.			Kirkkonummi	+ 24 23.8	+ 60 13.2	60
Metsähovi Obs. Radio Rsch. Sta.	R		Kirkkonummi	+ 24 23.6	+ 60 13.1	61
Tuorla Obs.		063	Piikkiö	+ 22 26.8	+ 60 25.0	40
Univ. of Helsinki Obs.		569	Helsinki	+ 24 57.3	+ 60 09.7	33
France						
Besançon Obs.		016	Besançon	+ 5 59.2	+ 47 15.0	312
Bordeaux Univ. Obs.	R	999	Floirac	− 0 31.7	+ 44 50.1	73
Côte d'Azur Obs.		020	Nice/Mont Gros	+ 7 18.1	+ 43 43.4	372
Côte d'Azur Obs. Calern Sta.	I,L		St. Vallier–de–Thiey	+ 6 55.6	+ 43 44.9	1270
Grenoble Obs.	R		Gap/Plateau de Bure	+ 5 54.5	+ 44 38.0	2552
Lyon Univ. Obs.		513	St. Genis Laval	+ 4 47.1	+ 45 41.7	299
Meudon Obs.		005	Meudon	+ 2 13.9	+ 48 48.3	162
Millimeter Radio Ast. Inst.	R		Gap/Plateau de Bure	+ 5 54.4	+ 44 38.0	2552
Obs. of Haute–Provence		511	Forcalquier/St. Michel	+ 5 42.8	+ 43 55.9	665
Paris Obs.		007	Paris	+ 2 20.2	+ 48 50.2	67
Paris Obs. Radio Ast. Sta.	R		Nançay	+ 2 11.8	+ 47 22.8	150
Pic du Midi Obs.		586	Bagnères–de–Bigorre	+ 0 08.7	+ 42 56.2	2861
Strasbourg Obs.		522	Strasbourg	+ 7 46.2	+ 48 35.0	142
Toulouse Univ. Obs.		004	Toulouse	+ 1 27.8	+ 43 36.7	195
Georgia						
Abastumani Astrophysical Obs.	R	119	Abastumani/Mt. Kanobili	+ 42 49.3	+ 41 45.3	1583
Germany						
Archenhold Obs.		604	Berlin	+ 13 28.7	+ 52 29.2	41
Bochum Obs.			Bochum	+ 7 13.4	+ 51 27.9	132
Central Inst. for Earth Physics			Potsdam	+ 13 04.0	+ 52 22.9	91
Einstein Tower Solar Obs.	R		Potsdam	+ 13 03.9	+ 52 22.8	100
Friedrich Schiller Univ. Obs.		032	Jena	+ 11 29.2	+ 50 55.8	356
Göttingen Univ. Obs.		528	Göttingen	+ 9 56.6	+ 51 31.8	159
Hamburg Obs.		029	Bergedorf	+ 10 14.5	+ 53 28.9	45
Hoher List Obs.		017	Daun/Hoher List	+ 6 51.0	+ 50 09.8	533
Inst. of Geodesy Ast. Obs.			Hannover	+ 9 42.8	+ 52 23.3	71
Karl Schwarzschild Obs.		033	Tautenburg	+ 11 42.8	+ 50 58.9	331
Lohrmann Obs.		040	Dresden	+ 13 52.3	+ 51 03.0	324
Max Planck Inst. for Radio Ast.	R		Effelsberg	+ 6 53.1	+ 50 31.6	369
Munich Univ. Obs.		532	Munich	+ 11 36.5	+ 48 08.7	529
Potsdam Astrophysical Obs.		042	Potsdam	+ 13 04.0	+ 52 22.9	107

Observatory Name	MPC Code	Location	East Longitude		Latitude		Height (m.s.l.)
			°	′	°	′	m
Germany, cont.							
Remeis Obs.	521	Bamberg	+	10 53.4	+ 49	53.1	288
Schauinsland Obs.		Freiburg/Schauinsland Mtn.	+	7 54.4	+ 47	54.9	1240
Sonneberg Obs.	031	Sonneberg	+	11 11.5	+ 50	22.7	640
State Obs.	024	Heidelberg/Königstuhl	+	8 43.3	+ 49	23.9	570
Stockert Radio Obs.	R	Eschweiler	+	6 43.4	+ 50	34.2	435
Stuttgart Obs.		Welzheim	+	9 35.8	+ 48	52.5	547
Swabian Obs.	025	Stuttgart	+	9 11.8	+ 48	47.0	354
Tremsdorf Radio Ast. Obs.	R	Tremsdorf	+	13 08.2	+ 52	17.1	35
Tübingen Univ. Ast. Obs.		Tübingen	+	9 03.5	+ 48	32.3	470
Wendelstein Solar Obs.	230	Brannenburg	+	12 00.8	+ 47	42.5	1838
Wilhelm Foerster Obs.	544	Berlin	+	13 21.2	+ 52	27.5	78
Greece							
Kryonerion Ast. Obs.		Kiáton/Mt. Killini	+	22 37.3	+ 37	58.4	905
National Obs. Sta.	R	Pentele	+	23 51.8	+ 38	02.9	509
National Obs. of Athens	066	Athens	+	23 43.2	+ 37	58.4	110
Stephanion Obs.		Stephanion	+	22 49.7	+ 37	45.3	800
Univ. of Thessaloníki Obs.		Thessaloníki	+	22 57.5	+ 40	37.0	28
Greenland							
Incoherent Scatter Facility	R	Søndre Strømfjord	−	50 57.0	+ 66	59.2	180
Hungary							
Heliophysical Obs.		Debrecen	+	21 37.4	+ 47	33.6	132
Heliophysical Obs. Sta.		Gyula	+	21 16.2	+ 46	39.2	135
Konkoly Obs.	053	Budapest	+	18 57.9	+ 47	30.0	474
Konkoly Obs. Sta.	561	Piszkéstetö	+	19 53.7	+ 47	55.1	958
Urania Obs.		Budapest	+	19 03.9	+ 47	29.1	166
India							
Aryabhatta Res. Inst. of Obs. Sci.		Naini Tal/Manora Peak	+	79 27.4	+ 29	21.7	1927
Gauribidanur Radio Obs.	R	Gauribidanur	+	77 26.1	+ 13	36.2	686
Gurushikhar Infrared Obs.	I	Abu	+	72 46.8	+ 24	39.1	1700
Indian Ast. Obs.		Hanle/Mt. Saraswati	+	78 57.9	+ 32	46.8	4467
Japal–Rangapur Obs.	R 219	Japal	+	78 43.7	+ 17	05.9	695
Kodaikanal Solar Obs.		Kodaikanal	+	77 28.1	+ 10	13.8	2343
National Centre for Radio Aph.		Khodad	+	74 03.0	+ 19	06.0	650
Nizamiah Obs.		Hyderabad	+	78 27.2	+ 17	25.9	554
Radio Ast. Center	R	Udhagamandalam (Ooty)	+	76 40.0	+ 11	22.9	2150
Vainu Bappu Obs.	220	Kavalur	+	78 49.6	+ 12	34.6	725
Indonesia							
Bosscha Obs.	299	Lembang (Java)	+	107 37.0	− 6	49.5	1300
Ireland							
Dunsink Obs.		Castleknock	−	6 20.3	+ 53	23.2	75
Israel							
Florence and George Wise Obs.	097	Mitzpe Ramon/Mt. Zin	+	34 45.8	+ 30	35.8	874
Italy							
Arcetri Astrophysical Obs.	030	Arcetri	+	11 15.3	+ 43	45.2	184
Asiago Astrophysical Obs.	043	Asiago	+	11 31.7	+ 45	51.7	1045
Bologna Univ. Obs.	598	Loiano	+	11 20.2	+ 44	15.5	785
Brera–Milan Ast. Obs.	096	Merate	+	9 25.7	+ 45	42.0	340

Observatory Name	MPC Code	Location	East Longitude	Latitude	Height (m.s.l.)
			° ′	° ′	m
Italy, cont.					
Brera–Milan Ast. Obs.	027	Milan	+ 9 11.5	+ 45 28.0	146
Cagliari Ast. Obs.	L	Capoterra	+ 8 58.6	+ 39 08.2	205
Capodimonte Ast. Obs.	044	Naples	+ 14 15.3	+ 40 51.8	150
Catania Astrophysical Obs.	156	Catania	+ 15 05.2	+ 37 30.2	47
Catania Obs. Stellar Sta.		Catania/Serra la Nave	+ 14 58.4	+ 37 41.5	1735
Chaonis Obs.	567	Chions	+ 12 42.7	+ 45 50.6	15
Collurania Ast. Obs.	037	Teramo	+ 13 44.0	+ 42 39.5	388
Damecuta Obs.		Anacapri	+ 14 11.8	+ 40 33.5	137
International Latitude Obs.		Carloforte	+ 8 18.7	+ 39 08.2	22
Medicina Radio Ast. Sta.	R	Medicina	+ 11 38.7	+ 44 31.2	44
Mount Ekar Obs.	098	Asiago/Mt. Ekar	+ 11 34.3	+ 45 50.6	1350
Padua Ast. Obs.	533	Padua	+ 11 52.3	+ 45 24.0	38
Palermo Univ. Ast. Obs.	535	Palermo	+ 13 21.5	+ 38 06.7	72
Rome Obs.	034	Rome/Monte Mario	+ 12 27.1	+ 41 55.3	152
San Vittore Obs.	552	Bologna	+ 11 20.5	+ 44 28.1	280
Trieste Ast. Obs.	R A82	Trieste	+ 13 52.5	+ 45 38.5	400
Turin Ast. Obs.	022	Pino Torinese	+ 7 46.5	+ 45 02.3	622
Japan					
Dodaira Obs.	L 387	Tokyo/Mt. Dodaira	+ 139 11.8	+ 36 00.2	879
Hida Obs.		Kamitakara	+ 137 18.5	+ 36 14.9	1276
Hiraiso Solar Terr. Rsch. Center	R	Nakaminato	+ 140 37.5	+ 36 22.0	27
Kagoshima Space Center	R	Uchinoura	+ 131 04.0	+ 31 13.7	228
Kashima Space Research Center	R	Kashima	+ 140 39.8	+ 35 57.3	32
Kiso Obs.	381	Kiso	+ 137 37.7	+ 35 47.6	1130
Kwasan Obs.	377	Kyoto	+ 135 47.6	+ 34 59.7	221
Kyoto Univ. Ast. Dept. Obs.		Kyoto	+ 135 47.2	+ 35 01.7	86
Kyoto Univ. Physics Dept. Obs.		Kyoto	+ 135 47.2	+ 35 01.7	80
Mizusawa Astrogeodynamics Obs.		Mizusawa	+ 141 07.9	+ 39 08.1	61
Nagoya Univ. Fujigane Sta.	R	Kamiku Isshiki	+ 138 36.7	+ 35 25.6	1015
Nagoya Univ. Radio Ast. Lab.	R	Nagoya	+ 136 58.4	+ 35 08.9	75
Nagoya Univ. Sugadaira Sta.	R	Toyokawa	+ 138 19.3	+ 36 31.2	1280
Nagoya Univ. Toyokawa Sta.	R	Toyokawa	+ 137 22.2	+ 34 50.1	25
National Ast. Obs.	R 388	Mitaka	+ 139 32.5	+ 35 40.3	58
Nobeyama Cosmic Radio Obs.	R	Nobeyama	+ 138 29.0	+ 35 56.0	1350
Nobeyama Solar Radio Obs.	R	Nobeyama	+ 138 28.8	+ 35 56.3	1350
Norikura Solar Obs.	I 382	Matsumoto/Mt. Norikura	+ 137 33.3	+ 36 06.8	2876
Okayama Astrophysical Obs.	371	Kurashiki/Mt. Chikurin	+ 133 35.8	+ 34 34.4	372
Sendai Ast. Obs.	D93	Sendai	+ 140 51.9	+ 38 15.4	45
Simosato Hydrographic Obs.	R,L	Simosato	+ 135 56.4	+ 33 34.5	63
Sirahama Hydrographic Obs.		Sirahama	+ 138 59.3	+ 34 42.8	172
Tohoku Univ. Obs.		Sendai	+ 140 50.6	+ 38 15.4	153
Tokyo Hydrographic Obs.		Tokyo	+ 139 46.2	+ 35 39.7	41
Toyokawa Obs.	R	Toyokawa	+ 137 22.3	+ 34 50.2	18
Kazakhstan					
Mountain Obs.	210	Alma–Ata	+ 76 57.4	+ 43 11.3	1450
Korea, Republic of					
Bohyunsan Optical Ast. Obs.	344	Youngchun/Mt. Bohyun	+ 128 58.6	+ 36 10.0	1127
Daeduk Radio Ast. Obs.	R	Taejeon	+ 127 22.3	+ 36 23.9	120
Korea Ast. Obs.		Taejeon	+ 127 22.3	+ 36 23.9	120
Sobaeksan Ast. Obs.	245	Danyang	+ 128 27.4	+ 36 56.0	1390

Observatory Name	MPC Code	Location	East Longitude		Latitude		Height (m.s.l.)
			°	′	°	′	m
Latvia							
Latvian State Univ. Ast. Obs.	L	Riga	+ 24	07.0	+ 56	57.1	39
Riga Radio–Astrophysical Obs.	R	Riga	+ 24	24.0	+ 56	47.0	75
Lithuania							
Moletai Ast. Obs.	152	Moletai	+ 25	33.8	+ 55	19.0	220
Vilnius Ast. Obs.	570	Vilnius	+ 25	17.2	+ 54	41.0	122
Mexico							
Guillermo Haro Astrophys. Obs.		Cananea/La Mariquita Mtn.	− 110	23.0	+ 31	03.2	2480
Large Millimeter Telescope (LMT)	R	Sierra Negra	− 97	18.9	+ 18	59.1	4600
National Ast. Obs.		San Felipe (Baja California)	− 115	27.8	+ 31	02.6	2830
National Ast. Obs.	R	Tonantzintla	− 98	18.8	+ 19	02.0	2150
Univ. Guanajuato Obs.		Mineral de La Luz (Guanajuato)	− 101	19.5	+ 21	03.2	2420
Netherlands							
Catholic Univ. Ast. Inst.		Nijmegen	+ 5	52.1	+ 51	49.5	62
Dwingeloo Radio Obs.	R	Dwingeloo	+ 6	23.8	+ 52	48.8	25
Kapteyn Obs.		Roden	+ 6	26.6	+ 53	07.7	12
Leiden Obs.	013	Leiden	+ 4	29.1	+ 52	09.3	12
Simon Stevin Obs.	R 505	Hoeven	+ 4	33.8	+ 51	34.0	9
Sonnenborgh Obs.	015	Utrecht	+ 5	07.8	+ 52	05.2	14
Westerbork Radio Ast. Obs.	R	Westerbork	+ 6	36.3	+ 52	55.0	16
New Zealand							
Auckland Obs.	467	Auckland	+ 174	46.7	− 36	54.4	80
Carter Obs.	485	Wellington	+ 174	46.0	− 41	17.2	129
Carter Obs. Sta.	483	Blenheim/Black Birch	+ 173	48.2	− 41	44.9	1396
Mount John Univ. Obs.	474	Lake Tekapo/Mt. John	+ 170	27.9	− 43	59.2	1027
Norway							
European Incoh. Scatter Facility	R	Tromsø	+ 19	31.2	+ 69	35.2	85
Skibotn Ast. Obs.	093	Skibotn	+ 20	21.9	+ 69	20.9	157
Philippine Islands							
Manila Obs.	R	Quezon City	+ 121	04.6	+ 14	38.2	58
Pagasa Ast. Obs.		Quezon City	+ 121	04.3	+ 14	39.2	70
Poland							
Astronomical Latitude Obs.	L 187	Borowiec	+ 17	04.5	+ 52	16.6	80
Jagellonian Obs. Ft. Skala Sta.	R	Cracow	+ 19	49.6	+ 50	03.3	314
Jagellonian Univ. Ast. Obs.	055	Cracow	+ 19	57.6	+ 50	03.9	225
Mount Suhora Obs.		Koninki/Mt. Suhora	+ 20	04.0	+ 49	34.2	1000
Piwnice Ast. Obs.	R 092	Piwnice	+ 18	33.4	+ 53	05.7	100
Poznań Univ. Ast. Obs.	L 047	Poznań	+ 16	52.7	+ 52	23.8	85
Warsaw Univ. Ast. Obs.	060	Ostrowik	+ 21	25.2	+ 52	05.4	138
Wroclaw Univ. Ast. Obs.		Wroclaw	+ 17	05.3	+ 51	06.7	115
Wroclaw Univ. Bialkow Sta.		Wasosz	+ 16	39.6	+ 51	28.5	140
Portugal							
Coimbra Ast. Obs.		Coimbra	− 8	25.8	+ 40	12.4	99
Lisbon Ast. Obs.	971	Lisbon	− 9	11.2	+ 38	42.7	111
Prof. Manuel de Barros Obs.	R	Vila Nova de Gaia	− 8	35.3	+ 41	06.5	232

Observatory Name		MPC Code	Location	East Longitude	Latitude	Height (m.s.l.)
				° ′	° ′	m
Puerto Rico						
Arecibo Obs. (Destroyed)	R	251	Arecibo	− 66 45.2	+ 18 20.6	496
Romania						
Bucharest Ast. Obs.		073	Bucharest	+ 26 05.8	+ 44 24.8	81
Cluj–Napoca Ast. Obs.			Cluj–Napoca	+ 23 35.9	+ 46 42.8	750
Russia						
Engelhardt Ast. Obs.		136	Kazan	+ 48 48.9	+ 55 50.3	98
Irkutsk Ast. Obs.			Irkutsk	+ 104 20.7	+ 52 16.7	468
Kaliningrad Univ. Obs.		058	Kaliningrad	+ 20 29.7	+ 54 42.8	24
Kazan Univ. Obs.		135	Kazan	+ 49 07.3	+ 55 47.4	79
Pulkovo Obs.	R	084	Pulkovo	+ 30 19.6	+ 59 46.4	75
Pulkovo Obs. Sta.			Kislovodsk/Shat Jat Mass Mtn.	+ 42 31.8	+ 43 44.0	2130
Sayan Mtns. Radiophys. Obs.			Sayan Mountains	+ 102 12.5	+ 51 45.5	832
Special Astrophysical Obs.	R	115	Zelenchukskaya/Pasterkhov Mtn.	+ 41 26.5	+ 43 39.2	2100
St. Petersburg Univ. Obs.			St. Petersburg	+ 30 17.7	+ 59 56.5	3
Sternberg State Ast. Inst.		105	Moscow	+ 37 32.7	+ 55 42.0	195
Tomsk Univ. Obs.		236	Tomsk	+ 84 56.8	+ 56 28.1	130
Serbia						
Belgrade Ast. Obs.		057	Belgrade	+ 20 30.8	+ 44 48.2	253
Slovakia						
Lomnický Štít Coronal Obs.		059	Poprad/Mt. Lomnický Štít	+ 20 13.2	+ 49 11.8	2632
Skalnaté Pleso Obs.		056	Poprad	+ 20 14.7	+ 49 11.3	1783
Slovak Technical Univ. Obs.			Bratislava	+ 17 07.2	+ 48 09.3	171
South Africa, Republic of						
Boyden Obs.		074	Mazelspoort	+ 26 24.3	− 29 02.3	1387
Hartebeeshoek Radio Ast. Obs.	R		Hartebeeshoek	+ 27 41.1	− 25 53.4	1391
Leiden Obs. Southern Sta.		081	Hartebeespoort	+ 27 52.6	− 25 46.4	1220
South African Ast. Obs.		051	Cape Town	+ 18 28.7	− 33 56.1	18
South African Ast. Obs. Sta.			Sutherland	+ 20 48.7	− 32 22.7	1771
Southern African Large Telescope		B31	Sutherland	+ 20 48.6	− 32 22.8	1798
Spain						
Deep Space Sta.	R		Cebreros	− 4 22.0	+ 40 27.3	789
Deep Space Sta.	R		Robledo	− 4 14.9	+ 40 25.8	774
Ebro Obs.	R		Roquetas	+ 0 29.6	+ 40 49.2	50
German Spanish Ast. Center			Gérgal/Calar Alto Mtn.	− 2 32.2	+ 37 13.8	2168
Millimeter Radio Ast. Inst.	R		Granada/Pico Veleta	− 3 24.0	+ 37 04.1	2870
National Ast. Obs.		990	Madrid	− 3 41.1	+ 40 24.6	670
National Obs. Ast. Center	R	491	Yebes	− 3 06.0	+ 40 31.5	914
Naval Obs.	L		San Fernando	− 6 12.2	+ 36 28.0	27
Ramon Maria Aller Obs.			Santiago de Compostela	− 8 33.6	+ 42 52.5	240
Roque de los Muchachos Obs.			La Palma Island (Canaries)	− 17 52.9	+ 28 45.6	2326
Teide Obs.	R,I		Tenerife Island (Canaries)	− 16 29.8	+ 28 17.5	2395
Sweden						
European Incoh. Scatter Facility	R		Kiruna	+ 20 26.1	+ 67 51.6	418
Kvistaberg Obs.		049	Bro	+ 17 36.4	+ 59 30.1	33
Lund Obs.		039	Lund	+ 13 11.2	+ 55 41.9	34
Lund Obs. Jävan Sta.			Björnstorp	+ 13 26.0	+ 55 37.4	145
Onsala Space Obs.	R		Onsala	+ 11 55.1	+ 57 23.6	24
Stockholm Obs.		052	Saltsjöbaden	+ 18 18.5	+ 59 16.3	60

Observatory Name	MPC Code	Location	East Longitude	Latitude	Height (m.s.l.)
			° ′	° ′	m
Switzerland					
Arosa Astrophysical Obs.		Arosa	+ 9 40.1	+ 46 47.0	2050
Basle Univ. Ast. Inst.		Binningen	+ 7 35.0	+ 47 32.5	318
Cantonal Obs.	019	Neuchâtel	+ 6 57.5	+ 46 59.9	488
Geneva Obs.	517	Sauverny	+ 6 08.2	+ 46 18.4	465
Gornergrat North & South Obs.	R,I	Zermatt/Gornergrat	+ 7 47.1	+ 45 59.1	3135
High Alpine Research Obs.		Mürren/Jungfraujoch	+ 7 59.1	+ 46 32.9	3576
Inst. of Solar Research (IRSOL)		Locarno	+ 8 47.4	+ 46 10.7	500
Specola Solar Obs.		Locarno	+ 8 47.4	+ 46 10.4	365
Swiss Federal Obs.		Zürich	+ 8 33.1	+ 47 22.6	469
Univ. of Lausanne Obs.		Chavannes–des–Bois	+ 6 08.2	+ 46 18.4	465
Zimmerwald Obs.	026	Zimmerwald	+ 7 27.9	+ 46 52.6	929
Tadzhikistan					
Inst. of Astrophysics	191	Dushanbe	+ 68 46.9	+ 38 33.7	820
Taiwan (Republic of China)					
National Central Univ. Obs.		Chung–li	+ 121 11.2	+ 24 58.2	152
Taipei Obs.		Taipei	+ 121 31.6	+ 25 04.7	31
Turkey					
Ege Univ. Obs.		Bornova	+ 27 16.5	+ 38 23.9	795
Istanbul Univ. Obs.	080	Istanbul	+ 28 57.9	+ 41 00.7	65
Kandilli Obs.		Istanbul	+ 29 03.7	+ 41 03.8	120
Tübitak National Obs.	A84	Antalya/Mt. Bakirlitepe	+ 30 20.1	+ 36 49.5	2515
Univ. of Ankara Obs.	R	Ankara	+ 32 46.8	+ 39 50.6	1266
Çanakkale Univ. Obs.		Ulupinar/Çanakkale	+ 26 28.5	+ 40 06.0	410
Ukraine					
Crimean Astrophysical Obs.	095	Nauchnyi	+ 34 01.0	+ 44 43.8	550
Crimean Astrophysical Obs.	R 094	Simeis	+ 34 00.0	+ 44 32.4	676
Inst. of Radio Ast.	R	Kharkov	+ 36 56.0	+ 49 38.0	150
Kharkov Univ. Ast. Obs.	101	Kharkov	+ 36 13.9	+ 50 00.2	138
Kiev Univ. Obs.	085	Kiev	+ 30 29.9	+ 50 27.2	184
Lvov Univ. Obs.	067	Lvov	+ 24 01.8	+ 49 50.0	330
Main Ast. Obs.		Kiev	+ 30 30.4	+ 50 21.9	188
Nikolaev Ast. Obs.	089	Nikolaev	+ 31 58.5	+ 46 58.3	54
Odessa Obs.	086	Odessa	+ 30 45.5	+ 46 28.6	60
United Kingdom					
Armagh Obs.	981	Armagh, Northern Ireland	− 6 38.9	+ 54 21.2	64
Cambridge Univ. Obs.	503	Cambridge, England	+ 0 05.7	+ 52 12.8	30
Chilbolton Obs.	R	Chilbolton, England	− 1 26.2	+ 51 08.7	92
City Obs.	961	Edinburgh, Scotland	− 3 10.8	+ 55 57.4	107
Godlee Obs.		Manchester, England	− 2 14.0	+ 53 28.6	77
Jodrell Bank Obs.	R	Macclesfield, England	− 2 18.4	+ 53 14.2	78
Mills Obs.		Dundee, Scotland	− 3 00.7	+ 56 27.9	152
Mullard Radio Ast. Obs.	R	Cambridge, England	+ 0 02.6	+ 52 10.2	17
Royal Obs. Edinburgh		Edinburgh, Scotland	− 3 11.0	+ 55 55.5	146
Satellite Laser Ranger Group	L 501	Herstmonceux, England	+ 0 20.3	+ 50 52.0	31
Univ. of Glasgow Obs.		Glasgow, Scotland	− 4 18.3	+ 55 54.1	53
Univ. of London Obs.	998	Mill Hill, England	− 0 14.4	+ 51 36.8	81
Univ. of St. Andrews Obs.		St. Andrews, Scotland	− 2 48.9	+ 56 20.2	30

Observatory Name	MPC Code	Location	East Longitude	Latitude	Height (m.s.l.)
			° ′	° ′	m
United States of America					
Alabama					
Univ. of Alabama Obs.		Tuscaloosa	− 87 32.5	+ 33 12.6	87
Arizona					
Fred L. Whipple Obs.	696	Amado/Mt. Hopkins	− 110 52.6	+ 31 40.9	2344
Kitt Peak National Obs.	695	Tucson/Kitt Peak	− 111 36.0	+ 31 57.8	2120
Lowell Obs.	690	Flagstaff	− 111 39.9	+ 35 12.2	2219
Lowell Obs. Sta.	688	Flagstaff/Anderson Mesa	− 111 32.2	+ 35 05.8	2200
MMT Obs.		Amado/Mt. Hopkins	− 110 53.1	+ 31 41.3	2608
McGraw–Hill Obs.	697	Tucson/Kitt Peak	− 111 37.0	+ 31 57.0	1925
Mount Lemmon Infrared Obs. I	686	Tucson/Mt. Lemmon	− 110 47.5	+ 32 26.5	2776
National Radio Ast. Obs. R		Tucson/Kitt Peak	− 111 36.9	+ 31 57.2	1939
Northern Arizona Univ. Obs.	687	Flagstaff	− 111 39.2	+ 35 11.1	2110
Steward Obs.	692	Tucson	− 110 56.9	+ 32 14.0	757
Steward Obs. Catalina Sta.		Tucson/Mt. Bigelow	− 110 43.9	+ 32 25.0	2510
Steward Obs. Catalina Sta.		Tucson/Mt. Lemmon	− 110 47.3	+ 32 26.6	2790
Steward Obs. Catalina Sta.		Tucson/Tumamoc Hill	− 111 00.3	+ 32 12.8	950
Steward Obs. Sta.	691	Tucson/Kitt Peak	− 111 36.0	+ 31 57.8	2071
Submillimeter Telescope Obs. R		Safford/Mt. Graham	− 109 53.5	+ 32 42.1	3190
U.S. Naval Obs. Sta.	689	Flagstaff	− 111 44.4	+ 35 11.0	2316
Vatican Obs. Research Group I	290	Safford/Mt. Graham	− 109 53.5	+ 32 42.1	3181
Warner and Swasey Obs. Sta.		Tucson/Kitt Peak	− 111 35.9	+ 31 57.6	2084
California					
Big Bear Solar Obs.		Big Bear City	− 116 54.9	+ 34 15.2	2067
Chabot Space & Science Center	G58	Oakland	− 122 10.9	+ 37 49.1	476
Goldstone Complex R	252	Fort Irwin	− 116 50.9	+ 35 23.4	1036
Griffith Obs.		Los Angeles	− 118 17.9	+ 34 07.1	357
Hat Creek Radio Ast. Obs. R		Cassel	− 121 28.4	+ 40 49.1	1043
Leuschner Obs.	660	Lafayette	− 122 09.4	+ 37 55.1	304
Lick Obs.	662	San Jose/Mt. Hamilton	− 121 38.2	+ 37 20.6	1290
MIRA Oliver Observing Sta.		Monterey/Chews Ridge	− 121 34.2	+ 36 18.3	1525
Mount Laguna Obs. L		Mount Laguna	− 116 25.6	+ 32 50.4	1859
Mount Wilson Obs. R	672	Pasadena/Mt. Wilson	− 118 03.6	+ 34 13.0	1742
Owens Valley Radio Obs. R		Big Pine	− 118 16.9	+ 37 13.9	1236
Palomar Obs.	675	Palomar Mtn.	− 116 51.8	+ 33 21.4	1706
Radio Ast. Inst. R		Stanford	− 122 11.3	+ 37 23.9	80
SRI Radio Ast. Obs. R		Stanford	− 122 10.6	+ 37 24.3	168
San Fernando Obs. R		San Fernando	− 118 29.5	+ 34 18.5	371
Stanford Center for Radar Ast. R		Palo Alto	− 122 10.7	+ 37 27.5	172
Table Mountain Obs.	673	Wrightwood	− 117 40.9	+ 34 22.9	2285
Colorado					
Chamberlin Obs.	708	Denver	− 104 57.2	+ 39 40.6	1644
Chamberlin Obs. Sta.	707	Bailey/Dick Mtn.	− 105 26.2	+ 39 25.6	2675
Meyer–Womble Obs.		Georgetown/Mt. Evans	− 105 38.4	+ 39 35.2	4305
Sommers–Bausch Obs.	463	Boulder	− 105 15.8	+ 40 00.2	1653
Tiara Obs.		South Park	− 105 31.0	+ 38 58.2	2679
U.S. Air Force Academy Obs.	712	Colorado Springs	− 104 52.5	+ 39 00.4	2187
Connecticut					
John J. McCarthy Obs.	932	New Milford	− 73 25.6	+ 41 31.6	79
Van Vleck Obs.	298	Middletown	− 72 39.6	+ 41 33.3	65
Western Conn. State Univ. Obs.		Danbury	− 73 26.7	+ 41 24.0	128
Delaware					
Mount Cuba Ast. Obs.	788	Greenville	− 75 38.0	+ 39 47.1	92
District of Columbia					
Naval Rsch. Lab. Radio Ast. Obs. R		Washington	− 77 01.6	+ 38 49.3	30
U.S. Naval Obs.	786	Washington	− 77 04.0	+ 38 55.3	92

Observatory Name	MPC Code	Location	East Longitude	Latitude	Height (m.s.l.)
			° ′	° ′	m
USA, cont.					
Florida					
Brevard Community College Obs.	758	Cocoa	− 80 45.7	+ 28 23.1	17
Rosemary Hill Obs.	831	Bronson	− 82 35.2	+ 29 24.0	44
Univ. of Florida Radio Obs.	R	Old Town	− 83 02.1	+ 29 31.7	8
Georgia					
Bradley Obs.		Decatur	− 84 17.6	+ 33 45.9	316
Emory Univ. Obs.		Atlanta	− 84 19.6	+ 33 47.4	310
Fernbank Obs.		Atlanta	− 84 19.1	+ 33 46.7	320
Hard Labor Creek Obs.		Rutledge	− 83 35.6	+ 33 40.2	223
Hawaii					
C.E.K. Mees Solar Obs.		Kahului/Haleakala, Maui	− 156 15.4	+ 20 42.4	3054
Caltech Submillimeter Obs.	R	Hilo/Mauna Kea, Hawaii	− 155 28.5	+ 19 49.3	4072
Canada–France–Hawaii Tel. Corp.	I	Hilo/Mauna Kea, Hawaii	− 155 28.1	+ 19 49.5	4204
Gemini North Obs.		Hilo/Mauna Kea, Hawaii	− 155 28.1	+ 19 49.4	4213
Joint Astronomy Centre	R,I	Hilo/Mauna Kea, Hawaii	− 155 28.2	+ 19 49.3	4198
LURE Obs.	L	Kahului/Haleakala, Maui	− 156 15.5	+ 20 42.6	3049
Mauna Kea Obs.	I	568	Hilo/Mauna Kea, Hawaii	− 155 28.2	+ 19 49.4	4214
Mauna Loa Solar Obs.		Hilo/Mauna Loa, Hawaii	− 155 34.6	+ 19 32.1	3440
Subaru Tel.		Hilo/Mauna Kea, Hawaii	− 155 28.6	+ 19 49.5	4163
Submillimeter Array (SMA)	R	Hilo/Mauna Kea, Hawaii	− 155 28.7	+ 19 49.5	4080
W.M. Keck Obs.	917	Hilo/Mauna Kea, Hawaii	− 155 28.5	+ 19 49.6	4160
Illinois					
Dearborn Obs.	756	Evanston	− 87 40.5	+ 42 03.4	195
Indiana					
Goethe Link Obs.	760	Brooklyn	− 86 23.7	+ 39 33.0	300
Iowa					
Erwin W. Fick Obs.		Boone	− 93 56.5	+ 42 00.3	332
Grant O. Gale Obs.		Grinnell	− 92 43.2	+ 41 45.4	318
North Liberty Radio Obs.	R	North Liberty	− 91 34.5	+ 41 46.3	241
Kansas					
Clyde W. Tombaugh Obs.		Lawrence	− 95 15.0	+ 38 57.6	323
Zenas Crane Obs.		Topeka	− 95 41.8	+ 39 02.2	306
Kentucky					
Moore Obs.		Brownsboro	− 85 31.8	+ 38 20.1	216
Maryland					
GSFC Optical Test Site		Greenbelt	− 76 49.6	+ 39 01.3	53
Maryland Point Obs.	R	Riverside	− 77 13.9	+ 38 22.4	20
Univ. of Maryland Obs.	R	College Park	− 76 57.4	+ 39 00.1	53
Massachusetts					
Clay Center	I01	Brookline	− 71 08.0	+ 42 20.0	47
Five College Radio Ast. Obs.	R	New Salem	− 72 20.7	+ 42 23.5	314
George R. Wallace Jr. Aph. Obs.	810	Westford	− 71 29.1	+ 42 36.6	107
Harvard–Smithsonian Ctr. for Aph.	R	802	Cambridge	− 71 07.8	+ 42 22.8	24
Haystack Obs.	R	254	Westford	− 71 29.3	+ 42 37.4	146
Hopkins Obs.	R	Williamstown	− 73 12.1	+ 42 42.7	215
Judson B. Coit Obs.		Boston	− 71 06.3	+ 42 21.0	——
Maria Mitchell Obs.	811	Nantucket	− 70 06.3	+ 41 16.8	20
Millstone Hill Atm. Sci. Fac.	R	Westford	− 71 29.7	+ 42 36.6	146
Millstone Hill Radar Obs.	R	Westford	− 71 29.5	+ 42 37.0	156
Oak Ridge Obs.	R	Harvard	− 71 33.5	+ 42 30.3	185
Sagamore Hill Radio Obs.	R	Hamilton	− 70 49.3	+ 42 37.9	53
Westford Antenna Facility	R	Westford	− 71 29.7	+ 42 36.8	115
Whitin Obs.		Wellesley	− 71 18.2	+ 42 17.7	32

Observatory Name		MPC Code	Location	East Longitude	Latitude	Height (m.s.l.)
				° ′	° ′	m
USA, cont.						
Michigan						
Brooks Obs.		746	Mount Pleasant	− 84 46.5	+ 43 35.3	258
Michigan State Univ. Obs.		766	East Lansing	− 84 29.0	+ 42 42.4	274
Univ. of Mich. Radio Ast. Obs.	R		Dexter	− 83 56.2	+ 42 23.9	345
Minnesota						
O'Brien Obs.			Marine–on–St. Croix	− 92 46.6	+ 45 10.9	308
Missouri						
Morrison Obs.			Fayette	− 92 41.8	+ 39 09.1	228
Nebraska						
Behlen Obs.			Mead	− 96 26.8	+ 41 10.3	362
Nevada						
MacLean Obs.			Incline Village	− 119 55.7	+ 39 17.7	2546
New Hampshire						
Grainger Obs.			Exeter	− 70 56.5	+ 42 58.8	10
Shattuck Obs.			Hanover	− 72 17.0	+ 43 42.3	183
New Jersey						
Crawford Hill Obs.	R		Holmdel	− 74 11.2	+ 40 23.5	114
FitzRandolph Obs.		785	Princeton	− 74 38.8	+ 40 20.7	43
New Mexico						
Apache Point Obs.		705	Sunspot	− 105 49.2	+ 32 46.8	2781
Capilla Peak Obs.			Albuquerque/Capilla Peak	− 106 24.3	+ 34 41.8	2842
Magdalena Ridge Obs.		H01	Socorro/South Baldy Peak	− 107 11.4	+ 33 59.1	3244
National Radio Ast. Obs.	R		Socorro	− 107 37.1	+ 34 04.7	2124
National Solar Obs.			Sunspot	− 105 49.2	+ 32 47.2	2811
New Mexico State Univ. Obs. Sta.			Las Cruces/Blue Mesa	− 107 09.9	+ 32 29.5	2025
New Mexico State Univ. Obs. Sta.			Las Cruces/Tortugas Mtn.	− 106 41.8	+ 32 17.6	1505
New York						
C.E. Kenneth Mees Obs.			Bristol Springs	− 77 24.5	+ 42 42.0	701
Hartung–Boothroyd Obs.		H81	Ithaca	− 76 23.1	+ 42 27.5	534
Reynolds Obs.		H91	Potsdam	− 74 57.1	+ 44 40.7	140
Rutherfurd Obs.		795	New York	− 73 57.5	+ 40 48.6	25
Syracuse Univ. Obs.			Syracuse	− 76 08.3	+ 43 02.2	160
North Carolina						
Dark Sky Obs.			Boone	− 81 24.7	+ 36 15.1	926
Morehead Obs.			Chapel Hill	− 79 03.0	+ 35 54.8	161
Pisgah Ast. Rsch. Inst. (PARI)			Rosman	− 82 52.3	+ 35 12.0	892
Three College Obs.			Saxapahaw	− 79 24.4	+ 35 56.7	183
Ohio						
Cincinnati Obs.		765	Cincinnati	− 84 25.4	+ 39 08.3	247
Nassau Ast. Obs.		774	Montville	− 81 04.5	+ 41 35.5	390
Perkins Obs.		H69	Delaware	− 83 03.3	+ 40 15.1	280
Ritter Obs.			Toledo	− 83 36.8	+ 41 39.7	201
Pennsylvania						
Allegheny Obs.		778	Pittsburgh	− 80 01.3	+ 40 29.0	380
Bucknell Univ. Obs.			Lewisburg	− 76 52.9	+ 40 57.1	170
Kutztown Univ. Obs.			Kutztown	− 75 47.1	+ 40 30.9	158
Sproul Obs.			Swarthmore	− 75 21.4	+ 39 54.3	63
Strawbridge Obs.	R	437	Haverford	− 75 18.2	+ 40 00.7	116
The Franklin Inst. Obs.			Philadelphia	− 75 10.4	+ 39 57.5	30
Villanova Univ. Obs.	R		Villanova	− 75 20.5	+ 40 02.4	——
Rhode Island						
Ladd Obs.			Providence	− 71 24.0	+ 41 50.3	69
South Carolina						
Melton Memorial Obs.			Columbia	− 81 01.6	+ 33 59.8	98
Univ. of S.C. Radio Obs.	R		Columbia	− 81 01.9	+ 33 59.8	127

Observatory Name	MPC Code	Location	East Longitude	Latitude	Height (m.s.l.)
			° ′	° ′	m
USA, cont.					
Tennessee					
Arthur J. Dyer Obs.	759	Nashville	− 86 48.3	+ 36 03.1	345
Montgomery Bell Academy Obs.		McMinville/Long Mountain	− 85 36.6	+ 35 40.8	538
Texas					
George R. Agassiz Sta.	R	Fort Davis	− 103 56.8	+ 30 38.1	1603
McDonald Obs.	L 711	Fort Davis/Mt. Locke	− 104 01.3	+ 30 40.3	2075
Millimeter Wave Obs.	R	Fort Davis/Mt. Locke	− 104 01.7	+ 30 40.3	2031
Virginia					
Leander McCormick Obs.	780	Charlottesville	− 78 31.4	+ 38 02.0	264
Leander McCormick Obs. Sta.		Charlottesville/Fan Mtn.	− 78 41.6	+ 37 52.7	566
Washington					
Manastash Ridge Obs.	664	Ellensburg/Manastash Ridge	− 120 43.4	+ 46 57.1	1198
West Virginia					
National Radio Ast. Obs.	R 256	Green Bank	− 79 50.5	+ 38 25.8	836
Naval Research Lab. Radio Sta.	R	Sugar Grove	− 79 16.4	+ 38 31.2	705
Wisconsin					
Pine Bluff Obs.		Pine Bluff	− 89 41.1	+ 43 04.7	366
Thompson Obs.		Beloit	− 89 01.9	+ 42 30.3	255
Washburn Obs.	753	Madison	− 89 24.5	+ 43 04.6	292
Yerkes Obs.	754	Williams Bay	− 88 33.4	+ 42 34.2	334
Wyoming					
Wyoming Infrared Obs.	I	Jelm/Jelm Mtn.	− 105 58.6	+ 41 05.9	2943
Uruguay					
Los Molinos Ast. Obs.	844	Montevideo	− 56 11.4	− 34 45.3	110
Montevideo Obs.		Montevideo	− 56 12.8	− 34 54.6	24
Uzbekistan					
Maidanak Ast. Obs.		Kitab/Mt. Maidanak	+ 66 54.0	+ 38 41.1	2500
Tashkent Obs.	192	Tashkent	+ 69 17.6	+ 41 19.5	477
Ulugh Beg Latitude Sta.	186	Kitab	+ 66 52.9	+ 39 08.0	658
Vatican City State					
Vatican Obs.	036	Castel Gandolfo	+ 12 39.1	+ 41 44.8	450
Venezuela					
Cagigal Obs.		Caracas	− 66 55.7	+ 10 30.4	1026
Llano del Hato Obs.	303	Mérida	− 70 52.0	+ 8 47.4	3610

CONTENTS OF SECTION K

CONVERSION FOR PRE–JANUARY AND POST–DECEMBER DATES

Tabulated Date	Equivalent Date in Previous Year	Tabulated Date	Equivalent Date in Previous Year	Tabulated Date	Equivalent Date in Subsequent Year	Tabulated Date	Equivalent Date in Subsequent Year
Jan. − 39	Nov. 22	Jan. − 19	Dec. 12	Dec. 32	Jan. 1	Dec. 52	Jan. 21
− 38	23	− 18	13	33	2	53	22
− 37	24	− 17	14	34	3	54	23
− 36	25	− 16	15	35	4	55	24
− 35	26	− 15	16	36	5	56	25
Jan. − 34	Nov. 27	Jan. − 14	Dec. 17	Dec. 37	Jan. 6	Dec. 57	Jan. 26
− 33	28	− 13	18	38	7	58	27
− 32	29	− 12	19	39	8	59	28
− 31	30	− 11	20	40	9	60	29
− 30	1	− 10	21	41	10	61	30
Jan. − 29	Dec. 2	Jan. − 9	Dec. 22	Dec. 42	Jan. 11	Dec. 62	Jan. 31
− 28	3	− 8	23	43	12	63	Feb. 1
− 27	4	− 7	24	44	13	64	2
− 26	5	− 6	25	45	14	65	3
− 25	6	− 5	26	46	15	66	4
Jan. − 24	Dec. 7	Jan. − 4	Dec. 27	Dec. 47	Jan. 16	Dec. 67	Feb. 5
− 23	8	− 3	28	48	17	68	6
− 22	9	− 2	29	49	18	69	7
− 21	10	− 1	30	50	19	70	8
− 20	11	Jan. 0	Dec. 31	51	20	71	9

JULIAN DAY NUMBER, 1950–2000

OF DAY COMMENCING AT GREENWICH NOON ON:

Year	Jan. 0	Feb. 0	Mar. 0	Apr. 0	May 0	June 0	July 0	Aug. 0	Sept. 0	Oct. 0	Nov. 0	Dec. 0
1950	243 3282	3313	3341	3372	3402	3433	3463	3494	3525	3555	3586	3616
1951	3647	3678	3706	3737	3767	3798	3828	3859	3890	3920	3951	3981
1952	4012	4043	4072	4103	4133	4164	4194	4225	4256	4286	4317	4347
1953	4378	4409	4437	4468	4498	4529	4559	4590	4621	4651	4682	4712
1954	4743	4774	4802	4833	4863	4894	4924	4955	4986	5016	5047	5077
1955	243 5108	5139	5167	5198	5228	5259	5289	5320	5351	5381	5412	5442
1956	5473	5504	5533	5564	5594	5625	5655	5686	5717	5747	5778	5808
1957	5839	5870	5898	5929	5959	5990	6020	6051	6082	6112	6143	6173
1958	6204	6235	6263	6294	6324	6355	6385	6416	6447	6477	6508	6538
1959	6569	6600	6628	6659	6689	6720	6750	6781	6812	6842	6873	6903
1960	243 6934	6965	6994	7025	7055	7086	7116	7147	7178	7208	7239	7269
1961	7300	7331	7359	7390	7420	7451	7481	7512	7543	7573	7604	7634
1962	7665	7696	7724	7755	7785	7816	7846	7877	7908	7938	7969	7999
1963	8030	8061	8089	8120	8150	8181	8211	8242	8273	8303	8334	8364
1964	8395	8426	8455	8486	8516	8547	8577	8608	8639	8669	8700	8730
1965	243 8761	8792	8820	8851	8881	8912	8942	8973	9004	9034	9065	9095
1966	9126	9157	9185	9216	9246	9277	9307	9338	9369	9399	9430	9460
1967	9491	9522	9550	9581	9611	9642	9672	9703	9734	9764	9795	9825
1968	243 9856	9887	9916	9947	9977	*0008	*0038	*0069	*0100	*0130	*0161	*0191
1969	244 0222	0253	0281	0312	0342	0373	0403	0434	0465	0495	0526	0556
1970	244 0587	0618	0646	0677	0707	0738	0768	0799	0830	0860	0891	0921
1971	0952	0983	1011	1042	1072	1103	1133	1164	1195	1225	1256	1286
1972	1317	1348	1377	1408	1438	1469	1499	1530	1561	1591	1622	1652
1973	1683	1714	1742	1773	1803	1834	1864	1895	1926	1956	1987	2017
1974	2048	2079	2107	2138	2168	2199	2229	2260	2291	2321	2352	2382
1975	244 2413	2444	2472	2503	2533	2564	2594	2625	2656	2686	2717	2747
1976	2778	2809	2838	2869	2899	2930	2960	2991	3022	3052	3083	3113
1977	3144	3175	3203	3234	3264	3295	3325	3356	3387	3417	3448	3478
1978	3509	3540	3568	3599	3629	3660	3690	3721	3752	3782	3813	3843
1979	3874	3905	3933	3964	3994	4025	4055	4086	4117	4147	4178	4208
1980	244 4239	4270	4299	4330	4360	4391	4421	4452	4483	4513	4544	4574
1981	4605	4636	4664	4695	4725	4756	4786	4817	4848	4878	4909	4939
1982	4970	5001	5029	5060	5090	5121	5151	5182	5213	5243	5274	5304
1983	5335	5366	5394	5425	5455	5486	5516	5547	5578	5608	5639	5669
1984	5700	5731	5760	5791	5821	5852	5882	5913	5944	5974	6005	6035
1985	244 6066	6097	6125	6156	6186	6217	6247	6278	6309	6339	6370	6400
1986	6431	6462	6490	6521	6551	6582	6612	6643	6674	6704	6735	6765
1987	6796	6827	6855	6886	6916	6947	6977	7008	7039	7069	7100	7130
1988	7161	7192	7221	7252	7282	7313	7343	7374	7405	7435	7466	7496
1989	7527	7558	7586	7617	7647	7678	7708	7739	7770	7800	7831	7861
1990	244 7892	7923	7951	7982	8012	8043	8073	8104	8135	8165	8196	8226
1991	8257	8288	8316	8347	8377	8408	8438	8469	8500	8530	8561	8591
1992	8622	8653	8682	8713	8743	8774	8804	8835	8866	8896	8927	8957
1993	8988	9019	9047	9078	9108	9139	9169	9200	9231	9261	9292	9322
1994	9353	9384	9412	9443	9473	9504	9534	9565	9596	9626	9657	9687
1995	244 9718	9749	9777	9808	9838	9869	9899	9930	9961	9991	*0022	*0052
1996	245 0083	0114	0143	0174	0204	0235	0265	0296	0327	0357	0388	0418
1997	0449	0480	0508	0539	0569	0600	0630	0661	0692	0722	0753	0783
1998	0814	0845	0873	0904	0934	0965	0995	1026	1057	1087	1118	1148
1999	1179	1210	1238	1269	1299	1330	1360	1391	1422	1452	1483	1513
2000	245 1544	1575	1604	1635	1665	1696	1726	1757	1788	1818	1849	1879

OF DAY COMMENCING AT GREENWICH NOON ON:

Year	Jan. 0	Feb. 0	Mar. 0	Apr. 0	May 0	June 0	July 0	Aug. 0	Sept. 0	Oct. 0	Nov. 0	Dec. 0
2000	245 1544	1575	1604	1635	1665	1696	1726	1757	1788	1818	1849	1879
2001	1910	1941	1969	2000	2030	2061	2091	2122	2153	2183	2214	2244
2002	2275	2306	2334	2365	2395	2426	2456	2487	2518	2548	2579	2609
2003	2640	2671	2699	2730	2760	2791	2821	2852	2883	2913	2944	2974
2004	3005	3036	3065	3096	3126	3157	3187	3218	3249	3279	3310	3340
2005	245 3371	3402	3430	3461	3491	3522	3552	3583	3614	3644	3675	3705
2006	3736	3767	3795	3826	3856	3887	3917	3948	3979	4009	4040	4070
2007	4101	4132	4160	4191	4221	4252	4282	4313	4344	4374	4405	4435
2008	4466	4497	4526	4557	4587	4618	4648	4679	4710	4740	4771	4801
2009	4832	4863	4891	4922	4952	4983	5013	5044	5075	5105	5136	5166
2010	245 5197	5228	5256	5287	5317	5348	5378	5409	5440	5470	5501	5531
2011	5562	5593	5621	5652	5682	5713	5743	5774	5805	5835	5866	5896
2012	5927	5958	5987	6018	6048	6079	6109	6140	6171	6201	6232	6262
2013	6293	6324	6352	6383	6413	6444	6474	6505	6536	6566	6597	6627
2014	6658	6689	6717	6748	6778	6809	6839	6870	6901	6931	6962	6992
2015	245 7023	7054	7082	7113	7143	7174	7204	7235	7266	7296	7327	7357
2016	7388	7419	7448	7479	7509	7540	7570	7601	7632	7662	7693	7723
2017	7754	7785	7813	7844	7874	7905	7935	7966	7997	8027	8058	8088
2018	8119	8150	8178	8209	8239	8270	8300	8331	8362	8392	8423	8453
2019	8484	8515	8543	8574	8604	8635	8665	8696	8727	8757	8788	8818
2020	245 8849	8880	8909	8940	8970	9001	9031	9062	9093	9123	9154	9184
2021	9215	9246	9274	9305	9335	9366	9396	9427	9458	9488	9519	9549
2022	9580	9611	9639	9670	9700	9731	9761	9792	9823	9853	9884	9914
2023	245 9945	9976	*0004	*0035	*0065	*0096	*0126	*0157	*0188	*0218	*0249	*0279
2024	246 0310	0341	0370	0401	0431	0462	0492	0523	0554	0584	0615	0645
2025	246 0676	0707	0735	0766	0796	0827	0857	0888	0919	0949	0980	1010
2026	1041	1072	1100	1131	1161	1192	1222	1253	1284	1314	1345	1375
2027	1406	1437	1465	1496	1526	1557	1587	1618	1649	1679	1710	1740
2028	1771	1802	1831	1862	1892	1923	1953	1984	2015	2045	2076	2106
2029	2137	2168	2196	2227	2257	2288	2318	2349	2380	2410	2441	2471
2030	246 2502	2533	2561	2592	2622	2653	2683	2714	2745	2775	2806	2836
2031	2867	2898	2926	2957	2987	3018	3048	3079	3110	3140	3171	3201
2032	3232	3263	3292	3323	3353	3384	3414	3445	3476	3506	3537	3567
2033	3598	3629	3657	3688	3718	3749	3779	3810	3841	3871	3902	3932
2034	3963	3994	4022	4053	4083	4114	4144	4175	4206	4236	4267	4297
2035	246 4328	4359	4387	4418	4448	4479	4509	4540	4571	4601	4632	4662
2036	4693	4724	4753	4784	4814	4845	4875	4906	4937	4967	4998	5028
2037	5059	5090	5118	5149	5179	5210	5240	5271	5302	5332	5363	5393
2038	5424	5455	5483	5514	5544	5575	5605	5636	5667	5697	5728	5758
2039	5789	5820	5848	5879	5909	5940	5970	6001	6032	6062	6093	6123
2040	246 6154	6185	6214	6245	6275	6306	6336	6367	6398	6428	6459	6489
2041	6520	6551	6579	6610	6640	6671	6701	6732	6763	6793	6824	6854
2042	6885	6916	6944	6975	7005	7036	7066	7097	7128	7158	7189	7219
2043	7250	7281	7309	7340	7370	7401	7431	7462	7493	7523	7554	7584
2044	7615	7646	7675	7706	7736	7767	7797	7828	7859	7889	7920	7950
2045	246 7981	8012	8040	8071	8101	8132	8162	8193	8224	8254	8285	8315
2046	8346	8377	8405	8436	8466	8497	8527	8558	8589	8619	8650	8680
2047	8711	8742	8770	8801	8831	8862	8892	8923	8954	8984	9015	9045
2048	9076	9107	9136	9167	9197	9228	9258	9289	9320	9350	9381	9411
2049	9442	9473	9501	9532	9562	9593	9623	9654	9685	9715	9746	9776
2050	246 9807	9838	9866	9897	9927	9958	9988	*0019	*0050	*0080	*0111	*0141

JULIAN DAY NUMBER, 2050–2100

OF DAY COMMENCING AT GREENWICH NOON ON:

Year	Jan. 0	Feb. 0	Mar. 0	Apr. 0	May 0	June 0	July 0	Aug. 0	Sept. 0	Oct. 0	Nov. 0	Dec. 0
2050	246 9807	9838	9866	9897	9927	9958	9988	*0019	*0050	*0080	*0111	*0141
2051	247 0172	0203	0231	0262	0292	0323	0353	0384	0415	0445	0476	0506
2052	0537	0568	0597	0628	0658	0689	0719	0750	0781	0811	0842	0872
2053	0903	0934	0962	0993	1023	1054	1084	1115	1146	1176	1207	1237
2054	1268	1299	1327	1358	1388	1419	1449	1480	1511	1541	1572	1602
2055	247 1633	1664	1692	1723	1753	1784	1814	1845	1876	1906	1937	1967
2056	1998	2029	2058	2089	2119	2150	2180	2211	2242	2272	2303	2333
2057	2364	2395	2423	2454	2484	2515	2545	2576	2607	2637	2668	2698
2058	2729	2760	2788	2819	2849	2880	2910	2941	2972	3002	3033	3063
2059	3094	3125	3153	3184	3214	3245	3275	3306	3337	3367	3398	3428
2060	247 3459	3490	3519	3550	3580	3611	3641	3672	3703	3733	3764	3794
2061	3825	3856	3884	3915	3945	3976	4006	4037	4068	4098	4129	4159
2062	4190	4221	4249	4280	4310	4341	4371	4402	4433	4463	4494	4524
2063	4555	4586	4614	4645	4675	4706	4736	4767	4798	4828	4859	4889
2064	4920	4951	4980	5011	5041	5072	5102	5133	5164	5194	5225	5255
2065	247 5286	5317	5345	5376	5406	5437	5467	5498	5529	5559	5590	5620
2066	5651	5682	5710	5741	5771	5802	5832	5863	5894	5924	5955	5985
2067	6016	6047	6075	6106	6136	6167	6197	6228	6259	6289	6320	6350
2068	6381	6412	6441	6472	6502	6533	6563	6594	6625	6655	6686	6716
2069	6747	6778	6806	6837	6867	6898	6928	6959	6990	7020	7051	7081
2070	247 7112	7143	7171	7202	7232	7263	7293	7324	7355	7385	7416	7446
2071	7477	7508	7536	7567	7597	7628	7658	7689	7720	7750	7781	7811
2072	7842	7873	7902	7933	7963	7994	8024	8055	8086	8116	8147	8177
2073	8208	8239	8267	8298	8328	8359	8389	8420	8451	8481	8512	8542
2074	8573	8604	8632	8663	8693	8724	8754	8785	8816	8846	8877	8907
2075	247 8938	8969	8997	9028	9058	9089	9119	9150	9181	9211	9242	9272
2076	9303	9334	9363	9394	9424	9455	9485	9516	9547	9577	9608	9638
2077	247 9669	9700	9728	9759	9789	9820	9850	9881	9912	9942	9973	*0003
2078	248 0034	0065	0093	0124	0154	0185	0215	0246	0277	0307	0338	0368
2079	0399	0430	0458	0489	0519	0550	0580	0611	0642	0672	0703	0733
2080	248 0764	0795	0824	0855	0885	0916	0946	0977	1008	1038	1069	1099
2081	1130	1161	1189	1220	1250	1281	1311	1342	1373	1403	1434	1464
2082	1495	1526	1554	1585	1615	1646	1676	1707	1738	1768	1799	1829
2083	1860	1891	1919	1950	1980	2011	2041	2072	2103	2133	2164	2194
2084	2225	2256	2285	2316	2346	2377	2407	2438	2469	2499	2530	2560
2085	248 2591	2622	2650	2681	2711	2742	2772	2803	2834	2864	2895	2925
2086	2956	2987	3015	3046	3076	3107	3137	3168	3199	3229	3260	3290
2087	3321	3352	3380	3411	3441	3472	3502	3533	3564	3594	3625	3655
2088	3686	3717	3746	3777	3807	3838	3868	3899	3930	3960	3991	4021
2089	4052	4083	4111	4142	4172	4203	4233	4264	4295	4325	4356	4386
2090	248 4417	4448	4476	4507	4537	4568	4598	4629	4660	4690	4721	4751
2091	4782	4813	4841	4872	4902	4933	4963	4994	5025	5055	5086	5116
2092	5147	5178	5207	5238	5268	5299	5329	5360	5391	5421	5452	5482
2093	5513	5544	5572	5603	5633	5664	5694	5725	5756	5786	5817	5847
2094	5878	5909	5937	5968	5998	6029	6059	6090	6121	6151	6182	6212
2095	248 6243	6274	6302	6333	6363	6394	6424	6455	6486	6516	6547	6577
2096	6608	6639	6668	6699	6729	6760	6790	6821	6852	6882	6913	6943
2097	6974	7005	7033	7064	7094	7125	7155	7186	7217	7247	7278	7308
2098	7339	7370	7398	7429	7459	7490	7520	7551	7582	7612	7643	7673
2099	7704	7735	7763	7794	7824	7855	7885	7916	7947	7977	8008	8038
2100	248 8069	8100	8128	8159	8189	8220	8250	8281	8312	8342	8373	8403

The Julian date (JD) corresponding to any instant is the interval in mean solar days elapsed since 4713 BC January 1 at Greenwich mean noon (12^h UT). To determine the JD at 0^h UT for a given Gregorian calendar date, sum the values from Table A for century, Table B for year and Table C for month; then add the day of the month. Julian dates for the current year are given on page B3.

A.   Julian date at January 0^d 0^h UT of centurial year

Year	1600†	1700	1800	1900	2000†	2100
Julian date	230 5447·5	234 1971·5	237 8495·5	241 5019·5	245 1544·5	248 8068·5

† Centurial years that are exactly divisible by 400 are leap years in the Gregorian calendar. To determine the JD for any date in such a year, subtract 1 from the JD in Table A and use the leap year portion of Table C. (For 1600 and 2000 the JDs tabulated in Table A are actually for January 1^d 0^h.)

B.   Addition to give Julian date for January 0^d 0^h UT of year

Year	Add	Year	Add	Year	Add	Year	Add
0	0	25	9131	50	18262	75	27393
1	365	26	9496	51	18627	76*	27758
2	730	27	9861	52*	18992	77	28124
3	1095	28*	10226	53	19358	78	28489
4*	1460	29	10592	54	19723	79	28854
5	1826	30	10957	55	20088	80*	29219
6	2191	31	11322	56*	20453	81	29585
7	2556	32*	11687	57	20819	82	29950
8*	2921	33	12053	58	21184	83	30315
9	3287	34	12418	59	21549	84*	30680
10	3652	35	12783	60*	21914	85	31046
11	4017	36*	13148	61	22280	86	31411
12*	4382	37	13514	62	22645	87	31776
13	4748	38	13879	63	23010	88*	32141
14	5113	39	14244	64*	23375	89	32507
15	5478	40*	14609	65	23741	90	32872
16*	5843	41	14975	66	24106	91	33237
17	6209	42	15340	67	24471	92*	33602
18	6574	43	15705	68*	24836	93	33968
19	6939	44*	16070	69	25202	94	34333
20*	7304	45	16436	70	25567	95	34698
21	7670	46	16801	71	25932	96*	35063
22	8035	47	17166	72*	26297	97	35429
23	8400	48*	17531	73	26663	98	35794
24*	8765	49	17897	74	27028	99	36159

Examples

a. 1981 November 14

Table A		
1900 Jan. 0	241 5019·5
+ Table B	+ 2 9585
1981 Jan. 0	244 4604·5
+ Table C (n.y.)	+ 304
1981 Nov. 0	244 4908·5
+ Day of Month	+ 14
1981 Nov. 14	244 4922·5

b. 2000 September 24

Table A	
2000 Jan. 1	245 1544·5
− 1 (for 2000)	− 1
2000 Jan. 0	245 1543·5
+ Table B	+ 0
2000 Jan. 0	245 1543·5
+ Table C (l.y.)	+ 244
2000 Sept. 0	245 1787·5
+ Day of Month	+ 24
2000 Sept. 24	245 1811·5

c. 2006 June 21

Table A	
2000 Jan. 1	245 1544·5
+ Table B	+ 2191
2006 Jan. 0	245 3735·5
+ Table C (n.y.)	+ 151
2006 June 0	245 3886·5
+ Day of Month	+ 21
2006 June 21	245 3907·5

* Leap years

C.   Addition to give Julian date for beginning of month (0^d 0^h UT)

	Jan.	Feb.	Mar.	Apr.	May	June	July	Aug.	Sept.	Oct.	Nov.	Dec.
Normal year	0	31	59	90	120	151	181	212	243	273	304	334
Leap year	0	31	60	91	121	152	182	213	244	274	305	335

WARNING: prior to 1925 Greenwich mean noon (i.e. 12^h UT) was usually denoted by 0^h GMT in astronomical publications.

Conversions between Calendar dates and Julian dates may be performed using the USNO utility which is located under "Data Services" on the Astronomical Applications web pages (see page x).

Selected Astronomical Constants

The IAU 2009 System of Astronomical Constants (1) published in the IAU WG report on Numerical Standards for Fundamental Astronomy (NSFA, 2011) and updated by resolution B2 of the IAU XXVIII General Assembly (2012), (2) planetary equatorial radii, from the IAU WG report on Cartographic Coordinates and Rotational Elements: 2015 (2018), and (3) other useful constants. Tabulated for each quantity is its description, symbol and value, and, as appropriate, its uncertainty in units in which the quantity is given. Further information is given at the foot of the table on the next page.

1 IAU 2009/2012 System of Astronomical Constants[1]

1.1 Natural Defining Constant:

Speed of light	$c = 299\ 792\ 458$ m s^{-1}	

1.2 Auxiliary Defining Constants:

Astronomical unit[2]	$au = 149\ 597\ 870\ 700$ m	
$1 - \mathrm{d(TT)/d(TCG)}$	$L_\mathrm{G} = 6{\cdot}969\ 290\ 134 \times 10^{-10}$	
$1 - \mathrm{d(TDB)/d(TCB)}$	$L_\mathrm{B} = 1{\cdot}550\ 519\ 768 \times 10^{-8}$	
TDB$-$TCB at $T_0 = 244\ 3144{\cdot}5003\ 725$(TCB)	$\mathrm{TDB}_0 = -6{\cdot}55 \times 10^{-5}$ s	
Earth rotation angle (ERA) at J2000·0 UT1	$\theta_0 = 0{\cdot}779\ 057\ 273\ 2640$ revolutions	
Rate of advance of ERA	$\dot\theta = 1{\cdot}002\ 737\ 811\ 911\ 354\ 48$ revolutions UT1-day^{-1}	

1.3 Natural Measurable Constant:

Constant of gravitation	$G = 6{\cdot}674\ 28 \times 10^{-11}$ m^3 kg^{-1} s^{-2}	$\pm 6{\cdot}7 \times 10^{-15}$

1.4 Other Constants:

Average value of $1 - \mathrm{d(TCG)/d(TCB)}$	$L_\mathrm{C} = 1{\cdot}480\ 826\ 867\ 41 \times 10^{-8}$	$\pm 2 \times 10^{-17}$

1.5 Body Constants:

Solar mass parameter[2]	$GM_\mathrm{S} = 1{\cdot}327\ 124\ 420\ 99 \times 10^{20}$ m^3 s^{-2} (TCB)	$\pm 1 \times 10^{10}$
	$= 1{\cdot}327\ 124\ 400\ 41 \times 10^{20}$ m^3 s^{-2} (TDB)	$\pm 1 \times 10^{10}$
Equatorial radius for Earth	$a_\mathrm{E} = a_\mathrm{e} = 6\ 378\ 136{\cdot}6$ m (TT)	$\pm 0{\cdot}1$
Dynamical form-factor for the Earth	$J_2 = 0{\cdot}001\ 082\ 635\ 9$	$\pm 1 \times 10^{-10}$
Time rate of change in J_2	$\dot J_2 = -3{\cdot}0 \times 10^{-9}$ cy^{-1}	$\pm 6 \times 10^{-10}$
Geocentric gravitational constant	$GM_\mathrm{E} = 3{\cdot}986\ 004\ 418 \times 10^{14}$ m^3 s^{-2} (TCB)	$\pm 8 \times 10^5$
	$= 3{\cdot}986\ 004\ 415 \times 10^{14}$ m^3 s^{-2} (TT)	$\pm 8 \times 10^5$
	$= 3{\cdot}986\ 004\ 356 \times 10^{14}$ m^3 s^{-2} (TDB)	$\pm 8 \times 10^5$
Potential of the geoid	$W_0 = 6{\cdot}263\ 685\ 34 \times 10^7$ m^2 s^{-2}	$\pm 0{\cdot}5$
Nominal mean angular velocity of the Earth	$\omega = 7{\cdot}292\ 115 \times 10^{-5}$ rad s^{-1} (TT)	
Mass Ratio: Moon to Earth	$M_\mathrm{M}/M_\mathrm{E} = 1{\cdot}230\ 003\ 71 \times 10^{-2}$	$\pm 4 \times 10^{-10}$

Ratio of the mass of the Sun to the mass of the Body

Mass Ratio: Sun to Mercury[3]	$M_\mathrm{S}/M_\mathrm{Me} = 6{\cdot}023\ 6 \times 10^6$	$\pm 3 \times 10^2$
Mass Ratio: Sun to Venus	$M_\mathrm{S}/M_\mathrm{Ve} = 4{\cdot}085\ 237\ 19 \times 10^5$	$\pm 8 \times 10^{-3}$
Mass Ratio: Sun to Mars	$M_\mathrm{S}/M_\mathrm{Ma} = 3{\cdot}098\ 703\ 59 \times 10^6$	$\pm 2 \times 10^{-2}$
Mass Ratio: Sun to Jupiter	$M_\mathrm{S}/M_\mathrm{J} = 1{\cdot}047\ 348\ 644 \times 10^3$	$\pm 1{\cdot}7 \times 10^{-5}$
Mass Ratio: Sun to Saturn	$M_\mathrm{S}/M_\mathrm{Sa} = 3{\cdot}497\ 9018 \times 10^3$	$\pm 1 \times 10^{-4}$
Mass Ratio: Sun to Uranus[3]	$M_\mathrm{S}/M_\mathrm{U} = 2{\cdot}290\ 298 \times 10^4$	$\pm 3 \times 10^{-2}$
Mass Ratio: Sun to Neptune	$M_\mathrm{S}/M_\mathrm{N} = 1{\cdot}941\ 226 \times 10^4$	$\pm 3 \times 10^{-2}$
Mass Ratio: Sun to (134340) Pluto[3]	$M_\mathrm{S}/M_\mathrm{P} = 1{\cdot}365\ 66 \times 10^8$	$\pm 2{\cdot}8 \times 10^4$
Mass Ratio: Sun to (136199) Eris	$M_\mathrm{S}/M_\mathrm{Eris} = 1{\cdot}191 \times 10^8$	$\pm 1{\cdot}4 \times 10^6$

Ratio of the mass of the Body to the mass of the Sun

Mass Ratio: (1) Ceres to Sun[3]	$M_\mathrm{Ceres}/M_\mathrm{S} = 4{\cdot}72 \times 10^{-10}$	$\pm 3 \times 10^{-12}$
Mass Ratio: (2) Pallas to Sun	$M_\mathrm{Pallas}/M_\mathrm{S} = 1{\cdot}03 \times 10^{-10}$	$\pm 3 \times 10^{-12}$
Mass Ratio: (4) Vesta to Sun[3]	$M_\mathrm{Vesta}/M_\mathrm{S} = 1{\cdot}35 \times 10^{-10}$	$\pm 3 \times 10^{-12}$

All values of the masses from Mars to Eris are the sum of the masses of the celestial body and its satellites.

1.6 Initial Values at J2000·0:

Mean obliquity of the ecliptic	$\epsilon_\mathrm{J2000{\cdot}0} = \epsilon_0 = 23° \ 26' \ 21{\cdot}''406 \ = 84\ 381{\cdot}''406$	$\pm 0{\cdot}''001$

Selected Astronomical Constants (continued)

2   Constants from IAU WG on Cartographic Coordinates and Rotational Elements 2015

Equatorial radii in km:

Mercury	2 440·53	±0·04	Jupiter	71 492 ± 4	(134340) Pluto	1 188·3	±1·6
Venus	6 051·8	±1·0	Saturn	60 268 ± 4			
Earth	6 378·1366	±0·0001	Uranus	25 559 ± 4	Moon (mean)	1 737·4	±1
Mars	3 396·19	±0·1	Neptune	24 764 ±15	Sun	695 700[4]	

3   Other Constants

Light-time for unit distance[2]	$\tau_A = au/c = 499\!\!\overset{s}{.}004\ 783\ 84$	
	$1/\tau_A = 173\cdot144\ 632\ 674$ au/d	
Mass Ratio: Earth to Moon	$M_E/M_M = 1/\mu = 81\cdot300\ 568$	$\pm3 \times 10^{-6}$
Mass Ratio: Sun to Earth	$GM_S/GM_E = 332\ 946\cdot0487$	$\pm7 \times 10^{-4}$
Mass of the Sun	$M_S = S = GM_S/G = 1\cdot9884 \times 10^{30}$ kg	$\pm2 \times 10^{26}$
Mass of the Earth	$M_E = E = GM_E/G = 5\cdot9722 \times 10^{24}$ kg	$\pm6 \times 10^{20}$
Mass Ratio: Sun to Earth + Moon	$(S/E)/(1 + \mu) = 328\ 900\cdot5596$	$\pm7 \times 10^{-4}$
Earth, reciprocal of flattening (IERS 2010)	$1/f = 298\cdot256\ 42$	$\pm1 \times 10^{-5}$

Rates of precession at J2000·0 (IAU 2006)

General precession in longitude	$p_A = 5028\!\!\overset{''}{.}796\ 195$ per Julian century (TDB)
Rate of change in obliquity	$\dot\epsilon = -46\!\!\overset{''}{.}836\ 769$ per Julian century (TDB)
Precession of the equator in longitude	$\dot\psi = 5038\!\!\overset{''}{.}481\ 507$ per Julian century (TDB)
Precession of the equator in obliquity	$\dot\omega = -0\!\!\overset{''}{.}025\ 754$ per Julian century (TDB)
Constant of nutation at epoch J2000·0	$N = 9\!\!\overset{''}{.}2052\ 331$
Solar parallax	$\pi_\odot = \sin^{-1}(a_e/au) = 8\!\!\overset{''}{.}794\ 143$
Constant of aberration at epoch J2000·0	$\kappa = 20\!\!\overset{''}{.}495\ 51$

Masses of the larger natural satellites: mass satellite/mass of the planet (see pages F3, F5)

Jupiter	Io	$4\cdot705 \times 10^{-5}$	**Uranus**	Ariel	$1\cdot49 \times 10^{-5}$
	Europa	$2\cdot528 \times 10^{-5}$		Umbriel	$1\cdot41 \times 10^{-5}$
	Ganymede	$7\cdot805 \times 10^{-5}$		Titania	$3\cdot94 \times 10^{-5}$
	Callisto	$5\cdot667 \times 10^{-5}$		Oberon	$3\cdot32 \times 10^{-5}$
Saturn	Titan	$2\cdot367 \times 10^{-4}$	**Neptune**	Triton	$2\cdot089 \times 10^{-4}$

The IAU Working Group on Numerical Standards for Fundamental Astronomy maintains a website, https://iau-a3.gitlab.io/NSFA/index.html, containing an agreed list of **Current Best Estimates**, with detailed information about the constants and relevant references. See footnotes below for more details.

This almanac, in certain circumstances, may not use constants from this list. The reasons and those constants used will be given at the end of Section L *Notes and References.*

The units meter (m), kilogram (kg), and SI second (s) are the units of length, mass and time in the International System of Units (SI).

The astronomical unit of time is a time interval of one day (D) of 86400 seconds. An interval of 36525 days is one Julian century. Some constants that involve time, either directly or indirectly need to be compatible with the underlying time scales, for example TDB-compatible. To specify the time scale that the value of the constant is compatible with, (TDB), (TCB) or (TT) is included after the unit.

[1] The IAU 2009 System of Astronomical Constants classifies the constants into the groups shown. This may be redefined and users should check the NSFA website for updates.

[2] The astronomical unit of length (au) in metres is re-defined as a conventional unit of length (resolution B2, IAU XXVIII GA 2012) in agreement with the value adopted by IAU 2009 Resolution B2; it is to be used with all time scales such as TCB, TDB, TCG, TT, etc. Also the heliocentric gravitational constant GM_S is renamed the solar mass parameter. Further details are given in Section L *Notes and References.*

[3] In May 2015 new best estimates were agreed (see http://asa.hmnao.com). Values printed here are those of the IAU 2009 System of Astronomical Constants.

[4] The value given here is that from the report of the IAU WG on Cartographic Coordinates and Rotational Elements 2015 (2018). However, computation of the phenomena in this almanac use a value of 696,000 km. Further details are given in Section L *Notes and References* for Section K.

$$\Delta T = \text{ET} - \text{UT}$$

Year	ΔT	Year	ΔT	Year	ΔT	Year	ΔT	Year	ΔT	Year	ΔT
	s		s		s		s		s		s
1620·0	+124	1665·0	+32	1710·0	+10	1755·0	+14	1800·0	+13·7	1845·0	+6·3
1621	+119	1666	+31	1711	+10	1756	+14	1801	+13·4	1846	+6·5
1622	+115	1667	+30	1712	+10	1757	+14	1802	+13·1	1847	+6·6
1623	+110	1668	+28	1713	+10	1758	+15	1803	+12·9	1848	+6·8
1624	+106	1669	+27	1714	+10	1759	+15	1804	+12·7	1849	+6·9
1625·0	+102	1670·0	+26	1715·0	+10	1760·0	+15	1805·0	+12·6	1850·0	+7·1
1626	+ 98	1671	+25	1716	+10	1761	+15	1806	+12·5	1851	+7·2
1627	+ 95	1672	+24	1717	+11	1762	+15	1807	+12·5	1852	+7·3
1628	+ 91	1673	+23	1718	+11	1763	+15	1808	+12·5	1853	+7·4
1629	+ 88	1674	+22	1719	+11	1764	+15	1809	+12·5	1854	+7·5
1630·0	+ 85	1675·0	+21	1720·0	+11	1765·0	+16	1810·0	+12·5	1855·0	+7·6
1631	+ 82	1676	+20	1721	+11	1766	+16	1811	+12·5	1856	+7·7
1632	+ 79	1677	+19	1722	+11	1767	+16	1812	+12·5	1857	+7·7
1633	+ 77	1678	+18	1723	+11	1768	+16	1813	+12·5	1858	+7·8
1634	+ 74	1679	+17	1724	+11	1769	+16	1814	+12·5	1859	+7·8
1635·0	+ 72	1680·0	+16	1725·0	+11	1770·0	+16	1815·0	+12·5	1860·0	+7·88
1636	+ 70	1681	+15	1726	+11	1771	+16	1816	+12·5	1861	+7·82
1637	+ 67	1682	+14	1727	+11	1772	+16	1817	+12·4	1862	+7·54
1638	+ 65	1683	+14	1728	+11	1773	+16	1818	+12·3	1863	+6·97
1639	+ 63	1684	+13	1729	+11	1774	+16	1819	+12·2	1864	+6·40
1640·0	+ 62	1685·0	+12	1730·0	+11	1775·0	+17	1820·0	+12·0	1865·0	+6·02
1641	+ 60	1686	+12	1731	+11	1776	+17	1821	+11·7	1866	+5·41
1642	+ 58	1687	+11	1732	+11	1777	+17	1822	+11·4	1867	+4·10
1643	+ 57	1688	+11	1733	+11	1778	+17	1823	+11·1	1868	+2·92
1644	+ 55	1689	+10	1734	+12	1779	+17	1824	+10·6	1869	+1·82
1645·0	+ 54	1690·0	+10	1735·0	+12	1780·0	+17	1825·0	+10·2	1870·0	+1·61
1646	+ 53	1691	+10	1736	+12	1781	+17	1826	+ 9·6	1871	+0·10
1647	+ 51	1692	+ 9	1737	+12	1782	+17	1827	+ 9·1	1872	−1·02
1648	+ 50	1693	+ 9	1738	+12	1783	+17	1828	+ 8·6	1873	−1·28
1649	+ 49	1694	+ 9	1739	+12	1784	+17	1829	+ 8·0	1874	−2·69
1650·0	+ 48	1695·0	+ 9	1740·0	+12	1785·0	+17	1830·0	+ 7·5	1875·0	−3·24
1651	+ 47	1696	+ 9	1741	+12	1786	+17	1831	+ 7·0	1876	−3·64
1652	+ 46	1697	+ 9	1742	+12	1787	+17	1832	+ 6·6	1877	−4·54
1653	+ 45	1698	+ 9	1743	+12	1788	+17	1833	+ 6·3	1878	−4·71
1654	+ 44	1699	+ 9	1744	+13	1789	+17	1834	+ 6·0	1879	−5·11
1655·0	+ 43	1700·0	+ 9	1745·0	+13	1790·0	+17	1835·0	+ 5·8	1880·0	−5·40
1656	+ 42	1701	+ 9	1746	+13	1791	+17	1836	+ 5·7	1881	−5·42
1657	+ 41	1702	+ 9	1747	+13	1792	+16	1837	+ 5·6	1882	−5·20
1658	+ 40	1703	+ 9	1748	+13	1793	+16	1838	+ 5·6	1883	−5·46
1659	+ 38	1704	+ 9	1749	+13	1794	+16	1839	+ 5·6	1884	−5·46
1660·0	+ 37	1705·0	+ 9	1750·0	+13	1795·0	+16	1840·0	+ 5·7	1885·0	−5·79
1661	+ 36	1706	+ 9	1751	+14	1796	+15	1841	+ 5·8	1886	−5·63
1662	+ 35	1707	+ 9	1752	+14	1797	+15	1842	+ 5·9	1887	−5·64
1663	+ 34	1708	+10	1753	+14	1798	+14	1843	+ 6·1	1888	−5·80
1664·0	+ 33	1709·0	+10	1754·0	+14	1799·0	+14	1844·0	+ 6·2	1889·0	−5·66

For years 1620 to 1955 the table is based on an adopted value of $-26''/\text{cy}^2$ for the tidal term ($\dot{n}$) in the mean motion of the Moon from the results of analyses of observations of lunar occultations of stars, eclipses of the Sun, and transits of Mercury (see F. R. Stephenson and L. V. Morrison, *Phil. Trans. R. Soc. London*, 1984, A **313**, 47-70).

To calculate the values of ΔT for a different value of the tidal term ($\dot{n}'$), add to the tabulated value of ΔT

$$-0.000\ 091\ (\dot{n}' + 26)\ (\text{year} - 1955)^2 \text{ seconds}$$

For 1956 through 1997 the table is derived from the direct comparison between TAI and UT1 taken from the Annual Reports of the BIH and from the IERS Bulletin B for 1988 onwards.

1890–1983, $\Delta T = $ ET − UT
1984–2000, $\Delta T = $ TDT − UT   Extrapolated   TAI − UTC
From 2001, $\Delta T = $ TT − UT   Values

Year	ΔT	Year	ΔT	Year	ΔT	Year	ΔT	Date	ΔAT
	s		s		s		s		s
1890·0	− 5·87	1935·0	+23·93	1980·0	+50·54	2021	+69·5	1972 Jan. 1	+10·00
1891	− 6·01	1936	+23·73	1981	+51·38	2022	+70	1972 July 1	+11·00
1892	− 6·19	1937	+23·92	1982	+52·17	2023	+70	1973 Jan. 1	+12·00
1893	− 6·64	1938	+23·96	1983	+52·96	2024	+70	1974 Jan. 1	+13·00
1894	− 6·44	1939	+24·02	1984	+53·79	2025	+70	1975 Jan. 1	+14·00
1895·0	− 6·47	1940·0	+24·33	1985·0	+54·34			1976 Jan. 1	+15·00
1896	− 6·09	1941	+24·83	1986	+54·87			1977 Jan. 1	+16·00
1897	− 5·76	1942	+25·30	1987	+55·32			1978 Jan. 1	+17·00
1898	− 4·66	1943	+25·70	1988	+55·82			1979 Jan. 1	+18·00
1899	− 3·74	1944	+26·24	1989	+56·30			1980 Jan. 1	+19·00
1900·0	− 2·72	1945·0	+26·77	1990·0	+56·86			1981 July 1	+20·00
1901	− 1·54	1946	+27·28	1991	+57·57			1982 July 1	+21·00
1902	− 0·02	1947	+27·78	1992	+58·31			1983 July 1	+22·00
1903	+ 1·24	1948	+28·25	1993	+59·12			1985 July 1	+23·00
1904	+ 2·64	1949	+28·71	1994	+59·98			1988 Jan. 1	+24·00
1905·0	+ 3·86	1950·0	+29·15	1995·0	+60·78			1990 Jan. 1	+25·00
1906	+ 5·37	1951	+29·57	1996	+61·63			1991 Jan. 1	+26·00
1907	+ 6·14	1952	+29·97	1997	+62·29			1992 July 1	+27·00
1908	+ 7·75	1953	+30·36	1998	+62·97			1993 July 1	+28·00
1909	+ 9·13	1954	+30·72	1999	+63·47			1994 July 1	+29·00
1910·0	+10·46	1955·0	+31·07	2000·0	+63·83			1996 Jan. 1	+30·00
1911	+11·53	1956	+31·35	2001	+64·09			1997 July 1	+31·00
1912	+13·36	1957	+31·68	2002	+64·30			1999 Jan. 1	+32·00
1913	+14·65	1958	+32·18	2003	+64·47			2006 Jan. 1	+33·00
1914	+16·01	1959	+32·68	2004	+64·57			2009 Jan. 1	+34·00
1915·0	+17·20	1960·0	+33·15	2005·0	+64·69			2012 July 1	+35·00
1916	+18·24	1961	+33·59	2006	+64·85			2015 July 1	+36·00
1917	+19·06	1962	+34·00	2007	+65·15			2017 Jan. 1	+37·00
1918	+20·25	1963	+34·47	2008	+65·46				
1919	+20·95	1964	+35·03	2009	+65·78				
1920·0	+21·16	1965·0	+35·73	2010·0	+66·07				
1921	+22·25	1966	+36·54	2011	+66·32				
1922	+22·41	1967	+37·43	2012	+66·60				
1923	+23·03	1968	+38·29	2013	+66·91				
1924	+23·49	1969	+39·20	2014	+67·28				
1925·0	+23·62	1970·0	+40·18	2015·0	+67·64				
1926	+23·86	1971	+41·17	2016	+68·10				
1927	+24·49	1972	+42·23	2017	+68·59				
1928	+24·34	1973	+43·37	2018	+68·97				
1929	+24·08	1974	+44·49	2019	+69·22				
1930·0	+24·02	1975·0	+45·48	2020	+69·36				
1931	+24·00	1976	+46·46						
1932	+23·87	1977	+47·52						
1933	+23·95	1978	+48·53						
1934·0	+23·86	1979·0	+49·59						

In critical cases descend

$$\frac{\Delta \text{ET}}{\Delta \text{TT}} = \Delta \text{AT} + 32^{\text{s}}184$$

From 1990 onwards, ΔT is for January 1 0^{h} UTC.

Page B6 gives a summary of the notation for time scales. See *The Astronomical Almanac Online* ^{WWW} for plots showing "Delta T Past, Present and Future".

COORDINATES OF THE CELESTIAL POLE

WITH RESPECT TO THE INTERNATIONAL TERRESTRIAL REFERENCE SYSTEM (ITRS)

Date	1980 x	1980 y	1990 x	1990 y	2000 x	2000 y	2010 x	2010 y	2020 x	2020 y
Jan. 1	+0.129	+0.251	−0.132	+0.165	+0.043	+0.378	+0.099	+0.193	+0.077	+0.282
Apr. 1	+0.014	+0.189	−0.154	+0.469	+0.075	+0.346	−0.061	+0.319	+0.051	+0.401
July 1	−0.044	+0.280	+0.161	+0.542	+0.110	+0.280	+0.061	+0.483	+0.167	+0.432
Oct. 1	−0.006	+0.338	+0.297	+0.243	−0.006	+0.247	+0.234	+0.366		

Date	1981 x	1981 y	1991 x	1991 y	2001 x	2001 y	2011 x	2011 y
Jan. 1	+0.056	+0.361	+0.023	+0.069	−0.073	+0.400	+0.131	+0.203
Apr. 1	+0.088	+0.285	−0.217	+0.281	+0.091	+0.490	−0.033	+0.279
July 1	+0.075	+0.209	−0.033	+0.560	+0.254	+0.308	+0.044	+0.436
Oct. 1	−0.045	+0.210	+0.250	+0.436	+0.065	+0.118	+0.180	+0.377

Date	1982 x	1982 y	1992 x	1992 y	2002 x	2002 y	2012 x	2012 y
Jan. 1	−0.091	+0.378	+0.182	+0.168	−0.177	+0.294	+0.119	+0.263
Apr. 1	+0.093	+0.431	−0.083	+0.162	−0.031	+0.541	−0.010	+0.313
July 1	+0.231	+0.239	−0.142	+0.378	+0.228	+0.462	+0.094	+0.409
Oct. 1	+0.036	+0.060	+0.055	+0.503	+0.199	+0.200	+0.169	+0.334

Date	1983 x	1983 y	1993 x	1993 y	2003 x	2003 y	2013 x	2013 y
Jan. 1	−0.211	+0.249	+0.208	+0.359	−0.088	+0.188	+0.075	+0.290
Apr. 1	−0.069	+0.538	+0.115	+0.170	−0.133	+0.436	+0.051	+0.375
July 1	+0.269	+0.436	−0.062	+0.209	+0.131	+0.539	+0.143	+0.391
Oct. 1	+0.235	+0.069	−0.095	+0.370	+0.259	+0.304	+0.133	+0.294

Date	1984 x	1984 y	1994 x	1994 y	2004 x	2004 y	2014 x	2014 y
Jan. 1	−0.125	+0.089	+0.010	+0.476	+0.031	+0.154	+0.039	+0.319
Apr. 1	−0.211	+0.410	+0.174	+0.391	−0.140	+0.321	+0.044	+0.421
July 1	+0.119	+0.543	+0.137	+0.212	−0.008	+0.510	+0.171	+0.415
Oct. 1	+0.313	+0.246	−0.066	+0.199	+0.199	+0.432	+0.189	+0.289

Date	1985 x	1985 y	1995 x	1995 y	2005 x	2005 y	2015 x	2015 y
Jan. 1	+0.051	+0.025	−0.154	+0.418	+0.149	+0.238	+0.031	+0.281
Apr. 1	−0.196	+0.220	+0.032	+0.558	−0.029	+0.243	+0.014	+0.396
July 1	−0.044	+0.482	+0.280	+0.384	−0.040	+0.397	+0.142	+0.448
Oct. 1	+0.214	+0.404	+0.138	+0.106	+0.059	+0.417	+0.210	+0.316

Date	1986 x	1986 y	1996 x	1996 y	2006 x	2006 y	2016 x	2016 y
Jan. 1	+0.187	+0.072	−0.176	+0.191	+0.053	+0.383	+0.051	+0.257
Apr. 1	−0.041	+0.139	−0.152	+0.506	+0.103	+0.374	−0.008	+0.421
July 1	−0.075	+0.324	+0.179	+0.546	+0.128	+0.300	+0.152	+0.484
Oct. 1	+0.062	+0.395	+0.267	+0.227	+0.033	+0.252	+0.234	+0.331

Date	1987 x	1987 y	1997 x	1997 y	2007 x	2007 y	2017 x	2017 y
Jan. 1	+0.146	+0.315	−0.023	+0.095	−0.049	+0.347	+0.080	+0.263
Apr. 1	+0.096	+0.212	−0.191	+0.329	+0.023	+0.479	+0.005	+0.378
July 1	−0.003	+0.208	+0.019	+0.536	+0.209	+0.412	+0.156	+0.449
Oct. 1	−0.053	+0.295	+0.221	+0.379	+0.134	+0.206	+0.224	+0.303

Date	1988 x	1988 y	1998 x	1998 y	2008 x	2008 y	2018 x	2018 y
Jan. 1	−0.023	+0.414	+0.103	+0.175	−0.081	+0.258	+0.059	+0.248
Apr. 1	+0.134	+0.407	−0.110	+0.252	−0.064	+0.490	+0.032	+0.394
July 1	+0.171	+0.253	−0.068	+0.439	+0.211	+0.498	+0.163	+0.430
Oct. 1	+0.011	+0.132	+0.125	+0.445	+0.265	+0.220	+0.211	+0.331

Date	1989 x	1989 y	1999 x	1999 y	2009 x	2009 y	2019 x	2019 y
Jan. 1	−0.159	+0.316	+0.139	+0.296	−0.017	+0.146	+0.086	+0.271
Apr. 1	+0.028	+0.482	+0.026	+0.241	−0.119	+0.406	+0.049	+0.384
July 1	+0.238	+0.369	−0.032	+0.310	+0.130	+0.534	+0.159	+0.421
Oct. 1	+0.167	+0.106	+0.006	+0.379	+0.266	+0.331	+0.198	+0.312

The orientation of the ITRS is consistent with the former BIH system (and the previous IPMS and ILS systems). The angles, x y, are defined on page B84. From 1988 their values have been taken from the IERS Bulletin B, published by the IERS Central Bureau, Bundesamt für Kartographie und Geodäsie, Richard-Strauss-Allee 11, 60598 Frankfurt am Main, Germany. Further information about IERS products may be found via *The Astronomical Almanac Online*.

Introduction

In the reduction of astrometric observations of high precision, it is necessary to distinguish between several different systems of terrestrial coordinates used to specify the positions of points on or near the surface of the Earth. The formulae on page B84 for the reduction for polar motion give the relationships between representations of a geocentric vector referred to either the equinox-based celestial reference system of the true equator and equinox of date, or the Celestial Intermediate Reference System, and the current terrestrial reference system, realized by the International Terrestrial Reference Frame, ITRF2014 (Altamimi, Z., *et al.*, "ITRF2014: A new release of the International Terrestrial Reference Frame modeling non-linear station motions"). ITRF realizations have been published at intervals since 1989 in the form of the geocentric rectangular coordinates and velocities of observing sites around the world.

ITRF2014 is a rigorous combination of space geodesy solutions from the techniques of VLBI, SLR, LLR, GPS and DORIS from 1499 stations located at 975 sites. For the first time, ITRF2014 is generated with an enhanced modeling of non-linear station motions, including seasonal (annual and semi-annual) signals of station positions and post-seismic deformation for sites that were subject to major earthquakes. The ITRF2014 origin is defined by the Earth-system centre of mass sensed by SLR and its scale by the mean scale of the VLBI and SLR solutions. The ITRF axes are consistent with the axes of the former BIH Terrestrial System (BTS) to within $\pm0.''005$, and the BTS was consistent with the earlier Conventional International Origin to within $\pm0.''03$. The use of rectangular coordinates is precise and unambiguous, but for some purposes it is more convenient to represent the position by its longitude, latitude and height referred to a reference spheroid (the term "spheroid" is used here in the sense of an ellipsoid whose equatorial section is a circle and for which each meridional section is an ellipse).

The precise transformation between these coordinate systems is given below. The spheroid is defined by two parameters, its equatorial radius and flattening (usually the reciprocal of the flattening is given). The values used should always be stated with any tabulation of spheroidal positions, but in case they should be omitted a list of the parameters of some commonly used spheroids is given in the table on page K13. For work such as mapping gravity anomalies, it is convenient that the reference spheroid should also be an equipotential surface of a reference body that is in hydrostatic equilibrium, and has the equatorial radius, gravitational constant, dynamical form factor and angular velocity of the Earth. This is referred to as a Geodetic Reference System (rather than just a reference spheroid). It provides a suitable approximation to mean sea level (i.e. to the geoid), but may differ from it by up to 100m in some regions.

Reduction from geodetic to geocentric coordinates

The position of a point relative to a terrestrial reference frame may be expressed in three ways:

    (i) geocentric equatorial rectangular coordinates, x, y, z;

    (ii) geocentric longitude, latitude and radius, λ, ϕ', ρ;

    (iii) geodetic longitude, latitude and height, λ, ϕ, h.

The geodetic and geocentric longitudes of a point are the same, while the relationship between the geodetic and geocentric latitudes of a point is illustrated in the figure on page K12, which represents a meridional section through the reference spheroid. The geocentric radius ρ is usually expressed in units of the equatorial radius of the reference spheroid. The following relationships hold between the geocentric and geodetic coordinates:

$$x = a\,\rho\,\cos\phi'\cos\lambda = (aC + h)\cos\phi\,\cos\lambda$$
$$y = a\,\rho\,\cos\phi'\sin\lambda = (aC + h)\cos\phi\,\sin\lambda$$
$$z = a\,\rho\,\sin\phi' \qquad = (aS + h)\sin\phi$$

where a is the equatorial radius of the spheroid and C and S are auxiliary functions that depend on the geodetic latitude and on the flattening f of the reference spheroid. The polar radius b and the eccentricity e of the ellipse are given by:

$$b = a\,(1 - f) \qquad e^2 = 2f - f^2 \qquad \text{or} \qquad 1 - e^2 = (1 - f)^2$$

It follows from the geometrical properties of the ellipse that:

$$C = \{\cos^2\phi + (1 - f)^2\sin^2\phi\}^{-1/2} \qquad S = (1 - f)^2 C$$

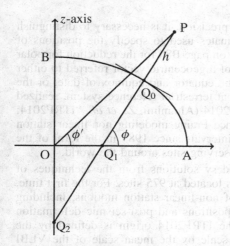

O is centre of Earth

OA = equatorial radius, a

OB = polar radius, b
   $= a(1 - f)$

OP = geocentric radius, ap

PQ_0 is normal to the reference spheroid

$Q_0Q_1 = aS$

$Q_0Q_2 = aC$

ϕ = geodetic latitude

ϕ' = geocentric latitude

Geocentric coordinates may be calculated directly from geodetic coordinates. The reverse calculation of geodetic coordinates from geocentric coordinates can be done in closed form (see for example, Borkowski, *Bull. Geod.* **63**, 50-56, 1989), but it is usually done using an iterative procedure.

An iterative procedure for calculating λ, ϕ, h from x, y, z is as follows:

Calculate: $\lambda = \tan^{-1}(y/x)$ $r = (x^2 + y^2)^{1/2}$ $e^2 = 2f - f^2$

Calculate the first approximation to ϕ from: $\phi = \tan^{-1}(z/r)$

Then perform the following iteration until ϕ is unchanged to the required precision:

$$\phi_1 = \phi \qquad C = (1 - e^2 \sin^2 \phi_1)^{-1/2} \qquad \phi = \tan^{-1}((z + aCe^2 \sin\phi_1)/r)$$

Then:
$$h = r/\cos\phi - aC$$

Series expressions and tables are available for certain values of f for the calculation of C and S and also of ρ and $\phi - \phi'$ for points on the spheroid ($h = 0$). The quantity $\phi - \phi'$ is sometimes known as the "reduction of the latitude" or the "angle of the vertical", and it is of the order of $10'$ in mid-latitudes. To a first approximation when h is small the geocentric radius is increased by h/a and the angle of the vertical is unchanged. The height h refers to a height above the reference spheroid and differs from the height above mean sea level (i.e. above the geoid) by the "undulation of the geoid" at the point.

Other geodetic reference systems

In practice, most geodetic positions are referred either (a) to a regional geodetic datum that is represented by a spheroid that approximates to the geoid in the region considered or (b) to a global reference system, ideally the ITRF2014 or earlier versions. Data for the reduction of regional geodetic coordinates or those in earlier versions of the ITRF to ITRF2014 are available in the relevant geodetic publications, but it is hoped that the following notes, formulae and data will be useful.

(a) Each regional geodetic datum is specified by the size and shape of an adopted spheroid and by the coordinates of an "origin point". The principal axis of the spheroid is generally close to the mean axis of rotation of the Earth, but the centre of the spheroid may not coincide with the centre of mass of the Earth. The offset is usually represented by the geocentric rectangular coordinates (x_0, y_0, z_0) of the centre of the regional spheroid. The reduction from the regional geodetic coordinates (λ, ϕ, h) to the geocentric rectangular coordinates referred to the ITRF (and hence to the geodetic coordinates relative to a reference spheroid) may then be made by using the expressions:

$$x = x_0 + (aC + h)\cos\phi\cos\lambda$$
$$y = y_0 + (aC + h)\cos\phi\sin\lambda$$
$$z = z_0 + (aS + h)\sin\phi$$

(b) The global reference systems defined by the various versions of ITRF differ slightly due to an evolution in the multi-technique combination and constraints philosophy as well as through observational and modelling improvements, although all versions give good approximations to the latest reference frame. The transformations from the latest to previous ITRF solutions involve coordinate and velocity translations, rotations and scaling (i.e. 14 parameters in all), and all of these are given online (see http://www.iers.org) for the ITRF2014 frame in the IERS Conventions (2010, *IERS Technical Note 36*). For example, translation parameters T_1, T_2 and T_3 from ITRF2014 to ITRF2008 are (1·6, 1·9, 2·4) millimetres, with scale difference $-0·02$ parts per billion.

The space techniques of the multi-constellation global navigation satellite systems (GNSS) such as GPS, GLONASS and Galileo are now widely used for position determination. Since January 1987 the broadcast orbits of the GPS satellites have been referred to the WGS84 terrestrial frame, and so positions determined directly using these orbits will also be referred to this frame, which at the level of a few centimetres is close to the ITRF. The parameters of the spheroid used are listed below, and the frame is defined to agree with the BIH frame. However, with the ready availability of data from a large number of geodetic sites whose coordinates and velocities are rigorously defined within ITRF2014, and with GNSS orbital solutions also being referred by the International GNSS Service (IGS) analysis centres to the same frame, it is straightforward to determine directly new sites' coordinates within ITRF2014.

GEODETIC REFERENCE SPHEROIDS

Name and Date	Equatorial Radius, a m	Reciprocal of Flattening, $1/f$	Gravitational Constant, GM $10^{14}\text{m}^3\text{s}^{-2}$	Dynamical Form Factor, J_2	Ang. Velocity of earth, ω 10^{-5}rad s^{-1}
WGS 84	637 8137	298·257 223 563	3·986 005	0·001 082 63	7·292 115
GRS 80 (IUGG, 1980)[†]	8137	298·257 222	3·986 005	0·001 082 63	7·292 115
IAU 1976	8140	298·257	3·986 005	0·001 082 63	—
GRS 67 (IUGG, 1967)	8160	298·247 167	3·986 03	0·001 082 7	7·292 115 146 7
IAU 1964	8160	298·25	3·986 03	0·001 082 7	7·292 1
International 1924 (Hayford)	8388	297	—	—	—
Clarke 1866	8206·4	294·978 698	—	—	—
Airy 1830	637 7563·396	299·324 964	—	—	—

[†] H. Moritz, Geodetic Reference System 1980, *Bull. Géodésique*, **58**(3), 388-398, 1984.

Astronomical coordinates

Many astrometric observations that historically were used in the determination of the terrestrial coordinates of the point of observation used the local vertical, which defines the zenith, as a principal reference axis; the coordinates so obtained are called "astronomical coordinates". The local vertical is in the direction of the vector sum of the acceleration due to the gravitational field of the Earth and of the apparent acceleration due to the rotation of the Earth on its axis. The vertical is normal to the equipotential (or level) surface at the point, but it is inclined to the normal to the geodetic reference spheroid; the angle of inclination is known as the "deflection of the vertical".

The astronomical coordinates of an observatory may differ significantly (e.g. by as much as 1′) from its geodetic coordinates, which are required for the determination of the geocentric coordinates of the observatory for use in computing, for example, parallax corrections for solar system observations. The size and direction of the deflection may be estimated by studying the gravity field in the region concerned. The deflection may affect both the latitude and longitude, and hence local time. Astronomical coordinates also vary with time because they are affected by polar motion (see page B84).

Introduction and notation

The interpolation methods described in this section, together with the accompanying tables, are usually sufficient to interpolate to full precision the ephemerides in this volume. Additional notes, formulae and tables are given in the booklets *Interpolation and Allied Tables* and *Subtabulation* and in many textbooks on numerical analysis. It is recommended that interpolated values of the Moon's right ascension, declination and horizontal parallax are derived from the daily polynomial coefficients that are provided for this purpose on *The Astronomical Almanac Online* (see page D1).

f_p denotes the value of the function $f(t)$ at the time $t = t_0 + ph$, where h is the interval of tabulation, t_0 is a tabular argument, and $p = (t - t_0)/h$ is known as the interpolating factor. The notation for the differences of the tabular values is shown in the following table; it is derived from the use of the central-difference operator δ, which is defined by:

$$\delta f_p = f_{p+1/2} - f_{p-1/2}$$

The symbol for the function is usually omitted in the notation for the differences. Tables are given for use with Bessel's interpolation formula for p in the range 0 to $+1$. The differences may be expressed in terms of function values for convenience in the use of programmable calculators or computers.

Arg.	Function	Differences				Differences in terms of Function Values
		1st	2nd	3rd	4th	
t_{-2}	f_{-2}		δ^2_{-2}			$\delta_{1/2} = f_1 - f_0$
		$\delta_{-3/2}$		$\delta^3_{-3/2}$		$\delta^2_0 = \delta_{1/2} - \delta_{-1/2}$
t_{-1}	f_{-1}		δ^2_{-1}		δ^4_{-1}	$= f_1 - 2f_0 + f_{-1}$
		$\delta_{-1/2}$		$\delta^3_{-1/2}$		$\delta^2_0 + \delta^2_1 = f_2 - f_1 - f_0 + f_{-1}$
t_0	f_0		δ^2_0		δ^4_0	$\delta^3_{1/2} = \delta^2_1 - \delta^2_0$
		$\delta_{1/2}$		$\delta^3_{1/2}$		$= f_2 - 3f_1 + 3f_0 - f_{-1}$
t_{+1}	f_{+1}		δ^2_1		δ^4_1	$\delta^4_0 = \delta^3_{1/2} - \delta^3_{-1/2}$
		$\delta_{3/2}$		$\delta^3_{3/2}$		$= f_2 - 4f_1 + 6f_0 - 4f_{-1} + f_{-2}$
t_{+2}	f_{+2}		δ^2_2			$\delta^4_0 + \delta^4_1 = f_3 - 3f_2 + 2f_1 + 2f_0 - 3f_{-1} + f_{-2}$

$$p \equiv \text{the interpolating factor} = (t - t_0)/(t_1 - t_0) = (t - t_0)/h$$

Bessel's interpolation formula

In this notation, Bessel's interpolation formula is:

$$f_p = f_0 + p\,\delta_{1/2} + B_2\,(\delta^2_0 + \delta^2_1) + B_3\,\delta^3_{1/2} + B_4\,(\delta^4_0 + \delta^4_1) + \cdots$$

where
$$B_2 = p\,(p-1)/4 \qquad B_3 = p\,(p-1)\,(p-\tfrac{1}{2})/6$$
$$B_4 = (p+1)\,p\,(p-1)\,(p-2)/48$$

The maximum contribution to the truncation error of f_p, for $0 < p < 1$, from neglecting each order of difference is less than 0·5 in the unit of the end figure of the tabular function if

$$\delta^2 < 4 \qquad \delta^3 < 60 \qquad \delta^4 < 20 \qquad \delta^5 < 500.$$

The critical table of B_2 opposite provides a rapid means of interpolating when δ^2 is less than 500 and higher-order differences are negligible or when full precision is not required. The interpolating factor p should be rounded to 4 decimals, and the required value of B_2 is then the tabular value opposite the interval in which p lies, or it is the value above and to the right of p if p exactly equals a tabular argument. B_2 is always negative. The effects of the third and fourth differences can be estimated from the values of B_3 and B_4, given in the last column.

Inverse interpolation

Inverse interpolation to derive the interpolating factor p, and hence the time, for which the function takes a specified value f_p is carried out by successive approximations. The first estimate p_1 is obtained from:

$$p_1 = (f_p - f_0)/\delta_{1/2}$$

This value of p is used to obtain an estimate of B_2, from the critical table or otherwise, and hence an improved estimate of p from:

$$p = p_1 - B_2\,(\delta_0^2 + \delta_1^2)/\delta_{1/2}$$

This last step is repeated until there is no further change in B_2 or p; the effects of higher-order differences may be taken into account in this step.

CRITICAL TABLE FOR BESSEL'S INTERPOLATION FORMULA COEFFICIENTS

p	B_2	p	B_2	p	B_2	p	B_2	p	B_2	p	B_3
0·0000	—	0·1101	—	0·2719	—	0·7280	—	0·8898	—	0·0	0·000
0·0020	·000	0·1152	·025	0·2809	·050	0·7366	·049	0·8949	·024	0·1	+0·006
0·0060	·001	0·1205	·026	0·2902	·051	0·7449	·048	0·9000	·023	0·2	+0·008
0·0101	·002	0·1258	·027	0·3000	·052	0·7529	·047	0·9049	·022	0·3	+0·007
0·0142	·003	0·1312	·028	0·3102	·053	0·7607	·046	0·9098	·021	0·4	+0·004
0·0183	·004	0·1366	·029	0·3211	·054	0·7683	·045	0·9147	·020		
0·0225	·005	0·1422	·030	0·3326	·055	0·7756	·044	0·9195	·019	0·5	0·000
0·0267	·006	0·1478	·031	0·3450	·056	0·7828	·043	0·9242	·018		
0·0309	·007	0·1535	·032	0·3585	·057	0·7898	·042	0·9289	·017	0·6	−0·004
0·0352	·008	0·1594	·033	0·3735	·058	0·7966	·041	0·9335	·016	0·7	−0·007
0·0395	·009	0·1653	·034	0·3904	·059	0·8033	·040	0·9381	·015	0·8	−0·008
0·0439	·010	0·1713	·035	0·4105	·060	0·8098	·039	0·9427	·014	0·9	−0·006
0·0483	·011	0·1775	·036	0·4367	·061	0·8162	·038	0·9472	·013	1·0	0·000
0·0527	·012	0·1837	·037	0·5632	·062	0·8224	·037	0·9516	·012	p	B_4
0·0572	·013	0·1901	·038	0·5894	·061	0·8286	·036	0·9560	·011	0·0	0·000
0·0618	·014	0·1966	·039	0·6095	·060	0·8346	·035	0·9604	·010	0·1	+0·004
0·0664	·015	0·2033	·040	0·6264	·059	0·8405	·034	0·9647	·009	0·2	+0·007
0·0710	·016	0·2101	·041	0·6414	·058	0·8464	·033	0·9690	·008	0·3	+0·010
0·0757	·017	0·2171	·042	0·6549	·057	0·8521	·032	0·9732	·007	0·4	+0·011
0·0804	·018	0·2243	·043	0·6673	·056	0·8577	·031	0·9774	·006		
0·0852	·019	0·2316	·044	0·6788	·055	0·8633	·030	0·9816	·005	0·5	+0·012
0·0901	·020	0·2392	·045	0·6897	·054	0·8687	·029	0·9857	·004		
0·0950	·021	0·2470	·046	0·7000	·053	0·8741	·028	0·9898	·003	0·6	+0·011
0·1000	·022	0·2550	·047	0·7097	·052	0·8794	·027	0·9939	·002	0·7	+0·010
0·1050	·023	0·2633	·048	0·7190	·051	0·8847	·026	0·9979	·001	0·8	+0·007
0·1101	·024	0·2719	·049	0·7280	·050	0·8898	·025	1·0000	·000	0·9	+0·004
										1·0	0·000

In critical cases ascend. B_2 is always negative.

Polynomial representations

It is sometimes convenient to construct a simple polynomial representation of the form

$$f_p = a_0 + a_1\,p + a_2\,p^2 + a_3\,p^3 + a_4\,p^4 + \cdots$$

which may be evaluated in the nested form

$$f_p = (((a_4\,p + a_3)\,p + a_2)\,p + a_1)\,p + a_0$$

Expressions for the coefficients a_0, a_1, ... may be obtained from Stirling's interpolation formula, neglecting fifth-order differences:

$$a_4 = \delta_0^4/24 \qquad a_2 = \delta_0^2/2 - a_4 \qquad a_0 = f_0$$
$$a_3 = (\delta_{1/2}^3 + \delta_{-1/2}^3)/12 \qquad a_1 = (\delta_{1/2} + \delta_{-1/2})/2 - a_3$$

This is suitable for use in the range $-\tfrac{1}{2} \le p \le +\tfrac{1}{2}$, and it may be adequate in the range $-2 \le p \le 2$, but it should not normally be used outside this range. Techniques are available in the literature for obtaining polynomial representations which give smaller errors over similar or larger intervals. The coefficients may be expressed in terms of function values rather than differences.

Examples

To find (a) the declination of the Sun at 16^h 23^m $14\overset{s}{.}8$ TT on 1984 January 19, (b) the right ascension of Mercury at 17^h 21^m $16\overset{s}{.}8$ TT on 1984 January 8, and (c) the time on 1984 January 8 when Mercury's right ascension is exactly 18^h 04^m.

Difference tables for the Sun and Mercury are constructed as shown below, where the differences are in units of the end figures of the function. Second-order differences are sufficient for the Sun, but fourth-order differences are required for Mercury.

	Sun					Mercury				
Jan.	Dec.	δ	δ^2		Jan.	R.A.	δ	δ^2	δ^3	δ^4
	° ′ ″					h m s				
18	−20 44 48·3				6	18 10 10·12				
		+7212					−18709			
19	−20 32 47·1		+233		7	18 07 03·03		+4299		
		+7445					−14410		−16	
20	−20 20 22·6		+230		8	18 04 38·93		+4283		−104
		+7675					−10127		−120	
21	−20 07 35·1				9	18 02 57·66		+4163		−76
							−5964		−196	
					10	18 01 58·02		+3967		
							−1997			
					11	18 01 38·05				

(a) *Use of Bessel's formula*

The tabular interval is one day, hence the interpolating factor is 0·68281. From the critical table, $B_2 = -0.054$, and

$$f_p = -20° \ 32' \ 47''\!1 + 0.68281 \ (+744''\!5) - 0.054 \ (+23''\!3 + 23''\!0)$$
$$= -20° \ 24' \ 21''\!2$$

(b) *Use of polynomial formula*

Using the polynomial method, the coefficients are:

$a_4 = -1\overset{s}{.}04/24 = -0\overset{s}{.}043$ \hspace{2cm} $a_1 = (-101\overset{s}{.}27 - 144\overset{s}{.}10)/2 + 0\overset{s}{.}113 = -122\overset{s}{.}572$

$a_3 = (-1\overset{s}{.}20 - 0\overset{s}{.}16)/12 = -0\overset{s}{.}113$ \hspace{1cm} $a_0 = 18^h + 278\overset{s}{.}93$

$a_2 = +42\overset{s}{.}83/2 + 0\overset{s}{.}043 = +21\overset{s}{.}458$

where an extra decimal place has been kept as a guarding figure. Then with interpolating factor $p = 0.72311$

$$f_p = 18^h + 278\overset{s}{.}93 - 122\overset{s}{.}572 \ p + 21\overset{s}{.}458 \ p^2 - 0\overset{s}{.}113 \ p^3 - 0\overset{s}{.}043 \ p^4$$
$$= 18^h \ 03^m \ 21\overset{s}{.}46$$

(c) *Inverse interpolation*

Since $f_p = 18^h \ 04^m$ the first estimate for p is:

$$p_1 = (18^h \ 04^m - 18^h \ 04^m \ 38\overset{s}{.}93)/(-101\overset{s}{.}27) = 0.38442$$

From the critical table, with $p = 0.3844$, $B_2 = -0.059$. Also

$$(\delta_0^2 + \delta_1^2)/\delta_{1/2} = (+42.83 + 41.63)/(-101.27) = -0.834$$

The second approximation to p is:

$$p = 0.38442 + 0.059 \ (-0.834) = 0.33521 \quad \text{which gives } t = 8^h \ 02^m \ 42^s;$$

as a check, using the polynomial found in (b) with $p = 0.33521$ gives

$$f_p = 18^h \ 04^m \ 00\overset{s}{.}25.$$

The next approximation is $B_2 = -0.056$ and $p = 0.38442 + 0.056(-0.834) = 0.33772$ which gives $t = 8^h \ 06^m \ 19^s$: using the polynomial in (b) with $p = 0.33772$ gives

$$f_p = 18^h \ 03^m \ 59\overset{s}{.}98.$$

Subtabulation

Coefficients for use in the systematic interpolation of an ephemeris to a smaller interval are given in the following table for certain values of the ratio of the two intervals. The table is entered for each of the appropriate multiples of this ratio to give the corresponding decimal value of the interpolating factor p and the Bessel coefficients. The values of p are exact or recurring decimal numbers. The values of the coefficients may be rounded to suit the maximum number of figures in the differences.

BESSEL COEFFICIENTS FOR SUBTABULATION

Ratio of intervals											Bessel Coefficients			
$\frac{1}{2}$	$\frac{1}{3}$	$\frac{1}{4}$	$\frac{1}{5}$	$\frac{1}{6}$	$\frac{1}{8}$	$\frac{1}{10}$	$\frac{1}{12}$	$\frac{1}{20}$	$\frac{1}{24}$	$\frac{1}{40}$	p	B_2	B_3	B_4
										1	0·025	−0·006094	0·00193	0·0010
									1		0·0416	−0·009983	0·00305	0·0017
								1		2	0·050	−0·011875	0·00356	0·0020
										3	0·075	−0·017344	0·00491	0·0030
							1		2		0·0833	−0·019097	0·00530	0·0033
						1		2		4	0·100	−0·022500	0·00600	0·0039
					1				3	5	0·125	−0·027344	0·00684	0·0048
								3		6	0·150	−0·031875	0·00744	0·0057
				1			2		4		0·1666	−0·034722	0·00772	0·0062
										7	0·175	−0·036094	0·00782	0·0064
			1			2		4		8	0·200	−0·040000	0·00800	0·0072
									5		0·2083	−0·041233	0·00802	0·0074
										9	0·225	−0·043594	0·00799	0·0079
		1			2		3	5	6	10	0·250	−0·046875	0·00781	0·0085
										11	0·275	−0·049844	0·00748	0·0091
									7		0·2916	−0·051649	0·00717	0·0095
						3		6		12	0·300	−0·052500	0·00700	0·0097
										13	0·325	−0·054844	0·00640	0·0101
	1			2			4		8		0·3333	−0·055556	0·00617	0·0103
								7		14	0·350	−0·056875	0·00569	0·0106
					3				9	15	0·375	−0·058594	0·00488	0·0109
			2			4		8		16	0·400	−0·060000	0·00400	0·0112
							5		10		0·4166	−0·060764	0·00338	0·0114
										17	0·425	−0·061094	0·00305	0·0114
								9		18	0·450	−0·061875	0·00206	0·0116
									11		0·4583	−0·062066	0·00172	0·0116
										19	0·475	−0·062344	0·00104	0·0117
1		2		3	4	5	6	10	12	20	0·500	−0·062500	0·00000	0·0117
										21	0·525	−0·062344	−0·00104	0·0117
									13		0·5416	−0·062066	−0·00172	0·0116
								11		22	0·550	−0·061875	−0·00206	0·0116
										23	0·575	−0·061094	−0·00305	0·0114
							7		14		0·5833	−0·060764	−0·00338	0·0114
			3			6		12		24	0·600	−0·060000	−0·00400	0·0112
					5				15	25	0·625	−0·058594	−0·00488	0·0109
								13		26	0·650	−0·056875	−0·00569	0·0106
	2			4			8		16		0·6666	−0·055556	−0·00617	0·0103
										27	0·675	−0·054844	−0·00640	0·0101
						7		14		28	0·700	−0·052500	−0·00700	0·0097
									17		0·7083	−0·051649	−0·00717	0·0095
										29	0·725	−0·049844	−0·00748	0·0091
		3			6		9	15	18	30	0·750	−0·046875	−0·00781	0·0085
										31	0·775	−0·043594	−0·00799	0·0079
									19		0·7916	−0·041233	−0·00802	0·0074
			4			8		16		32	0·800	−0·040000	−0·00800	0·0072
										33	0·825	−0·036094	−0·00782	0·0064
				5			10		20		0·8333	−0·034722	−0·00772	0·0062
								17		34	0·850	−0·031875	−0·00744	0·0057
					7				21	35	0·875	−0·027344	−0·00684	0·0048
						9		18		36	0·900	−0·022500	−0·00600	0·0039
							11		22		0·9166	−0·019097	−0·00530	0·0033
										37	0·925	−0·017344	−0·00491	0·0030
								19		38	0·950	−0·011875	−0·00356	0·0020
									23		0·9583	−0·009983	−0·00305	0·0017
										39	0·975	−0·006094	−0·00193	0·0010

The following are some useful formulae involving vectors and matrices.

Position vectors

Positions or directions on the sky can be represented as column vectors in a specific celestial coordinate system with components that are Cartesian (rectangular) coordinates. The relationship between a position vector $\mathbf{r}$ its three components r_x, r_y, r_z, and its right ascension (α), declination (δ) and distance (d) from the specified origin have the general form

$$\mathbf{r} = \begin{bmatrix} r_x \\ r_y \\ r_z \end{bmatrix} = \begin{bmatrix} d \cos\alpha \, \cos\delta \\ d \sin\alpha \, \cos\delta \\ d \sin\delta \end{bmatrix} \quad \text{and} \quad \begin{aligned} \alpha &= \tan^{-1}\left(r_y/r_x\right) \\ \delta &= \tan^{-1} r_z/\sqrt{(r_x^2 + r_y^2)} \\ d &= |\mathbf{r}| = \sqrt{(r_x^2 + r_y^2 + r_z^2)} \end{aligned}$$

where α is measured counterclockwise as viewed from the positive side of the z-axis. A two-argument arctangent function (e.g., atan2) will return the correct quadrant for α if r_y and r_x are provided separately. The above is written in terms of equatorial coordinates (α, δ), however they are also valid, for example, for ecliptic longitude and latitude (λ, β) and geocentric (but not geodetic) longitude and latitude (λ, ϕ').

Unit vectors are often used; the unit vector $\hat{\mathbf{r}}$ is a vector with distance (magnitude) equal to one, and may be calculated thus;

$$\hat{\mathbf{r}} = \frac{\mathbf{r}}{|\mathbf{r}|}$$

For stars and other objects "at infinity" (beyond the solar system), d is often set to 1.

Vector dot and cross products

The dot or scalar product ($\mathbf{r}_1 \cdot \mathbf{r}_2$) of two vectors $\mathbf{r}_1$ and $\mathbf{r}_2$ is the sum of the products of their corresponding components in the same Cartesian coordinate system, thus

$$\mathbf{r}_1 \cdot \mathbf{r}_2 = x_1\,x_2 + y_1\,y_2 + z_1\,z_2$$

The angle (θ) between two unit vectors $\hat{\mathbf{r}}_1$ and $\hat{\mathbf{r}}_2$ is given by

$$\hat{\mathbf{r}}_1 \cdot \hat{\mathbf{r}}_2 = \cos\theta$$

Note, also, that the magnitude (d) of $\mathbf{r}$ is given by

$$d = |\mathbf{r}| = \sqrt{(\mathbf{r} \cdot \mathbf{r})} = \sqrt{r_x^2 + r_y^2 + r_z^2}$$

The cross or vector product ($\mathbf{r}_1 \times \mathbf{r}_2$) of two vectors $\mathbf{r}_1$ and $\mathbf{r}_2$ is a vector that is perpendicular to the plane containing both $\mathbf{r}_1$ and $\mathbf{r}_2$ in the direction given by a right-handed screw, and

$$\mathbf{r}_1 \times \mathbf{r}_2 = \begin{bmatrix} y_1\,z_2 - y_2\,z_1 \\ x_2\,z_1 - x_1\,z_2 \\ x_1\,y_2 - x_2\,y_1 \end{bmatrix}$$

where $\mathbf{r}_1$ and $\mathbf{r}_2$ have column vectors (x_1, y_1, z_1) and (x_2, y_2, z_2), respectively. A cross product is not commutative since

$$\mathbf{r}_1 \times \mathbf{r}_2 = -\mathbf{r}_2 \times \mathbf{r}_1$$

The magnitude of the cross product of two unit vectors is the sine of the angle between them

$$|\hat{\mathbf{r}}_1 \times \hat{\mathbf{r}}_2| = \sin\theta \quad \text{and} \quad 0 \le \theta \le \pi$$

The vector triple product

$$(\mathbf{r}_1 \times \mathbf{r}_2) \times \mathbf{r}_3 = (\mathbf{r}_1 \cdot \mathbf{r}_3)\,\mathbf{r}_2 - (\mathbf{r}_2 \cdot \mathbf{r}_3)\,\mathbf{r}_1$$

is a vector in the same plane as $\mathbf{r}_1$ and $\mathbf{r}_2$. Note the position of the brackets. The latter is used on page B67 in step 3 where $\mathbf{r}_1 = \mathbf{q}$, $\mathbf{r}_2 = \mathbf{e}$ and $\mathbf{r}_3 = \mathbf{p}$.

Matrices and matrix multiplication

The general form of a 3×3 matrix $\mathbf{M}$ used with 3-vectors is usually specified

$$\mathbf{M} = \begin{bmatrix} m_{11} & m_{12} & m_{13} \\ m_{21} & m_{22} & m_{23} \\ m_{31} & m_{32} & m_{33} \end{bmatrix}$$

If each element of $\mathbf{M}$ (m_{ij}) is the result of multiplying matrices $\mathbf{A}$ and $\mathbf{B}$, i.e. $\mathbf{M} = \mathbf{A}\,\mathbf{B}$, then $\mathbf{M}$ is calculated from

$$m_{ij} = \sum_{k=1}^{3} a_{ik}\, b_{kj} \qquad \text{thus} \qquad \mathbf{M} = \begin{bmatrix} \sum a_{1k}\, b_{k1} & \sum a_{1k}\, b_{k2} & \sum a_{1k}\, b_{k3} \\ \sum a_{2k}\, b_{k1} & \sum a_{2k}\, b_{k2} & \sum a_{2k}\, b_{k3} \\ \sum a_{3k}\, b_{k1} & \sum a_{3k}\, b_{k2} & \sum a_{3k}\, b_{k3} \end{bmatrix}$$

where $i = 1, 2, 3$, $j = 1, 2, 3$ and k is summed from 1 to 3. Note that matrix multiplication is associative, i.e. $\mathbf{A}\,(\mathbf{B}\,\mathbf{C}) = (\mathbf{A}\,\mathbf{B})\,\mathbf{C}$, but it is **not** commutative i.e. $\mathbf{A}\,\mathbf{B} \neq \mathbf{B}\,\mathbf{A}$.

Rotation matrices

The rotation matrix $\mathbf{R}_n(\phi)$, for $n = 1, 2$ and 3 transforms column 3-vectors from one Cartesian coordinate system to another. The final system is formed by rotating the original system about its own n^{th}-axis (i.e. the x, y, or z-axis) by the angle ϕ, counterclockwise as viewed from the $+x$, $+y$ or $+z$ direction, respectively.

The two columns below give $\mathbf{R}_n(\phi)$ and its inverse $\mathbf{R}_n^{-1}(\phi)$ (see below), respectively,

$$\mathbf{R}_1(\phi) = \begin{bmatrix} 1 & 0 & 0 \\ 0 & \cos\phi & \sin\phi \\ 0 & -\sin\phi & \cos\phi \end{bmatrix} \qquad \mathbf{R}_1^{-1}(\phi) = \begin{bmatrix} 1 & 0 & 0 \\ 0 & \cos\phi & -\sin\phi \\ 0 & \sin\phi & \cos\phi \end{bmatrix}$$

$$\mathbf{R}_2(\phi) = \begin{bmatrix} \cos\phi & 0 & -\sin\phi \\ 0 & 1 & 0 \\ \sin\phi & 0 & \cos\phi \end{bmatrix} \qquad \mathbf{R}_2^{-1}(\phi) = \begin{bmatrix} \cos\phi & 0 & \sin\phi \\ 0 & 1 & 0 \\ -\sin\phi & 0 & \cos\phi \end{bmatrix}$$

$$\mathbf{R}_3(\phi) = \begin{bmatrix} \cos\phi & \sin\phi & 0 \\ -\sin\phi & \cos\phi & 0 \\ 0 & 0 & 1 \end{bmatrix} \qquad \mathbf{R}_3^{-1}(\phi) = \begin{bmatrix} \cos\phi & -\sin\phi & 0 \\ \sin\phi & \cos\phi & 0 \\ 0 & 0 & 1 \end{bmatrix}$$

Generally, a rotation matrix $\mathbf{R}$ is a matrix formed from products of the above rotational matricies $\mathbf{R}_n(\phi)$ that implements a transformation from one Cartesian coordinate system to another, the two systems sharing a common origin. Any such matrix is orthogonal; that is, the transpose $\mathbf{R}^{\mathrm{T}}$ (where rows are replaced by columns) equals the inverse, $\mathbf{R}^{-1}$. Therefore

$$\mathbf{R}^{\mathrm{T}}\,\mathbf{R} = \mathbf{R}^{-1}\,\mathbf{R} = \mathbf{I}$$

where $\mathbf{I}$ is the unit (identity) matrix. Sometimes $\mathbf{R}^{\mathrm{T}}$ is denoted $\mathbf{R}'$. It is also worth noting the following relationships

$$\mathbf{R}_n^{-1}(\phi) = \mathbf{R}_n^{\mathrm{T}}(\phi) = \mathbf{R}_n(-\phi)$$

which is shown in the right-hand column above. The initial and final Cartesian coordinate systems are right handed ($\hat{\mathbf{e}}_x \times \hat{\mathbf{e}}_y = \hat{\mathbf{e}}_z$), where $\hat{\mathbf{e}}_n$ are the unit vectors along the axes. Matrices interconnecting such systems have their determinant equal to +1 and are called *proper orthogonal matrices* or *proper rotation matrices*. Such a matrix can always be represented as a product of three matrices of the types $\mathbf{R}_n(\phi)$.

Example: The transformation between a geocentric position with respect to the Geocentric Celestial Reference System $\mathbf{r}_{\mathrm{GCRS}}$ and a position with respect to the true equator and equinox of date $\mathbf{r}_t$, and vice versa, is given by:

$$\mathbf{r}_t = \mathbf{N}\,\mathbf{P}\,\mathbf{B}\,\mathbf{r}_{\mathrm{GCRS}}$$

$$\mathbf{B}^{-1}\mathbf{P}^{-1}\mathbf{N}^{-1}\mathbf{r}_t = \mathbf{B}^{-1}\,[\mathbf{P}^{-1}\,(\mathbf{N}^{-1}\mathbf{N})\,\mathbf{P}]\,\mathbf{B}\,\mathbf{r}_{\mathrm{GCRS}}$$

Rearranging gives
$$\mathbf{r}_{\mathrm{GCRS}} = \mathbf{B}^{-1}\,\mathbf{P}^{-1}\,\mathbf{N}^{-1}\,\mathbf{r}_t = \mathbf{B}^{\mathrm{T}}\,\mathbf{P}^{\mathrm{T}}\,\mathbf{N}^{\mathrm{T}}\,\mathbf{r}_t$$

where $\mathbf{B}$, $\mathbf{P}$ and $\mathbf{N}$ are the frame bias, precession and nutation matrices, respectively, and are all proper rotation matrices. Note that the order the transformations are applied is crucial.

Matrices and matrix multiplication

The general form of a 3×3 matrix M used with 3-vector, is usually specified

$$M = \begin{bmatrix} m_{11} & m_{12} & m_{13} \\ m_{21} & m_{22} & m_{23} \\ m_{31} & m_{32} & m_{33} \end{bmatrix}$$

If each element of M (m_{ij}) is the result of multiplying matrices A and B, i.e. $M = A \cdot B$, then M is calculated from:

$$m_{ij} = \sum_k a_{ik} b_{kj} \quad \text{thus} \quad M = \begin{bmatrix} \sum_k a_{1k} b_{k1} & \sum_k a_{1k} b_{k2} & \sum_k a_{1k} b_{k3} \\ \sum_k a_{2k} b_{k1} & \sum_k a_{2k} b_{k2} & \sum_k a_{2k} b_{k3} \\ \sum_k a_{3k} b_{k1} & \sum_k a_{3k} b_{k2} & \sum_k a_{3k} b_{k3} \end{bmatrix}$$

where $i = 1, 2, 3; j = 1, 2, 3$ and k is summed from 1 to 3. Note that matrix multiplication is associative i.e. $A \cdot (B \cdot C) = (A \cdot B) \cdot C$, but it is not commutative i.e. $A \cdot B \neq B \cdot A$.

Rotation matrices

The rotation matrix $R_i(\phi)$ (for $w^i = 1, 2$ and 3, transforms column 3 vectors from one Cartesian coordinate system to another. The final system is found by rotating the original system about its own w^{th}-axis (i.e. the w-vector) by the angle ϕ counterclockwise as viewed from the $+x_w$ or $+z$ direction, respectively.

The two columns below give it (left) and its inverse $R_i^{-1}(\phi)$ (see below) respectively.

$$R_1(\phi) = \begin{bmatrix} 1 & 0 & 0 \\ 0 & \cos\phi & \sin\phi \\ 0 & -\sin\phi & \cos\phi \end{bmatrix} \qquad R_1^{-1}(\phi) = \begin{bmatrix} 1 & 0 & 0 \\ 0 & \cos\phi & -\sin\phi \\ 0 & \sin\phi & \cos\phi \end{bmatrix}$$

$$R_2(\phi) = \begin{bmatrix} \cos\phi & 0 & -\sin\phi \\ 0 & 1 & 0 \\ \sin\phi & 0 & \cos\phi \end{bmatrix} \qquad R_2^{-1}(\phi) = \begin{bmatrix} \cos\phi & 0 & \sin\phi \\ 0 & 1 & 0 \\ -\sin\phi & 0 & \cos\phi \end{bmatrix}$$

$$R_3(\phi) = \begin{bmatrix} \cos\phi & \sin\phi & 0 \\ -\sin\phi & \cos\phi & 0 \\ 0 & 0 & 1 \end{bmatrix} \qquad R_3^{-1}(\phi) = \begin{bmatrix} \cos\phi & -\sin\phi & 0 \\ \sin\phi & \cos\phi & 0 \\ 0 & 0 & 1 \end{bmatrix}$$

Generally, a rotation matrix R is a matrix formed from products of the above rotational matrices $R_i(\phi)$ that implements a transformation from one Cartesian coordinate system to another the two systems sharing a common origin. Any such matrix is orthogonal that is the transpose R^T (where rows are replaced by columns) equals the inverse R^{-1}. Therefore

$$R^T R = R R^T = I$$

where I is the unit (identity) matrix. S multiplies R^T to defined R. It is also worth noting the following relationship:

$$R_i^{-1}(\phi) = R_i^T(\phi) = R_i(-\phi)$$

which is shown in the right hand column above. The initial and final Cartesian coordinate systems are right handed ($e_1 \times e_2 = e_3$) where e_i are the unit vectors along the axes. Matrices that constitute such systems have their determinant equal to $+1$ and are called proper orthogonal matrices, or proper rotation matrices. Such a matrix can always be represented as a product of three matrices of the types $R_i(\phi)$.

Example — The transformation between the geocentric position with respect to the Geocentric Celestial Reference System (r_{GCRS} and its position with respect to the true equator and equinox of date r_{TE}) and vice versa, is given by:

$$r_{TE} = N P B r_{GCRS}$$

so $P^{-1} N^{-1} r_{TE} = [B^{-1} (P^{-1} N^{-1})] r_{TE} = B^{-1} P^{-1} N^{-1} r_{TE}$

Rearranging gives:

$$r_{GCRS} = B^T P^T N^T r_{TE}$$

where B, P and N are the frame bias, precession and nutation matrices, respectively and are all proper rotation matrices. Note that the order the transformations are applied is crucial.

CONTENTS OF SECTION L

This section specifies the sources for the theories and data used to construct the ephemerides in this volume, explains the basic concepts required to use the ephemerides, and where appropriate states the precise meaning of tabulated quantities. Definitions of individual terms appear in the Glossary (Section M). The *Explanatory Supplement to the Astronomical Almanac* (Urban and Seidelmann, 2012) contains additional information about the theories and data used.

The companion website *The Astronomical Almanac Online* provides, in machine-readable form, some of the information printed in this volume as well as closely related data. Two mirrored sites are maintained. The URL [1] for the website in the United States is https://aa.usno.navy.mil/publications/asa.html and in the United Kingdom is https://asa.hmnao.com. The symbol ^{WW}w is used throughout this edition to indicate that additional material can be found on *The Astronomical Almanac Online*.

To the greatest extent possible, *The Astronomical Almanac* is prepared using standard data sources and models recommended by the International Astronomical Union (IAU). The data prepared in the United States rely heavily on the US Naval Observatory's NOVAS software package [2]. Data prepared in the United Kingdom utilize the IAU Standards of Fundamental Astronomy (SOFA) library [3]. Although NOVAS and SOFA were written independently, the underlying scientific bases are the same. Resulting computations typically are in agreement at the microarcsecond level.

Fundamental Reference System

The fundamental reference system for astronomical applications is the International Celestial Reference System (ICRS), as adopted by the IAU General Assembly (GA) in 1997 (Resolution B2, IAU, 1999). At the same time, the IAU specified that the practical realization of the ICRS in the radio regime is the International Celestial Reference Frame (ICRF), a space-fixed frame based on high accuracy radio positions of extragalactic sources measured by Very Long Baseline Interferometry (VLBI); see Ma et al. (1998). Beginning in 2019, the ICRS is realized in the radio by the ICRF3 catalog (Charlot et al., 2021); also available at [4]. The ICRS is realized in the optical regime by the Hipparcos Celestial Reference Frame (HCRF), consisting of the *Hipparcos Catalogue* (ESA, 1997) with certain exclusions (Resolution B1.2, IAU, 2001). Although the directions of the ICRS coordinate axes are not defined by the kinematics of the Earth, the ICRS axes (as implemented by the ICRF and HCRF) closely approximate the axes that would be defined by the mean Earth equator and equinox of J2000.0 (to within 0.1 arcsecond).

In 2000, the IAU defined a system of space-time coordinates for the solar system, and the Earth, within the framework of General Relativity, by specifying the form of the metric tensors for each and the 4-dimensional space-time transformation between them. The former is called the Barycentric Celestial Reference System (BCRS), and the latter the Geocentric Celestial Reference System (GCRS) (Resolution B1.3, *op.cit.*). The ICRS can be considered a specific implementation of the BCRS; the ICRS defines the spatial axis directions of the BCRS. The GCRS axis directions are derived from those of the BCRS (ICRS); the GCRS can be considered to be the "geocentric ICRS," and the coordinates of stars and planets in the GCRS are obtained from basic ICRS reference data by applying the algorithms for proper place (*e.g.*, for stars, correcting the ICRS-based catalog position for proper motion, parallax, gravitational deflection of light, and aberration).

Precession and Nutation Models

The IAU Resolution B1 adopts the IAU 2006 precession theory (Capitaine et al., 2003) recommended by the Working Group on Precession and the Ecliptic (Hilton et al., 2006) and the IAU 2000A nutation theory (IAU 2000 Resolution B1.6) based on the transfer functions of Matthews et al. (2002), MHB2000. However, at the highest precision (μas), implementing these precession and nutation theories will not agree with the combined precession-nutation approach using the X,Y of the CIP as implemented by the IERS Conventions (IERS, 2010, Chapter 5, and the updates at [5]). This is due to some very small adjustments that are needed in a few of the IAU 2000A nutation amplitudes in order to ensure compatibility with the IAU 2006 values for ϵ_0 and the J_2 rate (see IERS (2010), 5.6.3).

Sections C, E, F use IAU 2000A nutation without the adjustments (see USNO Circular 179, Kaplan (2005) available at [6]) and Sections A, B, D and G use IAU SOFA software, which includes the adjustments. Note that these adjustments are well below the precision printed. These IAU recommendations have been implemented into this almanac since the 2009 edition.

Section B describes the transformation (rotations for precession and nutation) from the GCRS to the "of date" system. This includes the offsets of the ICRS axes from the axes of the dynamical system (mean equator and equinox of J2000.0, termed frame bias). Users are reminded that both variants of formulation, with and without frame bias, are often given, and the difference matters.

Timescales

Two fundamentally different types of time scales are used in astronomy: coordinate timescales such as International Atomic Time (TAI), Terrestrial Time (TT), and Barycentric Dynamical Time (TDB), and those based on the rotation of the Earth such as Universal Time (UT) and sidereal time.

A coordinate timescale is one associated with a coordinate system. To be of use, a coordinate timescale must be related to the proper time of an actual clock. This connection is made from the proper times of an ensemble of atomic clocks on the geoid, through a relativistic transformation, to define the TAI coordinate timescale. The realization of TAI is the responsibility of the Bureau International de Poids et Mesures (BIPM).

The Earth is subject to external torques and changes to its internal structure, including oceanic and atmospheric flows. Thus, the Earth's rotation rate varies with time. And those timescales, such as UT, that are based on the Earth's rotation do not have a fixed relationship to coordinate timescales.

The fundamental unit of time in a coordinate time scale is the SI second defined as 9 192 631 770 cycles of the radiation corresponding to the ground state hyperfine transition of Cesium 133. As a simple count of cycles of an observable phenomenon, the SI second can be implemented, at least in principle, by an observer anywhere. According to relativity theory, clocks advancing by SI seconds according to a co-moving observer (*i.e.*, an observer moving with the clock) may not, in general, appear to advance by SI seconds to an observer on a different space-time trajectory from that of the clock. Thus, a coordinate time scale defined for use in a particular reference system is related to the coordinate time scale defined for a second reference system by a rather complex formula that depends on the relative space-time trajectories of the two reference systems. Simply stated, different astronomical reference systems use different time scales. However, the universal use of SI units allows the values of fundamental physical constants determined in one reference system to be used in another reference system without scaling.

The IAU has recommended relativistic coordinate time scales based on the SI second for theoretical developments using the Barycentric Celestial Reference System or the Geocentric Celestial Reference System. These time scales are, respectively, Barycentric Coordinate Time (TCB) and Geocentric Coordinate Time (TCG). Neither TCB nor TCG appear explicitly in this volume (except here and in the Glossary), but may underlie the physical theories that contribute to the data, and are likely to be more widely used in the future.

International Atomic Time (TAI) is a commonly used time scale with a mean rate equal, to a high level of accuracy, to the mean rate of the proper time of an observer situated on the Earth's surface (the rotating geoid). TAI is the most precisely determined time scale that is now available for astronomical use. This scale results from analyses, by the BIPM in Sèvres, France, of data from atomic time standards of many countries. Although TAI was not officially introduced until 1972, atomic time scales have been available since 1956, and TAI may be extrapolated backwards to the period 1956–1971 (for a history of TAI, see Nelson et al. (2001)). TAI is readily available as an integral number of seconds offset from UTC, which is extensively disseminated. UTC is discussed at the end of this section.

The astronomical time scale called Terrestrial Time (TT), used widely in this volume, is an idealized form of TAI with an epoch offset. In practice it is TT = TAI + $32^{s}.184$. TT was so defined to preserve continuity with previously used (now obsolete) "dynamical" time scales, Terrestrial Dynamical Time (TDT) and Ephemeris Time (ET).

Barycentric Dynamical Time (TDB, defined by the IAU in 1976 and 1979 and modified in 2006 by Resolution B3) is defined such that it is linearly related to TCB and, at the geocenter, remains close to TT. Barycentric and heliocentric data are therefore often tabulated with TDB shown as the time argument. Values of parameters involving TDB (see pages K6–K7), which are not based on the SI second, will, in general, require scaling to convert them to SI-based values (dimensionless quantities such as mass ratios are unaffected).

The coordinate time scale TDB is used as the independent argument of various fundamental solar system ephemerides. In particular, it is the coordinate time scale of the Jet Propulsion Laboratory (JPL) ephemerides DE430/LE430. Previous JPL ephemerides, e.g., DE405/LE405 used the coordinate time scale T_{eph} (see Glossary). The DE430/LE430 ephemerides are the basis for many of the tabulations in this volume (see the Ephemerides Section on page L5). They were computed in the barycentric reference system. The linear drift between TDB and TCB (by a factor of about 10^{-8}) is such that the rates of TDB and TT are as close as possible for the time span covered by the particular ephemeris (Resolution B3, IAU, 2008).

The second group of time scales, which are also used in this volume, are based on the (variable) rotation of the Earth. In 2000, the IAU (Resolution B1.8, IAU, 2001) defined UT1 (Universal Time) to be linearly proportional to the Earth rotation angle (ERA) (see page B8), which is the geocentric angle between two directions in the equatorial plane called, respectively, the celestial intermediate origin (CIO) and the terrestrial intermediate origin (TIO). The TIO rotates with the Earth, while the motion of the CIO has no component of instantaneous motion along the celestial equator, thus ERA is a direct measure of the Earth's rotation.

Greenwich sidereal time is the hour angle of the equinox measured with respect to the Greenwich meridian. Local sidereal time is the local hour angle of the equinox, or the Greenwich sidereal time plus the longitude (east positive) of the observer, expressed in time units. Sidereal time appears in two forms, apparent and mean, the difference being the *equation of the equinoxes*; apparent sidereal time includes the effect of nutation on the location of the equinox. Greenwich (or local) sidereal time can be observationally obtained from the equinox-based right ascensions of celestial objects transiting the Greenwich (or local) meridian. The current form of the expression for Greenwich mean sidereal time (GMST) in terms of ERA (which is a function of UT1) and the accumulated precession in right ascension (which is a function of TDB or TT), was first adopted for the 2006 edition of the almanac. The current expression for GMST is given on page B8.

Universal Time (formerly Greenwich Mean Time) is widely used in astronomy, and in this volume always means UT1. The expression for UT1 in terms of GMST (consistent with the IAU 2006 precession) is given in Capitaine et al. (2005).

UT1 and sidereal time are affected by variations in the Earth's rate of rotation (length of day), which are unpredictable. The lengths of the sidereal and UT1 seconds are therefore not constant when expressed in a uniform time scale such as TT. The accumulated difference in time measured by a clock keeping SI seconds on the geoid from that measured by the rotation of the Earth is ΔT = TT − UT1. In preparing this volume, an assumption had to be made about the value(s) of ΔT

during the tabular year; a table of observed and extrapolated values of ΔT is given on page K9. The predicted value for ΔT at the time for the 2022 edition was produced was 71 s. Calculations of positions relative to the terrestrial frame, such as precise transit times and hour angles, are often referred to the *ephemeris meridian*, which is $1.002\,738\,\Delta T$ east of the Greenwich meridian, and thus independent of the Earth's actual rotation. Only when ΔT is specified can such predictions be referred to the Greenwich meridian. Essentially, the ephemeris meridian rotates at a uniform rate corresponding to the SI second on the geoid, rather than at the variable (and generally slower) rate of the real Earth.

The worldwide system of civil time is based on Coordinated Universal Time (UTC), which is now ubiquitous and tightly synchronized. UTC is a hybrid time scale, using the SI second on the geoid as its fundamental unit, but subject to occasional 1-second adjustments to keep it within $0\overset{s}{.}9$ of UT1. Such adjustments, called "leap seconds," are normally introduced at the end of June or December, when necessary, by international agreement. Tables of the differences UT1 − UTC called ΔUT made available by the International Earth Rotation and Reference System Service's *Bulletin B*. DUT1, an approximation to UT1 − UTC, is transmitted in code with some radio time signals, such as those from WWV. As previously noted, UTC and TAI differ by an integral number of seconds, which increases by 1 whenever a positive leap second is introduced into UTC. Only positive leap seconds have ever been introduced. The TAI − UTC difference is referred to as ΔAT, tabulated on page K9. Therefore TAI = UTC + ΔAT and TT = UTC + ΔAT + $32\overset{s}{.}184$.

From 2016, in order to provide UT1 directly via a time server rather than only UTC, the Time and Frequency Division of the US National Institute of Standards and Technology (NIST) transmits UT1 time in the Network Time Protocol format [7]. The time difference between UT1 and UTC is updated every day at 0^hUTC from IERS Bulletin A. The accuracy of UT1(NIST) at the server is approximately 4 ms, and is determined by the uncertainty in the prediction of the differenceUT1 − UTC. The accuracy of the time received by a user will usually be further limited by the stability of the network delay from the user's system to the time server.

In many astronomical applications multiple time scales must be used. In the astronomical system of units, the unit of time is the day of 86400 seconds. For long periods, however, the Julian century of 36525 days is used. With the increasing precision of various quantities, it is now often necessary not only to specify the date but also the time scale. Thus the standard epoch for astrometric reference data designated J2000.0 is 2000 January 1, 12^h TT (JD 245 1545.0 TT). The use of time scales based on the tropical year and Besselian epochs was discontinued in 1984. Other information on time scales and the relationships between them may be found on pages B6–B12.

Ephemerides

The fundamental ephemerides of the Sun, Moon, and major planets were calculated by numerical integration at the Jet Propulsion Laboratory (JPL). These ephemerides, designated DE430/LE430, provide barycentric equatorial rectangular coordinates for the period JD2287184.5 (1549 Dec. 21.0) through JD2688976.5 (2650 Jan. 25.0) (Folkner et al., 2014). *The Astronomical Almanac* for 2015 was the first edition that used the DE430/LE430 ephemerides; the volumes for 2003 through 2014 used the ephemerides designated DE405/LE405 (Standish, 1998). Optical, radar, laser, and space-craft observations were analyzed to determine starting conditions for the numerical integration and values of fundamental constants such as the planetary masses and the length of the astronomical unit in meters. The reference frame for the basic ephemerides is the ICRF; the alignment onto this frame has an estimated accuracy of 1 − 2 milliarcseconds. As described above, the JPL DE430/LE430 ephemerides have been developed in a barycentric reference system using a barycentric coordinate time scale TDB.

The geocentric ephemerides of the Sun, Moon, and planets tabulated in this volume have been computed from the basic JPL ephemerides in a manner consistent with the rigorous reductionmethods presented in Section B. For each planet, the ephemerides represent the position of the center of mass, which includes any satellites, not the center of figure or center of light. The precession-nutation model used in the computation of geocentric positions follows the IAU resolutions adopted in 2000 and 2006; see the Precession and Nutation Models section above.

Section A: Summary of Principal Phenomena

In 2006, the IAU agreed on resolution 5B, which provides the definition for "planet" and also introduces the new class of "dwarf planets". Following those resolutions, only eight solar system objects – Mercury, Venus, Earth, Mars, Jupiter, Saturn, Uranus and Neptune – classify as planets. Along with Pluto, Ceres is now in the new class of dwarf planets.

The lunations given on page A1 are numbered in continuation of E.W. Brown's series, of which No. 1 commenced on 1923 January 16 (Brown, 1933).

The list of occultations of planets and bright stars by the Moon starting on page A2 gives the approximate times and areas of visibility for the planets, the dwarf planets Ceres and Pluto, the minor planets Pallas, Juno and Vesta, and the five bright stars *Aldebaran*, *Antares*, *Regulus*, *Pollux* and *Spica*. However, due primarily to precession, it is known that *Pollux* has not, nor will be, occulted by the Moon for hundreds of years. Maps of the area of visibility of these occultations and for the minor planets published in Section G are available on *The Astronomical Almanac Online*. IOTA, the International Occultation Timing Association [8], is responsible for the predictions and reductions of timings of lunar occultations of stars by the Moon.

Times tabulated on page A3 for the stationary points of the planets are the instants at which the planet is stationary in apparent geocentric right ascension; but for elongations of the planets from the Sun, the tabular times are for the geometric configurations. From inferior conjunction to superior conjunction for Mercury or Venus, or from conjunction to opposition for a superior planet, the elongation from the Sun is west; from superior to inferior conjunction, or from opposition to conjunction, the elongation is east. Because planetary orbits do not lie exactly in the ecliptic plane, elongation passages from west to east or from east to west do not in general coincide with oppositions and conjunctions. For the selected dwarf planets Pluto and Ceres and minor planets Pallas, Juno and Vesta, their conjunctions, oppositions and stationary points are tabulated at the bottom of page A4 while their magnitudes, every 40 days, are given on page A5.

Dates of heliocentric phenomena are given on page A3. Since they are determined from the actual perturbed motion, these dates generally differ from dates obtained by using the elements of the mean orbit. The date on which the radius vector is a minimum may differ considerably from the date on which the heliocentric longitude of a planet is equal to the longitude of perihelion of the mean orbit. Similarly, when the heliocentric latitude of a planet is zero, the heliocentric longitude may not equal the longitude of the mean node.

The magnitudes and elongations of the planets are tabulated on pages A4–A5. For Mercury and Venus (page A4), they are tabulated every 5 days and the expressions for the magnitudes are given by Mallama and Hilton (2018). Magnitudes are not tabulated for a few dates around inferior and superior conjunction. In terms of the phase angle (ϕ), magnitudes are given for Mercury when $2°\!.1 < \phi < 169°\!.5$, and for Venus when $2°\!.2 < \phi < 179°\!.0$. For the other planets (page A5), the elongations and magnitudes are given every 10 days. These magnitude expressions are due to Mallama and Hilton *op. cit.* Daily tabulations are given in Section E.

Configurations of the Sun, Moon and planets (pages A9–A11) are a chronological listing, with times to the nearest hour, of geocentric phenomena. Included are eclipses; lunar perigees, apogees and phases; phenomena in apparent geocentric longitude of the planets, dwarf planets Ceres and Pluto and the minor planets Pallas, Juno and Vesta; times when these planets are stationary in right ascension and when the geocentric distance to Mars is a minimum; and geocentric conjunctions in apparent right ascension of the planets with the Moon, with each other, and with the five bright stars *Aldebaran*, *Regulus*, *Spica*, *Pollux* and *Antares*, provided these conjunctions are considered to occur sufficiently far from the Sun to permit observation. Thus conjunctions in right ascension are excluded if they occur within 20° of the Sun for Uranus and Neptune; 15° for the Moon, Mars and Saturn; within 10° for Venus and Jupiter; and within approximately 10° for Mercury, depending on Mercury's brightness. For Venus, the occasion of its greatest illuminated extent is included. The occurrence of occultations of planets and bright stars is indicated by "Occn."; the areas of visibility are given in the list on page A2 while the maps are available on *The Astronomical Almanac Online*. Geocentric phenomena differ from the actually observed configurations by the effects of the geocentric parallax at the place of observation, which for configurations with the Moon may be quite large.

The explanation for the tables of sunrise and sunset, twilight, moonrise and moonset is given on page A12; examples are given on page A13.

Eclipses

The elements and circumstances are computed according to Bessel's method from apparent right ascensions and declinations of the Sun and Moon based on the JPL ephemerides DE430/LE430. Semidiameters of the Sun and Moon used in the calculation of eclipses do not include irradiation. Given the uncertainty of the radius of the Sun and the need to use a value at an appropriate optical depth, the adopted semidiameter of the Sun at unit distance is $15' 59\rlap{.}{''}64$ from the IAU (1976) Astronomical Constants (IAU, 1977). The apparent semidiameter of the Moon is equal to $\arcsin(k \sin \pi)$, where π is the Moon's horizontal parallax and k is an adopted constant. In 1982, the IAU adopted $k = 0.272\,5076$ (IAU, 1983, pp. 51–53), corresponding to the mean radius of the Watts' datum (Watts, 1963) as determined by observations of occultations and to the adopted radius of the Earth. Corrections to the ephemerides, if any, are noted in the beginning of the eclipse section.

In calculating lunar eclipses, the radius of the geocentric shadow of the Earth is increased by one-fiftieth part to allow for the effect of the atmosphere. Refraction is neglected in calculating solar and lunar eclipses. Because the circumstances of eclipses are calculated for the surface of the ellipsoid, refraction is not included in Besselian elements. For local predictions, corrections for refraction are unnecessary; they are required only in precise comparisons of theory with observation in which many other refinements are also necessary.

Descriptions of the maps and use of Besselian elements are given on pages A78–A83, while maps of the areas of visibility are available on *The Astronomical Almanac Online*.

Section B: Timescales and Coordinate Systems

Calendar

Over extended intervals, civil time is ordinarily reckoned according to conventional calendar years and adopted historical eras; in constructing and regulating civil calendars and fixing ecclesiastical calendars, a number of auxiliary cycles and periods are used. In particular, the Islamic calendar is determined from an algorithm that approximates the lunar cycle and is independent of location. In practice, the dates of Islamic fasts and festivals are determined by an actual sighting of the appropriate new crescent moon.

To facilitate chronological reckoning, the system of *Julian day numbers* maintains a continuous count of astronomical days, beginning with JD 0 on 1 January 4713 B.C., Julian proleptic calendar. Instants within a given day are assigned a *Julian Date* (JD), which is the Julian day number plus the fraction of a day since the preceding noon. Hence the time elapsed between two events is simply the difference between their JDs. Julian day numbers for the current year are given on page B3 and in the Universal and Sidereal Times pages, B13–B20, and the Universal Time and Earth rotation angle table on pages B21–B24. To determine JD numbers for other years on the Gregorian calendar, consult the Julian Day Number tables on pages K2–K5.

Note that the Julian day begins at noon, whereas the calendar day begins at the preceding midnight. Thus the Julian day system is consistent with astronomical practice before 1925, with the astronomical day being reckoned from noon. The Julian date should include a specification as to the time scale being used, *e.g.*, JD 245 1545.0 TT or JD 245 1545.5 UT1.

At the bottom of pages B4–B5, dates are given for various chronological cycles, eras, and religious calendars. Note that the beginning of a cycle or era is an instant in time; the date given is the Gregorian day on which the period begins. Religious holidays, unlike the beginning of eras, are not instants in time but typically run an entire day. The tabulated date of a religious festival is the Gregorian day on which it is celebrated. When converting to other calendars whose days begin at different times of day (*e.g.*, sunset rather than midnight), the convention utilized is to tabulate the day that contains noon in both calendars.

See page L3 of this section for a discussion on timescales for a discussion on timescales.

Universal and Sidereal Times and Earth Rotation Angle

The tabulations of Greenwich mean sidereal time (GMST) at 0^h UT1 are calculated from the defining relation between the Earth rotation angle (ERA), which is a function of UT1, and the accumulated precession (P03, see reference above) in right ascension, which is a function of TDB or TT (see pages B8 and L3).

The tabulations of Greenwich apparent sidereal time (GAST, or GST as it is designated in the papers above), is calculated from ERA and the equation of the origins. The latter is a function of the CIO locator s and precession and nutation (see Capitaine and Wallace (2006) and Wallace and Capitaine (2006)). This formulation ensures that whichever paradigm is used, equinox or CIO based, the resulting hour angles will be identical. Greenwich mean and apparent sidereal times and the equation of the equinoxes are tabulated on pages B13–B20, while ERA and equation of the origins are tabulated on pages B21–B24.

The IAU SOFA library has been used in the software that has generated the data in this section. The code is available from the IAU Standards Of Fundamental Astronomy (SOFA) website [3] and contains code for all the fundamental quantities related to various systems (*e.g.* IAU, 2008, 2001).

Bias, Precession and Nutation

The report of the IAU Working Group on Precession and the Ecliptic (WGPE) (Hilton et al., 2006) is implemented in this section. Table 1 of this report gives a useful list of "The polynomial coefficients for the precession angles". The WGPE adopted the precession theory designated P03 (Capitaine, Wallace, and Chapront, 2003). The papers of Capitaine and Wallace (2006) and Wallace and Capitaine (2006) have also been used. The WGPE stated that the choice of the precession parameters should be left to the user. It should be noted that the effect of the frame bias (see page B50), the offset of the ICRS from the J2000.0 system, is not related to precession. However, the Fukushima-Williams angles (see page B56), which are used by SOFA, and the series method (see page B46) of calculating the ICRS-to-date matrix have the frame bias offset included.

The formulae given on page B54 using the precessional constants M, N, a, b, c and c' for the reduction of precession that transform positions and orbital elements from and to J2000.0 are approximate. For the position formulae $(\alpha, \delta, \lambda, \beta)$, they are accurate to $0.''5$ within half a century of J2000.0 and to $1''$ within one century of J2000.0. These differences were found, in the case of transforming positions, by comparing values of right ascension such that $0° \leq \alpha \leq 360°$ in steps of $30°$ and declination such that $-75° \leq \alpha \leq +75°$ in steps of $5°$ every 10 days. In the case of transforming orbital elements the differences were found by comparing values for each of the planets every 10 days.

The formulae given at the bottom of the page B54, which are for the approximate reduction from the mean equinox and equator or ecliptic of the middle of the year (e.g., mean places of stars) to a date within the year (i.e., $-0.5 \leq \tau \leq +0.5$), were compared daily with a similar range of positions as above. These formulae use the annual rates m, n, p, π for the middle of the year, which are given at the top of the following page. The years analyzed were 1950 to 2050, and the formulae are accurate to $0.''002$ for right ascension and declination and accurate to $0.''006$ for ecliptic longitude and latitude. All these traditional approximate formulae break down near the poles.

Reduction of Celestial Coordinates

Formulae and methods are given showing the various stages of the reduction from an International Celestial Reference System (ICRS) position to an "of date" position consistent with the IAU 2012 resolution B2 (IAU, 2015). This reduction may be achieved either by using the long-standing equinox approach or the CIO-based method, thus generating apparent or intermediate places, respectively. The examples also show the calculation of Greenwich hour angle using GAST or ERA as appropriate. The matrices for the transformation from the GCRS to the "of date" position for each method are tabulated on pages B30–B45. The Earth's position and velocity components (tabulated on pages B76-B83) are extracted from the JPL ephemeris DE430/LE430, which is described on page L5.

The determination of latitude using the position of Polaris or σ Octantis may be performed using the methods and tables on pages B87-B92.

Section C: The Sun

The formulae for the Sun's orbital elements found on page C1 — the geometric mean longitude (λ), the mean longitude of perigee (ϖ), the mean anomaly (l') and the eccentricity (e) — are computed using the values from Simon et al. (1994): λ, the expression $\lambda = F + \Omega - D$ is used, where F and D are the Delaunay arguments found in § 3.5b and Ω is the longitude of the Moon's node found in § 3.4 3.b; the expression $\varpi = \lambda - l'$ is used, where l' is taken from § 3.5b; e is taken directly from § 5.8.3. The mean obliquity, ε, is from Capitaine, Wallace, and Chapront (2003), Eq. 39 with ε_0 from Eq. 37. The rates for all of the mean orbital elements are the time derivatives of the above expressions.

The lengths of the principal years are computed using the rates of the orbital elements as describe in the previous paragraph. They are:

- Tropical year: the period of time for the ecliptic longitude of the Sun to increase 360 degrees. The tropical year is then $360°/\dot{\lambda}$.
- Sidereal year: the period of revolution of the Earth around the Sun in a fixed reference frame, computed as $360°/(\dot{\lambda} - \dot{P})$ where $\dot{P}$ is the precession rate found in Simon et al. (1994), Eq. 5.
- Anomalistic year: the period between successive passages of the Earth through perihelion; it is computed as $360°/\dot{l'}$.
- Eclipse year: the period between successive passages of the Sun—as seen from the geocenter— through the same lunar node. The mean eclipse year is $360°/\dot{\lambda} - \dot{\Omega}$).

The coefficients for the equation of time formula are computed using Smart (1956), § 90; in that formula the value for L is the same as λ (explained above) but corrected for aberration and rounded for ease of computation.

The rotation elements listed on page C3 are due to Carrington (1863). The synodic rotation numbers tabulated on page C4 are in continuation of Carrington's Greenwich photoheliographic series of which Number 1 commenced on November 9, 1853.

Low precision formulae for the Sun are given on page C5. The position are apparent places; that is, they are given with respect to the equator and equinox of date.

The JPL DE430/LE430 ephemeris, which is described on page L5, is the basis of the various tabular data for the Sun on pages C6–C25.

The IAU Working Group on Cartographic Coordinate and Rotational Elements (Archinal et al., 2018) adopted the Resolution B3 of the XXIX IAU General Assembly [9] nominal radius for the Sun: 695,700 km. This radius corresponds to the one at which the local temperature equals the Sun's effective temperature, the usual definition of the radius in stellar models. However, the radius that ought to be used for phenomena involving the Sun (*e.g.*, sunrise/sunset times, eclipses, and the physical ephemerides) is the radius of the solar limb as observed in visual light. This larger value, 696,000 km (IAU, 1977), is used for all relevant ephemerides in The Astronomical Almanac. See Haberreiter et al. (2008) for a discussion. This value is consistent with the semidiameter value used in computing eclipses in Section A.

Daily geocentric coordinates of the Sun are given on the even pages of C6–C20; the tabular argument is Terrestrial Time (TT). The ecliptic longitudes and latitudes are referred to the mean equinox and ecliptic of date. These values are geometric, that is they are not antedated for light-time, aberration, etc. The apparent equatorial coordinates, right ascension and declination, are referred to the true equator and equinox of date and are antedated for light-time and have aberration applied. The true geocentric distance is given in astronomical units and is the value at the tabular time; that is, the values are not antedated.

Daily physical ephemeris data are found on the odd pages of C7–C21 and are computed using the techniques outlined in *The Explanatory Supplement to the Astronomical Almanac* (Urban and Seidelmann, 2012); the tabular argument is TT. The solar rotation parameters are from *Report of the IAU Group on Cartographic Coordinates and Rotational Elements: 2015* (Archinal et al., 2018); the data are based on Carrington (1863). Prior to *The Astronomical Almanac* for 2009, neither light-time correction nor aberration were applied to the solar rotation because they were presumably already in Carrington's meridian. Since the Earth-Sun distance is relatively constant, this is possible only for the Sun. At the 2006 IAU General Assembly, the Working Group on Cartographic Coordinates and Rotational Elements decided to make the physical ephemeris computations for the Sun consistent with the other major solar system bodies. The W_0 value for the Sun was "foredated" by about 499s; using the new value, the computation must take into account the light travel time. To further unify the process with other solar system objects, aberration is now explicitly corrected. Differences between the pre-2009 technique and the current recommendation are negligible at the Earth; for *The Astronomical Almanac*, differences of one in the least significant digit are occasionally seen in P, B_0 and L_0, with no other values being affected. Further explanation is found on the The *Astronomical Almanac Online* in the Notes and References area.

The Sun's daily ephemeris transit times are given on the odd pages of C7–C21. An ephemeris transit is the passage of the Sun across the *ephemeris meridian*, defined as a fictitious meridian that rotates independently of the Earth at the uniform rate. The ephemeris meridian is $1.002738 \times \Delta T$ east of the Greenwich meridian.

Geocentric rectangular coordinates, in au, are given on pages C22–C25. These are referred to the ICRS axes, which are within a few tens of milliarcseconds of the mean equator and equinox of J2000.0. The time argument is TT and the coordinates are geometric, that is there is no correction for light-time, aberration, etc.

Section D: The Moon

The geocentric ephemerides of the Moon are based on the JPL DE430/LE430 numerical integration described on page L5, with the tabular argument being TT. Additional formulae and data pertaining to the Moon are given on pages D1–D5 and D22.

For high precision calculations, a polynomial ephemeris (ASCII or PDF) is available at *The Astronomical Almanac Online*, along with the necessary procedures for its evaluation. Daily apparent ecliptic latitude and longitude (to nearest second of arc) and apparent geocentric right ascension and declination (to $0''.1$) are given on the even numbered pages D6–D20. Although the tabular apparent right ascension and declination are antedated for light-time, the true distance and the horizontal parallax are the geometric values for the tabular time. The horizontal parallax is derived from $\arcsin(a_E/r)$, where r is the true distance and $a_E = 6378.1366$ km is the Earth's equatorial radius (see page K6).

The semidiameter s is computed from $s = \arcsin(R_M/r)$, where r is the true distance and $R_M = 1737.4$ km is the mean radius of the Moon (see page K7).

The values for the librations of the Moon are calculated using rigorous formulae. The optical librations are based on the mean lunar elements of Simon et al. (1994), while the total librations are computed from the LE430 rotation angles. The rotation angles have been transformed from the Principal Moment of Inertia system used in the JPL ephemeris to librations that are defined in the mean-Earth direction, mean pole of rotation system given in Section D, by means of specific rotations provided by Folkner et al. (2014) and Williams et al. (2013). The value of $1° 32' 32''.6$ for the inclination of the mean lunar equator to the ecliptic (also given on page D2) has been taken from Newhall and Williams (1996). Since apparent coordinates of the Sun and Moon are used in the calculations, aberration is fully included, except for the inappreciable difference between the light-time from the Sun to the Moon and from the Sun to the Earth. A detailed description of this process can be found in *NAO Technical Note*, No. 74 (Taylor, D. B. and Bell, S. A. and Hilton, J. L. and Sinclair, A. T., 2010).

The selenographic coordinates of the Earth and Sun specify the points on the lunar surface where the Earth and Sun, respectively, are in the selenographic zenith. The selenographic longitude and latitude of the Earth are the total geocentric (optical and physical) librations with respect to the coordinate system in which the x-axis is the mean direction towards the geocenter and the z-axis is the mean pole of lunar rotation. When the longitude is positive, the mean central point is displaced eastward on the celestial sphere, exposing to view a region on the west limb. When the latitude is positive, the mean central point is displaced toward the south, exposing to view the north limb.

The tabulated selenographic colongitude of the Sun is the east selenographic longitude of the morning terminator. It is calculated by subtracting the selenographic longitude of the Sun from $90°$ or $450°$. Colongitudes of $270°$, $0°$, $90°$ and $180°$ approximately correspond to New Moon, First Quarter, Full Moon and Last Quarter, respectively.

The position angles of the axis of rotation and the midpoint of the bright limb are measured counterclockwise around the disk from the north point. The position angle of the terminator may be obtained by adding $90°$ to the position angle of the bright limb before Full Moon and by subtracting $90°$ after Full Moon.

For precise reduction of observations, the tabular librations and position angle of the axis must be reduced to topocentric values via the formulae by Atkinson (1951) that are given on page D5.

Section E: Planets

Rotational elements on E5 and the mean equatorial radius, flattening and sidereal period of rotation, found on E6, are based on the Archinal et al. (2018), *Report of the IAU Working Group on*

Cartographic Coordinates and Rotational Elements: 2015. This report contains tables giving the dimensions, directions of the north poles of rotation and the prime meridians of the planets, Pluto, some of the satellites, and asteroids.

The orientation of the pole of a planet is specified by the right ascension α_0 and declination δ_0 of the north pole, with respect to the ICRS. According to the IAU, the north pole is defined as the pole that lies on the north side of the invariable plane of the solar system. Because of precession and nutation of a planet's axis, α_0 and δ_0 may vary with time (see Table 1 of Archinal et al., 2018); values for the current year are given on page E5.

The apparent disk of an oblate planet is always elliptical, with an oblateness less than or equal to that of the planet itself, depending on the apparent tilt of the planet's axis. Archinal et al. (2018) gives two values for the polar radii of Mars because there is a difference along its axis between its center of figure and center of mass.

Except for the Earth, the period of rotation is the time required for a point on the equator of the planet to twice cross the XY-plane of the ICRS. The length of the sidereal day is given for the Earth, because its equator is nearly coincident with the XY-plane (see B9). A negative sign indicates that the rotation is retrograde with respect to the pole that lies north of the invariable plane of the solar system. The period is measured in days of 86 400 SI seconds.

For the four gas giant planets, the apparent rate of rotation is a function of both latitude and distance from the center of mass. The primary rotation rate is defined by the periodicity of radio emissions, which are presumably modulated by the planet's internal magnetic field; this is referred to as "System III" rotation. For Jupiter, "System I" and "System II" rotations have also been defined, which correspond to the apparent rotations of the equatorial and mid-latitude cloud tops, respectively, in the visual band. For Neptune, the rotation is defined as "System II" which refers to observed features in the Neptunian atmosphere. Cassini spacecraft observations provide evidence that the variation in the radio emissions of Saturn are not anchored in its bulk, and show variation in its period on the order of 1% over a time span of several years (Gurnett et al., 2007). This casts doubt on the reliability of the current methods to predict Saturn's rotation parameters. The influence of Saturn's moon Enceladus may also be affecting the results.

The rotation rates of Uranus and Neptune are determined from the Voyager mission encounters in 1986 and 1989. The uncertainty of those rotation rates are large enough that the uncertainties in their rotation angles are greater than a complete rotation.

The physical and photometric data for planets on E6 include the geometric flattening, which is the ratio of the difference of the mean equatorial and polar radii to the equatorial radius from Table 4 of Archinal et al. (2018). The flattening of Mars, is calculated using the average polar radius.

The planetary masses include their atmospheres but not the masses of their satellites. They are calculated using the values for GM_S and the masses of the planet-satellite systems, found on K6, and the planet-satellite mass ratios found on pages F3 and F5.

The tabulated maximum angular diameter of planets is based on the equatorial diameter when the planet is at the tabulated minimum geocentric distance during the interval 1950-2050.

Verma and Margot (2016) provides the coefficients of the potential for Mercury; Konopliv et al. (1999) provides those for Venus. The coefficients of the potential for the Earth and Moon are those used in constructing DE430 (Folkner et al., 2014), the planetary ephemeris used for this volume. Cheng et al. (2011) is the source for the Earth's J_2 and Pavlis et al. (2012) for its J_3 and J_4 values, and Williams et al. (2013) the values for the Moon. Konopliv et al. (2013) provides the coefficients of the potential for Mars; Iess et al. (2018) those for Jupiter; Iess et al. (2019) those for Saturn; Jacobson (2014) those for Uranus; and Jacobson (2009) those for Neptune.

Mallama et al. (2017) provides the geometric albedos of the planets. It is the ratio of the illumination of a planet at zero phase angle to the illumination produced by a plane, perfectly white

Lambert surface of the same radius and position as the planet. The quantity $V(1,0)$ is the visual magnitude of a planet reduced to a distance of 1 au from both the Sun and Earth and with phase angle zero. The $V(1,0)$ values on page E6 are taken from Mallama and Hilton (2018). V_0 is the magnitude at mean opposition.

The heliocentric and geocentric ephemerides of the planets are based on the numerical integration DE430/LE430 described on page L5. These data are given in TDB. The values for heliocentric positions and elements, and the geocentric coordinates are for the planet-satellite barycenters. The longitude of perihelion for both Venus and Neptune is given to a lower degree of precision because they have nearly circular orbits and the longitude of perihelion is poorly defined.

The apparent right ascension and declination are antedated for light-time, but the true geocentric distance is the geometric distance at the tabular time.

The physical ephemerides of the planets are based on the fundamental solar system ephemerides DE430/LE430 described on page L5. The apparent equatorial and polar diameters are separately tabulated for planets with significant oblateness. The apparent visual magnitudes of the planets are calculated using the Mallama and Hilton (2018) algorithms.

- Mercury and Venus values are valid for a sub-range of possible phase angles (see page E3).
- The apparent magnitude of Mercury does not include variations from albedo markings which may cause variations up to approximately 0.08 magnitudes.
- The apparent magnitude of Mars includes a seasonal correction but does not include sub-longitude or dust storm corrections. These may cause variations up to approximately 0.10 magnitudes.
- The apparent magnitude of Saturn is for the combination of its disk and rings, but the surface brightness is for the disk only.

The tabulated latitudes and longitudes are planetographic.

All tabulated quantities in the physical ephemeris tables are corrected for light-time, so the given values apply to the disk that is visible at the tabular time. Except for planetographic longitudes, all tabulated quantities vary so slowly that they remain unchanged if the time argument is considered to be UT rather than TT. Conversion from TT to UT affects the tabulated planetographic longitudes by several tenths of a degree for all but Mercury and Venus.

Section F: Natural Satellites

The data given in Section F for the positions of the satellites at specific times in their orbits are intended only for search and identification, not for the exact comparison of theory with observation; they are calculated only to the accuracy sufficient for facilitating observations. The positions and reference planes for the satellite orbits are based on the individual theories cited below. They are corrected for light-time. The value of ΔT used to prepare the ephemerides is given on page F1.

Beginning with the 2013 edition of *The Astronomical Almanac*, the orbital data given for the planetary satellites of Mars, Jupiter (satellites I - XVI), Saturn (satellites I - IX), and Neptune (satellites I - VIII) in the table on pages F2 and F4 are given with respect to the local Laplace Plane. The Laplace Plane is an auxiliary concept convenient for describing the orbital plane evolution of a satellite in a nearly circular orbit within the "star - oblate planet - weightless satellite" setting, provided the orbit is not too close to polar. In an ideal situation where a planet is perfectly spherical and its satellite feels no influence from the Sun, that satellite would remain in its initial orbital plane forever. In a real situation, however, planets are oblate and the gravitational influence of the Sun cannot be ignored. The oblateness of the planet and the gravitational influence of the Sun causes the satellite's orbital normal vector to precess in an elliptical pattern about another vector which serves as the normal vector to the Laplace Plane. For satellite orbits close to the planet, the Laplace Plane lies close to the planet's equatorial plane; for satellite orbits high above the planet, the Laplace Plane lies close the planet's equatorial to the planet's orbital plane.

Beginning with the 2006 edition of *The Astronomical Almanac*, a set of selection criteria has been instituted to determine which satellites are included in the table; those criteria appear on page F5. As a result, many newer satellites of Jupiter, Saturn, and Uranus have been included. However, some satellites that were included in previous editions have now been excluded. A more complete table containing all of the data from this edition as well as many of the previously included satellites is available on *The Astronomical Almanac Online*. The following sources were used to update the data presented in this table: Jacobson et al. (1989); the Jupiter Planet Satellite and Moon Page at [10]; the JPL Planetary Satellite Mean Orbital Parameters at [11], and references therein; Nicholson (2008); Jacobson (2000); Owen, Jr. et al. (1991).

Ephemerides, elongation times, and phenomena for planetary satellites are computed using data from a mixed-function solution for twenty short-period planetary satellite orbits presented in Taylor (1995). The printed apparent satellite orbits are projections of their true orbits in three dimensions onto the two dimensional plane of the sky. The time of greatest eastern (or northern) elongation of an orbit is when the separation between satellite and planet is at a maximum on the eastern (or northern) side of the orbit. Starting with the 2007 edition, the offset data generated are used to produce satellite diagrams for Mars, Jupiter, Uranus, and Neptune. Beginning with the 2010 edition, the paths of the satellites are computed at six minute intervals for Mars, eighty minute intervals for Jupiter, eighty-one minute intervals for Uranus, and thirty-five minute intervals for Neptune. As a consequence of these choices, the paths of the satellites for these planets appear as dotted lines in the satellite diagrams. The new diagrams give a scale (in arcseconds) of the orbit of the satellites as seen from Earth. Approximate formulae for calculating differential coordinates of satellites are given with the relevant tables.

The tables of apparent distance and position angle have been discontinued in *The Astronomical Almanac* starting with the 2005 edition. They are available on *The Astronomical Almanac Online* along with the offsets of the satellites from the planets.

Satellites of Mars

The Phobos and Deimos ephemerides are computed via the orbital elements from Sinclair (1989).

Satellites of Jupiter

The ephemerides of Satellites I–IV are based on the theory presented in Lieske (1977), with constants from Arlot (1982).

Elongations of Satellite V are computed from circular orbital elements given in Sudbury (1969). The differential coordinates of Satellites VI–XIII are computed by numerical integration, using starting coordinates and velocities calculated at the U.S. Naval Observatory (Rohde and Sinclair, 1992).

The use of ".. .. .." for the Terrestrial Time of Superior Geocentric Conjunction data for satellites I–IV indicates times of the year when Jupiter is too close to the Sun for any conjunctions to be observed, which occurs when the angular separation between Jupiter and the Sun is less than 20 degrees.

The actual geocentric phenomena of Satellites I–IV are not instantaneous. Since the tabulated times are for the middle of the phenomena, a satellite is usually observable after the tabulated time of eclipse disappearance (Ec D) and before the time of eclipse reappearance (Ec R). In the case of Satellite IV, the difference is sometimes quite large. Light curves of eclipse phenomena are discussed in Harris (1961).

To facilitate identification, approximate configurations of Satellites I–IV are shown in graphical form on pages facing the tabular ephemerides of the geocentric phenomena. Time is shown by the vertical scale, with horizontal lines denoting 0^h UT. For any time, the curves specify the relative positions of the satellites in the equatorial plane of Jupiter. The width of the central band, which represents the disk of Jupiter, is scaled to the planet's equatorial diameter.

For eclipses, the points d of immersion into the shadow and points r of emersion from the shadow are shown pictorially at the foot of the right-hand pages for the superior conjunctions nearest the middle of each month. At the foot of the left-hand pages, rectangular coordinates of these points are given in units of the equatorial radius of Jupiter. The x-axis lies in Jupiter's equatorial plane, positive toward the east; the y-axis is positive toward the north pole of Jupiter. The subscript 1 refers to the beginning of an eclipse, subscript 2 to the end of an eclipse.

Galilean Satellites

The configuration of Galilean satellites and the tables of geocentric phenomena are supplied by the Institut de Mécanique Céleste et de Calcul des Éphémérides (IMCCE).

About every six years the Earth's orbit crosses the orbital planes of the four Galilean satellites. This results in a significant number of observable occultations and eclipses involving these satellites. These phenomena are tabulated on *The Astronomical Almanac Online*. These data were provided by Dr. Kaare Aksnes of the Institute for Theoretical Astrophysics in Oslo, Norway.

Satellites and Rings of Saturn

The apparent dimensions of the outer edge of ring A and the factors for computing relative dimensions of rings B and C were originally from Esposito et al. (1984). Observations from the Cassini spacecraft have provided updated values [12]. The appearance of the rings depends upon the Saturnicentric positions of the Earth and Sun. The ephemeris of the rings is corrected for light-time.

The positions of Mimas, Enceladus, Tethys and Dione are based upon orbital theories presented in Kozai (1957), elements from Taylor and Shen (1988), with mean motions and secular rates from Kozai (1957) and Garcia (1972). The positions of Rhea and Titan are based on Sinclair (1977) orbital theories, with elements from Taylor and Shen (1988), and with mean motions and secular rates by Garcia (1972). The theory and elements for Hyperion are from Taylor (1984). The theory for Iapetus is from Sinclair (1974), with additional terms from Harper et al. (1988) and elements from Taylor and Shen (1988). The orbital elements used for Phoebe are from Zadunaisky (1954).

For Satellites I–V, times of eastern elongation are tabulated; for Satellites VI–VIII, times of all elongations and conjunctions are tabulated. On the diagram of the orbits of Satellites I–VII, points of eastern elongation are marked "0^d". From the tabular times of these elongations, the apparent position of a satellite at any other time can be marked on the diagram by setting off on the orbit the elapsed interval since last eastern elongation. For Hyperion, Iapetus, and Phoebe, ephemerides of differential coordinates are also included.

Solar perturbations are not included in calculating the tables of elongations and conjunctions, distances and position angles for Satellites I–VIII. For Satellites I–IV, the orbital eccentricity e is neglected.

Satellites and Rings of Uranus

Data for the Uranian rings are from NASA's Planetary Data System archive [13] and references presented there. Ephemerides of the satellites are calculated from orbital elements determined in Laskar and Jacobson (1987).

Satellites of Neptune

The ephemerides of Triton and Nereid are calculated from elements given in Jacobson (1990). The differential coordinates of Nereid are apparent positions with respect to the true equator and equinox of date.

Satellite of Pluto

The ephemeris of Charon is calculated from the elements given in Tholen (1985). The remaining satellites' mean opposition magnitudes (> 23.0) are deemed too faint for inclusion.

Section G: Dwarf Planets and Small Solar System Bodies

This section contains data on a selection of 5 dwarf planets, 92 minor planets and short period comets.

Astrometric positions for selected dwarf planets and minor planets are given daily at 0^h TT for 60 days on either side of an opposition occurring between January 1 of the current year and January 31 of the following year. Also given are the apparent visual magnitude and the time of ephemeris transit over the ephemeris meridian. The dates when the object is stationary in apparent right ascension are indicated by shading. It is occasionally possible for a stationary date to be outside the period tabulated. Linear interpolation is sufficient for the magnitude and ephemeris transit, but for the astrometric right ascension and declination second differences may be significant.

Astrometric ephemerides (right ascension and declination) of these objects are tabulated, so their position can be directly comparable with the catalogue positions of background stars in the same area of the sky, after the star positions are updated for proper motion and parallax.

Dwarf Planets

The dwarf planets are those acknowledged by the IAU in the year of production (see IAU website [14]). For the edition for 2022, these are the following objects: (1) Ceres, (134340) Pluto, (136108) Haumea, (136199) Eris and (136472) Makemake.

From those five, we currently provide more detailed information for Ceres, Pluto and Eris. Ceres and Pluto have been chosen due to their long observational history and the availability of high quality positions, which make the published ephemeris reliable. While Eris may be seen as the object which (historically) had a major influence on the process of reclassification within the solar system, it can also be targeted by amateur astronomers. In addition to these three objects, Makemake and Haumea are included in this list of dwarf planets, and their physical properties are tabulated.

Osculating elements are tabulated for ecliptic and equinox J2000.0 for Ceres, Pluto and Eris for three dates per year (100 day dates). For any of these three objects that are at opposition during the year, like the minor planets, an astrometric ephemeris is tabulated daily for a 120-day window centered on the opposition date, 60 days on either side of opposition. Two star charts are also provided, one showing the astrometric positions around opposition and the other the path during the year. The stars plotted with Ceres and any dwarf planet brighter than magnitude V=10.0 are from a hybrid catalogue (Urban, 2010 private communication) that was generated from the *Tycho 2 Catalogue* (Høg et al., 2000) and *Hipparcos Catalogue* (ESA, 1997). For other fainter dwarf planets (*i.e.*, trans-Neptunian objects), the stars that are plotted are taken from the NOMAD database [15]. This selection of stars is related to the opposition magnitude of the particular dwarf planet and includes all those stars whose magnitudes are at least brighter than the opposition magnitude. Depending on the density of the stars, other selection criteria may be used. The magnitude range has thus been chosen to fit with each object and is given at the bottom of each chart. All of the charts show astrometric J2000.0 positions.

The astrometric positions of Pluto are based on the JPL DE430 ephemeris, while those of Ceres and Eris are based on data from JPL Horizons [16]. Astrometric positions of Pluto based on data from JPL Horizons may differ significantly from those based on the JPL DE430 ephemeris. A physical ephemeris is also included for those dwarf planets for which reliable data are available; currently (1) Ceres and (134340) Pluto. The data are taken from the 2015 IAU Working Group on Cartographic Coordinates and Rotational Elements report of Archinal et al. (2018). Basic physical properties are listed for all five dwarf planets. Due to the recent discovery of Eris, Makemake and Haumea data have been collected from several sources:

- Ceres: values as published in earlier editions of *The Astronomical Almanac*; mass as given in Konopliv et al. (2018)
- Pluto: values as published previously in Section E of the 2013 edition of *The Astronomical Almanac*; the minimum Earth distance has been taken from the JPL Small-Body Database [17]
- Eris: values as given in Brown et al. (2005); Brown (2008).
- Makemake: period of rotation from Heinze and de Lahunta (2009); radius from Brown (2013); see JPL Small-Body Database [17] and the IAU Minor Planet Center [18] for other parameters.
- Haumea: period of rotation from Lacerda et al. (2008); radius from Ortiz et al. (2017); see JPL Small-Body Database [17] and the IAU Minor Planet Center [18] for other parameters.

The absolute visual magnitude at zero phase angle (H) and the slope parameter for magnitude (G) are taken from the Minor Planet Center database. For Ceres, the values are the same as used previously, and were taken from the Minor Planet Ephemerides produced by the Institute of Applied Astronomy, St. Petersburg.

For Pluto, the visual magnitude is that of the Pluto and Charon combined system, as many photometric observations include a significant contribution from Charon. Predicting the apparent visual magnitude is difficult for several reasons. Pluto has significant, possibly dynamic, albedo markings. Its pole of rotation is close to the plane of the ecliptic. Finally, Pluto has been observed for less than half of its orbital period. Consequently, the values of H and G, taken from the Minor Planet Center database, may fluctuate from year to year.

Minor Planets

The 92 minor planets are divided into two sets. The main set of the fourteen largest minor planets are (2) Pallas, (3) Juno, (4) Vesta, (6) Hebe, (7) Iris, (8) Flora, (9) Metis, (10) Hygiea, (15) Eunomia, (16) Psyche, (52) Europa, (65) Cybele, (511) Davida, and (704) Interamnia. Their astrometric ephemerides are based on data from JPL Horizons [16]. These particular minor planets were chosen because they are large (> 300 km in diameter), have well observed histories, and/or are the largest member of their taxonomic class. The remaining 78 minor planets constitute the set with opposition magnitudes < 11, or < 12 if the diameter ≥ 200 km. Their positions are also based on data from JPL Horizons [16]. A table of the JPL Horizons solution reference numbers for each of the dwarf and minor planets is available on *The Astronomical Almanac Online*. The absolute visual magnitude at zero phase angle (H) and the slope parameter (G), which depends on the albedo, are are selected from Mainzer et al. (2019), Masiero et al. (2011), and Tholen (2009). The purpose of the selection of objects is to encourage observation of the most massive, largest and brightest of the minor planets.

A chronological list of the opposition dates of all the objects is given together with their visual magnitude and apparent declination. Those oppositions printed in bold also have a sixty-day ephemeris around opposition. All phenomena (dates of opposition and dates of stationary points) are calculated to the nearest hour (UT1). It must be noted, as with phenomena for all objects, that opposition dates are determined from the apparent longitude of the Sun and the object, with respect to the mean ecliptic of date. Stationary points, on the other hand, are defined to occur when the rate of change of the apparent right ascension is zero.

Osculating orbital elements for all the minor planets are tabulated with respect to the ecliptic and equinox J2000.0 for, usually, a 400-day epoch. Also tabulated are the H and G parameters for magnitude and the diameters. The masses of most of the objects have been set to an arbitrary value of 1×10^{-12} M$_\odot$. The mass of Ceres is the one adopted IAU 2009 Best Estimates [19] which is taken from Pitjeva and Standish (2009). The values for the diameters of the minor planets were taken from a number of sources which are referenced on *The Astronomical Almanac Online*.

Periodic Comets

The osculating elements for periodic comets returning to perihelion in the year have been supplied by Daniel W. E. Green, Department of Earth and Planetary Sciences, Harvard University, with collaboration from S. Nakano, Sumoto, Japan.

The innate inaccuracy of some of the elements of the Periodic Comets tabulated on the last page of section G can be more of a problem, particularly for those comets that have been observed for no more than a few months in the past (*i.e.*, those without a number in front of the P). It is important to note that elements for numbered comets may be prone to uncertainty due to non-gravitational forces that affect their orbits. In some cases, these forces have a degree of predictability. However, calculations of these non-gravitational effects can never be absolute, and their effects, in common with short-arc uncertainties, mainly affect the perihelion time.

Up-to-date elements of the comets currently observable may be found at the web site of the IAU Minor Planet Center [35].

Section H: Stars and Stellar Systems

The positional data in Section H are mean places, *i.e.*, barycentric. Except for the tables of ICRF radio sources, radio flux calibrators, pulsars, gamma ray sources and X-ray sources, positions tabulated in Section H are referred to the mean equator and equinox of J2022.5 = 2022 July 2.625 = JD 245 9763.125. The positions of the ICRF radio sources, including Galactic aberration, provide a practical realization of the ICRS and are given for the epoch J2015.0 = JD 245 7024.0. The positions of radio flux calibrators, pulsars, quasars, gamma ray sources and X-rays are referred to the mean equator and equinox of J2000.0 = JD 245 1545.0.

Bright Stars

Included in the list of bright stars are 1469 stars chosen according to the following criteria:
a. all stars of visual magnitude 4.5 or brighter, as listed in the fifth revised edition of the *Yale Bright Star Catalogue* (BSC: Hoffleit and Warren, 1991);
b. all stars brighter than 5.5 listed in the *Basic Fifth Fundamental Catalogue* (FK5) (Fricke et al., 1988);
c. all MK atlas standards in the BSC (Morgan et al., 1978; Keenan and McNeil, 1976);
d. all stars selected according to the criteria in a, b, or c above and also listed in the *Hipparcos Catalogue* (ESA, 1997).

Flamsteed and Bayer designations are given with the constellation name and the BSC number.

Positions and proper motions are taken from the *Hipparcos Catalogue* and converted to epoch, equator, and equinox of the middle of the current year; radial velocities are included in the calculation where available. However, FK5 positions and proper motions are used for a few wide binary stars given the requirement for center of mass positions to generate their orbital positions. Orbital elements for these stars are taken from the *Sixth Catalog of Orbits of Visual Binary Stars* at [20]. See also the *Fifth Catalog of Orbits of Visual Binary Stars* (Hartkopf et al., 2001). Stars marked as spectroscopic binaries are those identified as such in the BSC.

The *V* magnitudes and color indices *B−V* and *V−I* are taken from the Hipparcos Catalogue. Spectral types were provided by W.P. Bidelman and updated by R.F. Garrison. Codes in the Notes column are explained at the end of the table (page H31). Stars marked as MK Standards are from either of the two spectral atlases listed above. Stars marked as anchor points to the MK System are a subset of standard stars that represent the most stable points in the system (Garrison, 1994). Further details about the stars marked as double stars may be found at [21].

Tables of bright star data for several years are available in both PDF and ASCII formats on *The Astronomical Almanac Online* as is a searchable database from current epochs.

Double Stars

The table of Selected Double Stars contains recent orbital data for 87 double star systems in the Bright Star table where the pair contains the primary star and the components have a separation $> 3''.0$ and differential visual magnitude < 3 magnitudes. A few other systems of interest are present. Data given are the most recent measures except for 21 systems, where predicted positions are given based on orbit or rectilinear motion calculations. The list was provided by B. Mason and taken from the *Washington Double Star Catalog* (WDS) (Mason et al., 2001); also available at [21].

The positions are for those of the primary stars and taken directly from the list of bright stars. The Discoverer Designation contains the reference for the measurement from the WDS and the Epoch column gives the year of the measurement. The column headed Δm_v gives the relative magnitude difference in the visual band between the two components.

The term "primary" used in this section is not necessarily the brighter object, but designates which object is the origin of measurements.

Tables of double star data for several years are available in both PDF and ASCII formats on *The Astronomical Almanac Online*.

Photometric Standards

The table of *UBVRI* Photometric Standards are selected from Table 2 in Landolt (2009). Finding charts for stars are given in the paper. These data are an update of and additions to Landolt (1992). They provide internally consistent homogeneous broadband standards for the Johnson-Kron-Cousins photometric system for telescopes of intermediate and large size in both hemispheres. The filter bands have the following effective wavelengths: *U*, 3600Å; *B*, 4400Å; *V*, 5500Å; *R*, 6400Å; *I*, 7900Å.

The positions are taken from the Naval Observatory Merged Astronomical Database (NOMAD, [15], Zacharias et al. (2004)) which provides the optimum ICRS positions and proper motions for stars taken from the following catalogs in the order given: *Hipparcos, Tycho-2, UCAC2,* or *USNO-B*. Positions are converted to the epoch, equator, and equinox of the middle of the current year; radial velocities are included in the calculation where available.

The list of bright Johnson standards which appeared in editions prior to 2003 is given for J2000 on *The Astronomical Almanac Online*. Also available is a searchable database of Landolt Standards for current epochs.

The selection and photometric data for standards on the Strömgren four-color and Hβ from Perry et al. (1987) have been discontinued in *The Astronomical Almanac* starting with the 2016 edition. These tables are available on *The Astronomical Almanac Online*.

The spectrophotometric standard stars are suitable for the reduction of astronomical spectroscopic observations in the optical and ultraviolet wavelengths. As recommended by the IAU Standard Stars Working Group, data for the spectrophotometric standard stars listed here are taken from the European Southern Observatory's (ESO) site at [22] except for the positions taken from the NO-MAD database as described above. Finding charts for the sources and explanation are found on the website.

The standards on the ESO list are from four sources. The ultraviolet standards are from the Hubble Space Telescope (HST) ultraviolet spectrophotometric standards which are based on International Ultraviolet Explorer (IUE) and optical spectra and calibrated by the primary white dwarf standards (Turnshek et al., 1990; Bohlin et al., 1990). The optical standards are based on Hale 5m observations in the 7 to 16 magnitude range (Oke, 1990) and CTIO observations of southern hemisphere secondary and tertiary standard stars (Hamuy et al., 1992, 1994). Some of the Hamuy standards were misidentified in the original reference and have since been corrected. Data for four white dwarf primary spectrophotometric standards in the 11–13 magnitude range based on model atmospheres and HST Faint Object Spectrograph (FOS) observations in 10Å to 3 microns are also included (Bohlin et al., 1995).

Radial Velocity Standards

The radial velocity standards are taken from the pre-launch release of the catalogue of radial velocity standard stars for Gaia (Soubiran et al., 2013). The stars selected as standards by C. Soubiran are those with more than 10 radial velocity measurements over 10 years and a standard deviation, σv_r, less than 33 m/s. Positions are taken from the *Hipparcos Catalogue* processed by the procedures used for the table of bright stars.

Variable Stars

The list of variable stars was compiled by J.A. Mattei using as reference the fourth edition of the *General Catalogue of Variable Stars* (Kholopov et al., 1996), the *Sky Catalog 2000.0, Volume 2* (Hirshfeld and Sinnott, 1997), *A Catalog and Atlas of Cataclysmic Variables, 2nd Edition* (Downes et al., 1997), and the data files of the American Association of Variable Star Observers (AAVSO) International Database (AID at [23]). It was updated for the 2018 edition by S. Otero using as reference the AAVSO International Variable Star Index (VSX, at [23]) and the AID.

The brightest stars for each class with amplitude of 0.5 magnitude or more have been selected. The following magnitude criteria at maximum brightness are used:
a. eclipsing variables brighter than magnitude 7.0;
b. pulsating variables:
   RR Lyrae stars brighter than magnitude 9.0;
   Cepheids brighter than 6.0;
   Mira variables brighter than 7.0;
   Semiregular variables brighter than 7.0;
   Irregular variables brighter than 8.0;
c. eruptive variables:
   U Geminorum, Z Camelopardalis, SS Cygni, SU Ursae Majoris,
   WZ Sagittae, recurrent novae, very slow novae, nova-like and
   DQ Herculis variables brighter than magnitude 11.0;
d. other types:
   RV Tauri variables brighter than magnitude 9.0;
   R Coronae Borealis variables brighter than 10.0;
   Symbiotic stars (Z Andromedae) brighter than 10.0;
   δ Scuti variables brighter than 9.0;
   S Doradus variables brighter than 6.0;

SX Phoenicis variables brighter than 7.0.

The epoch for eclipsing variables and RV Tauri stars is for time of minimum. The epoch for pulsating, eruptive, and other types of variables is for time of maximum.

For UG variables, the period if the duration of the "outburst cycle", which is an approximate outburst recurrence time and may not represent the observed behavior.

Positions and proper motions are taken from NOMAD as described in the photometric standards section.

Several spectral types were too long to be listed in the table and are given here:

T Mon: F7Iab-K1Iab + A0V

R Leo: M6e–M8IIIe–M9.5e

TX CVn: B1–B9Veq + K0III–M4

VV Cep: M2epIa–Iab + B8:eV

Star Clusters

The list of open clusters comprises a selection of open clusters which have been studied in some detail so that a reasonable set of data is available for each. With the exception of the magnitude and Trumpler class data, all data are taken from the *New Catalog of Optically Visible Open Clusters and Candidates* (Dias et al., 2002) supplied by W. Dias and updated current to 2014 (version 3.4 of the catalog). The catalog is available at [24]. The "Trumpler Class" and "Mag. Mem." columns are taken from fifth (1987) edition of the Lund-Strasbourg catalog (original edition described by Lyngå (1981)), with updates and corrections to the data current to 1992.

For each cluster, two identifications are given. First is the designation adopted by the IAU, while the second is the traditional name. Alternate names for some clusters are given in the notes at the end of the table.

Positions are for the central coordinates of the clusters, referred to the mean equator and equinox of the middle of the Julian year. Cluster mean absolute proper motion and radial velocity are used in the calculation when available.

Apparent angular diameters of the clusters are given in arcminutes and distances between the clusters and the Sun are given in parsecs. The logarithm to the base 10 of the cluster age in years is determined from the turnoff point on the main sequence. Under the heading "Mag. Mem." is the visual magnitude of the brightest cluster member. $E_{(B-V)}$ is the color excess. Metallicity is mostly determined from photometric narrow band or intermediate band studies. Trumpler classification is defined by R.S. Trumpler (Trumpler, 1930).

The list of Milky Way globular clusters is compiled from the December 2010 revision of a *Catalog of Parameters for Milky Way Globular Clusters* supplied by W. E. Harris. The complete catalog containing basic parameters on distances, velocities, metallicities, luminosities, colors, and dynamical parameters, a list of source references, an explanation of the quantities, and calibration information are accessible at [25]. The catalog is also briefly described in Harris (1996).

The present catalog contains objects adopted as certain or highly probable Milky Way globular clusters. Objects with virtually no data entries in the catalog still have somewhat uncertain identities. The adoption of a final candidate list continues to be a matter of some arbitrary judgment for certain objects. The bibliographic references should be consulted for excellent discussions of these individually troublesome objects, as well as lists of other less likely candidates.

The adopted integrated V magnitudes of clusters, V_t, are the straight averages of the data from all sources. The integrated $B-V$ colors of clusters are on the standard Johnson system.

Measurements of the foreground reddening, $E_{(B-V)}$, are the averages of the given sources (up to 4 per cluster), with double weight given to the reddening from well calibrated (120 clusters) color-magnitude diagrams. The typical uncertainty in the reddening for any cluster is on the order of 10 percent, *i.e.*, $\Delta[E_{(B-V)}] = 0.1\ E_{(B-V)}$.

The primary distance indicator used in the calculation of the apparent visual distance modulus, $(m - M)_V$, is the mean V magnitude of the horizontal branch (or RR Lyrae stars), V_{HB}. The absolute calibration of V_{HB} adopted here uses a modest dependence of absolute V magnitude on metallicity, $M_V(HB) = 0.15\ [Fe/H] + 0.80$. The $V(HB)$ here denotes the mean magnitude of the HB stars, without further adjustments to any predicted zero age HB level. Wherever possible, it denotes the mean magnitude of the RR Lyrae stars directly. No adjustments are made to the mean V magnitude of the horizontal branch before using it to estimate the distance of the cluster. For a few clusters (mostly ones in the Galactic bulge region with very heavy reddening), no good [Fe/H] estimate is currently available; for these cases, a value $[Fe/H] = -1$ is assumed.

The heavy-element abundance scale, [Fe/H], adopted here is the one established by Zinn and West (1984). This scale has recently been reinvestigated as being nonlinear when calibrated against the best modern measurements of [Fe/H] from high-dispersion spectra (see Carretta and Gratton, 1997; Rutledge et al., 1997). In particular, these authors suggest that the Zinn-West scale overestimates the metallicities of the most metal-rich clusters. However, the present catalog maintains the older (Zinn-West) scale until a new consensus is reached in the primary literature.

The adopted heliocentric radial velocity, v_r, for each cluster is the average of the available measurements, each one weighted inversely as the published uncertainty.

A 'c' following the value for the central concentration index denotes a core-collapsed cluster. Trager et al. (1993) arbitrarily adopt $c = 2.50$ for such clusters, and these have been carried over to the present catalog. The 'c:' symbol denotes an uncertain identification of the cluster as being core-collapsed.

The central concentration $c = \log(r_t/r_c)$, where r_t is the tidal radius and r_c is the core radius, are taken primarily from the comprehensive discussion of Trager et al. (1995). The half light radius, r_h, is an observationally "secure" measured quantity and gives an idea of how big a cluster actually looks on the sky.

Bright Galaxies

This is a list of 198 galaxies brighter than $B_T^w = 11.50$ and larger than $D_{25} = 5'$, drawn primarily from *The Third Reference Catalogue of Bright Galaxies* (de Vaucouleurs et al., 1991), hereafter referred to as RC3. The data have been reviewed and corrected where necessary, or supplemented by H.G. Corwin, R.J. Buta, and G. de Vaucouleurs.

Two recently recognized dwarf spheroidal galaxies (in Sextans and Sagittarius) that are not included in RC3 are added to the list (Irwin and Hatzidimitriou, 1995; Ibata et al., 1997).

Catalog designations are from the *New General Catalog* (NGC) or from the *Index Catalog* (IC). A few galaxies with no NGC or IC number are identified by common names. The Small Magellanic Cloud is designated "SMC" rather than NGC 292. Cross-identifications for these common names are given in Appendix 8 of RC3 or at the end of the table.

In most cases, the RC3 position is replaced with a more accurate weighted mean position based on measurements from many different sources, some unpublished. Where positions for unresolved nuclear radio sources from high-resolution interferometry (usually at 6- or 20-cm) are known to coincide with the position of the optical nucleus, the radio positions are adopted. Similarly, positions have been adopted from the Two Micron All-Sky Survey (2MASS, Jarrett et al., 2000) where these coincide with the optical nucleus. Positions for Magellanic irregular galaxies without nuclei (*i.e.*, LMC, NGC 6822, IC 1613) are for the centers of the bars in these galaxies. Positions for the dwarf spheroidal galaxies (*i.e.*, Fornax, Sculptor, Carina) refer to the peaks of the luminosity distributions. The precision with which the position is listed reflects the accuracy with which it is known. The mean errors in the listed positions are 2–3 digits in the last place given.

Morphological types are based on the revised Hubble system (see de Vaucouleurs, 1959, 1963).

The mean numerical van den Bergh luminosity classification, L, refers to the numerical scale adopted in RC3 corresponding to van den Bergh classes as follows:

L	1	2	3	4	5	6	7	8	9	(10)	(11)
class	I	I–II	II	II–III	III	III–IV	IV	IV–V	V	(V–VI)	(VI)

Classes V–VI and VI (10 and 11 in the numerical scale) are an extension of van den Bergh's original system, which stopped at class V.

The column headed Log (D_{25}) gives the logarithm to base 10 of the diameter in tenths of arc-minute of the major axis at the 25.0 blue mag/arcsec^2 isophote. Diameters with larger than usual standard deviations are noted with a colon. With the exception of the Fornax and Sagittarius Systems, the diameters for the highly resolved Local Group dwarf spheroidal galaxies are core diameters from fitting of King models to radial profiles derived from star counts (Irwin and Hatzidimitriou, *op.cit.*). The relationship of these core diameters to the 25.0 blue mag/arcsec^2 isophote is unknown. The diameter for the Fornax System is a mean of measured values given by de Vaucouleurs and Ables (1968) and Hodge and Smith (1974), while that of Sagittarius is taken from Ibata *et al.* (*op.cit.*) and references therein.

The heading Log (R_{25}) gives the logarithm to base 10 of the ratio of the major to the minor axes (D/d) at the 25.0 blue mag/arcsec^2 isophote. For the dwarf spheroidal galaxies, the ratio is a mean value derived from isopleths.

The position angle of the major axis is for the equinox 1950.0, measured from north through east.

The heading B_T^w gives the total blue magnitude derived from surface or aperture photometry, or from photographic photometry reduced to the system of surface and aperture photometry, uncorrected for extinction or redshift. Because of very low surface brightnesses, the magnitudes for the dwarf spheroidal galaxies (see Irwin and Hatzidimitriou, *op.cit.*) are very uncertain. The total magnitude for NGC 6822 is from Hodge (1977). A colon indicates a larger than normal standard deviation associated with the magnitude.

The total colors, $B-V$ and $U-B$, are uncorrected for extinction or redshift. RC3 gives total colors only when there are aperture photometry data at apertures larger than the effective (half-light) aperture. However, a few of these galaxies have a considerable amount of data at smaller apertures, and also have small color gradients with aperture. Thus, total colors for these objects have been determined by further extrapolation along standard color curves. The colors for the Fornax System are taken from de Vaucouleurs and Ables (*op.cit.*), while those for the other dwarf spheroidal systems are from the recent literature or from unpublished aperture photometry. The colors for NGC 6822 are from Hodge (*op.cit.*). A colon indicates a larger than normal standard deviation associated with the color.

Radio Sources

Beginning in 2019, the fundamental reference system in astronomy, ICRS, is actualized by the second realization of the International Celestial Reference Frame, ICRF3 (see Fundamental Reference System section on page L2; IAU (2018), Res. B2). The ICRF3 contains positions for 4536 extragalactic sources, measured at 8.4 GHz, 303 of which, uniformly distributed on the sky, are identified as defining sources, which define the axes of the frame. Positions at 8.4 GHz are supplemented with positions of 824 sources at 24 GHz and 678 sources at 32 GHz. In all, 600 sources have three-frequency positions available. The positions were estimated independently at each of the frequencies to preserve the underlying astrophysical content. The frame is aligned onto the International Celestial Reference System to within the accuracy of ICRF3. Positions are reported for epoch

2015.0. High accuracy applications must employ a galactocentric acceleration of 0.0058 mas yr^{-1} for observations at other epochs. Individual source coordinates have a noise floor of 0.030 mas. The 303 defining sources are presented in the table. Information on the known physical characteristics of the ICRF3 radio sources includes, where known, the object type, redshift, and V and G magnitudes. Positions of all ICRF3 sources are available at [4].

Data for the list of radio flux standards are due to Baars et al. (1977), as updated by Kraus, Krichbaum, Pauliny-Toth, and Witzel (private communication, current to 2009). Flux densities S, measured in Janskys, are given for twelve frequencies ranging from 400 to 43200 MHz. Positions are referred to the mean equinox and equator of J2000.0. Positions of 3C 48, 3C 147, 3C 274 and 3C 286 come from the ICRF database [4]. Positions of the other sources are due to Baars et al. (1977).

A table with polarization data for the most prominent sources is provided by A. Kraus, current to 2012. This table gives the polarization degree and angle for a number of frequencies.

X-Ray Sources

The primary criterion for the selection of X-ray sources is having an identified optical counterpart. However, well-studied sources lacking optical counterparts are also included. Positions are for those of the optical counterparts, except when none is listed in the column headed Identified Counterpart. Positions and proper motions are taken from NOMAD described on page L18. The X-ray flux in the 2–10 keV energy range is given in micro-Janskys (μJy) in the column headed Flux. In some cases, a range of flux values is presented, representing the variability of these sources. The identified optical counterpart (or companion in the case of an X-ray binary system) is listed in the column headed Identified Counterpart. The type of X-ray source is listed in the column headed Type. Neutron stars in binary systems that are known to exhibit many X-ray bursts are designated "B" for "Burster." X-ray sources that are suspected of being black holes have the "BHC" designation for "Black Hole Candidate." Supernova remnants have the "SNR" designation. Other neutron stars in binaries which do not burst and are not known as X-ray pulsars have been given the "NS" designation. All codes in the Type column are explained at the end of the table.

The data in this table are assembled by M. Stollberg. For the X-ray binary sources, the catalogs of van Paradijs (1995), Liu et al. (2000, 2001) are used. Other sources are selected from the *Fourth Uhuru Catalog* (Forman et al., 1978), hereafter referred to as 4U. Fluxes in μJy in the 2–10 keV range for X-ray binary sources were readily given by van Paradijs (1995) and Liu et al. (2000, 2001). These fluxes were converted back to Uhuru count rates using the conversion factor found in Bradt and McClintock (1983). For some sources, Uhuru count rates were taken directly from the 4U catalog. Count rates for all the sources were divided by the 4U count rate for the Crab Nebula and then multiplied by 1000 to obtain the 2-10 keV flux in mCrabs.

The tabulated magnitudes are the optical magnitude of the counterpart in the V filter, unless marked by an asterisk, in which case the B magnitude is given. Variable magnitude objects are denoted by "V"; for these objects, the tabulated magnitude pertains to maximum brightness. For a few cases where the optical counterpart of the X-ray source remains unidentified, the magnitude given is that for the X-ray source itself. An "X" indicates these magnitudes.

Tables of X-Ray source data for several years are available in both PDF and ASCII formats on *The Astronomical Almanac Online*.

Quasars

A set of quasars is selected from the fifth release of the *Large Quasar Astrometric Catalog (LQAC-5)* (Souchay et al., 2019) which is based upon the second release of the Gaia database catalog (DR2). The data for this sample are selected and compiled by J. Souchay. Included in this list are a selection of optically bright quasars with a Gaia counterpart. As noted by the code contained in the column headed "Criteria" in the data table, these selection criteria, which are not mutually exclusive, are used:

G (G-band magnitude)= $G < 14.1$;
z (redshift) = $z > 6.6$;
$M_B = M_B < -34.2$.

The photometric magnitudes given in the LQAC-5 are in the Gaia DR2 photometric system (see Jordi et al. (2010) and [28]) and are proxies for the visual, blue and red optical bandpasses.

Pulsars

Data for the pulsars presented in this table are compiled by S.G. Stewart. Data are taken from the *ATNF Pulsar Catalogue* described by Manchester et al. (2005), available at [29].

Pulsars chosen are either bright, with S_{400}, the mean flux density at 400 MHz, greater than 80 milli-Janskys; fast, with spin period less than 100 milliseconds; or have binary companions. Pulsars without measured spin-down rates and very weak pulsars (with measured 400 MHz flux density below 0.9 milli-Jansky) are excluded. A few other interesting systems suggested by D. Manchester are also included.

Positions are referred to the equator and equinox of J2000.0. For each pulsar, the period P in seconds and the time rate of change $\dot{P}$ in $10^{-13}\,\text{s s}^{-1}$ are given for the specified epoch. The group velocity of radio waves is reduced from the speed of light in a vacuum by the dispersive effect of the interstellar medium. The dispersion measure DM is the integrated column density of free electrons along the line of sight to the pulsar; it is expressed in units cm^{-3} pc. The epoch of the period is in Modified Julian Date (MJD), where MJD = JD − 2400000.5.

Gamma Ray Sources

The table of gamma ray sources is compiled by David J. Thompson (David.J.Thompson@nasa.gov) and contains a selection of historically important sources, well known sources, and bright sources. Because the gamma ray band covers such a broad energy range, the sources come primarily from three different catalogs:

a. Low-energy gamma rays (photon energies < 100 keV): *The Fourth IBIS/ISGRI Soft Gamma-Ray Survey Catalog* (Bird et al., 2010) available online at [30];
b. High-energy gamma rays (photon energies between 100 MeV and 100 GeV): *Fermi Large Area Telescope Fourth Source Catalog* (The Fermi-LAT Collaboration 2019) available at [31];
c. Very-high-energy gamma rays (photon energies above 100 GeV): *TeVCat Online Catalog for TeV Astronomy* available at [32].
Some sources are bright in two or all three energy ranges.

The observed flux of the source is given with the upper and lower limits on the energy range (in MeV) over which it has been observed. The flux, in photons $\text{cm}^{-2}\text{s}^{-1}$, is an integrated flux over this energy range. In many cases, no upper limit energy is given. For those cases, the flux is the integral observed flux. Many gamma ray sources, particularly quasars, are highly variable. The flux values given are taken from the literature and may not represent the state at any given time. Gamma ray telescopes typically measure source locations with uncertainties of $1-10$ arcmin. The positions in the table often refer to the counterparts seen at longer wavelengths.

Tables of gamma ray source data for several years are available in both PDF and ASCII formats on *The Astronomical Almanac Online*.

Section J: Observatories

The list of observatories is intended to serve as a finder list for planning observations or other purposes not requiring precise coordinates. Members of the list are chosen on the basis of instrumentation and being active in astronomical research, the results of which are published in the current scientific literature. Most of the observatories provided their own information, and the coordinates listed are for one of the instruments on their grounds. Thus the coordinates may be astronomical, geodetic, or other, and should not be used for rigorous reduction of observations. A searchable list of observatories is available on *The Astronomical Almanac Online*.

Since 2012, the list of observatories includes observatory codes from the IAU's Minor Planet Center website [33]. Codes are given for observatories where a reasonable match between *The Astronomical Almanac* and Minor Planet Center lists could be made based on coordinates and name.

Section K: Tables and Data

Astronomical constants are a topic that is in the purview of the IAU Commission A3: Fundamental Standards [19]. At the 2009 XXVII GA, Resolution B2 on "Current Best Estimates of Astronomical Constants" was adopted. This list of constants (Luzum et al., 2011), modified by the re-definition of the astronomical unit, is tabulated in items 1 and 2 of pages K6–K7.

Resolution B2 passed at the IAU XXVIII General Assembly (2012), recommends

1. that the astronomical unit be redefined as a conventional unit of length equal to 149 597 870 700 m̄ exactly, in agreement with the value adopted in the IAU 2009 Resolution B2,
2. that this definition of the astronomical unit be used with all time scales such as TCB, TDB, TCG, TT, etc.,
3. that the Gaussian gravitational constant k be deleted from the system of astronomical constants,
4. that the value of the solar mass parameter (previously known as the heliocentric gravitational constant), GM_S, be determined observationally in SI units, and
5. that the unique symbol "au" be used for the astronomical unit.

Both ASCII and PDF versions of pages K6–K7 may be downloaded from *The Astronomical Almanac Online*; the IAU 1976 and IAU 2009 constants are also available.

Commission A3, via their website at [19] will be keeping the list of "Current Best Estimates" up-to-date, together with detailed notes and references.

The IAU Working Group on Cartographic Coordinate and Rotational Elements (Archinal et al., 2018) adopted the Resolution B3 of the XXIX IAU General Assembly [9] nominal radius for the Sun: 695,700 km. This radius corresponds to the one at which the local temperature equals the Sun's effective temperature, the usual definition of the radius in stellar models. However, the radius that ought to be used for phenomena involving the Sun (*e.g.*, sunrise/sunset times, eclipses, and the physical ephemerides) is the radius of the solar limb as observed in visual light. This larger value, 696,000 km (IAU, 1977), is used for all relevant ephemerides in The Astronomical Almanac. See Haberreiter et al. (2008) for a discussion.

The ΔT values provided on pages K8–K9 are not necessarily those used in the production of *The Astronomical Almanac* or its predecessors. They are tabulated primarily for those involved in historical research. Estimates of ΔT are derived from data published in Bulletins B and C of the International Earth Rotation and Reference Systems Service [34].

Since 2003, the pole is the Celestial Intermediate Pole. However, the coordinates of the celestial pole tabulated on page K10 are with respect to the celestial pole definition for the relevant year. The orientation of the ITRS is consistent with the former BIH system and the previous IPMS and ILS systems (1974-1987). Prior to 1988, values were taken from Circular D of the BIH, while since 1988 the values have been taken from the IERS Bulletin B.

Pages K11–K13, on "Reduction of Terrestrial Coordinates", which include information on the International Terrestrial Reference Frame (Altamimi et al., 2016), have been updated by G. Appleby, Head of the UK Space Geodesy Facility at Herstmonceux. At the 2018 IAU XXX GA, Resolution B1, "on Geocentric and International Terrestrial Reference Systems and Frames", was adopted. This resolution recommends that the ITRS be adopted as the preferred GTRS (Geocentric Terrestrial Reference System) for scientific and technical applications.

Section M: Glossary

The definitions in the glossary are composed by staff members of Her Majesty's Nautical Almanac Office and the US Naval Observatory's Astronomical Applications Department. Various astronomical dictionaries and encyclopedia are used to ensure correctness and to develop particular phrasing.

Definitions of some glossary entries contain terms that are defined elsewhere in the section. These are given in italics.

Entries marked (*obsolete*) are no longer in common use and will be dropped beginning with the glossary in the 2024 edition of *The Astronomical Almanac*.

The glossary is not intended to be a complete astronomical reference, but instead to clarify terms used within *The Astronomical Almanac* and *The Astronomical Almanac Online*. A PDF version and an HTML version are found on *The Astronomical Almanac Online*.

References

[1]. The Astronomical Almanac Online
https://asa.usno.navy.mil or http://asa.hmnao.com.

[2]. USNO Vector Astrometry Software (NOVAS)
https://aa.usno.navy.mil/software/novas/novas_info.php.

[3]. IAU Standards of Fundamental Astronomy (SOFA)
http://www.iausofa.org.

[4]. ICRS Product Center
https://hpiers.obspm.fr/icrs-pc/newwww/.

[5]. IERS Earth Orientation Data
https://www.iers.org/IERS/EN/DataProducts/EarthOrientationData/eop.html.

[6]. USNO Publications
https://aa.usno.navy.mil/publications/.

[7]. NIST note on UT1 NTP Time Dissemination
https://www.nist.gov/time-and-frequency-services/ut1-ntp-time-dissemination/.

[8]. The International Occultation Timing Association (IOTA)
http://lunar-occultations.com/iota.

[9]. IAU 2015 Resolution B3
https://www.iau.org/static/resolutions/IAU2015_English.pdf.

[10]. Scott Sheppard's Jupiter Satellite Page
https://sites.google.com/carnegiescience.edu/sheppard/moons.

[11]. JPL Planetary Satellite Mean Orbital Parameters
https://ssd.jpl.nasa.gov/?sat_elem.

[12]. Saturnian Rings Fact Sheet
https://nssdc.gsfc.nasa.gov/planetary/factsheet/satringfact.html.

[13]. NASA's Planetary Data System Uranian Rings Page
https://pds-rings.seti.org/uranus/.

[14]. IAU, Pluto and the Developing Landscape of Our Solar System
https://www.iau.org/public/pluto/.

[15]. NOMAD Database
https://www.usno.navy.mil/USNO/astrometry/optical-IR-prod/nomad.

[16]. JPL Horizons
https://ssd.jpl.nasa.gov/horizons.cgi.

[17]. JPL Small-Body Database
https://ssd.jpl.nasa.gov/sbdb.cgi.

[18]. IAU Minor Planet Center Dwarf Planets
https://www.minorplanetcenter.net/dwarf_planets/.

[19]. IAU Numerical Standards for Fundamental Astronomy (NSFA)
Please see https://iau-a3.gitlab.io/NSFA/index.html.

[20]. USNO Sixth Catalog of Orbits of Visual Binary Stars
https://www.usno.navy.mil/USNO/astrometry/optical-IR-prod/wds/orb6/.

[21]. USNO Washington Double Star Catalog
https://www.usno.navy.mil/USNO/astrometry/optical-IR-prod/wds/WDS.

[22]. ESO Optical and UV Spectrophotometric Standard Stars
https://www.eso.org/sci/observing/tools/standards/spectra/.

[23]. American Association of Variable Star Observers (AAVSO)
https://www.aavso.org/.

[24]. Open Clusters and Galactic Structure Database
https://wilton.unifei.edu.br/ocdb/.

[25]. William Harris' Globular Clusters Database
https://physwww.mcmaster.ca/~harris/mwgc.dat.

[26]. Centre de Données Astronomiques de Strasbourg (CDS)
https://cdsweb.u-strasbg.fr/.

[27]. Optical Characteristics of Astrometric Radio Sources
http://www.gaoran.ru/english/as/ac_vlbi/#OCARS.

[28]. Image of the Week. Gaia DR2 Passbands
https://www.cosmos.esa.int/web/gaia/iow_20180316.

[29]. ATNF Pulsar Catalog
https://www.atnf.csiro.au/research/pulsar/psrcat.

[30]. The Fourth IBIS/ISGRI Soft Gamma-Ray Survey Catalog
https://heasarc.gsfc.nasa.gov/W3Browse/integral/ibiscat4.html.

[31]. Fermi Large Area Telescope Fourth Source Catalog
https://fermi.gsfc.nasa.gov/ssc/data/access/lat/8yr_catalog/.

[32]. TeVCat online catalog for TeV Astronomy
http://tevcat.uchicago.edu/.

[33]. IAU Minor Planet Center List of Observatory Codes
https://www.minorplanetcenter.net/iau/lists/ObsCodesF.html.

[34]. IERS Conventions
http://iers-conventions.obspm.fr/.

[35]. IAU Minor Planet Center Elements of Periodic Comets
https://www.minorplanetcenter.net/iau/Ephemerides/Comets/.

Abdo, A. A. et al. (2010). *Fermi* Large Area Telescope First Source Catalog. *Astrophysical Journal Supplement* **188**, 405–436.

Altamimi, Z., P. Rebischung, L. Métivier, and X. Collilieux (2016). ITRF2014: A New Release of the International Terrestrial Reference Frame Modeling Non-Linear Station Motions. *Journal of Geophysical Research* **121**, 6109–6131.

Aoki, S., H. Kinoshita, B. Guinot, G. H. Kaplan, D. D. McCarthy, and P. K. Seidelmann (1982). The New Definition of Universal Time. *Astronomy & Astrophysics* **105**, 359–361.

Archinal, B. A., C. H. Acton, M. F. A'Hearn, A. Conrad, G. J. Consolmagno, T. Duxbury, D. Hestroffer, J. L. Hilton, R. L. Kirk, S. A. Klioner, D. McCarthy, K. Meech, J. Oberst, J. Ping, P. K. Seidelmann, D. J. Tholen, P. C. Thomas, and I. P. Williams (2018). Report of the IAU Working Group on Cartographic Coordinates and Rotational Elements: 2015. *Celestial Mechanics and Dynamical Astronomy* **130**, doi:10.1007/s10569–017–9805–5.

Arlot, J. E. (1982). New Constants for Sampson-Lieske Theory of the Galilean Satellites of Jupiter. *Astronomy & Astrophysics* **107**, 305–310.

Atkinson, R. d. (1951). The Computation of Topocentric Librations. *Monthly Notices of the Royal Astronomical Society* **111**, 448–454.

Baars, J. W. M., R. Genzel, I. I. K. Pauliny-Toth, and A. Witzel (1977). The Absolute Spectrum of CAS A; An Accurate Flux Density Scale and a Set of Secondary Calibrators. *Astronomy & Astrophysics* **61**, 99–106.

Bird, A. J., A. Bazzano, L. Bassani, F. Capitanio, M. Fiocchi, A. B. Hill, A. Malizia, V. A. McBride, S. Scaringi, V. Sguera, J. B. Stephen, P. Ubertini, A. J. Dean, F. Lebrun, R. Terrier, M. Renaud, F. Mattana, D. Götz, J. Rodriguez, G. Belanger, R. Walter, and C. Winkler (2010). The Fourth IBIS/ISGRI Soft Gamma-ray Survey Catalog. *The Astrophysical Journal Supplement Series* **186**, 1–9.

Bohlin, R. C., L. Colina, and D. S. Finley (1995). White Dwarf Standard Stars: G191-B2B, GD 71, GD 153, HZ 43. *Astronomical Journal* **110**, 1316–1325.

Bohlin, R. C., A. W. Harris, A. V. Holm, and C. Gry (1990). The Ultraviolet Calibration of the Hubble Space Telescope. IV. Absolute IUE Fluxes of Hubble Space Telescope Standard Stars. *Astrophysical Journal Supplement Series* **73**, 413–439.

Bradt, H. V. D. and J. E. McClintock (1983). The Optical Counterparts of Compact Galactic X-ray Sources. *Annual Review of Astronomy & Astrophysics* **21**, 13–66.

Brown, E. W. (1933). Theory and Tables of the Moon: The Motion of the Moon, 1923-31. *Monthly Notices of the Royal Astronomical Society* **93**, 603–619.

Brown, M. E. (2008). The Largest Kuiper Belt Objects. In M. A. Barucci, H. Boehnhardt, D. P. Cruikshank, A. Morbidelli, and R. Dotson (Eds.), *The Solar System Beyond Neptune*, pp. 335–344.

Brown, M. E. (2013). On the Size, Shape, and Density of Dwarf Planet Makemake. *The Astrophysical Journal Letters* **635**, L7.

Brown, M. E., C. A. Trujillo, and D. L. Rabinowitz (2005). Discovery of a Planetary-sized Object in the Scattered Kuiper Belt. *The Astrophysical Journal* **635**, L97–L100.

Calame, O. (Ed.) (1982). *Proceedings of the 63rd Colloquium of the International Astronomical Union*, Volume 94 of *IAU Colloquia*.

Capitaine, N. and P. T. Wallace (2006). High Precision Methods for Locating the Celestial Intermediate Pole and Origin. *Astronomy & Astrophysics* **450**, 855–872.

Capitaine, N., P. T. Wallace, and J. Chapront (2003). Expressions for IAU 2000 Precession Quantities. *Astronomy & Astrophysics* **412**, 567–586.

Capitaine, N., P. T. Wallace, and J. Chapront (2005). Improvement of the IAU 2000 Precession Model. *Astronomy & Astrophysics* **432**, 355–367.

Capitaine, N., P. T. Wallace, and D. D. McCarthy (2003). Expressions to Implement the IAU 2000 Definition of UT1. *Astronomy & Astrophysics* **406**, 1135–1149.

Carretta, E. and R. G. Gratton (1997). Abundances for Globular Cluster Giants. I. Homogeneous Metallicities for 24 Clusters. *Astronomy & Astrophysics Supplement* **121**, 95–112.

Carrington, R. C. (1863). *Observations of the Spots on the Sun: From November 9, 1853, to March 24, 1861, Made at Redhill*. London: Williams and Norgate.

Charlot, P., C. S. Jacobs, D. Gordon, S. Lambert, A. de Witt, J. Böhm, A. L. Fey, R. Heinkelmann, E. Skurikhina, O. Titov, E. F. Arias, S. Bolotin, G. Bourda, C. Ma, Z. Malkin, A. Nothnagel, D. Mayer, D. S. MacMillan, T. Nilsson, and R. Gaume (2021). The Third Realization of the International Celestial Reference Frame by Very Long Baseline Interferometry. *Astronomy & Astrophysics* **644**, A159.

Cheng, M. K., J. C. Ries, and B. D. Tapley (2011). Variations of the Earth's Figure Axis from Satellite Laser Ranging and GRACE. *Journal of Geophysical Research* **116**, doi:10.1029/2010JB000850.

de Vaucouleurs, G. (1959). Classification and Morphology of External Galaxies. *Handbuch der Physik* **53**, 275–310.

de Vaucouleurs, G. (1963). Revised Classification of 1500 Bright Galaxies. *Astrophysical Journal Supplement* **8**, 31–97.

de Vaucouleurs, G. and H. D. Ables (1968). Integrated Magnitudes and Color Indices of the Fornax Dwarf Galaxy. *Astrophysical Journal* **151**, 105–116.

de Vaucouleurs, G., A. de Vaucouleurs, H. Corwin, R. J. Buta, G. Paturel, and P. Fouque (1991). *Third Reference Catalogue of Bright Galaxies (RC3)*. New York: Springer-Verlag.

Dias, W. S., B. S. Alessi, A. Moitinho, and J. R. D. Lepine (2002). New Catalog of Optically Visible Open Clusters and Candidates. *Astronomy & Astrophysics* **389**, 871–873.

Downes, R., R. F. Webbink, and M. M. Shara (1997). A Catalog and Atlas of Cataclysmic Variables-Second Edition. *Publications of the Astronomical Society of the Pacific* **109**, 345–440.

Eckhardt, D. H. (1981). Theory of the Libration of the Moon. *Moon and Planets* **25**, 3–49.

ESA (1997). *The Hipparcos and Tycho Catalogues*. Noordwijk, Netherlands: European Space Agency. SP-1200 (17 volumes).

Esposito, L. W., J. N. Cuzzi, J. H. Holberg, E. A. Marouf, G. L. Tyler, and C. C. Porco (1984). *Saturn*, Chapter Saturn's Rings: Structure, Dynamics, and Particle Properties, pp. 463–545. Tucson, AZ: University of Arizona Press.

Folkner, W. M., J. G. Williams, D. H. Boggs, R. S. Park, and P. Kuchynka (2014). The Planetary and Lunar Ephemerides DE430 and DE431. *Interplanetary Network Progress Report* 42-196C.

Forman, W., C. Jones, L. Cominsky, P. Julien, S. Murray, G. Peters, H. Tananbaum, and R. Giacconi (1978). The Fourth Uhuru Catalog of X-ray Sources. *Astrophysical Journal Supplement Series* **38**, 357–412.

Fricke, W., H. Schwan, T. Lederle, U. Bastian, R. Bien, G. Burkhardt, B. Du Mont, R. Hering, R. Jährling, H. Jahreiß, S. Röser, H. M. Schwerdtfeger, and H. G. Walter (1988). *Fifth Fundamental Catalogue Part I*. Heidelberg: Veroeff. Astron. Rechen-Institut.

Garcia, H. A. (1972). The Mass and Figure of Saturn by Photographic Astrometry of Its Satellites. *Astronomical Journal* **77**, 684–691.

Garrison, R. F. (1994). A Hierarchy of Standards for the MK Process. *Astronomical Society of the Pacific Conference Series* **60**, 3–14.

Gordon, D. (2018). ICRF3: A New Realization of the International Celestial Reference Frame. *American Geophysical Union, Fall Meeting 2018*, G42A–01.

Gurnett, D. A., A. M. Persoon, W. S. Kurth, J. B. Groene, T. F. Averkamp, M. K. Dougherty, and D. J. Southwood (2007). The Variable Rotation Period of the Inner Region of Saturn's Plasma Disk. *Science* **316**, 442–445.

Haberreiter, M., W. Schmutz, and A. G. Kosovichev (2008). Solving the Discrepency Between the Seismic and Photospheric Solar Radius. *Astrophysical Journal Letters* **675**, L53–L56.

Hamuy, M., N. Suntzeff, S. R. Heathcote, A. R. Walker, P. Gigoux, and M. M. Phillips (1994). Southern Spectrophotometric Standards, 2. *Publications of the Astronomical Society of the Pacific* **106**, 566–589.

Hamuy, M., A. R. Walker, N. B. Suntzeff, P. Gigoux, S. R. Heathcote, and M. M. Phillips (1992). Southern Spectrophotometric Standards. *Publications of the Astronomical Society of the Pacific* **104**, 533–552.

Harper, D., D. B. Taylor, A. T. Sinclair, and K. X. Shen (1988). The Theory of the Motion of Iapetus. *Astronomy & Astrophysics* **191**, 381–384.

Harris, D. L. (1961). Photometry and Colorimetry of Planets and Satellites. In G. P. Kuiper and B. M. Middlehurst (Eds.), *Planets and Satellites*, pp. 327–340. Chicago, IL.

Harris, W. E. (1996). A Catalog of Parameters for Globular Clusters in the Milky Way. *Astronomical Journal* **112**, 1487–1488.

Hartkopf, W. I., B. D. Mason, and C. E. Worley (2001). The 2001 US Naval Observatory Double Star CD-ROM. II. The Fifth Catalog of Orbits of Visual Binary Stars. *Astronomical Journal* **122**, 3472–3479.

Healey, S. E., R. W. Romani, G. B. Taylor, E. M. Sadler, R. Ricci, T. Murphy, J. S. Ulvestad, and J. N. Winn (2007). CRATES: An All-Sky Survey of Flat-Spectrum Radio Sources. *The Astrophysical Journal Supplement Series* **171**, 61–71.

Heinze, A. N. and D. de Lahunta (2009). The Rotation Period and Light-Curve Amplitude of Kuiper Belt Dwarf Planet 136472 Makemake (2005 FY9). *Astronomical Journal* **138**, 428–438.

Hilton, J. L., N. Capitaine, J. Chapront, J. M. Ferrandiz, A. Fienga, T. Fukushima, J. Getino, P. Mathews, J. L. Simon, M. Soffel, J. Vondrak, P. T. Wallace, and J. Williams (2006). Report of the International Astronomical Union Division I Working Group on Precession and the Ecliptic. *Celestial Mechanics and Dynamical Astronomy* **94**, 351–367.

Hirshfeld, A. and R. W. Sinnott (1997). *Sky catalogue 2000.0. Volume 2: Double Stars, Variable Stars and Nonstellar Objects.* Cambridge, UK: Cambridge University Press.

Hodge, P. W. (1977). The Structure and Content of NGC 6822. *Astrophysical Journal Supplement* **33**, 69–82.

Hodge, P. W. and D. W. Smith (1974). The Structure of the Fornax Dwarf Galaxy. *Astrophysical Journal* **188**, 19–26.

Hoffleit, E. D. and W. Warren (1991). *The Bright Star Catalogue (5th edition).* New Haven: Yale University Observatory.

Høg, E., C. Fabricius, V. V. Makarov, S. Urban, T. Corbin, G. Wycoff, U. Bastian, P. Schwekendiek, and A. Wicenec (2000). The Tycho-2 Catalog of the 2.5 Million Brightest Stars. *Astronomy & Astrophysics* **355**, L27–L30.

IAU (1977). Report of Joint Meetings of Commissions 4, 8 and 31 on the New System of Astronomical Constants. In *Transactions of the International Astronomical Union*, Volume XVIB, Dordrecht, Holland. Reidel.

IAU (1983). In R. M. West (Ed.), *Transactions of the International Astronomical Union*, Volume XVIIIB, Dordrecht, Holland. Reidel. Proc. 18th General Assembly, Patras, 1982.

IAU (1999). In J. Andersen (Ed.), *Transactions of the International Astronomical Union*, Volume XXIIIB, Dordrecht. Kluwer. Proc. 23rd General Assembly, Kyoto, 1997.

IAU (2001). In H. Rickman (Ed.), *Transactions of the International Astronomical Union*, Volume XXIVB, San Francisco. Astronomical Society of the Pacific. Proc. 24th General Assembly, Manchester, 2000.

IAU (2008). In K. van der Hucht (Ed.), *Transactions of the International Astronomical Union*, Volume XXVIB, San Francisco. Astronomical Society of the Pacific. Proc. 26th General Assembly, Prague, 2006.

IAU (2015). In T. Montmerle (Ed.), *Transactions of the International Astronomical Union*, Volume XXVIIIB, Cambridge, UK. Cambridge University Press. Proc. 28th General Assembly, Beijing, China, 2012.

IAU (2018). In T. Lago (Ed.), *Transactions of the International Astronomical Union*, Volume XXXB. Proc. 30th General Assembly, Vienna, Austria, 2018.

Ibata, R. A., R. F. G. Wyse, G. Gilmore, M. J. Irwin, and N. B. Suntzeff (1997). The Kinematics, Orbit, and Survival of the Sagittarius Dwarf Spheroidal Galaxy. *Astrophysical Journal* **113**, 634–655.

IERS (2004). Conventions (2003). Technical Note 32, International Earth Rotation Service, Frankfurt am Main. Verlag des Bundesamts für Kartographie und Geodäsie, D. D. McCarthy and G. Petit (Eds.).

IERS (2010). Conventions (2010). Technical Note 36, International Earth Rotation Service, Frankfurt am Main. Verlag des Bundesamts für Kartographie und Geodäsie, G. Petit and B. Luzum (Eds.).

Iess, L., W. M. Folkner, D. Durante, M. Parisi, Y. Kaspi, E. Galanti, T. Guillot, W. B. Hubbard, D. J. Stevenson, J. D. Anderson, D. R. Buccino, L. G. Casajus, A. Milani, R. Park, P. Racioppa, D. Serra, P. Tortora, M. Zannoni, H. Cao, R. Helled, J. I. Lunine, Y. Miguel, B. Militzer, S. Wahl, J. E. P. Connerney, S. M. Levin, and S. J. Bolton (2018). Measurement of Jupiter's Asymmetric Gravity Field. *Nature* **555**, 220–222.

Iess, L., B. Militzer, Y. Kaspi, P. Nicholson, D. Durante, P. Racioppa, A. Anabtawi, E. Galanti, W. Hubbard, M. J. Mariani, P. Tortora, S. Wahl, and M. Zannoni (2019). Measurement and Implications of Saturn's Gravity Field and Ring Mass. *Science* **364**, 1046–1054.

Irwin, M. and D. Hatzidimitriou (1995). Structural Parameters for the Galactic Dwarf Spheroidals. *Monthly Notices of the Royal Astronomical Society* **277**, 1354–1378.

Jacobson, R. A. (1990). The Orbits of the Satellites of Neptune. *Astronomy & Astrophysics* **231**, 241–250.

Jacobson, R. A. (2000). The Orbits of the Outer Jovian Satellites. *Astronomical Journal* **120**, 2679–2686.

Jacobson, R. A. (2009). The Orbits of the Neptunian Satellites and the Orientation of the Pole of Neptune. *Astronomical Journal* **137**, 4322–4329.

Jacobson, R. A. (2014). The Orbits of the Uranian Satellites and Rings, the Gravity Field of the Urania System, and the Orientation of the Pole of Uranus. *Astronomical Journal* **148**, 76.

Jacobson, R. A., S. P. Synnott, and J. K. Campbell (1989). The Orbits of the Satellites of Mars from Spacecraft and Earthbased Observations. *Astronomy & Astrophysics* **225**, 548–554.

Jarrett, T. H., T. Chester, R. Cutri, S. Schneider, M. Skrutskie, and J. P. Huchra (2000). 2MASS Extended Source Catalog: Overview and Algorithms. *Astronomical Journal* **119**, 2498–2531.

Jordi, C., M. Gebran, J. M. Carrasco, J. de Bruijne, H. Voss, C. Fabricius, J. Knude, A. Vallenari, R. Kohley, and A. Mora (2010). *Gaia* Broad Band Photometry. *Astronomy & Astrophysics* **523**, A48.

Kaplan, G. H. (2005). The IAU Resolutions on Astronomical Reference Systems, Time Scales, and Earth Rotation Models : Explanation and Implementation. *U.S. Naval Observatory Circulars* **179**.

Keenan, P. C. and R. C. McNeil (1976). *Atlas of Spectra of the Cooler Stars: Types G, K, M, S, and C*. Ohio: Ohio State University Press.

Kholopov, P. N., N. N. Samus, M. S. Frolov, V. P. Goranskij, N. A. Gorynya, N. N. Kireeva, N. P. Kukarkina, N. E. Kurochkin, G. I. Medvedeva, and N. B. Perova (1996). *General Catalogue of Variable Stars, 4th edition*. Moscow: Nauka Publishing House.

Konopliv, A. S., W. B. Banerdt, and W. L. Sjogren (1999). Venus Gravity: 180th Degree and Order Model. *Icarus* **139**, 3–18.

Konopliv, A. S., R. S. Park, A. T. Vaughan, B. G. Bills, S. W. Asmar, A. T. Ermakov, N. Rambaux, C. A. Raymond, J. C. Castillo-Rogez, C. T. Russel, D. E. Smith, and M. T. Zuber (2018). The Ceres Gravity Field, Spin Pole, Rotation Period and Orbit from the Dawn Radiometric Tracking and Optical Data. *Icarus* **299**, 411–429.

Konopliv, A. S., R. S. Park, D. N. Yuan, S. W. Asmar, M. M. Watkins, J. G. Williams, E. Fahnestock, G. Kruizinga, M. Paik, D. Strekalov, N. Harvey, D. E. Smith, and M. T. Zuber (2013). The JPL Lunar Gravity Field to Spherical Harmonic Degree 660 from the GRAIL Primary Mission. *Journal of Geophysical Research* **118**, doi:10.1002/jgre.20097.

Kozai, Y. (1957). On the Astronomical Constants of Saturnian Satellites System. *Annals of the Tokyo Observatory, Series 2* **5**, 73–106.

Lacerda, P., D. Jewitt, and N. Peixinho (2008). High-Precision Photometry of Extreme KBO 2003 EL$_{61}$. *Astronomical Journal* **135**, 1749–1756.

Landolt, A. U. (1992). UBVRI Photometric Standard Stars in the Magnitude Range 11.5-16.0 Around the Celestial Equator. *Astronomical Journal* **104**, 340–371.

Landolt, A. U. (2009). UBVRI Photometric Standard Stars Around the Celestial Equator: Updates and Additions. *Astronomical Journal* **137**, 4186–4269.

Laskar, J. and R. A. Jacobson (1987). GUST 86. An Analytical Ephemeris of the Uranian Satellites. *Astronomy & Astrophysics* **188**, 212–224.

Lieske, J. H. (1977). Theory of Motion of Jupiter's Galilean Satellites. *Astronomy & Astrophysics* **56**, 333–352.

Liu, Q. Z., J. van Paradijs, and E. P. J. van den Heuvel (2000). A Catalogue of High-Mass X-ray Binaries. *Astronomy & Astrophysics Supplement* **147**, 25–49.

Liu, Q. Z., J. van Paradijs, and E. P. J. van den Heuvel (2001). A Catalog of Low-Mass X-ray Binaries. *Astronomy & Astrophysics* **368**, 1021–1054.

Luzum, B., N. Capitaine, A. Fienga, W. Folkner, T. Fukushima, J. Hilton, C. Hohenkerk, G. Krasinsky, G. Petit, E. Pitjeva, M. Soffel, and P. Wallace (2011). The IAU 2009 System of Astronomical Constants: The Report of the IAU Working Group on Numerical Standards for Fundamental Astronomy. *Celestial Mechanics and Dynamical Astronomy* **110**, 293–304.

Lyngå, G. (1981). The Lund – Strasourg Catalogue of Open Cluster Data. *Astronomical Data Center Bulletin 1*(2), 90–93. NSSDC/WDC-A-R&S 81-09 T. A. Nagy, W. H. Warren, Jr. and J. M. Mead (Eds.).

Ma, C., E. F. Arias, T. M. Eubanks, A. L. Fey, A. M. Gontier, C. S. Jacobs, O. J. Sovers, B. A. Archinal, and P. Charlot (1998). The International Celestial Reference Frame as Realized by Very Long Baseline Interferometry. *Astronomical Journal* **116**, 516–546.

Mainzer, A., J. Bauer, R. Cutri, T. Grav, E. Kramer, J. Masiero, S. Sonnett, and E. Wright (Eds.) (2019). *NEOWISE Diameters and Albedos V2.0*, Volume NEOWISE Diameters and Albedos V2.0. NASA Planetary Data System.

Malkin, Z. M. (2016). The Second Version of the OCARS Catalog of Optical Characteristics of Astrometric Radio Sources. *Astronomy Reports 60*(11), 996–1005.

Mallama, A. and J. L. Hilton (2018). Computing Apparent Planetary Magnitudes for *The Astronomical Almanac*. *Astronomy and Computing* **25**, 10–24.

Mallama, A., B. Krobusek, and H. Pavlov (2017). Comprehensive Wide-Band Magnitudes and Albedos for the Planets, with Applications to Exo-Planets and Planet Nine. *Icarus* **282**, 19–33.

Manchester, R. N., G. B. Hobbs, A. Teoh, and M. Hobbs (2005). The Australia Telescope National Facility Pulsar Catalogue. *Astronomical Journal* **129**, 1993–2006.

Masiero, J., A. K. Mainzer, T. Grav, J. M. Bauer, R. M. Cutri, J. Dailey, P. R. M. Eisenhardt, R. S. McMillan, T. B. Spahr, M. F. Skrutskie, D. Tholen, R. G. Walker, E. L. Wright, E. DeBaun, D. Elsbury, T. Gautier, IV, S. Gomillion, and A. Wilkins (2011). Main Belt Asteroids with WISE/NEOWISE. I. Preliminary Albedos and Diameters. *Astrophysical Journal* **741**, 68.

Mason, B. D., G. L. Wycoff, W. I. Hartkopf, G. Douglass, and C. E. Worley (2001). The Washington Double Star Catalog. *Astronomical Journal* **122**, 3466–3471.

Matthews, P. M., T. A. Herring, and B. A. Buffett (2002). Modeling of Nutation and Precession: New Nutation Series for Nonrigid Earth and Insights into the Earth's Interior. *Journal of Geophysical Research* **107(B4)**, doi:10.1029/2001JB000390.

Morgan, W. W., H. A. Abt, and J. W. Tapschott (1978). *Revised MK Spectral Atlas for Stars Earlier than the Sun*. Williams Bay, WI and Tucson, AZ: Yerkes Obs. and Kitt Peak Nat. Obs.

Nelson, R. A., D. D. McCarthy, S. Malys, J. Levine, B. Guinot, H. F. Fliegel, R. L. Beard, and T. R. Bartholomew (2001). The Leap Second: its History and Possible Future. *Metrologia* **38**, 509–529.

Newhall, X. X. and J. G. Williams (1996). Estimation of the Lunar Physical Librations. *Celestial Mechanics and Dynamical Astronomy* **66**, 21–30.

Nicholson, P. D. (2008). *Natural Satellites of the Planets*. Toronto, Ontario, Canada: University of Toronto Press.

Oke, J. B. (1990). Faint Spectrophotometric Standard Stars. *Astronomical Journal* **99**, 1621–1631.

Ortiz, J. L., P. Santos-Sanz, B. Sicardy, G. Benedetti-Rossi, D. Bérard, N. Morales, R. Duffard, F. Braga-Ribas, U. Hopp, C. Ries, V. Nascimbeni, F. Marzari, V. Granata, A. Pál, C. Kiss, T. Pribulla, R. Komžík, K. Hornoch, P. Pravec, P. Bacci, M. Maestripieri, L. Nerli, L. Mazzei, M. Bachini, F. Martinelli, G. Succi, F. Ciabattari, H. Mikuz, A. Carbognani, B. Gaehrken, S. Mottola, S. Hellmich, F. L. Rommel, E. Fernández-Valenzuela, A. Campo Bagatin, S. Cikota, A. Cikota, J. Lecacheux, R. Vieira-Martins, J. I. B. Camargo, M. Assafin, F. Colas, R. Behrend, J. Desmars, E. Meza, A. Alvarez-Candal, W. Beisker, A. R. Gomes-Junior, B. E. Morgado, F. Roques, F. Vachier, J. Berthier, T. G. Mueller, J. M. Madiedo, O. Unsalan, E. Sonbas, N. Karaman, O. Erece, D. T. Koseoglu, T. Ozisik, S. Kalkan, Y. Guney, M. S. Niaei, O. Satir, C. Yesilyaprak, C. Puskullu, A. Kabas, O. Demircan, J. Alikakos, V. Charmandaris, G. Leto, J. Ohlert, J. M. Christille, R. Szakáts, A. Takácsné Farkas, E. Varga-Verebélyi, G. Marton, A. Marciniak, P. Bartczak, T. Santana-Ros, M. Butkiewicz-Bąk, G. Dudziński, V. Alí-Lagoa, K. Gazeas, L. Tzouganatos, N. Paschalis, V. Tsamis, A. Sánchez-Lavega, S. Pérez-Hoyos, R. Hueso, J. C. Guirado, V. Peris, and R. Iglesias-Marzoa (2017). The Size, Shape, Density and Ring of the Dwarf Planet Haumea from a Stellar Occultation,. *Nature* **550**, 219–223.

Owen, Jr., W. M., R. M. Vaughan, and S. P. Synnott (1991). Orbits of the Six New Satellites of Neptune. *Astronomical Journal* **101**, 1511–1515.

Pavlis, N. K., S. A. Holmes, S. C. Kenyon, and J. K. Factor (2012). The Development and Evaluation of the Earth Gravitational Model 2008 (EGM2008). *Journal of Geophysical Research* **117**, doi:10.1002/2011JB008916.

Perry, C. L., E. H. Olsen, and D. L. Crawford (1987). A Catalog of Bright UVBY Beta Standard Stars. *Publications of the Astronomy Society of the Pacific* **99**, 1184–1200.

Pitjeva, E. V. and E. M. Standish (2009). Proposals for the Masses of the Three Largest Asteroids, the Moon-Earth Mass Ratio and the Astronomical Unit. *Celestial Mechanics and Dynamical Astronomy* **103**, 365–372.

Rohde, J. R. and A. T. Sinclair (1992). Orbital Ephemerides and Rings of Satellites. In P. K. Seidelmann (Ed.), *Explanatory Supplement to The Astronomical Almanac*, pp. 353. Mill Valley, CA: University Science Books.

Rutledge, G. A., J. E. Hesser, and P. B. Stetson (1997). Galactic Globular Cluster Metallicity Scale from the Ca II Triplet II. Rankings, Comparisons, and Puzzles. *Publications of the Astronomical Society of the Pacific* **109**, 907–919.

Simon, J. L., P. Bretagnon, J. Chapront, M. Chapront-Touzé, G. Francou, and J. Laskar (1994). Numerical Expressions for Precession Formulae and Mean Elements for the Moon and the Planets. *Astronomy & Astrophysics* **282**, 663–683.

Sinclair, A. T. (1974). A Theory of the Motion of Iapetus. *Monthly Notices of the Royal Astronomical Society* **169**, 591–605.

Sinclair, A. T. (1977). The Orbits of Tethys, Dione, Rhea, Titan and Iapetus. *Monthly Notices of the Royal Astronomical Society* **180**, 447–459.

Sinclair, A. T. (1989). The Orbits of the Satellites of Mars Determined from Earth-based and Spacecraft Observations. *Astronomy & Astrophysics* **220**, 321–328.

Smart, W. M. (1956). *Text-Book on Spherical Astronomy*. Cambridge, UK: Cambridge University Press.

Soubiran, C., G. Jasniewicz, L. Chemin, F. Crifo, S. Udry, D. Hestroffer, and D. Katz (2013). The Catalogue of Radial Velocity Standard Stars for Gaia. Pre-Launch Release. *Astronomy & Astrophysics* **552**, A64.

Souchay, J., A. H. Andrei, C. Barache, S. Bouquillon, A.-M. Gontier, S. B. Lambert, C. Le Poncin-Lafitte, F. Taris, E. F. Arias, D. Suchet, and M. Baudin (2009). The Construction of the Large Quasar Astrometric Catalogue (LQAC). *Astronomy & Astrophysics* **494**, 799–815.

Souchay, J., C. Gattano, A. Andrei, D. Souami, B. Coehlo, C. Barache, F. Taris, N. Secrest, and A. Berthereau (2019). LQAC-5: The fifth release of the Large Quasar Astrometric Catalogue. *Astronomy & Astrophysics* **624**, A145.

Standish, E. M. (1998). JPL Planetary and Lunar Ephemerides, DE405/LE405. Technical Report JPL IOM 312.F-98-048.

Stickel, M., J. W. Fried, and H. Kuehr (1989). Optical Spectroscopy of 1 Jy BL Lacertae Objects and Flat Spectrum Radio Sources. *Astronomy & Astrophysics Supplement* **80**, 103–114.

Stickel, M. and H. Kuehr (1994). An Update of the Optical Identification Status of the S4 Radio Source Catalogue. *Astronomy & Astrophysics Supplement* **103**, 349–363.

Sudbury, P. V. (1969). The Motion of Jupiter's Fifth Satellite. *Icarus* **10**, 116–143.

Taylor, D. B. (1984). A Comparison of the Theory of the Motion of Hyperion with Observations Made During 1967-1982. *Astronomy & Astrophysics* **141**, 151–158.

Taylor, D. B. (1995). Compact Ephemerides for Differential Tangent Plane Coordinates of Planetary Satellites. *NAO Technical Note* **No. 68**.

Taylor, D. B. and K. X. Shen (1988). Analysis of Astrometric Observations from 1967 to 1983 of the Major Satellites of Saturn. *Astronomy & Astrophysics* **200**, 269–278.

Taylor, D. B. and Bell, S. A. and Hilton, J. L. and Sinclair, A. T. (2010). Computation of the Quantities Describing the Lunar Librations in The Astronomical Almanac. Technical Report NAO Technical Note No. 74.

Tholen, D. J. (1985). The Orbit of Pluto's Satellite. *Astronomical Journal* **90**, 2353–2359.

Tholen, D. J. (Ed.) (2009). *Asteroid Absolute Magnitudes V12.0*, Volume EAR-A-5-DDR-ASTERMAG-V12.0. NASA Planetary Data System.

Trager, S. C., S. Djorgovski, and I. R. King (1993). Structural Parameters of Galactic Globular Clusters. In S. G. Djorgovski and G. Meylan (Eds.), *Structure and Dynamics of Globular Clusters*, Volume 50 of *Astronomical Society of the Pacific Conference Series*, pp. 347–355.

Trager, S. C., I. R. King, and S. Djorgovski (1995). Catalogue of Galactic Globular-Cluster Surface-Brightness Profiles. *Astronomical Journal* **109**, 218–241.

Trumpler, R. J. (1930). Preliminary Results on the Distances, Dimensions and Space Distribution of Open Star Clusters. *Lick Observatory Bulletin* **XIV**, 154–188.

Turnshek, D. A., R. C. Bohlin, R. L. Williamson, O. L. Lupie, J. Koornneef, and D. H. Morgan (1990). An Atlas of Hubble Space Telescope Photometric, Spectrophotometric, and Polarimetric Calibration Objects. *Astronomical Journal* **99**, 1243–1261.

Urban, S. E. and P. K. Seidelmann (Eds.) (2012). *Explanatory Supplement to The Astronomical Almanac*, Mill Valley, CA. University Science Books.

van Paradijs, J. (1995). A Catalogue of X-Ray Binaries. In W. H. G. Lewin, J. van Paradijis, and E. P. J. van den Heuvel (Eds.), *X-ray Binaries*, pp. 536–577. University of Chicago Press. Volume IX of Stars and Stellar Systems.

Verma, A. and J.-L. Margot (2016). Mercury's Gravity, Tides, and Spin from MESSENGER Radio Science Data. *Journal of Geophysical Research* **121**, 1627–1640.

Véron-Cetty, M. P. and P. Véron (2006). A Catalogue of Quasars and Active Nuclei: 12th edition. *Astronomy & Astrophysics* **455**, 773–777.

Wallace, P. T. and N. Capitaine (2006). Precession-Nutation Procedures Consistent with IAU 2006 Resolutions. *Astronomy & Astrophysics* **459**, 981–985.

Watts, C. B. (1963). The Marginal Zone of the Moon. In *Astronomical Papers of the American Ephemeris and Nautical Almanac*, Volume 17. Washington, DC: U.S. Government Printing Office.

Williams, J. G., D. H. Boggs, and W. M. Folkner (2013). DE430 lunar orbit, physical librations, and surface coordinates. Technical Report JPL IOM 335-JW,DB,WF-20080314-001.

Zacharias, N., D. G. Monet, S. E. Levine, S. E. Urban, R. Gaume, and G. L. Wycoff (2004). The Naval Observatory Merged Astrometric Dataset (NOMAD). In *American Astronomical Society Meeting Abstracts*, Volume 36 of *Bulletin of the American Astronomical Society*, pp. 1418.

Zadunaisky, P. E. (1954). A Determination of New Elements of the Orbit of Phoebe, Ninth Satellite of Saturn. *Astronomical Journal* **59**, 1–6.

Zinn, R. and M. J. West (1984). The Globular Cluster System of the Galaxy. III - Measurements of Radial Velocity and Metallicity for 60 Clusters and a Compilation of Metallicities for 121 Clusters. *Astrophysical Journal Supplement Series* **55**, 45–66.

$\mathbf{\Delta T}$: the difference between *Terrestrial Time (TT)* and *Universal Time (UT)*: $\Delta T = TT - UT1$.

$\mathbf{\Delta UT1\ (or\ \Delta UT)}$: the value of the difference between *Universal Time (UT)* and *Coordinated Universal Time (UTC)*: $\Delta UT1 = UT1 - UTC$.

aberration (of light): the relativistic apparent angular displacement of the observed position of a celestial object from its *geometric position*, caused by the motion of the observer in the reference system in which the trajectories of the observed object and the observer are described. (See *aberration, planetary.*)

aberration, annual: the component of *stellar aberration* resulting from the motion of the Earth about the Sun. (See *aberration, stellar.*)

aberration, diurnal: the component of *stellar aberration* resulting from the observer's *diurnal motion* about the center of the Earth due to Earth's rotation. (See *aberration, stellar.*)

aberration, E-terms of: (*obsolete*) the terms of *annual aberration* which depend on the *eccentricity* and longitude of *perihelion* of the Earth. (See *aberration, annual; perihelion.*)

aberration, elliptic: (*obsolete*) see *aberration, E-terms of.*

aberration, galactic: the apparent angular displacement of the observed position of an extra-galactic celestial object from its *geometric position*, arising from the motion of the solar system about the galactic center.

aberration, planetary: the apparent angular displacement of the observed position of a solar system body from its instantaneous geometric direction as would be seen by an observer at the geocenter. This displacement is produced by the combination of *aberration of light* and *light-time displacement.*

aberration, secular: the component of *stellar aberration* resulting from the essentially uniform and almost rectilinear motion of the entire solar system in space. Secular *aberration* is usually disregarded. (See *aberration, stellar.*)

aberration, stellar: the apparent angular displacement of the observed position of a celestial body resulting from the motion of the observer. Stellar *aberration* is divided into diurnal, annual, and secular components. (See *aberration, annual; aberration, diurnal; aberration, secular.*)

altitude: the angular distance of a celestial body above or below the *horizon*, measured along the great circle passing through the body and the *zenith*. Altitude is 90° minus the *zenith distance*.

annual parallax: see *parallax, heliocentric.*

anomaly: the angular separation of a body in its *orbit* from its *pericenter.*

anomaly, eccentric: in undisturbed elliptic motion, the angle measured at the center of the *orbit* ellipse from *pericenter* to the point on the circumscribing auxiliary circle from which a perpendicular to the major axis would intersect the orbiting body. (See *anomaly, mean; anomaly, true.*)

anomaly, mean: the product of the *mean motion* of an orbiting body and the interval of time since the body passed the *pericenter*. Thus, the mean *anomaly* is the angle from the pericenter of a hypothetical body moving with a constant angular speed that is equal to the mean motion. In realistic computations, with disturbances taken into account, the mean anomaly is equal to its initial value at an *epoch* plus an integral of the mean motion over the time elapsed since the epoch. (See *anomaly, eccentric; anomaly, mean at epoch; anomaly, true.*)

anomaly, mean at epoch: the value of the *mean anomaly* at a specific *epoch*, i.e., at some fiducial moment of time. It is one of the six *Keplerian elements* that specify an *orbit*. (See *Keplerian elements; orbital elements.*)

anomaly, true: the angle, measured at the focus nearest the *pericenter* of an *elliptical orbit*, between the pericenter and the *radius vector* from the focus to the orbiting body; one of the standard *orbital elements*. (See *anomaly, eccentric; anomaly, mean; orbital elements*.)

aphelion: the point in an *orbit* that is the most distant from the Sun.

apocenter: the point in an *orbit* that is farthest from the origin of the reference system. (See *aphelion; apogee*.)

apogee: the point in an *orbit* that is the most distant from the Earth. Apogee is sometimes used with reference to the apparent orbit of the Sun around the Earth.

apparent place (or position): the *proper place* of an object expressed with respect to the *true (intermediate) equator and equinox* of date.

apparent solar time: see *solar time, apparent*.

appulse: the least apparent distance between two celestial objects from the observer's point of view. The time of appulse is close to that of *conjunction* in *ecliptic longitude* for objects moving on or near the *ecliptic*.

Aries, First point of: another name for the *vernal equinox*.

aspect: the position of any of the *planets* or the Moon relative to the Sun, as seen from the Earth.

asteroid: a *small solar system body* orbiting the Sun that is not massive enough to be a *dwarf planet*. Unlike a *comet*, asteroids rarely exhibit the ejection of volatile material. The term "asteroid" is sometimes restricted to bodies with orbital *semi-major axes* less than or approximately equal to that of Jupiter, and is often used interchangeably with the term *"minor planet"*.

astrometric ephemeris: an *ephemeris* of a solar system body in which the tabulated positions are *astrometric places*. Values in an astrometric ephemeris are essentially comparable to catalog *mean places* of stars after the star positions have been updated for *proper motion* and *parallax*.

astrometric place (or position): the position of a solar system body formed by applying corrections for *light-time displacement* to the *geometric position*. This position is directly comparable with the catalog positions of nearby background stars after those positions have been updated for *proper motion* and *parallax*. There is no correction for *aberration* or *deflection of light*. It is assumed that these correction are nearly identical for both the solar system body and background stars.

astronomical coordinates: the longitude and latitude of the point on Earth relative to the *geoid*. These coordinates are influenced by local gravity anomalies. (See *latitude, terrestrial; longitude, terrestrial; zenith*.)

astronomical refraction: see *refraction, astronomical*.

astronomical unit (au): a conventional unit of length equal to 149 597 870 700 m exactly. Prior to 2012, it was defined as the radius of a circular *orbit* in which a body of negligible mass, and free of *perturbations*, would revolve around the Sun in $2\pi/k$ *days*, k being the *Gaussian gravitational constant*. This is slightly less than the orbital *semi-major axis* of the Earth's orbit.

astronomical zenith: see *zenith, astronomical*.

atomic second: see *second, Système International (SI)*.

augmentation: the increase in the *topocentric* apparent *semidiameter* of a celestial body compared to its apparent semidiameter when viewed from the geocenter.

autumnal equinox: see *equinox, autumnal*.

azimuth: the angular distance measured eastward along the *horizon* from a specified reference point (usually north). Azimuth is measured to the point where the great circle determining the *altitude* of an object meets the horizon.

barycenter: the center of mass of a system of bodies; *e.g.*, the center of mass of the solar system or the Earth-Moon system.

barycentric: with reference to, or pertaining to, the *barycenter* (usually of the solar system).

Barycentric Celestial Reference System (BCRS): a system of *barycentric* space-time coordinates for the solar system within the framework of General Relativity. The metric tensor to be used in the system is specified by the *IAU* 2000 resolution B1.3. For all practical applications, unless otherwise stated, the BCRS is assumed to be oriented according to the *ICRS* axes. (See *Barycentric Coordinate Time (TCB)*.)

Barycentric Coordinate Time (TCB): the coordinate time of the *Barycentric Celestial Reference System (BCRS)*, which advances by *SI seconds* within that system. TCB is related to *Geocentric Coordinate Time (TCG)* and *Terrestrial Time (TT)* by relativistic transformations that include a secular term. (See *second, Système International (SI)*.)

Barycentric Dynamical Time (TDB): a time scale defined by the *IAU* in 1976, named in 1979, and revised in 2006 for use as an independent argument of *barycentric ephemerides* and equations of motion. TDB is a linear function of *Barycentric Coordinate Time (TCB)* that on average tracks *TT* for an extended time period around the current standard *epoch*, JD 245 1545.0. The difference between TT and TDB remains less than 2 ms for several thousand *years* around the this *epoch*. (See *second, Système International (SI)*.)

Besselian elements: quantities tabulated for the calculation of accurate predictions of an *eclipse* or *occultation* for any point on or above the surface of the Earth.

calendar: a system of reckoning time in units of solar *days*. The days are enumerated according to their position in cyclic patterns usually involving the motions of the Sun and/or the Moon.

    calendar, Gregorian: The *calendar* introduced by Pope Gregory XIII in 1582 to replace the *Julian calendar*. This calendar is now used as the civil calendar in most countries. In the Gregorian calendar, every *year* that is exactly divisible by four is a leap year, except for centurial years, which must be exactly divisible by 400 to be leap years. Thus 2000 was a leap year, but 1900 and 2100 are not leap years.

    calendar, Julian: the *calendar* introduced by Julius Caesar in 46 B.C. to replace the Roman calendar. In the Julian calendar a common *year* is defined to comprise 365 *days*, and every fourth year is a leap year comprising 366 days. The Julian calendar was superseded by the *Gregorian calendar*.

    calendar, proleptic: the extrapolation of a *calendar* prior to its date of introduction.

catalog equinox: see *equinox, catalog*.

Celestial Ephemeris Origin (CEO): the original name for the *Celestial Intermediate Origin (CIO)* given in the *IAU* 2000 resolutions. Obsolete.

celestial equator: the plane perpendicular to the *Celestial Intermediate Pole (CIP)*. Colloquially, the projection onto the *celestial sphere* of the Earth's *equator*. (See *mean equator and equinox; true equator and equinox*.)

Celestial Intermediate Origin (CIO): the non-rotating origin of the *Celestial Intermediate Reference System*. Formerly referred to as the *Celestial Ephemeris Origin (CEO)*.

Celestial Intermediate Origin Locator (CIO Locator): denoted by s, is the difference between the *Geocentric Celestial Reference System (GCRS) right ascension* and the intermediate right ascension of the intersection of the GCRS and intermediate *equators*.

Celestial Intermediate Pole (CIP): the reference pole of the P03 *precession* and *IAU* 2000A *nutation* models. The motions of the CIP are those of the *Tisserand mean axis* of the Earth with *periods* longer than two *days*. (See *nutation; precession*.)

Celestial Intermediate Reference System: a *geocentric* reference system related to the *Geocentric Celestial Reference System (GCRS)* by time-dependent rotations for *precession* and *nutation*. It is defined by the intermediate *equator* of the *Celestial Intermediate Pole (CIP)* and the *Celestial Intermediate Origin (CIO)* at a specific *epoch*.

celestial pole: see *pole, celestial*.

celestial sphere: an imaginary sphere of arbitrary radius upon which celestial bodies may be considered to be located. As circumstances require, the celestial sphere may be centered at the observer, at the Earth's center, or at any other location.

Centaur: a *small solar system body* orbiting the Sun that is not massive enough to be a *dwarf planet* with a *perihelion* greater than Jupiter's orbital *semi-major axis* and an orbital *semi-major axis* less than Neptune's.

center of figure: that point so situated relative to the apparent figure of a body that any line drawn through it divides the figure into two parts having equal apparent areas. If the body is oddly shaped, the center of figure may lie outside the figure itself.

center of light: same as *center of figure* except referring only to the illuminated portion.

central meridian: see *meridian* central.

comet: a *small solar system body* that normally exhibits the ejection of volatile material for some part of its orbital *period*.

conjunction: the phenomenon in which two bodies have the same apparent *ecliptic longitude* or *right ascension* as viewed from a third body. Conjunctions are usually tabulated as *geocentric* phenomena. For Mercury and Venus, geocentric inferior conjunctions occur when the *planet* is between the Earth and Sun, and superior conjunctions occur when the Sun is between the planet and Earth. (See *longitude, ecliptic*.)

constellation: 1. A grouping of stars, usually with pictorial or mythical associations, that serves to identify an area of the *celestial sphere*. **2.** One of the precisely defined areas of the celestial sphere, associated with a grouping of stars, that the *International Astronomical Union (IAU)* has designated as a constellation.

Coordinated Universal Time (UTC): the time scale available from broadcast time signals. UTC differs from *International Atomic Time (TAI)* by an integral number of *seconds*; it is maintained within ±0.9 seconds of *UT1* by the introduction of *leap seconds*. (See *International Atomic Time (TAI); leap second; Universal Time (UT)*.)

culmination: the passage of a celestial object across the observer's *meridian*; also called "meridian passage".

    culmination, lower: (also called *"culmination* below pole" for circumpolar stars and the Moon) is the crossing farther from the observer's *zenith*.

    culmination, upper: (also called *"culmination* above pole" for circumpolar stars and the Moon) or *transit* is the crossing closer to the observer's *zenith*.

day: an interval of 86 400 *SI seconds*, unless otherwise indicated. (See *second, Système International (SI)*.)

declination: angular distance on the *celestial sphere* north or south of the *celestial equator*. It is measured along the *hour circle* passing through the celestial object. Declination is usually given in combination with *right ascension* or *hour angle*.

defect of illumination: (sometimes, greatest defect of illumination): the maximum angular width of the unilluminated portion of the apparent disk of a solar system body measured along a radius.

deflection of light: the angle by which the direction of a light ray is altered from a straight line by the gravitational field of the Sun or other massive object. As seen from the Earth, objects appear to be deflected radially away from the Sun by up to 1″.75 at the Sun's *limb*. Correction for this effect, which is independent of wavelength, is included in the transformation from *mean place* to *apparent place*.

deflection of the vertical: the angle between the astronomical *vertical* and the geodetic vertical. (See *astronomical coordinates; geodetic coordinates; zenith*.)

delta T: see ΔT.

delta UT1: see $\Delta UT1$ *(or ΔUT)*.

direct motion: for orbital motion in the solar system, motion that is counterclockwise in the *orbit* as seen from the north pole of the *ecliptic*; for an object observed on the *celestial sphere*, motion that is from west to east, resulting from the relative motion of the object and the Earth.

diurnal motion: the apparent daily motion, caused by the Earth's rotation, of celestial bodies across the sky from east to west.

diurnal parallax: see *parallax, geocentric*.

dwarf planet: a celestial body that is in *orbit* around the Sun, has sufficient mass for its self-gravity to overcome rigid body forces so that it assumes a hydrostatic equilibrium (nearly round) shape, has not cleared the neighbourhood around its orbit, and is not a satellite. (See *planet*.)

dynamical equinox: the ascending *node* of the Earth's mean *orbit* on the Earth's *true equator*; i.e., the intersection of the *ecliptic* with the *celestial equator* at which the Sun's *declination* changes from south to north. (See *catalog equinox; equinox; true equator and equinox*.)

dynamical time: the family of time scales introduced in 1984 to replace *ephemeris time (ET)* as the independent argument of dynamical theories and *ephemerides*. (See *Barycentric Dynamical Time (TDB); Terrestrial Time (TT)*.)

Earth Rotation Angle (ERA): the angle, θ, measured along the *equator* of the *Celestial Intermediate Pole (CIP)* between the direction of the *Celestial Intermediate Origin (CIO)* and the *Terrestrial Intermediate Origin (TIO)*. It is a linear function of *UT1*; its time derivative is the Earth's angular velocity.

eccentricity: 1. A parameter that specifies the shape of a conic secton. **2.** One of the standard *orbital elements*, usually denoted by e, used to describe an elliptic or *hyperbolic orbit*. For an *elliptical orbit*, $e = \sqrt{1 - (b^2/a^2)}$, where a and b are the lengths of the *semi-major* and semi-minor axes, respectively; for a parabolic orbit $e = 1$; and for a hyperbolic orbit, the quantity $e = \sqrt{1 + (b^2/a^2)}$. (See *orbital elements*.)

eclipse: the obscuration of a celestial body caused by its passage through the shadow cast by another body.

    eclipse, annular: a *solar eclipse* in which the solar disk is not completely covered but is seen as an annulus or ring at maximum *eclipse*. An annular eclipse occurs when the apparent disk of the Moon is smaller than that of the Sun. (See *eclipse, solar*.)

    eclipse, lunar: an *eclipse* in which the Moon passes through the shadow cast by the Earth. The eclipse may be total (the Moon passing completely through the Earth's *umbra*), partial (the Moon passing partially through the Earth's umbra at maximum eclipse), or penumbral (the Moon passing only through the Earth's *penumbra*).

    eclipse, solar: actually an *occultation* of the Sun by the Moon in which the Earth passes through the shadow cast by the Moon. It may be total (observer in the Moon's *umbra*), partial (observer in the Moon's *penumbra*), annular, or annular-total. (See *eclipse, annular*.)

ecliptic: 1. The mean plane of the *orbit* of the Earth-Moon *barycenter* around the solar system barycenter. **2.** The apparent path of the Sun around the *celestial sphere*.

ecliptic latitude: see *latitude, ecliptic*.

ecliptic longitude: see *longitude, ecliptic*.

elements: a set of parameters used to describe the position and/or motion of an astronomical object.

    elements, Besselian: see *Besselian elements.*

    elements, Keplerian: see *Keplerian elements.*

    elements, mean: see *mean elements.*

    elements, orbital: see *orbital elements.*

    elements, osculating: see *osculating elements.*

    elements, rotational: see *rotational elements.*

ellipsoid: a quadratic surface defined by three mutually perpendicular semi-axes. If two of the semi-axes are equal then the figure is called a spheroid, and if all three are the same it is called a sphere.

elliptical orbit: see *orbit, elliptical.*

elongation: the *geocentric* angle between two celestial objects.

    elongation, greatest: 1. For satellites, the maximum value of a *satellite elongation* during an *orbit* about its primary. Often a general direction is given. For example, greatest eastern *elongation* is the maximum value of a satellite elongation that occurs on the eastern half of the apparent orbit. **2.** For bodies that orbit the Sun, the maximum value of elongation during an orbit about the Sun.

    elongation, planetary: the usually *geocentric* angle between a *planet* and the Sun. Planetary *elongations* are measured from 0° to 180°, east or west of the Sun.

    elongation, satellite: the *geocentric* angle between a satellite and its primary. The *elongation* is usually designated as being east or west of the primary, but on rare occasions could be designated north or south.

epact: 1. The age of the Moon. **2.** The number of *days* since new moon, diminished by one day, on January 1 in the Gregorian ecclesiastical lunar cycle. (See *calendar, Gregorian; lunar phases.*)

ephemeris: a tabulation of the positions of a celestial object in an orderly sequence for a number of dates.

ephemeris hour angle: an *hour angle* referred to the *ephemeris meridian.*

ephemeris longitude: longitude measured eastward from the *ephemeris meridian.* (See *longitude, terrestrial.*)

ephemeris meridian: see *meridian, ephemeris.*

ephemeris time (ET): the time scale used prior to 1984 as the independent variable in gravitational theories of the solar system. In 1984, ET was replaced by *dynamical time.*

ephemeris transit: the passage of a celestial body or point across the *ephemeris meridian.*

epoch: an arbitrary fixed instant of time or date used as a chronological reference datum for *calendars*, celestial reference systems, star catalogs, or orbital motions. (See *calendar; orbit.*)

equation of the equinoxes: the difference apparent *sidereal time* minus mean sidereal time, due to the effect of *nutation* in longitude on the location of the *equinox.* Equivalently, the difference between the *right ascensions* of the true and *mean equinoxes*, expressed in time units. (See *sidereal time.*)

equation of the origins: the arc length, measured positively eastward, from the *Celestial Intermediate Origin (CIO)* to the *equinox* along the intermediate *equator*; alternatively the difference between the *Earth Rotation Angle (ERA)* and *Greenwich Apparent Sidereal Time (GAST)*, namely, (*ERA* - GAST).

equation of time: the difference *apparent solar time* minus *mean solar time.*

equator: the great circle on the surface of a body formed by the intersection of its surface with the plane passing through the center of the body perpendicular to the axis of rotation. (See *celestial equator.*)

equinox: 1. Either of the two points on the *celestial sphere* at which the *ecliptic* intersects the *celestial equator*. **2.** The time at which the center of the Sun crosses the Earth's equator. At these times the apparent *ecliptic longitude* of the Sun is approximately either 0° or 180°. **3.** The *vernal equinox*. (See *mean equator and equinox; true equator and equinox*.)

> **equinox, autumnal: 1.** The decending *node* of the *ecliptic* on the *celestial sphere*. **2.** The time which the apparent *ecliptic longitude* of the Sun is 180°.

> **equinox, catalog:** the intersection of the *hour angle* of zero *right ascension* of a star catalog with the *celestial equator*. Obsolete.

> **equinox, dynamical:** the ascending *node* of the *ecliptic* on the Earth's *true equator*.

subdefine**equinox, vernal 1.** The ascending *node* of the *ecliptic* on the *celestial equator*. **2.** The time at which the apparent *ecliptic longitude* of the Sun is 0°.

era: a system of chronological notation reckoned from a specific event.

ERA: see *Earth Rotation Angle (ERA)*.

flattening: a parameter that specifies the degree by which a *planet*'s figure differs from that of a sphere; the ratio $f = (a - b)/a$, where a is the equatorial radius and b is the polar radius.

frame bias: the orientation of the *mean equator and equinox* of J2000.0 with respect to the *Geocentric Celestial Reference System (GCRS)*. It is defined by three small and constant angles, two of which describe the offset of the mean pole at J2000.0 and the other is the GCRS *right ascension* of the mean inertial *equinox* of J2000.0.

frequency: the number of *periods* of a regular, cyclic phenomenon in a given measure of time, such as a *second* or a *year*. (See *period; second, Système International (SI); year*.)

frequency standard: a generator whose output is used as a precise *frequency* reference; a primary frequency standard is one whose frequency corresponds to the adopted definition of the *second*, with its specified accuracy achieved without calibration of the device. (See *second, Système International (SI)*.)

GAST: see *Greenwich Apparent Sidereal Time (GAST)*.

Gaussian gravitational constant: (*obsolete*) (k = 0.017 202 098 95). The constant which by means of Kepler's third law defined the astronomical system of units of length [*astronomical unit (au)*], mass (solar mass) and time (*day*) prior to 2012. The dimensions of k^2 are those of Newton's constant of gravitation: $L^3 M^{-1} T^{-2}$.

geocentric: with reference to, or pertaining to, the center of the Earth.

Geocentric Celestial Reference System (GCRS): a system of *geocentric* space-time coordinates within the framework of General Relativity. The metric tensor used in the system is specified by the *IAU* 2000 resolutions. The GCRS is defined such that its spatial coordinates are kinematically non-rotating with respect to those of the *Barycentric Celestial Reference System (BCRS)*. (See *Geocentric Coordinate Time (TCG)*.)

Geocentric Coordinate Time (TCG): the coordinate time of the *Geocentric Celestial Reference System (GCRS)*, which advances by *SI seconds* within that system. TCG is related to *Barycentric Coordinate Time (TCB)* and *Terrestrial Time (TT)*, by relativistic transformations that include a secular term. (See *second, Système International (SI)*.)

geocentric coordinates: 1. The latitude and longitude of a point on the Earth's surface relative to the center of the Earth. **2.** Celestial coordinates given with respect to the center of the Earth. (See *latitude, terrestrial; longitude, terrestrial; zenith*.)

geocentric zenith: see *zenith, geocentric*.

geodetic coordinates: the latitude and longitude of a point on the Earth's surface determined from the geodetic *vertical* (normal to the reference ellipsoid). (See *latitude, terrestrial; longitude, terrestrial; zenith*.)

geodetic zenith: see *zenith, geodetic.*

geoid: an equipotential surface that coincides with mean sea level in the open ocean. On land it is the level surface that would be assumed by water in an imaginary network of frictionless channels connected to the ocean.

geometric position: the position of an object defined by a straight line (vector) between the center of the Earth (or the observer) and the object at a given time, without any corrections for *light-time, aberration,* etc.

GHA: see *Greenwich Hour Angle (GHA).*

GMST: see *Greenwich Mean Sidereal Time (GMST).*

greatest defect of illumination: see *defect of illumination.*

Greenwich Apparent Sidereal Time (GAST): the *Greenwich hour angle* of the *true equinox* of date.

Greenwich Hour Angle (GHA): angular distance on the *celestial sphere* measured westward along the *celestial equator* from the *Greenwich meridian* to the *hour circle* that passes through a celestial object or point.

Greenwich Mean Sidereal Time (GMST): the *Greenwich hour angle* of the *mean equinox* of date.

Greenwich meridian: see *meridian, Greenwich.*

Greenwich sidereal date (GSD): the number of *sidereal days* elapsed at Greenwich since the beginning of the Greenwich sidereal *day* that was in progress at the *Julian date (JD)* 0.0.

Greenwich sidereal day number: the integral part of the *Greenwich sidereal date (GSD).*

Gregorian calendar: see *calendar, Gregorian.*

height: the distance above or below a reference surface such as mean sea level on the Earth or a planetographic reference surface on another solar system *planet.*

heliocentric: with reference to, or pertaining to, the center of the Sun.

heliocentric parallax: see *parallax, heliocentric.*

horizon: **1.** A plane perpendicular to the line from an observer through the *zenith.* **2.** The observed border between Earth and the sky.

    horizon, astronomical: the plane perpendicular to the line from an observer to the *astronomical zenith* that passes through the point of observation.

    horizon, geocentric: the plane perpendicular to the line from an observer to the *geocentric zenith* that passes through the center of the Earth.

    horizon, natural: the border between the sky and the Earth as seen from an observation point.

horizontal parallax: see *parallax, horizontal.*

horizontal refraction: see *refraction, horizontal.*

hour angle: angular distance on the *celestial sphere* measured westward along the *celestial equator* from the *meridian* to the *hour circle* that passes through a celestial object.

hour circle: a great circle on the *celestial sphere* that passes through the *celestial poles* and is therefore perpendicular to the *celestial equator.*

hyperbolic orbit: see *orbit, hyperbolic.*

IAU: see *International Astronomical Union (IAU).*

illuminated extent: the illuminated area of an apparent planetary disk, expressed as a solid angle.

inclination: **1.** The angle between two planes or their poles. **2.** Usually, the angle between an orbital plane and a reference plane. **3.** One of the standard *orbital elements* that specifies the orientation of the *orbit.* (See *orbital elements.*)

instantaneous orbit: see *orbit, instantaneous.*

intercalate: to insert an interval of time (e.g., a *day* or a *month*) within a *calendar*, usually so that it is synchronized with some natural phenomenon such as the seasons or *lunar phases.*

intermediate place (or position): the *proper place* of an object expressed with respect to the true (intermediate) *equator* and *CIO* of date.

International Astronomical Union (IAU): an international non-governmental organization that promotes the science of astronomy. The IAU is composed of both national and individual members. In the field of positional astronomy, the IAU, among other activities, recommends standards for data analysis and modeling, usually in the form of resolutions passed at General Assemblies held every three *years.*

International Atomic Time (TAI): the continuous time scale resulting from analysis by the Bureau International des Poids et Mesures of atomic time standards in many countries. The fundamental unit of TAI is the *SI second* on the *geoid*, and the *epoch* is 1958 January 1. (See *second, Système International (SI).*)

International Celestial Reference Frame (ICRF): 1. A set of extragalactic objects whose adopted positions and uncertainties realize the *International Celestial Reference System (ICRS)* axes and give the uncertainties of those axes. **2.** The name of the radio catalog whose defining sources serve as fiducial points to fix the axes of the ICRS, recommended by the *International Astronomical Union (IAU)*. The first such catalog was adopted for use beginning in 1997. The third catalog, termed ICRF3, was adopted for use beginning in 2020.

International Celestial Reference System (ICRS): a time-independent, kinematically non-rotating *barycentric* reference system recommended by the *International Astronomical Union (IAU)* in 1997. Its axes are those of the *International Celestial Reference Frame (ICRF)*.

international meridian: see *meridian, Greenwich.*

International Terrestrial Reference Frame (ITRF): a set of reference points on the surface of the Earth whose adopted positions and velocities fix the rotating axes of the *International Terrestrial Reference System (ITRS)*.

International Terrestrial Reference System (ITRS): a time-dependent, non-inertial reference system co-moving with the geocenter and rotating with the Earth. The ITRS is the recommended system in which to express positions on the Earth.

invariable plane: the plane through the center of mass of the solar system perpendicular to the angular momentum vector of the solar system.

irradiation: an optical effect of contrast that makes bright objects viewed against a dark background appear to be larger than they really are.

Julian calendar: see *calendar, Julian.*

Julian date (JD): the interval of time in *days* and fractions of a day, since 4713 B.C. January 1, Greenwich noon, Julian *proleptic calendar*. In precise work, the timescale, e.g., *Terrestrial Time (TT)* or *Universal Time (UT)*, should be specified.

Julian date, modified (MJD): the *Julian date (JD)* minus 2400000.5.

Julian day number: the integral part of the *Julian date (JD)*.

Julian year: see *year, Julian.*

Keplerian elements: a certain set of six *orbital elements*, sometimes referred to as the Keplerian set. Historically, this set included the *mean anomaly* at the *epoch*, the orbital *semi-major axis*, the *eccentricity* and three Euler angles: the *longitude of the ascending node*, the *inclination*, and the *argument of pericenter*. The time of *pericenter* passage is often used as part of the Keplerian set instead of the mean *anomaly* at the epoch. Sometimes the longitude of pericenter (which is the sum of the longitude of the ascending *node* and the argument of pericenter) is used instead of the argument of pericenter.

Laplacian plane: 1. For *planets* see *invariable plane*. **2.** For a system of satellites, the fixed plane relative to which the vector sum of the disturbing forces has no orthogonal component.

latitude, celestial: see *latitude, ecliptic*.

latitude, ecliptic: angular distance on the *celestial sphere* measured north or south of the *ecliptic* along the great circle passing through the poles of the ecliptic and the celestial object. Also referred to as *celestial latitude*.

latitude, terrestrial: angular distance on the Earth measured north or south of the *equator* along the *meridian* of a geographic location.

leap second: a *second* inserted as the 61st second of a minute at announced times to keep *UTC* within 0.9 of *UT1*. Generally, leap seconds are added at the end of June or December as necessary, but may be inserted at the end of any *month*. Although it has never been utilized, it is possible to have a negative leap second in which case the 60th second of a minute would be removed. (See *Coordinated Universal Time (UTC); second, Système International (SI); Universal Time (UT)*.)

librations: the real or apparent oscillations of a body around a reference point. When referring to the Moon, librations are variations in the orientation of the Moon's surface with respect to an observer on the Earth. Physical librations are due to variations in the orientation of the Moon's rotational axis in inertial space. The much larger optical librations are due to variations in the rate of the Moon's orbital motion, the *obliquity* of the Moon's *equator* to its orbital plane, and the diurnal changes of geometric perspective of an observer on the Earth's surface.

light, deflection of: see *deflection of light*.

light-time: the interval of time required for light to travel from a celestial body to the Earth.

light-time displacement: the difference between the geometric and *astrometric place* of a solar system body. It is caused by the motion of the body during the interval it takes light to travel from the body to Earth.

light-year: the distance that light traverses in a vacuum during one *year*. Since there are various ways to define a year, there is an ambiguity in the exact distance; the *IAU* recommends using the *Julian year* as the time basis. A light-year is approximately 9.46×10^{12} km, 5.88×10^{12} statute miles, 6.32×10^4 *au*, and 3.07×10^{-1} *parsecs*. Often distances beyond the solar system are given in parsecs. (See *parsec (pc)*.)

limb: the apparent edge of the Sun, Moon, or a *planet* or any other celestial body with a detectable disk.

limb correction: generally, a small angle (positive or negative) that is added to the tabulated apparent *semidiameter* of a body to compensate for local topography at a specific point along the *limb*. Specifically for the Moon, the angle taken from the Watts lunar limb data (Watts, C. B., APAE XVII, 1963) that is used to correct the semidiameter of the Watts mean limb. The correction is a function of position along the limb and the apparent *librations*. The Watts mean limb is a circle whose center is offset by about 0.6 from the direction of the Moon's center of mass and whose radius is about 0.4 greater than the semidiameter of the Moon that is computed based on its *IAU* adopted radius in kilometers.

local place: a *topocentric place* of an object expressed with respect to the *Geocentric Celestial Reference System (GCRS)* axes.

local sidereal time: the *hour angle* of the *vernal equinox* with respect to the local *meridian*.

longitude of the ascending node: given an *orbit* and a reference plane through the primary body (or center of mass): the angle, Ω, at the primary, between a fiducial direction in the reference plane and the point at which the orbit crosses the reference plane from south to north. Equivalently, Ω is one of the angles in the reference plane between the fiducial direction and the line of *nodes*. It is one of the six *Keplerian elements* that specify an orbit. For planetary orbits, the primary is the Sun, the reference plane is usually the *ecliptic*, and the fiducial direction is usually toward the *equinox*. (See *node; orbital elements.*)

longitude, celestial: see *longitude, ecliptic.*

longitude, ecliptic: angular distance on the *celestial sphere* measured eastward along the *ecliptic* from the *dynamical equinox* to the great circle passing through the poles of the ecliptic and the celestial object. Also referred to as *celestial longitude.*

longitude, terrestrial: angular distance measured along the Earth's *equator* from the *Greenwich meridian* to the *meridian* of a geographic location.

luminosity class: distinctions in intrinsic brightness among stars of the same *spectral type*, typically given as a Roman numeral. It denotes if a star is a supergiant (Ia or Ib), giant (II or III), subgiant (IV), or main sequence — also called dwarf (V). Sometimes subdwarfs (VI) and white dwarfs (VII) are regarded as luminosity classes. (See *spectral types or classes.*)

lunar phases: cyclically recurring apparent forms of the Moon. New moon, first quarter, full moon and last quarter are defined as the times at which the excess of the apparent *ecliptic longitude* of the Moon over that of the Sun is $0°$, $90°$, $180°$ and $270°$, respectively. (See *longitude, ecliptic.*)

lunation: the *period* of time between two consecutive new moons.

magnitude of a lunar eclipse: the fraction of the lunar diameter obscured by the shadow of the Earth at the greatest *phase* of a *lunar eclipse*, measured along the common diameter. (See *eclipse, lunar.*)

magnitude of a solar eclipse: the fraction of the solar diameter obscured by the Moon at the greatest *phase* of a *solar eclipse*, measured along the common diameter. (See *eclipse, solar.*)

magnitude, stellar: a measure on a logarithmic scale of the brightness of a celestial object. Since brightness varies with wavelength, often a wavelength band is specified. A factor of 100 in brightness is equivalent to a change of 5 in stellar magnitude, and brighter sources have lower magnitudes. For example, the bright star Sirius has a visual-band magnitude of -1.46 whereas the faintest stars detectable with an unaided eye under ideal conditions have visual-band magnitudes of about 6.0.

mean distance: an average distance between the primary and the secondary gravitating body. The meaning of the mean distance depends upon the chosen method of averaging (i.e., averaging over the time, or over the *true anomaly*, or the *mean anomaly*. It is also important what power of the distance is subject to averaging.) In this volume the mean distance is defined as the inverse of the time-averaged reciprocal distance: $(\int r^{-1}\,dt)^{-1}$. In the two body setting, when the disturbances are neglected and the *orbit* is elliptic, this formula yields the orbital *semi-major axis*, a, which plays the role of mean distance.

mean elements: average values of the *orbital elements* over some section of the *orbit* or over some interval of time. They are interpreted as the *elements* of some reference (mean) orbit that approximates the actual one and, thus, may serve as the basis for calculating orbit *perturbations*. The values of mean elements depend upon the chosen method of averaging and upon the length of time over which the averaging is made.

mean equator and equinox: the celestial coordinate system defined by the orientation of the Earth's equatorial plane on some specified date together with the direction of the *dynamical equinox* on that date, neglecting *nutation*. Thus, the mean *equator* and *equinox* moves in response only to *precession*. Positions in a star catalog have traditionally been referred to a catalog *equator* and equinox that approximate the mean equator and equinox of a *standard epoch*. (See *catalog equinox; true equator and equinox.*)

mean motion: defined for bound *orbits* only. 1. The rate of change of the *mean anomaly*. 2. The value $\sqrt{Gm/a^3}$, where G is Newton's gravitational constant, m is the sum of the masses of the primary and secondary bodies, and a is the orbital *semi-major axis* of the relative orbit. For unperturbed elliptic or circular orbits, these definitions are equivalent; the mean motion is related to the *period* through $nT = 2\pi$ where n is the mean motion and T is the period. For perturbed bound orbits, the two definitions yield, in general, different values of n, both of which are time dependent.

mean place: coordinates of a star or other celestial object (outside the solar system) at a specific date, in the *Barycentric Celestial Reference System (BCRS)*. Conceptually, the coordinates represent the direction of the object as it would hypothetically be observed from the solar system *barycenter* at the specified date, with respect to a fixed coordinate system (e.g., the axes of the *International Celestial Reference Frame (ICRF)*), if the masses of the Sun and other solar system bodies were negligible.

mean solar time: see *solar time, mean.*

meridian: a great circle passing through the *celestial poles* and through the *zenith* of any location on Earth. For planetary observations a meridian is half the great circle passing through the *planet*'s poles and through any location on the planet.

> **meridian, central (planetary):** half of the great circle passing through the *planet*'s poles and through the *sub-earth point).* This is the same as the longitude of the sub-earth point. Do not confuse with planetary *prime meridian.* See diagram on page E4.

> **meridian, ephemeris:** a fictitious *meridian* that rotates independently of the Earth at the uniform rate implicitly defined by *Terrestrial Time (TT)*. The *ephemeris* meridian is 1.002 738 ΔT east of the *Greenwich meridian*, where $\Delta T = TT - UT1$.

> **meridian, Greenwich:** (also called international or *prime meridian*) is a generic reference to one of several origins of the Earth's longitude coordinate (zero-longitude). In *The Astronomical Almanac*, it is the plane defining the astronomical zero *meridian*; it contains the geocenter, the *Celestial Intermediate Pole* and the *Terrestrial Intermediate Origin.* Other definitions are: the x-z plane of the *International Terrestrial Reference System (ITRS)*; the zero-longitude meridian of the World Geodetic System 1984 (WGS-84); and the meridian that passes through the *transit* circle at the Royal Observatory, Greenwich. Note that the latter meridian is about 100 m west of the others.

> **meridian, international:** see *meridian, Greenwich.*

> **meridian, prime:** on Earth, same as *Greenwich meridian.* On other solar system objects, the zero-longitude *meridian*, typically defined via international convention by an observable surface feature or *rotational elements.*

minor planet: a loosely defined term generally meaning a small solar system body that is orbiting the Sun, does not show a comet-like appearance, and is not massive enough to be a *dwarf planet.* The term is often used interchangeably with *"asteroid"*, although there is no implicit constraint that a minor *planet* be interior to Jupiter's *orbit.*

month: a calendrical unit that approximates the *period* of revolution of the Moon. Also, the period of time between the same dates in successive *calendar* months.

> **month, sidereal:** the *period* of revolution of the Moon about the Earth (or Earth-Moon *barycenter*) in a fixed reference frame. It is the mean period of revolution with respect to the background stars. The mean length of the sidereal *month* is approximately 27.322 *days*.

> **month, synodic:** the *period* between successive new moons (as seen from the geocenter). The mean length of the synodic *month* is approximately 29.531 *days.*

moonrise, moonset: the times at which the apparent upper *limb* of the Moon is on the *astronomical horizon*. In *The Astronomical Almanac*, they are computed as the times when the true *zenith distance*, referred to the center of the Earth, of the central point of the Moon's disk is

$90°\ 34' + s - \pi$, where s is the Moon's *semidiameter*, π is the *horizontal parallax*, and $34'$ is the adopted value of *horizontal refraction*.

nadir: the point on the *celestial sphere* diametrically opposite to the *zenith*.

Near Earth Object (NEO): any *small solar system body*, including *comets*, whose orbit brings it near the Earth. A small solar system body is conventionally considered an NEO if its *perihelion* is less than 1.3 au.

node: either of the points on the *celestial sphere* at which the plane of an *orbit* intersects a reference plane. The position of one of the nodes (the *longitude of the ascending node*) is traditionally used as one of the standard *orbital elements*.

nutation: oscillations in the motion of the rotation pole of a freely rotating body that is undergoing torque from external gravitational forces. Nutation of the Earth's pole is specified in terms of components in *obliquity* and longitude.

obliquity: in general, the angle between the equatorial and orbital planes of a body or, equivalently, between the rotational and orbital poles. For the Earth, the obliquity of the *ecliptic* is the angle between the planes of the *equator* and the ecliptic; its value is approximately $23°.44$.

occultation: the obscuration of one celestial body by another of greater apparent diameter; especially the passage of the Moon in front of a star or *planet*, or the disappearance of a satellite behind the disk of its primary. If the primary source of illumination of a reflecting body is cut off by the occultation, the phenomenon is also called an *eclipse*. The occultation of the Sun by the Moon is a *solar eclipse*. (See *eclipse, solar.*)

opposition: the phenomenon whereby two bodies have apparent *ecliptic longitudes* or *right ascensions* that differ by 180° as viewed by a third body. Oppositions are usually tabulated as *geocentric* phenomena.

orbit: the path in space followed by a celestial body, as a function of time. (See *orbital elements.*)

    orbit, elliptical: a closed *orbit* with an *eccentricity* less than 1.

    orbit, hyperbolic: an open *orbit* with an *eccentricity* greater than 1.

    orbit, instantaneous: the unperturbed two-body *orbit* that a body would follow if *perturbations* were to cease instantaneously. Each orbit in the solar system (and, more generally, in any perturbed two-body setting) can be represented as a sequence of instantaneous ellipses or hyperbolae whose parameters are called *orbital elements*. If these *elements* are chosen to be osculating, each instantaneous orbit is tangential to the physical orbit. (See *orbital elements; osculating elements.*)

    orbit, parabolic: an open *orbit* with an *eccentricity* of 1.

orbital elements: a set of six independent parameters that specifies an *instantaneous orbit*. Every real *orbit* can be represented as a sequence of instantaneous ellipses or hyperbolae sharing one of their foci. At each instant of time, the position and velocity of the body is characterised by its place on one such instantaneous curve. The evolution of this representation is mathematically described by evolution of the values of orbital *elements*. Different sets of geometric parameters may be chosen to play the role of orbital elements. The set of *Keplerian elements* is one of many such sets. When the Lagrange constraint (the requirement that the instantaneous orbit is tangential to the actual orbit) is imposed upon the orbital elements, they are called *osculating elements*.

osculating elements: a set of parameters that specifies the instantaneous position and velocity of a celestial body in its perturbed *orbit*. Osculating *elements* describe the unperturbed (two-body) orbit that the body would follow if *perturbations* were to cease instantaneously. (See *orbit, instantaneous; orbital elements.*)

parallax: the difference in apparent direction of an object as seen from two different locations; conversely, the angle at the object that is subtended by the line joining two designated points.

> **parallax, annual:** see *parallax, heliocentric.*
>
> **parallax, diurnal:** see *parallax, geocentric.*
>
> **parallax, geocentric:** the angular difference between the *topocentric* and *geocentric* directions toward an object. Also called *diurnal parallax.*
>
> **parallax, heliocentric:** the angular difference between the *geocentric* and *heliocentric* directions toward an object; it is the angle subtended at the observed object. Also called *annual parallax.*
>
> **parallax, horizontal:** the angular difference between the *topocentric* and a *geocentric* direction toward an object when the object is on the *astronomical horizon.*
>
> **parallax, solar:** the angular width subtended by the Earth's equatorial radius when the Earth is at a distance of 1 *astronomical unit (au).* The value for the solar *parallax* is 8.794143 arcseconds.

parallax in altitude: the angular difference between the *topocentric* and *geocentric* direction toward an object when the object is at a given *altitude.*

parsec (pc): the distance at which one *astronomical unit (au)* subtends an angle of one arcsecond; equivalently the distance to an object having an *annual parallax* of one arcsecond. One parsec is $1/\sin(1'') = 206264.806$ au, or about 3.26 *light-years.*

penumbra: 1. The portion of a shadow in which light from an extended source is partially but not completely cut off by an intervening body. **2.** The area of partial shadow surrounding the *umbra.*

pericenter: the point in an *orbit* that is nearest to the origin of the reference system. (See *perigee; perihelion.*)

pericenter, argument of: one of the *Keplerian elements.* It is the angle measured in the *orbit* plane from the ascending *node* of a reference plane (usually the *ecliptic*) to the *pericenter.*

perigee: the point in an *orbit* that is nearest to the Earth. Perigee is sometimes used with reference to the apparent orbit of the Sun around the Earth.

perihelion: the point in an *orbit* that is nearest to the Sun.

period: the interval of time required to complete one revolution in an *orbit* or one cycle of a periodic phenomenon, such as a cycle of *phases.* (See *phase.*)

perturbations: 1. Deviations between the actual *orbit* of a celestial body and an assumed reference orbit. **2.** The forces that cause deviations between the actual and reference orbits. Perturbations, according to the first meaning, are usually calculated as quantities to be added to the coordinates of the reference orbit to obtain the precise coordinates.

phase: 1. The name applied to the apparent degree of illumination of the disk of the Moon or a *planet* as seen from Earth (crescent, gibbous, full, etc.). **2.** The ratio of the illuminated area of the apparent disk of a celestial body to the entire area of the apparent disk; i.e., the fraction illuminated. **3.** Used loosely to refer to one *aspect* of an *eclipse* (partial phase, annular phase, etc.). (See *lunar phases.*)

phase angle: the angle measured at the center of an illuminated body between the light source and the observer.

photometry: a measurement of the intensity of light, usually specified for a specific wavelength range.

planet: a celestial body that is in *orbit* around the Sun, has sufficient mass for its self-gravity to overcome rigid body forces so that it assumes a hydrostatic equilibrium (nearly round) shape, and has cleared the neighbourhood around its orbit. (See *dwarf planet.*)

planetocentric coordinates: coordinates for general use, where the z-axis is the mean axis of rotation, the x-axis is the intersection of the planetary *equator* (normal to the z-axis through the center of mass) and an arbitrary *prime meridian*, and the y-axis completes a right-hand coordinate system. Longitude of a point is measured positive to the prime *meridian* as defined by *rotational elements*. Latitude of a point is the angle between the planetary equator and a line to the center of mass. The radius is measured from the center of mass to the surface point.

planetographic coordinates: coordinates for cartographic purposes dependent on an equipotential surface as a reference surface. Longitude of a point is measured in the direction opposite to the rotation (positive to the west for direct rotation) from the cartographic position of the *prime meridian* defined by a clearly observable surface feature. Latitude of a point is the angle between the planetary *equator* (normal to the z-axis and through the center of mass) and normal to the reference surface at the point. The *height* of a point is specified as the distance above a point with the same longitude and latitude on the reference surface.

polar motion: the quasi-periodic motion of the Earth's pole of rotation with respect to the Earth's solid body. More precisely, the angular excursion of the *CIP* from the *ITRS* z-axis. (See *Celestial Intermediate Pole (CIP); International Terrestrial Reference System (ITRS)*.)

polar wobble: see *wobble, polar.*

pole, celestial: either of the two points projected onto the *celestial sphere* by the Earth's axis. Usually, this is the axis of the *Celestial Intermediate Pole (CIP)*, but it may also refer to the instantaneous axis of rotation, or the angular momentum vector. All of these axes are within $0\overset{''}{.}1$ of each other. If greater accuracy is desired, the specific axis should be designated.

pole, Tisserand mean: the angular momentum pole for the Earth about which the total internal angular momentum of the Earth is zero. The motions of the *Celestial Intermediate Pole (CIP)* (described by the conventional theories of *precession* and *nutation*) are those of the Tisserand mean pole with *periods* greater than two *days* in a celestial reference system (specifically, the *Geocentric Celestial Reference System (GCRS)*).

precession: the smoothly changing orientation (secular motion) of an orbital plane or the *equator* of a rotating body. Applied to rotational dynamics, precession may be excited by a singular event, such as a collision, a progenitor's disruption, or a tidal interaction at a close approach (free precession); or caused by continuous torques from other solar system bodies, or jetting, in the case of comets (forced precession). For the Earth's rotation, the main sources of forced precession are the torques caused by the attraction of the Sun and Moon on the Earth's equatorial bulge, called precession of the equator (formerly known as lunisolar precession). The slow change in the orientation of the Earth's orbital plane is called precession of the *ecliptic* (formerly known as planetary precession). The combination of both motions — that is, the motion of the equator with respect to the ecliptic — is called general precession.

prime meridian: see *meridian, prime.*

proleptic calendar: see *calendar, proleptic.*

proper motion: the projection onto the *celestial sphere* of the space motion of a star relative to the solar system; thus the transverse component of the space motion of a star with respect to the solar system. Proper motion is usually tabulated in star catalogs as changes in *right ascension* and *declination* per *year* or century.

proper place: direction of an object in the *Geocentric Celestial Reference System (GCRS)* that takes into account orbital or space motion and *light-time* (as applicable), light deflection, and *annual aberration*. Thus, the position (*geocentric right ascension* and *declination*) at which the object would actually be seen from the center of the Earth if the Earth were transparent, non-refracting, and massless. Unless otherwise stated, the coordinates are expressed with respect to the GCRS axes, which are derived from those of the *ICRS*.

quadrature: a configuration in which two celestial bodies have apparent longitudes that differ by 90° as viewed from a third body. Quadratures are usually tabulated with respect to the Sun as viewed from the center of the Earth. (See *longitude, ecliptic.*)

radial velocity: the rate of change of the distance to an object, usually corrected for the Earth's motion with respect to the solar system *barycenter*.

radius vector: an imaginary line from the center of one body to another, often from the heliocenter. Sometimes only the length of the vector is given.

refraction: the change in direction of travel (bending) of a light ray as it passes obliquely from a medium of lesser/greater density to a medium of greater/lesser density.

    refraction, astronomical: the change in direction of travel (bending) of a light ray as it passes obliquely through the atmosphere. As a result of *refraction* the observed *altitude* of a celestial object is greater than its geometric altitude. The amount of refraction depends on the altitude of the object and on atmospheric conditions.

    refraction, horizontal: the *astronomical refraction* at the *astronomical horizon*; often, an adopted value of 34′ is used in computations for sea level observations.

retrograde motion: for orbital motion in the solar system, motion that is clockwise in the *orbit* as seen from the north pole of the *ecliptic*; for an object observed on the *celestial sphere*, motion that is from east to west, resulting from the relative motion of the object and the Earth. (See *direct motion.*)

right ascension: angular distance on the *celestial sphere* measured eastward along the *celestial equator* from the *equinox* to the *hour circle* passing through the celestial object. Right ascension is usually given in combination with *declination*.

rotational elements: typically, a set of six time-dependent parameters used to describe the instantaneous orientation (attitude) and the instantaneous spin (angular velocity) of a celestial body. When the orientation and spin are described in inertial space, the set of rotational *elements* is often chosen to comprise the two angular coordinates of the direction of the north (or positive) pole and the location of the *prime meridian* at a *standard epoch*, and the time derivatives of each of those three angles. Additional parameters may be required when the object is a non-rigid body.

second, Système International (SI): the duration of 9 192 631 770 cycles of radiation corresponding to the transition between two hyperfine levels of the ground state of cesium 133.

selenocentric: with reference to, or pertaining to, the center of the Moon.

semidiameter: half a diameter, radius. Semidiameter is often used in place of radius when the object is mildly elliptical to refer to a semi-axis of interest (*e.g.* the vertical semidiameter of the Sun or the semidiameter of the greatest *defect of illumination* of Saturn).

semi-major axis: 1. Half the length of the major axis of an ellipse. **2.** A standard orbital element used to describe an *elliptical orbit* or a *hyperbolic orbit*. (The orbital semi-major axis is negative for a hyperbolic *orbit*.)) **3.** Half the length of the longest axis of an *ellipsoid*.

SI second: see *second, Système International (SI)*.

sidereal day: the *period* between successive *transits* of the *equinox*. The mean sidereal *day* is approximately 23 hours, 56 minutes, 4 *seconds*. (See *sidereal time.*)

sidereal hour angle: angular distance on the *celestial sphere* measured westward along the *celestial equator* from the *equinox* to the *hour circle* passing through the celestial object. It is equal to 360° minus *right ascension* in degrees.

sidereal month: see *month, sidereal*.

sidereal time: the *hour angle* of the *equinox*. If the *mean equinox* is used, the result is mean sidereal time; if the *true equinox* is used, the result is apparent sidereal time. The hour angle can be measured with respect to the local *meridian* or the *Greenwich meridian*, yielding, respectively, local or Greenwich (mean or apparent) sidereal times.

small solar system body: a body orbiting the Sun that is not massive enough to be a *dwarf planet* and is not a *comet*.

solar parallax: see *parallax, solar.*

solar time: the measure of time based on the *diurnal motion* of the Sun.

> **solar time, apparent:** the measure of time based on the *diurnal motion* of the true Sun. The rate of diurnal motion undergoes seasonal variation caused by the *obliquity* of the *ecliptic* and by the *eccentricity* of the Earth's *orbit*. Additional small variations result from irregularities in the rotation of the Earth on its axis.

> **solar time, mean:** a measure of time based conceptually on the *diurnal motion* of a fiducial point, called the fictitious mean Sun, with uniform motion along the *celestial equator.*

solstice: either of the two points on the *ecliptic* at which the apparent longitude of the Sun is 90° or 270°; also the time at which the Sun is at either point. (See *longitude, ecliptic.*)

spectral types or classes: categorization of stars according to their spectra, primarily due to differing temperatures of the stellar atmosphere. From hottest to coolest, the commonly used Morgan-Keenan spectral types are O, B, A, F, G, K and M. Some other extended spectral types include W, L, T, S, D and C.

standard epoch: a date and time that specifies the reference system to which celestial coordinates are referred. (See *mean equator and equinox.*)

stationary point: the time or position at which the rate of change of the apparent *right ascension* of a *planet* is momentarily zero. (See *apparent place (or position).*)

sub-earth point: the point on a body's surface that lies directly beneath the Earth on the line (geodesic) connecting the body's center to the geocenter. For spherical bodies, the Earth would be at the zenith for an observer at the sub-earth point. As viewed from the Earth, a body's sub-earth point appears at the center of the body's disk. In *The Astronomical Almanac*, the sub-earth point is typically described by a planetographic longitude and latitude. See diagram on page E4.

sub-solar point: the point on a body's surface that lies directly beneath the Sun on the line (geodesic) connecting the body's center to the heliocenter. For spherical bodies, the Sun would be at the zenith for an observer at the sub-solar point. In *The Astronomical Almanac*, the sub-solar point of a *planet* is typically described by a planetographic longitude and latitude, its distance from the *sub-earth point* (center of disk), and its position angle (north through east). See diagram on page E4.

sunrise, sunset: the times at which the apparent upper *limb* of the Sun is on the *astronomical horizon*. In *The Astronomical Almanac* they are computed as the times when the true *zenith distance*, referred to the center of the Earth, of the central point of the disk is 90° 50′, based on adopted values of 34′ for *horizontal refraction* and 16′ for the Sun's *semidiameter.*

surface brightness: the visual *magnitude* of an average square arcsecond area of the illuminated portion of the apparent disk of the Moon or a *planet*.

synodic month: see *month, synodic.*

synodic period: the mean interval of time between successive *conjunctions* of a pair of *planets*, as observed from the Sun; or the mean interval between successive conjunctions of a satellite with the Sun, as observed from the satellite's primary.

synodic time: pertaining to successive *conjunctions*; successive returns of a *planet* to the same *aspect* as determined by Earth.

syzygy: 1. A configuration where three or more celestial bodies are positioned approximately in a straight line in space. Often the bodies involved are the Earth, Sun and either the Moon or a *planet*. **2.** The times of the new moon and full moon.

T$_{eph}$: the independent argument of the JPL planetary and lunar *ephemerides* DE405/LE405; in the terminology of General Relativity, a *barycentric* coordinate time scale. T$_{eph}$ is a linear function of *Barycentric Coordinate Time (TCB)* and has the same rate as *Terrestrial Time (TT)* over the time span of the ephemeris. T$_{eph}$ is regarded as functionally equivalent to *Barycentric Dynamical Time (TDB)*. (See *Barycentric Coordinate Time (TCB); Barycentric Dynamical Time (TDB); Terrestrial Time (TT)*.)

TAI: see *International Atomic Time (TAI)*.

TCB: see *Barycentric Coordinate Time (TCB)*.

TCG: see *Geocentric Coordinate Time (TCG)*.

TDB: see *Barycentric Dynamical Time (TDB)*.

TDT: see *Terrestrial Dynamical Time (TDT)*.

TNO: see *trans-Neptunian Object (TNO)*.

terminator: the boundary between the illuminated and dark areas of a celestial body.

Terrestrial Dynamical Time (TDT): the time scale for apparent *geocentric ephemerides* defined by a 1979 *IAU* resolution. In 1991, it was replaced by *Terrestrial Time (TT)*. Obsolete.

Terrestrial Ephemeris Origin (TEO): the original name for the *Terrestrial Intermediate Origin (TIO)*. Obsolete.

Terrestrial Intermediate Origin (TIO): the non-rotating origin of the *Terrestrial Intermediate Reference System (TIRS)*, established by the *International Astronomical Union (IAU)* in 2000. The TIO was originally set at the *International Terrestrial Reference Frame (ITRF)* origin of longitude and throughout 1900-2100 stays within 0.1 mas of the ITRF zero-*meridian*. Formerly referred to as the *Terrestrial Ephemeris Origin (TEO)*.

Terrestrial Intermediate Reference System (TIRS): a *geocentric* reference system defined by the intermediate *equator* of the *Celestial Intermediate Pole (CIP)* and the *Terrestrial Intermediate Origin (TIO)* on a specific date. It is related to the *Celestial Intermediate Reference System* by a rotation of the *Earth Rotation Angle*, θ, around the Celestial Intermediate Pole.

Terrestrial Time (TT): an idealized form of *International Atomic Time (TAI)* with an *epoch* offset; in practice TT = TAI + 32^s.184. TT thus advances by *SI seconds* on the *geoid*. Used as an independent argument for apparent *geocentric ephemerides*. (See *second, Système International (SI)*.)

Tisserand mean axis: the axis of a rotating deformable body chosen such that the contribution to angular momentum arising from its deformation integrated over its volume is 0.

topocentric: with reference to, or pertaining to, a point on the surface of the Earth.

topocentric place (or position): the *proper place* of an object computed for a specific location on or near the surface of the Earth (ignoring atmospheric *refraction*) and expressed with respect to either the *true (intermediate) equator and equinox* of date or the true *equator* and *CIO* of date. In other words, it is similar to an apparent or *intermediate place*, but with corrections for *geocentric parallax* and *diurnal aberration*. (See *aberration, diurnal; parallax, geocentric*.)

transit: 1. The passage of the apparent center of the disk of a celestial object across a *meridian*. **2.** The passage of one celestial body in front of another of greater apparent diameter (e.g., the passage of Mercury or Venus across the Sun or Jupiter's satellites across its disk); however, the passage of the Moon in front of the larger apparent Sun is called an *annular eclipse*. (See *eclipse, annular; eclipse, solar*.)

   transit, shadow: The passage of a body's shadow across another body; however, the passage of the Moon's shadow across the Earth is called a *solar eclipse*.

trans-Neptunian Object (TNO): a solar system body with a semi-major axis greater than Neptune's.

true equator and equinox: the celestial coordinate system defined by the orientation of the Earth's equatorial plane on some specified date together with the direction of the *dynamical equinox* on that date. The true *equator* and *equinox* are affected by both *precession* and *nutation*. (See *mean equator and equinox; nutation; precession*.)

TT: see *Terrestrial Time (TT)*.

twilight: the interval before *sunrise* and after sunset during which the scattering of sunlight by the Earth's atmosphere provides significant illumination. The qualitative descriptions of astronomical, civil and *nautical twilight* will match the computed beginning and ending times for an observer near sea level, with good weather conditions, and a level *horizon*. (See *sunrise, sunset*.)

> **twilight, astronomical:** the illumination level at which scattered light from the Sun exceeds that from starlight and other natural sources before *sunrise* and after sunset. Astronomical *twilight* is defined to begin or end when the geometric *zenith distance* of the central point of the Sun, referred to the center of the Earth, is 108°.

> **twilight, civil:** the illumination level sufficient that most ordinary outdoor activities can be done without artificial lighting before *sunrise* or after sunset. Civil *twilight* is defined to begin or end when the geometric *zenith distance* of the central point of the Sun, referred to the center of the Earth, is 96°.

> **twilight, nautical:** the illumination level at which the *horizon* is still visible even on a moonless night allowing mariners to take reliable star sights for navigational purposes before *sunrise* or after sunset. Nautical *twilight* is defined to begin or end when the geometric *zenith distance* of the central point of the Sun, referred to the center of the Earth, is 102°.

umbra: the portion of a shadow cone in which none of the light from an extended light source (ignoring *refraction*) can be observed.

Universal Time (UT): a generic reference to one of several time scales that approximate the mean *diurnal motion* of the Sun; loosely, *mean solar time* on the *Greenwich meridian* (previously referred to as Greenwich Mean Time). In current usage, UT refers either to a time scale called UT1 or to *Coordinated Universal Time (UTC)*; in this volume, UT always refers to UT1. UT1 is formally defined by a mathematical expression that relates it to *sidereal time*. Thus, UT1 is observationally determined by the apparent diurnal motions of celestial bodies, and is affected by irregularities in the Earth's rate of rotation. UTC is an atomic time scale but is maintained within 0^{s}9 of UT1 by the introduction of 1-*second* steps when necessary. (See *leap second*.)

UT0: a rarely used local approximation to *Universal Time*; not corrected for *polar motion*.

UT1: see *Universal Time (UT)*.

UTC: see *Coordinated Universal Time (UTC)*.

vernal equinox: see *equinox, vernal*.

vertical: the apparent direction of gravity at the point of observation (normal to the plane of a free level surface).

week: an arbitrary *period* of *days*, usually seven days; approximately equal to the number of days counted between the four *phases of the Moon*. (See *lunar phases*.)

wobble, polar: 1. In current practice including the phraseology used in *The Astronomical Almanac*, it is identical to *polar motion*. **2.** In certain contexts it can refer to specific components of polar motion, *e.g.* Chandler wobble or annual wobble. (See *polar motion*.)

year: a *period* of time based on the revolution of the Earth around the Sun, or the period of the Sun's apparent motion around the *celestial sphere*. The length of a given year depends on the choice of the reference point used to measure this motion.

> **year, anomalistic:** the *period* between successive passages of the Earth through *perihelion*. The anomalistic *year* is approximately 25 minutes longer than the *tropical year*.

> **year, Besselian:** the *period* of one complete revolution in *right ascension* of the fictitious mean Sun, as defined by Newcomb. Its length is shorter than a *tropical year* by $0.148 \times T$ *seconds*, where T is centuries since 1900.0. The beginning of the Besselian *year* occurs when the fictitious mean Sun is at mean right ascension 18h 40m. Now obsolete.

> **year, calendar:** the *period* between two dates with the same name in a *calendar*, either 365 or 366 *days*. The *Gregorian calendar*, now universally used for civil purposes, is based on the *tropical year*.

> **year, eclipse:** the *period* between successive passages of the Sun (as seen from the geocenter) through the same lunar *node* (one of two points where the Moon's *orbit* intersects the *ecliptic*). It is approximately 346.62 *days*.

> **year, Julian:** a *period* of 365.25 *days*. It served as the basis for the *Julian calendar*.

> **year, sidereal:** the *period* of revolution of the Earth around the Sun in a fixed reference frame. It is the mean period of the Earth's revolution with respect to the background stars. The sidereal *year* is approximately 20 minutes longer than the *tropical year*.

> **year, tropical:** the *period* of time for the *ecliptic longitude* of the Sun to increase 360 degrees. Since the Sun's *ecliptic* longitude is measured with respect to the *equinox*, the tropical *year* comprises a complete cycle of seasons, and its length is approximated in the long term by the civil *(Gregorian) calendar*. The mean tropical year is approximately 365 *days*, 5 hours, 48 minutes, 45 *seconds*.

zenith: in general, the point directly overhead on the *celestial sphere*.

> **zenith, astronomical:** the extension to infinity of a plumb line from an observer's location.

> **zenith, geocentric:** The point projected onto the *celestial sphere* by a line that passes through the geocenter and an observer.

> **zenith, geodetic:** the point projected onto the *celestial sphere* by the line normal to the Earth's geodetic ellipsoid at an observer's location.

zenith distance: angular distance on the *celestial sphere* measured along the great circle from the *zenith* to the celestial object. Zenith distance is 90° minus *altitude*.

Users may be interested to know that a hypertext linked version of the glossary is available on *The Astronomical Almanac Online* (see below).

WWW   This symbol indicates that these data or auxiliary material may also be found on *The Astronomical Almanac Online* at **https://aa.usno.navy.mil/publications/asa.html** and **https://asa.hmnao.com**

Definitions of astronomical terms are provided in the Glossary, Section M. Entries in the Glossary are not cited in the Index.

Definitions of astronomical terms are provided in the Glossary, Section M. Entries in the Glossary are not cited in the Index.

Definitions of astronomical terms are provided in the Glossary, Section M. Entries in the Glossary are not cited in the Index.

Definitions of astronomical terms are provided in the Glossary, Section M. Entries in the Glossary are not cited in the Index.

Definitions of astronomical terms are provided in the Glossary, Section M. Entries in the Glossary are not cited in the Index.

Definitions of astronomical terms are provided in the Glossary, Section M. Entries in the Glossary are not cited in the Index.

Definitions of astronomical terms are provided in the Glossary, Section M. Entries in the Glossary are

Definitions of astronomical terms are provided in the Glossary, Section M. Entries in the Glossary are not cited in the Index.

Definitions of astronomical terms are provided in the Glossary, Section M. Entries in the Glossary are not cited in the Index.

Definitions of astronomical terms are provided in the Glossary, Section M. Entries in the Glossary are not cited in the Index.

Definitions of astronomical terms are provided in the Glossary, Section M. Entries in the Glossary are not cited in the Index.

Definitions of astronomical terms are provided in the Glossary, Section M. Entries in the Glossary are not cited in the Index.

Definitions of astronomical terms are provided in the Glossary, Section M. Entries in the Glossary are not cited in the Index.

Definitions of astronomical terms are provided in the Glossary, Section M. Entries in the Glossary are
not cited in the Index.

Definitions of astronomical terms are provided in the Glossary, Section M. Entries in the Glossary are
not cited in the Index.

Definitions of astronomical terms are provided in the Glossary, Section M. Entries in the Glossary are not cited in the Index.

Definitions of astronomical terms are provided in the Glossary, Section M. Entries in the Glossary are not cited in the Index.

Definitions of astronomical terms are provided in the Glossary, Section M. Entries in the Glossary are not cited in the Index.